華東政法大學

建校六十周年 《法学》创刊五十六周年文丛

总主编／何勤华 杜志淳

第7卷

法学的历史

宪法·行政法卷

1981年-2011年

主　编／童之伟 沈福俊 王月明

副主编／郭海清

法律出版社
LAW PRESS·CHINA

华东政法大学建校60周年
《法学》创刊56周年文丛
编委会

主 编 简 介

童之伟

1954年生，湖北武汉人。华东政法大学教授、博士研究生导师。兼任中国宪法学研究会副会长。

著述较丰，出版《国家结构形式论》、《法权与宪政》等著作，发表《论宪法学新体系的范畴架构》、《法权中心的猜想与证明》等论文多篇。

主 编 简 介

沈福俊

1961年12月生，上海人。华东政法大学教授、博士研究生导师，行政法教研室主任，宪法学与行政法学学科硕士研究生导师组组长。兼任中国行政法学研究会理事、上海市法学会行政法学研究会副会长等。

主要从事行政法与行政诉讼法学的教学与研究工作。出版专著《中国行政救济程序论》，主编《行政法与行政诉讼法学》、《行政法与行政诉讼法：案例与图表》、《行政法与行政诉讼法教程》等教材，合著《中国诉讼法学》、《二十世纪中国社会科学·法学卷》等著作10多部，在法学刊物发表学术论文数十篇。

曾获上海市哲学社会科学优秀成果论文三等奖、中国法学会行政法学优秀论文二等奖、上海市普通高等学校优秀教材二等奖，华东政法大学"教学名师"称号等。

王月明

1966年生。法学博士，华东政法大学教授，中国宪法学会理事、上海法学会宪法研究会秘书长。

长期从事宪法学教学和研究工作，主要研究方向为中国宪法学、公权力等。出版《监督权利研究》等著作，主编《宪法学》等教材，发表《宪政：人民共和国的题中之义》、《消除年龄歧视是劳动权平等保护的首要内容》、《公民监督权体系及其价值实现》等论文。主持和参与国家社科和省部级课题多项。

副 主 编 简 介

郭海清

1981年5月生，山西省孝义市人。1999年8月～2003年7月就读于烟台大学法学院，获法学学士学位；2003年9月～2009年12月就读于上海交通大学法学院宪法学与行政法学专业，分别获法学硕士学位和法学博士学位。

2009年12月至今就职于华东政法大学《法学》月刊社编辑部，主要负责诉讼法学和国际公法学的编辑工作。

解放思想是法学进步的原动力
（代总序）

1981 年 11 月，由华东政法大学主办的《法学》复刊了。它的复刊，源自 1978 年年底的那场解放思想运动。

回顾新中国 60 多年的历史，我们可以清楚地看到，我们国家的发展，大体可以 30 年为时段分为前后两个阶段。前 30 年，我们党在治理国家的指导思想方面，出现了“左”的倾向。从“批武训传”、批俞平伯的红楼梦研究、批胡风“反革命集团”到 1957 年“反右”运动扩大化、1962 年提出“以阶级斗争为纲”，直至 1966 年爆发“文化大革命”，“左”的思想不断升级，最终导致国民经济濒于崩溃、各项建设事业停滞、学术（包括法学）陷入一片沙漠状态。

1978 年年底，中国共产党召开了十一届三中全会，实行改革开放之国策，社会各界解放思想，因而改变了整个中国的面貌，也迎来了法学研究的春天，导致了《法学》的复刊。自那时以来，我们也已经走过了整整 30 年。在这 30 年中，《法学》在上级部门的领导下，通过全体办刊人的持续努力，紧贴时代发展的脉搏，跟踪社会发展的前沿，及时回应法律界所遇到的热点和难点问题，发表了一大批高水平的作品，对我国的立法、执法和司法实践形成了重要的理论支持，在学术界乃至全社会产生了巨大影响力，推动了改革开放以后中国法律和法学的进步与繁荣。

在回顾总结《法学》30 年历程，探索法学理论与法律实践互动之规律时，我们感受最深的一点就是，解放思想是法学进步、繁荣的原动力，没有中国的改革开放和解放思想，就没有中国法律和法学的今天，更没有《法学》的今天。

一

关于解放思想，邓小平同志有一个定义，就是“解放思想是指在马克思主义指导下打破习惯势力和主观偏见的束缚，研究新情况，解决新问题”。[①] 这个定义，包含了三个要素：（1）马克思主义的指导，讲的是政治立场和认识论、方法

① 《邓小平文选》（第 2 卷），人民出版社 1994 年第 2 版，第 279 页。

论;(2)打破习惯势力和主观偏见的束缚,这既包括政治体制上的,也涉及其他各个领域里的;(3)研究新情况、解决新问题,就是要跟上社会发展的步伐,与时俱进。因此,在某种意义上可以说,解放思想的精神实质就在于:一是说真话;二是实事求是;三是不唯书、不唯上;四是打破不合理的偏见和传统;五是在理念、观点和制度上创新。

30 年来,《法学》就是贯彻了这一精神,解放思想,不断进步。其中,冲破政治上习惯势力和主观偏见的束缚,提高法学研究在我国政治体制改革中的贡献度,是《法学》首先关注的重点。众所周知,法律与政治紧密相关,法学研究也与社会的政治决策息息相关。要使法学研究对同时代的乃至以后的政治决策有所贡献,必须解放思想。换言之,法学研究在推动社会政治体制改革、回应社会重大政治问题时,如能解放思想、提出有真知灼见的建言建策,就会大大彰显法学研究的贡献。1982 年春天,当我国立法机关将宪法草案提交全国人民讨论时,《法学》月刊社就召集各方面专家,就其内容进行广泛讨论,参与者有徐盼秋、潘念之、肖蔚云、高恭佑、浦增元、孔令望、陈云生、胡土贵、周天平等众多法学界知名人士。各位专家学者解放思想,破除禁忌,充分讨论,各抒己见。《法学》在第 6 期、第 7 期连续刊登了他们的建言建策,对我国宪法内容的确定产生了很大的影响。

1982 年 9 月 1 ~ 11 日,中国共产党第十二次全国代表大会召开,大会通过的新党章明确规定:"党必须在宪法和法律的范围内活动。"但是,如何理解和执行党章的这一规定,许多党员甚至党的领导干部对此还存在许多疑问。当时,许多领导都曾提出了"到底是法大,还是党委大"的疑问;也有领导认为,规定党必须在宪法和法律范围内活动,就会束缚自己的手脚,妨碍开创新局面。针对党的十二大召开后社会上和党内存在的这些想法,《法学》1982 年第 11 期刊登了楚云飞的文章《在宪法和法律范围内活动是党的一项重要原则》,系统阐述了党章这一规定的法理基础,强调我们必须解放思想,充分认识这一规定对推进我们执政党的建设和推动我国社会主义法制发展,全面开创社会主义现代化建设新局面的极其重要意义。

随着 1992 年 10 月 12 ~ 18 日党的十四大提出建设社会主义市场经济的改革目标后,我国市场经济发展迅速,宪法的许多规定就显得落后于客观形势的发展了,但是,真的要提出修宪的主张,在当时还是存在一定风险的。《法学》就在这一点上,以极大的理论勇气,于 1992 年第 12 期,以纪念宪法诞生 10 周年为契机,发表了评论员文章《修宪:市场经济发展的必然要求》。该文指出,修宪问题,无论从宪法学抑或法理学角度来看,应属技术性问题。然而,由于特定的历史条件，重提修宪问题，就不能不在某种程度上引起人们的高度警觉和重视。但是，社会主义市场经济的发展，出现了众多宪法上没有规定的事项。例如，“随着改革开放的不断发展，出现了多种经济形式并存的局面，特别是许多合营、合资、私营企业的出现，能否对这些经济形式进行保护，关系到改革开放能否向纵深发展的问题，而宪法对此并未规定”。同时，改革开放需要合法地出租、转让土地，而这一点也是宪法禁止的。因此，在适应社会主义经济发展和改革开放的历史要求下，1988 年，我们就对宪法进行了修改，允许私营经济形态的存在，以及取消了对土地出租和转让的禁令。现在，改革开放的进程和社会的发展，又一次需要我们对宪法做更大范围的、更大规模的修改，我们应当与时俱进，完成这一历史使命。在发表评论员文章的同时，这一期还刊登了孙潮、戚渊的《论确立市场经济的宪法地位》、李伟的《宪法权威论》、李步云的《不断完善中国人权的保障体系》等文章，对修宪涉及的各个领域的一些重要问题作了阐述。《法学》的这些文章，虽然发表在邓小平同志 1992 年南方讲话之后，但此时在我国，修宪问题还是一个禁区，因此，发表上述言论还是冒了一定政治风险的。

在法理学领域，关于法的定义这一核心问题，在新中国成立的前 30 年，基本上是“阶级斗争论”、“阶级意志论”一统天下。要冲破这一禁区，必须鼓足勇气，在法学理论上来一个大胆的突破。而在这方面，《法学》也走在了全国研究的前列。1986 年，《法学》在第 1 期《新年寄语慰读者》中，率先提出：“科学是没有禁区的，有禁区就不会有发展和深入。法学研究也是如此。”“近年来，我国法制建设和法学研究的现状表明，法学理论的研究正面临着改革和挑战，无论在内容和方法上都亟须有新的突破。”“我们认为，无论是基础法学还是应用法学的研究，都应该把焦点对准现实中涌现出来的或者是历史上没有解决的问题，应该重视和倡导‘问题法学’的研究。”

同期刊登的《中国法制报》政治评论部主任张宗厚的《对法的三个基本概念的质疑》一文，对现行的法的定义中三个核心命题——“法律是阶级社会特有的现象”、“统治阶级意志论”和“阶级性是法的唯一属性”进行了质疑，提出了不同观点，并予以系统阐述。同期还刊登了陈浩然的《对“质疑”的质疑》一文，与张宗厚文中的观点进行了讨论和争辩。《法学》1986 年的《新年寄语慰读者》和张宗厚、陈浩然文章的发表，在我国法学界激起了巨大的冲击波，给我们的思想以极大的震撼。因为直到 20 世纪 80 年代中期，上述从苏联引进的关于法的定义的三个核心命题，是我们熟悉并认为是天经地义的，几乎从未有人提出质疑。而张宗厚的文章则颠覆了我们的传统法学观，其震动不能说不大。而陈浩然的文章，虽然是对张宗厚观点的反质疑，阐述的力度相对小一些，但陈文给学术界带来的推进学术研究“百花齐放、百家争鸣”的贡献，则有目共睹。

在法学研究发展中，一直让我们法律人纠结的就是政治与法律的关系问题。而在阐述法律与政治之关系时，思想最为解放的文章，就是陈鹏生在《法学》1987年第1期发表的《没有法律的政治是危险的政治——法学研究的反思》一文。文中指出：“本来，政治和法律都是上层建筑的组成部分，相互作用，共同为自己的基础服务，是马克思主义的常理。但是，由于高度集权思想的影响，政治被强调到可以冲击，甚至代替一切的荒谬地步。政治与法律相互作用的关系，变成政治决定法律的关系。而按照‘左’的一套理论的逻辑推导，政治就是阶级斗争，阶级斗争就是敌我矛盾。于是服务于并决定于政治的法律，就只能是以阶级性作为自己的唯一的质的规定性，以‘阶级斗争的工具’作为自己的唯一职能了。以法作为自己研究对象的法学，当然也只能是‘阶级斗争’的[学问了]。”

作者认为，这种理论的后果，一方面，使法律失去了自己的独立性，唯政治需要决定自己的兴废存亡：政治安定时，法律成为民主的点缀；政治严峻时，一言可以废法，实际上是以“人治”代替了“法治”。另一方面，也把法律与阶级斗争捆在了一起，使法律与政治一起成为学术讨论和争鸣的禁区，“一旦涉及，就‘以言治罪’，出现‘文笔贾祸’，法学研究也就不复存在”。作者进一步指出：“我们的民主，首先是制度，然后才是干部的思想作风。否则民主就会随领导的喜怒哀乐而变样。因此，要政治民主化，就应该依靠法律制度，保障民主不会因领导人的改变而改变，也不能因领导注意力的转移而改变。我们的法学家，应该通过对法制建设深刻的历史反思，从理论上令人信服地告诉人们千万不要忘记一条历史教训：政治离不开法律，没有法律的政治，是危险的政治、灾难的政治。”因此，为了防止这一点，我们必须研究如何通过法律来保障公民权利义务一致性原则的确立和实施，以及这种意识的形成。

应该说，作者关于“没有法律的政治就是危险的政治、灾难的政治”的观点，不仅是对中国“重政治，轻法律”，崇尚“人治”，轻视“法治”之传统的深刻揭示和批判，而且也阐明了理顺法律与政治的关系，对防止历史悲剧的再次发生、建设社会主义法治的重要意义。应该说，在当时的环境下，没有思想的解放，是不可能有如此大的理论勇气提出这么尖锐和鲜明观点的。①

① 就在此文发表两年前，谢次昌在“论政治与法律的关系”一文中，还强调“政治与法律相比，政治总是处于主导地位，法律的制定和实施必须服从政治的需要”，载《法学》1985年第5期。

二

解放思想也促进了法学研究在我国经济体制改革中推动作用的发挥。1982年中期，随着我国改革开放的深入，社会主义经济体制转型，经济领域犯罪日益增多且形态各异，尤其是许多正常的经济活动和犯罪行为容易混淆，这对我国的法学理论研究和定罪量刑等都提出了严峻挑战。《法学》解放思想，敢于打破常规，使法学研究及其对司法实践的指导走在了全国的研究前沿。《法学》1982年第7期刊登的一组关于“职工受外单位聘用接受高额报酬是否构成犯罪”的讨论文章，就是突出的一例。

当时，随着打击经济领域犯罪的深入展开，不少单位和群众对一些在职的或退休的职工受外单位聘请、接受高额报酬的行为，向有关机关举发。当时政法机关内部对这类行为到底是否属于犯罪产生了很大分歧。而这种分歧，在1982年春上海某区人民法院受理检察机关诉上海某国营工厂的技术人员王某受贿[①]一案中获得了集中体现。从1980年起，王某私下接受外单位（自己的家乡奉贤县钱桥公社橡胶塑料厂）的委托，在业余时间，利用本单位的设备，从事产品试制并获成功。由此给钱桥公社橡胶塑料厂带来了巨大利润，王某也从该厂获取报酬3800余元。检察机关认为王某的行为已构成受贿罪，依照《刑法》第185条规定，予以公诉，要求惩处。在审判机关内部，有认为该定受贿罪的，有认为该定贪污罪的，有认为该定投机倒把罪的，有认为该定破坏经济秩序罪的，也有认为不该定罪的，等等，不一而足。《法学》抓住这一典型案例，组织专家进行深入讨论，最后一致认为，王某的行为虽有瑕疵，犯有错误，但还未构成犯罪，不该定刑。特别是，在改革开放的大背景下，为加快社会主义现代化建设事业，法律必须引导广大技术人员发挥自己的专长，多为国家做出贡献。而在此过程中，他们的劳动必须得到尊重，必须获得报酬，这不仅不是犯罪，而且是法律应该鼓励的行为。《法学》所发表的专家意见受到了司法机关的重视，不仅王某最终没有被定罪，而且对以后一些在职的或退休的职工受外单位聘请、接受高额报酬行为的评价也发生了良性变化。[②]

---

① 根据《法学》1983年第3期发表的龚介民的“重视韩琨案件中的法律与政策问题”和张传桢、铁犁的“韩琨案功与罪之争”，载郭道晖、李步云、郝铁川主编：《中国当代法学争鸣实录》，湖南人民出版社1998年版，第285页。王某的真名是韩琨，上海橡胶制品研究所助理工程师。

② 之后，《法学》还接连讨论了刘亨年、戴振祥等有罪还是无罪的案件。参见《法学》1987年第7～11期、1988年第10～12期。

当然,《法学》在经济领域发表学术观点,并有力地冲击了传统法律观点、推动了我国社会主义市场经济体制确立的最有影响力的文章是曹建明、钱富兴、顾长浩、李朝兴所写的《外商租用土地与经营房产业的理论与实践》。[①] 该文指出:“土地是一种重要资源,也是利用外资、引进技术、进行生产和经营活动的基本条件。”“因此,发挥土地经济杠杆在对外开放中的积极作用,实行出租土地给外商从事综合性经济活动,并允许外商在我国购买和经营房产的政策,将涉及我国对外开放中土地和房产两个方面的法律问题,而其中地产业的问题又是最为关键的。”“外商租用土地和经营房产业,可在相当的程度上解决开放城市建设资金不足、外汇不平衡的困难。”

文章接着阐述:实行出租土地给外商以及允许外商在我国购买和经营房产的政策,在目前还是一个非常复杂和严重的问题,比如,允许外商租用开放城市的土地,“是否会重演帝国主义在半殖民地旧中国建立租界的悲剧”?作者认为,不会。因为“在对外开放中出租土地给外国投资者,与帝国主义在旧中国的租界是有本质区别的”:不仅性质不同,前者是经济活动范围的概念,后者是政治主权的概念,而且产生的原因和条件也不同。作者接着进一步就外商租用我国土地问题的理论依据和法律依据进行分析。比如,出租土地的法律行为并不违背马克思主义的基本理论,也不违反我国的宪法和法律;各国关于外国人租用本国土地的法律制度及其在我国的实践;外商租用土地、经营房产与开放城市经济发展战略的协调;外商租用土地和经营房产业的法规及其协调;等等。

文章刊登后,在全国引起了很大反响。虽然也有一些不同的观点,认为文章提出的主张违反了我国 1982 年《宪法》第 10 条关于“任何组织或者个人不得侵占、买卖、出租或者以其他形式非法转让土地”的规定(因为此时宪法尚未修改),因而是违宪的。[②] 但大多数学者对文章的观点表示理解、支持和赞赏,认为文章回应了我国改革开放带来的引进外资、迅速发展我国市场经济的实践所提出的实际法律问题,具有重大理论指导意义。1988 年宪法修改,吸收了文章提出的观点,取消了出租和转让土地的禁止条款。文章发表以来,我国经济发展的实践证明了该文的正确以及它的强大生命力,也证明了《法学》思想的解放以及非常的理论勇气和远见卓识。

---

① 参见《法学》1986 年第 7 期。

② 实际上,文章本身已经回答了出租土地给外商是否违宪的问题,文章认为,《宪法》第 10 条并没有禁止“国家”出租土地的行为,只禁止了组织和个人;当时已颁布实施的《中外合资经营企业法》中已经规定了允许出租土地给外商。

三

解放思想也促进了法学学术的进步与繁荣。学术的进步与繁荣,最为重要的就是营造一个有利于学术讨论与学术争鸣的环境和氛围。而这种环境和氛围的形成,必须是在解放思想的前提下,能够说真话,实事求是,不唯书、不唯上,打破不合理的偏见和传统,在理念、观点和制度上创新。在这方面,复刊后的《法学》做得非常好。

比如,在1981年的复刊号上,就发表了华东政法学院院长徐盼秋的《关于社会主义法律与客观规律》一文。在文中,作者解放思想、实事求是,一层一层地分析批判了以往片面夸大意志的作用,要人治,不要法治,权大于法,以言代法等不顾社会发展客观规律的错误观点,明确指出,“利用客观规律来造福于国家和人民是社会主义法律的光荣任务”,但我们“要利用客观规律,必须首先掌握客观规律”。作者认为:“社会主义法律必须反映客观规律,但是它并不等于客观规律。”“客观世界是不可穷尽的,人们对于客观世界的认识也永远没有完结。所以,人们只能随着对客观规律认识的发展来不断完善社会主义法制。”作者最后指出,社会主义法律,作为社会主义社会上层建筑的一部分,它对客观规律的反映,与上层建筑的其他部分相比,具有自己的突出特点:社会主义法律对客观规律的反映不是以原理、定律等科学理论的形式,而是以法律条文的形式使其规范化;被社会主义法律所反映的客观规律,有国家强制力的保障,这使它本来就具有的客观必然性更加强化,能够加速这种客观必然性的实现;法律对客观规律的反映具有稳定性和严肃性,如果能够坚持以法治国,国家就会以更加符合客观规律的方式获得迅速发展。

与徐盼秋的文章相呼应,《法学》1982年第5期发表了余先予的《论法律自身发展的客观规律》一文,该文将社会主义法律与客观规律的学术探讨进一步引向深入。余文指出:“法律自身发展规律的问题,与法律表现客观规律的问题,是两个不同范畴的问题。前者是指法律这种客观的社会现象的自身发展受哪些客观规律的支配;后者是指法律这种客观事物与其他客观事物之间的关系。为了更好地完善我们的社会主义法制,我们不仅要研究法律与其表现的客观规律之间的关系,而且也要研究法律自身发展的客观规律,使我们的法律既符合客观形势所提出的要求,紧密地为解决党和国家所面临的各项任务服务,又符合法律自身发展的要求,建立完备的社会主义法律体系,真正担当起社会主义时代的历史所赋予法律的任务。”

那么,纵观数千年法律发展的历史,它有哪些规律呢?余先予教授认为,法律自身发展的规律,主要有五个方面:第一,法律制度本身是一种社会的客观存在,它源于物质生活关系,受社会经济条件制约,不是什么人想要就要、想不要就可以不要的东西,也不是可以随心所欲地“创造”的东西。第二,法律都具有鲜明的阶级性,它是取得胜利、掌握政权的阶级意志的体现,是建立和维护有利于统治阶级的社会制度和社会秩序强而有力的杠杆。第三,法律由国家机关制定或认可,以国家强制力为后盾,对全社会具有普遍约束力。第四,法律以肯定的明确的行为规范的形式,给予法律关系的当事人以权利和义务,规定他们可以做什么,不可以做什么。第五,法律制定出来就必须执行,在现实生活中兑现,务求做到有法必依,执法必严,违法必究。

又如,比较法研究,包括法系理论,在新中国成立的前30年,是一个遭受批判的领域,也几乎是一个被人们所遗忘的领域。直至改革开放之后的20世纪80年代初,比较法研究和法系理论依旧被认为是资产阶级的学术观点,是西方资本主义的研究领域。在此时,《法学》解放思想,冲破上述认识的樊笼,在全国率先提出比较法和法系的问题,在王召棠、陈鹏生的《社会主义中国法系初探》①和王召棠、张传桢、陈鹏生的《对中国式社会主义法律体系的探讨》②等文章中,作者旗帜鲜明地提出:“法系不应是资产阶级法学的专用语,而应是整个法学领域中应该着重研究的一个课题。”建立中国社会主义法系,必须肃清重刑轻民的历史影响,必须正确地处理好政治与法律的关系,肃清以政治代替法律、冲击法律的思想影响。应该说,这些观点不仅在当时,即使在目前,也是一种解放思想的观点。

再如,虽然我国于1982年12月通过了新中国的第四部宪法,但宪法理论的研究并没有很好地展开,这当中,除了人们还没有从1966~1976年10年“文化大革命”的噩梦中清醒过来,我国在言论自由方面还没有确立很明确的法治原则(对此,骆伟雄的《言论自由的若干法律问题》一文③有很好的分析)之外,宪法学研究者不能解放思想、缺乏理论勇气也是一个重要原因。对此,我国著名的比较宪法学家龚祥瑞的《中国需要什么样的宪法理论》④一文,勇开先河。龚文认为,宪法意识是从“权力必须受到限制”这个思想出发的。各国宪法规定的限制权力的表现形式可能有所不同,但立宪政府的一个共同信念,就是政府权力不

① 载《法学》1982年第2期。

② 载《法学》1983年第5期。

③ 载《法学》1989年第2期。

④ 载《法学》1989年第4期。

能无限。而宪法就是授予和限制权力的根本法,它规定了立法、行政和司法机关的职责以及彼此的监督和制约,规定了对公民权利的保障,这就是现代宪法的由来。因此,“宪法是治国之法,治官之法,是从崇尚个性解放,保护私有财产,保护人身、言论出版等自由,遏制暴政、苛政,保障公民利益出发的”。“针对权力的先定性和腐化性、侵略性,人们就要用宪法与行政法来约束它、管制它,使之分别由不同主体行使,并置于人民监督之下,这才是我们重新开始要做的。”作者最后指出:“宪法是保护人民利益的根本大法。我们要研究人性中残酷的一面、人间的疾苦的一面,忠诚地以人类追求正义的精神而不懈地积累、更新如何预防权力被人类弱点所滥用的根源、技术和方法,重新开始宪法理论问题的研究。”

重读20多年前文章中这些即使在现在看来思想也是非常解放的观点,我们不得不佩服作者的理论勇气,也不得不佩服《法学》思想的解放。我们认为,龚文的上述观点,对新中国宪法学的研究一定具有长时间的理论指导力和学术影响力。

又如,就我国改革开放之后几次大的法学学术理论探讨,关于开展法学基本理论研究、关于开展社会主义法律体系的讨论、关于社会主义法的本质、法哲学的内涵和价值、①法的阶级性与社会性、宪法司法化、复员军人进法院、“坦白从宽,抗拒从严”的质疑、“婚内强奸”的讨论、法制建设协调发展、②罪刑法定与罪刑相适应的原则、③关于“廉政建设的法律思考”、法学的现状与发展、著名学者论依法治国、“克隆人”与法律、社会主义法的精神、④创新和繁荣法学理论笔谈、⑤《物权法》草案是否“违宪”、检察监督权之探讨、“双规”的合宪性等,《法学》的研讨也都是走在全国前列的。如关于中国社会主义法的体系的讨论,曾

---

① 如傅季重:“法律哲学研究的对象及其任务”,载《法学》1982年第3期;公丕祥:“也谈重视法哲学的研究”,载《法学》1983年第4期。

② 详细参见《法学》1984年第5~10期、第12期所发文章。

③ 罗平:“同名数罪,毋须并罚”,载《法学》1982年第10期;邹涛:“关于同种数罪及并罚问题”,载《法学》1983年第4期;魏皓奔:“也谈‘罪刑适应’”,载《法学》1983年第7期。

④ 郭道晖在《法学》1994年第10期发表了“社会主义自由——当代社会主义法的精神”,从孟德斯鸠的著作《论法的精神》一书中的思想,谈了“法的精神”的科学含义以及社会主义法的精神的问题。张光博在《法学》1995年第5期上发表了“法的精神与法律精神论略——与郭道晖同志商榷”。郭道晖在《法学》1995年第6期上再发“再论社会主义法的时代精神——答张光博教授”一文,展开了激烈的思想交锋,引起了法学界的关注。

⑤ 参见《法学》1987年第1期至1988年第8期。其中,有些文章探讨的问题在当时都是非常前沿和大胆的,如夏之的“对‘马克思主义法学’提法的商榷”,魏皓奔的“社会主义社会同样产生犯罪”(当时许多人都认为只有资本主义才是产生犯罪的“温床”),崔敏的“客观性也是法的本质属性”,周叶中的“宪法实施:宪法学研究的一个重要课题”,舒国滢的“对法概念之争的思考”,吴家如的“法学研究应从适应型向创造型转变”,杨海坤的“对建立我国行政诉讼制度的思考”,等等。

经是改革开放初期我国法学界热议的课题,《法学》于 1983 年 4 月 21 ~ 29 日联合中国社科院法学所,在上海率先举办了关于法律体系和法学体系的专题研讨会。当时的一些法理学大家,如吴大英、沈宗灵、刘瀚、齐乃宽、王传生、陈汉章、余先予积极参加,撰文发言,有力地推动了中国社会主义法律体系和法学体系的形成。

尤其是从 1997 年起,《法学》在当时的主编郝铁川教授的主持下,连续刊登了一组"建国以来法学界重大事件研究"的文章,其中有《对新中国摧毁旧法制的历史反思》、《"刀把子"风波记》、《无罪推定在新中国的命运》、《1957 年错批杨兆龙的"法律继承论"纪实》、《关于 80 年代"法的社会性和阶级性问题"大论战》、《关于前苏联法对中国法制建设的影响》、《人权禁区是怎样突破的》、《人权研究中的一场风波》、《一场有缺陷的司法改革》、①《"再为司法独立鼓与呼"一文的风波》、《"法权"还是"权利"之争》、《从"法制"到"法治"二十年改一字》、《新中国第一次法理讨论会的回忆与思考》、《五十年代〈法学〉是为何被迫停刊的》、《1996 年"晓南"风波纪实》、《1957 年的王造时》、《关于更改反革命罪名的风波》、《死刑的限制与扩张之争》、《正当防卫立法的进展与缺憾》、《我们是怎样逐步实现"罪刑法定"的》等。这些文章,后来结集为《当代中国法学争鸣实录》一书,②在湖南人民出版社出版,在法学界引起了很大的反响。

最后,《法学》还非常重视对实务法律问题以及重大疑难案件展开学术研讨,直面社会现实对法学研究提出的要求,并给予法律实践以指导。这方面的例子非常多,如 1997 年对"碧纯"水侵权案件的研讨,1999 年对"枫叶"诉"鳄鱼"不正当竞争案件的研讨,2000 年对全国首例老虎袭人致死案件的研讨,对 2001 年綦江彩虹桥垮塌案件的讨论,2001 年深圳中级法院审理之中国首例贞操损害赔偿案件的研讨,对 2002 年"陆来富案件"的研讨,2003 年对"孙志刚案件"的研讨,对 2005 年"圆明园环评事件"的研讨,2008 年年初关于"许霆案"、"孕妇死亡案"、"彭宇案"的讨论,2009 年对"杨佳袭警案"、"齐玉苓案"的热议,等等。与此同时,《法学》也积极参与我国的立法活动,组织专家学者就各项法律草案进行学术研讨,对立法活动建言建策。其中最主要的有《立法法》、《行政处罚法》、

① 主要指 1952 年的司法改革运动。这场运动的结果:一是将 6000 多名旧法人员从我们的审判队伍中全部剔除了出去;二是将"法律面前人人平等"、"司法独立"、"法不溯及既往"、"尊重诉讼程序"等观点全部认定为"旧法观点"而予以彻底批判;三是用马克思主义和毛泽东思想的国家观和法学观武装我们的司法干部。详细参见何勤华:"论新中国法和法学的起步——以'废除国民党六法全书'与'司法改革运动'为线索",载《中国法学》2009 年第 4 期。

② 郭道晖、李步云、郝铁川主编:《当代中国法学争鸣实录》,湖南人民出版社 1998 年版。

《行政复议法》、《行政许可法》、《公务员法》、《公司法》、《物权法》、《劳动合同法》、《刑法(修正案)》、《刑事诉讼法》、《国家反腐败法》、《能源法》、《水污染防治法》、《反垄断法》、《政府采购法》、《监督法》、《罢工法》等。从而为我国新时期的立法、加快形成社会主义法律体系做出了贡献。

四

《法学》复刊30年的历史证明,一本杂志的进步需要解放思想,一门学术的进步也需要思想解放。这一点不仅仅是《法学》复刊30年的经验和教训,也是它之前的历史透视出来的经验和教训。

《法学》创刊于1956年6月15日。当时,正是中华人民共和国第一部宪法1954年宪法颁布实施、全国法制建设形势一片大好之时,《法学》(1956年创刊号及后面两期刊名为《华东政法学报》)应运而生。从其诞生的第一天开始,它就宣称要解放思想,鼓励学术创新,展开"百家争鸣"。其发刊词称:"'百家争鸣'是推进学术思想的重要精神。不奖励自由思想,不展开自由讨论,没有批评和自我批评,学术上就不会有进步,不会有新生力量。《华东政法学报》将充分体现'百家争鸣'的精神,重视有独立劳动和首创精神的作品,重视'问难析疑、求同存异'的学术争论。"①

正是在上述解放思想的指导方针下,《法学》在其创刊至1958年9月16日被迫停刊,这不到3年的时间内,发表了一批解放思想、极富学术创造力的好文章,如梅泽濬的《哲学上的因果关系及其在刑法中的运用》、②李良的《"百家争鸣"和法律科学》、③刘焕文的《在"百家争鸣"中谈旧法思想》、④杨兆龙的《法律的阶级性和继承性》、⑤孙晓楼的《关于中国法学遗产问题的看法》、⑥黄道的《略论刑事诉讼中的无罪推定原则》、⑦张光博的《关于"公民在法律上一律平等"的

① 载《华东政法学报》1956年第1期。
② 同上。
③ 载《华东政法学报》1956年第2期。
④ 同上。
⑤ 载《华东政法学报》1956年第3期。
⑥ 同上。
⑦ 载《法学》1957年第2期。

意义》、[1]李光灿的《论共犯》、[2]丘日庆的《现阶段国际法的体系》、[3]刘家骥的《谈谈双重国籍问题》、[4]叔思的《对建立我国刑法分则体系的一些意见》、[5]董敬之等的《谈重婚与通奸》[6]等。但到1957年夏天"反右"运动开始、法学界的思想受到禁锢以后,《法学》上也就再没有刊登什么好文章了,甚至登出了黄道被迫写的批判自己无罪推定观点的检讨文章,而中国此时的法制建设和法学研究也基本上处于停顿状态。

法学的历史是这样,其他学科的历史也一样,甚至世界上所有国家的情况都一样。在古代罗马,随着公元426年《学说引证法》(Lex Citationum)的出台,盖尤斯(Gaius,约130~180年)、乌尔比安(D. Ulpianus,约170~228年)、帕比尼安(A. Papinianus,约140~212年)等五大法学家被授予法律解答权(jus responddendi),他们五人的学说观点被认可具有法律效力,而其他法学家则不具有这种权力。百家争鸣的学术环境不再存在时,罗马法学也就失去了学术创造力,日益走向衰弱。中世纪意大利的注释法学派、法国的人文主义法学派、近代欧洲的私法注释学派、第二次世界大战之前的日本民主主义宪法学说等,其走向衰落的重要原因之一,也都是促成这些学派和学说兴盛的解放思想运动日渐衰微。

因此,解放思想是法学进步的原动力:解放思想营造了法学研究领域讲事实、摆道理、说真话这么一种"百花齐放"、"百家争鸣"的环境和氛围,激发了法学研究创造力的勃发,带动了法学方法论的创新,也改变了法学研究的整个面貌。更进一步说,解放思想是法学进步和繁荣的灵魂。应该认识到,在现代社会,包括法学研究在内的科学研究,与现代化生产劳动有着巨大的差异。

一方面,现代化生产劳动(不管是工业生产还是农业劳动)具有重复性,尤其是商业化生产、流水线作业,重复(复制)是其基本特征;而科学研究就不同,它不具有上述特性,它需要每一个项目、每一个专题、每一个观点的创新。如果科学研究不能摆脱重复性,那就是复制,就是模仿,甚至是抄袭,这样的科学研究就没有了原创价值。

---

① 载《法学》1957年第2期。
② 载《法学》1957年第2~3期。
③ 载《法学》1957年第3期。
④ 同上。
⑤ 同上。
⑥ 载《法学》1957年第4期。

另一方面，现代化生产劳动，一般具有集团性、流水作业的性质，这样，才能节约成本，最大限度地利用有限的资源，才具有商业竞争力；而科学研究（尤其是文科研究）不具有这一属性，每一个人大脑里的构思、想法，其他人是无法精确揣摩，也是无法取代的，它完全是个人思考的产物，具有个性化（包括由此带来的多元化）的特征。有没有个性化，是检验学术和科技有没有生命力的首要指标。

因此，科学研究需要解放思想（这么说，并不是否定生产劳动也需要解放思想，而是强调科学研究对解放思想更加具有依赖性，美国苹果公司创始人乔布斯是一个最好的例子），解放思想是科学研究的灵魂，科学研究与解放思想之间的紧密关联，是科学研究发展的规律之一。作为科学研究之重要组成部分的法学研究，当然也无法摆脱，而只能遵循这一规律，《法学》创刊55年、复刊30年的历程已清楚地表明了这一规律。其结论很清楚：遵守这一规律，法学就进步，就繁荣；违背这一规律，法学就退步，就衰微。

《法学》复刊的历史还证明，一个国家、一个民族的进步，也需要解放思想。改革开放30多年我国社会主义各项建设事业的艰难而辉煌的历程表明，什么时候我们的思想解放了，实事求是了，注重理念、观点和制度上的创新了，敢于打破不合理的偏见和传统了，我们的事业就进步；反之，我们的事业就受挫。《法学》复刊30年的历史，只是我们国家改革开放30多年历史发展的一个缩影而已。

本文刊登于2011年第11期《法学》，当时是为纪念《法学》复刊30周年而撰写。此次作为“法学的历史”丛书的代总序，除个别字词之外，没有做大的修改补充。编辑本丛书，基本目的在于纪念华东政法大学成立60周年，以及《法学》创刊56周年，希望通过本丛书，将《法学》（1956年出版的3期称《华东政法学报》）刊登的有影响的文章保存下来，以真实地记录《法学》，更广范围地说也包括了中国法学所走过的曲折道路，了解新中国50多年法学发展的真实面貌，以为中国法学今天的发展繁荣提供历史借鉴。正是基于这一目的，我们在编辑时，对1981年复刊以来的各期，主要是选出比较重要的文章，而对1956～1958年所出的18期（1956年《华东政法学报》共3期，1957年《法学》全年共6期，1958年《法学》1～9月共9期）文章，全文收入，未作删节和修改，以尊重历史真实。

本丛书的出版，得到了法律出版社社长黄闽、财税出版分社社长沈小英以及各位责任编辑的全力支持和帮助。在此，谨表示我们诚挚的谢意。本丛书规模宏大，参与编辑勘校人员众多，错误和疏漏在所难免，对此我们将承担全部责任，也希望广大读者能予以谅解。

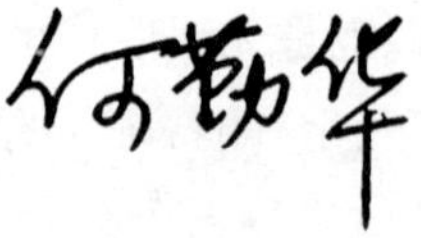*

于华东政法大学

2012 年 8 月 1 日

* 华东政法大学校长，教授、博士生导师，法学博士。

目录

1982 年

1983 年

1984 年

1985年

1986年

1987年

1989年

1990 年

1991 年

1992 年

1993 年

1996 年

1997 年

1999 年

2000 年

2001 年

2002 年

2003 年

2004 年

2005 年

2006 年

2007 年

2008 年

2009 年

2010年

2011年

1982 年

宪法草案发展了我国的国家制度

肖蔚云*

《中华人民共和国宪法修改草案》(以下简称草案)的一个突出点是充分发扬社会主义民主,保障人民行使当家作主的权利,改革并全面地发展了我国的国家制度。这主要表现在3个方面:

第一,草案对我国的国体和政体作了新的规定,更加充分表达和发展了一切权力属于人民的思想。

草案总纲第1条关于国体的规定和1978年《宪法》第1条不同,它从我国的实际情况出发,从我国人民民主政权的产生和发展的历史出发,以马克思主义关于无产阶级专政学说为依据,突出了人民民主专政,加强了人民民主的思想。

草案第2条、第3条对我国政体的内容也作了新的规定,它的中心思想是一切权力属于人民,人民有权管理国家,管理经济和文化事业。一切国家机关的权力来自人民,国家机关必须对人民负责,受人民监督。这比过去我国三部宪法中任何一部宪法,都规定得更加突出和具体。

对我国的政体的新规定和重要发展,特别表现在对各级人民代表大会的加强上。它十分鲜明地表现在加强了全国人大常委会。这种加强是从两个方面着手的:一方面是扩大全国人大常委会的职权,如立法权,监督宪法实施的权力;在全国人大闭会期间,有权审查、批准国民经济和社会发展计划、国家预算在执行过程中所必须作的部分调整方案;有权根据国务院总理的提名,决定各部部长、各委员会主任、审计长、国务院秘书长的任免,根据中央军委主席的提名,决定中央军委主席以外的其他组成人员的任免等。另一方面是加强全国人大常委会的组织,如设立在全国人大及其常委会领导下的专门委员会,规定全国人大常委委员不得担任国家行政机关、审判机关和检察机关的职务等。

同时草案对地方各级人大也作了新的规定,加强了地方各级人大。如县级以上人大设立常委会,省、直辖市人大和它们的常委会有权制定和颁布地方性法规,特别是对农村人民公社实行政社分开,设立乡人民代表大会。

草案不但加强了全国人大和地方各级人大,而且设立和加强了由全国人大产生并对其负责的其他国家机关,如恢复设立中华人民共和国主席,设立中央军委

---

* 作者单位不详。

等,这就使体现一切权力属于人民的人民代表大会制度更加完备。

第二,草案对人民通过国家机关以外的途径和形式管理国家事务,作了许多新的规定,更加丰富和发展了社会主义民主的形式,也是对我国国家制度的发展。

在1954年和1978年的《宪法》中,只规定人民代表大会制度是我国的政体,是人民管理国家的形式。宪法修改草案第2条除了在第2款规定各级人民代表大会以外,还加了第3款:"人民有权依照法律的规定,通过各种途径和形式,管理国家事务,管理经济和文化事业,管理社会事务。"这就把各种途径和形式的管理正式列入宪法,发展了社会主义民主。

草案第18条、第19条对于国营企业、集体经济组织的自主权和民主管理的规定,是对第2条第3款的一种具体化。这就说明人民有权通过国营企业和集体经济组织的途径,直接参加经济事业的管理,实现基层的民主管理。如第18条第2款规定:"国营企业职工依照法律规定,通过职工代表大会和其他形式,参加企业管理。"由于集体经济组织的情况与国营企业不完全相同,因此集体经济组织的劳动者的管理权比国营企业职工的权限更大。草案第19条第2款规定:"集体经济组织依照法律规定实行民主管理,由它的全体劳动者选举和罢免管理人员,决定经营管理的重大问题。"

根据草案第2条第3款的规定,人民有权通过工会、青年联合会、妇女联合会等组织形式和团体参加国家事务、社会事业和经济、文化事业的管理,这是完全必要的。我国人口众多,不可能人人都参加国家权力机关和其他国家机关的管理工作,草案的这一规定能使更多的人参加管理工作,行使管理国家事务和其他事务的权利。

同样,草案第20条规定,国家举办并鼓励社会力量举办各种学校。这是使广大人民自己管理文化事业,帮助国家发展教育文化,为人民参与国家管理创造了新的途径。

草案规定城市和农村按居民居住地区设居民委员会或者村民委员会,作为基层群众性自治组织,居民委员会、村民委员会的主任、副主任和委员由居民直接选举和罢免。这就把广大城乡人民自己管理本地方的某些事务的权力正式列入宪法,使这种自治组织成为人民群众管理国家事务和公共事务的一种重要途径和形式。例如,这些自治组织调解民间纠纷、协助维护社会治安、办理本居住地区的公共事务和公益事业,它们实际上是分担了基层人民政府、人民法院和人民公安机关的一部分事务,协助完成了国家机关的一部分工作,减轻了它们的负担,同时又充分发挥了群众自治的作用。

第三,草案新规定了我国公民的广泛的民主权利。这些权利是通过总结二十多年的实践经验,特别是总结"文化大革命"中的历史教训而被改写或新增入草案的。这些新规定表现了公民权利的进一步扩大，是对我国政治制度和社会主义民主的新发展。

政治权利是人民管理国家的最根本的权利，是社会主义民主的最本质的体现。草案规定我国年满18周岁的公民，不分民族、种族、性别、职业、家庭成分、宗教信仰、教育程度、财产状况、居住期限，除依照法律被剥夺政治权利的人以外，都有选举权和被选举权。这是根据新中国成立30多年的实际情况，对1954年、1978年宪法相应条文的改写。由于剥削制度的消灭，有选举权和被选举权的人数日益增多——根据1981年全国普选统计，选民占18周岁以上公民人数的99.92%以上，扩大了我国的社会主义民主。

草案恢复了1954年宪法中的规定：公民在法律面前一律平等，并增加了“任何组织或者个人都不得有超越宪法和法律的特权”的规定。这就保障了公民享有平等的权利；反对任何人享有法律以外的任何权利。

草案第36条、第38条对公民人身自由不受侵犯、住宅不受侵犯的权利作了更加严格的规定，增加了“禁止非法拘禁或者以其他方法非法剥夺或者限制公民的人身自由”，“禁止非法搜查公民的身体”，“禁止非法搜查或者非法侵入公民的住宅”的规定；同时草案规定“公民的人格尊严不受侵犯。禁止用任何方法对公民进行侮辱诽谤”。这些规定都是针对“十年动乱”中的教训而增加的，它进一步扩大了公民的权利，并且使这些权利有了更加切实的保障。

草案第40条综合了1954年、1978年宪法的内容并且加以补充，规定公民对于任何国家机关和国家工作人员，有提出批评和建议的权利，对于任何国家机关和国家工作人员的违法失职行为，有向国家机关提出申诉、控告或者检举的权利，并且规定有关国家机关要查清事实，负责处理，任何人不得压制、打击报复。这也扩大了公民的权利，加强了法律的保障。

草案还规定保护公民的合法财产权、私有财产的继承权，切实保障公民的各项财产和经济权益。

草案还规定国家帮助安排盲、聋、哑等残疾人的生活，子女有赡养父母的义务，禁止破坏婚姻自由，禁止虐待老人、妇女和儿童。这些都是新的规定，强调保护盲、聋、哑、老人、妇女、儿童和父母的生活，也是对公民民主权利的扩大和保障。

由此可见，草案从各个方面比较完备地规定了公民的广泛的民主权利，而且这些权利是切实可行的。

从以上3个方面来看，草案充分发扬了社会主义民主，发展了我国的国家制度，是一部比较完善的草案。

（1982年第7期）

在宪法和法律范围内活动是党的一项重要原则

楚云飞 *

“党必须在宪法和法律的范围内活动。”这是党的十二大通过的《中国共产党章程》规定的一项极其重要的原则。这个意义深远的规定,在我国社会主义民主和社会主义法制的建设史上,揭开了新的一页,对我国社会主义物质文明和精神文明的建设,必将产生深远的影响。

我们党在执政以后,领导人民制定了宪法和法律,也要求党员带头遵守宪法和法律。党的八大通过的党章,曾明确规定党员的义务之一就是:“严格遵守党章和国家的法律,遵守共产主义道德,一切党员不管他们的功劳和职位如何,都没有例外。”这一规定曾经起了很大的作用,广大党员都认真执行了这一规定。这是20世纪50年代我们党的党风很好的一个重要原因,至今仍为全党和全国人民所深深怀念。但是,在“十年动乱”中,党的九大、十大通过的党章,却将党的八大党章中的这一条规定删得无影无踪了。这是社会主义法制受到严重破坏的现实在党章中的反映。粉碎江青反革命集团以后,党的十一大通过的党章,对八大党章的规定有所恢复,它要求党员必须“对党忠诚老实,遵守党纪国法,严守党和国家的机密。”但是在措辞上也还没有八大党章规定的那么严格。这次党的十二大通过的党章,在党员必须遵守国家法律的问题上,与过去的党章甚至八大党章相比,是大大前进了。这标志着我国法制建设进入了一个崭新阶段。

十二大党章不但在“党员”这一章中规定党员要自觉遵守党的纪律和国家的法律,严格保守党和国家的秘密,坚决保卫党和国家的利益;在“党的基层组织”这一章中,规定党的基层组织要教育和监督党员干部和其他任何工作人员严格遵守国法政纪,严格遵守国家的财政经济纪律和人事制度,不得侵占国家、集体和群众的利益。监督本单位财务会计人员和各种执法的专业人员不得执法犯法,同时保证他们依法独立行使他们的职权,不受侵犯和打击报复。同时,又在“党的纪律”这一章中,规定违犯政纪国法的党员,必须受到行政机关或司法机关依据政纪或法律的处理。严重触犯刑律的党员必须开除党籍。在遵守国家法律的问题上,规定得这样严格、明确、具体,是十二大党章的显著特色。我们党是执政党,一切基层单

---

* 作者单位不详。

位都有党的组织担负领导责任。现在党章规定基层党组织还负有教育和监督党员干部和其他工作人员遵守国家法律的责任,这更是过去的党章前所未有的。这些规定,显示了我们党为争取党风早日根本好转、推进社会主义法制建设的坚定决心。

新党章的最大特色,则是"党必须在宪法和法律的范围内活动"的规定。胡耀邦同志在解释这一规定时指出:这"是一项极其重要的原则。从中央到基层,一切党组织和党员的活动都不能同国家的宪法和法律相抵触"。这个规定,已不仅仅是要求党员个人必须遵守国家的宪法和法律,而且是要求从中央到基层一切党的组织都必须遵守国家的宪法和法律了。这是党的十二大党章所独有的,是我们党在总结历史经验以后的一个伟大创造。

无产阶级政党在取得政权、成为执政党以后,党的各级组织要不要在自己领导人民制定的宪法和法律范围内活动,是一个长期没有明确解决的重大问题。十月革命胜利以后,苏联在以列宁为首的党中央领导下,曾经制定了宪法和各种法律。但是在列宁逝世以后,宪法和法律并没有得到严格的遵守。斯大林的主要错误之一,就是在一定程度上损害了苏联党的生活中和国家制度中的民主集中制原则,破坏了一部分社会主义法制,造成了肃反扩大化。斯大林的错误表明,苏联当时在领导人民制定宪法和法律以后,并没有明确党必须在宪法和法律的范围内活动这一原则,而且往往超越宪法和法律的范围活动,结果造成了严重的损害。我国"十年动乱",也存在党的活动超越宪法和法律范围的情况。党的《关于建国以来党的若干历史问题的决议》曾经指出,由于种种历史原因,"使我们没有能把党内民主和国家政治社会生活的民主加以制度化,法律化,或者虽然制定了法律,却没有应有的权威。"中外社会主义法制的历史经验说明,执政党领导人民制定宪法和法律以后,如果不明确规定党的各级组织,从中央到基层都必须在宪法和法律范围内活动,必然造成严重的危害。正因为这样,党的十二大通过的党章确立了"党必须在宪法和法律的范围内活动"的原则,其深远意义确实是不可低估的。

如果从理论上考察,无产阶级政党在成为执政党以后,长期没有明确党必须在宪法和法律范围内活动这一重要原则,恐怕与有些人错误理解了对列宁关于专政是不受法律限制的政权的说法,也有一定的关系。

列宁逝世以后,斯大林发表了《论列宁主义基础》一书。这本书在阐发列宁主义上作出了杰出的贡献。斯大林在这部著作中,对列宁的无产阶级理论作了一个概括,他说:"简单地说:无产阶级专政就是无产阶级对资产阶级的统治,它不受法律限制,凭借暴力,得到被剥削的劳动群众的同情和拥护。"①这个概括有两个问

① 列宁著:《国家与革命》。

题：第一，《国家与革命》中并没有无产阶级专政“不受法律限制”这样的提法；第二，没有反映出列宁的无产阶级专政理论中关于取得政权以后，党必须遵守自己制定的法律的思想。这就容易造成人们认识上的混乱。苏联30年代肃反扩大化，我国20世纪60年代阶级斗争扩大化，其原因是错综复杂的，但在一定意义上，同错误地认为无产阶级专政的国家政权可以“不受法律限制”不能说没有关系。“和尚打伞，无法无天”，这个歇后语在一些人中流行一时，恐怕也是这一类错误认识的反映！

不错，列宁在1906年总结1905年俄国革命失败的经验，同立宪民主党人辩论时曾经说过：“专政就是不受限制的、凭借暴力而不是凭借法律的政权”；“专政的科学概念无非是不受任何限制的、绝对不受任何法律或规章拘束而直接凭借暴力的政权”。为了通俗地表达这个思想，列宁还打了一个比方：假定有一伙流氓殴打一位妇女。这时，支持这位妇女的人们联合起来，共同用暴力对付这伙流氓，而这就是“不受任何法律限制的政权”。① 从列宁的这个比方中，可以看出两层意思：其一，资产阶级为了压迫劳动人民，他们的专政是不受他们自己制定的法律限制的。他们依仗的是暴力，就像那伙流氓无故殴打一位无辜的妇女那样；其二，无产阶级为了推翻资产阶级专政，建立自己的专政，当然也不受任何资产阶级法律限制，就像那些支持无辜的妇女，用暴力对付流氓的人们那样。列宁是完全正确的。（后来，列宁在批判考茨基歪曲马克思的无产阶级专政学说的时候，曾在《无产阶级革命和叛徒考茨基》、《专政问题的历史》中，重复了1906年的论点）但是，当无产阶级推翻了反动阶级的统治，建立了自己的专政，并且制定了法律以后，就不能说无产阶级专政“不受法律限制”了。列宁在十月革命胜利以后不到一年，就亲自领导苏维埃国家制定了第一部宪法和一系列法律、法令，并且带头遵守，就是最好的说明。列宁说：“维埃的法律是很好的，因为这些法律使每一个人都有可能同官僚主义和拖拉作风作斗争”。② 列宁还向俄共（布）中央政治局建议：“向所有省委重申，凡有一丝一毫企图对法庭‘施加影响’以‘减轻’共产党员罪责的人，中央都将开除出党。”③也就是说，党的组织应该保证司法机关依法独立行使职权，不受干扰和侵犯。这个建议，也可以说是党必须在宪法和法律范围内活动的先声。

胡耀邦同志在党的十二大的报告中指出：“现在的问题是，不但有相当数量的群众，而且有相当数量的党员，包括一些负责干部，对法制建设的重要性还认识不足，有法不依、执法不严的现象在一些方面仍然存在，已经制定的法律还没有得到充分的遵

---

① 参见《立宪民主党人的胜利和工人政党的任务》。

② 《新经济政策和政治教育局的任务》。

③ 《给俄共（布）中央政治局的信》。

守和执行。”因此，学习党的十二大文件，一个重要的内容就是使广大干部、群众，尤其是负责干部真正认识社会主义法制建设的重要性，真正懂得无产阶级政党成为执政党以后，不但要领导人民制定宪法和法律，更需要带头遵守宪法和法律。过去有的同志提出：法大还是党委大？严格说来，这是一个极其幼稚的问题。法和党的关系，根本不是什么谁比谁大的问题。党是人民的一部分，要说大，就算人民最大。我们国家的宪法和法律，都是人民的意志、人民的利益的集中体现。当然，人民是党领导的。我们党是中国各族人民利益的忠实代表，宪法和法律也是党的方针政策的集中体现。党领导人民制定的经国家权力机关通过的宪法和法律，全党都必须严格遵守。党的各级组织带头遵守宪法和法律，就是带头捍卫人民的利益，带头捍卫党的方针政策。把一级党委同党领导人民制定的宪法和法律对立起来，甚至认为一级党委可以超越宪法和法律的范围活动，其结果必然会违反党的方针政策，损害人民的利益。这已为许多历史教训所证明。

还有些同志认为，规定党必须在宪法和法律范围内活动，会束缚自己的手脚，会妨碍开创新局面。真的会这样吗？苏东坡评论大画家吴道子的画是“出新意于法度之中”。作画必须按照一定的法度，在一定的法度之内，大画家是会创出新意的。我们的宪法和法律也是一种法度。它的范围十分广阔。一切愿意为社会主义和共产主义事业而献身的人们，在这广阔的范围内，是能够开创出新局面的。当然，在宪法和法律的范围内，根据各个地区的实际情况，依法作某些变通，是允许的，也是应该的。但是这种变通，绝不能越出宪法和法律的范围，这是必须明确的。

至于宪法和法律在实施过程中，出现某些条文不适应形势发展的情况，或者暴露出某些条文存在缺陷，这都是可能的。出现这一类情况，可以向上级组织直至中央及时反映，由党建议并领导国家权力机关加以修订或重新制定。在没有修订或重新制定以前，任何组织和个人仍然不得违犯。

党的十一届三中全会以来，在党的领导下，国家制定了刑法、刑事诉讼法、民事诉讼法、新的婚姻法等一系列重要法律，在社会主义法制建设上取得了显著的成就。党的十二大通过的新党章作出“党必须在宪法和法律的范围内活动”的规定，对于推进我国社会主义法制建设，全面开创社会主义现代化建设的新局面，巩固和发展社会主义制度，必将发挥巨大的作用。这是可以预期的。

（1982 年第 11 期）

新宪法保障公民的人格尊严不受侵犯

孔令望*

第五届全国人大五次会议通过的《中华人民共和国宪法》(以下简称新宪法),是我国人民建设社会主义现代化强国的根本大法,是治国安邦的总章程。新宪法中关于公民的各项基本权利的规定,不但内容广泛,而且非常切实和明确,不仅恢复了1954年《宪法》的内容,还增加了新的内容。

新宪法中除了规定公民的人身自由不受侵犯外,新增加了"中华人民共和国公民的人格尊严不受侵犯。禁止用任何方法对公民进行侮辱、诽谤和诬告陷害"。这是十分重要和必要的。

人身自由不受侵犯,是公民最基本的权利,是公民得以行使管理国家事务的权力,参加各种社会活动,享受其他各种权利的先决条件。因此,保障公民的人身自由不受侵犯,是现代民主国家在法律上普遍确认的,新中国成立以后的几部宪法都对此作了明文的规定。鉴于历史的经验教训,新宪法在对公民的人身自由不受侵犯作了明确具体的规定之后,新增加了关于公民的人格尊严不受侵犯的内容。这是对公民的人身自由不受侵犯规定的补充和扩展。

所谓人格,从法律上讲是指一个人能够作为权利与义务主体的独立的资格。人格尊严不受侵犯,则是指公民的人身、健康、姓名、荣誉、肖像等不被侮辱和诽谤。公民的人身自由和人格尊严不受侵犯,这在资产阶级统治的国家里,是不可能真正实现的。在废除了剥削与被剥削、压迫与被压迫关系的社会主义国家里,也只有在社会主义法制受到尊重,社会主义民主得到发扬的时候,才能真正做到。

"十年动乱"时期,由于社会主义法制遭到严重破坏,我国公民的基本权利毫无保障,公民的人身自由和人格尊严被任意地非法侵犯。由于林彪、江青反革命集团的倒行逆施,坏人当道,好人受欺,无数公民遭到严重的迫害,受到令人发指的侮辱和诽谤。什么"低头认罪"、"戴高帽子"、"游街示众"等,人格被严重践踏;"大字报"、"大标语"随便攻击诽谤别人,把人名颠倒写或打上叉叉,使人名誉被恣意诋毁;"抓头发"、"喷气式"以及拳打脚踢等摧残人身健康、剥夺人身自由的暴行被誉为"革命行动"。这是历史的惨痛教训,应该认真汲取。当前由于"文化大革命"的流毒尚未肃清,在社会生活中,公民的人格尊严被侵犯的现象还时有发

* 作者单位不详。

生。因此,为了吸取历史上的经验教训,防止公民人格尊严被侵犯,宪法中增加这个新内容,以国家根本大法给予保障,是完全必要、非常正确的。这也是人们共同的心愿。

宪法保障公民的人格尊严不受侵犯,公民在国家政治生活和社会生活中的合法地位受到尊重,无疑将调动每个公民建设社会主义的积极性。人们将会心情舒畅,满腔热情地充分发挥各自的聪明才智,全力投入"四化"建设的伟大革命洪流中去。

保障公民的人格尊严不受侵犯,这也是社会主义精神文明建设的需要。尊老爱幼,相互尊重,举止有礼,这是社会主义的美德,随意侮辱和诽谤他人是不文明不道德的行为,轻则应受到社会舆论的谴责,重则要受到法律的追究。把公民的人格尊严不受侵犯写进宪法,使侮辱和诽谤公民的违法犯罪行为受到法律追究,这对保障社会安定,建设高度的社会主义精神文明,必将产生深远的影响。

(1982年第12期)

1983 年

维护宪法和法律尊严的有力武器

本刊评论员*

新中国成立以来最好的一部宪法——新的《中华人民共和国宪法》(以下简称新宪法)已经正式颁布了。新宪法在总纲第5条规定"一切国家机关和武装力量、各政党和各社会团体、各企业事业组织都必须遵守宪法和法律"之后,又增加了一项规定:"一切违反宪法和法律的行为,必须予以追究。"这一新的内容,十分有力地说明"国家维护社会主义法制的统一和尊严",任何组织和个人,都不得有超越宪法和法律的特权。因此,深入地学习和理解新宪法这一规定的精神实质,对于正确认识维护社会主义法制的必要性,提高贯彻实施宪法和法律的自觉性,都有极其重要的意义。

我们应该认识到,把"一切违反宪法和法律的行为,必须予以追究"明确载入宪法,具有很大的针对性。一方面,人们从我国法制发展的曲折历程中,对宪法和法律能不能切实付诸实施特别关注;另一方面,当前的情况正如胡耀邦同志在十二大报告所指出的那样:"不但有相当数量的群众,而且有相当数量的党员,包括一些负责干部,对法制建设的重要性还认识不足,有法不依、执法不严的现象在一些方面仍然存在,已经制定的法律还没有得到充分的遵守和执行。这种状况必须加以坚决改变。"新宪法的规定,使遵守和维护宪法、法律成为全社会的事情,成为所有公民的义务,人们在同一切违反宪法、法律行为作斗争时,也就有了强大的法律武器。

马克思有一句名言:"一步实际运动比一打纲领更重要"。这告诉我们,不能只注意制定纲领,而不注意实践,否则再好的纲领也会成为一纸空文。今天,用这句话来说明遵守和维护宪法、法律的重要性,是再确切不过了。由于历史的原因,在我们干部队伍中,尽管故意违反宪法和法律的人总是少数,但是出于对社会主义法制的种种模糊认识,在实践中有法不依、执法不严的情况却仍然不是个别的。这也正是人们在对我们的宪法和法律一致好评之后,担心能不能全部付诸实现的原因。是让人们的这种担心继续存在下去而损害党所领导制定的宪法、法律的威信呢,还是在新宪法颁布后社会主义法制发展出现新局面的情况下,重新学习,端正认识,使宪法和法律真正得到遵守和维护?这已成为当前对每一个干部的一个严

* 作者单位:《法学》月刊社。

峻考验。

当前,在干部中有哪些不利于宪法和法律贯彻实施的模糊认识呢?

“法大还是权大?”这是在一些同志的思想上没有完全解决的问题。这个问题实际上是前几年群众提出的“宪法大,还是党委大”的继续。这个朴素的提问也是群众对某些干部歪曲法和权的关系的尖锐批评。在我国,只有人民的权利最大,而宪法和法律就是代表人民的最高权力机构——全国人民代表大会,根据人民的意志和利益,也就是党的意志和利益,加以集中而制订出来的。从这个意义上说,社会主义的法和权,在本质上是一致的。如果从具体执行的过程来看,那么我们则应明确回答:法比任何个人、任何组织都要大。任何组织和个人都必须受到宪法和法律的制约。过去在这个问题上的糊涂观念,是一些干部甚至是一些负责干部有法不依、执法不严的认识根源。有一部根据同名小说改编的电影《祸起萧墙》,其中的地委书记就是认为他代表了一个地区几百万人民的利益,他个人的权力比法大,以致可以违抗国家的法令,造成大片地区供电系统的破坏。结果他当然逃脱不了法律的追究。

人们常说,法律是统治阶级意志的体现。这个马克思主义的原理,无疑是正确的。但是,其一,统治阶级的意志,在我国是人民的意志,而“决不是单个的个人恣意横行”(马克思语);其二,法律作为一种社会现象,它是反映客观规律,调整人们行为规则,具有一体遵行效力的行为规范。我国宪法和法律的制定是经过广大人民充分讨论,符合客观规律,上升为国家意志的东西。因此,人民的意志在已经形成为法律的条件下,任何个人只有遵守国家法律的义务,绝无违反国家法律的特权。正如叶剑英委员长所说的,“从党的领导者到每个党员,从国家领导人到每个公民,在党纪国法面前人人平等,绝不允许有凌驾于党纪国法之上的特权”。《祸起萧墙》中那位地委书记之所以敢于以身试法,显然是错误地看待法和权的关系,而把人民赋予他的权力,当做是个人的特权了。马克思和恩格斯当年总结巴黎公社的经验教训时,曾特别提出必须防止国家工作人员由“社会公仆”变成“社会主人”的警告。对于我们的干部来说,如果有法不依,执法不严,一味以言代法,无视法律的尊严,那么,不也应该想一想自己到底是当人民的“公仆”还是人民的“主人”这个十分严肃的问题吗?

“不要死抠法律条文!”这也是过去一些年中有些同志有法不依,甚至拿来指责执法必严的法律工作者的口实。在他们看来,严格执行宪法和法律就成为“死抠法律条文”。不是有人指责那些严格按照法律办事的司法干部为“法呆子”吗?所谓“法呆子”,意思也就是“死抠一法律条文的呆子”。这不仅是一种不文明的谑称,而且把严格依法办事,准确运用法律条款的做法,比作是从书本出发,脱离实际的教条式的书呆子,显然是错误的。这正是反映了某些同志头脑中法制观念十分淡薄。这些同志应该懂得,有没有法制,遵守不遵守法制,是衡量文明程度的标志。我国老一辈革命家董必武同志就说过:“人类进入文明社会以后,说到文明,法制要算一项。简单地说,国家没有法制,就不能成为一个国家。”那些执法必严的“法呆子”,实际上正是忠于职守、具有高尚的司法道德的表现,有什么可以指责的呢?

当然,在所谓“法呆子”的指责后面,并不仅是一个文明程度问题,而且还有一个对政治和法律的关系的认识问题。政治和法律同属于上层建筑部分,但由于政治是经济的集中表现,它在整个上层建筑当中处于主导地位,法反映政治,并以统治阶级的政治要求为直接内容。因此,法律应该为政治服务。现在的问题是,有一些同志往往把法律服务于政治,看成政治可以取代法律,看不到或还不懂得政治又离不开法律。实践证明,离开法制的政治只能给党和国家带来灾难,难道这方面的教训还不深刻吗?所谓“不要死抠法律条文”,实际上是否定法律对政治的作用。这是“左”倾思想的一个反映,因而是十分危险的。我们在执法过程中,当然要考虑到一定的社会政治形势,如我们对严重破坏社会治安和四化建设的重大刑事案件采取“从重从快”的方针,就是出于对当前社会一些犯罪现象十分猖獗的客观形势的考虑。但这种“从重从快”仍然是以“依法”为前提的,而绝不是可以离开法律依据去谈“从重从快”。也就是说,“审势”执法是为了更好地从实际出发执行法律,而不能随心所欲地解释和滥用法律。

“司法工作人员执行法律就百分之百地正确吗?”那也不一定。司法工作者同一级党委或其他部门的同志,在宪法和法律实施过程中,由于对某一条文的认识不同,而出现一些不同的理解,这是十分自然的,也是正常的。出现这一类认识上的矛盾,可以而且应该通过民主讨论的方法去解决,而不应该采取“一言堂”、家长制的办法去强制。司法工作者应该尊重一级党委或其他部门同志的正确意见,以修正自己不正确的或不完全正确的意见,反过来也是这样。相比较而言,由于司法工作者是专业人员,他们的意见更应该受到尊重。作为一级党委的负责干部来说,既有学法懂法的问题,也有实行民主的问题。在一定意义上说,民主作风的问题更为重要。因为有了民主,就会“兼听则明”,也会懂得虚心去学;而如果自己不懂法,作风又不民主,那就会拒绝别人的正确意见,固执己见,专断独行,像盲人骑瞎马,夜半临深池一样,其危害自然更大了。这里应该特别指出的是,在我们社会主义国家里,要养成人人遵守宪法和法律的崇高社会道德风尚,其关键是党的负责干部必须带头遵守宪法和法律。所谓“村看村,户看户,群众看党员,党员看干部”,就是生动地说明了党风不正,国法难行。这已是许多事实所证明了的深刻教训。

北宋大政治家王安石说过:“制而用之存乎法,推而行之存乎人。”这是很对的。宪法是要靠人去遵守,靠人去实施的。人的因素是绝不能忽视的。这不是什么“人治”。当某些干部对社会主义法制还存在种种模糊认识,甚至处在“法盲”状态的时候，不但不可能使宪法和法律付诸实施，而且会成为实施宪法和法律的阻力；更严重的甚至会走上违反宪法和法律的邪路。十二大报告指出："要在全体人民中间反复进行法制的宣传教育，从小学起各级学校都要设置有关法制教育的课程，努力使每个公民知法守法。"这种宣传教育，应该首先在各级干部中进行，使宪法和法律的最大权威性真正在干部的思想上，接着在全体人民的思想上牢固地确立起来，这就会形成一股遵守宪法、维护宪法的伟大力量，保障我国社会主义现代化建设事业的胜利前进！

（1983 年第 1 期）

新宪法是建设社会主义民主与法制的根据

许崇德*

新宪法的颁布对于社会主义民主与社会主义法制的建设具有极其重大的意义。新宪法序言规定了全面建设社会主义现代化的总任务,其中提出要"不断完善社会主义的各项制度,发展社会主义民主,健全社会主义法制","把我国建设成为高度文明、高度民主的社会主义国家"。完善各项制度,当然包括民主制度与法律制度在内。序言关于新时期总任务的全部表述,字数不多,但却多处涉及民主与法制,而且要求建设成"高度民主"的社会主义国家,足见其重要的程度。同时,社会主义民主与法制不仅被提到总任务总纲领的高度,而且作为一个基本思想贯穿于整个新宪法之中。

新宪法确认我们的国家制度是人民民主专政制度。这种制度只对极少数破坏社会主义的敌对分子实行专政,而保证了占人口绝大多数的人民当家作主。新宪法规定,我国的一切权力属于人民。在我国,人民实现自己的权力主要通过两种方式:一是代表制,即人民通过全国人民代表大会和地方各级人民代表大会行使国家权力。这是基本的。人民代表大会制度是我国的基本政治制度。另一种是人民依法通过各种途径和形式,管理国家事务,管理社会经济文化事务。这是直接的民主方式,也是重要的民主制度。

新宪法改善和加强了全国人大和地方各级人大的地位和作用。关于全国人大,新宪法增加了全国人大两项重要职权:其一,监督宪法的实施;其二,有权改变或撤销全国人大常委会的不适当的决定。后者足以保证全国人大在常务委员会的权力扩大之后仍然居于至高的地位。根据新宪法,全国人大不再制定一切法律,而是制定和修改基本的法律。这就有利于全国人大在会期较短的情况下,集中力量搞好立法工作。加强全国人大常委会的地位和作用是新宪法关于民主建设的重大措施。常委会职权的扩大主要表现为:有权制定和修改除应由全国人大制定的法律以外的其他法律;在全国人大闭会期间,有权对全国人大制定的法律进行部分补充和修改,但不得同该法律的基本精神抵触;有权审查和批准国民经济和社会发展计划、国家预算在执行过程中所必须作的部分调整方案;有权决定国务院部长、委员会主任、审计长、秘书长的任免,决定中央军事委员会副主席和委员的任免。另

* 作者单位不详。

外，新宪法规定全国人民代表大会增设若干专门委员会、扩大人民代表的权利等，也都有利于全国人大和它的常委会充分发挥其最高权力机关的作用。

关于地方各级人民代表大会，新宪法规定，省、自治区、直辖市的人民代表大会和它们的常委会，在不同宪法、法律、行政法规相抵触的前提下，可以制定地方性法规，报全国人大常委会备案；县以上地方各级人民代表大会设立常务委员会作为本区域内经常行使国家权力的机关；人民代表的产生，由原来的基层实行直接选举扩大到县级。以上3个方面的改革是1979年就开始了的，这次新宪法总结了实践经验予以确认。再者，新宪法把乡、民族乡、镇的人民代表大会任期由原来的两年改为3年，与县的任期一致，以便使基层工作保持延续性，并避免了普选过于频繁地进行。新宪法扩大了民族自治地方自治机关的自治权；全国农村实行政社分开，恢复乡、民族乡的建制。凡此等等，都有利于我国人民代表大会制的进一步完善化和民主化。

关于直接的民主方式，新宪法规定，公民对任何国家机关和干部，都有批评和建议的权利，对国家机关和干部的违法失职行为，可以提出申诉、控告或检举。新宪法还规定：我国的国营企业依法通过职工代表大会和其他形式实行民主管理；集体经济组织依法实行民主管理，由它的全体劳动者选举和罢免管理人员，决定经营管理的重大问题。新宪法总结了基层工作的长期经验，规定在城乡按居民的居住区设立的居民委员会或者村民委员会，是基层群众性自治组织。居民委员会和村民委员会设人民调解、治安保卫、公共卫生等委员会，办理本居住地区的公共事务和公益事业，调解民间纠纷，协助维护社会治安，并且向人民政府反映群众的意见、要求和提出建议。

人民群众直接通过以上各种形式管理国家事务，管理经济和文化事业，管理社会事务，这就表明新宪法使我国的社会主义民主逐步扩展到了政治生活、经济生活、文化生活和社会生活的各个方面，成为人民进行自我教育的方法，从而增强了人民的主人翁感，激发了人民建设社会主义的主动性、积极性。

社会主义民主的建设是同社会主义法制的建设紧密结合的。一方面，新宪法根据党的十一届三中全会以来我国民主建设取得的成就和已经确定的重大方针，系统化为宪法条文，这个事实本身就是法制的加强。另一方面，新宪法作为国家的根本大法，规定了必须坚持四项基本原则；规定了新的历史时期的总任务和我国社会制度、政治制度的基本原则，因而为其他普通法律的制定和修改提供了立法基础。新宪法公布实施之后，无疑有一系列法律、法规和其他规范性文件将依据新宪法的原则而陆续制定或进行修订。从这个意义上说，新宪法的通过和颁布，对进一步健全社会主义法制必将产生深远的影响。

新宪法总纲规定："国家维护社会主义法制的统一和尊严。"这是本宪法增写的新的条文。宪法是根本法,所以维护法制的统一和尊严,首先是维护宪法的统一和尊严。宪法是全国人民的意志的最集中的表现。它的统一性和尊严性有三个方面的特点:(1)宪法的修改必须经全国人大以全体代表的2/3以上多数通过,而法律的制定和修改程序则不同,有的法律无须经全国人大,只由全国人大常务委员会通过即可,基本法律虽然必须经全国人大制定和修改,但只需全国人大以全体代表的1/2以上通过即可。(2)新宪法把"监督宪法的实施"规定为全国人大和全国人大常委会的职权。由于最高国家权力机关及其常设机关在整个国家机构中的至高的地位,因此由它监督宪法实施,最能保证宪法的统一和尊严。根据新的《全国人民代表大会组织法》的规定,全国人大各专门委员会都负有审议规范性文件是否违宪的职责,这就使最高国家权力机关及其常设机关对宪法实施的监督工作得到了落实,从而更加有效了。(3)新宪法规定"一切法律、行政法规和地方性法规都不得同宪法相抵触",如果发生抵触,它们就会被撤销或者被改变。新宪法还明确规定,一切违反宪法的行为,必须予以追究。

新宪法对于法制建设的权威性还在于它严格了法的体系,规定了保证法制统一的完善的监督体系:全国人大常委会有权撤销国务院制定的同宪法、法律相抵触的行政法规、决定和命令,有权撤销省、自治区、直辖市国家权力机关制定的同宪法、法律和行政法规相抵触的地方性法规和决议。国务院有权改变或者撤销各部、各委员会发布的不适当的命令、指示和规章;有权改变或者撤销地方各级国家行政机关的不适当的决定和命令。县级以上的地方各级人大有权改变或者撤销本级人大常委会不适当的决议。县级以上的地方各级人大常务委员会有权撤销本级人民政府的不适当的决定和命令,有权撤销下一级人民代表大会的不适当的决议。县级以上的地方各级人民政府有权改变或者撤销所属各工作部门和下级人民政府的不适当的决定;自治区的自治条例和单行条例,必须报全国人大常委会批准后才能生效;自治州、自治县的自治条例和单行条例,必须报省或者自治区的人大常委会批准才能生效。我们国家国土辽阔,情况各异;各类国家机关职权不同,有必要在最高国家权力机关及其常设机关制定的宪法和法律之外,使各级国家权力机关和行政机关根据需要,发布各类规范性文件。但是如果没有上述的监督体系,社会主义法制的统一和尊严就无法保障。当然,人民法院、人民检察院也是维护社会主义法制的机关,但那是另一种意义的保障。

新宪法规定:"中华人民共和国公民在法律面前一律平等。"这是社会主义法制建设的一项重要原则。在我国,任何公民都平等地享有宪法和法律规定的权利,同时也都平等地必须履行宪法和法律规定的义务。如果破坏这种平等,允许一部分人只享权利不尽义务,另一部分人尽了义务而享受不到应享的权利,那么法制的统一和尊严就会遭到损害,人民的团结就会受到不利的影响。在法律面前享有特权,这是同我们社会主义国家的根本性质相违背的。为了维护社会主义法制的统一和尊严,人人应当平等地遵守宪法和法律。

宪法和法律是党领导全国人民制定的,党也一定要领导全国人民共同遵守宪法和法律。当前有一部分人,包括相当数量的党员,甚至有一些负责干部,对于法制建设的重要性还认识不足,有法不依、执法不严的现象在不同程度上仍然存在。因此,认真地学习新宪法,深入地贯彻新宪法乃是重要的长期任务。在新宪法公布之前,党的十二大已经把"党必须在宪法和法律的范围内活动"作为一项极其重要的原则写入新党章。党的十二大文件对于新宪法的内容有巨大的影响作用。新宪法明确地强调:"一切国家机关和武装力量、各政党和各社会团体、各企业事业组织都必须遵守宪法和法律","任何组织或者个人都不得有超越宪法和法律的特权"。新宪法的这个规定一定要大力宣传,使它深入人心。有了社会主义法制的统一和尊严,社会主义民主也就有了充分的保障。

(1983 年第 2 期)

按照宪法加强民主与法制建设

赵炳霖*

五届全国人大通过颁布的新宪法,标志着我国社会主义民主和法制建设进入了新的发展阶段。彭真同志在闭幕会议上的讲话中提出要动员一切力量,从各方面保证宪法的实施,并按照宪法的规定加强社会主义民主和法制建设。这是全国人民政治生活中十分迫切的任务。

我国现行《宪法》,集中了全国各族人民的共同意志,是一部具有中国特色的、适应现代化建设需要的社会主义宪法,是我们在今后长时期内治国安邦的总章程。既然我们已经制定了一部好宪法,今后的问题就是要切实保证宪法在国家政治生活和社会生活的各个方面贯彻执行,这是加强民主与法制建设的一个根本性问题。

本来,党领导人民制定了宪法和法律,就体现了党的路线、方针和政策,执行宪法和法律与贯彻党的路线、方针和政策是一致的,相辅相成的。但是,在现实生活中,违反宪法、法律的情况屡有发生,基层单位有,领导机关也有;非执法单位有,执法单位也有。党的十二大明确指出,党必须在宪法和法律的范围内活动。从中央到基层,一切党组织和党员的活动都不能同宪法和法律相抵触。多年来的实践说明,增强法制观念,减少违宪违法情况的关键,就是要使我们党的各级领导干部改变轻视法律的偏见,提高对法律在治国安邦中的作用的认识。这是增强法制观念,保证我国社会主义民主与法制建设能够顺利发展的关键所在。

轻视法制的观念和不遵守法律的现象是由来已久的。早在1956年党的第八次全国代表大会上,董必武同志就分析了不重视和不遵守国家法制现象的历史根源和社会根源,以及和这种现象进行斗争的严重性和必要性。我们虽然早在民主革命时期就开始了革命法制的建设,但当时主要是依靠武装斗争的手段,取得了全国政权,彻底摧毁了旧的法统。而新中国成立初期的全国范围内的群众运动,又往往不是完全依靠法律进行的,因此,仇视旧法制的心理和轻视法制的思想常常交织在一起,在部分干部的思想中存在;而当这些思想还没有得到认真清理时,在"文化大革命"中,"四人帮"又把这种轻视法制的思想推到了极点。今天,当我们强调民主与法制建设的时候,就不能不对一部分干部特别是领导干部中的这种思想认真加以对待。因为我们党的各级领导干部是直接负责贯彻执行党的路线、方针和

---

* 作者单位不详。

政策的，如果他们的思想认识端正了，就能影响和带动全国人民，使党的路线、方针、政策贯彻落实到社会生活的各个方面。否则，党的主张将得不到贯彻执行，要改变违宪违法的情况，将是十分困难的。

要克服轻视法制的思想，就必须提高对法制在四化建设中的作用的认识。有一种观念或明或暗地存在：我们的革命和建设就靠党的路线、方针、政策，法制仅仅是一种形式，有了它反而太麻烦，碍手碍脚。这种观念实际上认为，四化建设并不需要法律。事实上，党的路线、方针和政策是从国家的全局出发，深刻分析各个方面的实际情况而决定的大政方针，对于全国的政治生活、经济生活等各方面均具有指导意义。作为一个政法工作者，尤其需要了解党的方针、政策，才能更有效地执行法律。党的方针政策和法律是相辅相成的，我们绝不能因为党的路线、方针、政策具有指导作用而轻视法律的作用，更不能把法律看做是可有可无的。这主要是由于：第一，从效力上来看，党的路线、方针、政策是党员必须遵守的规范，而只有宪法和法律才是由国家强制力所保证的全国人民必须遵守的行为规范。当然，共产党是我们社会主义国家的执政党，人民在政治上是尊重党的领导权的。四项基本原则就是我国人民必须严格遵守的基本行为规范。但是党的政策和国家的法律，两者的效力范围不同，这是应当加以区别的。第二，党的路线、方针、政策只能就革命和建设中的任务提出总的目标和解决的原则等，还必须有法律把党的路线、方针、政策具体化、条文化，这对于解决党在政治方面、经济方面和社会生活其他方面的任务均是如此，否则，党的路线、方针、政策的贯彻执行就会落空。当然，贯彻执行党的主张，还需要政治的、经济的、思想教育的手段，但法律则是一种必不可少的有力的手段。因为法律是以国家强制力作为保证的人人都必须遵守的行为规范，具有极大的权威性和统一性，它规定了什么事可以做，如何做；什么事不能做。这就有力地保证了党的路线、方针、政策的贯彻落实。第三，从马克思主义的国家学说和法律学说来看，由共产党领导的社会主义国家还必须强化国家机器，其中当然也包括必须重视社会主义民主与专政的建设和法制建设。共产党是执政党，但不能以党代政。现在，我们的人民民主专政国家，虽然阶级斗争在一定范围内还存在，但我们要解决的主要矛盾却是人民日益增长的物质文化需要同落后的社会生产之间的矛盾。无论解决阶级斗争范围内的矛盾，或是不属于阶级斗争范围的各种社会矛盾，包括解决经济建设这个主要矛盾，都必须纳入国家法制的轨道上来进行。《关于建国以来党的若干历史问题的决议》在论述建设高度民主的社会主义政治制度是社会主义革命的根本任务之一时，就明确指出：“必须巩固人民民主专政，完善国家的宪法和法律并使之成为任何人都必须严格遵守的不可侵犯的力量，使社会主义法制成为维护人民权利，保障生产秩序、工作秩序、生活秩序，制裁犯罪行为，打击阶级敌人破坏活动的强大武器。”尤其是我们现在正在从事经济建设和经济体制改革，越来越感到加强法制建设和立法工作的需要。人们通常承认调整经济建设需用行政的、经济的、法律的手段和杠杆，但是，行政的和经济的手段必须通过法律这个杠杆则往往被人们所忽视。比如，作为经济手段的信贷和税收，都必须形成有具体规定的各种信贷、税收的条例、法规等，才能成为各经济单位必须遵行的规范。因此，法律手段对调整经济建设中各种关系的重要性和迫切性是显而易见的。

总之，法律和政策是相辅相成的，必须全面贯彻执行，既不能强调了政策的指导作用而轻视法律，也不能只看到法律是人人必须遵守的不可侵犯的力量而忽视政策的指导作用。要增强领导干部的法制观念，就必须对政策和法律的相互关系有一个正确的认识，这样才能提高遵守法律的自觉性，既懂得党的路线、方针、政策，又熟悉和掌握宪法、法律的原则和规定。坚定不移地贯彻党的政策，正确地执行法律，四化建设将遵循党的主张顺利地有秩序地进行下去。

加强我国的社会主义民主和法制建设是党的十一届三中全会所作出的重要决定。发扬社会主义民主，健全社会主义法制的工作，从来都是包括加强专政和扩大民主这两方面任务的。一方面，对于反革命分子和危害社会治安的严重犯罪分子绝不能手软，必须依法及时严惩，以保障国家、集体和个人的生命财产的安全。四化建设只能在安宁的社会条件下才能正常进行。另一方面，我们要从各个方面（包括法制方面）保证占总人口绝大多数的劳动人民当家作主的民主权利进一步扩大。在这两方面，我们都有许多工作要做。

在社会主义民主与法制建设工作中的一项重要的任务就是要大力加强立法工作，以逐步完善我国的社会主义法律体系。在现代化建设日益发展的条件下，社会主义各种经济关系将日益发展。这就需要各类法律规范来调整这众多的经济关系。现在，运用法律手段来管理经济活动已经提到社会主义各个经济部门及其他部门的工作日程上来，加强经济立法工作和行政立法工作的迫切性已日益明显。为了使经济法规的制定和经济活动的调整能更有效地进行，制定和颁布民法则是刻不容缓的工作。

民法从来就是法律体系中的一个基本的法律部门，在宪法的基本原则指导之下，民法规定了调整财产关系的一系列基本原则和方法，是其他各种经济法规所不能代替的。如果仅仅是颁布了各项经济法规而没有民法，那么调整众多经济关系（财产关系）的基本原则将无所遵循，正常的经济秩序将很难建立和保持。例如，关于民事权利主体的法律地位就是一个问题。随着经济管理体制的改革和内外关系的发展，法人纷纷出现，如果我们缺乏对法人的概念、特征、权利义务以及产生、变更、消灭等许多基本规范的规定，则这种主体将处于不确定的法律状态之中，不仅将使发生的纠纷难以解决，更重要的是影响了正常的经济联系和民事流转的进行，对经济建设的贻误甚大。又如，关于所有权的各种规定也是一个问题。现在，国家所有权、集体所有权和个人所有权正在国民经济的发展中日益发挥作用，但我们现在缺乏调整财产所有权的一般规定，财产所有权如何取得，所有权的内容（权能）是什么，如何保护所有权，等等，都没有统一的、明确的规定，这也将使正常的经济关系难以保持。

当前，在党的十二大和六届人大一次会议精神的指引下，我国民主与法制的建设又进入一个新的发展阶段，我们各方面应该协调一致，紧密配合，为进一步开创民主与法制建设的新局面而共同努力奋斗。

（1983年第10期）

1984 年

“两级立法体制说”和“多级立法体制说”质疑

吴家麟*

新宪法在1954年“宪法”的基础上，总结了多年来国家机关实际工作的经验，对中央和地方国家机关的职权范围作了合理的调整，例如，为了更好地发挥最高国家权力机关的作用，使之能及时地解决国家生活中的重大问题，新宪法将原来属于全国人大的一部分职权交由它的常委会行使，把原来国家立法权只由全国人大行使改为由全国人大和它的常委会共同行使；为了充分地发挥地方的主动性、积极性，有利于各地因时因地制宜，新宪法规定中央和地方适当分权，在中央统一的领导下，加强了地方的作用，肯定了省级人大和它的常委会有权制定和颁布地方性法规。无疑，这些规定是对1954年《宪法》的发展，对加速“四化”建设是有利的。

有的同志从新宪法上述规定以及其他有关规定中，得出了新宪法改变1954年宪法所规定的立法体制的结论，有的认为：“这说明了我国以根本大法的形式，确认了实行中央和地方两级立法体制”；①有的则认为：根据新宪法的规定，我国目前实行的不只是“两级立法体制”，而是“多级立法体制”。至于“多”到几级，则说法不一，有的说是“四级”，有的认为应当是“五级”。② 以上这些说法及其论据，均有值得商榷的地方，这里提出几点质疑，并作初步剖析。

认为我国目前实行“两级立法体制”的同志的理由是：新宪法规定全国人大和它的常委会行使国家立法权，同时规定省级人大及其常委会在一定前提下，可以制定地方性法规，这就在宪法上确认了两级立法体制。③

新宪法果真确认了中央和地方的两级立法体制吗？制定地方性法规算不算“立法”，这得从“立法”这个概念谈起。

我国1954年《宪法》规定：全国人民代表大会是“行使国家立法权的唯一机关”，并规定全国人大有权“制定法律”。可见“制定法律”就是“立法”这个概念的基本内涵。我国是单一制国家，同世界上绝大多数的单一制国家一样，立法权是专属于中央的，立法机关行使的是“国家立法权”，制定的是“国家的法律”。正因如

* 作者单位不详。

① 《法学》1983年第4期。

② 《人民日报》1983年8月19日。

③ 《人民日报》1983年8月19日。

此，新宪法才把地方权力机关制定的规范性文件定名为"地方性法规"，并没有称为"地方性法律"；新宪法也没有把地方国家权力机关称为"立法机关"，更没有确认地方国家权力机关有"立法权"。

新宪法明确规定："全国人民代表大会和全国人民代表大会常务委员会行使国家立法权"。提出"两级立法体制说"的同志对此当然无法否认，于是他们就提出了"地方立法权"这个概念。"国家立法"加上"地方立法"，就是"两级立法"。有的同志把"制定地方性法规的工作"和"地方立法工作"画上等号，把制定地方性法规的程序说成"地方立法程序"；①有的同志甚至认为赋予地方立法权力是"我国立法体制的改革"。

如果上述说法能成立，那意味着新宪法把原来的"一级立法体制"改为"两级立法体制"了。这是不符合实际情况的。只把要新宪法同1954年《宪法》一对照，就可以得出答案。根据1954年《宪法》，地方各级人民代表大会只能"通过和发布决议"；根据新宪法，它可以"通过和发布决议"，省、直辖市的人民代表大会和它们的常务委员会，还"可以制定地方性法规"。能否由此得出新宪法实行"两级立法体制"的结论呢？不能。因为1954年《宪法》就曾赋予民族自治地方的自治机关"制定自治条例和单行条例"的职权，但那时我们并没有认为民族自治地方有立法权。1956年4月，毛泽东同志在《论十大关系》的报告中明确指出："我们的宪法规定，立法权集中在中央。但是在不违背中央方针的条件下，按照情况和工作需要，地方可以搞章程、条例、办法，宪法并没有约束。"②这就把"制定条例"同"立法"严格地区别开来了。根据新宪法，自治区权力机关既有制定自治条例和单行条例的职权，又有制定地方性法规的职权，难道制定自治条例和单行条例不能算"立法"，而制定地方性法规反而能算"立法"吗？难道需要"报请全国人民代表大会常务委员会批准"的自治条例和单行条例的重要性反而比不上只要"报全国人民代表大会常务委员会备案"的地方性法规吗？如果真是这样的话，那么自治区权力机关只要行使制定地方性法规的权力就够了，又何必还要赋予制定自治条例和单行条例的职权呢？

持"两级立法体制说"观点的同志认为，法律有广义和狭义之分，地方性法规是广义上的法律，只不过是地方立法的权限比较小，地方所立的法的效力比较低而已。③ 是的，"法律"一词确有广狭二义，但在宪法上，特别是在"宪法"与"法律"并列使用时，在规定不同国家机关制定规范性文件的不同权限时，"法律"就是也只

① 《民主与法制》1982年第11期。

② 《毛泽东选集》(第5卷)，第276页。

③ 参见《人民日报》1983年8月19日。

能是狭义的,否则就会把各种不同规范性文件的界限以及各个国家机关职权的界限弄混淆了。新宪法对我国国家机关制定的规范性文件的层次作了明确的规定:第一个层次是宪法;第二个层次是法律;第三个层次是行政法规,第四个层次是地方性法规以及民族自治地方的自治条例和单行条例。地方性法规在制定机关、适用范围和效力等方面,同法律都有严格的区别,如果一律称为"法律",那就只好说"制定"广义的法律"(地方性法规)要以不同'狭义的法律'相抵触为前提"了,这样就会发生混乱。

从马克思主义观点来看,法律是上升为国家意志的统治阶级意志的表现。从宪法的角度来说,法律具有以下 3 个基本特征:(1)要由有立法权的机关制定;(2)在全国范围内生效;(3)效力仅次于宪法,而高于其他规范性文件。这些特征,地方性法规全不具备。如果说的是"狭义的法律",那就不存在"两级立法体制",如果说的是"广义的法律",那就不只是"两级立法体制",因为在地方性法规之上,不还有行政法规吗?所以"两级立法体制"说,在逻辑上也说不通。至于制定行政法规是否算"立法"的问题,留待下面再探讨。

世界上有没有赋予地方以立法权的国家呢?有。大致上有两种类型:第一,所有联邦制国家都赋予组成联邦的成员单位以立法权。例如,苏联的加盟共和国和自治共和国都有立法权,美国各州也都有自己的法律,南斯拉夫的六个共和国和两个自治省也有权制定法律。但这并不是一般的地方立法权,而是组成联邦的成员单位的立法权,所以不能与一般的地方立法权相提并论。第二,个别单一制国家也赋予地方以立法权。意大利现行宪法就规定了这种立法体制。根据意大利宪法,国家立法权由共和国参众两院共同行使,省的立法权由省议会行使。意大利宪法之所以承认地方的立法权,是因为它于 19 世纪中叶才结束了各邦分立的状态,把各邦联合起来,实现了国家的统一,墨索里尼实行法西斯专政,剥夺了地方的自治权力,战后恢复地方自治,强调地方分权。它的宪法的"基本原则"部分确认:"统一而不可分的共和国,承认并奖励地方自治;在国家所有的各项公职内实行充分的行政上的地方分权并使自己的立法原则和立法方法以满足自治权和地方分权的要求作为方针。"还规定:"省为具有自己权力和职能的自治单位","省得颁布立法性规范","省议会实行省所享有的立法权力"。我国新宪法没有这类规定,可见认为我国实行中央和地方两级立法体制是缺乏宪法根据的。

持"两级立法体制说"观点的同志还认为,如果不承认地方性法规是法律,就会产生下列不良后果:第一,它们会被认为不具有普遍的约束力,可以遵守,也可以不遵守;第二,违反了可以不负法律责任;第三,不能由国家强制力保证其实施,不能使用法律制裁的手段;第四,不赋予地方性法规以法律效力,宪法和法律由于没有地方性法规的保证，就不可能得到切实的实施。① 用这些理由来支持“两级立法体制说”也是比较牵强的。

与人民团体制定的章程不同，凡是国家机关制定的规范性文件都有强制性，都有约束力，根本不存在宪法和法律以外的规范性文件“可遵守，也可不遵守”的问题。但是，有没有约束力是一回事，有没有与法律同等的约束力则是另一回事，二者不容混淆。地方性法规固然有约束力，但它的约束力不同于法律，从适用范围来说，地方性法规的普遍性远不如法律，法律可适用于全国，而地方性法规只适用于本地区；从效力来说，地方性法规也不及法律，制定地方性法规必须以不同法律相抵触为前提，全国人大常委会有权撤销同法律相抵触的地方性法规。新宪法规定“一切国家机关和武装力量、各政党和各社会团体、各企业事业组织都必须遵守宪法和法律”，“任何组织或者个人都不得有超越宪法和法律的特权”，并没有也不能把这些规定推广到地方性法规上去，因为法律是全国都必须执行的，而地方性法规就不能要求全国都来执行。承认地方性法规是法律固然有提高地方性法规的地位的好处，但同时也有降低法律地位和权威的弊端，利弊相比，弊大于利，因为这有损于“社会主义法制的统一和尊严”。为了保证宪法和法律在各地区得到切实的实施，的确需要省一级国家权力机关因时因地制宜地制定出适合于本地区的地方性法规。但正如列宁所指出的，“所谓‘按照自己的方式’，并不是说违反法规，而是说用不同的形式实施这些法规”。② 列宁还就统一性和多样性的关系问题阐明了自己的看法，他认为：“在细节方面、在地方特征方面，在处理问题的方法，实践监督的方法，以及消灭和制裁寄生虫……的手段方面，多样性不但不会破坏在主要的、根本的、本质的问题上的统一，反而会保证它的统一。”③“法制应当是统一的”，但不能“不估计到地方的特点”，这是列宁的一贯思想。毛泽东同志也主张：“我们要统一，也要特殊。为了建设一个强大的社会主义国家，必须有中央的强有力的统一领导，必须有全国的统一计划和统一纪律，破坏这种必要的统一，是不允许的。同时，又必须充分发挥地方的积极性，各地都要有适合当地情况的特殊……为了加强全国统一所必要的特殊。”④新宪法规定：“中央和地方的国家机构职权的划分，遵循在中央的统一领导下，充分发挥地方的主动性、积极性的原则”；还规定：“国家维护社会主义法制的统一和尊严”。我国是社会主义的单一制国家，处理中央和地方关系的原则是民主集中制。我们需要保持中央的统一领导，需要保持必要

① 《人民日报》1983 年 8 月 19 日。

② 《列宁选集》（第 3 卷），第 514 页。

③ 同上，第 399 页。

④ 《毛泽东选集》（第 5 卷），第 276 页。

的集中，过去中央权力过分集中固然不利于地方积极性的发挥，但如果连必要的集中也不要了，搞分散主义，那也有损于整体的利益，不利于“四化”建设。立法权集中在中央，正是保持中央必要的集中所不可缺少的一环。这无论在宪法上和法理上都是可以找到根据的。

主张“多级”或“多层次”立法体制的同志指出：“如果认为只是最高国家权力机关及其常设机关和省、自治区、直辖市的国家权力机关才有立法权，否认国务院制定的行政法规是地方立法的根据之一。既然制定地方性法规是立法，那么制定行政法规就更应当是立法了。”①这正是“两级立法体制说”不能自圆其说的地方。中央政府制定的规范性文件适用范围大于、效力高于地方机关制定的规范性文件，这是世界各国的通例。我国新宪法也把不同国务院制定的行政法规相抵触作为制定地方性法规的前提条件。因此，只承认制定地方性法规是一级立法而不承认制定行政法规是一级立法，在法理和逻辑上都是说不通的。

但是，持“多级立法体制说”的同志得出的“制定行政法规就更应当是立法”的结论是难以成立的，因为不存在“制定地方性法规是立法”这个“既然”，那怎能推出后面的“那么”？更重要的是，不能把制定行政法规本身看成是一级立法和一个层次的立法。

新宪法改变了1954年宪法关于全国人大是“行使国家立法权的唯一机关”的规定，把立法权赋予全国人大及其常委会，并且对其立法权限作了分工，这确实是立法体制上的一大改革。说新宪法把“一个机关立法”改为“两个机关立法”则可，而说把“一级立法”改为“两级立法”则不可，因为作为全国人大的常设机关，全国人大常委会本身就是最高国家权力机关的组成部分，把国家立法权交由最高国家权力机关及其常设机关统一行使，然后在内部再作适当分工，这不是“两级立法”。主张“多层次立法体制”的同志称为“两个层次的立法”，比较贴切一些，但他们把“立法层次”“多”到行政法规和地方性法规上去，那就值得商榷了。关于地方性法规的问题，前面已经谈过了，下面就专门谈谈行政法规的问题。

在实行“三权分立”的资产阶级国家里，议会行使立法权，政府行使行政权，立法权与行政权严格区分，这是立宪国家公认的准则。对此，各国宪法多有明文规定。例如，《美国宪法》规定：“本宪法授予的全部立法权，属于由参议院和众议院组成的合众国国会”；《日本国宪法》规定：“国会……是国家唯一立法机关。”也有一些资本主义国家宪法有“授权立法”或“委任立法”的规定，即在一定条件下，议会可以把一部分立法权交由政府行使，但一要有宪法明文规定，二要议会追认。例

① 《人民日报》1983年8月19日。

如,1946年法国《宪法》规定,“国民议会单独享有议决法律案之权,该项权力不得委任代行”;到1958年修改宪法时就改变了这种立法体制,规定,“政府为实施其政纲起见,得要求议会授权它在一定期限内以法令对于通常属于法律范围的事项采取措施”。这就确认了授权立法的合宪性,但这些法令还是要得到议会的追认,期限届满后议会还可以用法律来改变政府法令中的立法性规范。意大利也实行授权立法制度,宪法对此作了严格的限制,规定:“只有当确定了原则和领导性指示,在被限定的时间内,并就一定范围内的问题,始得将立法权交给政府行使。”宪法还规定:“政府未经两院委托(授权),不得颁布具有普遍法律效力的法令”,只是“遇有特别必要和特别紧急场合,政府得根据自己的责任批准具有法律效力的预备命令”,但应按规定时间交议会讨论。议会作用下降,立法权旁落,政府权力增大,以行政命令取代立法,这是当前资本主义世界普遍存在的情况,但在宪法上承认政府是立法机关、政府法令是一级立法的情况毕竟是少有的。社会主义国家的全国性代表机关不仅是立法机关,而且是最高国家权力机关,政府是最高国家权力机关的执行机关,处于被领导的地位。立法权专属于最高国家权力机关,这是社会主义国家公认的原则。政府也可以制定行政法规之类的规范性文件,社会主义国家的宪法是承认政府有这个权力的,因为不如此,宪法和法律就难以贯彻执行。例如,《罗马尼亚宪法》一方面规定“大国民议会……是罗马尼亚社会主义共和国的唯一立法机关”,另一方面又规定“部长会议在履行其职权中,根据法律并且为执行法律起见,通过决议”。这些规定既说明政府有权通过规范性的决议,又说明这些决议并非法律,通过这些决议不算立法活动。我国新宪法确认国务院有权“制定行政法规,发布决定和命令”,但要以宪法和法律为根据;又规定全国人大常委会有权“撤销国务院制定的同宪法、法律相抵触的行政法规、决定和命令”。这些规定正说明了行政法规不具有与法律同等的效力,如果行政法规算是法律的话,那岂不意味着制定法律要以法律为依据、法律不得与法律相抵触吗?这能说得通吗?

持“五级立法体制说”的同志提出:如果行政法规和地方性法规都算一级的话,那么国务院所属各部、各委员会也该算是一级,因为新宪法规定,各部、各委员会也有权“在本部门的权限内,发布命令、指示和规章”。按照这种逻辑,推而广之,县级以上地方各级人民政府也该算一级立法了,因为它们也有权“发布决定和命令”,部分地方人民政府还可以制定规章。这样一来,立法的“级”就更多了,岂不形成了法出多门、各自为法的局面,法制工作不就乱了套了,又怎么能保证中央统一集中的领导呢?

本文对“两级”和“多级”立法体制说提出质疑和表示异议,绝无否认制定行政法规和地方性法规的重要性和迫切性的意思。为了健全社会主义法制,除了最高国家权力机关要加快立法工作的步伐之外，还必须加强行政法规和地方性法规的立法工作，这是毫无疑义的。不过，还是要根据新宪法的规定，以实定名，用“制定行政法规”和“制定地方性法规”为好，而不要使用诸如“地方立法”、“地方立法机关”、“两级立法体制”、“多级立法体制”之类不确切的概念，以避免产生不应有的混淆和混乱。

（1984 年第 1 期）

严格依照宪法和法律办事
——学习彭真同志重要谈话的体会

王凌青*

彭真同志在新宪法颁布一周年之际所发表的《进一步实施宪法、严格按照宪法办事》的重要讲话,总结了宪法实施一年来的丰富经验,阐明了进一步实施宪法的若干根本问题,是我们进一步宣传、实施宪法的指针,因此,要认真学习,联系实际,深刻领会。

一、坚持社会主义道路是检验一切工作的标准

彭真同志在讲话中指出:"实施宪法的核心问题,是要维护和发展社会主义制度。"衡量任何地方、任何单位的工作"是不是符合宪法精神","基本标准就是看是不是坚持了社会主义道路,是不是有利于社会主义事业的发展"。这里明确提出了检验一切工作正确与错误的基本标准。符合于这个标准是对的,偏离了这个标准就必然发生差错,实践证明正是这样。近半年来上海打击严重刑事犯罪的斗争,也充分证明了这点。

通过近半年来的斗争,上海市社会治安、社会秩序和社会风气开始好转,好人怕坏人的不正常状况有了改变,这些都是有目共睹的。全市刑事案件明显减少,特别是凶杀、抢劫大案大大下降,流氓团伙聚众斗殴、寻衅滋事,捅刀子,在公共场所围哄侮辱妇女等案件,基本上得到制止。车站、码头、公园、绿化地带、集贸市场、夜宵店、咖啡馆、影剧场等公共场所治安秩序明显好转。不少工厂、企事业单位通过打击刑事犯罪,促进了企业整顿,推动了对内部治安秩序的综合治理,使正气抬头,邪气下降,出现了许多新气象。广大干部群众经过锻炼,纷纷起来与刑事犯罪分子作斗争,改变了过去那种"好人受气、坏人神气"的不正常状况。普陀区发生的一起上门抢劫杀人案件,百余群众不畏强暴,围捕持刀凶手,当场将凶犯抓获,这是近几年少见的可喜景象。在强大的人民民主专政的威力下,在党的政策感召下,犯罪分子受到震慑,开始有了分化。不少违法犯罪分子向公安机关投案自首。在押人犯也纷纷交代罪行,揭发同伙,争取从宽处理。以上事实充分证明,开展这场斗争

* 作者单位不详。

是完全必要的，非常及时的，是维护和发展社会主义事业必不可少的重大措施。上海是全国四化建设的重要基地之一，要把上海逐步改造和建设成为经济繁荣、科技先进、文化发达、交通便捷、环境整洁的社会主义现代化城市，需要有一个良好的秩序和安定的环境，否则，连公民的民主权利、人身权利都得不到保障，休想安下心来致力于四化建设。斗争实践告诉我们，严厉打击严重刑事犯罪分子的斗争是正义的，人民群众拍手称快，完全适应社会主义事业发展的需要。

二、严厉打击严重刑事犯罪是在宪法基础上进行的

彭真同志在谈话中说："实施宪法，就要加强社会主义法制"，"严格按照宪法和法律办事"。严厉打击严重刑事犯罪活动，正是在宪法的基础上进行的，完全符合宪法和法律的要求。《宪法》在"序言"中明确规定"对敌视和破坏我国社会主义制度的国内外的敌对势力和敌对分子，必须进行斗争"。宪法第28条又规定："国家维护社会秩序，镇压叛国和其他反革命的活动，制裁危害社会治安、破坏社会主义经济和其他犯罪的活动，惩办和改造犯罪分子。"因此，严厉打击严重刑事犯罪分子，本身就是执行宪法，维护宪法的权威和尊严。

在打击严重刑事犯罪的斗争中，我们突出强调严格依法办事，无论是执行诉讼程序还是对罪犯的定性判刑，都要严格执行宪法和法律的规定，也只有完完全全地、不折不扣地、自始至终地、有布置有检查地根据宪法和法律办事，才能把这场斗争健康地进行下去，取得全胜。

广大政法干警要通过认真学习彭真同志这篇重要讲话，牢固树立宪法观念、法制观念，以宪法为根本活动准则，熟悉宪法，秉公执法，真正做到有法必依，执法必严，违法必究。一年来，广大政法干警通过学习新宪法，进一步增强法制观念，提高执行宪法的自觉性，检查了极少数违宪问题，并采取有效措施迅速主动纠正，在维护社会治安中，注意严格遵守和执行新宪法和其他法律，严格按照法律程序办事，主流是好的，在严厉打击刑事犯罪活动中，广大政法干警意气风发，纪律严明，坚决排除干扰，得到了广大群众的称赞和拥护。但是，由于"左"的或"右"的思想影响，过去一度存在打击不力的状况，就是在这场斗争中也还发生了少数该捕判的降格劳教了，该重判的判轻了，以及其他有法不依，执法不严的状况。对此要领导重视，加强教育，调查研究，总结经验，锻炼和提高政法公安队伍的政治素质和业务素质。同时要积极参加开展法制宣传教育活动，与有关方面密切配合，通过法制宣传月、宣传周，举办展览会、宣传栏等各种形式，向广大群众宣传宪法和法律，使广大政法干部和每个公民人人懂得宪法，遵守宪法，运用宪法。

三、从实践中进一步认识民主与专政的辩证关系

彭真同志在谈话中还阐明对人民实行民主和对人民的敌人实行专政，是一个问题的两个方面。保护人民同打击敌人、惩罚犯罪是统一的，我们必须全面地辩证地深刻理解。几年来，上海政法部门对依法从重从快惩处严重刑事犯罪分子的方针，有一个逐步统一认识的过程，经过严厉打击刑事犯罪活动，如今认识一致、步调一致。大家从实践中切身体会到，什么时候我们放松了对刑事犯罪分子的打击，采取从轻从缓的处置办法，犯罪分子的气焰就会嚣张，社会治安就会出现反复。归结到一点，就是我们对中央方针政策保持高度的一致，并严格依法办事，是整顿治安取得胜利的基本条件。上海严厉打击刑事犯罪活动以来取得的成就，充分证明了保护人民同打击敌人、惩罚犯罪是统一的，只有绝大多数人民享有高度的民主，才能够对极少数敌人实行有效的专政，只有真正对极少数人实行专政，才能充分保障绝大多数人的民主权利。因此，民主与专政不可分，二者不能偏废，保护人民同打击敌人是完全一致的，绝不可割裂开来。

四、当前的主要问题是一个一个地落实对失足青少年的帮教措施

这场斗争的实践清楚地表明：严厉打击刑事犯罪活动与综合治理社会治安是一致的。彭真同志在谈话中指出对极少数严重刑事犯罪分子“依法严惩，也是对一般犯罪分子的一种教育”。运用专政手段，依法严惩犯罪分子，是综合治理中首要的一条。不严厉打击严重犯罪分子，其他治理措施很难奏效。但是，仅靠打击这一手是不够的，从根本上来说，还是要综合治理。综合治理是整顿治安的正确方针，前些时候，有些人认为这个方针可以弃置不用了，这是错误的。我们对社会治安进行综合治理已经实行好多年了，而且卓有成效，经验证明对失足青少年要帮助、教育、挽救，要依靠全社会力量，通过开展群众性的、小型的、多样化的、生动活泼的活动，运用国家法律和党的政策去教育他们，使他们转变过来，弃旧图新。方法上要推心置腹，坦诚相见，不要嫌弃他们。当前主要问题是要一个一个地落实对失足青少年的帮教措施，特别是现在趁打击严重刑事犯罪的有利时机去做帮教工作，可以收到事半功倍的效果。上棉十五厂抓住良好时机，因势利导，大力加强法制宣传和教育挽救失足者的工作，使有轻微违法行为的人有了不同程度的转变。上棉三十一厂党委组织了一支以失足青年为主体的“新风突击队”，让他们在集体

做好事活动中受到约束、教育和陶冶，变“野马”为骏马，也收到了很好效果。对严重危害社会治安的犯罪分子坚决依法严惩，绝不姑息手软，是十分必要的，但是在整个刑事案件中，一般刑事案件往往占80%以上，对其中大部分的轻微违法犯罪者，要依靠社会力量共同做好教育、挽救、改造工作；特别要妥善处理民事纠纷，使由于矛盾激化而犯罪的案件大大减少，这是一个重要课题。因此必须把打击惩办和综合治理紧密结合起来，一手抓严厉打击，一手抓综合治理，狠抓落实，持之以恒，以巩固和发展严厉打击严重犯罪活动的成果。

以上仅就笔者接触到的打击严重刑事犯罪活动的实际，谈了学习彭真同志重要谈话的一点粗浅体会。彭真同志1982年7月在中国法学会成立大会上的讲话中说，法律和实际“谁是母亲？谁是子女？实际是母亲，实际产生法律，法律、法理是儿子。法要有自己的独立的体系，有自己的逻辑，但要从实际出发，受社会实践检验。”因此在任何时候，任何情况下，执行党的方针、政策和运用法律，要和本部门、本单位具体实际结合起来，要花大力气进行调查研究，探索新的问题，总结积累新的经验，把斗争推向纵深发展，以达到社会治安根本好转之目的，有力地维护和发展社会主义制度，这是每个政法干部所应负的职责。

（1984年第2期）

论国家主席在政治生活中的作用

许崇德*

国家主席是中华人民共和国国家机构的组成部分。自新中国成立之日起,这个制度实行了25年。后来,1975年四届人大通过《宪法》,主席就不设了。直到1982年新宪法颁布,又重新规定主席的设置。1983年6月,第六届全国人民代表大会第一次会议根据宪法的新规定,选举产生了本届的国家主席。至此,具有中国特色的主席制度在中断了8年之后,又得到了恢复。主席制度的实际作用如何,是值得研究的课题。

一、国家主席是引人关注的制度

国家主席在实际政治生活中是引人关注的制度,在新中国刚成立的时候就已存在,不过它并不像后来那样称"中华人民共和国主席",而是叫做"中央人民政府主席"。而那个时候的中央人民政府的概念同后来所说"国务院即中央人民政府"的概念是不一样的。后者就是国务院,而前者则是指整个中央政权机关,包括中央人民政府委员会、政务院、人民革命军事委员会、最高人民法院和最高人民检察署在内。因此,那个时候的中央人民政府主席在实质上也就是国家的主席。

根据当时的中央人民政府组织法,主席的职权有法律明文规定的只有两条:

1. 中央人民政府主席,主持中央人民政府委员会的会议,并领导中央人民政府委员会的工作。

2. 政务院在中央人民政府委员会休会期间,对中央人民政府的主席负责,并报告工作。

在新中国成立初期,中央人民政府委员会对外代表中华人民共和国,对内领导国家政权,是行使国家权力的最高组织。法律规定,主席领导中央人民政府委员会的工作;在中央人民政府委员会休会期间,政务院对主席负责并报告工作。由此看来,主席在法律上的地位和职权是相当重要的。

1954年,我国通过了第一部社会主义类型的《宪法》。《宪法》规定设中华人民共和国主席。从这个时候起,主席不再像新中国成立初期那样作为中央人民政

* 作者单位不详。

府委员会的组成人员，而是一个单独的国家机关了。宪法在第2章“国家机构”中专列一节“中华人民共和国主席”，共用8条条文对主席的产生、任期、职权等问题作了规定。其中主席的6项职权基本上是前5年中央人民政府主席的工作的继续。例如，1954年宪法规定的主席有公布法律之权，而前5年中，中央人民政府委员会所通过的工会法、土地改革法、婚姻法等法律，也都是由主席签发命令加以公布的。又如，主席统率武装力量，从宪法条文来看是新增的，但是前5年在实际上中央人民政府主席一直兼任着人民革命军事委员会主席，而1954年“宪法”只是把它固定化、制度化罢了。主席职权变化较大的一条是，1954年“宪法”不再规定国务院向主席负责并报告工作。但宪法新增了主席有权召开最高国务会议，担任最高国务会议主席的规定。虽然最高国务会议不作决议，不发指示，然而主席在最高国务会议上所发表的意见，在事实上必然为全国人大常委会、国务院等国家机关所接受，从而收到影响国家决策的效果。召开最高国务会议的方式同规定政务院向主席负责并报告工作的方式相比较，前者要更为灵活一些，使主席能摆脱那种一般地听取日常工作的汇报，以便集中精力考虑重大方针的决策。但是与此同时，1954年宪法不再像新中国成立初期那样，规定主席领导最高国家政权机关中央人民政府委员会了。因此从总体上说，主席的权力较前有所减缩。

主席在社会主义国家制度里，作为一个国家机关，它的活动如果同别的国家机关相比的话，其法律依据并不是十分具体的。除了宪法中的8条条文以外，我国并没有任何其他直接规定国家主席的组织和活动的法律。显然，宪法条文是比较原则的规范，在宪法范围内发挥作用，则行动的自由的程度当比在法律的具体规范的约束下要大，或者要大得多。所以，我们不仅要看到宪法条文的规定，而且还要结合实际的运用，才能进一步考察主席在政治生活中的作用。

二、国家主席职权运用的历史剖析

国家主席制度在过去已经存在很长时期，我们在这里不妨对历史情况作一番回顾和剖析。

1. 主席的职权从条文规定来看，有一部分是有重大意义的具有实质性的权力。例如，新中国成立初期规定主席领导中央人民政府委员会的工作，政务院向主席负责并报告工作等。同时，由于中央人民政府主席事实上兼任着中国人民革命军事委员会主席，所以他的实际作用是很大的。例如，1950年10月8日，毛泽东主席曾发出《给中国人民志愿军的命令》，号令人民武装力量，进行重大军事行动。该项命令“着中国人民志愿军迅即向朝鲜境内出动，协同朝鲜同志向侵略者作战并争取光荣的胜利”。抗美援朝的决定固然是集体作出的，但号令的发布，军事行动的最高指挥是毛泽东主席。

根据1954年《宪法》,国家主席的职权虽然有所变化,但主席仍然拥有部分实质性的重大权力。像前面阐述过的主席统帅全国武装力量、召开最高国务会议担任最高国务会议主席等,就是这样。最高国务会议虽然本身不作决定,但宪法规定,最高国务会议对于国家重大事务的意见,由中华人民共和国主席提交全国人民代表大会、全国人民代表大会常务委员会、国务院或者其他有关部门讨论并作出决定。由于过去出任国家主席的人选都是富有政治经验、为人民所拥戴的领袖人物,因此,最高国务会议的意见在事实上具有很大的权威性和影响力。从1954年宪法实施起到1966年发生"文化大革命"为止的12年中,中华人民共和国主席一共召开过20次最高国务会议。其中毛泽东主席召开16次,刘少奇主席召开4次。每次会议都提出了对于重大问题的意见。例如,1955年5月12日,毛泽东主席在最高国务会议上提出,肃反工作的方针是"提高警惕,肃清一切特务分子,防止偏差,不要冤枉一个好人"。1956年1月25日,在最高国务会议上讨论了《1956年到1969年全国农业发展纲要草案》。同年5月2日,毛泽东主席在最高国务会议上提出了"百花齐放,百家争鸣"这个发展科学、繁荣文学艺术的方针。1957年2月27日至3月1日,毛泽东主席在最高国务会议(扩大会议)上作了《关于正确处理人民内部矛盾的问题》的著名讲话,等等。可见最高国务会议是主席用以发挥其重大政治影响的一种非常灵活的政治形式。

2. 国家主席除了上述的具有实质性意义的职权之外,他从事活动和进行工作,基本上不是根据自己的决定,而是根据集体的决定,即在新中国成立初期是根据中央人民政府委员会,后来是根据全国人民代表大会或者全国人大常务委员会的决定而行使职权的。根据我们的国家制度,重大事务应该由集体讨论决定。比如,主席公布法律,发布特赦令,发布戒严令,授予荣誉等,都要根据最高国家权力机关及其常设机关的决定。未经决定,主席不能自行发布;决定之后,主席必须予以发布,无权对于最高国家权力机关及其常设机关的决定加以否决,亦无权退回要求复议。但是,集体的决定如果没有个人代表,那么在程序上也是不完备的。比如说,全国人大常务委员会决定批准同某一国家缔结的条约,就需要主席在条约上签字予以批准。如果没有一个代表中华人民共和国主席的批准,条约就不能生效。所以,集体决定乃是我国社会主义民主制度的体现,而个人代表乃是在程序上所不能缺少的。集体的决定经过主席的公布发布或者授予的程序,往往会使国家的活动或者文件、号令等增加尊严性、荣誉性和权威性。

3. 上述这部分主席职权是形式上的含有程序性或者礼仪性的意义。但这类职权在实际运用过程中亦不是丝毫没有弹性的。历史事实表明,法律条文的规定总是比较原则而笼统的,而实际运用则是非常具体的。因此,在条文的实施过程中,有的可能表现为主席职权纯粹具有形式上的意义,而有时主席的活动却又能够给予这种形式意义的职权以实质性的内容。例如,1949年12月16日至1950年2月17日,毛泽东主席在莫斯科从事中苏两国之间缔结中苏友好同盟互助条约的外交谈判,使该条约得以顺利签订。又如,1953年11月13日毛泽东主席和朝鲜民主主义人民共和国金日成首相在北京举行会谈,按这次会议商定的问题,中朝两国政府代表团顺利地进行了谈判,最后决定了中国政府对朝鲜援助的内容,并由两国总理签署了中朝经济文化合作协定。再如,根据1954年宪法的规定,主席派遣和召回驻外全权代表,批准同外国缔结的条约,必须根据全国人大常务委员会的决定。但是主席在同外国元首的交往过程中,必然要对某些重大国际问题发表意见,表明态度。由于主席对外代表国家,所以主席表示的意见和态度是一种国家行为,必然会产生国际法上的权利和义务。比如说,1957年10月17日毛泽东主席致电叙利亚总统,重申中国政府和中国人民坚决支持叙利亚人民保卫独立、保卫和平的正义斗争和严正立场。又如,1963年5月刘少奇主席在河内会谈后签署了《刘少奇和胡志明主席联合声明》。诸如此类的对外文件所产生的权利与义务,并不是由主席个人,而是由国家享有和承担的。

按照1954年《宪法》的规定,主席根据全国人大或者全国人大常务委员会的决定发布命令。既然主席的职权不具实质性内容,所以主席所发布的命令并不能超出全国人大或者常务委员会所通过的决定的内容。但历史事实是,当主席发布命令的时候,有时可以创立新的具体规范。例如,1955年4月7日,毛泽东主席根据首届全国人大常务委员会第九次会议的决议,发布了《关于结束中华人民共和国同德国之间的战争状态的命令》。该命令宣布:(1)两国间战争状态结束,和平关系应当建立起来;(2)战争状态的结束并不改变德国的国际义务,也不影响中国根据有关德国的国际协定而享有的权利和承担的义务。该项命令的上述两点内容在常务委员会通过和公布的决议中是没有的。在这里,常务委员会只决定了原则精神,至于具体规范却由主席以命令作了规定。而这样的规范是国务院在工作中必须遵循,加以贯彻执行的。

再以赦免权为例,宪法规定,主席根据全国人大常务委员会的决定"发布特赦令"。特赦罪犯的决定权在常务委员会,主席只是发布命令。看起来,主席的作用不过是简单地签字与公布而已。其实,事实并非完全如此。比如,1960年11月19日第二届全国人大常务委员会第三十二次会议通过了"关于对确实已经改恶从善的蒋介石集团和伪满洲国的战争罪犯,实行特赦"的决议。根据这个决议,中华人民共和国主席刘少奇发布了《特赦令》。主席命令宣布"一、蒋介石集团和伪满洲国的战争罪犯,关押已满十年,确实改恶从善的,予以释放。二、判处死刑、缓期二年执行的蒋介石集团和伪满洲国的战争罪犯缓刑时间已满一年、确实有改恶从善表现的,可以减为无期徒刑或十五年以上有期徒刑,三、判处无期徒刑的……可以减为十年以上有期徒刑。这个命令,由最高人民法院和高级人民法院执行”。从这里可以看出:国家主席在根据全国人大常务委员会决议的原则精神而发布命令的时候,可以创造新的具体的规范;而且这种规范的法律效力很高,像特赦令中所规定的具体内容,是最高人民法院和高级人民法院所必须遵照执行的。

4. 历史的实际情况还告诉我们,除了宪法规定的职权以外,国家主席的一系列政治性的行动对于国家和人民的政治生活起着影响作用,甚至是指导作用。主席的活动方式主要是:

(1)发表号召性讲话。例如,1952 年 1 月 1 日,毛泽东主席在中央人民政府举行的元旦团拜会上致祝词,号召“我国全体人民和一切工作人员一致起来,大张旗鼓地,雷厉风行地,开展一个大规模的反对贪污、反对浪费、反对官僚主义的斗争,将这些旧社会遗留下来的污毒洗干净!”这个号召,揭开了全国“三反”、“五反”运动的序幕。

(2)接见代表团时的谈话。例如,1953 年 6 月 30 日,毛泽东主席接见青年团第二次全国代表大会主席团时发表谈话,祝贺青年们“身体好,学习好,工作好”。这个“三好”,后来成了全国青年工作的方针。同年 10 月 18 日接见西藏国庆观礼团领导人时说:“我们要和各民族讲团结,不论大的民族小的民族都要团结”,“我们的方针是团结进步,更加发展”。这些谈话成为统战工作的指针。

(3)发表批示、题词。如 1961 年 4 月 3 日,主席为戏曲研究院题词:“百花齐放,推陈出新”,1952 年 6 月 20 日,主席为全国体育总会成立题词:“发展体育运动,增强人民体质”,等等。

国家主席的这些活动虽然并不产生法的规范,也没有法律上的拘束力,但通过这一系列活动形式,往往给人民群众的政治生活以致经济生活、文化生活带来方向性、方针性的启示,或者使国家的某项方针政策得到进一步强调。

综上所述,可以简单地归纳为:其一,国家主席行使其具有实质性意义的职权;其二,国家主席行使仅仅具有形式意义的职权;其三,国家主席的实际活动赋予了形式意义的职权以实质性的因素;其四,国家主席可以凭借其个人的影响和声誉进行政治活动。

以上的前两点是法律所明文规定了的,而后两点则是在法律实施过程中或者是在制度运行过程中所表现的能动性和灵活性。这种能动和灵活,一方面固然同实际的需要有关,另一方面也往往同担任主席职务的人选有关。历史证明,出任主席的人如果由于个人的经历或者由于他功勋卓著或者由于他同时担任党的领袖、武装力量的领导人因而享有崇高的威望,那么,这种能动和灵活的程度也就越大。

三、几点初步的结论

通过对国家主席制度的回顾，总结主席职权的历史运用，本文在最后拟提出下列三点初步的看法：

1. 在社会主义法制的国家里，国家机关以及国家领导人都以法律作为活动的根据和行为的准则。可以这样说，他们发挥作用的过程实际上也就是实施法律的过程。因此，国家主席职权的大小及其可能发挥作用的程度如何，取决于宪法或者法律作出什么样的规定。从1949年中央人民政府组织法、1954年宪法到1982年通过的新宪法的内容来看，主席职权逐渐趋于缩减，而不是扩展。尤其是新宪法的规定，同历史上的主席制度相比，更为显著。这是符合社会主义民主的要求，也是有利于国家机关之间更好地实行合理分工的。

2. 国家主席今后的实际活动是否可能像历史上曾经做过的那样，赋予形式意义的职权以实质性的因素？这种可能性是存在的。同时，国内、国际事务的多样性和复杂性，也会不断地提出这种要求。何况宪法条文总是比较原则，不可能囊括无遗地对主席的一切具体活动尽作规定。所以，在宪法允许的范围内，主席行使职权仍然需要有一定程度的机动灵活。但是为了防止形成权力过多地集中在个人手里的现象，这种机动性和灵活性似应压缩到最低的程度。

3. 国家至于在宪法规定的职权以外，主席是否要通过个人的政治活动发挥作用呢？由于主席代表中华人民共和国，他在必要的场合表示意见或者发出号召、提出希望，有利于激励人民群众奋发前进。因此，这种个人的政治活动是有积极意义的。当然，主席既然代表国家，所以他的活动应当符合人民的根本利益。

目前，国家主席设置的恢复，还为时甚短，待经过相当长的时间之后，这个制度一定会提供更多的新的经验。

（1984年第2期）

略论“民族自治权”的目的是自治本身

——学习宪法关于民族自治权问题的体会

姜维新*

民族自治权问题是我国宪法中关于民族区域自治的重要内容之一。新宪法总结了1954年《宪法》关于民族自治权方面的法律规定,又根据我国30多年来社会主义革命和社会主义建设的经验,特别是民族地区的工作经验,结合新的情况,增写了许多新的法律规定,扩大了自治权,它的实质是扩大了少数民族人民当家作主的权利。新宪法的一个重要特点是通过立法手段,充实和完善了少数民族管理国家大事和本民族事务的权利。新宪法以国家根本大法的权威规定了民族平等、民族团结、民族互助、共同繁荣和民族区域自治权利的原则。新宪法是民族区域自治权力实现的保障,是民族自治地方立法的基础。制定这部宪法是全国十亿人民的心愿,尤其是深得我国各少数民族的拥护。新宪法对民族自治地区的政治、经济和文化的发展是一个最大的法律保障,它是一部促进我国各民族繁荣昌盛的好宪法。

新宪法扩大了民族自治地方自治机关的权力,其目的是使党的民族区域自治政策制度化、法律化、定型化,以保障各少数民族人民当家作主。新宪法除了在序言和总纲中对民族区域自治作了规定外,还在第3章第6节中,对民族自治地方自治机关的自治权力作了11条详细规定,内容十分充实。

我们必须看到在社会主义时期还存在不同程度的民族差别,存在民族问题,在一定条件和一定的范围内,还将会反映到民族关系上来。因此,社会主义国家完全有必要用立法的手段来肯定民族权利和民族利益。宪法条文上的自主、自治的规定有五处之多。什么是民族自治自主权?所谓自治、自主权,就是按照宪法和法律的规定,在少数民族聚居的地方建立自治机关,自主地管理本民族、本自治区内的一切事务的权利,并且还可以因地制宜地制定各种自治条例。这个民族自治自主权不仅表现在政治方面,也表现在经济、文化教育和治安方面,它是政治的、区域的、经济的和文化的有机结合体。民族自治权的内容充分说明了我国人民民主制度和法制建设日益完善和健全。民族自治自主权是宪法赋予的,是党和人民给的。这种新的法律规定,充分说明了国家对少数民族的关怀、信赖和尊重,只有中国共产党领导下的社会主义国家,才能做到赋予我国各少数民族以最大最广泛的当家

---

* 作者单位不详。

作主的权利。

我国各少数民族人民，和担任各级民族自治机关领导职务的同志，更应当珍惜、慎重对待自治自主权力。这个权力得来不易，正如宪法序言中指出的，它是我国各族人民一百多年来“前仆后继的英勇奋斗”的结果，也是近三十多年来我国各族人民革命斗争的胜利总结。列宁说：“至于自治，马克思主义者所维护的并不是自治权，而是自治本身，把它当作具有复杂民族成分和极不相同的地理等等条件的民主国家的一个普遍原则。”①中国共产党和政府正是按照列宁这一教导去做的。新宪法民族自治权力的扩大正是由于我们国家的民主性质决定的。新宪法总纲第 2 条规定“中华人民共和国的一切权力属于人民”。人民是国家的主人，人民享受的权力本身就是我们国家民主的标志。党和人民赋予的民族自治权不是目的，而是一种手段，目的是达到自治本身。什么是自治本身？就是民族自治区的经济、文化迅速发展，达到先进民族的水平，消灭民族间事实上的不平等，做到各民族的事实平等。

按照宪法的规定，民族自治地方在国家计划指导下，从本地方的实际出发，自主地安排和管理地方性的经济建设事业、文化教育事业。胡耀邦同志说：“民族工作应把经济工作摆在首位”。经济是基础，民族的发展和繁荣首先是经济的发展和繁荣，在此基础上也需要教育、科学文化的发展，而文化科学的发展反过来又促进经济的发展。宪法的规定是民族自治地区在自主地建设物质文明的同时，自主地建设精神文明的法律依据。新宪法是国家的意志，用根本大法的形式保障了民族自治地区两个文明建设的顺利进行。我们在行使民族自治自主权时，必须充分考虑本民族的特点，从实际出发，把自己的优势与内地先进的科学技术经济优势结合起来，把自治区的经济搞上去，迅速改变落后面貌。建设社会主义现代化国家是关系到祖国前途命运和各族人民子孙后代的根本利益所在，是实现各民族间经济、文化事实上平等的一个主要步骤，是达到民族自治本身的目的要求。因此宪法规定国家的根本任务是“集中力量进行社会主义现代化建设”，应是民族自治地方行使自治权的核心。

根据马列主义的观点，经济因素是社会最本质起决定作用的因素。马克思指出：“物质生活的生产方式制约着整个社会生活、政治生活和精神生活的过程。”②也就是说，社会政治生活、精神生活归根结底是由社会的物质生活所决定的。也就是人们通常所说的经济基础决定上层建筑。因此，如果离开了本民族经济文化的发展来谈自治权力，就脱离了自治的“本身”，就背离了宪法的原则，这个权力不是

① 列宁：“论民族自决权”，载《列宁选集》（第 2 卷），第 553 页。

② 《马克思恩格斯选集》（第 2 卷），第 82 页。

人民所希望的。因此马克思说:“政治权力不过是用来实现经济利益的手段。”①各少数民族人民在政治上当家作主的目的,最终还是为了解放生产力、发展生产力,改善和提高自己民族的物质和文化生活。宪法规定的民族自治权比1954年宪法扩大了,有没有必要扩大呢?有,扩大是正确的、适当的。它是由我们国家的民主性质、民族地区经济文化发展的基础,以及四化建设的需要决定的。我国制定的这部新宪法,坚持马克思主义的唯物观点,坚持我党历来倡导的实事求是的作风,正确总结反映了我国各族人民在社会主义革命和社会主义建设方面的经验,正确地反映了客观规律。马克思曾经指出:“立法者不是在制造法律,不是在发明法律,而仅仅是在表述法律。”②马克思的这个观点告诉我们,法律是根本不能“发明”和“创造”的,而只能是表述。什么是法律表述?也就是我们通常说的制定法律。它是指人们对外界客观规律的正确认识和反映。表述得正确,符合客观实际需要,就促进社会政治经济文化的发展,反之,违背客观规律而发明制造出来的法律,对社会发展必然起破坏和阻碍作用。我们完全相信,随着我国社会主义建设的发展,民主程度的发展,民族区域自治的自治权还将会有新的变化。这正如同国家一样,为了将来国家机器的消亡,现在必须加强国家机器的职能。“四人帮”过去采取取消民族自治权的办法,达到所谓民族平等,是十分荒谬和愚蠢的。有人说,民族自治权力能否再扩大些。我们认为权力的扩大必须与国家和本民族经济文化发展水平相适应,与国家民主化的程度相一致。权力归根结底是由经济基础决定的,是要受国家宪法制约的。权力与经济是上层建筑与基础的关系,努力发展本民族本地区的经济建设事业,是我们的权力所在,除此别无其他目的。我国宪法扩大并加强了民族自治权,但它的目的不是权,而是通过权这个手段,达到促进经济、文化高度发展,能够自治这个目的。

如果脱离宪法的规定,脱离经济文化发展的基础,则不利于民族自治本身,也不能达到自治本身这个目的,这样的自治权就是不恰当的。

我们一定要维护宪法的原则,并以宪法为根本活动准则,运用自治权这一手段,发展经济文化,达到民族自治这个目的。

新宪法规定国家将在财政上、物质上和技术上对民族自治地区大力支持和帮助,各地民主党派和高等院校的专家学者大力进行智力支边,中央召开的关于少数民族地区经济、文化生活会议,强调重视少数民族经济文化生活,无疑将对民族自治地区的经济文化发展带来更大的促进。我们新疆各族儿女绝不辜负党和人民的希望,我们一定要认真学习新宪法,执行新宪法,同一切违反和破坏宪法的行为作

① 《马克思恩格斯全集》(第21卷),第131页。

② 《马克思恩格斯全集》(第1卷),第183页。

斗争。在新宪法的原则指引下，以四项基本原则为基础，各民族儿女同命运共呼吸，谁也离不开谁，我们要自力更生，自强不息，团结奋斗，振兴中华，为20世纪末实现国民经济翻两番，为21世纪西北地区，特别是我们新疆成为我国社会主义建设的中心做好准备，打好基础。

（1984年第3期）

加强立法预测是法制协调发展的重要措施

吴大英[*]　信春鹰[**]

以宪法为依据加强对我国立法的预测,是我国法制建设中的新课题,也是法制协调发展的重要措施。所谓立法预测,就是采用专门的科学方法和手段,以获得有关立法的未来状况和发展趋势的预测资料的过程。预测的目的,是揭示出法律调整社会关系的客观需要,科学地预见法律的近期和长期的社会效果,以及预见法律调整的形式和方法中可能发生的变化。我国国民经济有计划、按比例地发展和社会主义现代化建设有步骤地进行,为我国的立法预测提供了基本条件,而加强对我国立法的预测,又是保证我国社会主义法制建设与社会主义建设协调发展的重要措施。

胡耀邦同志在党的十二大报告中指出:"几年来,我国法制建设的成就是显著的。"据统计,从1979年到1982年年底新宪法颁布,经由全国人大和全国人大常委会通过的法律、条例和决定就有40个,国务院颁布了一系列行政法规,全国各省、自治区、直辖市制定颁布的有关经济、政治、教育、科技、文化、卫生等地方性法规近400件。五届全国人大五次会议通过了新宪法,使我国法制建设进入了一个新的发展阶段。新宪法颁布后,全国人民代表大会常务委员会又通过了海上交通安全法、统计法、关于严惩严重危害社会治安的犯罪分子的决定等。几年来,我国立法的发展达到了新中国成立以来从未有过的速度。这些法律的制定和实施有力地促进了我国社会主义现代化建设的进行。

但是,无论从我国政治、经济、文化事业发展的需要来看,还是从立法工作本身来看,我国的立法都还存在一些问题。首先,立法工作落后于社会发展的需要。我国的社会主义事业发展很快,立法工作应该跟上社会的发展,以法律为杠杆,巩固和推动社会生活各个领域的发展。例如,在农村实行了生产责任制以来,农村的面貌发生了翻天覆地的变化,农民富起来了。但是还有一些农民不敢富,他们怕政策变,心里没有谱。如果在立法上充分肯定生产责任制的成果,把农业生产中的权、责、利,以法律形式明确下来,农民的生产积极性肯定会进一步提高,生产的发展肯定会更快。又如,党的十一届三中全会以来,我国在许多具体制度方面进行了改

---

* 作者单位不详。

** 作者单位不详。

革，应该制定一系列法律和法规，把各项改革的成果在立法上加以规定，成为以国家强制力保证实行的、人人必须严格遵守的制度。各项制度的改革只有有了法律保障，才能巩固下来。新建立的制度如果不加以法律化，就缺少稳定性和权威性，就有可能发生动摇，已经取得的成就也有得而复失的危险。其次，就立法工作本身来说，也存在一些问题。例如，我国的立法程序本身还缺少明确的法律根据，立法实践中的"原则通过"和"试行"的做法也都影响法律的效力和权威。尤其是我国的立法还缺少必要的预测和全面的规划，以致一些已经制定的法律和法规还存在互不协调的现象。

同时，立法与司法、守法、法学教育也存在发展不平衡的问题，使法律在社会生活中的正确实施缺乏可靠保障。我国司法机关的绝大多数干部政治素质是好的，但业务水平亟待提高。现在司法队伍中有相当一大批来自其他工作岗位的转业干部，这些同志不大熟悉法律，不能完全适应依法办事的要求。在守法方面，广大群众和干部，包括领导干部，远没有达到知法、懂法，甚至还有相当一部分"法盲"。这些人的思想和行为跟不上法制建设的步伐。在政法教育方面，政法专业在校生占全国各专业在校生总数的1%不到，近年来虽然扩大了法律专业的招生，但毕业生只能满足需要量的9%。政法专门人才是加强社会主义法制的重要力量，要提高整个国家的法制水平，大力发展政法教育是重要环节。上述情况说明，如何使我国法制建设协调发展，的确还有一些亟须解决的问题。

我们认为，解决上述问题的重要途径之一是进行立法预测。必须从研究和分析社会、政治、经济和其他领域发展的需要入手，预测社会发展的趋势及对立法工作提出的要求，加强对立法工作的组织和指导，并从司法、守法、法学教育各方面全面规划、统筹安排，使立法、司法、守法、法学教育互相配合和互相衔接起来。

立法预测是对未来立法的趋势及情况进行的估计和设想。这种估计和设想不是胡思乱想，它必须依据宪法来进行。宪法是国家立法工作的法律基础，也是进行立法预测的法律基础。离开了宪法这个基础，立法预测的结果必然是没有根据的和不科学的。我国宪法序言明确规定："今后国家的根本任务是集中力量进行社会主义现代化建设"。因此，社会主义法制的发展必须同国家现代化建设的进程协调起来，相适应地发展。宪法为今后我国的立法工作指出了一条明确的道路。在《宪法》条文中有39条、43处明文规定要制定相应的法律。例如，《宪法》第2条规定："人民依照法律规定，通过各种途径和形式，管理国家事务，管理经济和文化事业，管理社会事务"。第13条规定："国家依照法律规定保护公民的私有财产的继承权"。宪法条文中写明"依照法律规定"有24处，写明"以（由）法律规定"有13处，写明"在法律规定范围内"有3处，写明"依照法律"有3处，写明"遵守有关法律"有1处，写明"除法律规定的特别情况以外"有1处。上面提到的43处中，有些现在已经有了法律规定。但是许多领域还没有法律规定,亟须通过各种立法把宪法的规定进一步具体化。例如,《宪法》第91条规定:"审计机关在国务院总理领导下,依照法律规定独立行使审计监督权"。应该制定相应的审计法,把宪法的这一规定落实。

为了完成繁重的立法任务,必须分清轻重缓急,及时制定各项法律和法规,并使它们成龙配套。这就要求我们组织各方面的力量,仔细分析社会对各个部门法的需要程度和各个部门法的现状,预测各个部门法及各个法律规范的发展趋势。

以宪法为依据对我国立法进行预测,一般有两种形式。一种是宏观预测,即根据社会发展的客观规律预测法律在我们社会主义国家中的发展前景。另一种是微观预测,即根据立法实践和司法实践的大量材料来预测某一立法文件或某一立法文件中的某项具体规定的社会效果以及它的未来状况和发展趋势,从而找出法律调整这些社会关系的合理模式。立法预测又可分为近期预测和长期预测。近期预测是对距现在较近的某一段时间,如期限为10年或20年的某一立法的发展进行预测。长期预测则是在对具体材料进行具体分析的基础上,预测整个立法或某一立法的发展趋势。为了使立法预测行之有效,不仅要根据宪法,制定定性的指标,即决定制定什么法律和法规,而且需要制定定量的指标,即应该制定哪些基本法律,哪些法律,哪些行政法规,哪些地方性法规,等等。总之,立法预测从根本上说,是为法制的协调发展服务的,它是以宪法为依据,在对具体材料进行科学分析的基础上,科学地预测立法的一般发展规律及各个具体立法部门及各项具体法律制度或各个具体法律规范的发展趋势,研究现行立法,预测立法的某一个部门或某一项立法文件所达到的预期的社会效果以及今后需要进行修改、补充、废除或完善的各种有关问题,发现现阶段和今后一段时期内必须通过立法手段加以调整的社会关系的范围,从而确定需要制定新的法律制度和法律规范的可能性,预测法律调整方法和手段可能发生的变化及立法部门可能出现的新的原则,确定对社会关系进行法律调整的最有发展前途的方法和形式。只有进行科学的立法预测,才能选择最佳的立法方案,并及时调整保证法律实施的其他手段,避免头痛医头,脚痛医脚,造成整个法制机制的不协调。

严格依据宪法,是立法预测工作自始至终所必须遵循的原则。在具体工作上,可以由立法机关成立专门机构,组织各方面的力量,如立法机关的负责人、法学家和其他方面的专家、国家司法机关、行政机关的有关人员、科研机构和高等学校的有关人员等。在这一工作中,特别需要强调立法机构与学术机构的结合。立法机构的人员参加预测过程,便于对预测工作进行指导,同时可以及时地把预测的结果用于决策的过程,学术机构的人员参加预测过程,可以发挥自己的专长,贡献自己的知识,比较客观地提出意见和建议。这一点对于保证立法预测工作顺利进行,具有重要意义。

为了进行科学的立法预测，需要对我国法律的现状进行具体分析。新宪法颁布以后，立法工作有了法律基础，但是许多工作尚未来得及做。例如，民法是调整公民、集体、国家三者之间一定范围的财产关系和人身关系的法律，要解决的问题非常广泛。因为没有民法，一些民事纠纷处理不及时，有的激化为刑事犯罪。有些法律法规中的某些规定已经不适应现在的情况，还有一些法律、法规互相存在不协调现象。要改变这种状况，就要对法律和法规进行编纂，对不适应现在需要的法规予以整理、修订和废除。对尚缺少的法律和法规，要大量搜集材料，确定这些尚未制定的法律和法规在我国社会主义法律体系中的地位。此外，还要认真研究外国在立法预测方面的经验。

立法规划工作是与立法预测工作紧密相连的。立法规划应该根据立法预测进行，立法预测也需要有相应的立法规划作为实施的保障。如果不进行立法预测，立法规划就难免带有主观主义的成分，甚至陷入盲目性。对立法进行规划的必要性在于，法律所调整的许多领域都有一定的计划，为了使立法符合它所调整的对象的需要，立法必须按照规划进行。而且，为了保证立法与国家政治、经济、文化等各项事业协调发展，立法规划应该纳入国民经济和社会发展计划。我国国民经济和社会发展第六个五年计划的要点包括工农业生产的发展速度和经济效益，基本建设的规模和企业的技术改造，教育、科学、文化事业的发展，对外经济、技术交流的扩大；人民生活的改善和控制人口的增长，财政、信贷的基本平衡和物价的基本稳定。这些方面计划的实现都需要法律手段的保障。把立法规划纳入国民经济和社会发展计划，可以使国家在决定某一方面的政策的同时采取法律措施，即不但要及时制定法律，而且要同时加强司法、守法、法学教育、法学研究等各方面的工作，与社会发展相适应。

彭真同志在纪念新宪法颁布一周年发表的谈话中强调："实施宪法，要加强社会主义法制"。加强社会主义法制的工作要从立法、司法、守法、法学教育等各方面同时进行。立法是法制建设的基础工作。完善立法的目的是有法可依。如果有了法律，把它束之高阁，缺乏相应的措施保证其实行，再完备的法律也是没有意义的。所以，每一项具体的法律制定出来以后，就要有相应的机关来执行。司法机关应该根据立法的需要对本身的机构设置和人员配备进行调整。要采取多种形式，紧密结合实际，普遍深入地进行法制宣传教育，对于群众不熟悉的新的法律部门更要加强宣传，使每一个公民，尤其是每一个干部，都牢固地树立法制观念，人人养成遵守宪法和法律、依法办事的习惯。只有这样，才能保证法律在实际生活中得到实施，从而推动整个国民经济和社会发展计划的实现。

在我国，立法预测工作是一项崭新的工作，我们还缺乏这方面的经验。但是，同一切事物一样,立法也有其自身的发展规律,这一规律也是可以认识的。我国宪法不仅仅以根本大法的形式肯定了已取得的成果,而且具有纲领性,为今后国家政治、经济等各方面的发展指明了道路,也为立法预测工作指出了方向。只要我们认真学习宪法,认真实施宪法,依据宪法开展和加强对我国立法的预测,就能掌握立法发展过程所固有的规律性,得出科学的预测成果,为促进我国社会主义法制的协调发展作出贡献。

(1984 年第 8 期)

论宪法在我国法制建设协调发展中的作用

王叔文*

《法学》杂志编辑部提出开展我国法制建设协调发展问题的讨论，对于建设具有中国特色的社会主义法制，为我国社会主义现代化建设服务，有重大的理论和现实意义。本文就现行宪法在我国法制建设协调发展中的作用，谈谈个人的认识和体会。

一、宪法为我国法制建设协调发展确立了指导原则

现行宪法是具有中国特色的社会主义宪法，是新时期治国安邦的总章程，它为我国法制建设协调发展确立了以下一些重大的指导原则。

1. 以四项基本原则为根本指导思想

宪法以四项基本原则为总的指导思想，这也是我国法制建设协调发展的根本指导思想。宪法反映了我们国家在指导思想上的拨乱反正，不仅恢复了四项基本原则的本来面目，而且在新的历史条件下坚持和发展了四项基本原则。只有坚持四项基本原则，才能使我国法制建设沿着正确的道路，协调地健康地发展。

2. 为社会主义现代化建设服务

宪法在“序言”中明确规定我们国家在新时期的根本任务，是“集中力量进行社会主义现代化建设”，“逐步实现工业、农业、国防和科学技术的现代化，把我国建设成为高度文明、高度民主的社会主义国家”。实现上述根本任务，是我国新时期最大的实际。我国法制建设协调发展要从实际出发，就要从这个最大的实际出发。

3. 与社会主义经济基础相适应

宪法为我国法制与经济基础的协调发展提供了法律基础。首先，它规定了我国社会主义经济制度的基础是生产资料的社会主义公有制；其次，它总结了我国经济体制改革的成果，规定在坚持国营经济为主导地位的前提下，发展各种形式的经济，规定了以计划经济为主，市场调节为辅的原则，国营企业和集体经济组织的自主权和民主管理，实行各种形式的社会主义责任制等。在这些原则性规定的基础

* 作者单位不详。

上进行的各项经济立法，就能适应我国当前生产力的实际水平的需要，有效地调整各种经济关系，推动经济体制改革的继续前进，保证国民经济按比例地协调发展。

4. 正确处理物质文明和精神文明的关系

我们要实现社会主义现代化的伟大目标，不但要建设高度的物质文明，而且要有高度的精神文明。宪法把建设社会主义精神文明作为全国人民的根本任务和奋斗目标加以规定，并对建设社会主义精神文明，从文化建设和思想建设两个方面作了完整的规定，这在社会主义宪法中是首创的。在宪法的基础上，我们就能大力加强教育、科学和文化的立法，使我国法制建设能协调地调整物质文明和精神文明的关系，更好地为两个文明建设服务。

5. 正确处理民主和专政的关系

宪法明确规定了我国是人民民主专政的社会主义国家。它一方面在广大人民内部实行广泛的社会主义民主；另一方面对极少数破坏社会主义的敌对分子实行专政。在发展社会主义民主方面，宪法规定，国家的一切权力属于人民，人民行使国家权力的机关是各级人民代表大会，并通过居民委员会、村民委员会等基层群众性自治组织，通过国营企业和集体经济组织的民主管理等，保证实行人民的直接民主。另外，还规定了中国人民必须同敌视和破坏我国社会主义制度的国内外的敌人进行斗争，镇压叛国的和其他反革命的活动，打击危害社会治安，破坏社会主义经济和其他的严重犯罪分子。宪法通过对我国人民民主国体的规定，为把民主和专政正确地结合起来，提供了法律基础。

6. 正确处理民主和集中的关系

宪法明确规定了我国的国家机构实行民主集中制。各级人民代表大会都由民主选举产生，对人民负责，受人民监督，国家行政机关、审判机关、检察机关都由人民代表大会产生，对它负责，受它监督。从而揭示了人民与代表机关、代表机关和其他国家机关的正确关系。同时，在保证由人民代表大会统一行使国家权力的前提下，对于行政机关、审判机关和检察机关的职权，也都有明确的划分，以保证国家权力机关和其他国家机关能够协调一致地工作。此外，在保证人民内部实行民主的同时，也规定了公民有遵守宪法和法律、纪律和公共秩序的义务。在宪法这些原则性规定的基础上，我国法制建设就把高度的民主和高度的集中正确地结合起来，形成既有民主，又有集中，既有自由，又有纪律，安定团结，生动活泼的政治局面。

7. 正确处理中央和地方的关系

宪法规定了我国是单一制的社会主义国家，确定了中央和地方的国家机构职权的划分。在中央的统一领导下，充分发挥地方的主动性、积极性。全国人大是最高国家权力机关，它和全国人大常委会行使国家立法权。国务院是最高国家行政机关，统一领导全国地方各级国家行政机关的工作，全国地方各级人民政府都是国务院统一领导下的国家行政机关,都服从国务院。同时,宪法加强了地方各级人大的建设,规定了省、自治区、直辖市人大和它们的常委会可以制定地方性法规等。这些原则性规定,对于保证中央和地方法制建设的协调发展,贯彻发挥中央和地方两个积极性有重要的意义。

8. 正确处理国家、集体和个人的关系

宪法对此作了许多原则性规定。例如,规定了国家保障国营经济的巩固和发展,保护城乡集体经济组织的合法权利和利益,鼓励、指导和帮助集体经济的发展,保护个体经济的合法财产所有权和公民私有财产的继承权。同时,还明确规定,国家合理安排积累和消费,兼顾国家、集体和个人的利益,在发展生产的基础上,逐步改善人民的物质生活和文化生活。这些规定,把国家、集体和个人的利益正确地结合了起来,为我国法制建设正确处理这三者之间的关系确立了指导原则。

9. 正确处理公民的权利和义务的关系

宪法明确规定了两条基本原则,一是公民在法律面前一律平等,二是公民的权利和义务相一致。这两项原则意味着:(1)任何公民平等地享有宪法和法律规定的权利;(2)平等地履行宪法和法律规定的义务;(3)对于一切公民在适用法律上一律平等,在法律面前,不允许有任何特权。从而为我国法制建设,正确处理公民的权利和义务的关系,提供了法律基础。

10. 规定了国家维护社会主义法制的统一和尊严的原则

宪法"总纲"第5条中明确了"国家维护社会主义法制的统一和尊严",这是进一步健全我国社会主义法制的一条根本原则。同时,又规定了全国各族人民和一切组织都负有维护宪法尊严、保证宪法实施的职责,一切法律、行政法规和地方性法规都不得同宪法相抵触,一切组织和个人都必须遵守宪法和法律,一切违反宪法和法律的行为,必须予以追究。这些原则性的规定,对于我国法制建设协调发展,无疑具有十分重大的意义。

二、宪法为我国法制建设协调发展规定了基本政策和措施

在保证我国法制建设协调发展中,正确处理法的制定、执行和遵守这三者之间的关系,使它们能相互协调发展,具有十分重要的意义。

在法的制定方面,宪法总结了新中国成立以来的立法经验,根据新的历史时期的需要,改革和完善了我国的法的制定工作。主要是:(1)扩大了全国人大常委会的立法权,除基本法律应由全国人大制定以外,其他法律由全国人大常委会制定,以便能及时解决社会主义现代化建设过程中出现的、迫切需要解决的重大问题,这是我国立法体制的重大改革。(2)国务院有权根据宪法和法律,制定行政法规,这

对加强行政机关的法制建设，十分重要。（3）省、自治区和直辖市的人大及其常委会，在不同宪法、法律、行政法规相抵触的前提下，可以制定地方性法规。这有利于在中央的统一领导下，加强地方法制的建设。（4）宪法对各级政权机关在维护国家法制统一中的作用，从国家权力机关到行政机关，从中央到地方，都作了完整的规定，进行了合理的分工。这些规定，有利于加强我国的立法工作，维护国家立法的统一，维护宪法和法律的尊严，保证我国法的制定工作的协调发展。

在法的执行方面，宪法对各部门、各级国家机关如何保证宪法和法律的实施，作了完整的规定。首先，宪法赋予了各级国家权力机关在监督和保证宪法、法律实施中的重要职权，规定全国人大和全国人大常委会有权解释宪法和法律，全国人大代表在自己参加的生产、工作和社会活动中，协助宪法和法律的实施。地方各级人大在本行政区域内，保证宪法、法律、行政法规的遵守和执行。其次，宪法在"国家机构"一章中，设专节规定了人民法院和人民检察院的组织和活动的基本原则。人民法院是国家的审判机关，依照法律规定独立行使审判权，人民检察院是国家的法律监督机关，依照法律规定独立行使检察权，都不受行政机关、社会团体和个人的干涉。此外，还规定人民法院、人民检察院和公安机关办理刑事案件，应当分工负责，互相配合、互相制约，以保证准确有效地执行法律。最后，宪法规定国务院是最高国家权力机关的执行机关，对全国人大负责并报告工作，在全国人大闭会期间，对全国人大常委会负责并报告工作。国务院根据宪法和法律，规定行政措施，制定行政法规，发布决定和命令。地方各级人民政府是地方各级国家权力机关的执行机关，都对本级人大和上一级国家行政机关负责并报告工作。这样，宪法对各级国家权力机关、各级国家行政机关、人民法院和人民检察院在保证宪法和法律实施中的职权，都作了明确的规定，进行了合理的分工，从而能保证我国法的执行方面的协调发展。

在法的遵守方面，宪法"总纲"中规定了一切国家机关和武装力量、各政党和各社会团体、各企业事业组织都必须遵守宪法和法律，任何组织或者个人都不得有超越宪法和法律的特权，强调了一切组织和个人都必须严格依照法律办事。值得指出的是，这里所说的各政党也包括中国共产党。党的十二大通过的新党章规定："党必须在宪法和法律的范围内活动"。党的十二大报告中指出："党领导人民制定宪法和法律，一经国家权力机关通过，全党必须严格遵守。"这充分表明我们党对实施宪法和法律的高度重视，对于增强全体党员的宪法和法制观念，提高执行宪法和法律的自觉性，十分重要。同时，如前所述，宪法在"公民的基本权利和义务"一章中，规定了公民在法律面前一律平等，权利和义务一致的原则，任何公民享有宪法和法律规定的权利，又必须履行宪法和法律规定的义务。严格按照宪法的这些规定办事，就能保证在党的领导下，全国各族人民，一切国家机关、团体和组织，共同遵守宪法和法律，维护宪法、法律的权威和尊严，同违法行为进行坚决的斗争。

三、宪法是建设我国社会主义法律体系的核心和基础

宪法在我国法制建设协调发展中的作用，还表现在它是建设具有中国特色的社会主义法律体系的核心和基础。在宪法的基础上，从我国实际情况出发，建设具有中国特色的社会主义法律体系，对于进一步完善我国的立法工作，保证宪法和法律的实施，加强社会主义法制的建设，有重要意义。在立法方面，建设我国社会主义法律体系，有利于制定立法总体规划，有步骤地进行各方面的立法工作，完善各部门的立法，及时发现和加强立法中的薄弱环节，使各部门法能协调地发展。在法律的实施方面，建设我国社会主义法律体系，有利于国家机关和广大人民掌握、运用和遵守法律，严格按照法律的规定办事。因此，建设具有中国特色的社会主义法律体系，能保证我国法制在法的制定、执行和遵守方面得到协调发展。宪法对建设具有中国特色的社会主义法律体系，保证我国法制建设协调发展，有十分重要的作用。

宪法是我国社会主义法律体系的核心部分，它是我国立法工作的法律基础，是制定一般法律的依据。一系列宪法规范同时又是一个或几个部门法的法律规范，另一系列宪法规范则在一般法律中得到具体化、补充和发展。具体表现在：(1)一般法律中明确规定它是以宪法为依据。例如，国务院组织法第1条规定，根据宪法有关国务院的规定，制定本组织法。(2)把宪法的各项原则规定作为主要的立法原则。例如，宪法关于各级人大代表是选举产生的办法，公民有选举权和被选举权的原则，都作为主要的立法原则规定在选举法的总则中。(3)仅规定依照宪法有关规定和条文，而不规定具体内容，如全国人大组织法第1条规定，全国人大会议，依照宪法有关规定召集。(4)直接援用宪法有关条文规定的内容。例如，全国人大组织法关于全国人大代表义务的规定，直接援用了宪法条文，这是因为宪法的规定已经相当具体。(5)对宪法的规定进行补充。例如，宪法规定了全国人大代表的豁免权，全国人大组织法就作了补充规定。(6)使宪法的条文规定具体化。例如，宪法对全国人大和地方各级人大代表的名额作了原则性规定，选举法则规定了各级人大代表的具体名额。

同时，宪法本身也是法律，是根本的法律。它和其他法律一样，具有直接的法律效力，即具有直接的约束力和强制力。例如，关于男女平等的原则，虽然婚姻法中已有规定，但从法律依据来说，妇女享有同男子平等的权利，直接来源于宪法。不仅如此，宪法又是一切组织和个人的根本的活动准则，因此，宪法在我国社会主义法律体系中，既是其中的组成部分，又处于特殊的地位，是建设我国社会主义法

律体系的核心。

作为国家根本大法,宪法还是制定法律和其他规范性文件的法律基础。国家机关以宪法为依据和基础,不断进行法的"废"、"改"、"立"的工作。一方面,宪法各项条文规定,预定要制定大量的法律和其他规范性文件,是我们制定立法总体规划的基础。另一方面,宪法明确规定了我国各个国家机关制定的主要规范性文件的名称和它的法律效力,从而为完善我国社会主义立法体系(即立法文件的体系)提供了基础,这对于建设具有中国特色的法律体系,也具有重要的意义。

总的来说,宪法在我国法制协调发展中起着十分重要的作用。我们只有以宪法为依据和基础,从我国国情出发,系统地、科学地总结我国社会主义法制建设的经验,才能使我国法制建设协调发展,也才能建设具有中国特色的社会主义法制,保证把我国建设成为现代化的、高度文明、高度民主的社会主义国家。

(1984 年第 9 期)

社会安定与法制协调

于浩成*

5年半以前举行的具有历史意义的党的十一届三中全会，正确地总结了我们党和国家多少年来的历史经验，特别是“文化大革命”那场大动乱、大灾难的惨痛教训，在果断地摒弃了“以阶级斗争为纲”的错误指针，毅然将党和国家工作的着重点转移到四个现代化建设上来的同时，确定了发展社会主义民主和健全社会主义法制的重要方针。党的十一届三中全会公报指出，为了保障人民民主，必须加强社会主义法制，使民主制度化、法律化，使这种制度和法律具有稳定性、连续性和极大的权威，做到有法可依，有法必依，执法必严，违法必究。

古人早就说过：徒法不能自行。法律是人制定的，也要靠人来施行。法律制定出来以后，如果不能施行，不过是一张废纸而已。“文化大革命”以前我们也不是完全没有法律，五四宪法是大家公认的比较好的一部宪法，但是由于没有受到应有的重视，政治运动一来便被践踏成一堆废纸了。仅仅是在党的十一届三中全会以后，有法必依的问题才提到议事日程上来，并基本上做到了。例如，“公民在法律面前一律平等”的原则，在人民法院的审判中，特别在严厉打击严重刑事犯罪的斗争中，得到了遵守和实行。人民法院审判刑事案件，对所有原、被告人，不分性别、职业、家庭出身、社会地位、财产状况等，确实做到了一视同仁，按照国家的法律平等对待。凡是触犯国家刑律的，就依法惩处，绝不因他们的社会地位和职务等的不同而予以轻纵或重处。任何人都不许包庇、袒护犯罪分子。对包庇者，一经查证属实，不论其职位高低，都根据事实情节，予以追究。这就进一步树立了社会主义法制的权威。

当然，在有法必依的问题上，我们也还不是都做得很好，不存在什么问题了。当前还有不少干部和群众，包括一部分领导干部在内，法制观念薄弱，对以法治国、依法办事的重要性认识不足。他们往往重政策，轻法律，认为政策大于法律，高于法律，只要按党的政策办事就行了，国家法律则是可有可无的。他们不懂得我们早已从革命战争时期转入社会主义建设时期，必须从主要依靠政策办事，逐步过渡到既要依靠政策，还要以法治国，即依靠健全的社会主义法制管理国家。因此，有法不依，以政策代替法律的现象，我们还能遇到不少。例如，《婚姻法》明文规定男22

---

* 作者单位不详。

岁、女20岁为法定婚龄,但不少地方的政权机关以提倡晚婚为由,拒绝为已达到法定婚龄的青年进行结婚登记。有些青年质问说:"究竟是我们违法还是政府违法?法律还算不算数?"这种做法大大影响了法律的权威性,动摇人们对法律的信心,显然是与加强社会主义法制的方针背道而驰的。

怎样认识和解决坚持有法必依、依法办事和当前强调经济和政治体制的改革,允许冲破某些旧的条条框框之间的矛盾呢?我认为这一矛盾是可以而且应该统一起来的。因为我们的改革是在党和政府的领导下,在现行宪法的基础上有秩序、有步骤地进行的,不是凭着某些人一时心血来潮而胡改乱变的,更不能与"文化大革命"那种"造反"、"踢开党委闹革命",大搞无政府主义相提并论。一般来说,改革应先从法律、法规的修改或重新制定法律、法规开始,正像我国历史上多次改革均被称为变法(如商鞅变法、王安石变法、戊戌变法等)一样。这就加重了法律工作者和法学工作者的责任,必须努力加速法制建设的步伐,尽快改革某些规定和做法上"合理不合法"的暂时局面,积极支持改革,做改革的促进派,为改革作出自己的贡献。

综上所述,有无健全的社会主义法制,这是关系到我国能否安定团结,长治久安,经得起各种风险,能否克服各种困难,顺利地进行社会主义现代化建设的极为重要的问题。健全社会主义法制,首先必须做到"有法可依"。上面我们说过,我国的立法工作,自党的十一届三中全会以来已经取得了很大成绩,但是,我国的法律一是还不够完备,二是现有的法律以及正在草拟、制定中的法律彼此间的协调发展还很不够,我们还没有能够形成一个具有中国特色的社会主义法律体系(表现在法学上则是尚未形成一个与此相适应的、具有中国特色的马克思主义的法学体系)。我们是"任重而道远",在健全社会主义法制的问题上,还有许多重要工作要做。

1982年7月,彭真同志在中国法学会的成立大会上指出:立法要从实际出发,但也要有自己法的体系,"前后、左右不能自相矛盾"。最近,陈丕显同志在六届全国人大二次会议上所作的常委会工作报告中也指出法律之间应该互相协调、衔接,避免互相抵触、矛盾,使我国的法律能够逐步建立统一的规范。最近法学界提出的法制协调发展问题,确实是我国社会主义法制建设中的一个值得注意的重要问题。我认为上海《法学》编辑部"关于开展我国法制建设协调发展问题讨论的意见"中讲得很好:法制协调应包括两方面的内容:一是外部协调的发展,即法制与其他上层建筑之间的协调关系;二是法制系统内部的协调发展,即立法、司法(执法)和为法制服务的法学教育、法学研究、法制宣传等方面的协调发展。实践证明,法制协调发展确实是健全社会主义法制的重要内容之一,只有协调发展才能发挥其保障社会安全和国家长治久安的应有作用。

从下面一些问题中，我们可以清楚地看到法制协调发展的重要性及其与保障社会安定为关系。

第一，1979年五届全国人大二次会议制定的《刑法》、《刑事诉讼法》是加强社会主义法制的重要步骤。去年9月，全国人大常委会又审议通过了《关于严惩严重危害社会治安的犯罪分子的决定》和《关于迅速审判严重危害社会治安的犯罪分子的程序的决定》，对两法的一些条款进行修改、补充。这两个决定对打击凶杀、抢劫、强奸、爆炸等严重刑事犯罪活动，发挥了重大的作用。一年来我国打击严重刑事犯罪活动的斗争收到了很大的效果，刑事案件发案率下降，既保护了广大群众的利益和安全，保障了社会的正常秩序，又教育挽救了一批失足的青少年，促进了社会风气的好转。但是，为了争取社会治安和社会风气的根本好转，除了继续坚持依法从重从快打击刑事犯罪的方针以外，还必须进一步同综合治理社会治安的其他措施配合进行，这就要处理好法制与其他上层建筑之间的协调关系。

第二，邓小平同志早在1978年12月就曾指出："国家和企业、企业和企业、企业和个人等之间的关系，也要用法律的形式来确定，它们之间的矛盾，也有不少要通过法律来解决。"①但是，我们虽然制定了作为民法组成部分的经济合同法、专利法、商标法等，但作为重要基本法律的民法至今还没有制定出来，不能不说是法制建设上的一个严重缺陷。我们的经济法和行政法也不完备，正像全国政协委员安徽省副省长杨纪珂所说的："行政立法很重要，现在不少单位与单位之间发生纠纷都找到党委或行政领导机关头上，分散领导机关的精力，是否应设行政法院，搞行政诉讼法，解决这一类问题"，"现在许多问题实际上连个分管的'官'也没有，应在加强法制建设中想法解决，不然助长官僚主义，扯皮现象"。应该看到，随着党和国家工作重点的转移，根据法制作为上层建筑必须为经济基础服务的原理，自觉地运用法律手段来调整经济关系，更多地借助经济手段和法律手段，而不是单凭行政手段解决经济建设中的问题已经越来越显得必要和重要了。如果仍然沿用过去一切由党政领导出面采取行政手段解决经济建设中的问题的办法，显然就会与经济发展的要求不相适应，许多问题不能迅速、合理地解决，对维护社会的安定团结也是十分不利的。

第三，党的十一届六中全会通过的《关于建国以来党的若干历史问题的决议》在指出"对敌视社会主义的分子在政治上、经济上、思想文化上、社会生活上进行的各种破坏活动，必须保持高度警惕和进行有效的斗争"的同时，还指出："必须正确认识我国社会内部大量存在的不属于阶级斗争范围的各种社会矛盾，采取不同于阶级斗争的方法来正确地加以解决，否则也会危害社会的安定团结"。应该看

① 《邓小平文选》，第136～137页。

到，确实有不少严重刑事犯罪原来是民事纠纷由于处理不当以致激化而成的。重视处理好民事纠纷，加强作为我国社会优良传统之一的、行之有效的人民调解工作，克服我们政法工作中某种程度上的“重刑轻民”的倾向，也应是做好法制协调发展，保障社会安定的一个重要内容。

健全社会主义法制，除了加速立法工作，使我国法制日臻完善，做到以宪法为基础，各种法律配套成龙，成为协调发展的有机的完整的法律体系；加强公安、检察、法院、司法部门的工作，做到“执法必严，违法必究”以外，还必须大力开展法学研究，加强法学教育，培养法律人才，不断充实政法工作机关，提高政法人员的素质；还要加强对一般干部和群众的法制教育和法制宣传，使每个公民都知法懂法，认真守法、护法，同一切违法犯罪行为作斗争。所有这一切工作都应是协调发展，互相有机配合，哪一方面也不可缺少的，也是维护国家的长治久安，保障社会主义现代化建设顺利进行所不可缺少的重要内容。

（1984年第8期）

1985 年

一国两制的历史借鉴

陈鹏生*

邓小平同志关于“一个国家两种制度”的构想,作为治国理民的重要国策,正随着举世瞩目的中英解决香港问题的成功实践,而日益显示出它真理的光辉。前不久,邓小平同志在谈到这一问题时,曾经指出:“我很有信心,一个国家两种制度是能够行得通的。”“历史上不是没有这样的先例”。鉴古以明今,观往而知来,回顾古人在这方面的实践,无疑会给我们以历史的启迪,从而使我们加深对实行一国两制构想的认识。

一

在我国,因地制宜的政策思想,早在奴隶制后期的西周就有了。周初的统治者鉴于殷商亡国的教训,深感人心的向背对国家政权的存亡至关重要,而人心的向背则关键在于政治的得失。被称为“古圣人”的西周政治家周公旦,就牢记“人,无于水监,当于民监”的格言,因而他在东征后,对于殷商遗民就特别注意顺乎“民情”,采用宽厚、矜悯的政策,以争取稳定局势,教化殷民。比如,当时由于时局动乱频仍,统治者十分强调以严法苛罚来禁止造酒和“群饮”,但周公却考虑到殷民的特殊情况,在《尚书·酒诰》中一再告诫将要到殷地负责统治工作的康叔,对周人“群饮”,要“尽执拘以归于周,予其杀”。但如果是殷人酗酒,则“勿庸杀之,姑惟教之”。这种按不同地区的不同情况因地制宜的灵活政策,成为周公旦巩固西周政权的重要政治原则。而最能表现这种政策思想的还是西周的“建三典,以刑邦国,诘四方”。也就是说,在同一个西周国度内,根据不同地区不同的政治形势,制定轻重不同的刑法,以区别对待,因势而治。所谓“三典”,即《汉书·刑法志》所说的:“一曰,刑新邦用轻典;二曰,刑平邦用中典;三曰,刑乱邦用重典。”意思是,对新征服的地区,为稳定人民,采用较轻的刑法来治理;对一般承平的地区,用常行之法;对阶级斗争尖锐的“乱国”,则用重刑以镇压之。

西周因地制宜、区别对待的政策思想,是当时奴隶主贵族统治经验积累的结果,标志着奴隶制国家政治法律思想系统化和制度化的成熟发展。事实表明,实行

* 作者单位:华东政法学院(现华东政法大学)。

这种政策思想，不但不会削弱奴隶主贵族的统治作用，反而是更准确、更有效地维护了奴隶主贵族的统治。周王朝在厉王之前，不论是奴隶主与奴隶这两大对立的阶级，还是统治阶级内部的关系，都相对地比较稳定，从而促进了社会生产力的发展，推动了社会的进步，这是和西周初期政治策略的成功运用有密切联系的。《史记·周本纪》记载："成康之际，天下安宁，刑措四十余年不用"，虽然不无夸张之词，但也在一定程度上反映了当时社会有过一个比较长期的安定局面。

纵观我国封建社会两千多年的历史，尽管君主专制有增无已，不断强化，但是因地制宜、区别对待作为一种政策思想和统治经验，却是被陈陈相因地继承下来和不断发展，自秦汉至明清，我们都不难找到这方面的例子。

二

我国古代实行一国两制，最为典型的例子要算南北朝时期的北魏政权了。这是我国古代因地制宜、区别对待的政策思想的成功运用和重要发展。

北魏尊拓跋力微为始祖神元皇帝。其实，历史上由部落联盟转化为国家的北魏，是公元386年由鲜卑族部落首领拓跋珪建立的。拓跋珪称王后，统一大漠诸部，又尽取黄河以北今山西、河北等地，并于公元398年迁都平城，进称魏帝。这就是北魏太祖道武帝。当时魏晋南北朝正是我国民族大融合时期，北魏从统一北方，到进据中原，直至最后亡于北周，前后共达200多年，可以说是一个不断汉化和封建化的过程。在这期间，北魏政权对鲜卑族居住的北方实行奴隶制，对汉族居住的南部中原地区实行封建制，使两个民族、两个地区，在一国两制的政策下，进行和平竞赛，不但促进了鲜卑族和汉族在经济、政治和文化思想上的大融合，也取得了北魏国力的不断强大，成为我国封建社会一段令人瞩目的史迹。

魏道武帝拓跋珪是一位颇有远见卓识的皇帝。他在建立北魏政权后，统治着南部中原一大片汉族居住的地区，虽然拥有军事上的绝对优势，但是没有以高压手段，强迫汉人向鲜卑族看齐，把社会往后倒退到奴隶社会去。拓跋珪面对着两个民族力量对比的现实，认识到汉族比鲜卑族人数多、汉族生产方式比鲜卑族先进、汉族文化比鲜卑族文化高，实行一国两制有利于安定团结，有利于促进鲜卑族的汉化，最终有利于巩固鲜卑族的统治。因而在南部中原地区，是实实在在地维持着原有的封建制度。他十分重视起用汉族地主阶级的士大夫，从经济、政治、文化到社会习俗各方面，都注意维护汉化和封建化。拓跋珪进入中原，大败慕容宝于参合陂后，便从俘虏中擢用有才识的汉人，"与参谋议，宪章故实"。接着，又按封建制要求建置百官，封拜官爵。据史书记载，"帝初拓中原，留心慰纳，诸士大夫诣军门者，无少长，皆引入赐见，存问周悉"，可见他对汉族士大夫是广采意见，尽量录用。

为了笼络汉族人心，拓跋珪还亲自祭圣周公和先师孔子。为了提倡农业生产，改变鲜卑族游牧习惯，他亲耕籍田，以为民表率。拓跋珪这种在南部中原维持封建制的政策思想，也为北魏政权后来的统治者所接受和努力贯彻实施。魏太武帝统一16国后，就进一步按封建制，考订律刑，撰修国史，厘定文字，整治经集。魏文帝迁都洛阳后，还参照南朝汉族封建政权的制度，对官制、法律、礼仪和典章进行改革，使南北朝的政治制度趋向一致，以致南朝大将入洛阳后，慨叹江东的封建制发展不及江北了。

对于鲜卑族居住的北部地区，实行奴隶制，推动拓跋部社会从游牧经济生活向农业经济生活发展，其深刻的历史进步意义在于加速一个落后民族的汉化和封建化进程，使之适应中原封建农业经济的社会发展趋势。在这方面，北魏统治者采取了许多有力的措施，拓跋珪在离散部落，分土定居后，就将氏族社会成员变成所在地区的编户齐民，从逐水草而居转向定居，这是实行"计口授田"，"劝课农桑"的重要前提条件。《魏书》上说，当时"劝课农桑"除对原来的部落成员外，也包括内徙"新民"，"诏给内徙新民耕牛，计口授田"，结果"垦田大为增辟"，农业生产日益发展。太宗拓跋嗣时，已"岁数丰穰，畜牧滋息"，到拓跋焘时，平城一带更呈现"秋谷悬黄，麻孜布野"的丰收景象。

北魏初期，一些部落大人对在一个固定国家内生活还不习惯，总想再回到北方过游牧生活，因而叛乱无常。拓跋珪就对他们说，"四海之人，皆可与为国，在我所以抚之耳，何恤乎无民"，把部落诸将稳定下来。北魏统治者还制定一条法律，《颁赐群臣将士各有差》，规定按战功分赏胜利品，使部落将士积极参战，扩大战果。就这样，成百万的战俘没有被杀掉，而是作为战争胜利品，分赏有功将士，成了皇帝、诸部大人，乃至鲜卑兵士的奴隶。这些奴隶有的被皇帝、诸部大人作婢女役使，有的被用来从事各种生产劳动，从织缓锦、酿酒、养牧猪羊牛马至耕作，什么都干。加上北魏多次迁徙人口，促使"百工伎巧"的流动以开发新区，使筑城、木作、纺织、酿酒等技术以及畜牧、园艺都日益发达起来。

上述这些措施，迅速地推动了鲜卑族拓跋部从原始社会末期游牧业转向奴隶制的农耕，这是一个历史的大进步。而由游牧业转向农耕，才能为鲜卑族进而向封建制发展创造必要的条件，这是更具有深远历史意义的事情。我们应该看到，在北魏一个国家同时实行奴隶制和封建制，势必使鲜卑族的奴隶制受到汉族封建制的挑战，两者是不可能长期并行不悖地发展的。事实也正是如此，鲜卑族后来不仅在经济上、政治上为汉族所融化，而且在思想文化、风俗习惯上也实行汉化。他们穿汉服，说汉语，沟通与汉人的婚姻关系，甚至改鲜卑旧姓为汉姓。而在魏孝文帝采用李世安关于实行均田制的建议后，更使鲜卑族的奴隶制度受到先进的封建生产方式的影响。封建生产关系在鲜卑族内部的发展，又直接影响着鲜卑族阶级关系的变化，随着奴隶的解放，终于加速了北方奴隶制度的崩溃。至此，也就完成了鲜卑族汉化和封建化的历史过程。

三

毛泽东同志说过："从孔夫子到孙中山，我们应当给予总结，继承这一份珍贵的遗产，这对于指导当前的伟大运动，是有重要的帮助的。"当然，不言而喻，历史上统治者的这些因地制宜、灵活运用的政策的政治原则和统治经验，同我们今天要实行的一个国家两种制度的构想，有本质的区别，出发点也是截然不同的。但是，作为一种治国理民的策略，却不能说没有一定的历史联系，认真地加以考察，将会使我们从历史的经验教训中得到许多启发。

北魏政权实行一国两制，是有一定的社会历史条件的，符合客观的必然性。魏晋南北朝时期，除西晋的短期统一外，社会长期分裂对峙，皇朝更迭频繁，割据政权树立。在这种频仍的战乱中，出现大规模的人口流徙，促进了民族的大融合。这种融合，不但打破了民族固定的居住界限，也促进了民族之间经济、政治和思想文化的相互影响。历史告诉我们，经济文化落后的民族，可以依靠强大的军事力量占领经济文化比较先进的民族居住地区，但从根本上说，他们都无法凭借军事力量倒转历史的车轮，使较先进的生产方式向落后的生产方式看齐。而恰恰相反，落后民族的经济和社会要向先进民族的经济和社会发展，这是一种无法改变的历史趋势。北魏统治者的远见卓识，应在于他们能够顺从历史的趋势，采取了符合客观要求的国策，对民族的相互学习、共同提高起了推动作用。魏晋南北朝处于我国两大经济文化高潮的过渡时期，北魏政权采取这种顺应历史、促进民族融合的政策，从整体上看，对后来第二次经济文化高潮，即隋唐繁荣昌盛时期的出现，无疑具有深远的影响。

北魏在实行一国两制中，还有一条值得重视的经验，就是积极推行社会改革，以改革为杠杆，促使魏国经济取得前所未有的大发展。比如孝文帝太和九年（公元485年）颁布了均田令，实行由国家调配土地使用权的均田制。这一重大经济改革把土地和劳动力结合在一起，缓和了因土地兼并而激化的阶级矛盾，解决了历史遗留下来的土地产权纠纷，构成了封建土地关系的主体，促进了社会生产力的发展，加速了鲜卑族汉化和封建化的过程。再如，确立官禄制度以代替班赏王臣，对鲜卑族封建化也具有重要的意义。北魏前期，百官无禄，皇官不断以大量财富班赏王公贵族文武臣从，这实际上是北魏统治集团瓜分社会剩余劳动和剩余劳动产品的基本方式。它虽然适合北魏初期战争频繁的历史环境，但随着北魏统一北方，社会向封建化继续发展，这种原始落后的分配方式就日益与新形势不相适应了。官禄制度的确立，把班赏变成以实物、力役和纳税代役为内容的官禄剥削，减少"班赏"形成的奴婢千数、牛羊谷量的情况，改变了王公贵族经济收入的构成，直接削弱鲜卑族与奴隶制及畜牧经济的联系，从而也促使鲜卑贵族向封建主转化。特别是孝文帝的祖母冯太后主持的文化改革，创立乡学，郡署博士，在拓跋社会切实确立汉族文字的正统地位，严令禁止拔跋鲜卑同姓通婚的原始习俗。这样以广泛开展汉文化教育的方式，来冥化其社会细胞，以达到移风易俗、改造社会的目的，对于北魏上层建筑各个领域的更新，产生强大的推动作用，因而被后人称为"更清漠野，大启南服(汉化)"。所有这些，都是值得借鉴的历史精华。

今天，我们把马克思主义原理和中国具体革命实践相结合，提出"一个国家两种制度"的构想，这是在新的社会历史条件下的创举。它凝聚了我们党领导革命的光辉实践的宝贵经验，反映了我们国家、民族的根本利益。这一构想的实现，不仅是在我国，而且在世界上，都将产生极为深远的影响。应该看到，我国多民族国家的形成和统一的发展，已形成了伟大的爱国主义传统，这是我们国家、民族的凝聚力和向心力。列宁早就指出："爱国主义就是千百年来巩固起来对自己的祖国的一种最深厚的感情"，这种爱国主义的深厚思想感情，正是我们实现一国两制构想的重要基础。借鉴历史的宝贵经验，展望实现构想的光辉前景，我们无疑会更加满怀信心和更加自觉地去为实现这一构想而齐心合力，团结战斗。

（1985 年第 2 期）

宪法规范是法律规范

——斥"违宪不违法"的怪论

骆伟建*

宪法公布实施已经3年了,现行宪法经过3年的伟大实践,使我国政治上安定团结,经济上顺利地进行经济体制改革,加强了社会主义法制,促进了社会主义物质文明和精神文明建设,充分显示了宪法在建设高度文明、高度民主的社会主义现代化强国中的重要作用,也使全国人民都懂得要遵守宪法、实施宪法。但是,我们也要看到,3年来违反宪法的行为还时有发生,甚至在一些人的头脑中还糊涂地认为,宪法规范不是法律规范,违宪不违法。这种错误观念,严重危害宪法的实施。为了更好地保障宪法规范在社会生活中得到遵守,有必要从理论上对宪法规范的性质作出科学的阐述,纠正人们对宪法规范的错误观念。过去,宪法学界对宪法规范的理论问题,没有给予足够的重视和开展深入研究。因此,研究这一问题,就显得更为迫切。本文作一初探,抛砖引玉。

马克思曾指出:宪法是"法律的法律"。这一精辟论述,正确地指出了宪法规范的性质。首先,宪法规范是法律规范,具有法律规范的一般性质。马克思主义认为,法律规范是由国家制定,反映统治阶级意志,规定人们的权利和义务,用国家强制力保证实施的一种行为规则。法律规范由假定、处理、制裁三个要素构成。宪法作为国家的根本法,是由在阶级斗争中取得胜利的统治阶级制定。它反映统治阶级意志,巩固统治阶级建立的国家政治制度、经济制度、社会秩序,并由国家强制力保证宪法规范实施。所以,宪法规范具有国家意志和国家强制力,是毫无疑问的。但是,在涉及宪法性质的关键问题之一,即宪法规范是否具备一般法律规范的3个要素时,存有不同看法。一种观点认为,宪法规范不具备一般法律规范的制裁要素,因而否认宪法规范的法律性质。另一种观点认为,宪法规范有制裁要素,但它包含在一般法律规范中。对于这两种观点,我们不敢苟同。

我们认为,第一种观点抹杀了宪法规范制裁要素的客观存在,不符合事实。我们举一个宪法规范实例,就能证明这一点。例如,我国宪法规定,全国人大常委会的组成人员不得担任国家行政机关、审判机关和检察机关的职务。如果全国人大常委会组成人员违反宪法这一规定,那么全国人大可以依照宪法关于全国人大有

---

* 作者单位不详。

权罢免全国人大常委会组成人员的规定，作出对全国人大常委会组成人员担任行政机关、审判机关和检察机关职务的违宪行为的制裁，解除他们的委员工作。可见，宪法规范具有制裁的要素。

我们认为，第二种观点忽视了宪法规范调整社会关系方法的特殊性，割裂了宪法规范与它调整的宪法关系之间的联系，违背了法律规范逻辑结构的规律。理由之一，法律调整的对象决定法律调整的方法，不同的法律有不同的调整对象，因而有不同的调整方法，这是一条规则。宪法有自己调整的对象和方法，普通法律也有自己调整的对象和方法。如果认为宪法规范本身没有制裁要素，而仅仅存在于部门法的法律规范中，那就等于说，宪法关系是由普通法律规范来调整，而不是由宪法规范来调整，宪法关系可以与宪法规范相脱离。这显然不符合不同的法律调整对象决定不同的法律调整方法的原则。理由之二，如果认为宪法规范仅有假定、处理，制裁包含在普通法律规范中，而普通法律规范本身又有假定、处理，那么普通法律规范的制裁，既要以宪法规范的假定和处理为条件，又要以本规范的假定和处理为条件，实际上就把两个不同的规范合二为一。在一个法律规范中形成两个假定，两个处理，一个制裁的结构，显然也违背法律规范逻辑结构的规律。

因此，我们认为，宪法规范不仅有制裁要素，而且宪法的制裁要素就在宪法规范之中。但是，需要指出，宪法规范的制裁有不同的表现形式。因为宪法规范调整的社会关系，不仅是最基本和最重要的，而且这些社会关系的范围还是极为广泛的。我国宪法既要调整国家机关之间的相互关系，规定各机关的权利和义务，又要调整公民与国家之间的关系，规定公民的权利和义务。由于这些权利和义务的具体内容和形式不同，决定宪法规范采取不同的方式加以调整，主要有两种方式。

第一种方式是宪法直接调整规范，对参加宪法关系主体的权利和义务作出具体规定，并加以直接调整，对违宪行为规定具体的制裁。例如，我国宪法规定，各级人民代表大会选举产生各级行政机关、审判机关、检察机关，他们必须向各级人民代表大会负责并报告工作。如果这些机关不履行向各级人民代表大会负责和报告工作的义务，那么各级人民代表大会，依据宪法规定，有权罢免、改组这些机关的组成人员。在这一宪法关系中，宪法规范具体地规定了主体的权利和义务，并且宪法规范直接调整它们之间的相互关系，当这些机关违反宪法规定，就会受到宪法规范的制裁。我国宪法规范的具体制裁有两种，一是对国家机关违反宪法规定而制定的法律、法规等，规定撤销的制裁。我国宪法规定，全国人民代表大会有权改变或者撤销全国人大常委会不适当的决定；全国人大常委会有权撤销国务院制定的同宪法、法律相抵触的行政法规、决定和命令；撤销省、自治区、直辖市国家权力机关制定的同宪法、法律、行政法规相抵触的地方性法规和决议。只要某一国家机关在行使自己职权，制定规范性文件时，越权制定不应由它制定的规范性文件，或者制定的规范性文件与宪法规范相抵触,都要受到这种制裁。这种宪法规范制裁的特点是它的假定和处理部分由宪法的所有条款构成,违反宪法的任何一个规定,都应被认为与宪法抵触,并宣布该规范性文件无效,给予撤销。所以,就这一点而言,宪法的每一个规范都有具体制裁。二是我国宪法规范,对参加一定宪法关系的人(国家机关领导人、人民代表)违反宪法行为,规定罢免的制裁。宪法规定,对由人民代表大会选举产生的国家机关领导人,若不履行宪法的义务,可由人民代表大会罢免。对人民代表不履行宪法的义务,选民可以撤销其代表资格。当然这种制裁不同于前一种制裁,它不能由宪法的任何条款作为它的假定和处理,而只能由宪法对国家机关领导人和人民代表作出的义务性规定构成。

第二种方式是宪法的原则性规范,对参加宪法关系主体的权利和义务作出原则性规定。因而对违反这些宪法规定的行为,规定原则性的制裁。斯大林曾指出:“宪法不是法律汇编。宪法是根本法,而且仅仅是根本法。”宪法作为根本法,不可能也没有必要对参加任何法律关系的主体,作出具体的权利和义务的规定。要是作出这样的规定,宪法就混同于一般法律,降低到普通法律的地位,就不再是根本法了。所以,宪法的某些规范仅规定了原则性的权利、义务和制裁。例如,我国宪法规定,由于国家机关和国家工作人员侵犯公民权利而使公民受到损失的,有依照法律规定取得赔偿的权利。从这一宪法关系中看出,宪法规范规定了国家机关和工作人员不得侵犯公民权利的义务,又规定了公民受到非法侵害遭受损失时,享有赔偿损失的权利。同时,宪法规范对国家机关和国家工作人员违宪行为,规定赔偿损失的制裁。然而这些都是原则性规定,需要制定具体法律,进一步规定国家机关和工作人员哪些行为属于侵犯公民权利,公民通过什么程序获得损失赔偿,执法机关依照什么尺度来执行赔偿损失的制裁等,保障宪法这一规范的实施。因而,宪法的原则性制裁一般表述为,违反宪法行为规定由普通法律规范制裁。那么怎样理解这就是宪法规范的制裁要素呢?我们认为可以从两个方面加以说明。一方面,它不可能属于宪法规范的假定和处理要素。因为假定是指适用规范的条件和情况,而处理是指允许或禁止做什么行为。另一方面,它是针对违反宪法规范的处理,而作出一种对违宪行为应负法律后果的规定,显然属于制裁。所谓制裁就是对违反规范作出禁止性行为的人,要求其承担法律后果。当然宪法的原则性制裁没有规定详细内容,需要普通法律规范具体化。但是,具体化的法律规范本身并不是宪法规范,它也不可能取代宪法规范。所以,我们要强调,第一,不能由于宪法规范制裁需要具体化,就否认它的存在,把普通法律规范的制裁作为宪法规范制裁。因为宪法的原则性规范,不仅是制裁需要具体化,就是它的假定、处理也要具体化。如果否认宪法规范的原则性制裁是宪法规范的要素之一,那么也就等于否认宪法规范的原则性假定、处理是宪法原则性规范的要素,结果导致取消宪法原则性规范的存在。第二,普通法律规范的制裁,仅是对宪法规范具体化的普通法律规范的要素之一。它是以宪法禁止性规定为基础,以保护公民宪法权利为目的,是宪法规范的原则性制裁的延伸和具体化,没有宪法规范对违宪行为作出原则性制裁,也就没有这种普通法律规范的制裁。

因而,宪法规范有制裁因素,是由于它对参加宪法关系的主体规定了权利和义务,不管是具体的还是原则的,一旦破坏了权利和义务,就要承担法律后果,负法律责任。

但是,指出宪法规范的一般法律性质,并没有完全揭示出宪法规范的性质,宪法规范还具有一般法律规范所没有的特性,那就是宪法规范的最高法律效力。

宪法不仅是法律,而且还是法律的法律。因为宪法调整的是最重要的社会关系,例如,我国宪法调整国家基本政治关系,规定各阶级在国家中的地位,规定建立人民民主专政和实行人民代表大会制的国家制度;调整国家的基本经济关系,规定国家实行社会主义经济制度;调整公民与国家的基本关系,规定公民的基本权利和义务;调整国家机关组织和活动的基本关系,规定各国家机关在国家机构体系中的地位、职权,它们之间的相互关系。而且宪法调整的社会关系同一般法律调整的社会关系相比,它是基础性的,其他社会关系都是在它的基础上产生,并受它的制约。例如,我国宪法调整的生产资料所有制关系,就是社会主义经济制度中最基本的关系,其他诸如合同经济关系都是在此基础上形成,它们不能改变宪法所确认的生产资料所有制关系。所以,调整基本社会关系的宪法规范效力,就要高于调整由基本社会关系所产生的社会关系的一般法律规范,这就是宪法规范最高法律效力的客观基础。

宪法规范的最高法律效力,体现在 3 个方面。第一,宪法规范规定其他法律规范性文件在法律体系中的等级和互相关系。我国宪法规定,全国人民代表大会制定基本法律,全国人民代表大会常务委员会制定其他法律,国务院制定行政法规,省、直辖市人民代表大会和它们的常务委员会制定地方性法规。基本法律、其他法律、行政法规、地方性法规,处在法律体系的不同层次,前者高于后者,后者服从于前者。这些法律规范性文件的等级,直接由宪法规范确定,并由宪法规范确定它们的法律效力范围,表明宪法规范最高法律效力的至上性,处在国家法律体系中的核心地位,协调国家规范性文件的互相关系。第二,宪法规范是普通立法的基础,它给普通立法提出原则、方向、任务、目的。宪法规范指导普通立法有 3 种情况,一是在宪法条文中,明确指出需要制定专门法律。如我国宪法规定,民族区域自治机关行使宪法、民族区域自治法规定的职权。宪法这一规定就要求国家立法机关制定民族区域自治法。二是在宪法条文中,提出依照法律规定,实施宪法规范,因而要求制定有关法律。如我国宪法规定,依照法律服兵役是公民的光荣义务,根据宪法规定,国家立法机关制定了兵役法。三是根据宪法有关规定,制定法律。如为保证实施宪法关于婚姻、家庭、母亲、儿童受国家保护的规定,国家立法机关制定了婚姻法。因此,宪法规范的最高法律效力,表现为它是国家法律规范性文件制定的组织者。第三,我国宪法规定,一切法律、行政法规、地方性法规不得同宪法相抵触,如果相矛盾、相冲突,都将无效,从而体现了宪法规范的最高法律效力具有不可侵犯的权威性。

综上所述,我们可以得出结论,宪法规范是一种具有最高法律效力的法律规范,一切国家机关、社会组织、公民都必须遵守,任何违反宪法规范的行为,都要受到宪法和法律的制裁。

(1985 年第 12 期)

1986年

行政立法与经济体制改革

魏海波*

随着我国经济体制改革的深入,国家管理体制的改革也已提上了议事日程。为了巩固和发展改革的成果,必须加强法制建设,依靠法律手段,有领导、有步骤地推动改革。因此,研究如何加强行政立法,就成为行政法学所面临的一个重要任务。

目前,正在进行的经济体制改革绝非是一种单纯的经济行为,而是一项涉及生产关系、经济基础、上层建筑等各个方面的巨大而又复杂的系统工程。要从旧的经济管理体制逐步过渡到新的经济管理体制,如果不同时进行管理方法的变革,新的弊端就无法避免,就会出现宏观失控或局部紊乱的现象。而管理方法变革的一个重要内容就是加强行政立法,并确保其高度的强制性,以使改革的效益得到充分的发挥。

加强行政立法,首先必须加快制定经济管理方面的行政法规。从 1979 年到 1984 年,国务院已经发布和批准发布的经济法规,占国务院发布和批准发布的行政法规总数的 72% 。但是,目前这方面的行政法规仍然不能适应经济体制改革的要求。而以往的实践已经证明,单纯用行政手段、政策精神和领导批示的方法来管理经济已不适应处理这种复杂的情况,只能依靠行政立法,来调整国家机关在管理经济事业中所发生的行政法律关系,制约行政组织本身的活动,纠正新产生的种种弊端,惩处破坏社会主义经济管理秩序的个人或法人,保护改革者的利益。从这个意义上说,经济体制的变革,必然要求政府的行为方式也要发生相应的变革,要从以往社会生产直接经营者的身份,变化到主要通过自身的管理性行为来控制和调节市场,其中制定行政法规无疑是极为重要的一项工作。近年来,各地改革的实践已经证明,凡是在经济体制改革的同时致力于加强行政法制建设的地方,就一定会促进和保障经济体制改革的健康发展。如江苏省常州市自从 1982 年 3 月被国务院确定为全国经济体制综合改革的试点城市以来,极为重视行政立法工作,已先后制定了加强城市管理等各个方面的 40 多个地方性法规。所以,3 年来该市国民经济保持了持续、稳定、协调发展的好势头,1984 年全市工农业总产值达到90.4 亿元,超过安徽省的工农业总产值。

---

* 作者单位不详。

经济体制改革的深入，还向我们提出了一个如何相应地进行行政组织立法的问题。这是因为，社会主义国家的宏观经济管理活动是在国家行政机构内组织实施的。因此，如何搞好行政组织自身的行政建设，直接影响国民经济管理的效能。行政组织包括各行政机关内部机构的设置、部门的组成、人员的编制、职位的分类等，如果不及时用行政法规的形式把行政机关的组织原则、行政机关的职责权限、行政机关的人员编制予以明确化、固定化，往往会出现行政组织无法可依、机构设置混乱、行政效率低下的无秩序状况。仅以机关编制问题而言，日本、罗马尼亚等国均已制定了《行政机关职员定员法》、《国家机关编制法》，明文规定政府各部局（厅）、科（课）的职员编制额，甚至一个部应该设几个局，一个局应该设几个处，一个处应该有几个处长、副处长都有明确规定。任何人擅自增批编制或任意提拔干部，都被视为违宪行为，将受到法律惩处。而我国因至今尚未制定出《编制法》，所以，就出现了机构设置乱、编制使用乱、审批权限乱的局面，不少机关赶在工资制度改革前乱提干部，有些机关科以上干部已为机关一般干部的两倍，甚至还出现了一个科级单位竟任命了38位科级干部的奇怪现象。要解决这些妨害四化建设的弊端，就应当在改革经济管理体制的基础上，按照行政规律的客观要求，根据精简、效能、统一的原则，对中央和地方各级人民政府的机构数、编制数和各级领导干部定员数，分别作出具体规定，使行政组织法制化、定型化，以巩固改革成果。当然，要使政府机构的设置和职能适应宏观管理和搞活企业的需要，要有一个摸索、实践、总结经验而后用法律手段固定化的过程。无视这种“双重体制”交错替换时期的特殊性，一味强调迅速撤机构，减人员，往往会取消行政机构原来还需正常行使的某些职能，精简过后不久，又得增设机构，扩大编制，并不能达到改革的目的。但过分强调经济体制改革和政府机构改革的复杂性，不注意及时地用法律形式将行之有效的改革措施固定下来，则又会贻误战机，无法为体制改革扫清障碍。

要加强行政立法，使之更好地为经济体制改革服务，还必须注意行政立法的系统性和完备性。由于经济体制改革不仅涉及经济管理部门，而且涉及文教、财贸、科技、物资等许多部门，所以必须相应地制定各个方面的行政法，与经济法同步配套，才能保证经济体制改革的顺利进行。如改革外贸体制，实行对外开放，仅有《中外合资经营企业法》还不够，还需要尽快制定关于中外合资企业董事会组成方式、权限范围的行政法规，以及有利于外商在华设立常驻代表机构、租赁土地、招聘职员等行政管理法规。如果能使这些法规在纵向和横向上结合起来，就不仅使每个单独法规都能发挥其应有效力，而且可以使所有法规从整体上发挥作用，从而为经济体制改革创造一个良好的外部环境。

行政法规制定之后，还必须加强对行政法规实行的行政监督。行政监督是保障国家管理中法制得以确立的重要手段，也是国家行政管理的基本职能之一。而我国长期以来，忽视了在各级人民政府内部健全必要的监督系统，也未能认真履行政府对企事业单位应该实施的财政监督、纳税监督、银行监督、工商监督、审计监督、技术监督等各种行政法律监督的职责，以致每每出现了重大问题，才急急忙忙地研究处理的方法，让一些不法个人和法人钻了法律和政策的空子。仅以纳税为例，近年来，全国范围内发生的企业偷税、漏税和抗税的金额，一年竟高达几十个亿。如此之多的企业成为违法者的这一事实，清楚地说明了加强纳税监督的重要意义。目前，特别要警惕有些借改革之名，行破坏改革之实，乘机发改革财的可耻之徒的卑劣行为，如那些利用国家关心人民生活实行粮食价格“倒挂”形成的差价，以“平价转议价”、“议价转超购价”等手段，大肆套取粮食差价款和超购加价款的行为，利欲熏心，制造假药、假酒，危害人民生命安全的行为，借关心职工为名，滥发奖金，为自己和亲朋好友乱提级、乱加工资，严重影响职工生产积极性的行为等。如果我们放松了行政监督，不仅不能使这些形形色色的违法犯罪行为得到及时的处罚和制裁，而且还会使我们制定的行政法规如同一纸空文，失去应有的效力。

（1986 年第 2 期）

国家机关与行政法律管理

应松年*

行政法律管理是指国家在行政管理的一切主要方面都有法可依，都依法办事，使行政管理牢固地建立在法制化的基础上。现代社会的国家管理基本上是一种法律管理。广义的法律管理，相当于我们平时所说的以法治国，它是各个部门法的综合运用，但作为行政管理的主要法律武器的是行政法。如果说，刑法是惩治严重破坏社会政治、经济和文化秩序行为的，关于犯罪和刑罚的法律规范的总称；民法是处理平等的法律主体之间的关系，调整特定的财产关系和人身关系的法律规范的总称，那么，行政法则是统治阶级管理国家事务，调整行政管理关系的法律规范的总称。这3大法律部门构成社会主义法律体系的基础。缺少其中的任何一个部分，社会主义法律体系就将是偏颇的、不完整的，就不可能达到以法律治理国家的目的。从国家管理的角度来看，行政法的特点和优点，是其他法律部门所无法取代的。行政管理是对各类国家事务，包括经济、文教、科技、外事、军事、民政、公安、司法等的管理。一方面，各类不同的国家事务都有各自的发展规律。如我们平时所说的经济手段，就是符合经济发展规律性的一种特殊的行政管理手段。另一方面，所有各类事务的管理，都是国家管理的一部分，都必须带有行政管理的一般性，如都具有直接性、权威性、命令性和从属性等特点。符合国家管理这种一般特点的，可以称为行政手段。好的、成功的行政管理，都是这种特殊性与一般性的统一，个性与共性的统一。两者的巧妙结合，是行政管理的艺术，而能使这两者在实践中落实并得到综合的、有效的运用，则只能是行政法律管理。

一、行政法律管理是国家管理成熟的标志

行政管理是统治阶级通过国家机器实现其阶级目标的活动，法律是统治阶级意志的集中表现，两者在本质上有发生必须联系的内在因素。但是，从历史发展的实际情况来看，行政法律管理的运用，却是很久以后的事，而且在范围和深度方面，也有一个漫长的发展过程。原因在于：一方面，行政法律管理包括对国家机关及其工作人员自身的管理，并且要求管理者的管理活动必须依据法律的明确规定。另

* 作者单位不详。

一方面，国家行政管理又是统治阶级的有权管理，在多数情况下，有权者是很少愿意自己的手足受到束缚的。从这个意义上说，行政管理本身还具有对法律管理的排斥性。这对缺乏统治经验或没有远见的统治者说来，更是如此。

行政法成为一个独立的法律部门，是资产阶级革命在奉行三权分立原则以后的事。但资产阶级的行政法律管理，必然带有其自身无法克服的局限。行政法律管理的完全实现，只有在以公有制为基础，完全为人民服务的社会主义社会才有可能。

社会主义民主的真实性和广泛性，客观上要求行政管理必须广泛采用法律管理的手段。行政管理从古代独裁者依靠个人的力量，采用以暴力强制的手段为主的专制统治，转变为资产阶级片面的有限的法律管理，进而为社会主义的全面的行政法律管理所取代，是国家行政管理发展中带有规律性的现象。

但在实践上，社会主义的行政管理要从简单地采取比较随意和方便的行政手段，过渡到运用行政法律规范管理国家事务，还需要对各类管理现象，包括对其自身的发展规律，都有比较全面、深入的认识，拥有比较成熟的管理经验之后，才能用行政法律规范的形式固定下来，成为人人必须遵守的行为规则。因此，行政法律管理的实现，是党领导下的人民政权在管理经济、政治、文化等各方面国家事务的能力走向成熟的表现。当然，我们对法律管理在行政管理中的作用的认识，有一个逐步加深的过程，这是合乎国家管理的发展规律的。

二、行政法律管理的作用

第一，加强行政法律管理，为建立良好的社会秩序提供法律保障。

社会秩序中最主要的是经济秩序和社会治安秩序。对这两类社会秩序的破坏和损害，就是民事违法和行政违法。而严重破坏经济秩序和社会治安秩序的，就是经济犯罪和刑事犯罪。国家通过刑事法律打击这两类犯罪活动。为良好的社会秩序提供法律保障。从我国目前的实际情况来看，经济和刑事犯罪活动绝不是孤立的，它往往与民事违法和行政违法行为等纠缠在一起。由于我国行政机关在经济管理方面拥有很大的权利，很多经济犯罪活动，只有借助或利用行政机关的官僚主义、渎职行为，甚至在行政机关的默许、支持以致授意、参与下才有可能。在打击刑事犯罪方面的情况也大致相似。尤以行政机关或其工作人员利用职权对刑事犯罪活动进行包庇、纵容危害更大。因此，为了打击经济犯罪和刑事犯罪，就必须在提供刑事法律保障的同时，重视民事法律管理，特别要加强行政法律管理，斩断犯罪活动与行政管理和民事活动之间的联系，使其无处存身，难以动作，犯罪活动才有得到综合治理的可能。

必须指出的是,不能认为社会秩序的破坏仅仅是由于犯罪活动,行政违法行为本身也同样是对社会秩序的损害和破坏。经济方面,行政违法行为最常见的是以权谋私,化公为私,以及因渎职、官僚主义、决策错误等造成的严重经济损失,从而干扰和破坏社会主义经济秩序。在侵犯公民民主权利和合法权益方面,日常的、大量的、未达到刑事犯罪程度的主要是行政违法和民事违法行为。与人民接触最多,关系最密切,拥有广泛的管理权力,因而也最易于发生侵权行为的,是行政机关及其工作人员。行政违法行为是我国重要的不安定因素之一,但长期以来,我们着重强调的是打击经济犯罪和刑事犯罪,对民事违法和行政违法,特别是行政违法在建立良好的社会秩序方面的消极作用认识不足,法律管理跟不上形势发展的要求,这是十分不利的。

总之,在破坏和损害社会秩序方面,存在 3 种违法行为,即犯罪行为、民事违法行为和行政违法行为。只有这 3 方面都建立起强有力的法律保障制度,才有可能建立起完整的、良好的、稳固的社会主义的社会秩序。

目前,我们对行政机关及其工作人员在与社会经济和公民的权利义务这些重要方面发生联系时,应遵循哪些基本原则和制度,在国家和集体的经济受到损害,公民的民主权利和合法权益受到侵犯,但还没有达到犯罪的程度时,应负何种法律责任,应受何种处分或处罚等,都还没有具体、明确的法律规定;对行政违法行为如何监督检查,公民在因行政侵权行为使其合法权益受到损害时如何控告、申诉和揭发,也都没有程序法的规定和保障。这些都说明,加强行政法律管理,是建立良好的社会秩序,使改革顺利进行的十分重要的法律保障。

需要强调的是,在当前的法律宣传中,应该把加强行政法制观念的宣传放在重要的位置上,提高全体公民,特别是提高国家工作人员的行政法制观念,将是实现国家长治久安的主要保证。

第二,行政法律管理是宏观控制的主要武器。

国家对各类事务的管理,基本上都应该是宏观控制。法律管理在宏观控制中的作用,可以从两个方面来讨论。

一是国家的宏观控制,最重要、最基本的要求是做到管而不死,放而不乱。而这只有依靠法律管理才有可能。

例如,对经济的管理,法律的规范性为经济活动参与者规定了可以做、应该做、必须做和禁止做的界限,国家意志通过法律表达出来,从大的总体的方面管住管好;与此同时,在这一界限以内,保留了各经济参与者从事经济活动的广泛空间和充分决策权。这样就从小的、具体的方面放开放活,这与单纯依靠行政手段或经济手段是不同的。单纯行政手段的特点是权威和服从。上级决定,下级或企业执行,常易于造成越管越死。反之,单纯的经济手段,由价值规律或物质利益支配经济活动,就易于流向一放即乱,甚至产生某些失控现象。要做到管而不死,放而不乱,就必须综合行政手段和经济手段,通过法律形式灵活运用。既保证国家的集中统一领导,又调动各方面的积极性。

二是各种宏观控制的手段,都要通过法律管理才能实现。宏观的、间接的管理,基本上就是法律管理。例如,充分发挥税收、信贷等经济杠杆的调节作用,是宏观、间接的经济控制的重点所在。税收本身是经济、行政手段的综合运用,但它必须通过法律表现出来,信贷也是如此。否则,税收和信贷的管理必将趋于混乱。国家对企业的管理,虽然按政企职责分开的原则给企业以充分的自主权,但对企业在国民经济中的地位,企业内厂长、党委和工人的关系,以及在公有制条件下如何管理厂长、干部和工人等,仍需要有总的原则的管理。这是公有制经济基础决定的,这些也都属于宏观控制的范围,同样要通过企业法、企业职工奖罚条例等法律的规定来管理。通过行政法律管理,使管理者和被管理者都在法律规定的范围内活动,严格履行法定的权利义务,既避免行政机关以权代法,对企业滥加干预,又禁止各种不正当的破坏经济秩序的手段,把微观的自主权引向正确的方向,使国家、企业和个人的合法权益都得到保障,保证我国的社会主义经济事业顺利地向前发展。

在经济体制改革中,学会运用行政法律管理是十分重要的。只要我们还没有学会正确运用法律手段来管理经济,那种管死或失控现象,在某些局部或某种程度上,还会继续反复和存在。

加强精神文明建设,是我国社会主义建设又一项重大任务。精神文明建设同样要通过宏观控制和法律管理,从内容说,精神文明建设主要是精神劳动,具有个人创造性特征,因而就更需少用直接的行政命令的办法,更加需要强调宏观控制和法律管理的形式,在社会主义方向、原则方面管住管好,同时也需要给文化单位和个人以更多的自主权。从这个意义上说,较之经济管理,精神文明建设更需要法律管理。当前,教育立法、科技立法、出版立法、新闻立法、文物立法等,有些已经公布,有些正在规划或制定。随着逐步实现法律管理,我国精神文明建设必将迎来一个崭新的局面。

第三,加强行政法律管理,保护人民的民主权利和合法权益。

保护人民的民主权利和合法权益,是为我们国家的社会主义性质所决定的,也是行政法律管理的主要任务之一。从一定的意义上说,我们的行政法律管理只有以保护与发展人民民主权利和合法权益为目标和内容,这种法律管理才是社会主义性质的法律管理。"十年动乱"对人民民主权利和合法权益的践踏,从反面教育我们,人民的民主权利和合法权益,必须制度化、法律化,才不致遭受侵犯和破坏。

近几年来,保护人民的民主权利和合法权益,更成为国家行政管理的主要任务之一。这是因为,我国的政治形势已发生了重大变化。阶级斗争在一定范围内还存在，但已经不是国内的主要矛盾。专政的范围缩小了，民主的范围扩大了，随着工作重点转向社会主义现代化建设，国家组织和管理社会主义物质文明和精神文明的职能被提到首要地位，保护和发展人民的民主权利和合法权益，自然成为行政法律管理的重要任务。

对人民民主权利和合法权益的最高法律保障是宪法。但宪法只能作原则规定，还需要有行政法律规范具体化，没有行政法律管理，宪法关于保护人民民主的权利和合法权益的规定就会落空。

保护人民的民主权利和合法权益，还要加强行政法制监督，建立行政监督制度，把《宪法》第 41 条的规定具体化。行政法制监督是国家机关、企业事业单位、社会团体和公民，对国家行政机关及其工作人员的行为是否依据宪法和法律进行的监督，它包括工作监督和行政诉讼两个部分。行政诉讼是通过诉讼形式来检验行政机关及其工作人员的行为有无违法的一种特殊的监督制度。要使行政监督制度真正成为国家行政法律管理的一部分，就必须有专门的行政监督法和行政诉讼法，否则，行政监督就是一句空话。

从我国的当前实际情况来看，因行政管理或行政违法而引起的纠纷，数量极多，影响很大，已经成为干扰安定团结政治局面的重要因素。现实正在迫使我们必须尽早制定行政诉讼制度，要把加速建立我国的行政诉讼制度作为加强行政法律管理的迫切任务来对待。

第四，加强行政组织的法律管理，纠正不正之风。

行政法律管理是通过行政机关及其工作人员实施的。行政法律管理要取得预期的效果，首先就要把管理者本身管理好。对行政机关及其工作人员的管理，特别要强调严格按制度办事，强调统一、平等和公正，切忌主观随意性，同时又要保证在规定的职责权限内有充分的工作和活动的空间，而这只有依靠法律才能做到。这方面的管理仍是我国行政法律管理最薄弱的环节之一。首先，有关行政机关及其工作人员的管理法规，还很不健全。其次，很多已经在现实中产生严重影响的问题，还没有运用法律武器进行管理。例如，关于直系亲属在同一机关内工作且有从属领导关系的问题，正给某些机关的管理带来直接影响，但至今尚未引起注意。再如，国家工作人员不得经商或从事营利性活动，是直到问题已十分严重时，才以法律手段进行管理的。但由于法律责任和处分、处罚规定还不细不严，问题尚未完全解决。最后，最主要的是，与其他方面的行政法律管理相比较，行政组织管理的法制观念似乎更为淡薄。在加强行政法律管理中，应该引起我们严重注意。

当前我们正在纠正不正之风，从法律管理的角度来看，不正之风实质上就是行政违法行为，是在法律规定的范围以外，通过手中特权来牟取私利。值得注意的是，许多不正之风在很多情况下是钻了我们并无明确法律规定的空子，很多“风”

就是从这些空子里刮出来的。在法制观念淡薄的情况下，我们又缺乏迅速从法律上作出反应的敏锐性，以致常常要到事后，在问题相当严重，形成“风”以后，才采取措施。而这些措施又经常停留在“政策”阶段上，弹性过大，临时适用，不能形成杜绝不正之风的制度，以致旧的不正之风尚未根除，新的不正之风又起。加强行政法律管理，将是从根本上解决不正之风的一个重要途径。

三、行政法律管理的主要环节

行政法律管理是一个多环节的过程，大致可划分为行政立法、行政执法和行政司法3大环节。行政立法是指国家机关有关行政管理的立法。从行政立法的机关说，它包括权力机关和行政机关，具有多层次性。从立法的内容说，主要是有关行政管理的。国家行政管理的广泛性决定了行政立法内容的广泛性，其目的就是要使行政管理的一切主要方面都有法可依。有法可依才能依法办事，也才能有行政司法。行政立法是行政法律管理的首要环节。

这里有一个经常引起争论的问题：行政机关能否立法？从广义上说，行政机关制定的规范性文件，具有法的一切本质特征，是无法把它们排除在法律的范围以外的。同时，行政机关的立法权力，是宪法和法律规定和授予的。在实践上，如果否定行政机关有权制定法律规范，那就将使行政机关特别是高层次的行政机关，实际上处于无力领导行政管理活动的地位，这是不利于我国行政管理的。

行政法律管理的第二个环节是行政执法。行政执法就是把行政管理法规贯彻落实。法不执行，再好的法也没有任何价值。归根结底，行政管理法规要通过行政执法，才能对现实生活发生作用。由于法律的内容和执法的具体情况，行政执法大致可分为下列几类：

第一，采取行政措施。这有两种情况，一是法律、法规已经对当事人的权利和义务作了规定，但要在现实中落实，尚需行政机关依法采取措施，如依照税法规定收税；二是根据宪法和法律规定的本机关的职责权限，行政机关决定采取一些具体措施，如国务院发行国库券。两者的主要区别在于，前者采取的措施是法律作了具体规定的，行政机关的任务是采取措施，使这些具体规定落实于适法对象，行政机关不能自由裁量；后者则是行政机关根据职权采取的措施，只要不超出法定职权的范围，这些措施就都是合法的。这两种都是行政执法中常用的手段。

第二，监督检查，在法律、法规已经对当事人的义务作了具体明确的规定，法定义务人应该按规定履行义务时，特定的行政机关为了使义务得到认真履行，需要进行监督检查，如食品卫生检查。监督检查是行政执法的主要方式之一。

第三，依法奖励。依照法规规定对有功者给予奖励，使人民更好地遵守和执行法律。也是促进行政执法的主要手段之一。

第四,强制执法。在法定义务人不履行义务时,行政机关可以实行行政强制执行,迫使法定义务人履行义务。强制执行可以是行政机关依法自行强制执法,也可由行政机关请求法院强制执行。

第五,行政处分与行政处罚。行政处分是对违反行政管理法规,主要是有关奖惩规定的国家工作人员的处分,或称纪律处分。行政处罚则可适用于一切违反行政管理法规的单位和个人。

可以看出,第四和第五两类执法行为,都是法律的国家强制力的具体表现,目的都是使法律得到执行。

行政法律管理的第三个环节是,如果当事人不服行政机关的执法行为,特别是不服行政机关的强制执行或行政处分、行政处罚,当事人可以按照法律规定,向主管行政机关提出申诉,或向人民法院提起诉讼,这就是行政司法。通过行政司法,使行政管理能顺利进行,使一切不适当的或违法的行政活动得到揭露和纠正,使一切因行政管理引起的损失和损害都得到补偿或赔偿,保证我国行政管理沿着社会主义方向胜利进行。行政管理的这 3 个环节,组成为行政法律管理的全过程,缺少其中的任何一个部分,行政法律管理都将是不完整、不健全的,因而也是很难收到成效的。

这里要强调指出的是,无论是行政立法、行政执法和行政司法,都必须有行政程序法的法律保障。行政程序法是行政立法程序、执法程序、奖励程序、处分程序、处罚程序、强制程序、诉讼程序等各种程序法律规范的总称。法律有实体和程序之分,实体是程序的内容,程序是实体的保障,这是行政法律管理的基本规律之一。没有实体的程序是空的、形式主义的程序,没有程序,实体法的实施就可能是主观随意的,各环节、各部分的法律管理实际上将难以收到成效,因此,制定程序法是行政法律管理不可缺少的部分。

小平同志最近指出,要一手抓建设,一手抓法制。行政法制是其中的重要组成部分。法制问题被提到这样的高度,就因为它是社会主义前进和胜利的根本保证。学会娴熟地运用行政法律管理的武器,将使我国行政管理和体制改革出现一个崭新的局面。

(1986 年第 9 期)

应追究国家工作人员的不作为责任

李前斌*

国家工作人员接受国家委托，担任公职以后，就产生了职务关系。这种职务关系要求国家工作人员必须正确履行职务，努力完成国家所委托的工作任务。如果国家工作人员不履行或不正确履行职务，就应承担相应的责任，受到相应的惩罚和处分。

我国目前已有了较多的关于追究国家工作人员不作为责任的法规。为了防止和纠正国家行政机关工作人员的违法失职行为，切实保证社会主义建设的顺利完成，早在1957年就由全国人大常委会批准、国务院公布了《关于国家行政机关工作人员的奖惩暂行规定》，对尚未构成犯罪的违法失职行为给予行政纪律处分。我国《刑法》第8章整个一章是渎职罪，对玩忽职守罪有专条。五届全国人大常委会通过的《关于严惩严重破坏经济的罪犯的决定》，就规定对严重经济犯罪分子有追究责任的国家工作人员不依法处理，或者因受阻挠而不履行法律所规定的追究职责的，对犯罪人员和犯罪事实知情的直接主管人员，或者仅有的知情的工作人员不依法报案和不如实作证的，以及国家工作人员隐瞒掩饰严重经济犯罪分子的罪行的，要分别比照刑法有关渎职罪的条款处罚。在《惩治军人违反职责罪暂行条例》中，也规定擅离职守、临阵脱逃、遗弃伤员等为犯罪。这说明立法一直都很重视追究国家工作人员不作为责任的。

尽管有关的法律、制度比较完备，但关键在于有法不依，执法不严。究其原因，一方面是由于人们法制观念淡薄，另一方面则是人们对国家工作人员不作为的社会危害性认识不够。国家工作人员利用职务便利，通过积极作为的手段，进行违法犯罪活动的社会危害性已引起人们的重视，基本上能给予适当的制裁。但对那些徒居其位，不理其事的国家工作人员的不作为行为的社会危害性还没有引起人们足够的重视，对他们的不作为责任还不能给予应有的追究。如果说，目前国家工作人员明目张胆地利用自己的职务违法犯罪的只是极少数的话，那么进行不作为违法犯罪的，在人数上要多得多，影响的范围更广。为了提高国家工作人员的工作效率，克服官僚主义顽疾，非追究国家工作人员的不作为责任不可。

我国历代的法律也都对官吏不作为的责任，作了较为明确细致的规定。如汉

---

* 作者单位不详。

武帝时制定的“沈命法”和“见知故纵之法”。“沈命法”规定：“群盗起不发觉，发觉而弗捕满品者，二千石以下至小吏主者皆死”。“见知故纵之法”，就是“见知人犯法不举告为故纵，而所监临部主有罪并连坐也”。（《汉书·刑法志》）“其见知而故不举劾，各与同罪；失不举劾，各以赎论；其不见知，不坐也。”（《晋书·刑法志》）到了唐朝，对官吏的职责以及官吏违反职守的处罚就规定得更加周全。除了制定专门的行政法典《唐六典》，对官吏的职责加以规定外，唐律还列专章——职制律，对违反职守的官吏的处罚加以规定。如贡举非其人，凡应贡举而不贡举者，一人徒一年，二人加一等，最高徒三年。各级官吏必须忠于职守，刺史、县令私自出界者，要处以杖刑，官吏应直不直，应宿不宿，当番不到，限满未赴任或不按律令格式办事，以及事应奏而未上奏者，都要分别处以不同的刑罚。这些规定虽然都是封建统治者用来控制官吏，镇压人民，维护其反动统治的工具，但它在客观上起到促使官吏忠于职守，尽职尽责的作用。就这一点上来说，对今天仍不无借鉴作用。

当前，国家工作人员不作为的几种主要表现有：

1. 对涉及领导的问题不敢抵制，或退避三舍，少管为佳，或轻描淡写，掩人耳目。具体表现在，司法人员对有“后台”的犯罪分子不敢追究；行政干部对涉及上级的不正之风不敢“违命”与过问，企业财会人员对厂长、经理违反财经管理的行为不敢抵制。这方面的实例，报纸杂志不时披露，举不胜举，这里仅举大家所熟知的一案。1985 年 6 月 18 日，贵州黔西县 3 个干部子弟滕勇、苏雄、蓝友章搞恶作剧取乐，在行驶的卡车上抛下绳索，套住女教师袁桂芬的脖颈，将其拖出 47 米，绳断才死里逃生。县公安局以犯罪分子认罪态度好为由“从轻处理”，仅只分别执行行政拘留 15 日、12 日、10 日。后引起公愤和第六届全国人大常委会的重视，当地中级人民法院才于 9 月 16 日以流氓罪分别判了无期徒刑、5 年和 2 年有期徒刑，使犯罪分子得到应有的惩罚。前后处理结果为什么如此悬殊？其原因就是罪犯都是当地领导干部的子弟，司法人员不敢追究。

2. 执行上级的指示、命令拖拖拉拉甚至拒不执行。如追究广西苍梧县公安局长苏昌文刑事责任一案，中央、省、地都作了指示，要查清此案，但县委就是拖着不办，使该案拖了 3 年之久。

3. 对涉及自己利害关系的事情采取“绕道政策”，不敢秉公处理。如山西维尼纶厂发生严重火灾事故，造成火灾本是该厂长期管理混乱的原因，应主要追究厂领导管理不善的责任。而该厂对此案处理的结果却出人意料，除了给焊工白利卫以直接肇事者的“罪名”开除厂籍的处分以外，主要厂领导却不负任何责任。真是“责人严以周，责己宽以约”，该处分的没处分，该从轻处分的反而以重处分。

4. 对群众的意见、申诉和合理化建议不屑一顾。它是长期以来形成的官僚主义的重要表现。群众的意见和申诉到他们那里,就如石沉大海。旧社会是"衙门八字开,有理无钱莫进来",穷苦人民告不起状,而现在则是虽有告状的自由,但很少有及时获得公正解决的机会。有些领导把群众用心血绘成的技术图纸或合理化建议书当成废纸乱扔的情况亦不少见。

5. 身为国家工作人员不钻研业务。目前这种情况还相当突出。有些党的干部不学习党的方针、政策,乱说乱讲,如某医院党委书记在一次党员会上还在讲,文化大革命还会再搞,知识分子还会挨整,等等。司法人员不下工夫钻研业务,判错案子,厂长、经理不懂管理,瞎指挥等现象还较普遍。

由于上述种种不作为几乎渗透到国家机关、企事业单位的各个部门,因此,其影响的范围是相当广泛的,其社会危害性也是很大的。按理说,我们社会主义社会的工作效率应该是最高的,官僚主义应该是最少的,服务态度应该是最好的,人与人之间的关系应该是最融洽的。可是,现实情况并非如此,这与国家工作人员不能尽职尽责不无关系。

首先,国家工作人员对犯罪分子不追究的社会危害性与一般群众窝藏包庇犯罪分子具有相同性质。因为二者的目的和直接结果都是使犯罪分子得不到依法追究,只不过手段不同罢了。一般的群众是通过积极的窝藏包庇行为,而国家工作人员则是利用其手中的职权。如某公安局长之子仗父之势,长期进行流氓、强奸、盗窃活动。被害人纷纷写揭发材料到公安局,但该局长就是不立案侦查,使其子长期逍遥法外,危害社会。

其次,国家工作人员的不作为直接影响着党在群众中的威信和干群关系,阻碍群众积极性、主动性和创造性的发挥。诸如有关涉及领导或有后台的重大案件得不到及时应有的处理,以及把责任往下推等,都不是共产党人应有的态度,严重地影响着党的威信和光辉形象。我们还时常听到群众的议论,某些干部"只抓下头,不抓上头"、"官官相卫",等等。有些领导对群众的意见、申诉或合理化建议不予理睬,不仅严重地阻碍了群众积极性、主动性和创造性的发挥,也使干群关系不融洽。

再次,某些国家工作人员的不作为严重影响社会的安定与团结。对公民之间的民事纠纷处理得及时正确,就有利于公民之间和睦团结,社会秩序就好,相反,则会小事化大,激化民间纠纷,酿成恶性案件,造成严重后果,危害社会的安定团结。

最后,国家工作人员不作为行为直接导致工作效率低劣,影响现代化建设的进程。

综上所述,追究国家工作人员不作为责任势在必行,刻不容缓。对犯罪分子不闻不问的国家工作人员要追究其刑事责任，对那些玩忽职守、贻误工作，腐化堕落、丧失立场，庇护坏人、损害国家机关威信的国家工作人员以及其他方面严重不称职的国家工作人员要恰如其分地适用警告、记过、记大过、降级、降职、撤职、开除留用察看和开除等行政纪律处分；对造成经济损失的，要给予适当的经济制裁。

（1986 年第 9 期）

论党政分工

吴家麟*

保持领导不是靠权力，而是靠威信、毅力、丰富的经验，多方面的工作，以及本位的才能。——列宁

所谓领导权，不是要一天到晚当做口号去高喊，也不是盛气凌人地要人家服从我们，而是以党的正确政策和自己的模范工作，说服和教育党外人士，使他们愿意接受我们的建议。——毛泽东

党政不分、以党代政是我国体制改革中需要解决的一个关键性的问题。首先，我国现行体制的突出弊端是权力的过分集中，而党政不分、以党代政正是权力过分集中在党政关系上的具体表现。这个问题不解决好，体制改革就不可能搞得彻底。其次，党政不分是现行体制中带普遍性的问题，经济、科技、教育政治体制中都有这个问题，所以不改革则已，一改革就会碰到如何解决党政分工的问题。

这个问题很是复杂，因为：

第一，党政不分、以党代政，从苏联到中国已经搞了好几十年了。在许多人的心目中，总以为这是实现党的领导的最佳方式。对已经根深蒂固的传统观念和行之多年的习惯做法，要改变谈何容易！

第二，由于过去民主生活不正常，政治问题被视为禁区，而党政关系又是特别敏感的问题，弄不好就有被扣上“否定党的领导”的危险。理论探索、科学论证的渠道不通畅，讨论、争鸣也就谈不上了。

第三，党政关系问题在实践上与权力问题关系非常紧密，因此要改变现状就不可能不遇到阻力，试行厂长负责制的曲折过程就是明证。

本文只就几个认识上容易混淆的问题，作一番剖析。

一、是领导核心还是权力组织？

在无产阶级专政体系中，共产党是领导核心，这是马克思主义的基本原则。列宁明确指出：“专政是由组织在苏维埃中的，受布尔什维克共产党领导的无产

---

* 作者单位不详。

阶级实现的。”[①]这是因为只有在共产党领导下，无产阶级革命和无产阶级专政才能取得胜利。没有无产阶级政党的领导，是巴黎公社遭到失败的主要原因之一；有共产党的领导，苏联、中国以及其他社会主义国家的社会主义革命和建设才能取得胜利。社会主义国家必须要有无产阶级政党的领导，这是科学社会主义的一条重要原理。但是，党领导国家政权是一回事，如何领导国家政权则是另一回事。以党代政也是党领导政权的一种方式。之所以实行这种领导方式，原因是多方面的，把执政党看成权力组织，是重要原因之一。

共产党是社会主义国家的执政党，理应是国家政权的领导核心，对国家生活中的重大问题应该起决策的作用。列宁强调："我们共和国的任何国家机关未经党中央指示，都不得解决任何重大政治问题或组织问题。"[②]但不能从此得出执政党就是国家权力组织的结论，因为党只是政权的领导核心，而不是国家政权本身，更不是国家机关的组成部分，二者是不容混淆的。例如，在我国，各级人民代表大会才是国家权力机关，只有最高国家权力机关才有立法权和国家重大问题的决定权。列宁在 1921 年就强调过："在党的代表大会上是不能制定法律的。"[③]党中央的指示经过最高国家权力机关审议通过后，才能成为国家强制性的决定。在列宁直接领导下，俄共（布）八大所通过的关于组织问题的决议中明确规定："党应当通过苏维埃机关在苏维埃宪法的范围内来贯彻自己的决定。"由于列宁过早地去世了，所以他只是在原则上解决了党政关系问题，而未能具体解决。苏联在斯大林领导时期，党政不分、以党代政的现象就更加严重了。例如，苏联第一个五年计划，不由苏维埃代表大会通过，而由 1929 年召开的第十六次党的代表会议通过；农业集体化的决议，也不由苏维埃代表大会作出，而由联共（布）中央于 1930 年作出；第一个五年计划的总结报告，1936 年的宪法草案的修改报告，也都是由当时担任党的总书记的斯大林来作的。把党的组织和政权机关混同起来，甚至合为一体，由党组织直接发号施令，在中国也形成习惯。新中国成立以后，以党代政的做法并没有引起足够的重视，到了"文化大革命"时期干脆来个"三合一"，地方的"革命委员会"成了党委、人代会和政府的混合体，1975 年《宪法》更是把党政不分、以党代政的体制合法化了。在制定 1954 年《宪法》的时候，对党组织并非国家机关这一点认识还是明确的，因此除了序言部分以外，在宪法本文中没有涉及党的领导问题，这种做法是恰当的。可是在 1975 年《宪法》中，这类条文到处都是，例如，《宪法》竟然规定："中国共产党中央委员会主席统率全国武装力量"，"全国人民代表大会是在中

---

① 《列宁选集》（第 4 卷），第 203 页。

② 《列宁选集》（第 4 卷），第 204 页。

③ 《列宁选集》（第 32 卷），第 216 页。

国共产党领导下的最高国家权力机关”,全国人民代表大会“根据中国共产党中央委员会的提议任免国务院总理和国务院的组成人员”,等等。按照这些规定,党不就成了国家权力机关了吗?而且还是凌驾于最高国家权力机关之上的“太上机关”,大概该称为“最最高国家权力机关”吧!党的十一届三中全会以后,党中央看到了党政不分、以党代政这种领导体制的弊端,着手加以解决。在党的十二大的报告中,胡耀邦同志明确指出:“党不是向群众发号施令的权力组织,也不是行政组织和生产组织。”在经济体制改革中,开始解决企业中党的工作和行政、生产工作的分工问题。在即将开展的政治体制改革中,将在更大的范围内解决党政不分、以党代政的问题。

二、是总的领导还是包办代替?

对党的领导,列宁主张:“必须十分明确地划分党(及其中央)和苏维埃政权的职权……党的任务是对所有国家机关的工作进行总的领导,而不是像目前那样进行过分频繁的、不正常的、往往是对细节的干涉。”①

什么是“总的领导”?如何进行“总的领导”?“总的领导”“主要是思想政治和方针政策的领导,是对于干部的选拔、分配、考核和监督”。具体来说,“总的领导”的内容包括以下3个方面:

第一,政治领导。党制定纲领、路线、方针、政策,用以指导国家机关的工作;在国家机关制定经济和社会发展计划时,党要给予总的方针性的指导,对国家生活中的重大问题,党要作出决策,然后提交最高国家权力机关审议通过,党要监督国家机关的工作,防止和纠正错误。

第二,组织领导。党培养,训练、考核、选拔干部,把优秀干部输送到国家机关担任各级领导工作,党要搞好国家机关领导班子的建设,教育国家机关中党员起先锋模范作用,成立国家机关党组,负责实现党的方针政策,完成党和国家交给的任务。

第三,思想领导。除了要对党员干部和党员群众进行考察、监督和思想教育外,党还要大力加强对党外群众的思想政治教育,向群众宣传党的纲领、路线、方针、政策,提高群众的思想觉悟,调动群众的积极性和创造性,使广大群众能自觉地接受党的领导,为实现党所提出的奋斗目标而努力工作。

政治领导在三者之中居于首要地位,因此,党对国家机关的总的领导主要是政

① 《列宁全集》(第33卷),第221页。

治领导。

由于有的党组织把自己混同于国家权力组织，乐于发号施令，惯于越俎代庖，甚至包办代替、包揽一切，因此党政不分、以党代政的现象成了一种顽症。早在井冈山根据地的创建时期，党组织包办代替政权机关的工作的现象就已经出现了。当时毛泽东坦率地指出："党在群众中有极大的威权，政府的威权却差得多。这是由于许多事情为图省便，党在那里直接做了，把政权机关搁置一边。这种情形是很多的。政权机关里的党团组织有些地方没有，有些地方有了也用得不完满。以后党要执行领导政府的任务，党的主张办法，除宣传外，执行的时候必须通过政府的组织。国民党直接向政府下命令的错误办法，是要避免的"。现在看来，在当时尖锐复杂的战争环境下，要解决党政关系问题确有很多困难，而且这在当时毕竟是次要问题，暂不解决也无关大局。问题在于：在革命取得了胜利、建立了全国性政权以后，特别是进入建设时期以后，就应该实现由党政不分到党政分开的过渡。但实际上党政关系问题不但没有得到合理的解决，而且在许多地区和部门，党组织包办代替行政工作的状况反而愈演愈烈。尤其在强调"坚持党的一元化领导"以后，更加速了党组织包办代替、包揽一切的进程。党政不分的做法始于苏联，可是苏联的党政不分主要是在上层和国家机关，在企事业单位党政还是分开的，企事业单位实行的是"一长制"，即厂长、经理，校长、所长的"一长制"，这些基层单位的党组织只起监督、保证作用。而我们却把党组织的"一元化领导"，推广到企事业单位，"党委领导制"取代了"厂长负责制"。这样一来，党委包办代替行政和生产工作就是责无旁贷的了。实践证明，这种"一把抓"式的"一元化领导"，对企事业单位的生产工作和业务工作并没有也不可能起积极的作用。可是，习惯成自然，党组织包办代替行政工作的做法一旦成了习惯，不少人就把这种不正常的做法看成是天经地义的事，哪能轻易改变？正如党的十二大报告所指出的："由于长期的历史原因，现在有些做党委工作的同志认为不管具体行政事务似乎就无事可做了，这种错误观念使党的建设遭到损害，使党的领导作用受到削弱。"这说明党政不分问题已经到了非解决不可的地步了。

三、是集体领导还是个人领导？

党的组织原则是民主集中制。按照民主集中制原则，少数要服从多数，下级要服从上级，个人要服从集体，全党要服从党代表大会。从党的中央委员会到各级党的委员会，一直到党的支部委员会，实行的都是集体领导的原则。党委是合议制的组织，党委书记是党委领导班子中的"班长"，而不是可以向其他成员发号施令的"首长"。在对有争议的问题或重大问题进行表决时，书记和党委成员都是一人一票，书记没有“裁决权”，也没有“否决权”。只是在处理日常工作时，书记与党委工作部门的负责人才是上下级关系。党内当然要有集中，但权力必须集中在党的集体组织身上，而不能把权力集中在个人身上，个人拥有无限权力是不符合党的民主集中制原则的。

列宁主持党中央工作的时候，是坚持集体领导原则的。当他的意见遭到否决时，列宁从不采取以个人意见强加于人的做法，而是耐心说服，善于等待，争取重新表决。1922 年 4 月，列宁因病不能坚持工作，由斯大林出任总书记，他刚一担任这个职务就表现出大权独揽、个人专断的倾向。列宁逝世以后，斯大林的权力越来越大，职务也越来越多，1941 年兼任人民委员会主席，成了政府首脑，还兼任国防委员会主席，成了最高统帅。至此，党政军最高职务，集于他一人之身，这岂止是党政不分，简直是党政合一了。这样，集体领导就让位于个人专权，个人崇拜取代了党内民主。由于斯大林还拿到了第三国际的指挥权，因此领导者个人高度集权的体制还影响到了整个国际共运，造成了不良的后果。

在中国，封建专制主义根深蒂固，流毒本来就够深的了，再加上来自苏联的个人崇拜、个人专权的消极影响，大大促进了党内家长制、一言堂的形成和滋长。陈独秀、王明、张国焘等人都是搞家长制的。从遵义会议到社会主义改造时期，集体领导原则还执行得比较好，党内民主生活也比较正常。但从 20 世纪 50 年代中期起，党和国家的民主生活变得不正常了，党内民主集中制、集体领导原则经常遭到破坏，一言堂、个人决定重大问题、个人崇拜、个人凌驾于组织之上之类家长制现象，迅猛地滋长、泛滥开来。到了“文化大革命”时期，更达到了登峰造极的地步，那些年头，“最高指示”比宪法顶用得多，个人的权威比组织的权威高得多，集体领导完全被个人领导所取代了。

中央如此，地方和企事业单位的状况也差不多。强调“一元化领导”的结果，一方面权力过分集中于党委，滋长了“包办代替”的现象；另一方面党委的权力又集中到书记个人身上，集体领导变成了个人领导，“一元化领导”变成了“一人化领导”。

个人权力过分集中，个人既不受任何约束，权力也不受任何限制，这就给“文化大革命”的发生，大开方便之门，其结果引起了一场浩劫，把国民经济拖到了崩溃的边缘，给党和人民带来了一场大灾难。

“四人帮”被粉碎的头一两年，由于人们的思想还没有从“两个凡是”的束缚中解放出来，思想路线还没有端正过来，所以集党政军大权于一身的状况还继续了一段时间，新的个人崇拜现象也开始抬头，各个地方，各个部门党政不分、以党代政的现象还普遍存在。最近几年，通过初步改革，个人专权和个人崇拜的现象被制止了，实行了一些分权措施，党的民主集中制原则逐步恢复了，集体领导取代个人领导也已成为不可逆转的历史趋势。

四、是加强党的领导还是削弱党的领导?

有的同志总以为坚持党政不分、以党代政的领导方式是加强党的领导,总担心实行党政分开会导致削弱党的领导。其实不然。

从表面看来,实行党政不分、以党代政这种领导体制,党拥有最高权威、拥有无限权力,可以直接管理国家事务,可以领导一切,指挥一切,代替一切,包揽一切,这不是大大地加强了党的领导了吗?如果改变了这种领导体制,实行党政分开,那党就不能直接管理国家事务了,也不能对国家机关发号施令了,更不能包办代替行政工作了,改革后的企事业单位,党组织甚至只能起保证监督作用,这样一来,不是大大削弱了党的领导了吗?但是,马克思主义者看问题不能仅看表面,更重要的是看实质。在搞现代化建设和进行体制改革的新时期,如果我们还继续坚持党政不分、以党代政的老一套领导方式,那就不但加强不了党的领导,反而会削弱党的领导;而如果我们能及时改变和改革党政不分、以党代政的领导体制,实行党政分开,那就不但不会削弱党的领导,反而会加强党的领导。

第一,党政不分、以党代政的领导方式会降低党的领导地位和影响党的自身建设。党是国家机关的领导核心,而不是国家机关的组成部分,如果党包办代替了国家机关的工作,那党就从国家机关的领导核心降低为国家机关的组成部分了。如果党组织把主要精力放到处理国家机关的繁杂事务里去,那势必影响党在调查研究基础上制定方针政策,用以指导国家机关工作的决策作用,也会影响党组织的自身建设,甚至会出现党不管党的不正常局面——倒不一定是放弃不管,往往是忙得管不过来。有的单位,党的组织部门和行政的人事部门是合二为一的,党政合一的结果,组织部门应该重点抓的组织建设工作和干部的考察培养工作被搁到一边了,甚至被挤掉了,因为大部分时间和主要精力被消耗在处理招工录用、人员调动、劳动管理、工资福利之类的行政事务里去了,形象地说,这是:“种了别人的地,荒了自家的田。”这是加强了党的领导还是削弱了党的领导?有鉴于此,党的十二大才提出:今后各级党委要经常讨论和研究党对社会主义建设事业的重大的政策方针,讨论和研究干部、党员、群众中的思想问题和教育问题,干部的倾向问题和纪律问题,党的组织的改善和发展问题,等等。

第二,党政不分、以党代政的领导方式会降低国家权力机关应有的权威性,挫伤人民群众要求当家做主的积极性。我国是实行社会主义民主的国家,人民是社会和国家的主人。按照宪法的规定,我国的一切权力是属于人民的,人民是通过人民代表大会来行使属于自己的国家权力的。各级人民代表大会是国家权力机关,也就是代表人民来行使属于人民的国家权力的机关。因此,人民代表大会是否能真正发挥国家权力机关的作用,是否具有作为国家权力机关和人民代表机关应有的权威性,就成为衡量人民是否真正享有当家做主的权利的一个重要标准。如果继续搞党政不分、以党代政,不尊重人民代表大会及其常委会的职权,把国家权力机关当做“橡皮图章”和“表决机器”,甚至干脆把代表机关搁在一边,由党组来直接立法定制、发号施令,这样一来,国家权力机关还能有什么权威性呢?有的地方,党的组织部门把“党管干部”和“国家权力机关有任免权”二者对立起来,本来应该由国家权力机关选举或任免的干部,却由党的组织部门来越俎代庖,先发文件,后补手续,先到职视事,后提交追认既成事实,照例举手通过,这叫行使任免权吗?“党管干部”的原则是要执行的,因为组织领导是党的领导的一个内容嘛!问题在于:应该怎么管?管到什么程度?如何同国家权力机关的任免权统一起来?属于国家权力机关选举、任免范围的干部,党的组织部门应该进行考核,经同级党委审批后,可以向国家权力机关提名推荐;至于任免与否,决定权属于国家权力机关。那种把国家权力机关的任免权变成走形式、单纯履行手续的做法是不足取的,是不尊重人民代表机关职权的表现。在立法上也是如此,经过党中央审查通过的法律草案,要经过全国人大或全国人大常委会表决通过以后,才具有法律效力。假若最高权力机关不予通过,那草案就成不了法律,因为我们的法律是上升为国家意志的人民意志的表现,而人民的意志是违反不得的。因为国家权力机关是代表人民行使国家权力的,所以不尊重国家权力机关的职权就意味着不尊重人民当家做主的权利,而这样做就会挫伤人民群众参加国家政治生活的积极性,就会产生和滋长“政治冷淡主义”。胡耀邦同志指出:“党对国家生活的领导,最本质的内容,就是组织和支持人民当家做主,来建设社会主义的新生活”。而党政不分、以党代政是不利于人民当家做主的一种领导方式,没有理由继续采取了。

第三,党政不分、以党代政的领导方式会削弱政府部门的行政管理工作,不利于现代化事业的正常发展。由于党政不分,党对政府部门和企事业单位干涉过多,“管了很多不该管、管不好、管不了的事”,使政府部门不能充分发挥行使国家管理职能的作用,企事业单位无法建立统一的行政指挥系统,生产工作和业务就不能不受到影响。社会主义国家作为整个社会的代表和管理者,它的任务是根据党的路线、方针和政策,组织生产和分配,组织文化教育事业的建设。这就需要建立完整的行政管理系统和生产指挥系统,政府的各个部门就是国家经济文化管理工作的组织者和党的政策方针的执行者。党对政府工作部门的领导主要在于政策方针的制定,重大问题的决策,以及保证监督党的方针政策的贯彻执行;至于具体的管理工作和业务工作,应该由行政部门独立地去处理,党既然不是行政组织和生产组织,为什么要对行政工作和生产工作进行不必要的干涉呢?有的同志担心实行厂长、经理、校长、所长负责制就意味着放弃集体领导,容易助长个人独断专行。其实,个人负责同集体领导并不是绝对排斥的,根据《宪法》的规定,各级政府及其工作部门一律实行行政首长负责制,同时也设置了常务会议、办公会议之类的合议组织,在合议基础上由行政首长作出决定,这不就把个人负责同集体领导结合起来了吗? 而在实行党委负责制的部门,往往是以集体领导为名、行个人专断之实,个人拍板错了,让集体去承担责任,这哪里是真正的集体领导? 行政部门需要个人负责制,企事业单位更需要个人负责制,而这些年实行的是党委领导下的厂长、校长负责制,表面看起来似乎是把集体领导同个人负责结合起来了,可实际上却是把权和责分割开来了,形成了厂长、校长有责无权,而党委书记则有权免责的反常局面,这对党的工作和行政工作都产生了消极的作用。由此可见,继续坚持党政不分、以党代政的领导方式,不但加强不了党的领导,反而会削弱党的领导。为了改善党的领导,要做很多工作,诸如加强党的思想建设、提高党员素质水平,制止党内不正之风,严格执行党纪国法,发展社会主义民主,造成宽松政治环境,等等。而最重要的,还是消除权力过分集中的弊端,从制度上解决好党政关系问题,因为“领导制度、组织制度问题更带有根本性、全局性、稳定性和长期性”,领导体制的问题不解决好,其他的问题就不好解决或不能解决得很彻底。

加强党的领导同改善党的领导应该是什么关系呢? 看来应该是这样的关系:其一,为了加强党的领导,就必须改善党的领导,如果不改善党的领导,那就谈不上加强党的领导。其二,改善党的领导,目的是加强党的领导,因此我们实行党政分开,是以坚持和加强党的领导为前提的,绝不容许以改善党的领导为借口,去削弱甚至排斥党的领导。

(1986 年第 12 期)

对行政诉讼法内容的几点建议

王礼明*

起草行政诉讼法的准备工作，已经提上立法机关的议事日程。关于制定行政诉讼法的必要性和重要性问题，人们已经发表了不少意见，我现在对即将起草的行政诉讼法内容提几点具体的设想和建议。

第一，设立审理行政诉讼案件的专门机关。我的想法是，要设立两个互相联系的系统，一个是在国家行政组织系统内设立一个处理行政诉讼的系统；另一个是在法院系统内设立一个审理行政诉讼的系统。行政组织系统内处理行政诉讼的系统，县（包括相当于县的市）可以设行政诉讼科，地区、市（市管县的市）可以设行政裁判处，省、自治区、直辖市人民政府可以设行政裁判厅（局），国务院部、委设立处理行政诉讼的相应的机关。这些机关的工作人员，是负责处理行政诉讼案件的专业人员。法院系统处理行政诉讼的系统，就是在基层人民法院、中级人民法院、高级人民法院、最高人民法院都设行政审判庭。行政裁判厅（局）、处对行政裁判处、科，在业务上是指导关系，最高人民法院对高级人民法院、高级人民法院对中级人民法院、中级人民法院对基层人民法院的相应的行政审判庭，是监督关系。各级人民法院行政审判庭的审判人员，应当是熟悉行政法特别是熟悉行政诉讼法的专业人员。设立审理行政诉讼的专门机关和配备专业人员，是加强我国民主和法制建设的需要，也有利于提高办理行政诉讼案件的效率和质量。

第二，不能随意扩大行政诉讼案件的范围。现在，我国已有30多个法律规定，当事人对于行政机关给予的行政处罚不服的，可以起诉到人民法院。可以预料，以后作这样规定的法律还会越来越多。这里就提出一个问题，行政诉讼包括哪些案件？是不是只有这30多个法律规定的可以起诉到人民法院的行政案件，才是行政诉讼案件？我认为，行政诉讼一定要有行政机关（在我国也可以包括政党、群众团体等社会组织和事业单位）为一方当事人，但又不能认为凡是涉及行政机关的争议、纠纷，就都属于行政诉讼，都要由行政裁判机关和行政审判庭管辖。例如，行政机关给予行政工作人员警告、记过、记大过、降级、降职、撤职、开除留用察看、开除等行政纪律处分，被处分人不服处分决定提出申诉的案件，就不是行政诉讼案件，就不属于各级行政裁判机关和人民法院行政审判庭管辖的范围，而应由上级行政

* 作者单位不详。

机关的监察机关（这个机构现在尚未设立，建议尽快设立）或有关部门处理。两个行政机关之间的争议，两个行政区域之间管界的争议，应当由两个机关、两个地区共同的上级行政机关处理。企业之间的经济纠纷，应当分别情况由行政机关或法院的经济审判庭处理。

在我国，行政诉讼案件基本上包括两大类。第一类，是公民、法人不服行政机关给予的警告、罚款、没收、吊销执照、行政拘留等处罚的决定，或者受侵害人不服行政机关给予加害人某一行政处罚的决定，起诉到人民法院的案件。例如，《药品管理法》规定，对生产、销售假药的，没收假药和违法所得，处以罚款，并可以责令该单位停产、停业整顿或者吊销《药品生产企业许可证》、《药品经营企业许可证》、《制剂许可证》；对生产、销售劣药的，没收劣药和违法所得，处以罚款，情节严重的，并责令该单位停产、停业整顿或者吊销《药品生产企业许可证》、《药品经营企业许可证》、《制剂许可证》。当事人对这些"行政处罚不服的，可以在接到处罚通知之日起十五天内向人民法院起诉"。《治安管理处罚条例》规定的公民对公安机关给予的警告、罚款、拘留的行政处罚不服的，或者受侵害人对公安机关给予加害人上述处罚不服的，在接到处罚通知后5日内，可以"向上一级公安机关提出申诉，由上一级公安机关在接到申诉后五日内作出裁决，不服上一级公安机关裁决的，可以在接到通知后五日内向当地人民法院提起诉讼"。这些就都属于这一类行政诉讼。第二类，是公民、法人的合法权益受到国家机关或者国家机关工作人员侵害后，不服行政机关或者行政裁决机关作出的是否赔偿或补偿的决定，起诉到法院的案件。《民法通则》第121条关于"国家机关或者国家机关工作人员在执行职务中，侵犯公民、法人的合法权益造成损害的，应当承担民事责任"的规定，就属于这一类。这一类案件虽然是追究责任人赔偿或补偿的民事责任，但由于它涉及国家机关或者国家机关工作人员侵犯公民的法定权利或者非法地给公民、法人设定义务，所以属于行政诉讼，而且是极为重要的一类行政诉讼案件。除这两类案件以外的与行政机关有关的行政纠纷，基本上不属于行政诉讼，不应由负责审理行政诉讼的法院行政审判庭管辖。

第三，行政诉讼程序要统一。现在，涉及行政诉讼的法律和行政法规，有些规定行政诉讼由行政组织系统的某个机关作终局裁决，没有规定可以起诉到人民法院，有30多个法律规定公民、法人对行政机关给予的行政处罚的决定或裁决不服的，可以起诉到人民法院。这30多个法律大体上可以分为3种类型。第一类，大多数法律规定公民、法人对行政机关给予的行政处罚不服的，不经过上级行政机关复议，就可以向人民法院起诉。《食品卫生法》、《商标法》、《国家建设征用土地条例》、《海上交通安全法》、《统计法》、《森林法》、《药品管理法》、《渔业法》、《矿产资源法》、《土地管理法》、《草原法》、《计量法》等，就都属于这一类。第二类，是有的法律如《公民出境入境管理法》规定，违反该法受公安机关拘留处罚的公民对处罚决定不服的，从接到处罚通知之日起15日内，可以向上级公安机关提出申诉，由上一级公安机关作出终局解决，也可以不经上一级公安机关裁决，就直接向当地人民法院起诉。第三类，是有些法律规定公民、法人对行政机关给予的行政处罚不服的，要先向上一级行政机关申诉，由上一级行政机关作出裁决，对上一级行政机关裁决不服的，可以向人民法院起诉。《中外合资经营企业所得税法》、《个人所得税法》、《外国企业所得税法》、《治安管理处罚条例》等，就属于这一类。例如，《个人所得税法》第13条规定："扣缴义务人和自行申报纳税人同税务机关在纳税问题上发生争议时，必须先按照规定纳税，然后再向上级税务机关申请复议。如果不服复议后的决定，可以向当地人民法院提起诉讼。"

从上述各法规定的3类情况可以看出，我国目前行政诉讼的程序是混乱的。为了建立科学的、适合我国情况的行政诉讼程序，我建议在我国即将制定的行政诉讼法中明确规定，除了法律另有规定的以外，公民、法人对于行政机关给予的行政处罚不服的，应先向上一级行政机关的行政裁判机关申诉，对上一级行政机关的行政裁判机关复议决定不服的，在接到复议决定之日起15天或1个月内，可以向人民法院行政审判庭起诉。国家机关或者国家机关工作人员侵犯公民、法人合法权益的行政诉讼，应先向实施侵权行为的国家机关或者国家机关工作人员所在的机关要求赔偿或者补偿，对各该机关处理不服的，再向上一级行政机关的行政裁判机关申请复议，对复议决定不服的，在接到复议决定通知之日起15天或1个月内，可以向人民法院的行政审判庭起诉。这种制度，便于熟悉行政工作情况的行政裁判机关采用简易程序及时处理大部分行政诉讼案件，减轻法院行政审判庭的负担，使法院行政审判庭能够集中力量处理那些疑难案件。

为了统一我国的诉讼制度，行政诉讼案件起诉到法院以后，不要采用一审终审制，而应与刑事、民事诉讼一样，采用两审终审制。这样既便于上一级法院对下一级法院进行监督，也可以减少错案。

第四，不应赋予我国法院的行政审判庭司法审查的职权。根据我国《宪法》第67条的规定，全国人大常委会的第7项职权，是"撤销国务院制定的同宪法、法律相抵触的行政法规、决定和命令"，第8项职权，是"撤销省、自治区、直辖市国家权力机关制定的同宪法、法律和行政法规相抵触的地方性法规和决议"。根据《宪法》第89条的规定，国务院的第13项职权，是"改变或者撤销各部、各委员会发布的不适当的命令、指示和规章"，第14项职权，是"改变或者撤销地方各级国家行政机关的不适当的决定和命令"。《宪法》第104条规定，县级以上的地方各级人大常委会，有权"撤销本级人民政府的不适当的决定和命令"。《宪法》第108条规定，县级以上的地方各级人民政府"有权改变或者撤销所属各工作部门和下级人民政府的不适当的决定”。上述各条所说的“不适当”，当然也包括不符合宪法、法律和行政法规。宪法规定审查行政法规、决定、命令、指示、规章是否适当，各有专责。因此，行政诉讼法不应赋予最高人民法院和地方各级人民法院的行政审判庭司法审查的职权，否则，就会与宪法相抵触。这是我国行政诉讼制度与三权分立的资本主义国家的司法制度的重大区别之一。

第五，制定行政诉讼法的指导思想，主要应着眼于保护公民的民主权利和其他合法权益，同时也应考虑到支持国家行政机关依法行使职权。一方面，对于国家机关或者国家机关工作人员在执行职务中侵犯公民、法人合法权益造成损害的，对公民随意罚款、拘留的，一定要裁决或者判决国家机关或者国家机关工作人员给予公民、法人合理的赔偿或补偿，撤销对公民的罚款、拘留处罚，甚至建议有关机关给予责任人以行政纪律处分或行政处罚。另一方面，对于国家行政机关给予违反行政法律、法规的公民、法人的正确的行政处罚，各级法院的行政审判庭也一定要给予支持，保障国家行政机关有效地依法行使职权。

制定行政诉讼法，是我国社会主义民主和法制建设上的一件大事。我相信，通过建立行政诉讼制度，人民群众对国家机关和国家机关工作人员的民主监督将得到加强，司法机关对行政机关行使行政权也可以起到一定的制约作用。这两种作用的综合效果，将使社会主义民主得到发展，社会主义法制得以健全，国家行政机关的整体效能得到提高。

（1986 年第 12 期）

1987年

没有法律的政治是危险的政治

——法学研究的反思

陈鹏生*

法学家应该通过对法制建设深刻的反思，从理论上告诉人们千万不要忘记一条历史教训：政治离不开法律，没有法律的政治，是危险的政治，灾难的政治。

改革需要反思。反思才能使人们透过深刻的感知，看到历史的凝滞，唤起改变现状的觉醒。这对法学研究，尤为重要和迫切。

党的十一届三中全会以来的8年，我国的理论研究已经揭开了崭新的一页。哲学界率先发起一次摆脱"个人崇拜"精神束缚的思想解放运动，提出"实践是检验真理的唯一标准"，为人们打开了摒弃教条、崇尚真理的闸门；经济学界冲破小生产传统观念的藩篱，提出发展社会主义商品经济，给牵动全局的社会改革以强大的思想武器。相形之下，法学研究就不免逊色而自愧不如了。究其原因，主要的就在于法学战线拨乱反正不彻底。

长期以来，法学研究在"左"的思想下，一直是在"以阶级斗争为纲"的圈子里打转。本来，政治和法律都是上层建筑的组成部分，相互作用，共同为自己的基础服务，是马克思主义的常理。但是，由于高度集权思想的影响，政治被强调到可以冲击，甚至代替一切的荒谬地步。政治与法律相互作用的关系，变成政治决定法律的关系。而按照"左"的一套理论的逻辑推导，政治就是阶级斗争，阶级斗争就是敌我矛盾。于是，服务于并决定于政治的法律，就只能是以阶级性作为自己唯一的质的规定性，以"阶级斗争的工具"作为自己的唯一职能了。以法作为自己研究对象的法学当然也只能是"阶级斗争"这种思想理论所造成的后果是：一方面，法律失去作为上层建筑组成部分的相对独立地位，唯政治需要决定兴废存亡。政治安定时，成为民主的点缀，政治严峻时，一言可以废法。实际上是以"人治"代替"法治"。另一方面，把政治、法律与阶级斗争完全捆在一起，等同看待，使政治与法律成为学术讨论和争鸣的禁区，一旦涉及，就"以言治罪"，出现"文笔贾祸"，法学家望而生畏，只好绕道而走，以唯上、唯书的法律注释和经典考证，代替探讨法制本身存在问题的法学研究。科学是必须靠理论思维的，法学研究不对法制建设中的实际问题进行理论探讨和概括，又怎么能够有所突破呢？

---

* 作者单位：华东政法学院（现华东政法大学）。

时至今日,系在法学研究身上的政治死结还没有完全打开。这里涉及一个政治体制问题。如果我们的政治体制真正做到从制度上保障政治民主化,那么,对政治和法律问题的自由讨论和争鸣,本是政治民主的题中之意,就不存在禁区不禁区的问题,法学研究也用不着为了避危求安而绕道走了。解铃还须系铃人,政治总是和权力联系在一起的,要打开法学研究的死结,首先需要从各级领导做起,身体力行地讲民主。政治与法律问题不能争鸣这一存在了多少年的理论禁区,而今不就由于中央领导同志的一席话,而让人们看到开禁的曙光吗!但是,我们强调领导干部加强民主观念的重要性,绝不是像古代的政治道德化那样,寄政治于制度之外的个人道德完善。我们的民主,首先是制度,然后才是干部的思想作风。否则民主就会随领导的喜怒哀乐而变样。因此,要政治民主化,就应该依靠法律制度,保障民主不会因领导人的改变而改变,也不能因领导注意力的转移而改变。我们的法学家应该通过对法制建设深刻的历史反思,从理论上令人信服地告诉人们千万不要忘记一条历史教训:政治离不开法律,没有法律的政治,是危险的政治,灾难的政治。"十年动乱"的悲剧就是事实。那种政治重于法律,以政治冲击法律的旧思想、旧传统,必须永远摒弃。

政治重于法律,政治冲击法律,这在中国是由来已久,源远流长,以致在社会心理上造成一种稳固的潜在结构,需要我们认真反思,从深层进行爆破。统治中国长达2000多年的封建统治,其实质就是君主专制。"王者,居宸极之至尊……作兆民之父母。"普天之下,百官万民,无不唯君主之意志定是非,论功罪,而官吏又是君主统治的基础,大大小小的官吏,都是君临一地、称霸一方的小皇帝。这些大小皇帝,上下一体,共同进行对封建国家的统治,这就是君主专制的政治。在这种君贵民轻、重义务轻权利的社会准则之下,人们在社会价值的判断上,总是政治高于法律,违反长官意志重于违反国家法律。经过漫长岁月的潜移默化,这种观念渗透在社会文化、生活的各个方面,积淀在人们思想、心理的深处,形成一种顽固的思想定式,不仅当官的不讲民主,独断专横,老百姓也往往习惯于逆来顺受,盲目屈从。遗憾的是,新中国成立30多年来,我们对封建的思想观念,一直没有认真地当做一回事来批判过,却是忙不迭地去批判资产阶级的自由和平等,甚至以封建主义去批判资本主义,连那些对社会主义民主多少有借鉴意义的资产阶级民主进步的成果,也是刚一露头就批倒批臭,而和社会主义民主水火不相容的封建专制的东西,则至今仍然使人习焉不察。比如宪法总纲庄严宣布;"中华人民共和国的一切权力属于人民",人民是主人,干部是公仆。然而现实生活中却常常是反仆为主,当主人的主人翁意识淡薄,"公仆"告主人的状很容易,往往一告就赢;主人告"公仆"则投诉无门,以致有人不得不赴京告"御状"。这难道是正常的吗?

看来,要从法律制度方面保障政治民主化,首先必须把注意力从研究阶级斗争的关系转移到研究人与人之间的权利义务关系上来。法律是为了调整各种社会关系、人与人之间的种种关系而存在的。而建立人与人之间权利义务一致性的法律关系，促进人民树立权利义务一致性观念，则是人民增强主人翁感的一种觉醒的心理状态，也是充分发挥人的创造性、能动性的重要条件。我们法学界需要研究的，就是法律如何保障公民权利义务一致性原则的确立和实施，如何促进权利义务一致性的法律意识的形成，并使之成为反对封建主义和资本主义法律意识的强大思想武器。当前在我们政治生活中出现的一些违背民主的现象，实际上都是对权利义务一致性的社会主义法律原则的破坏。比如以言代法，以权压法，权大于法，就是封建意识的表现，而想当官却不负责任，以致产生官僚主义、贪污盗窃行为，也无一不是与权利观大于义务观的法律意识有直接的联系。

今天，现代化建设需要一个真正的现代文化观念的法治社会。对法学研究的历史反思，不但要把法学研究从“以阶级斗争为纲”的旧传统中解放出来，而且，也要使我们法学界的同志，切实意识到自己为实现法治社会而斗争的一份责任。

（1987 年第 1 期）

宪法观念与宪法的实施

王雁飞*

宪法观念是人们关于宪法的各种思想、理论、观点和心理的总称，其主要内容大体可概括为：人们对于现行宪法规定内容的理解和掌握，对于现行宪法的感情和态度，对于国家机关及其工作人员和公民个人行为合宪性的评价和看法，对于公民基本权利与义务的认识和要求，还有在此基础上所形成的宪法思想和理论，等等。

一

马克思主义法学认为，法的实施就是法律规范在社会生活中的贯彻，即把法律规范中所设定的权利义务关系转化为现实生活中的权利义务关系。而权利义务主体（公民）对法律规范的遵守是法律实施的关键。法律之所以被遵守，就是说法律之所以有效力，其根本原因在于法以国家强制力为后盾，从而具有拘束力和制裁性。这是就违法所根据的法律后果而言的，同时也表明了法律规范与其他社会规范（如道德规范）的本质区别。然而，马克思主义法学并不否认人们对于法律规范的自觉遵守，这种情况发生在人们的法律意识与法律规范的内容相一致的情况下，尤其发生在"法律成为人民意志的自觉表现"①的社会主义国家。

宪法是国家的根本法，它为一国的政府和公民规定和提供了一整套最基本的行为准则，这就是宪法规范。宪法规范作为法律规范的一种形式，它的贯彻实施自然也是以国家强制力为根本保障的。然而，宪法规范与刑事、民事等普通法律规范相比有其不同的特点，这就是宪法规范多不包括有关对违宪行为制裁措施的规定，宪法规范的实施常常需要普通法律规范给予辅助和补充。西德基本法中虽曾有过"以暴力……变更联邦即宪法秩序者"处"无期徒刑或十年以上有期徒刑"的规定，但这是一种十分例外的现象；一般充其量也不过像苏联1936年宪法那样宣布："背叛祖国，罪大恶极，应受法律最严厉之惩罚"，至于给予什么样的"严厉惩罚"，则不在宪法本身规定之列。

日本宪法学家美浓部达吉曾把所谓"无制裁性"归结为宪法的五大特点（最高

---

* 作者单位不详。

① 《马克思恩格斯全集》（第1卷），第184页。

性、固定性、历史性、简洁性和无制裁性)之一,并据此认为,宪法的实施"唯赖于政府及议会之自制及其相互之抑制"和国民维护、遵守宪法之意识。随着违宪审查制在各国的发展,以美浓部达吉为代表的那种主张宪法无制裁性的观点已显得陈腐,不再为人们所接受。然而宪法规范的特殊性却得到了宪法学者们的普遍承认。宪法规范的特殊性决定了宪法观念在宪法实施中的极端重要性,要保证宪法的实施必须普遍地培养和提高全体公民尤其是国家工作人员的宪法观念。

二

在一定社会中,不同的阶级具有不同的法制观念,其中占支配和主导地位的则总是统治阶级的宪法观念。只有统治阶级的宪法观念才是该社会中对现行宪法的直接维护力量。正如恩格斯指出的:"统治阶级的思想在每一个时代都是占统治地位的思想。这就是说,一个阶级是社会上占统治地位的物质力量,同时也是社会上占统治地位的精神力量。支配着物质资料生产的阶级,同时也支配着精神生产的资料,因此,那些没有精神生产资料的人们的思想,一般地是受统治阶级支配的。"①

统治阶级为了使反映其根本利益和意志的现行宪法得到实施,就需要树立和维护该宪法的权威,并把它奉为一切人都必须遵守的神圣准则。而这个目的则只有通过宪法观念的培养,普遍地提高社会成员的宪法观念才能实现。从保证资本主义宪法实施这一目的出发,资产阶级历来就十分重视对宪法的宣传和资产阶级宪法观念的培养。早在 1787 年美国联邦宪法正式生效以前,以汉密尔顿为代表的联邦党人就发起了一场颇具声势的宣传活动,敦促各州政府和人民接受宪法、遵守宪法。1791 年法国"人权宣言"颁布后,雅各宾派领导人罗伯斯庇尔宣称,《人权宣言》是世界上一切民族的宪法,他要求"每一个人要时刻牢记这一宪法","它应是父亲教育孩子的第一课。"②有的资本主义国家甚至在宪法典本身就对宪法的宣传教育作出一规定,如 1947 年意大利宪法规定:"宪法原文将于共和国每一乡之公用大厅内存放一份并在 1948 年全年中进行陈列,俾使每个公民得以熟悉。"③资产阶级宣传宪法的途径是多种多样的,日本将"5 月 3 日"确定为"宪法日",作为国民的节日之一,以纪念日本国宪法的颁布。1985 年 5 月,澳大利亚制宪会议官员宣布,政府将花费 8 万澳元拍摄一部宣传澳大利亚宪法并介绍宪法在政府中作用的影

① 《马克思恩格斯全集》(第 3 卷),第 52 页。

② 罗伯斯庇尔著:《革命法制与审判》,第 153 页。

③ 《过渡性的最终决定》,第 182 页。

片，用来教育公民了解宪法、遵守宪法。资产阶级的上述种种做法，从本质上说，是试图为自己的宪法披上一件神圣的外衣，以保护他们的经济和政治统治。然而，这种宣传的方式方法却对我们有一定的借鉴作用。

无产阶级宪法观念在社会主义宪法实施中更是具有十分重要的作用。无产阶级宪法观念在全社会范围内牢固树立和普遍提高的结果，就是把遵守和维护社会主义宪法逐渐变成公民完全自觉自愿的行动。为此，社会主义国家就不能不对无产阶级宪法观念的培养工作加以重视。1918 年，在列宁领导下制定的苏俄宪法在序言中明确指出："这个根本法自从它用最终的形式在全俄苏维埃中央执行委员会的机关报公布之日起而发生效力。它必须由苏维埃政权全部地方机关广泛地公布出来，并放置在所有苏维埃机关的显著地方。第五次全俄苏维埃代表大会委托教育人民委员部，在俄罗斯共和国的所有学校中布置研究，以及说明和解释本宪法的基本原则。"南斯拉夫现行宪法规定，联邦共和国政府官员在就职时需宣誓效忠宪法。

由于种种社会和历史原因，我国公民的宪法观念还较为淡薄，有的人对宪法规定的内容知之甚少，还有更多的人对宪法的权威抱怀疑甚至否定态度，这就难免会产生违宪现象。如果不重视宪法观念的培养工作，如果不去认真地纠正和处理违宪案件，那么必然会在相当一部分公民中产生"宪法无用"的虚无主义观念，损害宪法的根基，从而造成恶性循环。"文化大革命"之所以发生，与我们忽视甚至放弃宪法观念的培养工作不无关系，这个惨痛教训应引以为戒。

彭真同志在《关于宪法修改草案的报告》中指出，必须加强对宪法的宣传教育，使"10 亿人民养成人人遵守宪法、维护宪法的观念和习惯，同违反和破坏宪法的行为进行斗争，这是一个伟大的力量"。在为纪念现行宪法颁布实施一周年所发表的讲话中，彭真同志又一次强调了宪法宣传教育的重要性，号召"采取多种形式，紧密联系实际，继续普遍地深入地进行社会主义法制首先是宪法的宣传教育，使每一个公民尤其是每一个干部都牢固地树立法制观念，特别是宪法观念，逐步使我们的宪法和法律家喻户晓，人人养成遵守宪法和法律、依法办事的观念和习惯"。1984 年 6 月，司法部根据中央一系列指示精神，提出了用 5 年左右时间在全体公民中基本普及法律常识的任务。次年 11 月，六届全国人大常委会第十三次会议为此专门作出决议，要求把以宪法为主的普法教育制度化、经常化。1986 年 9 月，中共中央《关于社会主义精神文明建设指导方针的决议》明确指出要"大力加强以宪法为根本的社会主义法制"。同时还指出"公民都要遵守宪法"，"学术和艺术问题，要遵守宪法规定的原则"。

最近，全国人大常委会通过的《关于加强法制教育维护安定团结的决定》是一个在全民中培养和提高宪法观念极为重要的好教材。学习和贯彻这个决定，必将使各级国家机关和国家工作人员、广大人民更进一步地熟悉和掌握宪法，提高宪法观念，从而使宪法得到更好的贯彻和实施。对此，我们还应切实地抓好两项工作。第一，要重视对广大党员和国家工作人员进行宪法观念教育，使他们在遵守和维护宪法方面真正发挥模范带头作用。任何党员个人和国家工作人员都不允许有超越宪法和法律以外的特权；一切党组织和国家机关都必须在宪法和法律范围内活动。第二，要重视对广大公民进行权利与义务教育，特别是民主权利教育，使他们真正认识到自己的主人翁地位和宪法的最高权威，自觉地遵守宪法和维护宪法，并善于利用宪法武器来捍卫自己的基本权利。

（1987 年第 4 期）

在改革中完善社会主义民主政治

张宗厚*

自邓小平同志1980年《党和国家领导制度的改革》的讲话重新发表以后,中国的政治体制改革成为国内外舆论的重要话题。可以预料,因为政治体制改革将会比经济体制改革更厉害地冲击到某些社会固有矛盾和利益集团,因此,它是一项更困难、更艰巨因而需要更慎重和更坚韧地进行的事业。为保证这项事业的顺利进行,需要有理论准备、舆论准备和社会心理准备。

中共中央《关于社会主义精神文明建设指导方针的决议》指出:"我国社会主义发展中的主要历史教训,一是没有集中力量发展经济,二是没有切实建设民主政治。"这个在实事求是总结历史经验教训基础上的深刻概括,既体现了我们党对社会主义的认识的深化和思想领域的成熟,又体现了对社会主义前途的严肃思考。现在,全党的工作重心已经转移到现代化建设上来,民主政治建设也已随着政治体制改革提上议事日程。

一、何谓"民主政治"

民主政治,是相对于少数人说了算的专制政治而言的。几千年来,从奴隶社会、封建社会到资本主义社会,不管实行什么政体,打着什么旗号,总是改变不了一个代代相沿的积习,即少数居于社会上层的人是亿万劳动人民命运的主宰。现代的民主政治观念,是新兴资产阶级和劳动人民反对封建专制制度的斗争中逐步形成的。正如中央的会议指出的,它"是人类精神的一次大解放"。虽然这种民主意识及其与此相关的民主制度,在资本主义社会里带有很强的制度烙印,即从本质上讲,它是为资本主义制度服务的,但是从观念形态上来讲,它绝不是资本主义制度的专利品,而是人类的共同精神财富,是人类社会文明发展的要求。无产阶级夺取政权以后,绝不是简单地抛弃它,而应该运用人民政权的力量,把资本主义条件下由于理论与实际脱节而使民主政治出现的形式与实质脱节现象克服掉,把民主在深度上和广度上推向前进。但遗憾的是,新中国成立以后,我们没有切实建设民主政治,长期坚持"以阶级斗争为纲"和接连不断地搞运动,把反映人类共同财富的

* 作者单位不详。

一些民主观念也当做资本主义的东西大加批判。造成的直接后果是，整个社会的民主观念淡薄，人们缺乏相应的权利和义务意识，领导干部缺乏"公仆"观念。几千年遗留下来的与民主相悖的宗法观念、特权思想、专制意识等还不仅没有被有效克服，而且被贴上"社会主义"的标签，在社会生活中顽固地起作用，直到"文化大革命"中，发展到"全面专政"，把民主全部奉送给资产阶级。这种对民主的破坏，在彻底否定"文革"的过程中才逐步得到清算和纠正。但作为观念沉淀，也不可否认，长期形成的糊涂观念还在一些人的脑海里和社会生活中发挥作用。不是有的县委领导还把人民代表的发言当成"反党言论"来追查吗？不是还有的单位领导把人民群众正当的民主要求当成"资产阶级自由化"来批判吗？所以，要建设民主政治，还需我们一代又一代人付出艰苦的努力。

什么是民主政治呢？民主，词义为"多数人的统治"；政治，用"阶级对阶级的斗争"来理解显然已不适合我国当前的实际，把它理解为"人民管理国家之事"则比较易于为人们所接受。在一般意义上，政治民主指的是按照多数人的意志，通过预定的程序和决策方式，对国家和社会进行管理。在我国消灭了阶级压迫和阶级剥削的社会主义条件下，民主政治指的是人民当家作主，根据人民的意愿来管理国家，也就是《宪法》所明文规定的"一切权力属于人民"和"人民依照法律规定，通过各种途径和形式，管理国家事务，管理经济和文化事业，管理社会事务"。它包括人民主权原则、公民权利原则、民主集中原则、政治公开原则、权力制约原则、社会监督原则等。

建设民主政治，需要确定民主观念，健全民主制度，完善民主设施。

二、确立民主观念

由于中国历史上长期的封建统治，给我们遗留下来一个沉重包袱，即民主观念淡薄。相应地，封建的观念总要顽固地起作用，还常常冒充民主观念以鱼目混珠。前一段，社会上流行一时的大讲包公、海瑞，提倡"为民作主"等，正是旧意识在新条件下的表现。因为我国并未有过彻底的资产阶级革命，所以封建的政治观没有受到随着新兴资产阶级而生的潜存于商品经济之中的民主观念的冲击。现在，开始讲社会主义商品经济，这必然对旧观念形成有力的冲击。随着经济体制改革的深入，我们将会越来越多地感受到，与商品经济相适应的等价交换原则，从根本上动摇了靠血缘、门第、权力、等级、特权、地域、民族、宗教等把人们联系在一起的纽带，并由此推动了与经济平等相应的政治平等观念的产生，形成了一系列新观念，如自主观念、自立观念、自由观念、契约观念等。应当看到，随着商品经济的发展必然产生的这些观念，在我们这个具有几千年封建传统且商品经济长期不发达的国家里，是一种巨大的历史进步。正如过去我们讳言商品经济一样，长期以来也把与商品经济相应的这些民主观念视为资产阶级的东西。现在，随着社会主义商品经济的发展，我们不仅应正视这些观念，还应该大力宣传、提倡和强化这些观念。因为这些观念中反映出的竞争意识、开拓意识、自强意识等，相比起那种把自己的命运和希望寄托在圣君贤臣或上级的英明上的“草民意识”，是有巨大的历史进步意义的。

由商品经济所确立的政治民主观，是否就等于社会主义的政治民主观呢？非也。观念是分层次的。正像没有商品经济就难以产生与之相应的平等、自由观念一样，这仅是其中一个层次，而且是基础的层次。另一个层次，是与不同的政治制度相适应的政治民主观。接着，还有第三个层次亦即最高的层次，即作为人的自由全面发展的政治民主观。后二者，一个体现了社会主义区别于资本主义的本质特征，一个体现了共产主义运动的追求目标。在资本主义条件下，由于对财产的占有不平等，所以高度发达的商品经济所产生的民主政治，虽具有民主的外壳且在本阶级内部也被认真地实行，但整个社会的民主政治却被套上了“金钱的锁链”，即“商品拜物教”的桎梏。在社会主义条件下，人民当家作主的政治制度，创造了极有利的条件，能够摆脱资本主义条件下无法摆脱的“金钱的锁链”。但是，在社会主义国家，普遍地存在权力过分集中和缺乏有效制约的现象。在一定时期和一些地方，已形成了“权力的锁链”或“权力拜物教”。尤其是在像我们这样封建传统浓厚的国家，权力被滥用，能导致连起码的民主形式都不讲，如有些地方用“指定”代替“选举”，官越来越离开他本来应为之服务的主人，这成了社会主义民主政治的最大隐患。从理论上讲，“权力的锁链”不是社会主义的固有物，因为人民当家作主的政治制度，能够有效地防止官僚主义和滥用权力。我们党十分强调的政治体制改革，正是为了消除政治体制上的弊端，完善社会主义政治制度，为建设民主政治创造有利的条件。进一步，在建设高度民主的过程中，人的价值和尊严，人的自由全面发展，将会越来越重要地摆在我们面前。

综上所述，民主观念作为现代化社会的范畴，它既是对封建专制意识的否定，又是对人类文明的继承和发展。社会主义制度的建立，为民主观念的产生和确立提供了最佳环境和土壤。但封建历史的包袱，商品经济和科学文化的不发达，使我们确立新观念面临着一个长期、艰巨和复杂的奋斗过程。在相当长的时期内，我们需为之奋斗的是：在全社会确立人民是国家主人的“主人观念”，在全体国家工作人员中确立“公仆观念”，在人民群众中确立不靠“清官”而靠自己的“自立观念”，以及平等观念、政治参与观念、政治权力有限观念、权利义务观念、权力机关观念、监督与制衡观念、自由与法纪统一观念等，让观念的变革成为民主政治建设的先导。

三、健全民主制度

民主政治，其主体是一个政治制度的问题。它包括国家的管理形式、结构形式以及选举制度、干部任免制度、公民行使政治权利制度等。按照宪法规定，我们国家的管理形式是人民代表大会制，国家机构实行民主集中制。这个制度虽不能说是完美无缺的，但如得到切实实行，我国的民主政治建设必将是一个崭新的局面。

但是，应该看到，在我们的现实生活中还存在许多民主制度不健全的方面，尤其是政治体制上的弊端，还妨碍着民主政治建设的进行和发展。比如，正像邓小平同志指出的那样，"加强党的领导，变成了党去包办一切、干预一切；实行一元化领导，变成了党政不分、以党代政；坚持中央的统一领导，变成了'一切统一口径'"①在国家机关内，官僚主义现象还严重存在。以言代法、以人代法、徇情枉法、恃权变法的事不断发生。政府工作人员违法失职的行为得不到及时追究，人民的申诉、检举和揭发，常被"踢皮球"或求告无门……要从根本上改变这一些，就必须进行政治体制改革。

我认为，通过政治体制改革必须为民主政治建设在制度上开辟更广阔的道路。这就需要认真研究和解决几个制度上的问题：

第一，搞好党政分工制度。以党代政，以党代法，不仅妨碍党集中精力抓思想路线方面的大事，而且不利于政府机关和权力机关充分发挥它们的职能作用。从历史教训和实际需要来看，应从制度上明确划分党与政府和权力机关的职责范围。党只管涉及方针政策路线的大事，政府和权力机关应在其职责范围内独立地发挥作用。同时，为了保证和带动整个社会的政治民主，必须发扬和扩大党内民主。各级领导人的一般讲话不能当做党的指示，而只能作为一种建议。在社会生活的各个具体领域，如厂矿企业、学校等，党的领导作用主要是通过监督和党员的模范带头作用来体现。

第二，健全人民主权制度。一切权力属于人民，这个宪法原则应通过一系列制度化的规定得到体现。随着全体公民的民主意识、法律意识、参政意识的增强，逐步创造条件，充分发挥他们在民主选举、民主管理、民主监督等各方面的作用。采取多种形式，使公民广泛参与国家管理。凡能够直接听取人民意见的场合，在作出重大决定的时候，都应广泛听取他们的意见。基层（包括企事业单位）单位的事

① 《邓小平文选》，第131页。

务，应尽可能在广大职工的参与、讨论、协商和监督下作出与他们的利益密切相关的决策。

第三，加强国家权力机关制度。应采取多种措施，充分发挥作为国家权力机关的人民代表大会在立法和在国家生活中决定重大问题的职能作用。全国人民代表大会是我国的最高权力机关，应充分发挥其最高决策作用和监督作用，提高其对国家活动方针的影响。地方各级人民代表大会绝不能成为党组织和政府的附庸，应依法独立行使其对本地区重大事项的决定权、对一府两院的监督权和法定的人事任免权等。

第四，权力制约制度。①

第五，社会监督制度。②

第六，司法独立制度和错判救济制度。我们说的司法独立，是指根据宪法关于审判机关和检察机关对权力机关负责的规定和"任何组织或者个人都不得有超越宪法和法律的特权"的规定，实行司法机关依法独立行使司法权，不受其他任何机关或者个人的干涉（权力机关依法行使的监督权除外）。现在有些地方，打着"党的领导"的旗号，实际上由党委（或党委的有关机关）在判案子，造成了很多弊端，必须予以改变。在司法机关内部，必须建立错判救济制度。判错了的案件，一经发现，必须纠正。对因错判致使公民在物质上或名誉上受到损害的，必须视情节轻重对判案人员依法纪予以惩处。只有这样，才能有效地维护公民的合法权益。

四、把专政纳入法制的轨道

建设民主政治要求所有国家机关都必须真正依法为人民办事。任何国家工作人员，都是人民的公仆。他只有依照法律在自己的职责范围内行使权力和为人民服务的义务，没有丝毫超出法律约束和不受人民监督的特权。特权思想和官僚主义，都是与民主政治格格不入的。

当然，任何一种制度，都要有人来执行。人的素质在实际工作过程中，起着很重要的作用。而人的素质，很关键的因素是具有什么样的观念。我认为，在当前，要确保国家机关及其工作人员成为实施民主政治的得力工具，需要在观念上和实际工作中解决一个问题，即把专政纳入法制的轨道。

中共中央《关于社会主义精神文明建设指导方针的决议》把"人民民主政权和

① 张宗厚："权力制约论"，载《法学》1986 年第 10 期。

② 张宗厚："社会监督论"，载《信息与决策》1986 年第 6 期。

社会主义法制”列为实现社会主义现代化的基本条件之一，并指出“人民民主专政是保护人民、保卫四化的强有力武器。要依法打击一切破坏我国社会主义制度的敌对分子，依法惩处经济罪犯和其他刑事罪犯，依法禁止和取缔卖淫、吸毒、赌博、传播淫秽录像书刊等危害人民的违法犯罪行为”。这3个“依法”，贯彻了一个把专政纳入法制轨道的思想。

坚持人民民主专政，这是我们进行社会主义建设必须坚持的“四项基本原则”之一。民主与专政本来是相辅相成的辩证统一的关系，是一个问题的两个方面，两者不可偏颇，即只有发扬民主，才能有效地实施专政，只有坚持专政才能保障人民民主权利。但是，在相当长的时间内，由于我们没有处理好民主与专政的辩证关系，而强调国家机器（尤其是政法机关）的专政职能，忽视保护人民民主的主要职能，不断强化对社会生活的干预与控制，甚至把许多本属于人民内部矛盾的问题当做阶级斗争去对待。由于对专政含义的曲解，把它扩大到思想意识形态范畴，错误地把矛头指向人民，不仅造成了大批冤假错案，也破坏了社会主义的民主政治建设和社会的蓬勃生机。

在粉碎“四人帮”之后，我们党在领导人民进行“拨乱反正”的过程中，实事求是地总结了历史教训，鲜明地提出了把专政纳入法制轨道的问题。党的十一届三中全会的公报、《关于建国以来党的若干历史问题的决议》、党关于精神文明建设的决议都先后阐述了这个问题。很明显，党的十一届三中全会以来所反复强调的民主法制原则，都表明了要把人民民主专政作为保护人民、保卫四化的强有力武器，要把专政纳入法制的轨道。

具体来说，把专政纳入法制轨道，需要转变下列观念：

第一，不能把我们的政法机关仅仅归结为专政的职能机关。过去一讲政法机关，习惯讲它是“刀把子”。在这种思想影响下，即使对大量的人民内部矛盾问题，也使用了专政手段。应该看到，我们的政法机关虽然还有专政的职能，但更多的占第一位的是保护人民、服务四化的职能。如果离开了这个立足点去谈专政，就必然出岔子。所以，在处理大量人民内部矛盾问题的方法上、工作作风上，都要坚持以教育、说服、引导为主的方针，要贯彻利民便民原则。如果在我们的主人——人民面前玩“大老爷”作风，绝不可能成为受人民欢迎的政法工作者。

第二，坚持严格依法办事的原则。无论是对具有阶级斗争性质的反革命案件，还是对人民内部的犯罪，都必须严格依法办事。坚持依法办事，包括严格依照法律程序办案，严格依照法律量刑，每一个被告都享有辩护权或委托律师辩护的权利，也包括对判错的案子必须纠正，等等。对那些即使是被剥夺了政治权利的犯人，也只是剥夺他《刑法》第50条规定的权利，而不是剥夺他所有的公民权，诸如人格尊严不受侵犯，不受侮辱、诽谤和诬告陷害，以及有权申诉、控告或检举等。因此，必须严禁刑讯逼供，严禁殴打、侮辱犯人，严禁挂牌、游街、批斗等违法的做法。坚持这一切，不仅是社会主义精神文明对政法工作者的要求，也是为保证把绝大多数犯罪分子改造为新人所必须遵守的原则。

（1987 年第 9 期）

人大常委会应参预对国家机关干部的考察

黄利群*　姜国防**

党委考察干部与人大常委会考察干部是一致的。人大常委会行使人事任免权,对国家机关工作人员进行考察,是法律赋予的一种职权。目前,许多委员只是出于对党组织的信任投“信任票”,使法定权力变成了“程序权”、“补办法律手续权”,这种状况应予改变。

近年来,各地人大常委会在行使人事任免权的过程中,逐步认识到对所任命的国家机关工作人员进行任前和任期考察的必要性、重要性,有些地方的人大常委会已开始进行一些考察工作的尝试和探索。如对任命的干部进行法律考试、政绩考核、组织代表评议等。但从总体上看,进行得还不深入、不系统、不正常,没有形成严密的制度;在大部分地方,这项工作还没有开展起来。审议决定人事任免事项时,仍是仅凭提请单位提供的履历表和鉴定式的情况介绍。由于人大常委会在审议前没有深入实际对干部进行考察,委员们对拟任人员的政治素质、工作作风和工作态度以及实际工作能力等缺乏了解,因而在审议时不能对干部作出全面、准确的评价和认识。在这种情况下进行表决,赞成、弃权或反对都缺乏依据。不少委员只是出于对党组织的信任投“信任票”。这样行使人事任免权,就使实实在在的法定权力变成了“程序权”、“补办法律手续权”,在很大程度上流于形式。其结果,不但削弱了地方人大常委会作为地方国家权力机关的权威性,而且有悖于宪法、法律的有关规定,对人大常委会来说也是一种失职。

地方人大常委会对国家机关工作人员的考察工作之所以未能正常有效地开展起来,大致有以下几方面的原因:

首先是认识上还不尽一致。目前,许多人对人大常委会加强对国家机关工作人员考察工作的必要性和重要性还缺乏深刻的认识,特别是对党委考察与人大常委会考察的不可替代性认识不足。有的认为,既然实行党管干部的原则,干部有党委考察就够了,人大常委会考察是“多此一举”。如有的地方人大常委会的《任免办法》中就明确规定,对拟任人员的审查由提请单位负责。有的甚至认为人大常委会考察干部违背了党管干部的原则,是越权,与党委“唱对台戏”。还有的担心

* 作者单位:江苏省人大。
** 作者单位:江苏省人大。

人大常委会对干部考察后，与党委和“一府两院”的意见不一致，产生矛盾难以协调。另外，也有少数人大常委会组成人员在人事任免方面主体意识不强，缺乏责任感和使命感。

其次是法律规定不够明确、具体。地方人大和人民政府组织法及法院组织法、检察院组织法对人大常委会人事任免权的规定比较原则，只规定了任免的范围。而目前，我国还没有关于地方人大常委会工作程序的法律和关于国家机关工作人员的专门法律，国家机关工作人员的具体标准以及人大常委会任免国家机关工作人员的程序等没有法律规定。因而人大常委会对国家机关工作人员进行任前和任期考察时，对考察的内容、程序、方法等感到无法可依。

再次是没有专门的人事任免机构。目前，各地人大常委会都没有专门的人事任免委员会。具体办理人事任免工作的办事机构多为办公厅（室）中的人事处（科），难以担负考察人大常委会任免的国家机关工作人员的工作。一是由于性质为工作机构，没有法定的权力，考察工作受到诸多限制。二是由于级别低，对有些干部，如对“一府两院”的领导人员进行考察，由处（科）一级的工作机构进行显然是不适宜的。三是力量不够。一般说来，人大常委会办公厅（室）中的人事处（科）人员比较少，主要担负机关内部的人事管理工作。以现有人力承担考察人大常委会任免的干部的考察工作，难免捉襟见肘。

最后是缺乏经验。地方各级人大常委会建立的时间还不长，各方面的工作都没有现成的经验可资借鉴，有待于在实践中不断探索。而地方人大常委会在行使人事任免权中对国家机关工作人员的考察工作，由于起步较晚，还远未探索出一套比较行之有效的方法和总结出比较系统的经验来。

为此，需要加强人大常委会对国家机关工作人员的考察工作，其措施和对策主要有：

第一，提高思想认识，创造有利于人大常委会考察干部工作的环境。

提高对人民代表大会及其常委会的性质、地位、作用的认识，是形成有利于人大常委会考察干部的社会环境的前提。要通过广泛、深入、经常的宪法和法律教育，在客观上形成这样一种环境：党委正确认识和处理党管干部原则和人大常委会依法行使任免权的关系，既看到党委考察干部与人大常委会考察干部的一致性，又充分认识人大常委会考察干部的必要性，从而坚决支持人大常委会履行考察国家机关工作人员的职权。对人大常委会依据考察情况提出的与党委在任免干部问题上的不同意见要给予必要的尊重。“一府两院”的领导人员要自觉接受人大常委会的考察。在人大常委会进行考察工作时，积极配合，提供方便，并支持和鼓励干部群众如实反映情况，参与评议。人大常委会要从主观上形成这样一种环境：全体组成人员要增强人事任免方面的主体意识，代表国家和人民，依照宪法和法律的规定，充分行使人事任免权，理直气壮地开展对国家机关工作人员的考察。同时，要有高度的责任心，把人事任免权不仅看做一种权力，而且当成义不容辞的责任。为了使党管干部与人大常委会考察干部更加紧密地结合起来，还可以考虑由人大常委会的党员主要负责人兼任同级党委的副书记或常委，从而增加人大常委会领导人在党内对干部问题的发言权。

第二，总结经验，完善法律。

前一时期，有些地方的人大常委会对国家机关工作人员的考察工作作了一些尝试，摸索了一些经验。要在实践和探索的基础上，及时认真地总结交流这方面的工作经验，同时要加强这方面的工作研究和理论探讨，以指导和促进人大常委会考察干部的工作较快地开展起来。

与此同时，要抓紧制定和完善法律的工作。要根据党的干部路线、方针、政策和四化建设的需要，并适应政治体制改革的要求，制定《国家机关工作人员法》，对担任各级国家机关各个领导职务的人员，在年龄、文化程度、专业知识、组织领导才能、政治状况等方面的条件作出具体的规定，并明确规定国家机关工作人员任命、嘉奖、授予荣誉称号和免职、撤职、罢免等奖惩的具体标准，以使人大常委会在考察干部时能掌握法定的标准。还必须根据地方组织法有关规定和实际工作的需要制定人大常委会任免国家机关工作人员的程序法，对人大常委会行使任免、撤职等权力的具体职责范围、工作程序、工作方法等作出系统、具体的规定，以使人大常委会在行使人事任免权，加强考察工作中有法可依。

邓小平同志在谈到立法问题时曾指出："有的法规地方可以先试搞，然后经过总结提高，制定全国通行的法律。"①因此，在全国人大常委会立法之前，各地人大常委会可根据法律的规定，在认真总结任免工作经验的基础上，从本地实际出发，制定有关人事任免的地方性法规或条例、办法，对任免、考察干部和行使撤职权的程序、方法等作出规定。

第三，设立人事任免委员会。

人事任免权是人大常委会的重要职权，为行使这项职权，应当设立人事任免委员会（县级人大常委会可设立人事任免工作委员会）。按照地方组织法第25条的规定，人事任免委员会由人大代表组成，并可选调政治思想好，作风正派，具备一定法律知识，熟悉组织人事工作的干部组成人事任免委员会的工作机构。人事任免委员会由人民代表大会选举产生，在人大闭会期间，承担人大常委会人事任免方面的具体工作，负责对"一府两院"提请任命的国家机关工作人员进行任前考察，提出初审意见，为人大常委会审议人事任免事项提供决策依据，并负责对国家机关工

① 《邓小平文选》，第137页。

作人员任期内的考察工作，及时向常委会报告情况，以便人大常委会更加有效地对国家机关工作人员实行监督和正确行使免职、撤职权。人事任免委员会是隶属于人民代表大会的机构，在人大闭会期间受人大常委会领导，而不是党组织在人大常委会中的组织人事工作机构，不向同级党委或人大常委会党组负责。

第四，正确处理好人大常委会考察国家机关工作人员与党委考察干部的关系。

人大常委会考察国家机关工作人员与党委考察干部既有区别，又有联系。二者关系如果处理不当，就可能出现重复劳动或互相扯皮的现象，甚至会产生不必要的矛盾。因此，在加强人大常委会考察机关工作人员工作的过程中，必须处理好与党委考察干部的关系。

一要互相尊重。党委根据党管干部的原则考察干部，人大常委会为行使好人事任免权考察干部，二者的目的是一致的。由于党管干部已有数十年的历史，党委及其组织部门有丰富的考察干部的经验。又由于党委对拟任免的国家机关工作人员在提出任免建议前已先期进行了考察，因而党委比较了解干部的全部历史和全部工作。因此，人大常委会应当认真听取并充分尊重对拟任国家机关工作人员的评价和意见。人大常委会从与党委不同的角度，根据不同的侧重点，以不同的方法对干部进行考察，可以了解到一些党委考察时没有了解到或不易了解到的情况。对这些情况，党委也应充分予以重视。不能认为自己已经作过考察而对人大常委会的考察情况置之不顾。有了互相尊重这个前提，对干部的看法就比较容易一致，很多矛盾也就不难解决了。

二要合理分工。在拟任人员确定之前，由党委进行考察、挑选，提出拟任人员的建议名单。拟任人员确定以后的考察工作，由人大常委会负责。国家机关工作人员任职期间的考察工作，由党委和人大常委会共同负责，有分有合，互相协作。对适宜联合进行的考察工作，尽可能共同组织，以减少工作上的重复，提高效率。对不宜共同进行的考察工作，如有些涉及党内机密的问题或依照法律规定必须由国家权力机关进行的工作等，就应当由党委和人大常委会分别进行。

三要加强联系。党委和人大常委会要通过加强联系来保证在考察干部过程中的协调一致。其一是互通信息。党委和人大常委会都应把考察中了解到的情况，形成的材料和得出的结论、意见等，通过适当的方式及时互相传递，以使双方都“心中有数”。在双方意见不一致时，更要通过及时交流信息，共同协商来解决问题。其二是互相参加考察活动。党委和人大常委会在分别进行考察工作时，可根据需要和可能，互相派人参加考察活动，以及时了解工作进程和考察情况。其三是交流考察方法。党委和人大常委会都有一些比较行之有效的考察干部的方法，其中有些可以互相学习、借鉴，并在互相学习中不断总结提高。

第五，积极探索考察方法，开拓考察工作的新途径。

由于人大常委会考察国家机关工作人员的工作刚刚起步,考察的途径还不多,方法还不完善,亟须加强探索。根据一些地方人大常委会已经取得的经验和我们的初步设想,提出以下一些方法:

1. 对拟任人员进行考试。国家机关工作人员是社会主义现代化建设的组织者和领导者,必须具备一定的科学文化知识、法律知识、业务知识和领导才能。通过考试能够比较客观地衡量拟任人员在这些方面是否合格。考试可采取笔试、口试、答辩、讨论,实践考评等方法,可以组织有关方面的专家、学者和干部群众进行评定。

2. 听取政纲报告,考核政绩。人大常委会在审议人事任免事项时,由拟任人员陈述政纲,说明拟任职务的任务,任期内要达到的目标,面临的困难和打算采取的对策等,并回答委员们提出的问题。任职后制定出任期目标,定期或不定期地向人大常委会作述职报告,对照任期目标,报告工作情况。常委会根据任期目标和述职报告,深入实际考察其政绩。

3. 结合工作报告质询考察干部。人大常委会定期或不定期地听取"一府两院"的各项工作报告,并根据地方组织法的规定对"一府两院"提出质询案。可以通过审议有关工作情况,检查国家机关工作人员执行宪法、法律和法规,执行人大和人大常委会决议、决定,办理代表议案、建议、批评、意见的情况,了解他们胜任职务的程度和工作实绩。这是考察、监督干部的重要途径。目前各地还很少做到把审议工作报告和质询与考察干部结合起来,应当引起重视。

4. 充分发挥人大代表在考察干部工作中的作用。一是吸收一部分人大代表作为人事考察委员会的成员,经常性地参加考察工作。二是临时组织代表参加考察工作。如考察某一方面的国家机关工作人员时,可以组织与之有关的系统、行业的人大代表参加。三是通过代表广泛联系选民、听取群众意见,考察了解国家机关工作人员履行职责的情况和政绩。四是组织代表结合视察活动,考察国家机关工作人员的工作情况。

5. 广泛发动群众进行考察。可以采取座谈、个别走访、民意测验等灵活多样的形式,把群众组织吸引到考察国家机关工作人员的工作中来。

(1987年第10期)

社会主义初级阶段的宪法和宪法观

孙　潮[*]　徐向华[**]

党的十三大报告以马克思主义的革命胆略和实事求是的科学态度，首次提出了社会主义初级阶段的重要理论。这一论断的提出为法学尤其是宪法学的研究开拓了广阔的领域。本文拟就社会主义初级阶段中的宪法的执行和遵守，宪法观念的普及和提高以及宪法学研究，提出一些想法。

"正确认识我国社会现在所处的历史阶段，是建设具有中国特色的社会主义的首要问题"，也是建设具有中国特色，与社会生产力发展水平相适应的以宪法为核心的社会主义法律体系的关键问题。

党的十三大报告客观地分析了我国社会生产力发展水平低下，商品经济不发达，上层建筑的某些方面还不成熟不完善，建设高度社会主义民主政治所必需的一系列经济文化条件很不充分，阻碍社会进步的传统思想及其他腐朽思想尚未消除等状况，科学地确认我国的社会主义社会仅仅是社会主义的初级阶段。在这个特定的历史阶段中的社会的主要矛盾是"人民日益增长的物质文化需要同落后的社会生产之间的矛盾"。因此，党在社会主义初级阶段的基本路线就是领导和团结全国各族人民，以经济建设为中心，坚持四项基本原则，坚持改革开放，自力更生，艰苦创业，为把我国建设成为富强、民主、文明的社会主义现代化国家而奋斗。这是我党对马克思主义关于社会主义建设理论的重大发展。

那么，党的"社会主义初级阶段"的理论和现行宪法的基本精神、基本原则是否完全一致？这是事关宪法的进一步执行、遵守的重大理论问题，必须迅速予以解决。

应该肯定，就总体上说，初级阶段的理论和现行宪法是吻合的。这是因为，首先，这一理论是党的十二大路线的继续和发展。而现行宪法制定的重要依据也是党的十二大的各项文件。其次，现行《宪法》的最大特征是从中国国情出发。宪法在其总纲中明确规定："社会主义制度是中华人民共和国的根本制度"，同时，它又从发展社会生产力的角度出发，在其序言中确认了社会主义现代化是我国的工作重点，一切工作都必须"为这个重点服务"。五年来现行宪法在坚持四项基本原

---

* 作者单位不详。

** 作者单位不详。

则，坚持改革开放，完善民主政治，健全法制，解放和发展社会生产力的伟大实践中，发挥了积极的作用。综上所述，党的主张可以通过法定程序上升为宪法，宪法的实施又为党的路线提供了立论基础。这便是现行宪法与初级阶段理论的基本关系。

当然，党的十三大提出的基本路线，并没有简单地重复宪法的规定和精神，它更具有时代感。

如十三大提出的奋斗目标从经济生活的宏观与微观，从组织、机制、规范和观念等各方面丰富了宪法的实践。因此，党依据社会主义初级阶段理论所提出来的一系列战略、决策将为现行宪法的执行和遵守，提供适宜的社会条件和理论依据；同时它也为宪法的研究和实施，提出了一系列新的课题。

社会主义初级阶段是一个相当长的历史阶段，这是一个新体制、新观念与旧体制、旧观念从互相并存，相互消长，到最终由前者取代后者的阶段。在这种状况下，为保证我国社会生产力得到持续稳定的发展，顺利结束社会主义初级阶段，从而建立以宪法为核心的社会主义法律体系，现行《宪法》的执行和遵守的重点主要是：

第一，要坚持发展社会生产力的重要原则。应该肯定，没有社会生产力的巨大发展，宪法的实施就只能是毫无意义的幻想。而没有宪法的有关规定，社会生产力的发展就失去了最强有力的法律保证。因此，执行和遵守宪法，必须与解放、发展社会生产力联系在一起。要依法破除一切妨碍社会生产力发展的制度、组织和规范，建立一系列与我国生产力发展水平相适应的制度、组织、措施和规范，为社会生产力的发展提供最佳的社会环境。

第二，要抓紧制定有关法律，保障宪法的有效实施，为生产力发展创造良好的法律环境。党的十三大报告全面论述了社会主义立法的重要性。报告提出：法制建设必须贯穿于改革的全过程。要加强立法，要以法律形式巩固改革开放的成果，保障建设和改革的秩序。要形成政治、经济和社会生活的规范化。同时，十三大报告也提出了近期立法的重点：在国家机关建设上，要完善选举法；健全国家权力机关的议事规则和工作程序；要制定行政机关编制法，行政诉讼法，国家公务员条例；要将党与政权组织，中央、地方、基层之间的关系制度化。在经济建设领域，要抓紧建立完备的经济法规体系：要健全涉外经济立法；要尽快制定有关私营经济的法律。在公民权利和自由方面，要抓紧制定新闻出版、结社、集会、游行等法律；要建立申诉制度；要制定关于社会协商对话制度的若干规定。此外，还要制定促进人员合理流动的法规。

第三，要加强法律监督、国家监督和社会监督。由于我国仍处于社会主义的初级阶段，建设高度社会主义民主政治所必需的一系列经济文化条件还很不充分。

权力过分集中的政治体制滋长、蔓延了严重的官僚主义和以权谋私;新旧经济体制的交替,在一定程度上造成了经济管理上的混乱;生产力发展水平低下,科技文化水平不高,也导致了主观主义、片面性的普遍存在。为了保障改革开放,从根本上铲除上述一切非积极因素,必须切实加强法律监督、国家监督和社会监督。党的十三大报告全面地提出了党的监督、国家权力机关的监督、行政监督、民主监督、舆论监督、经济管理监督的要求。因此,建立以宪法监督为核心的社会主义监督体系,就成为社会主义初级阶段执行和遵守宪法的重要内容。

第四,树立与商品经济相联系的社会主义宪法观念。近代意义上的宪法,就其本质而言,是发源于社会较为发达的商品经济。从历史上来看,首先是商品经济的全社会发展自发形成了经济上的形式平等和民主,如等价交换、公平交易等,继而这种经济平等和民主的观念逐渐渗透到社会的经济、政治领域。因此,没有商品经济的充分发展,宪法是没有生命力的。纵观我国社会主义建设史,应该肯定,我国宪法在建立和发展公有制经济、建立人民民主专政,保障人民当家作主等最根本的方面,确实发挥了很大作用。但是,也必须承认,宪法在相当时期内,在相当一部分人的心目中,并没有树立起国家根本法的权威。宪法仅被视为一种宣言或纲领,而不是规范人们活动的行为准则。在宪法的执行和遵守上,人们缺乏内在的热情和要求,表现出对行使宪法赋予的权利无动于衷,或者是对宪法规定的权利和自由作出小资产阶级、无政府主义的理解和解释。上述两种倾向的存在,除了作中国封建痕迹根深蒂固,缺乏民主传统的解释外,我国社会没有充分发展商品经济,我国公民中绝大多数人没有接受由商品经济发展带来的权利和义务观念上的洗礼,不能不说是一个主要的原因。因此,必须在现阶段普遍开展宪法观念上的启蒙教育运动。具体途径就是:其一,大力发展商品经济。其二,保证商品生产者和消费者的合法权益,提高人们在商品经济中的主体地位。其三,建立与商品经济发展相适应的民主制度,扩大民主的实践范围和深度。其四,用广大人民喜闻乐见的形式,用与现实生活相吻合的内容,普及宪法知识,选择有代表性的重大违宪案件展开大范围的讨论,使宪法观念深入人心。

党的十三大报告提出:“伟大的实践需要伟大的理论。”为伟大的变革进行创造性的理论概括是历史赋予全体理论工作者的神圣职责。从宪法学研究来看,任务尤其繁重,如在经济建设理论上,所有制形式上的私营经济和土地出租问题;分配制度上的以按劳分配为主体,其他分配方式为补充的问题;社会生活的计划经济和市场调节的比重问题。在国家机构完善的理论上,选举制度的按界别选择和其他方式产生代表的问题;国家权力机关的常设机构建设上的组成人员专职化的问题;国家工作人员的公务员制度问题,民主政治的对话协商制度问题和政府职能转变等问题。在公民权利和自由保障的理论上,经济权利、教育权利、申诉权利等问题。总之,党的十三大确定的方针和路线为宪法学的研究提供了广泛的领域。

针对这些亟待解决的研究课题,宪法学者应该积极行动,广泛研究。既要防止机械论证,又要防止脱离现实而标新立异,从而为新体制、新机制、新规范的创立奠定理论基础,为社会主义初级阶段的实践提供创造性的理论概括。

（1987年第12期）

1989 年

政府副职产生方式与行政首长负责制

蔡定剑*

在没有真正落实人大对政府的各项监督权之前，不能轻易地实施行政首长组阁制。

在政府正职领导人做不到普遍实行民主差额选举的情况下，若改人大对政府副职领导选举为批准任命，等于取消了代表对副职领导人候选人的提名权，意味着缩小了人民的民主权利。

新的一次换届选举，对地方政府副职领导人普遍实行了差额选举，它极大地推动了我国政治制度的民主化进程。但在一些地方，党委推荐的、原考虑分管某方面工作的候选人落选，于是有人从行政首长负责制的角度出发，认为政府副职领导人的产生，应按照行政首长组阁的方法，由政府正职领导人提名，由人大批准任命。政府副职的选举产生与行政首长负责制的关系究竟如何？本文试图进行探讨。

行政首长负责制，是现代国家制度中的一项重要组织原则。我国宪法规定，“各级人民政府实行省长、市长、县长、区长、乡长、镇长负责制”。实行行政首长负责制，对加强国家管理、提高行政效率，强化首长负责，有重要意义。从完善我国地方政府行政首长负责制出发，改变现今政府副职领导人产生方式，实行行政首长组阁制，作为我们改革的目标是必要的。但是，在目前情况下，改变政府副职领导人选举产生方式、实行首长组阁制的条件还不成熟。

从世界各国实行行政首长负责制的一般规律来看，实行行政首长负责制至少应有以下两个条件：第一，行政首长组阁，必须以行政首长本身由真正的民主选举产生为前提。凡法律规定具有提名组阁权的人，一般都由选民直接或间接选举产生。然后，他才有权向议会提出任免名单。第二，实行行政首长负责制，必须大大加强议会对政府的监督。在行政首长组阁制下，行政首长组织的政府必须对议会负连带责任或个人责任。同时，政府成员对首长负绝对责任。其措施有两条：一是议会有对政府的倒阁权和对政府个别成员的弹劾权，二是行政首长对政府成员有说服辞职或撤职权。在行政首长负责制下，议会对政府的人事权行使不多，有的甚至不行使人事权，但条件是行政首长本身必须由选民直接或间接选举产生，直接对选民负责。议会在减少对政府人事权干预的时候，必须大大强化它对政府的监督。

---

* 作者单位不详。

在我国,要实行完全的行政首长负责制,必须满足以下条件:(1)享有“组阁”权的行政首长由真正的民主选举产生;(2)人大对政府的监督应切实得到加强,人大对违法或不称职的政府或者政府成员有倒阁权或有效的罢免撤职权;(3)赋予行政首长对政府成员真正的提名权和撤职权。根据上述条件,从我国现行制度的状况出发,我们认为,我国目前还不能实行行政首长组阁制。其理由有以下几点。

第一,我国目前还不能完全做到行政首长由真正的民主选举产生。在本次换届选举中,地方政府正职领导人差额选举的比例还不大。在省一级,全国有 8 个省的省长实行了差额选举。在市县一级,有些省的政府正职领导人差额选举的比例不到10%。应该承认,在一些实行差额选举的地方,领导施加压力和影响,要求按领导的意图划圈的现象还不是个别的。看来,对政府正职领导人实行真正的民主选举还需要有个过程。所以,我们要完善行政首长负责制,实行行政首长组阁,首先需要对行政首长实行差额选举,然后逐步实现真正的民主选举。

第二,在党管干部的情况下,行政首长的组阁权一时难以解决,给行政首长组阁权,意味着在对行政首长选举时,不同的候选人可以各自提出自己的政府班子。如果政府班子是由党委事先内定的,行政首长实际上没有政府班子的提名决定权,那就不能叫行政首长组阁。如果党委提名的正职领导人候选人都可以与由党委提出的副职领导人相配套,那么,我们则不能要求代表联合提名的正职领导人候选人也都接受党委提出的政府副职领导人候选人。按首长组阁制原则,代表提出的正职领导人候选人同样具有组织自己政府班子的权力。我国目前政治体制和选举法的技术能否做到这一点,显然是值得怀疑的。当前,我国不能完全落实行政首长负责制的主要障碍并不在于人大对政府副职领导人行使了选举权,而在于党政不分的体制和党管干部的某些不当方法。所以,要真正落实行政首长组阁制,还有赖于我国政治体制改革的进一步深化。

第三,我国人大对政府的监督机制存在严重缺陷。从世界各国国家制度发展趋势来看,随现代国家政府权力的日益扩大、行政首长负责制的加强,议会对政府的监督也大大加强。许多发达国家已经建立了一套有效监督政府及其行政首长的制度,包括宪法监督、议会监督和议会的行政监督制度。例如,在政府向议会负责的国家,当行政首长“组阁”不合理或政府推行政策不力或出现失误时,议会能够对政府行使不信任权,要求重组政府;议会还能够制约政府的行为,能够迫使那些不称职、违背民意的政府成员辞职。这些制度是实行行政首长负责制的必要条件。

然而,我国地方人大对地方政府成员虽然在法律上享有罢免撤职权,但是,实际上有许多障碍使这些权力难以行使。如果不能真正建立政府对人大的负责制度,如果人大在对政府不满意时没有否定政府并重新组织政府的权力,如果人大对行政首长及其他政府成员不能有效地行使罢免权和其他监督权(如质询权、调查权等)，实行行政首长组阁制无异于放纵行政专制。所以，在我们还没有把握真正落实人大对政府的各项监督权之前，不能轻易地实施行政首长组阁制。

以上的论点是建立在行政首长组阁制是行政首长负责制的前提上的。行政首长对其政府的其他组成人员享有任免权，当然是行政首长负责制的重要内容，但并不是全部的甚至也不是最主要的内容。行政首长负责制的最主要内容是，行政首长在行政机关中处于核心地位，领导行政机关的工作，行政机关其他成员协助其工作；行政机关在决策时，不采取一人一票的少数服从多数的做法，而是由行政首长在听取多数人意见的基础上，自行作出决定和进行处置，行政首长的决定代表行政机关的决定，具有法律上的效力；行政首长有对其政府的其他组成人员的一定人事权，也只不过是保证行政决策的统一和提高行政效率的一种手段。行政首长负责制的核心问题，是行政首长的决定权和统一指挥权。在我国人民代表大会制度下，政府副职领导人由选举产生，并不意味着政府副职领导人只对人大负责，而不对行政首长负责，对政府正职领导人的决定可以不服从、不执行。我国人民代表大会制度决定了政府副职领导人无论是选举产生，还是由行政首长提名、人大任命产生，都必须同时向人大和行政首长负责。所以，目前政府副职领导人由人大选举产生，不会在很大程度上妨碍实行行政首长负责制。

有人认为，对政府副职领导人实行差额选举，会导致政府副职领导人结构不完整。因而政府副职领导人应该由政府正职领导提名，人大任命。我们认为，以此作为要求改变政府副职领导人由人大选举产生的理由是很不充分的。从这次换届选举的情况来看，这种情况并不突出。本次换届选举中，仅有上海、天津、河南、安徽、浙江5个省市的5名副省长、副市长是由代表10人联合提名当选的。天津市人代会主席团提名的副市长人选中，没有熟悉文教、科技工作的同志，代表联合提名并当选的就是一名熟悉文教工作的同志；某省人代会主席团提名的政府成员里，一名女同志工作能力较弱，代表联合提名当选的也是一名女同志，曾任过市长，政绩显著，能力较强。实践表明，在有些地方，代表联合提名当选的候选人，不仅没有影响副职班子结构的合理性，相反，弥补了主席团提名的不足，使政府副职领导人的结构更趋合理化。即使随今后代表提名的增多，可能会出现政府副职领导人结构的不合理情况，也可以通过选举的技术方法解决。只要选举时同代表讲清政府班子结构的要求，相信代表会予以理解和支持的。如果通过选举技术手段处理后，仍有少数政府副职领导人结构不合理的情况，应视为正常，这种情况在行政首长提名的情况下也难避免。

应当指出的是，政府副职领导人结构本不应作为改变人大对政府副职领导人行使选举权的理由。从权力下放，提高行政效率这一政治体制改革的要求出发，我国现行政府副职领导人过多、分工把口的领导体制必须改变。政府副职领导人多，分工把口的行政领导体制，是我们长期以来实行高度集权制的结果。在高度集权体制下，不但下级的权力集中到上级，而且各部门的权力不适应地集中到少数领导者手中，从而给行政领导和管理体制带来许多弊端。

随着我国政府职能的转变，权力的下放，各部门依法独立行使职权，副职领导人过多的结构将没有必要存在下去。那时我们也可以像有些国家那样，政府不设副职或设一两个副职，副职领导人结构问题将不存在。所以，以政府副职领导人分工结构的合理性，作为要求改变人大对其行使选举权的理由，显然是站不住脚的。

关于政府副职领导人的产生方式问题，必须从我国民主法制建设的现实状况出发来考虑。在我国刚刚开始对政府副职领导人实行差额选举并得到广大群众拥护的情况下，马上把政府副职领导人由选举改为提请任命，将产生不好的社会效果。这次换届选举中，最能激发代表和人民群众民主热情的、最为大家感兴趣的，就是差额选举政府副职领导人。通过对政府副职领导人的差额选举，大大增强了代表和广大人民群众的主人翁精神，增强了广大干部的民主意识和对人民负责的责任心。人民群众对此感到满意，社会效果很好。不少同志认为，这次政府副职领导人普遍实行差额选举，是我国社会主义民主的重大发展。在政府正职领导人还做不到普遍实行民主差额选举的情况下，如改人大对政府副职领导选举为批准任命，等于取消代表对副职领导人候选人的提名权，意味着缩小了人民的民主权利，从而会挫伤刚刚激发起来的人民的民主意识和参政议政热忱，不符合当前日益发展的民主形势。

综上所述，我们认为，改变政府副职领导人的产生方式，实行行政首长组阁，作为完善国家制度、落实行政首长负责制的一种设想，不失为一种改革方案。但是，在目前情况下，我们还不具备马上实施首长组阁制的条件。这些条件是：对政府正职实行真正的民主差额选举，健全和完善人大对政府的监督制度，建立人大对政府的信任制度，改善党管干部的方式，真正给予行政首长对政府成员的提名权。只有在有可能实现这些条件的情况下，行政首长组阁，人大不行使对政府副职领导人的选举权才是可行的。但在不具备这些条件的情况下，政府副职领导人由人大选举产生，不失为一种发扬民主的好方式。

（1989 年第 1 期）

修宪问题应该研究讨论

于浩成*

随着经济体制改革的深入和政治体制改革的开展,我国现行宪法是否仍然适用,有无修改必要的问题,已经自然而然地提到人们的面前了。

首先,当前在我国宪法学界中,对于修宪问题大体上有3种意见。第一种意见认为宪法没有修改的必要,不主张修改宪法,持这种意见的同志认为1982年《宪法》和党的十三大报告基本上是一致的。"十三大报告是1982年《宪法》的具体化,或者说是在具体问题上的发展",有些同志还考虑到我们从新中国成立以来不算曾起临时宪法作用的《中国人民政协纲领》,已有1954年、1975年、1978年、1982年四部《宪法》,变动太频繁了,他们担心过多地修宪会影响宪法的权威性和稳定性。第二种意见主张对现行宪法作部分修改,可以考虑采取修正案的方式,就像1988年3月全国七届人大一次会议通过有关私营企业和土地转让两条修正案的修宪方式一样。第三种意见主张对现行宪法进行全盘修改,也就是另起炉灶,再起草通过一个新宪法。

笔者赞同第二种意见,但也不排除第三种意见,认为在必要时也可以考虑。问题的关键在于现行宪法是否适合改革、开放,建立民主、富强、文明的现代化国家之需要。任何法律,包括根本大法的宪法在内,都是人们根据自己的需要制定的,并非永恒真理,一经制定就神圣不可侵犯,再也不容修改;即使发现与发展中的现实不相符合的情况,也只能削足适履,将错就错下去。固然修宪过分频繁不利于宪法的权威性和稳定性,但如果宪法与现实脱节而又固定不变,它的权威性和稳定性岂不成了虚幻吗?最近苏联、南斯拉夫等国都在修改宪法以适应政治体制改革的需要,他们的做法值得我们学习和借鉴。

我国现行《宪法》之所以有必要进行修改,我认为:一是为了适应改革的需求;二是为了国家恢复统一的需要。大家知道,1982年《宪法》基本上是立足于产品经济的基础之上的,同大力发展商品经济的要求不完全适应。如第7条、第16条所说的"国营经济",根据所有权同经营权分离的原则,已经不确切,因为这些企业并

* 作者单位不详。

无必要一律由国家直接经营；又如，第15条关于国家实行计划经济，市场调节只起辅助作用的提法，也同"有计划的商品经济"的提法不尽一致。诸如此类的问题还有不少。通观《宪法》138条，以"国家"2字起头的条文未免过多。社会主义同国家主义应是有区别的，不能混为一谈。恩格斯也有过"小政府，大社会"的构想。一切都由国家兴办，这是对社会主义的误解。这种思想贯穿在宪法许多条文中，就不是个别修改所能解决的了。还有，现行宪法在1982年通过时本来就存在的重大缺陷，也应在修宪中加以补救。如对宪法实施监督，规定由全国人大及其常委会负责，实际上等于无人监督。人大常委会通过的法律有无违宪情况，自己是难以审查纠正的。有些法学家（包括笔者在内）曾建议由全国人大选出一个同常委会平行的宪法委员会，下设专门办事机构，这一建议同苏联最近提出的宪法修正案的意见不谋而合，值得我们重视。

宪法有必要修改还由于国家恢复统一的需要。原来我们设想，有了宪法第31条关于国家在必要时得设立特别行政区的规定，就可以解决香港、澳门和台湾回归祖国，国家完成统一大业的问题。现在根据形势的发展，看来仅有这一条而不对宪法序言和总纲等部分进行修改，恐怕难以解决问题。我们是否可以考虑设计一个大中华共和国的宪法草案，以适应祖国统一的政治需要？这也许是我国政治学家和宪法学者当前应该研究的一个重大课题吧。

我们现在公开讨论修宪这一类问题是否适当呢？有人对此表示怀疑。他们认为对于现行法律和政策不应该公开进行讨论，以免搞乱了人们的思想，影响到这些法律和政策的贯彻实行。我认为这种认识是不对的。因为讨论是一回事，实行则是另一回事。人民是国家的主人，如果连议政的权利都没有，还算得上什么国家的主人呢？如果现行法律和政策不容许公开讨论，那么宪法、法律的修改，政策、方针的改变岂不都成为不可能的事情了吗？民主本来有两种含义，一是少数服从多数，这是人们所熟知的；二是则往往为人们所忽略，这就是少数人享有发表和坚持自己意见的权利，如果没有这一条，多数人一旦通过一项决定就再也不能改变，这岂不成了多数人对少数人的专政了吗？而在人民内部是不能由一部分人对另一部分人实行专政的。况且，有时真理掌握在少数人手里，剥夺少数人的发言权只能产生阻碍社会进步的恶果。

有人说讨论是可以的，但应注意"内外有别"，这也是个糊涂观念。内外究竟何指？是党内外还是国内外？怕政治影响不好，还是怕搞乱了人们思想？这些考虑比起人民行使自己议政、参政的不可剥夺的民主权利说来，都只能退居次要地位。

还有人说什么"研究无禁区，宣传有纪律"。这是个"模糊概念"。我们现在讨论修宪问题，究竟算研究呢，还是算宣传呢？这里所说的"纪律"，究竟是哪里制定的呢？在有些时候，有些情况下，这往往成为某些领导人滥用职权，压制民主，窒息不同意见的借口。如果说纪律，那么宪法应是全体公民必须一致遵守的“纪律”，而宪法是规定公民有言论、出版、从事学术研究等的自由权利的。

为了深入进行政治体制改革和经济体制改革，希望有更多的人从事修宪问题的研究，并参加这一问题的讨论。

（1989 年第 2 期）

新权威与新宪法

觉　晓*

自 19 世纪以来，人类历史上出现的 3 次立宪高潮，不断地向人们阐述了这样一个简单而又深刻的道理：当过去的、传统的以皇权为中心内容的权威消失的时候，人们除了选择宪法作为新权威以外，别无选择。对此，中国的历史发展过程已予以充分的证实。可以说：中国近代史也就是中国的立宪史。

同时，我们不应当忽略这样一种事实：中国近现代历史中一直存在的民主与反民主、自由与反自由、宪政与民主等重大政治问题的争论，基本上是在存在一部成文宪法的背景下展开的。难道一部成文宪法便能够包容自由、民主、专制、宪政这些人类社会基本的，甚至是明显冲突的价值选择吗？

应当注意的是，世界各国及中国近现代的立宪历史说明：一部成文宪法告诉人们的东西是少得可怜的，它甚至给人以种种假象。有的人想以成文宪法作为其理想的政治目标的宣示，有人想以此为自己的政治权力贴上合法性标签，有人仅仅想以宪法作一块招牌，也许还有人想以宪法树立自己的世界形象……也许，成文宪法除了说明与政府相伴的是一部公开的游戏规则以外，别的任何东西它都无法说明，这就是成文宪法的局限性。至于人类立宪以来孜孜不倦追求的立宪精神——自由、宪政、民主、人权等，即使写进成文宪法中，在政治和法律的现实生活中如何，人们往往也只能从宪法以外去寻找。这也就是当今世界普遍存在的成文宪法与现实宪法之间的冲突。

10 年来，中国改革在意识和无意识中加剧了中国社会自近代以来的现代化变

---

* 作者单位不详。

迁过程。文化的世俗化、政治的现代化以及经济发展口号的提出，伴随着10年来改革的风风雨雨，使中华民族又面临着一种新的选择。这种新的选择将有可能对中国未来的政治、思想等各方面的权威进行重新选择。这种选择应完成的任务是：在下一步，中国人将要效忠的对象是什么？

把宪法作为新的权威，意味着人们除了对宪法效忠和顶礼膜拜以外，再也不对其他政治和社会现象倾注自己的主要感情了。这种政治移情代表着人类社会在经过痛苦的经历后，最终作出的一种极有理性的选择。因为，自从人类立宪口号提出以来，它便始终随着人类的一种最基本和必然的追求，那就是对人的自由尊严和价值的无限向往。正因为立宪能够与人的这种向往结合起来，它才在世界和中国的历史中显现出无穷无尽的生命力。尽管征途坎坷，但它却历经艰辛，始终催人向上，奋斗不息。

将宪法作为中国未来社会的新权威，在政治情感上意味着将宪法作为政治移情的指向物。这种移情过程对中国人来说是一次巨大而又痛苦的选择。当中国人还不适应将自己作为上帝看待的时候，当中国人还仅仅习惯于崇拜国家、政府及自身以外的权威的时候，中国人的这种政治移情便注定是艰巨和缓慢的。难道自近代以来便留给我们的这一悬案，我们还要原封不动地将接力棒交给我们的下一代吗？

毫无疑问，以宪法为新权威的确立过程是一个渐进过程，并且会受到诸多意想到的和意想不到的障碍阻拦。但是，现实和可行的方案的确定，却并不排除或妨碍我们认为中国应当有一部完善的宪法。而这部新宪法应当作为中华民族树立新权威的新开始和象征。假如我们认为作为未来中国社会新权威的宪法将是充满着对人的自由、尊严及价值的肯定和捍卫，并对一切与此相悖的外来因素毫不留情地排除的话，那么，我们认为，现行中国宪法便是有缺憾的。因为它本身未对世界立宪历史和中国近现代立宪历史，特别是未对中华人民共和国成立以来的新中国立宪史作出深刻的反省；而现行宪法中的政治上的国家主义、政府全能主义，经济上的高度计划和意识形态的高度一元化，则是与作为未来新权威的新宪法不相称的。

中国近代文人和知识分子苦苦追求自由、人权、宪政、民主屡经失败，其原因之一在于他们未能遇上机会，也许，上天会赐给中国这一代知识分子以良机。如果失去了这一重新选择和新开始的机会，也许会是这一代知识分子永世的遗憾，因为这一代知识分子未能完成历史留给他们的作业。在清楚地意识到时局契机与新选择的关系后，人类立宪的历史还教导我们：以理性宪法作为新权威的道路需要不懈的斗争、妥协、宽容和讲求操作技术。这一代知识分子不应当忽略中国国情，只是在那儿作新权威确立过程中过多的乌托邦式的幻想，也不应当作一个无政府主义者而彻底否定一个有效率和有能力的政府。这一代知识分子要做的也许只是那样一些最基本的、最必然的事业，这就是：将个人作为个人的上帝，将自由的旗帜高高地举起，而使政府站在这面旗帜之下，使政府成为这面旗帜的捍卫者。这就是这一代中国知识分子对中国未来社会宪政的追求。

（1989 年第 2 期）

将无罪推定原则载入我国宪法

李静冰 *

问题的探讨从两个假设开始：

1. 如果任何公民被指控为被告，那么他必须提供充足可信的证据来证明他无罪，否则，他即被推定为有罪；

2. 如果任何公民被指控为被告，那么控诉人必须提供充足可信的证据来证明他有罪，否则，他即被推定为无罪。

这两个设定从现象上表现为诉讼活动中两种不同的举证责任制度和推定制度，然而，剖开其外表，我们不难透视出两种对立的法律观，冲突的焦点就在于对人权的决然相反的答案。

人权是什么？18 世纪敏锐的启蒙思想家们面对这个不可回避的问题，根据自然法则断然地推出了一条不言而喻的公理，即天赋人权，人生而平等，并且拥有与生俱来不可让渡的生存、自由和追求幸福等权利。在被启蒙思想的火焰点燃的资产阶级革命烈火燃烧着封建专制的暴戾专政时，这项公理便开始被奉为任何政治结合的目的。为了充分保证公民自由地从事一切无害他人的行为和法律未禁止的行为，而不受无辜的追究，人格平等的人们将部分权利让渡给由他们之中部分人组成的社会管理机构，后者在授权范围内管理社会事务。与此同时，社会的每一成员都保留着自身的基本权利，除非依据法律规定，按照法定程序和方式证实社会成员实施了法律禁止的有害行为，社会成员才能被认定为有罪，其一些基本权利才能被限制和剥夺。因此，《法国人权宣言》依据贝卡里亚无罪推定的理论，规定了“任何人在其未被宣告为犯罪以前应被推定为无罪”，首次将无罪推定上升为宪法的一项原则，其精神内核是“自由、平等、博爱”。无罪推定原则是民主共和的产物，这

* 作者单位不详。

是毋庸置疑的结论。随着社会的发展,各种理论、学派和实践活动应运而生,但无罪推定这一捍卫社会成员基本权利的原则的地位不仅未受到动摇,反而愈加巩固。因此,联合国《世界人权宣言》规定:“凡受刑事控告者,在未经依公开审判证实有罪前,应视为无罪。”这是在经历了法西斯残暴践踏人权的浩劫之余,人们所作出的深刻总结中的重要组成部分。

有罪推定原则与粗暴无理的中世纪式的专制密不可分。在封建专制的社会里,不仅江山社稷姓“朕”,而且人与人之间也是奴役与被奴役的关系。因而,法律的宗旨就是专政。公民不仅不可能希冀法律充分保护自由权利,反而总处于这高悬于头顶上恣意妄为的大棒的威胁之下。王权思想残害人们的心灵、人的品格、人的自尊、人的价值。我国《唐律》中,封建时代的审判实践一直把“刑讯逼供”作为确定被告有罪的有效手段。人人自危,并且人人互危,毫无人权可谓。

我国引以为豪的几千年文明史,毕竟其绝大部分于封建文明。正如整个封建文化的遗诟症结于民族的灵魂中一样,有罪推定原则的幽灵也始终游荡在每个中国公民周围。我国司法机关签发的刑事逮捕(拘留)证格式是“××因犯××罪行……依法逮捕(拘留)……”试问,未经法院审理怎么能确定公民犯有罪行呢?

毫无疑问,无罪推定应当成为我国诉讼法的一项原则。但是,更有重大深远意义的是应该将无罪推定原则载入我国宪法中,作为切实保障我国公民基本权利和人身自由的重要前提条件。当宪法规定的公民基本权利和人身自由遭受国家机构侵犯时,很少有人敢于根据宪法伸张自己的权益。考察历史上各种类型的宪法,无不把人权作为核心保护内容。人身自由权是公民追求财产和幸福权利的先决条件。“无罪推定”实质就是保障公民的人身自由权的一项最本质、最具体、最基本的原则制度。在积极进行经济体制和政治体制改革的今天,公民作为社会主人的一分子,在参加国家社会事务管理方面正在发挥越来越重要的作用,这使我们没有理由对无罪推定这一充分有效地保护公民基本权利的原则持怀疑甚至否定的态度。为了更充分地体现我国宪法的民主性,我建议,将我国《宪法》第37条第2款增修为:“任何公民,非经人民检察院批准或者决定或者人民法院决定并由公安机关执行,不受逮捕。任何公民,非经人民法院根据充足证据依法审判为有罪,应当被推定为无罪。”

(1989年第2期)

宪法权威与修宪

李曙光*

我们的逻辑起点是:宪法不仅是我国法律体系序列中最具权威性的法典,也是国家政治经济社会生活中最具权威性的行为规范。宪法的这种权威来源于哪里?西方启蒙思想家和我们的理论家论证得出的结论是一致的:来源于人民。但在我们现实社会生活中,宪法却是权威性实际体现最弱的一部法典。实际政治运作过程中违宪事例比比皆是、俯首可拾,违犯刑法尚且要坐牢蹲监狱,我们却未看到一起违宪案的审查与判决。宪法的权威来源于人民,但在实际生活中,公民对这个最高权威的态度是漠然甚至蔑视的。1988年上半年的《世界经济导报》曾公布了一组公民政治心理调查结果,统计数据表明,宪法在公民心目中,只列在排序数的第18位,足见中国公民在政治文化深层缺乏民主和法制等基本宪政观念,宪法意识极其淡薄。

宪法的地位、权威既然发生问题,我们就要看看问题发生在何处。这里既有观念心态上的原因,如中国人有几千年不要法权威的传统,君父道德意识对社会占支配地位,这种文化的遗迹至今仍积淀于人们的观念与行为模式之中;也有体制上的原因,如政治上的集权高压政策,缺乏一套以法治理社会的正常机制,等等。此外还有一个"枝"层次的原因:宪法的完善性问题。我们现今的宪法是否最完善、不能动了?应该放开来让学术理论界进行法理的讨论。我国的经济、政治体制改革正与日俱新地发展,现实与宪法相忤现象必然产生。比如说商品经济的事实就在宪法中无反映。现行宪法还有其他许多缺憾,小至公民的迁徙自由权,大到违宪审查监督诉讼制度,现行宪法条文都暂付阙如。既然现行宪法的规定不是最完善、最合理的,那这个宪法的最高权威当然就得打个问号。如此,修宪问题就须提上议事日程。在实际生活中确立宪法权威,比在空洞理论上确立宪法权威更为重要,这是我们当前法制建设中最需抓的一件大事。

要修宪,就有两条思路:一是可行性方案,即宪法修改应符合中国急剧变化的改革现实和变迁中的社会政治经济结构。二是理想性方案。这个方案有两个出发点:其一,宪法要合理反映国家的根本制度以及人类对理想社会的追求,其二,宪法要反映人类文明价值和自身彻底解放的理想目标。第一个思路是现实可行的,第二个思路是理想合理的。我认为,这两个方案不妨共存。基于中国的现实改革和

* 作者单位不详。

社会发展的长远目标,这两个方案的工作都可以供修宪参考。

要修宪,就必须进行社会动员,修宪不仅仅是几位政治家的职责,也不仅仅是少数宪法学者的专利,而是全民的共同事业。要唤起全体人民特别是知识精英对修宪的关心,使修宪讨论成为一场旨在确立宪法权威和提高公民宪政意识的新启蒙运动兴起的契机。

(1989 年第 2 期)

言论自由的若干法律问题

骆伟雄*

法律是对自由的保护和扩大,而绝不是对它的取消和限制。界定言论自由的唯一标准是法律,而不是法律以外的限制。

一、言论自由的法律含义

言论自由是一个法律概念,涉及法律与自由的关系问题,也只有在自由与法律的辩证关系中得到科学的阐述。而自由与法律的关系,从根本上说,与哲学上的自由与必然的关系是一致的。

从哲学的角度来说,自由不在幻想中摆脱客观规律而独立,而在于认识这些规律,从而能够有计划地使客观规律为一定的目的服务。因此,自由只是借助于对事物的认识来作出决定的那种能力。人对一定问题的判断越是自由,这个判断的内容所反映的必然性就越大。在社会历史领域来看,历史虽是人创造的,但是人所创造的历史所以是这样而不是那样,或者说人们之所以这样而不是那样地去创造历史,并不决定于人的意志。人的意志只有借助于对历史发展规律的认识,才获得自由,而这种历史发展规律,就是哲学意义上的必然。人们一旦抹杀了必然性而毫无根据地夸大自由,就势必在实践中使自己处于无数的偶然性的支配之下,这样,人就反而没有自由可言。

如果说,哲学上所说的人的自由,只是就人的可能性、人的能力而言,那么,法学上的自由,就是用法律的形式承认和确立下来的人的自由。法律使人的自由从可能变成现实,或者说,法律是人的自由的实现。因此,法律的本质是保护和扩大自由。如果法律没有保护和扩大自由,说明这种法律没有反映历史客观规律,即没有反映必然性。本文所谈的法律,是反映必然性的法律。

法学意义上的自由,是指在法律容许范围下的自由,正如马克思所说的:"自由就是从事一切对别人没有害处的活动的权利。每个人所能进行的对别人没有害处的活动的界限是由法律规定的,正像地界是由界标确定的一样。"①首先,法律虽

* 作者单位不详。

① 《马克思恩格斯全集》(第1卷),第436页。

然是由人制定的，但如上所说，法律的制定必须要依据社会发展规律，而这种社会发展规律是通过一个社会中，代表生产力发展方向，代表历史发展趋势的统治阶级的集体意志反映出来的。人民之所以服从法律，因为法律反映人民的意志，只有服从法律才是自由的。

其次，广义上的自由是分为若干层次的，不同层次的自由，其范围大小也不同。道德、社会习俗、传统以致党纪、厂规等都分别对不同的人产生相应的制约。但作为一个国家的公民，他只受法律限制。第一，在多种限制中，法律对自由的限制最少，因为法律限制对一个国家所有公民都有效，所有公民可以做法律不禁止的事情。而其他限制只对部分人有效。第二，最重要的是，只有法律对自由的限制是强制性的，是绝对限制，其他限制都基于公民的自愿，没有强制性。因此，法律以外的限制，如果出于当事人的自愿，都是对人的自由权的自我限制，不得变为国家强制。

最后，一个国家的公民，他的自由实际上只受禁止性法律规范的限制。不是法律规定可以做什么才可做什么，而是法律不禁止做什么就可以做什么。在我国，某些具有社会危害性的行为，国家认为必须惩办时，可依法适用类推。但是，类推须依严格的法律程序，不允许滥用，否则就会侵害公民的合法权益。因此，公民享有的自由权是很广泛的，有些是法律明文规定受保护的，更多地是法律没有明文规定保护，而又不违法的，如隐私权，法律无明文规定受保护。在经济领域，这种情况更多。

由此看来，无论从制定法律的目的来看，还是从法律的性质本身来看，法律绝不是对自由的取消，而是对自由的保护；不是对自由的限制，而是对自由的扩大。

但是，要使法律反映必然性，与自由的本质一致起来，真正保障自由的实现，就必须满足以下几点：

首先，法律所体现的，不是统治阶级中单个人的意志，而是整个统治阶级的共同意志。在社会主义制度下，法律所体现的是全体人民的共同意志。任何组织和个人，特别是掌握重要权力的领导人，只能在法律规定的范围内活动，任何超越法律之上的言论和行动，都会形成对自由的威胁，都会使人民的自由受到非法律的限制。

其次，自由受法律的约束，也仅仅受法律的约束。作为一个公民，只有遵守法律的义务，任何法律以外的强制性限制，都会使公民的自由受到威胁、限制甚至于取消。

最后，任何人——不是个别人，也不是绝大多数人——都必须受法律的约束。如果有人可以获得法律以外的自由，就意味着其他人的自由被非法限制和剥夺。特别是掌握国家重要权力的领导人，如果有超越法律的自由，就意味着整个国家的公民的自由，都有可能受到威胁、限制和剥夺。

言论自由,是宪法直接规定的公民享有的一项重要权利。实际上,言论自由的实际兑现程度,最直接地反映出一个国家的民主水平。

二、言论自由的法律界定

简单地说,所谓言论自由,就是在法律允许的范围内,公民所享有的各种形式的表达自己意愿、想法、见解的权利。言论自由,同宪法规定的其他自由权一样,它本质上是一种权利,而不是义务。这样说,常会遭到一种非难。言论自由不是想说什么就说什么,自由不是为所欲为,绝对自由是错误的、不可能的,有了阶级敌人的自由,就没有人民群众的自由,等等。于是,这限制,那限制,抽象肯定得多,具体否定的也多,到后来辩证法成了变戏法,言论自由成了一种义务,而不是权利;是限制,而不是自由。

首先,这样的论战方法,是不科学的:把别人的观点推向极端,然后再对假想的"论敌"进行批评,这实质上是一种回避问题、回避矛盾的做法。用这种方法得出的结论,也必定似是而非,往往是抽象地、笼统地肯定言论自由,具体地、实质地否定言论自由。其次,这样的批评方法所得出的观点,不合乎宪法精神。宪法之所以把言论自由规定为公民的基本权利而不是基本义务;之所以把权利规定在前,义务规定在后,而不是相反,这不仅与国际习惯一致,而且有其内在的逻辑要求。一个公民必须享有言论自由权,才能对自己的言论负责;一个人的言论,必须假定是自由的,这个人才有负法律责任的依据,否则就无所谓法律责任。再次,言论自由的界标或尺度,是插在地上的,而不是拿在手中的(这也是法治与人治的区别所在),因此,对言论的限制,必须严格地依照法律,都必须拿得出法律依据。否则,这种限制就没有理由,去掉这样的限制,就不能说是要求绝对自由,为所欲为。最后,所谓"有敌人的自由,就无人民的自由",是混淆了哲学上的自由与法律上的自由的区别。从哲学上讲,这种提法是正确的,但在法律上讲,法律是适用于所有公民的,而公民这个词并无阶级性。如果说自由也有阶级性的话,这种阶级性也是以法律的形式表现出来的。在法律面前,所有阶级都是平等的。法律的阶级性只表现于:法律只反映统治阶级的意志,不反映被统治阶级的意志。法律一经制定实施,是否享有自由权,就不能以所谓敌人和人民为准,而只能统一地以法律为准。

从现行法律来看,对《宪法》第35条言论自由的法律限制主要有:(1)宪法第51条"中华人民共和国公民在行使自由和权利的时候,不得损害国家的、社会的、集体的利益和其他公民的合法自由权利"的规定。(2)刑法中有关的规定。可直接以言论定罪的有:反革命宣传煽动罪、侮辱罪、诽谤罪、诬告罪、伪证罪、泄露国家重要机密罪等。(3)民事法规中的有关规定,如公民的言论侵犯了国家、集体和其他公民合法权益的，受害者可依法向法院起诉。(4)行政法的有关规定。如果公民的言论具有社会危害性而未达到犯罪程度，触犯了行政管理法规，可依法进行制裁。

问题本来并不复杂，但由于种种原因，这个界标和尺度被弄得相当模糊，以致个别人浑水摸鱼，把界标和尺度拔离地面，抓在手中。因此，有两点值得特别注意：第一，对《宪法》第35条和第51条的解释权，依法只能由全国人大和全国人大常委会来行使，其他任何个人和组织(包括地方人大)均无权行使这种权力；地方人大不得以地方法规的方式来解释涉及宪法的重大内容，全国人大和人大常委会在行使解释权时，必须严格依照法律规定的程序。第二，简单地以《宪法》第51条来限定第35条，或者用《宪法》本身的条文来解释《宪法》，并不属于宪法解释。宪法的解释，须是宪法条文的具体化、明确化，因为"每个人所能进行的对别人没有害处的活动的界限是由法律规定的"，必须告诉公民，哪些是有害的，哪些是法律允许的。如果不具体化和明确化，公民的言论自由是否侵害了国家的、集体的利益及其他公民的合法权利，就不能有客观的统一的标准，从而助长了某些领导者的不民主作风；某些人，特别是掌握一定权力的领导者，就可以随意地以公民言论具有社会危害性为由，限制或取消公民的言论自由权；有法不依，以权奸法的不正之风就可能得以生存并迅速蔓延，从而使宪法规定的公民享有的基本权利得不到法律的保障。

三、言论自由必须排除非法律之障碍

如上所述，界定言论自由范围的唯一标准是法律。公民只服从法律，他的言论只受法律的约束。但是实际上，我们的言论还受着法律以外的限制和约束。这种法律以外的限制，是宪法规定的言论自由权得不到兑现的直接原因。因此，这些限制必须排除。

第一，言论自由必须排除各级政府的限制。公民有监督政府、批评政府的自由，有提出不同政治见解的自由，各级政府应当保护公民的这种权利，并有解释、回答公民的批评、意见、建议的义务。对公民的这些权利，各级政府不得用非法律的方法加以限制和剥夺；如果各级政府认为公民的言论触犯了法律，可依法定程序，通过司法部门解决，而不得直接地加以限制和剥夺；如果政府认为公民的言论是错误的，有提出反驳和反批评的权利，这是政府享有的言论自由权，与公民的言论自由权一样，平等地受到法律的保护。

第二，公民的言论自由不受任何个人，特别是掌握重要权力的领导人的约束。公民有对国家领导人提出批评的权利，任何人不得凭借手中权力，剥夺公民的这种权利;领导人有解释也有反批评的权利和答辩的义务,各级领导都应向人民负责,受人民监督,而舆论是主要的监督手段之一。即使公民的言论触犯了法律,领导人也不能直接干预,而只能平等地通过司法部门来加以处理。

第三,公民的言论自由不受是非、真假的限制。谁是、谁非,谁真、谁假,都应在法律允许的范围内自由讨论,自由辩驳,受法律保护。任何组织和个人,即使是学术权威,即使真理在握,也不能剥夺公民的言论自由权。任何思想和观点,即使是真理,也不能以强制方式迫使公民接受。正像伏尔泰说的:我不同意你的观点,但我誓死保卫你说话的权利。

第四,公民的言论自由不受道德评价的限制——除非这种道德评价被法律所承认。法律的强制性决定了:法律不理会谁道德,谁不道德,而只管谁合法、谁不合法。道德上的是非,都应在法律许可的范围内,平等地放到社会的天平上去衡量。更为重要的是,道德观念不是固定不变的,如果允许以不道德为由限制公民的言论自由,这实际上是降低了法律的权威性,在法律的界标外另立界标。如果认为公民不道德的言论侵害了其他公民的名誉权或人格权,受害者可依法向法院起诉,要求加害者负民事责任。而所有这些,所依据的不是道德评价,而是法律。

第五,公民的言论自由,也不受党的政策的限制。党的政策是国家制定法律的依据,但不是法律本身。党的政策虽然也代表人民的利益,但形式上只是党的主张。人民对党的政策的遵守是出于对党在政治上的自觉拥护,而不能基于国家的强制。党员受政策约束,但群众只服从法律。公民并且有权对党的政策发表各种评论,包括批评和建议,公民的这种权利受法律保护。

四、如何看待一项不为法律禁止的言论形式——大字报

大字报也是一种言论发表的形式,如何看待和对待大字报,直接影响着言论自由。最近有人提出,大字报影响安定团结,激化人民内部矛盾,不利于社会的安定;既然新宪法取消了“四大”,大字报不再受法律保护;各级政府和领导部门,都可派专人对大字报进行清理和追查。这种观点是值得商榷的。

首先,新宪法虽然取消了“四大”,但宪法没有明文规定禁止大字报,也没有任何法律对大字报加以禁止,因此,书写和张贴大字报的行为本身,并不构成违法。宪法虽然取消了“四大”,但并没有取消言论自由这个基本权利。言论自由是发表意见和见解的自由,有多种方式,其中有口头的和书面的,正式的和非正式的,公民可以在法律许可的范围内,使用各种方法来实现这种权利,这种权利应当受到法律的保护。大字报也是行使言论自由权的一种方式。因此,用行政手段来

剥夺公民的这种言论自由权，没有任何法律依据。即使公民在张贴大字报的行为中，触犯了法律，政府机关也只能通过司法部门，依据法律的有关规定，该定诽谤罪的定诽谤罪，该负民事责任的负民事责任，而不允许用非法手段来制裁违法行为。

其次，安定团结应建立在什么基础上？应建立在严格的法治的基础上。任何法治以外的高压政策，恰恰不利于安定团结。即使表面上安定，也是极不稳固的、虚假的。波兰政府用高压政策对付工人罢工，结果使全国陷入一片消极、失望、怠工的不合作气氛中。从积极的抗争到消极的不合作，与其说是摆脱了危机，莫如说是危机的深化；与其说是安定，莫如说是停滞；与其说是进步，莫如说是倒退！这个教训很值得我们吸取。从历史上看，大字报是一种历史的产物，说到底，是民主制度不健全的产物。当前出现的大字报，则是在民主制度已初步确立，但尚未健全的情况上出现的，与“文化大革命”时的大字报比较，已经有了质的区别，性质完全不同。“文化大革命”的大字报，是自上而下，以运动群众的方式在全国统一搞起来的，而现在出现的大字报是群众自发的、分散的；“文化大革命”的大字报，不受任何法律的约束，直接目的是要“砸烂公检法”，而现在的大字报，受法律的约束。因此，认为肯定大字报就是肯定“文化大革命”，是一种似是而非的错误推论。而新宪法之所以取消大字报，是因为考虑到大字报是“文化大革命”的产物，有特定的含义；另外，新宪法之所以没有明文禁止大字报，是因为现在的大字报，不再像“文化大革命”时具有社会危害性，与“文化大革命”时的大字报已经有了质的区别，不容混淆。长期以来，大字报已成为公民发表意见的一种方式，西方人喜欢以演讲的形式发表意见，我们则不习惯于口头演讲，而习惯于以大字报的方式发表意见。而且，“文化大革命”混乱的根本原因不是大字报，而根源于法制的不健全，法律不但不享有高于一切的权威，而且被荒唐地取消，宪法也成了一纸空文。而当前，如果用行政手段来强行取消大字报，实际上就是否定法律的权威性。这种做法丝毫也不利于安定团结，反而容易激化公民与政府间的属于人民内部的矛盾。

最后，大字报之所以至今还存在，归根结底有其存在的客观依据。如上所提到的，它是民主制度没有健全，言论渠道没有疏通的结果，因此，对待大字报，应在保障公民言论自由的前提下，采取疏导的办法来解决。待到言论自由有了具体的法律保障，比如，制定了保障公民言论自由的出版法等，公民真正掌握了言论自由的物质手段，大字报这种非常有限和非常软弱的形式，就会自然而然地消失。从这个意义上来说，大字报的存在与否、兴旺与衰落，反映出我国法制健全的水平，是衡量言论自由是否得到实现、实现的程度高低的尺度。至于有人说，大字报容易被某些别有用心的人利用，进行诬告和诽谤，以此作为取缔大字报的理由，更是不恰当的。

正如不能因为个别人出版了淫秽书籍就取消所有人的出版权,不能因为出现了“官倒”、索贿受贿的腐败现象就取消双轨制、取消改革一样,不能因为个别人的言论自由超出了法律这个界标,就取消言论自由。正确的做法,还是应健全法制,真正实行法治,用法律手段制裁这些违法行为,保障公民的言论自由。

(1989年第2期)

公民本位:我国行政诉讼法的目的

崔卓兰*

我国行政诉讼法应民主政治发展和改革形势的迫切需要,在人们的千呼万唤中即将出台。这部专门规定"民告官"的重要法律的制定和颁布,标志着我国的行政实体法和程序法开始走向配套,国家的3大诉讼法体系基本实现了各自的独立和相互并存,整个法律制度得到了进一步的发展和完备。然而,它究竟制定得是否成功,并能否得到较好的贯彻实施,则取决于人们对其立法目的宗旨清楚明确的认识。时下,对此大致存在3种不甚相同的观点。第一种观点认为,行政诉讼法应以保证人民法院及时准确地审理行政案件为主要目的;第二种观点认为,行政诉讼法应把监督和保障政府行使行政权置于首位;第三种观点则认为,维护公民或组织的合法权益,才是行政诉讼法的初衷。这3种观点虽谈不上互相冲突,但显然体现出3种思路和指导思想。遵循其中的哪一条行进,实际上关系到行政诉讼法的价值和作用,因而也最终决定着它的命运。这确实值得我们慎重思索。笔者持最后一种观点,在此试从理论上阐述如下:

一、行政诉讼法旨在恢复"民可告官"的平等法律关系

行政诉讼亦如其他诉讼,其存在的前提是诉讼双方各自具有独立的身份、处于基本平等的社会地位这一事实。在前资本主义社会中,生产力水平低下,生产目的单一,自然经济占主导地位,劳动者的劳动价值除了满足自身的需要,不能通过与社会的交换而体现出来,劳动者的身份、地位和活动微不足道。而奴隶主或封建主及其政治上的总代表则处于居高临下、手握玉玺、口含天宪的地位。由于他们的绝对支配统治和劳动者的绝对依附服从均为天经地义,奴婢不可讼主,自然也成为尽人皆知的最浅显常识。产品经济体制在一些社会主义国家建国之初的恢复经济、巩固政权、维持社会秩序过程中,曾起过不可否认的作用。然而,由于它的基本特点是把经济与政治、生产组织与国家政权一体化或一元化,国家既垄断政治,也垄断经济,其结果必然是生产者无独立人格、生产组织无独立地位;公民只能在出自长官意志的单向(即仅控制生产者,企业、公民或下级,而不制约长官本人)的政策

* 作者单位不详。

或政令的支配下尽单边义务。在这种社会经济、政治结构中，行政诉讼非但不会产生，甚至连这种意识也不可能萌发。唯有商品经济的存在，方能使生产者、生产组织和公民，从根本上摆脱依附性，真正具有属于自己的、为全社会所认可的价值、权利和利益，并在受到政府部门的侵犯和损害时，有可能、有条件与之说理以致进行争讼。有关行政诉讼的法律制度，亦是在此基础上才有立足之地。

根源于商品经济基础之中的、现代意义的行政法，其主要出发点是确认“平等”这一社会事实。它首先确认公民或组织与政府之间法律上的权利义务关系是双向的而非单向的，并且，还进一步确认，公民或组织与政府之间的权利义务关系是对等的。也就是说，公民或组织和政府都是法律关系的主体。在行政法律关系中，公民或组织与政府相互交换服务、相互制约。政府的权利（职权）与公民或组织的义务、公民或组织的权利与政府的义务（职责）互为内容。政府的权利（职权）构成公民或组织的义务，同理，公民或组织的权利构成政府的义务（职责）。例如，政府对违法行为实施处罚的权利（职权）和公民接受和服从处罚的义务；公民或组织因政府对其不当处罚而受到侵害，要求给予赔偿的权利与政府赔偿的义务，都是互为内容的。如果一方超越法定的权利界限，或规避（不履行）法定义务，就是扩大了另一方的义务或侵害了另一方的权利。当这种情况发生时，公民或组织与政府的权利和义务关系就失去其双向性和对等性。而这种情况一般是由作为社会公共权力机构的各级政府造成的。并且，政府违反法律、滥用权力、越权行动或不履行职责造成的危害，往往大于单个公民或组织的违法后果。所以，笔者认为，我们制定和颁布行政诉讼法的基本目的，应在于通过对行政机关的违法或越权行为进行来自外部的司法裁判、矫正等补救措施，恢复或重新调整好公民或组织与政府之间双向的、对等的权利义务关系，以实现商品经济所要求的、体现民主政治本质的“使政府和公民平起平坐”的社会状态。

二、行政诉讼法的基点应侧重维护公民的合法权益

行政诉讼法是行政法的组成部分。行政法作为一个独立的法律部门，它在国家管理和社会生活中的作用是重大且广泛的，对保障政府行政的效力是相当重要的。正因如此，行政法体系中有行政机关组织法、公务员法、政府活动的程序法，以及大量的经济、文化和公共事务管理法规和处罚条款，这些都是直接服务于此目的的。但是也应看到，在全部国家权力中，行政权力运用得最频繁，与公众利益的关系最密切，政府公职人员队伍庞大而成分复杂，因而侵害公民或组织权益的概率最大，这就需要有专门的法律去制约公共权力，并使公民或组织在受到来自“官方”的侵害时，能够得到及时、有效、公正、合理的赔偿或补偿，而行政诉讼法就是这种

法律。在整个行政法体系中，行政诉讼法与其他法律的分工、职能的区别，就在于它是侧重于通过赋予公民或组织行政诉讼权利，设定公平合理的诉讼程序，从保障民与官能打对等“官司”的角度，来维护公民或组织的合法权益。

近年来，我国进行了大量的行政立法工作，其积极作用是有目共睹的。但由于我们缺乏完备的行政诉讼法律制度，公民或组织面对来自国家行政机关的侵害，仍然常常束手无策。从此意义上说，我国行政法制化，尚处在与目的地相去甚远的起始阶段。西方法学家指出，行政法应当“控制政府的权力不超出它们的法定范围，以此来保护公民不因权力滥用而受到侵害”（韦德），并强调行政诉讼法在此方面至关重要的作用。具有民主和法治传统的它邦尚且如此，在我国这个封建主义根深蒂固、“官重民轻”、“官贵民贱”、公民耻于诉讼、畏于告官的国度，更有必要大声疾呼，要把保护公民的合法权益作为行政诉讼法乃至整个行政法的侧重点。

行政诉讼法侧重维护公民或组织的合法权益，在行政诉讼法的内容上亦能充分体现出来。诸如应通过具体的规定，确立原告和被告在诉讼法律地位上完全平等；保证支持公民或组织在整个诉讼过程中，能够充分、自由地行使各项诉讼权利；禁止行政机关在诉讼各个环节上可能出现的特权行为；在诉讼管辖、起诉期限等方面的规定上，首先考虑起诉人的方便和可能；特别要求行政机关负主要的举证责任；司法裁判中不采用调解方式；赋予人民法院一定范围和限度的司法变更权，以及在必要时可对行政机关及其法定代表人实施司法强制措施，等等。这是因为在日常的行政管理领域中，公民或组织一般是处于被动或服从地位的，当他们受到行政损害或侵犯而想要告状时，往往又处于对国家的有关法律、法规，尤其是政府的规章、政策缺乏了解，对掌握在行政机关手中的与自己有关的材料档案更不甚清楚的不利境地。加之有的行政机关的法定代理人，法律观念淡薄、特权思想严重，案发后软硬并用，阻止和压制公民或组织向法院起诉，法院传唤时又拒不出庭或咆哮公堂，置法院的判决于不屑，等等。总之，目前的情形仍是民敢告官亦属斗胆，民若胜官更为罕见。显然，如果没有这些程序方面的法律保障，真正有效而非形同虚设的行政诉讼法律制度，在我国确是难以建立和实施的。

三、行政诉讼法应起到强化“公民主体”的作用

民主政治是以“公民主体”为基本标志的。公民主体意味着：公民是国家的主人、社会的本位、权利的主体。各级政府及其公职人员只是作为由公民授权的代表从事国家管理，他们的工作要受到公民的监督和检查。作为一条原则和宣言，公民主体已经写入我国宪法。然而，由于缺少具体法律制度，特别是由于行政诉讼法的空缺，在行政活动中，公民主体原则往往被忽视，甚至被践踏。多少年来，在“国家

本位”、“官本位”的政治文化氛围和“行政权力支配社会”的政治结构中，相当多的政府官员把自己视为国家权力的所有者和行政管理主体，而错把公民当做国家权力的客体、行政管理的标的物，以为公民只应当毫无保留地服从其任意摆布。这在具体工作中表现为官府面前门难进、脸难看、事难办；少数人行公务中动辄颐指气使、呼三喝四，甚至敲诈勒索，借口国家利益至上和保护国家利益，或者借口公务需要，随心所欲地侵害公民、组织的物质利益或精神利益；尤其当公民或组织向上级机关或法院提出控告后，更借机实施整治报复。这些“仆人欺主”的倒错现象，会严重挫伤公民的生产、工作和学习积极性，引起社会的忧郁和积怨，因而必须创造出一种机制来加以纠正和消除。行政诉讼法则是其中最主要的机制。

笔者认为，我国制定和实施行政诉讼法，并不仅限于恢复公民或组织与政府在行政法律关系中的平等地位，维持和补救受到具体损害的公民或组织的利益。从更广阔和更深刻的意义上讲，它应起到恢复和强化“公民主体”的作用。首先，行政诉讼法的存在本身，就意味着承认我国国家与人民、作为管理者的政府和被管理者之间不仅存在一致性，也存在以谁为本、权利义务合理分配、矛盾冲突如何解决等非一致性问题。如果孤立地看，公民或组织依法提起行政诉讼，维护的是个体权利，但把它置于社会背景之中观察，它就具有了一般性，即起到恢复和强化全体公民的主体地位，并将此具体化为可操作性的法律规则和程序，协调不同的社会利益，处理好各种矛盾的作用。其次，行政诉讼是公民参政的重要途径。根据我国宪法规定的精神，检查和监督政府工作是公民行使管理国家权利、参与政治的形式之一。检查和监督的方式多种多样，其中行政诉讼是公民或组织借助直接的法律帮助，以及司法机关的权威力量，对政府及其公职人员实施检查和监督最易得到反应和收到效果的有效制度。最后，行政诉讼法律制度的巨大社会价值还在于，它可以增强公众对法律的信赖，增强公民的主体意识（或自我意识），提高公民认知权利、行使权利和捍卫权利的能力，提高公民的政治心理素质，而这一点正是我们所最缺乏，因而也是最需要的。

总而言之，为了使我国的行政诉讼法真正发挥促进民主政治走入法律化、制度化、程序化的作用，法学理论工作者和实际工作者，都应当牢固树立行政诉讼法“公民本位”、“公民至上”、“保护公民”这一根本宗旨。

（1989年第3期）

《行政诉讼法(草案)》若干争论问题再思考

张树义*

行政诉讼法的唯一目的,在于维护公民的合法权益。

中国的现实是:行政机关侵害公民的权益的现象大量存在,行政权力不受控制。

我们的一些所谓"法学家们"不热心执著于如何为公民提供充分的保障,相反,却专注于为本已握有权力的行政机关提供保障。

在长期盛行官本位、权力本位的国度,行政诉讼法的制定无疑是政治生活中的一件大事。在改革逐渐唤起中国人的主体意识,人们开始重视并维护自己的权益之时,行政诉讼法草案的公布自然引起众多人的关注,各界众说纷纭。也正因如此,我觉得对许多问题必须慎重对待,深入分析。

一、关于行政诉讼立法的目的

制定行政诉讼法的目的究竟何在?存在两种不同的意见:一种意见认为,行政诉讼立法的目的在于保障和维护公民的合法权益;另一种意见对此并不否认,但同时强调行政诉讼立法的目的还在于保障行政机关依法行使权力,认为保护公民的合法权益和保障行政机关依法行使权力不是对立的,而是统一的。

笔者认为,制定行政诉讼法的目的在于保护公民的权益,而对后一种意见不能苟同。说行政诉讼立法的目的在于对行政机关提供保障,完全是风马牛不相及。因为,行政活动的保障在于权力。行政机关享有命令权、处罚权、强制执行权等,行政权力本身就是一种可以强制他人的力量,使相对人处于必须服从的地位。

上述两种观点绝不单纯是一个提法的问题,而是表明我们对设立行政诉讼的实际看法。行政诉讼之所以存在,并不是因为行政机关的权力需要保障,而在于现实生活中经常发生行政机关侵害公民权益的事情,在于行政权力对公民权益造成损害的可能性,所以需要设立行政诉讼,为公民提供维护其权益的救济途径。我时常感到奇怪,长期以来,我们可以对公民权益遭受侵害熟视无睹,而刚一提出建立行政诉讼制度,制定行政诉讼法,马上就有人提出也要对行政机关提出保障。这样

---

* 作者单位不详。

做的目的究竟何在？我们的一些所谓“法学专家”们不热心执著于如何为公民提供充分的保障，相反，却专注于为本已握有权力的行政机关提供保障。

当然，我们不能简单对待上述争论。实际上，“保障行政机关”的提法源于一定的事实，但不是对事实的正确认识。在我国现行制度中存在一些行政权力不充分、权力行使上存在许多障碍的现象，如税务、工商、环保、食品卫生等监督部门普遍感到检查难、处理难，执行起来更难。许多人据此提出要对行政机关提供保障。笔者以为，对问题必须分清层次，不同的问题，形成原因不同，解决方式自然也不同。所谓“执行难”的存在，可以说是改革带来政府权力结构重新进行调整的问题。改革中，适应旧体制要求的政府权力在逐渐缩小或消失，但适应新体制要求的政府权力却未能及时赋予，致使行政机关缺少必要的权力，不能有效地履行职能。既然形成这一问题的根源在改革之中，那么，解决这一问题的途径和方法也自然应在改革中寻找。对政府而言，改革就是政府职能、权力和行为方式的重新调整和配置。我们应当适应新体制的要求及时对政府权力结构进行调整，无须也不可能通过行政诉讼来解决。那种对问题不加分析的做法，无益于问题解决，只能造成更大的混乱，使我们既不能建立有效的政府，也不能建立有效的行政诉讼制度。

由此可见，所谓行政诉讼的目的是“既维护公民的权益，又保障行政权力”的左右逢源的观点，难以成立。行政诉讼法的唯一目的，在于维护公民的合法权益。这是行政诉讼的意义所在。

二、关于行政诉讼的受案范围

行政诉讼法草案对受案范围采取了列举式规定，许多同志认为，我国的行政审判实践不长，经验不多，如果范围太宽，法院承受不了，目前的受案范围是适当的，持赞同的态度。但有的同志指出，考虑行政诉讼的受案范围应当立足于公民的基本权利，为公民提供充分的保障，因此，应当采取概括式的规定，由此形成两种不同的观点。

上述不同观点的分歧在于立足点的不同。不同的出发点导致对受案范围的不同结果。考虑中国的实际情况，如法院的承受能力，那么自然会主张列举式，因为列举式可以随实际情况的变化对受案范围加以调整。立足于维护公民的权益，自然倾向于采取概括式，因为概括式可以为公民提供充分的保障，即凡受到行政机关违法不当行为侵害的公民，都可以提起行政诉讼，寻求救济。两种观点都有一定的道理，各执一端。问题很清楚，只是一个选择问题：要么为公民提供充分的保障，而使法院承受暂时的高压，或者补充法院的审判力量；要么照顾法院的承受能力，采取“实际”一些的做法，而舍弃公民的部分利益不加保护。

问题的关键在于:我们"应当"作出何种选择。

笔者以为,保障公民权益是确定行政诉讼受案范围时唯一值得考虑的因素。据说,草案采取列举式规定是出于以下考虑:第一,法院的承受能力,放宽范围将导致可诉的行政行为过多,法院因人力不足难以承受;第二,行政诉讼刚刚建立,究竟什么样的行政案件可以提起行政诉讼还无经验,需要逐步积累经验,再放宽范围。对此,我也不敢苟同。中国的现实是需要考虑,但究竟什么是"中国的现实"却也值得探讨。中国的现实是:行政机关侵害人民权益的现象大量存在,行政权力不受控制。难道社会主义国家允许侵害公民权益的现象存在而不对公民提供尽可能多的救济吗?我们在这方面欠的账太多了,我们在这方面拖的时间也太长了,难道我们不应该为公民提供尽可能多的保障而弥补以往的过失吗?

事实上,"法院的承受能力"之类的说法,本是杞人忧天。行政诉讼案件绝非像潮水般涌来。不要说中国公民的诉讼意识远未强烈到如此程度,就是中国公民的法律意识,维护自己合法权益的意识也远未敏感到如此程度。我们需要的是:为公民提供尽可能多的保护来逐步提高公民的法律意识和维护自己合法权益的诉讼意识,而不是相反。怎么能在亟须提高公民法律意识之时,通过不适当的规定来限制这种法律意识的萌发、生长呢?几年来的行政诉讼实践也证明,行政诉讼绝非人们所想象的那样群起而诉之——尽管生活中公民权益遭受损害的现象极为普遍,相反,行政案件不仅没有增加,在有些地方甚至是递减趋势。这里的原因当然十分复杂,既有公民对民告官、官屡胜的畏惧心理,也有法院对各类案件认定上的统计问题。但作为一种客观事实,它无疑表明与人们的主观想象存在很大的差距。

我们不能以主观的猜测为立法的依据,而必须以客观的现实为立法的依据。判定何为中国的现实,不是也应当着眼于公民的权益吗?

三、关于规章能否作为判案依据

行政规章能否作为法院的审判依据,可以说,是当前人们认识上最为混乱的问题。许多同志,尤其是行政机关的同志认为,行政规章应是我国法律体系的组成部分,法律、法规的规定比较原则,具体执行时离不开大量的行政规章,如果规章不作为审判依据,行政部门便无法进行管理,法院也无法审理案件。持不同意见的人指出,规章由行政机关自己制定,行使的权力很大,相应承担的义务却很少,把规章作为审判依据,不利于对公民权益的保护。

上述关于规章地位和效力的争论,由来已久,行政诉讼的提出,将其推到了必须彻底解决的位置。笔者认为,与其探讨规章是否具有法律效力,不如探讨规章在什么条件下具有法律效力。规章要想取得法律效力就必须具备与法律相同的特征,也就是必须具备一定的条件。

首先,规章取得法律地位的形式要件是必须来自于权力机关的明确授权或委托。法律是由权力机关制定的,而权力机关则是由民选的代表组成,人民将制定普遍性行为规范的立法权委托给自己所选举的代表行使,是民主的重要表现形式,只有权力机关享有立法权。行政机关并不当然享有立法权。因为它既非民选代表所组成,也没有来自人民的委托。认为行政机关当然享有立法权的观点,是对民主的践踏或无知。当然,并不排除权力机关将立法权委托给行政机关,而且可以说,这是现代国家活动的重要特征。正因如此,行政机关制定规章必须来自权力机关的明确授权或委托。权力机关在进行授权或委托时,已为行政机关约定了规则,将其纳入法律体系之中。由此我们才能认为规章具有法律效力。任何未经授权或委托而制定的规章,都是行政机关单方面的意思表示,非但不具有法律效力,不能作为法院判案的依据,反而应当成为诉讼的标的。

其次,规章具有法律效力的实质要件是不得与宪法、法律、行政法规相抵触。任何国家的法律规范都必须是内在和谐统一的整体。之所以立法权由权力机关专有,从技术上讲,正是为了保证法律体系的统一;行政机关制定规章应当来自权力机关的授权或委托,也是出于法律体系统一的需要。那么,怎样保证规章不与宪法、法律相抵触呢?保证规章不与法律相抵触的途径和方法就在于对其的监督和审查。对规章进行监督和审查的方法有二:一是立法机关的监督和审查;二是司法机关的监督和审查。立法机关将权力委托给行政机关,自然应当有权对其进行监督和审查。司法机关作为控制、审查行政行为的机关,同样也有权对行政机关制定规章的行为进行监督和审查。两种方法是为许多国家所采用的。问题的深刻性在于:两种方法有不可替代、互为补充的作用,立法监督侧重于事先,而司法监督则侧重于事后,二者相比较而言,我们更应强调后者。因为授权立法或委托立法本身就内含着排斥立法监督的要求,权力机关往往是因为时间紧迫、专业技术知识等原因采取授权或委托立法。司法监督则是一种事后的、被动的监督,尤其是它结合具体案件来审查规章的特点是任何其他国家机关都不能,也不应该取代的。司法监督既不影响行政效率,又能有效地为公民的合法权益提供保障。

通过上面对规章具有法律效力必备要件的分析,可以看出,问题不在于规章能否作为法院判案的依据,倒是应该改换成这样一个命题:规章应当成为行政诉讼的标的,列入行政诉讼的受案范围。基于上述考虑,笔者认为草案中将行政机关制定的规范性文件排除在行政诉讼的受案范围之外是不妥当的。至少我们可以作出这样的认定:排除在行政诉讼受案范围之外的规章,没有资格来作为法院审理行政案件的依据,因为其自身是否合法尚未确定,我们没有理由将其强加于司法机关;反之,列入在行政诉讼范围之内的规章,经法院审查确认与法律不相抵触,那么,该规章作为国家机关的意志，自然也可以作为法院审判行政案件的依据。

四、关于行政复议前置

这一问题争论的焦点在于行政复议能否作为一项原则。许多同志主张将行政复议作为行政诉讼的一项原则，即必须先向行政机关的上级部门提起复议，否则不得提起行政诉讼。对此，行政诉讼法草案中采取了反对的立场，即分别情况，既可以直接提起行政诉讼，也可以经行政复议后提起行政诉讼。显然，行政复议并不是行政诉讼的前置原则。尽管如此，并不能说争论已不存在，因为，人们还没有充分、正确地认识行政复议和行政诉讼的关系。

笔者认为，判别这一问题的关键在于弄清行政复议为什么会存在。按照一般道理和国家机关的分工，裁决纠纷应当是司法机关的职能。而行政机关的职能是对国家事务进行组织和管理。从这个意义上说，所有的纠纷，而不论纠纷的性质都应当由司法机关来解决。这是一个原则。行政复议的存在，在于行政纠纷的特殊性。其特殊性表现在两个方面：第一，行政纠纷起因于行政活动，而行政机关是一个层级节制的体系，上级行政机关对下级行关机关具有监督权，它可以撤销、改变下级行政机关违法、不当的行政决定。第二，行政纠纷涉及一定的专业、技术知识。行政管理的许多领域涉及专业、技术知识，如环境保护、食品卫生、医药管理等，在这些领域产生的纠纷与专业技术知识有不可分割的联系，这就需要由拥有专家的行政机关来首先进行裁决。正是行政纠纷的特殊性构成了行政复议存在的必要性。

但是，我们在强调行政复议存在的必要性时，有这样两点是不容忽视却常被我们所忽视的：第一，行政复议毕竟是行政机关在履行司法职能，行政机关不是司法机关，我们在强调行政机关的专业技术知识的同时，不要忘记法律也是一种专业。司法机关由法律专家组成，正如行政机关是由行政专家组成一样，判明专业知识问题是行政机关的特长，裁决法律问题则是司法机关的本分。因此，应当坚持司法最终解决原则，即如果相对人对行政复议的结果不服，仍然保有诉诸司法机关的权利，最终究竟如何定案，由司法机关确定。第二，既然行政复议存在的原因是在于行政上的专业知识，那么，这一原因本身就包含着为行政复议的存在划定了范围，即凡涉及专业技术知识的行政纠纷，似可考虑设立行政复议的途径，而对于不涉及艰深的专业技术知识的行政纠纷，则非必须经过行政复议。由此可见，行政复议并不能成为行政诉讼的一项前置原则。

（1989年第3期）

中国需要什么样的宪法理论

龚祥瑞*

我们需要党的领导,但宪法毕竟不是党章。宪法"序言"的精神是和宪政原理相抵触的。

宪法是治国之法,治官之法。针对权力的腐化性、侵略性,需要用宪法来约束它、管制它,并置于人民的监督之下。要研究人性中残酷的一面、人间疾苦的一面,以人类追求正义的精神不懈地积累、更新如何预防权力被人类弱点所滥用的根源、技术和方法。

法并不仅是"法制",也不仅是"依法办事"。法高于法律法规,是法律法规所必须遵循的规则。事物之所以美好,生命之所以演化,人性中之所以有其善良的一面,均出于自然而受其一定法则的支配,从而形成和谐与平衡,并出现造型的完美。因此,法又称"公平",就像乌尔平的名句所称:法是判断人类行为之是非的科学。而一国的宪法之所以被看做"法中之法",其用意也在于宪法是先于和高于立法权、行政权与司法权之法。即使是最高国家权力机关也必须遵循,否则宪法就不成之为宪法了;而其最终目的则在于保障公民权利不受专横权力的侵犯,以保持政权与民权的平衡。

为什么世界各国都有一部高于法律法规的宪法,而英国(还有新西兰和以色列)这一最早出现民主宪政的国家反而没有呢?通过这两个问题的回答,宪法的由来问题便被提出来了。

毛泽东说:"世界上历来的宪政,不论是英国、法国、美国,或者苏联,都是在革命成功,有了民主事实之后,颁布一个根本法,去承认它,这就是宪法。"这句话在我们这里经常被视为经典论断而被普遍地援引、注释于教科书之中。通过比较宪法,我们得知宪法的出现并非一定都具有民主事实。毛泽东的话并不全对。

一位外国宪法学者指出,现代宪法的出现是由于人们需要一次重新开始。这个观点可以拿来补充和修正一些人所无法了解的宪法原理。

需要一次重新开始的主观愿望在各国是不同的。有的是要使邻近的几个共同体联合起来,置之于一个新的政府之下,1787年的《美利坚合众国宪法》的是一例;有的是由于君主政体解体从而要开始实行民主政体,1918年的奥匈、捷克斯洛伐

* 作者单位不详。

克的宪法、1919 年的德国魏玛宪法就是如此；有的是由于革命成功后要除旧布新，1784 年的法国、1919 年的苏联、1954 年的中国也就颁布了宪法；有的是由于战败使政府失去了法统而于战后有重新开始的必要，1875 年和 1946 年的法国、1918 年和 1948 年的德国、1948 年的日本国等的宪法就是如此；有的是由于政变，泰国宪法就曾五易其主；有的是由于一个时代的结束、一个新时期的开始，1936 年、1977 年和 1989 年的苏联宪法以及 1982 年的《中华人民共和国宪法》就是如此。

要同过去决裂并需要重新开始的原因各国不同，但有一点是相同的，就是都想重新开始。开始做什么呢？简言便是使宪法成为一个控制权力的武器。宪法意识就是从权力必须受限制这个思想出发的。通过宪法限制权力的表现形式、机构、程序等，各国不同或各有所侧重（有的侧重于限制中央政府的权力，有的侧重于限制地方政府的权力，有的甚至侧重于限制立法机关的权力），但立宪政府都有一个共同的信念，就是政府权力不能无限，有权不能就有一切，权力必须受限制。而宪法便是授予和限制权力的根本法——关于行政机关与立法机关的关系，关于立法与行政，关于司法独立等，都不能侵犯公民权利，这就是现代宪法的由来。

那么，英国为什么没有一部宪法呢？这可以从两方面来答辩：

从历史方面来考察：1642 年英国内战爆发，1649 年处决了查理一世，建立了共和（1649～1660 年），在这个时期里，多次想立一个宪法，其中最著名的尝试就是 1653 年的克伦威尔制定的《政府约法》。如果这次共和能继续下去，英国就会有一部成文宪法，出现一次新的开始来限制主权并摆正行政机关与立法机关的关系以及国民的权利。这些内容在他们起草约法的尝试中都写上了，然而结果得不到一致，宪法因而得不到合力的支持。1660 年查理卷土重来，恢复了王位，实行了复辟。

那么，1688 年的革命和《权利法案》又怎么解释呢？那年议会赶走了詹姆斯。1689 年的《权利法案》是不是宪法呢？它的确规定了别国宪法中所存在的最重要的部分——限制王权，保障某些民权的条款，但它接近别国宪法的只有这部分，而且议会的权力还是像过去的君主的权力一样不受其通过的法律的限制，议会的权力仍具有绝对的性质，所以它没有愿望再制定一部成文宪法，宁愿在实际政治生活中实行民主宪政。只有美国宪法称得上是世界第一部名副其实的成文宪法。它的出现不但在时间上“先于”，而且在地位上“高于”美国的联邦政府。用美国宪法的标准来衡量，英国还没有地道的现代宪法，这倒不是就其不成文那个形式特点而言，而是就其议会主权不受法律限制而言的。第二次世界大战后的意大利宪法第 3 条明文规定：“主权属于人民，由人民代表机关在宪法与法律范围内行使之。”战后的宪法（包括不成文宪法在内）一般都确认一条现代意义的宪法法则：绝对权力不应该存在，权力平衡应该保持，权力的合法性必须立足于大众的民意之上。民意是可以调查、量计和验证的，因而也就是民主和科学的了。笔者认为只有从群众的疾苦出发去探索救济办法，这才是宪法——根本大法的由来。成文宪法背后所隐含的因素是实际存在的力量对比，它可以与成文的记载相一致，也可以是相反的，或相差千万里的。

现在需要研究的宪法理论问题是我国40年来为什么换了4部宪法？

我国每一部宪法都自称是“新宪法”或“最好的宪法”或“人民的宪法”。那么，它又“新”在哪里、“好”在哪里呢？主张修改宪法的理论根据又是什么呢？

笔者认为，在深入讨论实际存在的力量对比之前，先要搞清楚我们为什么更换四部宪法，其动力究竟是什么？是不是每部宪法都是一次重新开始？效果怎样？正像一位青年学者所提的那样：“该是我们思考重构宪法文化的时候了！接下来的问题是：我们走人类共同的宪政道路呢？还是有可能创造一条有中国特色的宪政道路呢？”

在这里恕我暂且不谈中国特色的问题。理论问题大抵没有中外之分。所谓特色只是不同的表现形式。凡是堪称现代宪法的人类创作，当然会有共同的经验、共同的法则。美国制宪者之一麦迪逊在《联邦主义者文集》第10篇中道出了一条宪法原理：“政府本身岂不充分不过地反映了人性的特色吗？如果人们都是天使，那么也没有设置政府的必要了，如果如何治人是由天使来规定，那么也没有对政府设置控制的必要。正因为政府是由人来治人的内外设置，最大的问题在于两方面：首先是使政府有能力控制被治者；其次就要求政府控制其自身了。控制政府无疑要依靠人民，但经验教导吾人：人类必须有其他的防备方法。”这可以说是一条普遍的人类共同的宪政道路。诚然，不管宪法原理，一味强调中国的特色，也会脱离实际，以致自以为是特色，其实是“笑话”。

翻开现行宪法的“序言”一看，4部宪法千篇一律都是“歌德”的政治宣言，连新民主主义宪政的精神也不复存在了。政治宣言是革命成果的记录，它不是限制权力的“法中立法”。恰恰相反，1982年《宪法》所宣示的是人民民主专政即无产阶级专政，是“以毛泽东主席为领袖的中国共产党领导”，是“马克思列宁主义、毛泽东思想的指引”，是“社会主义现代化建设”。除了“社会主义现代化建设”确是重新开始的任务之外，这4部宪法都是一个党派所取得的成果的记录和意志的表现。毛泽东在《新民主主义》一文中曾用“有饭大家吃”这句话来比喻新民主主义。我们需要党的领导，但宪法毕竟不是党章。宪法序言的精神是和宪政原理相抵触的。“宪政是什么呢？”毛泽东当时写道：“就是民主政治。”他特别提醒人们要读孙中山先生在《中国国民党第一次全国代表大会宣言》里的话：“‘近世各国所谓民权制度，往往为资产阶级所专有，适成为压迫平民之工具。国民党之民权主义，则为一般平民所共有，非少数人所得而私也。’这篇宣言中的上述几句话应该熟读而牢记之。”而我们“歌德”式的宪法序言，不是“民主政治”，也不是一次“重新开始”，而是倒退，简言便是“有权就有一切”，“权力高于一切、决定一切”的斯大林主义。这样宪法也就成为强人们手中所决定的工具。无怪乎人们特别是受到伤害的百姓根本不相信宪法的作用和宪法的最高效力。宪法危机于是便发生了。

宪法的主要内容是公民权利和国家机构。《宪法》总纲把这两者统一起来，它强调的是这两者统一的国家观。例如，“中华人民共和国的一切权力属于人民”，而不是强调防止暴政、苛政对人民的迫害。国家就是人民：小我与大我不分，公私不分，权力和权利不分，治者和被治者不分，结果是没有分权，没有对权力的限制，从实质而不从形式上看，也就没有宪政可言，更不用说“一次新的开始”了。

社会主义国家的宪法与资本主义国家的宪法相比较，有一显著的特点就是规定经济制度的基础——生产资料的所有制，把实际上的国家所有制说成是“全民所有制”，这是从国家与人民不分、官民不分的逻辑引申出来的。结果是把商品经济演变成官倒经济便成为不可避免的或难以避免的事实。这种社会主义公有制并没有消灭人剥削人的现象，分配不公正，“各尽所能”也就无从谈起，生产力下降，贫穷落后便成了现实中的社会主义国家的共同特征。

现今匈牙利领导人坦然承认社会主义国家实际上是处在资本主义阶段，而我国领导人则宣称我们是社会主义，不过是处在它的“初级阶段”，即有中国特色的社会主义。

《宪法》明文规定：“城市的土地属于国家所有。农村和城市郊区的土地，除由法律规定属于国家所有的以外，属于集体所有……任何组织或者个人不得侵占、买卖、出租或者以其他形式非法转让土地。”现在是土地可以有偿转让，结果是集体和国家争夺转让所得的有偿收入。

《宪法》规定：“社会主义的公共财产神圣不可侵犯。”事实是私用、滥用和浪费公共财产，以权谋私，把国有的大量资源变成有权者大笔一挥的“私产”则时有发生。亡羊补牢，于是不得不实行“调整”、“治理”。

《宪法》明文规定：“中华人民共和国公民有言论、出版、集会、结社、游行、示威的自由”，而无任何限制。但一个城市在一夜之间所起草的暂行规程可以全面限制“游行、示威的自由”，一个国家机关可以事前审查书报刊物的“出版自由”。

《宪法》明文规定：“中华人民共和国公民的人身自由不受侵犯。”事实是有的地方未经审讯（合法程序）拘留，强制性劳改，谁有权谁就平反，谁下了台谁又被抓起来，错案、冤案，恶性循环。

《宪法》明文规定：“中华人民共和国公民对于任何国家机关和工作人员，有提出批评和建议的权利；对于任何国家机关和国家工作人员的违法失职行为，有向有关国家机关提出申诉、控告或者检举的权利，但是不得捏造或者歪曲事实进行诬告陷害。"事实是受到打击的公民"控告无门",民告官的案件晚至宪法实施五年之后才在人民法院开始设置行政审判庭,更晚至1989年才通过《行政诉讼法》,而行政审判庭只有四五人,他们大多不谙什么是行政案件,因而十之八九结不了案。民告官,即使胜诉了,其所受的各种形式的打击报复有甚于败诉者的,甚至更为悲惨。所以我们常说卓著的技术本身并不能解决我们社会存在的实质性问题,更无补于解决群众的疾苦。

宪法的精义不在于法律条文上的规定,就法论法总有局限性,总不能究其根源。宪法是政治法,是治国之法,治官之法,是从崇尚个性解放,保护私有财产,保护人身,言论出版等自由,遏止暴政,保障公民利益出发的。有人说宪法也要保障合法权力,这种面似"全面"的看法是自相矛盾的。由此引申出来,又说行政诉讼法不是"控权法"而应该是"保障行政权合法行使的法"。所有这类观点是传统的"官本位"、"大国家"思想的反映,从民主宪政的原理来看,是极其错误的。权力本身意味着一种能力,一旦不受控制便会变成暴力。而且这种权力本身不需要法律保护即可存在并发挥作用。既然一切(包括合法与不合法)是由权力来决定的,而且已有了权,还需要用法来为之保障吗?因此,针对权力的先定性与腐化性、侵略性,人们就要用宪法与行政法来约束它、管制它,使之分别由不同主体行使并置于人民监督之下,这才是我们重新开始要做的。

有人好援引列宁的话说"革命的根本问题是政权问题",但列宁从未说过取得政权是革命的最终目的。作为治理新社会的手段的政权自然应有其明确的性质,并负有一定的任务。在文化模式上,它不能是最高的,充其量是一种完成任务的必要手段,因此,须受这些目的、职能和任务的制约,或受人民的监督,或者受其内部分权的牵制。成文宪法明文授予政府的权力最好不过地说明了政府—政权要受宪法所授予的目的的制约。从实质而不是从形式上看,宪法总是社会中人们之间的一种约定,是当事人必须平等地遵守的,是政府治者与被治者的一种契约关系。这种法学思想是从人民主权思想中引申出来的。

在着手研究修宪之前,我们首先要突破斯大林的宪法观;其次要放弃公私不分、公私统一的国家观;最后要反对"有权就有一切"的法律虚无主义。宪法是保护人民利益的根本大法。我们要研究人性中残酷的一面、人间的疾苦的一面,忠诚地以人类追求正义的精神而不懈地积累、更新如何预防权力被人类弱点所滥用的根源、技术和方法,重新开始宪法理论问题的研究。这是我们思考修改宪法的根本出发点。

(1989年第4期)

宪法修改的再思考

曹思源*

1988年七届全国人大一次全会通过关于私营经济和土地使用权转让的两条宪法修正案。这两条修正案的通过为此后改革实践的深化发展提供了具有最高效力的法律依据,这及时而有力地保障和推动了经济改革的进行。同时,全国人大和部分省市人代会旁听制度的建立也是我国政治体制改革取得重大进展的表现。

将我国现行《宪法》与我国目前改革的具体实践和发展需要对照起来看,我认为,还有以下几个问题亟须在宪法中作出修改和补充。这些问题已经经过长时间的酝酿、讨论,现在可供人民代表作出抉择了。

一、宪法中应明确提出我们的立国宗旨是"人民利益高于一切"

提出这一建议的出发点有两个:(1)作为规定国家根本制度、国家构成与国家活动的经济规则,以及公民个人基本权利义务的宪法,应当鲜明地表现出国家的立国宗旨,并通过各项具体规定来体现、保障这一宗旨。也就是说,应当将立国宗旨确定为最根本的宪法原则。我们不能忘记,全国人民积极投身于改革、投身社会主义建设,共产党不懈奋斗的目标,都是为了实现科学社会主义理论的创始人的目标,都是为了实现科学社会主义理论的创始人的"人的全面而自由的发展"这一崇高理想,都是为了使人民的生活环境不断获得改善,人民的利益越来越得到切实的保障。(2)防止把某一时期、某一方面、在某种意义上适用的口号拔高成为治国的根本口号和纲领,如"三面红旗"、"以阶级斗争为纲"等根本错误的口号,充斥进人们的日常生活中的根本准则。历史已经清楚地告诉我们,如果我们这个社会主义国家的立国宗旨不能最有力地表现出来,不在国家的根本大法中加以明确并由各项法律制度具体化,我们党和人民的奋斗目标就会面临被淡忘、抛弃的危险,国家活动的基本原则也就面临着被践踏的危险。

我们还应考虑到:人民利益的具体内容和具体表现有各个时期的、各个方面的、各个层次和各种范围的。对这些具体内容、表现如何认识、协调、保障,值得深

---

* 作者单位不详。

入探索。而“人民利益高于一切”这一原则的明确为这种探索提供了根本的指导方针和无限广阔的天地。

二、宪法中不应包括公民个人姓名

宪法的本质特征决定了宪法的严肃性、稳定性和内容的规定性。宪法不是理论教科书,也不是历史问题的决议,因此不应在其中对任何公民在历史事件中的作用和公民的历史地位作出描述和评定。另外,对任何人和事物的认识都是没有穷尽的,这是唯物辩证法的基本原理。因而在宪法这样的文件中,对个人行为和功过作出描述或评定是极不科学的。

此外,任何组织、机构、社会集团和公民个人都是宪法、法律规范的对象,而宪法、法律的这种规范都是广义的,任何公民个人,无论其地位多高,职权多大,都不能成为宪法直接评定的对象。

在这一点上,我国1954年《宪法》作了很科学的处理,值得我们继承。

三、明确无罪推定原则,保障公民人身权利和人身自由

无罪推定原则指的是:如果任何人被指控为有罪,那么指控者必须提供充足可信的证据来证明自己的指控,并且要依法定程序确认、宣告被告人有罪;否则,被指控人即被推定为无罪。

简单地说,无罪推定包括两方面的意义,指控别人必须:提交充足可信的证据;经过法定的验证、判断和宣告程序。缺其一项,指控便不能成立。

从直观上看,这一个刑事诉讼中的程序问题(主要是举证责任问题)。“谁主张(包括指控)、谁举证”是现代诉讼法普遍接受的原则,它强调主张者言之有据,以确保审判的严肃性、科学性和效率。然而,更为重要的是,无罪推定原则本质上是对公民权的肯定和最基本的保障,它表现的是对公民个人基本人格、基本尊严的尊重和保护。因此在1789年,无罪推定首次被载入法国《人权宣言》而成为一条重要的宪法原则,从那时候起,各国宪法均将其明确肯定下来。尤其在经历了法西斯残暴践踏人权的浩劫之余,联合国《世界人权宣言》作出了这样的规定:“受刑事控告者,在未经依法公开审判证实有罪前,应视为无罪。”(第2条)

数千年的封建传统加上那个人人自危、人人互危年代的磨炼,我们大多数人在遭受怀疑、受到非难和指控,甚至被肆意侵害时,已经养成了这样的习惯:所考虑的不是质问对方是否意识到是在侵犯别人的人格和尊严,向对方索要证据和法律依

据，而是急于表白自己，证明自己无辜。这一方面压抑了自己的公民意识，另一方面也助长了随意怀疑并由此而任意限制、侵害他人公民权的习惯势力。我认为，由于“无罪推定”关系到公民基本权利和人身自由能否得到切实保障的大问题，应当尽快上升为一项宪法原则。

四、保护经济体制改革

经济体制改革和政治体制改革将是我国一项长期而艰巨的工作，没有改革，我们的国家就没有发展前途。鉴于改革实践的复杂性、曲折性和长期性，我认为应当在宪法中明确改革的地位。以“维护宪法的稳定性”为理由，或以其他借口，在宪法中回避改革这一国家、民族的头等大事是很不妥当的。

具体说来，宪法作为对社会发展状态的高度概括，应对下面4个问题作出明确规定：

1. 保障商品经济及其发展。公有制基础上的商品经济是我国的根本经济制度，这一制度的存在，是经济改革活动中已经建立和将要建立的各项具体经济制度存在和合理的前提。商品经济制度在我国的发展已不可逆转，但现行《宪法》只反映了确认计划经济与商品经济关系的一种过时认识。这样，各项保障、促进商品经济发展的法律、法规仍然没有宪法依据。商品经济在我国经济生活中的地位亟须国家根本大法的明确肯定。

2. 确立多种公有制形式的地位。现行《宪法》规定“公有制即全民所有制和集体所有制”（第6条），否认有其他公有制形式存在，这显然与现实情况大大脱节。我们知道，传统的公有制理论和制度是以人们对计划经济的认识为出发点的。计划经济几十年一贯制，公有制的形式也几十年一贯制，实践已经证明，传统的计划经济模式严重地阻碍了社会生产力的发展，必须以生动活泼、富于创造力的社会主义商品经济取而代之；而在社会主义商品经济大环境中，公有制的形式自然也是丰富多彩的。我们既要坚持公有制的方向，又要坚持公有制形式的多样化发展。改革发展到今天，已经涌现出大批新型公有制企业：民办公有制企业，各种私有成分占从属地位的集股、参股、合资企业等。这些企业既不是私有企业，也不是传统意义上的公有制企业，它们对我国生产力发展所作出的贡献是令人瞩目的。十三大报告明确指出：“公有制经济本身也有多种形式……还应发展全民所有制和集体所有制联合建立的公有制企业，以及各地区、部门、企业互相参股等形式的公有制企业。”我们可以肯定，宪法对多种公有制形式的明确肯定，将为社会主义公有制提供充分的发展余地。

3. 保护以按劳分配为主的多种分配形式。完全彻底的“各尽所能，按劳分配”

原则是在完全消灭商品经济的社会中实行的分配原则，在商品经济不仅存在，而且必须大力发展的社会主义初级阶段，不仅按劳分配的具体内容和形式应当不断发展，而且还要肯定、保护其他合理的分配方式，使之合法化、规范化、制度化。我们应当强调的是合法收入与非法收入的区别。在商品经济条件下，对于劳动者来说，按劳付酬和有偿使用资金同样都是客观经济规律要求的结果。法律对投资者合法权益的承认和保护是确保资金使用效益的必要条件，这对于国家投资、集体投资和个人投资都是相同的。

4. 公民私有财产不可侵犯。现行《宪法》承认公民有私有财产的所有权，并规定国家保护公民私有财产的所有权和继承权。1988 年宪法修正案还规定国家保护私营经济的合法权利和利益。这对于保护公民的基本权利、维护商品经济秩序具有巨大意义。但现行《宪法》对公有财产和公民个人财产的保护处于明显不同的层次，公民私有财产所受的保护尚未落实。商品经济的前提是经济主体自由的经济活动，而个体自由经济活动的基础是个体财产所有权的不可侵犯性。宪法要保障商品经济的发展，保护以按劳分配为主的多种分配形式，自然就理应使社会的主人——广大公民的私有财产处于不可侵犯的地位。尤其是，征用公民的私有财产只能由国家为社会的公共利益，依照法定程序来进行，并且以向公民提供适当的补偿为必要条件。国有财产、集体财产和公民个人财产具有同样的不可侵犯性，这是由商品经济的基本规律所决定的。

五、人大公开化

人民代表大会是人民行使管理国家权力的机关，是人民参政、议政最重要的方式。要保持社会事务决策的科学性、民主性，要提倡、保护公民的参与意识和创造热情，并对公民进行生动活泼的法律意识教育，都离不开人代会的公开化。现在，公开化已成为不少国家议会活动的根本原则之一。在我国，人大旁听制度的建立已初见成效，现在还需要将公开制度稳定化、法律化。在现阶段，公开化的途径应包括：公众依照会议秩序现场旁听；电视、电台实况转播；报刊向社会自由报道；公布会议记录。社会公众及时、准确、全面地了解国家活动和社会事务决策的发展动态，方能及时、准确、全面而适当地表达自己的意愿。

六、将一国两制确认于宪法之中

在"一国两制"的基础上实现中国的和平统一，已从理论构想变为社会实践，而且已经产生了极有意义的成果。“一国两制”为和平解决不同社会制度、不同意识形态之间的矛盾与争端，实现民族和解与国家统一，提供了一个合情合理的参考模式。然而我国现行宪法只作了设置特别行政区的规定，这显然是不够的。国家的统一，尤其是各方有不同经济、政治、文化、社会制度和背景的统一，要求有能为统一各方所共同接受的宪法，这是由宪法的地位和效力决定的。在一国内，任何与宪法相抵触的法律、法规、法令、制度都归于无效。因此，在宪法中确认“一国两制”，既为法制建设所必需，也为国家统一的具体方案、结构的探索提供了广阔的选择天地，和平统一国家便不再仅仅停留于理论讨论阶段。

七、设立专门的宪法监督委员会

现行《宪法》规定，我国宪法的解释、监督权归全国人大及其常委会。我认为这种规定应该具体化。由最高权力机关整体来承担解释宪法、监督宪法实施的日常性、实质性责任，容易使监督工作流于形式和表面化。全国人大一年举行一次全会，会期短，议题多，而全国人大常委会会议是要两月一次，宪法赋予它的职权又十分广泛（达21项），工作繁多。因此，全国人大（包括其各专门委员会）及其常委会都很难有充分的时间和精力进行宪法监督和违宪审查，因而很有必要以法律的形式确定具体、专门的监督机构，规定监督对象、内容、方式、程序、监督决定的执行、监督者与被监督者的职责和义务等，以使宪法实施的监督工作落到实处。根据我国宪法确立的体制，可考虑由全国人大建立专门的宪法监督委员会，其职责应是：（1）研究宪法的理论与实践问题，就我国宪法理论与实践中存在的问题，向全国人大及其常委会报告。（2）监督宪法的实施，审查现行法律、行政法规和地方性法规，如发现有违宪问题，依照一定程序，向全国人大提议，由全国人大或其常委会依法作出裁决。（3）负责受理有关公民修宪的建议，并对这些建议进行研究与整理，向全国人大或其常委会报告。（4）负责受理公民投诉的违宪案件，提交给全国人大或常委会，以确认其是否违宪。

（1989年第4期）

1990 年

行政诉讼中的第三人考察

刘荣康*

《中华人民共和国行政诉讼法》第27条规定:“同提起诉讼的具体行政行为有利害关系的其他公民、法人或者其他组织,可以作为第三人申请参加诉讼,或者由人民法院通知参加诉讼”。在行政审判实践中搞清楚第三人的确切含义,正确确定第三人,切实保障第三人的诉讼权利和实体权益,是确保办案质量的一个重要的问题。笔者试图对上述法条作一些剖析,并对审判实践和学理解释中有争论的几类行政案件第三人谈点看法。

一、何谓“同提起诉讼的具体行政行为有利害关系”

这里所说的“利害关系”,首先指的是一种法定的权利和法律所保障的利益得失关系。例如,反映在我国宪法规定的公民的人身权利、政治权利、经济权利、文化教育权利、社会权利等,民法通则规定的生命健康权、姓名权、名称权、肖像权、名誉权、荣誉权、婚姻家庭权、财产权、相邻权、经营权、承包经营权、继承权、债权、知识产权等。

提起诉讼的具体行政行为必须对公民、法人或者其他组织的特定权利和利益具有直接的影响,如果仅属于间接影响,则一般不构成行政诉讼意义上的“利害关系”。例如,城建机关对正在施工的违章建筑作出处理决定;已建部分予以拆除,未建部分不准继续施工。建设单位对处理不服提起行政诉讼。这一处理决定虽然使建筑承包单位、建材销售单位的合同利益受到损害,但这种损害仅属受具体行政行为的间接影响,直接原因是他们与建设单位之间的建筑承包合同和建材购销合同发生变更。因此建筑承包单位、建材销售单位与城建机关对违章建筑进行处理的具体行政行为之间的“利害关系”,不是行政诉讼意义上的利害关系,可另行通过民事诉讼程序来解决。

行政诉讼意义上的“利害关系”,还意味着一种法律关系,即公民、法人或者其他组织同作出具体行政行为的国家行政机关之间存在行政法律关系,而且必须属于外部行政法律关系。倘若提起诉讼的具体行政行为,使行政机关的下属机关或

---

* 作者单位不详。

所属工作人员基于内部行政法律关系的权利和利益受到影响,则不属于行政诉讼意义上的"利害关系"。

具体行政行为首先是对行政行为的对象(即相对一方)有最直接的利害关系,诸如:对相对一方赋予或不赋予某种权能、设定某种义务、采取某种行政强制措施,科以某种行政处罚,以及依法对相对一方和其他民事主体所发生的某些民事争议进行裁决和处理等。与此同时,相对一方的权益变化往往会影响到第三者权益的变化。只要这种权益变化直接来自具体行政行为这一法律事实,亦应视为直接的利害关系。比如某甲的违章建筑妨碍某乙通行,但城建机关仅对某甲违章建筑的行为罚款了事,对违章建筑不予拆除,准其继续存在。这样处理影响了某乙的相邻通行权利,城建机关的具体行政行为不仅同其直接对象某甲有直接利害关系,同并非直接对象的某乙也有直接利害关系。

具体行政行为的直接对象可能是单个,也可能是多个。在多个的情况下,该具体行政行为和所有直接对象都有利害关系。受到该行为直接影响的非直接对象也可能是复数,比如,环保机关对共同造成某一水域污染的多家工厂进行行政处罚,而直接受污染之害造成经济损失的又有多家渔场和养鱼专业户,于是形成了一个同具体行政行为有直接利害关系的群体。

原告和第三人的主要不同在于,原告主动提起诉讼,或经人民法院通知参加诉讼,对具体行政行为提出撤销或变更之诉,或提出赔偿、补偿的诉讼请求,并且符合法定起诉条件,因而被追加为共同原告。而第三人则未提起诉讼,但主动申请人民法院以第三人身份参加诉讼,或经人民法院通知参加诉讼,要求维持提起诉讼的具体行政行为。可见,原告和第三人对具体行政行为的态度的相反性是区别原告和第三人的主要特征。

二、为什么要把"同提起诉讼的具体行政行为有利害关系的其他公民、法人或者其他组织"列为第三人

首先,它是保证人民法院正确、及时审理行政案件的需要。由于第三人同提起诉讼的具体行政行为有利害关系,对案件事实一般都有不同程度的了解,人民法院在审理中,为查清案件事实,有必要听取他们的陈述。由于存在这种"利害关系",第三人又不同于证人。第三人的陈述和证人证言属于不同类型的证据,人民法院对不同类型的证据应针对其不同特点进行审查、分析和综合判断,才能准确认定案件事实。

其次,让符合法定条件的第三人参加诉讼,是保护第三人合法权益的需要。第三人既然同提起诉讼的具体行政行为有利害关系,而法院的审理结果将决定对该

具体行政行为是维持还是撤销或变更,关系到第三人的实体权益,如果不让第三人参加诉讼,第三人就无从行使请求回避、提供证据、质证、辩论等诉讼权利,在这种情况下作出关系到第三人实体权益的裁判,显然是违反审判公正原则的。

最后,第三人参加诉讼,是维护和监督行政机关依法行使职权的需要。对具体行政行为的合法性审查应该是全面的。由于第三人和提起诉讼的具体行政行为有利害关系,因而对具体行政行为的事实根据,行为程序,适用法律,以及是否有越权或权力滥用现象,不仅要审查对原告是否合法,而且要审查对第三人是否合法。如果具体行政行为对原告合法,而对第三人是非法的,人民法院依法应予撤销。假如这样的具体行政行为被法院所维持,一旦第三人在执行中提出异议,即不可能按执行程序执行,这样的具体行政行为最终也不可能得到维护。如果具体行政行为不仅对原告,而且对第三人都是合法的,经法院审判得以维持,原告或第三人若拒绝履行,行政机关就可以依法执行或申请人民法院强制执行,从而有效地维护行政机关依法行政。

三、行政诉讼第三人与民事诉讼第三人的异同

民事诉讼中的第三人,分为有独立请求权的第三人和无独立请求权的第三人两种。其中无独立请求权的第三人与行政诉讼中的第三人在法律特征上有相似之处。

第一,两者都同案件处理结果有法律上的利害关系。民事诉讼法(试行)第48条规定,民事诉讼中无独立请求权的第三人必须是"案件处理结果同他有法律上的利害关系",而行政诉讼中的第三人则必须是"同提起诉讼的具体行政行为有利害关系。"看起来提法有所差异,其实,"同提起诉讼的具体行政行为有利害关系",必然与案件处理结果有利害关系,两者是相同的。

第二,两者参加诉讼的途径都有两种:可以申请参加诉讼,或者由人民法院通知参加诉讼。

第三,两者参加诉讼的时间都必须是在他人的诉讼程序发生后和判决前。

第四,两者参加诉讼的目的都是保护自己的合法权益。

第五,两者都是独立的诉讼主体。在诉讼中都享有请求回避、陈述事实,提供证据,质证、辩论、请求重新勘验、鉴定,以及对不利于自己的判决结果提出上诉等诉讼权利,同时都要承担相应的诉讼义务。在对诉讼权利的处分方面,两者也是相似的,都无权承认诉讼,变更请求和理由。

行政诉讼第三人与民事诉讼第三人也有明显的差异。

第一,法律关系不同。行政诉讼第三人必须和被告行政机关之间存在行政法

律关系，双方处于管理者和被管理者的不平等地位。民事诉讼第三人和原、被告一方或双方存在民事法律关系，彼此均属平等民事主体。

第二，行政诉讼中不存在有独立请求权的第三人。民事诉讼中有独立请求权的第三人，对原被告争议的诉讼标的有独立请求权，因而有权提起诉讼，成为诉讼当事人，处于原告的地位，而原诉的原、被告均处于被告的地位，从而形成原来的诉讼和第三人提起的诉讼这两个诉的合并审理。行政诉讼的第三人和原告一方同是公民、法人或者其他组织，被告一方是行政机关，因此第三人和原告方不可形成行政法律关系，不可能把原、被告双方都作为行政被告而提出自己的独立请求。假如第三人对具体行政行为提出独立请求而又符合起诉条件，则其诉讼地位就不应是第三人而是共同原告了。

第三，行政诉讼第三人概念的外延较民事诉讼中无独立请求权的第三人概念外延要小。在行政诉讼中，同案件处理结果有利害关系的人，不一定都同提起诉讼的具体行政行为有利害关系，因而不一定成为行政诉讼的第三人。

第四，行政诉讼第三人处分诉讼权利的范围与民事诉讼第三人有所不同。行政诉讼第三人原本也具有原告的资格，只是因为对具体行政行为不持异议而未起诉。如果在诉讼过程中，他重新对具体行政行为提起撤销或变更之诉，只要这种诉讼请求没有超过法定期限，法院应予准许。这时他的第三人身份就变为共同原告，行使原告的诉讼权利，承担原告的诉讼义务。而民事诉讼中无独立请求权的第三人则不存在这种情况，他无权提起诉讼。

第五，行政诉讼第三人在诉讼中独立为诉讼行为，以保护自己的合法权益，他不协助原、被告任何一方为诉讼行为。民事诉讼中无独立请求权的第三人虽然参加诉讼也是为了维护自己的合法权益，但他总是协助当事人一方为诉讼行为。

第六，行政诉讼第三人如果因未得参加诉讼，以致合法权益未得到保护，不可能另行起诉，只有通过申诉和再审程序改变原判决才能解决。因为同一个具体行政行为不宜作为两个案件的审理对象。民事诉讼中无独立请求权的第三人如果未参加诉讼，其合法权益问题可以另行起诉请求解决，而不一定要对原案进行再审。

鉴于第三人是否参诉，行政案件同民事案件的法律后果不同，我们对行政诉讼法第 27 条的表述中“可以”一词不能作随意性理解。有人认为，既然是“可以”，则意味着可以吸收第三人参诉，也可以不吸收，这种观点值得商榷。诚然，如果具体行政行为被判决维持，或虽被判决撤销，但不致影响到第三人的利益，第三人参不参与关系不大。但是行政案件最终如何判决，要待案件审结后方能确定，所以不宜预先估计审理结果作为要不要通知第三人参诉的依据，凡符合法定条件的第三人，不应该剥夺或忽略其参加诉讼的权利。行政诉讼法第 27 条中“可以”的含义，一是第三人如果对具体行政行为也提起诉讼，他可以取得共同原告的资格。他可以以第三人身份参加诉讼,也可以以原告身份参加诉讼。二是第三人参加诉讼可以有两种途径,既可以由第三人自己申请参加诉讼,也可以由人民法院通知参加诉讼。

四、对几类有争议的行政诉讼第三人的探讨

1. 治安行政案件被处罚人起诉,受害人不起诉,受害人是否应列为行政诉讼第三人?

有一种观点主张在这种情况下受害人不应列为行政诉讼第三人。理由有二:一是治安行政处罚不是对受害人实施的,与受害人没有行政法上的利害关系;二是受害人如果对裁决不服,可以以原告身份提起行政诉讼。笔者认为,这两条理由均站不住脚,理由也有两条:其一,《治安管理处罚条例》第2条对什么是应受治安处罚的行为作了概括的规定,列举的四类行为中就有两类涉及公民权利,即“侵犯公民人身权利”的行为和“侵犯公私财产”的行为。该条例第4章对公安机关行使治安处罚的职责、权限、程序作了明确规定。由此可见,对违反治安管理的行为实施适当的治安处罚,保护公民合法权益,是公安机关的法定义务和职责,这种义务和职责既不能放弃,也不能推诿和转让(依法委托乡人民政府裁决的情况除外)。因此,当违反治安管理的行为侵犯了受害人的合法权益时,在受害人和公安机关之间就形成了依法要求保护和依法履行保护义务的行政法律关系。公安机关对加害人处罚与否及处罚的轻重,直接关系到受害人的合法权益是否依法得到有效保护,这怎么能说不是行政法上的利害关系呢?持这种理由者,可能认为,受害人的利害关系属于民法上的利害关系,即受害人有权向加害人提出人身或财物损害赔偿的请求。这当然也是对的,但这不等于说,受害人与加害人就没有行政法上的利害关系,事实上这两种利害关系同时存在,可以通过行政附带民事诉讼一并解决。其二,受害人如果对裁决不服,当然有权起诉从而取得原告的资格。但受害人服与不服,起诉与否,是受害人自己的处分权,取决于受害人自己的意思表示,法院不能强求。但人民法院在审理治安行政案件中,为查明案件事实,应该倾听受害人的陈述,应该允许受害人出庭提供证据、质证和辩论;在决定对治安处罚是维持还是撤销时,应该听取受害人的意见(当然不是一定要采纳)。总而言之,治安行政案件中的受害人,在诉讼中或者因自己起诉而取得原告的资格,或者在自己不起诉受处罚人起诉的情况下取得第三人的资格,二者必居其一。

2. 两个以上被处罚人,有的起诉,有的不起诉,要不要把不起诉的人列为第三人?

有一种观点主张对不起诉的共同被处罚人无须列为第三人,人民法院只需对

起诉人的起诉理由进行审查，并作出相应的裁决就行了，对于不起诉的共同被处罚人仍按原处罚执行。这种观点不符合我国的审判制度。我国的审判制度决定了人民法院对案件事实的审查，应遵循实事求是的原则，不应仅仅局限于当事人起诉理由和举证的部分，而应该全面查清案件事实、正确适用法律，作出恰当处理。既然行政处罚针对的不是原告一个人，而是包括未起诉的人在内共同实施了违法行为的多人，人民法院审查行政处罚行为是否合法、适当，必然要对各个共同被处罚人共同实施的违法事实进行全面审查，分析比较各自在违法行为中所起的作用，以及依法应承担的法律责任，从而正确衡量行政处罚是否合法、适当，作出维持或者撤销、变更的判决。

3. 征用土地或城市房屋拆迁引起的行政案件，要不要把建设单位列为第三人？

这类争议引起的原因一般有两种，一种是被征地或被拆迁行政相对一方，认为征地或拆迁的行政决定违法或不当，不服行政决定；另一种是相对一方对补偿费或安置不满意，拒绝征地或拆迁。过去在审判实践中对这类争议一般都是按土地使用权争议，作为民事案件来处理的。显然这是不妥当的。行政相对一方认为行政机关征地或拆迁决定这一具体行政行为侵犯其合法权益，有权提起行政诉讼。在这种情况下，作出征地或拆迁具体行政行为的行政机关为被告，而建设单位因和征地或拆迁的具体行政行为有行政诉讼意义上的“利害关系”，应列为行政诉讼中的第三人。倘若被征地或被拆迁的行政相对一方和建设单位之间还存在补偿费等方面的纠纷，他们还应分别具有行政附带民事诉讼原、被告的身份。法院应通过案件审理，对征地或拆迁的具体行政行为作出维持或撤销的判决，在维持的情况下，并应对补偿费等民事争议作出调解或判决。

（1990 年第 5 期）

行政执法行为程序刍议

崔卓兰*

依据现代行政法和行政程序的理论，行政机关及其工作人员的一般行政行为，无论其宏微巨细，均非纯系行政机关自身及其工作人员个人的行为，而是国家的行为、政府的行为，仅仅是通过行政机关及其工作人员代表国家和政府履行而已。在实行民主制度的国家，既然行政机关及其工作人员的产生基于公民的选择或同意，其职责权力来自公民的委托赋予，其运作的基本宗旨是为社会和公众提供服务，那么，行政机关及其工作人员的一切行政行为，均应以维护和保障公民和法人的根本权益为出发点和归宿。而不违于此的重要条件是为行政行为设立法定的正当的行政程序。

所谓行政程序，是指行政机关及其工作人员在行政行为中所必须遵循的方式、步骤、手续等。有关这些方式、步骤、手续的法律制度，就是作为现代行政法体系极为重要组成部分的行政程序法。当然，行政机关及其工作人员的抽象行政行为，如作出行政决策、制定行政法规和规章，为保证其质量效果、实现公众的有效参与等，需要建立一整套严格的法定行政程序，这是不言而喻的。我国就于1987年制定颁布了《行政法规制定程序暂行条例》。而本文拟重点探讨的是：行政机关及其工作人员在日常的行政执法时，需要实施的重复无穷、难以数计的具体行政行为中，如对特定的相对人发出命令，采取措施、作出处置、进行调查或检查、实施强制或处罚之时，所应遵循的行政程序问题。笔者以为，这至为重要不得忽视。其理由根据是：

首先，在这些具体的行政行为中，行政机关及其工作人员与相对人直接地面对面地发生关系，行政主体“我令你行”的法定特权身份和行政相对人“必须服从”的被动地位体现得尤其明显。特别是当这些具体的行政行为是属于剥夺或撤销权利的（如吊销执照取消注册），科处义务的（如处罚强制、禁止命令），妨碍权利自由行使的（如行政强制、行政检查）等性质的，由于直接牵涉触及相对人的切身利害，几乎必然会给相对人带来不利的影响或后果，侵犯和损害相对人正当合法权益的可能往往处于极高的风险系数。如果任之在程序上随心所欲，久而久之，必然造成行为的结果与发出者主观愿望背道而驰。也就是说，非但未达到行政机关及其工作

* 作者单位不详。

人员通过日常工作,沟通和改善人民群众和政府之间的关系,增强人民群众对政府的亲近感和信任度的初衷,反而疏远隔膜甚至激化了双方的关系。

其次,所谓的行政机关及其工作人员依法行政应包括两个方面:一是依照规定行政机关及其工作人员职权和职责的实体法,二是依照规定行政机关及其工作人员如何行使职权和履行职责的程序法。以前我们在强调依法行政时常偏重前者而疏忽后者,其实相形之下后者并非逊色。这是因为,行政机关及其工作人员的主要任务是行政执法,而行政执法行为作为国家行政管理职能的体现发挥过程、社会公共权力的具体行使方式,其本身就是由大量的程序性行为所构成,具有明显的程序性质。在这些行为中,如果不遵从法定的程序,如应对公众公开的未予公开、需向相对人告知的没有告知、该登记备案的不登记备案、须允许相对人申辩诉理以致出堂听证的而不给予或剥夺这些机会,尽管行政行为本身的目的和内容是正确需要的,但依然不能算合法的行为,严重的甚至构成行政违法或侵权。我国的行政诉讼法已明确将"违反法定程序"一条列入行政诉讼的标的,若对此再不经意,为行政机关及其工作人员所不甚情愿的"当被告"情形恐难免。

再次,在一个充满民主和法治氛围的社会中,管理者对被管理者的一切行为,不应违背公正合理这一政治原则。这体现在行政机关及其工作人员具体的行政行为中,应做到充分考虑到相对人的权利利益、接受可能及程度;估计到并尽量减轻给相对人造成的多余负担、不利影响及损害;保证相对人能得到恰当的事先通知及申辩听证机会;允许相对人对有关情况了解知情;增加相对人向行政当局提出请求后对可能结果的预测性;减少一般公民和法人在与行政机关打交道时的心理不安全感和恐惧感;不搞突如其来、不告而施的行政处置或处罚,承认行政行为应公开化,接受来自外部的监督;使行政行为实际置于司法力量的裁判和制约之下,等等。以上这些无非只能通过一定的行政程序来实现。

最后,现代行政讲究使行政民主和行政效率处于均衡的状态,既不能以牺牲公众利益的代价来追求效率,也不能因恐侵犯公众利益而束缚住行政机关的手脚。两者并行有悖,但通过一定的行政程序可望兼顾和调适,因为"行政程序最基本的方针,是研究如何设计一个使行政机关官僚武断和伸手过长的危险,减少到最低限度的制度。同时,保持行政机关进行有效活动所需要的灵活性"。①

目前,我国行政法对有关行政程序的理论研究有待深入,现实中,亦不存在完整系统的行政执法程序法。尽管有关的规范在一部分法律和法规中可以找见,但毕竟零散不成套,有些尚因缺乏相应的法律责任条款而约束力不强。这远不适应我国民主政治建设和政府依法行政的需要。笔者认为,我国有关行政执法行为程

① [美]奥内斯特·盖尔洪巴瑞·B. 鲍叶著:《美国行政和行政程序》(英文版),第3页。

序的法律制度,似应从以下几个方面考虑建立。

第一,要有"适当的告知"。其中包括:(1)表明身份,即执行公务时佩戴公务标志,向相对人出示证件或告知身份。这意味着对公民人格的起码尊重,也可谨防假冒。(2)事先通知,即向相对人发出的要求或命令、即行的处置或处罚,凡有条件事先通知的,均不得直接采取行动。(3)说明理由。现实中动辄"我就管你"、"不屑多言"的情形极为普遍。这偏谬在于轻视以致侵犯了相对人的知情权和了解权,忽略了有益的行政行为完全有条件取得相对人的理解情愿,或者经说服教育之后的诚服。应制定《行政行为说明理由法》,对于行政机关及其工作人员,在何种情形哪类行为中必须先向相对人说明原因理由、列举相应的法律条款或文件根据、什么情况下必须采取书面形式等作出规定。(4)告知权利。主要指行政行为的发出者,需要明确告知相对人如不服行政调查或检查、不服行政处置或处罚决定,如何申诉控告或寻求司法救济途径等。这应作为行政行为发出者的法定义务以法律专门规定;并制定诸如《行政不服审查法》、《行政不服处罚法》等,详细告知行政相对人有关这方面的权利及行使方式。

第二,公开行政机关制定的有关规章文件和情况资料。正当行政程序有关于此的原则为:行政机关不得以任何方式强制任何人服从应公布而没有及时公开的政府规章文件,行政性文件和有关材料的公开,尤其是让相对人完全了解,是行政公开化和民主化的基本前提和标志。它有利于防止行政武断和专横,保护行政相对人的合法权益,行政相对人具有充分的权利和理由知晓掌握在行政机关及其工作人员手中的、凡与自己有关的一切材料(法律另有规定的除外),并以此作为提出行政诉讼时的举证材料。遗憾的是,眼下有的行政机关在行政诉讼中向人民法院出示有关材料尚且勉强,更不消说将其公开给相对人。故应制定《行政文件资料公开法》,在其中对于行政机关及其工作人员向相对人发出通知命令、作出处置或处罚后,对允许相对人询问、查阅、抄录,复印哪些行政性文件资料,以及行政机关及其工作人员提供的义务,行政相对人行使上述权利的程序等作出具体的规定。

第三,保护行政相对人的私人秘密。行政机关及其工作人员出自公务的需要,在工作过程中有时需要收集和掌握行政相对人的一些私人秘密。诸如某人的出身履历,经济状况,正在进行的发明创造;需要保密的某种身份;不宜公开的轻微劣迹,并有权在必要的情况下予以"使用"。行政相对人则必须据实提供。但是,行政机关及其工作人员对此负有为之保守秘密的义务。否则,就可能对相对人造成损失和侵害。建议制定《私人秘密法》,具体规定相对人在接受行政机关及其工作人员的询查中,只负责或可以拒绝向哪些部门提供哪些私人秘密;行政机关及其工作人员在哪些情况下,通过什么方式和手续"使用"这些材料;一般不得公开的私人秘密的范围、内容及法定保密期限;随意披露个人秘密应负的法律责任和承担的损害赔偿。

第四,“有限的调查和检查”。行政调查和检查是现代行政必不可少的主要行为方式之一。防止其发生行政违法和侵权的程序保障应体现在:对行政调查和检查实行许可证制度,尤其是进入公民住宅实施行政检查必须有特别许可;法律对行政检查内容有明确的范围限定,对人身的检查不得超过正常时间防止变相拘禁;对物品的检查不得损毁或变相扣押;对企业和法人的调查或检查禁止泄露其内容有价值的经济贸易情报资料,对产品及有关情况进行技术鉴定检测时允许相对人在场,有效的书面鉴定结果材料须有相对人的签字印章,行政调查或检查过程中直至结论作出之前,不得以官方名义作出不利于相对方及其产品名誉的新闻发布、宣传报道等。上述均应通过相应的行政程序法加以规定。

第五,建立听证制度。当今各国的行政程序法对听证制度及程序,普遍都有规定。听证制度指允许相对人及相关人到场,听取行政机关及其工作人员就其驳回申请,行政处置或处罚等行为作出说明的制度。听证会一般应由相对人提出要求,行政机关主持举办。会上应允许相对人或相关人作“苦情声明”提出问题质疑、看阅证据。行政机关一方则负责说明原因、答复问题及出示证据等。听证会还应允许公听和众议。笔者认为,此制度若得以实施,将可能成为对依法行政进行社会监督的有效方式。

第六,合理的“顺序”。顺序对一切事物来说应属自然规律。机器要正常运转尚须按“顺序”操作,而目前行政执法中违反“操作顺序”的现象竟遍地都是。如先行强制拆除违章建筑、先行扣押物品,先行收取罚没款再作处置决定,甚至还有先处罚后补证、先拘留后报批,等等。这种顺序颠倒造成的损坏后果,直接落到“人”的头上,其不公正不合理性更不应忽视不计。只可惜至今未有有效的法律制度予以限制,也似乎为人所见惯不怪了。

第七,健全的手续。时下行政执法中亟待完备的手续制度为:(1)登记备案。最起码凡对于相对人实行行政强制或处罚的,应一律留存材料,必要时整理成卷。如遇特殊情况需先口头裁决,亦应在限定期内办齐材料。登记备案一是应材料俱全,如有正式的裁决书、调查询问笔录、勘验鉴定记录、必要的证据及旁证材料等;二是应形式规范,实践中出现的收据单据形式、政府文件党内文件形式都是极不规范和严肃的。登记备案的直接益处是有证可查。否则,一旦发生行政诉讼,起诉人空口无凭,应诉人更处于被动。(2)审批手续。这对于保证行政执法的质量,防止行政违法极为重要。尤其是行政拘留、劳动教养等较严重的行政处罚,更应严格遵守法律和法规规定的审批权限手续。否则,对上级意味着放弃职责、不作为的行政违法,对下级则意味着越权和滥用职权。而且,严格审批手续对于分清行政法律责任的归属亦有意义。(3)委托手续。实践中常有行政机关委托其他部门或个人代行某种具体行政行为的情况，如代行纠正交通违章、代行检疫监测等。行政委托作为一种行政法律行为应办理法律手续，如颁布委托文件、授予委托证书等。在必要时，委托证书还应向行政相对人出示，而不能仅凭红袖标、红布条行使行政执法权。

第八，严格的时限。行政行为的时限问题无疑与相对人的切身利害密切相关。无休止地行政调查检查可能影响某企业法人的经济效益，公民个人亦能由于有关部门无故拖延其执照、护照、救济等申请而蒙受损失。此外，没有时限还会降低行政效率，并实际上助长贪贿舞弊之风。显而易见，现行的法律法规，在此方面对行政相对人的规定不乏内容，然而真正具有意义且缺少的，还是对行政机关及其工作人员提出要求。

（1990 年第 6 期）

涉外行政诉讼中的法律适用

陈泉生*

自实行对外开放政策以来,我国与世界各国的交往日益频繁,涉外行政管理事务与日俱增,涉外行政案件时有发生。随着我国行政诉讼法的颁布施行,各种涉外行政案件必然呈现上升的趋势。然而,我国刚刚颁布的行政诉讼法对涉外行政诉讼只作了一些原则性的规定,法学界对涉外行政诉讼理论的探讨亦处于拓荒阶段,很难满足司法实践的需要。为此,有必要对我国涉外行政诉讼从理论上进行深入的研究和系统的探讨,以指导司法实践。

涉外行政诉讼,是指含有涉及外国因素的行政诉讼,即行政诉讼中的原告是不具有中国国籍的外国人、无国籍人或国籍不明的人和外国组织。正是由于涉外行政诉讼的这一特殊性决定了涉外行政诉讼中的法律适用有别于国内行政诉讼的法律适用。国内行政诉讼只适用我国的行政法律、法规和行政诉讼法;而涉外行政诉讼除了适用我国的行政法律、法规和行政诉讼法以外,还必须适用我国缔结或者参加的国际条约或国家间的协定,必要时,还可考虑参照适用某些公认的国际惯例。这样,涉外行政诉讼中所适用的法律无疑就复杂得多。众所周知,审理涉外行政案件要适用两方面的法律:一是实体法;二是程序法。现分别阐述如下:

一般来说,依照国家主权原则,在一国境内发生的一切行政案件,都应当适用该国的国内法。但是,如果所发生的行政案件含有涉外因素,仍一味地强调只适用国内法,而拒绝适用该国参加签订的有关国际条约,就会使该国国家构成国际不法行为,而负国际责任。因此,各国在司法实践中,对涉外行政案件的处理,一般是既适用国内法,又适用有关的国际条约。然而,在适用的过程中,往往会发生国际条约与国内法冲突的问题。那么,该如何正确处理这个问题呢?

我们知道,国际条约是国际法的重要渊源,是国家和其他国际法主体之间缔结的以国际法为准并确定其相互权利义务关系的一种书面形式的国际协议。按照国际法,一个条约如果是合法的,就对缔约国产生效力,缔约国就应该善意履行。这在国际法上称为"条约必须信守原则"或"条约神圣原则"。这条原则早已成为国际法的一项公认的原则,并规定在《联合国宪章》中。当然,国家在缔约时正式声

* 作者单位不详。

明不接受条约中的某项条款，或对某项条款有所修正，或对某项条款作出特别的解释和理解，是允许的。这在国际法上称为条约的保留。因此，国际条约除另有规定之外，它的效力一般及于当事国的全部领土。国家作为缔约的当事者，在缔结条约后，应当采取必要的措施，以保证对其有效的国际条约在其国家领土内的切实履行。然而，按照国际条约的性质，它只能调整国家的行为，而不能直接约束国家机关和个人的行为。如果国内法的规定与国际条约相抵触，就国内法庭而言，它只能执行国内法，这样国家就要承担违反国际义务的责任。采取什么方式使国家在国内执行国际条约呢？世界各国采用的方式大致有两种：

1. 转化国际条约，即为了进行条约的国内实施，原则上需要经过国内立法机关制定一项法律，将条约的内容包含其中，如有必要，还可进行补充和修改，然后付诸实施。

2. 接受国际条约，即直接赋予国际条约以国内法效力，在国内法中确实承认和适用国际条约的原则，对于自己缔结或者参加并且符合本国利益的国际条约予以承认，并在本国领域内加以实施。

我国是一个主权独立的社会主义国家，一贯遵守在平等互利基础上达成的符合国际法原则的国际条约。凡是我国承认的国际法原则和规则，都恪守不违。我国尊重“条约必须遵守”这一国际法原则，对于合法条约，凡是我国参加签订的都严格遵守，并履行应承担的国际义务。我国《宪法》对如何在我国国内履行国际条约虽然没有作出专门规定，但我国在立法和司法实践中都采用了多种行之有效的方式，以保证国际条约在我国国内的切实履行。我国《行政诉讼法》对国际条约的履行，采取了接受国际条约的方式，《行政诉讼法》第72条明确规定：“中华人民共和国缔结或者参加的国际条约同本法有不同规定的，适用该国际条约的规定。中华人民共和国声明保留的条款除外。”这一规定解决了涉外行政案件的审理中，当国际条约和国内法发生冲突时如何适用法律的问题，信守和执行了我国缔结或者参加的有关国际条约，同时也强调了对于我国声明保留的条款，我国没有信守和付诸实施的义务。

新中国成立以来，我国根据国家的根本利益和需要，参加签订了一些诸如《防止船舶污染公约》、《联合国海洋法公约》、《海牙议定书》、《蒙特利尔协议》、《成立世界知识产权组织公约》、《保护工业产权的巴黎公约》、《国际货币基金组织协定》等十几个涉及涉外行政管理方面的国际条约。涉外行政案件的审理除了适用以上有关的国际条约外，还应适用国内的有关涉外行政管理方面的法律、法规。

同时，由有权解释法律的机关所作的法律解释中有关涉外行政管理的部分，如国家民政部对有关外国人向我国行政机关进行婚姻登记的行政解释等，也应作为行政案件审判的直接依据。

此外,各经济特区、经济开放区、开放城市和较大的城市,根据本地区涉外行政管理的实际情况,在与国家行政法律、行政法规不相抵触的情况下,制定的地方性涉外行政法规和行政规章,在本行政区域内具有法的约束力,当地人民法院在审理涉外行政案件时,也必须以此为依据。因为根据《行政诉讼法》第 52 条和第 53 条的规定,人民法院审理行政案件还可适用由国务院制定的行政法规,各省、自治区、直辖市人大及其常委会制定的地方性法规及民族自治地方的自治条例和单行条例,并可参照国务院部、委根据法律和国务院的行政法规、决定、命令,制定、发布的规章以及省、自治区、直辖市和省自治区的人民政府所在地的市和经国务院批准的较大的市的人民政府,根据法律和国务院的行政法规制定、发布的规章。

当然,面对如此众多的法律、法规,人民法院在适用时必须有个适用顺序。根据《行政诉讼法》第 72 条的规定,首先应当适用我国参加签订的国际条约,然后适用国内法。在众多的国内法中,又应当首先适用法律效力高的行政法律、法规,它们的适用顺序为:法律、行政法规、地方性法规。至于各种行政规章的参照则是在法制仍不完备情况下的补救措施,人民法院并非必须无条件地援引和适用,只有在遇到某些特殊情况,而国际条约,国内法律、行政法规和地方性法规都没有规定时,才可参照规章予以解决。

需要指出的是,涉外行政诉讼中,还会遇到一些国际条约和国内法律、行政法规和规章没有规定的特殊情况。遇到此种情况,可以审慎地参照适用某些公认的国际惯例予以解决。因为各国在长期的国际交往中形成了大量的国际行政惯例,它们普遍存在于国际事务的各个方面,如国际贸易、投资保护、环境保护、司法管辖等,它们对各国涉外行政案件的处理,加强各国之间经济、文化、科技等方面的互助合作起了极大的促进作用。我国人民法院在审理涉外行政案件中,遇到我国参加签订的国际条约和国内法律、行政法规以及行政规章都没有规定的特殊情况时,可以在不损害我国主权,不违背我国立法精神的前提下,结合我国的具体情况,参照适用有关的国际惯例予以解决,以弥补我国涉外行政立法的不足。但是,国际惯例与国际条约不同,它是在国际交往中经过长期实践而逐渐形成的行为规则,是不成文的法律规范,因此,相对于国内法律规范来讲,它没有优先适用的效力,而只是作为一种补救办法来采用。

以上为涉外行政案件审理中实体法的适用。那么,涉外行政案件审理中又该如何正确适用程序法呢?按照国际法的原则,一国法院对涉外行政案件的审理,应适用法院所在地国家的行政诉讼法。也就是说,外国人或外国组织在所在国进行行政诉讼,适用所在国的行政诉讼法。我国《行政诉讼法》第 70 条对此已作了明确的规定:"外国人、无国籍人、外国组织在中华人民共和国进行行政诉讼,适用本法。法律另有规定的除外。"按照这一规定,人民法院审理涉外行政案件的程序应适用我国的行政诉讼法。此外,最高人民法院对适用涉外行政诉讼程序所作的司法解释,对有关涉外行政诉讼程序问题所作的批复,也是人民法院审理涉外行政案件所应遵循的程序规范。

(1990 年第 6 期)

1991年

政府规章实现程序化、法律化的若干构想

顾长浩* 项治平**

《行政诉讼法》明确规定，人民法院审理行政案件，以法律、法规为依据，以规章为参照，从而第一次从法律上确立了规章作为我国法的渊源的重要组成部分。为了适应法制建设发展的要求，促进规章自身规范化建设，很有必要对规章的有关问题开展研究。

一、制定政府规章的主体资格

根据宪法、国务院组织法和地方组织法的规定，有权制定规章的主体是：国务院部委，省、自治区、直辖市以及省、自治区人民政府所在地的市和经国务院批准的较大市的人民政府。除了上述宪法、组织法已经明确的规章制定主体外，从实际需要和有利于依法有效管理看，尚有一些主体应该享有规章制定权。从国务院工作机构来看，国务院各直属机构中，除了国务院参事室外，都应具有规章制定权。特别是国家工商行政管理局、国家土地管理局、海关总署、国家物价局等直属机构，所负责的专门业务具有较强的社会行政管理职能，如果没有规章制定权，是难以进行有效管理的。事实上，这些直属机构已经通过制定一系列规章进行管理（尚且不论这些直属机构制定的文件是否应称为规章或是否合法）。要改变目前国务院直属机构规章制定权不明确的现状，我们认为，最好的方法是修改、补充国务院组织法，在国务院组织法中予以明确。至于归口部委管理的一些国家局是否应具有规章制定权的问题，我们认为，为减少规章的冲突和矛盾，有归口部委的国家局，应通过归口部委制定发布规章，不必都要自行制定发布规章。国务院的办事机构一般也不应有规章制定权，因为办事机构是协助总理办理专门事项的，不具有直接的社会行政管理职能。此外，国务院下属的协调机构和非常设机构也不应有规章制定权。从地方政府来看，除了目前法定的有权制定规章的主体外，我们认为，经济特区应该具有规章制定权。因为经济特区具有较强的相对独立性，并具有自身的管理特点。对地方政府的规章制定权主体问题，可以通过修改地方组织法予以解决。

---

* 作者单位不详。

** 作者单位不详。

二、政府规章的制定依据

宪法规定，国务院部委根据法律和国务院的行政法规、决定、命令，在本部门的权限内发布规章；地方组织法规定，地方政府中有权制定规章的主体可以根据法律和国务院的行政法规制定规章。从制定规章的实践来看，制定规章的依据除了法律、行政法规以外，还以中共中央、国务院的政策为依据，地方政府规章还以地方性法规为依据。有的规章是根据法律、行政法规的授权而制定的，例如，《道路交通管理条例》第90条规定："高速公路的交通管理办法，由公安部另行制定。"《广播电视设施保护条例》第14条第2款规定："罚款数额由各省、自治区、直辖市人民政府规定。"还有为数不少的规章是根据行政管理实际需要制定的，并无法律、法规和政策的依据。如何看待制定规章的依据问题？我们认为，宪法和地方组织法关于规章制定依据的规定是远不能适应依法进行行政管理需要的。一方面，由于目前我国的法制建设尚处于初级阶段，国家的法律、行政法规及地方性法规很不健全；另一方面，各个行政管理领域都迫切需要运用法律手段加强管理，可以说是万法待立。但如果都要先等待国家立法，再由省、自治区、直辖市等地方政府制定实施细则来解决，则需要十几年、几十年甚至更长的时间才能基本符合依法管理的需要。上海市在近几年制定的规章中，有不少规章规定的内容至今国家的法律和行政法规尚无规定。例如，《上海市汽车维修行业管理暂行办法》、《上海市建设工程设计招标投标管理暂行办法》、《上海市建设工程施工招标投标管理暂行办法》、《上海市社会文化管理办法》、《上海市图书报刊市场管理规定》、《上海市社会力量办学管理办法》、《上海市营业演出管理办法》等，都是在缺乏法律、法规的情况下，因社会管理的实际需要而制定的。这些规章为加强社会管理发挥了积极的作用。如果没有这些规章，那么这些社会领域的管理会仍处于无法可依、无章可循的混乱状况。这些规章的发布实施，可以为国家立法提供有益的经验，从而加快法制建设的发展步伐。

我们认为，制定规章的依据，除了法律、行政法规外，还可以：(1)以中共中央、国务院的政策为依据；(2)地方政府规章还可以地方性法规为依据；(3)可以根据法律、行政法规的授权而制定；(4)在没有法律、法规和政策依据的情况下，有权制定规章的主体还可以从维护国家利益和社会公共利益的需要出发，在管理职权范围内制定规章。

鉴于目前我国法律中关于制定规章依据的规定不适合制定规章实践需要的情况，为推进我国法制建设的发展，有利于依法加强行政管理，建议通过修改国务院组织法和地方组织法，对制定规章依据问题修改为：依法有权制定规章的国务院部门和地方政府，在不与宪法、法律和行政法规相抵触的前提下，可以在权限范围内制定规章。地方政府规章还应与同级和上级地方人大常委会制定的地方性法规不相抵触，与上一级地方政府制定的规章不相抵触。

三、政府规章的效力范围

目前，对于哪些内容必须由国家法律规定，哪些内容应当由行政法规和地方性法规规定，哪些内容可以由国务院部门规章和地方政府规章作出规定，缺乏明确的法律依据，因此存在规章效力范围不清的现象。我们认为，为加强对规章制定的管理，对政府规章的制定权限及其规范范围应当作出一个原则规定。初步设想，可以确定这样一些原则：(1)关于剥夺或限制公民人身自由权利和其他基本权利内容的，应由国家法律规定；(2)关于国家领土、领海、外交等涉及国家主权的行政管理内容，或必须由国家规定的内容，如行政区域划分、国家税收的税种税率等，应由法律和行政法规规定；(3)涉及两个以上国务院部门管理职权的，一般应由行政法规规定；(4)在一个地区内需作出有关限制公民人身自由权利内容的规定的，应由地方性法规规定；(5)宪法、法律、行政法规规定须由法律、法规规定的内容，规章不能作出规定；(6)除前面各项须由法律、法规规定的内容外，国务院部门和较大市以上的地方政府可以在不与宪法、法律和法规抵触的前提下，在管理权限范围内制定规章；(7)对属于地方政府制定规章范围内的内容，本级地方人大常委会认为有必要制定地方性法规并且条件成熟的，都可以由地方性法规规定；(8)对属于法律、行政法规规定的内容，如法律和行政法规已有规定的，国务院部门和较大市以上的地方政府可以依据法律、行政法规制定规章；(9)对可以由规章规定的内容，如法律、行政法规已有规定的，有权制定规章的机关在依据法律、行政法规制定规章时，应当允许在不违背法律、行政法规立法原则的前提下，根据实际情况作必要的补充，包括对处罚对象和范围的补充规定。

关于国务院部门规章与地方政府规章之间的规定不一致时，国务院依据什么原则进行裁决，也应当作出相应的规定。我们认为，就国务院部门规章和地方政府规章的效力等级而言，应属于同一等级的法律文件。两者的规定不一致时，似可按下列原则进行裁决：属于以条管理为主的，如计划、财政、税收、金融、海关、审计等管理内容，地方政府规章与国务院部门规章不一致时，一般应以国务院部门规章为准；属于以块管理为主的，如城建、环卫、环保、公用事业、土地、房产、农业、商业等管理内容，当国务院部门规章与地方政府规章不一致时，一般应以地方政府规章为准。

四、制定政府规章的必要程序

我们认为,制定地方政府规章至少应当有这样一些程序:(1)起草部门在调查研究基础上形成规章征求意见稿后,印发各有关部门征询意见,并召开座谈会听取意见。(2)在广泛听取意见基础上形成草案,送各有关部门会签意见;(3)为提高规章制定的公众参与程度,应当在规章制定中听取管理相对人的意见。鉴于目前在我国还不可能做到制定规章时登报公开,广泛听取公众意见,可以先根据规章草案所涉及的管理对象,通过工会、企业家协会、个体工商户协会、妇联等群众团体听取公民、法人的意见,并应通过理论研究机构听取相关理论研究工作者的意见。(4)由政府法制部门负责对规章草案从法律上进行审核把关。(5)报请分管副省(市)长审核,最后经省(市)长常务会议审议,由省(市)长签署发布。鉴于行政机关实行首长负责制,因此也可以在经过分管副省(市)长和有关副省(市)长审核后,直接由省(市)长签署发布。

至于国务院部门制定规章,如果其内容涉及两个以上部门管理职责的,制定部门应将草案送请相关部门提出意见,在协调一致的前提下方可制定。如不能协调一致的,应提请国务院裁决或上报国务院制定行政法规。

五、政府规章的表现形式

规章作为我国法律渊源的重要组成部分,作为法律规范性文件的一种,其表现形式应当法律化、规范化。从规章的名称上,应该用"规定"、"办法"、"实施细则"、"规则"等,不应用"制度"、"通知"等;作为地方政府规章,名称之前应冠以"××省(市)";作为国务院部门规章,名称之前可以冠以"中华人民共和国××部(委)",但不应直接在名称上冠以"中华人民共和国";规章名称之下须标明发布机关和发布日期。

从规章内容的表现形式上,应当法律条文化,即采用编、章、节、条、款、项、目的形式表述。

从规章的发布形式上,规章应采用地方政府令、国务院部门令的形式发布,以区别于其他文件的印发。目前,地方政府规章有直接以政府令的形式发布和由政府批准、由政府部门发布两种形式。我们认为,为了便于识辨规章与其他文件的区别,规章应该统一用地方政府令和国务院部门令的形式发布。

规章应当让公众及时知晓,为此,规章应当在实施之前及时公开发布,地方主要报纸或国家行业性报纸应当及时、全文刊登新发布的规章，这应当通过立法予以明确。

六、对不当政府规章的审查与处理

为了确保规章从实质到程序要件符合法定要求，需要确立一套审查、处理制度。首先，应当通过立法对规章的各要件予以规范和明确。其次，应当完善规章备案制度。制定规章的行政机关在向国务院备案规章时，其备案报告应说明以下主要内容：(1)该规章制定的必要性，该规章所调整的社会管理领域的概况；(2)制定的主要法律依据；(3)规章起草、协调的主要情况。最后，应当加强对备案规章的审查工作，及时对不符合要件的“规章”作出处理。我们认为，对不符合要件的“规章”可以视不同情况分别作出处理：对不符合实质要件的，如与法律、行政法规相抵触，或超越权限制定的，可以责成制定机关修改、撤销，或直接予以变更、撤销；对不符合程序要件的，有的可以责令修改，如名称不符合要求的，有的可以宣布其不属于规章，如未经公开发布等。

此外，制定规章的地方政府的同级人大常委会可以依职权对地方政府规章的实质要件进行审查，对不符合实质要件的，有权予以撤销。各级法院在审理行政案件过程中也可以对规章的实质和程序要件进行审查，对不符合实质和形式要件的，有权不予适用。

（1991年第2期）

论我国行政审判中的司法解释

冯　军*

司法解释是审判过程中把抽象的法律与具体的案件联系起来的纽带，是解决审判工作法律、法令具体应用问题并决定法律实施方向的重要手段。无疑，最高人民法院的司法解释将在推行我国行政诉讼的过程中发挥巨大作用。然而，对于行政审判中司法解释的研究在我国尚属薄弱环节，未免落后于贯彻实施我国行政诉讼法的现实需要，这是一个亟待加强的课题。

一

在我国司法实践中，司法解释是特指最高人民法院和最高人民检察院就审判或检察工作中如何具体应用法律、法令的问题所作出的具有普遍约束力的法律解释。司法解释是我国特有的一种司法制度，欧美国家的最高法院均无权脱离具体案件以单独的文件形式进行法律解释，它们只能通过确认司法判决的法律权威的方式，使其在判决中所作的司法解释取得普遍的法律效力。而我国的司法解释则摆脱了具体的束缚，具有更大的灵活性和可靠性，具体表现在：

第一，我国司法解释不是在审理具体案件的过程中作出的。最高人民法院如果认为某项法律规定含义不清，在审判工作中可能引起具体应用的问题时，就有权进行司法解释，无须等到实际发生法律、法令的应用问题时再作解释。

第二，我国的司法解释除了最高人民法院可以主动作出外，申请人必须是省一级的普通法院和专门法院，其他各级法院、党政机关、人民团体、企事业单位、公民均无权向最高法院提出司法解释的要求。

第三，我国司法解释并不囿于司法判决或裁定书当中，它具有单独的文件形式。通常采用“规定”、“暂行规定”、“意见”、“通知”、“办法”、“函”、“批复”等名称。

第四，我国法律规定司法解释权只能由最高人民法院在一定范围内行使。值得注意的是，最高人民法院有时也与国务院主管部门联合作出有关行政诉讼问题的司法解释，如最高人民法院、中国人民银行联合作出《关于法院对行政机关依法

* 作者单位不详。

申请强制执行的案件应如何办理问题的联合通知》。这种司法解释与其说是司法解释，还不如说是一种司法解释与行政解释的结合体，它不仅对各级法院而且对主管部门下属的行政机关都有法律约束力。

二

行政审判中的司法解释根据是否依申请作出可以分为两类。其一，最高人民法院主动对审判工作中具体应用法律的问题作出的司法解释。如《人民法院审理治安行政案件具体应用法律的若干问题的暂行规定》、《关于人民法院审理经济行政案件不应进行调解的通知》等。前者属于最高人民法院对审判工作中具体应用法律的问题所作的全面、系统的规定，后者属于最高人民法院对某些特殊的法律适用问题所作的指示。其二，最高人民法院依照高级人民法院以及地位与高级人民法院相当的专门法院的申请对行政审判工作中具体应用法律的问题所作出的司法解释。这种司法解释一般采用"批复"和"函"的文件形式。例如，最高人民法院《关于铁路运输法院是否受理治安行政案件的批复》、《关于行政案件受理问题的函》等。虽然是针对请示法院作出的，但在相同问题上，其他法院应遵照执行。

根据司法解释的方式和方法，行政审判中的司法解释又可分为文理解释和论理解释。文理解释即严格按照法律条文的字面意义所作的解释，例如，《人民法院审理治安行政案件具体应用法律的若干问题的暂行规定》中规定的诉讼程序，能否适用于其他类型的行政案件？1988 年 1 月，最高人民法院在一件批复中解释道：该暂行规定只适用于人民法院审理的治安行政案件，其他行政案件仍应依照《民事诉讼法（试行）》第 3 条第 2 款的规定办理。这一解释即属文理解释。论理解释是参照法律的立法理由、时代背景、历史沿革或其他与法律有关的因素而阐明法律真义的解释，这种解释中蕴涵着一个推理过程，因而称为论理解释。例如，《民事诉讼法（试行）》第 3 条第 2 款规定："法律规定由人民法院审理的行政案件，适用本法规定。"而《民事诉讼法（试行）》第 6 条、第 97 条又规定了民事诉讼的调解原则，若按文理解释，则行政案件的审理也应进行调解，这是不符合行政诉讼特点的。因此，最高人民法院在《关于人民法院审理经济行政案件不应进行调解的通知》中对《民事诉讼法（试行）》的上述规定作了论理解释，认为审理行政案件，"人民法院不应进行调解"。综观最高人民法院的司法解释性文件，最高人民法院主动进行的司法解释以论理解释居多，反之，被动进行的司法解释多属文理解释。将行政审判中的司法解释划分为文理解释和论理解释，对于我们分析行政审判中司法解释的功能是非常有益的。

三

行政审判中司法解释的范围与民事和刑事司法解释颇不相同。我们知道，行政法律是由国家行政机关负责贯彻实施的，最高立法机关通常都将行政法律的解释权授予行政主管部门。至于行政法规和规章则是行政机关依照宪法和法律规定的立法权限制定的，制定机关享有当然的解释权。进而言之，行政法律问题涉及面广、影响大、专业技术性强，人民法院没有能力对行政法的具体应用问题作出解释，它也负不起由此而引起的法律责任。显而易见，法院不能代替行政机关进行行政管理，这就奠定了行政审判司法解释的基本内容和范围，即最高人民法院只能对行政诉讼法律、法规进行解释，而无权解释审判工作中涉及的行政法律、法规的具体应用问题。这种问题只能由最高人民法院提请国务院主管部门解释，如果主管部门的解释不一致则提请国务院裁决。

在全国人大或其常委会没有明确地把某一具体法律的解释权授予行政机关，而该法律的执法职能又与法院的职能相近时（《治安管理处罚条例》也许是一例），最高人民法院可以和国务院有关主管部、委联合作出解释，以确定具体行政行为合法与非法的具体标准。

四

自 1985 年开始，最高人民法院发出的有关行政案件的司法解释性文件近 20 件，分析现有有关行政审判的司法解释性文件，可以归纳出它所具有的 3 种功能。

1. 释疑，即当法律条文含义不清时，最高人民法院通过司法解释性文件阐明法律条文的真实含义、消除疑义以及指明在法律规定冲突重叠时的法律适用方法。例如，广东省深圳市人民政府规定一些经济行政案件可以向人民法院起诉。对于人民法院是否应受理这类地方政府规定可以向人民法院起诉的行政案件，广东省高级法院请求最高人民法院予以解释。最高人民法院在征求了全国人大常委会法制工作委员会的意见后作出了司法解释（参见最高人民法院《关于地方人民政府规定可向人民法院起诉的行政案件法院应否受理问题的批复》），认为人民法院只受理法律、地方性法规、自治条例和单行条例中规定可以向人民法院起诉的行政案件，而不受理地方政府规定可向人民法院起诉的行政案件。目前最高人民法院已发出的行政司法解释多数属于答疑性、被动型的司法解释。

2. 补充，即最高人民法院通过司法解释性文件填补法律空白，对法律没有规定的具体问题作出补充规定。在行政诉讼法生效之前,我国行政诉讼的主要法律依据是《民事诉讼法(试行)》。由于1982年《民事诉讼法(试行)》制定时行政诉讼在我国还是一片空白,立法者不可能对行政诉讼的特点和行政案件的诉讼程序认识得很深刻,这样就出现了三种情况:(1)有些行政诉讼的问题,《民事诉讼法(试行)》根本没有涉及;(2)《民事诉讼法(试行)》的某些规定对行政诉讼不适用;(3)《民事诉讼法(试行)》的有关规定可以适用于行政诉讼,但远远不够,需要进行大量补充。因此,在行政诉讼法正式施行之前,最高人民法院的司法解释承担了对《民事诉讼法(试行)》的有关规定进行补充使之适用于行政诉讼的任务。例如,在新的《治安管理处罚条例》规定当事人不服治安管理处罚可以向当地人民法院起诉后,最高人民法院制定和发布了《人民法院审理治安行政案件具体应用法律的若干问题的暂行规定》,其中大部分内容是《民事诉讼法(试行)》没有规定或者没有具体规定的。即使行政诉讼法生效以后,法律没有规定或者法律虽有规定但随着时间的推移变得不合时宜的问题仍然存在。可以预见,最高人民法院在行政审判中的司法解释将继续发挥它的"补充"功能。

3. 修正。最高人民法院的司法解释还具有修正某些过时的法律规定的作用。例如,1985年11月最高人民法院以司法解释的形式排除了《民事诉讼法(试行)》有关调解的规定在行政诉讼中的适用。再如,《民事诉讼法(试行)》第4条规定民事案件的审判权由人民法院行使,即人民法院有权对依照《民事诉讼法(试行)》审理的案件享有充分的审判权。由此推知,人民法院对行政案件也享有充分的审判权,但这有悖于在行政诉讼中应合理安排行政权与司法审判权之间关系的原则,所以1986年10月最高人民法院发出《人民法院审理治安行政案件具体应用法律的若干问题的暂行规定》,规定人民法院审理治安行政案件不用判决而用裁定结案。

五

最高人民法院司法解释具有"补充"和"修正"法律的功能,是司法实践中客观存在的事实,但是我们应当看到,对法律进行补充或修正的司法解释具有明显的立法性质,由此带来了一个问题:这类司法解释是否侵犯了国家立法机关的立法权,是否属于一种越权行为?

在立法上这个问题并无明确答案。1981年全国人大常委会《关于加强法律解释工作的决议》(以下简称《决议》)虽然规定凡属于法律、法令条文本身需要进一步明确界限或作补充规定的,由全国人大常委会进行解释或用法令加以规定,但是《决议》又规定凡属于审判工作中具体应用法律、法令的问题由最高人民法院进行解释。而具体应用法律、法令的问题又无非是法律本身界限不明,含义不清,需要补充和修正等问题。如果法律本身含义清楚,界限明确,完备周详,则司法解释便属多余。因此,从《决议》中得不出司法解释绝对无权补充和修正法律的结论。我们认为在司法实践中出现司法解释补充和修正法律规定的现象不是偶然的,应当肯定其合法性与合理性。第一,法律规定不具体、不明确是很难避免的,个别法律规定因客观情况发生变化而需要修改的现象也经常出现。本来全国人大常委会的立法工作已很繁重,再要它解决所有这些问题实在是勉为其难,动辄补充立法或者修改法律更是不可能的事。第二,全国人大常委会对审判工作中出现的问题没有最高人民法院清楚,解决这些问题也就不像最高人民法院那样轻车熟路,得心应手。与其让最高人民法院提供具体材料和处理意见,还不如让最高人民法院自己动手,既省时省力又不致损害全国人大常委会的权威,因为它随时可以以越权或者违法为由撤销最高人民法院的司法解释。第三,司法解释具有灵活性大、适应性强的优点,它可以使相对稳定的法律始终保持与变动着的时代精神保持一致,而不需要动用复杂的立法程序频繁地对法律进行局部的修改。第四,最高人民法院作出补充或修改法律的司法解释习惯上都要向全国人大法工委征求意见,这也是最高人民法院对法律进行补充和修正的司法解释迄今几乎没有受到全国人大常委会干预的一个重要原因。第五,从法理上看,过去有一种观点认为全国人大及其常委会是唯一的立法机关,其他国家机关都不得立法和解释法律,否则便是对议行合一原则的破坏。现在看来,这种观点已经过时,一方面,现行宪法在确认了全国人大及其常委会为我国最高立法机关以后,又规定了多层次的立法体制和释法体制,全国人大及其常委会不再是唯一的立法机关;另一方面,法院以及其他国家机关都由人民代表大会选举或者任命产生,它们在制定法律和解释法律的过程中不会背离国家和人民的根本意志和利益,如果在个别方面出现偏差,人民代表大会可以行使监督权予以纠正。换言之,全国人大及其常委会的权威完全可以通过由它行使最高立法权和最高法制监督权而得到维护,而不应当也不可能通过包揽一切立法和释法事务得到体现。因此,司法解释在一定范围内可以具有立法功能不仅已为司法实践所证明,而且在理论上也是站得住脚的。

当然,我国宪法体制不允许司法机关对人民代表大会进行分权和制衡。最高人民法院的司法解释不得违反法律、法规的原则精神,不得侵犯法律明确授予其他机关的解释权限,并且在行使"补充"和"修正"的功能时必须事先征求全国人大常委会的意见,接受它的事先监督,尤其对于"修正"功能必须加以严格的限制和监督。幅度较大或者影响到法律整体存在的"修正"必须由全国人大常委会进行,而不能由司法解释代劳。

(1991 年第 2 期)

论抽象行政行为与行政诉讼

张树义 *

抽象行政行为与行政诉讼之间的关系极为密切,以至于在我国《行政诉讼法》制定之时,它一直是争论的热点,而在《行政诉讼法》的实施之中,它又成为各种问题的焦点。究竟如何看待二者的关系,解决由此带来的问题,本文试对此进行探讨。

一、现　状

所谓抽象行政行为,是指行政机关制定规范性文件的活动。因为这种行为的最终结果是普遍适用的抽象规范的产生,而非针对具体的人或事采取的措施,学理上一般将其称为抽象行政行为,以和具体行政行为相对称。

抽象行政行为与行政诉讼有不可分割的联系。这种联系主要涉及以下 3 个层次:(1)能否作为行政诉讼的标的,对之提起诉讼;(2)能否作为法院审查的对象;(3)能否作为法院审判行政案件的依据。这是在行政诉讼的起诉、审理、结案 3 个不同的诉讼阶段分别涉及的问题。对此,我国《行政诉讼法》作了不同的处理:

首先,关于能否作为行政诉讼的标的,《行政诉讼法》作了否定的回答,将行政机关制定的规范性文件排除在行政诉讼的受案范围之外。该法在确立行政诉讼的标准中明确限定于"具体行政行为",同时,在有关不受理的案件中明确列举"行政法规、规章或者行政机关制定、发布的具有普遍约束力的决定、命令",即抽象行政行为不能作为诉讼标的,不在行政诉讼的受案范围之内。

其次,关于能否作为法院审查的对象,规范性文件因制定机关的级别不同,《行政诉讼法》作了区别对待。国务院制定的行政法规,法院无权审查,只能适用;行政规章,包括国务院各部、委、省级政府、省会市政府、国务院批准的较大的市的市政府制定的规范性文件,在行政诉讼中的地位是"参照",参照本身内涵着审查之意。因为法院审查是"参照"的前提条件,不经审查,法院无以确定是否参照。

最后,关于能否作为法院判案的依据,《行政诉讼法》亦同样作了区别对待。国务院制定的行政法规是人民法院审理行政案件的依据,至于行政规章则只能

---

* 作者单位不详。

“参照”。这里的参照,实质上是赋予了人民法院以选择适用权,是否作为依据主要取决于人民法院的审查结果。

仔细分析上述3个层次的法律规定,我们不难发现其理论上的漏洞,而正是这些缺陷的存在,使《行政诉讼法》在具体实施中,围绕着抽象行政行为产生了一系列问题。

第一,《行政诉讼法》中所提及的行政机关制定的规范性文件,并未囊括行政机关所制定的全部规范性文件。国家行政机关是一个庞大的系统,除《行政诉讼法》中提及的国务院、各部委、省政府等之外,还有国务院的直属机构、市政府、县、乡政府等,这些行政机关制定的规范性文件究竟处于何种地位?按照《行政诉讼法》的规定,它们似乎并不能作为法院判案的“参照”,当然就更谈不上作为判案的依据。因此,可以说在行政诉讼中毫无地位。那么作如此处理是否现实、合理?这就正如制定《行政诉讼法》过程中讨论行政法规能否作审理依据时,许多持必须作为依据的同志所提出的理由,认为不作为依据是不现实的,现实的行政活动中,各级政府、各种行政机关在其管理活动中都基于管理的需要而制定、颁布一些规范性文件作为依据。行政诉讼中不考虑具体行政活动的这种状况,将这些规范性文件完全排斥于行政诉讼之外是不现实的。行政法规作为依据的理由也同样适用于其他行政机关。《行政诉讼法》如此规定岂不是自相矛盾吗?由此也给实际行政活动带来许多困难。例如,像海关管理方面,海关总署是国务院的直属机构,不属于部委一级,按照《行政诉讼法》的规定,其制定的规范性文件当然无参照地位。但就海关管理而言,大部分规范都是由海关总署所制定,拒绝适用将使海关管理方面的许多活动失去依据。而海关管理在改革开放的今天,其地位及其重要作用人所共知、众所公认。

第二,同样是行政机关,它们所制定的规范性文件在行政诉讼中却具有不同的地位,其道理何在?从《行政诉讼法》的规定来看,国务院所制定的行政法规具有审理依据的地位,各部委制定的规章则具有参照的地位,至于其他国家行政机关制定的规范性文件则难登行政诉讼的大雅之堂。形式上的如此处理据说是依据宪法和有关组织法的规定,但其实质却在于行政机关之间的等级之差。由于规范性文件制定机关的级别不同,导致其在行政诉讼中的地位不同。由此就产生了这样一个问题:行政机关的级别不同,能否导致其制定的规范性文件的法律效力不同?或者说,行政机关的级别能否和其规范性文件的效力画等号?应当说,行政机关的级别和规范性文件的效力是不能等同的。虽然其间绝非毫无联系,但毕竟属于两个不同的范畴。无论是中央政府,还是地方政府,它们都是行政机关,所制定的规范性文件在性质上都属于行政性法规。在行政机关内部,下级行政机关不能违背上级行政机关的意志,但就其对外部的被管理者而言,都具有同样的约束力。就法律体系而言，都不得与法律相抵触，因而并不能导致其在行政诉讼中的不同地位。由于我们无形中将行政级别等同于规范性文件的效力等级，分别赋予行政机关制定的规范性文件在行政诉讼中的依据、参照、不予考虑3种不同的地位，导致行政性法规所存在的问题被硬性的法律规定掩盖起来，也给行政案件的审理带来种种困难。

上述问题的存在，实质上反映的是我们对行政机关制定的规范性文件的性质没有正确的认识。正确处理抽象行政行为与行政诉讼的关系，必须正本清源。

二、抽象行政行为的性质

在行政诉讼中，行政机关制定的规范性文件存在的种种问题，其症结在于我们对此种行为的性质认识错误。许多人认为，行政机关制定的规范性文件是其固有职权的运用，其讨论的根据在于宪法规定。我国宪法规定，国务院可以制定行政法规，国务院各部委可以制定行政规章。因此，其立法职权来自宪法规定，与国家权力机关的立法权同出一源。按照这一观点推论，行政机关制定规范性文件是行使宪法所赋予的职权的结果，对于人民法院来说，只能适用，而不能审查，就如同权力机关制定的法律对人民法院的约束力一样。只不过由于国务院各部委比国务院低一级，存在与法律、行政法规是否抵触的问题，加之实践中行政规章较为混乱，所以确立了在行政诉讼中的“参照”地位。这种观点较为典型地代表了对抽象行政行为性质的认识，但却很值得商榷。

首先，我们必须确立这样一个争论的前提，即我们必须、也只能在民主政治的基础上来探讨抽象行政行为的性质。否则，出发点不同，所得出的结论自然会不同。在任何国家，立法权都是最高权力。因为它决定着人们的行为举止，约定人们的行为准则，指导社会的发展取向。在民主国家，这种权力只能由民意代表机关享有，在我国则是由全国人民代表大会行使。这是民主政治的必然要求，因为在任何民主国家，人民都不可能亲自行使权力，而只能通过选举的方式，将权力委托给他们所选择的代表行使。由社会各阶层、各团体选举的代表组成的国家机关是最高权力机关，立法权当然也就应当归属于它。最高权力机关集中了各方面的意见，反映了各阶层的利益和要求，由此形成的合意——法律，才能是全社会的最高行为准则。但是在现代社会，由于经济技术的发展，使社会事务复杂多变，行政管理对社会干预的程度和范围日益加深、扩展。由民意代表机关独自承担立法职能无法适应变化万端的社会需要，使其不得不制定一些抽象原则而将具体的实施规则委托给行政机关去补充完善。由于行政机关直接管理国家事务，具有管理经验，更能适应需要将抽象的法律原则具体化为细则。行政机关制定规范性文件的活动正是在这样的背景下，按照这种格局出现并发展的。这种方式既能从宏观上不背离民主政治的要求，又能从微观方面适应社会实际生活对法律的需求。由此也就决定了行政机关制定规范性文件的活动绝非其固有职权的运用，而是得自于民意代表机关的委托。我们不能因为行政机关在制定规范性文件，且又是实际生活所需要，而将其视为固有职权的运用。在民主政治背景下，行政机关从事制定规范性文件的活动只能由权力机关委托，否则，就是与民主政治的要求不相吻合。我国宪法对行政机关制定规范性文件的规定，只不过是确立了其立法的可能性，而不会是自我否定。

三、抽象行政行为应该接受法院的审查

从性质上讲，行政机关制定的规范性文件是来自权力机关的委托，那么很自然地就派生出这样一个要求，即不得与法律相抵触。近几年，行政法学界一直为行政机关制定的规范性文件是否具有法律效力而争论不已。我以为，行政机关制定的规范性文件是否具有法律效力并不取决于哪一个人的主观断定，判断的标准在于其是否与法律相抵触。既然行政机关制定规范性文件是得自于法律的授权，并依据法律，当然其具有法律效力，但如果未依据法律、与法律相抵触时当然不能具有法律效力。那么，由谁或怎样来判断行政机关制定的规范性文件是否与法律相抵触呢？正是在这一点上，抽象行政行为与行政诉讼有了不解之缘。

判断行政机关制定的规范性文件是否与法律相抵触，权力机关当然是有权机关。因为行政机关制定规范性文件的权力是来自权力机关的委托，权力机关在将权力委托之后应负监督之责。这种权力是如何行使的，是否超越了委托或授权的范围，是否按照授权的精神、目的来运用这种权力，具体讲就是行政机关制定的规范性文件是否与法律相抵触，权力机关必须进行审查。因而，这种审查也往往是事先的审查，即在规范性文件生效之前的审查。但是，事先审查是有很大局限性的。它既不可能对行政机关制定的每一个规范性文件都进行审查，也不可能对每一个规范性文件进行细致入微的审查，因为这样做，将否定行政机关制定规范性文件活动的存在。所以，各国均侧重在事后的审查，即当其和某个案件相连时，公民与行政机关之间的纠纷涉及规范性文件，或公民对规范性文件的合法性直接提出质疑时的审查。这种审查，从性质上不宜于由权力机关承担。因为作为国家最高权力机关，其主要职能是决定国家的大政方针等宏观政策，承担类似解决纠纷这类具体事务恐伤立法之大计。在国家机关中，作为司法机关的人民法院最适宜承担这一职能。

首先，就理论而言，司法机关的职能就是适用法律解决社会纠纷。在行政诉讼

中,则是适用法律裁决行政机关与公民之间的纠纷,以此控制行政机关的活动不超越法律的限界。行政机关的行政行为,无论是抽象行为还是具体行为,都应当接受法院的审查。审查行政行为的合法性原则是行政诉讼特有的基本原则,人民法院就是要以法律为标准或尺度来衡量行政机关的行政行为。我们不能因为说这种行为是抽象行为就排斥法院的审查,只有具体行为法院才能审查。因为抽象行为同样存在合法与否的问题。赋予法院以对行政行为的审查权的是法律,依法所作的任何行为都应当由法院来最后判断其合法与否。尤其是当抽象行为与具体纠纷相连时,仅仅限于审查具体行为将使行政诉讼失去意义。因为抽象行为也有是否违法的问题,如果法院不能加以审查,相反却必须作为审理的依据,假如作为依据的法规、规章本身就与法律相矛盾或不一致,那么以此作为审判依据的行政诉讼将毫无意义,所谓合法性审查原则就成为一句空话。

其次,从实践的角度讲,抽象行为接受法院的审查,行政诉讼中有关抽象行为的诸多问题将迎刃而解。抽象行为在行政诉讼中所涉及的3个层次的问题是紧密联系的,诉讼标的、审查对象、审理依据三者不可分割。只有经过审查,确定其与法律是否吻合,才能作为法院判案的依据;只有作为诉讼标的,才能成为法院审查的对象。不经审查,无以确定法规是否与法律相抵触,也就失去了对法院具有约束的基础,也不能强求公民必须遵守;而不作为诉讼标的,审查也就毫无意义。所有的行政机关制定的规范性文件都在行政诉讼中占有一席之地,是否作为审理依据应取决于其与法律的关系,行政机关的级别不再是确定其效力的标准。不论行政机关的等级,只要符合法律,任何人都必须服从。有关行政机关制定的规范性文件是否具有法律效力的争论,各行政机关对自己所制定的规范性文件在行政诉讼中不同地位的争执都可以休矣。

(1991年第5期)

行政诉讼

——民主政治的里程碑

董方明*

现代意义的行政诉讼,是在资产阶级革命胜利后建立起来的,以民主政治为其标志。

西方法理学认为,民主政治与专制统治的根本区别就在于权力的合法实现。德国著名社会学家马克斯·韦伯曾说过,权力乃是“处于某种社会关系中的一员能够不顾抵制而实现其个人意志的可能性而不管这一可能性依赖的基础是什么”。从政治的一般特性来讲,权力是推进政治效率、实现社会行政不可缺少的国家强制力量;但作为一种支配力量,权力的自身控制具有不可克服的痼疾,在政治关系中,权力表现出来的是一种自上而下的控制特征,它是通过纵向的层层支配而实现控制的,表现为一种等级式的控制方式,即单纯的支配与服从关系。由于权力的下向性质,其控制往往是从权力行使者的人格上得到认同的,这就容易使权力的控制异变成一种人格上的支配与服从,而导致权力欲膨胀、权力滥用、奴役化等腐败现象的产生。正如英国阿克顿的一句名言,“权力有腐化的必然趋势,绝对的权力容易导致绝对的腐败”。

法律所追求的乃是政治与社会领域中的协调一致,因此法律是民主政治得以充分实现的杠杆和基础。一个民主国家的法律制度就是要阻碍压制滥用权力结构的出现,其依赖的一个重要手段就是通过在个人和群体中广泛分配权力以达到权力的分散与平衡。

基于这一哲学理论,资产阶级为彻底摆脱封建势力的束缚和控制,彻底摧毁封建集权和专制,巩固资产阶级政权,以实现其所主张的民主、自由宗旨,创立了“三权分立”学说。所谓“三权分立”就是把国家权力划分为立法权、行政权,司法权三部分,并赋予议会、政府和法院分别行使,达到立法、行政、司法三权的彼此牵制,相互制衡,以防止社会某一成员因为自己的私利而实行独裁专制,侵犯他人的民主自由权利。在此学说的基础上,资产阶级创立了司法权对行政权的制约方式——行政诉讼,以防止行政专权的危险。

在我国,行政诉讼制度是随着改革开放的不断深化,随着商品经济的蓬勃发

---

* 作者单位不详。

展，随着社会主义民主政治建设向前推进而逐步确定的。我国《行政诉讼法》的颁布和实施标志着我国社会主义行政诉讼制度的最终建立，成为我国社会主义民主政治建设史上的一块重要里程碑。

社会主义民主政治建设的本质和核心集中体现在作为国体的阶级本质上，即在人民民主专政的社会主义国家里，人民是国家的主人，享有管理国家的一切权力。它的政体表现形式就是国家的基本政治制度——人民代表大会制度，即由人民代表大会代表人民集中统一行使对于国家管理权的制度，这是我国民主建设发展的基础。我国社会主义民主政治就是保证人民的主权者地位和权力主体地位。然而，在现实政治中，人民作为权力的主体，不可能直接行使权力，而是由最高权力机关——全国人民代表大会选举的国家机关代理行使。因此，建立怎样的一种国家机构权力形式才能保证这些享有不同国家权力的国家机关科学地行使权力，防止权力的滥用，以保护人民群众的合法权益，则是发展我国民主政治的重要研究课题。反映一个国家民主政治水平也正是看这种特定的国家形式是否完备。

我国的阶级本质决定了"我们不能搞三权分立"，因为"三权鼎立不适合我国国情"（邓小平），但是这并不意味着我们主张集权，更不意味着我们赞成封建集权。纵观资本主义政治史和一些社会主义国家建国史，结合我国数十年来的实践经验，我们切实地感到资产阶级分权制衡理论有其科学性的一面。因此，在坚持人民代表大会集中行使国家权力的前提下，我们批判地借鉴了资产阶级分权制衡理论，也主张国家机关的职权可以而且必须分工，实际上也确实进行了分工。我国宪法对于国家机构及其各机关的性质、地位、职权都作了明确的规定，体现了我国国家机构间的职权分工原则。我国的国家机构权力分工区别于资产阶级"三权分立"学说中的三权分立在于资产阶级的三权是平行的，没有高低之分，相互间可以抗衡；而我国的权力分工则是在人大统一行使国家权力的前提下选举行政机关、司法机关并行使行政权、司法权，国家权力机关对行政机关、司法机关有监督制约权力，即立法权高于行政权、司法权。

实行权力分工是为了更好地行使国家权力，使之更符合人民的利益，更有利于我国社会主义民主政治的发展。国家权力是一个有机整体，不能截然分开。分权制的分权是一种相对的分权，其目的是达到相互补充，相互制约，在分权和制衡的基础上形成一个更加严密的整体。我国宪法赋予权力机关对行政机关、司法机关的监督权，基本上保证了行政机关、司法机关在权力机关纵向领导下正确行使国家行政权、司法权。然而，在我国《行政诉讼法》正式颁布以前，对行政权仅以立法权纵向制约而无司法权对行政权横向制约的行政监督体系，在理论上是不完备的，在实践中表现出了很大弊端：

1. 行政行为是行政机关（行政主体）行使行政权且为行政法调整的一切行为。

根据它的适用范围，可分为抽象的行政行为和具体的行政行为两大类，前者是指行政机关制定抽象的规范，如行政立法、行政决策，不对具体事情进行处理，其法律依据是国家的根本大法——宪法；后者是指行政机关处理具体事件的行为，如采取行政措施或行政处罚，其法律依据是各种行政法规（包括地方性法规、地方性规章）。我国宪法和法律赋予了立法机关对抽象的行政行为的监督权（全国人大常委会解释宪法，监督宪法的实施，有权撤销国务院制定的同宪法、法律相抵触的行政法规、决定和命令；有权撤销省、自治区、直辖市国家权力机关、人民政府颁布的同宪法、法律相抵触的地方性法规、地方政府规章）。然而，对于行政机关的具体行政行为，除从宪法法律中各级人大常委会对由其选举产生的行政机关的工作有监督权的条文可解释出对之有监督权的原则性规定外，对行使此权的方式、程序等都没有相应的专门法律予以落实，使此项权力在立法上处于悬空状态。从客观上说，由于人力、物力等条件的限制，人大及其常委会也不可能去对大量具体行政行为的合法性进行审查，而且，这与其权力机关的地位也是不相宜的。

2. 我国《宪法》明文规定，中华人民共和国人民法院是国家的审判机关，统一行使审判权，人民检察院是国家的法律监督机关，统一行使检察权，一切违法行为（包括具体行政行为）理应予以追究。然而，司法机关处理行政案件（由具体行政行为引起的）的基础和前提是对具体行政行为的司法监督权（司法监督权是国家赋予司法机关通过司法程序对行政机关的行政行为是否符合宪法和法律进行监督和审查的权力，主要监督审查行政机关具体行政处理决定是否违法和失当，并作出维持、撤销或变更的裁定或判决）。我国宪法和法律未赋予司法机关此项权力（虽然在某些法律中，如《治安管理处罚条例》、《商标法》、《专利法》、《海关法》等专门法律中零星有行政诉讼的条款），从而造成了宏观上我国司法机关对由具体行政行为引起的行政案件司法管辖上的混沌状态。

3. 由于立法上的疏漏和权力机关自身条件的限制，行政机关的具体行政行为很难受到严格限制和监督。行政权作为一种国家权力，其有较之立法权和司法权更丰富、更广泛的内容，它要管理整个国家社会生活的各个方面，无所不包。由于某些行政机关任意行政，为达到行政目的不择手段，必然地出现大量的侵犯公民、法人和其他社会组织合法权益的现象。

4. 在国家对行政、司法的权力分配中，我国宪法只规定了人民法院、人民检察院和行政机关的公安职能部门在办理刑事案件中分工负责，互相配合，互相制约，在客观上造成了由权力机关选举产生的行政机关、司法机关地位上的不平等，抹杀了司法机关在国家政治生活中的重要作用，造成了行政权与司法权制约配合关系的脱节，甚至于出现了行政机关通过行政行为或其他途径左右司法权的严重局面。司法机关在办案过程中，由于外部压力，出现了徇私舞弊现象，严重地损害了司法机关的形象,降低了司法机关的权威。

《行政诉讼法》规定,行政诉讼是公民、法人或其他社会组织认为国家行政机关的具体的行政行为侵犯了其合法权益,按照《行政诉讼法》向人民法院提起诉讼,由人民法院依法进行审理并作出裁决的活动。由此可见,行政诉讼的起因是由于行政管理相对人(公民、法人和其他组织)认为行政机关具体的行政行为违法并侵犯了其合法权益而与行政机关发生的争议,它针对的对象是行政管理过程中行政管理活动的合法性。它宣告了由行政机关独揽行政管理的一切事务,不容任何其他机关特别是司法机关过问的状态已经结束,它意味着行政机关进行行政活动不仅仅要向自身负责,向上级机关负责,而且要直接向行政管理相对人负责,从而促使其依法行政,否则,就可能承担败诉的后果。

我国行政诉讼制度的建立,创立了司法机关对整个国家行政机关之间的制约监督关系,即司法权对行政权的制约关系。国家司法机关通过办理行政诉讼案件的职能活动,对国家行政机关及公务人员的行政管理活动(具体行政行为)实行法律监督。行政诉讼的存在是以司法机关享有对行政机关具体行政行为的司法监督权为前提,因而,《行政诉讼法》在实质上又是一个授权法案,是最高国家权力机关通过立法授权司法机关代行权力机关部分监督权(针对行政机关具体行政行为),用司法权制约行政权。我国《行政诉讼法》第5条规定:"人民法院审理行政案件,对具体行政行为是否合法进行审查。"它反映了我国国家权力体系中以司法权制约行政权的基本原则和特点。

1. 司法机关只能针对行政机关的具体行政行为进行合法性审查,行政诉讼的法律依据只能是符合宪法基本原则的各种法律、行政法规、地方性法规,而不能直接适用宪法。司法机关享有的只是对具体行政行为的司法监督权,而没有对抽象行政行为的司法监督权,即西方所谓的司法审查权(通过司法程序审查和裁决立法与行政是否违宪)。我国《宪法》规定,对抽象行政行为的违宪审查权只能由最高权力机关行使,因此对抽象行政行为的司法审查权在我国是不存在的。这是我国司法权制约行政权与西方资本主义国家的明显区别。

2. 司法机关只能对具体行政行为是否合法进行审查,目的是监督行政机关依法行政。在合法的前提下,行政机关在行政管理活动中仍然享有很大的自由裁量权。我国行政诉讼之所以不对具体行政行为的合理性进行审查,是根据我国国情,从有利于行政管理活动的基点出发,防止司法权侵犯行政权而确立的。当然,为防止法定范围的自由裁量异变为任意裁量,法律应从前提、范围、程序作出较为完善的规定,以通过行政诉讼保障自由裁量权的正确行使。

3. 司法机关只能依照法定受案范围,进行行政诉讼活动。只有列入受案范围的行政争议,才能提起行政诉讼,司法机关才有权受理;如果不属于受案范围,就不能提起行政诉讼,司法机关也无权受理。在我国目前的情况下,行政法还不完备,人民法院行政审判组织还不够健全,观念有待更新,对司法机关受案范围应逐步扩大,而不能急于求全。

为了行政管理的需要,国家赋予了行政机关遍及整个社会生活的广泛的行政管理权限,但是为了预防权力集中可能引起腐败甚至专制的潜在危险,国家又根据依法行政原则,建立了包括立法权、司法权制约行政权的完整的行政监督体系(以《行政诉讼法》颁布为标志),其根本目的是"保护公民、法人和其他组织的合法权益",这正是我国行政诉讼的实质之所在。这一制约体系的确立在完善具有我国特色的社会主义国家权力分立制衡体系方面迈出了具有重要意义的一步,标志着我国社会主义民主政治建设进入了一个崭新时期。

(1991 年第 5 期)

1992 年

行政监察与行政诉讼的特点

钱富兴* 许伟国**

《行政诉讼法》规定,公民、法人和其他组织在其合法权益受到行政机关具体行政行为侵犯时,可以向人民法院提起行政诉讼。1986年国家行政监察机关重新恢复以来,国家对监督机关的职责作了一系列规定,1990年又颁布了《中华人民共和国行政监察条例》,其中规定,行政监察机关受理个人和单位对行政机关及其工作人员违法侵害的控告、检举,并进行调查、处理。根据《行政诉讼法》和《行政监察条例》的规定,公民、法人和其他组织在遭受行政机关具体行政行为违法侵害时,可以向法院起诉,也可以向监察机关控告,法院和监察机关都有义务予以受理。两个国家机关的职责在一定程度上存在重合。正确认识和把握行政监察机关与人民法院在处理对行政机关控告、起诉中的相互关系,对于充分发挥国家机关的职能,有效地保护公民、法人和其他组织的合法权益,更好地维护和监督行政机关依法行政,有重要作用。

在行政诉讼和行政监察制度并存的情况下,公民、法人和其他组织对行政机关的违法侵害行为提出控诉,由谁受理更为有利?确定这一点,主要看两方面。一看是否有利于保护公民、法人或者其他组织的合法权益;二看是否有利于维护和监督行政机关依法行使行政职权。这两方面中,保护公民、法人或其他组织的合法权益是主要的。因为,行政机关只有在其行为不侵犯公民、法人或其他组织的前提下才谈得上依法行使职权。

依照现有法律规定,法院和监察机关在运用法律手段保护公民、法人或其他组织合法权益方面,是各有所长的。从法院方面来看,以行政诉讼制度对公民、法人或其他组织实行司法救济,有两个明显的优点:

1. 能较好地满足原告的诉讼要求。公民、法人和其他组织认为行政机关的具体行政行为侵犯他们的合法权益,到国家机关控诉,都有其诉讼请求。对控诉人的这些要求,监察机关除了责成给公民合法权益造成损害的行政机关采取补救措施外,只能对有关行政机关作出纠正或者撤销决定的建议。这种建议虽然具有法定力,行政机关在无正当理由的情况下必须予以采纳,但这毕竟是一种建议,不是直

* 作者单位:上海市监察局。

** 作者单位:上海市监察局。

接生效的决定。而法院则可根据审理结果作出直接生效的司法判决。显然，法院对控诉人的救济比监察机关更为直接。

2. 有更强的法律效力。监察机关和法院都是国家机关，凡按照法律、法规规定在各自职权范围作出的决定或其他处理，都具有法律效力，有关部门有服从、执行的法律义务。但是法院的决定比起监察机关的决定，具有更高的法律效力。法院的判决是国家对具体社会事务进行处理的最高形式，具有最后的确定力。在司法和行政都可管辖的范围内，司法程序应当高于行政程序。因此法院在维护公民、法人或其他组织合法权益方面，效果明显优于行政监察机关。

但行政监察机关也有其特点：

1. 可节省时间，提高效率。监察机关受理案件也要按规定的程序办理，但相对诉讼程序，监察机关具有手续简单、时间快、前置条件少的优点，减少了对控诉人的种种限制要求，使一些想打官司，但又怕耗费时间的控诉人另有所告之门。由于监察机关是政府的内部组织，参与政府活动，对行政机关的活动更为了解，因此，更有利于准确、合理地对案件作出处理，既维护控诉人的合法权益，又维护行政机关依法行使职权。监察制度的存在，使行政机关内部又多了一个救济渠道，这对于提高解决行政争议的效率，加强政府的自我监督，减少诉讼，无疑是有益的。

2. 有利于减轻控诉人的思想负担。行政诉讼制度的建立对于打破“民不告官”的封建传统意识，产生了巨大的冲击。但是，一方面，由于两千年封建意识不可能在一个早上全部消除，老百姓怕告官的思想仍然起着作用；另一方面，行政机关在行政法律关系中的优越地位，使告诉人不得不顾虑诉讼以后的日子。虽然，告诉人的这种意识和心理状态，对于行政诉讼和行政监察是同时存在的，但监察制度多少可以减少一些告诉人的思想忧虑。因为监察机关对行政机关的监督是按行政隶属关系确定的。低一级的监察机关不能管辖高一等级的行政机关。这种管辖制度与我们的传统政治及社会效应相吻合，因此易为广大群众所接受，不少人愿意向监察机关投诉，或者向监察机关所在的政府负责人举报行政机关。他们认为通过行政首长往往比司法部门更解决问题。产生这一思想的另一个原因是，人们认为法院一般只有对行政机关的处理权，并不直接涉及行政机关的首长。而监察机关的处理，能够直接作用于行政机关的领导人员，可以撤他们的职、罢他们的官。这对于督使行政机关依法行政，改正并补救对控诉人的损害，可起到更大的作用。

在行政诉讼和行政监察共存的情况下，在实际工作中如何恰当处理两个机关的关系？除了《行政诉讼法》第56条和第65条第3款规定的相互关系外，在受理案件时，应当处理好以下3点：

首先，法院和监察机关要按照各自的职责，分别受理公民、法人和其他组织对行政机关的起诉和控告，并按照自己的职权依法作出处理，既不互相替代、包揽，也不互相推诿。

其次,不受理重复控诉案件。控诉人因同一事件在相近的时间内,只能向一个国家机关提出控诉,或者向人民法院起诉,或者向监察机关控告,不能同时向两个机关提出控诉。法院或监察机关得知另一方已经受理控诉后,应当不再受理重复控诉。这样做,一是为了避免两个机关对同一事件可能作出的不一致处理,以保持国家机关的尊严和公正;二是提高国家机关的工作效率,避免同一事情多头处理,重复处理。

最后,在监察机关受理控告的案件中,控告人中途转向法院起诉,法院虽然得知监察机关已经受理,但认为由法院受理更为有利而予以受理时,监察机关应当中断原来的审理程序,将案件自然移至法院处理。

(1992 年第 2 期)

1993 年

宪法与刑事诉讼

左卫民* 唐雪莲**

宪法作为国家的根本大法,与其他任何法律都是"母子"关系;然而由于各具体法律在法律体系中的地位和作用不同,它们和宪法的"子母"关系就有亲有疏,各式各样。刑事诉讼法作为一大部门法,也与宪法有必然联系。那么究竟这种关系如何,宪法应怎样规定刑事诉讼的内容,本文就此作一探讨。

一

和其他大多数普通法律相比,刑事诉讼法与宪法的联系甚为密切,原因主要在于:

第一,宪法的重要使命旨在规范国家权力的运用,而刑事诉讼正是行使国家权力的重要方式,当然得纳入宪法。

第二,宪法是保障公民权利的大宪章,对严重关系到公民的基本权利,尤其是生命财产的生杀予夺的刑事诉讼活动自然予以极大关心。

正是由于以上原因,各国宪法都比较重视刑事诉讼,作了相当广泛和深入的规定。比较世界上142部成文《宪法》,不难发现各国宪法对刑事诉讼法的规定包括两方面的内容:其一,赋予司法机关广泛的职权,保障国家刑事司法活动的正常开展。在世界各国宪法中,92.3%规定了国家司法机关的职权范围,行使权力的方式;73.9%规定了司法机关独立开展工作。其二,确认公民享有的权利,保障公民个人权利的行使。有88%的宪法规定了在刑事诉讼中,被告人享有的诸如辩护、与证人对质等多种权利;80.4%的宪法涉及对公民私生活,特别是对住宅以及个人生命保护问题;66.9%的宪法规定了公民的人身自由权和人身保障权。

二

尽管各国宪法中都存在上述两方面的规定,但不同国家对两方面内容规定的

* 作者单位:四川大学法律系。
** 作者单位:四川大学法律系。

比重及表述都大不一致。现代各国虽然都强调民主与法治,重视公民权利的保护,但不同法系国家对保护公民权利和保障国家权力行使的关系所持态度并不完全一致。因而宪法中对刑事诉讼法内容规定存在两种做法:一种着眼于保障国家权力的行使,对个人权利保护相对较少;另一种则更注重个人权利的保护,制约国家权力。大陆法系的一些国家倾向于前者,英美法系国家则偏向后者。英美法系国家宪法往往用较多条文对公民的权利作全面具体的规定;大陆法系国家宪法用于规定公民权利的条文却相对较少,多为概括性规定,而详尽地规定了司法机关的职权和行使。同时,对于一些相同的刑事诉讼原则,不同法系国家的宪法分别置于不同章节,以示其保护重心的不同。以具体国家为例,就可清楚地看出这其中的差异。

英美法系国家宪法以美国宪法为代表,它包括 1787 年《宪法》和以后陆续颁布的 26 条修正案。关于国家司法权,在 1787 年《宪法》第 3 条司法条款中作了规定,确认了审判管辖、陪审团等司法制度。对公民权利的规定则是在《宪法修正案》第 1 ~ 10 条以及 14 条中。其中第 4 条规定公民的人身、住宅、文件和财产不受无理搜查和扣押;第 5 条确认了大陪审团、不得双重受罚、不得强迫自证其罪以及正当程序等诉讼制度;第 6 条则更为具体地就刑事诉讼中被告人享有的广泛权利作了规定,在一切刑事诉讼中,被告人均有权得到"公正陪审团予以迅速和公开的审理"、有权"被告知控告的性质和原因""并取得律师帮助其辩护",以及有权"同反对他的证人对质"并"以强制程序取得对其有利的证人";以后通过的第 14 条修正案再次强调了"非经正当法律程序,不得剥夺任何人的生命,自由或财产"的正当程序条款。

法国现行《宪法》是大陆法系国家宪法的代表,它于 1958 年通过。该宪法一方面规定了应在刑事诉讼中保护人权,但规定却并不具体。例如,《宪法》序言指出"忠于 1789 年人权宣言所肯定的,为 1946 年宪法的序言所确认并加以补充的各项人权和关于国家主权的原则",宪法本身却无公民各项权利的具体规定。相反,宪法列专章规定司法机关,并确立了司法独立等制度。同样,1949 年制定通过的德国宪法亦确认公民的基本权利,并在第 1 章加以规定,但排列并不详细。相反,却有不少有关权力运用的规范。如关于司法制度,《宪法》第 92 条规定"司法权赋予法官",第 97 条规定"法官具有独立性"。

三

在现代民主社会,重视和肯定公民权利,提倡对权利的保障已成共识。那么,为何宪法在对刑事诉讼有关原则的规定上却做法迥异呢?究其原因,主要在于由不同的历史文化背景、特定社会条件所决定的不同的法律价值观念。

价值观本质上是一种利益观。任何社会都认可两种基本利益,既社会安全和个人自由,它们体现于政治、法律各方面。社会安全利益的基本内容在于维护整个社会的安全和秩序,个人自由利益的根本要求则在于保障每个公民的权利自由。要维持社会的正常运行,既要注重社会安全利益也要考虑个人自由利益,各国在司法过程中都力求实现这两种价值。但两种利益之间不可避免存在矛盾和冲突:为维护社会安全利益,要求对个人自由利益进行一定程度的限制;为保障个人自由利益,则希望国家尽可能减少对个人权利的干预。在刑事诉讼中,社会安全利益通过追究和惩罚犯罪的积极活动予以保障;个人自由利益体现为维护涉讼公民的合法权益。二者之间的矛盾,导致国家在制定刑事司法政策时,不可能完全同时体现两种利益的要求,必然对其进行评判取舍,选择其中一种作为保护的重心。在这一问题上,各国的价值判断并不一致,由此形成两大法系不同的诉讼价值观念。英美法系国家刑事诉讼以个人自由利益为最基本价值目标,提倡"正当程序"论,认为政府只有遵守注定程序,保护涉讼公民的合法权益,才能对抗被告人。因此,其刑事司法制度充分肯定涉讼公民的诉讼权利并建立相应程序保障机制,同时严格限制国家司法权力的适用范围、行使方式。大陆法系国家刑事诉讼则视社会安全利益为其保护重心,实行"犯罪控制"观。强调最大限度地和可能地惩罚犯罪,为此赋予司法机关广泛权力,允许司法机关对公民权利进行干预,在此基础上兼顾保护涉讼公民的权利。

正是因为两大法系不同的诉讼价值观念,产生了两大法系宪法对刑事诉讼法有关原则规定的不同做法。英美法系国家宪法关于刑事诉讼法规定反映出正当程序观的要求,强调对涉讼公民权利的保护,一方面详尽规定了涉讼公民的权利以及公民人身、住宅不得侵犯的权利;另一方面则限制司法机关活动,规定只有遵守法定程序,才能采取行动,非法获得的证据不得被法庭采用,不得非法拘留、扣押等。而大陆法系国家宪法中则体现犯罪控制观的内容,并不过多限制司法机关活动,同时也未设立烦琐的程序要求。

以上两种做法,源于不同的法律价值观念取向,各有优劣,从有利于发现案件真相,追究犯罪来看,大陆法系做法略胜一筹;从保障涉讼公民的个人权利,体现民主要求而言,英美法系做法更易体现。但两种做法的弊端亦显而易见:英美法系易放纵罪犯,危及社会安定;大陆法系可能构成侵犯公民权利,与民主要求相悖。因此,一种理想的模式应当兼采二者之长,寻求社会安全利益和个人自由利益的均衡与和谐,既保护涉讼公民的个人权利,又保障犯罪能被依法追究以维护社会安全与稳定。

四

我国宪法的发展与完善经历了曲折的过程。新中国成立以来,我国共颁布了4部宪法,即1954年《宪法》、1975年《宪法》、1978年《宪法》和1982年《宪法》。每部宪法都是特定时代的产物,因而对司法机关活动的规定不尽相同。1954年《宪法》在第2章国家机构中规定了人民法院行使审判权(第73条),审判案件实行陪审员制(第75条),“人民法院审理案件,一律公开进行”、“被告有权获得辩护”以及诉讼用本民族语言进行(第77条),独立审判(第78条)等原则。1975年《宪法》仅仅规定人民法院行使审判权,其他原则均未提及,并规定取消检察院,由公安机关代行其职。1978年《宪法》中,恢复了辩护制以及公开审判原则,但仍未规定独立审判和用本民族语言诉讼原则。1982年《宪法》在1954年宪法基础上进一步发展,保留了公开审判、辩护制以及用本民族语言诉讼原则,取消了陪审员制度的规定,完善了独立审判原则,规定人民法院依照法律独立行使审判权,不受行政机关、社会团体和个人的干预。此外,还补充了公、检、法办理刑事案件,分工负责、互相配合、互相制约原则。

综观各部宪法,都有关于公民人身自由和权利的规定。1954年《宪法》确认了公民人身自由不受侵犯,任何公民非经人民法院决定或者检察院批准,不受逮捕的权利和住宅不受侵犯权利。1975年《宪法》将两个条文合二为一,规定在第28条中:“公民人身和住宅不受侵犯,任何公民非经人民法院决定或者公安机关批准,不受逮捕”。1978年宪法继续保留这一规定并有所发展,提出任何公民非经法院决定或者检察院批准并由公安机关执行,不受逮捕。1982年《宪法》首次将“公民的权利和义务”由第3章提前到第2章,列于国家机构之前,内容亦有新的变化。除保留1978年《宪法》关于人身自由不可侵犯,不受非法逮捕的规定外,还补充了“禁止非法拘禁和以其他方式非法剥夺或者限制公民的人身自由,禁止非法搜查公民的身体”的新内容。对于住宅不受侵犯,也具体规定“禁止非法搜查或者非法侵入公民的住宅”。

应当指出,我国宪法关于刑事诉讼法内容的规定,亦受两种价值观念取舍的影响。为保障社会主义制度,维护社会安定和团结,要求司法机关准确及时惩罚犯罪;为实现社会主义民主,体现人民当家作主,又需对涉讼公民的合法权利予以保护。在我国,由于个人权利与社会利益在根本上是一致的,因此能够寻求二者的最佳结合。从我国现行宪法可以看出,宪法既有保障司法机关准确有效追究、打击犯罪的规定,也有保护涉讼公民个人合法权利的内容,与前三部宪法相比,保护公民权利的内容更广泛更具体。所以,我国宪法的规定比较科学。

然而,1982 年《宪法》亦有尚待改进之处。虽然理论上规定社会安全利益与个人自由利益的统一,但在实践中往往侧重对前者的保护,对涉讼公民权利保障仍显不够。自然,司法操作中的问题不可忽视,但立法规定的不完善也是重要原因。我们认为,1982 年《宪法》关于刑事诉讼法内容规定存在以下不足:(1)辩护制度的规定欠妥。被告人有权获得辩护,这是被告人的基本权利,辩护为维护被告人利益而开展,因此辩护制度应纳入公民权利义务一章。但宪法将其规定在国家机构一章,无疑作为保障司法机关活动的一项制度,不利于对被告人权益的保护。(2)关于司法机关对有关公民人身权利干预的规定较笼统。宪法并无明确的关于司法机关干预公民人身权利的规定,仅在公民权利中规定禁止非法拘禁、限制人身自由、搜查他人身体、住宅等。这种规定并非专门针对司法机关而言,也无明确的司法机关采取强制措施干预公民有关权利的执行机关、期限等具体内容,从而无法保障司法机关此类活动正确合法进行。(3)无刑事诉讼中被告人权利的专门规定。被告人在诉讼中的各种权利是公民基本权利与人身自由的重要部分,大部分国家的宪法都将被告人享有的权利一一列举,我国宪法亦应有所规定。如迅速、公正审判,与证人对质、无罪推定等。

(1993 年第 12 期)

中国宪政发展的症结与出路

郝铁川*

“流光易逝如翻水”。从 1908 年 9 月我国第一部宪法性文件《钦定宪法大纲》的问世，到如今，中国的宪政事业已跨过了 80 多个风风雨雨的春秋。80 多年来，中国历代政府颁布的宪法或宪法性文件不可谓不多，即使是在西方宪法变动较大的法国（从 1791 年到 1870 年的八十年中变更了八个宪法）也比不上中国 80 多年来宪法变更的数目之多。

然而，迄今学术界都普遍认为，中国的宪政水平还不是很高的。就拿真心实意搞宪政的新中国来说，也曾出现过 20 年“左”的时期，出现过 10 年“文革”那样严重践踏宪政原则的大动乱。

80 多年来，影响中国宪政发展的症结是什么呢？法学界多从历部宪法制定者的阶级属性和主观动机去分析，这当然是不错的。但我们认为这是远远不够的。因为如果不从中国 80 多年来的社会经济结构入手，就难以捕捉到中国宪政发展水平缓慢的根源；如果不研究中国 80 多年来的社会政治环境以及中国几千年来的社会文化心理，就很难说明中国宪政制度和宪政观念是多么不易地被人们认同。宪政如果缺乏适宜生长的土壤，那么它只能是只开花、不结果。

一、中国宪政长期缺乏赖以生存的经济基础

宪政是上层建筑的一部分，它必须扎根于一定的经济基础之中，这是唯物史观的基本原理。那么，宪政的经济基础是什么呢？纵观世界宪政史，这个问题的答案是显而易见的，那就是市场经济。

宪政的形成，首赖近代市场经济。它率先从经济上否定了中世纪基于血缘、门第、地域、宗教、语言、种族之间的差别而产生的社会等级、特权，完成了“从身份到契约的运动”。接着，与市场经济同时来到人间的资产阶级从政治上摧毁了中世纪专制制度，把市场经济中的主体平等等价交换原则转化为在法律面前人人平等的原则，为宪政的实施创造了前提。市场经济改变了中世纪富者必是贵者，贵者必为富者的社会状况，出现了政治和经济二元化的局面。资产阶级不直接行使国家

* 作者单位：华东政法学院（现华东政法大学）。

权力,而是运用资本的力量间接控制国家权力,通过自己的政治代表人行使国家权力。这种权力的所有和权力的行使之间的分离可能造成一定的政治风险,即权力不是按照所有者的意志行使,从而使权力的行使不利于所有者。为了防止这种政治风险,权力的所有者制定了宪政民主制。一方面它给予人民种种政治民主权利,以权利规范国家权力;另一方面它对国家权力实行分权制衡原则,以权力制约权力。

西方国家的宪政就是以市场经济为前提,而新中国成立以前的近代中国,宪政的发展之所以步履维艰,根子就在于市场经济的基础太薄弱。在半封建半殖民地的近代中国,民族企业的力量与帝国主义、封建主义、官僚资本主义相比,可以说是微不足道。19世纪70年代到甲午战争以前,中国资本主义处于刚刚出世的幼年时期,拥有的各种近代企业共有72家,资本总额约2000万元,还不及中国在中英《南京条约》中一次赔款多。在1895~1911年这一段时间内,曾先后发生过戊戌变法和辛亥革命,它们都以建立近代宪政为目标,但都失败了。究其原因,以经济上来看,就是因为市场经济不够发达,没有造就出强大的企业家队伍。从1895~1911年的17年间,中国设立的厂矿不过才490单位,资本总额不过才11,131万元,平均每年29单位,资本额655万元。1912年至1919年,是北洋军阀政府时期。他们假借宪政之名,实行封建专制之实。而民族资产阶级却敌不过他们,原因亦在于不发达的市场经济没有孕育出更强大的企业家队伍。1912~1919年8年间设立厂矿不过才422单位,资本额9478万元,平均每年59单位,资本额1185万元。

新中国成立后,我们长期实行计划经济。那么,不是在市场经济而是在计划经济的基础上,究竟能否建立起中国的社会主义宪政大厦?现在历史实践已经表明:不能!市场经济是社会主义社会不可逾越的阶段,社会主义的民主宪政必须根源于此,而不能根源于计划经济。因为在计划经济下,生产者没有自己的独立身份、独立意志和独立的经营权益,他们的活动是消极的、被动的。这种关系表现在行政管理机关的活动中,是一种权威(权力)与服从的关系,而不是宪政要求的以权利制约权力的关系。正因为我们长期实行计划经济,所以民主与法制不健全,出现了封建残余死灰复燃的现象。正如邓小平同志所说的那样,目前我们党和国家政治体制中的主要弊端就是官僚主义、权力过分集中、家长制、干部领导职务终身制和各种特权,而这些现象都与封建主义的影响有一定的关系。封建主义本来是自然经济的产物,但却在社会主义社会阴魂不散,与计划经济很难说没有一点关系。唯物史观要求我们把经济视为社会存在与发展的根本因素,研究考察上层建筑时,紧密联系它的经济基础。中国宪政屡遭波折,封建主义屡打不散,与中国的计划经济有一定的关系,这个问题非常值得我们深思。

中国宪政的生存与发展,必然依赖于市场经济的完善与发达,世界宪政史已提供了这样的经验,10年“文化大革命”亦从反面提供了教训。市场经济是各国宪政的前提条件,也就是说,要搞宪政,就必须培育、发展市场经济。当然中国的市场经济是社会主义条件下的市场经济,而不完全等同于资本主义私有制基础上的市场经济。

二、中国宪政长期缺乏有力的阶级、基层基础

市场经济是宪政赖以生存的经济基础。然而,市场经济不会直接造就宪政,两者之间需要有一个中介。这个中介在资本主义社会是资产阶级,在社会主义社会,则主要是工人阶级的重要组成部分之一,具有独立性的市场主体——企业家阶层。

中国近代的资产阶级是极不成熟的。他们在帝国主义、封建主义、官僚买办资本主义的扼制下,势单力薄,却又不能很好地去同人口众多的农民阶级结成联盟,扩大自己的政治力量。因此,这样一个软弱、不成熟的资产阶级是无力承担起建设中国近代宪政的历史重任的,注定了中国近代宪政失败的命运。

新中国成立后,建设民主宪政的任务落到了无产阶级的肩上。然而,由于我们长期实行计划经济,政治和经济融为一体,经济成为政治的附庸,生产者没有独立的经营权、生产者之间实际上不发生横向主体关系,有的只是与上级和政府的纵向隶属关系,政府则主要依据行政权力关系、行政命令、等级职位、红头文件来安排、配置资源,而人民对政府的反向制约关系(以权利制约权力)却没有很好地建立起来。在计划经济体制下,生产者的生产活动是在政府和上级预先作出的指令下进行的,生产者没有自己的独立身份、独立意志和独立的经营权益。因此,他们的权利主体意识很难全面培育出来,人民当家作主的社会主义政治制度的优越性很难发挥出来,以致发生了完全践踏民主宪政原则的10年“文化大革命”。

总之,80多年来,中国的宪政始终缺乏一个坚强有力的阶级后盾,资产阶级由于其软弱性而无力承担建设宪政的任务,而新中国的无产阶级由于计划经济体制而未形成完全的权利主体,未能充分发挥出建设真正的宪政的历史作用。因此,80多年来,资产阶级的宪政未能真正确立,倒反被一些诸如袁世凯、曹锟之类的封建军阀政家玩弄于股掌之上;无产阶级的宪政未曾得到完善,倒反被林彪“四人帮”反革命集团严重践踏。

三、中国宪政长期缺乏必要的文化传统

从总体上来看,中国人的宪政意识比较淡薄。从根本上来说,当然是市场经济

微弱所致。但除此之外，我们认为，还与中国的历史文化传统密切相关。

（一）中国缺乏宪法意识的历史传统

宪法优越论是西方各国宪法文化的共同信念，它起源于古代希腊“高级法”的观念。

在古代雅典，人们把法律分为“法”和“命令”两类。“法”是一般的半永久性的规范，不能通过一般的立法程序加以修改，其程序有些类似现代的宪法的修改程序。而“命令”由人民大会制定，但必须在与“法”相一致的情况下才生效。裁判官有义务遵从这两种法律规范，但只有在“命令”不与“法”相抵触的限度内，才受“命令”的约束。这种古代雅典法律反映出来的性质，就是所谓“高级法”的思想，它把人定法与具有“普通”、“自然”、“神”的不变规范的法区别开来。这对后来人们把宪法和法律分开，具有一定的影响。欧洲中世纪的法学理论，明确地把法律分为两种规范，一是具有优越地位的、不可侵犯的自然法规范；二是地位较低的、必须与自然法规范相一致的人定法规范。毫无疑问，这种法律意识对于近代宪法高于其他法律的理论，有直接的影响。

近代自然法学家对于弘扬和传播宪法的最高性和优越论，作出了重大贡献。其中瓦特尔把宪法和普通法律区分得最清楚。他认为立法者没有变更基础法，即宪法的权力。国民除了明白地规定给立法者以变更宪法的权力以外，宪法对于立法者是神圣不可侵犯的，议会不能随便予以修改。自然法学家这种宪法优越的观念，无论是对后来的资产阶级革命，还是对西方国家的宪政制度都发生了深远的影响。

西方有源远流长的宪法意识传统，而中国的传统法律观念中恰巧缺少这一东西。中国古代思想家认为高于王权、可以约束王权的是祖宗成法。然而这种祖宗成法与西方的自然法不同。后者或基于理性或基于上帝之神，具有永恒不变的特点。而中国的祖宗成法是随着王位的更替而不断损益的。今天是活着的君主，明天如果死了，那么今天的言行即可纳入祖宗成法的范畴。祖宗成法的主要内容：一是“敬天保民”；二是严防别人对皇权的觊觎。因此，不论是从形式，还是从内容，中国的祖宗成法与西方的自然法都不可同日而语。

正因为中国传统法文化中缺乏宪法意识，所以中国近代的仁人志士才辛辛苦苦地向西方学习，把西方的民主宪政学说介绍进来，把西方的宪政理论付诸实践，才引起了近代激烈的打倒孔家店运动。

（二）中国缺乏宪政的文化心理传统

西方的宪政是建立在对人性的不信任的基础上的。他们认为人性是恶的，由此决定了权力也是恶的，也是不可信任的。为了防止人类的恶性毁灭人类社会，就必须建立宪政制度，保障权利，约束权力。

西方人关于人性不可信任的理论，当然带有唯心的、先验的色彩，但这种理论在以私有制为基础的阶级社会里却具有深刻的合理性。早在19世纪，空想社会主义理论家就说过“私有制是万恶之源”。在私有制社会，人性不可能尽善尽美，的确完全难以摆脱兽性，至少对一部分人是这样。黑格尔说性恶论要比性善论深刻，恩格斯是同意这一分析的。他还在《家庭、私有制和国家的起源》一书中指出，人们的恶劣贪欲也是社会发展的杠杆之一。因此，西方人将其宪政理论建立在对人性的不信任的基础之上，不能说毫无道理。

可是，在中国传统文化里，人们对人性却持一种完全的信任态度。孔子说人们“性相近，习相远”，已暗含了性善的因素；孟子更发展为“性善论”，说“人皆可以尧舜”；即使孟子主张“性恶论”，但他同时又强调只要经过一番修身善性，即可“化性起伪”，成为圣人。“性善论”经过宋代《三字经》“人之初，性本善”的宣扬，几乎家喻户晓，得到了人们的认同。其实，这一理论与封建社会政权、神权、族权、夫权4大枷锁对人民的束缚的严酷史实相对照，显得非常虚伪。而且，对人性的过于信任，过高估计，很容易导致一些伪君子的产生。

因为中国传统文化里占据支配地位的是性善论，所以中国人对国家权力不仅不持怀疑态度，相反却具有强烈的权力崇拜意识。儒家为论证“三纲五常”的合理性，从战国到清代，孜孜不断地努力了两千多年，追求“圣君贤相”的政治格局也长达两千余年。因为相信“性善论”，中国人就推崇以德治天下，以孝治天下，而法律仅仅是辅助德、孝实施的工具，君主治理国家成了一种“正心、诚意、格物、致知、修身、齐家”的自我道德修养过程。

在社会主义社会，是不是就可以对人性持完全的信任态度呢？人性是具体的，不是抽象的，因为人的本质是社会关系的总和。因此，我们必须从社会主义社会的经济政治现实出发。在我国，社会主义公有制虽然居主导地位，但私有制毕竟还存在，而且在一定程度内还是合法的，剥削阶级作为整体虽已不复存在，但阶级斗争还在一定范围内长期存在；几千年的封建主义传统依然是百足之虫，死而不僵。更重要的是，当前我国还处于社会主义社会初级阶段，社会生产力水平还较低，人们的道德觉悟整体上还不可能具有很高的水平，“春风扬柳万千条，六亿神州尽舜尧”只是诗人一种理想化的说法。否则，我们就很难解释十年“文化大革命”带来的社会大动乱。那是一场多么沉重的民族悲剧啊！

正因为传统的性善论深深地支配着中国人的文化心理，所以在极“左”的那些年代里，“人治论”甚为时尚，个人崇拜日趋加剧，“灵魂深处爆发革命”的德治论也为不少人笃信不疑。同时，民主宪政原则却被严重践踏，这是多么值得记取的历史经验教训！

四、中国宪政发展的出路

上面我们回顾了中国宪政80多年来的坎坷历程及其成因，那么，今后中国宪政发展的出路也就非常明确了。

第一，大力发展社会主义的市场经济。历史已经告诉我们，在自然经济和计划经济的基础上，是不可能建立起民主宪政大厦的，发达的社会主义市场经济是建设社会主义民主宪政的必由之路。令人兴奋的是，在邓小平同志1992年视察南方讲话的指引下，社会主义的市场经济正在茁壮成长。1992年7月公布了国务院制定的《全民所有制工业企业转换经营机制条例》（以下简称《条例》），1993年3月29日通过的宪法修正案确立了市场经济的宪法地位，这些都给中国的民主宪政带来了光明的前景。特别是《条例》第7～54款，从头至尾构筑了一个企业走向市场的运作体系。围绕市场这个主体，企业拥有的经营自主权等各项权利已超出了以往的任何限制，可以完全放开手脚投向市场的海洋。而随着社会主义市场经济的发展，中国的民主宪政将迈上一个新台阶。

第二，造就一个相对独立于国家政府的企业家阶层。随着《全民所有制工业企业转换经营机制条例》的实施，企业必将成为依法自主经营、自负盈亏、自我发展、自我约束的商品生产和经营单位，进而必将造就出一支宏大的企业家队伍，给民主宪政带来坚实的社会政治基础。民主宪政不可能在小生产者，或虽是大生产者但却没有独立人格和自主权利的社会中实现，只能在以企业家为中坚力量的社会中得到实现。因为企业家是社会主义市场经济人格化的集中代表，他们最希望在民主宪政的社会法治环境里进行公平竞争、和平进取。总有一天，当这个阶层并不像过去那样依赖政府，而政府却要依赖它所交纳的税来维持时，中国的民主宪政就会更上一层楼。

第三，抛弃传统的性善论、德治论、人治论，树立以（公民）权利制约（政府）权力的观念。社会主义市场经济的发展，必将使主体意识、权利意识、契约精神、竞争意识、平等观念、社会责任感、法治观念等在全社会得到高扬。人们将从传统文化编织的、所谓公平的乌托邦走出来，进入承认利益差别正当性、合法性的竞争社会，人们会从自己的切身利益出发，认真推选出自己的政治代表（人大代表），去监督国家，去制定一系列法律保护自己的正当利益。

可以乐观地说，上述中国宪政发展的3个必要条件现在已经初步具备。坚冰已经被打破，航道已经开通，中国社会主义民主宪政的战舰正在开足马力，乘风破浪，奋勇前进！

（1993年第12期）

1996 年

完善我国行政复议监督制度的思路与对策

杨惠基*

所谓行政复议,是对行政机关在行使行政管理职权时与行政管理相对人发生的行政争议,根据行政管理相对人的申请,由上一级行政机关或者法律、法规规定的其他机关依法进行审查并作出裁决的活动。

我国行政复议制度是在加强我国民主法制建设中创设的一项旨在维护和监督行政机关依法行使职权,保护公民、法人和其他组织合法权益的法律制度。

行政复议作为我国行政法制建设中的一项重要法律制度,需要一个逐步完善和发展的过程,这也是行政法理论和实践面临的重要任务。我国行政管理的总趋势是朝着民主化、法制化、科学化的方向发展,行政复议监督制度的发展也是顺应这一总的趋势。完善行政复议监督制度,既要有宏观上的总体思路,也需要微观上的对策。

一、总 体 思 路

行政复议的宗旨是既要监督行政权力依法运行,矫正违法和不当,保护行政管理相对人的合法权益,又要保证和促进行政机关高效率地行使行政管理职权,最大限度地实现国家和社会公共利益。为此,要把行政复议这一法制监督形式同样纳入法制轨道,提高监督效能,建立健全监督的自我调节机制,形成渠道畅通、机构健全、制度完善、富有权威、充满活力的行政复议监督制度。

完善行政复议监督制度,就宏观上而言,需要考虑如下3点:

1. 培养全社会的法制意识,这将在社会文化心理上为完善行政复议监督制度创造条件。其中包括两个方面:一是培养国家公务员的法制意识,提高依法行政的认识;二是培养人民群众的法制意识,学会运用法律手段来保护自己的合法利益。

由于我国封建社会形成的法律"治民不治官"、行政权力至高无上等观念,至今还在一定程度上影响着国家公务员,包括一部分行政机关领导。要完善行政复议监督制度,必须使国家公务员树立法律面前人人平等的观念,增强依法行政的自觉性。

---

* 作者单位:上海市行政法制研究所。

增强人民群众的法律意识,需要加强普法教育的力度。要以新闻媒介为普法教育的基本手段,使法制意识传播于社会各个层面,渗透于千家万户,使法律成为人民自由的"圣经"。

2. 进一步深化改革,理顺国家、集体与个人之间的关系,这将在经济上为完善行政复议监督制度创造条件。

行政复议的前提条件是公民、法人和其他组织存在自己的独立利益,只有当他们发现自己的利益受到行政机关具体行政行为的侵害时,他们才可能主动申请行政复议。如果公民、法人和其他组织不存在自己的独立利益,行政复议也就失去了其存在的基础。在国家占有社会的绝大部分财产,当一切生产、分配、交换、消费行为都被纳入国家计划控制时,是难以出现行政复议的。随着改革开放的进一步深化,必须进一步理顺国家、集体和个人三者之间的关系,明确各自的利益范围,特别是分清财产所有权。只有这样,才谈得上依法保护公民、法人和其他组织的合法权益,从而为完善行政复议制度创造条件。

3. 发扬社会主义民主、健全社会主义法制,这将在法律上为完善行政复议监督制度创造条件。

行政复议制度本身就是加强社会主义民主与法制建设的重要内容,行政诉讼制度和国家赔偿制度的施行更加充实了这一内容。就监督理论而言,行政复议、行政诉讼和国家赔偿都属于事后监督形式,是在行政争议或者行政侵权行为发生以后实行的一种事后救济,这就还需要与行政行为的事前监督机制相结合。对行政行为事前监督的一个重要环节,就是行政权力的依法设定。在我国,行政机关的行政权力来源于立法授予。要进一步完善人民代表大会制度,使人大对行政权力的立法监督落到实处,保证依法设定的行政权力的正确性、必要性。

二、对策分析

就微观上而言,以下 3 点值得引起重视:

1. 扩大复议范围。

随着行政复议监督制度的深入发展,逐步扩大复议范围势在必行。扩大范围主要涉及对抽象行政行为和对内部具体行政行为的复议。对抽象行政行为的复议包括:对国务院所属部委、较大市以上政府制定的行政规章不服的和对乡级以上政府、县级以上政府所属部门制定的具有普遍约束力的决定、命令不服的,可以申请行政复议。对内部具体行政行为的复议包括:国家公务员对各种行政处分不服的和对涉及本人职务升降、任免、培训、岗位轮换、工资保障、福利、辞退、退休退职等其他人事行政行为不服的,可以申请行政复议。

2. 完善复议程序。

行政复议程序是行政机关处理行政争议活动中应当遵循的步骤、方法，它是保证行政复议合法公正的有效手段。完善行政复议程序，需要逐步建立行政复议的回避制度、听取当事人意见制度、双方当事人对质制度、复议委托代理制度、复议案件材料公开制度、复议庭审制度以及健全告知诉讼权利制度等。

3. 增设复议监督机制。

对行政管理活动中出现的违法和不当，可以依法通过行政复议进行监督补救，那么对行政复议活动本身有可能出现的违法或不公正现象，如何加以防范和纠正，则是值得引起重视的问题。一方面对行政复议决定不服，可以依法提起行政诉讼；另一方面需要增设复议监督机制，即由特定的行政机关对已经发生法律效力的行政复议决定发现确有错误，可以依法再次作出处理的监督程序。发生这一程序必须具备两个条件：一是必须由有复议监督权的行政机关提起；二是必须是发现已发生法律效力的复议裁决、决定确有错误。

（1996年第1期）

非规范行为与宪法秩序

胡锦光*

宪法在我国虽然一直被尊崇为"根本法",但由于在计划经济体制下,社会对法律乃至宪法并未形成依赖性,因而在我国也就没有形成所谓的"宪法秩序"。自改革开放、特别是明确建立社会主义市场经济体制以来,由这一新经济体制的性质所决定,法律对经济生活、社会生活,乃至政治生活的调节和规范功能日益加强,社会逐渐形成对法律包括宪法的依赖性,我们的社会也将其发展方向定位于"法治社会"。应该说,这是中国社会进步的一大标志。

任何统治阶级都要求在一定规则基础上建立并维护适宜于自身统治的社会秩序。既然我们所要建立的社会模式为"法治社会",则我们所要建立并维护的社会秩序就只能是"宪法秩序",即建立在承认宪法为社会最高规则基础上的社会秩序。首先应当肯定的是,我们的宪法是一部具有正当性的、反映中国社会实际的宪法,建立并维护以该宪法为基础的社会秩序,是全国人民根本利益之所在。

毫无疑问,新经济体制在建立过程中必然要破除原有的某些制度和规定,打破一定领域、一定范围的旧秩序。否则,新经济体制就不可能建立起来。问题是,这种"破除"、"打破"应是有序的(规范的),还是既可是有序的(规范的),也可以是无序的(非规范的)?换言之,在一个法治社会里,非规范行为与宪法秩序是否相矛盾?这是改革前进到今日的中国必须解决的一大问题。

自实行改革开放政策以来,特别是建立社会主义市场经济体制以来,社会上出现了许多非规范行为。如在原有制度或规定未作修改或废除的情况下,自行创造出一些新的制度、规定或做法;在有明确规定的情况下,绕(避)开这些规定,各地、各部门在自己制定的规范性文件中,擅自扩大自己的职权范围和管理方法,在宪法未作修改的情况下,即已开始买卖或出让土地使用权,等等。这些非规范行为目前仍不同程度地存在。对于这类行为,有相当一部分人持赞同并鼓励的观点。其基本依据是,在某一层次的制度或规则作彻底变革的条件尚未成熟的情况下,非规范行为可以起到形成新制度萌芽及催化旧制度变革的作用。

不可否认,非规范行为在改革开放及新经济体制形成中,曾在一定程度上发挥过上述作用。但是,从社会总体发展方向及社会存在和发展的价值选择意义上说,非规

* 作者单位:中国人民大学。

范行为仍然是不可取的。从局部利益来看,非规范行为可能比规范行为更有利于促进事物的发展。而从整体利益来看,因为非规范行为是以破坏合法秩序为代价的,其在价值导向上是不可取的,同时其本身的成果亦缺乏合法秩序的保护,所以非规范行为实际上是取小利而舍大益。此外,什么情况下的非规范行为能够促进或阻碍事物的发展？其判断权掌握在行为者手中,这也是与法治原则相悖的。因此,非规范行为与我们根本利益所在的宪法秩序是相互矛盾、格格不入的。

非规范行为的存在,究其原因,无非有三:一是长期实行人治,轻视法治,是法治观念缺乏或淡薄所致;二是缺乏纠正这类行为的机制;三是现行的某些制度或规定不能及时反映现实要求。要杜绝非规范行为,保证宪法秩序,使宪法真正成为我们社会的最高规则而不致成为纸面上的东西,亟须从以下3方面加强:

第一,严格执法和司法,强化法治观念。以往在强化法治观念方面,偏重于教育的功能,忽视严格执法和司法所产生的活生生的现实的教育作用。实践中,执法不规范和执法缺乏力度成为行政执法的两大顽症,长此以往,既助长了相对方的非规范行为,亦助长了执法部门的非规范行为。作为神圣的最终裁决者的法院不能不折不扣地依法独立行使审判权,并由此产生负面教育作用,已经到了非整治不可的地步。法治观念不强,必然出现非规范行为;强化法治观念,唯有严格执法和司法。

第二,建立纠正非规范行为的机制。非规范行为可以分为两个层次,即违法和违宪。就违法性的非规范行为而言,纠正的机制已经建立,即行政执法和法院司法。但就违宪性的非规范行为而言,目前纠正的机制尚不健全,因此类行为往往危害甚大,亟须抓紧健全起来。国内学者已提出诸多方案,理论准备较为充分,只待付诸实施。

第三,规范性法律文件制定机关对于社会现实的客观要求,应及时以立法的形式作出反应,否则当既定的规范与现实相脱节时,非规范行为就必然要以这样或那样的形式存在,既定的规范也就会形同虚设。目前,在这方面存在两个较大的问题:一是在制定规范性法律文件时,较少听取不同利益者的不同要求,形成的规范在利益上缺乏全面衡量性。层级越低的规范性法律文件越存在此问题。二是对规范性法律文件存在的问题反映渠道不通畅,致使其在反映现实要求方面不够灵敏。

(1996年第5期)

司法体制改革略论

沈德咏*

在现代法治社会,司法权是国家权力的重要组成部分,它同立法权、行政权一起,形成现代国家基本的权力结构体系。围绕着国家权力结构的性质、权力的来源及其分配,各个国家依据宪法和法律确立了体现其阶级属性的政治制度,在任何国家,司法制度都是其政治制度的重要组成部分。我国是人民民主专政的社会主义国家,与此相适应,我国的司法制度属于人民民主专政的司法制度,坚持这一制度,是坚持四项基本原则的应有之义。本文所说的司法体制,是指我国司法制度具体的运行机制和实现方式,改革和完善司法体制,目的在于有效地实现人民司法制度的宗旨并进一步巩固和发展这一制度。

一、现行司法体制的弊端及改革的必要性

毋庸讳言,我国现行司法体制是在政治上奉行"以阶级斗争为纲"的指导思想,经济上实行高度集权的计划经济的特定的历史背景下逐步建立和发展起来的,所以,这一体制深深地带着那个时代的烙印。

其一,在思想观念上,简单地将人民法院等同于"专政工具"称为"刀把子",长期以来重刑轻民,审判工作无法做到全面协调发展。

其二,在工作职能上,完全是以完成计划统制为己任,一切以政府的工作重心为转移,造成审判工作长期滞后于时代的发展和缺乏主观能动性。

其三,在管理体制上,司法机关对行政机关有强烈的依附关系。在地位上,尽管从1954年《宪法》到1982年《宪法》都明确无误地将司法机关从行政机关中分离出来,形成"一府两院"三者并行的格局,但实际上法院只能等同于政府下属的一个部门;尤其在人财物的管理体制上,司法机关毫无自主权力,一切都依赖政府,完全是受制于人。

由于以上因素,造成我国现行司法体制3大弊端:

其一,司法体制缺少科学性。审判机构的设置、职能的规定、人员的配备及审判程序制度的规定等,不是根据审判科学本身的规律来设定的,而基本上是行政机

* 作者单位:江西省高级人民法院。

构模式的翻版,权力集中、管理落后、机构臃肿、人浮于事、效率不高等,成为无法自我克服的体制性病症。

其二,司法地位缺乏独立性。由于司法机关对行政机关存在的那种人身和财产依附关系,其法律规定的独立地位没有任何实际有效的保障。由于没有独立地位,也就无法形成确保公正司法所必需的抗干扰机制。地方保护主义、部门保护主义已成为无法自我克服的体制性通病。

其三,司法活动缺少公正性。由于地方保护主义、部门保护主义的影响及现行经费管理上的弊端,审判活动在价值取向上已出现了明显的功利性倾向,"利益驱动"成为又一无法自我克服的体制性病态。

可见,上述存在严重体制性弊端的现行司法体制,已经无法适应新的历史时期形势发展的需要,它不仅无法使人民司法制度发扬光大、发挥其应有的功能作用,而且会严重损害司法机关的形象和国家法制的权威,严重阻滞我国法治化的进程并最终阻滞我国现代化建设的进程。所以,司法体制改革已势在必行。

二、司法体制改革的基本价值取向

行为的价值取向往往最能凸显出行为的动机和目标。行为的价值取向无疑是一种主观的选择,但这种选择绝不可以是盲目的和随心所欲的,它受到行为所处的时空范围的客观环境和客观条件的影响和制约。然而,行为的价值取向又并非完全是被动的和无所作为的,正确的价值取向的选择反过来又将影响和制约行为的进程。司法体制改革价值取向的选择也是如此。

司法体制改革的价值取向必须考虑到以下几个重大现实问题:其一,现阶段我国社会的主要矛盾:人民日益增长的物质文化需要同落后的生产力之间的矛盾。其二,我国仍处于社会主义初级阶段,现阶段党的基本路线是:以经济建设为中心,坚持四项基本原则、坚持改革开放。其三,经济体制改革的价值取向:以兼顾效率和公平的社会主义市场经济体制取代计划经济体制。政治体制改革的价值取向:实现政治的民主化和民主的法制化,国家将逐步走上法治的道路。其四,国际经济一体化的发展趋势决定了我们必须长期奉行对外开放的政策并尽快确立实现与国际大市场接轨的法制基础。

司法体制改革的价值取向可能是多层面的,但从建立适应社会主义市场经济的现代民主司法体制而言,基本的价值取向有二,即效率与公正。司法体制改革必须有利于提高司法效率,实现司法公正。

司法效率反映了法律通过司法手段对社会关系实现调节的广度、深度和力度,司法效率高低是一个国家法制化程度高低的重要标志之一。法律只是书写在纸上的条文规范，无论是公民还是政府，都不能企望它在没有任何强制力的情况下，就能够自觉地遵守和有效地执行法律。司法行为所体现的就是这种国家强制力。刑事、民事、行政3大诉讼法确保对任何公民或政府的违法行为可以及时依照法定程序交付审判。党的十一届三中全会以来，随着我国法制建设步伐的加快，司法对社会关系实行调节的广度不断加大。传统的审判职能只有刑、民之分，从20世纪80年代中后期逐步扩展到经济和行政领域，其广度几乎涉及社会生活的各个层面。不仅广度加大，深度也在不断加大。如传统的刑事审判，依据案件性质有对普通刑事犯罪的审判和对经济犯罪的审判之分；依据犯罪主体不同，80年代中期开始在全国范围内建立少年犯审判体制。在民事、经济审判中，随着社会分工的深化和经济的发展，司法调节行为涉及房地产、股票、期货、金融、票据、知识产权等诸多领域。可以说，法律的触角伸向哪里，司法调节行为就拓展到哪里，立法和司法就是这样互为依存、相辅相成的。然而，如果说，司法调节的广度和深度已呈现出一种可喜的发展趋势的话，司法调节的力度则明显发展滞后、强度不够，无法显示出国家的强制力。在决定司法效率高低的诸因素中，司法调节的力度无疑是最重要的一个因素，因为这种调节如果不是强有力的话，法律的规范作用就会成为一纸空文，法律的权威地位就会不复存在。从实践上看，司法调节力度弱化的原因可能是多方面的，但根本的原因仍在于前述的现行司法体制因结构性缺陷所导致的三大弊之中。我们不能企望在现行软弱无力的司法体制下，能够产生强而有力的司法调节行为以实现司法的高效率。所以，我们必须以提高司法效率作为司法体制改革的主要价值取向，反过来说，只有有利于司法效率的提高，这种改革才具有改革的价值和意义。

司法公正所反映的是司法活动固有的维护公平、主持正义的价值准则。在司法实践中，司法公正的价值准则要求司法工作者在处理每一起案件时都必须站在公正的立场，公平地对待诉辩讼争的双方当事人，公道地依法作出裁决。对每一起案件的审理，都既要重视实体公正，又要注重程序公正，都必须做到以事实为根据，以法律为准绳，处理公平适度。可见，在现实生活中，那种或迫于权贵压力，或基于地方保护，或出于利益驱动所作出的曲解法律、偏袒一方的裁决，与公正的价值准则是格格不入的。公正，可以说是司法活动的一项传统的价值准则，但在新的历史时期，社会主义市场经济体制的建立和运行，对司法公正又赋予了新的含义，提出了新的要求。众所周知，所谓市场，其实质是具有独立经济利益的各个经济主体之间交换关系的总和。与计划经济属于国家统制经济相反，市场经济是各经济主体的自主经济，市场关系中普遍存在的自主性质，使这种自主经济同时又表现为自由的契约经济。可以说一切市场经济关系都是契约关系，都是建立在交易双方彼此承认对方作为一定的经济资源的所有者拥有平等权利的基础之上的。所以，与计划经济是人治经济相反，市场经济是法制经济。法是什么？撇开其阶级性，法即人类社会的共同契约。在市场经济条件下,法律规范就是诸多经济契约的抽象。可见,市场经济就是法制经济,绝不是牵强附会外在强加于市场经济的一个概念,法治是市场经济固有的特征,法治化是市场经济建设的内在要求。从近年来市场经济的实践情况来看,主体地位不定,权利义务不明,竞争混乱无序的问题十分普遍,市场经济已经在迫切呼唤建立与之相适应的法律体系和司法体制。在市场经济条件下,司法调节的功能无疑是多层次、全方位的,随着市场交易形式的不断发展、规模不断扩大,随着微观经济领域日趋活跃和复杂多变,审判职能的强化和扩张不可避免。我们不仅迫切需要通过公平的立法,以契约的形式规范多元化市场主体的权利和义务,而且迫切需要建立和完善公平的司法体制,以公正的裁决来处理市场竞争中多元利益摩擦所产生的纠纷。可以说,公正的司法体制是建立公平竞争法律环境的重要基石和支柱。为此,我们必须下大力气改革司法体制,树立司法权威,确保司法独立、实现司法公正,否则将严重阻滞社会主义市场经济的建立和发展。而在司法体制的改革中,我们必须坚持以实现司法公正为主要价值取向,因为市场经济中的独立、自主、平等、公平等固有的价值观要求我们的司法活动必须以实现公正为其价值取向。

三、司法体制改革的基本目标模式

为了有效地实现司法体制改革的价值取向,我们必须正确选择改革的基本目标模式。如果说,价值取向的选择主要是具有观念转变意义的话,那么,目标模式的选择则具有很强的实践性,所选定的改革模式必须具有可操作性。

根据上文所述的我国司法体制改革的两种价值取向,笔者认为,我们可以选择以下两个目标模式作为改革的突破口,以期建立一种能够适应新时期、新任务的新的司法体制。

其一是建立多元化司法体制,以实现司法效率价值取向。在现代法制社会,依法治国的方略已使司法调节的触角广泛涉及社会政治生活、经济生活和社会生活的各个层面。作为一名司法工作者,我们在实践中所感受到的,不仅仅是个人的知识结构无法适应和精力不堪重负,而且深切地体会到,统揽型的单一人民法院体制已无法适应司法职能不断扩张和拓展的实际需要,这种现状如果不加以改变,司法效率低下是必然的。而改变这种现状,希冀通过增加编制、增设机构等浅层次调整办法是解决不了问题的,必须改革现行体制。在西方发达国家,一般都建立了多元化的司法体制,除了普通的刑事法院、民事法院、行政法院外,还设立了诸如专利法院、关税法院、少年法院、劳动仲裁法院、养老金裁判所等专门法院。这些法院职司不同的审判及非诉调处,加上与此相适应而形成的各种专门律师机构的辅助,构成了对社会进行司法调节的有机整体，这种调节一般而言，可以达到快速高效的目的。笔者认为，西方国家的这种做法，可以为我国司法体制改革所借鉴，这种借鉴的基础，主要是市场经济共同规律的作用。此外，全球经济一体化的发展趋势，也会导致东西方甚至不同社会制度国家之间某些价值观的认同及文化上的相互影响、吸收，其中自然也包括法律文化。在我国，建立多元化司法体制，作为司法体制改革的目标模式，当然是一个发展的过程。在建立多元化司法体制的过程中，西方国家已走了几百年。根据目前我国司法调节的任务及案件分布情况，初始阶段，在省以下地方至少可以建立以下几种专门法院：(1)刑事法院；(2)商事法院；(3)行政法院；(4)婚姻及家庭法院；包括现有海事法院和军事法院，形成6种专门司法体制。现有的铁路运输法院则必须坚决予以撤销，这种带有行业保护特征的司法机构与市场经济体制是不相容的。今后新的司法机构只能根据市场经济发展的需要来设立，比如，随着我国加入关贸总协定和对外贸易的扩大，或许需要在主要海空港设立外贸及关税法院。随着法院专业化发展的是两种法律职业人员的专业化，即法官的专业化和律师专业化。法律职业人员素质的优化，同样也是实现司法效率价值取向的重要因素。

其二是设置独立司法区域，以实现司法公正价值取向。现行司法管辖区域与地方行政管理区域是完全重合的，这是司法依附于行政的重要的地域因素。我国是单一制国家，司法权本应属于中央权力，各级司法机关应是一脉相承、统一而完整地行使国家司法权力的。然而，在现行体制之下，统一的司法权力被画地为牢的行政区域所分割，地方法院成了地方的法院，名称上就可以看出这种狭隘而强烈的地方观念和对地方的从属关系。更不待说，在现行体制之下，司法机关人财物方面的一切需要都依赖于地方、受制于地方。显然，企望这样处处受制于人的司法机关独立而公正地行使司法权，无异于缘木求鱼。它的司法行为只能以保护地方狭隘的政治和经济利益为限，否则将难越雷池一步。可见，这种司法体制，与建立现代民主司法体制的要求相去甚远，尤其与社会主义市场经济的要求格格不入。所以，现行司法体制必须改革，而改革的突破口就是设置独立司法区域，建立一个具有很强的抗干扰能力的新的司法体制。司法区域可略大于行政区域，在司法区域之内设置相应的司法机构。司法机构的人员编制、财政经费实行计划单列，系统统管；地方法院的法官统一由省级人大任命；地方法院的工作统一向省人大负责，向省人大报告工作并接受它的监督。党的工作体制也要作相应的调整，可以实行系统党委制、一级管一级，下级法院党委对上级法院党委负责。只有这样，以实现司法公正为价值取向的司法体制改革才具有改革的实际意义，也只有这样，实现司法公正所需的司法独立地位及其保障体制才能最终形成。

(1996年第8期)

对"人大"质询法院的质疑

李晓斌*

1996年3月,中央电视台"焦点访谈"节目现场直播了四川省"人大"40名代表对四川省高级人民法院的质询,成为轰动一时的新闻。人们注意到:此次质询开创了我国省级"人大"监督法院正在审理的具体案件的先例,其对监督理论与实践的影响非同寻常。坦率地讲,作为公民,笔者十分敬佩40名代表的民主意识和勇气。但是,作为职业法律工作者,笔者则对"人大"质询法院的合理(法理)性表示怀疑。

一、质询法院是否符合宪法本意

宪法的权威性在于:一切法律、行政法规和地方性法规都不得同宪法相抵触。判定一项法律规定是否合法,最根本的是看其是否符合宪法。我国《宪法》未规定"人大"对法院的质询权。但在1986年,六届全国"人大"修改我国《地方各级人民代表大会和地方各级人民政府组织法》(以下简称《组织法》)时,增加了"人大"对法院的质询权,有关立法说明指出,这一做法弥补了现行法律的疏漏。然而,当我们把这一内容放进宪法中去研读,却发现其不可能为宪法所接受,或者说宪法原意排斥这一内容。比如,根据宪法规定,"人大"是立法机关(权力机关),法院是审判机关,各自有明确的职能分工范围,"人大"质询法院势必侵越法院的审判权;宪法赋予法院以独立审判权,"人大"质询法院显然干涉了独立审判;宪法规定"人大"对法院实施法律监督,重点是在对"人大"任命的各级法官的监督,即对"人"的监督(罢免不称职或违法执法的法官),而非对具体案件即"事"的监督(对"事"的监督是由宪法规定的审级监督、检察监督来实施的),对"事"只能了解,作为对"人"监督的辅助手段,质询法院偏离了"人大"监督的基本方向。

再从宪法确定的"人大"控制政府和法院的不同方式来分析,也不难看出质询法院并不符合宪法原意。例如,宪法未赋予政府以独立行政权,但赋予法院独立审判权;宪法规定"人大"有权撤销政府制定的同宪法、法律相抵触的行政法规、决定

---

* 作者单位:江苏省东台市人民法院。

和命令,未规定“人大”有撤销人民法院作出的不合法的裁判的权力;宪法规定了“人大”对政府及其所属各部门的质询权,未规定“人大”对法院的质询权;等等。政府与法院的宪法地位相同,同样接受“人大”的法律监督,宪法在设定“人大”对两者的控制方式上何以存在如此明显的差别呢?其原因主要在:一是基于国家政体平衡的考虑,立法、司法、行政机关应当依据宪法的分工,在各自的位置上和职能范围内活动;二是基于法院工作和政府工作的不同运行规律来考虑,法院实施法律是被动的,“人大”应当放任其公正、独立的本质的实现,政府推行法律则是积极的,“人大”应当要求其严格遵守法律、实现法律。①

立法上设定对法院的质询权,在当今世界各国也极为少见。可见,我国宪法没有规定“人大”对法院的质询权是正确的。《组织法》中增加对法院的质询权有违宪之嫌。

二、法院独立审判能否接受“人大”质询

法院独立审判是一项宪法原则,其意义在舍此法院即失去存在的价值,这一点早已成为法治社会的共识。其基本含义是,人民法院处理具体案件,只忠实于事实真相,对法律负责,有权自主决定具体程序适用和实体法律适用以及作出裁判,不受任何国家机关、社会组织和个人的干涉。

“人大”质询法院是对“独立”审判的支持还是干涉?电视曝光给社会各界提供了一次难得的了解和评判的机会。且不说质询所依据的事实是否属实(未经司法程序认定),也不说高级人民法院能不能就下级法院尚未审结的具体案件对“人大”作出答复(非受案法院、案件未审结,依法不能答复),先说在具体案件尚未审结之时,“人大”就对案件的是非作了结论,且认定法院受理和审判均违法,试想,法院还能独立审判吗?是支持,是干涉,不难理解。

诚然,独立审判应当有制约,但是,制约须恰当,超过一定限度,就会适得其反有损独立。我国宪法规定“人大”对法院实施法律监督,但在具体条文中未赋予“人大”干预具体案件的权力(质询权、撤销不合法的裁判的权力),即使是宪法设定的专门监督机关人民检察院对法院各类具体案件的监督,民事、行政、刑事诉讼法也都将其限制在对生效裁判的监督即事后监督,其立法意图亦不外乎以上考虑。

笔者不否认,“人大”质询法院可能会在某地、某时、对某个具体案件的公正处

① 蒋惠岭:“论权力机关对法院的监督”,载《人民司法》1995年第10期。

理产生积极作用,但可能同时带来的对法院的独立性、公正性乃至权威性的损害,实在是舍本求末、得不偿失。更何况,纠正法院的违法裁判并不是非“人大”不可,根据法律规定,当事人不服裁判,可通过上诉程序、申诉程序或检察抗诉程序维护权益,“人大”何必越俎代庖呢?如此质询,形式上是监督,实质上则削弱或放弃了监督。

有人认为,宪法、法律只规定法院独立审判不受行政机关的干涉,“人大”(权力机关)不受此限,且宪法、法律没有禁止“人大”质询法院的具体规定,“人大”就可以质询。这一观点很危险。举例说,我国宪法、法律没有禁止“人大”撤销法院的判决和裁定,依此观点,“人大”就有权撤销法院的判决裁定吗?司法实践中,就曾有过某地“人大”决定并行文直接撤销法院判决的“笑话”。照此推论,所有国家机关也都可以行使法律、法规未禁止行使的权力,国家法制还将何以存在呢!传统法律原则认为,个人权利只要不为法律所禁止,都应当被承认;而机关法人的权利只能根据法律、法规的明确授权获得,其不得从事规定之外的权力。

既然,质询法院有妨碍独立审判之嫌,那么,法院独立审判就不宜接受“人大”的质询。

三、质询法院有助于法院公正执法吗

依笔者愚见,立法增加“人大”对法院的质询,其最终目的应当是对法院公正执法的保障,而不是阻碍。这一点恐怕不会有人反对,而质询现实却很难实现这一目的。

首先,质询者无法代替法院主持公正。司法程序是司法公正的表现和保障,“人大”代表不可能经过司法程序认定证据。此次质询,“人大”代表依据的是成都彩虹电器集团(以下简称彩虹集团)法定代表人刘荣富先生(省“人大”代表)递交的一份材料,而彩虹集团与本案有直接的利害关系,其准确性很难说;“人大”代表的法律素质参差不齐,其认识的合法性程度不高。此次质询中,省级“人大”的代表,纷纷指责法院受理“制假人”(夹江县彩印厂)的起诉违法,对被行政处罚者享有行政诉权这一基本的法律常识都不能理解,令人遗憾;质询者带有倾向性观点,其观点的形成不可避免地要受到各位代表自身或周围人员的感情倾向、经验、知识、判断能力等的限制,重情理轻法理。此种状况决定了,受质询法院对质询者远离法律的质问依法而作的答复,很难为质询者理解和接受,甚至于还可能被误认为抵制质询。实践中,质询还可能成为以权谋私、以权压法的手段,例如,有的“人大”代表或常委会组成人员借监督为名为亲戚、朋友谋私利;有的先入为主,只听取一方当事人的申诉就对案件是非下结论，责令法院再审改判；等等。“人大”代表代替不了职业法官主持审判、依照严密的诉讼程序、依据法律对案件是非曲直作出明确的判断，从而实现社会的公正。

其次，法院很难抵制不正确的质询要求。“人大”质询法院的难题还在于，当“人大”的认识与法院的认识不一致时，法院是按“人大”的意见裁判，还是依法裁判？从现实来看，立法规定质询的目的亦在于影响法院审判，否则，质询也就毫无意义；质询者与被质询者位置不平等，前者享有对后者的权威监督权和对各级法官的任免权；质询者代表人民居高临下行使监督权，不同于一般的舆论监督，其分量可想而知；尽管裁判权仍然由人民法院来行使，但是，恐怕谁也不能否认质询对受质询法院带来的巨大压力。我国现行法律，对“人大”的权力无任何制约，司法实践中，有的法官就因为抵制“人大”不正确的要求而被免职。“人大”对法官职务的罢免，《法官法》亦无能为力。如此质询的环境、气氛、语气，受质询法院的法官根本无力抵制。仍以此次质询为例，只要尊重事实，仔细研究一下有关的法律、行政法规就知道，四川省高级人民法院对省“人大”代表的答复是有理有法律依据的。然而，却未能被代表们所接受，反而遭受一连串更激烈的指责。而后受案法院判决阐明的理由及其结果耐人寻味，与答复大不相同（限于篇幅，本文不能列举说明）。受案法院到底是依法裁判，还是屈从于“人大”的压力作出的裁判？人们可想而知。法院也需要理解。

最后，质询法院损害了人民法院的权威。对基层法院尚未审结的一件具体案件，竟使40名省“人大”代表联合质询高级人民法院。质询中，有的代表责问：“……请问你们到底为哪个服务？……你们的这一行为是对国家对人民的犯罪”。[①] 有位代表（教授）断言：“这是司法腐败的一个典型表现”。[②] 掌声显示出与会代表们对此的共鸣。人们感到不解的是，作为具体案件的审判者——受案法院，尚未对案件作出裁判，而本案的直接利害关系人的“当家人”刘荣富先生与其他39名“人大”代表反而却先在“人大”论坛上对受案法院的上上级法院——高级人民法院进行了“审判”（质询），不仅对具体案件的是非曲直作了裁判，而且还对法院的审判是否合法下了结论。面对如此质询，人们怀疑，人民法院的审判到底还有多大程度的“独立性”？还能否主持公正？还有权威吗？法院失去权威，不能不说是法制的悲哀！

综上所述，笔者有充分的理由对“人大”质询法院的合理性提出质疑。笔者认为，无论于理于法于现实，“人大”质询法院的这一做法均不可取。“人大”应当根

---

① 章夫、舟翔：“四十名人大代表愤而讨‘说法’”，载《法制与新闻》1996年第4期。

② 同上。

据宪法的分工，尊重法院的独立审判权，不干预具体案件的审判。为此，建议立法机关修改有关法律，删去这一内容。同时，尽快制定出《监督法》，严格规范监督与被监督的关系，一方面，保障法院独立行使审判权；另一方面，加强对各级法官的监督，建立起科学的罢免、弹劾程序，从而使"人大"对法院的监督走上法制化的轨道。

（1996年第9期）

依法治国的关键是依法行政

应松年*

依法治国的关键是依法行政。或者说,依法治国能否取得成效,主要取决于是否依法行政。依法行政是对行政机关提出的要求,所以,李鹏总理两次题词都把依法治国和依法行政相提并论,不是没有原因的。

依法治国要求各国家机关都严格依法(包括宪法)行使其权力,依法处理国家事务,治理国家。行政机关是国家机关中对经济和社会发展影响最大、与公民关系最密切、因而也是权力最大、机构最多、人数最众的一个部门。自然,行政机关能否依法办事,直接为公民所感受,从而对公民的榜样作用也最强。国家所颁布的法律、法规,80%都需行政机关执行,因此,行政机关能否依法行政,将从总体上决定我国能否依法治国,建立社会主义法治国家。

从实践来看,依法治国的重点和难点也在于行政机关。行政权力行使的特点之一是首长负责制,是命令和服从。同时,行政事务的繁杂性和紧迫性,要求行政机关必须强调办事速度,强调行政效率,因而给予行政机关在行使职权时以较大的自由裁量权。行政方式上的这些特殊性,使人们习惯于按个人的意志行事,忽视依照法律规定行使权力。与其他国家机关相比,行政机关在依法行使职权方面,自然会增加些不利因素。因此,许多国家都制定了行政程序法,力图为行政机关在行使职权时,提供基本的行为规则,使行政机关与法院一样,都受程序约束,以保障依法行政。

事实上,我国长期以来对行政机关行使行政权力很少从依法行政的角度提出要求,而是把"依法"看成仅仅是司法机关的事。我们一直把"公、检、法"称为执法机关,好像只有执行刑事法律才是执法,才必须以事实为根据,以法律为准绳,而并不把行政机关也看成执法机关。产生这种偏见,有其历史原因,这里不作探究。把行政机关列为执法机关,称为行政执法,是改革开放以后,特别是《行政诉讼法》颁行以后的事。但至今仍有人只把部分行政机关称为执法机关,而将相当一部分行政机关排除在外。当然,这并不是说,在此以前就不存在行政执法,而是说,人们尚未将实际存在的作出行政执法行为的行政机关,从法律的角度来认识和要求,恢复其执法机关的地位。认识上的这种偏见,自然也将增加依法行政的难度。

---

* 作者单位:国家行政学院。

随着我国民主与法制建设的不断完善,人们逐步认识到,行政机关是权力机关的执行机关。权力机关的意志主要通过其所制定的法律表达出来,因此,执行机关也是执法机关,行政机关必须依法行政。行政诉讼法把法院对行政机关具体行政行为的审查称为“合法性审查”,也就是把行政机关看成执法机关,要求其作出具体行政行为必须合法。合法的条件是:证据确凿,即以事实为根据;适用法律、法规正确,即以法律为准绳;并且必须符合法定程序。这就与司法机关在性质上并无二致。由此,提出依法行政,反映了人们对行政机关法律性质认识的逐步深化。

但是,认识的逐步深化,并不意味着实践问题的完全解决。庞大的行政执法队伍,在法律意识方面的水平和修养严重参差不齐,要使所有的行政领导都树立起在作出重大决策和决定以前都问一问是否符合法律的规定和要求,使广大行政机关工作人员明白作出任何一项涉及公民权益的规定和具体行为都必须有法律依据,绝不是一件容易的事。更何况许多行政行为与金钱利益直接关联。这也许需要一整个历史时期,有赖于各项制度的完善和强有力的法制教育。最近颁布的行政处罚法,较好地体现了依法治国、依法行政的思想,是一部进行依法行政教育的良好教材。

(1996年第11期)

论立法监督的概念

周　伟*

立法监督的含义，在国内学术界存在广义与狭义之分。在广义上被理解为"立法机关在国家政治体制中的监督职能和立法系统内部的监督机制两个方面"，①即立法机关对行政机关、司法机关的行为进行的监督和对立法过程的监督；在狭义上被理解为"特定主体对立法权运作过程及其结果的审查和控制"，②即对立法活动过程及其结果的监督。持这种观点者认为，作为对立法活动进行监督的立法监督，"是指有权的主体，在自己的监督权限范围内，依据一定的程序对有关立法活动实施的监察和监督"。③

上述关于立法监督的概念在我国理论界有一定的代表性，反映出学者们从不同的角度和方面对立法监督这个概念的认识。笔者认为，立法监督的概念确有研究的必要，科学地阐明立法监督的含义不仅有助于立法学理论研究和学科建设的发展，而且也有助于对立法监督制度的认识和立法监督实际工作的开展。从立法学理论和立法监督工作实际情况来考察，现行学术界关于立法监督的广义或者狭义的理解尚未揭示出这个概念的科学含义。这是因为：广义理解的立法监督概念把立法机关的监督职能纳入立法监督的内容，这并不完全符合我国立法监督工作的实际以及现行法律关于立法监督制度已有的规定。第一，立法机关监督的对象不同于立法监督。我国《宪法》第3条规定："国家行政机关、审判机关、检察机关都由人民代表大会产生，对它负责，受它监督。"这就是说，立法机关监督的对象是除立法机关之外的其他国家机关的行为；而立法监督的对象则是立法机关本身的行为，即立法机关依照立法程序制定的规范性法律文件。第二，立法机关监督的性质不同于立法监督。立法机关行使监督权是其行使宪法和法律规定的监督权的具体表现，其目的是立法机关依法对由其产生的其他国家机关行使宪法和法律规定的国家行政权和司法权的限制和制约；而立法监督则是立法机关行使依照宪法和法律规定的立法权的一部分，其目的是立法机关保障其立法行为即自己行使宪法和法律规定的立法权的行为合法。第三，立法机关监督的内容不同于立法监督。

---

* 作者单位：四川省人大常委会法制工作委员会。

① 谷安梁主编：《立法学》，法律出版社1993年版，第156页。

② 周旺生主编：《立法学教程》，法律出版社1995年版，第184页。

③ 周旺生著：《立法论》，北京大学出版社1994年版，第153页。

立法机关监督的内容是其他国家机关执行宪法、法律及其立法机关的决议、决定的情况，通常包括一般意义的法律监督和工作监督；而立法监督的内容则是立法机关依法定程序制定的规范性法律文件的合法性，即是否与宪法、法律相抵触。第四，立法机关监督的方式不同于立法监督方式。立法机关监督的方式一般分为审议工作报告，听取汇报，质询，询问，撤销和罢免由其选举、任命的国家机关工作人员的职务，组织特定问题的调查委员会等；而立法监督的方式则是对依法应当备案、批准的法规进行备案审查，批准生效或者宣告违宪的法律、法规无效等。

如果说广义的立法监督概念没有准确地区别立法机关监督与立法监督这两种既有联系又有区别的监督种类之间存在的上述差异，那么狭义的立法监督的概念也由于混同了立法活动本身与立法活动结果之间客观上存在的不同而不适当地扩大了立法监督的范围。持"狭义"说的学者们认为，立法监督作为"国家设置的监督各种立法活动，评价其合法性，矫正违法行为制度"，[①]包括比较广泛的监督内容。正如一些学者所称，"这种立法监督的内容因不同时代不同国家而有区别。就现代立法监督而言，主要包括以下内容：(1)监督立法权限的行使是否合法；(2)监督立法活动是否符合一定的程序；(3)监督立法所调整的范围是否超越既定界限；(4)监督立法活动所产生的规范性文件是否合法或者是否与宪法和有关法律、法规相抵触；(5)对违宪或违法的立法进行处理"。[②] 也就是说，持狭义立法监督概念论者将其理解为对立法活动过程的情况和该活动过程的结果都进行监督，即对立法行为的实施过程和该立法行为过程的结果所产生的规范性文件的合宪性和合法性这两方面内容的监督。我们知道，立法监督的目的是保证立法行为的结果即立法机关制定的规范性法律文件的合宪性与合法性，狭义论者注意并强调这个方面是正确的；但是，他们将立法活动过程本身也纳入立法监督的范围之中，则是不妥当的。主要理由是：第一，对立法活动过程进行监督无法律依据。立法是由国家权力机关行使国家权力而进行的活动。国家立法机关的组成人员的立法行为及其活动过程是受公民委托行使国家权力的具体体现，对于他们的立法行为只能由其所代表的选区的选民依法进行监督。我国《宪法》第2条规定："中华人民共和国的一切权力属于人民。人民行使国家权力的机关是全国人民代表大会和地方各级人民代表大会。"立法活动作为国家权力机关行使国家权力的过程，对其进行监督无法律依据。第二，对立法活动过程的所有环节进行监督本身并不完全适宜，立法活动是一个过程，立法者在这个过程中对法律草案进行拟定、修正、废止、辩论、审议、通过，最后公布施行。立法活动在不同的阶段有不同的要求和目的，使立

① 钟海让著：《法律监督论》，法律出版社1993年版，第183页。

② 周旺生著：《立法论》，北京大学出版社1994年版，第153页。

法活动过程可以产生特定的结果,如通过法律草案;同时,也可能进行立法活动之后并不产生任何结果,如立法机关依法搁置法律草案,不批准法律草案,不通过法律草案等。对于产生特定结果的立法活动是可以而且应当进行监督的,但对于不产生任何结果的立法活动则难以而且也不应该进行监督。实际上对立法机关不产生特定结果的立法行为,没有任何一个机关能够进行监督。第三,立法权限的行使不是立法监督的内容。一个国家立法权限的划分通常由该国的宪法明确加以规定,宪法未作规定的,由宪法性法律如立法法、组织法等予以规定。立法权限的行使是一个可能产生结果也可能不产生结果的过程。行使立法权限只有在该违法行使权力的行为产生特定的结果,即制定出特定的规范性文件时,才能够确认其超越了立法权限的范围;只有越权行使立法权限的行为通过一定的形式表现出来,才可能对其进行监督,依法撤销,宣告无效或者不予批准等。而立法权限行使的过程是立法活动的过程,即依法定程序运作的过程。这也表明,行使立法权限还不能作为立法监督的内容和对象。第四,立法所调整的范围是否超越既定界限,不是立法监督的范围。每一个立法都调整特定范围内的社会关系。在现代社会中,法调整的社会关系是相互联系的、复杂的。当需要用法的形式调整某一类社会关系时,就产生了立法调整的需要。然而,在某一时期不需要立法调整的社会关系不属于该立法调整的范围,经过一定时期之后,则有可能成为立法调整范围。从立法的实际工作来看,立法既包括对现存的事实进行描述,也包括对未来的事实进行描述,不仅设定并规范已知的行为,而且也确定并规范未来的行为。在立法实际工作中,相当一部分的立法通常都是在现实生活中人们行为难以界定,甚至是在没有既定界限的情形下所设定的新的行为规范;有的是在突破即不受现存行为规则影响和限制的情形下,作出的与现行立法调整范围不同的甚至相反的规定。可见,如果要监督立法所调整的范围是否超越既定界限,必然与立法行为可以不受既定社会生活界限限制的立法原理相悖,而且也对实际立法工作无益。

如前所述,立法监督概念的广义和狭义观点都有一定的不足。如何界定一个符合立法学原理和立法工作实际,并能概括立法监督基本特点的概念,对于开展立法监督的理论研究和加强立法监督的实际工作都有积极的意义。为了给立法监督这个概念下一个科学的定义,以避免广义论者和狭义论者的不足,笔者认为,首先应当在指导思想上明确3点:一是将立法机关具有的监督权与立法监督区别开来。前者是立法机关对其他享有立法权力的机关行为的监督;后者是立法机关对其他立法机关或者对立法机关自己行为的监督。二是将立法活动过程与立法活动过程的结果区别开来。前者是立法机关行使立法权力的过程,即产生或者不产生立法结果的行为;后者则是立法机关活动过程所产生的结果,即制定出的规范性法律文件。三是将立法监督的内容与非立法监督的内容区别开来。前者是对立法机关制定的规范性法律文件的合宪性与合法性的监督；后者则不属于立法监督的内容，其行为的合法性问题不应当由立法监督而应当由法律监督和工作监督来解决。根据这个思路，笔者认为，立法监督是享有立法监督权的主体对依照立法程序制定的规范性法律文件的合宪性、合法性或者适当性进行审查并依法决定该规范性法律文件的法律效力的法律制度。这个概念的基本含义有以下3个方面的内容：

第一，立法监督的主体是享有立法监督权的国家机关。这里所说的国家机关，主要是国家最高权力机关，即全国人民代表大会及其常务委员会，也包括国家最高行政机关，即国务院（国务院可以对部委规章、地方政府规章和地方性法规是否与行政法规相抵触进行监督），还包括省、自治区、直辖市的地方国家权力机关，即人民代表大会及其常务委员会（省、自治区、直辖市的人民代表大会及其常务委员会可以对省人民政府所在地的市和国务院批准的较大的市的人民代表大会及其常务委员会制定的地方性法规和该级人民政府制定的地方政府规章是否与省、自治区的地方性法规相抵触进行监督）。其他国家机关如国家行政机关、司法机关等，则不能进行立法监督。各社会组织、团体、企事业组织和个人，只能提出有关立法监督的建议和意见，但不能成为立法监督的主体。

第二，立法监督的内容是立法主体依照立法程序制定的规范性法律文件，即法律、行政法规、地方性法规、规章（包括各部委规章和地方政府规章）等具有法律效力的规范性文件。立法主体不是依照立法程序作出的行为，包括抽象行为（即制定的具有普遍约束力的措施、决定、命令等）和具体行为，即对特定的人和事作出的行为，一般不属于立法监督的对象。同样，对于那些不具有立法主体资格所作出的行为（包括抽象行为和具体行为），即使其行为违宪、违法，也不是由立法监督来解决，而是通过其他方式依法进行处理，给予法律制裁。

第三，立法监督的目的是审查决定被监督的法律、法规、规章的合宪性和合法性，而并不是为了制定一件新的法律、法规或规章。但是，通过立法监督对被审查的法规进行的审查，如被认为与宪法、法律、行政法规相抵触的，享有立法监督权的机关可以依法予以撤销、不予批准、宣告无效，从而使该法律、法规不产生法律效力。因此，立法监督的结果可能导致某一项法律规范的修改、废止或者被撤销。在此意义上，立法监督也是一种对立法进行补充和完善的法律制度。

（1996年第12期）

1997 年

近代中国宪政运动的发生及其反思
——关于清末“立宪”的几个问题的探讨

殷啸虎*

20世纪初,中国大地掀起了一场亘古未有的以君主立宪的政治变革为中心的宪政运动。作为这场宪政运动发起者的清朝统治集团的主观动机和目的,是为了“自救”,是在持续不断的外部冲击和日益加深的内部危机的双重挑战面前所采取的应变之策。但是,这场宪政运动的最终结果,却是导致了清王朝的覆亡和专制政体的结束,宣告了共和政体的诞生。然而,具有讽刺意味的是,这个民主共和政体仅仅只是“形式上”的,在此后近40年的时间里,宪政对大多数中国人来说,只是写在纸上的东西,学者们至今也很难用合适的宪法学或是政治学上的术语来反映这一时期的宪政体制。这或许正与这场宪政运动的某些“先天不足”有很大关系。今天,当我们致力于建设真正的民主宪政的时候,重温这一段历史,无疑会得到某些有益的启示。

一

近代中国的宪政运动是怎样发生的?这是长期以来学术界一直关心并试图加以解决的问题。对于这个问题,以往的许多宪政史或近代史的论著,曾从不同的视角作过有价值的研究和分析。笔者认为,近代中国宪政运动的动力源,既不是单纯地产生于中国社会的内部,也不是简单地来源于外部世界,而是多种因素交织作用的结果。首先,从理论上来看,宪政思想或主张同统治集团所奉行的君主集权专制的政治主张是格格不入的。满清王朝不仅继承了前朝专制政体的衣钵,并且将其推向了极端化。虽然在鸦片战争之后,随着西方政治与军事侵略的不断施压,这种专制制度也受到了前所未有的冲击,但清朝统治者却从未打算过要改变这种政体,相反,他们力图通过种种途径和手段,使这种专制政体延续下去(可以说,这也正是后来清廷立宪的初衷)。其次,从当时的情况来看,虽然西方资本主义对中国进行政治军事和经济侵略的同时,也带来了西方的民主宪政思想。但是,近代中国对西方思想和文化的接受,本来就是“功利”的,是从中国的“国情”出发的,即在不改

* 作者单位:华东政法学院(现华东政法大学)。

变“国体”的基础上,有条件地吸收、引进西方文化和技术。同样,引进西方文化和技术的目的仍是要“固本”,即维护清王朝的专制统治。冯桂芬在《校邠庐抗议·采西学议》一文中,明确提出了“以中国之伦常名教为原本,辅之以诸国富强之术”的主张。其后,洋务派大官僚张之洞又将这一思想归纳为“中学为体,西学为用”。在这一思想理论的模式中,在对西方文化和技术的吸收与引进方面划上了一道明确的界限,那就是以不改变“中体”亦即以儒家伦理纲常为理论支柱的封建君主专制制度为前提的。而这一前提,本身就已经决定了这场宪政运动的命运。

那么,近代中国宪政运动的动力源究竟来自何方?这场宪政运动究竟又是怎样会发生的呢?这是一个相当复杂的问题。简单地说,近代宪政运动的发生,其动力源是多元的,它是晚清社会内外危机交织作用的结果,是专制制度与宪政思想理论从对抗到协调的这一戏剧性变化的结果。

西方科学技术与民主宪政思想的传入,在时间上虽然是同步的,但中国社会对两者的接受与认可上,却出现了较大的时间差,这个时间差上面,充分反映了中国社会对宪政主张采纳与接受上的“功利性”的一面(当然,现实的专制政体与传统文化的制约,也是一个主要原因)。

19世纪60年代起,随着“洋务”的兴办,在西方先进技术和设备大量引进的同时,西方的民主宪政思想也随之不断输入。从当时来看,这种输入主要通过两个途径:一是在第二次鸦片战争之后,外国传教士来华的人数不断增多,他们在带来西方宗教文化的同时,也带来了西方的民主宪政思想。传教士们撰写、翻译了一些专门介绍西方议会制度和民主思想的书籍和文章,如《佐治刍言》、《译民主国与各国章程及公议堂解》等。这些都是过去大多数中国人所未闻、所不敢闻的。这类书籍和文章的传播,开拓了中国人的眼界和思想,并且在一定程度上刺激了他们改变封建专制政体的念头。二是在兴办“洋务”的过程中,清政府选派了一批官员出使西方各国,这些出使人员通过亲身经历,体验了西方民主制度的优越性。他们以笔记、著述等形式,对西方的民主制度作了大量的宣传介绍,并认为西方的民主宪政制度是国家富强的根本所在。

但是,令人遗憾的是,这些宣传和介绍不仅没有被统治集团所采纳,甚至没有引起统治集团,包括那些较为“开明”的大臣的注意和重视。整个统治集团,尤其是统治集团的上层,还陶醉在“同治中兴”的幻景之中。即使那些已经注意到日益迫近的民族危机而力图挽救危亡的大臣,如曾国藩、李鸿章、左宗棠之流,他们的注意力,仍是放在“西技”上面,认为通过兴办“洋务”,引进西方先进技术和设备,就能使中国走上自强之路。正是这个对“西技”与“西政”在接受与认可上的时间差,使中国在“中兴”的虚幻光环下,再度落后于世界。而我们的东邻日本,恰恰是利用了这段时间,完成了以君主立宪为中心内容的政治改革,并因此一跃而成为东亚强国。

二

中国社会实现由“西技”向“西政”的转变、从技术革命转向政治变革的直接动因，是1894年至1895年的中日甲午战争。在这场战争中，经过兴办“洋务”后的中国，竟败于东夷小国日本，而且败得如此之惨，这是中国朝野所不愿接受，但又不能不接受的一个严酷的事实。这个事实也使当时的一批政治精英真正意识到，要使中国摆脱困境、走上自强之路，唯一的办法只能是改变传统的政治体制，实行立宪。正是在这种思想指导下，以康有为、梁启超为首的一批进步的知识分子发起了近代中国第一场宪政运动——戊戌变法。

戊戌变法虽然是一场以实行君主立宪为中心的政治改革，但它对西方的宪政主张和宪政制度的吸收、借鉴，带有浓厚的“功利”的色彩，即简单地把立宪看做救世良药，认为只要实行了“宪政”，一切问题和症结都可迎刃而解了，却很少甚至根本没有考虑实行宪政的社会基础。这一点，注定了这场宪政运动的悲剧性的结局。

戊戌变法作为立宪运动，其最终成为悲剧的一个重要原因，就是它在有意义无意义之中卷入与自己宏旨无关的政治斗争的旋涡而不能自拔。虽然从维新派的立场而言，他们是要仿效日本的“明治维新”，进行一场立宪运动；而就“后党”与“帝党”而言这只是一场单纯的权力斗争。在“后党”的眼中，康有为等维新派只是“帝党”的一分子。“后党”在事实上也不知立宪为何物，他们只是从直观上感觉到一旦实行立宪，就会使他们的既得利益受到侵害。因此，他们打击维新派，也只是作为打击“帝党”的一种手段而已，并不意味着完全反对维新派的君主立宪的主张。也正因如此，当他们发现实行立宪能更有效地维护和巩固统治政权和自身的既得利益的时候，便又打出了他们曾经激烈反对过的君主立宪的旗号。

清廷的“新政”是从1901年开始的，而作为“新政”主要内容的立宪的准备与实行，却迟至1905年至1906年才加以考虑和准备实施。其原因，正如有的学者所指出的那样：“似应看作是外部刺激与内部压力的综合结果。”①从外部刺激来看，主要来自1905年的日俄战争的影响。日俄战争被当时中国人视为一场立宪与专制之战。张謇在《致袁世凯书》中说：“日俄之胜负，立宪专制之胜负也”。而沙皇俄国的失败，也被认为是专制政体败于立宪政体。因而当时不少人认为，如果中国也能仿效日本，实行立宪，便能够摆脱危机，走上富强之路。从内部压力来看，主要来自两方面，一方面是以推翻清王朝为目标的革命运动的不断加强和国内要求立

① 许纪霖、陈达凯主编：《中国现代化史》（第1卷），上海三联书店1995年版，第225页。

宪呼声的不断高涨，使清廷意识到了巨大的潜在威胁。端方在奏折中就主张“亟宜附从多数希望立宪之心，以弥少数鼓动排满之乱党”。另一方面，地方势力做大，隐成与朝廷分庭抗礼之势，已对中央集权构成严重威胁。清廷为了摆脱困境，迫切需要寻找出一种更为有利的策略。

在统治集团中，最早提出立宪建议的是驻法公使孙宝琦，他在奏折中要求朝廷“仿英德日本之制，定为立宪政体，先行宣布中外，于以团结民心，保全邦本”。显然，立宪的根本目的，还是在于“保全邦本”，即维持满清王朝政权的长治久安。慈禧在谈及立宪的目的时也坦然承认：“立宪一事，可使我满洲朝基础，永久确固，而在外革命党，亦可因此消灭。候调查结局后，若果无妨害，则必决意实行”。而载泽在关于立宪的奏章中说得最为明白：“以今日之势言之，立宪之利有最重要者三端：一曰皇位永固，一曰外患渐轻，一曰内乱可弭。”因此，清廷的立宪，虽然也是一种“冲击—反应”的过程，但这种反应从总体上来说，抑或从指导思想上来看，并不是积极的，它从一开始，就已背离了立宪的精神实质，而把立宪作为了巩固封建皇权和加强中央集权的手段，这也正是为什么预备立宪从官制改革入手的主要原因了。

三

从清末的立宪活动来看，中国社会关于宪政理论及宪政主张呈多元化的态势，具体表现为3种不同势力的不同的宪政主张。

第一，清廷统治集团的立宪主张。如前所述，清廷统治集团立宪的目的，是企图以立宪为手段，缓和国内外的各种矛盾，强化中央集权，巩固满清王朝的统治政权。他们的宪政主张，也是建立在此基础上的。在这一方面，日本的影响尤其不可忽视。日本首相伊藤博文在为载泽等考察宪政大臣讲解日本宪法时，不仅逐条介绍了维护皇权的规定，而且还强调“贵国（清王朝）为君主国，主权必须集于君主一人之身，万不可旁落于臣民”，至于人民的自由权利，“乃法律所定，出于政府之畀与，而非人民之可随意自由也”。[①] 在清廷统治集团看来，立宪成了加强皇权的有效手段。载泽在《奏请宣布立宪密折》中，还引述了日本宪法关于君上大权的规定，强调“凡国之内政外交，军备财政，赏罚黜陟，生杀予夺，以及操纵议会，君主皆有权以统治之”。因此，清廷统治集团的立宪主张，是以加强中央集权、维护和巩固专制皇权为中心内容的，这在1908年颁布的《钦定宪法大纲》中，明白无遗地表

① 载泽著：《考察政治日记》。

露了。他们只是借立宪之名来行专制集权之实。这种宪政主张,不仅毫无"进步性"可言,而且破坏了人们对宪政的客观印象,损害了宪政在中国人心目中的形象。自清廷立宪后几十年间,中国社会始终未能确立正确的宪政观和真正的宪政理论,而且恰恰相反,宪政或是立宪往往沦为独裁专制的装饰品。在这一点上,清廷统治集团无疑是始作俑者。

第二,革命党人的立宪主张。20世纪初,中国的资产阶级革命派作为一种独立的力量开始登上政治舞台。他们利用海外尤其是日本为基地,在积极组织、进行武装起义的同时,通过各种渠道,宣传革命主张。他们高举民主共和的旗帜,对清廷统治集团的假立宪进行了猛烈抨击。同时,他们同立宪派(又称改良派)在关于实行民主共和还是君主立宪的问题上也展开了激烈的争论。由于革命党人舆论宣传的主要阵地是在海外,加上清廷对革命思想以及革命党人的打击和压制,使得在较长一段时间内,革命党人所倡导的民主共和的宪政主张在广大民众中间并没有产生很大影响。革命党人在以后也将主要精力放在反清武装起义的组织和进行上,把民主共和理论和思想主张的宣传放在了次要地位。这在当时来看虽然是正确的,但由于革命胜利之后中国社会各种实际情形,使民主共和思想并没有能够得到真正的宣传普及,以致最终民主共和本身也只剩下了一具躯壳。

第三,立宪派的立宪主张。立宪派主要是指那些反对通过革命手段,而是主张由清政府来制定宪法,自上而下地实行宪政的人们。他们主张仿效日本,走君主立宪的道路。在这一点上,他们与清廷统治集团的立宪主张颇为相似。但立宪派主张君主立宪,是希望用君主立宪来取代君主专制。这又与清廷统治集团主张立宪的目的完全不同了。这也正是立宪派同清廷统治集团立宪问题上由合而分,最后走向对立面的主要原因。

这3种不同政治势力所要求的宪政主张,表明在清末的立宪活动中,离心力大于合力(向心力)的趋势。这也就使清末的整个立宪运动的发展,都处于一种扑朔迷离的状态之中。而其中,立宪派的态度,又在很大程度上影响着(或者说,是决定着)立宪运动的发展。在过去,由于种种原因,对于立宪派在近代宪政运动中的地位和作用,缺乏客观的评价。笔者认为,对于立宪派在近代中国宪政运动中的地位、作用及影响,应从以下几个方面来分析:

首先,立宪派是推动清末立宪运动的主导力量。这是因为:第一,立宪派人士大多属于士绅阶层,他们所代表的社会势力具有双重性格,一方面,他们受传统的忠君爱国的伦理道德观念的影响,主要采用温和的、非暴力的手段,使中国逐步走上立宪的道路。这是他们与革命派的根本区别所在。同样,在这一点上,与统治集团的主导思想有相一致的地方。而另一方面,从自身利益出发,他们希望实行真正的立宪,切实改革弊政。这双重性格,决定了立宪派虽然选择了君主立宪的模式,但又不满于清廷的假立宪,也正是在这种情况下,立宪派力图通过"合法"的手段,推动立宪运动的发展。自清廷宣布预备立宪之后,有关立宪的议案及规章相继出台,乃至最后将预备立宪期由9年缩短为5年,所有这一切,都是在立宪派的要求与压力下作出的。第二,立宪派人士不少是地方上有势力的头面人物,他们有相当的社会影响力(在这一方面,当时革命党人就远逊于立宪派,这也正是为什么辛亥革命爆发后不少地方的政权由立宪派所控制的主要原因之一)。这使他们在"合法"地进入资政院与谘议局等立宪机关之后,又"合法"地利用这块阵地积极推动立宪运动。第三,立宪派与地方实力派之间有较多的联系,他们的立宪主张也往往得到地方实力派尤其是一些汉族督抚的支持。在立宪派组织第三次大请愿时,与各省督抚取得联系,一致行动。而以云贵总督李经羲为发起人的18省督抚也联名致电军机处,请求从速成立责任内阁,召开国会,迫使清廷作出了缩短预备立宪期,召开国会,成立责任内阁的许诺。

其次,立宪派的活动,又在客观上推动了当时的民主革命运动。这是因为:第一,立宪派虽然主张在朝廷的主持下,走自上而下的立宪道路,但他们的宣传、主张及各种活动,在客观上对几千年的专制局面形成了否定的态势,对唤醒民众的民主意识,增加社会的民主气氛起了一定的启蒙作用。第二,立宪派虽然反对革命,但从某种意义上来说,这只是对立宪之路的不同的选择;立宪派虽然向清廷献媚,用立宪来抵制革命,但就他们的根本目的而言,是为了推行其立宪的主张。他们希望以和平的方式,推动立宪。而当他们的幻想被严酷的现实粉碎之后,便渐渐抽萌了革命思想,直至"公决秘谋革命"。① 正如有的学者所指出:"立宪派在辛亥革命中支持甚至参与武装起义,在一定程度上乃其自身潜在的革命因素,在突起的革命事变诱发下,公开显露发挥作用的结果,并非单纯消极地应变革命。"②而且尤为重要的是,正是由于立宪派在社会上的影响,他们领导的一系列和平运动的失败,使世人认清了清廷假立宪的实质,在客观上促进了革命的发展,这也正是后来革命得以迅速成功的一个重要原因。

最后,从立宪派对近代中国宪政的影响来看,正如前所述,其积极影响应予以肯定,但其消极影响绝不容忽视。关于这一点,前人已言之甚详,在此不再赘述。不过有一点需要指出的是,虽然立宪派的支持是袁世凯得以篡夺革命果实,建立独裁政权的主要原因之一,但当他们发现了袁世凯同样玩弄假立宪之名、行专制之实的时候,又翻然悔悟,策动并领导了倒袁战争。对于这一点,也应有一个客观的评价。

---

① 《梁启超年谱长编》。

② 许纪霖、陈达凯主编:《中国现代化史》(第1卷),上海三联书店1995年版,第256页。

四

清末的立宪运动，最终以失败而告终，但留给后世的经验及教训是很深刻的。笔者以为，从宪政史的角度来看，以下几个问题值得注意。

首先，近代中国宪政运动在民主宪政思想的传播与宪政制度的确立方面，走了一条与西方完全不同的道路。熊月之的《中国近代民主思想史》一书中对此作了比较。他说，欧洲近代民主思想的历史进程是：15世纪人文主义者对人的价值、人的尊严和个性解放的宣传；16世纪宗教改革家加尔文的民主、共和主张，法国进步思想家鲍埃西等人的自由、平等思想的传播；17世纪格劳秀斯、洛克等人的社会契约思想、分权说的产生，英国立宪政体的产生；18世纪孟德斯鸠、卢梭等人民主思想的激荡，法国民主政权的建立。中国近代民主思想的历程是：19世纪40～50年代魏源、徐继等开始注意中西政制之别，赞扬民主制度又"公"又"周"；60年代冯桂芬提出"君民不隔不如夷"，批评专制制度不如立宪制度通达民情；70年代个别改良派如郑观应等发出开设议院的议论；80年代部分洋务派如张树声等提出立宪问题，个别改良派如何启开始宣传"公平"思想；90年代，先是开设议院主张的普遍提出，而后是社会契约论、天赋人权论、自由、平等思想的传播；20世纪先是革命派民主思想的激荡，紧接着便是专制制度被推翻。两者比较一下，我们会清楚地发现，欧洲的民主思想进程是先提出个性解放、自由、平等等思想，然后再集中表现为开设议院的主张，遵循的是自由平等—议会制度这样一条逻辑。而中国民主思想进程则是一开始就从政治制度着手，先提出立宪主张，而后再出现自由平等思想，遵循的是议会制度—自由平等这样一条恰与欧洲相反的逻辑。[①] 这虽然是由中国的客观现实所决定的，但它对中国宪政运动的发展造成了极为不利的影响。因为自由、平等、权利等观念是宪政制度赖以建立的思想理论基础和精神实质，脱离了这一基础，宪政制度只能是徒具形式的躯壳。这种徒具形式的躯壳不仅无益于建立真正的民主宪政制度，相反可能被独裁专制者所利用。清廷的立宪是如此，辛亥革命胜利后的事实也是如此。民主共和思想并不会因形式上的宪政制度的建立而"深入人心"，尤其是广大的社会下层的百姓，根本不知民主宪政和共和制度为何物，他们对民主共和的认识，同鲁迅笔下的那个将辫子盘在头上的阿Q是一样的。而这种虚幻的宪政制度，又反过来使国人对民主共和思想产生了误解，从而在很长时间内，大多数中国人对民主、权利、自由和宪政缺乏真正的、全面的认识，这恰恰

① 熊月之著：《中国近代民主思想史》，上海人民出版社1986年版，第20～21页。

又是建立真正的民主宪政制度所必需的。

其次,从近代中国宪政运动的产生来看,大多数中国人对宪政的认识是表层的、功利的。如前所述,中国人在对宪政主张认知和接受的过程中,简单地把实行宪政看成救国良策和最佳选择。他们只从表面现象着眼认为只要实行了立宪,国家便会走上富强之路(当然,在这一点上,日本的影响同样是不容忽视的)。正是这种功利观念,导致近代中国走了一条与西方完全不同的宪政道路;同样,也正是这种功利观念,使得人们将立宪的重点和关注点,都放在了宪法(或宪法性文件)的制定及各项制度的建立上,却较少考虑宪法及相关制度的可行性及其保障措施。清末的立宪是如此,辛亥革命胜利后资产阶级在立宪问题上也是如此。作为第一部资产阶级民主共和国根本大法的《中华民国临时约法》,在一个月的时间内便草草制定通过,其间虽有不得已而为之的原因,但同样反映了资产阶级试图用宪法来确立宪政的幼稚想法。在他们那里,宪法不是对民主政治的事实的确认,而仅仅只是"宪政"的象征。这种用宪法来确立"宪政"的做法,主观动机可能是好的,但事实却又重新回到了人治主义的老路,当政者都可以利用一部"宪法"来确立自己所需要的"宪政"。袁世凯正是用《中华民国约法》否定了《中华民国临时约法》。袁世凯之后的军阀政权也无一不是如此,这也正是北洋政府时期虽然政治腐败却又立宪不止的主要原因之一。继北洋政府之后的蒋介石国民党政权更是如此。宪法沦为独裁者的工具,这正是近代中国宪政的最大悲剧和最主要的教训。

近代中国宪政运动的经验和教训告诉我们:民主宪政制度的建立,并不仅仅是一部宪法就能实现的,它需要全社会的努力,而公民的健全的民主宪政观念和自由平等思想的确立,是一个基本条件。在我们不断健全社会主义民主和宪政的今天,尤其不应忽视这一点。

(1997 年第 8 期)

论结社自由权

李　龙[*]　夏立安[**]

法国著名的思想家托克维尔在他的著作《论美国的民主》中曾指出：结社自由是仅次于自己活动自由的最自然的自由，但他同时指出，政治方面的结社自由又是一切自由中最后获得人民支持的自由。托克维尔所揭示的近乎于悖论的现象乍看起来令人费解，但从结社权的历史发展，尤其是从20世纪它在英美的发展历程看，它正反映了结社自由这一基本人权矛盾发展的丰富内涵。本文拟从结社权的宪法地位，对结社权的保障与限制；结社权与不结社权以及结社权中自由的两重性，建构结社自由权理论。

一、结社自由权是一项基本的宪法权利

社会团体是指在自愿的基础上为实现共同目标而建立的不违反法律的政党、工会和其他公民联合组织。近代特别是20世纪以来，结社逐渐演化为公民的一项宪法基本权利。托克维尔对此有极好评价："结社权是基本人权，破坏结社权就会损害社会本身；结社自由是反对专制政治的重要保障；结社可能会带来暂时的政治不稳定，但从长远看有利于社会稳定。"①因此说，结社权是民主政治的体现，同时也是民主政治的保障。世界各国多把结社权这一基本权利纳入宪法之中，以此来显示其宪法的民主精神，证明其政权的合法性。

英国是世界上最早产生民主宪政意义上社团的国家。但在资产阶级民主政治的幼年时代，结社仅仅是贵族和资产阶级的特权，而对工人来说，结社是不可思议的。从14世纪起到1825年废除禁止结社法止，英国工人结社一直被认为是严重的犯罪行为。大致说来，社团是在20世纪合法地登上政治舞台的。第一次世界大战，特别是第二次世界大战后，资本主义各国宪法大多都有结社权的规定。如《德意志联邦共和国基本法》第9条规定："所有德国人都有结成社团和团体的权利"；《意大利共和国宪法》第18条规定："所有公民均有不经许可而自由结合之权利"；

---

* 作者单位：武汉大学法学院。
** 作者单位：武汉大学法学院。

① ［法］托克维尔著：《论美国的民主》（上卷），董果良译，商务印书馆1991年版，第216～218页。

《西班牙宪法》第16条规定:“西班牙人民依合法宗旨并根据法律规定,自由地集会结社”。英国具有普通法传统,没有专门的社团立法。同其他权利一样,只要法律不加禁止,人们就可自由的加以运用。美国虽然有世界上第一部成文宪法,但其中却无结社权的明文规定。但是宪法第1条修正案和第14条修正案所暗含的结社自由权已基本为美国法学界和司法界所接受。① 1958年美国联邦最高法院宣布:“为了信仰和思想的提高而从事于结社自由,是宪法第14条修正案所保障的‘自由’的一种不可分割的方面。”②此外,在许多国际性法律文件中,对结社权也作了规定。在国际人权宪章和《欧洲人权公约》中都有结社权的规定。不仅如此,国际社会还专门制定了《结社自由及保护组织权公约》(1948年)。

但是,宪法和宪法性文件含有结社权的规定是一码事,而结社权能否受到司法保护则是另一码事。在英美法系国家,由于包括结社权在内的基本权利从来就是司法判断的依据,因此,结社权能够得到具体落实,而不是形同虚设。在第二次世界大战前的大陆法系国家,由于宪法基本权利不具有直接司法效力,结社权等宪法基本权利只有在经过立法后才能取得司法效力,因此,宪法中所规定的结社权等基本权利多流于形式。第二次世界大战后,大陆法系国家纷纷效法英美法系,赋予了宪法基本权利以直接司法效力。1949年《德意志联邦共和国基本法》第1条第3款明确规定:“下列基本权利作为可直接实施的法律,使立法、行政和司法机构承担义务。”《瑞士宪法》第113条第3款规定:“联邦法院可直接受理侵犯公民宪法权利的诉讼。”西班牙1978年《宪法》第24条、第53条规定了宪法诉讼制度。按欧共体有关法律,欧共体成员国公民基本权利受损害,还可诉诸欧洲人权法院。因此说,欧共体成员国的宪法基本权利实际上受到双重司法保护。在我国,《宪法》第35条规定:“中华人民共和国公民有言论、出版、集会、结社、游行、示威的自由。”可以说结社自由已在宪法中得到充分体现。

二、对结社自由的保障与限制

由于结社自由是公民的一项重要而特殊的权利,对之加以谨慎而合理的运用可以促进民主政治和社会发展;反之,会导致政治动荡乃至更严重的后果。因此,托克维尔警示人们:“即使说结社自由没有使人民陷入无政府状态,也可以说它每

① 路易斯·费瑟著:《宪法权利:公民权利和公民自由》,麦格罗—希尔出版公司1990年版,第537页。

② 沃森、菲茨杰拉德著:《美国民主的诺言与履行》,1978年英文版,第111页。

时每刻都在使人民接近这种状态。”①有鉴于此，许多国家的宪法和法律既有对结社自由的保障条款，也有限制的条文。

具体来看，对结社权的限制主要表现在以下几方面：

第一，实体上的限制。所谓实体上的限制主要指在结社主体、特种结社以及结社目的等方面必须遵循的界限。就结社主体的限制而言，主要涉及国家公务员和工人的结社权问题。尽管现在各国宪法一般对结社主体不作限制，但有的国家特别法仍予以限制。如日本的《国家公务员法》(1947 年)规定：警察、在海上保安厅或监狱里服务的职员，都不能组织或加入本行业的工会。1973 年，在美国文官委员会诉全美邮递员协会案中，最高法院坚持应对联邦雇员的权利加以限制，禁止他们参与政治管理和政治竞选。法院认为，如果要使政府有效而公正地运行的话，必须禁止雇员的上述活动。在英国，为了使政府雇员达到保持政治中立的目的，大约有 20% 的公务员的结社权受到限制。在美国 1947 年制定的《劳资关系法》中，对工会组织的活动多方加以限制和干预。如禁止工会参加政治斗争，禁止工会举行同情罢工，要求工会进行非共宣誓等。就特种结社而言，主要涉及政党和宗教团体等组织。在宪法中，对政党提出了比一般结社更加严格的限制或禁止条件。如《德意志联邦共和国基本法》第 21 条第 2 款规定：“如果根据政党的宗旨或者党员的行为表明某一政党意图侵犯或者废除自由民主的基本制度，或者意图危害德意志联邦共和国的生存，该政党即违反宪法。关于违反宪法问题，由联邦宪法法院裁决。”由于宗教团体的组织涉及信教自由问题，因而比一般结社问题复杂。对此许多国家的宪法都有专门规定。如《瑞士联邦宪法》第 51 条规定：“耶稣会及其分会不得在瑞士境内存在。其会员在教堂和学校进行任何活动，均予禁止。上项禁例，得依联邦法令推及其他教会。如其活动有危害国家或扰乱各教派的和平者，也适用之。”就结社目的的限制而言，主要指根据各国宪法、法律的规定，以某些目的为宗旨的结社应予禁止。而且有些国家宪法还规定，以破坏国家基本制度为目的的结社应予严格禁止。

第二，程序上的限制。现代各国对非营利性结社在程序上的限制不外乎两种形式，即预防制和追惩制。从资本主义国家宪法演变来看，大多经历了由前者向后者的演变。在资本主义初期，资本主义各国对结社多采取“预防制”。在这种情况下，公民要组织团体必须事先向政府请求批准，即所谓特许制；或者向政府报告，即所谓报告制。而且在宪法规定“结社自由”时还加上一个“法律范围内”的限制，从而给政府一种权力，使它可以制定法律对结社加以限制。如 1869 年《日本国宪法》第 29 条规定：“日本臣民在法律范围内有言论、著作印行、集会及结社的自由”

① [法]托克维尔著：《论美国的民主》(上卷)，董果良译，商务印书馆 1991 年版，第 217 页。

等。这种规定当然不符合“结社自由”原则，因而以后大多废除了预防制，转而采取追惩制。而所谓追惩制，即在结社之前，无须请求批准和报告，但在团体成立后的任何时候，政府对于某些团体可以禁止活动或解散或处罚。如《葡萄牙宪法》第46条规定：“公民有权自由结社，不需任何批准。”另外，有的国家还把追惩的条件直接规定在宪法中，即将“在法律范围内”的结社自由改为“在宪法范围内”的结社自由。如《德意志联邦共和国基本法》第9条第1款规定公民有结社权，第2款即规定了追惩的条件。

第三，法人资格上的限制。对营利性结社来说，根据各国法律，只要完成登记手续，自然即具有法人资格。但对非营利性结社是否亦能取得法人资格，各国规定颇不一致。比利时、丹麦等国承认非营利性结社享有完全的法人资格。法、意等国则认为，这类结社的法人资格必须经法律特别赋予，而且被赋予者也不具有完全法人资格，只能出席法庭以及有限的取得财产与经营财产的权利，而不能向社会募集捐款。由上可见，各国对法人资格的限制宽严不一。而不同的限制对结社自由的落实具有不同的意义。限制宽者，结社自由的范围就广；而限制严者，结社自由的范围就窄。①

通过以上分析可见，对结社权的限制与保障之间存在对立与统一的关系。如果宪法或法律没有规定对结社权的保障内容，就失去了立法的意义。同样，如果没有对不法行为加以限制规定，也就无所谓保障。在一定意义上说，合理的限制也是一种保障。国际著名人权理论家汉弗莱精辟地论述道：“极少有绝对的人权，即使是最基本的自由，在特定情况下也可能因道德规范、公共秩序和大众利益——也就是社会或国家的利益而受到限制。”②

三、结社权与不结社权

至今为止，人们更多地关注加入这样或那样社团的问题。很显然，宪法也正保护人们的这种权利。但结社自由是否也保护那些不愿结社的人的权利呢？换言之，结社自由是否可扩大到保护那些反对“强制社团”的人们呢？在回答这一问题时，最大的困难是各国宪法或法律中缺少保护不结社自由的明文规定。当然也有例外，如在西班牙，不结社自由受到法律的保护。在爱尔兰共和国，这种不结社权

① 韩德培、李龙主编：《人权的理论与实践》，武汉大学出版社1995年版，第550~552页。

② ［加］约翰·汉弗莱著：《国际人权法》，庞森等译，世界知识出版社1992年版，第13页。

是暗含在"公民有自由运用结成社团和工会的权利"的宪法条文中。[①] 在有关人权的国际公约中,公开表明保护不结社自由权的规定也为数不多。只有《世界人权宣言》第20条规定人人有不加入某团体的权利。后来《公民权利和政治权利国际公约》删去了《世界人权宣言》第20条规定的权利。此外,《欧洲人权公约》也没有保护不结社权的规定。由于缺少有关不结社权的宪法和法律规定,因此,不结社权问题就成为颇有争议的问题。在美国铁路雇员工会诉汉森案和阿布德诉底特律教育管理委员会案中,联邦最高法院拒绝把结社自由解释为暗含不结社自由的权利。因此,那些法律认可的强制工人加入工会的工厂即拒绝雇用非工会会员的工人,没有侵犯结社自由的权利。在英国,虽然缺少任何有关结社自由的宪法条文,虽然法院在结社自由是否含有不结社权利的争论中通常无所作为,但是,英国普通法传统显然支持公民享有不结社自由的观点。此外,《欧洲人权公约》虽然也没有公开表明对不结社自由权的保护,但也不拒绝对这种消极的不结社自由权的保护。在1976年,杨格、詹姆斯和韦伯斯特诉英国一案中,原告认为:因他们拒绝加入工会而被解雇是违法的,因为加入还是不加入某个团体是结社自由的两个方面。对此,欧洲人权委员会作出决定:解雇他们违反了《欧洲人权公约》第11条第1款"人人都有和平集会和与他人自由结社的权利"的规定。这一决定后来又被欧洲人权法院所确认[②]。另外,曾对萨切尔经济革命以巨大推动的著名的自由主义的经济学家F. A. 哈耶克认为,强制工人加入工会的制度不仅削弱了个人自由,而且成为工会以强制手段加强自身的手段。哈耶克坚持,"不应当允许工会解雇非工会会员"[③]。自1980年以来,英国立法对于促进这一目标成绩很大。在1988年和1990年制定的有关工业关系方面的法规中,体现了不结社权的思想。1988年雇佣法案规定,出于非工会会员的理由而解雇之是不公正的。1990年雇用法案则又进一步规定:拒绝雇用非工会会员是违法的。

强制结社问题不仅表现在工会方面,而且也出现在律协强制律师付会员费问题上。例如,在美国的拉斯罗普诉道诺胡案(1961年)中,威斯康星州的一些律师认为:州政府要求律师向财政部门缴纳费用的规定和细则侵犯了他们结社自由的宪法权利。原告尤其对"被强制支持一个被批准的直接从事政治和宣传活动的组织"持反对态度。在审理此案中,联邦最高法院遵照了以前"铁路雇员工会"诉汉森案(1958年)的判决:铁路劳动法中要求雇员缴纳工会费作为被雇用条件的规定

---

① 克里斯多弗·麦克罗登、杰拉尔德·奇伯斯主编:《英国的个人权利和法律》,克拉伦顿出版社1994年版,第249页。

② 《欧洲人权法院的44项判决》(A部分),1981年8月13日。

③ F. A. 哈耶克著:《自由宪法》,1960年英文版,第264~270页。

并没有违反结社权。由此，在拉斯罗普案中，联邦最高法院作出如下判决：强制付费服务于州政府政策的合法目的，因而并没有侵犯结社自由的宪法权利。

通过以上分析可见，在司法实践中，对于不结社权问题存在截然相反的两种观点。而如果要克服这种司法混乱状态，还有待于理论上和立法上对不结社权的一致确认后方有可能。

四、结社权中自由的两重性

在以上对结社权和不结社权问题的论述中，笔者的立论是以个人自由为基础的。无论是结社还是不结社，其权利主体均为个人。但事实上，结社权中不仅包含着个人自由权，而且还包含着集体的自由权，即集体为了共同利益一起行动的自由。有人认为，后者只不过是前者的延伸；也有人认为，这二者是截然不同的。但无论是强调这二者的区别还是二者的联系，都不可否认，集体自由层面的结社权不是抽象模糊的，而是具体实在的。它至少包括两方面的基本内容：其一，团体对其会员资格的自主权；其二，团体自我管理的权利。

团体对会员资格的自主权，即团体有吸收会员和取消会员资格的自由权。对于这一权利，英国普通法显然予以承认。在奇埃尔诉英国“专业、行政、秘书和电脑操作人员联合会”案（1983 年）中，上诉法院认为，开除奇埃尔的行为是无效的。丹宁勋爵依据《欧洲人权公约》第 11 条的规定，创立了一个重要的公法原则：人人都有根据自己的选择加入工会的权利，社团无正当理由不得将其开除。但是，这一公法原则却被上议院推翻。上议院认为：“结社自由只能是相互的，一个人没有与其他不愿与之结社的人结社的权利。”①因此，上议院恢复了团体对其成员的自主性权利。在奇埃尔案中，尽管法院在社团触犯结社法则或违反自然正义法则而解雇雇员时，可以对其加以干预，但困难在于，法院在支持被解雇者的诉讼请求时，往往因缺少侵权行为、契约和职业限制等方面的事实而难以形成诉讼事由。

如果说结社自由意味着团体对其会员资格拥有决定权的话，那么也不可否认它在其内部管理方面的自主权。在英国，尽管很难找到政党或工会对其内部事务自我管理方面的法律，但是，人们仍然信守上述原则。而对法院而言，其赖以行使权力的根据也只能是那些为会员所承认的团体章程。在美国情况也大致相同，这可从伊乌诉圣弗兰西斯克县民主党案（1989 年）中联邦最高法院的判决得到证明。在对此案的判决中，最高法院认为：结社自由包含一个政党对其领袖的身份、选举

① 克里斯多弗·麦克罗登、杰拉尔德·奇伯斯主编：《英国的个人权利和法律》，克拉伦顿出版社 1994 年版，第 253 页。

程序享有决定权。

但是,在社团自我管理权方面,仍有例外的情况。无论是在英国还是在美国,最突出的例外是工会。在美国,尽管在宪法修正案中含有结社自由的规定,也有最高法院在伊乌案中形成的原则,但是,这仍不足以阻止国家对工会内部事务的干预。在英国,尽管戴雪所倡导的自由观念已深入人心,但仍不能排除国家对工会自我管理权的干预。仅以英国为例,1971年首次颁布了对工会内部事务进行管理的法律——“工会关系法”。而“1992年工会和劳动关系法”又进一步加强了对工会内部事务的管理。

通过以上对英、美两国司法实践的分析可见,结社权中集体的自由权并不是绝对的,因为它与个人自由权存在既统一又对立的关系。而在这二者的关系中,个人自由是基本的。因为如果在结社权中没有个人自由,集体自由也就无所依托,因而是虚伪的。而如果过于强调集体自由权,可能会伤害个人自由权,会导致借集体自由权之名否定个人权利的结果。因此,对集体自由权的合理限制是必要的,也就是说,追求个人自由的目标与为了更大限度地扩大个人自由而对社团内部事务的国家干预是不矛盾的。如果人们结社而又对参与社团内部事务无发言权,那么,结社的目的又何存?

五、结　语

综合以上4部分的论述,可以得出以下结论:结社自由的人权价值并不单单表现在它在宪法中的尊贵地位,更重要的在于这一宪法基本权利能否具有直接效力;结社自由不仅表现为国家对结社权的保护方面,同时也表现为国家对结社权的限制方面。而结社权与不结社权以及结社权中个人自由与集体自由两面性问题是尚有争议的问题,有待于学术界的进一步研究。

(1997年第12期)

1999 年

超前性修宪建议

曹叠云*

1.《宪法》序言第6自然段中:“生产资料私有制的社会主义改造已经完成,人剥削人的制度已经消灭”应予删除。

理由:1988年宪法修正案第1条已将私营经济合宪化;市场经济体制下,分配方式多元化,分配原则是效率优先,兼顾公平;新党章已将原党章中“生产资料公有、消灭剥削、各尽所能”等内容删除。

2.《宪法》序言第8自然段前一句:“在我国剥削阶级作为阶级已经消灭,但是阶级斗争还将在一定范围内长期存在。”应予删除。

理由:新党章总纲第6自然段相应表述中删去了原有的:“剥削阶级……”内容;因为继续保留此内容可能会影响我国进一步改革开放的形象,损害外商投资的信心;也可能成为坚持阶级斗争为纲者在某些时机掀“左”风翻“左”浪的依托。

3.《宪法》第6条第1款:“中华人民共和国社会主义经济制度的基础是生产资料的社会主义公有制,即全民所有制和劳动群众集体所有制”;第2款:“社会主义公有制消灭人剥削人的制度,实行各尽所能、按劳分配的原则”均予删除。

理由:同上,并且混合所有制等已出现,这几种所有制形式都是我国经济制度的基础。

4.《宪法》第7条及相关的宪法修正案第5条国有经济的“主导力量”与“保障国有经济的巩固和发展”,均予删除。

理由:市场经济体制的根本灵魂在于市场对资源配置起基础性作用;企业在竞争中优胜劣汰,长期亏损、资不抵债的应依法破产;各种所有制经济应平等参与市场竞争;一般国有企业,可以出售给集体或个人。

5.《宪法》第10条第1款:“城市的土地属于国家所有”;第2款:“农村和城市郊区的土地,除由法律规定属于国家所有的以外,属于集体所有;宅基地和自留地、自留山,也属于国家所有。”应改为:“土地依法属于国家所有、集体所有或私人所有。”

理由:农村土地农民私有有助于从根本上解决目前尚无有效措施进行总体遏制的农村人口的灾难性膨胀问题;对1954年《宪法》确认的农民土地所有制的一

---

* 作者单位:深圳市法制局。

系列改变是违背宪政精神与修宪程序的，属于自始无效的行为；土地私有化（部分）利大于弊。

6.《宪法》第18条第1款："中华人民共和国允许外国的企业和其他经济组织或者个人依照中华人民共和国法律的规定在中国投资，同中国的企业或者其他经济组织进行各种形式的经济合作。"改为"……同中国的企业和其他经济组织或者个人……"

理由：旧规定已被实际突破；主体歧视没有任何理由；不利于扩大合作主体、领域；违反了公平竞争的自由选择原则。

7. 以下几点也应考虑予以修正：（1）《宪法》第11条及相关的宪法修正案第2条均涉及个体私营经济为"补充"的内容，应予以修改，个体私营不应局限于"补充"地位。（2）《宪法》第27条规定了国家工作人员的考核制度，这里的考核应改为"考试"。（3）《宪法》第118条自治机关自主安排和管理地方性的经济建设事业应"在国家计划指导下"予以删除。（4）《宪法》第12条第1款规定"社会主义的公共财产神圣不可侵犯"。第2款规定："国家保护社会主义的公共财产。禁止……"第1款与第2款重复，而且与第13条规定的个人财产所有权的保护形成鲜明对比，反映了所有制的歧视待遇偏见，应删除。（5）根据历次修改的地方组织法，宪法相关条文中应加入追授省会城市及较大城市人大及其常委会和政府地方性法规或规章的制定权条款。（6）海南、深圳、厦门、珠海、汕头的特区立法权迟早要考虑安排放在宪法当中适当部分。（7）《宪法》第11条内"管理"一是作为手段；二是作为功能，似不协调。

（1999年第3期）

试析行政相对人对实现依法行政的积极作用

方世荣*

依法治国是我国的一项宏大法治系统工程,其中,政府依法行政是人们公认的、最为关键的环节。依法行政是权力分立和制约理论的产物,其在行政法上的体现是:立法机关对行政机关的行政活动制定法律,行政机关依照法律进行行政活动,司法机关对行政机关是否依法行政实施司法审查并对违法行政所造成的公民损害予以补救。在这种权力结构的背景上,过去人们讨论实现依法行政时往往注重立法机关、司法机关以及行政机关自身所发挥的作用,这当然是正确的。但是,从问题的另一方面看,对行政机关依法行政的过程,行政相对人应当具有什么样的作用和地位?换言之,行政相对人对实现依法行政是否具有积极的意义?这是行政法学界较少思考的一个问题。其实,从后果的角度讲,行政相对人与依法行政具有最密切的关系。这是因为,行政相对人是依法行政的最大受益者,同时也是行政违法的最大受害者,应当说行政相对人对依法行政问题最为关心和重视。但作为与依法行政具有这种最重要利害关系的主体,他们如果对依法行政的实现没有参与的能力或积极的作用,这就应当是一种明显的制度缺陷。在此,本文试图从行政相对人的积极作用上探讨依法行政的督促,以期探讨又一种促使行政机关依法行政的机制。

一

从行政权力运行的过程来看,权力分立与制约的设计主要是由国家权力从外部来督促政府依法行政。这就是说,事前由立法机关通过立法制定行政机关行政活动的依据,事后立法机关和司法机关通过相应的制度纠正行政机关未依法行政所造成的后果。这种"以权力制约权力"的模式当然对保障和督促依法行政发挥了重要作用。但这种作用仍然有一定的局限:因为这只能是在行政活动外部,在行政活动的事前和事后发挥作用。有行政活动的可依之法并不等于行政必依其法;有事后纠正行政违法的制度和措施也不等于行政违法行为及其侵害后果在事中不会发生。为此,从解决根源性问题的目标考虑,实现依法行政的最佳状态是行政机

* 作者单位:中南政法学院(现中南财经政法大学)。

关的行政活动过程就是依法进行的，尽可能不发生或极少发生违法行政现象。但“以权力制约权力”的模式尚不足以实现这一点，其原因在于立法机关和司法机关通常不能深入行政活动的具体过程。贯穿于行政活动过程的主要是两个主体：行政机关自身和行政相对人。其中行政机关自身对于实现依法行政的决定性作用自不待言，它基于行政公务人员的依法行政观念、法律素质、明确的法律责任以及科学的内部权力运行方式设计等来实现依法行政。但仅靠行政机关自身的努力和自觉性也只是保证依法行政的一个方面。现在应当探讨的问题是，既然行政相对人深入了行政活动的过程，他们能否由过去单纯的受行政活动支配的对象变为同时也是行政活动的参与人和依法行政的约束者，成为在事中就督促行政机关依法行政的一支重要力量？

关于对权力的制约问题，中外学者通过对权力运作的实证考察，已认识到权力制约的局限性，主张利用多种因素、从多角度来制约权力。托克维尔在其《论美国的民主》一书中曾提及，美国之所以能持久地保护民主，除了以权力制约权力以外，公民权利是起了很大作用的。[①] 美国著名政治学家罗伯特达尔则认为，民主政治的最核心因素不是权力对权力的制约。这些因素中，发挥关键作用的是社会团体、企业和公民个人。[②] 我国学者郭道晖教授也曾提出了著名的“以权利制约权力”的理论，他指出：“（一）广泛分配权利——扩大权利的广度，以抗衡权力的强度；（二）集体行使权利——把分散行使的公民权利，集中为人民的权利；（三）优化权利结构——建立与健全同权力结构相平衡的权利体系；（四）强化权利救济—发挥抵抗权与监督权的作用；（五）提高全民权利意识——释放权利的‘动能’，以抗衡权力的‘势能’；（六）掌握制衡的度—以不妨碍合法权力正当行使为度”。[③] 这一理论对于明确行政相对人在行政活动应有的作用和地位是具有重要意义的，它无疑为督促行政机关依法行政开启了一个新的思路。不过，这一理论还可进一步完善：因为它是基于从行政权力与公民权利各自的相对独立性，以及由此形成的对立性来思考问题的，它所表明的主要是公民权利从外部制约行政权力的思路。郭道晖教授在其理论中所阐述的六点，前五点都体现了权利对权力的抗衡，第六点强调的是掌握好抗衡的度。我认为，公民权利不仅是对行政权力（确切的表述应当是对违法的行政权力）形成抗衡，同时公民权利还可以渗透到行政权力运行过程中，形成行政权力如果没有满足公民权利就难以运行的机制，或者说在非法状态下就难以运行的机

---

① ［法］托克维尔著：《论美国的民主》，董果良译，商务印书馆1997年版，第360页。

② ［美］罗伯特达尔：“民主理论的前提”，转引自顾昕：“以社会制约权力——托克维尔·达尔的理论与公民社会”，载《公共论丛》1995年第1卷。

③ 郭道晖著：《法的时代精神》，湖南人民出版社1997年版，第295～299页。

制。从行政法上讲,我主张行政相对人对行政活动的深度参与,与行政主体共同来完成行政权力的运行,这对于有效实现依法行政是具有本源性意义的。

二

现代行政权来源于公民权利,从根本目的上也服务于公民权利,因此,公民权利是行政权力合法性与正当性的基础。而在真正法治状态下的法,也不是一人或一方所定之法,而是全体人民(通过其代表)共同制定的法,它已集中体现了公民权利。行政权力在设定、目的及运行上充分实现这些公民权利,是法的精神的内在要求,也是根本意义上的依法行政。在客观条件上,行政相对人是参与行政活动的非行政机关一方,既然行政相对人参与了行政过程,公民权利就可以在一定程度上介入行政权力,被公民权利充分渗透的行政权力将是行政权力沿着法治轨道运行的内在保证。将公民权利融入行政权力的运行,也是民主行政的要求。美国政治学学者阿尔蒙德和维伯在考察了美国、英国、西德、意大利和墨西哥五国的政治文化状况后,认为在美国和英国,行政的民主化程度之所以高于其他国家,关键的原因就是,公民对行政的参与意识比其他3国强烈,参与实践比其他3国频繁。就参与意识而言,在美国和英国,相当一部分公民认为政府机关和警察会认真考虑其意见,即公民认为自己的参与活动能影响行政机关。① 当代民主政治下的行政,就性质而言并不是人们只从表面上观察到的行政机关一方之行政,这诚如法国学者贝尔纳·古尔内所言的那样:"如果不把行政置还于公众——它从其中产生并且其活动亦是面向它们—之中,就不可能了解行政。"②民主行使行政权的运作需各方合力才能完成。这是因为从权力属性上看,行政权不同于个人私权,个人私权属于个人所有,可以也应当由个人以其意志自由行使;而行政权属于公权,属于众人之权,本应由众人共同行使。众人将交由行政机关作为代表进行运用,但这并不等于行政机关运用众人共同的行政权时,就像个人运用自己私权那样具有本人的任意性,两类权力的运行机制是不相同的。众人将行政权交由行政机关行使,但却有方向性的控制,即控制行政机关对行政权力要按众人的共同意志(法律)来运用,而法律则对这种方向性控制作出具体的程序性、可操作性规定。行政权力运行的过程相对而言是一个复杂的过程,在这一过程中,要对行政活动进行方向性的控制,立法机关和司法机关要对行政权力实施监督,行政相对人的权利也要介入行政权力。

---

① [美]加布里埃尔·A. 阿尔蒙德、西德尼·维伯著:《公民文化》,徐湘林等译,华夏出版社1989年版,第247页、194~195页。

② 同上。

三

我认为,对于促使行政权力的依法行使,行政相对人有许多权力能发挥积极作用,其中有一些被实践证明是有效的,有一些作为理论设计值得深入探讨并有待实践检验。这些权利主要包括:(1)评判行政权力运用的权利;(2)对行政权力的异化直接予以阻止的权利;(3)对授益性行政权力的行使及结果进行公开、公平竞争的权利;(4)行政相对人自主选择的权利;(5)对行政自由裁量权的自由度予以控制的权利;等等。以下分别简述。

1. 评判行政权力运用的权利。行政相对人行使的这种评判权利,是指行政相对人对行政权力的运用提出意见、评价的权利。行政相对人的意见和评价作为行政决定的参照系,具有衡量、比较单方行政决定是否正确、合法的作用。它不同于司法审查等由有关国家机关在事后作出的审查,因为这种意见、评价是在事前或事中作出,可以防范因行政专横而易于产生的行政违法及其损害结果。对行政活动提出意见或作出评判是参与行政活动的一种权利,这种权利对行政权力所形成的机制应当是:在程序上,未经行政相对人参与评判则行政权力不能完成运行,也不能发生法律效力。行政相对人评判行政活动的权利,如对行政规章、规范性文件的制定要求听证的权利、对行政处罚等行政处理决定要求听证的权利等。行政相对人对这类权利的运用已在许多国家有法律规定和具体实践,我国在《行政处罚法》中也有相应的规定,它已被证明对促使行政机关依法行政有积极的作用。对此,日本行政法学者曾明确指出:“私人根据其所处的法律地位,有权站在国民或居民这种主权者的立场上,使自己的意见反映到行政体的决策中去。”①

2. 阻止行政权力异化的权利。公民的阻止权从公民保护自身权益的角度来讲,也可以称为抵抗权。当然首先要明确,这种抵抗权利并不是针对行政权力的,而是针对异化了的行政权力,即行政权力违法及权力腐败——“行为主体为其特殊利益而滥用权威或偏离公共职责的现象。”②当行政机关所用之权已完全不是法律对其所设定之权,或者行政权力的运用已改变了设定的本意而成为谋取私利的手段时,行政相对人就必须予以抵抗。关于行政相对人对违法行政行为的抵抗权问题,已见之于行政法学著述。如有日本行政法学者认为:“对无效的行政行为,相对人、第三人和所有行政体机关不等待公的确认而无视其效力。无效的行政行

① [日]室井力著:《日本现代行政法》,吴微译,中国政法大学出版社1995年版,第45页。

② 林喆著:《权力腐败与权力制约》,法律出版社1997年版,第74页。

为在理论上不存在执行力作用的余地。"①当然,行政相对人的抵抗具有即时性和对行政权效力的当场否定性,使用不当将会妨害合法正常的行政权力运用,导致极大地妨害行政效率,为此必须有恰当的标准。由于抵抗权的行使针对的是行政权力的违法和腐败,因此行政权力发生了没有争议的违法和腐败,是行政相对人能运用抵抗权的最实质标准。这就是说,对行政活动不必细致辨别能明确其违法是行使抵抗权的前提。凡对行政活动是否违法有争议、模糊不清的都不能实施抵抗,此时应以国家行政权力的公定力为准,先行服从行政机关的处理。同时,行使抵抗权是行政相对人当场进行的,基于法律素质、文化水平、时间等方面的条件限制,能为行政相对人所掌握的行使抵抗权的"度",在标准上还必须简单、明了。基于上述条件,笔者认为下列几类行政权力的违法情形是确定、且易于识别的,行政相对人可以直接行使抵抗权:

第一,无法定依据。即行政决定没有任何法律依据,如行政机关向公民要求义务时,没有展示任何法律依据时,公民可以行使抵抗权而拒绝。行政决定有无法律依据是公民易于识别的,且没有法律依据必为行政违法。但如果行政机关出示有法律依据,但行政相对人认为该法律依据不正确或有适用错误,则属于有争议的内容,公民不能直接作出抵抗。

第二,不说明理由。即行政机关作出某项决定时应向行政相对人说明理由,如果行政机关未做任何说明,行政相对人可直接抵抗,拒绝接受该行政决定。当然,如果行政机关向行政相对人就该行政决定说明了理由,那么行政相对人不能因自己主观上认为行政机关的理由不充分而直接予以抵抗。行政机关不说明任何理由就对行政相对人作出并执行行政决定,是专横、野蛮的行径,行政相对人应当实施抵抗。

第三,明显越权。即行政机关所用的不属于自己的职权,如工商行政机关对公民收缴税款、税务机关对公民实施道路交通管理处罚等就是明显的越权,公民可以直接抵抗。因为此时公民所抵抗的并不是国家行政权力,而是对国家行政权力的冒用,只不过这种冒用不是冒充国家行政机关公务人员进行招摇撞骗的公民作出,而是由真实的行政机关公务人员进行的。

第四,违反了直接针对公民的法定程序。即行政机关的行政活动违反了对公民不能缺少的法定行政程序。如行政执法人员不佩带执法标志或不出示执法身份就对公民实施扣押财产的行政强制措施等。对此,公民可以视其为身份不明的人实施抢劫而予以抵抗。再如,对行政机关向公民实施行政罚款、没收、收费、扣押财产等不出具法定收据的,公民也可以以防范行政公务人员实施贪污而拒绝缴纳。

---

① [日]室井力著:《日本现代行政法》,吴微译,中国政法大学出版社1995年版,第74页。

对于此类抵抗权的享有和行使,我国《行政处罚法》已作出了一定的规定。①

第五,对人身的伤害和对人格的污侮。即行政机关公务人员进行行政活动对行政相对人实施暴力殴打或作出污辱人格的言行。伤害人身和侮辱人格是对行政相对人基本人权的剥夺,是对人的身体和尊严的侵犯,因而行政相对人实施抵抗是正当的。

行政相对人抵抗权的行使将从一个方面阻止违法行政活动侵害后果的生成。

3. 对授益性行政权力的行使及结果进行公开、公平竞争的权利。行政相对人的这种权利对于限制授益性行政权力的滥用具有重要作用。如对某类行政许可,只能通过众多的行政相对人以公开、公平竞争的方式取得,没有这种公开、公平的竞争方式,该类行政许可就不能实施。在此情形下,竞争似为行政相对人之间的一种权利,但就行政相对人与行政许可机关的关系来讲,却是行政相对人对其作出行政许可决定的一种参与权。在行政许可中融合行政相对人的这类权利,能使行政许可权的行使更为公平、合理。

4. 行政相对人的自主选择权利。行政相对人的自主选择权利可用于行政合同、行政委托等领域,是指行政相对人对是否与行政机关达成某种协议有自主选择的权利。行政相对人的自主选择是行政合同、行政委托成立不可缺少的重要内容,换言之,是行政机关作出行政合同、行政委托的权力在完成运行上必备的构成条件,这种权利与行政权力是融为一体的,它对于行政权力运行的制约显而易见。

5. 对行政自由裁量权中自由度予以控制的权利。行政自由裁量权是行政权力中最易于被滥用的部分,但又是最不易于在事中加以控制的部分。我认为,在行政自由裁量权的行使过程中,行政相对人有些权利可以渗透其中并发挥控制作用,以促使行政自由裁量权的运行能恰当、合理。对此可简列两种权利加以说明:

第一,行政相对人的知情权。知情权也称了解权,是指公民有权知悉和获取行政机关的档案、资料和有关信息。公民一旦通过行使知情权获知有关信息,就可以使行政机关的自由裁量权及其运用展示在公众面前,其在行使该自由裁量权时就不得不慎重、妥当。在此,如果行政相对人有权知悉行政裁量权的大小、适用标准、运用对象甚至具有类比价值的惯例,行政机关自由裁量权的滥用就能受到有力的制约。

第二,行政相对人的申请回避权。行政机关就某一事项实施行政行为时,行政相对人对与该事项有利害关系的行政机关或其公务人员,应有申请其回避的权利。

① 《行政处罚法》第49条关于"行政机关及其执法人员当场收缴罚款的,必须向当事人出具省、自治区、直辖市财政部门统一制发的罚款收据;不出具财政部门统一制发的罚款收据,当事人有权拒绝缴纳罚款"的规定。

回避制度过去通常只严格运用于行政复议、行政诉讼领域，而在行政执法领域却未被全面制度化，这应当是一个必须改进的问题。事实上，在行政裁量权的运用上实施回避是极为重要的。因为行政活动目的不当、考虑不相关因素或不考虑相关因素等都是滥用自由裁量权的重要表现，①而应当回避但不回避就是形成上述表现的原因之一。行政相对人在自由裁量权行使的过程中有效行使申请回避的权利，对于自由裁量权的滥用将能加以控制。

（1999年第3期）

① 王名扬著：《美国行政法》，中国法制出版社1995年版，第687～688页。

关于废除劳动教养制度的思考

沈福俊*

一、劳动教养制度自身存在严重法律缺陷

劳动教养是我国特定的行政机关对有轻微违法犯罪行为、尚不够刑事处罚的人所采取的一种以限制人身自由为内容的具体行政行为，是行政行为中最为严厉的一种。行政机关实施这一类具体行政行为，理应有科学、完整的法律依据。但是，综观我国有关劳动教养的规范性文件，可以发现其在法律上的缺陷十分明显。

（一）关于劳动教养的规范性文件制定主体混乱，各种规范性文件之间无法形成科学、完整的体系

在我国，有关劳动教养的规范性文件，都是由行政法规、部门规章或者其他规范性文件组成，制定主体层次不一，效力等级参差不齐。劳动教养制度最早确立于中共中央文件之中，当时是在"镇反"和"肃反"运动之后，针对一部分不够判刑而政治上又不适合继续留用、放到社会上又会增加失业的反革命分子、坏分子的安置问题而采取的措施。1957年8月3日，国务院公布了《关于劳动教养问题的决定》，第一次以行政法规的形式正式确立了我国的劳动教养制度；1979年11月29日，国务院又发布了《关于劳动教养的补充规定》。根据上述两个行政法规，公安部于1982年1月21日发布了《劳动教养试行办法》，这是迄今为止最为完整的一部关于劳动教养方面的规范性文件，但其内容却与国务院行政法规的规定有一定的冲突。除上述行政法规和规章之外，更多的劳动教养规范是由公安部或由公安部会同其他部门下发的各种通知、报告、批复等文件组成，这些文件从当时形势的需要出发，对劳动教养制度中的个别问题作出了特殊的规定，有许多文件甚至随意超出国务院行政法规和公安部规章中的原有规定，对劳动教养中的有关问题作出了扩充性规定，既未经法定授权，又未经过严格的制定程序，其"应急性"十分明显。对于劳动教养这一类较为严厉的、以限制公民人身自由为内容的具体行政行为，不是依据全国人大或者常务委员会制定的法律，而是依据一些不成系统的，而且效力明显低于法律甚至低于行政法规的规范性文件，是严重背离法的科学性原则的。

---

* 作者单位：华东政法学院（现华东政法大学）。

(二)有关劳动教养的规范性文件之间存在矛盾,低层次规范与高层次规范之间存在严重冲突

对于劳动教养的规范性文件之间的矛盾和冲突,主要表现在以下几个方面:

1. 从劳动教养的性质看,1957 年 8 月国务院《关于劳动教养问题的决定》第 2 条规定:“劳动教养,是对于被劳动教养的人实行强制性教育改造的一种措施,也是对他们安置就业的一种方法”。这说明劳动教养不仅是一种强制性教育改造措施,同时还具有安置就业的性质。但是,1982 年 1 月公安部的《劳动教养试行办法》第 2 条,对“安置就业”问题未曾提及,仅是进一步明确劳动教养是“对被劳动教养的人实行强制性教育改造的行政措施”。对于通过劳动教养而安置就业是否合理暂且不论,仅就公安部的规章对国务院的规定进行修改来说,也是不合法理的。

2. 从劳动教养的适用对象和范围上看,国务院《关于劳动教养问题的决定》所规定的对象是 4 种人:(1)不务正业,有流氓行为或者有不追究刑事责任的盗窃、诈骗等行为,违反治安管理、屡教不改的;(2)罪行轻微,不追究刑事责任的反革命分子、反社会主义的反动分子,受到机关、团体、企业、学校等单位的开除处分,无生活出路的;(3)机关、团体、企业、学校等单位内,有劳动能力但长期拒绝劳动或者破坏纪律,妨害公共秩序,受到开除处分,无生活出路的;(4)不服从工作的分配和就业转业的安置,或者不接受从事劳动生产的劝导,不断地无理取闹、妨害公务、屡教不改的。1982 年公安部的《劳动教养试行办法》对劳动教养的对象作了重新规定,确定为 6 种人:(1)罪行轻微,不够刑事处分的反革命分子、反党反社会主义分子;(2)结伙杀人、抢劫、强奸、放火等犯罪团伙中,不够刑事处分的;(3)有流氓、卖淫、盗窃、诈骗等违法犯罪行为,屡教不改,不够刑事处分的;(4)聚众斗殴、寻衅滋事、煽动闹事等扰乱社会治安,不够刑事处分的;(5)有工作岗位,长期拒绝劳动,破坏劳动纪律,而又不断无理取闹,扰乱生产秩序、工作秩序、教学科研秩序和生活秩序,妨碍公务,不听劝告和制止的;(6)教唆他人违法犯罪,不够刑事处分的。而在此之前,国务院于 1980 年发布的《关于将强制劳动和收容审查两项措施统一于劳动教养的通知》就已经将劳动教养的对象作了扩大,即规定“对有轻微违法犯罪行为、尚不够刑事处罚需要进行强制劳动的人,一律送劳动教养”,并无明确的限制。国务院《关于劳动教养的补充规定》规定“劳动教养收容大中城市需要劳动教养的人”,公安部《劳动教养试行办法》也规定“劳动教养收容家居大中城市需要劳动教养的人”,但又规定“对家居农村而流窜到城市、铁路沿线和大型厂矿作案,符合劳动教养条件的人,也可以收容劳动教养”,解放军总政治部、公安部于 1982 年发布的《关于军队执行国务院〈劳动教养试行办法〉几个问题的通知》又将劳动教养的对象扩充至军队。为适应“严打”斗争的需要,公安部和司法部在1984年《关于劳动教养和注销劳教人员城市户口问题的通知》中又再次将劳动教养的适用对象扩充至“铁路沿线、交通要道的城镇吃商品粮的人”。而公安部、司法部于1987年发布的《关于对卖淫嫖宿人员收容劳动教养问题的通知》则规定无论是城镇的,还是农村的,只要符合该通知规定的,一律送劳动教养,并无地区上的限制。这些低层次的规范性文件不断对相对层次较高的规范性文件所规定的劳教适用对象和范围作无限制的扩充规定,违背了法的统一性原则。

3. 从劳动教养人员的年龄限制上看,公安部1981年11月30日的《关于收容劳动教养人员年龄问题的通知》规定是16周岁以上,但公安部于1983年10月22日对辽宁省公安厅的“批复”中,又放宽到14周岁以上。

4. 从劳动教养的期限上看,国务院《关于劳动教养的补充规定》和公安部《劳动教养试行办法》都规定为1~3年。但是,公安部和司法部于1984年3月26日发布的《关于劳动教养和注销劳教人员城市户口问题的通知》却又规定为2~3年,使劳动教养最低为1年期限的规定一下子就被一纸通知所修改。

5. 从劳动教养的组织审批机构来看,国务院《关于劳动教养问题的规定》规定“劳动教养机关,在省、自治区、直辖市一级建立,或者经省、自治区、直辖市人民委员会批准建立。劳动教养机关的工作,由民政、公安部门共同负责领导和管理”。1979年国务院《关于劳动教养的补充规定》规定“省、自治区、直辖市和大中城市人民政府成立劳动教养管理委员会,由民政、公安、劳动部门的负责人组成,领导和管理劳动教养的工作”。公安部于1980年7月31日作出的《关于县镇收容劳动教养和地区举办劳动教养场所问题的批复》也规定“劳动教养限于省、自治区、直辖市和大中城市举办,地区、县一律不办。”公安部《劳动教养试行办法》同时也规定“需要实行劳动教养的人,均由省、自治区、直辖市和大中城市的劳动教养管理委员会审查决定。”这说明,劳动教养的审批机构应设在省、自治区、直辖市和大中城市,劳动教养应由劳动教养管理委员会审批。但是,1984年3月26日由公安部和司法部联合对劳动教养问题所作的通知却规定“地区一级需要办劳动教养的可成立劳动教养管理委员会”,并规定“劳动教养管理委员会,由公安、司法、民政、劳动等部门的负责人组成,领导和管理劳动教养工作。劳动教养的审批机构设在公安机关,受劳动教养管理委员会的委托,审查批准需要劳动教养的人。”这一通知一方面随意将劳动教养管理委员会的设置扩充至地区一级,突破了国务院和公安部原先的规定;另一方面使劳动教养的审批权实际上由公安机关独家行使,而劳动教养管理委员会则形同虚设。这一通知违背了国务院行政法规所确立的劳动教养审批机构的组织管理原则。

以上情况表明,有关劳动教养的规范性文件不但制定主体较乱,而且规范之间的协调性也较差。这种明显的法律缺陷说明这一制度与法治建设的要求已不相符合。

二、劳动教养制度难以在法理上得到确立

正是由于长期以来对劳动教养制度缺乏严格的法律规范，从而导致这一制度在法理上难以得到准确的定位。在行政法学界，对劳动教养的性质界定有两种不同的观点：第一，认为劳动教养是一种行政强制措施。其依据是国务院《关于劳动教养问题的决定》中关于“劳动教养，是对被劳动教养的人实施强制性教育改造的一种措施”和公安部《劳动教养试行办法》中关于“劳动教养，是对被劳动教养的人实行强制性教育改造的行政措施”的规定。第二，认为劳动教养是一种限制人身自由的行政处罚，而且是行政处罚中最为严厉的一种。① 国务院新闻办公室于1991年向全世界发布的《中国的人权状况》白皮书中也指出：“劳动教养不是刑事处罚，而是行政处罚。”②

笔者认为，劳动教养作为一种限制人身自由的具体行政行为，按有关规定它是一种行政强制措施，但从本质上来说又具有行政处罚的性质，其地位在行政法理论上难以明确确立。首先，从有关劳动教养的规范性文件的规定中，可以认为它是一种行政强制措施。作为行政强制措施应是行政机关为有效查明情况或控制危害状态，所采取的对特定人行使某项权利进行暂时性限制的措施，其一般不以惩戒为目的。但是在事实上，劳动教养是对有轻微违法犯罪行为尚不够刑事处罚的人所采取的措施，期限又是1~3年。在如此长的期限内限制一个被认为有违法行为的公民的人身自由，如果说它仅仅是一种“暂时性”的且不具有惩戒目的的行政强制措施，在理论上是说不通的。其次，劳动教养的性质和后果决定了它明显具备惩戒性质，因为它适用的对象是违法行为人，所采取的手段是在一定期限内限制一个公民的人身自由，这更符合行政处罚是对违法者进行行政制裁的特征，而且是行政处罚中最为严厉的一种，其惩戒性十分明显。但有关规范性文件又明确规定它仅是一种行政强制措施，不是行政处罚。尤其是我国《行政处罚法》根本就未将劳动教养规定为是行政处罚的一种，而且该法还特别强调规定“限制人身自由的行政处罚，只能由法律设定”、“限制人身自由的行政处罚权只能由公安机关行使”。对于劳动教养这一由行政法规设定的，且由公安、民政、劳动和司法行政部门共同实施的限制公民人身自由的行为，如果说是行政处罚的话，法律上又无任何依据。因此，

① 罗豪才著：《行政法学》，北京大学出版社1996年版，第211页。

② 国务院新闻办公室“中国的人权状况”，载《国务院公报》1991年第99号。

劳动教养的性质和后果与法律、法规规定之间的这一矛盾状况，导致这一行政行为的性质在行政法理论上无法得到准确界定。这同样也构成废除这一制度的理由之一。

（1999 年第 7 期）

制定我国《行政复议法》的几个重要问题

于 安*

九届全国人大常委会第九次会议审议通过了《中华人民共和国行政复议法》,将于今年10月开始实施。《行政复议法》的制定工作开始于1996年3月。根据八届全国人大常委会的立法规划,首先由原国务院法制局进行起草研究工作。1998年10月国务院提出法律议案,九届全国人大常委会第五次会议开始进行审议,会后全国人大常委会法制工作委员会就国务院提交的法律草案广泛征求了各方面的意见,并进行了调研,在此基础上对草案进行了修改。九届全国人大常委会分别于1998年10月、1998年12月、1999年4月第五次、第六次和第九次常委会上对复议法草案进行了3次审议,在第九次会议上以128票的全票获得通过。同日国家主席江泽民发布主席令,公布了这部法律。

我国的现行行政复议制度,主要是根据1990年12月国务院颁布的《行政复议条例》建立的。自从1991年《行政复议条例》生效以来,其实施一直不尽如人意,行政复议没有发挥本来设计的作为解决行政争议主渠道的作用。为了改变被动局面,1994年国务院对《行政复议条例》作了重要修订。但是从1994年修订《行政复议条例》到1996年开始起草《行政复议法》几年间,实际状况并没有得到改观。从1991年到1997年年底,全国共发生行政复议案件22万件,平均每年发生3万件,①1996年后逐年增加。结构上大约是治安、土地和其他案件各占1/3,1996年后由于其他种类案件的增加,治安案件的比例相对有所下降。这个数字可以说明行政复议的实际作用是十分有限的。在造成这种局面的诸多原因中,复议制度本身的缺陷是重要方面。所以有必要通过制定行政复议法消除产生于原《行政复议条例》的制度缺陷,建立起符合我国行政体制的独立的行政复议制度。新颁布的《行政复议法》不但对我国现行行政复议制度进行了重大改革,而且对1989年以来的我国行政立法给予了一些方向性启示。以下结合法律制定中的几个主要问题和新颁布的《行政复议法》对现行制度的改革作一些讨论。

---

* 作者单位:清华大学法学院。

① 《人民日报》1999年5月5日。

一、关于行政复议的权利保护范围

新颁布的《行政复议法》对现行制度的最大改变，是将公民、法人和其他组织的各类合法权益都纳入行政复议的保护范围。只要公民、法人或其他组织的合法权益受到具体行政行为的侵犯，都可以通过行政复议获得法律救济。

保护公民权利不受非法行政的侵害，是自1989年以来我国进行行政立法的第一主题，当然也是1990年制定《行政复议条例》的第一主题。这个主题的内容是给行政当局规定一种不得侵犯公民权利的禁止性法律义务。行政法的另一个主题是行政合法化，要求行政活动都要有法律依据。这个主题的要求高一些，它不仅要求行政不得做什么，还要求必须有法律才能做什么。过分强调这个主题有些困难，因为当时我国没有依法治国的宪法根据，行政立法也跟不上，实际上做不到。但是要求行政当局不要去违反当时已经存在的法律，行使权力的时候不要侵犯公民的权利，不仅是必要的，也是可能的。因为行政活动具有积极主动的固有特性，对公民权利的威胁和侵权可能性很大，所以我国像其他许多国家一样将保护公民权利作为发展行政法的第一主题和第一方向，是确有根据的。问题是保护的范围和程度。

1990年的《行政复议条例》和1994年的修订案，都把权利保护的范围原则上定在公民、法人和其他组织的人身权和财产权上，对其他权利的保护需要有单行法律或者法规的特别规定。这一立场持续9年没有改变，其致命原因是行政复议制度对行政诉讼制度的依附性。现行行政复议制度是作为1989年《行政诉讼法》的配套制度建立起来的，权利保护范围也是根据《行政诉讼法》确定的。1990年12月公布的《行政复议条例》，是国务院为贯彻《行政诉讼法》采取的一项立法措施。除了《行政复议条例》以外，当时国务院还决定制定《行政赔偿条例》、《行政处罚条例》、《行政规章制定条例》、《行政强制执行条例》，以配合《行政诉讼法》的实施。最后实际发布的只有《行政复议条例》，所以行政复议受行政诉讼的制约最大。《行政复议条例》在对当事人合法权益的保护范围等决定行政复议作用的重大问题上，都以实施《行政诉讼法》的需要为目的，没有超出《行政诉讼法》的设计路线。几年来行政复议的受案数量和案件种类与行政诉讼案件基本一致，也在实践上证明了行政复议对行政诉讼的配套作用。这种配套性质的行政复议制度，虽然在贯彻《行政诉讼法》方面确实起到了重要作用，但是同时也限制了行政复议作为行政监督基本制度的应有作用。要扩大行政复议的权利保护范围，基本前提是改变行政复议对行政诉讼的附属地位，脱离配套框架的束缚。

这次制定的《行政复议法》改变了原来配套制度的陈旧思路，以建立我国独立的行政复议制度为基本指导思想。一切制度性设计都从行政复议本身的性质和能力出发,为公民、法人和其他组织提供一个更有效率和更为便利的行政法律救济主渠道。对于这个指导思想,没有人提出异议。这样一来,权利保护范围就不必顾及行政诉讼的制约,而可以根据行政复议本身的固有性质和应有作用来确定。第一,上级行政机关对下级行政机关涉及公民权益的管理活动进行监督,本来是上级行政机关的当然权力,我国宪法和法律对此不但没有规定任何限制,而且还要求为上级行政机关的应有职责。因为行政复议是一种行政层级监督制度。行政复议的根据是上级行政机关对下级行政机关的层级监督权,这种层级监督权具有维持或改变下级行政机关决定的力量。第二,行政管理是一种积极的不间断的国家活动,对公民、法人和其他组织合法权益的不利影响以致非法侵犯是一种经常发生的客观现象。这种影响和侵犯实际上并不会有目的地只是限于某几种权益,就像行政侵权活动并不都是故意预谋针对哪几类权利一样。过去把上级行政机关通过行政复议对下级行政机关的监督只是限于特定的几类,脱离了行政侵权的实际状况。第三,行政复议与行政诉讼的情况不同,行政复议是行政机关的层级监督,行政诉讼是对行政机关的司法监督。确定行政诉讼权利保护范围,需要从行政机关与司法机关相互关系的角度考虑司法权限和实际监督能力的可能性和必要性。行政复议的层级监督在行政体制上说,本来就不存在任何制度上的障碍。这次《行政复议法》把权利保护范围扩大到公民、法人和其他组织的各类合法权益,是恢复行政复议正常功能的正确之举。但是《行政复议法》对权利保护范围的扩大并没有当然使行政诉讼权利保护范围扩大,也可以说明行政复议与行政诉讼在权利保护方面的作用是有所区别的。《行政复议法》第5条规定,对行政复议决定不服向人民法院提起行政诉讼,仍然要依照《行政诉讼法》进行。可见《行政复议法》没有扩大行政诉讼受案范围的意思。

二、关于对行政活动方式的监督范围

新颁布的《行政复议法》对现行复议制度的又一重大改革,是授权公民、法人和其他组织对抽象性行政规定提出审查的申请。

当代行政法的总体架构建立于把行政活动分为抽象和具体两大部分的分类上。受1989年《行政诉讼法》的影响和约束,现行行政复议制度把行政复议对行政活动的监督限于对具体行政行为的监督。即当事人只能对行政机关处理具体事项的具体行政行为提起复议申请。侵权的具体行政行为所依据的行政规范(即抽象行政行为)即使违法,受害人也不能申请对其进行审查。这种把当事人复议申请权限制在具体行政行为上的做法,削弱了行政复议的法律监督和保护权利的作用。从实际情况来看，侵犯当事人合法权益的具体行政行为，往往都以一定的行政规范为依据。一些具体行政行为侵犯当事人的合法权益，不是执行行政规范的操作错误，而是执行依据上的行政规范错误。例如，有的地方政府部门乱收费或者乱处罚，根源不在于收费行为或者处罚行为本身，而是收费和处罚行为所依据的行政规范本身违法。由于复议申请权被限制在具体行政行为上，使当事人对具体行政行为依据的违法行政规范束手无策。

现行行政复议制度规定复议机关和有权行政机关可以依职权对于违法或者不当的行政规范进行复查。《行政复议条例》第 43 条规定，复议机关审查具体行政行为时，发现具体行政行为所依据的规章或者具有普遍约束力的决定、命令与法律、法规或者其他规章和具有普遍约束力的决定、命令相抵触的，在其职权范围内依法予以撤销或者改变。复议机关认为具体行政行为所依据的规章或者具有普遍约束力的决定、命令与法律、法规或者其他规章和具有普遍约束力的决定、命令相抵触，而复议机关又无权处理的，向其上级行政机关报告。上级行政机关有权处理的，依法予以处理；上级行政机关无权处理的，提请有权机关依法处理。处理期间，复议机关停止对本案的审理。这种依职权审查行政规范的规定本身值得肯定，但是由于行政当局缺乏审查的内在动力和具体实施程序，实际上形同虚设，没有可行性。

《行政复议法》的立法者，从制止和防范一些地方行政机关滥发规范性文件侵犯公民、法人和其他组织合法权益的实际情况出发，提出利用行政复议机制解决抽象行政行为违法的立法改革，并就此问题进行了研讨，征求意见。开始时的考虑比较宽泛，提出的问题主要有：公民、法人或者其他组织是否可以无条件地对抽象行政行为申请复议？抽象行政行为被撤销后，行政机关据此作出的具体行政行为是否都需要重新处理？如果抽象行政行为给公民、法人或者其他组织造成损害或者侵权的，应如何处理？抽象行政行为被撤销后，此前据此作出的具体行政行为的效力如何认定、处理？

解决上述问题的出路，是将对抽象行政行为的处理同对有关具体行政行为的个案处理联系起来。公民、法人或者其他组织只能对侵犯其合法权益的具体行政行为所依据的行政规范提出审查的申请。《行政复议法》第 7 条规定，公民、法人和其他组织认为行政机关的具体行政行为所依据的行政规定不合法，在对具体行政行为申请行政复议时，可以一并向行政复议机关提出对该规定的审查申请。但是申请审查的对象限于：国务院部门的规定（国务院部、委员会制定的规章除外）；县级以上地方各级人民政府及其工作部门的规定（地方人民政府制定的规章除外）；乡、镇人民政府的规定。这一限制性规定实际上把国务院的所有规范性行政规定和所有的行政规章一律排除在外。基本理由是：第一，国务院的规定是最高行政机关制定的规范,层级监督机制难以发挥作用;第二,行政规章是法律性规范,考虑通过法律监督程序解决其违法问题。在处理程序上,申请人提出对有关规定的审查申请后,行政复议机关对该规定有权处理的,应当在30日内依法处理;无权处理的,应当在7日内按照法定程序转送有权处理的行政机关依法处理,有权处理的行政机关应当在60日内依法处理。处理期间,中止对具体行政行为的审查。

上级行政机关监督下级行政机关制定行政规范的行为,改变或者撤销下级机关发布的不当或者违法的行政规范,是上级行政机关的固有职权,也是有宪法和政府组织法根据的。《行政复议法》的新贡献,在于赋予公民、法人或者其他组织以启动这种监督程序的申请权。它可以使法律早已规定但是极少使用的规范监督程序真正运作起来。《行政复议法》在赋予当事人对行政规范的审查申请权的同时,保留了行政复议机关依职权对行政规范进行审查的监督渠道。但是与原来《行政复议条例》的规定相比,扩大了审查范围,规定了具体的程序。

在对行政活动的监督方面,《行政复议法》除增加了对抽象行政行为的监督以外,在具体行政行为方面还列举增设了若干《行政复议条例》没有提到的可复议的行政决定:

1. 警告、没收违法所得和非法财物、暂扣许可证和执照的行政处罚。

2. 关于变更、中止、撤销许可证、执照、资质证、资格证等证书的行政决定。

3. 关于确认土地、矿藏、水流、森林、山岭、草原、荒地、滩涂、海域等自然资源的所有权和使用权的行政决定。

4. 关于变更或者废止农业承包合同的行政决定。

5. 行政机关违法要求履行违法集资、征收财物、摊派费用义务的。

6. 申请行政机关颁发许可证、执照、资质证、资格证等证书,或者申请行政机关审批、登记有关事项,行政机关没有依法办理的。

7. 申请行政机关依法发放社会保险金或者最低生活保障费,行政机关没有依法发放的。

三、关于行政复议管辖制度

行政复议机关是通过复议管辖制度确定的。行政复议是上级对下级的行政层级监督制度,正确确定复议机关是有效发挥行政复议监督作用的关键。1994年国务院修订《行政复议条例》的重点就是改革确定复议机关的复议管辖制度。新颁布的《行政复议法》在总结过去几年行政复议经验的基础上,对确定复议机关的现行复议管辖制度作了两项重大改变,提高复议机关的级别,扩大当事人对复议机关的自由选择权。

首先,最高国家行政机关国务院将裁决行政复议案件。目前的行政复议机关最高只能到省、自治区、直辖市人民政府和国务院各部门。省、自治区、直辖市人民政府和国务院各部门的具体行政行为引起的行政争议案件,由其自己作复议机关。新颁布的《行政复议法》把上述省部级行政机关的上级机关国务院规定为行政复议的裁决机关,国务院依照《行政复议法》的规定作出最终裁决。这一规定使上述省部级行政机关的活动直接受到国务院的监督,将提高行政复议的权威和公正的程度。但是国务院的复议裁决与普通行政复议决定有两点不同:一是国务院的复议裁决是对上述省部级行政机关已作出的行政复议决定的审查,当事人不得对上述省部级行政机关具体行政行为引起的行政争议案件直接向国务院提出复议申请;二是国务院的复议裁决是最终裁决,当事人不得对国务院的复议裁决向人民法院提起行政诉讼。但是当事人可以对上述省部级行政机关的复议决定向有管辖权的人民法院提起行政诉讼。

其次,当事人有权对涉及政府部门的复议案件管辖机关进行全面的自由选择。县级以上地方各级人民政府工作部门的上级机关(即复议管辖机关)可以是本级人民政府,也可以是上级人民政府的主管部门。1990 年《行政复议条例》规定实行以上级主管部门管辖为主的管辖制度。该《行政复议条例》第 11 条规定,对县级以上地方各级人民政府工作部门的具体行政行为不服申请的复议,由上一级主管部门管辖。但是上一级没有相应主管部门的和法律、法规规定由人民政府管辖的,由本级人民政府管辖。对国务院各部门的具体行政行为不服申请的复议,由作出具体行政行为的部门管辖。这种部门管辖制度不但使多数复议申请人必须异地申请,费用高昂和行为不便,还使复议决定难作出和难执行,极大地影响了行政复议的应用。原因是政府上下级部门之间多是行政业务指导关系,复议职权和行政体制不甚协调。1994 年国务院修订《行政复议条例》,决定对政府部门的复议管辖进行改革,实行当事人选择为主的制度。经修订的《行政复议条例》第 11 条规定,对县级以上的地方各级人民政府工作部门的具体行政行为不服申请的复议,由本级人民政府或者上一级主管部门管辖。法律、法规规定由本级人民政府管辖的,从其规定;法律规定由上一级主管部门管辖的,从其规定。对国务院各部门的具体行政行为不服申请的复议,由作出具体行政行为的部门管辖。从 1994 年修订《行政复议条例》以来的实际情况看,多数行政复议仍然是上级部门管辖为主。重要原因之一是有 30 多个法律、法规规定必须实行上级部门管辖。新颁布的《行政复议法》决定彻底实行当事人选择复议机关的制度。该法第 12 条规定,除了对海关、金融、国税、外汇管理等实行垂直领导的行政机关和国家安全机关的具体行政行为不服的,必须向上一级主管部门申请行政复议以外,对县级以上地方各级人民政府工作部门的具体行政行为不服的,完全由申请人选择复议机关,即可以向该部门的本级人民政府申请行政复议,也可以向上一级主管部门申请行政复议。根据该法第42条,该法施行前公布的法律有关行政复议的规定与该法的规定不一致的,以该法的规定为准。这就是说,以前排除自由选择复议机关的法律、法规将不再有效。

以上是新颁布的《行政复议法》对现行复议制度所作的最重要改革。除此以外,新颁布的《行政复议法》还在基本原则、受理期限、审理程序、查阅案卷等方面作出了一系列新的规定。《行政复议法》所确立的行政复议新制度,将极大地促进中国依法行政的发展进程,使公民、法人和其他组织的合法权益在国家行政领域得到更为有效和便利的法律保护。

(1999年第8期)

党组织有权动员人大代表联合提名的候选人放弃被提名权

徐文斌*

一、对于"联合提名"现象党组织活动的合法性分析

针对"联合提名"现象,目前我们党(中共,下文同)在实践中的基本态度是,允许"联合提名",同时把主要精力放在动员被提名者放弃被提名和参与提名者撤回提名。如果被联合提名的候选人放弃,则一般不将其列为正式候选人参加选举,如果参与联合提名的选民或代表有人撤回提名,从而使联合提名的选民或代表人数不足法定要求,则联合提名自然失效。笔者认为,我们党的这一策略符合政党活动的一般原则,同时也不与法律规定相冲突。从实际情况来看,参与联合提名的人员中一般均有党员参加,绝大多数被联合提名的候选人也系党员,所以党组织对党员做工作,动员其撤回提名或放弃被提名,这纯属党组织内部的事务,完全符合党内"个人服从组织,下级服从上级,地方服从中央"的组织原则。

那么,这一策略是否适合于非党选民和代表呢?笔者认为也应当适用。党管干部原则是《宪法》规定的四项基本原则的具体体现,执政党推荐权力机关的组成人员、国家机构的领导人员是理所当然的事情。所以,当"联合提名"现象出现时,当党组织的人事安排意图与"联合提名"冲突时,党组织出面做非党的选民或代表的工作,做非党的被提名人的工作,实质上体现的是一种政治协商。只要党组织在做工作时没有采用《全国人民代表大会和地方各级人民代表大会选举法》(以下简称《选举法》)第52条所列举的"违法行为",而是通过正当途径做工作就是符合法律精神的,就是合法的。

当然,如果这一策略不见效,即选民或代表坚持联合提名,被联合提名者本人拒绝放弃被提名,则应坚决将被联合提名人列为候选人参加预选或参加正式选举。对此,实践中都是这样贯彻的。

此外,由于《地方各级人民代表大会和地方各级人民政府组织法》第21条第3款规定,即人大主席团、代表联合提名推荐的有关国家机关领导候选人"均不得超

* 作者单位不详。

过应选名额”,所以实践中党组织通常还对拟由代表联合提名的人选进行预先考察,并将人选推荐给有关代表,然后由代表在会议期间“联合提名”。这一做法在一定程度上弥补了可能出现所有候选人均为“等额选举”的局面,在当前大部分地方代表还不习惯联合提名的情况下不失为一种良策,它可以扩大代表在选举时的选择余地。同时,由于在客观上还需有关代表实际地履行联合提名的有关手段,这中间其实是有关代表依法行使选举权的具体表现,他们可以根据党组织的建议参与联合提名,也可以不参与,所以这一做法仍然具备所有的合法要件。

二、放弃被联合提名权是依法行使被选举权的具体表现

实践中,对于被联合提名的人员放弃被提名的,不管其主观上是主动还是被动,只要形式上是主动的就不列入候选人名单参与选举。那么,被联合提名人放弃这种被联合提名权行为属于什么性质呢?让我们从权利的概念入手进行分析。所谓权利就是人们从事某种行为的可能性,而宪法权利就是指在宪法规定的范围内,公民从事某种行为的可能性,公民实现这种行为是受法律保护的。公民有权按照宪法的规定实施某种行为,也有权不实施某种行为,即权利既可以行使,也可以放弃。从被联合提名权本身来看,显然是公民被选举权这一宪法权利的重要组成部分,属于被选举权的范畴。所以,这种被联合提名权既可以行使,也可以放弃。放弃被联合提名权,实质上正是被提名人对自己享有的被选举权的行使。

既然被提名人放弃被提名权是依法行使其被选举权的具体表现,那么不将其继续列入候选人名单就是对其权利的尊重。这不仅符合宪法学的一般原理,也为西方选举制度所经常采用。①

三、对联合提名中的“非组织行为”应作具体分析

只要提到“非组织行为”有的同志就将其视同“非法行为”,一概予以否定,其实这是一种过激的偏见,在法律上是缺乏依据的。如某地一私营企业主虽然没有得到组织的提名,但其有当人大代表的意向,在选举年前一年就自费为所在村里改造了出村的道路、自费组织本村所有65岁以上身体条件允许的老年人到外地旅游,事后他被选民们联合提名并当选为所在县人大代表。这个人的行为属于什么

① 美国一些州的法律也规定“许可从选票中去掉某人的名字,只要本人声明他(或她)不是候选人即可”。参见[美]哈罗德·P. 戈斯内尔、理查德·G. 斯莫尔卡:《美国政党和选举》,复旦大学国际政治系译,上海译文出版社1980年版,第127页。

性质？显然，对他的联合提名不属于组织行为，但他并没有与选民进行赤裸裸的金钱交易，能说是贿选？能说选他为县人大代表的选举行为无效？

笔者认为，对联合提名中的“非组织行为”应作具体分析，只有出现《选举法》第52条明列的“违法行为”时，才能认定联合提名及相关的选举活动非法，如果是公开进行一般性的拉票行为，在法律规定的范围内向选民或代表客观地介绍情况，从而导致“联合提名”的不能视为非法，而应视为民主意识的表示。如果有什么不妥，那表现的也只能是民主政治内正常的斗争，对此我们不能怕，也不必怕。邓小平同志在20世纪40年代初就曾指出：“党要有意识地去发展民主政治的斗争，首先要纠正某些同志中的武断不民主的错误，要使非党干部敢于讲话，讲所欲讲，敢于工作，不对我疑惧。做到这一步，那不仅民主政治开展有了内容，而且政府威信和工作效率都会大大提高起来。”①

（1999年第8期）

① 《邓小平文选》（1938～1956年），人民出版社1989年版，第15页。

党组织不宜动员人大代表联合提名的候选人放弃被提名权

王月明*

当前,地方各级人民代表大会在选举上级人大代表或"一府两院"公职人员时,常常有人民代表根据选举法和组织法的规定,联合提出候选人。为此有些地方党组织对联合提名的党员代表候选人采取动员劝说工作,使该候选人放弃被提名,或动员参与提名的党员代表撤回提名,甚至出现对联合提名的候选人当选后不予确认的个别情况。上述做法,无论从社会主义民主、法治的要求来看,还是从人民代表大会制度的本质而言,都是不可取的。

一、《组织法》、《选举法》的修改是社会经济、政治形势发展的必然,是"联合提名"的法律依据

"联合提名"的法律依据主要是《中华人民共和国地方各级人民代表大会和地方各级人民政府组织法》(以下简称《组织法》)。该法第21条第2款规定,省级人大代表30人以上、设区的市和自治州人大代表20人以上、县级人大代表10人以上书面提名,可以提出本级人大常委会组成人员、人民政府领导人员、人民法院院长、人民检察院检察长的候选人。不同选区或者选举单位选出的代表可以酝酿、联合提出候选人。该条第3款规定,主席团提名的候选人人数,每一代表与其他代表联合提名的候选人人数,均不得超过应选名额。该法第22条第2款规定,县级以上的地方各级人民代表换届选举本级国家机关领导人员时,提名、酝酿候选人的时间不得少于2天。

值得注意的是,上述3方面条款均为1995年2月第八届全国人大常委会第十二次会议对该组织法修改后新增的内容。在这里,立法者的意图是不言自明的。第一点是针对过去代表联合提名被指责为"非组织活动"、"无组织纪律观念"、"非法串联"的情况而着意规定的。第二点是针对过去提名方式不科学、不完善的情况而规定的,从而限制了主席团提名的候选人人数,明确了代表提名候选人的必要

* 作者单位不详。

性。这一规定还防止了在差额选举中有些地方利用主席团突破应选名额进行补充提名，以替代联合提名的补救办法解决差额来源。第三点是针对过去代表提名候选人不广泛、酝酿不充分的情况而作的时间要求，为代表联合提名提供了充分的时间保证。

可见，从1995年全国人大常委会修改《组织法》的立法意图来看，“联合提名”是被鼓励、支持和保护的，而从其规定的可操作性上看，“联合提名”是能有效实现的。这也是近年来“联合提名”现象增多的法律原因。

《组织法》的这次修改，不仅是适应形势变化的结果，更是党和国家完善人民代表大会制度、切实树立人大权力机关地位的重大举措。有些地方党组织对代表联合提名的党员候选人动员其放弃被提名，或动员参与提名的党员代表撤回其提名，同组织法的立法精神和规定是根本相违背的。这样做的结果往往是使法律的规定流于形式，人民意志无从表达，也损害了宪法和法律的权威性、至上性。其实质正如邓小平同志论述“以党治国”的危害时所言：“这些同志误解了党的优势，以为党员包办就是绝对优势，不了解真正的优势表现在群众拥护上。”①

二、保障人大代表的提名权，是对人民意志的尊重，也是人大监督执政党的途径之一

人大代表的民主选举权利是实现人民掌握国家权力的重要环节，也是一切权力属于人民的体现。人大代表这一权利包括联合提名权，是各级人大发挥权力机关职能的重要形式。《全国人民代表大会和地方各级人民代表大会代表法》（以下简称《代表法》）第39条第1款规定：“一切组织和个人都必须尊重代表的权利，支持代表执行代表职务。”动员代表联名提出的党员候选人退出或动员联名提出候选人的党员代表撤回提名实为对代表联合提名权的不尊重，这一做法也违反了《代表法》的规定。有人认为，党员候选人放弃被提名权是依法行使被选举权的具体表现。在此，姑且不对权利的可放弃性这一有争议问题进行探讨。至少我们应认识到，是否放弃被选举权是权利主体的又一项权利，被联合提名的党员候选人放弃被选举权的行为建立在其自我选择的基础和前提上，如若是因组织或领导劝其退出而作出放弃被选举权的选择，显然是违背其意愿的。

“联合提名”产生的党员候选人被劝退现象的产生，主要原因在于有的同志认为，主席团提名的候选人是党组织反复考察才确定下来的，而代表临时联合提出的

① 《邓小平文选》（第1卷），第10～11页。

候选人有一定的片面性，甚至是小团体、部门利益的体现。坚持党的领导，要求各级人大对于党组织推荐的干部，经过全面考察条件合格的应予积极支持，但这不等于说可以排斥党组织之外的代表依法联名提出的候选人。事实上，在选拔任用干部的过程中，还存在不少亟待解决的问题。有的地方和单位，存在拉关系、跑门子、伸手要官的现象；个别领导干部以个人好恶和个人恩怨取人用人；有的单位和部门，在干部任免中不遵守规定的程序，致使个别条件不具备的干部得到不适当的重用，损害了党的形象和现代化建设事业。当前，一些腐败分子的存在正是由于有些地方的干部用人机制上任人唯亲、家长制和缺乏监督造成的。“联合提名”代表候选人的出现，弥补了党组织推荐候选人时可能出现的差错，使上述两种候选人处于竞争的角色中，从而使各级人大选出更优秀更合格的国家干部，也能促使党组织在推荐候选人时更加严格、认真，推荐出更好的候选人与联名推荐的候选人进行竞争。

（1999 年第 8 期）

依法行政：应依何法行政

朱　芒*

目前，对依法治国、依法行政应具有怎样的内容的探讨在不断深入，笔者认为，依法行政所依据之法的性质和功能，决定着依法行政的根本走向。以下，笔者从社会需要与行政活动之关系的角度对此问题作点滴探讨。

一、依法行政与形式的法

我们的共和国在经历了种种历史浩劫和磨难之后，开始进入人治与法治关系的思考，关注制度建设。并且选择法作为制度化的行为规范，要求公权力依法行使，要求行政机关在行使行政权力时只能依照法的规定进行，由此来排除行政机关的越权、恣意和滥用权限等可能性。从这一侧面方向展开的主张主要在于强调依法控制行政权。

一是作为行政获得合法性（legitimacy，也可称"正统性"）的方法，即行政机关在行使权力时只要适用业已颁布的法的规定，以此为根据证明权力行使具有合法性。在实际生活中，当涉及行政权的发动及体现其强制力时往往可以见到这一方面的主张。

在上述的主张中，我们可以看到对历史的深刻反省：寻求建立一种外在于行政权力并作用于行政权力的规范法，以此作为行政权活动的唯一性根据。也正因如此，上述的各种主张无论其着眼点在何，都拥有一个共同之处，即首先必须建立作为行政权的行为准则法。

二是作为规范行政行为的法究竟应该为何，对此的回答虽然是见智见仁，但在以下几个方面我们可以看到相互之间最大的公约数：

1. 依法行政的法应该具有体系性，其应以宪法为顶点构筑起来的，由法律（包括基本法律和部门法律）、行政法规、行政规章以及地方性法规等组成的规范体系。这意味着法的体系化要求应最终归结统一于宪法的要求，由此也排斥了内部文件——不具法的形式的行政命令作为行政活动合法性判断的根据。

2. 依法行政的法应该具有书面的形式，即其能以文字的方式表达出规范的具

* 作者单位：华东政法学院（华东政法大学）。

体内容。通过将行政行为规范的文字化，使规范的具体内容：权利义务关系得以明确。

概括而言，在上述对依法行政的追求中，我们可以明白无误地看到，行政活动中涉及的各方主体——无论是行政自身还是其管理的相对方，均已经十分清楚地认识到了依法治国、依法行政所应具有的外在形式有着不可缺少、不可替代的重要性。简言之，作为行为根据的法具有了上述外在的形式性，可以使各方行为主体于事前预测和明确各自的行为责任，减少事后行为风险，以此使社会秩序（包括市场秩序）稳定化。

其实，随着市场的发育、经济的发展，社会对法提出形式合理化要求可以说是一种历史必然，我们在观察经济发达国家的形成史时可以得到完全相应的佐证。马克斯·韦伯（Marx Weber）在总结欧洲近代经济社会历史时曾指出：具有可计算性，可预测性，即形式合理的法是近代资本主义经济成功的最重要前提。① 今天，随着社会主义市场经济的形成和发展，社会对法的形式合理性要求已经开始萌芽。因此，当我们在建立、发展社会主义市场经济的有关法律制度时，思考如何满足依法治国、依法行政的形式化要求，建立可以使人们预测自身行为后果的法体系，已不仅仅是来自历史的反省和启示，更是直面现实的社会需要（如建立社会主义市场经济秩序）所作出的积极回应。

二、依法行政与实质的法

从各级人大和政府的工作报告中我们可以知道我们所拥有的成文法规范的数量正历年上升，这无疑表明我国法的规范体系正在日益发展和完备。然而，在现代，依法治国、依法行政的真正实现不仅仅只是依靠，或者可以说不主要是依靠行政所依据的法规范体系在形式方面的发展和完备，其更为重要的在于这种法规范所追求的价值目的。因为，如果法治仅仅只是要求法律体系具备形式上的完备性

① ［德］马克斯·韦伯著：《法社会学》（日文版，世良晃志郎译，创文社1974年版），第63～64页。马克斯·韦伯所提出的"形式性"概念具有两方面的含义：一是作为形式性的计算可能性，即"由法保障的在纯形式方面的一致性"，其通过"法的合理化和体系化"得以实现；二是作为形式性的逻辑性，即"一个个的法规范经逻辑手段整理成为无矛盾的抽象法命题体系"（同前，第105页、512页）。中野教授指出，韦伯所说的上述两个方面的形式性是相互背离的，参见中野敏男著：《现代法系统和批判》（弘文社1974年版），第43～48页。但也有学者指出，恰恰是这种形式性两方面的相互背离才是法的形式性的根本所在，参见桥本直人："M.韦伯学说中的'形式性'的逆说"，载《社会学评论》第48卷第3号。

和统一性,那么依法行政与专制并不是绝对无缘之物。①

依法治国、依法行政的价值目的不能离开民主政治和权利保护。民主的目的要求行政权的行使服从代表人民意志的立法机关所制定的法律,由此防止行政权的滥用和维护公民等社会成员的基本人权。这里所谓的行政权的行使应服从代表人民意志的立法机关所制定的法律包含行政机关在制定法规范时也同样必须服从以宪法为顶点构成的法律体系的要求。我们在现行的《宪法》以及相应的法律中可以明确地读到反映上述民主要求的基本规定。例如,《宪法》第89条第1款规定制定行政法规应"根据宪法和法律",第90条第2款和《国务院组织法》第10条规定制定国务院部委规章应"根据法律和国务院的行政法规"。概言之,宪法和法律中的这些规定是通过下位法规范以上位法规范为直接根据的方式保证宪法和法律所具有的民主性延伸至由行政所制定的规范体系。但是,在实际的由行政权制定的法规范体系中,相当一部分缺乏来自上位法规范的直接根据或者根据暧昧。

同时我们还应该清醒地认识到仅仅具备法的外形的规范并不是当然具有权利保护的功能,离开了法规内部的特定结构权利保护很可能成为只是一种美丽的标签。若放眼于人类社会发展的历史长河,我们完全可以从各国许许多多正和反的经验和事例中获得对我们如何走向未来的启示。至少,以下各项原则对我们从权利保护的目的出发建立行政活动的根据制度体系时有所借鉴:

行政机关所作出的影响被管理者权利义务的具体行政行为以及行政强制必须以(立法机关制定的)法律为根据(法律保留原则);

对公民具有不利益性的具体行政行为应受法律约束,原则上不应作为自由裁量处理(限制自由裁量原则);

行政机关作出侵害公民自由财产的行为之前,尤其作出制裁性的决定之前应事前给予当事人听证的机会(正当程序原则);

因行使行政侵害公民的自由或财产时应进行损害赔偿或损失补偿(国家补偿原则);

对因违法的具体行政行为而使权利利益受到侵害的当事人应保障其有提起诉

---

① 王明扬在介绍美国行政法时指出:"法律必须符合一定的标准,包含一定的内容,如果对于法律没有要求一定的标准或内容,则法律也可作为专制统治的工具,这和法治的目的背道而驰",王明扬著:《美国行政法》,中国法制出版社1995年版,第114页。江必新在最近的研究中也指出:"如果法必须执行或遵守,那么法就必须符合一定的标准,包括一定的内容,反映人类的理性,否则,法律不仅可以成为专制统治的护身符,而且可以成为灭绝人类的工具。这样,法治对于人类不是福祉而是灾难",由此他提出了确保依法行政之法是良法的"实在规则",参见江必新:"论法治行政的基本规则",载《法制日报》1999年2月4日。在人类发展史中,至少在第二次世界大战前的德国和日本,曾存在过根据法律的规定侵犯人权的史实。

讼,获得司法救济的机会(司法救济原则)等。

三、依法行政与社会活力

依法治国、依法行政并不是在空中楼阁中实施的一种思想过程,其真正有实效的实现绝不可能脱离现实的社会基础。依法行政,是行政机关以法为根据积极管理社会(这是实质性法的另一种含义),但这种管理既不应是简单机械地对法条文的严格适用,也不应是对一切的社会问题都依靠和运用法律手段加以解决。否则,依法行政之法,无论是追寻形式的合理性还是实质的目的性,其结果必然导致成文法规范的大量出现,造成"规范的洪水"泛滥,使社会生活领域受到国家公权力的全面干预和介入,其结果会扼杀自身依靠的社会基础的活力和丧失自身应有的功能。

因此,依法行政更为重要的是通过行政的管理实现社会公平和激活社会自身的活力。在今天,行政如何管理社会和社会如何自律已成为在建立和完善社会主义市场经济时必须认真思考的问题。因为市场的建立和完善归根结底是以社会自身活力为基础的。自实行改革开放政策以来20年,在发展社会主义市场经济的我国,行政(国家)与社会之间关系已经和正在发生着迅猛和质的变化,随着社会主义市场经济的形成,过去对社会的生产资料和生活资源全面控制分配型行政管理正向着对社会自身的运行进行干预、介入型行政管理过渡。这是建立和完善社会主义市场经济所必需的。然而,问题在于我们所处的社会已经历的和将要经历的发展是其他国中无例可循的,社会在相当大的程度上还是行政的附属,其自身发育尚未全面,还远不具有其独立性,我们所追求的市场尚不能完全依靠社会自身而依然须依靠行政的强大力量来创设,至少由行政主导时,法如何使行政对社会的干预和介入保持适当和合理的程度,以及如何强化依法行政所依之法在增强促进社会自身活力方面的功能便决定着依法治国、依法行政制度在未来的基本走向。当许多国企经营者的头脑中依然自觉或不自觉地将自己定位于国家行政管理者时、当社会团体的成立需要以其业务主管单位的审查同意为前提,使社会团体事实上成为行政业务主管部门的下属时,①当《价格法》实施后却依然须采用实质上的行政命令建立以"价格自律"为名的价格卡特尔来限制"不正当竞争"时,②我们显然可

---

① 《社会团体登记管理条例》(1998年10月25日中华人民共和国国务院令第250号发布)的有关条文,特别是第3条、9条、13条、18条、19条、28条等条中社会团体与主管机关、登记机关的关系的规定。

② 《南方周末》1998年10月30日。

以看到制度创设中如何激发社会活力和避免过度干预、介入社会生活之间选择的艰难度。

显然,在实施依法治国、依法行政所面临的诸多问题中,如何制度化地安排国家(主要是行政权)与社会(当前的核心为市场)的关系是最为基本的问题之一。其实,国家(行政)与社会应相互尊重对方的运行规则而不是相互无视、国家(行政)介入社会时国家的法如何不否定和影响社会自身的运行规则以及国家(行政)的法在介入社会时不被社会规则所溶化尚不失其独自的功能等有关诸如此类的探索已是源远流长。尤其自20世纪70年代末西德社会民主党和自由民主党联合执政所采用的"依法管理社会"的改革政策陷入僵局以后,G. 托布纳(Cunther Teubner)针对国家的法在现代社会中的功能问题提出了"自省性法"的模式①,主张法对社会的管理应立足于建立通过管理对象,即社会自身的自律性和自我运作性来解决社会问题的框架,即变直接管理为间接管理,其核心在于将法的功能限定在组织、程序、管理权限再分配等规制等方面,改变过去社会行为的直接规制的行政管理方式。

在思考依法治国、依法行政时,托布纳"自省性法"的模式对我们有着很大的启发,虽然在构筑符合我国国情的依法治国、依法行政的制度时,我们不可能回避我们国家和社会特有的发展历史,然而如何认识历史对今日的积极和消极意义,如何制定具有怎样功能的法规范为国家(行政)管理社会时提供依据,则关系到"依法治国,建设社会主义法治国家"方略能否得以真正落实和长久发展。当对依法行政内容的理解,尚有许多依然是渊源于旧有的习惯,根植于旧有的土壤,尚只是驻足于严格适用业已颁布的法规范的程度上或仅仅将法作为干预和介入社会生活的工具时,我们所要警惕的是勿使依法治国、依法行政变为处处可贴的无实际内容的标签,或是过度干预和介入社会生活的工具。

(1999年第11期)

① 自省性法的理论源自 Gunther Teubner:"法制化——概念、特征、界限、回避对策"(日译文,泽秀木译),载《九大法学》第59号,第235~292页。

从宪法文本谈修宪方式

蔡定剑*

当前，一些出版社为配合《宪法》学习，积极出版《宪法》单行本和宪法辅导读本。但是，由于一些出版社在出版中缺少认真负责的态度，加上为利益驱动，争抢出版时间，没有搞清楚《宪法》的版本就匆忙出版，导致市场上宪法文本的混乱。

据我们在西单图书城等书店的初步调查，现书架上有6种《宪法》和《宪法》学习读本：人民出版社、法律出版社、中国法制出版社分别出版的《中华人民共和国宪法》单行本，学习出版社出版的《新修宪法读本》，中国青年出版社出版的《宪法修正案学习辅导读本》，中央党史出版社出版的《九届全国人大二次会议修订中华人民共和国宪法学习读本》。其中，人民出版社、法律出版社和中央党史出版社出版的《宪法》文本都是1982年《宪法》的条文后面附1988年、1993年和1999年的宪法修正案，宪法正文中没有将这3次修改宪法的内容改进去。其他3家出版社出版的版本将宪法修正案的内容改进了宪法正文中。

宪法是国家的根本大法，具有最高权威和法律效力，它是国家法制统一的基础。但是，如果我们的宪法本身都没有一个统一、权威的文本，将有损宪法的权威，对宪法的执行和引用造成混乱。试想，如果我们国家机关在制定法律、法规、规范性文件，或者执法、司法机关和公民在引用宪法时，引用不同出版社出版的宪法文本就会出现驴唇不对马嘴的状况。比如说，引用人民出版社和法律出版社出版的文本（没有将修正案修改到正文中去），第10条还是禁止土地转让，第15条还是规定实行计划经济。对于这些条文就不能引用了，而只能引用有关的修正案。但是，我们的宪法修正案是很难引用的，因为宪法修正案不是一个规范的条文，没有款项的标志，而是说明某某条怎么修改。可见，宪法文本不统一的混乱状况将会影响到宪法的适用，应尽快加以纠正。

为什么会出现宪法文本不统一的情况呢？这与当前出版界缺乏严肃认真的出版作风有关，但也与修宪方式和宪法公布缺乏明确规范有关。

1979年、1980年我国两次对《宪法》小修改，都采取通过修宪决定直接修改条文的办法，而不附修正案。1988年开始采取宪法修正案方式，但只公布了修正案，没有公布宪法文本。1993年修宪时，为避免修宪后宪法文本的不统一，修宪小组

* 作者单位：全国人大常委会研究室。

内部讨论了宪法的文本问题,意见是将修正案附在宪法后面,同时将修改的内容改到宪法正文中去。大会秘书处据此印刷了一个标准文本,并由常委会领导批给中国民主法制出版社依此公开出版标准文本。但这一情况,社会和出版界并不知道。全国人大主席团正式公告公布的只是宪法修正案,没有重新公布修改后的法定宪法文本。八届全国人大一次会议文件汇编和全国人大常委会公报都只刊登了宪法修正案的内容,而没有刊登修正后的宪法文本。因此,当时除大会秘书处文本外,还有其他3种文本:一是法工委编、人民出版社出版的《中华人民共和国法律汇编》(1993年卷),先刊印1993年宪法修正案,后面附根据1988年和1993年两次修正案修订的宪法全文。二是法工委编、人民出版社出版的《中华人民共和国法律汇编》(1989年~1994年卷),同时刊印1982年《宪法》全文、1988年修正案、1993年修正案和根据两个修正案修订的宪法全文。三是人民出版社、法律出版社等出版的《宪法》单行本都是1982年《宪法》全文和宪法修正案,没有刊印修改后的宪法全文。这样,当时就出现了4种版本的宪法。这次修宪延续了1993年的修宪方式,但没有就宪法版本进行规范,以致混乱的情况继续发生。

宪法文本不统一,不能认为是件小事,而是件关系到宪法的权威和宪法条文的适用的非常严肃的大事。混乱的情况不应继续下去,应借这次新宪法修改的机会,澄清错误,统一文本。建议有关部门根据3次修正案修订出一个标准文本,并在全国人大常委会公报和有关报纸上公告标准文本,同时要求各新华书店立即停止出售错误的宪法文本,买到错误文本的读者有权要求换正确的文本。同时建议:今后修改宪法,如果继续采取修正案方式,应在表决通过修正案时,同时表决通过修改后的宪法文本,作为法定文本予以公布。如果大会表决并公布的只是修正案,那么,可由大会主席团公告发布标准文本。

总之,宪法作为依法治国的根本依据,应当有法定的、统一的文本。否则,将不利于维护宪法的严肃性和权威性。

从宪法文本,可以提出一些值得研究的问题。我国的修宪采取修正案方式是不是符合我国情况的恰当方式,是值得研究的。采取这种方式主要是借鉴美国等国的修宪方式。美国修宪之所以采取修正案方式,是由当时特殊情况决定的。美国在1789年通过的宪法没有规定公民的权利,受到民主派人士的批评。于是在《宪法》通过后不久,即起草了12条修正案,其中10条获得批准,于1791年生效。这10条修正案,就是为了补充规定公民权利的保障(故称为"权利法案"),它不是修改前面的条文,所以只能采取附在宪法后面的修正案方式,以后的修宪就延续了这种方式。现在也只有美国等为数不多的国家采用修正案方式修改宪法。多数还是采用修改宪法正文的方式,但在被修改的条文后注明修改的时间。采用宪法修正案的方式适合对宪法作新增补充性规定的修改,不适合对宪法条文作修改。在国外采用修正案修改宪法的都不改宪法正文。

笔者认为,我国宪法修改不适宜采用修正案的方式:

原因之一,从过去修宪的情况看,我国修宪很少是增加补充新的条文,主要是修改原条文的内容。如果采用国外那种宪法修正案方式,而不修改正文,宪法使用起来就很不方便。但如果在正文中按修正案把条文修改过来,后面同时附修正案。这样,后面附的修正案就成了多余的。它不会被引用,也不能被引用。因为它不是一个规范的条文,而是一个修改的说明,阐明某条怎么修改。同时,随着修宪次数的增加,后面这个不必要的修正案尾巴越来越多,会浪费出版篇幅,给宪法带来累赘。

原因之二,我国宪法与国外宪法有一点很大的不同,就是有很长的序言。而近几次修改都涉及对序言的修改,序言不是条文式的,而是一段叙述文字。我们的一些修改是文字性修改,用修正案方式不便于对序言修改,因为它只是修改某句话甚至个别文字,所以必须对正文修改才会方便使用。

另外,有一个值得研究的问题是,这次《宪法》修改有3条涉及对前两次修正案的修改,采用宪法修正案方式,这次修改就不应直接修改原条文,而是修改有关的修正案。因为代表大会通过的是宪法修正案而不是宪法正文,有关机关也没有公布宪法条文被修改的法定文本。但这次宪法修改却不是针对有关的修正案,而是针对宪法正文的。这就带来一个问题,这次修正案所修改的条文,在人民出版社、法律出版社出版的文本中找不到相应的条款。而1993年八届全国人大一次会议秘书处根据1988年和1993年两次修正案修订的宪法文本至多只能算是一个具有较高权威的文本,还不能算是法定文本。就算这个文本作为标准文本,也没有向社会正式公告过。按新闻出版署的规定,人民出版社、法律出版社都是可以出版法律汇编和单行本的出版社,社会不知道应适用哪个宪法文本。

(1999年第12期)

2000 年

法治入宪的特别意义

郭道晖*

"依法治国,建设社会主义法治国家"这一党的基本治国方略与目标,通过中共中央的修宪建议,经由九届人大二次会议以第三个宪法修正案形式予以审议通过,得以正式纳入《宪法》总纲第5条,成为国家的基本国策和宪法准则,这是中国法治史上和中国人民政治生活中一件大事,是中国社会主义民主的一大进步。许多论者已经对此作了阐释。不过,大多是从国家实行法治、政府依法治理、人民群众遵守法制上,来论述法治或宪治的一般意义;而较少从党的视角上,论及法治入宪对作为领导党与执政党的中国共产党的特别意义。

众所周知,"依法治国,建设社会主义法治国家",是党的十五大报告和决议所确立的党的治国方略与目标。现在将它纳入宪法,按照过去对党的政策与国家法律的关系的理解(即"党的政策是法律的灵魂","国家法律是实现党的政策的工具"),去解释和领会这次修宪的意义,从而仅仅是把宪法作为推行党的治国方略的一种手段,可使这一党的方略,通过宪法得到全民的遵循。这就未必尽如人意。诚然,依法治国这一党的方略宪法化,必将有利于推进政府依法办事,公民遵守法制,提高全民的法治意识,树立法治的宪法权威;但是,如果法治入宪所针对的客体仅是这些,而作为领导党和执政党的中国共产党则游离于宪法之外或凌驾其上,以宪法为工具,而不是也同时以宪法为约束自己的准绳,这本身也是有失法治精神的。

卢梭说过一句发人深省的话:"任何人都不能摆脱法律的光荣的支配;这是一种有益而温柔的枷锁,最骄傲的头颅也柔顺地戴着这种枷锁。"①

笔者认为,我们党之所以要将自己的治国方略与目标宪法化,不仅是为了在全国全民中厉行法治,同时也是甚至更重要的是,要使党自身,更自觉地把自己置于宪法的监控之下,摒弃人治和"以党治国"的旧观念旧习惯,严格遵循"依法治国,建设社会主义法治国家"的宪法准则。

这意味着,如果某个党组织或党员干部,违反宪法与法律的规定,或不经法定程序,越过国家机关,推行其事关政府权限与公民权利义务的决定,或干预司法独立,以党代政,搞个人专权,搞邓小平早就批评过的"党权高于一切"或"党员高于

---

* 作者单位不详。

① [法]卢梭:《论人类的不平等的起源》(中译本),三联书店1967年版,第2页。

一切"的"以党治国"或"一个人说了算的'人治'",那就不只是违反了党章与党的政治纪律,而且是违宪行为,要受到宪法的追究。

我国尚未制定政党法,但我国《宪法》对政党已有一些原则性的规定,诸如,《宪法》规定要坚持四项基本原则,其中包括坚持中国共产党的领导;要实行共产党领导的多党合作与政治协商制度;各政党"都必须以宪法为根本的活动准则","都必须遵守宪法和法律","都不得有超越宪法和法律的特权","一切违反宪法和法律的行为,必须予以追究"。这些准则,当然不只是针对政府和公民的,也是针对各政党、特别是执政党的。按宪法的本质而言,宪法的要义在于确认与保障人民的权力和权利,并"规定一个受制约的政府"。在我国,历届政府实际上是由共产党来领导和执政的。因此,宪法在这个意义上也可以说主要是约束执政党的。《宪法》的序言和总纲中规定的一些基本国策与治国方略,大多是中国共产党在现阶段的政治纲领,也可以说是将党的纲领宪法化,党不只用党章,更用宪法来规限自己的行为。这体现了党对人民负责、为人民服务的宗旨。譬如,"坚持四项基本原则"是作为我们党的基本路线中"两个基本点"之一而确立的,它已被纳入《宪法》,成为我国《宪法》的基本准则。过去,这一准则往往只被理解为公民的行为准则,或认为其主要锋芒是针对敌对势力的颠覆活动的。很少有人提到这四项基本原则更主要的是约束新中国的执政者的。

四项基本原则纳入《宪法》,作为我国的立国之本,治国之道,固然任何人都不得违反。但在我国,谁最有权威与能量去改变、破坏这些基本原则呢?历史的教训已经表明,主要的是来自执政党内。"文化大革命"中,林彪、"四人帮"反革命集团就是四项基本原则的最大最危险的破坏者。至于在此以前的一些政治运动,也是偏离四项基本原则的:反右的绝对"扩大化",难道是坚持人民民主专政(包括人民民主)的体现?大跃进与人民公社运动,其所追求的所谓"共产主义"穷过渡,难道是坚持了科学的社会主义?党的领袖长期实行个人专权,"一个人说了算",忽视或排斥党的集体领导,难道是坚持了共产党的领导?所谓"无产阶级专政下继续革命"的理论,也绝不是真正的马克思主义的理论。

附带指出,苏联与东欧的"剧变",也非旦夕之祸,实也是长期以来其执政的党背离马克思主义与社会主义所致。如把无产阶级专政变为"党专政";把社会主义变成国家主义和大国沙文主义;把党的领导变成党的领袖的个人专制;等等。

长期以来,我们注意了从"右"的方面来反对和破坏四项基本原则的活动,对此保持高度警惕是十分必要的。但对从"左"的方面偏离或违反四项基本原则的言论与行为,则重视不够。邓小平理论完整地提出坚持四项基本原则,是在"文化大革命"之后,这不是偶然的,是吸取了"左右"两方面的历史教训的结果。把这四项基本原则纳入宪法,上升为宪法准则,固然是要遏制国内外敌对势力颠覆我们国家政权的阴谋活动，同时也是要防止执政党自己偏离这些原则，给党和人民再次造成灾难性后果。

应当说，四项基本原则主要是对执政者治国的指导原则。至于普通公民个人，他们与作为整体的人民和作为执政党的共产党及其领导干部不同，不是直接掌握国家权力去“治国”的主体。作为宪法准则的四项基本原则，其对普通公民的要求主要是不得在政治上反对或破坏这些原则，并有权监督执政者遵循这些原则。并不要求每个公民都以四项基本原则来指导自己的一切行为和私人活动。譬如，宗教徒就不信奉马克思主义的无神论。个体工商户、私营企业主就不是完全按社会主义生产方式来经营。任何公民个人都无权直接执掌（因而也谈不上“坚持”）人民民主专政的政权（“文化大革命”中的“群众专政”是对人民民主专政的反动）。公民个人私生活也不都存在是否坚持党的领导的问题。凡此可见，“坚持四项基本原则”主要是作为领导党和执政党及其所领导的党政部门、执政者（以及国家工作人员）在治国必须恪守的宪法准则。它列入《宪法》应看做对执政党和执政者的宪法约束。

法治入宪也是如此。法治的最高主体是作为整体的人民（通过人民代表大会来体现）。共产党作为人民群众中的领导力量也是法治的主体。政府机关及其人员首先是法治的客体（受法所治），然后是依法行政、依法司法的主体，至于公民个人虽然也可以通过行使选举权、监督权等民主权利，去参与建设法治国家，但毕竟他们的政治与社会地位决定了他们无权（权力）去直接“治国”。因此，在实行“依法治国”上，他们不可能成为违宪主体。即使他们中有人可能有违反乃至破坏法制的行为，但那属于违法或犯罪行为，不属于违宪行为。

可见，法治入宪，党关于厉行法治的治国方略的宪法化，是中国共产党依据其党章规定的“党必须在宪法和法律的范围内活动”的原则，自觉地将自己置于宪法监督与约束之下，使党的这一治国方略不容党自己再轻易加以改变，使党直接接受宪法和人大以及全体人民的监督，彻底同人治的历史、同“以党治国”旧思想旧习惯决裂。这是我们党对人民负责、对宪法负责的体现，也是党有自信力的表现。这也就是法治入宪的特别意义。

当然，现在还远不能说，全党，特别是党的领导干部，中央和地方各级党委、政府各部党组织的党员干部都有这样的共识。这有待于我们在学法中，在法治实践中加以解决，有待于宪法监督制度的建立与健全，和对违宪行为敢于依据宪法予以追究，以实际的案例来昭示宪法的最高权威的神圣不可侵犯性。否则，法治入宪也还会流于一句空话。殷鉴不远，值得我们认真对待。

（2000年第2期）

冤假错案与人权保护

蔡定剑*

一、免受司法迫害是最基本的人权

人的生命、安全和自由是最基本的人权。这些权利得不到有效保障,其他权利就无从谈起。对这些基本人权的侵犯,主要来自两个方面:一方面来自个人的暴力;另一方面来自国家有组织的非法暴力。后者主要指因司法权的专横和滥用而产生的冤假错案。

近代社会宪法发展的历史,就是关于人权保障的历史,就是反对司法专横和司法权滥用的历史,是从制度上防止产生冤案、争取正当司法程序保障的历史。第一个宪制国家英国1215年颁布的第一个宪法文件《大宪章》第39条规定,任何自由人,若未经其同级贵族依法判决,或经国法判决,皆不得被逮捕、监禁、没收财产、流放、剥夺法律保护及受其他任何损害,1628年的《权利请愿书》再一次重申了《大宪章》上述关于对公民自由、财产权利保护的规定,并进一步提出,任何人除经依法律正当程序之审判,不论其身份与环境如何,均不得将其驱逐出国,或强迫离开所居住之采邑,亦不得予以逮捕、拘禁或取消其继承权,或剥夺其生存的权利;不得对任何人臆断处死或残其肢体;不得任意扣押人和强迫人招供,不得根据戒严令任意逮捕自由人;无论何种犯罪,均不得免受通行程序之审讯;不得处王国法律以外的刑罚。1679年面对查尔斯二世司法专横,资产阶级在议会又提出了《人身保护令》,这一被称为英国人权保障和宪法基石的宪法性文件的核心就是反对司法专横,它明确规定:在和平时期,若没有法院签发的写明理由的逮捕证,不得逮捕和羁押任何人;被逮捕的臣民和亲友,有权请求法院发给"人身保护令状",要求限期将被捕者移送审判机关;审判机关应迅速审核逮捕理由是否成立,以决定释放,还是保释或继续关押,以待审判。不得以同一罪名再次关押已准予保释的人犯;英格兰居民不得押送到海外殖民地拘禁。对公民权利宪法保障的进一步发展是英国资产阶级革命时期国会通过的《权利法案》。1689年国会通过并迫使威廉三世签署的《权利法案》,在限制国王权力,确立议会至上的同时,又进一步加强了对司法专横的防止和人权的保护。该法案在13个条款中有4条规定了这方面的内容。不应

* 作者单位:全国人大常委会研究室。

要求过多的保释金,也不应强课过多的罚款,更不应滥施残酷的刑罚;审判应由正式选任和宣布的陪审员参加;在定罪前,不能课以罚金和没收财产;为纠正冤屈,议会应经常召开会议。

美国宪法于1787年制定以后,因宪法没有规定对公民权利的保障而立即遭到强烈的批评。在随后增加的《人权法案》从第4条到第8条也充分体现了保护人权,反对司法专横这一精神,这些条文规定,除非有可能成立的理由,并以宣誓保证,并详细说明搜查地点和扣押的人或物,不得发出搜查和扣押状;任何人非根据大陪审团的报告或起诉,不受死罪或其他重罪审判。任何人不得因同一犯罪行为而两次遭受身体和生命的危害;不得在任何刑事案件中被迫自证其罪;不经正当法律程序,不得被剥夺生命、自由或财产。在一切刑事诉讼中,被告有以获得公正陪审团予以迅速而公开的审判的权利;有权得知控告的性质和理由,有权与原告证人对质,以强制措施取得对其有利的证人,并取得律师帮助为其辩护;不得要求过多的保释金,不得处以过重的罚金,不得施加残酷和非常的刑法等。

由宪法发展起来的对公民权利的保障制度,后来被西方国家逐步以刑法和刑事诉讼法加以具体化,形成了一套保障公民权利,使公民免受司法不法侵害的司法制度机制。

二、冤案产生于诉讼制度的缺陷

1. 冤假错案产生的第一个环节是少数警察(包括检察人员和法官)对公民滥捕滥押,滥用刑事追诉手段。现行法律对拘留、逮捕的条件的规定失之过宽,以致给公安机关拘留和逮捕很大的随意性。比如,拘留的条件是:对被害人或者在场亲眼看见的人指认为犯罪的;在身边或者住处发现有犯罪证据的;对不讲真实姓名、住址和身份不明的嫌疑人都可以实行拘留。这样的规定很容易出漏洞,给那些低素质的警察滥用权力、胡作非为以可乘之机。

刑事诉讼程序的功能不仅是防止无辜的人免受随意非法关押拷问,同时也不允许把一般违法当犯罪、把轻罪当重罪甚至当死罪来治。对犯罪嫌疑人相应的罪行只能采取相应的强制措施,不能因偷一辆自行车就可以把人逮捕。而实际中,把违法当犯罪,把轻罪当重罪,甚至把人整死的案件也时有发生。许多冤假错案是在这样一种思想下制造的:只要被警察抓的人多少会有劣迹,司法人员怎么采取手段都不为过。在这样一种司法理念下,人的价值和尊严被忽视了,只要能查出犯罪分子,在追究违法犯罪行为时,可以不择手段,不顾程序的正当性和合法性,畸轻畸重,这也是制造冤假错案的重要原因之一。

在法治社会，刑事诉讼程序有一项防止这类情况发生的诉讼原则，这就是“刑事追究措施的相应性原则”。它禁止刑事强制措施的过度使用，特别是涉及侵犯公民基本权利的措施，追究机关在采取措施时要在其种类、轻重上，必须与被追究的行为相适应。对轻微的刑事犯罪行为，绝不允许调查机关以调查困难的原因而采取逮捕手段。例如，即使嫌疑人确实偷了自行车、摩托车，法律根本不能允许对他们采取限制人身自由和长期关押的措施。

2. 犯罪嫌疑人缺少起码的自我保护和防卫手段。长期以来，在诉讼程序中，一旦犯罪嫌疑人被司法机关采取限制人身自由的强制措施，就完全处于被人摆布和宰割的地位，完全缺少抵抗司法人员不法侵害的法律手段进而进行自我保护，也给警察为所欲为钻了空子，使司法人员可以对其刑讯逼供，使其陷罪。在诉讼双方当事人中，一方拿着手铐，另一方戴着手铐；一方讯问，另一方只能回答；一方以各种手段在搜集有罪的证据，另一方面只能坐以待毙。在这种完全不平等的诉讼制度下，只要办案人员稍有不良动机，①都很容易使人陷罪。防止冤案的产生，必须在法律上给予嫌疑人以同等的手段以与刑事追究者相抗衡，从而使犯罪嫌疑人的权利得到有效保护。

在法治国家中，有一项诉讼原则叫“手段同等原则”，以保护犯罪嫌疑人，防止被无辜陷罪。根据这一原则，对于犯罪嫌疑人，在原则上应当同刑事追究机关一样，予以平等地对待。法律规定警察对人进行拘留、逮捕时，被拘者有权要求通知律师，有权要求保释；他有权利与外界保持联系；他委托的律师可以代他与追诉者同时进行无罪或减轻罪行的调查。“手段同等原则”在庭审过程中体现为：控方与辩方的地位、权利是平等的。犯罪嫌疑人有出席权、申请证据权和质证权等。赋予犯罪嫌疑人与警察和公诉人同等手段，刑事追诉人就很难对犯罪嫌疑人为所欲为而使其陷罪。

3. 冤案还常常产生于犯罪嫌疑人不明白自己有何权利的情况下就被定罪，所以他不可能得到任何正当的程序权利保护自己。为了防止刑事追究机关随意违法的侵害，使犯罪嫌疑人能采取相应的手段来保护自己，就应让犯罪嫌疑人知道自己的权利。并让刑事追诉机关对嫌疑人承担告知义务和提供必要帮助的义务。只有犯罪嫌疑人明确地知道自己的权利和追诉者的权力所在，并能在被限制自由时得到及时、必要的帮助，追诉机关就不敢放肆妄为。我们的许多冤案就产生于追诉机关利用被告人不知法律和自己的权利，并割断嫌疑人与外界的联系，使其处于孤立无援的地位。这样，警察可任意进行违法逼供。

美国刑事诉讼中著名的“米兰达规则”要求对犯罪嫌疑人进行逮捕时，必须告

---

① 迫于上级要求破案的压力，或急于破案请功等。

知他的权利。否则,警察的一切取证行为都为非法,不能作为法庭上的证据。在许多国家的刑事诉讼中,警察都被赋予对犯罪嫌疑人负有告知和帮助义务。他们必须承担对犯罪嫌疑人和其他诉讼程序的犯罪嫌疑人伸张其权利的责任。他们必须承担对犯罪嫌疑人和其他诉讼参加人作告诉、提示的义务。明确地告知犯罪嫌疑人对他不利的情况,告诉他有权对指控作出陈述或者对质。这样才能使犯罪嫌疑人行使诉讼程序上的权利,使犯罪嫌疑人有提出对自己有利事实的机会,从而使冤案大大减少。

4. 律师参与诉讼滞后,不能在追诉机关进行有罪调查的同时进行无罪调查。一个犯罪嫌疑人被拘留以后,处于孤立无援的地步。《刑事诉讼法》修改以后,从保护犯罪嫌疑人的权利出发,将犯罪嫌疑人委托律师的时间,从过去在开庭审理7天以前,提前到自案件移送检察院审查起诉之日起。这种改革当然是很大的进步。但是,现行法律给警察的权利与给犯罪嫌疑人的权利仍然是不平等的。在公安机关侦查阶段,犯罪嫌疑人仍然不可以正式委托律师,只可以聘请律师为其提供法律咨询、代理自诉、控告和申请取保候审。即使这样,实际中办案机关仍以种种借口阻挠律师涉案。也就是说,侦查、审讯过程仍然是由办案人员单独进行的。而错案就是在警察或检察官的暗箱操作下产生的,这给刑讯逼供提供了条件。如果我们的法律规定犯罪嫌疑人在受到人身自由限制时就可以请律师,警察在询问犯罪嫌疑人时必须有律师在场,我想警察大概不敢当着律师的面引诱逼供,大打出手。也不会出现为一点区区小事把人关押很长时间,甚至把人整死了都没人知道的情况。[①] 要保护被指控公民的权利,就必须让律师在公安、司法人员对公民采取限制人身自由的措施时介入诉讼,提供保护。

5. 诉讼中对犯罪嫌疑人的随意滞留关押,甚至为一桩小事就可以无限期关押。对这种关押又缺少应有的监督,使司法人员有充分的时间对嫌疑人以各种手段进行刑讯逼供。我国的刑事诉讼程序对长期关押过于宽容。根据《刑事诉讼法》的规定,公安机关对犯罪嫌疑人的拘留时间为14天。对流窜、多次或团伙作案嫌疑犯,拘留时间最长可达37天。普通嫌疑犯逮捕关押的时间为2个月,案情复杂的可申请延长1个月。如果地处交通不便,案情复杂,可能有重大犯罪集团或流窜作案嫌疑的,可经省检察院批准,再延长2个月。如果犯罪可能判10年以上重刑的,在上述期限内不能结案的,可申请再延长2个月。总共羁押时间可长达7个月。如果在羁押期间发现嫌疑人另有罪行,则可从发现之日起重新计算。如果犯罪嫌疑人不讲真实姓名、身份、地址,则可以无限期关押,直到查清真实身份时为止

① "沉埋地底的罪恶"一文中报道,一个派出所把一个完全是无辜的嫌疑人活活打死后并埋尸灭迹,4年后这一罪恶才被揭露。载《南方周末》1998年9月4日。

开始重新计算羁押时间。这种法律上的弹性规定在一些不太尊重法律的警察手里掌握，随意长期关押几乎就没有什么障碍。

要防止对公民权利的侵犯就要实现诉讼程序的快速原则。这一原则在法治国家被上升为一项宪法保障的公民基本权利，就是被告有权获得迅速、合法和公正的审判。它可以大大减少犯罪嫌疑人因受到身心折磨而违心供述，尽快使人们明白他是否犯有罪行。这一原则要求诉讼的各个环节尽可能快速地实施诉讼程序，而不得拖延。在美国纽约，我曾参加一轻微犯罪预审法庭的旁听。法庭在傍晚时开庭，法官逐个询问被警察当天拘留的犯罪嫌疑人，听取拘留的理由和被拘留人的申辩。法庭在晚上开庭，是因为法律规定被警察拘留的犯罪嫌疑人必须在24小时内接受法官的讯问。这种讯问实际上是由法官来对警察拘留的人进行合法性审查。由法官决定是否对嫌疑人继续关押、执行逮捕、取保候审、还是立即释放。这就意味着早上被拘留的人，晚上就能见到法官。如果犯罪嫌疑人被冤枉，就有机会向法官陈述和申辩，拘留方没有充分的理由继续羁押，就必须马上释放。即使犯罪嫌疑人可能有犯罪行为，也有机会申请取保候审。这种程序安排，使警察不太可能把嫌疑人关起来进行数小时的轮番审讯、逼供。

司法人员长期或超期关押犯罪嫌疑人并非是个别的。检察机关对公安机关的超期、非法关押的监督非常软弱无力，违法警察也很少会受到处罚。在警察对嫌疑人关押期间，不需要由检察院或法院进行“过堂”讯问，对羁押的执行情况实施监督。警察随意滞延关押犯罪嫌疑人，是警察刑讯逼供的温床。这与我们在诉讼程序上缺乏对司法人员的羁押权规定必要的限制和监督有关。如果我们刑事诉讼法也规定一条，所有被采取限制人身自由的人，都必须在24小时内提交法院或检察院讯问，法院或检察院对警察的拘留或逮捕行为的合法性或必要性进行审查，当事人有权进行申辩，律师在此时可以正式参与诉讼，这样的程序安排将大大减少刑讯逼供和冤案的产生。

6. 口供证据的广泛使用是刑讯逼供大行其道的祸根。要从根本上防止刑讯逼供，就要严格限制口供证据的使用。这就需要法律赋予犯罪嫌疑人沉默的权利。这一权利早在国际刑事诉讼法律制度中得到确立。联合国《公民权利和政治权利国际公约》第14条第3款规定，被指控者“不被强迫承认犯罪”。英国早在16世纪就规定了被指控者享有拒绝强迫自证其罪的权利。美国宪法修正案第5条规定，在任何刑事案件中，不得强迫任何人作不利于本人的证词。可以说，几乎所有的法治国家，都在刑事诉讼法中规定了被指控人的沉默权。这种沉默权在整个诉讼过程中都适用，包括在庭审过程中。

法律规定被告人享有沉默权，就堵住了追诉机关进行逼供的可能。法律保护被告人不开口，从而迫使侦查机关致力于调查事实真相，而不是致力于采取各种手段掏被告人的口供。为保证这一点，法律还要对被告人自愿作的口供使用为证据作出限制。如《德国刑事诉讼法》规定，法院只允许依据在开庭审理时经口头陈述、口头辩论的事实而作判决。对侦查案卷记载的内容，原则上不允许作为法院判决的基础。所以，在侦查中逼供出的口供，也是很难摆上法庭被法官认定为证据的。这种措施几乎堵住了办案人员逼供的可能。

我国的法律虽然也规定"严禁刑讯逼供和以威胁等方法取证"，"重证据，不轻信口供"。这里不轻信口供，不是不信口供，刑事诉讼法还是认定口供证据的。

而在侦查中更是鼓励掏取口供，如《刑事诉讼法》规定，"犯罪嫌疑人对侦查人员的提问，应当如实回答"。公安机关讯问被告人的口号是：坦白从宽、抗拒从严！可见，法律不但不保护被指控人的沉默权，而是强迫被指控人主动交待罪行。如果被指控人保持沉默，会以抗拒从严而加重处罚。在这种审讯政策引导下，有的被告人甚至宁愿承认自己没有做过的事，以换取坦白从宽，而害怕因保持沉默反被指责态度不好招致从严处理。"坦白从宽、抗拒从严"的刑事政策是对犯罪嫌疑人的有罪假设，它从精神、心理上给犯罪嫌疑人压力，容易引导嫌疑人乱招供，也给予侦查机关恐吓犯罪嫌疑人的手段。这是一种偏重从口供中取证的刑事政策，许多逼供就是在这种名义下进行的。

7. 在法庭审判中，容易造成冤假错案的一个重要诉讼程序就是证据审查制度缺少质证，特别是公诉方的证据具有不可置疑的地位。警察的刑讯逼供之所以能大行其道，是因为刑讯逼供所得到的证据也能在法庭上轻易得到确认。我国法院开庭审理案件对证据的审查是很不严格的，特别是涉及证人时，证人可以随便不出庭作证。据《法制日报》报道，中国有60%以上的证人不到庭作证，而只以宣读笔录取代询问和质证。警察和鉴定人几乎是不到庭作证的，只提供书面证据，因而证据可以不受到被告方的当面质证。这样，假证和逼供取得的证据就很容易蒙混过关。

公正的程序应该是所有的证人都到庭并接受质证。不仅是普通证人，警察和鉴定人也应到庭作证接受质问，这是法律对控辩双方地位平等的设置。如果认为警察和鉴定人提供的证据就是百分之百的确信而不可置疑的，就会对警察提供假证和逼供起到鼓舞作用。事实上，警察会提供假证，鉴定人也会作假鉴定和不科学的鉴定。质证是法庭认定证据的必须程序。许多国家的诉讼法都确立了这一原则。如《德国刑事诉讼法》规定了法院直接审查证据的诉讼原则。它要求法院原则上必须对证人本人予以询问。只有在特殊例外情况下才可以以宣读笔录代替讯问证人、鉴定人。① 证据只有当面质证才能辨

① 特殊情况是指絮语上人死亡、有精神病、患病或其他不能排除的障碍。

明真伪。让警察和鉴定人与其他证人同样地接受辩方的质证,这是防止酿成错案的重要诉讼机制。

三、防止冤案必须改变诉讼精神

从上面对我国诉讼制度的分析中可以看到,司法中冤案的产生很大程度上是制度设置问题。刑事诉讼程序存在的严重缺陷,提供了刑讯逼供的条件,是造成冤假错案的重要制度性原因。这种制度设置从根本上说,与一个社会的人权保障制度和司法制度的精神有关。我们建立司法制度,其根本宗旨是为了强化社会治安,还是为了保障公民的权利。宗旨不同,会导致建立完全不同的诉讼制度。从人们的愿望来说总是希望两者兼顾,但实际上是做不到的,常常需要人们(制定制度时)作出选择,因为世界上有些事特别是案件中的事实真相有时永远查不清楚。那么,当一个案件的事实难以百分之百查清楚时,就需要制度安排时作出选择:司法诉讼制度的侧重点是把保护人权放在第一位,还是把维护社会治安放在第一位。如果选择前者,就会以极严格的司法程序保障人权,防止司法人员权力的滥用,并对滥用权力者以严厉的惩罚。这可能会导致放纵犯罪。如果选择后者,就会采取过于严厉的措施维护社会治安,而对司法人员的行为采取宽容的态度,甚至庇护。其结果可能会使刑讯逼供滋生,冤假错案增多。刑讯逼供就是司法权专横和滥用的结果。

根据法治国家的基本原理,司法制度的宗旨必须放在保护公民权利上。因为,建立司法制度和供养司法人员的根本目的就是保障公民权利。让司法人员滥用权力去侵害公民的权利就有违其宗旨。如果给司法人员权力过大,就等于将每个公民置于司法人员的强暴和权利被剥夺的危险之中。美国历史上著名的大法官霍尔姆斯曾说:"罪犯逃之夭夭与政府的非法行为相比,罪孽实在小得多。"每个公民与司法机关相比,处于明显的劣势地位。所以,我们的司法制度与诉讼程序设置,就应以严格防止司法权滥用,规范司法行为为出发点,从而避免随意非法关押、逮捕、刑讯逼供、出入人罪。可见,一个好的、能有效地防止冤假错案产生的制度,一定是一个能给公民以充分的防御手段能抵御司法机关不法侵害的制度;另一个能给司法权滥用设置有效约束的制度。

长期以来,我国的刑事诉讼制度和刑事政策是以维护社会治安为重心,忽视对公民个人权利的保护。这种制度的潜在意识是:"宁可错判,不可放纵"。在这种理念指导下,诉讼制度对司法机关的权力约束是不严格的,甚至在某种程序上带有放任的考虑。在法律上控辩双方的地位是明显不平等的。对司法人员的违法犯罪行为,一些地方领导的态度是不能揭短。因为这会给司法人员"抹黑",有损司法队伍的形象，不利于打击犯罪和维护社会治安。因而对警察的违法常常采取包庇的态度。这就是一些地方的警察敢为所欲为、肆意违法、大搞刑讯逼供的原因。一些办案人员自恃执行公务，维护社会治安，只要能找出罪犯，刑讯逼供也不要紧，不论采取什么手段，只要破了案，还会立功受奖，甚至晋升职务。对司法人员放纵包庇的直接后果，就是违法行为增多和冤案数量上升。司法人员滥用权力和肆意枉法，这与观念上和制度上的纵容、包庇和鼓励有关。

法治社会从保障人权的角度出发，刑事诉讼法的精神应是“宁可放纵，不可冤枉”。这种指导思想下设置的诉讼制度，对司法人员有较严格的约束，诉讼程序要求对控辩双方平等，诉讼程序非常严格，给警察、公诉人和法院的自由权很小。这一诉讼精神的集中体现是“无罪推定”。把证明被告人犯罪的全部责任归于警方和公诉方，公诉方的证人，包括警察和鉴定人都要在法官面前受到辩护方的无情质问。警察和鉴定人都像普通证人一样，常常被质问得尴尬不堪。尽管人们从感觉上都确信某人有犯罪行为，但是，当有一个主要的证据对犯罪起到反证作用时，犯罪嫌疑人就可能被宣告无罪。这一点对许多中国人来说不好理解。这可能放纵了罪犯。但诉讼程序就是如此，它是一种有利于保护公民权利的制度。这一制度的最大优点是不太容易造成冤假错案，伤害无辜公民。这种制度认为，冤枉一个人，使其权利遭受损害，比放纵一个罪犯更严重。它把公民的人身权利、自由和尊严的价值看得很高很高。一切司法制度的核心应是保护人权，而不是损害它。所以，诉讼制度的设置，根本上是涉及对人的价值和自由的价值的认识问题。

通过上述比较，我们能很清楚地看到，究竟哪一种制度安排对保障公民权利和社会安全更为不利。“宁可错判”的制度设置出发点似乎是为了社会利益，但它的结果是通过侵犯单个人的权利，最后侵犯到一大批人的权利，并使社会广大公民的权利都处于危险之中。如果单个人的权利可以被侵犯，社会公众的权利又何以得到保障呢？我赞成何家宏教授的一个观点，他说人们在比较“错放”与“错判”的危害时犯了一个计算错误。实际上，“错放”只是一个错误，而“错判”可能是两个错误。“错放”可能是放纵了一个罪犯，而“错判”不但放纵了一个真正的罪犯，还错误地处罚了一个无辜者。可见，“错判”的危害性大大超过“错放”的危害性。①

如果从人权、人的生命和自由的价值的角度看，错案是一个都不应允许发生的。对一个法院、一个社会来说，办一个错案、一百个错案，在所有案件的百分比中可能不算大，但对每一个公民个体来说，错误对他来说就是100%。如果是剥夺生

① 何家弘：“司法公正论”，载《中国法学》1999年第2期。

命，每个人只有一次，如果出了错，对他个人来说是不可以用任何价值来计算的，它与整个地球和地球上生命的价值同值。所以，如果有人从制度上选择“错判”是非常不人道和野蛮的。要防止冤假错案，必须从尊重人的生命、自由的价值这一基本点出发，并以此为指导思想，来改造我们的司法和诉讼制度。

（2000年第4期）

2001 年

否决"一府两院"报告是喜是忧

周永坤* 朱应平**

近年来,一些地方的政府或两院的工作报告被人大或其常委会否决,也有相当一部分报告经反复做工作后始得以通过,或以较低的比例通过。一向被讥为"举手代表"的人大代表的参政议政能力与责任感正在提高,对"一府两院"的监督力度正在加强,这是我国法治和宪政建设中的大事、好事。但是细细品味,事情并不那么简单,它提出了一系列法理问题和宪政问题,值得我们认真研究。下面就从几个具体事例说起。

事例1:1998年4月24日,武汉市十届人大常委会第三次会议在审议市政府提交的《关于武汉市再就业工程实施情况的报告》时,常委会组成人员对这份1.3万余字的报告表现出明显的不满意。市人大常委会最终决定:通知市政府,重新研究再就业工作,并于5月底以前将报告修改好,再向市人大报告。蒋碧昆教授认为,依法治国是写进党的十五大报告的,所以依法监督要搞真的,要硬碰硬。李静堂等教授认为,人大就是要敢于行使罢免权、撤销权和否决权,这三权如果行使不好,监督就难以落实。①

事例2:2000年4月13日结束的沈阳市第十二届人大常委会第十五次会议上,《沈阳市政府关于贯彻城市规划法执法检查整改情况的报告》经沈阳市人大常委会组成人员的审议未获通过。沈阳市人大常委会组成人员认为,沈阳市政府有关部门在查处违法案件过程中做了不少工作,取得了一定的成绩。但《沈阳市政府关于贯彻城市规划法执行检查整改情况的报告》对一些关键性问题未作明确答复,政府在落实人大常委会城市规划法执法意见上还存在较大差距。这是本届沈阳市人大常委会首次不予通过沈阳市政府的报告。②

事例3:2000年4月,青海省共和县十一届人大三次会议作出了不予通过法院工作报告并授权常委会会议继续审议的决议。6月29日县法院再次向县十一届人大常委会第十五次会议作了翔实的工作报告,客观地摆出了问题和不足,反映了法院工作的全貌,提出了今后努力的方向。经过常委会全体会议的认真审议,县人

---

* 作者单位:苏州大学法学院。
** 作者单位:苏州大学法学院。

① "虽是头一遭 却是平常事",载《文汇报》1998年5月11日。
② "沈阳市政府一项报告未获通过",载《法制日报》2000年4月14日。

大常委会会议根据授权，批准了县法院的工作报告。①

事例4:2000年2月沈阳市第十二届人民代表大会第四次会议对《沈阳市中级人民法院工作报告》进行了审议，经表决未获通过。大会主席团一致意见：由沈阳市人民代表大会常务委员会继续审议，并将审议结果向沈阳市第十二届人民代表大会第五次会议报告。许崇德教授说："这表明人大在逐渐成为真正的权力机关。""人大代表不满意是人民不满意。人大代表就应该替选他的老百姓表达意见。"②

一、关于"一府两院"工作报告制度的合宪性质疑

日常生活中人们习惯于笼统地说，"一府两院"向人大负责并报告工作是宪法规定的。实际上，仔细查对宪法，这个说法并不准确。关于政府向人大报告工作的规定是有充分的宪法依据的。我国1954年《宪法》以来的各部宪法都有明确规定。1954年《宪法》第52条规定国务院对全国人民代表大会及全国人民代表大会常务委员会负责并报告工作，第66条规定地方各级人民委员会都对本级人民代表大会负责并报告工作。1975年《宪法》第19条与1954年《宪法》第52条规定相近，第22条第3款规定地方各级革命委员会都对本级人民代表大会负责并报告工作。1978年《宪法》第30条与1954年《宪法》第52条类似，第37条规定与1975年《宪法》第22条规定类似。1982年《宪法》第92条与1954年《宪法》第52条类似，第110条规定地方各级人民政府对本级人民代表大会负责并报告工作。县级以上的地方各级人民政府在本级人民代表大会闭会期间，对本级人民代表大会常务委员会负责并报告工作。可见，虽然具体情况不完全相同，但在政府向人大及其常委会负责并报告工作上保持了一以贯之的规定。

法院和检察院向人大报告工作的规定有所不同。1954年《宪法》第80条规定，最高人民法院对全国人民代表大会及其常务委员会负责并报告工作。地方各级人民法院对本级人民代表大会负责并报告工作。第84条规定，最高人民检察院对全国人民代表大会及其常务委员会负责并报告工作。1975年《宪法》第25条规定，各级人民法院对本级人民代表大会和它的常设机关负责并报告工作。它对地方检察机关未作规定。1978年《宪法》第42条规定，最高人民法院对全国人民代表大会和全国人民代表大会常务委员会负责并报告工作。地方各级人民法院对本

① "青海人大否决法院工作报告"，载 http:zgrdxw. peopledaily. com. cn/gb/paper/4/class000600002/hw234799. htm。

② "沈阳市人大不通过案：吹皱一池春水"，载《中国报》2001年2月16日。

级人民代表大会负责并报告工作。第43条规定,最高人民检察院对全国人民代表大会和全国人民代表大会常务委员会负责并报告工作。地方各级人民检察院对本级人民代表大会负责并报告工作。1982年《宪法》第128条规定,最高人民法院对全国人民代表大会和全国人民代表大会常务委员会负责。地方各级人民法院对产生它的国家权力机关负责。第133条规定,最高人民检察院对全国人民代表大会和全国人民代表大会常务委员会负责。地方各级人民检察院对产生它的国家权力机关和上级人民检察院负责。宪法这两条均无"报告工作"的规定。可见1982年《宪法》规定明显不同于前几部宪法。宪法这两条均无"报告工作"的规定。宪法规定两院必须向人大及其常委会报告工作是前几部宪法的共性,现行宪法不再规定要求两院报告工作而只规定"负责"。"负责"和"负责并报告工作"显然有差别。如同《宪法》第94条规定的中央军事委员会主席对全国人民代表大会和全国人民代表大会常务委员会负责,也没有规定报告工作。

现行《宪法》第128条、第133条没有规定两院"报告工作"是否为立法者的疏忽?不会。理由是:第一,前3部宪法均有有关规定,唯独1982年《宪法》无此规定,立宪者不会犯如此低级的错误;第二,现行《宪法》第92条对国务院有报告工作的规定,对两院无此规定,表明立宪者已意识到司法工作与行政工作的性质不同,不宜作此规定。这条理由可以在《宪法》第94条得到证实:该条规定中央军事委员会主席对全国人大和全国人大常务委员会负责。这与最高人民法院和最高人民检察院的规定相同。这表明,立宪者心目中对"负责并报告工作"和"负责"是有明确区别的,没有"报告工作"的规定是明确对"报告工作"的排斥。这表明1982年《宪法》的制定者在对司法机关的认识上、在对司法独立性的看法上比前3部宪法的制定者有了进步,这是党的十一届三中全会解放思想运动和20世纪80年代初全国上下追求法制的结果。

实践中,中央军事委员会主席从未向全国人大和全国人大常委会报告工作。这表明:"负责并报告工作"和"负责"是有明确区别的;《宪法》第94条规定得到了落实,而《宪法》第128条和第133条规定则一再被违反。我们不能对《宪法》第128条、第133条的"对全国人民代表大会和全国人民代表大会常务委员会负责"与《宪法》第94条的同样规定作不同的理解和解释,这是立宪技术的起码常识。因此,两院报告工作是于宪法无据的。

二、普通法是否可以修改宪法

既然现行《宪法》未规定两院向人大及其常委会报告工作,为什么在实践中却一再报告且未引起任何质疑?其原因之一可能是在1982年《宪法》之前"报告工作"已成习惯。[①] 在"人大权力不受限制"的传统思维中,这样做是理所当然的。原因之二是,"报告工作"虽无宪法依据,但却有"法律依据"。现行《人民法院组织法》第17条规定"最高人民法院对全国人民代表大会和全国人民代表大会常务委员会负责并报告工作。地方各级人民法院对本级人民代表大会及其常务委员会负责并报告工作";现行《人民检察院组织法》第10条第1款规定"最高人民检察院对全国人民代表大会和全国人民代表大会常务委员会负责并报告工作。地方各级人民检察院对本级人民代表大会和本级人民代表大会常务委员会负责并报告工作"。与两院组织法相对应,现行《全国人民代表大会议事规则》第30条、《全国人民代表大会常务委员会会议事规则》第22条作了规定,以呼应两院组织法。如何看待上述法律有关"负责并报告工作"的规定?如果我们上述对《宪法》第128条、第133条的理解是准确的,那么问题就是:普通法律是否可以"修改"或"补充"宪法规定?我们认为以普通法律修改或补充宪法关于两院报告的规定是不妥的。其理由有二。

1. 全国人大是最高国家权力机关,这并不表明人大的权力是无限的。它的权力应当首先在宪法范围内行使。尤其是事关人大本身和其他国家机关的权力关系问题,人大必须恪守宪法确定的权力范围,不得随意侵犯其他国家机关的权力。否则,宪法确定的国家机关体系,特别是人民代表大会制度本身必定受到破坏。我国《宪法》第3条第2款规定:"全国人民代表大会和地方各级人民代表大会都由民主选举产生,对人民负责,受人民监督。"人大对人民负责,受人民监督的标准是什么?首要的是宪法,人民高于人民代表,人民高于人民代表大会,宪法即是人民给人大的"指示",是人民治"人大"的规则。

2. 宪法至上的要求。宪法至上是我国《宪法》的要求。我国《宪法》序言规定:宪法是"国家的根本法,具有最高的法律效力"。《宪法》第5条第2款规定"一切法律、行政法规和地方性法规都不得同宪法相抵触。"宪法至上不仅是我国宪法的规定,也是现代宪政的基本原则。所谓的"柔性宪法"已为现代法治国家所不取。普通法律可以修改宪法规定的"柔性宪法"使宪法和普通法处于同一位阶,使宪法实际上失去其"宪法性"。"柔性宪法"产生于"主权"、"治权"不分的理念。宪法是主权的体现,普通法是治权中的立法权的体现(这里只讨论制定法)。如果普通法可以违反宪法,则实际受到侵犯的是主权。很明显上述宪法条文表明我国宪法是刚性宪法,它不允许其他法律规范违反宪法。人民代表大会制定的法律也不能例外。

---

① 查阅全国人大常委会公报发现:1959年、1960年、1962年的全国人大会议上未见两院工作报告。此类"不报告"是违反当时宪法规定的,表明掌权者对两院工作的极端轻视——不屑于听报告。

所以,普通法不能违背宪法是显然的。由于我国古代从来没有宪法,推翻帝制以来从未确立宪法至上的权威,所以宪法和法律间的位阶区分未受到人们的重视,加之对人民代表大会制度作"议行合一"的错误解释,这就产生了上述行为与法律违反宪法的情景。

三、如何处理"一府两院"的报告制度

由于《宪法》对"一府两院"与人大之间的关系所作的不同规定,也由于《宪法》赋予政府与两院不同的职能,所以对报告工作制度应当分别处理。

(一)政府报告工作的制度应予规范化

政府向人大及其常委会报告工作的制度有充分的宪法依据,也有相当的合理性,应予保留并进一步规范化。理由是:第一,行政权力的内部结构的特点是首长负责制。由于实行首长负责制,同时基于职权与责任相对应的原则,首长应当向人民代表大会报告工作,也应当承担报告不被通过的法律责任。第二,就上下级关系而言,行政机关实行上下级隶属制,上级机关可以对下级机关的工作下达命令甚至代行其工作。所以首长应对下级机关的工作承担责任。第三,行政权本身的主动性使它有较大的危害社会的可能,所以人大必须加强对政府的监督,政府向人大报告工作理所当然。

我们面临的任务是如何进一步规范这一制度,特别是要确定否定的法律后果。对此,我们提出如下设想:

第一,关于常委会否决政府工作报告的处理方法。第一个事例中,人大常委会在未通过报告的同时作出了相应的决定,要求重新修改报告或者改进工作,并继续报告。第二个事例情况不清楚。这两个否决工作报告都是由人大常委会作出的,都是对某一(方面)具体的工作不满意因而没有批准报告。人大常委会行使监督职权是在人民代表大会闭会期间进行的,一般来说是对政府日常工作进行经常性监督,一般处于政府实施行政事务过程之中。对于此类工作报告不满意并不批准的,由审议报告的常委会作出责令修改报告、改进工作并继续报告的处理是可行的。我们认为这种处理方式可以在今后的立法中明确规定下来。当然,人大常委会否决政府工作报告后作出的处理措施应当与宪法、法律的授权一致。至于设定法律责任,立法时可以考虑规定:人大常委会根据否决工作报告的具体情况,包括否决报告的次数、存在问题的严重性程度、造成后果的影响大小、整改措施的方案和解决问题的实际行动、外在的干扰等综合因素作出不同的责任设置。比如,常委会可以向人大会议报告,建议人大质询和提出罢免案;对于严重的行为建议人大提出弹劾等。这样既考虑了实际情况又能有效地追究失职者的责任,将政治责任追

究纳入法律的轨道。

第二,关于人民代表大会否决政府工作报告的处理方法。虽然至今尚未出现一年一次的全国人大会议否决国务院政府工作报告的情况,但是立法应当预见到这种可能。显然,人大不通过政府工作报告的后果要比常委会不通过工作报告严重得多。采取的对策措施也应当有所区别。我们认为,代表大会开会期间的事务较多,代表们可能受到的影响因素也难以估计。即使大多数人作出的决定也可能是不理智甚至是不妥当的。为了防止否决工作报告权力运行的无序性和可能导致的滥用自由裁量权,今后立法时应当明确规定哪些情况下可以否决工作报告。否决工作报告后,如何处理未被通过的工作报告?能否如同事例三、四中由人大或者人大主席团作出决定,继续向常委会报告,由常委会审议,向下一届人大会议报告?我们认为这样做不妥当,一般来说没有必要。因为一年一度的政府工作报告内容主要包括两部分。一部分是对过去一年工作的总结,对于这部分内容,继续报告不再具有实质性意义。除非是工作做得确实不错,仅仅因为写报告的水平和质量问题有可能和有必要改写报告的(当然这并不表明书面资料的工作报告由于写作水平低下不需要承担责任),才有可能和有必要作出继续审议的处理措施。一年一度的工作报告中另一部分内容是下一年度甚至五年计划和十年规划的工作安排和设想。我们认为如果仅仅是代表们对政府工作报告中的设想和未来工作打算等内容不满意,一般不会也没有必要作出否决工作报告的决定,因为政府不可能对于未来的一切工作安排得周到完美,人民代表大会的重要任务之一是要靠代表们共同出主意想办法安排未来的工作。可见对于报告不满意主要是对过去工作情况的不满意。代议民主制决定了即使议会的判断是失误的甚至是不理智的,责任者也应当承担责任。这是政治责任的特点。正如我国台湾学者萨孟武指出的,就政治上的责任而言,行政是否合理法律上没有任何标准,在民主制度下以公意为衡量标准,公意认为是就是,公意认为非就非,而表示公意的,直接为人民,间接为议会,所以政府对人民或议会负政治责任。① 当然这也过于强调政治责任的随意性。我们认为,考虑到代议制下民主的间接性特征,应当在立法对政治责任作出相应的规范。在这种情况下,将来立法可以设置两条责任途径:一是人大在作出否决工作报告时,同时对政府首长提出罢免的议案,交人民代表大会表决。根据表决结果再作出其他相应的决定。二是规定政府首长应当提出辞职,人大进行表决。当然,严重失职者还应当设置弹劾制。

(二)关于检察机关报告工作的制度

由于检察机关的工作是"行动'多于'裁判"的,检察机关的积极作为权力足以

① 萨孟武著:《政治学》,三民书局1986年版,第160页。

对社会构成可能的危害,检察机关的消极不作为又可能造成法制的空转乃至崩溃。因此,人大应当加强对检察院的监控,检察院向人大报告工作的制度构想具有合理性。但是我国目前检察院的横向领导体制却无法实行真正的检察长负责制度;①要对下级检察院缺乏实际控制权力的检察长承担全局性的工作责任是不合理的,也无法达到制度设计者的目的。因此,笔者建议首先改革检察院领导体制,将现行横向领导体制改为纵向领导体制,将检察院统一由最高检察院领导,实行"准军事"制度。在这方面,苏联以及我国古代有丰富的文化传统可继承。在实行检察制度改革的基础上进一步完善向人大报告工作的制度。

(三)法院报告工作的做法应当坚决停止

法院报告工作的做法之所以必须停止,除了上述宪法上的理由外,在法理上尚有如下理由。

1. 责任形式与法院内部结构的矛盾

行政机关是高度集权的,舍此不能完成行政职能,法院则不然。法院的结构必须适应高度分散的依法裁判的法官的工作需要,集权构成是对司法公正的最大威胁。因此,法院内部体系实行独立工作与独立责任的原则,这是世界各国的通例。院长作为行政首脑,只应对法院的行政事务负责,他不应也无法对具体审判工作负责。因为既然具体案件的审判权由主审法官行使,责任也理应由他自己承担。② 人民代表大会不通过法院工作报告,表明代表机关对法院整体工作不满意,这种评价的对象是每个法官工作的整体印象。造成这种结果的原因是多元的,绝大多数原因并非法院院长所能左右得了的。据此,要院长负责不但是不公正的,而且也无法达到设立报告制度的目的。有人可能会说,不通过报告表明院长领导不力,这或许有些道理。但是不要忘了,院长权力有限。如果院长作为法官裁判不公,或作为院长领导不力,可对他提出罢免案甚至弹劾案,③这才有效且公正。

从法院上下级组织形态来看,也不适宜实行报告制度。法院内部不实行隶

① 根据《宪法》和《人民检察院组织法》的规定,现行检察院实行双重领导制,即对本级人大及其常委会负责并报告工作(《检察院组织法》规定是"报告工作"),受上级检察院领导。但实际上决定性的领导体制是以横向为主。

② 在现代国家,审判责任是豁免的,即在法官尽职的前提下,允许法官出错,因为法官非神。裁判的基础在于对事实的认定,而在事实不明的条件下一定要裁判,就难免出错。豁免审判责任的目的在于放手让法官依法裁判。至于法官在审判中故意枉法裁判,那是刑事责任或公务责任,而非审判责任。此类责任则更应由法官自己承担,而不能"株连"院长。

③ 我国目前无法官弹劾制度,这是立法上的疏漏。法官弹劾制是大多数国家实行的制度。有人说,有了罢免制,何必又设立弹劾制。这种看法看似有理,其实不然。罢免只涉及职位之存去,而弹劾关乎罪与非罪。

属制而是实行审级制，法院由同级人大选举产生，上级法院无法也不应该干涉下级法院的审判（审级及审判监督是例外，但那是针对个案）。法院院长报告的是全局性的工作。就最高法院院长来说，他的报告包括了全国各级法院的工作，高级、中级法院也有类似的情况。这就十分明显：下级法院并不对上级法院负责，而出了问题却要上级法院院长承担，这是明显不公的，且也达不到制度设计的目的。

2. 责任形式与法治国家里司法功能的矛盾

依现存司法体制，法院院长向人大报告工作的制度不但无法达到设置报告制度的目的，而且会将法院改革引向歧途。因为法院院长为赢得人大代表的赞成票，必然会强化对法官工作的干预，这必然会进一步强化法院的行政化趋势。这包括两方面：一是法院院长的行政首长化，法官成为院长的办事员；二是上级法院成为下级法院的行政领导，使审级制度虚化。众所周知，司法独立的实质是法官独立，在法律问题上应当由法官说了算，这是法治国家的重要特征。历史，特别是人治国的历史教训告诉我们，法官自主地位的丧失必然带来法治无法建立，甚至是国家的灾难。因此，我国法院体制改革的重要任务是根治组织行政化的积弊。而报告制度一旦真的起作用，其结果正好与法院改革的目标相反。

3. 在法官评价之外再设一高于法官的评价权威的做法可虑

如前所述，在法律问题上，法官应当有最终权威，那不仅是因为现代宪法赋予了这一权威，也因为法官具有专业优势。法官群体受到专门的规范与观念的训练。同时司法评判并不存在一个“绝对正确”的结果，判决只是法律所许可的众多“可能正确”的判决中的一个；而且诉讼双方对正确判决与否的评价在大多数情况下是对立的，甚至许多情况下由于双方从各自利益、情感出发对判决有过高的企求，因而双方都对判决不满。可以相信，即使在司法较清明的国家，有涉讼经验的人大部分都会对法官裁判不满。所以法院裁判的最终性是法院权威的保障，如果在司法权威之上再增加一个权威，必然在整体上损害司法权威。另外，我国的人大代表除基层以外，绝大部分为官员兼任，人大评价权威高于司法权威的做法起码使人们对行政诉讼及其他官民诉讼的公正性产生怀疑。

应当指出，由于腐败难以遏制，由于人们对司法在反腐败中的期望，由于对司法腐败的批评之声日甚，目前的司法改革呈现出严重的情绪化倾向，其主要表现之一就是一味强调对法院的监督，特别是人大对法院的“个案监督”。这种做法不但与宪法规定的法院独立审判的原则不符，也与人们实现司法公正的初衷相悖。沈阳市人大否决法院报告的行为表现了人大对法院工作的关心，表明人大代表参政议政意识的增强，对法院工作也会有促进作用，这是值得高兴的。但是也应当看到，这种评价本身只是民众当前对司法普遍不满的表现，是明显情绪化的。如果使之严格制度化，将产生对法院院长不利的后果（例如罢免、弹劾），那将会对法院院长产生巨大的心理压力，而这种压力又会通过院长的权威及行为传导给法官，将对司法公正产生严重的负面效应，人大代表本身将成为超越司法评价的特权人物，这是深可忧虑的。

（2001年第5期）

2002 年

民主的限度及其与共和、宪政的矛盾统一

郭道晖*

我国的国号是“中华人民共和国”，其中“人民”二字，无论在宣传和理论研究上都十分突出，诸如我国是“人民当家作主”的国家，实行“人民民主专政”，我国的政府和司法机关都冠以“人民”二字，政府是“为人民服务，对人民负责”的……改革开放以来，对民主、法治的研究和宣传也较多，但对于“共和”、“共和国”、“宪政”等词的含义及其与民主、法治的区别，共和精神和宪政理念的重要意义，理论界、特别是法学界却很少涉及，一般人更是知之甚少。对“共和国”的理解，只限于认为它是与君主制相区别的民主国家而已。近来在国际和国内出现的几桩政治事件和案例，人们从中可以发现，原来“民主”同“法治”、“宪政”、“共和”并非总是内涵相通、和谐并存的，而是在一定条件下存在矛盾和冲突。

一、对几个案例的评析

案例一：美国第43届总统的选举

2000年美国第43届总统大选，因选票统计问题，民主党与共和党闹得不可开交，出现了宪政危机，全世界都在等着看美国式民主选举的笑话。可是，美国恰恰不是靠议会的民主，让民主党运用它在佛罗里达州选民和议会多数的优势，改变既定的选举规则，进行重选或重新点票；而是最后由联邦最高法院一锤定音，解决了危机。这是因为，在竞选过程中，不是取决于议会的民主多数决定一切的原则，以民主的权力擅自修改既定的游戏（选举）规则；而是取决于宪法、法律的规定和法院的最终裁决权，亦即取决于宪法的权威和法治——美国的司法至上原则。①

在两党候选人胜负未定、相持不下之际，美国《纽约时报》、《华盛顿邮报》等报

---

* 作者单位：湖南大学。

① 参见“从美国总统大选看共和与民主”，载香港《信报》，转引自《改革内参》2001年第5期。另报载，2001年5月10日，美国众议院以多数票通过决议案，停止补交美国拖欠联合国会费2.44亿美元，并附上条件称：“直到美国在联合国人权委员会的席位得到恢复”为止。这可说是运用美国国内的“民主”手段，对抗联合国的法制；同时也是违反美国宪法“正当法律程序”的精神实质，和美国宪法第6条规定：美国所缔结的国际条约“均为全国最高法律”的原则。这表明美国在事关本国利益时，为了维护其国际霸权，不惜以美国式民主来对抗国际“共和”精神和法制，而美国的联邦法院这时却默不作声。

纸的评论也惊呼“现在国家在选举中几乎是一半对一半地分成两部分”，呼吁布什和戈尔要以政治家风度，以全国大局为重，相互自制。“虽然他们和所有公民一样有自己的合法权利，但他们作为政治领导人还有更大的责任，要确保自己的行动符合广泛的国家利益”，要“按制度办事”，不要“从法律上挑战选举结果的合法性”，进行无止境的诉讼，迁延选举时日，引致宪法危机，而应当寻求在政治领域解决同选举有关的问题。美国斯坦福大学法学教授哈德维指出，如果全美国五十个州都要重新清点选票，胜利者要等好几个月才能明朗，这种民主是不可取的。“他提醒美国人民，他们是生活在共和制度下，并不是真正的民主。”①这些都是要求他们尊重宪政与共和精神。在联邦法院宣布布什胜出后，尽管戈尔在全国总得票数超过布什（只是由于按美国选举法的“选举人”制度，他所得选举人票数少于布什），而且佛罗里达州棕榈县的选票设计不当、计票办法有误，影响他的得票数，也坦然服膺裁决，接受败局，向布什祝贺。美国总统选举历史上罕见的选举危机至此顺利结束。这被认为不只是共和党的胜利，而是美国的“共和”精神的胜利。②

共和精神主张的是合众（共）、和谐（和）与平衡（权力制衡），强调宪政和法治（包括规则）。狭义的民主强调的只是多数统治（多数票决定制）；共和精神则要求天下为公，和衷共济，全民平等，保护少数，反对以“多数专制”的“民主”，作出违反体现全民意志的宪法的决定。这一案例显示，民主是有限度的，宪政原则和共和精神高于多数制民主。

案例二：印度尼西亚议会罢免总统

2001 年 7 月 23 日，在印度尼西亚最高权力机构人民协商会议（以下简称“人协”）召开的特别会议上，以 591:0 的绝对票数，通过罢免现任总统瓦希德的决议，并推选原副总统梅加瓦蒂继任总统。事后瓦希德声称：“民主是由政治、法律和道德 3 个部分组成，从政治上讲，梅加瓦蒂已经当选为国家总统；但是，从法律和道义上讲，我仍然是这个国家的总统。”③

瓦希德此话虽然是为保住他自己的权位与面子所做的辩白，是在对抗“人协”的民主权力，似过牵强；但从宪政原则上说，不无道理。他指责“人协”罢免总统的决定是“违反宪法”的。的确，印尼宪法上并无弹劾总统的规定；《宪法》也没有规定总统要对人民协商会议负责。关于对总统的罢免权，是根据人民协商会议于 1978 年通过的一个决定，“在总统违反国策大纲时可以将其罢免。”另外，在它通过

---

① 参见 2000 年 11 月 10 日《纽约时报》社论“走向法庭的致命一步”；《华盛顿邮报》社论；《西雅图时报》社论“按制度办事，尊重选举结果”；美国之音记者采访斯坦福大学教授哈德维的报道。

② 参见“从美国总统大选看共和与民主”，载香港《信报》，转引自《改革内参》2001 年第 5 期。

③ 参见新华社雅加达 2001 年 7 月 24 日电。

的《印尼基本法说明》中也指出:“虽然国家总统不必向国会负责,但他不能是‘独裁者’,必须向人民协商会议负起责任。”印尼有的法律专家认为,“人协”的权威低于宪法,它不能决定宪法中没有的事项。[①] 此即不能以“人协”通过的法律性决定(尽管它是按民主程序、以多数票决定的),去修改经全民公认的《宪法》。

从以上可见,瓦希德所谓“政治上梅加瓦蒂已经当选为总统”,是指她是符合“人协”的民主程序而当选总统。而他所谓“法律上和道德上我仍然是总统”,则是基于“人协”的罢免决定是违宪或没有宪法根据的;而从道德上讲,也是有违共和精神的。这里,我们却看到了民主高于宪政的现象,是印尼议会民主的胜利,但却是以民主的“多数”超越宪政的权威而取得的;也未能照顾到瓦希德所代表的另一部分国民(有4000万成员的东爪哇伊斯兰教师联合会)及其“民族觉醒党”的权益,从而在道德上也有失共和精神;更不要说这次“民主”的胜利,是在军人支持下取得的。其政治与社会后果,尚难预料。当然,瓦希德的倒台,有其自身政治上的大权独揽与政德不佳,导致众叛亲离等原因。

案例三:6位出嫁女以法治挑战村民民主

2001年4月27日《检察日报》第1版发表了一篇报道:“六位出嫁女挑战乡规民约”,讲的是湖南省桃江县桃花江镇肖家村梭关门村民小组,1994年4月20日召开的村民大会上,经大多数村民通过一项“组规”:《梭关门村民小组承包责任制的各项规定》,其中规定:“凡出嫁到城关镇的女青年,户口在本镇本村本组的,一律不享受本组村民的待遇。”据此,该组将县政府征用该组49亩土地所支付的78万元征收费、补偿费,分配到户,而已出嫁但户口仍在本组的六位妇女却分文不给。虽经她们反复据理力争,组、村、镇三级干部仍予拒绝,理由是“组规代表了大多数村民的意见”。当地社会舆论也认为,6女对抗组里大多数人的规定,“难道胳膊能拧得过大腿?”终于引发了一场6女状告村组的诉讼。经县法院审判认为,该“组规”违反了我国《宪法》和法律规定的男女平等原则,无法律效力,判决被告梭关门村民小组10日内立即付清6女应得的土地征收费。

这一案例,显示出这6位现代农村妇女能打破当地多数人长期所受男尊女卑的封建传统的影响,懂得拿起法律武器,为自己的平等权利而斗争。同时,更发人深省的是,这一案例显示出民主的“多数决定制”原则受到了挑战;而少数得以胜诉,却表明在特定条件下,法治的权威胜过多数人的民主决定,也体现了“保护少数”的共和精神。在这个案件中,民主同法治、共和产生了矛盾。

通常,我们强调“民主是法治的基础,法治是民主的保障”,似乎二者之间不存

① 参见日本《朝日新闻》2001年7月24日报道:“瓦希德强行罢免警察总长导致自掘坟墓”;《检察日报》2001年7月24日第5版文章:“591:0,印尼罢免瓦希德”。

在任何矛盾或冲突。这从宏观上、总体上看，是有一定道理的；但是，在这个个案中，却是以法律或法治（司法）否定了民主——由村民的多数所作出的规定。原因是这个“组规”本身是违反《宪法》和《妇女权益保障法》、《婚姻法》等法律的原则与规定的，尽管它是代表了该村民小组多数人的意志。

虽然，作为基层人民群众自治组织的村民小组的民主决定，与作为政权机构的人大民主权力，其权威是有很大区别的。但无论如何，即使全国人大也不能以其民主权力，通过违反宪法或剥夺公民基本权利与基本人权的法律或决定。由此就提出了一个不为多数人所注意的问题：民主的权力是有限的，民主原则——“多数统治”、“多数票决定制”，不是至高无上的。在它之上的，还有法治或宪政原则与共和精神。

案例四：沈阳市人大会议以多数票否决法院报告

2001 年 2 月 14 日召开的沈阳市第十二届人大全体会议上，在对市中级法院的工作报告表决时，赞成票不过半数，致使报告未获通过。大会主席团作出由市人大常委会继续审议，并将审议结果向第五次人大全体会议报告的决定。此前，沈阳市发生一系列腐败大案（包括原副市长、政协副主席、检察院检察长、法院副院长等案），引起了人大代表对法院工作的极大不满。这可能是法院报告被否决的主要原因。①

法院的工作报告未获人大通过，在全国尚属首次。这一事件引起了社会的广泛反响。法学界有的论者认为“这是中国民主政治的标志性事件”，它“意味着我们的民主制度正逐渐走向成熟”。②

人大敢于对应向它负责的司法机关说“不”，的确显示出人大的民主权力的权威，这或许可说是人大民主监督的一个突破性的胜利。但是，深入思考一下，当今我国司法的腐败，仅仅是由于司法系统自身的原因呢，还是基于整个政治体制的痼疾，司法依附于地方党政机关，不能独立行使权力所致？彻底解决司法独立问题，是属于实施宪政的问题，岂是向法院报告说“不”就可以解决？人大自己应当负起什么责任？

由此，就产生一个问题：是人大民主权力高于宪政权威，还是反之？

这个问题也存在于全国人大。继沈阳市人大之后，同年 3 月召开的九届全国人大三次会议上，最高人民法院和最高人民检察院的工作报告虽然以 2/3 的多数

① 在这次沈阳市人大全体会议上，应到代表 508 名，出席会议代表 474 名，法院工作报告获赞成票 218 票，反对票 162 票，弃权 82 人，9 人未按表决器，赞成票未过半数，致使法院的工作报告未获通过。参见 2001 年 2 月 16 日《中国青年报》报道。

② 参见 2001 年 2 月 16 日《中国青年报》。

票通过；但由于仍有近1/3的反对票和弃权票，以致引起国人以及中外记者的关注。一个原因可能是近年来全国人大各项报告得票率都很高，唯独两高几乎重复出现反对票与弃权票居高不下的记录，今年比去年又有所增高。在记者招待会上，也引起朱镕基总理的重视。他当即表示了沉重的责任感。人们也担心，如果遇到报告未获通过的情况，该如何处置？

在实行责任内阁制的国家（如英国），政府对议会负责，政府有关财政和重大政策的报告或议案未获议会通过，就相当于议会的不信任投票，可能导致有关官员或整个内阁辞职。不过，对于司法机关，又自有其特殊性。在实行三权分立、司法独立的国家（如美国），虽然法官的任命，也要经议会批准，但法院并不对议会负责，没有向议会作工作报告、接受议会审议的义务，议会无权干预法院的工作和法官的独立审判。相反，在美国，联邦最高法院还有权对议会通过的法律在适用时作违宪审查。因而他们甚至提出"司法至上"的口号，法院享有最高的权威。

诚然，我国的人大制度，同西方议会制有很大不同。我国是一切权力集中于人大，法院和检察院都是由人大选举产生，自然要对人大负责，接受人大的监督。但我国《宪法》也规定了司法机关独立行使职权，不受任何行政机关、社会团体和个人的干涉。那么，人大对司法机关的监督，同人大对行政机关的监督是否毫无区别呢？或者它同法院和检察院独立行使职权的原则如何和谐、平衡呢？是否只是审议其报告，决定是否通过，就算尽了人大的职责；要不要反过来对由它选出来、向它负责的机关，也"负责"为它创设顺利地独立地行使权力、搞好工作的条件呢？也就是说，人大行使民主权力的同时，是否还要顾及共和精神与宪政原则呢？

于是，有论者认为，应当取消法院向人大作报告的制度，以保障司法独立，不受人大的干预。① 这种思考，实质上是提出了一个带有根本性的宪政问题：是人大的民主权力至上，还是尊重司法独立和法治权威？

从以上几个案例可以看出，我国人大、政法机关和法学界有必要重新认识、研究和正确处理有关民主、共和、法治、宪政等基本问题，明确其概念与相互关系，及其在国家政治生活中各自的地位与价值。

二、民主与共和、宪政的本质及其区别

这一二年间，政治学界对这属同一范畴的上述3个概念，已有几篇文章作了专

① 周永坤、朱应平："否决一府两院报告是喜是忧"，载《法学》2001年第5期。

题研讨。本文不打算对这几个概念的文字渊源与历史发展做详细论述。① 下面仅就笔者的浅识,略述这几个概念的大致内涵及其本质区别。

(一)民主(democracy)

"民主"一词的含义,在现代,特别是在中国,是一个被泛化甚至被滥用的概念。在思想、作风、精神、手段、方法、制度、国体、政体……诸多层面,都可以冠以"民主"一词。但从政治上界定,简言之是指奉行"多数统治"的政治制度。从国体上说,是指与君主制、寡头制、独裁制相对立的、以某一个或几个阶级,或全体国民中大多数人的意志为准绳进行统治的政权,即所谓"主权在民";其实现的主要途径是这些统治阶级的成员或全体人民有权选举自己信任的人担任执政者和随时或定时更换他们;其代表机构(人民代表大会或议会)有决定国家大事(主要是立法与监督政府)的民主权力;人民的选举制度和人民代议机关的议事制度,都是实行多数票决制。

多数统治和多数票决制之所以被认为是民主的,主要是基于:(1)能体现和照顾统治阶级中大多数人的权益,因而是合乎正义的;(2)多数人的智慧和利益倾向性总比少数人或一个人要全面、公正;(3)"多数票决制"比"全体一致通过"要简易可行、有效率;(4)多数人赞同的决定易于在多数人和全体中推行;等等。

上述理由在一般正常情况下是对的,这也是民主受人推崇的缘故。但也并非绝对有理。最大的弊病是未能兼顾少数,往往忽视少数,甚至变成多数专制,压迫少数,既不公平,也非正义。有时真理是掌握在少数人手里,因而多数人的智慧也未必一定比少数人乃至某个人高。特别是当多数人受某个特殊势力或具有特殊威权的领袖人物所操纵,或受某种情绪化的因素煽动起来的时候,对付其少数对立面往往十分疯狂和暴力。我国"文革"中"群众专政"的所谓"大民主"就是如此。法国大革命时期的恐怖杀戮,也是如此。多数专政演变为"暴民政治"或"民主的暴政"。即使是在议会这样精英荟萃的机关,有时也难免以多数压迫少数,作出违反宪政与共和精神、侵犯少数人的人权和公民基本权利的决定。

有意思的是,据有的学者考证,我国最早几部由西洋人编撰的双语辞书中,把Democracy译释为"既不可无人统率,亦不可多人乱管。"②或"众人的国统,众人的

① 这方面资料,可参见陈晓律:"对民主的历史思索";方维规:"议会、民主与共和概念在西方与中国的嬗变",载《二十一世纪》2000年4月第58期;刘军宁:"共和,民主,宪政",载多维新闻社2000年10月18日;王天成:"论共和主义","再论共和国——一次夜半对话",载 http://www. Beida_Online. com.

② 马礼逊编纂:《五车韵府》,1822年。

治理,多人乱管,小民弄权。"①或"民政,众人管辖,百姓弄权。"②这可能是沿袭了早期古希腊思想家对那时的民众大会的"直接民主"、"原始民主"的评价。如柏拉图在《理想国》中提出"民主"有好坏之分;亚里士多德在其《政治学》中认为民主是正常情况下最好的体制,而"民主"的变种则有坏事之处;古希腊历史学家、政治思想家波利比奥斯(Polybius,约公元前200年至公元前118)则把理想的民主称为"民主",而把坏"民主"则称为是"群氓统治"和"拳头之治"。③

从民主的长期历史实践看,民主是迄今人类发明的一种比较好的治国方式,但也不是最完善的方式。它必须同人类发明的共和制和宪政、法治等相互结合,才有可能抑制和防止其消极性和破坏性的一面。

(二)共和(republic)

共和、共和制、共和国同民主、民主制、民主国的内涵有重叠的地方,如都奉行"主权在民"原则,反对君主制和专制政治。人们常把二者(republic,democracy)视为同义词,共和国等同于民主国。在新中国初建确定国号时,毛泽东原拟国名是"中华人民民主共和国",一位民主人士认为共和国即是民主国,二词重复,建议删去,即成为现称"中华人民共和国"。这有一定道理。

但是,"民主"与"共和"词义虽有交叉,毕竟并非同一,其中还有某些本质区别。前已提及,"共和"主张的是合众(共)、和谐(和)与平衡(权力制衡),强调宪政和法治。狭义的民主强调的只是多数统治(多数票决定制);共和精神则要求保护少数,人人平等,反对"多数专制"。

"共和国"一词的英文是"republic",它来源于拉丁语"republica",字面含义是"共同的事业"、"共同的产业"。英文"republic"除指"共和国"、"共和政体"外,还指"其成员享有平等权利的任何团体"。英语国家经常用以指称"共和国"的又一个词是"commonwealth",其字面含义是"共同的财富",所以共和国又可称为"共富国";"commonwealth"的另一含义是"联邦",如英联邦的英文原文是"The British Commonwealth of Nations"。澳大利亚联邦称为"The Commonwealth of Australia"。④

美国是联邦制共和国,称为"合众国"(United State),强调了和平联合各邦(州)、建立谋取共同利益的联邦政府。其开国元勋"联邦党人"倡导的是共和思

---

① 麦都思编纂:《英汉字典》,1847年。
② 罗存德编纂:《英华字典》,1866年。
③ 以上转引自方维规:"议会、民主与共和概念在西方与中国的嬗变"。
④ 参见《牛津法律大辞典》,光明日报出版社1988年版,第186页词条《共和政体英联邦》。

想，而不是狭义的民主思想。① 他们把实行联邦制作为共和制的基本目标。他们认为“联邦共和国的定义看来就是‘一些社会的集合体’，或者是两者或者更多的邦联合为一个国家。”“我们是一个和谐如一的人民，每个公民到处享有同样的国民权利、特权并且受到保护。”②他们认为，“民主政体和共和政体的两大区别是：第一，后者的政府委托给由其余公民选举出来的少数公民；第二，后者所管辖的公民较多，国土范围也较大”。“在民主政体下，人民会结合在一起，亲自管理政府；在共和政府下，他们通过代表和代理人组织和管理政府。”③他们把共和制等同于联邦制，他们所反对的民主政体是指那种小城邦民众大会的直接民主，而把代议制等同于共和制。他们还否定多数专制的“集权民主制”。杰弗逊说：“173 个暴君必然与一个暴君一样具有压迫性。……一个由选举产生的专制政府并不是我们奋斗所寻求的目标。”④他们认为，“在共和国里极其重要的是，不仅要保护社会防止统治者的压迫，而且要保护一部分社会反对另一部分的不公。在不同阶级的公民中必然存在着不同的利益。如果多数人由一种共同的利益联合起来，少数人的权利就没有保障”。⑤

关于“共和”的定义，孟德斯鸠说：“共和政体是全体人民或仅仅一部分人民握有最高权力的政体。”⑥路易斯·亨金说：“共和意味着最高权力掌握在人民手中，权力的渊源是人民，以及政府是由人民建立的并且是向人民负责的。”⑦这类定义同民主政治的含义相重叠。路易斯·亨金又认为：“从词源学上讲，‘共和’的意思基本上相当于公共财富或公共利益（commonwealth or common weal）”，⑧这是共和的又一含义。托克维尔说：“在美国，所谓共和系指多数的和平统治而言。”⑨

“人们把共和理解为社会对自身进行的缓慢而和平的活动。它是一种建立在人民的明智意愿之上的合理状态。”⑩这一定义则强调共和是和平的统治和和谐的共同体。总之，“共和”包含国家权力的共有，公共财富的共享，统治者与人民、这

---

① 当然，那时美国的立国者虽是共和主义者，也并未真正实行全民共和，奴隶和印第安人就排除在“共和”之外。最初美国宪法中，奴隶只能算五分之三个人，没有平等的选举权，妇女也无选举权。华盛顿本人当时就畜奴 300 多人（后者参见英国《新非洲人》月刊 2001 年 5 月号雷吉娜杰里·马兰达：“乔治·华盛顿怎样对待他的奴隶”）。

② 《联邦党人文集》（中译本），商务印书馆 1995 年版，第 43 页、8 页。

③ 《联邦党人文集》（中译本），商务印书馆 1995 年版，第 49 页、66 页。

④ 转引自 J. L. 塔尔门著：《集权民主制的兴起》，培根出版社 1952 年版。

⑤ 《联邦党人文集》（中译本），商务印书馆 1995 年版，第 266 页。

⑥ ［法］孟德斯鸠著：《论法的精神》（上册），张雁深译，商务印书馆 1993 年版，第 8 页。

⑦ ［美］路易斯·亨金：《宪政·民主·对外事务》，邓正来译，三联书店 1996 年版，第 12 页。

⑧ 同上。

⑨ ［法］托克维尔：《论美国的民主》（上卷），董果良译，商务印书馆 1993 年版，第 461 页。

⑩ 同上。

一部分与那一部分人民和谐共处等含义。

近现代的共和制发端于本是君主国的英国，是所谓“虚君共和”或“君主立宪”。可见，共和不在有无君主，而在于国家权力是否由人民掌握，实行分权制衡，国内各阶级、各利益集团能共享政权，共同行使公共权力，共享社会财富。这才是共和主义的要义。可能名义上叫共和国，而实质上仍然是一个人或一个阶级、一个集团大权独揽的专制国家（如古希腊是贵族共和、平民共和，而非奴隶主与奴隶“共和”；古代罗马共和国实际上是寡头专制）。可见，共和制不仅与君主制对立，而且与任何专制政体对立（当然，无论古希腊奴隶主的贵族共和国和西欧封建时代的威尼斯、佛罗伦萨等小的民主共和国以及资产阶级共和国，都基本上只是少数统治阶级执政，在统治阶级内部有民主和共和，在全民中却没有做到共和的公天下）。

但有一点是肯定的，即人类共和的理想要高于民主的理论与实践。共和理念包含民主思想，而高于民主政治。因为：

1. 民主只是统治者中的多数的统治；共和则要求国家权力全民共有、共治。君主制的政权是一人的家天下，民主政权是多数人垄断的公天下，而理想的共和制政权则要求建立全体国民共有的公天下。

2. 民主政治的民主只解决国家权力或主权的归属，而共和则进一步强调对国家权力的分权制衡，对民主可能产生的“多数专制”加以制约。

3. 民主只是崇拜多数；而共和则要求同时保护少数。民主只以多数人的意志与利益为依归，以能保护多数人而不是“每个人”的人权为“正义”，仍有所偏颇；共和主义强调代表和兼顾所有人的权益，要求执政者处事要具有公平、公正、中立、宽容等美德，对社会各民族、种族、阶级、阶层、各多元化的利益群体的共同利益、特殊利益和个人利益，都采取统筹兼顾政策，宽容宽厚的精神，也就是要“为政以德”，“天下为公”。

我国从孔夫子到孙中山所追求的“天下为公”、“世界大同”的理想，可以归入“共和”思想范畴。而马克思所追求的建立“自由人的联合体”，实现全人类的彻底解放，才称得上是“共和”主义的最高境界。

（三）宪政（constitutionalism）

什么是宪政？毛泽东曾经说过：“宪政就是民主政治。”这是对宪政的简要定义，却是狭义的简单化的定义，它没有包括人权与法治，也没有指出它的关键所在，即对公民权利的保护和对国家权力的控制。

华盛顿大学政治学教授丹尼尔·S. 勒夫认为：“宪政的产生总是基于这样的理由，即确定国家权力的边界并限制国家的管理者。宪政，是一个比法治或法治国更抽象的概念，其含义与有限国家相当。在有限国家中，正式的政治权力受到公开的法律控制，而对这些法律的认可，又把政治权力转化成为法律界定的合法权威。”①

宪政主义坚持认为，对民选的政府也要防卫，以保护人权与公民个人权利。所以，宪法的主要内容是保障人权和“规定一个受制约的政府”。正如爱德华·S. 科尔文教授所说：“个人权利，既然它们高于宪法，先于宪法而存在，宪法中对个人权利的罗列并不给于任何权威，可能只是一种保障。换句话说，并不是因为宪法提到了这些权利它们才是基本的；它们是基本权利，所以才写在宪法中。”②而公民的基本权利是高于任何国家权力的，“任何国家权力（立法、行政和司法权）都不能违反有关这些基本权利的规定而作为或不作为。”③即使人民的代议机关通过民主的程序“合法”地制定的法律，行政机关也依此法行政，如果这些立法与执法侵犯了公民的基本权利和人权，都是不合法的、无效的。宪政主义对这样的“民主”是持怀疑、否定和抵制的态度的。民主制注重程序的民主性、公开性，宪政虽然也重视程序，但否认程序的首要作用和决定作用。所以，宪政虽然也包容了民主的一些要素，同时也排斥“多数专制”的民主暴政。

宪政一方面保护人民的基本权利，并规定一切国家公权力的唯一来源与根据，只能是宪法；另一方面又限制代议机关的民主权力。后者在权力分立国家，多是以独立的司法审查——违宪审查权，来制衡议会的立法权。民主主义者认为以少数法官的判断，来否定由议会多数通过的法律，是违反民主原则的。而以“司法至上”著称的美国宪政体制则认为，这正是宪政与共和原则高于民主原则的体现，其目的在于防止借民主的多数，侵犯公民的宪法基本权利。

诚然，宪政与法治是建立在人民民主的基础上的，没有民主就不可能产生现代意义的法治和宪政；同样，“没有分权就没有宪法”，不以分权和法治来约束和节制民主权力，也就没有宪政，不可能实现“共和”，民主政治权力就难免不蜕化为多数专制的暴政；不受法治约束的民主权利（如所谓无法无天的“大民主”），也会导致恐怖的暴民政治。

如果把民主的概念扩大，或者在共和与宪政的内涵中吸收民主的精神，那么，宪政中的民主，是保障人权与个人自由、以分权制衡、制约公权力的民主；共和中的民主，则是不同社会主体和谐共存，权利人人平等，社会资源公平共享，既尊重多数又保护少数，反对任何暴政。

---

① ［美］丹尼尔·S. 勒夫：“社会运动、宪政与权威”，载《宪法比较研究文集 3》，山东人民出版社 1993 年版，第 274 页。

② ［美］爱德华·S. 科尔文：“美国宪法的基本原则”，载《密西根法律评论》1914 年第 247 期。

③ 参见“德意志联邦共和国的法律体系”，中德“对行政的法律约束和对个人的法律保护”国际学术研讨会资料，2000 年 6 月 12 ~ 13 日。

由此我们可以得出,虽然共和与宪政要以民主为基础,但民主应当是共和的,民主要受宪政的制约;民主主要解决国家权力的归属问题,共和则是民主的目标,宪政是民主的准则和共和的保障。三者既有矛盾,又相互依存,相互促进。但总体上宪政高于民主,共和精神则应贯穿于民主和宪政之中。

三、民主、共和、宪政在中国的历史命运

中国是一个有几千年封建专制传统的国家,既无古代希腊罗马的民主、共和传统,在接受和借鉴近现代西方民主、共和、宪政思想与制度上,也进展缓慢,步履维艰。

(一)关于"民主"

中国古代虽有"民主"一词,但却是指"民之主宰者",即帝王与官吏。(《三国志·吴·钟离牧传》:"仆为民主,当以法率下。")是作民之主或者替民作主。这种"民主",至今犹有遗传。而近世的民主,在新中国成立后虽已建立,人民也曾感受到"人民当家作主"比旧政权的显著优越性,并对之抱有很大的期望。可惜的是,长期人治的盛行,民主的许诺多于民主的实惠,人们既较少享受民主的好处,倒是从50年代后期起到"文化大革命"终结,长期遭受民主消极面的后果,一是领导人个人专权的"集权民主制"(即所谓"集中指导下的民主")的折腾;二是所谓"大民主"即"多数专制"或"群众专政"的灾难。直到"文革"结束,进入改革开放时期,民主建设才有所进展,但在认识和实践上还存在较大差距,乃至误区。如人大的民主权力既存在没完全到位和监督乏力的情况,有待大力加强;又开始出现越权干预行政事务和司法独立的苗头,甚至发生以人大"民主"权力作出侵犯公民基本权利的"立法侵权"行为,这些都需要引起极大关注。

(二)关于"共和"

1. 近现代中国共和思想的发端与曲折

我国古代也有"共和"一词,一说是在周厉王执政时发生奴隶和平民大暴动,周厉王逃跑,周宣王执政,国号"共和",可能是宣告共享和平的意思(一说厉王出奔后,由"共和伯"代理政事,故号"共和")。另一说,召公、周公共同执政,故号"共和"。[①] 所以"共和"一词又有共同执政、和衷共济的意味。虽然它同古希腊、罗马的共和国和现代意义的共和制是两码事,但也可略见早期我国将"republic"翻译成"共和国",可能取其中有权力共有与和平治国的意思。它与中国先秦儒家孔

① 参见《史记·周本纪》,并见《辞源》"共和"条,商务印书馆1988年版,第170页。

孟所推崇的德政、仁政、王道也有相通之处。但中国从古代到近现代,从未建立过名副其实的共和制度。

应当说,关于共和,孙中山先生比历史上其他领袖人物对此有更多的理解与追求。① 他认为:“中国革命之目的,系欲建立共和政府,效法美国,除此而外,无论何项政体皆不宜于中国。因中国省份过多,人种复杂之故,美国共和政体甚合中国之用。”②他的“三民主义”,贯穿了共和精神。如他的民权主义,主张“天下为公”,“主权属于国民全体”(《中华民国临时约法》第 2 条),公权力“为一般平民所共有,非少数人所得而私也。”③

他的民生主义,主张“平均地权”,“节制资本”,“耕者有其田”,这是要求社会资源共享,是他的共和思想在经济政策上的体现。他的民族主义,主张“五族共和”,认为“中国境内各民族一律平等”,是共和国立国的基本原则之一。“国家之本,在于人民。合汉、满、蒙、回、藏诸族为一人,是曰民族之统一。”④这里体现的共和精神,是反对以汉族以多数压迫少数的多数专制,用共和思想来调整各民族之间矛盾,建立和谐共处的、平等的民族关系。

当然,孙中山毕竟是个民主主义者,他所处的那个时代,封建专制势力还十分强大,他的“三民主义”以失败告终。他留下的《总理遗嘱》一开头就说:“余致力国民革命,凡四十年,其目的,在求中国之自由与平等。”他的遗愿是“联俄、联共、联合工农”以及“联合世界上以平等待我之民族,共同奋斗。”他临终前还在不断呼唤“和平,奋斗,救中国!”这种对自由、平等、和平的毕生追求和“大联合”思想,都体现了他作为中国革命的先行者伟大的“共和”精神。

毛泽东作为无产阶级革命家,早年提出过“民众大联合”的口号。关于国家结构,在 1922 年中共二大宣言中就主张建立“中华联邦共和国”。在 1934 年苏区中

---

① 早在 1897 年 8 月,孙中山在同日本人宫崎寅藏、平山周二人的谈话中,就提出:“余以人群自治为政治之极则,故于政治之精神,执共和主义。夫共和主义岂平手而可得,余以此一事而直有革命之责任者也。……方今世界文明日益增进,国皆自主,人尽独立,独我汉种每况愈下,滨于死亡。丁[于]斯时也,苟非凉血部之动物,安忍坐圈此三等奴隶之狱以与终古?是以小于不自量力,欲乘变乱推翻逆胡,力图自主。……人或云共和政体不适支那之野蛮国,此不谅情势之言耳。共和者,我国治世之神髓,先哲之遗业也。我国民之论古者,莫不倾慕三代之治,不知三代之治实能得共和之神髓而行之者也。……试观僻地荒村,举无有浴政[清]虏之恶德,而消灭此观念者,彼等皆自治之民也。敬尊长所以判曲直,置乡兵所以御盗贼,其他一切共通之利害,皆人民自议之而自理之,是非现今所谓共和之民者耶?……共和政治不仅为政体之极则,而适合于支那国民之故……”[据白浪庵滔天(宫崎寅藏)原著、黄中黄(章士钊)译录:《孙逸仙》,荡虏丛书之一,上海 1903 年版。原书名为《三十三年之梦》,东京国光书房 1902 年 8 月日文版]。

② 《孙中山全集》(第 1 卷),人民出版社 1981 ~ 1986 年版,第 563 页。

③ 《孙中山选集》,人民出版社 1981 年第 2 版,第 592 页、90 页。

④ 同上。

央政府颁布的《中华苏维埃共和国中央苏维埃组织法》中规定，中央苏维埃有权“代表中华苏维埃共和国与中国境内各民族订立组织苏维埃联邦共和国的条约”。在抗日战争时期，中共中央仍主张联邦制，直到党的七大通过的毛泽东的政治报告《论联合政府》中，仍然提出“允许各少数民族有民族自治权及在自愿原则下和汉族建立联邦国家的权利。”只是到解放前夕，当时主持中央民族工作的李维汉提出联邦制不适合中国国情，建议改为实行民族区域自治，为毛泽东采纳。① 1949年后出版的《毛泽东选集》也删去了“建立联邦国家”一语。

关于政权结构，毛泽东在《新民主主义论》和《论联合政府》中，都反对国民党的一党专政，而主张建立各阶级“联合专政”的“联合政府”。新中国成立后虽然已改为“无产阶级专政”或“人民民主专政”，但在初期，还注意团结各民主党派，让其代表人物参加政府，担任副总理和副部长等要职，并实行“长期共存，互相监督”的方针。在新民主主义经济政策上，起初也是实行公有经济为主体下的多种经济成分并存。实行土地改革，平分耕地给农民。在新中国的第一部《宪法》中，确认了许多公民基本权利与自由，规定公民在法律上一律平等。1956年还提出“百花齐放、百家争鸣”的文化方针。虽然当时在肃清3大敌人的阶级斗争中谈不上、一般也不能讲“和平、和谐、调和”，但无论如何在人口中的大多数人中，是“共和”的。

可是，为时不久，在毛泽东“以阶级斗争为纲”的路线误导下，一个接一个“运动群众”的政治运动，在人民内部和党内开展无情的、残酷的斗争。有如鲁迅说的，中国“国民性”的一大特点是“对内特别凶”，“中国人一点也不中庸”。排除异己，践踏人权，毫无宽容精神，更不见“共和”的踪影。上述那些平和、中允、团结一切人的方针政策都予废弃，造成国无宁日。

可以说，自中华人民共和国成立以来，虽然人们口头、文字上也常常宣讲我们“共和国”如何如何，并以此自豪；但只是把它当做对中华人民共和国的一个简称，至多只理解为是与君主制的政体不同而已，却不了解“共和国”的真正含义和重要意义。某些党的领导人和一般党政干部也大都不甚了然，也从不关注治国和为政中应当努力贯彻共和精神，实现“天下为公”、“和为贵”的理想；反而在敌对阶级作为阶级已经消灭以后，还一味奉行“斗争哲学”，“与人斗其乐无穷”。

这种局面终于在“文革”结束，中国实行改革开放政策以后，得到初步扭转。邓小平复出，提出以经济建设为中心，实行市场经济（这是共和制的经济基础），恢复多种经济并存，将私有经济也纳入社会主义市场经济的组成部分（这也可说是社会主义初级阶段经济上的“共和”，而不是一种所有制独霸天下）。特别是他提出社会主义本质是“解放和发展生产力，消灭剥削，消除两极分化，达到共同富

① 王丽萍著：《联邦制与世界秩序》，北京大学出版社2000年版。

裕。”(这种“共富”思想,正是“共和”的体现,与过去“贫穷的社会主义”的“均贫”思想是对立的。)在国家权力结构上,邓小平要求改革权力过分集中的体制,实行党政分开(早在1941年他就强烈地批判过“以党治国”的“国民党遗毒”)①依法治国。在国家结构体制上,他提出的实行“一国两制”的创造性构想,顺利地收回了香港、澳门,并以此原则要求和平解决台湾问题,实现祖国统一。这些也都体现了共和的理念。当然,由于种种原因,邓小平并未能在他的有生之年进一步实现中国的政治体制改革;他在一些问题上(诸如人权、民主、自由等)也还不能完全摆脱某些旧时代固有思维方式的影响,如只强调“多数人的人权”,而不是“每个人”的人权;讲民主偏重于“集中指导下的民主”;讲法制,多少还局限于工具论的层次;以及在治党、治国上还不免带有某些人治的痕迹;等等。这是历史原因的遗留,不宜苛责前人。但要真正实行和实现社会主义共和国的理念,后继者是不能不加以正视和改进的。

2. 社会主义的共和精神,既要实行各族共和,又要强调全民共和

我国是有56个民族的多民族国家。西部是各少数民族的聚居地。如果按照多数制民主的原则,那么,在我国,汉族占全国人口的绝大多数,就会导致一切以汉民族的意志与权益为转移,而且还可以说是“民主”的。事实上,我国历史上曾发生汉民族歧视或压迫少数民族的现象。解放后虽然有很大纠正,各族人民翻身作了主人,政治经济地位和人民生活有了改观;但一段时期中有的民族地区也曾发生过“左”的现象,伤害了民族之间的团结和民族感情。因此,作为共和国,实行民族共和,保护少数,就是要保护中国境内各少数民族,强调各民族不论人口多寡,权利一律平等。我国《宪法》已规定:“国家保障各少数民族的合法的权利和利益,维护和发展各民族的平等、团结、互助关系。禁止对任何民族的歧视和压迫,禁止破坏民族团结和制造民族分裂的行为。”现在,党中央已作出西部大开发的重大决策,这不仅有利于西部各族人民经济的发展,也是对各族共和、共富的理念的落实。

关于全民共和,在敌我之间的阶级矛盾和阶级斗争在国内还是主要矛盾的时候,当然谈不上敌对阶级间的“共和”。在对敌斗争策略上,我们的习惯策略是“团结多数,孤立少数”。也习惯于讲“团结95%以上的人”。但现在敌对阶级作为阶级已基本消失之后,发扬共和精神,就成为团结全国人民同心同德共建“富强、民主、文明的社会主义国家”的政治基础。讲团结,就应当是团结100%,或者应是既团结多数,又保护或兼顾少数。作为执政的党组织和从政的党的干部,各级人民政府及其官员,他们既然是由全民(通过本地区全体选民或全体人民代表)选举产生的,就要对全民负责,为全民服务。他们是全民的公仆,固然要代表“广大”(多数

① 《邓小平文选》(第1卷),第10~11页。

或最大多数)人民的利益,不能只代表某一个或几个阶级、民族、利益群体的利益;从共和精神而言,更确切的提法和追求,应是要代表全民利益,并不遗漏地兼顾任何特殊群体与任何特殊个人的利益。这同讨论"全民党"的提法的是非,是分属两种不同范畴的问题(作为政党自身的阶级基础,不应当也不可能是全民的;而掌握政权、作为执政党的社会基础,则应当是代表或兼顾全民利益的)。

过去我们习惯于讲党和政府代表"最大多数人"的利益,这固然体现了我们党的社会基础和民主的广泛性,但这种民主只是以多数人的意志和利益为依归,还不能说已完全体现了"共和"精神。事实上,建国后党所发动的各次运动中,这"团结95%"的控制数字,就把3000万~6000万人的权利和利益以及作"人民"的资格排除在外,造成了多少错案和悲剧!

或问:讲团结或代表100%的全体国民,那么,难道党和政府也团结和代表国民中的敌人吗?——这种提法,也是长期被弄混了的问题。革命或战争时期,敌我界线分明;解放初期也是以出身和本人成分来划分阶级;"文化大革命"时期国民中一部分人"天生"是敌人(历史反革命或出身于反动阶级)。共产党在整体上当然不代表他们的利益。这些阶级敌人消灭以后,还会新生一些敌对分子。但谁是"敌人"或罪犯,在法治国家,必须通过司法程序(法庭判决)后才能确认。在此以前,都应假定为无罪的(或非敌对性的)公民,不能搞"有罪推定"。何况,即使经法庭宣判为罪犯的人,包括可称为"敌人"的人,也有人格权、诉讼权等人权以及某些民事权利。作为执政党和政府,也要尊重和依法保障他们的这些权利与利益不受侵犯。否则,执政党就不是依法执政、依法治国。

过去我们也习惯于说,我们的人权是"多数人的人权",以此来反驳西方对我国人权的攻击,以能保护"多数人的人权"为自豪。当然,如果真能代表和保护大多数人的人权,固然是"正义"的,比某些西方国家事实上有许多阶级和种族的狭隘性的人权实践要高明;但如果不是讲"每个人"的人权,就仍有所偏颇;因为既是人权,就是作为"人"所应有的普遍性权利,因而是"每个人"的权利,包括所谓敌人和犯罪分子未被剥夺的合法权益。否则那些少数人或个别人没有人权,就等于剥夺了他做人的资格。长期以来在一些干部中形成"对敌人和罪犯不能讲人权",否则就是"丧失阶级立场"的错误观念,也多少是受这种错误或片面的观念的影响(当然,依法剥夺罪犯某些权利,另当别论)。

共和主义强调代表和兼顾所有人或全民的权益,要求执政者处事要具有公平、公正、中立等美德,对社会各民族、种族、阶级、阶层、各多元化的利益群体的共同利益、特殊利益和个人利益,都一视同仁,采取统筹兼顾政策;对人民、对每个人的权利和自由,对无害于集体和他人的个人利益,都能采取宽容宽厚的精神,也就是要实行惠民的德政,达到"天下共和"。马克思恩格斯在《共产党宣言》中早就指出:

"每个人的自由发展是一切人的自由发展的条件。"也就是高度强调要尊重"每个人"的人权和自由。共产主义的最高理想目标是"解放全人类",这意味着不仅为本国的人民,而且是为全世界的人民共享自由发展的权利,实现世界大同。共产主义与共和主义是相通的,共产主义也可以说是最高境界的共和理念。

(三)关于"宪政"

我国古代没有"宪政"一词,只有宪法、宪典、宪章、宪则、宪令等词,是指国法、法典、典章制度,与近现代欧美宪法的含义本质不同。直到清朝末年(1908)才开始有为延续君主专制而制定的"钦定宪法大纲"。民国初年,除孙中山颁布的《中华民国临时约法》外,袁世凯的《中华民国约法》、曹锟的伪《宪法》等都是借宪法之名,行专制之实。国民党政府长期实行一党专政和所谓"训政",直到1947年元旦才颁布《中华民国宪法》,也是徒有宪法其名,无宪政之实。毛泽东在苏区曾主持制定过中华苏维埃宪法大纲,后来在1943年提出实行"新民主主义宪政"的口号,都未能实现。解放后1954年他主持制定和颁布了《中华人民共和国宪法》,这是中国有史以来一部最好的《宪法》。但有宪法而未认真实行宪政,而且解放后不再提,甚至忌讳提"宪政"一词,也没有切实建设民主政治与法治。到"文革"时期,他的一张大字报就打倒了由宪法产生的国家主席,也在事实上废掉了他自己主持制定的宪法。"宪政"变成林彪和"四人帮"的法西斯暴政。

直到改革开放以后,1982年修改的《宪法》才真正立定脚跟,成为人们的行为的基本准则。但也毋庸讳言,由于对宪政与法治的认知还存在很大差距和思想习惯的阻力,"宪政"一词还从未出现在党和国家的任何正式文件上。有的党政干部甚至认为那是资产阶级的东西,讳言其词,把分权制衡、司法独立视为"西化"阴谋。在实践上,迄今我国在权力结构上还存在很多漏洞,还没有建立有效的权力制约机制,违宪行为得不到重视与纠正,因而社会主义宪政的实施,仍然停滞不前。

总之,民主、共和、宪政在中国的命运,还有过多的认识误区,还有很大的思想观念上和习惯势力阻力,以及既得权益者的抵抗。"路漫漫其修远兮",有待理论界、法学界有识之士大加理论关注,有望党政领导人的观念更新和实践中的重视,则共和国的前途命运,实所利赖!

(2002年第2期)

行政强制措施与行政强制执行的边界划定

胡建淼*

一

在中国,"行政(强制)措施"一词的使用,最早出现在新中国"拨乱反正"以后的第一本行政法教科书即王珉灿主编的《行政法概要》上。① 该书第一次使用了"采取行政措施的行为"这一概念。但在当时尚无"具体行政行为"(在目前的中国行政法学中最为关键的概念之一),当时还未被写入法律——这一概念的背景下,它是作为一般的"具体行政行为"的代名词使用的。② 这一"首创"又被不少学者所接受和发展。③

1989年《行政诉讼法》的颁布,特别是1990年该法实施以后,该法第11条第2项的规定④对理论界关于对行政行为的认识冲击颇大,它明显地表明"限制人身自由或者对财产的查封、扣押、冻结等行政强制措施"行为,是与行政处罚相并列的具体行政行为的一个种类,而不是一般意义上的具体行政行为本身。所以,1990年以后,已不再有类似教材、著作基于这种意义而使用"行政(强制)措施"概念了。

"行政强制措施"脱胎于"具体行政行为"之后,它又面临了第二个问题,即行政强制措施与行政强制执行的关系。在这一问题上,主要有两种不同的观点:

第一种观点,是把行政强制措施看成是行政主体在行政执法中所运用的具有强制性的各种手段和方法,这些手段和方法有"执行性"和"管理性"之分,而"执行性"的措施就是"行政强制执行"。一种典型的解释是:"行政强制措施是指行政主

---

* 作者单位:浙江大学。

① 王珉灿主编:《行政法概要》,法律出版社1983年版。

② 该教科书对它的解释是:"作为行政法学研究对象的行政措施,是指行政机关在进行行政管理活动时,对于具体事件所作的单方面的处理,是具体行政行为。……行政措施作为具体的行政行为,与行政管理法规不同;作为单方面的行政行为,与行政契约不同。"参见王珉灿主编:《行政法概要》,法律出版社1983年版,第112页。

③ 应松年、朱维究编著:《行政法学总论》,工人出版社1985年版,第285~298页;郭文英、崔卓兰编著:《行政法要论》,吉林人民出版社1988年版,第186~197等。

④ 《行政诉讼法》第11条及该条第2项的规定是"人民法院受理公民、法人和其他组织对下列具体行政行为不服提起的诉讼……(二)对限制人身自由或者对财产的查封、扣押、冻结等行政强制措施不服的……"

体为保障行政管理秩序或为实现行政目的而凭借的各种强力方法或手段。它包括:(1)'管理性'强制措施,即行政主体为了预防、制止或控制危害社会、公益、他人的行为或事件的发生,采取的对有关对象的人身、财物或行为加以暂时性限制的手段或方法;(2)'执行性'强制措施,即行政主体为促使或迫使义务人履行行政决定所确定的义务而凭借的种种强制措施。"①另一种解释也许更加明了:"所谓行政强制措施是指行政主体对相对人的人身或财物予以强制而采取的各种具体手段或方法。即包括即时强制措施也包括行政强制执行措施。即实施行政强制行为的各种具体手段或者措施。"②这种观点的特点,主要在于把"行政强制执行"看成"行政强制措施"的一个构成部分,它们是部分与整体的关系。

第二种观点,是把行政强制措施看成不仅独立于行政处罚,而且与行政强制执行相并列的一种具体行政行为。持此观点者,在他们的教材、著作中,必然把"行政强制措施"与"行政强制执行"作为并列的章节标题处理,③而且对两者加以区别。大多学者认为,行政强制措施与行政强制执行最根本的区别在于:前者是特定的行政主体,出于维持社会管理秩序的需要,预防或制止危害社会事件的发生,针对行政相对人的人身、行为、财产或其他权益所作出的限权性的强制行为;后者是指因行政相对人逾期不履行行政处理决定,有关国家机关对其采取强制手段,迫使其履行该义务的具体行政行为。下面的解释有一定的代表性:"行政强制措施是指国家行政机关或者法律授权的组织,为了预防或制止正在发生或可能发生的违法行为、危险状态以及不利后果,或者为了保全证据、确保案件查处工作的顺利进行而对相对人的人身自由、财产予以强制限制的一种具体行政行为。""行政强制执行是指公民、法人或者其他社会组织逾期不履行行政法上的义务时,国家行政机关依法采取必要的强制性措施,迫使其履行义务,或达到与履行义务相同状态的具

① 杨解君、叶树理:"关于祖国大陆行政强制理论与现头的评判",载杨小君、王周户编:《行政强制与行政程序研究——一九九九年海峡两岸行政法学术研讨会实录》,中国政法大学出版社2000年版,第344页。

② 周佑勇著:《行政法原论》,中国方正出版社2000年版,第246页。其他持这一观点或类似观点的还有:朱新力、余军:"论行政强制措施的合理定位",载杨小君、王周户编:《行政强制与行政程序研究——一九九九年海峡两岸行政法学术研讨会实录》,中国政法大学出版社2000年版,第203页;马怀德著:《行政法与行政诉讼法》,高等学校法学教材,司法部法学教材编辑部编审,中国法制出版社2000年版,第32页;杨海坤著:《中国行政法基础理论》,中国人事出版社2000年版,第417页等。

③ 方世荣著:《行政法与行政诉讼法》,高等政法院校法学主干课程教材,中国政法大学出版社1999年版,第十三章;王连昌著:《行政法学》,高等政法院校规划教材,中国政法大学出版社1999年(修订)版,第十二章;胡建森著:《行政法学》,"九五"规划高等学校法学教材,法律出版社1998年版,第十一章等。

体行政行为。”[①]这种观点的“共性”在于，认为“行政强制措施”与“行政强制执行”之间没有包含关系，是两种各自独立、并存的具体行政行为。

如果从字面理解，[②]行政强制措施作为一种方法和手段，当然同时可以被采用在行政强制执行阶段，可作为行政强制执行行为的一种形式。从这一点上说，第一种观点不无道理。但问题在于，我国《行政诉讼法》第11条第2项所列“行政强制措施”，显然是作为“具体行政行为”的一个种类，而不是作为具体行政行为的一种方法对待的；而且，这种具体行政行为又与《行政诉讼法》第66条规定的行政强制执行行为相区别。[③] 前者，行政强制措施（行为），是指“行政机关在行政管理活动中，依其职权采取强制手段限制特定人行使某项权利或履行某种义务”的行为；[④]后者，行政强制执行（行为），是指当行政相对人拒不履行已经“发生法律效力的具体行政行为”时，行政机关本身或申请人民法院强制执行该“具体行政行为”的行为。[⑤] 两种行为，泾渭分明。我们认为，上述第二种观点比较符合《行政诉讼法》的原意。

二

在中国，“行政强制执行”这一概念的演变没有像“行政强制措施”那么复杂。1983年的第一本行政法教科书《行政法概要》，在提出“采取行政强制措施行为”的同时，提出了“强制执行”这一概念，而且对这一概念一开始的“定位”并没有离今天多远。《行政法概要》解释道：“在行政法律关系中，当事人不履行其行政法上的义务时，国家行政机关可以采用法定的强制手段，强制当事人履行其义务。这就是行政法上的强制执行，是一种具体的行政行为。又叫做行政执行。”[⑥]尔后的著作、教材，除个别外，[⑦]一般都有“行政强制执行”专门的章节，概念内涵也大体接

---

① 方世荣著：《行政法与行政诉讼法》，高等政法院校法学主干课程教材，中国政法大学出版社1999年版，第249页、254页。

② 从这一点上说，作者认为，我国《行政诉讼法》第11条第2项使用“行政强制措施”一词，有不宜之处。

③ 《行政诉讼法》第66条规定：“公民、法人或者其他组织对具体行政行为在法定期限内不提起诉讼又不履行的，行政机关可以申请人民法院强制执行，或者依法强制执行。”

④ 黄杰主编：《行政诉讼法释论》，中国人民公安大学出版社1989年版，第22页。

⑤ 同上，第139页

⑥ 王珉灿主编：《行政法概要》，法律出版社1983年版，第125页。

⑦ 姜明安著：《行政法学》，山西人民出版社1985年版；张尚鷟著：《行政法基本知识讲话》，群众出版社1986年版；姜明安著：《行政法概论》，北京大学出版社1986年版等。

近。只是在两个问题上略有分歧:[①]即(1)在执行主体上,是否包括人民法院?(2)在外延上,是否包括即时强制?

关于行政强制执行的"执行主体"问题,在《行政诉讼法》颁布、实施前,大多学者主张把行政强制执行活动限于行政机关的执行活动。[②] 一种典型的解释是:"行政强制执行,是指行政相对方逾期不履行行政主体做出的行政处理决定,有权行政机关依法采取必要的强制措施,迫使行政相对方履行义务或实现与履行义务相同状态的行政执行行为。"[③]《行政诉讼法》公布、施行后,由于该法第66条规定对已生效的具体行政行为的执行,可由行政机关申请人民法院执行或者依法自行强制执行,大多学者为同立法"接轨",始转而承认人民法院作为行政强制执行主体的地位。如姜明安认为:"行政强制执行指行政机关或行政机关申请人民法院强制拒不履行行政法上义务的相对人履行其义务的行为。"[④]而且还有学者进而指出,人民法院依行政机关的申请而强制执行已生效的具体行政行为,是一种"行政权的延伸",这时的人民法院与行政机关之间的关系,"是一种受委托或代理关系"。[⑤]但应松年教授认为:行政机关自身强制执行固然属于行政行为,但当行政机关"申请人民法院强制执行,以法院审查同意,下令强制执行时,它就是司法强制,不应再称为行政行为或具体行政行为。"[⑥]

关于行政强制执行的"外延"问题,对于行政强制执行包含《行政诉讼法》第66条所规定的对生效具体行政行为的执行,这一点是没有异议的。问题是,它是否包含即时强制。按理说,这是一个不会发生的问题。但我国确有个别学者持有肯定的观点。如杨海坤认为:"行政强制执行是行政机关对当事人不履行行政决

---

① 这方面,杨海坤主编的《跨入21世纪的中国行政法学》(中国人事出版社2000年版)第二十二章关于行政强制执行的讨论,做了很好的材料整理工作。

② 当然这时也有一些学者主张人民法院也是我国行政强制执行的主体。如应松主编:《行政法学教程》,中国政法大学出版社1988年版;张焕光、胡建淼编著:《行政法学原理》,劳动人事出版社1989年版等。

③ 崔卓兰主编:《行政法学》,吉林大学出版社1998年版,第251页。持同类观点的还有:应松年、朱维究著:《行政法学总论》,工人出版社1985年版;张焕光、刘曙光、苏尚智著:《行政法基本知识》,山西人民出版社1986年版等。

④ 姜明安著:《行政法与行政诉讼法》,中国卓越出版公司1990年版,第258页。持这种观点的著作、教材还有:廖晃龙著:《新编中国行政法原理》,大连海运学院出版社1990年版;贾苑生、李江、马怀德著:《行政强制执行概论》,人民出版社1990年版等。

⑤ 胡建淼主编:《行政法教程》,法律出版社1996年版,第167页;杨海坤:"祖国大陆行政强制执行立法思路的优化选择",载杨小君、王周户主编:《行政强制与行政程序研究——一九九九年海峡两岸行政法学术研讨会实录》,中国政法大学出版社2000年版,第354页。

⑥ 应松年:"论行政强制执行",载《中国法学》1998年第3期。

定，强制实施的行为。行政强制执行包括紧急情况下的即时强制。”①如果以《行政诉讼法》第66条为“基点”讨论行政强制执行的外延，那么行政强制执行无论如何是不可能包括即时强制的，因为即时强制行为无法以相对人在规定期限内既不起诉又不履行为前提。以下的表达已成为中国学者们日益趋同的认识：“行政强制执行，是指在行政法律关系中，行政相对人不履行其应履行的法定义务时，行政机关或人民法院依法采取行政强制措施，迫使其履行义务，或者达到与履行义务相同状态的活动。”②

三

当我们沿着这一“基点”往下走，“行政强制措施”与“行政强制执行”之间的“边界”以及这两种行为的划分意义会越来越明晰可见。但我们要马上到达解决这一问题的“彼岸”，还要有足够的耐心走完一段不可迂回的“路”。因为我们在这里要解决这样一个问题：在事先强制、事中强制与事后强制整个行政强制行为的过程中，“行政强制措施”与“行政强制执行”之间的“界河”，到底应该划在哪一段？而且这种划分标准又有什么法律意义？以下有几种标准和几个难点可以选择与研讨：

（一）以事先是否存在可履行义务为标准

在中国，不少学者认为，行政强制执行是对事先存在的一种义务的执行。这种义务可以来自一个行政决定的规定，③也可来自法律的直接规定。行政强制执行就是对事先义务的执行，如果不存在被执行的义务，行政强制执行的“执行性”就无从体现。这一点正好与行政强制措施相区别。在行政强制措施中，强制机关实施强制措施，无须以当事人存在可履行义务为前提，它是为维护管理秩序，而不是为执行一种业已存在的义务而实施。

德国、奥地利、日本和中国台湾地区的不少学者也持这样的观点。正如台湾学者城仲模所述：“德奥日行政法学界对于行政强制之分类及学理说明，几乎一脉相承，即在‘行政强制（Der Verwaltungszwang）’的上位概念之下，区分为‘行政上强制

① 杨海坤著：《中国行政法基本理论》，南京大学出版社1992年版，第420页。

② 张正钊著：《行政法与行政诉讼法》，中国人民大学出版社1999年版，第144页。

③ 如李援在其“中国行政强制法律制度的构想”一文中说：“行政强制执行是指人民法院或者行政机关对不履行行政决定义务的公民、法人及其他组织，依法采取强制执行措施促使其履行义务的行政行为。”载《行政强制的理论与实践国际研讨会材料》（2000年6月于北京人民大会堂），后发表于《行政与法制》2001年第3期。

执行①(Verwaltungsvoll - streckung, Zwangsvollzug; Verwal - tungsexekution, Zwangsvollstreckung)'及'行政上即时强制②(Sofortiger Zwang, Sofortiger Polizeizwang)'。"③日本学者和田英夫也指出:"行政强制分为行政上的强制执行和行政上的即时强制两种。"④而且强制执行与即时强制的区别就在于,前者是"有先前存在之义务而不履行者",后者"无先前之存在义务"。⑤

上述境内外观点基本相通,而且这一标准也很清晰,便于掌握。但问题在于,"法定义务"概念过于抽象,涉及面过广,在实践操作中会有困难;还有,有的强制措施我们也很难说它不是迫使当事人履行一种法定义务,如在驱散措施中,被驱者当然负有离开的义务。

(二)以事先是否存在行政决定为标准

这种标准建立在这样的理论上,行政强制执行当然应有它的"执行性",但它所执行的内容不应是抽象的"法定义务",而是事先作出的一个行政决定。⑥ 据此推论,如果事先有行政决定的存在,有关国家机关采用强制手段执行该行政决定的,就是行政强制执行;相反,事先不存在行政决定,有关国家机关依法实施强制手段的,那就不是行政强制执行,而是行政强制措施。

这一标准与境外一些国家与地区的"基础行为与执行行为合分说"相通。在德奥日等国,对于行政强制早有"基础行为"与"执行行为"的划分理论。⑦ 中国台湾地区则有"基础处分"与"执行处分"之说。⑧ 按此理论,不论是即时强制,还是行政强制执行,都是对"基础行为"的一种执行;即时强制无非是"基础行为"与"执行行为"在程序上的合一,行政强制执行最典型地表现为"基础行为"与"执行行为"的分离。

这种划分"行政强制执行"与"行政强制措施"标准的理论,与前一个标准理论非常接近,特别当我们把"基础行为"或"事先存在的行政决定"理解为"基础行为所确定的义务"或"事先存在的行政决定所确定的义务"时,更是如此。但仔细分析,仍不

---

① 这正是中国行政强制法学理论上的"行政强制执行"。

② 这正是中国行政强制法学理论上的"行政强制措施"。

③ 城仲模著:《行政法之基础理论》,台湾三民书局股份有限公司1994年版,第320页。

④ [日]和田英夫著:《现代行政法》,倪建明、潘世圣译,中国广播电视出版社1993年版,第221页。

⑤ 城仲模:"日本行政代执行法之研究",载《行政法之基础理论》台湾三民书局股份有限公司1994年版,第321~325页。

⑥ 或称"具体行政行为"在范围上更为周全。

⑦ [德]哈特穆特、毛雷尔著:《行政法学总论》,高家伟译,法律出版社2000年版,第489页;科伦布茨高级行政法院:NVwZ,1986年,第762页。

⑧ 翁岳生著:《行政法》,台湾翰芦图书出版有限公司1998年版,第911页。

难发现两种标准之间的差异,而且这种差异是非常关键的。那就是,前一标准把执行内容定位为“事先存在的法定义务”,又这些法定义务有来自事先存在的行政决定,也有来自法律的直接规定,而直接来自法律规定的“法定义务”恰恰是因太抽象而不好把握的。后一个标准把执行内容定位为“事先存在的行政决定”,或者考虑方便起见,就称“基础行为”。执行基础行为显然比执行由基础行为确定的义务和由法律直接规定的义务具体、明确得多,范围也减少了一半。当然,当持前一种标准的理论,主张为行政强制执行行为所执行的“法定义务”只来自“基础行为”的规定,而不是来自法律的直接规定时,[①]这两种标准的范围才会重合。

也就是说,行政强制执行发生在“基础行为”与“执行行为”分离的条件下,它不过是对“基础行为”(或称“基础行为所确定的义务”)的一种执行;行政强制措施则发生在“基础行为”与“执行行为”合一的条件下,这时谈不上谁对谁的执行。由此看来,把“基础行为”与“执行行为”的分合作为划分“行政强制措施”与“行政强制执行”的标准是可以接受的,至少在尚未找到比这更准确的标准之前。

(三)以是否期待当事人自我履行为标准

如果接受上述“基础行为”与“执行行为”的分合标准,那只是解决了划分行政强制措施与行政强制执行标准上的“质”的问题,“量”上的问题还有待于我们去解决:当“基础行为”与“执行行为”分离时,它们之间必须分离多远才能作为它们之间的“界河”。换句话说,应当让这条“界河”靠近“行政强制措施”一边呢,还是更靠近“行政强制执行”一点?譬如说:当公安机关在1小时前作出“强制传唤”的决定,1小时后就实施了“强制传唤”行为,是否就算是“基础行为”与“执行行为”的分离,从而把后者认定为“行政强制执行”而不是“行政强制措施”?如果回答是肯定的,那么当“基础行为”与“执行行为”只相隔1分钟时是否也该肯定呢?也就是说,在“基础行为”与“执行行为”分离的条件下,我们还需进一步解决它们之间时间上的分界线。

在业已制定“行政强制执行法”的国家里,把“期待当事人的自我履行”奉为“行政强制执行法”的核心精神,任何行政强制执行都应当期待当事人的自我履行,“告诫”便成了“整个行政强制之核心”(Das Kernstück des ganzen Zwangsverfahrens)。[②] 所以,他们认为,如果客观情况允许强制机关期待当事人自我履行的,那就是行政强制执行,否则便属行政强制措施。

这一标准的提出,显然向寻找时间标准迈进了一步。但它遇到了两大困难,理论上不能自圆其说:其一,在不少行政强制措施中,强制机关在实施该行为时,虽没

① 这种观点在国际上已趋优势。

② 城仲模著:《行政法之基础理论》,台湾三民书局股份有限公司1994年版,第375页。

有基础行为，但有事先的命令式告诫，于是不管时间长短，存在期待当事人自我履行的时间。如警察在实施“驱散”行为之前，大多情况下作先行告诫，期待被驱人自我离开。其二，是否能期待当事人自我履行，主要表现为是否履行告诫义务。如果以此为标准，那么就会以强制机关的一个主观行为作为一种客观行为的“坐标”，主观上的随意性就会与客观上的必然性发生冲突。

（四）以基础行为是否生效为标准

这一标准换了一个“视角”。它从行政强制行为的法律效力而不是从行政强制行为的主观形式上寻找标准，从而避免了前一标准的缺陷。该观点认为，当“基础行为”与“执行行为”分离时，[①]还得视“基础行为”是否“生效”而定：如果“基础行为”已经“生效”，国家机关执行该生效的“基础行为”，那么该执行行为就是“行政强制执行”；相反，如果“基础行为”虽已作出，但尚未“生效”，国家机关执行该尚未“生效”的“基础行为”，那么，这种执行行为依然按“行政强制措施”对待。

这种标准虽在划定“行政强制措施”与“行政强制执行”之间“界河”时让“界河”更靠近了“行政强制执行”一点，但在大陆法系国家与地区，特别在德国，这已成了他们所公认的理论。他们认为，行政强制执行发动的前提，一般为被执行的“基础行为”已具“不可争议性”（Unanfechtbarkeit），或称“法律上之形式确定”（formelleRechtskraft）。[②]

我国《行政诉讼法》第66条规定：“公民、法人或者其他组织对具体行政行为在法定期间不提起诉讼又不履行的，行政机关可以申请人民法院强制执行，或者依法强制执行。”这说明，《行政诉讼法》在规定行政强制执行时，为行政强制执行设定了同样的“发动条件”，即“公民、法人或者其他组织对具体行政行为在法定期限内不提起诉讼又不履行”。换句话说，即作为“基础行为”的“具体行政行为”已经“生效”，而当事人又不履行，在这种前提下，行政强制执行才会发生。被执行的具体行政行为“已经生效”是行政强制执行发动的前提，这一意思又被1999年最高人民法院的一个司法解释所肯定并明示。[③]

可见，把被执行的具体行政行为（“基础行为”）“已经生效”作为行政强制执行的发动条件，这一点在境内外，无论理论上还是立法上都是相通的。这样，我们如果把所执行的具体行政行为“是否已经生效”作为“行政强制执行”与“行政强制

---

① 当“基础行为”与“执行行为”合一时，如前所说，肯定属于“行政强制措施”。

② 城仲模：“日本行政代执行法之研究”，载（行政法之基础理论），台湾三民书局股份有限公司1994年版，第365～366页。

③ 最高人民法院《关于执行〈中华人民共和国行政诉讼法〉若干问题的解释》（1999年11月24日经最高人民法院审判委员会第1088次会议讨论通过）第86条规定：行政机关根据行政诉讼法第66条申请人民法院强制执行的具体行政行为必须具备7种条件，其中之一是，该具体行政行为“已经生效”。

措施”的分界线也是可行的，特别是符合中国的实际的。

（五）如何理解基础行为已经“生效”

当接受把“基础行为”是否生效作为划分“行政强制措施”与“行政强制执行”的标准时，另一个问题又接踵而至：基础行为“生效”的标准是什么？

在德国，认为所谓基础行为的生效，就是指基础行为具有“不可撤销性”或称“不可争议性”（Unanfechtbarkeit），而根据德国1960年行政法院法（Verwaltungsgericht - VwGO）[①]第70条和第74条规定，“不可撤销性”取决于两种情况：一是超过法定的救济时间；[②]二是经有效判决维持。否则，无以发生“强制执行力”（Vollstreckbarkeit）。[③] 这种对基础行为“生效”的解释在德、奥、日等国很有代表性。

在中国，结合《行政诉讼法》第66条及最高人民法院对该条的司法解释，以及《行政诉讼法》第65条第1款、第2款的规定，[④]可以认为：具体行政行为（基础行为）的“生效”，是指行政相对人在法定救济时间内放弃救济权利或经人民法院判决维持原具体行政行为。若是这样，中国法律上、理论上的这一标准与德国完全吻合。

但是，最高人民法院的上述司法解释关于具体行政行为“已经生效”的含义是否就是如此呢？目前还令人担忧。因为，虽然最高人民法院的司法解释本身并没有对具体行政行为的“生效”标准作出解释，但最高人民法院行政审判庭对该司法解释的学理解释却对“生效”含义作了不适当的“扩张”，或者至少可以说是解释得不清楚。它把具体行政行为的“生效”标准与合法有效标准混为一谈，又在时间上

---

① 该法于1960年1月21日由联邦议会制定，同年4月1日生效。后经几次修订，最后一次修订于1997年12月22日。见联邦法律公报第3224页。

② 当事人申请复议的期限是从“得知具体行政行为后一个月之内”；当事人提起诉讼的期限是“具体行政行为宣布后一个月之内”，或复议申请被驳回后一个月之内。

③ ［德］哈特穆特·毛雷尔著：《行政法学总论》，高家伟译，法律出版社2000年版，第481页。

④ 《行政诉讼法》第65条第1款、第2款规定：“当事人必须履行人民法院发生法律效力的判决、裁定。公民、法人或者其他组织拒绝履行判决、裁定的，行政机关可以向第一审人民法院申请强制执行，或者依法强制执行。”

把“生效”看成行政管理实施程序的完结，而不是行政救济程序的完结。[①]

四

如果我们的观点成立，即认为具体行政行为的“生效”是指行政相对人在法定救济时间内放弃救济权利或经法律救济程序维持了原具体行政行为，那可能会引出另外两个理论难点：一是怎样解释“行政行为先定力”的传统理论？二是如何解决在“行政强制措施”与“行政强制执行”之间出现的“真空”？

大陆法系国家的行政法认为，行政行为与法院判决（终审判决除外）不同，它一经作出就具有法律效力，便可先行执行。这正是传统的行政行为效力理论的核心。如果按照上述“行政强制措施”与“行政强制执行”之间的划分标准，行政强制执行只有到基础行为已经生效时才能作出，这显然与大陆法系传统的行政行为效力理论相矛盾。

作者以为，这一理论已经过时，它是20世纪“第二次世界大战”前“行政命令权”与“行政执行权”合一时期的产物。“二战”以后，行政执行权从行政权中分离而出，这时的行政决定一经作出便可执行仅是一般的“例外”，大多行政行为都须经法律救济（如司法审查）以后方可执行。德国1960年《行政法院法》（VwGO）第80条的规定，[②]最为典型。它显然确立了“复议与诉讼中止行政行为执行”的原

① 最高人民法院行政审判庭在它编写的《〈关于执行《中华人民共和国行政诉讼法》若干问题的解释〉释义》，中国城市出版社2000年6月第1版，第185页。一书中释义道：“具体行政行为已经生效。主要有两个（此为笔误，应是‘三个’——引者）方面的含义：一是具体行政行为本身已经具备了发生法律效力的必要要件。二是具备对具体行政行为发生法律效力具有决定意义的其他要件。《行政处罚法》第3条第2款规定：没有法律依据或者不遵守法定程序的，行政处罚无效。可见，生效的具体行政行为应当是具有法律依据、依照法定程序作出的具体行政行为。三是生效具体行政行为还应包括行政主体资格合法、依法已穷尽了行政程序，并已依法送达当事人等。只有这些要件同时具备，方可以成为生效的具体行政行为。所谓依法穷尽行政程序，主要是指具体行政行为依法应当履行的审批程序已经履行完毕，当事人依法申请行政救济的程序业已完结等。”甘文著：《行政诉讼法司法解释之评论》，中国法制出版社2000年版，第213页。一书也有类似解释：“被申请执行的具体行政行为应当已经生效并具有可执行的内容。例如，需要经过上级行政机关批准方可生效的行为，未经批准即被申请强制执行，法院不应受理。”

② 该条规定：“[复议和撤销之诉的延缓效力]（一）复议和撤销之诉具有延缓效力。作出构架性和确认性具体行政行为及具有双重效力的具体行政行为时，亦从上规定。（二）只有在下列情形中才不具备延缓效力：1. 要求缴纳公共税负和费用的；2. 执行警员执行不可延缓的命令和措施的；3. 其他联邦法或州法规定的情形，特别是第三人对有关投资和创造劳动岗位的具体行政行为提起复议和诉讼的；4. 出于公共利益或诉讼参与人重要利益的考虑，作出具体行政行为的行政机关或对复议进行决定的行政机关特别指令需立即执行的。各州可规定，如法律救济涉及联邦法规定的由州负责的行政执行措施，则它们不具备延缓效……”

则。在中国,虽然《行政复议法》第21条①和《行政诉讼法》第44条②都明文确立了"诉讼不停止具体行政行为执行"的原则,但在实践当中,大多操作情况相反,一经相对人申请复议或提起行政诉讼,作为被告的行政机关往往停止了原具体行政行为的执行,只有在法律明文规定先行执行或在紧急状态下,才先予执行。造成这种现状的原因很简单,行政机关有理由避免因自己的具体行政行为被法律救济机关撤销以后承担赔偿责任。另外,请注意到,最高人民法院已通过司法解释③对上述"复议、诉讼不停止具体行政行为的执行"原则作了种种"微调"。无论是最高人民法院1991年的司法解释④,还是现行1999年的司法解释⑤,都表明了最高人民法院已倾向于:当具体行政行为已被申请行政复议或提起行政诉讼时,具体行政行为原则上应该停止执行。

也就是说,正因为传统的行政行为效力理论已受到新兴立法及新兴理论的冲击,我们已没有必要担心上述关于"行政强制措施"与"行政强制执行"划分标准与其的矛盾了。

另外一个问题是:当基础行为与执行行为合一时,该行为属于"行政强制措施";当基础行为与执行行为分离,并且基础行为已经生效的条件下,该执行行为才属于"行政强制执行"。当我们这样定位时,又会发现,在"行政强制措施"与"行政强制执行"两端之间,出现了一段"真空",即在基础行为与执行行为分离前提下,并且基础行为尚未生效,而国家强制机关执行了尚未生效的基础行为,这时的

① 该条规定:"行政复议期间具体行政行为不停止执行;但是,有下列情形之一的,可以停止执行:(一)被申请人认为需要停止执行的;(二)行政复议机关认为需要停止执行的;(三)申请人申请停止执行,行政复议机关认为其要求合理,决定停止执行的;(四)法律规定停止执行的。"

② 该条规定:"诉讼期间,不停止具体行政行为的执行。但有下列情形之一的,停止具体行政行为的执行:(一)被告认为需要停止执行的;(二)原告申请停止执行,人民法院认为该具体行政行为的执行会造成难以弥补的损失,并且停止执行不损害社会公共利益,裁定停止执行的;(三)法律、法规规定停止执行的。"

③ 它是否越权,这里可以暂且不论。

④ 最高人民法院《关于贯彻执行〈中华人民共和国行政诉讼法〉若干问题的意见(试行)》(1991年5月29日最高人民法院审判委员会第499次会议讨论通过)第57条规定:"在诉讼过程中,行政机关申请人民法院强制执行被诉具体行政行为的,人民法院不予执行。在必要时,人民法院可以采取财产保全措施。"

⑤ 最高人民法院《关于执行〈中华人民共和国行政诉讼法〉若干问题的解释》(1999年)第94条规定:"在诉讼过程中,被告或者具体行政行为确定的权利人申请人民法院强制执行被诉具体行政行为,人民法院不予执行,但不及时执行可能给国家利益、公共利益或者他人合法权益造成不可弥补的损失的,人民法院可以先予执行。后者申请强制执行的,应当提供相应的财产担保。"

执行行为属于什么呢？如按《中华人民共和国税收征收管理法》[1]第27条所规定的强制执行，[2]它因基础行为与执行行为的分离[3]而不属于行政强制措施，又因执行行为不以基础行为生效为前提[4]而不属行政强制执行。

这就到了应当研讨“先行执行”定位问题的时候了。这种介于行政强制措施与行政强制执行之间的强制行为就是“先行执行”行为，它以基础行为作出以后但尚未最终生效（即不是在法定救济期限内放弃救济权利，或经法律救济维持了基础行为）之前便实施强制执行为特征。这种“先行执行”行为，无论在外国还是中国，不管是坚持法律救济不停止原行政行为执行的国家（如法国），还是相反（如德国），都广泛地存在着。[5]

日本1962年行政不服审查法[6]和行政案件诉讼法[7]分别创立了作为对“行政处分”[8]进行行政救济的“行政不服审查制度”和作为对行政行为进行司法救济的“行政诉讼制度”。这两项制度都奉行“行政审查与行政诉讼不停止原行政处分的执行，但在法定的理由成立时，可以停止原行政处分的执行”之原则。[9] 这种做法与中国非常接近。

---

① 1992年9月4日第七届全国人民代表大会常务委员会第27次会议通过，根据1995年2月28日第八届全国人民代表大会常务委员会第12次会议《关于修改〈中华人民共和国税收征收管理法〉的决定》修正。

② 该条规定：“从事生产、经营的纳税人、扣缴义务人未按规定的期限缴纳或者解缴税款，纳税担保人未按照规定的期限缴纳所担保的税款，由税务机关责令限期交纳，逾期仍未交纳的，经县以上税务局（分局）局长批准，税务机关可以采取下列强制执行措施：（一）书面通知其开户银行或者其他金融机关从其存款中扣缴税款；（二）扣押、查封、拍卖其价值相当于应交纳税款的商品、货物或其他财产，以拍卖所得抵缴税款。税务机关采取强制执行措施时，对前款所列纳税人、扣缴义务人、纳税担保人未缴纳的滞纳金同时强制执行。”

③ 这里的“基础行为”就是税务机关“责令限期交纳”，“执行行为”则是税务机关由于纳税人、扣缴义务人、纳税担保人逾期不履行交纳义务而实施的“强制执行措施”。

④ 这一法律条款只把相对人逾期不履行交纳义务作为执行的前提，而没有把由《行政诉讼法》第66条所规定的“既不起诉又不履行”（即基础行为的生效）作为执行的前提。

⑤ 参见法国波尔多孟德斯鸠大学校长高德松（Gaudusson）教授：《法国行政法和其政府的行政强制权》，在2000年12月6~7日的“行政强制的理论与实践国际研讨会”上的发言及会议论文；王名扬著：《法国行政法》，中国政法大学出版社1989年版，第166~171页；德国奉行的原则与法国不同，当事人申请法律救济时，原则上要停止行政行为的执行，只有在个别情况下才能先行执行，参见德国1960年《行政法院法》第80条。

⑥ 该法于昭和37年即1962年9月15日，以法律第160号公布施行。

⑦ 该法于昭和37年即1962年9月15日，以法律第139号公布施行。

⑧ 日本行政法律和行政法学上所提“行政处分”接近我国行政法律与行政法学上所提的“具体行政行为”。当然严格地说，日本的“行政处分”比中国的“具体行政行为”范围略小一些，至少前者限指单方行为。

⑨ 这一原则分别由日本的《行政不服审查法》第34条与《行政案件诉讼法》第25条确立。

中国台湾地区的行政诉愿制度与行政诉讼制度确立了与日本一样的原则。①

中国先行执行现象的大量存在,不仅来自于行政机关对待法律救济的态度,而且来自法律、法规的明文规定。②

我们在这里需要回答的是:这种"先行执行"行为,是属于"行政强制执行"的一部分,还是"行政强制措施"的一部分?或是它们以外的"第三种强制行为"?在回答这个问题之前,我们需注意到它的两个显著特征:

第一,先行执行行为具有"执行性"。它须以被执行决定(基础行为)的先行存在为前提,从而又须以基础行为与执行行为相分离为条件。先行执行依然是对基础行为的执行。如果基础行为与执行行为合一,那便是行政强制措施行为而不是先行执行行为了。这正是先行执行行为与行政强制措施之间的主要区别。

第二,先行执行行为具有"先行性"。它是相对于事后执行而言。从一定意义上说,行政强制执行有事先执行和事后执行而分。虽然世界上不少国家与中国一样,法律救济(行政复议或行政诉讼)不停止原具体行政行为的执行,但如前所言,只要一种业已作出的具体行政行为已因公民的异议而进入法律救济程序,原则上要停止原具体行政行为的执行。在这样的原则下,先行执行仅是特殊情况下发生的一种例外。换句话说:先行行执行奉行"以事后执行为原则,先行执行为例外"之原则。显然,如果万事均应事先执行,那么"先行执行"提法便是多此之举。

据此可以推论,"先行执行"并不是置于"行政强制措施"与"行政强制执行"之外的第三种行政强制行为,而仅仅是行政强制执行的一种"例外"而已;它的存在不影响上述关于"行政强制措施"与"行政强制执行"划分标准的成立。

---

① 中国台湾1998年修订的"诉愿法"第93条规定:"原行政处分之执行,除法律另有规定外,不因提起诉愿而停止。原行政处分之合法性显有疑义者,或原行政处分之执行将发生难以回复之损害,且有急迫情事,并非为维护重大公共利益所必要者,受理诉愿机关或原行政处分机关得依职权或依申请,就原行政处分之全部或一部,停止执行。前项情形,行政法院亦得依申请,停止执行。"1975年修订的"行政诉讼法"第12条也规定:"原处分或决定之执行,除法律另有规定外,不因提起行政诉讼而停止。但行政法院或为处分或决定之机关,得依职权或依原告之请求停止之。"

② 《海上交通安全法》(1983年)第40条;《兵役法》(1984年)第61条;《外商投资企业和外国企业所得税法》(1991年)第40条;《电力法》(1995年)第61条;《防洪法》(1997年)第42条、46条、58条;《消防法》(1998年)第48条;《征收排污费暂行办法》(1982年)第7条;《金银管理条例》(1983年)第31条;《进出口关税条例》(1995年)第32条;《耕地占用税暂行条例》(1987年)第10条;《海关法行政处罚实施细则》(1987年)第22条;《道路交通管理条例》(1988年)第87条;《土地管理法实施条例》(1991年)第35条;《城市市容和环境卫生管理条例》(1992年)第37条;《外汇管理条例》(1996年)第39条;等等。

五

关于“行政强制措施”与“行政强制执行”之间的划分标准,现在可以作一小结了。“行政强制措施”与“行政强制执行”之间的划分标准,首先在于看“基础行为”与“执行行为”是合一的,还是分离的:如果“行政强制措施”与“行政强制执行”是合一而无法分开的,该行为就是“行政强制措施”;相反,如果“基础行为”与“执行行为”是分离的,那么,该执行行为就是“行政强制执行”。① 其次,当“基础行为”与“执行行为”分离时,还得视该“基础行为”是否已经“生效”:如果所执行的“基础行为”已经“生效”,对它的执行,就是典型的“行政强制执行”;如果所执行的“基础行为”尚未“生效”,对它的执行便是“先行执行”。“先行执行”是“行政强制执行”的一种例外。它与“行政强制措施”比较,在于在它身上,“基础行为”与“执行行为”已经分离,而前者是合一的;与“行政强制执行”比较,它所执行的“基础行为”尚未“生效”,而前者以“基础行为”的“生效”为特征。由于“先行执行”只是“行政强制执行”的一种例外,所以从广义上讲,它便是“行政强制执行”的一部分。

划分“行政强制措施”与“行政强制执行”的法律意义,主要在于法律救济上的区别。在“行政强制措施”中,由于“基础行为”与“执行行为”合一,那么,“基础行为”与“执行行为”当然是作为一个整体适用行政复议与行政诉讼救济,而且复议机关与司法机关在行政审查与司法审查中,当然也得整体审查。而在“行政强制执行”中,由于“基础行为”与“执行行为”分离,而且“基础行为”已经发生法律效力,那么当事人自然只能针对“执行行为”申请法律救济,法律救济机关也只能审查“执行行为”而不是“基础行为”。

划分“执行行为”与狭义的“行政强制执行”的法律意义在于,虽然由于“先行执行”依然属于“行政强制执行”的范畴,法律救济上依然适用与“行政强制执行”相同的程序与标准,但法律将为,也必须为“先行执行”的实施设置比一般“行政强制执行”更严格的条件,如若不先行执行会给国家管理秩序造成无法挽回的损害。

(2002年第6期)

---

① 如《海上交通安全法》(1983年)第40条;《兵役法》(1984年)第61条;《外商投资企业和外国企业所得税法》(1991年)第40条;《电力法》(1995年)第61条;《防洪法》(1997年)第42条、46条、58条;《消防法》(1998年)第48条;《征收排污费暂行办法》(1982年)第7条;《金银管理条例》(1983年)第31条;《进出口关税条例》(1995年)第32条;《耕地占用税暂行条例》(1987年)第10条;《海关法行政处罚实施细则》(1987年)第22条;《道路交通管理条例》(1988年)第87条;《土地管理法实施条例》(1991年)第35条;《城市市容和环境卫生管理条例》(1992年)第37条;《外汇管理条例》(1996年)第39条;等等。

行政法的核心与理论模式

罗豪才*

行政法的核心是什么？对这个问题可能有不同的回答，也可能有不同的理论模式和研究方法。传统的行政法学都以行政权为核心来构建理论体系。“二战”前的大陆法系国家如德国、日本以及旧中国等，行政法学的核心概念就是行政权。这集中表现在行政法学理论体系的架构上。传统行政法学主要由3部分内容构成：一是行政组织法。行政组织、行政机关、行政主体，这3个概念的含义存在差别，运行机能也不尽相同，不是同等概念，但都与行政权有关，都是作为行政权的载体存在的。二是行政作用法或行政行为法，是有关行政权运作的表现形式和具体内容的法律。三是行政救济法。行政机关要为其权力的行使承担责任，给受损害的公民提供赔偿。总的说来，在历史上大陆行政法系国家强调以行政法为工具来保障行政权有效地行使，强调行政效率、公共利益等。

英美传统行政法理论体系由委任立法、行政程序和司法审查3部分内容构成。这3个部分内容体现的中心原则是以权力制约权力。委任立法是通过立法权对行政权进行制约，行政程序是事中控制行政权，司法审查是司法权对行政权进行制约。可以看出，这种理论体系还是以行政权为核心来构建，强调控权，不重视相对方应有的地位。

改革开放初期，由于当时行政法学还处于起步阶段，又急于回应社会实践的需求，便大量地从日本和我国台湾地区的教材中“移植”其概念、原则甚至理论框架。20世纪80年代中期以后，为制定行政诉讼法作理论准备，我国行政法学界曾围绕行政法与行政权的关系、行政法的性质和功能、行政法的基本原则等问题，展开一场关于行政法要“控权”、“保权”还是“既要保权又要控权”的争论。我国1989年制定的《行政诉讼法》规定了“保护公民、法人和其他组织的合法权益，维护和监督行政机关依法行使职权”的立法宗旨，与这一阶段理论争论有密切的关联。

随着我国《行政诉讼法》的制定与实施，我国行政法学界对实践的发展作了比较深入的总结。人们逐步认识到，虽然以行政权为核心构建行政诉讼制度、强调维护和监督行政权，有其一定的合理性。但从整个行政法制、行政法学理论体系来看，其视角比较狭窄，思路比较短浅，形而上学的片面性比较突出，缺陷很多，难以

* 作者单位：北京大学法学院。

揭示行政法内在质的规定性和发展的预期,不能适应时代发展的要求。事实上,“二战”后,特别是自20世纪80年代以来,无论是日本、美国还是欧洲,其行政法理论也不完全拘泥于传统的理论,也在不断探讨。① 这些都促使我们重新考虑行政法的核心问题。

当前,理论界已就行政法的核心问题达成了一定的共识,即应以行政权与公民权的关系为核心来重构行政法的理论体系。行政权不是一个孤立的概念,它只有同相关的概念结成一定关系,才有其实质意义。在行政法上,行政权与公民权是一对相互关联的范畴。行政法学归根到底也是权利义务之学。但是即便承认行政权与公民权的关系是行政法的核心,也不等于只有一种理论模式。对行政权力和公民权利相互关系的认知和定位的不同,以及价值取向、目标的差别,会形成不同的理论模式。

第一种理论认为行政主体和公民的关系是一种“支配——服从的关系”,把公民置于被管理、被支配的地位,主张二者法律地位不平等,强调维护行政特权。以这样的原则来构建的行政法理论体系,我们称为“管理理论”。

第二种理论强调控制行政权、保护公民权利,主张通过立法、行政程序和司法审查来控制行政权,认为只有行政权受到严格控制,公民权利才有保障。其最大特点是突出监督行政的关系,我们称为“控权理论”。第一种理论曾流行于德、日等大陆法系国家和实行计划经济体制的国家,如苏联等;第二种理论主要流行于英美等普通法系国家。应该说,近几十年来,德、日以及普通法系国家的行政法学已有长足的进步,无论在体系、方法、原则、规范,还是行政法的适用范围等方面都有所创新,值得我们高度重视并加以借鉴,但也应当看到,他们的行政法理论模式没有根本性的改变。

第三种就是我们所倡导的现代行政法的平衡理论。我们认为,行政法关系的各方主体都是能动的、扩张的,又有两重性。双方既对立又合作,是行政法制发展的根本原因。行政法对双方主体既要加以制约,又要加以激励。当然在中国现有的法治条件下,我们应该重点强调制约行政权。行政主体应维护和增进相对方的合法权益,行政相对方要理解和支持行政主体的执法行为,特别是要通过互动的参与机制形成和谐、合作的行政关系格局。我们的理论框架正是建立在此基础上。因此,以行政权与公民权的关系为核心构建行政法理论体系,至少有3种模式。这

① [英]Carol Harlow,Richard Rawlings,在 *Law and Administration*(《法律与行政》)一书中关于行政法的“红灯理论”和“绿灯理论”的论述;[日]和田英夫著:《现代行政法》,中国广播电视出版社1993年版,第12页。一书中关于“对以公共权力为中心的行政法体系一直在传统的行政法中占主导地位,现在人们对此提出了疑问和批评,不断主张建立新的方法”的论述。

些模式在价值取向、目标、规范体系、制度体系的设定，以及行政法治原则的适用范围和要求等方面都存在差别。①

在行政法学的研究中，是否还存在别的研究视角？是否还有别的研究范式，或者别的理论模式？回答是肯定的。行政法现象纷繁复杂，并在发展之中，人们的认识不断深化，行政法的研究方法也呈现多样化，理论模式绝不会是单一的。何种理论模式更具合理性，有待时间的考验。我们认为，行政法的平衡理论作为一种理论模式，有如下独特的创见和价值。

（一）平衡理论为建立行政主体与相对方的良性互动平台提供理论支持

行政领域十分广泛，具体关系多种多样，非常复杂。但随着现代行政的发展，以"命令—服从"为特征的强制性行政行为的范围将日益缩小，而以协商、引导等方式实施的行政指导、行政合同行为将大量增加。激励性规则的引进，将极大地改善行政主体与相对方之间良性互动的关系。平衡理论认为，要构筑行政主体与相对方良性互动的平台，必须保证行政法关系主体之间平等的法律地位。从我国宪法上看，这个问题早已明确。但仍有不少人认为，"行政法是以公共利益为本位的公法"，"主体地位不平等是行政法的本质特征"。我们认为，主体地位平等是现代行政法治的重要标志，就我国当前转型的社会形态而言，第一，要逐步提升相对方的法律地位，使其成为独立的主体；第二，要调整行政主体的职能，改革行政权力的运作方式；第三，要加强社会组织建设，增强其公共治理能力；第四，要尽量发挥其他国家机关的制约作用，保证行政机关和相对方权利义务处于动态平衡。

（二）平衡理论为调整行政法权利（权力）结构机制的构建提供理论指导

在行政法实践中，由于受各种因素的影响，行政主体和公民之间的权利义务关系总是处于不断变化之中，作为最优化的平衡状态是相对的，不平衡状态则是绝对的。平衡理论不仅在行政法学研究方法和理论体系上有所创新，同时非常注重对行政法制度的研究。主张构建调整权利结构的机制，明确评价权利结构平衡与失衡状态的标准，并通过相应的手段对影响权利结构平衡的各种因素进行有效的调整，以维护和实现相对平衡的状态。

平衡理论认为，有效的机制是发展和维持一种良好行政法制度的重要保障。如果没有良好的机制调整行政权力与公民权利的结构，一个完美的制度设计就无法在运作中发挥现实作用。因此，行政法学不但要对制度本身进行研究，还要研究相应的机制，通过机制的有效运作，实现公民权利和行政权力的平衡。

① 关于行政法的三种理论模式，即"管理理论"、"控权理论"和"平衡理论"产生的时代背景、历史过程以及它们之间的相异之处，我曾在一些论著中论及，也有其他同志的相关论著可以参考。参见罗豪才著：《现代行政法的平衡理论》，北京大学出版社 1997 年版。

在行政法机制的构建上，应当特别注重对激励机制的研究。建立激励机制是现代行政法制建设的一个重要任务，这是由现代市场经济、现代行政以及民主政治的发展趋势所决定的。而这些机制的构建与权力的配置、行政程序的设置以及司法审查的范围和标准有着密切的联系。

（三）平衡理论揭示了行政法特有的不对等关系

平衡理论揭示了行政法关系的本质特征，认为每一个具体关系都是不对等的。一般情况下，在实体行政法律关系中，行政主体和相对方形成行政机关为优势主体、相对方为弱势主体的不对等关系；在程序法律关系和司法审查关系中，则形成另一种反向的不对等关系。① 不对等关系是行政法关系不同于私法领域的其他法律关系的最重要特征。在行政法关系中，一定的不对等关系的存在是必要的，但不等于所有的不对等关系都是必要的和合理的，也不等于不同性质的不对等关系必然形成平衡的行政法关系。

平衡理论对行政法中不对等关系的揭示，有助于行政法在权利义务配置的合理化方面取得突破。我们在研究特定行政法律关系中的不对等关系的形成过程的同时，要研究正向不对等关系的必要性、行政指导和行政合同等非强制行政行为过程中形成的不对等关系的特征和行政程序、司法审查中的反向不对等关系等相关问题。

另外，我们还需要进一步研究具体的行政法律关系中不对等程度的区别，具体法律关系的不对等与行政法关系平衡之间的内在联系及其与行政程序和诉讼程序制度构建之间关系。把不对等关系问题的研究与行政管理、行政程序和司法审查的具体制度安排相结合，改善公民权利和行政权力的结构。

（四）平衡理论揭示了行政程序的性质

行政程序制度的建构对于建立和维持公民权利和行政权力的平衡具有不可替代的重要作用，而对行政程序性质的研究和探索至关重要。行政程序规范对于行政机关而言既可以是权利性规范也可以是义务性规范。不同学派持不同的主张，集中体现了不同的程序性价值取向。平衡理论把行政程序界定为行政行为的时间和空间的表现形式，并根据双方的情势，认为行政程序法应重点制约行政主体的行为，应为其设定更多的义务性规范。但不同的行政行为其适用的程序的性质应有所不同，行政相对方亦应遵守必要的义务性规范。

平衡理论认为，义务性的行政程序规范，其制度的设计应当充分考虑行政行为对相对方权利的影响程度，不应是越复杂越好，越严格越好，而是要根据行政行为

① 罗豪才、袁曙宏："现代行政法的理论基石"，载《中国法学》1993 年第 1 期；罗豪才、甘文："行政法的'平衡'和'平衡理论'范畴"，载《中国法学》1996 年第 4 期。

的不同,作出不同的安排。对于严重影响相对方权利的行政行为,如行政处罚、行政强制措施、行政许可等,应当设置严格的行政程序,以规范行政行为,防止行政权力滥用;对于不会严重影响或者不会直接影响相对方权利的行政行为,如行政指导行为、行政合同行为、行政建议行为等,应当设置相对宽松的行政程序,要给行政机关积极行政、充分行使行政自由裁量权留有余地。

(五)平衡理论有利于行政法方法的创新和引进

促使行政主体和相对方进行良性互动、进而调整权利结构的方法是多种多样的,平衡理论主张运用各种有效方法实现权利义务的均衡化。这有利于方法论的创新和引进。除了传统的历史、比较、逻辑等方法外,平衡理论更多地运用博弈和利益衡量的方法,研究行政法的制度、机制和规范。

在某种程度上讲,行政立法是一个通过博弈的方法使各方达成共识或达成一定的共识,并通过一定的程序上升为法律和政策的过程;行政管理是行政机关和相对方在既有的规则(法律规范和行政政策)的框架内的博弈过程。平衡理论为引进博弈方法研究行政法问题提供理论上的可能,而博弈方法有助于分析和解决行政机关和相对方的动态矛盾,为制度的设计和机制的构建提供实证依据。博弈方法的引进,有利于促进作为博弈规则的法律规范和行政政策公平、公开,并有利于优质的行政对策的产生和行政管理质量的提高,对于揭示行政法的价值取向也有重要意义。

由于公共利益和私人利益在司法审查案件中有着充分的体现,利益平衡已经是一个不可忽视的司法方法。平衡范畴不仅体现行政权力和公民权利的状态,同时也体现一种方法。在司法过程中,利益衡量是法官审视行政法主体之间博弈是否符合原则和规则的重要方法,同时,利益衡量也是在司法解释和司法裁判的过程中促使利益最大化的重要方法。这种方法正在司法审查的各个领域受到重视并得到不断运用。

(六)平衡理论揭示了行政法的功能

关于行政法的功能问题,理论界历来争议很大。我们可以换一个思路,从平面思维转换到立体思维,可以认识到行政法应当为行政主体和相对方良性互动构建一个平台。在这个平台上,其一,行政法为行政机关和相对方提供一定的程序和机制,使各方有可能充分表达自己的利益主张。① 这种利益主张的表达可以在某种程度上体现为一个政治过程,但更多的应当体现为一个行政过程,这就要求行政程序的公平、公开和公正。其二,行政法还应当为行政机关和相对方合理的利益主张的实现提供渠道和保障。其三,就是权利补救的问题,即当相对方的权利受到侵犯时,提供后续的制度和机制作为补救的保证。此外,行政法不但应当具有为行政法主体利益主张得到代表并得以实现的功能,还应当具有保护行政法主体利益协调发展的功能。行政法的功能不应当简单地界定为维护公共利益或者保护公民权利,我们需要通过对行政过程的研究,揭示现代行政法的最高功能,并为行政法制建设提供理论支持。

尽管平衡理论提出了自己的创见,并在一定程度上推动了行政法基础理论的发展,但目前还存在一些有待于进一步深入研究的问题。今后,我们应当进一步加强对行政相对方行为、非强制性行政行为、市场机制与政府机制的关系等问题的研究。平衡理论是一种开放式的理论,自身也正在不断地完善。理论模式的变化,会引起行政法概念、原则、制度等方面的变化,也会引起行政法的价值取向和目标的变化。因此,我们必须深入研究,整体把握。行政法基础理论的研究,必须理论联系实际,坚持以邓小平理论和"三个代表"重要思想为指导,实事求是,与时俱进,不断开拓进取。

(2002 年第 8 期)

① 美国学者理查德·B. 斯图尔特认为,"历史上,行政法的根本前提始终是限制政府权力以保护私人自治权",然而,由于积极行政的出现,公民的参与,"私人行为和政府活动截然两分的领域已经融合在一起"。这个设想就不再是一个适当的模式了,外部对政府控制的原则已"无济于事了"。他更认为,"一个日益增长的趋势是,行政法的功能不再是保障私人自主权,而是代之以提供一个政治过程,从而确保在行政程序中广大受影响的利益得到公平的代表"。参见[美]理查德·B. 斯图尔特:《美国行政法的重构》,沈岿译,商务印书馆 2002 年版,第 196~197 页。

2003 年

在"十六大"精神指引下谱写宪政新篇章

李步云[*]　柳志伟[**]

中国共产党作为执政党,它的"十六大"报告无疑会对中国今后一个时期的社会生活产生广泛而深刻的影响。本文试图对这一报告中的若干新的重要观点和政策可能对未来中国宪政(其基本要素是民主、法治、人权)发展的促进作用,谈一些看法。

一、关于求实创新的思想路线

邓小平理论在思想路线上的基本点是"解放思想、实事求是"。"十六大"报告的新贡献,主要是:"与时俱进、开拓创新"。报告说,"我们一定要适应实践的发展,以实践来检验一切。自觉地把思想认识从那些不合时宜的观念、做法和体制的束缚中解放出来,从对马克思列宁主义的错误和教条式的理解中解放出来,从主观主义和形而上学的桎梏中解放出来。"报告在谈道"不断开拓促进先进生产力和先进文化的发展"时指出:"发展必须坚持和深化改革。一切妨碍发展的思想观念都要坚决冲破,一切束缚发展的做法和规定都要坚决改变,一切影响发展的体制弊端都要坚决革除。"我国的宪政建设也应当贯彻这一精神。同经济文化建设相比,发展民主,健全法治,保障人权,要贯彻求实创新的思想路线与方法,所遇阻力和困难会更大,但舍此别无他途。一部中外法学发展史证明,任何一种先进的思想理论的出现,固然有其时代的背景和需要,但与思想家们进步的哲学观念分不开。新中国成立以来,法学界曾深受教条主义之害。党的十一届三中全会后,情况有了根本性改变。但直到今天,研究方法上的土教条、洋教条、老教条、新教条,还时有所见。对马克思列宁主义作僵化的理解,认为领袖人物说的话句句是真理,是土教条。对西方一些学者的观点不加分析,顶礼膜拜;或喜欢把自己说不清,别人也看不懂的某些词汇当做新概念、新理论,是洋教条。当然,正确的思想路线的贯彻执行,同时也要求民主、法治与人权的进步与发展。在这方面,不搞个人迷信,个人崇拜;实行"法不禁止即自由"和"真理面前人人平等"的原则,充分保障公民的科学研究自由

---

* 作者单位:湖南大学法学院。

** 作者单位:湖南大学法学院。

与言论、新闻、出版自由,是极为重要的。我们既要尊重并坚持人类所共同发现与创造,并经实践反复证明是正确和进步的、符合人类理性和基本价值的概念、理论、原理和原则,又要将它们与中国的现实生活与社会条件、同13亿人的思想实际与工作实践相结合,寻求其实现的形式与途径;同时还要从中国的实践中发现新规律,创造新经验,形成新理论,为人类共同创造与拥有的思想宝库作出自己的贡献。"十六大"报告通篇贯穿着求实创新的指导思想,将对中国宪政领域的观念更新和制度变革,产生重要影响。

二、关于全面建设小康社会的奋斗目标

确立全面建设小康社会的奋斗目标是"十六大"报告的一大亮点,是统领全局的一个概念和战略决策。今后,它对动员与组织全党和全国人民为实现这一奋斗目标而努力,将起很大作用。这一奋斗目标的提出,有两个基本精神:一是报告所说,"全面建设小康社会,最根本的是坚持以经济建设为中心,不断解放和发展社会生产力"。二是"全面建设小康社会的目标,是中国特色社会主义经济、政治、文化全面的发展"。这两条对中国未来宪政的发展都会产生积极影响。首先,社会生产力的发展是人类社会发展的最终决定力量。恩格斯曾说,马克思一生有两大贡献,其中一个就是发现与创立了唯物史观。因为"人首先要吃饭穿衣,然后才能去从事政治文化生活"。物质生活水平的提高是人类生活的第一需要,生存权是首要人权;而经济的发展又是政治文化发展的基础,是民主与法治赖以建立与完善的社会条件。从长远的观点看问题,坚持以经济建设为中心,不断解放和发展生产力,将为我国宪政的不断进步和最终实现,提供强大的推动力量。其次,将"社会主义民主更加完善,社会主义法制更加完备,依法治国方略得到全面落实,人民的政治、经济和文化权益得到切实尊重和保障。……"作为全面建设小康社会的重要内容,其理论与实践意义在于,它明确昭示,以高度民主作为基础,以人权的彻底实现为目的,以一系列法治法则为主要内容的法治国家的建设是一个过程,它不是我国现实生活中已经存在的,而是需要我们通过努力奋斗去争取和实现的目标。对我国现在的民主、法治、人权的发展水平评价过高,是丝毫没有好处的。同时,它也从一个角度清楚表明,民主与法制不单纯只是手段,它们同时也是目的,是我们需要为之努力争取的一种人们过幸福生活的一个方面的重要内容。这对那些坚持认为民主与法制仅仅只是手段的观点,无疑是一种否定。

三、关于"政治文明"的科学概念

"十六大"报告还指出:"发展社会主义民主政治,建设社会主义政治文明,是全面建设小康社会的重要目标。""全面建设小康社会,开创中国特色社会主义事业新局面,就是要在中国共产党的领导下,发展社会主义市场经济、社会主义民主政治和社会主义先进文化,不断促进社会主义物质文明、政治文明和精神文明的协调发展,推进中华民族的伟大复兴。"政治文明是在这次报告中提出的一个新概念。这一新概念的提出,有一个发展过程。在很长一个时期里,人们都把民主与法制看做精神文明的一个组成部分。1994年,党的十四届六中全会通过的关于精神文明建设的决定,开始有了改变。这一决定说:所谓精神文明主要是指:"思想道德建设和教育科学文化建设。"它暗含有这样的意思:民主思想和法制观念是属于精神文明的范畴,但民主制度和法律制度这些不是存在于人们头脑中的东西,就另当别论了。1996年前后,一些学者在给中央领导机构讲法制课的时候,已经提出了包括民主与法制在内的"制度文明"的概念,而同物质文明和精神文明并列。[①]同时,一些学者和中央有的领导人已经将依法治国提高到"人类社会文明的重要标志"来认识。[②] 党的"十五大"报告在谈到三大任务时提出:社会主义经济相当于物质文明,社会主义文化相当于精神文明,它没有说社会主义政治是属于什么文明,但已将它排除在精神文明的范畴之外。这次"十六大"提出"政治文明"是党在思想理论上的一个重要发展。广义上的政治文明包括民主、法治、人权在内。民主是相对专制而言。专制政治奉行"主权在君"、"朕即国家"的原则,国家大事一个人说了算。人民群众都被当做工具使用,老百姓不敢对独裁者说个不字,这当然是不文明的。民主政治奉行"主权在民"原则,人民是国家的主人,政府是人民的公仆,国家的一切活动以保障人民过幸福生活为依据,当然是文明的。法治的对立物是人治。国家的治理,全靠一两个人依照他个人的道德观念、政治判断、注意力以致情感、好恶、私利来决定,自然是不文明的。国家完全依照一整套集中多数人的智慧、体现广大人民的利益,符合事物规律、反映时代精神的明确、具体、公布周知且上下一体遵行的法律、法规来治理,当然是文明

---

① 李步云:"依法治国,建设社会主义法治国家",载《中共中央法制讲座汇编》,法律出版社1998年版,第142页。

② 李步云:"依法治国的理论根据和重要意义",载《走向法治》,湖南人民出版社1998年版,第144页。又见江泽民讲话:"依法治国是社会进步、社会文明的一个重要标志",载《人民日报》1996年2月9日。

的。人权是相对于王权、特权和人民无权而言。人民的政治、经济和文化权益是否能得到切实尊重和保障，无疑也是判断一个社会是否文明的根本性标志。党的“十六大”报告提出“政治文明”这一新概念具有以下重要意义：一是有利于改变不少人把民主、法制仅仅看做手段的错误观念，而将其视为社会有无文明或文明程度高低的重要标志，因而它们不仅是发展经济与文化的手段，而且首先是目的，是人们享受幸福生活必不可少的重要内容。二是将民主与法制从精神文明的范畴与概念中分离出来，成为同物质文明与精神文明并列的独立的文明形态，有利于提高民主与法制的价值和地位。

四、关于尊重和保障人权

虽然不少人都说“人权是资产阶级口号”的时期已成过去，“保障人权是社会主义应有之义”的观念已开始深入人心，但是，现今许多政府官员对“人权”两字仍然感到十分陌生和敏感；某些地区和部门在宣传上和行动上仍然存在讳莫如深，甚至谈虎色变的情况。继党的“十五大”报告之后，“十六大”报告又一次明确宣示要“尊重和保障人权”，不能不具有重要意义。实际上，这次的报告在人权保障问题上还是有重大进展，主要是提出了许多新思想、新举措。其一就是要切实保障公民的知情权。例如，提出要“认真推行政务公开制度”，要推行电子政务，行政管理要“公正透明”；在干部人事制度改革中，要“扩大党员和群众对干部选拔任用的知情权、参与权、选择权和监督权”。其二是改革和完善决策机制。要“建立与群众利益密切相关的重大事项社会公示制度和社会听证制度，完善专家咨询制度”；在谈到扩大基层民主时，强调要“完善公开办事制度”；等等。这些政策和举措，势必为现在正在逐步推行的政务公开、审判公开、检务公开、立法公开以及村务公开等注入新的动力。应当看到，在今天中国具体国情的条件下，切实保障公民的知情权，全面建立有效的信息公开制度，对于建设民主政治、实现依法治国，加强人权保障，都具有至关重要的作用。因为，信息公开是人民当家作主的根本要求，是公民行使监督权的基本前提，是政府科学决策的重要方式，是市场经济合理运行的可靠保障，是实行对外开放的必备条件，是公民保护自身权利的最好途径，也是防止国家权力腐败的一服良药。当前，在我国建立信息公开制度，机遇和困难同在。经济全球化的形成，信息网络时代的到来，保障人权呼声的高涨，人民政治觉悟的提高，汇成了一股要求信息自由和保障公民知情权的不可阻挡的潮流。但是这一权利与自由的完全实现，还需要经历一个过程，还有赖于我国民主政治的进一步发展，法治国家的逐渐形成，领导层人权观念的切实进步，以及社会经济文化水平的更加提高。但是，很多事情并非不能为而是不为也。关键问题还是人的因素在起作用。

目前需要也可能采取的具体步骤，一是尽快制定与通过现正在酝酿与准备的“政府信息公开法”；二是很快建立起人们盼望已久的违宪审查制度，运用宪法的权威，促进信息自由立法与实践的进步。在人民当家作主的社会里，知情权首先是一项应然权利。即使宪法没有对信息自由作出明确规定，我们也可以通过“权利推定”来确认它是一项宪法权。在“十六大”精神的指导和鼓舞下，通过各级领导机构自上而下的安排，通过学术界、舆论界等自下而上的推动，我们可望近几年在保障公民知情权的问题上取得重要进步，从而为我国宪政建设的艰难历程，书写出光辉一页。

五、关于完善保护私人财产的法律制度

党的“十六大”报告指出：“一切合法的劳动收入和合法的非劳动收入，都应该得到保护。”要“完善保护私人财产的法律制度。”这是一个新的内容，在以往党的纲领性文件中从来没有作过这样明确的规定。这一规定具有十分重大的意义。第一，私人财产权是一项重要的人权，是人们过幸福生活的物质基础，也是人们享有受教育权等其他权利的条件；私人财产得不到法律保护，就没有健全的人格。第二，私人财产得到法律有效保护同公民个人享有充分的自由与平等也密切相关。因为个人只有能够自由地支配自己的财产才能平等地在社会各领域同他人缔结契约。同时，私人财产权得到确认和发展也是公民民主意识和权利意识得以确立与发展的重要条件。第三，有利于消除人们的种种疑虑，鼓励民间投资，充分发挥个体、私营等非公有制经济在促进经济增长，扩大就业和活跃市场等方面的重要作用。第四，同单一的公有制经济必然导致计划经济相反，以公有制为主体，多种所有制经济并存，是社会主义市场经济赖以存在与有效运行的基础，是各种所有制经济在市场竞争中发挥各自优势，相互促进和共同发展的重要条件。第五，私人财产权得到有效保护，也是公民个人摆脱对国家的依附，而成为独立的“社会人”的基本条件，是公民社会得以形成与发展的基础，从而也是具有宪政品格的良好的政治国家建立和发展的基础。第六，1949 年新中国成立以来，私人财产权一再遭受剥夺或侵害的历史表明，它同一国的民主、法治与人权的状况，有着不可分离的密切关系。在我国，从私法，特别是民法的角度研究私人财产权的保护比较多，比较深入。但从公法角度进行研究则相当薄弱。“十六大”报告有关这一问题的明确规定，不仅为当前正在制定的民法典提供了政策指导，更为从行政法和宪法的角度和领域研究这一问题提出了任务与开辟了广阔的研究前景。从公法上研究这一问题的核心是私人财产权与国家公权力的关系问题，包括国家对私人财产的合理限制，征用的具体界限与补偿措施，以及国家不当侵害的内容、方式及其补救办法等。

1999年修宪时,不少学者曾建议将私人财产的保护写入《宪法》,但未被采纳。宪法学界应当以“十六大”报告为契机,作出充分研究与论证,争取早日将保护私人财产写进《宪法》。《宪法》作出规定后,就可以此来规范政府的行为,进而在整个法律体系中形成一套保护私人财产权利的法律规则。

六、关于推进司法体制改革

党的“十六”大报告这次是以“推进司法体制改革”作为总的黑字标题,来概括党的有关我国司法工作的一系列方针、政策。这本身就充分说明,党中央这一重要领域也是高举改革的旗帜,决心将司法工作推进到一个新的发展阶段。在报告中不乏新的重要的观念和举措。例如,报告说,“社会主义司法制度必须保障在全社会实现公平和正义”。这就明确地肯定了司法工作最根本的价值追求应当是公平和正义。最高人民法院院长肖扬曾提出,21世纪人民法院审判工作的主题是“正义与效率”,并为此举办了一次规模很大的国际研讨会。然而人们的看法很不一致。有人主张正义与效率并重;甚至还有少数人主张“效率优先”。在经济领域,党的方针是“效率优先,兼顾公平”,这项方针符合中国的具体国情,特别是长期以来实行的那种绝对平均主义的思维模式与制度安排,也符合生产与分配领域的一般规律——“只有先把饼做大,家庭每个成员所平均分到的那一份额才会大”,才不会出现贫穷的社会主义。但是司法工作与此根本不同。由其工作性质所决定,它必须把公平与正义放在首位,尽管“迟来的正义不是正义”有它一定的道理,但是它总比“早到的不公平、非正义”要好得多。这个简单的道理,是广大老百姓都能理解和接受的。强调“在全社会实现公平和正义”是司法工作的根本价值准则,在今天我国的司法实践中有很重要指导意义。新中国成立以来,在我们某些地区和单位一直有重效率、轻公平的倾向。20多年来实行的“严打”方针,在我国特定的历史时期里虽然完全必要,而且后来也强调要“依法”从重从快,但这一政策在实际执行中,在少数地区或单位,还是存在一些很值得注意的问题。如为了显示“严打”政绩,而不顾实体法,特别是程序法的规定,出现过诸如“定指标”、“合署办公”和刑讯逼供等现象。因此,我们在依法“严打”的同时,坚持公平与正义是司法工作的根本价值这一指导思想,是十分必要的。

从司法“体制”改革的宏观角度看,最重要的应是如何实现司法独立。在这个问题上,“十六大”报告给予了足够的重视。报告明确指出,要“从制度上保证审判机关和检察机关依法独立公正地行使审判权和检察权。”这里强调要从“制度”上去保障司法独立,无疑是正确的。尽管在与司法独立相关的许多理论问题上,人们的看法并不一致,诸如:西方的“三权分立”一无是处,还是有其合理的内核？权力分立与制衡本身只是目的，还主要是一种手段，无“姓资姓社”之分？我国的人民代表大会制度是“议行合一”，还是立法权、司法权和行政权由3个不同的机关分别行使，并非是集中在一个机关手里？如此等等，都有不同看法。就是“司法独立”一词的提法是否正确？还有人持否定态度。① 但是司法独立作为法治国家一个基本标志和民主政治一项重要内容，要想得到切实实现，关键还是要着重从制度上解决问题。我国的情况尤其如此。一是要处理好司法机关和同级党委、党的纪检机关、人大和政府的关系；二是要排除地方保护主义和部门保护主义的干扰。党的“十六大”报告对“改革和完善党的领导方式和执政方式”提出了不少重要原则和举措。其中有两条是关键，包括：党组织要“坚持依法执政”；要“集中精力抓好大事，支持各方独立负责”。这两点都同保证司法独立密切相关。依法执政是“党组织要在宪法和法律范围内活动”这一重要原则的新的表述和概括，又强调了在执政党“执政”这一根本问题上要“依法”。审判权由法院行使，检察权由检察院行使。这在宪法上是规定得十分明确的。世界上所有现代法治国家都坚持这一重要原则，并认为它是法治国家必不可少的基本标志。因此，不能在法院和检察院之上还有某个机构或某个人可以最后决定某个案件该怎么判，某个人是否需要逮捕或提起公诉。如果这么做，当然就不是“依法执政”。党委“集中精力抓好大事”，不要什么事都管都干预，应按照法律规定的权限和程序，由人大、政府、司法机关独立地行使权力。这样做，对“党的领导”不会妨碍和削弱，只会促进和加强。再说，这些机构中都有自己的党组或党的委员会，它们有在自己的部门贯彻党中央的路线和政策的职责和任务，这也是“党的领导”。如果今后能够切实依照“十六大”报告提出的党委“集中精力抓好大事，支持各方独立负责”这一新的决策去做，“司法独立”有望真正实现。尽管司法机关同人大、政府的关系也很重要，但是各级党委如能切实尊重司法独立，在这方面作示范，其他问题的解决就好办多了。

（2003年第1期）

① 李步云、柳志伟：“司法独立的几个问题”，载《法学研究》2002年第3期。

“十六大”后须强化宪法解释制度的功能

韩大元*

一

在回顾与评价宪法实施20年发展历程、展望“十六大”后的宪法实施发展时，我们既要充分肯定取得的成就，同时也要客观、理性地分析宪法运行过程中存在的问题。只有实事求是地分析宪法运行过程中存在的问题，我们才有可能客观地思考进一步加强制度建设的必要性与紧迫性，为今后宪法的发展提供有益的理论支持。

在总结宪法实施20年经验、展望宪法今后的发展时，需要我们深入思考的一个重大问题是如何进一步完善宪法监督制度，建立有效预防与解决违宪现象的机制，为21世纪中国宪法的进步创造良好的环境。从总体效果看，宪法监督制度在实践中虽取得了一定的进展，但还不能适应建设社会主义法治国家的客观要求，在实践中未能提供具体解决违宪问题的理论与程序的基础。在20年的宪法实施过程中发生的违宪现象是比较严重的，在立法领域、行政领域与司法领域中都程度不同地存在违宪问题，已出现的有些违宪问题也没有及时地得到解决。在社会发展的转型时期，社会结构处于急剧的变革之中，旧的体制与新的体制并存，各种社会利益关系呈现出多样性与不确定性。由于宪法本身构成社会生活共同体的价值基础，各种利益关系首先表现为宪法问题，或者社会的冲突与矛盾首先反映在宪法体制之中，需要通过完善的宪法保障制度给予合理的解决。在社会发展过程中，宪法体制一方面需要适应社会发展的需求，另一方面也需要保持其最大限度的稳定性。合理地处理宪法的稳定性与适应性价值是推动宪法发展的重要途径，直接影响到建设法治国家的进程。我认为，为了进一步发挥宪法在建设社会主义法治国家进程中的功能，有必要在认真总结经验的基础上高度重视宪法解释功能，进一步完善现行宪法保障体制。

* 作者单位：中国人民大学法学院。

二

宪法解释是依据一定的程序,探求宪法规范内涵并使之与变化着的社会生活相适应的一种活动,其目标在于追求解释的合理性、正当性、宪法秩序的稳定性,以及宪法规范对现实生活的适应性。由宪法规范本身的特点所决定,在具体实施宪法的过程中需要对各种宪法规范的内涵进行客观的解释,统一人们对宪法的认识。通过宪法解释活动,不仅有助于客观地认识宪法现象,在各种社会问题中寻找宪法的价值,而且有助于对宪法运行机制的完善提供合理的基础,使宪法在持续性与变化中实现宪法开放性的要求。特别是像中国这样缺乏宪政传统的国家中确立完善的宪法解释体制,进行经常性的宪法解释工作,有助于以生动、形象化的形式普及宪法知识与理念,使人们在日常生活中感受宪法的价值,从而树立维护宪法权威的信念。当宪法规范与社会现实发生冲突时我们将面临多种方式的选择,如宪法修改、宪法解释、宪法制定等,其中成本最小、比较灵活的方式是宪法解释。从一般意义上讲,规范与现实发生冲突时首先采取的方式是宪法解释,当宪法解释的功能已达到极限,不足以解决社会生活中出现的矛盾时才开始考虑采用宪法修改的方式。

制宪权、宪法解释权与宪法修改权是相互不能随意逾越的不同的权力形态,具有不同的功能与活动方式。宪法解释功能的发挥不仅关系到宪法精神的实现程度,而且直接影响整个宪法运行过程的效果。根据《宪法》的规定,全国人民代表大会常务委员会有权解释宪法,这种权力的设计是符合人民代表大会制度基本原则的,具有统一性与权威性的特点。但我们不能回避的问题是,20年来全国人大常务委员会没有充分地行使宪法解释权,或者说没有行使过严格意义上的宪法解释权。实际上,在20多年的社会改革进程中我们面临过许多需要运用宪法解释权解决的宪法问题,客观现实的发展也提出过启动宪法解释程序的契机。但在具体的宪法运行过程中我们没有对宪法解释权在社会变革中的功能给予必要的关注,而是不适当地强调了宪法修改权的功能。

造成这种局面的原因是多方面的,其中值得我们认真分析的原因有:在宪法观念上存在"重现实需求轻视规范"的意识,习惯于规范让位于现实的需要,对如何维护已确定的规范价值问题缺乏必要的关注;在宪法解释功能的理解上可能存在一种解释学是"注释学"的认识,不注意从宪法文本出发研究宪法,对宪法典的解释技术比较落后;在宪法与社会生活的关系上,没有充分地发挥宪法规范生活化的功能,实际生活中缺乏启动宪法解释权的内在动力;等等。另外,宪法解释机关在处理规范与现实冲突时没有充分发挥功能是造成"宪法解释权虚置化"现象存在的不可忽视的原因。因此,在回顾宪法实施20年发展进程时我们应当认真地总结经验，高度重视宪法解释权的功能，积极而主动地启动现有体制下的宪法解释程序，为宪法规范与社会现实保持良性的互动关系创造良好的条件。在发挥宪法解释功能时，我们需要通过一定的法律形式把宪法解释权的运用进一步程序化、规范化，以保障宪法解释工作有序地进行。

宪法解释是专业性很强的工作，需要一批经过严格的宪法思维训练、具有扎实的专业知识的队伍。为了适应宪法解释工作专业化的要求，一方面需要加强宪法解释理论的研究，为宪法解释的实践提供必要的理论支持；另一方面要根据宪法解释工作的需要，发挥宪法学家在宪法解释工作中的积极作用，以提高宪法解释专业化水平，建立宪法理论与实践的互动关系。

三

党的“十六大”提出社会主义物质文明、政治文明与精神文明协调发展是全面建设小康社会的重要目标。在社会主义政治文明建设中宪政建设是核心与基础，只有宪法权威得到保障的前提下才有可能发展社会主义政治文明建设。我国宪法确定的基本原则、理念与政治体制框架与政治文明的基本要求是相一致的。因此，贯彻“十六大”精神的关键是确实保证宪法的实施，树立宪法权威。而保证宪法实施过程中应高度重视宪法解释的功能，善于用宪法解释的方法解决转型时期的社会矛盾。实际上在宪法实施过程中党中央曾提出以宪法解释方法解决规范与现实冲突的研究。如1993年3月中共中央在给《关于修改宪法部分内容的建议的说明》中提出：这次修改宪法不作全面修改，“有些问题今后可以采取宪法解释的方式予以解决”。在谈到“社会主义市场经济的内容时”时又指出：可以根据党的“十四大”报告“对社会主义市场经济的具体内容作出宪法解释”。在1999年3月第九届全国人大第二次会议主席团《关于中华人民共和国宪法修正案（草案）审议情况的说明》中也有这种表述：代表提出的修改意见有的可以通过宪法解释予以解决。1999年李鹏委员长在听取法律界经济界专家学者修宪意见时曾提出：宪法赋予全国人大常务委员会解释宪法的职权，因此有些问题将来可以通过全国人大常委会对宪法的解释来解决。2002年12月4日胡锦涛总书记在纪念宪法公布施行20周年大会所做的讲话中特别提到：抓紧研究和健全宪法监督机制，进一步明确宪法监督程序，使一切违反宪法的行为都能及时地纠正。全国人大常委会要切实担负起监督宪法实施的职责，坚决纠正违宪行为，切实解释宪法的职能，对宪法实施中的问题作出必要的解释和说明，使宪法的规定更好地得到落实。这是党的领导人对宪法解释问题所作的比较全面的论述，值得宪法学界关注和认真地研究。可见，从1993年开始，中共中央一再提出宪法解释问题，试图通过一定形式启动宪法解释程序。但遗憾的是迄今为止全国人大常委会并没有真正启动过宪法解释程序,解释权处于长期的“不作为”状态。

“十六大”的召开给中国宪法学研究提出了新的课题,“十六大”报告的内容与宪法规范之间可能会出现不一致的问题。面对“十六大”报告,现实需求与宪法规范之间出现的冲突,比较理性的态度是对冲突的性质、表现与社会效果进行客观的分析,对冲突问题首先运用宪法解释的方法加以解决,建立多元、灵活而有效的解决冲突的机制。在解决冲突的问题上,我们需要对传统的思维模式进行必要的调整,正确认识社会与宪法的关系,既防止漠视社会发展对宪法造成影响的现象,也要防止过高估计宪法调整社会关系能力的现象,要保持理性而客观的立场。在宪法修改权与宪法解释权之间确立合理界限是解决规范与现实冲突的基本途径。因此,“十六大”后宪法学界需要研究的重大课题之一是研究宪法解释理论,推动宪法解释工作,为宪法解释机关尽快启动宪法解释程序提供理论基础。

四

在积极发挥宪法解释制度功能的同时我们也要认真地思考进一步完善宪法监督制度的问题,研究如何从中国实际出发建立有效保障宪法实施的规范、程序与具体制度。自现行宪法颁布实施以来,社会主体的宪法意识有了一定的提高,但从总体情况看,宪法权威还没有完全树立,违宪的现象还比较严重。宪法实施一直是困扰我国宪政实践的一大难题,也是社会公众最关注的社会问题。据中国人民大学宪政与行政法治研究中心进行的“中国公民宪法意识调查”的结果,社会公众对宪法实施的总体效果并不满意。在问“您对我国宪法实施的效果有何评价?”的提问中,认为宪法实施的效果“好”和“比较好”的45%,认为“比较差”的26%,认为宪法实施效果“差”的17%。另有20%左右的被调查者由于不理解宪法实施的含义,不知道评价宪法实施效果的标准,对实施问题无法作出合理的判断。[①] 从上述的调查结果看,通过宪法实施20年的实践公民的宪法意识有了一定的提高,约40%的公众认为宪法实施效果好或者比较好。但也有40%的公众对宪法实施的效果并不满意,认为“差”或者“比较差”。其重要原因在于宪法监督制度不健全,各种违宪行为没有得到及时的纠正,违宪行为的危害性没有受到足够的重视。在问“如果我国今后再次修改宪法,您认为最需要完善的是哪部分内容?”的提问(共有10个选项)中认为应完善宪法监督制度的意见占第一位,表明公众对宪法监督制

① 韩大元、王得志:“中国公民宪法意识调查”,载《政法论坛》2002年第6期。

度的关注与期盼。在回顾宪法实施20年历程时我们确实需要认真地研究完善宪法监督制度的问题，转变观念，着手建立适合中国国情的宪法保障制度。

首先，需要转变观念，从建设社会主义法治国家的高度认识宪法监督制度的功能。依法治国的关键是依宪治国，即依照宪法治理国家，确立宪法的权威，使宪法成为一切国家机关、社会团体与政党活动的最高准则。如果宪法权威得不到维护，就不可能存在法治国家的基础，建设法治国家的进程也会受到阻碍。因此，建立完善的宪法监督制度是建设法治国家的基础与核心，直接关系到宪法秩序的稳定。在人民代表大会制度下如何建立宪法监督制度是学术界普遍关注的重大的理论与实践问题。有些人认为，在人民代表大会制度下专门设立宪法监督机构有可能与人民代表大会的原理相矛盾。比如，由一个专门机关审查最高权力机关制定的法律是缺乏民主的正当性，会影响最高权力机关及其常设机关的权威。我认为，这种观念是十分错误的，因为专门机关审查最高权力机关及其常设机关制定的法律是否违宪并不破坏权力机关存在的民主正当性。其理由主要在于：(1)任何一个权力机关制定的法律都有违宪的可能性，最高权力机关并不例外。即使法治发展十分完备的国家，法律的合宪性是相对的概念，任何人都不能保障法律的绝对合宪性。及时发现违宪，解决违宪只能有利于维护最高权力机关权威。(2)民主的正当性既表现为权力机关产生、存在于具体的活动过程之中，同时也表现为权力机关本身不断地纠正可能危害民主性价值的行为或规范，民主正当性价值体系中实际上包含对少数人如何保护的问题。(3)违宪不同于影响面通常较小的具体违法、犯罪行为，其危害性会影响整个法律体系与社会秩序。专门机关对违宪的判断与具体处理有利于维护立法机关的权威，并不损害其权威。以最高权力机关民主正当性价值否定建立专门宪法监督机构的必要性是不成立的，应根据法治国家建设的要求转变其观念。违宪是最严重的违法。如违宪问题得不到及时的解决，不仅损害权力机关民主正当性基础，同时也会影响整个法治发展的进程。

其次，在解决宪法监督观念问题的同时我们需要根据20年的宪法实施的经验，按“十六大”精神探讨如何建立有效的宪法监督机构的问题。现行宪法把“监督宪法的实施”的职权授予全国人大，把“解释宪法”和“监督宪法的实施”的职权授予全国人大常委会，并规定了法律监督的相关的制度。但就目前体制而言，我国还没有专门宪法监督机构，很难具体实现宪法监督的职权。如全国人大一年只开一次会议，全国人大常委会每两个月开一次会议，在具体行使宪法监督权方面的确存在体制上的困难。现行《宪法》颁布20年来，宪法学界的学者们提出了建立宪法监督机构的很多建议，许多建议是有理论与实践价值的。其中现实可行的方案之一是在全国人大设立宪法监督委员会，具体负责审查有关违宪的规范性文件或行为，并向全国人大或常务委员会提出审查意见，由全国人大或它的常务委员会依照法定程序作出具体处理决定。宪法监督委员会在体制上受全国人大的领导,主要功能是:对宪法解释提出意见;对法律、行政法规、地方性法规等是否同宪法相一致进行审查,如有违宪的规范性文件可提出审查意见;对国家机关之间产生的权限争议提出意见等。建立宪法监督委员会与我国宪政体制并不矛盾,反而有利于尽快启动违宪审查机制,解决现实生活中存在的大量的违宪问题。由于目前没有专门的宪法监督机构,对什么是违宪,违宪的构成要件,违宪的判断形式,违宪责任以及违宪决定的效力等关系到宪法实施的基本问题缺乏共同遵循的标准与具体的程序。应当说,这种状况已经严重地影响了宪法实施的进展,在一定程度上损害了宪法在公众心目中的形象。因此,为了及时地解决违宪问题,树立宪法权威,有必要在坚持人民代表大会制度的前提下成立专门宪法监督机构,对各种违宪问题进行判断,进行实质性的违宪审查活动,提高宪法的权威。

最后,在加强宪法监督制度建设时我们既要从中国实际出发,同时也要借鉴外国合理的经验。在完善宪法监督制度时我们首先要充分考虑中国社会特定的经济、政治与文化的特点,充分挖掘本土的资源,不能照搬外国的经验。因为宪法监督制度的不同模式反映了各国不同的国情,是不同宪法文化的体现。当今世界多样化的宪法监督体制充分体现了21世纪宪法文化的多样性与平等性,任何一个国家在选择特定宪法监督体制时都应注意体制与文化之间的协调问题。如同属英美法系国家的英国与美国采取截然不同的宪法监督体制。同属大陆法系国家的德国采取宪法法院制度,而法国则采取宪法委员会的体制等。同属东亚国家的中国、日本与韩国所采取的形式也是不尽相同的,日本采取美国式的司法审查制度,韩国采取德国式的宪法法院制度,而中国采取权力机关监督制。从宪法监督制度存在与发展的基本特点看,不同的宪法监督制度虽有功能上的一些差异,但总体上并不存在优劣之分,关键是要分析在人权保障和实现宪法价值方面是否起到了实际作用。目前,世界各国的宪法监督制度呈现出专门化、高效化与规范化的发展趋势。经济全球化与信息化以不同的形式影响着各国的宪法体制与理论,需要我们在考虑本国国情的同时要注意借鉴国外有益的经验,特别是注意分析宪法监督制度发展的新的趋势。

宪法颁布实施20年了,20年的民主与法治建设历程给中国社会的发展带来了成就,同时也提供了值得总结的经验和教训。在未来中国社会发展中宪法将以自己特殊的功能影响社会生活的各个领域,社会生活中的各种复杂问题需要通过宪法程序来解决。为了充分发挥宪法在建设社会主义法治国家进程中的作用,实现“十六大”提出的目标与任务,我们需要进一步加强宪法解释工作,完善宪法监督制度,建立高效、稳定的宪法监督机制。

(2003年第1期)

从《监督法》(草案)引出的思考和建议①

马　岭*

《监督法》的出台将有利于对各项国家权力监督的法制化,有利于巩固和加强人大的地位和权力。它把改革开放20年来人大在监督工作中的一些经验和做法提炼出来,上升为法律,使人大的监督朝着制度化、法律化的方向又迈进了一步;它将宪法中规定权力机关行使监督权的原则变得更具体,更易于操作。《监督法》的出台是完善人民代表大会制度的又一有力举措,本文仅就《监督法》(草案)中的一些相关问题提出思考和意见。

一、关于《监督法》(草案)中确立的监督体制及其相关问题

关于人大监督与司法独立的关系问题。在国家的各项权力中,终极性的权力应该是什么?从国外的情况来看,司法权作为终极性的权力越来越被认可,不仅美国这样典型的三权分立国家是如此,欧洲大陆的许多国家也大多建立了宪法法院作为纠纷的最终裁决者。从《监督法》(草案)来看,我国采用的仍然是“议会至上”的模式,实行这种体制的国家现在已经不太多见。第二次世界大战后对民主的反思使人们普遍认识到民主并不一定能有效地保障自由,有时候还可能侵犯自由,因而需要加强法制,引入司法的理性以制约民主的偏激。我们现在经常说要与世界接轨,在这种体制的问题上是否也应适当考虑符合世界潮流?

关于对最高权力机关的监督。我国目前的监督体制不是环行监督,而是单向监督,这样就必然有一个最高机关不受其他机关的监督,如果这个机关滥用职权怎么办?草案只是规定了全国人大及其常委会对其他国家机关的监督,但是谁来监督全国人大?从理论上说人民应当是监督人大的主体,但需要相应的制度和程序作保障。我们是否应当再制定一部“监督人大法”,专门规定人民监督人大的相关步骤?同时,监督与透明是密不可分的,在人民对人大进行监督的问题上应引入新闻监督和社会监督,将人大的工作情况公开,给人民监督人大提供一个窗口,使人民的知情权、了解权落到实处。

---

① 文中部分观点来自日前中国青年政治学院《监督法》(草案)座谈会的启发。

* 作者单位:中国青年政治学院。

关于监督的目的。《监督法》(草案)第1条是目的性条款,这一条将监督主体定位为“全国人民代表大会及其常务委员会和地方各级人民代表大会及其常务委员会”。作为监督者,他们行使监督权的界限是什么?与被监督者之间怎样保持一种平衡?如怎样防止对司法独立的侵犯?这些内容是否在这一条中也应提及?《监督法》不能只从人大的角度考虑问题(否则就有新的部门保护主义之嫌),而应该有宏观视野,从国家权力机关分工与制约的角度制定和规范权力格局。此外,这一条将监督的目的定为“为了规范和保障”全国人大及其常委会和地方各级人大及其常委会依法行使监督权,“保障”是否应当放在“规范”之前?首先是“保障”,其次才是“规范”,这样逻辑关系较为明晰。

关于监督的范围。《监督法》是否应包括对党的监督?国外的宪法法院可以对党进行监督,我们为何不可?只强调民主党派对共产党的监督是否不够?这些年党内的腐败问题很严重,这和监督不力有很大关系,我们不能老像过去那样太寄希望于群众监督,那样很容易搞成群众运动,也不能对思想教育之类的措施寄予过高期望,还是法制监督比较好。

《监督法》应包括对中央军委的监督。最高国家权力机关及其常设机关对中央军委的监督是有宪法依据的。《宪法》第62条第6款规定全国人大有权“选举中央军事委员会主席;根据中央军事委员会主席的提名,决定中央军事委员会其他组成人员的人选”;第63条第3款规定全国人大有权罢免“中央军事委员会主席和中央军事委员会其他组成人员”;第94条规定中央军事委员会主席对全国人大及其常委会负责。最高权力机关对中央军委成员有选举权、罢免权,当然也有监督权,如果没有监督罢免就无从谈起;同时,作为实行首长负责制的中央军委,其主席对全国人大及其常委会负责就意味着受其监督。虽然宪法没有规定负责的具体形式是什么,没有规定军委主席对全国人大及其常委会汇报工作,而这些漏洞正是需要部门法加以弥补的,《监督法》应当就最高权力机关对中央军委的监督权作出明确规定,以弥补我国目前监督体系的空缺。

《监督法》还应包括最高国家权力机关及其常设机关对国家主席的监督。国家主席在我国虽是虚置的,但其中有的权力却是实权,如对总理的提名权;而且既然宪法授权全国人大选举和罢免国家主席,罢免的理由是什么?监督权是罢免权的前提,没有监督怎么罢免?这些问题宪法或许不宜作具体规定,《监督法》应加以解决。

关于监督机构。《监督法》应当规定设立专门的监督委员会,使监督专门化,这也是对人大的立法权、任免权、监督权、重大问题决定权的分别行使进行专门化分工,以提高监督效率,而不应当老是临时性地组织人员对一府两院进行突击性检查。

关于监督原则。《监督法》(草案)第5条规定了集体行使监督权的原则,这一原则和代表个人行使监督权是什么关系?如质询权、调查权,代表个人是否可以行使?是否应加强代表的权利;质询案的提出要求有30个代表联名,可否减少一些,或单个人也能行使?在"集体行使职权"的原则下是否会削弱代表个人的监督权?从过去人大行使监督权的实践来看,代表个人的监督不是太强而是太弱。

关于监督方式。《监督法》(草案)中规定的监督方式基本上是依赖人大及其常委会的主动监督,有一种行政色彩,是否可以适当考虑被动监督,如受理公民的控告、申诉等。

关于《监督法》的特点。权力机关与其他国家机关的关系在宪法中已有原则性规定,《监督法》不必再重复这些原则,应着重规定监督的具体操作程序,这样才能体现出母法和子法的区别,才有子法的特点。

二、关于《监督法》(草案)中具体内容的有关问题

《监督法》(草案)第6条规定全国人大及其常委会和地方各级人大及其常委会"行使监督权的情况向社会公布",只有"法律规定需要保密或者不宜公开的除外",而第21条却规定对"执法检查的情况和执法检查中发现的重大违法事件及其处理结果,由常委会根据需要向社会公布","需要"的具体标准是什么?是否应有一个大致的范围?否则全国人大及其常委会和地方各级人大及其常委会是否可能借口"不需要"而将应当向社会公布的结果不予公布?其自由裁量权是否太大?

《监督法》(草案)第7条第1款规定了各级人大对本级常委会的监督,但这只是一条原则,宪法已有规定。作为子法的《监督法》应当规定监督的程序是什么?第7条以及后面的条文都没有具体的规范,这样可能使人大对其常委会的监督难以落实,给常委会滥用职权留下空隙。这一条第2款规定人大受人民监督,"人民"一词太笼统模糊,是否改为"选民"或"原选举单位"更明确?"人民"不是一个法律术语,一般只在法律原则中出现,如"人民主权"、"一切权力属于人民",在法律的具体规范中应尽量使用法律概念。

《监督法》(草案)第9条规定了对规范性文件的监督,全国人大有权改变或者撤销的对象是全国人大常委会制定的法律和决定以及全国人大常委会批准的违背宪法、法律的自治条例和单行条例。全国人大常委会有权撤销的对象,一是国务院制定的同宪法和法律相抵触的行政法规、决定和命令;二是省、自治区、直辖市国家权力机关制定和批准的同宪法、法律和行政法规相抵触的地方性法规和决议;三是省、自治区、直辖市的人大常委会批准的违背宪法、法律的自治条例和单行条例;四是经济特区所在地的市的人大及其常委会制定的违背宪法、法律的法规。其中第

2 项与第 4 项有矛盾之处，第 2 项是省级权力机关，其制定的规范性文件不得与宪法、法律、行政法规相抵触，而第 4 项是市级权力机关，其制定的规范性文件却只要求不得同宪法、法律相抵触，就是说它可以与行政法规相抵触？经济特区再“特别”也只是“市”级，似乎不能比省级还要高，省级权力机关尚且要遵守行政法规，市级权力机关没有理由不遵守。

《监督法》（草案）第 9 条第 1 款规定全国人大有权撤销其常委会的“不适当”的“法律和决定”，与《宪法》第 62 条第 11 款对比，草案将宪法中的“决定”扩大为“法律和决定”是很必要的，但宪法中“不适当”的提法太笼统，“不适当”的标准是什么？《监督法》应将其具体化、明确化，是否可以明确其范围是“违反宪法和基本法律”？该条第 2 款规定了全国人大常委会撤销的对象，问题是，对于全国人大常委会没有撤销的规范性文件，如果全国人大认为有必要撤销，那么是否有权撤销？从理论推导上来看，全国人大产生全国人大常委会，并有权撤销其规范性文件，当然也有权行使全国人大常委会的职权，但是从公权力必须有法律明确授权才能行使、权力应当有严格分工的角度来看，全国人大又不能越俎代庖。

《监督法》（草案）第 10 条对全国人大常委会有权撤销的规范性文件作了时间（30 日内）和方式（备案）上的具体规定，对全国人大有权撤销的规范性文件怎么报全国人大却只字未提。全国人大常委会制定法律和决定后，全国人大如果要撤销，启动的程序是什么？是一定代表的联名要求，还是有其他形式？是否可以规定在每次全国人大会议召开前一定时间内，全国人大常委会应将过去一年中制定的法律、决定等规范性文件印发给各全国人大代表，以便于各代表审查。《监督法》（草案）第 12 条第 1 款规定“法律解释权属于全国人大常委会”，此处的法律解释是立法解释还是司法解释？还是二者都包括？第 2 款规定“司法解释与全国人大常委会的解释不一致时，以全国人大常委会的解释为准”，此处的“司法解释”权由谁行使？虽然这是一个众所周知的问题，且在 1979 年通过、1983 年修正的《人民法院组织法》第 33 条中有明确规定，但 2000 年生效的《立法法》未涉及最高法院的司法解释权，根据后法优于先法的原则，人们对司法解释权的问题容易产生疑问，《监督法》是否应当对此有一个较为明确的规定？

《监督法》（草案）第 13 条规定全国人大常委会和地方各级人大常委会对各自范围内宪法和法律的执行情况“进行监督检查”，但没有规定如果对检查结果不满有何惩罚措施，法条（不仅是第 13 条，还有许多条文）只规定了行为模式，没有法律后果，这削弱了法律的可操作性，降低了法律的威慑力，建议增加一章“法律责任”作为第 7 章，将草案中的第 7 章“附则”改为第 8 章。草案第 15 条规定全国人大常委会和县以上地方各级人大常委会的执法检查组是“根据年度执法检查计划和实际需要”而组织的，这似乎是一种临时性、突击性检查，这种检查是否应当制度化？且应当规定相应的执法检查程序，以防止检查组滥用权力。授权的同时就应当限权，明确职权范围，规范权力程序，以免造成新的人治。鉴于我国目前人民代表的法律素质不是很高，在“执法检查组”中是否可以考虑适当吸收法律专家参加，以加强监督的力度。《监督法》（草案）第58条规定权力机关对法院和检察院的监督“坚持不代行审判权、检察权，不直接办理案件的原则”，不“直接”办理是否意味着可以“间接”办理？如果可以间接办理，其办理的方式又是什么？是否会构成对司法独立的侵犯？

《监督法》（草案）第63条第1款规定“在全国人民代表大会会议上提出的质询案，由主席团或者主席团常务主席决定是否要求受质询的机关给予答复，包括听取答复的方式和范围”。在什么情况下由主席团决定？什么情况下由主席团常务主席决定？由他们决定是否合适？该条第3款规定质询案“在主席团会议或者专门委员会会议上答复的”，“主席团常务主席认为必要的时候，可以将答复质询案的情况报告印发会议”，什么是“必要的时候”？由主席团常务主席个人作出判断且完全没有限制，其权力是否过大？人大是合议制机关，“集体讨论集体决定”是其特色，《监督法》也将“集体行使监督权”作为一项原则在第5条中加以肯定，而主席团和常务主席权力过大是否符合这一原则？

《监督法》（草案）第65条第1款规定人大代表过半数对质询答复不满意的，“可以提出要求，主席团或者主席团常务主席认为必要的时候，可以决定受质询机关再作答复”，第2款规定常委会组成人员过半数对质询答复不满意的，“可以提出要求，委员长会议或者主任会议认为必要的时候，可以决定受质询机关再作答复”，这里也有主席团、常务主席、委员长会议、主任会议权力过大的问题，受质询机关是否再作答复完全取决于他们认为“是否必要”，如果他们认为不必要，受质询机关就可以不再答复，也就是可以过关了吗？主席团、常务主席、委员长会议、主任会议并不是权力机关，是否有权作出如此重要的决定？同时质询作为一种监督手段应当有较大的威力，过半数代表或委员不满意时，不能只是“再作答复”，再作的答复仍然不满意呢？是否还再作答复？应当有硬性的惩罚措施才能保证监督的效果，如罢免相关人员。而《监督法》（草案）第71条规定的罢免似是针对“特定问题调查”的，在质询后为什么不能对有关人员行使该项权利？

《监督法》（草案）第67条规定全国人大及其常委会和县级以上地方各级人大常委会“可以依照法律规定的程序组织关于特定问题的调查委员会”，其中的“法律”是什么？是否还要制定一个“特定问题调查法”？第71条也规定“依法”提出罢免案，是否还要有一个“罢免法”？这些问题是否可以在《监督法》中一并解决？

（2003年第1期）

岳阳市长“二选”风波的启示

童之伟*

早在2003年1月3日,网上就报道了《湖南岳阳人代会未能选出市长,上届市长票数没过半》的新闻。从报道看,岳阳市人大主席团提出的唯一市长候选人、上届市长罗同志在1月1日下午市人民代表大会举行的选举中,得票未过半数,没能当选。当时的实况是市人民代表大会应到代表432人,实到代表431人,罗同志得票203张,其余的代表另选了他人或投了弃权票。无论如何,只有唯一市长候选人而其不能当选,这着实让笔者吃惊不小,同时脑际也闪过了许多可能的原因。在凭空作了一些猜测之后,笔者很快马上想到一个问题:下一步会怎么办?提出新的市长候选人还是动用组织资源给市人大代表“做工作”?

不久,网上又有报道:1月3日晚7时,岳阳市人民代表大会再次开会,大会应到代表432人,会上实到代表416人,符合法定人数。此次选举共发出选票416张,收回416张,其中有效票415张,废票1张;晚上8时10分,本次大会根据选举得票情况,宣布市长候选人罗同志得选票335张,超过半数,当选为岳阳市市长。

一场不大不小的风波似乎该平息了。但事情看来没那么简单。首先,网上登出了不同观点文章,有批评岳阳人大代表“急转弯”,没主见的,也有为“二次选举”辩护、声称其“并未违法”的,还有努力做公允平正介绍和议论的。未曾想,1月15日笔者从上海飞哈尔滨,飞机上乘务员发给本人的一张黑龙江本地报纸,上边也在评论此事。这份报纸上的一篇文章对“二选”提出了相当严厉的质疑,其中主要是:

在1月1日举行的人大会议上,罗同志作为唯一的市长候选人因选票没有过半未能当选,这一投票行为算不算数?人大选举非是儿戏,经有效投票就产生法律效力,怎能随意予以否定,然后又重新投票呢?选举所传达出的“民意”应是代表们经过对候选人较长时间观察的结果,怎可能在一两天内发生根本性变化?代表短时间内对一个人从否定到肯定,这转变过程中发生了什么?什么是代表们改变主意的决定性因素?是否有人在两次投票间隙“做了工作”?选举中未过半数就表明该候选人未获人大认可,在这种情况下,为何还要将该候选人再次当做候选人来提请表决?为何就不能更换候选对象?在一府两院负责人的选举活动中,被提

---

* 作者单位:上海交通大学法学院。

名为候选人者是否就意味着必须获得人大通过？人大是否无权真正否决一个有关方面推荐的候选人？①

笔者感到，作者的这些疑问其实也是萦绕在自己脑际的问题。

笔者此次去哈尔滨，为的是出席2003年的全国法理学年会。想不到，去了后，岳阳市长“二选”又成了此次会议会上会下的非正式议题。我国各类选举，历来以平静如水著称，岳阳市长“二选”似乎是拂过平静湖面的一阵不徐不疾的风，吹起了几道不高不低的波，所以，本文将其称为“风波”。

现在，这场风波基本上可以说已过去了，但它却也大体折射出了我国现阶段社会主义民主政治建设进程中仍然存在的一些问题。我们不应回避这些问题，而应努力解决好这些问题。本着这一想法，我们可以从岳阳市长“二选”风波中获得一些有益的启示。

一、选举地方人民政府正职领导人员或其他地方国家机关主要领导人，应当让人民代表真正有挑选、选择的余地，依法搞差额选举

按《地方各级人民代表大会和地方各级人民政府组织法》（以下简称地方组织法）第22条的规定：“人民政府正职领导人员，人民法院院长，人民检察院检察长的候选人数一般应多一人，进行差额选举；如果提名的候选人只有一人，也可以等额选举。”但是，据笔者调查，在全国范围内，情况恰恰相反，以上职务的候选人数，各地选举时“一般”都只确定唯一一名，基本都搞等额选举。各地方人大“一般”都是千方百计造成“提名的候选人只有一人”的局面，然后进行“等额选举”。但须知，“选举的目的就在于通过选举人对候选人的挑选、选择，然后把候选人推举出来，担任人民代表或领导人。如果候选人的名额同当选人的名额相等，那选举人还有什么挑选、选择的余地呢？既然无从挑选、无可选择，那怎么能算是真正的民主选举呢？”②就选举一词的本义来说，等额选举算不上是选举，就像喝没放过茶叶的“茶”算不得喝茶是同一个道理。

发展社会主义民主，进行名副其实的选举，是我国政治和法治发展的潮流所向，也是最广大选民和人民代表的强烈的内心呼唤。忽视这种潮流、对这种心声充耳不闻，是要受历史惩罚的。我们从岳阳市长一而再的等额选举中，已看到了这种与政治文明难以相符的选举形式在今日之中国已不可行的明证：罗同志选举时未

---

① 魏文彬：“四疑岳阳二次选举”，载《黑龙江晨报》2003年1月15日。

② 《吴家麟自选集》，宁夏人民出版社1996年版，第464页。

过半数，是选票分散造成的，而“选票的分散是代表们情绪化的表现”；“部分代表提出的候选人，没有成为正式候选人参选，并且最后的选举，也不是人大代表们期待的差额选举，这在某种程度上影响了代表们的情绪，以致在后来的市长选举中，出现了代表们投弃权票甚至乱投票的情况。”①

从以上所引的这些话中可见：第一，是有代表依法联名提了候选人的，但主席团为保证上级党组织推荐的候选人作唯一候选人，没有让被提名者成为正式候选人；第二，人民代表对等额选举非常反感，以致“情绪化”、“乱投票”；第三，如果除主席团提名的候选人外，还有代表依法联名提出了候选人，就不能认定“提名的候选人只有一人”，从而也就不可以进行等额选举。从“网”上公布的情况看，岳阳市人代会这次会议除主席团提罗同志为候选人外，还有代表联名提出了其他候选人，故依法不可以进行等额选举。

依地方组织法和发展社会主义民主的时代精神，国家机关正职领导工作人员等额选举只应是一种例外的、个别的情况，不能搞成了“一般”做法。“一般”做法应是差额选举。我们应该想一想或查一查，本省、本市国家机关正职领导人到底有几个是差额选举产生的，有几个不是等额选举产生的，看看“一般”与特殊、普遍与个别的关系是不是颠倒了。如果全部是等额选举产生的或绝大多数是等额选举产生的，那就是整体违法，违反地方组织法第22条的规定和精神。在笔者所见所闻的范围内，几乎找不到地方国家机关正职领导人依法差额选举的实例，相信即使有些地方有过，也是极其罕见的。

二、选举国家机关正职领导工作人员，唯一候选人一次选举落选又被二次提名为唯一候选人，于法于理都很难说得过去，今后应杜绝这类做法

罗同志作为唯一候选人在岳阳人大第一次选举中落选后，主席团又再次推荐他为唯一候选人参选，此事是否合法，社会上有两种截然不同的看法：一种认为不合法或不符合时代要求，前文援引的魏文彪先生的文章倾向于认为二次选举不合法，国家行政学院杜钢建教授认为它“不符合时代发展的要求”②；另一种看法认为二次选举合法也合理。

笔者倾向于认为上述第二次选举既不合法也不合理。要说清这一点，关键是给第一次选举正确定位。第一次选举合法，这是大家都已有共识的。也就是说，第

① 李非：“湖南岳阳50小时追踪：市长选举为何进行两次”，载 www. sina. com. cn。

② 和东：“岳阳市长选举调查：地方选举渐近政治文明核心”，载 www. sina. com. cn。

一次选举结果是岳阳市人民代表大会代表全体岳阳人民正式表达的意志,它已经明白无误地对罗同志说了“不”,这是有法律效力的表决。任何机构和个人如果再次提出罗同志为市长候选人,其性质都是意图推翻岳阳市人民代表大会的表决结果,是让岳阳市人民代表大会用今天的行为否定昨天的行为,是让岳阳市人民代表大会自己打自己的嘴巴。

有位化名“一吟”的先生试图证明岳阳市长二次选举“并未违法”,但其论据站不住脚。“一吟”为证明自己的论点提出的第一个论据是:地方组织法的有关条款没有规定唯一的候选人在第一次落选后不能参加第二次选举,岳阳市人民代表大会完全可以凭此“理直气壮”举行第二次选举,同样可以“名正言顺”地把第一次选举未能当选的唯一候选人罗同志重新提为唯一候选人。果真如此吗?应当说,罗同志作为唯一候选人在市长选举中落选后,他或有关方面向岳阳市人大提出再次将其列为唯一候选人的要求,谁也不好阻拦,因为他们有言论自由嘛,但岳阳市人大的大会主席团却无权违背大会刚刚正式表达过的意志接受这一要求,岳阳市人民代表大会本身也不应接受这种要求,因为它必须受自己刚刚表达过的意思的约束——一个公民要讲信誉,一个地方国家权力机关更要讲信誉。再者,“一吟”先生说,法律并没规定某人作为唯一候选人落选后不能一而再地作为唯一市长候选人参选,故将其再次确定为唯一候选人合法。按“一吟”的逻辑,那岂不是即使某人落选10次、20次,都可以让人民代表大会“理直气壮”地重选他10次、20次,直到把他选成市长才罢休吗?如此蔑视人民代表大会的投票表决结果,威逼人民代表大会,有什么合法性可言!

不错,没有法律直接写明市长唯一候选人落选不能在人大的同一次会议上再次被提名为唯一候选人,但这并不能证明第二次市长选举不违法。须知,法律规范包括原则和规则两种形式。不论哪个国家的法律,许多按原则不言而喻的东西是不写在法律上的,如科长不能不服从处长。具体说,这次市长“二选”未违反法律规则但违反了宪法原则。就推荐者与人大的关系看,前者违反了《宪法》第2条规定的国家“一切权力属于人民”原则。岳阳市人民代表大会是该市人民行使国家权力的机关,它已经说了不,为什么不仅不予尊重,反来逼它改口?就大会主席团与市人民代表大会的关系而言,前者违反了《宪法》第3条规定的民主集中制原则——大会主席团是人民代表大会下设的一个机构,它怎么可以不仅不服从人民代表大会已经明白表达的意志,反而要它改变意志?我想“一吟”也知道自己说的那种逻辑很难说得过去,因为他(或她)不敢“行不改名坐不改姓”,只敢以“一吟”的化名出面,显得没什么底气。

“一吟”的另一个站不住脚的论据是:罗同志在一次选举中落选、第二次选举中当选,“就像申办奥运会北京投票第一轮不过半票,二次投票仍然当选一样,挺正常的。”①这就变得一点也不讲道理了。申奥有5个正式候选城市，全部选票分散在5个被选对象上，每个城市只能分摊到总票数的20%，当然需要一次以上的投票才有较大可能将过半数选票集中在一个候选者身上；而岳阳人大选举中的罗同志是唯一候选者，他在没有任何一个正式竞争者的情况下得票低于50%，直接表明人民代表大会已经否决了他。把一个在人民代表大会的同一次会议上刚刚被否决的候选人再次作为唯一候选人提交给人民代表大会，是将一个市长强加于人民代表大会的不合法做法。当然，唯一市长候选人得票未过半数，原因很可能是复杂的，不一定是他素质不高、能力不强，但从制度上看，他是被否决了，不应再次作为市长候选人提出来，应是确定无疑的。

其实，在同一次人民代表大会上将落选市长候选人再次推荐为市长候选人的做法，也违反了2002年7月9日中共中央印发并通知全国各地党组织认真遵照执行的《党政领导干部选拔任用工作条例》的规定。该条例第48条第1款明定：“党委推荐、由人民代表大会选举、任命的领导干部人选落选后，根据工作需要和本人条件，可以推荐为其他职务人选，也可以在下一次人民代表大会上再次推荐为同一职务候选人。”

三、人大代表选举国家机关领导工作人员是人民当家作主的重要体现，选举过程中应将党的领导与依法治国统一起来

选举要严格依法进行，否则就可能改变选举的性质。笔者注意到，在关于岳阳市长“二选”风波的深度报道中有这样一段话：

1月3日下午3时，主席团会议作出决议：另行选举市长，并根据省委推荐，重新提名罗同志为市长候选人，在下午5时30分之前，代表联名20人以上可以另行提名市长候选人。下午5时40分，大会主席团宣布：现在各代表团对是否确定罗同志为正式候选人进行了表决，结果是：1票反对，2票弃权，并且代表们没有提出新的候选人，因此决定在1月3日晚上7时进行重选。一位人大代表说：“表决时采取的是现场举手的方式。”②

这一过程是否合法？我认为，其中明显包含有不合法嫌疑。

第一，重新选举时只给人民代表不足两个半小时的时间提名、酝酿市长候选人

---

① 本自然段所引“一吟”的话，均来源于“再评湖南岳阳市长选举：市长二次选举并未违法”，载www.sina.com.cn，《南方都市报》2003年1月6日。

② 李非：“湖南岳阳50小时追踪：市长选举为何进行两次”，载www.sina.com.cn。

的做法很难说合法。地方组织法第22条第2款规定:“县级以上的地方各级人民代表大会换届选举本级国家机关领导工作人员时,提名、酝酿候选人的时间不得少于两天。”岳阳这次是换届选举,市长是换届选举中最主要、最关键的职务,主席团仅给代表两个半小时时间提名、酝酿候选人于法无据。从上文的细节推想,实际时间不足两个半小时,因为,主席团下午3时作了决议,还需去宣布和说明,需占时间。而且,从第一次选举的情况报道看,有高同志和余同志分别得70票和69票,但第二次选举却无人联合提名他们为市长候选人,较难理解,显然有某种因素妨碍、阻挠了支持这两位候选人的代表联合提出他们中意的候选人。

第二,确定候选人“表决时采取现场举手的方式”有违地方组织法的精神。地方组织法第13条规定:“选举采用无记名投票方式。”各代表团对是否确定罗同志为正式候选人进行表决,其性质相当于地方组织法第22条第1款中所规定的预选,是选举活动的关键环节之一,依法理应采用无记名投票方式。举手表决的方式使代表身心处在多重威慑之中,尤其是当他们想要推举的候选人与上级党组织推荐的候选人不一致或自己将来肯定是很可能当选的市长候选人的下属时更是如此。

还要说一说选举投票方式的合法性。地方国家机关领导工作人员的选举,依法应以无记名方式进行,但现在有些地方违法安排人大代表以举手方式投票,以确保党的机构推荐的候选人当选。做这种安排的人往往歪曲“无记名投票”的含义:让你举手投票不假,但我们没把你举手赞成还是举手反对的情况和你的姓名记在本子上呀!这不是无记名投票是什么!岳阳市长第一次选举后公布了赞成票、弃权票和另选他人票的数字,第二次选举后没见有弃权票和另选他人票的报道,解释起来容易让人产生举手表决的联想,但我相信在众多媒体已关注此事时,没人会做这种不合法的安排。

概括地说,在我国,共产党是执政党、领导党,各级国家机关领导工作人员选举时力保执政党提名的候选人当选是理所当然的,但具体做法应当严格依法进行,严格依法办事,完全能够确保执政党提名的绝大多数候选人当选。无数事实证明了这一点。即使执政党提名的个别候选人落选、执政党未提名而代表联合提名的候选人当选,我们也应当欣然接受这样的事实。只要是依法选举的,执政党提名的个别候选人落选,执政党没提名的个别候选人当选,都不是党的领导的失败,因为,法律是党领导制定的,本身就包含着执政党的意志,依法选举本身就体现着党的领导。这样看待不同主体提名的候选人的当选与落选,党的领导与依法治国就能有机统一起来。

四、应在地方国家机关领导工作人员选举中提高党的执政水平，将党的领导与人民当家作主和谐地统一起来

在岳阳市长“二选”风波中，我们看到，作为上级党组织推荐的、唯一的市长候选人罗同志在选举时获票未过半。这个事实非常权威、非常突出地表明，岳阳人民至少暂时还不愿接受罗同志为市长。在罗同志已经落选的情况下，有关党组织再次提名他为市长候选人，明显有强加于人和不尊重岳阳市人民代表大会的意思。种种情况表明，重新推荐罗同志为市长候选人后，为确保其当选，党的有关机构动用了不少的组织资源，而这些组织资源的运用，又都意在改变罗同志在人大代表中得票不过半的状况。可以想象，在压力下有些代表口里服了、投了赞成票，心里不一定服。人们可以看到，在确定市长候选人时，虽然采取了现场举手这种对代表颇具身心威慑力的表决方式，但在各代表团中仍有1票反对，2票弃权。这是很不寻常的。

据笔者所知，在岳阳之外的不少地方的党的机构在处理与有关人民代表大会的关系中也都有一些生硬、僵化、强人所难甚至违法的做法，这些做法是有关地方的党的机构领导水平、执政水平还较低的常见表现，其中涉及地方国家机关领导工作人员选举的主要是：不考察民意、不顾人民代表的意愿，不做必要铺垫，提出人民代表不了解或难接受的候选人；将正职领导工作人员的等额选举从法律上的特殊、例外情形变成实践中的一般做法或惯例；压制或通过主席团无理否定人民代表联名提出的候选人，或对这类候选人已经当选的结果不予接受；将人民代表大会已否定的候选人名单原封不动地再次提交人民代表大会；预选、选举时搞举手表决。这些做法中的一种或一种以上在不少地方已具有“从来如此”的意味。有在人大工作的同志讲，岳阳那种事没什么特别值得关注的地方，那不是个别的、例外的情况，各地都是那样搞的。也许的确如此，但这不能成为我们不去关注这类问题的理由。任何普遍性问题的解决，总得有个开头，总得从一个具体时间、具体地点做起。

我们党要改革领导方式与执政方式，提高领导水平与执政水平，其内容应当包括改变上述种种问题的具体处理方式。“十六大”报告指出，“党的领导方式和执政方式与新形势新任务的要求还不完全适应”，要“以改革的精神，加强和改进党的领导，不断提高党的领导水平和执政水平”；“坚持依法执政，实施党对国家和社会的领导。”①按“十六大”报告的精神，在这些方面共同的要求是将党的领导与人

① 江泽民报告：《全面建设小康社会，开创中国特色社会主义事业新局面》，人民出版社2002年版，第5页、10页、34页。

民当家作主有机结合起来，两者不可偏废。迄今为止，我们在处理这种关系时还没有形成成熟的、具体的制度，遇事还是在按照“从来如此”的老路子应对。但这些老套路在当今这个时代应该改一改了，否则就会失掉民心，使广大公民失去对社会主义民主的信心和信任。在岳阳市长“二选”风波中，如果市长候选人能依法提出两人，如果罗同志落选后能另提其他候选人，如果二次选举前再次确定候选人时采用无记名投票表决，其所能体现的民主程度都比当时的实际做法所体现出的民主程度要高得多，党的领导与人民当家作主的关系因而也会结合得好得多。例如，就党组织推荐市长候选人与市人民代表表决的关系论，前者体现了党组织对候选人的信任，后者要检验获党组织推荐者岳阳人民信任还是不信任。当党组织信任和提出的候选人没有获得人民代表的信任时，“二选”又一次推荐他为候选人，这一做法就侧重考虑了实现党的领导而较少考虑人民当家作主；但若执政党提名的候选人落选后，党的有关组织在调查研究的基础上另行推荐自己信任，人民代表也充分信任的优秀干部做候选人并获得通过，那么，党的领导与人民当家作主就都实现了和谐统一。如果选举是差额的，两者的实现程度和统一协调度会更高。这应当是改进党的领导，完善社会主义民主的一个重要方面。党成功实施领导的关键在于培养好、选拔好、宣传好素质高、有实绩、得民心的优秀干部，靠向人民代表施压或变相强加于人的办法保证候选人当选，是下策，可能造成重大遗患，不可行。

五、按发展社会主义民主政治的要求，修改或解释有关法律的相应条款，健全地方国家机关领导工作人员选举制度

迄今为止，在地方国家机关领导工作人员选举过程中，有关机构和人员通常将时间和精力主要集中于确保党组织推荐的候选人当选，相对忽视人民代表选举权的落实。这在地方国家机关正职领导工作人员选举方面有较典型的表现。通常，党组织推荐的候选人均由主席团提名，几乎肯定能成为正式候选人；代表联名提出的候选人法律没有规定必须由大会主席团批准，但事实上各地人大的大会主席团都掌握了这项权力，而且据笔者所知，几乎从不允许代表联合提名的正职领导人员候选人成为正式候选人，即使有，也可以肯定十分罕见。

法律关于地方国家机关正职领导人一般应差额选举的规定就这样被有义务保障法律在本地区实施的地方各级人民代表大会事实上基本废弃或废除了。这种状况应当迅速扭转。

为保障和发展社会主义民主，笔者建议解释或修改有关法律的相应条款。不论采用解释还是修改地方组织法的方式，也不管具体怎样运用文字，都有必要明确以下内容：地方国家机关领导工作人员候选人的预选、确定和选举，都必须以无记

名投票方式表决,应设秘密写票处;选举地方国家机关正职领导人,候选人不能少于两人,应一律实行差额选举。

若能这样做,此举将是社会主义民主的一个重大发展。等额选举之类做法早已不合时宜,早放弃一天,我们在民主和法制建设中就能多得到一分主动权。

(2003 年第 2 期)

SARS与人身自由
——游动在合法性和正当性之间的抗SARS措施

朱　芒*

突如其来的SARS疫情正考验着我国的法律制度。这是非常状态的问题考验着平常状态的法律制度,考验着平常状态的法律制度能否以及如何应对非常状态的问题。

一、抗SARS措施涉及人身自由

自SARS发生之后,中央以及地方各级政府采取了许多措施对抗疫情。这些措施的法律效果分别涉及企业的营业自由①等方面,其中留验观察、隔离治疗等抗SARS措施涉及人身自由。人身自由属于公民的基本权利,受到我国《宪法》的保护。因此在应对非常状态问题的背景之中如何认识具体的抗SARS措施与人身自由之间的关系已成为一个急需考虑的法律课题。

二、抗SARS措施与合法性

(一)抗SARS措施与法律保留

作为抗SARS措施的隔离治疗等强制措施涉及公民的人身自由。我国《宪法》第37条第1款规定:“中华人民共和国公民的人身自由不受侵犯”。因此,如需要对人身自由进行限制时,必须符合法律规定的要求。对此,《立法法》作了相应的规定。该法第8条限定的只能制定法律的各项立法事项中,其第5项将“限制人身自由的强制措施和处罚”也列入其中。因此,可以看出任何对公民人身自由的限制都属于法律保留事项,即如果需要对公民的人身自由施加限制,必须具有法律上

---

* 作者单位:华东政法学院(现华东政法大学)。

① 例如,北京市文化局通知暂停全市文化娱乐场所经营活动,载 http://cyc7.cycnet.com:8090/cycnews/index-3.jsp? n-id=40363&s-code=0201。

的依据①。

就抗 SARS 而言,毫无疑问,行政机关最应该,同时也是最可以直接适用的是 1989 年 2 月 2 日第七届全国人民代表大会常务委员会第六次会议通过的《传染病防治法》②。因此,检测抗 SARS 措施的合法性,首先应该考察这些措施与《传染病防治法》之间的关系究竟如何。

(二)实施抗 SARS 措施的前提——法定传染病和疫区的宣布

基于上述法律保留的要求,检测 SARS 疫情发生之后相关行政机关所采取的措施是否具备合法性就必须从该法中寻找基本的答案。

从中央和地方各级政府迄今为止采取的措施看,主要是《传染病防治法》第 24 条、25 条、26 条所规定的各种控制措施。其中直接涉及人身自由的是第 24 条和第 26 条。第 24 条规定了隔离治疗、强制隔离治疗、医学观察等控制措施(以下简称第 24 条措施);第 26 条规定了对人员、物质和交通工具实施卫生检疫和疫区封锁等措施(以下简称第 26 条措施)。

必须注意的是,运用这些措施对人身自由进行限制时,都必须存在一个前提要件:实施第 24 条措施的前提要件是相应的传染病必须属于法定传染病(事实要件);实施第 26 条措施的前提要件是针对已经被宣布为疫区的地区(地域要件)。

但是,考察迄今为止中央和地方各级政府采取的措施,可以说,都缺乏上述两项前提要件,换言之,各项措施在合法性要件方面或多或少都存在一定的瑕疵。具体分析如下。

1. 第 24 条措施的法定前提要件——作为事实要件的“法定传染病”

第 24 条措施的实施前提要件是发生了《传染病防治法》规定的传染病。具体而言,可以实施隔离治疗或者强制隔离治疗措施的对象是“甲类传染病病人和病原携带者,乙类传染病中的艾滋病病人、炭疽中的肺炭疽病人”(该条第 1 款第 1 项);可采取医学观察的对象是“疑似甲类传染病病人”(该条第 1 款第 3 项)。归纳而言,实施这些限制人身自由措施的前提要件是存在甲类或特定的乙类传染病这样的事实。

然而,事实上,至今实施的上述措施并不具备这项法定的前提要件。

用排除法作分析,SARS 不属于艾滋病或肺炭疽病,因此,当排除了这两项特定的乙类传染病之后,第 24 条措施可实施的对象便只有《传染病防治法》第 3 条规

---

① 有关构成法治行政基本部分的法律保留原则的具体内容,可参见俞子清主编:《行政法与行政诉讼法》,法律出版社 2001 年版,第 36 ~ 39 页(朱芒撰写)。

② 在 http://www.zgxl.net/sljk/crb/ygfg/ygfg.htm 中,可以见到经系统整理了的有关传染病的法规体系。在这个法规体系中,《传染病防治法》是最为综合性的法律。

定中剩余的甲类传染病了。也就是说,只有 SARS 属于第 3 条规定的甲类传染病时上述措施才可被用作抗 SARS 之用。

在法定的传染病种类中,《传染病防治法》第 3 条第 2 款并没有将 SARS 列入明文规定的甲类传染病之列。因此,只有当国务院根据该法第 3 条第 5 款的规定,增加 SARS 为甲类传染病并且予以公布之后,第 24 条措施才能够成为合法的抗 SARS 措施。

但是,SARS 至今没有被宣布为甲类传染病。回顾卫生部发布的有关文件可以明显地看到这一点。

4 月 8 日,卫生部发布《卫生部关于将传染性非典型肺炎(严重呼吸道综合征)列入法定管理传染病的通知》(卫疾控发〔2003〕84 号)(以下简称"4 · 8 通知"),宣布将 SARS 列入《传染病防治法》法定传染病范围进行管理,并规定对诊断病例和疑似病人等可以采取的诸如隔离治疗等强制措施①。"4 · 8 通知"开头部分是这样表述的:

根据国务院会议精神,为加强传染性非典型肺炎(严重急性呼吸道综合征)防治工作,经研究,决定将其列入《传染病防治法》法定传染病进行管理。

从这段表述看,"经研究,决定"的主体是卫生部,是卫生部决定将 SARS 纳入法定传染病的。

但根据《传染病防治法》所设定的权限看,卫生部只能增加乙类或丙类传染病(第 3 条第 5 款后句)。换言之,卫生部宣布增加的法定传染病不能构成适用第 24 条措施的前提要件。4 月 12 日,卫生部、财政部、交通部、民航总局联合发布"关于严格预防通过交通工具传播传染病非典型肺炎的通知"②(以下简称"4 · 12 通知"),宣布设置病人留验站,对病人或疑似病人实施留验观察和隔离治疗等措施。"4 · 12 通知"的开头部分表述如下:

国务院决定,将传染性非典型肺炎列为传染病,按照《传染病防治法》的有关规定管理。

从"4 · 12 通知"中反映出了这样一项信息:在"4 · 8 通知"之后,国务院已经作出了将 SARS 列入甲类传染病的决定。然而,根据《传染病防治法》第 3 条第 5 款前句的规定,这项决定只有经公布程序之后才能对社会发生效力。但是,在国务

---

① 参见卫生部主页中的 http://www. moh. gov. cn/zhgl/zt/1200304110026. htm。值得注意的是,该项通知在公布程序方面存在一定的瑕疵。具体情况参见李咏、吴小亮:"SARS 催促行政透明",载《财经》2003 年第 8 期。

② 载 http://www. moh. gov. cn/zhgl/zt/1200304130005. htm。

院至今已公布的各项文件中未见这项决定①。

2. 第26条措施的法定前提要件——作为地域要件的“疫区”

上述要件瑕疵的问题,同样在实施第26条措施时存在。

自SARS疫情发生之后,各地政府实施了一系列的卫生检疫措施,“严防死守”,抗击SARS。

例如中共北京市委、北京市人民政府作出了《关于加强北京防治非典型肺炎工作的决定》②,该决定的第4部分规定:

对通过民航、铁路、公路进出北京的乘客实行防疫检查。

由北京市交通委、北京市卫生局、北京市公安局、民航华北管理局、北京铁路分局组织,在北京行政区域内的机场、火车站、省际长途汽车站和公路检查站设立联合检查组,实行防疫检查;所有进出北京的乘客要按规定填写《健康登记卡》,并接受体温测量;发现有发热症状的乘客,要送留验站;对疑似病人由卫生部门及时送定点医院;对与疑似病人同舱或同一车厢的乘客由流行病学调查队进行造访和医学观察。对拒不接受体温测量或留验诊断经劝阻无效者,由公安机关采取必要措施予以制止。

全市各宾馆、饭店、旅馆、招待所要严格执行入住旅客填写《健康登记卡》制度,并对住店客人每天测量体温,发现问题,及时向所在地卫生防疫部门报告。

再如,上海市人民政府也采取了类似的措施,据报道③:

上周开始,上海在所有关口实行双向防堵,改变了前期仅对入沪旅客检查的做法,既控制“非典”的流入,也防止流出。所有空港、水上航运码头、陆路道口和铁路列车等对到沪和离沪的旅客统一实行测量体温、填报健康申报表制度。4月29日起,民航部门对所有从上海出港、离境的旅客进行体温测量,异常者必须出具有关医疗证明,方可办理登机手续。以公路为例,4月26日起,在32个道口由医务人员对旅客进行检查,发现有高烧等症状的进出人员就地进行复查,如果仍然不能排除,一般15分钟内送到区县中心医院观察。

---

① 4月19日《北京青年报》的评论“‘非典’隔离不是歧视”提道:“此次中央和地方对‘非典’的防治工作,包括隔离治疗措施,正是比照了《传染病防治法》中对‘甲类传染病’设定的标准”。因此可以作出这样的判断:到此日为止,媒体也并不知晓国务院是否已经公布此项决定,载 http://www.bjyouth.com/article.sp?oid=2277175。另外,《中小学生读本非典防治手册》提道:“这次国家对非典的防治工作,包括隔离治疗措施,正是参考了对‘甲类传染病’设定的标准”。《中小学生读本非典防治手册》,上海科技教育出版社2003年版,第14页。

② “中共北京市委、北京市人民政府:关于加强北京防治非典型肺炎工作的决定”,载《中国青年报》2003年4月28日;载 http://www.beijing.gov.cn/Resource/detail.asp?ResourceID=63390。

③ “上海市:强化、深入防治非典型肺炎各项措施”,载 http://www.moh.gov.cn/zhgl/xgxx/gndt/1200305010003.htm。

上述这些地区所采取的各种强制性的检查措施，只有在以《传染病防治法》第26条为依据时才具备合法性。但是，实施第26条措施的一项前提要件是被宣布为“疫区”的地域要件。该条第1句规定如下：

甲类、乙类传染病暴发、流行时，县级以上地方政府报上一级地方政府决定，可以宣布疫区，在疫区内采取本法第25条规定的紧急措施，并可以对出入疫区的人员、物质和交通工具实施卫生检疫。

从目前可见的媒体资料看，世界卫生组织曾分别于3月16日和4月12日将北京列入SARS的疫区。在国内，尽管许多地区的政府事实上实施着第26条措施，但是，至今没有任何一个地方政府将实施措施的地区宣布为疫区①。因此，在缺乏宣布“疫区”这项前提要件之下实施的第26条防疫检查等措施，其合法性显而易见是存疑的。

三、抗SARS措施与正当性

如上所述，目前正在实施中涉及人身自由的抗SARS措施存在合法性方面的瑕疵，并且有关的问题也正引起人们的关注和讨论②。

但是，上述对抗SARS措施合法性分析是以实定法为根据进行的。而目前SARS疫情中的很多情况则显然并非是可从既存的实定法中寻找到有效的对应措施。在相当大程度上，既存的实定法并不是能够全然预测到各种未来可能发生的事情，这正是实定法的局限性。SARS的突如其来，寻找其病原体的艰难过程以及至今尚未研究和生产出能有效治疗的药物等事实说明SARS本身与《传染病防治法》第3条所列举的35种法定传染病不同，法律体系并未预设其发生之后可采取的有效措施。总而言之，至今支撑抗SARS措施的，尤其是其中涉及人身自由的措施的，并不是适用于平常状态的实定法体系，而是在非常状态下的其他因素。因此，分析和评论抗SARS措施与人身自由之间的关系，就不能仅仅以既存的实定法

---

① 北京市人民政府于4月23日发布《关于对非典型肺炎疫情重点区域采取隔离控制措施的通告》，载http://www.beijing.gov.cn/Resource/detail.asp?ResourceID=62734。纵览该通告全文可知其中“非典型肺炎疫情重点区域”是指“受到非典型肺炎扩散污染的场所”，具体是指“受非典型肺炎污染的医院、工厂、饭店、写字楼、居民住宅、村落、学校及其他场所”。因此，即使这里将“非典型肺炎疫情重点区域”解释为“疫区”，这依然不能构成本文中引用的那些覆盖整个直辖市行政区域的卫生检疫措施的合法要件。

② 例如在“法律思想网”上进行的关于“防治非典与个人自由”的讨论。载http://law-thinker.com/cgi-bin/yadian/dispbbs.asp?boardID=32&RootID=27608&ID=27608。再如，“行政法论支”上进行的关于“‘非典’的延伸问题”的讨论，载http://ww.chinallaws.com/bbs/showAnnounce.asp?id=398360&boardid=27&Page=1。

为唯一依据。

观察目前使抗SARS措施发生效力的各种因素,可以看到,人们对"必要性"的认识起着决定性的作用,即如果不采取现行的抗SARS措施则难以预防或遏制SARS的疫情发展。处于非常状态的当前,是人们对采取抗SARS措施"必要性"的认识为这些措施提供了正当性基础,使其有效的作用得以维持。以下的两个方面可以说明抗SARS措施具有正当性。

其一是各级政府和市民对实施抗SARS措施"必要性"的共识。由于人们对SARS在知识方面缺乏充分的认识,由于人们对SARS流行方式感到束手无策和恐惧,为了尽最大可能免除SARS威胁,人们需要政府的公共权力积极介入以弥补社会和个人力量的软弱。事实上也只有政府独有的公共权力介入之后才能够取得效果①。

其二是人们在成为抗SARS措施的对象时所表示的自愿同意和接受。这种同意和接受当然也是建立在对上述必要性的认识基础之上的。如有的市民表示:"每个与患者密切接触的市民都应该主动隔离,不到处乱跑,这样可以避免更多的人感染。这是对家庭、对社会负责的表现,也是文明的标志。"②

四、合法性抑或正当性:如何选择

概括上述几个部分对当前抗SARS措施的整理分析,可以说,对照《传染病防治法》,目前以具有限制人身自由内容的第24条措施或第26条措施的形式表现出来的抗SARS措施在合法性方面均存在相当的瑕疵;但另外,事实上维系这些措施有效运作的则是基于"必要性"产生的正当性。

"必要性"是应解决非常状态下问题之需要产生的。当"必要性"并不是构成某项措施形式方面的合法性要件时,其直接反映出的是社会对法律,对公共权力的实质要求。当前人们期待的是各级政府能够实质性地解决由SARS造成的公共健康和安全方面的危机,真正承担公共卫生职责。因此"必要性"支撑的正当性也只有在这类非常状态之下,即当实定法无法或者难以提供有效的法律资源实质性地

---

① 例如,http://news.sina.com/cn/c/2003-05-01/10351026434.shtml上所登载的"聚焦:上海为何至今未大范围爆发非典"一文指出了上海在抗SARS方面取得的效果与上海市政府及早采取了第24条措施和第26条措施有紧密的关系。

② 4月19日《北京青年报》的评论"'非典'隔离不是歧视"引用了市民杨先生的上述话。据报道,北京市民杨先生的女儿感染了SARS,作为密切接触者,杨先生主动向单位和街道提出了隔离的要求,载http://www.bjyouth.com/article.jsp?oid=2277175。

满足社会需要时才具有真正的法律意义①。

但是，非常状态不会永远持续，即使非常状态依然持续，那么，无论采取哪种措施，不能总在事实上的“必要性”中寻求和维系效力。SARS给人们的启发是应尽快建立能够在平常状态中充分预测和对应诸如公共健康和安全危机等问题的法律制度，从而使“必要性”成为采取法定措施的一项前提要件，而不是仅仅是事实上的，孤立于实定法体系之外的“赤裸裸”的客观存在。总之，如何通过法律制度建设，在合法性中去整合“必要性”和正当性是目前相关法律制度建设的当务之急②。

其实，尽管至今抗SARS措施得以维持的基础是其在此时此刻所拥有的正当性，但从卫生部的“4·8通知”和“4·12通知”中可以看出，中央政府将SARS列入法定传染病范围，这表明其已经意识到并且也开始着手依据法律实施控制措施，即所谓要“依法抗‘非典’”。卫生部也随即开始起草《突发公共卫生事件应急条例》③。而此前，在十届全国人大一次会议上就有代表提出建立“紧急状态法”以对付包括灾难事件在内的重大突发事件④。在这方面，国际社会也已经为我国这方面的制度建设提供了许多可参考的样本⑤。

总之，在法律制度中有效地处理“必要性”，将正当性转化为合法性，使合法性中蕴涵正当性是今后法律制度建设的应有走向。当然，在具体的制度建设时还必将面临许多极其复杂的问题，本文无法具体展开。在此想唤起注意的是，如何平衡有效地满足“必要性”手段与法治国家对包括人身自由在内的人权的保障要求之

① 陈淳文在行政权介入人民自由的状态分为两种，一是行政主体在宪法及法律的规范下行使其警察权；二是在非常态的法制环境下，行政主体之警察权基于维护秩序与安全之“必要性”，可以暂时超越实证法之规定，额外地增加人民自由之限制。陈淳文：“再家畬急”，载《人文及社刊》第13卷第1期。

② 在目前抗SARS的过程中，已经出现了借此“必要性”的名义滥用职权的现象。具体见程洁：“‘非典’时期为政府防疫法律体制把脉”，载http://211.100.6.6/execute.asp?path=/content-files/sars-003.htm20030430/sars-003.htm&luntantitle。

③ 《中国青年报》2003年4月23日报道，载http://news.eastday.com/epublish/gb/paper148/20030423/class014800003/hwz930302.htm。仅从“条例”这一名称难以判断出其最终形式是法律还是行政法规。如果其内容中设定的措施涉及限制人身自由，则该“条例”只能是法律。

④ 参见http://zgrdxw.peopledaily.com/cn/gb/paper402/2/class040200001/hwz231754.htm登载的报道：《关于制定紧急状态法的议案》，议案由童若春等34名代表提出。

⑤ 例如联合国大会1966年12月16日通过的《公民权利和政治权利国际公约》第4条对“社会紧急状态”的规定。参见董云虎、刘武萍编著：《世界人权的法纵览》，四川人民出版社1990年版，第973页。再如法国1955年的《紧急状态法》第1条中也将“当发生其性质和严重性都具有社会灾难性质的事件时”作为宣布紧急状态的一种原因。参见莫纪宏、徐高著：《紧急状态法学》，中国人民公安大学出版社1992年版，第185页。

间的紧张关系，寻找出两者之间的“中道”是这方面法律制度建设的关键所在。①

（2003 年第 5 期）

① 曾任德国联邦宪法法院首席法官的 Ernst Bendad 在他的理性、妥协的“中道”（Mittelweg）理论中指出在上述两者的紧张关系中，一方面，如果最大限度地实现对人权的保障，则当发生紧急状态事件时，能实际有效处理事态的规定会尚失功能；反之，如制作紧急体制以完全满足现实的要求，则会使法制国家和民主的保障陷入绝地，因此，为了建立有效且无害的制度，使上述（极端对立的）两条道路之间不形成冲突，就需要将实际有效性和防治滥用权力这两种观点置于同样的地位加以考虑。Ernst Benda, *Der Rechtsstaat in der Krise*, 1972, S. 79f. 转引自小林直树著：《国家紧急权——非常事态中的法与政治》（日文版，学阳书房 1979 年），第 17 页。

法官、检察官不可纳入“国家公务员”
——对《公务员法》起草中一个问题的几点意见

葛洪义[*] 刘治斌[**] 李 燕[***]

近来,《公务员法》讨论稿中的一些问题在我国法学界与法律界引起了争议,讨论稿拟将法官、检察官都纳入国家公务员系列进行统一管理和考核,对此,人们看法不一:法学界人士多持反对意见,法律界则表现得比较谨慎,似乎不愿意过多批评。① 由于有关部门没有向社会征集对该法起草工作的意见,不仅社会公众,而且我们周围专门从事行政法研究的专家,都没有办法直接参与草案的讨论,所以,我们自然也就无法确证如此令人惊讶的制度设计背后的真实意图。虽然缺乏“理想说话情景”(idealspeechsituation),但我们还是凭借一个学者的信念主张公共讨论的权利,以引起公众和全社会对这个意图的关注与警惕。

我们认为,《公务员法》如果将法官、检察官纳入国家公务员系列进行统一管理和考核,必将造成其与现行有效的《法官法》、《检察官法》之间的冲突和矛盾;造成国家公务员录用考试与刚刚实行的、受到广泛欢迎的国家统一司法考试的冲突和矛盾;这不仅是对追求法治国家与宪政制度赖以为基石的司法独立的努力的一次挑战,而且是对国家建立公务员制度初衷的背离。

一、《公务员法》应该与已经生效的法律协调一致,从根本上看更须符合人事制度改革的基本精神

首先,立法工作必须合法进行,包括符合程序法与实体法,这是立法工作必须遵循的一个基本原则,无论哪个国家机关负责法律起草工作,都必须舍弃部门利

---

* 作者单位:西北政法学院(现西北政法大学)。
** 作者单位:西北政法学院(现西北政法大学)。
*** 作者单位:西北政法学院(现西北政法大学)。

① 2003年1月14日,北京大学司法研究中心与西北政法学院法学研究所在京举行“国家司法考试及其配套制度建设研讨会”,来自北京大学、中央党校、中国人民大学、中国政法大学、中国社会科学院法学研究所、复旦大学、四川大学、湘潭大学、西北政法学院(现西北政法大学)以及最高人民法院、国务院法制办、司法部有关部门等单位的20余名代表出席了会议。代表们就下述问题达成共识:国家司法考试目前存在的亟待解决的问题,很大程度上取决于对传统的人事制度的深入改革。对《公务员法》起草中的这个问题也进行了激烈讨论,但是意见不完全统一,大体可以分为这两种情况。

益，本着全局观点，维护国家的法制统一。而拟议中的《公务员法》一旦以目前立意被立法机关通过，其势必与现行有效的《法官法》、《检察官法》之间产生事实上的矛盾和冲突，进而将会损害法制的统一和法律的权威。《法官法》、《检察官法》关于“法官”与“检察官”的称谓表明：从事审判、检察工作的人员与国家公务员是不同的，而这有利于形成一个能够与“依法独立行使职权”的要求相一致的司法队伍。[①] 将法官、检察官纳入《公务员法》调整，使之与公务员同一，或者说用“公务员”的称谓统率一切国家机关公职人员，从法律角度看，是不符合我国现行有效的《法官法》、《检察官法》中对法官、检察官单列的规定的。而且，《法官法》与《检察官法》中关于初任法官、检察官的考核和管理也有自己独立的标准和方法，即应从通过国家统一司法考试，并具备相应条件的人员中选任，由司法系统进行管理。这个规定在公务员考试和公务员管理体制的冲击下很可能形同虚设，有关法律的严肃性和权威性将被严重削弱。当然，这并不是说法律一经制定就不能修改，如果《法官法》、《检察官法》的规定是不恰当的，完全可以修改，而且必须修改。但是，这种修改应该建立在对已经实施的法律的认真、广泛地总结和分析的基础上，建立在法治建设需要的基础上。而《公务员法》的这种规定，恰好否定掉了《法官法》、《检察官法》最有价值的立法精髓。例如从可能产生的后果和社会影响看，是与人民群众对司法机关作为中立的裁判机关的期待以及国际上通行的做法格格不入的；司法公正所需要的司法官独立，会因人事行政部门对司法官生计与前途命运的扼喉之势而进一步弱化；从制度构建上来看，将法官、检察官纳入公务员系列，则可能混淆司法机关与行政机关、司法人员与行政人员之间的区别，使历经艰辛取得的司法改革成果大打折扣。

其次，《公务员法》所必然涉及的公务员考试与国家司法考试同属国家公职人员的考试与选拔方式，将法官、检察官纳入《公务员法》的调整范围，必然会造成考试重叠和录用冲突。两种考试制度并存，等于为有志于从事法官、检察官工作的人员设置了双重准入限制，不仅给应考人员带来沉重的负担，增加了考试成本，使本已相当微妙的法官、检察官录用工作进一步复杂化，不利于将优秀人才吸引到国家司法机关；而且，由于人事部门拥有的广泛的人事管理权力，双重考试的结果必然造成公务员考试才是真正决定一个人能否进入法院和检察院并任法官、检察官的

① 我国1982年《宪法》及其以后的修正案、1983年《人民法院组织法》及其修正案都没有提出“司法机关”的概念，只是分别规定人民法院是国家的审判机关、依法独立行使审判权；人民检察院是国家的法律监督机关、依法独立行使检察权。十五大报告第一次明确提出：“推进司法改革，从制度上保证司法机关依法独立公正地行使审判权和检察权。”这也表明政治高层第一次明确将“司法机关”界定为法院和检察院两家，正式区别于含混不清的“政法机关”这一概念。参见万鄂湘：“当代司法制度与司法公正——在北京市人大常委会举办的法制讲座上的讲话”，载《最高人民法院公报》2001年第6期。

关键。另外,目前司法考试实行的是全国统一考试,除少数边远省区有适当照顾外,也采用的是全国统一划线、统一录取的办法;而公务员考试目前通行的做法是各级各地人事部门自主组织,自主录用,地方化特色非常明显。大公务员概念一旦通过立法方式被予以确认,也就意味着人事部门在强化和扩大公务员考试的同时势必会弱化国家司法考试的地位和权威。从小处说,是一种社会资源的浪费,引起新一轮改革中经常出现的部门利益争夺。从大处看,该种制度设计是对刚刚启动并正向纵深发展的法律职业化的反动,会影响法律职业化的发展和司法官的独立地位,最终会影响人民群众对法治建设的信心。

最后,《法官法》、《检察官法》和即将颁行的《公务员法》同属干部分类管理的人事制度改革的组成部分,《公务员法》的制定应该推动这一改革进程,而不是倒退。将法官、检察官纳入《公务员法》调整,实际上严重违反了干部分类管理的改革原则,在一定意义上是用大公务员概念取代了原来笼统的“干部”称谓,不符合干部分类管理的原则。干部分类管理是我国干部人事制度改革的基本方向,它要求根据国家机构所承担任务的不同,对其工作人员进行分类管理,法官制度、检察官制度以及国家公务员制度的建立都应当是这一改革的组成部分和重要内容。在国际上,公务员通常是指国家行政机关即政府部门的工作人员,一般不包括法官、检察官。① 因为,作为争议裁判机构的司法机关,特别是法院,在裁判中必须保持中立,而法院中立的前提是法官独立,如果法官的录用、任免、奖惩完全听任于人事部门,法官的独立就无从谈起。就我国的实际情况而言,公务员的概念可以适当地扩大,但是也不宜将法官、检察官纳入到公务员的管理体制中,否则,会造成法官、检察官与公务员选拔和录用上的混乱,②同时影响司法机关在人民群众心目中的中立性地位,导致人民对司法机关能否在公民与政府的关系中真正做到依法办事产生疑问。

---

① 公务员制度是西方国家文官制度的组成部分,通常是解决政府官员的专业化、知识化、官僚化和职业保障问题的。虽然也有个别国家将法官纳入公务员管理,但是,这个做法并不适用于中国。因为,中国长期以来都是用“干部”一词表明一种特殊的身份和待遇,公务员制度就是要改变这种传统做法,使之建立在社会分工和职业分化的基础上。如果不能旗帜鲜明地将法官、检察官独立出来,传统的“干部”称谓及其所包含的价值取向就不可能得到根本转变。

② 上海市2003年度招录公务员岗位专业考试共分:党建、统战、政法、文秘、金融、审计、统计、文化、宣传、经济管理、科技教育、财务管理、信息技术、外事管理、市政规划、环境管理、交通管理、社区管理、人力资源管理、医疗卫生管理19个岗位专业考试。在该项分类考试中,“政法”包括了公、检、法、司、(安)几个部门,完全混淆了司法机关与行政机关的区别。这也许是人事部门为了招录管理的方便而采取的便利措施,但同时也反映了在我们的社会中,相当一部分人和机构对法院和检察院的性质和地位、对法官和检察官身份仍然存在一些错误认识,这对司法机关依法独立行使职权,对司法官的秉公执法都会产生极为不利的制度、文化和社会环境等方面的影响。

二、法官、检察官是特殊的职业,《公务员法》的制定应该推进官员职业化,包括法律职业化的发展进程,而不是相反

从中国共产党第十三届全国代表大会提出建立公务员制度起,经过广泛地宣传,人民群众和社会各界,包括干部队伍,对公务员制度寄予了深深的期待,期待能够通过法律手段,建立一个高效、廉洁、专业的中国式的文官制度,甚至期待能够将政务类官员与业务类官员加以区别,从而保障公务员队伍的稳定和政府决策的连续性。千呼万唤始出来的《公务员法》即使不能完全做到一步到位,也至少应该为推动这种职业化的发展稍稍做点贡献。但是,拟议中的《公务员法》,在对待法官与检察官的问题上,似乎采取了一个相反的立场,即对已经走在干部制度改革前列的法官、检察官的职业化改革采取了一个“收”的政策和原则!

法官、检察官是一种特殊的职业。司法官、特别是法官作为国家公权力的行使者,代表国家依法承担着“定分止争”,实现社会正义、维护社会秩序的重要职责。社会对法官的职业操守、专业能力等都寄予了很高的期望,一直把法官当做正义的象征、公平的化身和良知的守护神。因此,司法官需要具备其他一些其他官员所不必须具备的特殊的职业要求,譬如专业的法律知识、职业的法律思维方式和从业技能、良好的法律职业道德等。这既是历史发展带来的社会分工日益精细化、专业化和复杂化的必然结果,也是司法的本质要求。

统一选拔法官、检察官、律师是法治国家通行的做法,在德国,司法考试针对所有的司法工作者,凡欲从事法官、检察官、律师、公证员等法律工作的人员,均得参加司法考试且取得合格成绩,另外还得接受为期2~3年的职前训练,才能有机会被任命为法官、检察官。日本的司法考试主要针对“法曹三者”(法官、检察官、律师),考试由法务省下设的“司法考试管理委员会”统一组织和管理;职前训练的组织及管理则由最高裁决所下设的“司法研修所”主持。① 英美法国家一般从律师中选任法官。也即各国要么采用统一考试的方式,要么采用从律师中选拔法官的方式,统一法律职业从业者的准入标准。我国的司法考试制度改变了原来法官、检察官的遴选办法,将法官、检察官与律师纳入同一考试之中,统一考试和录用,突出了其职业特性,改变了长期以来对司法官选任几乎无任何诸如教育背景、专业知识、从业技能和道德要求的落后现状,从制度上摒弃了司法官职业大众化的现象,符合依法治国和国家法治化的需要,也符合国家司法审判和检察同司法行政事务逐步

---

① 耿方卿:“法德日各国司法官律师考试及训练制度”,载《法令月刊》1991年(3)186~187,(4)91~92,(5)135~136。

相分离的改革目标。

拟议中的《公务员法》将法官、检察官纳入公务员系列管理，将会使国家统一司法考试因公务员考试事实上的终决性而影响专门法律人才选拔制度的权威。我国公务员制度虽然自确立之日起，就使用的是大公务员的概念，它包括了各级国家行政机关中除工勤人员以外的工作人员和其他行使国家行政职能，从事行政管理活动的单位中除工勤人员以外的工作人员。另外，党的机关的工作人员，全国及县以上人大、政协机关、妇联、共青团、侨联、各民主党派中央工作机关等相关工作人员，亦参照国家公务员进行管理。但是，作为现行有效的公务员管理的唯一，也是最高位阶的法规，国务院于1993年颁布实施的《公务员管理暂行条例》也并没有从法律上明确将法官、检察官纳入公务员范围进行管理。

将法官、检察官纳入公务员管理序列，必然会强化我国现行司法管理体制包括法官管理制度、检察官管理制度中根深蒂固的行政化色彩，使审判工作和检察工作的职业化特征难以体现。公务员考试内容的广泛性难以满足法官、检察官职业对专门法律知识的需要；公务员管理和履行职务的行政隶属性、服从性，也与法官、检察官管理和履行职务的平等性及其相对独立地位完全不同。法院、检察院被当做党政机关一部分，法官、检察官被当做"官"的传统认识会在公务员系列的管理体制下得到进一步强化，司法机关的中立地位，法官、检察官的独立身份更加难以在改革中得到普遍的确认。

三、将法官、检察官纳入公务员系列管理，混淆了司法与行政之间的界线，不符合党的十六大提出的司法与行政事务逐步相分离的改革要求

"依法治国，建设社会主义法治国家"是党中央一项重要的战略决策，实践证明，推进这一进程，必须要对原有的司法体制进行改革。经过20多年的法治建设，我国基本上已经建立了社会主义法律体系，当前法治建设中最为突出的问题和矛盾就是有法不依，司法不公。党的十六大政治报告明确提出了继续推进司法改革的问题，要求按照公正司法和严格执法的原则，完善司法机关的机构设置、职权划分和管理制度，从制度上保证审判机关和检察机关依法独立公正地行使审判权和检察权；改革司法机关的工作机制和人财物管理体制，逐步实现司法审判和检察同司法行政事务相分离。法律职业化以及与此相关的国家司法考试，正是从制度上保证司法机关依法独立行使职权的一项重要举措，其直接目标就是要建设一支政治坚定、业务精通、作风优良、执法公正的司法队伍。

司法机关不同于国家行政机关，法官、检察官所从事的工作也不是国家行政管

理权力的延伸。人民法院的院徽是一柱华表支起的一架天平，是对法院中立性的无言阐释。在通过诉讼解决争议的过程中，法院能否保持中立，不受行政机关和权力机关的控制，最重要的一点，就是看司法机关是否具备了审查行政决定正当性、合法性的权力，看行政或立法部门是否有权对作出与行政或立法部门要求和希望不一致的判决的法官进行惩罚。[①] 如果行政部门或权力机关有权对法官、检察官录用考核、任职晋级生杀予夺，那么司法官的独立在制度上就是不可能的。法官和检察官从事的是特殊的职业，需要有丰富的法律知识、专门的法律技能和良好的职业伦理与职业道德，也更需要身份和地位的独立。职业要求他们在适用法律时，除法律之外，不服从其他任何的"上司"，因此，法官、检察官管理制度应当突出其职业特性，尊重其独立地位。

另外，"法官职责的本质所在，是其应当公正，即不偏袒某一方，不主动介入事务，不主动行为(act sua sponte)，而是只对向他提出的案件加以决断。"[②]法官对争议的裁判应当是消极的、中立的，他通常是被动的对当事双方之间的争议加以裁决的人，不能主动介入争议，在裁决中也不能以保障某一方的利益、权利或需要为其价值取向。因此，保持中立既是法官的职业要求，也是司法的本质所在。而公务员本质上受雇于政府，其行为的意志来源于他所属组织的意志，在具体工作中还必须服从其上级领导。我国《公务员暂行条例》对公务员义务的规定中就有"忠于职守，勤奋工作，尽职尽责，服从命令"的要求，这和法官应当而且只能忠实于法律的要求是格格不入的。

历史上，为了司法独立，为了法律不再做政治的谦卑的婢女，法官和法院曾经无数次抗争。17世纪英国大法官柯克冒着生命危险拒绝国王审理案件要求的故事，至今是人类法治历史上最亮丽的一道风景。18世纪，法国著名的政治哲学家和法学家孟德斯鸠就从分权和制衡原则出发，论述了司法权与行政权分离的必要，以及司法权与行政权合二为一的恶果："当立法权和行政权集中在同一个人或同一个机关之手，自由便不复存在了；因为人们将要害怕这个国王或议会制是暴虐的法律，并暴虐地执行这些法律。"[③]自近代以来就致力于学习西方先进科学和民主法治思想的中国，在21世纪伊始，在"依法治国，建设社会主义法治国家"已经被确立为治国方略的大背景下，却要把法官、检察官作为国家公务员的一个部分，却要有意或无意模糊和混淆司法与行政的不同，这恐怕不仅仅是一种对历史的背弃，更是一种对现实的嘲讽，是完全与"依法治国，建设社会主义法治国家"的战略决

---

① 美国最高法院大法官安东宁·斯卡利亚2002年9月2日在国家法官学院所做的"论法治和司法独立的重要性"的讲话。载www. sinoliberal. com。

② ［美］约翰·奇普曼·格雷："论法院"，龙卫球译，载www. 1awintime. com。

③ ［法］孟德斯鸠著：《论法的精神》，张雁深译，商务印书馆1961年版，第156页。

策背道而驰的。

四、应当建立单独的法官、检察官管理制度，并保证法官、检察官享有与公务员相同或更高的经济、政治、社会待遇

目前，一个有趣的现象是，许多法官、检察官以及有的法院、检察院并不反对甚至希望能够被纳入大公务员法所说的公务员范围。原因就在于中国原有的行政管理体制特别强势，一旦法官、检察官系列独立单列，其经济政治待遇可能严重下降，他们希望能够搭上公务员的"便车"，沾上"公务员"的"光"。在现有制度下，只有如此，他们的"名分"、相应的地位和待遇才能有所保障。

我们认为，这一点恰好证明当前中国必须加强法官、检察官职业独立的必要性和迫切性。有关部门和人员因部门利益、个人利益的考虑，固然有其现实的合理性，但是这种合理性是建立在不合理的制度基础上的，是无视法律职业特殊性，无视司法与行政在根本性质上的不同。在一个社会中，司法机关如果力求通过保持与其他机构、其他人员的同等地位和身份，力求通过向其他机关靠拢甚至献媚来力争自身地位的提高和利益的最大化，那是极其可悲和不正常的。那就说明，我们的制度设计本身是有问题的，因为它不能使所置机构各尽其职，也不能使其人员各尽其能。在大公务员制度的构建中，司法机关和司法人员在自身地位和身份定位上的取向，实际上就是对该项制度建构、设计的合理与否的最好诠释。

法官、检察官应该享有比公务员更高至少相同的各项待遇。原因在于：首先，法官、检察官从事的是一个为社会公正把好最后一道关口的特殊的职业。其次，法官、检察官从事的是一个权力大、责任大、备受社会关注的具有高度风险的职业。公正、廉洁、依法办事是他们最基本的职业道德，丰富的法律知识和法律实践经验是他们从业的基本的条件。法官、检察官是一种专业资格而非一种行政职务，更不是一种政治待遇，他们虽然也被称为"官"，但是却与我国大众语境中的"官"完全风马牛不相及。因而，司法机构在内部管理上要实现非行政化，尤其在法院，法官只能管案不能管人，不能由一个法官来决定另一个法官的命运；法官应该只有程序上的审判权，而不应该有人事上的决策权。也即，法官、检察官除了运用自己的专业知识办理案件外，没有任何其他的可供调动来满足自身物质需要的资源。因此，他们的从业成本远远高于一般公务员，他们的廉洁程度和职业能力受到社会更为广泛地关注。

为了使法官、检察官能够更好地履行职务，为保证司法的公正廉洁，世界各国普遍重视法官、检察官的物质待遇和社会保障，大都通过工资上的高薪制、任职期间工资收入不得减少和优厚的退休金制度来保障其职业收入。法官还应当有任期

制和终身制相结合的职务保障制度,一经任用,非因法定事由,非经法定程序,不得被免职、降职、辞退或者被处分。只有这样,法官、检察官的职业地位才能从制度上得到保障。而从我国的情况看,《法官法》和《检察官法》只是原则性地规定了法官、检察官所应享有的工资保障和福利。法律规定,法官、检察官的工资制度和工资标准,由国家特别规定。法官、检察官实行定期增资制度,法官、检察官享受国家规定的津贴、保险和福利待遇。但是,《法官法》、《检察官法》实施几年来,法官、检察官一直按照公务员系列进行管理,其工资完全与国家公务员相同,法官、检察官的职业责任和风险与其收入严重不符。因此,对法官、检察官实行单独管理后,就必须要保障法官、检察官的职业收入,逐步提高其待遇,至少不低于国家公务员的待遇。以增强法官、检察官职业的吸引力,维护法官、检察官职业应有的尊严。

法官、检察官的单独管理既符合司法机关独立履行职能的法治原则,又适应党中央依法治国的战略决策和法律职业化的改革需要,是对干部分类管理制度的完善和深化。我们应当充分认识到法官、检察官在遴选、考核、任免、职业保障、职业培训等方面的专业技术需要,建立一套相对独立的法官、检察官管理制度。使法官、检察官们消除向公务员靠拢的奇怪想法。

总之,司法官管理、特别是法官管理,只有有别于公务员,突出其职业特性,保证其独立地位并进而促进司法机关的独立,才能建立法官、检察官职业化管理并形塑司法机构公正、中立的社会形象,树立法律权威,使我国最终能够成为一个现代化的法治国家。而《公务员法》应该也能够为此做出自己的贡献。当然,这绝不仅仅是有利于法官、检察官队伍建设和司法改革的问题,实际上,也是国家公务员制度建设的需要。试想,一个试图解决和规范所有国家公职人员选拔、录用、考核、行为、保障等内容的《公务员法》,能够为中国的公务员队伍建设提供更多的东西吗?

(2003年第6期)

2004 年

私有财产权入宪的宪法学思考

韩大元*

一

在进入21世纪、即将迎来新中国第一部《宪法》颁布50周年之际，第十届全国人民代表大会第二次会议通过了第四次宪法修正案。本次修宪的亮点之一是修宪体现了以人为本的基本思想与价值。在公民基本权利保障领域，本次修宪第一次在宪法中规定了"国家尊重和保障人权"的原则，并赋予私有财产权以明确的宪法地位。毫无疑问，有关私有财产权的宪法规定，将对未来的中国社会发展产生重要的影响，同时给中国宪法学带来了需要研究的新课题。

在现代宪政国家中，财产权与公民的生命权、自由权一起构成了公民最基本的三大权利体系，集中体现着人的基本价值与尊严。宪法作为国家的根本法和社会共同体的最高价值体系，通常把对私有财产权价值的保护作为社会追求的基础与出发点。为了实现通过财产权所体现的人的基本价值，各国普遍在宪法中规定保障私有财产权的原则、界限与范围，并通过普通法律把保护私有财产权的宪法原则具体化，为公民实现私有财产权提供法律基础。

在中国，对私有财产权的性质与功能有一个长期的认识过程。由于受传统社会主义理念的影响，过去人们在社会生活中过分强调国家利益与社会利益，个人正当的利益在法律体系中没有得到应有的重视，缺乏保障私有财产权的基本制度与理念。从1954年《宪法》开始，新中国的几部《宪法》对公民的合法财产和私有财产的继承权等问题作了不同形式的规定，但内容与体系不完整，尤其是缺乏尊重和保障私有财产的社会与法律基础。如没有形成私有财产保障的理念，财产权的保障对象不明确，基本排斥了对生产资料的保护，只保护合法收入、储蓄、房屋等生活资料，对公民作为财产权主体应享有的生产资料所有权没有给予必要的保护。在具体保障私有财产权的规范体系与制度上，现行《宪法》没有明确私有财产权的宪法地位，只规定限制的原则，也没有从宪法角度规定补偿原则与程序。在公共权力与私有财产的保护上，过去采用的原则是不平等的，对公共财产的保护采取更为积极和主动的政策；而对私有财产的保护显得消极和被动，在具体保障力度上明显向

* 作者单位：中国人民大学法学院。

公共财产倾斜,导致两种财产权保护的不平等。由于财产权保护原则的不平等,客观上产生了一系列社会问题。如私有财产的拥有者缺乏财产的安全感,开始出现了向国外转移财产的现象,出现了强行拆迁、拖欠民工工资、非法占用耕地等现象。从宪法角度看,近年来我国社会发展中公益与私益之间产生冲突的重要原因之一是财产权缺乏有效的保障。

随着市场经济的发展、公民个人财富的积累与公众法律意识的提高,公众对财产权的保护问题给予高度关注,要求在国家法律体制中提供有效的保护。在政府、民众、民间力量与知识界的共同推动下,目前中国社会生活中出现了一股强烈的“维权热”或“宪法热”,①社会主体普遍要求政府加强对私人财产权的保护。根据社会实践和民众权利的要求,中共十六大报告提出:一切合法的劳动收入和合法的非劳动收入,都应得到保护,确立了“依法加强监督和管理,促进非公有制经济健康发展,完善保护私人财产的法律制度”。宪法修正案规定私有财产权的宪法地位,有助于在全社会实现保护私有财产的基本价值,要求政府和公共机关尊重私有财产权的价值,为私有财产权拥有者提供良好的法律环境。

二

现行《宪法》颁布后,1988 年宪法修正案中确认了私营经济的合法性,并规定“国家允许私营经济的合法的权利和利益”;1999 年修正案中进一步规定“个体经济、私营经济等非公有制经济,是社会主义市场经济的重要组成部分,国家对个体经济和私营经济实行引导、监督和管理”。经过两次宪法修改,私有财产获得了一定程度上的合法性地位,但其宪法地位仍处于不确定状态。本次宪法修改进一步明确了私有财产权保护的宪法基础,规定:国家保护个体经济、私营经济等非公有制经济的合法权益。国家鼓励、支持和引导非公有制经济的发展,并对非公有制经济依法实行监督和管理。这一规定实际上反映了国家对个体经济、私营经济政策导向的变化,即从单纯的管理、监督转为平等保护和引导,扩大保护的范围,使私有财产的保护具有统一的宪法基础。

宪法修正案第 22 条规定:公民的合法的私有财产不受侵犯,国家依照法律规定保护公民的私有财产权和继承权。宪法上规定的财产权一般是指公法和私法上有财产价值的所有权利。宪法规定的财产权不同于民法意义上的财产权,属于不

① “宪法热”是中国社会转型过程中出现的一种现象,既有积极的功能,但也不能忽视可能产生的消极的影响。当社会需求与作为社会共同体价值的宪法出现矛盾时,我们需要以宪法思维分析面临的问题,遵循宪法与法律的基本界限,尊重宪法学知识的专业特点。

同范畴的权利体系。作为基本权利的财产权主要是针对公共权力而存在的,一旦被规定为宪法内容后就脱离民法上财产权的概念,为私法上的财产权保障提供法律基础。“合法的私有财产不受侵犯”意味着国家有义务保护所有公民的财产权,并采取各种有效措施实现财产权价值。当然,值得注意的是,财产权在宪法框架里具有双重性,即主观的防御性与客观秩序的性质。作为防御性权利,财产权是公民设防公共权力侵犯的权利,确立了公权力活动的基本界限。但另外,财产权又具有制度保障的基本属性,是一种每一个公民自由地行使财产权的制度或客观的法律秩序。因此,宪法对财产权的规定实际上起着保障个体自由地利用各种经济条件的“自由保障的”功能。基于财产权的宪法性质,宪法修正案扩大了私有财产权的保护范围。现行宪法对财产权的保护采取了列举的方式,把保护的范围仅限于生活资料,没有规定生产资料的保护范围。财产权范围的不确定性,直接影响了财产拥有者创造财富的积极性,使财富的积累经常伴随着不安与非议。从宪法原理上讲,凡是根据社会通念形成的具有财产价值的法益都构成宪法意义上的财产权。1982年《宪法》规定的所有权概念并不包括财产权的全部内容,它只是财产权的一部分,无法完整地表述财产权的基本内容。为了明确公民私有财产中生产资料的保护范围,宪法修正案以财产权代替原宪法条文中的所有权,并确立了私有财产权不受侵犯的宪法原则。根据宪法修正案的精神,公民的生活资料和生产资料都应受宪法保护,如公民的股权、土地承包权、承包经营权、专利、发明权等。在公民的劳动收入中既包括合法的劳动收入,也包括合法的非劳动收入。非劳动收入主要指持股分红、买卖差价收入、彩票中奖等。

随着公民富裕程度的提高,合法的非劳动收入部分在整个收入中的比重将越来越大,在有些公民的收入中甚至超过劳动收入部分。非劳动收入与生产资料的活动也有着广泛的法律联系。要引导人们投资,就要承认投资收益的合法性。公民在实际生活中取得财产权的方式是多种多样的,很难在《宪法》中一一列举。根据财产权的性质,宪法修正案没有采取对财产权列举的方式,只确定一个原则,即合法的公民财产权受到法律的同等保护。在财产权的宪法保护界限上,宪法的保护只限于合法的财产权范围,并不保护不合法的私有财产。在这里,“合法”是一种严格的法律判断,旨在强调财产积累过程的合法性,要求社会成员通过诚实的劳动积累财富,树立合法致富光荣的社会风气。

三

私有财产权在现代法治社会中对于个人自由的伸张和实现其他基本权利方面发挥着重要的作用。财产权本质是实现自由的基本要求,是人作为有尊严的个体存在的社会物质基础。因此,从社会发展的角度看,个体拥有私有财产是社会协调发展与保护人的尊严的重要条件。与任何权利一样,财产权的存在并不是绝对的,财产权的社会性实际上决定了财产权存在的界限。各国宪法一方面规定财产权保护原则,另一方面对财产权也规定了必要的限制。宪法修正案规定:国家为了公共利益的需要,可以依照法律规定对公民的私有财产实行征收或征用并给予补偿。宪法的这一规定有利于在公权力与私权利、私有财产与公共财产之间确定合理的界限,使受侵害的财产得到合理补偿。征收和征用是国家为了公共利益对公民的私有财产进行限制的形式,但两者的性质与功能是不同的。两者的主要区别是:征收是所有权的转移,征用是使用权的改变,一般在紧急状态下的强制使用,一旦紧急状态结束,被征用的物体要发还给原权利人;适用征收和征用的条件和补偿标准也是不同的,因征收对权利人利益的损害大于征用,故补偿标准相对更高一些。过去,在限制公民财产权时,法律上并没有明确其标准,程序也不完备,由此引发补偿金标准不统一或过低等问题。宪法修正案为了在公共利益与个人利益之间寻求合理的平衡,规定了征收和征用的条件与程序,对公共利益本身划定了严格的范围。按照宪法的精神,权利人对公共利益本身的正当性与否可以进行判断。对公民财产权的限制必须基于公共利益,即社会整体利益,体现国家国防、外交等重大的国家利益,既要考虑为公益而采取的国家政策的价值,同时也要考虑社会正义的价值。公共利益不同于团体、社会组织或商业的利益,应进行严格的限定。实践中存在的以公共利益的名义侵犯公民财产权的现象,实际上保护了商业利益和不正当的社会公共利益。

需要注意的是,为了公共利益对公民财产权进行的任何限制,也不是无对价的剥夺私有财产,必须给予合理的补偿。为公共利益而进行的征收或征用给权利人造成了不同程度和不同形式的财产损失,从权利保护的角度给予合理补偿是十分必要的。宪法修正案对补偿制度的规定对于保护公民的财产权将产生重要影响,有助于公民运用损失补偿请求权得到权利救济。

四

私有财产权在人们的关注和期待中已成为宪法的内容。随着宪法的实施,私有财产权的价值将通过各种形式凸显出来,改变着人们对财富的看法与理念。修正案通过以后,人们的注意力将从宪法文本转到财产权的实现过程与社会效果的评价上。基于中国宪政经验与教训的认识,有些社会成员对财产权能否得到实现可能仍抱有怀疑的态度。历史的事实说明,宪法文本的完备并不自然带来良好的社会效果。因此,我们需要以这次修宪为契机,在全社会宣传和普及私有财产权入宪的宪政价值,使财产权保护成为推动社会发展的内在动力。

首先,私有财产权入宪对我国社会和法治发展进程产生重要影响。主要表现为:对私有财产权的宪法保护,形成对公共权力的严格限制,规范了国家权力活动范围;要求所有的公共机关依照宪法尊重公民合法的私有财产权,严格遵循法定界限;有助于鼓励人们在市场经济发展过程中从事创造性劳动,鼓励人们投资,创造更多的社会财富;财产权的宪法保障制度有助于建立公民权利救济制度。

其次,进一步完善私有财产权宪法保障的机制与程序,在财产权的社会性与个体财产的自由之间寻求合理的平衡。宪法规定的私人财产权能否在实际生活中得到实现是公众普遍关注的社会问题。在今后的财产权立法中,立法机关的角色是非常重要的。有关财产权的立法活动应严格遵循财产权保护的宪法原则,以宪法委任为基础,确定限制财产权的标准与具体界限。为了确立财产权保护的宪法基础,有必要引入给付条款(Junktim—klausel)理论,以形式法律满足宪法对私有财产权保护的要求。有关限制财产权的条款应采用捆绑式结构,统一规定限制的界限、目的与补偿标准。私有财产权被列为基本权利体系后,立法者必须综合考虑宪法保障的财产权价值与符合社会正义的财产权秩序之间的相互关系,合理地调整各种利益关系的需求。限制财产权的法律规定或政策应符合财产权规定所追求的保护目的,特别是不得与保护财产权本质内容的宪法精神相矛盾。为此,需要遵循比例原则、平等原则、信赖保护原则等。为了公共利益的目的对财产权进行限制并不能自然获得正当性,需要通过比例原则确定公共利益的合理范围。比例原则的基本要求是:限制目的的正当性,即限制财产权的目的只能在宪法框架中获得确认,并赋予立法行为以正当性基础;手段的正当性,限制所采取的手段与通过限制所追求的目的之间保持相互的平衡。为实现公共利益,以征收或征用等形式限制公民财产权具有目的的正当性,但还需要遵循严格的比例原则,防止可能出现的侵犯财产权的现象。另外,国家与政府有义务在财产权领域中尽可能扩大财产权人的自由空间,通过信赖保护原则,使拥有财产权者能够对合法获得的财产感到安全,以保护不断积累财产的积极性。

最后,私有财产权的宪法保障是一个过程,需要建立各种有效的制度,完善私有财产权保护的法律体系。宪法修正案通过后,首要的任务是对现有法律、法规等规范性文件进行清理与调整,废除或修改与宪法规定不一致或抵触的内容,使财产权的宪法保障获得统一的法律基础。财产权的内容与界限通过合宪的法律,产生两种效力:一是宪法上的财产权直接通过法律得到实现。二是抽象和一般规定的财产权形式通过行政机关的活动得到具体化,但行政机关无权任意扩大或缩小财产权的范围。从现实生活看,任意限制或剥夺公民财产权的大量现象是在所谓的"具体化"过程中发生的。以下几种情况不属于合理限制的范围:规定财产权的法律或法规内容违宪或违法；执行违宪法律的行政机关执行行为；虽然法律或法规合宪，但执行行为违法等。无论属于何种情况，上述现象都是侵犯公民财产权的行为，违背了宪法关于财产权规定的基本精神。宪法对私有财产权的保障是一种原则的确认，为保护私有财产权提供了统一的立法基础。如果没有相应的立法，财产权保护原则也会失去存在的意义。宪法修正案对私有财产权的规定是重要的，但更重要的是通过法律和制度实现财产权价值，并对财产权受侵害时给予有效的救济。三是财产权的宪法保护依赖于成熟的宪法解释制度。对宪法文本中有关财产权问题进行判断时，需要积极运用灵活而有效的宪法解释学规则。如财产与财产权、合法财产性质、征收或征用的宪法学意义、公共利益的内涵等需要在宪法实践中不断地说明和解释。从各国宪政实践看，完善私人财产权的重要途径是发挥宪法解释制度的功能。四是在实现私人财产权价值的过程中树立法治的思维，克服以人治的思维推动法治的现象，提高政府依法行政的水平，使私有财产权的保护成为社会普遍认可的基本价值观。

（2004 年第 4 期）

2005年

行政信息公开与个人资料保护的衔接
——以我国行政公开第一案为视角

刘飞宇*

[案情]

2004年5月10日，董某向上海市徐汇区住房保障和房屋管理局（以下简称房地局）申请查阅一处房屋的产权登记历史资料，董某称“该处房屋由其父于1947年以240两黄金从法商中国建业地产公司购买，自1947年9月1日起至1968年7月16日董某一家实际居住该房屋”。针对董某的查阅请求，徐汇区房地局作出书面回复：“因该处房屋原属外产，已由国家接管，董某不是产权人，故不能提供查阅。”董某查阅房屋产权登记历史资料的目的在于获取该房屋历史上属于自己的证据，只是由于特殊原因被他人占用，从而为自己的民事诉讼提供充足证据。

董某对徐汇区房地局拒绝公开行为不服，向徐汇区法院提起行政诉讼，要求法院判令被告履行信息公开义务。董某提起诉讼的理由是，根据《上海市政府信息公开规定》（以下简称《信息公开规定》），政府信息公开工作应以公开为原则，不公开为例外；除法律明文规定可以免除公开的信息，其余政府信息应该按规定公开。而徐汇区房地局没有法律依据，拒绝公开她要求查询的信息，违反了《信息公开规定》的规定，因为该规章确定了任何人可以请求查阅政府信息的请求公开制度。①诉讼请求是“判令被告向原告提供本市岳阳路200弄14号在1947年9月1日至1968年7月16日期间，原告之父购买产权及后被政府接管的相关档案资料信

---

* 作者单位：中国人民大学法学院。

① 笔者在早前发表的几篇文章已经提出，第一，尽管我国《宪法》条文中并没有确定“知情权”，但随着人权条款的加入，能够通过宪法解释的方式从人民主权、参政权以及表达自由权等权利的缝隙之处解释出知情权。第二，在“夜警国家”时期，奉行的是干涉最少的政府是最好的政府的理念，一方面人民能够通过自己的信息交流来满足自己的需求；另一方面政府所拥有的信息也是特别多，知情权的权能形态主要表现为排除妨碍，即政府不干涉信息传输自由。第三，随着国家权力的提升，人民单纯从社会中获取信息已经不能满足信息需求需要。在这种背景下，知情权的请求权能逐渐形成，权能形态也主要由请求公开权、排除妨碍权及主动获取信息权组成。第四，行政权由于其效率等特性逐渐成为国家权力运行的主要形态。相应而言，行政机关也成为国家信息的中心，大量信息掌握在行政机关手中，行政机关成为信息公开的主要义务主体。第五，知情权的三种权能形态中，“请求权能”是现代国家中体制中最为重要的。公民的请求权对于行政机关而言，意味着承担应请求公开的义务。如果拒绝公开，应承担证明存在拒绝正当理由的举证责任，这种正当理由在行政信息公开制度中表现为除外事项，一般包括但不限于国家秘密、商业秘密、个人隐私以及其他事项。

息”。2004 年 8 月 16 日,徐汇区法院公开审理了董某状告上海市徐汇区房地局信息不公开一案。

在庭审中,双方争议的焦点在于“徐汇区房地局对于董某的查阅请求究竟应该适用《信息公开规定》,还是《上海市房地产登记材料查阅暂行规定》(以下简称《登记材料查阅规定》)”。因为《信息公开规定》与《登记材料查阅规定》二者同为政府规章,确立的查阅规则不尽相同,《信息公开规定》确定的是“公开为原则,不公开为例外”的查询规则,而《登记材料查阅规定》确立的是“权利人”查阅规则。

原告认为,被告拒绝行为理由不正当,“因该处房屋原属外产,已由国家接管,董某不是产权人,故不能提供查阅”的理由不属于《信息公开规定》第 10 条所列举的免予公开的范围,因为只有属于“国家秘密、商业秘密、个人隐私等 5 种情形以及法律、法规规定免予公开的其他情形”,才能免予公开。

而被告认为,第一,应该适用《登记材料查阅规定》。第二,如果适用《信息公开规定》,该房产登记材料会因为涉及第三方权益不能对董某公开,因为《信息公开规定》第 14 条(对涉及第三方信息的处理)规定:要求提供的政府信息可能影响第三方权益的,除第三方已经书面向政府机关承诺同意公开的外,政府机关应当书面征询第三方的意见。第三方在要求的期限内未作答复的,视作不同意提供。而被告曾征询过该房产现在的产权人某公司是否愿意公开资料,而某公司在 3 天内没有答复,也就是说不同意公开。

[评析]

各界均认为本案是公民行使知情权的典范。① 对于公众,事件过程是其关注的重点;对于新闻界,公众兴趣点是其关注对象;对于学者,则需要透过表象洞察本质。站在法院立场,作为特殊类型同时有重大影响的案件,无论对于法院还是法官,均是一个非常严峻的考验。② 笔者认为,要对该案作出判决,必须对以下问题作出满意解释。第一,被诉具体行政行为是什么?被告作出具体行政行为的依据是什么?第二,《登记材料查阅规定》与《信息公开规定》之间的关系如何?《信息公开规定》能否适用于徐汇区房地局?第三,房地产登记材料的性质如何?

---

① 首例市民诉“政府信息不公开”案正式立案,在政府部门中引发“震荡波”。徐汇区信息化委员会负责人说:政府信息公开规范了政府运作,为市民知情、参与和监督政府运作提供了平台。随着行政透明度的增加,政府办事必须更审慎和更透明。

② 如行政信息公开诉讼审判方式比较特别,各国普遍允许由法官采用暗箱方式进行审理,即为了避免原告通过诉讼过程间接获取信息,从而不能参加法院的审判过程。这种暗箱方式不同于不公开审理,因为不公开审理的不公开对象不包括原告和被告。从开庭情况看,法官以及被告律师显然没有考虑到这个问题。例如,在开庭过程中,被告律师为了证明房产登记材料涉及第三人权益,出示了原告请求查阅但是没有被获准的资料,也就是说,原告通过请求查阅方式没有取得登记材料反而通过诉讼途径看见了。

一、被诉具体行政行为的依据

据媒体报道，董某在此之前曾试图查阅，却因为档案信息不对外公开作罢。在《信息公开规定》于2004年5月1日实施之后，董某认为可以摆脱查阅人必须是权利人的束缚，同时该档案信息并不属于除外事项中的“国家秘密、商业秘密或者个人隐私”等事项，而属于“在一定条件下可以对相对人公开的政府信息”，因此自己能够获知该档案信息。徐汇区房地局收到查阅申请后，适用《登记材料查阅规定》作出拒绝行为，认为只有“房地产登记材料房产所有人和权利人享有查阅的权利”，而董某并不是权利人，所以不能查阅该档案信息。

该拒绝行为有以下含义：第一，董某作为中华人民共和国公民，即使在《宪法》条文没有确定知情权的基础上，依据《信息公开规定》（需要注意的是，不是依据《登记材料查阅规定》），有权请求徐汇区房地局公开信息，这意味着董某在一般的宽泛意义上能够请求行使公权力组织公开其拥有的信息；这种请求权在行政程序上为行政机关设置了答复义务，不同的答复结果形成两个不同的行政行为：公开或者不公开的行政决定。如果公开，满足了请求权人的要求，是一个公开的具体行政行为，[①]如果拒绝，就是一个拒绝行政决定。对于这两个不同的行政行为，权利人可以寻求不同的救济方式。这也意味着针对徐汇区房地局作出的不予公开的行政决定，董某能够据此向法院提起行政诉讼。正如双方当事人在接受新闻媒体采访时而言，提起行政诉讼是当事人的一种诉讼权利，法院应该对董某的诉讼请求进行审查，判断是否属于受案范围，但法院如何作出判决则是对董某的实体权利的一种回应。第二，徐汇区房地局不是以“该档案信息属于不能对外公开的事项”等除外事项上的原因加以拒绝，而是以董某非权利人不能查阅为由拒绝了公开请求。第三，该拒绝行为的另一个隐含意义在于徐汇区房地局认为《信息公开规定》并不是对房地产登记材料查询问题进行规制的有效规定。

根据审查规则，法院应对拒绝行为的主体、程序、事实、理由以及法律适用等问题进行审查：被告认为原告不是“权利人”，不能获得特定房地产的登记材料，故而作出拒绝行为，只要被告在法定期间内提出证据证明原告确实不是权利人，其拒绝

---

① 需要特别说明的是，为了保障第三人的利益，各国法律采取了这种独特的做法。在行政机关决定公开的过程中，如果第三人得知可能公开的信息是自己提供的商业秘密或者可能侵害到自己的个人隐私，可以在行政机关作出公开决定之前提起反行政信息公开诉讼。与一般的行政诉讼不同，该种诉讼是在行政决定作出之前提出，因为行政决定如果作出，在行政法上须承认行为效力，一般情况下提起诉讼并不妨碍行政公开决定的执行。

行为就是合法的。依据《登记材料查阅规定》，董某请求公开时还确实不是“权利人”，其正是希望通过房地产登记材料的查阅来支持自己的确权民事诉讼。如果完全依据《登记材料查阅规定》，那么法院毫无疑问应作出维持判决。案件虽已解决，但本案的研究意义也大大削弱。

这也从另一个角度说明本案应着重对拒绝行为的法律适用问题作出回答。因为董某依据《信息公开规定》提出申请，《信息公开规定》作为一个通过法定程序制定和公布的规范性文件，其内容不违反上位法的规定，是合法有效的地方政府规章。《信息公开规定》于 2004 年 5 月 1 日生效之后，在上海市行政区域范围内有效，约束上海市行政区域内各行政主体的信息公布行为；上海市徐汇区房地局作为徐汇区的一个组成部门，当然也受《信息公开规定》的约束，即应该按要求履行公开信息义务：一方面主动公布政府信息；另一方面应公民请求被动公开政府信息。[①] 公民也能够根据《信息公开规定》第 7 条（公开请求权）的规定，要求政府机关向其提供政府信息。而徐汇区房地局依据《登记材料查阅规定》作出拒绝行为，似乎能说明徐汇区房地局拒绝行为存在“适用法律、法规不正确”的嫌疑，即应按照“新法优于旧法”的适用规则，在同一位阶上，应适用《信息公开规定》而不是《登记材料查阅规定》作出行政决定。

本案是否到此就能作出判断呢？回答是否定的。因为董某是否有权申请不是问题关键，申请公开信息的性质才是关键。因为在政府掌握的信息中，有的属于个人事项，只能对自己公开，供本人查阅或者修改，非权利人不能查阅；[②]有的是公共信息，如同公共财产的任何人享有和使用的性质，是能够对所有人进行公开的。在此基础上，信息公开制度也区分为不区分所有人的行政信息公开制度和仅针对具体相对人公开的个人信息查阅制度，二者法律基础以及适用规则存在差异，不能混同适用。

---

① 《信息公开规定》第 5 条（责任机构）规定：各政府机关应当指定本机关处理政府信息公开事务的专门机构，负责本机关政府信息公开的日常工作。具体职责包括：（1）负责本机关主动公开政府信息的事宜；（2）受理和处理向本机关提出的政府信息公开申请；（3）保管、维护和更新或者督促本机关有关机构保管、维护、更新本机关的政府信息；（4）组织编制本机关的政府信息公开指南、政府信息目录和本机关政府信息公开工作年度报告；（5）法律、法规、规章规定的其他职责。

② 正如最高人民法院《关于诉讼代理人查阅民事案件材料的规定》第 1 条第 1 款规定的那样，代理民事诉讼的律师和其他诉讼代理人有权查阅所代理案件的有关材料。代理人之所以能够查阅案件材料，并不是因为作为律师的个人或者作为诉讼代理人本身的原因；而是因为接受了当事人的委托才能查阅有关材料，查阅材料的请求反映的是当事人的意愿。同样，查阅的范围也仅限于所代理案件而不是人民法院审理的所有案件。其原因为何？就是在于案件材料（不包括最终的判决）并不是完全意义上的公共信息，而是在性质上偏重于属于案件当事人的个人信息。

二、行政信息公开制度和个人资料保护制度

作为知情权具体化的行政信息公开制度，其权利主体是不区分所有者的任何人，因为行政信息公开制度的宪政基础不仅仅是满足表达自由，不仅仅是表达的需要，而是公民基于人民主权的监督行政以及具有多重意义的知情权。如日本的地方信息公开条例认为，信息公开制度不是关于特定个人的主观权利被侵害之争的制度，而是为了住民或者公民进行行政、政治参与的制度。行政信息只要对参加行政、政治有必要，不管是谁都应能够接触，即使对于各请求人不重要的信息的请求也应该允许。与此同时，政府信息公共财产性质的确立，获取权原则得到认同，[①]即对于所有公民来说，政府信息具有公共财产性质，每个人都有得到信息的平等权利。[②] 不仅和文件相关的直接当事人可以申请得到文件，其他任何人都可以申请得到信息，没有申请人资格的限制。有学者对此评价说："行政主体保管的公文书，一方面是公用财产，但是在信息公开制度的背景下，在所有人都可以利用的意义上，似乎也可以称为公共用物。"[③]

而个人资料保护制度是指政府基于管理要求，拥有大量有关公民个人信息，在对这些个人信息进行处理的过程中，可能会对该信息的处理存在一定的错误，基于隐私权的考虑，行政机关需要向这些个人公开信息以便于保持信息的准确性；与此对应，如果个人信息的权利人需要获取信息使用，可以请求政府将个人信息提供给自己，政府同样不得拒绝。在个人资料保护制度中，也存在请求公开，同时这些被

---

① "获取权原则"经历长时间的争论才确定下来。如德国和瑞士的立法例中仅仅赋予利害关系人的信息接近和使用权；美国1946年的《联邦行政程序法》规定文件只对和文件直接有关的人提供，不对一般公众提供；最初日本的东京都公文开示制度规定：请求开示公文的，可以是在都内有住所的；在都内有事务、事业单位的个人、法人和其他团体；在都内事务、事业单位的工作人员；在都内学校的学生；利害关系者（可以请求开示的，仅限于开示有利害关系的公文）。但是在日本的《神奈川县关于机关公文书的公开之条例》的信息公开请求被拒绝的案件，横滨地方法院判决认为该公文书没有直接利害关系的人，其自己的具体权利、利益并没有因为请求拒绝处分而受到任何影响，所以驳回了起诉。而作为控诉审的东京高等法院判决认为：在该县内具有住所等的人，视为与县政府的行政具有利害关系。并且立足于"与县政府的行政具有利害关系的人关于公文书的阅览一般具有利害关系"的假设，认为赋予了这些人作为个别的具体权利的阅览请求权，承认了诉的利益。该判决还认为：对每个人直截了当地赋予公文书的阅览权，可以和县的设施之利用权被赋予每个人同样理解。所以，关于该利用拒绝，可以通过撤销诉讼争议。关于信息公开拒绝处分之撤销诉讼的其后的判例，都承认了原告的诉的利益的存在。

② 政府机构制定法律、法规、规章以及其他规范性文件，其收集、利用、传播、保存和负责处置所需的经费，均是来源于纳税人的税金，因此这些信息应该为所有公民所知晓和利用。

③ ［日］盐野宏著：《行政法》，杨建顺译，法律出版社1999年版，第752页。

请求公开的信息似乎也属于行政信息公开制度界定的"公共信息",[①]这也是容易将二者混同的根本原因。[②]

二者在下面两点也存在较大差异,第一,在制度设计的权利基础上,行政信息公开制度是任何人均得要求政府公开其所保有的信息的制度,其权利基础是知情权;而个人资料保护法是本人得接近政府所保有的个人资讯,并于发现错误时得要求订正之权利的制度,其背景为隐私权以及个人的人身权,以使社会上作为单个个体的个人能够拥有自己不欲为人知的一面,而且进一步自己掌控有关其个人资料的公开与否以及资料利用可能造成的后果,"这一信息自决权(数据保护)是对国家因现代信息技术而获得的极大的监控的可能性的一种反应。"[③]第二,就制度论而言,二者保护的法益不同,一个为政府应履行对于主权者人民的说明责任,另一为须抑制因个人资讯之处理导致之权益侵害。当行政机关所拥有的个人信息所载内容与事实不符时,就会对当事人造成重大损害。要求政府公开人民的有关档案信息,目的就在于让人们了解自己的"历史",也了解档案所载历史是否存在疏漏,当出现疏漏时,可以进行修正。

三、房地产登记材料的性质与判决

有人会提出疑问,《信息公开规定》并没有区分这两种制度,而是将两种制度规定在一个法律文件中。[④] 这就意味着徐汇区房地局错误适用了拒绝行为的法律规定,应予以撤销,法院应责令其重新作出行政决定。对此,笔者认为,各国立法实践中,确实也存在将两种制度规定在一起,然后通过行政信息公开制度除外事项中的"隐私权项"将属于个人资料保护制度中的个人资料列为不能对所有人公开的

① 这些信息尽管是在政府的权力运行过程中形成的,在某种程度上具备公共信息的属性,但其反映的内容却无疑完全是个人的隐私,因此,在法益衡量体制下,这些信息的个人属性超出了公共属性,仅属于个人的信息。

② 《信息公开规定》第15条规定:公民、法人和其他组织要求政府机关向其提供注册登记、税费缴纳、社会保障等方面与自身相关的政府信息的,应当持有效身份证件,当面向政府机关提交书面申请;发现与自身相关的政府信息记录不准确、不完整、不适时或者不相关的,有权要求有关政府机关及时予以更改。

③ [德]艾伯哈特·施密特—阿斯曼:"通过基本权利及宪法保障所进行的权利保护",载《中德法律研讨——对行政的法律约束和对个人权利的保护》,第270页。

④ 《信息公开规定》第15条第1款规定:公民、法人和其他组织要求政府机关向其提供注册登记、税费缴纳、社会保障等方面与自身相关的政府信息的,应当持有效身份证件,当面向政府机关提交书面申请。

内容的方式加以保护。[①] 但这并不能成为董某必然能够获得该房地产登记材料的理由。

随着信息化的发展、电子计算机的利用,极大地提高了公民生活的便利性。但与此相反,由于电子计算机处理的扩大和网络化的发展,极易于把一定的信息和其他信息联结和远距离进行即时检索,且看不到信息的处理过程。随之而来的,在公民中产生了关于自己的信息可能会在预想不到的情况下被收集和利用、可能会在察觉不到的错误信息下照旧被广泛利用等不安全感,信息处理不当就会有侵害个人权利和利益之嫌。为解除公民的这种不安全感和权利利益被侵害的疑虑,确立关于处理个人信息的基本性规则,切实地推进个人信息的保护对策,就成了向高度信息化社会提出的重要课题。对于个人信息的保护,在遵循国际性准则的八原则的同时,也考虑到现代的私生活不受干扰的理论,把握好私生活不受干扰包含着自己信息的支配权(自己的信息系统自己管理的权利),按如下思路制定:(1)不仅电子计算机处理的个人信息,而且手工作业处理的个人信息,也被作为保护对象;(2)对于保存的个人信息,本人可知道自己的信息和要求修正;(3)有关保存个人信息的收集、管理和利用等,都建立综合性的保护制度;(4)对民间事业者也明确其职责,以促进民间事业者与自身的自主相适应。

在房屋登记查询制度中也如此,作为财产主要表现形式一种的"房地产",深受"财不露白,枪打出头鸟"等中国古谚影响的中国房地产拥有者可能基于保证家人人身安全的需要,也可能是基于其他目的,不愿让外界知道自己财富拥有量。假定存在一个案件,作为一个企图进行绑架的犯罪嫌疑人,他的一个基本考虑是根据被绑架对象的家庭财富拥有情况决定索要金额的数额,如果被绑架对象家庭富裕,那就根据其能够支付的数额稍微索要,只要没有过分超出其支付能力,只要不是"铁公鸡",一般情况下可能会选择私下交易以保全被绑架人的人身安全。既不会因为支付不起被逼报案,也不会因为索要金额过低而漏掉一条大鱼。因此,有预谋的试图获取金钱利益的绑架案件的步骤中一定包含着一个必经程序,那就是"踩点"。通过"踩点"确定被绑架人的家庭支付情况,财产拥有情况等,判断是否具备被绑架的"素质"。误绑之后[②]无法确定索要数额采取的"鱼头诊断法"也是一种信息获取的制度途径,如果存在"任何人"均可以查阅房屋登记信息的制度,那么绑匪即可通过制度捷径查阅被绑架人的家庭财富,而不必用"踩点"等容易引起注

---

① 该个人资料信息对于自己来说,就不存在隐私问题,属于可以对自己公开的事项。各国普遍将两种制度分开作出规定,分别制定信息自由法和个人资料保护法。

② 据说,绑匪如果误绑孩童,导致身份无法确认,他们总是把绑来的孩子饿几天,然后端盘子大鱼给孩子吃,若饥肠辘辘的孩子先吃鱼头,绑匪就会断定该孩童是富人家的孩子;如果先吃鱼肉,则是穷人家的孩子。狡猾的绑匪们就是以此为据,敲定向事主索要财物的数量。

意、风险较大的方式得到信息。国家也正基于保障当事人隐私权以及其他利益的考虑,确定了在一般情况下房地产的登记材料只有权利人才能查阅,其他人不能查阅的制度。只有在交易过程中,基于交易安全、保证第三人利益的需要,提交证明文件后,欲购买房屋的人能够查阅出售人的该房屋的登记状况,判断是否为其所有,是否存在设定抵押,是否有其他权利人等影响交易安全的因素。

正是因为房地产登记材料属于个人信息,只能供权利人自己查阅。通俗地说,因为董某要查阅的是别人的房地产登记材料而不是公共信息,所以徐汇区房地局可以对其公开请求加以拒绝。这就像依据《行政复议法》的规定,申请人以及第三人有权查阅被申请人提交给复议机关的有关材料。但需要注意的是查阅主体仅仅是申请人以及第三人,而不是任何人,因为申请人和第三人是与案件有利害关系的人,可能受到复议机关作出的复议决定的影响;同时被申请人提交证据材料是履行举证责任的表现,申请人和第三人获取证据材料后能够及时回应被申请人,以便于在行政复议过程中提出反驳,从而更为充分地行使自己的辩护权。而案外人与案件并无直接利害关系,赋予其申请获知证据材料的权利可能会损害当事人的权利,例如当事人基于商业秘密、个人隐私等原因可能不愿意让别人知道案件情况。因为案件在一般情况下是当事人自己的事情,属于个人隐私,对于案件的详尽过程自己了解就行。如果申请人或者第三人认为行政复议机关可能会不公正处理,其能够自己申请有关证据材料,然后转交给相关媒体加以监督。如果该案件可能涉及公众利益,而不仅是当事人利益,那么在案件公开问题上应有所转变,公众利益的考量超出个人隐私保护的需要,行政机关起码应该对案件的相关处理加以公布以便警示公众。在某企业因销售的感冒药含有不良物质被药品监督管理部门加以处罚申请复议的案件和某人因欺诈进行婚姻登记被撤销所引发行政复议案件所涉及的利益类型是有所区别的。

基于前述房地产登记材料属于个人隐私材料的分析,即使适用《信息公开规定》,徐汇区房地局也应以该房产登记材料属于涉及个人隐私的信息为由拒绝对董某的公开;如果徐汇区房地局决定公开,也应该在公开之前征询该处房地产权利人的相关意见。也就是说,徐汇区房地局在重新作出的具体行政行为中能以该房产登记材料属"个人隐私"拒绝公开;如果董某对该决定还是不服,仍有权提起行政诉讼,在行政诉讼过程中,徐汇区房地局提供足够证据证明拒绝行为是有法定理由的,人民法院在徐汇区房地局提供证据的基础上审查拒绝行为理由是否充分,该档案材料是否涉及"个人隐私"。如果涉及,该拒绝行为是正当的,董某还是不能获得房产登记材料。更何况,《信息公开规定》第 15 条第 3 款(自身信息获取和更正的程序)还对个人信息的查阅作出规定,对与公民、法人和其他组织自身相关信息的查询、提供,国家另有规定的,依照其规定。也就是说,既然《信息公开规定》

将行政信息公开制度和个人资料查阅制度规定在一个法律文件中，徐汇区房地局在作出拒绝行为时，应该告知董某该房地产登记材料因为属于个人隐私，不能对外公开，只能对权利人公开；同时因为有《信息公开规定》第15条第3款的规定，则应该适用原有规定作出处理决定。因此，本案中，徐汇区房地局适用《登记材料查阅规定》作出拒绝行为，适用法律完全正确，法院应该予以维持。

四、余　　论

对于法院而言，案件似乎能够作出判决。但引起深思的还有许多：比如，行政机关在制定规章之前，是否已经充分细致的探讨，如何协调现行制度和将实施制度之间关系；行政机关如何面对制度实施之后的具体实践。① 更何况，本案还带来了一个更应探索的领域，②即《信息公开规定》如何与《档案法》的相关规定协调，因为即使是“政府信息”，如果经过归档程序成为档案，那么在性质上就属于“档案”，就应该归属于《档案法》的调整，而不能适用《信息公开规定》的规定，而二者在公开范围、救济程序等问题上均存在较大差异，等等。

（2005年第4期）

① 在作出的拒绝公开行为中，如果徐汇区房地局能够对房产登记材料的性质作出判断，在此基础上再充分说明理由，说明应该适用《登记材料查阅规定》的相关依据，而不是简单地一拒了之，相信案件的解决会比现在更加有说服力。对于如何保护董某在房地产权利争议案件中的权利，笔者认为，尽管这不是行政机关的法定义务，但是为了减少纠纷，保护权利，行政机关应该告知董某可以通过依据《民事诉讼法》规定，在诉讼过程中请求人民法院调取有关证据，从而达到保护自己权利的效果。

② 针对政府信息公开过程中出现的问题，市政府相关部门正着手组织专家展开专题研究。信息公开负责人指出，《信息公开规定》的一些配套性法律制度（如档案管理法律制度）也需进一步完善。

2006年

由《物权法(草案)》的争论想到的若干宪法问题

韩大元*

一、《物权法(草案)》的讨论提出了哪些宪法问题

最近以来,围绕《物权法(草案)》而出现的争论,涉及很多宪法问题,引起了宪法学者的关注和思考。对中国社会转型时期出现的一些重大的法律问题,法学界进行共同探讨是必要的。我们需要强调以问题为主的研究方法,提倡多学科的共同研究。“法学研究要勇敢地跨出他的一亩三分地,去尝试、了解和关怀宪法的发展,正视社会上浮现的宪法议题。”①

从一般意义上讲,宪法与法律是有严格界限的,由此形成了宪法问题与法律问题的不同构造和逻辑。宪法对普通法律的控制主要体现在制定依据和具体运行过程中。也就是说,所有的法律、法规和规范性文件不得与宪法相抵触。但《物权法(草案)》的讨论一开始就面临着最核心的问题,即是否存在宪法依据,《物权法(草案)》基本原则与宪法规定之间是否一致。与这一问题相关的,还有公共财产与私人财产的平等保护的正当性、宪法保护与民法保护关系、宪法权利与民事权利的关系、物权的宪法限制与民法限制、国家财产的所有者与代表者的关系、立法机关功能与民意的整合、宪法的具体化与法律的自我控制能力、宪法与物权法的不同社会功能等基本问题。在一部法律还没有正式通过以前,对法律的合宪性基础问题,提出如此尖锐的质疑是不多见的。目前,主张“合宪”和主张“违宪”的学者都拿“宪法”条文说话,一时间公众的话语中“宪法”成了引用频率最高的名词之一。在我国的公共生活中人们对宪法并不是很重视的,或者不习惯于用宪法说话,依照宪法办事。但现在出现了与宪法有关的重大社会问题时,学者们不得不把争论问题的视角转到宪法上,试图从宪法上找到能够论证自己观点的依据。在这种意义上,对《物权法(草案)》提出“违宪”质疑是有学术价值的,迫使不善于宪法思维的一些学者们不得不认真地面对现实的宪法问题。

---

* 作者单位:中国人民大学法学院。

本文是作者于2006年2月26日在中国人民大学法学院召开的“物权法制定与建设社会主义和谐社会”学术讨论会上的发言稿的基础上写成的。

① 苏永钦著:《宪法与社会》,台湾三民书店1988年版,序言。

二、如何理解"违宪"和"合宪"的判断标准

主张对《物权法(草案)》修改后再通过的学者认为,这部草案的基本原则违背了宪法,背离了社会主义方向,需要通过原则性的修改后才能通过。这里提出了一些很重要的理论问题:如何理解宪法依据,什么是违宪,如何判断一部法律是否具有合宪性,违反宪法的法律是否具有效力等。

(一)"合宪"与"违宪"的含义

从严格意义上讲,对法律是否"违宪"的判断是在法律已颁布并产生实际法律效力、出现宪法问题时提出的。在实行违宪审查制度的国家,有关"合宪"和"违宪"的概念是非常严格的。"违宪"指违反宪法,包括违反宪法的规定、原则和精神。"违宪"与"合宪"中的"宪"是指宪法,判断违宪与合宪的基准是一个国家的具有最高效力的宪法。宪法学意义上的违宪是指直接违反宪法的情形。① 违宪审查机关依照程序对某一法律进行审查后发现违反宪法的事实时可作出"违反宪法"的决定。在这里,违宪是对法律存在方式的宪法价值的判断,对外产生具体的法律效力。违宪审查机关依照程序对法律或行为进行审查后没有发现违反宪法的事实时作出"没有违反宪法"的合宪决定。合宪判决也有几种不同的形式:一是违宪不宣言。它是指尽管违宪审查中多数法官认为违宪,但其人数没有达到作出违宪决定的法定充足数,不能作出违宪决定时,作出"违宪不宣言"决定。二是"现在是违宪"的决定形式。在违宪审查过程中,法官对特定法律或条款进行审查时发现某一条款现在属于合宪范畴,但在未来可预测的阶段上有可能转变为违宪时,在判决主文中使用"现在是违宪"的表述,以区别于完全合宪的状态。这种判决形式虽属于合宪的范围之内,但包含着一定程度的违宪因素,实际上向立法机关传递了该法律需要修改的善意的信息。三是立法敦促决定。某一法律或条文在法理上不存在违宪问题,但其条文的设计或表述等方面缺乏合理的结构或存在不合理因素时要求立法机关进行修改的决定形式。

(二)关于违宪决定的效力问题

关于违宪决定的效力问题学术界主要有两种不同的主张:一是违宪决定是对违宪的确认;二是以违宪的判断为基础实际上起到废除相关法律的作用。各国的违宪审查机关采取不同的形式确认违宪决定效力。如在奥地利,宪法法院可以作出废除违宪法律的决定。在德国,从制定《宪法法院法》开始,学者们基本上采用

① 详见胡锦光、韩大元著:《中国宪法》,法律出版社2004年版,第144~145页。

违宪法律当然无效的理论,其理论基础主要有冲突模式与法效力模式。冲突模式是以法秩序统一性与宪法规范最高法规性为基础的,与宪法规范相抵触的法规范当然无效。法效力模式也以法秩序统一性与宪法规范的最高性为基础,但其理论的侧重点是强调宪法规范是法律成立的条件,与上位规范相抵触的下位规范一开始就是无效的。在美国,违宪判决的效力只对该事件当事人有效,不具有一般的效力。但在围绕违宪法律是否当然无效的问题上学术界进行了长期的争论。在日本,最高法院的违宪判决形式主要有法令违宪、适用违宪与应用违宪等不同形式。

违宪审查机关作出违宪决定时,也有不同的形式,如部分违宪决定、法律全部违宪决定与附随的违宪决定等,不能笼统地说某一法律违宪。部分违宪决定是指审查法律或条文时如出现部分内容合宪,部分内容违宪时,对合宪部分作出合宪的决定,对违宪部分作出违宪决定。法律全部违宪是指违宪审查中认为因部分法律条款被宣布为违宪后全部法律不能得到有效实施时作出的决定,以维护法律体系的统一性。附随的违宪决定是指对某一法律条款作出违宪决定后,其他条款逻辑上存在矛盾或相互关系上无法保持其独立内容时作出的决定形式。为了解决因违宪与合宪之间的界限不确定而导致的问题,各国在违宪审查制度的发展中积极采用了变通的形式。在宪法判例中形成的变通判决形式有违宪确认决定、限定的合宪决定、宪法不一致决定、立法敦促(立法警告)决定、适用违宪和暂定的合宪决定等。

(三)是否违宪的判断需要考虑综合的因素,应从制定过程、通过程序和实施过程进行合理的评价

笔者认为,合宪性基础的判断虽表现为制定过程,但主要是在法律实施过程中进行的。也就是说,一部基本法律在制定过程、运行过程和具体实践中都受宪法原则的控制,始终接受合宪性的检验。法律正式颁布以前的"合宪性"检验是在具体立法程序(审议程序、投票程序和通过程序等)中实现的,立法过程本身包含着合宪性判断,但它并不是严格意义上的法律判断。当没有出现具体的事实关系,没有形成具体的利益冲突时,对法律条文与宪法规范是否一致的判断是不确定的,其认识程度和解决程序存在客观上的局限性。因为违宪问题往往与具体当事人的利益有关,当出现对宪法规范认识上的歧义时,要求有权机关对涉及利益问题的"规范"的内涵进行解释。"当事人在产生宪法争议的过程中,很容易提起违宪审查的请求。"①因此,对制定过程中的法律草案的"合宪性"基础进行判断时,个人所依据的标准和主张"违宪"的理由往往具有主观的随意性,很难作出客观的判断(形式和实质判断相统一),容易凭借对几个条文与宪法不一致,或条文之间出现不协调

① 莫纪宏主编:《宪法学》,社会科学文献出版社2004年版,第193页。

为由,发现“违宪”或作出“违宪”的结论。

在宪法与物权法的关系上,合宪性的控制主要表现在:(1)物权法是基本法律。基本法律是由全国人大制定的,不是由常务委员会制定的。为什么?因为两者所体现的宪政基础是不一样的。250多名常务委员会委员对法律的判断和将近3000多名人大代表对法律进行判断的宪政基础是不一样的。(2)《物权法(草案)》向公众公布和讨论,本身体现了宪法的民主精神。(3)根据《宪法》的规定,全国人大常委会有权进行宪法解释和法律解释,而解释的过程同时也是不断地追问合宪性基础的过程。(4)根据《宪法》的规定,全国人大和常委会是宪法监督机构,由它制定法律或进行解释活动本身就包含着合宪性判断。(5)法律案可由全国人大常委会向全国人民代表大会提出。向全国人民代表大会提出的法律案,在其闭会期间,由常务委员会按照有关规定的程序审议后,决定提请全国人民代表大会审议。《物权法(草案)》在全国人大常委会进行了4次审议,原定2005年12月召开的常委会第19次会议将第5次审议修改后的草案,视情决定提请2006年3月召开的十届全国人大四次会议审议表决。按照程序,进入全国人大审议程序后,“合宪性”基础是首先判断的问题。如果半数以上代表赞成,该法律案就成为法律,产生法律效力。这样,法律就获得了民主的基础,成为形式上具有合法基础的法律。根据《立法法》的规定,法律案在审议中有重大问题需要进一步研究的,经主席团提出,由大会全体会议决定,可以授权常委会根据代表的意见进一步审议,作出决定,并将决定情况向全国人民代表大会下次会议报告。

三、如何理解物权法的“宪法根据”

(一)我国法律对“宪法根据”的表述

在我国,所有的法律、法规都必须以《宪法》为依据,不得同《宪法》相抵触,否则无效。但以《宪法》为基础时,规范的表现形式是不尽相同的:(1)有的法律第1条并没有明确表述本法的宪法依据,如《人民法院组织法》第1条、《人民检察院组织法》第1条、《拍卖法》、《商业银行法》第1条、《票据法》等;(2)有的法律在本法的第1条中明确规定“依据中华人民共和国宪法的有关规定制定本法”;(3)大部分法律的第1条中明确规定“根据宪法制定本法”,当然,在具体表述上,有的法律使用“根据中华人民共和国宪法”,有的法律使用“根据宪法”;(4)有的法律在序言中规定宪法依据,如《香港特别行政区基本法》和《澳门特别行政区基本法》序言规定:根据中华人民共和国宪法,全国人民代表大会特制定中华人民共和国香港特别行政区基本法;(5)有的法律在第1条“立法目的”中规定:根据宪法,制定本法。

可见,对法律制定依据的表述是不同的,没有明文规定“根据宪法”的法律的合宪性判断是理论上值得探讨的问题。实质上法律是立法机关根据宪法制定的,否则法律不会发生效力。那么,为什么出现有的法律写"根据",有的法律不写"根据"的现象呢?可能的一种解释是,立法者也许不认为这是一个需要特别强调的问题。也就是说,"根据宪法"是毋庸置疑的共识和前提,是一种事实状态,无须进行价值上的判断。一切法律、法规必须与《宪法》相一致是我国《宪法》的基本原则,无论法律中是否写明"根据宪法",这部法律都应该是依据宪法制定的。

笔者认为,在基本法律上写不写"根据宪法"并不只是形式问题,也难以通过推定原则来判断。从宪法与基本法律关系看,立法者必须确立一个原则,即哪些法律的制定必须明文规定"根据宪法",哪些法律是可以不规定,或者哪些是属于立法者任意选择的立法政策或立法技术。从目前全国人大和常务委员会制定的法律看,似乎看不出有严格的立法规则或规律,至少在立法技术上是需要规范的。如"依据"和"根据"需要统一,"根据宪法"和"根据中华人民共和国宪法"等。尽管从文义上"依据"和"根据"可以互释,立法机关分别使用这两个词,虽并非刻意的选择,但也可能给公众带来不必要的误解。"根据宪法"和"根据中华人民共和国宪法"的表述虽一般不会出现误解,但至少立法技术上是不严谨的。

(二)物权法的"宪法根据"问题

1986年制定的《民法通则》第1条立法目的中规定:"根据宪法和我国实际情况,总结民事活动的实践经验,制定本法。"《物权法(草案)》第1条规定:"为明确物的归属,保护权利人的物权,充分发挥物的效用,维护社会主义市场经济秩序,维护国家基本经济制度,制定本法。"从第1条中我们看到,《物权法(草案)》并没有明确写"根据宪法制定本法"。根据上述的理论分析,在法律条文中写不写"根据宪法",并不实质上必然影响法律本身的合宪性基础。但在宪法文本和解释学上,却存在值得探讨的问题。不写"根据宪法"可能有以下几种解释:一是作为基本法律的物权法当然要根据宪法,没有必要特别地宣明其立法依据;二是立法上的疏忽,没有特别仔细地思考立法依据的表述问题;三是基于宪法和民法上不同原理的特殊考虑,认为作为私法的物权法没有必要写"根据宪法",以回避因"公法介入私法"而可能出现的争议。我国民法学界的有些学者认为,民法是对市场交易规则的确认,民法的制定实际上是国家"认可"业已形成的习惯,而这种习惯与宪法本身的存在并没有必然的联系。也就是说,民法的制定是立法机关"认可"规则,而不是"创制"规则。创制规则时才有选择"根据"的问题,认可规则只需遵循业已存在的私法原理就可以。还有一种可能的解释是,宪法是国家的根本法,而民法是市民社会的"根本法",是以个人自治为原则的,规定私法规则的法律,没有必要以公法的规则为基础。宪法规定的内容恰恰是公法规则,不写"根据宪法"可以满足民法保持其"私法"品格的需求。

笔者认为,从物权法在我国社会主义法律体系中的地位、性质、功能与社会效果来看,在《物权法》第1条中明确写“根据宪法”是必要的,其理由在于:(1)作为基本法律,在立法目的上明确写“根据宪法”是其法律性质的要求。(2)有利于全面地表述物权法的基本价值,有利于从整个法律体系的角度理解物权法的性质。(3)有利于从宪法秩序的角度评价物权法存在的社会价值与功能。① 物权法是私法,但它存在于宪法秩序之下,受宪法制度,特别是基本经济制度的制约。《物权法(草案)》第1条的“两个维护”目的实际上明确了物权法应承担的某种“公法”功能。(4)有利于揭示宪法变迁与民法发展之间的关系。从《物权法(草案)》制定的环境与基本条件看,没有宪法确认的市场经济制度,没有宪法对私有财产权地位的充分肯定,没有宪法对国家基本经济制度的确认,物权法的制定也会失去必要的社会基础。应当承认,2004年的宪法修改对物权法的制定提供了理念支持与良好的社会环境。当在宪法规范不承认个人的私人财产权、不保护私人财产权的环境下,仅仅依靠物权法是不能承担保护私有财产权功能的。从法律位阶上,物权法再重要,也不能改变其作为宪法下位法的地位。只有在统一的宪法秩序之下才能发挥物权法的作用。另外,在我国,市场交易规则是在宪法之下形成的,如果没有宪法确立市场经济以及相关的分配制度,不可能自发形成民事交易与分配的习惯规则。所以,物权法的制定,表面上看是对业已形成的市场规则的“认可”,但实际上是受宪法秩序的约束。在笔者看来,强调宪法秩序对物权法的价值制约,并不影响民法体系的自治性质,且有利于强化其制度的现实功能,扩大其利益的调整基础。如所有权等物权上的权利,不能完全脱离宪法的原则,宪法的原则应渗透于所有权的结构之中。因此,客观上并不存在纯粹的“私法”领域。某种意义上,在宪政关怀下的物权法才能扮演传统物权法所没有的社会角色,起到整合社会力量、保障财产权的作用。

总之,物权法是在宪法秩序下,对宪法规定的基本原则、基本权利的具体化。但在《物权法(草案)》的制定过程中,没有充分从宪法的角度去分析和解释一些问题,没有强调必要的宪法思考与思维,导致了设计内容和理解上的一些误解和混乱。《物权法(草案)》第1条没有规定“根据宪法”至少从立法内容和技术层面上是不妥的,需要在修改中增加规定。

---

① 《越南民法典》在宪法与民法关系的处理方面给我们提供了有益的经验。《越南民法典》在前言中规定:本民法典继承和发展了以往的民事法规的优点,将1992年宪法的有关规定具体化,在国家的法律体系中占有重要的地位,为继续解放生产力、发扬民主、保障社会公平和公民的民事权利创造法律条件。这一表述明确了在法律体系中宪法与民法的关系,将民法功能定位在“宪法有关规定的具体化”。参见《越南民法典》,米良译,云南大学出版社1998年版。

(三)"根据宪法"的文本分析

法律必须以宪法为依据,在规范层面可表述为以下含义:一是表明宪法具有最高的法律效力,是法律发挥效力的基础;二是表明本法与宪法之间的效力等级,上位的规范效力高于下位的规范,下位阶的规范不得违反上位法规范;三是表明本法是宪法规定的具体化,其价值和效力来源于宪法。当然,"根据宪法"只是规范价值的表述,并不是实然意义上的事实关系。这里可能存在多种情况:法律确实是"根据宪法"制定的,根据宪法设计法律内容,并约束法律的活动;虽然规范上写了"根据宪法",但实际上并没有按照宪法设计,法律内容本身存在与宪法不一致的部分;"根据宪法"只表现在内容的设计上,但在具体运作过程中,法律与宪法之间出现脱节。

判断一部法律是否"根据宪法"时,要考虑法律理念、基本原则和具体内容是否符合宪法规范、宪法原则和宪法精神。这里既有实质意义上的合宪性,同时也有形式意义上的合宪性。在具体判断时,也存在实质意义宪法与形式意义宪法的区别问题。如在以形式意义的宪法为尺度的情况下,判断者既要考虑宪法典之内的含义,同时也要考虑宪法典之外的价值问题。在以形式意义的宪法为尺度的情况下,判断者只能以宪法典所确定的规范作为判断标准,不能随意扩大判断尺度的外延。笔者认为,宪法根据的判断必须坚持整体性原则。尽管存在宪法典之外的判断标准,但为了保证宪法尺度的客观性与现实性,判断其根据时仍以宪法规范所包含的含义作为基础。特别在我国目前社会转型时期,形式意义上的严格解释是十分必要的。当然,这种形式意义的解释活动,必须与整体解释原则相一致,避免条文之间出现冲突的现象。

具体地说,判断一部法律是否与宪法相抵触,主要看三种因素:法律内容是否与宪法明文规定内容相一致;法律内容是否与宪法的基本原则相抵触;法律的内容是否与宪法精神相抵触。从宪法与《物权法(草案)》的关系上,尽管存在原理或条文的规定上不衔接的一些问题,但从它的基本规定和价值趋向看,体现了人权保障的基本原则和要求,是我国宪法保护的财产权的具体化,有利于使公民具体享受宪法所赋予的财产权。有些内容的不完善,如条文之间的矛盾,条文与宪法之间的合理衔接等问题可以在审议过程、表决程序和实施过程中得到合理解决。

四、对"社会主义公共财产神圣不可侵犯"原则的宪法文本分析

如何理解《宪法》第12条的规定是学者们普遍关注的焦点问题。《宪法》第12条第1款规定了"社会主义公共财产神圣不可侵犯"的原则,而《物权法(草案)》上没有规定这一原则。这里存在两个基本问题:一是物权法能否规定"社会主义公

共财产神圣不可侵犯”的原则？二是宪法文本上这一原则具有什么意义？《物权法(草案)》第五章标题是国家、集体和私人所有权。物权法对公共财产与私人财产的平等保护是否与宪法原则相矛盾是需要讨论的重要理论问题。

(一)我国宪法上“社会主义公共财产”地位的演变

1954年《宪法》没有写“社会主义公共财产不可侵犯”的原则,只规定“国家保证优先发展国营经济”。1975年《宪法》和1978年《宪法》第8条规定“社会主义的公共财产不可侵犯”。1982年《宪法》第一次规定“社会主义公共财产神圣不可侵犯”,也就是加了“神圣”两个字。1982年《宪法》颁布后,经过了四次修改,其间也有学者提出在宪法文本中取消“神圣”两个字,担心造成与私人财产权之间的不平等。同时,也有学者主张应规定“私人财产权神圣不可侵犯”,保证与公共财产的平等,但我国《宪法》对此的有关规定的表述一直没有修改。

(二)“神圣”的宪法意义

按照《现代汉语词典》的解释,神圣是指“极其崇高而庄严的,不可亵渎的”。“社会主义公共财产神圣不可侵犯”表明了在人民民主专政制度的国家中,社会主义公有制的主导地位和公共财产的重要性、基础性与权威性。国家通过宪法特殊保护公共财产是我国宪法社会主义性质的必然要求。但它是一条与政治制度相联系的宪法原则或政治原理,宪法文本上的“神圣”并不是严格的法律术语,是一种政治宣言和指导性的原则表述。它的基本含义是社会主义公共财产是不可侵犯的,它对人民民主专政制度的发展具有重要的意义;国家既保护公共财产,同时也保护私人财产;在社会主义制度下,公共财产和私人财产并不存在根本的利益冲突,两者是互相促进、共同发展的。这里的“神圣”并不是指公共财产在法律上具有绝对性地位,也不意味着私有财产与公共财产平起平坐。这里的“平等”也是具有相对性的平等,是指法律地位上的平等,是国家为了发展公共财产而赋予的平等地位。“私有财产神圣不可侵犯”原则在历史上起到了一定的进步作用,但在现代的宪政制度下,私有财产并不是“神圣”的,实际上受公共利益的限制。宪法上是否写“神圣”并不是评价公共财产或私有财产保护程度的重要标准。比如,在现实生活中,我们看到,《宪法》上虽写了“公共财产神圣不可侵犯”原则,但国有资产流失的现象是相当严重的,关键的问题是各种制度的相互配套和宪法原则的具体落实。

(三)公共财产与私人财产在什么意义上是平等的

1982年《宪法》已修改四次,其重要的修宪理念之一是“保护私人财产,尊重公民个人的利益”,并在价值体系上消除“国家主义”观念,逐步确立“国家尊重和保障人权的”基本价值观。在宪法规范上,私有财产权的地位得到了肯定和发展。可以说,宪法对私人财产的保护范围的扩大与民法对财产权的保护程度是相适应的。宪法上的财产权主要是对国家权力的防御意义上存在的,而民法上的财产权主要是针对平等民事主体之间的财产关系,本质上不能获得防御或对抗国家权力的效力。

首先,平等保护是宪法规范的基本要求。1988年宪法修正案首次确认了私营经济的合法性,并规定"国家保护私营经济的合法的权利和利益";1999年修正案中进一步规定"个体经济、私营经济等非公有制经济,是社会主义市场经济的重要组成部分,国家对个体经济和私营经济实行引导、监督和管理"。经过两次宪法修改,私有财产获得了一定程度上的合法性地位,但其宪法地位仍处于不确定状态,私有财产权的权利性质不明确。2004年宪法修正案进一步明确了私有财产权保护的宪法基础,规定:国家保护个体经济、私营经济等非公有制经济的合法的权利和利益。国家鼓励、支持和引导非公有制经济的发展,并对非公有制经济依法实行监督和管理。在非公有制经济性质上,1999年宪法修正案第16条以宪法规范的形式明确了非公有制经济的性质,即"法律规定范围内的个体经济、私营经济等非公有制经济,是社会主义市场经济的重要组成部分",从规范的层面规定了非公有制经济在国家基本经济制度中的地位。作为社会主义市场经济重要组成部分的非公有制经济已不是处于"补充"地位的附属性经济形态,在法律上同公有制经济处于平等地位,平等地参与市场经济的发展。宪法对非公有制经济身份的"正名"反映了宪法作为国家行动纲领的功能,同时体现了宪法对经济制度价值判断标准的变化。

其次,平等保护首先是一项宪法原则。法律面前人人平等是宪法的基本原则,也是法治的基本要求。在宪法秩序下,国家财产、集体财产与私人财产是平等的,体现财产主体的平等地位。没有平等保护就没有平等的价值标准,个人的权利和自由得不到有效实现。这里值得注意的问题是,物权法上的平等保护是宪法平等保护的体现,是宪法原则的具体化,并不是物权法创制的原则。区分两种不同意义上的"平等保护"有助于揭示"平等保护"的正当性基础,也有利于说明宪法与物权法的位阶关系。从宪法理念来讲,赋予私人财产平等地位的重要目的是防御公权力对个体财产权的侵害,有效地实现宪法规定的公民私人财产权。因此,这种平等保护是由宪法确定、并通过宪法实现的。民法保护只是宪法保护之下的第二层次的保护,其性质与功能是不同的。

再次,对财产权的平等保护是国家的义务。在非公有制经济宪法保护主体上,2004年宪法修正案第21条中明确了对非公有制经济的保护义务的主体是国家。本条中的"国家"首先表现为负有保护非公有制经济义务的国家机关,即国家立法机关、行政机关、审判机关和检察机关在职权的行使过程中保护非公有制经济的合法的权利和利益。根据《宪法》的规定,国家机关依法保护非公有制经济是一种法律义务，体现了维护国家基本经济制度的要求。如全国人大及其常委会行使立法权时，不得制定公有制经济与非公有制经济处于不平等地位的法律或规范；行政机关进行行政行为时不得侵犯非公有制经济合法的权利与利益；审判机关必须贯彻平等原则，平等保护公有制与非公有制经济，不得歧视非公有制经济等。2005年国务院出台的《关于鼓励支持和引导个体私营等非公有制经济发展的若干意见》（以下简称《意见》）以国家政策的形式，把非公有制经济与公有制经济放在一个平等的发展平台上，进一步落实了促进非公有制经济发展的基本政策。《意见》列举了国务院支持和引导非公有制经济发展的36条措施，其核心的内容是：消除影响非公有制经济发展的体制性障碍，确立平等的市场主体地位，实现公平竞争；改进和加强政府监督管理和服务。为了实现宪法确立的公有制与非公有制法律上的平等地位，"意见"要求贯彻平等市场准入，实现公平待遇原则，明确要求允许非公有资本进入法律法规未禁入的行业和领域。

最后，平等保护也是实现私人财产权的必要条件。私人财产权首先是宪法上的基本权利，主要是针对公共权力而存在的，同时为私法上的财产权保障提供法律基础。"合法的私有财产不受侵犯"意味着国家有义务保护所有公民的财产权，并采取各种有效措施实现财产权价值。当然，值得注意的是，财产权在宪法框架里具有双重性，即主观的防御性与客观秩序的性质。作为防御性权利，财产权是公民设防公共权力侵犯的权利，确立了公权力活动的基本界限。但另外，财产权又具有制度保障的基本属性，是一种每一个公民自由地行使财产权的制度或客观的法律秩序。因此，宪法对财产权的规定实际上起着保障个体自由地利用各种经济条件的"自由保障的"功能。基于财产权的宪法性质，宪法修正案扩大了私有财产权的保护范围，并明确了公民私有财产中生产资料的保护范围，以财产权代替原宪法规定中的所有权，并确立了私有财产权不受侵犯的宪法原则。

（四）私有财产权的宪法保护与民法保护的关系

私有财产权在现代法治社会中对于个人自由的伸张和实现其他基本权利方面发挥着重要的作用。财产权本质是实现自由的基本要求，是人作为有尊严的个体存在的社会物质基础。因此，从社会发展的角度看，个体拥有私有财产是社会协调发展与保护人的尊严的重要条件。与任何权利一样，财产权的行使并不是绝对的，公共财产、集体财产和私人财产都受宪法和法律的限制，不存在具有优先地位或特殊保护的财产权主体。各国宪法一方面规定财产权保护原则，另一方面对财产权也规定了必要的限制。我国2004年宪法修正案规定：国家为了公共利益的需要，可以依照法律规定对公民的私有财产实行征收或征用并给予补偿。宪法的这一规定有利于在公权力与私权利、私有财产与公共财产之间确定合理的界限，使受侵害的财产得到合理补偿。我国宪法修正案为了在公共利益与个人利益之间寻求合理的平衡，规定了征收和征用的条件与程序，对公共利益和公共财产本身确定了严格的范围。

宪法对财产权的保护是通过财产权的宪法地位的确定、财产权实现的具体化等方式实现的，并在国家基本制度和价值体系层面建立相关标准和程序。对国家所有权、国家财产的范围等国家根本制度问题只能由宪法规定和确认，物权法没有必要在具体法律规范中重复规定宪法条文中已规定的内容。比如，《物权法（草案）》第51～52条对国家所有和集体所有范围的规定是没有必要的。理由是：国家所有权的分类是宪法规范的任务；宪法上已经规定了财产的具体范围。《物权法（草案）》第59条规定的集体所有的不动产和动产的具体范围的规定也不能违反宪法对集体财产的保护范围。《物权法（草案）》第55条和第56条的规定需要认真推敲，它涉及"物权法"与宪法的重大关系，如什么是国家所有权，国家机关能否成为国家所有权的主体？这是国家基本经济制度问题，物权法本身是无法调整的。《物权法（草案）》第50条规定：国家维护公有制为主体、多种所有制经济共同发展的基本经济制度。这一条的规定是不完整的，宪法的表述是："国家在社会主义初级阶段，坚持公有制为主体、多种所有制经济共同发展的基本经济制度，坚持……"《物权法（草案）》第1条中已有"维护国家基本经济制度"的表述，没有必要重复规定。如果《物权法（草案）》第50条是对"基本经济制度"的解释的话，则会发生宪法解释和法律解释之间的矛盾。按照宪法解释学的原理，宪法文本上规定的原则、基本制度或重要内容只能由宪法规定，下位法是不能"抄袭"的，否则会导致宪法与法律之间界限的混乱。《物权法（草案）》第66～68条对于私人财产权范围的规定是必要的，进一步明确财产范围，划定与公共财产的界限。但这一规定不能超越宪法对财产权规定的范围，特别是在具体化的过程中注意同宪法原则之间保持统一性。这种具体化既反映在立法活动上，同时反映在宪法解释、违宪审查制度的运用过程。

五、宪政关怀与物权法的制定

近日，全国人大常委会法工委负责人明确表示，2006年对《物权法（草案）》进行修改完善，适时提请全国人大常委会继续审议。对于《物权法（草案）》的修改与审议活动，笔者提出如下4点建议：

一是立法机关需要进一步完善"基本法律"的制定程序，建立专门机关、学者与公众共同参与的立法程序，通过各种形式吸纳社会各界和学者的意见。

二是在制定重要法律时，应建立统一的专家论证制度，改变"立法上的专业'垄断'主义"倾向，提倡多学科的学者共同探讨，保证专家意见的多样性。像物权法这样涉及宪法原则、社会各种利益关系的重要法律的制定，更需要听取不同专业的学者们的学术意见。

三是建立“立法的宪法论证制度”。在我国的立法活动中，宪法原则的指导作用并没有发挥充分的作用。有的法律中虽写“根据宪法”，但在法律理念的思考、具体内容的规定上并没有自觉地坚持“根据宪法”原则。从依宪治国的基本要求看，今后立法时，首先需要从宪法角度准确地把握法律的基本理念和基本价值趋向，然后再设计具体法律内容。这对保证法律的合宪性基础是十分重要的。国外一些国家在《民法典》的制定过程中也经历了重大的学术和政治性争论，其中争议的焦点集中在宪法原则与民法功能关系的协调上。为什么《德国民法典》、《日本民法典》从起草到正式公布前后花了20年多时间？可能有不同的原因，但其中重要的原因是“民法帝国”的规则与现代宪法价值之间的冲突。比如，在19世纪日本发生过的“民法典制定要否延期”的论战中，不管是主张如期实施，还是主张延期实施，参与的学者基本上是围绕民法与宪法原理进行学术论战的。[①] 宪法学是专业化的知识体系，具有自身的学术逻辑和分析方法。重视宪法学者参与和进行充分的宪法学的论证是完善立法程序的重要环节。

四是强化法律解释和宪法解释功能，完善我国的违宪审查制度。围绕《物权法(草案)》而出现的所谓“违宪”与“合宪”之争，从一个侧面提出了如何完善违宪审查制度的社会功能问题。以《物权法(草案)》的讨论为契机，能否认真地对待违宪审查制度将成为影响未来中国法治发展的重要因素。

(2006年第3期)

---

① 有关争论的背景和过程请参见韩大元著:《东亚法治的理念与历史》，法律出版社2000年版，第70~73页。

宪法的用途与误用
——如何看待物权法中的宪法问题

张千帆*

近几个月以来,《物权法(草案)》引发了激烈的社会争议,有人甚至公开指责其中的某些规定“违宪”(以下简称“违宪论”),草案的修改与审议过程也因此而一度中断。作为宪法学者,我对这种现象感到一种本能的兴奋,因为不论我个人在此特定问题上的立场如何,我赞成言论自由,赞成任何一部法律都必须经受实质性的辩论和质疑,这么一部对国计民生可能产生重大影响的法律自然更不必说了。①我相信任何人都可能会犯错误,这部法律的起草者和审议者自然也不例外,而我更相信人民的集体智慧。不论普通老百姓是否能理解高深的法律理论和术语,他们来自实际经验和切身利益的直觉都应有助于纠正立法精英的偏差。有人对《物权法(草案)》有这样或那样的意见,乃是完全正常的。事实上,任何人都可以认为并主张国家的任何法律或法规“违宪”。在一个宪法规定了言论自由的国家里,这本来应该是他们的权利。

然而,作为宪法学者,我同时也对争论过程中出现的一些偏差感到本能的担忧。自觉运用宪法是一件好事,但是宪法的运用必须符合宪法学的基本常识和常规。毕竟,宪法不应该是一盒“万金油”,谁都可以随便进来“沾”一点,然后再用“宪法”这块“金字招牌”指责别人违背了某某“基本原则”或“政治方向”。弄不好,这种做法很可能“误用”了宪法,甚至产生不良的社会后果。虽然我们每个人都确实有自由来表达这类见解,但是对于宪法究竟是什么、怎么用,我们还是要在学术上讨一个“公道”。

尼采曾经写过一本名叫《历史的用途与误用》的小册子,其中他说道:“我们服务于历史,只是因为历史服务于生活;但是如果将历史研究的价值超过某个极点,那么我们就割裂了生活并使之堕落。”②宪法也是如此,过犹不及;如果用得不当,

---

* 作者单位:北京大学法学院。

① 当然,我并不主张这种争论应阻碍正常的立法进程。事实上,作为民主政治过程,立法的审议和通过本身就是在批评声中进行的。因此,即便存在激烈或激进的反对意见,也不足以影响立法过程,否则反而背离民主和法治原则。

② Friedrich Wilhelm Nietzsche, *The Use and Abuse of History*, Adrian Collins, Macmillan (1957), p. 3.

我们还真的可能反而阻碍了社会发展，违背宪政的初衷。因此，我借用了这本书的题目，目的是以围绕《物权法（草案）》的争论为背景，探讨我们究竟应该如何运用自己的宪法。

一、请认真对待宪法

虽然每个人都有权利发表见解，法学家也不例外，我还是认为法学家应该更严肃地对待宪法问题，避免轻易将自己的价值观强加在其讨论的对象——宪法和法律之上。在这个意义上，我反对将学术讨论本身意识形态化。假定我们都能同意：我们在这里花费版面、笔墨以及读者的时间进行讨论，不是为了一场论者个人出于不同价值立场的争吵，而是弄清楚宪法在这个问题上的意义究竟是什么，否则将是对这本书及其读者的亵渎。当然，几乎任何人都有价值立场，都有在民主政治过程中表达自己的权利。但是在讨论学术问题的时候，我们还是应该尽可能将自己个人的价值观放在一边，共同遵循普遍承认的价值中立的学术规则。如果没有共同尊重的学术讨论的基本规则作为底线，那么争论就失去了鉴别真伪、判定胜负的理性基础，这样的争论当然也是没有任何意义的。好在法学家一般都假定，他们在分析问题的时候是价值中立的。这种假定有时是自欺欺人的，但是基于上述理由，价值中立的目标即使可望而不可即，也不妨碍成为我们共同的追求；否则，只怕一场争论下来，除了针锋相对的价值观彼此擦肩而过，造成一时的热闹和繁忙之外，什么实际问题都解决不了。

笔者认为以下主张是不可反驳的，因而应该成为学术讨论的各方共同接受的起点：宪法首先是一部“法”，因而必须体现出可实施（enforceable）的法律效力；[①]在我们衡量一部法律的合宪性时，我们所引用的宪法条款必须具备在法律上可以实施的确定意义。这个标准对宪法问题的讨论尤其重要，因为几乎任何国家的宪法都集中规定了大量基本原则，其中某些原则只是对宪法解释发挥某种指导性作用，未必能在法律上获得直接的实施。不可否认的是，某些宪法原则只是表达了一种笼统的政治理念，而这种理念在具体情况下（譬如在物权法某些规定的合宪性上）意味着什么，在本质上是一个见仁见智的问题，不可能得到一个统一的令人心服的“标准答案”。然而，如果论者将自己的价值观掺入这类理念，并宣称这是对宪法基本原则唯一正确的理解，那么他就偏离了学术讨论的出发点；他实际上是在对于对立的学术观点发动一场政治攻击，而将政治斗争带入学术的做法显然是不合适、

① 宪法在前言中确定自己“是国家的根本法，具有最高的法律效力”，且“一切法律、行政法规和地方性法规都不得同宪法相抵触”（第5条）。

不可取的。

笔者相信这个提议并没有带入个人的主观立场。笔者在此只是主张,我们以一种负责任的态度看待自己的宪法。宪法是国家的"根本大法",但它首先是一部法律,因而我们必须至少像对一部法律那样认真对待它。在一部法律当中,并不是所有的条款都有公认和确定的意义;事实上,1982 年《宪法》和《物权法(草案)》都是如此。有些宪法条款是不可操作的,因而不能作为衡量法律合宪性的尺度。这些条款虽然在宪法之中,但是其目的是表达一种政治理想,而不是可实施的法律标准。因此,我们(尤其是作为法学家)不能随意指责物权法或任何其他法律违背某些笼统的宪法原则。如果在这些问题上"较真",那么我们所做的其实只能是喊口号、"抓辫子"而已。我们这么做,并不能给宪法带来任何尊严;恰恰相反,我们只能使它沦落为政治口号,成为"文革"式的政治斗争乃至人身攻击的工具。试问,这种表面上"维护"宪法的行为,难道不正是对宪法最大的亵渎吗?!

因此,允许我向"违宪论"者建议:请认真对待我们自己的宪法!如果我们不能对它赋予更多的尊重,那么也至少请给它以一般"法律待遇",而不要将它作为纯粹的政治口号或打击不同意见的工具。事实上,对于一部规定言论自由的《宪法》来说(见第 35 条),这么做将构成极大的讽刺。的确,任何人都应有权自由发表自己的见解,但如果他宣称自己对宪法的理解是唯一正确的,并以宪法的名义对其所不认同的观点、主张或措施无限上纲上线,那么他就有滥用言论自由之嫌。

二、宪法的误用——宪法原则的教条化与口号化

遗憾的是,"违宪论"所热衷的主要是宪法的政治价值,其立论基础是宪法总纲中表达的一些笼统的政治理想。"违宪论"者认定《物权法(草案)》违宪的主要论据似乎是它没有重复 1982 年《宪法》第 12 条的规定:"社会主义的公共财产神圣不可侵犯",并存在将国家、集体和个人财产平等对待之嫌疑,从而背离了宪法的"社会主义方向"。这种看法是令人费解的,因为任何法律都没有义务一字一句地重复宪法文本。事实上,这种形式主义的机械"背诵"也不可能发挥任何实际作用。但是本文在此要着重考虑的问题是,我们是否应该动辄指责某某法律违反了宪法规定的某些政治原则和方向?

我们都知道,1982 年《宪法》的第一章总纲规定了一系列国家基本原则、政策和方针。事实上,"违宪论"者似乎没有提到宪法两处对其可能更有帮助的规定:"社会主义经济制度的基础是生产资料的社会主义公有制,即全民所有制和劳动群众集体所有制"(第 6 条);"国有经济,即社会主义全民所有制经济,是国民经济中的主导力量。国家保障国有经济的巩固和发展"(第 7 条)。然而,连同上述"神

圣不可侵犯”条款，这些政策性规定究竟意味着什么？公共财产“神圣不可侵犯”，是否意味着国有资产不得通过市场的公平交易而转换为不同性质的所有权？中国经济制度的基础是“公有制”，是否意味着国有企业应该在数量或价值上超过总量的一半？国有经济是“主导力量”，是否意味着国有企业的产值应该在中国的国民生产总值当中不低于某个确定的比例？

无论我们个人在主观上希望这些规定的确切含义是什么，这些条款的性质决定了它们只是表达一种不确定的政策倾向，无法通过法律途径直接实施。试想，如果现在要拍卖一家国有企业，我们是否能主张这次拍卖将有损“社会主义经济制度的基础”或国有经济在“国民经济中的主导力量”呢？显然，任何一家企业所有制的转换都不可能有如此大的威力，但国有企业改制的累积效果确实可能以可观的方式改变国有经济的比例。全国人大或其常委会如果认为有必要，完全可以通过立法规定国有企业及其产值在国民经济中占有某个比例——尽管这种规定注定是难以实施的，即使实施的结果也是令人悲哀的，因为那将意味着我们又回到计划经济时代；当然，它也可以像现在这样不做这样的规定，但无论是规定还是不规定，我们都不能说是《宪法》第 6 条或第 7 条明确要求的结果。在这种情况下，我们应当充分信任自己的立法者。无论立法机构最后采取什么选择，都不能被指责随意为“违宪”。

值得注意的是，自 1982 年《宪法》全面修改之后，中国宪法的文本随着经济和社会发展处于不断调整之中，我们对宪法的理解似乎也理应发生相应的进化。1999 年的宪法修正案规定：“国家在社会主义初级阶段，坚持公有制为主体、多种所有制经济共同发展的基本经济制度，坚持按劳分配为主体、多种分配方式并存的分配制度。”初级阶段理论体现了一种市场多元化的制度设想，使得原先就轮廓模糊且难以实施的政策性规定更加捉摸不定。究竟哪种所有制应该在国民经济中占多大比例，宪法从来没有也不可能给予明确规定。事实上，《宪法》第 15 条还明确规定，“国家实行社会主义市场经济”，而一个经济学的常识是，只要保证自由与公平的市场交易，国家就不可能禁止不同所有制之间的等价转换。[①] 因此，一个市场经济国家是无法保证任何所有制在国民经济中占有多大比例的。

法学家应该知道，无论是“基础”、“主导”、“主体”还是“并存”，都是弹性极大、边界极为模糊的词语，都不是在法学意义上可操作的概念。因此，至少法学家不应该按照自己个人的理解，人为地将这些模糊的政策性条款套上一成不变的框框，然后强加于物权法或任何其他法律之上；更不应该无限上纲上线，随意宣称物

① 对于这个问题，我已在别处有所论证，在此不赘述，请参见张千帆：“宪法不应该规定什么？”，载《华东政法学院学报》2005 年第 3 期。

权法违背了宪法规定的政治方向。这种做法将宪法中原本富有弹性的政策理念变成一成不变的教条,进而将其转化为带有攻击力的政治口号,使宪法成为政治斗争的工具。但不论"违宪论"的动机如何,这种做法在效果上并不是维护宪法原则,而只是将论者个人的主观见解强加于宪法之上,然后以"宪法"的名义对其所敌视的法律或主张发动政治上的攻势,进而产生危言耸听的效果。在我看来,这绝不是认真对待宪法的恰当方式,而只能算是宪法的"误用"——将宪法错误利用为政治攻击的幌子。

在"文化大革命"正式结束整整30年后的今天,我们或许用不着再说不应该"扣帽子"、"打棍子"之类的话了。遗憾的是,"违宪论"的指控让我们看到的正是"文化大革命"的阴影。宪法的教条化和口号化不仅将损害宪法的权威和形象,而且也误导了宪法和物权法原本可以正常进行的对话。

三、宪法的用途——物权法中的宪法问题

当然,宪法是没有必要被误用的。在没有教条化和口号化的语境下,宪法完全可以对《物权法(草案)》的讨论和审议发挥建设性的作用。不消说,物权法当然是可能违宪的。事实上,作为国家立法机构作出的一种公权力行为,它总是不可能从逻辑上排除其和国家的最高法——宪法抵触的可能性。我们知道,现代国家的宪法主要有两个功能:一是界定政府不同部门的权限,二是保护个人权利不受政府侵犯,尤其是法律上的侵犯。中国物权法的主要任务是调整国家、集体和个人之间的财产权,因而一般不会涉及宪法的第一个功能。然而,物权法完全可能在第二个问题上犯错误,不适当地界定不同性质主体的财产权,过分限制公民个人的基本权利。因此,物权法是可能违宪的——尽管本文的目的并不是探讨目前的草案是否有任何地方违宪,但是物权法所可能违反的并不是宪法总纲当中规定的某些笼统抽象的原则,而是含义确定并在法律上可实施的那些条款。一个例子是《宪法》第2章"基本权利"中第33条:"公民在法律面前一律平等。"和政策性原则不同的是,平等原则是一条可操作的法律原则,因而可以被用来作为衡量合宪性的实体标准。事实上,假如《物权法(草案)》真的像"违宪论"所主张的那样区分国有、集体和个人财产权的法律地位,那么它很可能违反了平等原则。如果物权法规定国有和集体财产享有比私人财产更高的地位,那么它就不得不面临宪法平等原则的挑战。当然,平等原则并不要求绝对平等,法律可以对不同的人群规定不同的权利和义务。但是平等原则确实要求法律上的分类必须具备正当的理由,必须能有效地促

进或保护普遍承认的公共利益；否则，它就构成了宪法所不容许的“歧视”。[①] 因此，假如物权法的制定者不能为针对不同性质所有制的不同待遇提供适当依据的话，那么我们就有充分的理由怀疑它背离了宪法平等原则。幸运的是，《物权法（草案）》并没有误入经济歧视的歧途。但我想借用此例说明的是，这才是我们应该考虑的物权法中的宪法问题。

1982年《宪法》虽然还存在这样或那样的问题，但毫无疑问的是，相当多的宪法条款都具有法律上的可实施性。事实上，不仅《宪法》第2章（公民权利）和第3章（国家机构）的许多条款都是可实施的，[②]即使第1章“总纲”中规定的某些具体原则也是如此。例如，《宪法》第10条规定：“国家为了公共利益的需要，可以依照法律规定对（集体所有制）土地实行征收或者征用并给予补偿。任何组织或者个人不得侵占、买卖或者以其他形式非法转让土地。土地的使用权可以依照法律的规定转让。”类似地，第13条第3款规定：“国家为了公共利益的需要，可以依照法律规定对公民的私有财产实行征收或者征用并给予补偿。”虽然这两条没有明说给予什么性质的“补偿”，但是不难从基本公正等原则中推断出建立在市场价值之上的公正补偿要求。[③] 因此，《宪法》总纲所确立的相关原则可以和《物权法（草案）》的有关规定相对照。例如，《物权法（草案）》第49条规定：“为了公共利益的需要，县级以上人民政府依照法律规定的权限和程序，可以征收、征用单位、个人的不动产或者动产，但应当按照国家规定给予补偿；没有国家规定的，应当给予合理补偿。”第68条规定：“拆迁、征收私人的不动产，应当按照国家规定给予补偿；没有国家规定的，应当给予合理补偿，并保证被拆迁人、被征收人得到妥善安置。”[④] 在这里，《物权法（草案）》要求征收按照“国家规定”给予补偿，且在没有规定的情况下给予“合理补偿”。然而，“国家规定”与“合理补偿”都未必一定能满足公正

---

① 在宪政国家，平等保护原则已经通过司法判例而演绎为一个蔚为大观的法学体系。例如布莱斯特（Paul Brest）等著：《宪法决策的过程——案例与材料》（第4版），张千帆等译，中国政法大学出版社2002年版，第231～283页、704～1111页。仅从内容的篇幅上，我们就能看到宪法平等原则能为社会和谐做出何等重大的贡献。

② 当然，即使在可实施的条款中，仍可能包含着某些不可实施的规定，例如某些权利条款中所包含的公民义务。事实上，《宪法》第二章的标题就是“公民的基本权利与义务”。参见张千帆：“宪法不应该规定什么？”，载《华东政法学院学报》2005年第3期。

③ 张千帆：“‘公正补偿’与征收权的宪法限制”，载《法学研究》2005年第2期。

④ 在此，“保证被拆迁人、被征收人得到妥善安置”是宪法没有规定的，但这并不表明物权法不能如此规定。一个宪法学常识是，宪法只是规定了个人权利的底线；法律总是可以规定比宪法底线更多的权利保障，而无须宪法的特别授权。在这个意义上，颇为流行的“宪法是一切法律的‘母法’”一说并非严格正确。尤其是物权法具有私法性质，而宪法是公法，因而不可能作为其完全意义上的“母法”。只要不损害任何人受宪法保护的基本权利，物权法完全可以规定宪法所没有规定的东西。

补偿的要求。[1] 因此，如果草案所规定或认可的补偿标准可能和宪法要求相冲突，那么物权法就遭遇了宪法问题。

不论如何，我们看到物权法是有可能违宪的，但它所可能违反的不是“违宪论”所指控的“政治方向”，而是在法律上可实施的具有确定内涵并关乎具体权利的条款。归根结底，宪法不是政治口号，更不是制约中国经济发展的障碍。在其所规定的宽松的制度框架下，它容许我们的立法机构自由地发展符合社会现实需要的法律；它只是要求，法律必须符合一些人类社会发展所共同承认的理性。这些理性原则的目的并不是维持我们中某些人所坚持的一成不变的教条，而是以法律上可操作的方式呵护最大多数的最根本利益。在我看来，这就是宪法对中国社会的最根本的用途。

美国的霍姆斯法官曾在一个判例中指出：言论自由所保障的“并非是那些我们赞同的人，而正是那些我们不认同的思想”。[2] 在宪法学讨论中，我们理应身体力行自己在课堂上教授的原则，对“不顺耳”的言论更加宽容。但是宽容并非不分是非。我能够理解“违宪论”者的某些顾虑，甚至能够认同“违宪论”者对《物权法（草案）》在细节上的某些不满。[3] 改革开放以来，中国社会取得了许多进步，但也确实暴露出许多问题。我们的法治状况还远不能令人满意，官员贪污腐败现象严重，社会分配存在着贫富不均和两极化趋势，等等。但是笔者希望我们都能现实和理性地看待中国社会所面临的问题，并真正找到问题的症结所在。为此，笔者不能认同“违宪论”者对物权法的教条化指控，不能认同以“宪法”的名义在政治上无限上纲的“文革式”做法，因为这

---

① 对于“合理补偿”等过分模糊的标准未必满足宪法要求的论点，参见张千帆：“‘公共利益’与‘合理补偿’的宪法解释”，载《南方周末》2005 年 8 月 11 日。

② United States v. Schwimmer, 279 U. S. 644.

③ 别的且不论，《物权法（草案）》仍然没有摆脱中国立法不注重实效的俗套。不止一处条款是没有必要规定的，因为它们只不过宣示了一种路人皆知的常识，例如“国家、集体和私人所有权受法律保护。禁止任何单位和个人用任何手段侵占或者破坏国家、集体和私人的财产”（第 47 条）。有的条款只是简单重复宪法条文（有的是在法律上不可实施的政策性条款），而没有加以细化或规定操作机制，因而也没有特别的意义，如“国家维护公有制为主体、多种所有制经济共同发展的基本经济制度”（第 50 条）。还有的条款几乎是同义重复，因而也有多余之嫌，例如“违法拆迁、征收，造成私人财产损失的，应当依法承担民事责任和行政责任；构成犯罪的，依法追究刑事责任”（第 68 条）；“违反国家规定，以无偿或者以低价折股、低价出售等手段将国有财产、集体财产转让，造成国有财产、集体财产流失的，应当依法承担民事责任和行政责任；构成犯罪的，依法追究刑事责任”（第 71 条以及类似的第 72 条）。事实上，财产侵权的法律救济应在诉讼过程中由法院按有关法律的规定解决，物权法的上述常识性规定对此并没有任何帮助。如果构成了刑事犯罪，必然应按照刑法规定处理；不构成犯罪的，物权法也无权增设罪名。总的来说，现行草案的问题颇有点类似 1982 年《宪法》以及 2005 年生效的《行政许可法》：崇高的理念太多，实在的机制太少。

些是不折不扣的宪法的误用。

当然，我们可以要求《物权法（草案）》在其管辖范围内完善制度设计，更妥善地保护国有、集体和私人的财产，更有效地保证被征收的农民和城市居民获得公正的补偿，更准确地体现宪法平等原则。这才是宪法的正当用途。

（2006年第3期）

地方"一把手"应认真看待公民宪法权利

——评秦中飞编发短信被拘案的起落

郭延军*

2006年10月下旬,重庆市彭水县教委人事科科员秦中飞编发短信被拘案(以下简称秦中飞案)是一个涉及公民多项宪法权利被地方公共机关滥用职权侵犯的典型案例,其中显露的我国地方公共权力配置和公民宪法权利保障状况的信息很值得剖析。此案的大体情况如下:2006年8月15日,秦中飞在别人针对该县几个轰动的社会事件所填写的《虞美人》基础上,改编填写了一首名为《沁园春·彭水》的词,并用短信以及QQ将这首词转发给了他的10多位朋友。这首词的正文中有这样12个字:"马儿跑远,伟哥滋阴,华仔脓胞"。秦中飞此词经二传手、三传手转发,看到的有几十人,而据说熟知彭水官场的人,都能从此词中解读到对县政府某些领导的隐喻。同年8月下旬,彭水县公安局以秦中飞用"伟哥滋阴,华仔脓胞"的说法诽谤县委书记蓝先生、县长周先生(县委书记姓名的最后一个字是"华",县长姓名的最后一个字是"伟"),涉嫌诽谤罪为由对其立案侦查、传讯并予刑事拘留。9月11日,经县检察院批准,县公安局逮捕了秦中飞,交检察院审查起诉,9月28日又变更为取保候审。10月19日,此事经有关媒体报道后,引发了社会广泛关注,不仅国内人士,甚至国外和境外媒体也纷纷报道和评论。① 舆论对彭水地方当局十分不利。10月24日,彭水县公安局通知秦中飞,公安局已经撤销了其取保候审的决定,承认以涉嫌诽谤罪对其立案侦查和逮捕是错误的,对给秦造成的伤害表示道歉。同时,彭水县检察院也主动提出申请国家赔偿问题,秦中飞10月25日下

---

* 作者单位:上海交大法学院、华东政法学院。

① 参见"重庆公务员编写短信针砭时弊被刑拘",载http://www.sina.com.cn,2006年10月19日南方新闻网;"重庆公务员编写短信针砭时弊被刑拘始末",载http://www.sina.com.cn,2006年10月19日南方新闻网-南方周末;"重庆公务员写短信被拘续:警方承认属错案",载http://www.sina.com.cn,2006年10月26日南方新闻网。在中国法学会和《人民论坛》联合主办、上海市法学会承办的"中国法学家论坛"(2006年10月20日~22日)上,在20日下午的大会发言中,当时即有法学刊物表示要组织对此案的评论。另外,经笔者查证,北美新浪也报道了这条消息,设在香港的凤凰卫视中文台于10月26日晚找学者就此进行了专访。本文所叙述的事实和后文所引直接引语,均源自上述报道,后文不再另行注明出处。

午拿到了因被错误关押了29天而得到的2125元国家赔偿金。①

这个在当地闹腾了1个多月，至少直接牵连数10人，致使当地百姓谈手机短信色变的案子。虽然在其曝光后，警、检迫于舆论的压力承认错误无罪释放了“犯罪嫌疑人”，从法律程序上终结了，但其中暴露出来的问题，却很值得政治家和法律、法学界人士警醒和回味。在这个案子的处理过程中，在台面上走动的虽是公安部门和检察机关的人，但主导事件从起幕到落幕整个进程的灵魂人物显然是当地党的“一把手”蓝先生。首先，如果说秦中天的“诽谤罪”嫌疑有两个“受害人”，那就是蓝先生、周先生，彭水县有关机关和部门办理这个案子一直是这么认为的，检察院的起诉意见书中也是这样认定的。其次，诽谤罪一般是自诉案，而自诉涉及的是原告的个人权益，所以，公安、检察介入自诉案实际上是在私事公办，是在帮蓝先生、周先生个人办事，受益人对公安部门、检察机关的行为不可能不知道。蓝先生的秘书庹先生对记者说得很清楚，他们“知道这件事情”，但因为忙，“公安机关会处理”。事实上，如果不是当地党的“一把手”有指示，一件小事绝不可能办成那样一个牵连广泛的刑事案子，公安、检察两方面也不可能那样迅速、协调地使这个案子开幕和落幕。

这个案件的处理过程较为集中地表露出了这样的事实：在我国的地方，尤其是在市、②区、县等行政区域内，权力过分集中于党的书记，使其法律上能够统一指挥和协调党政和公检法，事实上可以不受法律制度制约地行使权力、在选定的范围内任意剥夺公民一些重要宪法权利。这种事情不是偶然的，也绝不是彭水一个地方才有的，秦中飞案不过是这方面的一个鲜活的例证。这种状况的存在对于建设法治国家和建设和谐社会都是很大的障碍，也是导致不少地方主要领导人因缺乏监督而独断专行，为所欲为，最后走上违法违纪甚至犯罪道路的重要原因之一。

笔者注意到，秦中飞案已经得到了纠正，这当然好。对于当地领导人来说，不论是什么原因促使他们采取纠错行动的，此举都可以说是化被动为主动的明智做法；而且，知错即改，善莫大焉！但是，为了在全国范围内逐渐从根本上消除地方“一把手”滥用权力侵害公民宪法权利的根源，笔者以为，还是有必要对这个案子的起落做一番评说。这种评说虽然是结合发生在彭水县的秦中飞案进行的，但完全是着眼于在全国范围内避免或减少类似事件而做的。

综观秦中飞案的有关事实，笔者以为，有些道理说清楚对于站在不同立场或处在不同地位的人们或许都会有些益处。

---

① 龙志：“重庆公务员写短信被拘续：警方承认属错案”，载http://www.sina.com.cn，2006年10月26日南方新闻网。

② 主要是省会城市以下设区的市、县级市。

1. 作为公民，秦中飞用向亲朋发短信这种私人通信形式表达思想，想说什么就说什么，完全是他的宪法权利，任何人无权干涉。作为民主、法治时代的地方主要政治人物，地方“一把手”们应该摆正心态，明白自己的宪法地位，没有任何理由把自己看做专制时代的太守、县令。即使是封建时代，也几乎没有将背后非议和怨骂县令、太守规定为犯罪的法律，甚至也没有将背后怨骂督抚宰相规定为犯罪的法律。即使在“文化大革命”中的“恶攻罪”，也只有涉及“四个伟大”才能成立，一般还没有非议或怨骂一个县处级干部就可定罪判刑的。事实上，任何一个民主、法治社会的地方乃至中央的领导人，都不可能没人批评、都不可能任何场合都不被人背后讽刺怨骂。公民在日常生活的一般场合非议、嘲笑或怨骂包括政治人物在内的公众人物，那不过是民众劳累之余发泄情绪、自我放松的一种的方式，属于宪法言论自由的具体表现形式。所以，秦中飞的那点事不仅谈不上犯诽谤罪，甚至连民事侵权也谈不上。

“伟哥滋阴”这几个字，即使真涉及某个具体人，按常理看不过是句对人不够尊重的玩笑话，被取笑者大可不必计较。“华仔脓胞”这句话是有骂人的意味，按常理和生活常识，如果关涉到某位担任领导职务的人，可以理解为指责此人担任现有职务有社会危害，应该把他/她从现有岗位上撸掉。如此看来，“华仔脓胞”这几个字很可能是言过其实的。但人们在谈论或考虑怎样评价这件事情时，应当记住两点：第一，这话是秦中飞在私人通信中说的，谁也无权要求私人通信不讲过头话；至于这个短信后来扩大了传送范围，也毕竟还是在私人间以私人通信的形式进行，而且接触到的人的范围十分有限，从当时的情况看估计还占不到该县辖区60多万人口的万分之一；第二，按法治国家通常的标准，作为本地主要政治人物、公众人物，书记、县长的名誉权是受限制的，尤其在涉及对其公务活动的评价时是如此；而从该词的上下文看，秦中飞恰恰是表达的一种对公务活动的评价，尽管这种评价很可能不是实事求是的。所以，秦中飞那点事情，连民法上的名誉侵权都算不上，更不用说什么诽谤罪。退一步说，即使触犯刑律构成诽谤罪嫌疑，在我国现有法律体系中也首先是秦中飞与“被害人”个人之间的事，完全不能像彭水县那样由公安局、检察院来侦办。

当然，秦中飞作为公务人员，在向多位朋友发送的短信中用填词形式和调侃夸张的否定口吻评说上级领导和本地事务时，应该考虑到其所填之词流向社会对有关方面产生不良影响的可能性，故其行为确有不太妥当的地方。如果这个行为已经引起了社会秩序方面的问题，按《公务员法》第12条中关于公务员应当履行“遵守纪律，恪守职业道德，模范遵守社会公德”的义务来要求，其主管领导可依据《公务员法》第55条对其进行批评教育。

2. 从秦中飞案的侦办过程看，当地公安部门和检察机关枉法办案，显然是根据当地党政主要领导的授意进行的。从立案情况看,彭水县公安机关立案侦查秦中飞发短信的行为超越了法定职权。彭水县公安局是以涉嫌诽谤罪为由对秦中飞立案侦查的。诽谤罪是指捏造某种事实并加以散布,破坏他人名誉、损害他人人格,情节严重的行为。[①] 关于诽谤罪,我国《刑法》第246条规定:以暴力或者其他方法公然侮辱他人或者捏造事实诽谤他人,情节严重的,处3年以下有期徒刑、拘役、管制或者剥夺政治权利。前款罪,告诉的才处理,但是严重危害社会秩序和国家利益的除外。根据《刑事诉讼法》第170条的规定,告诉才处理的案件属于自诉案件。《刑事诉讼法》第18条第3款规定:"自诉案件,由人民法院直接受理。"当然,严重危害社会秩序和国家利益的除外。具体到秦中飞案,秦中飞所填写的《沁园春·彭水》这首词里所反映的情况均系彭水县客观存在的一些现实,诸如一些久而未决的工程等,并非无中生有捏造出来的,该词通过短信和QQ仅在极小的私人圈子内传播,传播范围仅是为数不多的数10人,因此,秦中飞的行为连"公然侮辱他人或者捏造事实诽谤他人"都说不上,自然也谈不上"情节严重",更不存在"严重危害社会秩序和国家利益"的后果和事实。因此,该案充其量只能作为刑事附带民事自诉案件由"被害人"自己向法院起诉。而且,如果"被害人"的确是该县县委书记,鉴于在我国现行体制下县委书记与法院院长、副院长、庭长、副庭长、审判员间事实上存在的上下级关系,该县法院的确应该向上级法院申请集体回避,让案件由有关中级法院一审。

从事情的后续发展看,彭水县公安机关对秦中飞刑事拘留没有相应的事实依据,也是非法的。根据《刑事诉讼法》第61条的规定:公安机关只有在下列法定情形下才可以对现行犯或者重大嫌疑分子先行拘留:(1)正在预备犯罪、实行犯罪或者在犯罪后即时被发觉的;(2)被害人或者在场亲眼看见的人指认他犯罪的;(3)在身边或者住处发现有犯罪证据的;(4)犯罪后企图自杀、逃跑或者在逃的;(5)有毁灭、伪造证据或者串供可能的;(6)不讲真实姓名、住址,身份不明的;(7)有流窜作案、多次作案、结伙作案重大嫌疑的。前文已经证明,秦中飞编发短信的行为根本够不上诽谤罪,即便涉嫌诽谤罪也属于自诉案件,应当由受害人直接向法院起诉,完全不需要公安机关插手。而按先行拘留的法定情形来一一对照,也是一条也够不上:秦中飞是在填写《沁园春·彭水》这首词并将其用短信和QQ转发给自己亲朋半个月后才被公安机关找上门来的,不存在正在预备犯罪、实行犯罪或者在犯罪后即时被发觉的情形;没有被害人或者在场亲眼看见的人指认他犯罪;警察在拘留秦中飞时所依据的证据只有那首词、秦中飞的电脑、手机和QQ号,而没有将秦中飞的"诽谤"办成公诉案并对其刑事拘留所需要的"严重危害社会秩序

① 曾庆敏主编:《法学大辞典》,上海辞书出版社1998年版,第1491页。

和国家利益”的证据；秦中飞没有在逃，也没有犯罪后企图自杀或者逃跑的迹象；他没有毁灭、伪造证据或者串供的意图和行为，因为他在被警察首次询问10多分钟后就承认短信是自己写的，并认为这事儿也没什么大不了；他有名有姓，身份明确；他也没有流窜作案、多次作案、结伙作案的重大嫌疑。一句话，公安机关可以采取刑事拘留强制措施的情形一个也没有在秦中飞身上发生，彭水县公安机关没有理由拘留秦中飞。

从批捕要件看，检察机关批准逮捕秦中飞也是违法的。法律之所以规定逮捕犯罪嫌疑人需要检察机关批准，目的是要检察机关审查把关，防止公安部门违法办案，侵犯公民的人身权利。《刑事诉讼法》第60条规定：“对有证据证明有犯罪事实，可能判处徒刑以上刑罚的犯罪嫌疑人、被告人，采取取保候审、监视居住等方法，尚不足以防止发生社会危险性，而有逮捕必要的，应即依法逮捕。”在秦中飞案中，公安部门既没有搜集到当然也没能向检察院提供他们所指控的秦中飞犯了必须由公诉途径追究刑事责任的诽谤罪的任何证据，而检察机关在没见到这些证据，也不符合法律规定的必须逮捕秦的其他条件的情况下，居然批准逮捕秦中飞。可见，检察机关在批准逮捕秦中飞时根本没有依法审查逮捕是否合法、是否侵犯了秦的宪法权利。这显属违法办案，检察权力的行使完全没有制约。

从整个案件的发展情况看，彭水县公安、检察机关不顾事实真相按本地党政主要领导的授意越权办案的情况非常明显。让我们来看一看检察机关的起诉意见。据报道，检察机关的起诉意见书称，“秦中飞捏造了一首引起群众公愤的词，利用QQ和短信方式进行发送，严重危害该县社会秩序和破坏了蓝某、周某的名誉，触犯《刑法》第246条之规定，涉嫌诽谤罪。”蓝某、周某何许人也？他们作为受害人为什么不自己向法院提起诉讼，而是由公安机关直接对该案立案侦查、由检察机关公诉呢？再细看报道，原来他们俩分别是现任县委书记和现任县长。蓝某的秘书庹某讲得很清楚，“蓝书记也知道这件事情；书记知道这个情况，他不会不让同样作为‘被害人’之一的县长知道”。看来，公安部门、检察机关实际上是在地方主要党政领导人的指使或纵容下违法办案、越权办案的。

这里要特别指出的是，根据事实，正如前文已经证明的，秦中飞案充其量只能作为刑事附带民事自诉案件处理，而诽谤案一般被划归自诉案件表明，刑法在这里直接保护的主要是一种私人的权益。蓝某、周某2人认为自己的私人权益受到侵害，他们个人有权向法院起诉，但他们无权调动其他国家机关来维护个人的名誉权。同理，公安、检察机关也无权动用手中的职权为蓝某、周某办私事。所以，蓝某、周某利用职权让公安、检察机关将本应由自己处理的自诉案件办成公诉案件，实际上是一种特殊形式的以权谋私行为；而公安、检察机关把自诉案件接过来侦查和检察、起诉，也脱不掉违法办案，曲法逢迎上级的嫌疑。在秦中飞案中，蓝某、周某为自己办私事动用公安、检察机关，实际上是把公安、检察机关看成了自己“看家护院”的组织；而公安、检察机关对此不加抵制，无异于自甘于充当为私人“看家护院”的角色。笔者设想，如果此案不是由于县里党政两个“一把手”醒悟得及时，在向法院提起公诉后，法院恐怕也很难不审理此案，而且判决结果可想而知。

3. 当地公安部门、检察机关肆意侵犯公民的通信自由和通信秘密，规模甚大，性质严重。通信自由是公民完全按照自己的意愿通过信件、电话、电报等通讯手段与他人互通信息、交流思想而不容任何人非法侵犯的权利。通信秘密是公民以秘密方式自由地与他人互通信息的权利。① 我国《宪法》第 40 条规定：“中华人民共和国公民的通信自由和通信秘密受法律的保护。除因国家安全或者追查刑事犯罪的需要，由公安机关或者检察机关依照法律规定的程序对通信进行检查外，任何组织或者个人不得以任何理由侵犯公民的通信自由和通信秘密。”秦中飞没有任何犯罪事实，彭水县公安部门检查他发送的短信是非法的。后来彭水县公安部门把检查和追查短信的范围扩大到至少数 10 人，更属大规模侵犯公民通信自由和通信秘密。退一步说，即使秦中飞涉嫌诽谤罪，按该案的具体情况，也属于告诉才处理的自诉案件。自诉案件应由受害人自己收集被告的犯罪证据，自己向法院起诉，由法院直接受理。因此，公安机关对此案立案侦查完全超越了自己的权限，公安机关围绕此案的所有侦查活动都是非法的。

这些非法的侦查活动严重侵犯了秦中飞和至少数十名被调查者的通信自由和通信秘密。有关报道表明：在公安机关的侦查过程中，警察搜查了秦中飞办公室的书籍、电脑等，没收了秦的通讯工具手机及 QQ 号；为找到所有的通过短信和 QQ 收到过《沁园春·彭水》这首词的人，警察逐一盘查，对秦中飞及其收到和传播这首词的所有人的通信情况进行详细的调查；这些人被公安局分成了几拨，分别问讯，然后公安局再对各组情况进行汇总，确定了一些没有说清楚的人的名单，次日再次进行传唤，被叫到公安局问话的据说有 40 多人；警察还在秦中飞 QQ 聊天记录里发现了一些有关国家领导人的图片，他们把这些图片打印出来，追问秦从哪里接收的、又发给了谁，等等。这些都是彭水县公安部门严重侵犯公民通信自由和通信秘密的事实。

4. 当地公安部门的行为直接侵犯了秦中飞和众多被调查者的言论自由，间接侵犯了全县人民的言论自由。言论自由是“公民对于政治和社会的各项问题，有通过语言方式表达和交流其思想与见解的自由”。② 我国《宪法》第 35 条明确规定：“中华人民共和国公民有言论、出版、集会、结社、游行、示威的自由。”秦中飞填

① 曾庆敏主编：《法学大辞典》，上海辞书出版社 1998 年版，第 1491 页。

② 肖蔚云主编：《宪法学概论》，北京大学出版社 2002 年版，第 194 页。

写《沁园春·彭水》这首词对地方事务及其党政领导发表看法,并将其通过短信和QQ传递给他的亲朋,不过是在行使这种宪法所保障的言论自由罢了。当然,言论自由也是有限度的。在我国,《刑法》、《治安管理处罚法》、《民法通则》等法律都明确规定了言论自由的界限以及超出界限应当承担的法律责任。依据这些法律,不受宪法和法律保护的言论主要有:以造谣、诽谤或者其他方式煽动颠覆国家政权、推翻社会主义制度的言论,煽动民族仇恨、民族歧视的言论,捏造事实诽谤他人的言论,猥亵性言论,等等。秦中飞的《沁园春·彭水》这首词被彭水县公安、检察机关认为属于诽谤性言论,涉嫌诽谤当地的党政主要领导人。诽谤的重要特点就是捏造事实,那么,判断《沁园春·彭水》这首词是否属于诽谤性言论,关键就在于它是否捏造了事实。但从报道的情况来看,这首词里所反映的情况均系彭水县客观存在的一些现实,诸如一些久而未决的工程等,并非无中生有捏造出来的,而且按秦中飞的说法,他把这些写在诗词里,"是出于对执政者的一种善意规劝","没有任何政治目的,不针对任何人"。然而,在当地政府官员们看来,秦中飞之流都是些"刁民",所有事情均是由"刁民鼓捣出来的"。按县委秘书庹某的说法:秦中飞诽谤案,重庆市媒体从没报道过,在网上发帖子的总是那么几个相同的人,他们是存心破坏社会秩序。按照这种思路,批评、非议地方事务者都是"刁民"、其行为都是与政府作对、都是存心破坏社会秩序。地方官员抱着这种封建官吏的心态,他们自然不可能尊重公民的言论自由。

彭水县对公民言论自由的侵犯是严重和系统性的,的确像有人在网上批评的那样,是在制造新型文字狱。公安部门大规模传讯无辜公民,反复追问他们发短信的动机,核对转发的名单,要揪出躲藏在诗词背后的"黑手"。公安部门的人还把案件往党和国家领导人方向扯,说什么在秦中飞QQ聊天记录里发现了一些有关国家领导人的图片,这些图片"破坏了党和国家领导人形象,甚至牵扯到非法组织","已经由公安局国保大队立案并查"。可以看到,彭水县有关地方国家机关的官员在整个侦查过程中肆意践踏公民基本权利,挖黑手、无限上纲、罗织罪名,搞的完全是封建专制和"文革"那一套。这些非法的恫吓手段造成了恐怖气氛,直接侵害了秦中飞和众多被传讯者的言论自由,间接侵害和压制了全县人民的言论自由。其结果是彭水县城的人们开始人心惶惶,按当地一位退休干部的描述就是,"人人自危,不敢谈论政治,没人敢对政府官员说三道四"。难怪有人民代表说宪法赋予公民的言论自由在彭水"全部消失了"!这是最严重的社会不和谐!

5. 当地公安部门、检察机关还侵犯了公民的人身自由。人身自由即公民有支配其身体和行动的自由,非依法律规定,不受逮捕、拘禁、审讯和处罚。[①] 我国《宪

① 曾庆敏主编:《法学大辞典》,上海辞书出版社1998年版,第11页。

法》第37条规定:“中华人民共和国公民的人身自由不受侵犯。任何公民,非经人民检察院批准或者决定或者人民法院决定,并由公安机关执行,不受逮捕。禁止非法拘禁和以其他方法非法剥夺或者限制公民的人身自由,禁止非法搜查公民的身体。”资料显示,由于当地警方超越职权范围,枉法办案,检察机关放弃法定职守,配合警方违法作为,致使秦中飞办公室遭到搜查,被戴上手铐右手反铐在墙上,总共被非法关押达29天之久。当地公安部门、检察机关对秦中飞1个月的关押完全属于非法羁押,秦中飞的人身自由受到严重侵犯。

一个本属自诉性质的案件,是当地党的主要负责人个人与秦中飞个人之间的争议,可公安部门、检察机关却知法犯法、出面帮忙大打出手,非法拘禁秦中飞,自甘做地方主要党政主要领导人个人的“看家护院”者。这很不应该,也发人深省。

6. 秦中飞案的启幕和落幕过程显露出我国在公民宪法权利保护方面还有重大的制度性缺失。这方面的制度性缺失至少有如下数种:

(1)在我国现行体制下,各市(主要指县级市和一般的设区的市)、县的党的主要领导人事实上可以在本地统驭一切,权力过于集中。由于地方党的主要负责人事实上可以左右本地所有党的和各个地方国家机关的行为,这就为他们在他们认为必要时不受阻碍地超越宪法和法律行使权力提供了制度条件。一旦他们出于私利或其他考虑不能自觉守法遵纪时,其违法违纪行为、特别是违反宪法侵犯公民基本权利的行为通常很难受到制约。秦中飞案在很大程度上说明了这个问题的存在。在现行体制下,既然彭水县的党政一把手都是这个所谓诽谤案的“受害人”,县委书记已经放手让这些事情由公安机关“处理”,县委副书记兼政法委书记也表示“秦中飞破坏了党和国家领导人形象,甚至牵扯到非法组织”,那么,公安局及其刑警队、国保大队还敢不闻风而动?检察院还敢依法不批捕?至于法院会怎么做,也是不难想象的事情。一旦形成如此局面,像秦中飞这样的犯罪嫌疑人、他的家人以及辩护律师,恐怕是无法在法定制度内寻求到正义的。

(2)在地方同级党委及其重要负责人直接干预的情况下,《宪法》规定的公安部门、检察院、法院三者之间的法定关系往往被扭曲。《宪法》第135条规定:“人民法院、人民检察院和公安机关办理刑事案件,应当分工负责,互相配合,互相制约,以保证准确有效地执行法律。”就秦中飞案而言,公安机关和检察机关在当地党的主要负责人的授意下配合相当默契,丝毫没有相互制约。如果这个案子起诉到了当地法院,相信法院也很难不予以配合,因为谁都知道,县法院院长与县委书记间是什么样的组织关系。

(3)如果面对地方同级党委及其重要负责人的直接干预,犯罪嫌疑人的人身自由等宪法权利将事实上顿失法制保障,这点表明我国公民宪法权利的保障体制仍然是脆弱的。道理很简单,公、检、法“分工负责,互相配合,互相制约”是“准确有效地执行法律”的保证,而地方同级党委及其重要负责人(如市、县委书记,市、县委政法委书记)的直接干预将使得公、检、法3家只能按领导意图互相配合,不能互相制约。秦中飞案的侦办情况表明,在本地党的重要负责人有了要追究他刑事责任的确定的意向后,他不够犯罪嫌疑人标准可以成为犯罪嫌疑人,不应被搜查、刑拘变成可以被搜查、刑拘,不应被批捕、被逮捕变成可以被批捕、逮捕。这很糟糕,但还不可怕;可怕的是秦中飞们一旦面对这种遭遇,他们将没有可以维护自己宪法权利的制度依靠。以秦中飞个人的命运为例,他如果不是其亲友通过有正义感的朋友的帮助诉诸舆论,他今天可能已被定罪下狱了。

7. 要有效保障公民宪法权利须调整地方国家机关职权划分和完善党对地方司法事务的领导方式。中共中央已经作出了《关于构建社会主义和谐社会若干重大问题的决定》,其中第四大问题就是“加强制度建设,保障社会公平正义”。笔者以为,在实现这个目标的过程中,确立下面两点认识很重要:

第一,滥用公权力、侵害公民宪法权利是破坏社会和谐的最大乱源。公民个人的违法犯罪行为也破坏社会和谐,当然要依法予以惩罚或制止。由于公民个人的分散性和个人所能掌握的犯罪手段的有限性,握有强大物质力量、组织资源的国家可以比较容易地将他们对社会和谐的破坏性降到最低程度,控制在一个相对而言很小的局部。而掌握公权力的机关则不然,一旦它们违反宪法和法律,侵犯公民的宪法权利,必然造成对于一个地方乃至全社会全局性的严重的不和谐。在我国历史上,“反右”、“文化大革命”是最明显的例证。从秦中飞案的处理过程看,情况也是这样。秦中飞编发那样的短信,对彭水的社会和谐谈不上有什么损害;倒是彭水地方当局非法检查公民通信、非法追查“诽谤”,侵犯公民通信自由、言论自由、人身自由的做法,搅得全县气氛惊恐、民众人心惶惶。

第二,加强包括司法制度在内的制度建设要坚持党的领导,但不可以把坚持党的领导等同于坚持地方党委及其主要负责人对本级法院、检察院的领导。坚持和实现党对地方事务的领导有多种制度选择,例如,本地法院审判员、法院院长、副院长的人选是由本级党委推荐还是由上级党委推荐,是由本级地方国家权力机关产生还是由上级国家权力机关产生等技术性安排,就根本不涉及要不要坚持党的领导的问题,只涉及怎样更好地坚持党的领导的问题。

基于以上认识,也鉴于秦中飞案和许多其他类似案件的教训、包括诸多酿成涉及死刑的重大错案的教训,笔者郑重建议党和国家的有关机关从3个方面考虑着手加强公民宪法权利保障制度、尤其是其中的人身自由保障制度:(1)按照世界各法治国家通行的,被证明是行之有效的惯例,将对公民的批捕权由具有行政性质的检察院手中转移到履行依法居中裁判职能的法院或法官手中。(2)改革地方法院法官(包括院长、副院长、审委会委员等,下同)人选的党内推荐制度,在市(不包括直辖市)和区、县两级,将本级人民法院法官人选由本级党委向本级地方国家权力机关推荐,改为由上级党委向上级地方国家权力机关推荐。(3)将本级人民法院院长由本级人大主席团提名、本级人大选举和罢免改为由上级人大主席团提名、上级人大选举和罢免;同时将本级人民法院副院长、审委会委员、审判员等法官由本级人民法院院长提名、本级人大常委会任免,改为由本级人民法院院长提名,由上级人大常委会任免。

如果完成这一改革,我国公民宪法权利保护体制必将比现在的体制更为有效。这一改革还将为我国走出司法的地方保护主义的困扰提供切实可行的契机。从司法制度与政党制度和人民代表大会制度协调的角度看,这一改革完全可行。从建设和谐社会的需要看,这种改革势在必行。

(2006 年第 11 期)

2007年

再论民法与宪法之间的关系
——与童之伟教授商榷

赵万一[*]　周清林[**]

童之伟教授的《宪法民法关系之实像与幻影》一文(以下简称童文),[①]以20余页的篇幅抒发了作者对宪法与民法关系的理解。由于对本学科偏爱有加的缘故,童文在对宪法观念和宪法精神大加弘扬的同时,对作为私法基础法的民法则贬低为仅仅调整经济关系之法。但我们的专业背景决定了我们只能以自己的理解能力来对童文作出回应,希望通过这种发生于自然状态的呐喊在自然人与公民之间进行一些必要的沟通。如何沟通呢?作为以崇尚自由为己任的民法人或自然人而言,要想和已与政治生活下混为一体的公民比逻辑能力,看来只能是自愧弗如。记得在2002年,徐国栋教授曾在西南政法大学作了3场讲座。其中一场便是"民法帝国主义"。不过,帝国主义却总是让人想起殖民主义。宪法、民法关系之争,不知是否就是这两个学科都想对对方进行殖民,从而重新争夺学科地界,瓜分那些不叫利益的利益。这肯定有点以小人之心度君子之腹的嫌疑。不过好在童教授有互信方面的预设在先:"每个学者都应该相信或推定,其他学科的学者花力气研究这个问题,主观上一定是为了求真、求真知,不是为本学科、本人争地位;而且,学者研究对象的重要性与本学科、本人的学术地位也没多少关系。"[②]既然如此,那就打消了心头的顾虑,我们就以民法人自然散漫之习惯来行此文,兴之所趋,文之所致,看能否求得真知。

一、究竟何为事实

童文指出,学者要注重事实,也要以事实为依据。如果某人认为宪法是以民法为基础或者根据的话,他就应该能够有根有据地主动回答这样一些最基本的问题:如英国1215年《大宪章》等宪法及其宪法性法律是以哪些民法为依据的。[③] 童文

* 作者单位:西南政法大学民商法学院。

** 作者单位:西南政法大学民商法学院。

① 童之伟:"宪法民法关系之实像与幻影",载《中国法学》2006年第6期。

② 同上。

③ 同上。

引用大量历史资料阐述了宪法与民法产生时间的先后顺序，通过这些法律在制定上的先后顺序从而认定："现在在中国有流行趋势的民法至上论在理论上、逻辑上有违常识，若付诸实践则不仅有害于建设法治国家的历史进程，也可能招致海内外嘲笑讥讽。现代所有法治国家的民法，都是以本国宪法为基础和根据形成的。"① 通过仔细研读，我们不难发现童文的"事实"实际上指的是历史事件的时间顺序。可惜，这仅仅是事件，而非事实。正如斯特劳森所说，人、物、事件是在世界里面的东西，事实却不是，事实是陈述所陈述的东西，是半实体；事实并不是真在世界里的东西，因此命题也无从去和事实符合。② 由此，事实是用作证据的，用来作论证的，所以，事实都是有关事实，或可能有关的事实。③ 若如此，童文的"事实"只不过是相关历史事件的堆积。可是，当它摆脱它的在世界性从而进入文章变成童文论证框架内的材料时，很显然就脱离了历史事件本身的中立性，成了童文价值目标体系内的一颗棋子。这样，这些无可置疑的历史事件在童文的高超运用下已经变成了有关事实。于是，我们有理由怀疑的不是这些历史事件本身的真实性，而是童文在运用这些事件时作依托的理论基础的可靠性。童文在引用这些历史事件时所依靠的逻辑思路是：宪法在时间上先于民法，所以宪法才是至上的，宪法才是最重要的。通过历史事件的时间认定，在没有价值体系支撑的情况下就匆匆地下了一个过于武断的结论，正如我们经历了前天、昨天和今天，在没有价值目标指引的前提下，就认定前天最重要，因为它发生在昨天之前。这是激情的诱惑，而不是理性思维的结果。

即使按照童文所罗列的事件的发生顺序来说，宪法的产生也明显后于民法。有据可考的民法典发展历史至少可以追溯到古罗马的《万民法》和《十二铜表法》。而无论是《万民法》还是《十二铜表法》，都已具备现代法典的基本构成要素。根据著名法律史学家梅因的考证，罗马人在这些民法典中就已经知道"人法"和"物法"之间的区分。罗马的"法学阶梯"不但对各种各样的所有权下了明确的定义，而且还探讨了"取得财产的自然方式"。④ 而古罗马之所以要进行民法的法典化工作，按照梅因的观点："'十二铜表法'以及类似的法典赋予有关社会的好处，主要是保护这些社会使它们不受有特权的寡头政治的欺诈，使国家制度不致自发地腐化和败坏。'罗马法典'只是把罗马人的现存习惯表述于文字中。"⑤这也在某种程度上

① 童之伟："宪法民法关系之实像与幻影"，载《中国法学》2006 年第 6 期。
② 陈嘉映著：《泠风集》，东方出版社 2001 年版，第 171 页。
③ 同上，第 190 页。
④ ［英］梅因著：《古代法》，沈景一译，商务印书馆 1959 年版，第 139 ~ 171 页。
⑤ 同上，第 1 ~ 13 页。

印证了宪法应当为民法服务和“民法相对于宪法而言更具有基础地位”①的观点。

就童文多次提到的英国《大宪章》和法国宪法而言,如果我们排除从历史事件的时间顺序出发,而更深入地探讨这些事件之所以可能的事实,我们同样会发现事情展现的却是另一面。就英国《大宪章》的产生而言,这完全是僧俗贵族反对和抵制国王侵犯私有财产权斗争的产物。直至都铎时代,英国社会流行的一条重要的封建原则就是国王得“靠自己的收入过活”。从诺曼征服(1066 年)到《大宪章》的诞生(1215 年)这段时间内,国王的正规收入可分为四类:王室领地收入、司法收入、作为封君从封臣那里获得的收入、丹麦金。② 在这阶段的后期,社会经济形势的发展和一些重大事件的发生,迫使英王室对国王收入作出调整。英王的财政机构在原有税种的基础上创设了新的税种,如免役捐、动产税和土地税。③ 这一系列税收政策的变化表明,国王的权力已经越过了固有的界限,形成了对私人财产权的侵犯。为此,围绕着对国王的非法征取和勒索,各级封建领主进行了程度不一的反抗。在英王约翰时代,由于僧俗贵族的强大压力,1213 年召开了一次全国性的代表会议。1214 年 10 月,当约翰国王从国外回国准备召集北部男爵们时,这些男爵们却不听召唤而以朝圣的借口武装聚集起来了。他们发誓,如果国王再耽搁恢复法律和自由,他们将收回其忠诚,并与国王战斗,直至他以加盖印章的宪章形式确认他的让步为止。1215 年 6 月 15 日,约翰只好在男爵们拟好的以《自由宪章》为基础并对其内容作了充实和调整的《大宪章》上盖玺并公布。④ 从《大宪章》的产生可以看出,《大宪章》完全是在维护私人自由和财产神圣不可侵犯的基础上反抗王权的过程中产生的。这些私人的自由和财产权利,有些是习惯中形成的,有些是随着经济形势的变化而出现。《大宪章》的存在显然不是为国王服务,也不是为国王的封建王权的政治构架谋利的工具,而是限制国王横征暴敛、任意剥夺臣民自由的工具。所以,《大宪章》的主要目标在于控权,即通过成文法的方式严格限制国王手中贪欲十足的公权力,而控权的目的显然是留出一块自由地,让臣民享受一种

① 赵万一:“我国民法典制定的基本理念和制度构架——以民法与宪法关系为视角”,载《中国法学》2006 年第 1 期。

② 赵文洪著:《私人财产权利体系的发展——西方市场经济和资本主义的起源问题研究》,中国社会科学出版社 1998 年版,第 205 页。

③ 最先征收免役捐的是亨利二世。1156 年,亨利二世要求不愿随他出征威尔士的骑士每人交 20 先令。最先征收动产税的目的是为十字军东征筹措军费。1166 年,亨利二世命令,以“收复圣地”的名义,对所有动产第一年每磅征 2 便士,以后四年每磅征 1 便士。1194 年,理查正式按每海德 2 先令的税率征收土地税。参见赵文洪著:《私人财产权利体系的发展——西方市场经济和资本主义的起源问题研究》,中国社会科学出版社 1998 年版,第 210 页。

④ 赵文洪著:《私人财产权利体系的发展——西方市场经济和资本主义的起源问题研究》,中国社会科学出版社 1998 年版,第 216 页。

非权力的自然生活。由此看来,《大宪章》确实没有以哪些民事法律为依据,但却是以实实在在的对民事权利和自由的保障为前提。至于法国1793年宪法以哪些民事法律为依据,我们同样可以从它的产生时间顺序出发,来最为简单地看看这些事件背后的事实。1789年,法国国民议会颁布了著名的《人权和公民权利宣言》,即《人权宣言》。《人权宣言》第2条指出,任何政治结合的目的,都在于保存人的自然的和不可动摇的权利。这些权利就是自由、财产、安全和反抗压迫。①《人权宣言》成为1791年法国第一部宪法的前言,在稍加改变内容后,被用做1793年宪法、1795年宪法序言。现行法国宪法序言称:法国人民庄严宣告,恪守1789年人权宣言所规定的并由1946年的宪法的序言加以确认和补充的各项人权和关于主权的各项原则。② 我们认为这些都不言而喻地说明了宪法的目标在于确保私人生活的自然性。然而又是什么在诱惑着童文对这些历史事件进行这样的解读呢?

二、童文贪恋的是什么

在这个消解形而上学的时代,每一个个体都是存在的始基,那么每一种诱惑展现的却是个体生存的展开。每一次个体的诱惑,都意味着对意欲对象的一种迷恋,由此即产生了困扰我们思维童文的贪恋是什么呢?也许从下面的引述可以看出某些蛛丝马迹。童文引用了张友渔先生的论述:"宪法是国家的根本法,是法制建设的基础";"宪法与其他部门法不同。它调整国家生活中的基本问题,而其他法只分别调整国家生活中某一方面的问题。"③童文认为,张先生所说的宪法民法关系学说,既反映了包括中国在内的所有实行成文宪法制度的法治国家的真实情况,也符合法治国家应然法律秩序的要求。④ 也就是说,民法只是调整国家生活的某一方面的问题。但什么是国家生活呢?显然,国家是政治文明的结果,可以说,国家生活完全等同于政治生活。置换一下,我们就得出这样的结论:宪法规范政治生活的基本原则,民法只不过调整政治生活的一部分。这倒是符合我们中华文明几千年的现实。在封建社会,普天之下,莫非王土,率土之滨,莫非王臣。家国一体化的设置,使得个人根本上就没有生存空间。所以,诸法合一而以刑法为主的法律架设,完全合乎这种统六合于宇内最终天人合一于帝王的政治制度构架。中国古代

---

① 姜士林、陈玮著:《世界宪法大全》(上卷),中国广播电视出版社1989年版,第760页。

② 黄云虎著:《人权基本文故要览》,辽宁人民出版社1994年版,第36页。

③ 张友渔著:《张友渔文选》(下卷),法律出版社1997年版,第351~353页。

④ 童之伟:"宪法民法关系之实像与幻影",载《中国法学》2006年第6期。

虽然也讲“人本、民本”,但人本或民本是在人治与德治礼治的框架下提出的,其目的是更好地维护其以皇权至上为核心的封建统治制度。新中国成立以来,我们扫除弊政,把政治的基础建立在工农联合的基础上,从而代表了最广大人民的利益。和计划经济一起,我们首次把政权建设推进了村落。经历过几次运动,即使再山高皇帝远的地方、再愚顽不灵的人,也都接受了政治的教化。商品经济进而转向市场经济,不但从根本上改变了社会经济体制、经济结构和经济模式,而且改变了人们的生活方式和思维模式。如果说计划经济是理性万能和政治万能的表现,因为在计划的每一个角落都渗透着权力的力量。那么,经济模式的转变则承认了理性的限度,破除了权力的神话,把这种大一统的立体模式改造成平面化的多极模式。随着家庭已经完全不能承担古代那种接替政治教化的重任,个人在权力之外开始有了生存的空间。市民社会已脱离政治生活而独立存在。政治已不能再提供教化的标准,生存的意义开始放开由个体自身进行决定。

这一切都表明,在市场经济条件下,个人权利在不断扩张自己的阵地,而权力则在逐步收缩自己的势力范围。随着社会主义市场经济体制改革的进一步深化,将会使政治生活的空间越来越有限化,而私人的场域将进一步得到扩展。可以这样说,市场经济模式对计划经济的取代,使得个人慢慢地走向了舞台,个人除了政治生活之外,私人的生活甚至成了最为重要的方面。他们生活的意义,主要不是在政治上得到实现,而是在自由自在的私人领域。经过改革开放的锤炼和思想革新的洗礼,在20世纪末期以来,在古老的华夏之邦,我们第一次认真审视个人在社会整体中的基础和核心地位,开始考虑国家权力的有限性。市民社会与国家的分野逐步成为可以为我们所接受的一种生活方式。我们开始认识到,市民社会所尊崇的民事权利必须以可以独立于政治权力的影响而存在,强调的是充分尊重个人的自由意志。主张国家应严格限制自己的权力范围和权力界限,强调应充分关注个体利益和最大限度发挥个体的主观能动性和积极性,以实现社会效益的最大化和社会的公平正义。随着个人独立人格的逐步显现,每个人都以神圣的面貌出现,甚至“每一个个人都是整个世界”(孟德斯鸠语)。在这个他可以自由支配的民事生活领域,个人无须再看权力的眼色行事,而是根据自己的判断力自主地决定自己的生活。

可是童文却认为,民法和宪法以及其他部门法,都是对政治生活的一种调整,即使这种政治生活被冠以“国家生活”的名义。这种对政治和权力的迷恋,正是童文意图的全部内核。也许,我们在政治下生活习惯了的缘故,从而也就习惯于这种权力生活了吧。几千年深重灾难式的积淀使我们对这种非权力的生活还比较陌生。难道只有把我们的心灵和生活彻底暴露在政治文明的光照之下,我们才会有丝毫的生活意义吗?有这种迷恋是可以理解的,因为我们几千年都是这样过来的,问题是这种迷恋给我们带来了什么。任何政治都不能提供一个理想的天国模式,任何权力都操持在理性有限而又充满欲望的个人或者集团手中。作为公共权力拥有者的政府,其主要特点之一是它总是在寻找一切机会扩大自己行使权力的范围,权力滥用和腐化的直接对象就是公民的权利和自由。如果权利不能制约权力,国家机关权力的行使就会超越宪法设定的界限和轨道,权力就可能被个人的私欲或小集团的私利所支配。既然如此,对这种权力的防范在理论上也是完全成立的。由此看来,民法正好是在政治生活压缩的地方,开始了自己的存在。这涉及公域与私域的划分,当然也牵扯到童文极力反对的公私法的二分问题。

三、公私法划分的意义

公私法的划分问题是童文预设的两个方法方面的问题之一。童文认为,当一个学者说区分公法与私法对于维护公民的个人权利是不可缺少的措施时,他就得对下面的现象提出合乎事实和逻辑的解释:为什么有的法治发达国家的法律界、法学界不区分公法和私法,其公民或个人私权利的保障状况比最热衷于对法律作公私法区分的国家还要好些?① 显然,这是置大陆法系和普通法系的区分于不顾。普通法系是法律家的法,来自于法律实践和生活习惯,其公域与私域的区分不是写在成文法里,更不是以宪章的形式体现,而是深深地铭刻在每一个实践中的公民的心里。若遵循普通法的成文法形式,它们就没有以民法命名的法律,难道说它们就不需要民事生活了吗?英美宪政体制下有限政府的存在,正是展现了私域存在的逻辑优先性。我们对很多问题的理解不能摆脱历史性,也就是说,我们不能超越时空而以一个普遍的标准进行。童文的这种说法,是一种理解的权力意志。以普通法系的历史背景为基础而统一对问题的理解。如果把理解置入我们的文化背景,从我们的当下性对问题进行梳理,就会发现我们根本就没有这种严格区分公私域的心理准备,更何况我们从清末以来就一直接受大陆法系的传统事实。即使是民法学界对这个问题的接受,也是经过了几十年的摸爬滚打。在制定第三次民法典的过程的前后,民法学界普遍接受的也是社会主义只存在公法,没有私法这种法律名称存在的可能性。民法学界的前辈人物陶希晋教授的看法很典型。他认为,制定一部具有中国特色的社会主义民法应当贯彻以下基本原则:社会主义原则、民主原则、公法原则、法律与道德相结合的原则。② 为什么民法也要遵循公法原则呢?当时的思维观念认为,民法作为上层建筑,同样是统治阶级意志的表现。既然所有

① 童之伟:"宪法民法关系之实像与幻影",载《中国法学》2006 年第 6 期。

② 陶希晋:"论我国社会主义民法的指导原则",载《法学季刊》1984 年第 1 期。

的法律都是统治阶级意志的体现,那么公法和私法的划分就没有任何必要。因为,“如果说公法(指资本主义的——笔者注)是保护资产阶级的国家利益和公共利益的,那么,私法就是完全保护资本家利益的法律,也就是保护单个资本家私人利益的法律”;而在社会主义国家,实行的是生产资料公有制,公民的个人利益和国家的整体利益是一致的,因而不必要区分为公法和私法,“因为公法和私法并不是什么对立的东西”。① 既然无须区分公法和私法,那么民法到底是什么性质呢?关键时刻,列宁关于不承认任何“私法”,经济领域中的一切都属于公法范围的经典名言就成了指路明灯。由此,“社会主义民法不是私法”,就成了社会主义法制建设中的一个基本的指导思想。② 由此看来,若不承认公私法的划分,只有可能回到20世纪80年代的初期,③那就是把一切生活场域都统一在公共权力的笼罩之下。对公法和私法的划分,并非是单纯的理论推演,而是要从权力的光照下留出一片森林。也就是说,在私法中,占据主导地位的通常是那些自由的、不需要说明理由的决定;而在公法中,占据主导地位的则是那些受约束的决定。④ 按照肯德根的说法,“私法主体的动机是一种禁忌。对于其行为的后果,主体充其量是对自己承担责任”。⑤ 与此相反,公法的情形就完全不同了。在公法中,对决策自由是要进行严格限制的。之所以要防范行政机关的决策自由,主要是基于以下两方面的理由:第一,国家因拥有权力工具,因此其实力远在单个的人之上。如果法律制度不对国家的这种超强实力进行限制,那么这种权力就会变得无法忍受(“极权国家”)。第二,公法不同于私法,公法中一般不存在将法律后果归属于决策者的现象。⑥ 概言之,就公法和私法的关系而言,私法领域主要体现为对公民权利的保障,而在公法

---

① 陶希晋:“论我国社会主义民法的指导原则”,载《法学季刊》1984年第1期。

② 同上。

③ 笔者认为,得出这样的观点有两个原因:其一为当时的社会环境所决定的。在改革开放刚刚起步的年代,我们的思想观念还没有从旧体制下转变过来。既然我们的经济类型是“公有制基础上的有计划的商品经济”,那么,“社会主义的一切经济活动均必须接受国家计划的指导,即必须接受国家的干预,而不能把社会主义的民法当作资产阶级的‘任意法’”。参见陶希晋:“论我国社会主义民法的指导原则”,载《法学季刊》1984年第1期。若真正地从他们所接受的传统马克思主义教育而言,这个推论也不能说没有道理。既然经济基础还是公有制基础,自然作为上层建筑的民法当然是“公法”。其二为学界的整体水平所决定。从笔者所接触的100多篇资料来看,不要说看到全新的视角,就是想从马克思原典中寻求马克思思想的都几乎没有,千篇一律地从“经济基础决定上层建筑”这一个原理出发,而没有意识到马克思哲学体系的起点和目标,没有从一个更深层次的角度去引进马克思哲学。

④ [德]迪特尔·梅迪库斯著:《德国民法总论》,邵建东译,法律出版社2000年版,第7页。

⑤ 同上,第8页。

⑥ 同上,第9页。

领域则主要体现为对政府权力的制约。[①] 进一步推导,之所以要对政府的决策自由进行制约,就在于政府本身不是政治构架的目的。政治的目的只能在于那单个的人的有尊严的生存。公法和私法划分的实益在于,确定私人生活领域在逻辑上的优位性,从而为政治设定一个目标,同时也为权力侵犯私人空间设定一个坚固的屏障。若不对公法和私法进行区分,我们对法律的理解又将回到是统治阶级意志表现这一曾经经典但现已不流行的提法当中去。对赤裸裸现实世界的肯定和确认,恐怕与童文主张的进行应然的理论研究是背道而驰的吧。既然如此,为什么还要说宪法是根本法,是一切部门法的"母法"呢?

四、究竟何为"根本法"之"根本"

我们也许有必要引用斯大林曾强调过的一句话:"宪法是根本法,而且仅仅是根本法。"[②]也就是说,宪法作为根本法只是形式意义上的。换句话说,将宪法定位为根本法,实际上只是弄一个神龛把它供奉起来,当然就彻底地从根本上取消了它的根本性。由此,"根本法"一词在我国主要是在政治的意义上被强调,而不是在规范的意义上被重视。既然如此,在我国缺乏违宪审查制度或者宪法诉讼机制作为保障其规范和合法性的一种最有效的法律技术手段就成为顺理成章的事情。虽然宪法仅仅起着宣示的作用,根本上没有起到"根本法"应有的效用,但是在学界宪法的"根本法"性质却被修辞化为"母法"。这种类比本来就植根于中国固有的家族伦理的生殖本质当中。子由母出,因而母必然是子的源泉,是子的本质所在。所以,作为"母法"的宪法,对其他作为"子法"的普通法律而言是其立法依据。这有点像泰勒斯的水,万物所从出而又复归于它。如果从我们民法学的角度来理解这种母子关系的话,就需要考虑子的行为能力问题。如果子是无行为能力人,作为法定代理人的母就代办一切事情;如果子是限制民事行为能力人,那母只有在子超越其行为能力范围外享有代理权;如果子是完全民事行为能力人,那和母就没有法律上的监护关系。显然,在我们国家"子法"不可能是无行为能力人或者完全行为能力人,只可能是限制行为能力人。可惜的是,在子法超越其行为能力范围之外,作为"母法"的宪法却无法提供救济。由此看来,"母法"由于没有赋予法定代理权,从而丧失了它应有的权威。那么必然的推断就是,宪法仅仅生育但却没有保障子女的权力。按照郑贤君博士的看法,母子关系有两种:子因母出和母命难违。她

---

① 赵万一:"我国民法典制定的基本理念和制度构架——以民法与宪法关系为视角",载《中国法学》2006 年第 1 期。

② 《斯大林选集》(下卷),人民出版社 1979 年版,第 409 页。

认为,在宪法与普通法律的关系上,如果不把重点放在"繁殖功能"上,而是放在"监护功能"上,则宪法的"母法"称谓是有价值的。① 其实,郑博士的这种理解仍然是建立在规范形式上来论述的。"母命难违"很容易让人想起"父母之命,媒妁之言"的婚姻强迫,只顾及家族香火的延续而不考虑到子女个体的生存感受。在人格独立的时代,在由家庭走入市民社会的时代,我们不禁要问母命为何难违。从我们民法人的视角而论,之所以在行为能力制度当中赋予母亲监护权,其目的在于让她更有力地保障有限行为能力人的利益。也就是说,母命只是工具意义上的,子女的幸福才是真正目标所在。

由此,我们有理由反问,宪法的根本性究竟在哪里?这要从两个方面才能论述清楚。其一,法律规范意义上宪法的根本性体现。且不说宪法根本性的意识形态动机,②作为万法之源的宪法为什么能体现其相对于其他部门法的巨大优越性呢?透过美国宪法也许能略知一二。美国实行的是成文宪法。这一成文宪法在美国同样具有根本法的地位,原因在于它是主权者人民在宪法会议上批准的。作为主权者的人民通过将他们的意志确定在不变的文本中,从而授予政府权力,当然也限制着政府的行为。由于只有宪法是主权者意志的体现,对于立法机构的行为,只能被认定是人民意志的派生物,因而要接受宪法的审查,也就是接受主权者意志的认定。③ 可见,即使在法律规范意义上,之所以认定宪法具有根本法的"母法"性质,并不是因为宪法在时间上优先于其他部门法这样的"客观事由",而是隐藏在这些规范现象背后的主权者意志和立法机构意志之间的关系。这已经超越了单纯规范意义上的法律形式之间的关系,实际上已经深入到了政治理论当中。其二,实质意义上宪法根本性的体现。既然宪法根本性的理念并不在法律规范的意义上,而是要探究政治构架的基础,那么我们有必要探入现代政治国家构建的理论假设当中去。洛克的《政府论》也许能够给我们提供一个范本。洛克认为,人民之所以需要政府,是由于自然状况毕竟有不完备的地方,因而设定一个政府更加有利于维护自然人的利益。而宪法正是人民这一目标的体现;宪法之所以是根本的,就在于它体现了自然状况下人民的愿望。所以,宪法的根本性的"根本"在于,宪法的价值诉求不在于作为规范文本的宪法本身,而在于政治构架基础的主权者意志。换句话

① 郑贤君:"宪法上的 civil rights 是公民权利吗——解读宪法 civil rights",载《首都师范大学学报》2004 年第 4 期。

② 按照谢维雁先生的说法,苏联使用"根本法"而没有用"宪法"的概念,体现了某种具有强烈意识形态的动机,因为"根本法"这一术语更具有技术性,没有特定的价值意味。参见谢维雁:"'母法'观念释读——宪法与法律关系新解",载《四川大学学报》(哲学社会科学版)2005 年第 5 期。

③ [美]基思·E. 惠廷顿著:《宪法解释:文本含义,原初意图与司法审查》,杜强强、刘国、柳建龙译,中国人民大学出版社 2006 年版,第 51 页。

说，宪法之所以根本，是因为它是工具，反映了人民的意志，通过授予政府权力和限制政府权力更加有利地实现人民的自由。如果谁单纯地从法律规范意义上去理解这种根本性，就有可能把宪法仅仅当做一个事件，而不是价值体系当中的有关事实。可见，将宪法技术化的观念，将宪法固定在政治层面上，最终只能到权力那里寻找归宿。因此，作为公域基础的宪法，其根本性就在于通过授予和限制政府权力以确保私域自由的实现。

五、沉重的传统与难下的结论

行文至此，我们不禁想问，民法宪法关系之争论的实质在哪里？从童文来看，他认为："历史联系是历史联系，现实关系是现实关系，不可以将宪法与民法、民事权利的历史联系混同于宪法与民法的现实关系。"[①]亦即，童文要我们斩断历史渊源，断绝一切理论假设，只从当下的宪法文本的规定出发来理解宪法与民法的关系，那才有可能导致正确的理解。民法学界的看法，不是从当下的法律规范现状出发，而是探讨这两个法律规范背后的应然关系。一个是从现状出发而终于现状，另一个则是从假设的理论基础和历史渊源出发，从而为现实的政治生活设定一个界碑。这两者的争论本来就在两个不同的维度上。尽管如此，我们仍愿在这两个维度之间搭一座桥。为此，我们从以下两个方面来阐述。

其一，民法意欲何为？童文仍然遵循"经济基础决定上层建筑"的看法，认为民法也只不过是调整经济关系的表现。这一点在该文反映无遗：民法就是一幅单独、全面、具体地反映现存社会的经济景观的图画，而宪法却调整经济景观、政治景观、社会景观和科技文教景观。宪法要反映现实的市民社会即经济关系的内容和特点，它会直接去反映，不会依赖民法记载的关于市民社会的信息间接地去反映市民社会：那种以为宪法反映现实市民社会要求的平等、自由原则来源于民法的思想是不切实际的，是重大误解。[②] 其实，如果童文坚持这种上层建筑反映经济基础的法律观，他实际上就是在上层建筑的范围内探讨这个问题了。上层建筑主要是由政治把持的领域，而一切政治生活的开启都是由宪法设置的。就法律规范论法律规范而不涉及法律规范之所以产生的生活基础，那当然是先有宪法，然后根据宪法产生了立法机构，而民法只不过是立法机构产生的一个普通法律而已。若仅仅是求助于这样的历史事件的顺序，这种探讨是没有意义的。若能深入到价值层面，即使根据经济基础决定上层建筑这样的经典原理仍会发现，既然民法调整的是经济

---

① 童之伟："宪法民法关系之实像与幻影"，载《中国法学》2006年第6期。

② 同上。

关系,那么显然民法就应当在其他任何法律之上。当然这仅仅是一种反驳,没有任何建构性意义。我们要说明的问题是,民法调整的不是政治生活领域的事,而只是私人在市民社会中的一些日常关系而已。所以,民法不是宪法设置的立法机构创造出来的,更加不是统治阶级意志的体现,而应当是每一个自由人在权力之外自主决定自己生活的关系的总和。

其二,宪法的目的又是什么?宪法是政治生活的蓝图,一切政治的构架都源于它。那么,是否宪法就成了本质和目的了呢?当然不是。这涉及政治生活本身的目的。近代西方宪政理论都预设了自然状态和社会状态的分离。如在洛克的著作里,政治生活就不是以自己为目的,而是指向自然状态下每个自由人有尊严的生存的。所以,政治生活的出现,不是要去取代自然生活,相反却是更好地维护这种自由而美好的自然生活的。行文至此,我们的结论自然就出来了,那就是民法由于调整对象的前提性,自然是政治生活的基础,当然也是宪法的根本。我们不想为民法争取什么地位,我们只不过是为中国以前没有过而现在正在徐徐出现的那种自然人的生活而呐喊和欢呼。

（2007年第4期）

物权立法过程该如何做恰当评说
——兼答赵万一教授等学者

童之伟*

《物权法》草案在全国人大常委会六易其稿，终于作为法律案被提交给第十届全国人大第五次会议审议，在 2007 年 3 月 16 日获得通过成为法律，并经国家主席签署主席令公布，将于同年 10 月 1 日起施行。《物权法》的通过和公布，完成了我国民事法制建设中的一件大事，可喜可贺！

十届全国人大五次会议开幕前，因接受有关公民个人咨询的缘由，本人曾经仔细拜读过《物权法》草案第 7 次审议稿，发现其中已经没有任何条款存在明显与宪法的规定与精神不一致的地方。随着十届全国人大五次会议在常委会草案第 7 稿基础上审议和表决通过，这最新一稿的《物权法》草案也就终于顺利通过了宪法之门。在对《物权法》做合宪性判断这个问题上，我现在的看法与官方的见解差不多已经完全一致，即《物权法》不违宪。但是，说到这里，本文需要再加一句话意思表达才算完整：物权法的每个具体条款是否合宪，不是现在某个官员说了能算数的，更不是某个学者说了能算数的，它们必须在今后实施的整个漫长过程中接受宪法监督机关的合宪性审查，尽管按我国目前的体制，全国人大现在通过的《物权法》今后还只能由全国人大自己进行合宪性审查。

温故知新，只有恰当总结过去，才能按正确方向开辟未来。在法律生活中，人们“温故”绝不会是仅仅由于人类有爱好发怀古之幽情的天性，而往往是为了确立某种解决现实问题的方式或某种开辟新的未来的方式。正因为如此，如何对《物权法》制定过程做恰当评说，才成为我们不能不认真对待的问题。为协助公民全面理解《物权法》、也因为企盼立法机关今后能制定好属于或不属于民法范畴的一切其他法，本文试针对各种媒体上的一些不够理性、有失片面地解读《物权法》制定过程的言论做点分析和评说。《物权法》的起草、审议工作前后历经 14 个年头，其中又有从所谓民间版本到官方机构主导的版本的变化。在这个近乎漫长的过程中，与我自己从事的专业有较密切的关联的时段，是自《物权法》草案征求意见稿公布以来的这两年时间。所以，本人站在宪法学工作者的立场撰写评论，自然主要只关注在最近这 20 来个月的关键时段中出现的现象。

* 作者单位：华东政法大学国际法与比较法研究中心。

一、既有的评说中包含的不符合实际的和不理性的成分

法学界和媒体对于《物权法》草案先后提交全国人大常委会和全国人大审议，以及表决稿获得通过成为法律，反响较热烈，这自然是好事情。但人们也不难发现，媒体和法学界的回应中夹杂着一些不理性的和片面的成分。

根据本人所接受的很有限的信息，《物权法》制定过程在法学界或媒体中引起的反响中包含的不符合实际的和不理性的成分，似可概括为如下诸方面。

1. 似乎《物权法》完全没有一个从有违宪嫌疑到消除违宪嫌疑，最后归于合宪的问题，甚至认为全国人大常委会对《物权法》草案具体条款所做的合宪性调整不值得提及。例如，有媒体对《物权法》草案经历7次审议发生的变化做了很具体的罗列，但其中没有一次提到合宪性调整。① 而实际上，十届全国人大五次会议上审议通过的《物权法》议案表决稿，修正了原来《物权法》草案征求意见稿中的多处有违宪嫌疑的条款。对此，本文后面会有具体列举。有关评介《物权法》制定过程的文章不必故意忽视这些变化。承认发生过这些变化对今后立法时改善具体部门法与宪法的衔接状况有益无害。

2. 谈论合宪性问题习惯于将个别条款与整个《物权法》草案绑在一起，避开在具体条款、具体问题上的争议，笼统地一再宣称"《物权法》草案不违宪"。实际上，绝大多数怀疑《物权法》草案违宪的人，并不想否认整部草案，而是希望能处理好草案个别条款在合宪性方面可能存在的瑕疵。但须注意，那种将《物权法》草案个别条款与整个草案捆绑在一起的思路，曲解了有关宪法学者的意思，好像他们批评《物权法》草案有违宪嫌疑，是想借"宪法之门"故意刁难《物权法》草案，不让《物权法》通过。这是很大的误解。

3. 过度地、片面地解读《物权法》草案对公有财产和私有财产的平等保护，似乎平等保护真的是一个含义宽泛的，足以与宪法基本经济制度并列的甚至是其上位的原则。这种解读并不符合历来的任何一部《物权法》草案（包括十届全国人大五次会议表决稿）的规定，不符合宪法的规定和精神，同时还必然给《物权法》草案最终成为法律造成障碍。有些学者希望能在《物权法》草案中造成一个亮点，这可以理解，但立法毕竟不是做学问，做学问讲究创新，立法则只要不违反宪法，符合实际需要和管用就行。

4. 新闻媒体报道和评论不平衡，甚至一面倒，没有起到足够的倡导言论自由、

① 新浪新闻中心2007年全国两会系列策划："《物权法》草案七审之变"，载 http://news.sina.com.cn/pc/2007-03-08/326/124.html。

广开言路、便利民众发表意见的作用。记得2001年南方某报报道和评论所谓“宪法司法第一案”,清一色刊登朝同一个方向炒作的文章,表达相左观点的投稿一个字也不发表。结果,尽管不少宪法学者一直确信炒作此案的主导者连什么叫做宪法权利都搞不清楚,但那个乌龙“宪法司法第一案”仍被片面地炒得像是真的。记得当时我所在的大学就有一些关注此案的教授抨击媒体(包括所谓“民间”媒体)不能平衡报道和评论涉及学术问题的事件的弊害。同样,这次物权立法,从草案征求意见稿2005年7月公开以来,电子、纸面媒体对各方面意见的报道始终是片面的、不平衡的。例如,对认为《物权法》草案有违宪嫌疑的观点就从来没有正面介绍过,有关文章凡提及这种看法时,几乎都使用了批判的语调,有的报纸甚至表现出从人格上故意矮化持论者的倾向。这显然是不怎么符合时代精神的做法。

5. 论者民主精神不足,变相扣帽子、使棍子的情形还时有所见。公民有言论自由,《物权法》草案征求意见稿公布后,赞扬的人非常多,这很正常,因为人们如果觉得它好,就可以把自己的评价说出来。同时,也有少数人认为这个草案违宪,把自己的不同想法说了出来,这也很正常。可能是担心势单力薄,其中还有人在网上给上边发了公开信,指责起草者“背离社会主义基本原则,开历史倒车”。看来话是说得重了些。毕竟违宪不违宪的判断是人们对同一个问题见解不同,应该心平气和地讨论。当然,这少数人关于《物权法》草案违宪的批评对《物权法》议案本身的通过和议案通过后利益相关方一部分人士早就安排好的一些其他重要事情,如出书、讲座、办班等,或许是造成了相当大程度的妨碍的。所以,这一部分反映“多数人”意见的人士不依不饶,对“违宪论”一路地追打直到今天,也是可以理解的。

我是特别畏惧“多数人”的专政的,而且也曾批评过《物权法》征求意见稿中某些地方有违宪嫌疑。所以,写到这里就不免对处于少数地位的人抱同情,希望自己不至于因此被批评为“僵化”、“保守”、“对改革不满”。应该注意避免把“僵化”、“保守”等当成棍子、帽子或封口胶,也要防止人们产生把“改革”这么一块美好的招牌当成遮住某些不美好的东西的物件的观感。

二、草案是经过合宪性修整之后才通过宪法之门的

现在大家一般都肯定全国人大刚刚通过的《物权法》合宪,这是实事求是的评价。但是,肯定这一点绝不等于说此前历次公布的《物权法》草案中没有任何条款违宪。我以为,《物权法》草案有一个从存在违宪嫌疑、有明显不合宪瑕疵,到消除违宪嫌疑和瑕疵,最后归于合宪的过程。这是主持《物权法》草案的立法机关工作机构、宪法学者、法理学者和民法学者以及一切关心法律的合宪性的人们共同努力

的结果。

针对宪法工作者提出的“宪法之门”一说,①有学者称,《物权法》草案总是要通过宪法之门的。这自然是毫无疑问的。对最终会通过一部《物权法》之事,谁也不怀疑,人们有疑问的只是《物权法》草案是否包含有不合宪法的规定和精神的条款。再说,宪法学者只不过是主张考虑“宪法之门”的高度和宽度,把《物权法》草案中长得太长、太大的“枝桠”锯短一点或修整一下,好让它整个身子尽快过去。相信对大多数知情者来说,他们也是不会赞成不管《物权法》的“枝桠”的大小长短、不顾“宪法之门”会不会被弄坏,硬闯进去的。

从实际情况看,以《物权法》草案征求意见稿为例,它确实是在全国人大常委会经过合宪性修整才提请全国人大审议并最终获得通过的。修整的形式可区分为以下3种。

第一种情况是根本改变了《物权法》草案征求意见稿中明显不合宪的条款。举一个实例。《宪法》第10条第3款和第13条第3款分别规定:“国家为了公共利益的需要,可以依照法律规定对土地实行征收或者征用并给予补偿”;“国家为了公共利益的需要,可以依照法律规定对公民的私有财产实行征收或者征用并给予补偿”。而《物权法》草案征求意见稿第49条、第68条、第128条和第137条相应地分别规定:“为了公共利益的需要,县级以上人民政府依照法律规定的权限和程序,可以征收、征用单位、个人的不动产或者动产,但应当按照国家规定给予补偿;没有国家规定的,应当给予合理补偿”;“拆迁、征收私人的不动产,应当按照国家规定给予补偿;没有国家规定的,应当给予合理补偿”;“因不动产被征收、征用致使用益物权消灭或者影响用益物权行使的,应当按照国家规定给予补偿;没有国家规定的,应当给予合理补偿”;“征收承包期内的土地的,应当对土地承包经营权人给予合理补偿”。请读者注意,宪法的规定是,对“土地实行征收或者征用”、“对公民的私有财产实行征收或者征用”,都是要求“依照法律规定”给予补偿;而《物权法》草案征求意见稿却将上述相应内容不适当地改为“按照国家规定给予补偿;没有国家规定的,应当给予合理补偿”。而在实际生活中在地方上谁代表国家?自然是草案中的“县级以上人民政府”!这里实际上用县级以上人民政府的文件取代了法律。这样的规定当然不合宪。如果这么多不合宪的条款通过生效,无异于用征收、征用和补偿方面的物权立法否定了宪法相应的条款。所以,这种做法当即遭遇到批评。② 我相信其他关心宪法与《物权法》关系的人们也能看到这一点。

令人高兴的是,2007年3月16日全国人大通过的《物权法》彻底纠正了草案

① 童之伟:“《物权法》草案该如何通过宪法之门”,载《法学》2006年第3期。

② 童之伟:“再论《物权法》草案中的宪法问题及其解决路径”,载《法学》2006年第1期。

征求意见稿的上述不合宪内容。这方面新的符合宪法的内容，主要具体规定在《物权法》第42条、第44条、第132条、第148条之中。毫无疑问，能够改正草案原有的数个不合宪条款，与民法之外的学科的学者参与意见有一定关系。如果当初关门立法、把民法之外的学者排除在《物权法》草案修改的讨论范围之外，原草案中上述明显不合宪的条款就很可能会在全国人大审议有关议案时被忽略，让议案完整通过成为法律，从而造成《物权法》一公布就招致强烈批评的被动局面。

第二种情况是修正了《物权法》草案征求意见稿中既与宪法的规定和精神不相符，而又不能准确反映当今中国现实状况的规定。现以"平等"的表述方式和这个重要概念的涵盖范围为例来看看这方面的情况。《物权法》草案征求意见稿第2条规定："本法调整平等主体之间因物的归属和利用而产生的财产关系"。不错，按宪法的市场经济条款，物权的主体的地位应该是平等的，这是一方面；但按宪法的基本经济制度条款，物权的不同主体之间的宪法地位却是不平等的，比如，宪法规定，有些物的所有权是专属于国家的，任何个人都不能取得所有权；真实的情况也是，在"物的归属"方面，宪法的这种规定就是社会现实。所以，草案征求意见稿的上述规定虽然符合当前社会主义的民法价值观，却不怎么符合中国宪法和宪法下的实际。经修改之后通过的《物权法》规定：国家"保障一切市场主体的平等法律地位和发展权利"。不知草案征求意见稿在其后的审议中做这样的修改的理由如何，但在合宪和符合实际方面，《物权法》这样规定的确比草案征求意见稿的规定显得好得多。因为，这里保障的是"市场主体"的平等"法律地位"，只涉及物权主体进入市场后的地位，不涉及不同物权主体在享有物权的客体范围的资格上的不平等以及物权主体宪法地位的不平等。换句话说，这种安排既尊重了宪法的基本经济制度条款，也尊重了市场经济条款，体现了这不无矛盾的两个方面的平衡，让偏重其中任何一方的人都比较容易接受，可以说是双赢的安排。

第三种情况是遏制了《物权法》草案征求意见稿隐含的欲使《物权法》乃至今后的民事立法强行超越现有宪法架构的意图。本来，如果一国的国民都将立法不能违宪视为天经地义的事情，那么，《物权法》和其他所有法律中都不必写进"根据宪法，制定本法"之类的词句。但我国的实际情况却是，仍然有相当一部分人士，甚至是参与全国人大常委会立法活动的著名法学家，还坚持认为立法可以违反宪法，甚至认为根据宪法立法违反人民代表大会制度。在这种大背景下，全国人大在制定基本的法律时在其中写进"根据宪法，制定本法"，就成了在中国特定历史条件和社会环境下通常不得不采取的一种维护宪法根本法地位的立法措施。同时，在这种历史条件和社会背景下，要不要在基本的法律中写进"根据宪法，制定本法"的词句，也就超越了立法技术层面的争议，成了立法能违宪还是不能违宪、可以突破宪法框架还是不能突破宪法框架的实质性争论。反对写进这8个字，实际上就是持论者要坚持追求实现全国人大立法可以任意违反宪法的“境界”；而另外一些人士主张写进这8个字，则是表明他们坚持认为《物权法》不能违反宪法，宪法是《物权法》的上位法。所以，经过激烈争论，《物权法》最终写进了“根据宪法，制定本法”不容易，可以说是厉行法治的一个成功和维护宪法根本法地位的一个成果。

一些学者和媒体在评说《物权法》制定过程的时候，对原草案征求意见稿经过如此这般的修整才得以在全国人大作为法律案通过这类事实讳莫如深，或许主要目的在于希望继续维护不合时宜的由单学科包揽相关领域立法起草事务的传统做法。

三、宜以“有效保护”为基准对相关条款做平衡解读

在人们面前，《物权法》表现为一个“文本”，相对于人们在主观上对它所做的理解来说，它是人们面对的一个客观对象。而既然是客观对象，就有一个如何适当解读的问题。

要合理解读《物权法》这个文本，不可不具备的背景知识之一就是充分了解它与宪法的关系。从《物权法》的制定过程看，尽管在某些学术人士中存在让《物权法》突破宪法规定的委婉曲折诉求，但由于法治原则的深入人心和社会上广泛要求严格依宪法办事的要求的压力，《物权法》最终还是比较严格地贯彻了宪法相关条款的规定。因此可以说，《物权法》复制了宪法中原本已经存在的条文间或内容上的抵牾。① 这种抵牾的“当事者”，一方是基本经济制度（或社会主义，下同）及相关宪法条款，另一方是市场经济及相关宪法条款。②

我们在《物权法》通过前看到的情形是，面对宪法，一部分人依据其基本经济制度条款，将宪法对财产权的保护理解为国家财产特殊保护；另一部分人依据宪法的市场经济条款，将其对不同主体的财产的保护理解为平等保护，双方争论不休。在《物权法》通过后，人们面对复制了宪法条文间或内容上的抵牾的《物权法》文本，就像此前面对宪法文本一样，照样可以进行截然不同的解读。在这里，不同的解读者，不论是国家财产特殊保护论者还是不同主体财产平等保护论者，都能找到他们所需要的《物权法》上的依据。这是一种二律背反，谁占上风、谁处下风，取决于双方的力量对比，其中拥护者多少，得到何种力量的支持，具有决定性意义。

---

① 在这方面，已经有的论述详见本文前面已引用过的童之伟的两篇文章的相关部分。

② 宪法保护私有财产权的条款在内容和逻辑上属于社会主义基本经济制度的组成部分。由于以公有制为主体的宪法条款的存在，保护私有对产权并没有从宪法上影响基本经济制度的性质。

全国人大常委会委托王兆国副委员长就《物权法》草案向十届全国人大五次会议所作的说明中，有一个反映说明者价值倾向的句子基本采用了平等保护论者的见解。王副委员长的说明提出："《物权法》属于民法，民法的一项重要原则是对权利人的权利实行平等保护。"单纯从学术渊源上说，他所作的说明中的这句话所体现出的对民法的学术认知，难免让人联想到一条所谓"否定之否定"的曲线。大体上以拿破仑民法典为标志的传统民法，把平等保护权利人的财产权作为民法的基本原则；以苏俄民法典为标志的社会主义民法否定了拿破仑民法典奉行的那项基本原则，确认社会主义民法与此前的民法的本质不同就在于对公有财产实行特殊保护，而中国自1949年开始，以及在1982年《宪法》生效之时和生效之后的十来年间，官方和学界也一直都将实行公有财产特殊保护原则视为中国社会主义民法的特征——这是对传统民法的否定；但我们现在的提法又否定了苏俄民法和我们中国1949年后长期以来对传统民法的否定——此即否定了自己过去做的否定，不仅仅是在形式上回到了原点，内容上似乎也回到了原点。

对上述变化，我作为一个公民绝对不觉得有任何遗憾或伤感，但作为一个法学工作者却常常感到有些困惑难以排解。从实在法的角度看，宪法只是在其中增加了实行市场经济体制几个字，而且市场经济前面还有"社会主义"4个字做定语；从学理上看，整个法学界没见有任何人做一个像样的论证，怎么我国民法从"特殊保护"到"平等保护"，说变就变了！是经历了差不多90年历史的社会主义民法过于浅薄、毫无成就、不堪一击，没留下任何一点值得留下的东西，还是法学界过于浅薄，没下够工夫，用简单化的宣告代替研究和论证，或是用引导掌握公权者放话的方式来代替做学术？本人才疏学浅，一时还回答不了这些问题。但作为一个宪法工作者，窃以为按照社会科学通常研究学问的标准，若不下脱几层皮的苦功，上述那种先逆时针转180度，后逆时针再转180度"否定之否定"回到原点的大回环式结论，是断断不可以做的。法学者没下苦功，站在原地几乎没见动弹，就宣称历经360度的变化回到原点，很难让人信服。这样一种简单的宣告性工作，其实不需要学者做，各级各类党政官员做这类事情内行得很。

在物权保护原则方面，本文主张超越平等保护与特殊保护之争，以"有效保护"为基准来对《物权法》做平衡解读。其中所谓"平衡"，是指在宪法的基本经济制度与宪法的市场经济条款之间求得的平衡。略加分析，人们就不难看到，在一般意义上笼统地宣称《物权法》贯彻平等保护的基本原则，很难与宪法的精神和《物权法》本身的规定相符合，因而很可能是片面的乃至错误的。

首先，平等保护虽然在权利救济的意义上的确是《物权法》奉行的一个原则，但它不是《物权法》为其本身确定的一个基本原则，《物权法》文本中甚至也压根儿没有出现"平等保护"这个词语。直截了当、不加限制地把平等保护看做整个《物权法》奉行的一个基本原则只是一部分学者解读该法时提出的个人见解。或许有人会说,《物权法》第3条第3款规定,"国家实行社会主义市场经济,保障一切市场主体的平等法律地位和发展权利",这里肯定的就是平等保护原则。但本文以为,这只能说是持论者自己的一种理解方式。不错,全国人大常委会委托王副委员长就《物权法》草案向十届全国人大五次会议所做的说明中,提到了坚持平等保护原则,但该说明同时紧接着论说了《物权法》在此基础上从5个方面强化了对国有财产的保护的规定,并指出"这些规定体现了宪法关于加强对社会主义公共财产保护的精神"。①

其次,退一步说,即使可以将国家"保障一切市场主体的平等法律地位和发展权利"解读为确认了"平等保护"原则,它也不能算是一个主要的原则,更不是唯一的原则。因为,在它的前面,《物权法》第3条中就还有国家"坚持公有制为主体、多种所有制经济共同发展的基本经济制度"以及"国家巩固和发展公有制经济,鼓励、支持和引导非公有制经济的发展"两条原则,而在这两条原则中,公有财产权主体的地位与非公有财产权主体的地位本身就是有差别即并非完全平等的。不仅如此,按照我们迄今为止所坚持的理论,市场经济属于经济生活的体制性因素,不是基本经济制度的组成部分,因而在宪法确认的价值体系中,"市场经济"相对于基本经济制度而言处于从属地位,尽管它本身是非常重要的,是我们必须要走的强民富国之路。

最后,《物权法》中的平等保护,就其条款内容而言,只是狭义的,即只是在权利人的物权受到不法侵害时法律给予平等救济意义上的平等保护。从广义上看,其实还是有特殊保护的因素——只要严格根据宪法立法,就必然是如此。如果是广义的平等保护,应该包括它们各自所属的不同所有制经济、从而处于不同所有权下的财产的宪法地位平等,但实际上它们并不是平等的。有些官方文件将这种不平等称为在国民经济中的地位不同,但有关人士需要了解的是,在国民经济中的地位不同是从经济学角度对问题的表述,从法律角度看,这种"不同"由《物权法》根据宪法的记载加以规定后,就是《物权法》同宪法一样确认了不同经济形式地位不同,归根到底是确认处于不同所有权下的财产的宪法地位不平等。一种经济形式由《物权法》规定为主体,其法律地位自然不受平等竞争、优胜劣汰的市场规则的挑战,因而显然是获得了一种超经济、超市场的特殊保护。本文并不是鼓吹特殊保护论,只是想厘清有关法律条款的真实含义,并且想说明,以狭义的平等保护为内容的法律原则,是不足以被称为《物权法》基本原则并加以大肆宣扬的。

此外,从实际内容看,《物权法》对不同市场主体的平等保护,只能体现为"有

① 王兆国:"关于《中华人民共和国物权法(草案)》的说明",载《法制日报》2007年3月9日。

效保护”,因为就形式而言,《物权法》条款对国有财产事实上规定了特殊保护形式。如果说平等保护是就其形式而言的,那么,用相同的形式保护国家、私人等不同主体的财产,由于有关主体的存在形式有差别(如国家与自然人),所有权人与其所有物结合的紧密程度不一样等情况的存在,其结果可能是所用的保护形式相同,其保护效果很不一样。对国有的财产和私有的财产采用相同形式的保护,其实际效果很可能是对私有财产保护效果好而对国有财产保护效果差。同理,如果说平等保护是就其效果而言的,那么,若欲取得相同的保护效果,必然对不同主体的财产采用不同的保护形式,包括可能需要对国有财产进行特殊保护。王兆国副委员长受全国人大常委会委托就《物权法》草案向十届全国人大五次会议所做的说明指出,“针对当前国有资产流失的实际情况,《物权法》草案在坚持平等保护原则的基础上,从五个方面强化了对国有财产的保护”。其中的“从五个方面强化”就是特殊保护。为达到实质性有效保护之目的,至少在形式上可以充分肯定国有财产特殊保护的必要性和意义。还应看到,有资料表明,对国有财产实行特殊保护很可能并不是社会主义所独有的做法,也不是社会主义的首创,而是古已有之的法律制度。①

从《物权法》本身看,其中对权利人物权的保护,实际上体现为狭义的但却是注重有效性的保护。这样理解《物权法》可以兼顾到宪法基本经济制度条款和宪法市场经济条款两方面的要求。所以,为摆正和理顺上述两方面的关系,使意见相互对立的各方能找到基本共识起见,《物权法》在谈论保护时,宜以“有效保护”基准进行平衡解读。讲特殊保护或平等保护虽然都有其合理性和依据,但都是片面的和难以让对立双方都信服的。建设和谐社会,对《物权法》来一个折中然而又基本符合实际的解读,让大家都能得到些安慰吧!

四、善待少数人利益和意见方面的得与失

能否善待少数人代表的利益和意见,是衡量一个团体、一个社会、一种制度是否成熟和文明程度高低的关键指标。

从实际情况看,在物权立法的整个过程中,尤其是从《物权法》草案征求意见稿公布到《物权法》议案在全国人大通过成为法律的一年多时间里,有关公权力机

① 罗马古法规定,国库的财产不能以时效取得。但帕比尼安的解释认为:在国库未获得关于绝产的报告前,诚信买受属于这项财产一部分的人,可依时效取得之。后来,皮乌斯皇帝的敕答以及塞维香斯和安东尼普斯皇帝的敕答采纳了帕比尼安的上述解释。参见优士丁尼著:《法学阶梯》,徐国栋译,中国政法大学出版社 1999 年版,第 153 页。

构和官员对待少数人的利益是比较尊重的，对代表少数人发声的学者等有代表性人物表达意见的权利也是比较尊重的，基本上没有打击压制，尽管到后期似乎已经有点不耐烦。2005年7月《物权法》草案征求意见稿向全社会公布后，有学者认为其中有违宪因素，于是给国家决策层写了公开信。2006年年初，全国人大常委会没有将《物权法》草案提请十届全国人大四次会议审议，看来与这件事多少有些关系。对此，当时不少处于利益相关方地位的人士，出于种种原因和考虑，显得心急火燎、义愤填膺，这不难理解。但对于出现这种情况，我认为非常好——在我国的历史上，国家决策层什么时候对少数人的意见如此重视过？今天这么重视少数人的意见，难道不是一种民主、成熟和有气度的表现？知识阶层为什么不因出现这种进步的现象感到高兴和受到鼓舞！我当时的同情就在少数人一边。对此，后来有学者批评我"幸灾乐祸"，将我当成了社会上的无原则的看客，这实在是很大的误解。《物权法》草案征求意见稿公布后，全国人大常委会对草案又审议了几次，修改了几次。最后还有少数人上书，表达不同意见，而且这种意见看来也受到了应有的尊重。从修改结果看，草案对少数人的意见是有所采纳的。这不是很好吗！

在对待少数人利益和意见方面，《物权法》修改过程中也有做得不妥当的地方。谁做得不好呢？应该说主要是一部分法学人士和一部分媒体。本文不妨撮要举这方面的几种表现：(1)一部分学界人士对待少数意见还没能做到超越学科立场和功利的考量，另有一部分学界人士放弃了独立思考，行为被从众心理所主导，其结果是一度出现了以开学术研讨会的名义对少数意见的表达者进行缺席"批斗"的架势和气氛。这种被有些学者私下里称为"群殴"的现象给法学者的整体形象多少带来了一点负面影响。好在利害相关人士和一些盲从者们在激动一阵之后又大体回归了理性。(2)有意无意地将少数对《物权法》持强烈异议者矮化为对改革不满的人士。矮化的方法是，在逻辑前提上将人群分为所谓改革派和所谓保守派，暗批有关人士保守、僵化。这样做或多或少有点拉改革的老虎皮做大旗的味道。改革开放以来，"改革"在很多时候都可作为重要的光环和利器使用，一个人一旦被归类于"对改革不满"的人士，名声可就够呛了。(3)不自觉地沿袭一种早已有之的对公民做左中右的划分的思路，利用人们对"左"的反感，暗批对立面为"左"派。(4)媒体在报道《物权法》草案审议、修改过程时，没有客观报道少数人士对草案有关部分不合宪的批评，造成民众获取的信息不对称，进而形成舆论不平衡、一面倒，不利于草案最大限度地反映全社会的利益要求。

我们社会的情形原本是，学术界、学者、新闻媒体对处于少数地位的人的意见宽容度比较高，而掌握公权力的机构和官员对"少数"人意见的宽容度比较低。但此次《物权法》草案修改过程给人们的观感是情形正好颠倒了过来，学术界、学者、介入报道和评论的媒体对少数人意见的宽容度，一度似乎还不如掌握公权力的机构和官员。例如,全国人大中法律案起草机构的官员们还请少数意见的代表性人士去谈一谈、征求意见,而学术界好像没人主动给他们提供过讲坛。这是很遗憾的一件事。看来,许多人还并不相信下面的道理:宽容、保护少数,就是宽容、保护自己;一个人此时此地在这个问题上可能处于多数地位,但在彼时、彼地另一个问题上可能处于少数地位,反之亦然;只讲多数统治或服从多数,不保护少数,就谈不上什么民主。不过,临到《物权法》草案要作为议案提请全国人大审议通过的关键时候,原本显得比较宽容少数意见的主体又不那么宽容了,其动机显然是为了保证法律案通过。其实,即使对少数人意见更加宽容一些,相信《物权法》的通过也是没有问题的。

另外,讨论问题,最好就事论事,没必要动辄搞"左"与非"左"之分、保守与改革之分。热衷于做这类区分,是海外一些对中国当今的具体情况已经不了解的人士评论国内事务时爱概念化地使用的分析框架。这类区分事实上妨碍公民对公共事务的正常参与。一个公民,其立场"左"也好,非"左"也好,其认识僵化、保守也好,改革、进取也好,只要没被剥夺政治权利,对公共事务都有权平等参与。一些学者为什么在讨论法律草案时热衷于对人做诸如此类区分?也许骨子里还是想用标签和帽子压人,剥夺观点对立的公民的表达自由。但是,一个法治社会不应容忍以左右或其他任何借口排斥任何人对公共事务的合法参与。一个人分析问题,可以分左右加以论说,但诸如此类的论说不可以作为"棍子"使用,尤其不应让它们成为挑动舆论、妖魔化对手的"棍子"。在中国的宪法架构下,一个公民即使真的"左"、僵化、保守,其权利和意见的正当性丝毫不少于非"左"的、头脑活络的、锐意改革的那部分公民。

在物权立法过程中,掌握公权力的机构和官员善待少数人的利益和意见,社会总体上给予了少数人意见以比较大的宽容度,这些行为实际上已经得到了良好的回报。这个良好回报就是《物权法》做到了在现有制度条件下得以最大限度地尊重和反映了民意,较好地平衡了各方面的利益要求,基本实现了与宪法的良好对接。如果不是所谓少数学者在 2005 年提出《物权法》草案存在违宪问题,2006 年年初的十届全国人大四次会议是有可能在不对草案征求意见稿进行合宪性修整的情况下通过《物权法》的。如果真是那样,《物权法》将留下明显的违宪嫌疑,势必既损害宪法尊严又严重影响《物权法》本身的权威性(违宪嫌疑必然削弱法律的权威)。所以,在物权立法过程中,居于少数地位的人士表达和坚持某些反对意见,是符合社会整体的利益的,可以说起到了国家和人民的忠诚的批评者的作用。我们国家和社会需要忠诚的批评者经常地和制度化地发挥功能。不过,善待少数也应该包括立法等公共事务的民主决策或票决不受少数公民牵制。在中国这样一个拥有 13 亿人口的大国,决定任何全国性重大问题都不可能采用协商一致的办法解决，只能在充分协商后按服从多数保护少数的原则处理。某项法律案或某项公共事务，不论多么必要、多么合理，在讨论时有一些人反对，在表决时有一些人投下反对票，都是很正常的事情，不必因担心有人反对而久议不决。

五、立法过程中的若干缺憾及新展现的发展势头

回首物权立法的过程，人们还是能看到一些缺憾的。

第一个方面的缺憾是，《物权法》草案建议稿最初的起草事务基本被清一色民法学科人员所包揽，应该算是最初出现的一个缺憾。对于立法来说，谁有最后的投票表决权固然重要，但草拟法律草案建议稿和提出法律草案交付表决之权同样重要，有时甚至显得比行使表决权更有实质意义。所以，谁参与起草某项法律草案，谁就有机会对某项法律的一部分甚至全部产生实质性影响。正因为这个原因，社会各界历来就反对所谓“部门立法”，即反对诸如银行法草案由中央银行主导起草，教育法草案由教育部主导起草，航空法草案由民航总局主导起草之类的做法。但是，人们却似乎一直没有充分认识到刑法、刑事诉讼法草案由清一色刑事法专家起草，民法、民事诉讼法草案由清一色民事法专家起草这类“单一学科立法”的惯例所包含的弊病。委托单一学科包揽相关领域立法起草事务的弊害，其实际后果同在经济、行政领域由相关业务部门或行政部门主导本部门事务立法草案起草的弊害，是一样的。我国今天到了该矫治这个弊病的时候了。

当然，本文无意反对民事法律草案的起草以民法专家为主，刑事法律草案的起草以刑事法专家为主的基本格局，只是说不能搞清一色，要适当组合法理、宪法和与所立之法所属的学科相邻的学科的专家参与其事。这不是某一个学科要争什么位置的问题，而是为了能协助有关官方机构把法律草案起草得更好。其实，优秀的学者影响法律生活，也不一定要靠接近权力中心“近水楼台先得月”抢法律草案建议稿起草权。真正优秀的学者影响本国的法律生活，应该主要不靠这个途径而靠学问及学术的成果。

从法律草案建议稿起草事务不应委托由单一学科包揽这个意义上说，《物权法》草案建议稿的起草从由民法学者主导到由立法机关的工作机构主导是物权立法过程中的一个进步而不是退步。同样，立法机关的工作机构参考《物权法》草案的民间建议稿和其他各方面意见拿出来的所谓官方最终草案稿，也比原来的民间建议稿有优势——至少从《物权法》与宪法合理衔接的角度看是如此。不难想象，如果一直放任民间单一学科学者包揽《物权法》草案建议稿起草，很可能“根据宪法，制定本法”最后写不进《物权法》，征收、征用的补偿“根据国家规定”的违宪条款得不到纠正，宪法直接间接涉及物权保护的其他一些原则性规定和精神也很可

能被排斥在《物权法》之外。若果真如此，则不仅使物权立法违反宪法、破坏法治原则，也几乎必然在社会上挑起长期的不必要的纷争，以致把事情搞乱。

第二个方面的缺憾是，面对《宪法》基本经济制度条款与市场经济条款的抵牾，全国人大常委会没有启动宪法解释程序正式解释宪法消除抵牾，而是采用了按宪法原有的套路安排《物权法》相关条款的办法处理，实际上是将宪法原有的条文间的抵牾又复制到了《物权法》中。这样做固然是合宪而策略的，但终究没根本解决问题。例如，"坚持公有制为主体"的要求与"保障一切市场主体的平等法律地位和发展权利"的规定之间，理论上的矛盾就十分明显。试想，如果不同主体法律地位平等、权利平等，在市场机制主导下自由竞争，那么谁能够保证今天的主体到了明天、后天不变为附属体，今天的附属体明天、后天不变为主体？同样清楚的是，动用公权力用法律形式固定一种经济形式的主体地位，这本身就是超经济、超市场的行为，而要长久维持一种特定经济形式的主体地位于不坠，就无论如何不能排除将来采用超经济、超市场的手段进行干预的可能性。

第三个方面的缺憾是，《物权法》草案在作为议案提请十届全国人大五次会议审议表决前，已经由全国人大常委会审议了 7 次，但只公开了一个审议稿即征求意见稿。法治的基本要求是立法民主化和法律评论开放化。我国享有国家立法权的全国人大及其常委会的组成人员，都是选民经过多次以权力转委托为内容的间接选举产生的。与最高代议机关组成人员由直接选举产生的体制比较，我国这种以全国人大代表间接选举产生为主要特征的代议民主，其缺陷是比较明显的，这种缺陷只能通过扩大公民直接参与来弥补。但是，为了实现公民的有效参与，《物权法》草案仅仅公布 7 稿中的一稿是远远不够的。为什么不能将草案每一稿都挂在网上供有兴趣的人们了解和评论呢？公布草案征求意见稿和网上公开草案稿是有差别的，征求意见比较正式，表示起草机构主动有所征询，网上公开是为了让想了解情况的公民知情。不公开新的草案稿，无外乎是害怕意见太多，害怕有些人搞泛政治化。这是没有足够道理的。人们意见多，让他们说出来难道不比憋在心里更有利于把事情办好、更有利于社会和谐吗？泛政治化也不可怕，搞久了人们就会厌倦，慢慢将不再有人理会那种做法。

第四个方面的缺憾是，参与《物权法》讨论的一小部分学者，谈论问题政治化、口号化、意识形态化有余而学术性不足，否定性有余而建设性不足。有学者认为，《物权法》草案 98% 的具体条款都没什么问题，但是所奉行的原则的精神有背离社会主义、违反宪法的问题。对此，人们难免会问，精神如果不体现在众多具体条款中，哪里还能算得上是体现在这部法律中的精神呢？如果只有 2% 左右的条款不好，那么《物权法》草案建议稿总共不足 300 条，其中不好的条数至多 6 条吧！但批评者为什么不从学术上努力证明这 6 条不妥并致力于具体修改或完善它们呢？如果他们这样做了,实际效果和人们的观感估计会好得多。

还有,作为学者,动辄向政治领袖人物上书也不怎么好。这里并不是说学者绝对不能上书,而是说对于学者,一事当前,若有包括学术手段在内的多种选择,他们应该首先选择用学术手段加以解决。他们可在穷尽了学术手段之后或出现了学术手段不能正常运用的情况时,再考虑运用其他方式。现在我国学者享有的学术自由虽然仍然有待扩展,但研究《物权法》草案涉及的问题并发表不同于他人的学术观点的自由,今天在我们社会是不缺乏的——《法学》月刊不就发表过不止一篇类似的文章吗?只要是言之成理,相信其他法学学术刊物也不会拒绝这样的文章。可惜,在有关学者上书之前,人们没见他们下工夫写过这方面的严谨的学术作品,哪怕是在网上。即使在上书之后,人们似乎也没见过他们事后追加的论证作品。这显然有负社会对学者的期待。

在承认物权立法的过程有缺憾的同时,人们或许也注意到其中展现的一些新的发展势头。如果这些势头在日后的立法过程中能逐步实现制度化,那无疑也会成为我国法制建设取得的进步。这些势头包括:宪法开始真正对具体的部门立法发挥规范作用的势头;开门立法的势头;公民广泛关注关系到自身利益的法律的制定进程的势头;立法多学科参与的势头,尤其是法理和宪法学者勇于就具体部门立法发表意见的势头。也许,这些势头并不都是在《物权法》立法的过程中形成的,但它们似乎都在这个过程中得到了空前明显的展现。所有这些势头的出现和发展,都反映了我国社会法律生活的进步。

在上述各种势头中,最值得评说的是宪法开始真正对具体的部门立法发挥规范作用的势头。在我国,宪法适用的基本的和最主要的形式是立法适用,很少行政适用,审判、检察和军事领导机关则完全无权直接适用宪法,仅能通过适用法律间接适用宪法。由我国宪法适用的这一最显著特点所决定,我国宪法实施的基本形式就是立法实施。所以,在我国,宪法要充分实施,关键是要保证严格按宪法办事,保证一切法律都不能违反宪法,对任何违反宪法的行为都必须予以追究。社会主义国家历史上法律生活方面最深刻的教训之一,就是架空宪法,而这几乎是这些国家在相应历史阶段内所有人为的悲剧发生的根本原因。在我国,50多年来,甚至可以说近100年来,架空宪法在很大程度上已经形成了国民的一种不自觉的思维定式和行为习惯。这些与法治要求格格不入的阻抗法治的病毒,不仅感染了许许多多普通百姓,也在不同程度上感染了部分法学人士。其受到感染的最明显"临床"表现,就是认可甚至力促立法违宪。但是,在物权立法的关键阶段,即《物权法》草案征求意见稿公布以来的20来个月中,值得充分注意和肯定的现象是,全国人大常委会、它的立法起草机构、绝大多数参与《物权法》草案起草审议的人员以及绝大多数与闻其事的法学家,都能认真地看待宪法,严格以宪法为准绳办事和说事。相信人们都能从这些令人鼓舞的现象中看到中国法治事业的光明前途。

当然，相信人们也已经注意到，在物权立法的最后阶段，出现了一些否定宪法根本法地位，主张在人民代表大会制度下不应该根据宪法立法的学术观点，但这些观点毕竟不是主流的学术观点。而且，即使是这类观点的出现本身，也折射出法治、宪制的进步：正是因为宪法已经开始对立法发挥规范作用了，所以才有了希望立法摆脱宪法约束的呼声，尽管这样的呼声在法治社会是不应该被接受的。

六、从法理上进一步理顺宪法民法关系

《物权法》通过了，民法领域还有人格权法、侵权责任法等法律等着起草、审议。这些法律与宪法的关系虽不如《物权法》与宪法的关系那么密切，但它们同宪法的关系总体上看也是值得关注的。此外，《物权法》的实施也有一个贯彻宪法精神的问题，尤其是在行政机关落实与其相关的条款和审判机关对《物权法》做司法解释及适用该法的过程中。这些方面都涉及对宪法与民法关系的正确理解。

对于宪法与民法的关系，本人曾经撰写《宪法民法关系之实像与幻影》（以下简称童文）一文，[①]比较系统地表达过自己的理解。最近，童文中的不少观点受到了赵万一、周清林两位民法学者的撰写的《再论民法与宪法之间的关系》一文（以下简称赵文）[②]的质疑。作为童文已经表达过的宪法与民法关系观的一种必要补充，本文借评论物权立法历程之机会，对赵文针对童文提出的质疑做些解释或说明，至于其作者正面表达自己观点的部分，因本文篇幅所限，一般就不对之做评论了。

在赵文第一部分，其作者在阐述宪法与民法的关系时，显露出两个关键的误解，正是这两个误解致使他们的认识脱离了宪法与民法关系的现实。第一个误解是对《十二铜表法》等古代法典的定性。在近代的宪法产生前，法典通常都是诸法合一的，无所谓专门的民法典。从今天法律部门划分的观点看，《十二铜表法》中民法条款较多，后人为了研究参考的方便，有时将它编入民法典汇编；研究民法的学者也倾向于将其视为古代民法典，但它从根本上说还是一部诸法合一的法典。就像《唐律疏义》虽然刑法条款较多，研究刑法的人士通常将其看成古代刑法典，而实际上它是一部诸法合一的法典，是同样的道理。翻开《十二铜表法》查一查，我们就能够清清楚楚看到这样的事实：其中除了民法规范外，还有许多刑法、行政法、诉讼法性质的条款，甚至还有属于宪法、环保法性质的条款。例如，《十二铜表

① 童之伟："宪法民法关系之实像与幻影"，载《中国法学》2006年第6期。

② 赵万一、周清林："再论民法与宪法之间的关系"，载《法学》2007年第4期。

法》的下列条款就都属于宪法范畴:第8表第26条关于禁止夜间集会的规定;第9表第1~2条关于特权和涉及森图尼亚会议职权的规定;第11表第2条关于十人团和人民批准修正历法的规定;第12表第5条关于人民会议所有决定都具有法律效力的规定。在这部古代法典中,属于刑法等其他法律部门的条款更多。所以,将《十二铜表法》单纯作为民法典来谈论它与近现代宪法的关系,不会得出可靠的结论。

第二个误解,赵文误以为个人(或私人)财产权就等于民事权利,进而误以为保护个人财产权而通过宪法性文件或制定宪法就是宪法以民法为基础的表现。赵文第一部分的大部分文字,都是在此种误解下形成的。私人财产权并不是属于某个单一学科的,它受哪种法律的保护就表现为受哪种法律保护的权利,所谓民法财产权,不过是在民事法律关系中受民法保护的、个人对抗平等主体的财产权利而已。不可忘记,包括私人财产权在内的财产权首先受宪法保护,民法、刑法等其他法律具体落实这种保护。现在法学界似乎存在这样一种误解:以为私人财产权等于民事权利,民法保护私人财产权,而刑法、行政法,甚至宪法则保护民法的财产权。这类将个人财产权等同于民法财产权,认为刑法、行政法等法律甚至宪法都是在保护民法的财产权的理论逻辑,是民法中心主义的错误逻辑,是人们思维混乱、脱离法律生活实际的产物。

在正常的法治国家,私人财产权首先表现为受宪法保护的权利,在受宪法保护的全部私人财产权中,大部分由民法、刑法、行政法等部门法分层保护,在实际的法律生活中它们直接表现为受这些部门法保护的权利,间接表现为宪法权利。民法如何保护宪法财产权就不细说了,这里我们不妨大体看看上面列举的其他法与个人财产权的关系。在个人财产权受到行政权侵害的情况下,个人通常最终会通过提起行政诉讼来救济,这时的个人财产权表现为行政法或行政诉讼法保护的财产权,与民法没有关系,民法也保护不了。当私人的财产权受到严重侵犯时,刑法通过对侵害者科以刑罚来提供保护,但这也不是在保护民法财产权,而是在间接实施宪法的私人财产权保护条款。当然,有刑事附带民事诉讼,但它们是相对区别开来的两回事。当然,要落实民法对私人财产权的保护,有一个刑法、行政法在宪法统率下与民法协调关系、相互配合的问题,但这不应理解为根据民法制定其他法律保护民事权利。如果私人的财产权受到的侵犯来自国家立法机关制定的法律,那么民法、刑法等法律是完全没有办法提供保护的,只能由宪法直接保护,其具体形式往往是由有违宪审查权的机关审查有关法律相应条款的合宪性并在必要时作出相应条款违宪无效的宣告。这方面的具体做法,各国不尽一致。当这种情况出现时,个人财产权表现为直接的宪法权利,与民法扯不上关系。法学者如果理不顺这些基本关系,谈论其他任何超出一个学科范围的问题都会出差错。不过,这些跨学科的问题我们部门法学者通常不会去多考虑,一时没想透是可以理解的,就我本人来说，也是最近才在赵文和其他相关学者论文的促进下理出了一点头绪，且还不知自己的理解有多少合理性。

赵文第二部分主要批评童文贪恋"国家生活"或"政治生活"，但真正的被批评者其实是张友渔老前辈，而实际上张先生的见解毫无问题，倒是批评者自己有可能出了错。张先生的原话是："宪法与其它部门法不同。它调整国家生活中的基本问题，而其他法只分别调整国家生活中某一方面的问题。"①赵文指出了童文引用过这句话后，推定国家生活等于政治生活，然后在这个意义上批评童文贪恋"政治生活"。赵文此处有误解。张先生这里讲的"国家生活"与一般所说的"政治生活"含义是很不一样的，因为，国家生活不仅有政治生活，还有经济生活、科技文化生活等。所以，我们的讨论，只能在张先生原文中"国家生活"的意义上进行，不能按照赵文推出来的、童文所没有提及的名词展开。在这个问题上，我相信争议主要是因为赵文未准确把握张先生的"国家生活"一词而产生的，所以，我们首先要给"国家生活"正名。张先生所说的"国家生活"，其实是指国家要运用权力加以规范的全部生活领域，包括社会的、经济的、政治的、科技文化的、人身家庭的。说到这里，我们就要提到有些学者常有的一种重大误解，即公共权力不应该也不能够干预私人间的人身关系和财产关系。须知，如果真的是这样，人格权法、婚姻法、合同法、物权法、侵权责任法等所有民事法就都用不着制定了，更不必就任何民事法律的草案的条款在最高权力机关中争去争来了。由国家的立法机关创制民事法律规范，就是因为公权力要规范这个在有些学者看来不应也不能干预的领域。公权力要对私人生活领域进行必要程度的规范，对于这点全世界都没有例外，中国是这样，意大利、法国、德国、日本是这样，英美实质上也是一样。没有一个国家的公权力不规范平等主体之间的关系和私人行为。只要人们从虚幻的、自我约定含义的"自治"话语中走向活生生的现实生活，这一切就都是明明白白的。所以，张友渔先生参照"国家生活"给宪法和民法做的定位，真实反映了所有当代法治国家一般的、普遍的现实，毫无可以指摘之处。童文在这个基点上讨论问题，实事求是地说明民法的地位，自然也不会太离谱。

对于国家公权力与私人生活领域之间的关系，正确的提法是前者必须在一定限度内对后者进行规范，但不超过必要的限度。至于必要的限度在哪里，在通常是广土众民的现代国家，由选民选举的代表组成的行使立法权的机关根据本国当时的实际情况确定。英国学者密尔写过一本书，在前些年出版的所谓汉译名著中，被译为《论自由》，而这同一本书以前严复译为《群己权界论》，现在想来，严复将自由从"群己权界"的角度加以界说，其传神、到位可以说到了无以复加的程度。一切

① 《张友渔文选》(下卷)，法律出版社1997年版，第351~353页。

权利和自由,要解决的都是一个“权”的界限问题,“群”的“权”就是公权力,“己”的“权”就是个人权利。专制社会的制度是,“群”的“权”无限,而“己”的“权”的数量多少完全取决于“群”的意愿和“群”的权力扩张能力及其自然的限度。法治社会的特征是,要给“群”的“权”的扩张和存在范围设定一个界限,以保存和保护足够数量的“己”的“权”。公权力与个人人身权、财产权之间的正常关系也可以循这个思路理解。公权力若不对个人人身、财产域的关系和行为进行调整、规范,即干预,它就不叫公权力。作为公权力的主体,国家来到世间主要就是来调整、规范个人或私人之间关系的。当然,国家的这种作用听起来有点吓人,而这也就是霍布斯将国家比喻为传说中的海洋巨兽利维旦的原因。国家必须、必然对个人、私人间的关系及他们的行为进行调整、规范,这点没有什么好讨论的,是法学的公理之一。能够讨论的只是国家权力调整、规范个人或私人的关系和行为的适当范围——必须设法将范围尽可能限制在一个确定的、显然必不可少的范围内,必须保留足够的空间不让它进来。估计最后这一点赵文和本文没有太多分歧。

赵文第三部分重点是批驳童文关于不可凭空想象和虚构公法私法划分的价值和意义的观点,但看来证据不足,说服力有些欠缺。划分公法私法的必要性和意义,童文作者从未完全否定。童文的原意,是说没必要像美浓部达吉早就表示过反对的那样,把公法私法说成性质不同、适用不同原则的法律,同时希望法学者们考虑,如果一定要划分,最好采用三分法,将根本法专门列为一个类与公法、私法并列。当今我国的法学界,恐怕是世界各国法学界,最热衷于搞公私法划分。君不见,到处是“公法论坛”、“公法论丛”、“私法论坛”、“私法论丛”,还有“公私法对话”甚至“统一公法学”等。不仅如此,不少人谈论法学,首当其冲的第一件事就是对其所涉及的现象做公私法属性的评判,然后再谈别的。这种种做法使得研究者在还没有开始研究自己面对的法现象前,就先行不必要地严重扭曲了事物的客观性质,人为割断了不同法现象之间的真实联系,以致后面的研究过程几乎必然走入歧途。童文出于对这种状况的担忧,所以才借批评公私法性质截然不同说,给显然不理性的“公私法划分热”浇几瓢凉水。童文曾说明,公私法划分是学者对法律的一种分类,不是任何一种制定法、判例法或习惯法制度,不可能有为公权力侵犯私权利设定“屏障”的功能;该文还列举了普通法系国家的学者基本不做公私法划分的情况为例证。赵文反驳童文的论据,看来是说那里的学者不是不划分,而是把这种划分“深深铭刻在每一个公民的心里”。对此本人很想说,做法学不是做心理学,不能靠猜测来证明别人论文、著作、研讨会上虽没有做公私法划分但心里已经做了划分这一情况的存在。退一步说,即使他们的确是如此,我们中国法学家能不能也学学他们,在论文、著作、研讨会上不做或少做公法私法划分,把这种划分也逐渐收缩到我们的心里去?

许多年来,人们经常听到一些学者对列宁关于不承认私法的主张做否定性评价的言论,但是鲜见有人实事求是地指出其中包含的合理成分。就民法也是国家立法机关制定或国家审判机关认可的行为规范这一点而言,它当然是一件“公共产品”,当然是与刑法、行政法等所谓公法没有任何区别的法律！民法或民商法都是“公共产品”,这是当代西方即使是立场极右的学者也不会否认的事实,它更是当代世界各国政治法律生活中活生生的现实。当然,指出这一点并不等于否认民法调整的范围和规范的行为有它不同于所谓公法的特点。顺便说一句,列宁有他的历史的和认识的局限性,但他绝对不失为一个极有见识、极有学问的人,绝不是随便一个什么人都有资格调侃一下的,更不可能是随便一个什么学者都比他高明的。中国学术界要少一些人云亦云、从众随大流贬褒人物学说的风气,多一些独立思考和自主判断。本文这里扯远了一点,不是批评赵文。

话又说回来,虽然本文为列宁的观点做了解说,但就实际情况而言,童文表达的意思与列宁所说的完全不是一回事,所以,即使赵文证明列宁的话不适合当今中国的情况了,那也与童文观点的正确或错误没有多少关系。如果本文没有理解错的话,列宁的意思是,所有的法都姓公不姓私,民法也姓公。而童文的意思是,既不要将民法定位为姓公,也不要将它定位为姓私,没有必要一定给它人为地加一个姓氏;或者,如果一定要参照公私二姓让法律分家,童文主张建 3 套“房子”,同时将本国的全部法律分为公法、私法和根本法 3 家,分别住进那 3 套“房”中。

一国的法律要不要做诸如公法、私法、根本法之类的划分,到底是做类似划分利多弊少还是不划分利多弊少？当今各主要法治国家的法学界怎么处理这些问题,主流倾向？如果一定要划分,该用二分法还是三分法合适？到底分析哪些问题需要有公法、私法和其他法的区分意识,分析哪些问题不宜做诸如此类的区分？这些都是有待我国学者进一步讨论的基础性问题。这些问题若能得到比较圆满的解答当然好,但得不到圆满解决也不打紧,只要遇事按实事求是态度处理就不会出大错,关键是不能无论遇到什么问题都用一种先验的理论预设往上套。童文作者是因痛感公私法划分之类先验的理论预设对于厘清一些法现象之间的客观联系妨碍极大,才提出不可凭空想象和虚构公法私法划分的价值和意义的呼吁的。例如,不止一位学者选择宪法规定的所有权与民法规定的所有权之间的关系为自己的研究课题,这本来很有意义。但很可惜,他们的做法几乎都是一开始就离开法律生活的实际,上来第一句话就说宪法规定的所有权是公权、民法规定的所有权是私权,然后再按这个理论套路推导下去。他们似乎都没有想到,这种做法实质上已经是“未审先判”、未研究先下结论,出错是必然的,不出错是偶然的。为什么呢？因为公法、私法的所谓本质区别和特点都是在他们考察自己的研究对象之前就已经被确定了的,并且已经被自己作为公理接受下来了！

学术研究最怕陷入某种理论教条和对所谓理论学术权威的盲从，尤其当一些所谓权威主要并不是靠学术力量而是主要靠掌握行政、组织资源逐步确立起来的时候。此外，从众心理也是学术研究的大敌。今天中国存在那么多年轻的公法私法性质截然不同论者，其中到底有几个不是在从众心理影响下选择信奉（原本不应该是信奉）此论的，值得考察。

赵文第四部分主要是表示不赞成童文强调宪法的规范作用，似乎倾向于像过去几十年的大部分时间那样，"弄一个神龛把它供奉起来"，彻底取消它的根本性。这个提法倒是很有新意！这里涉及法律职业的意义、从业者的境界、价值追求及其他不少大是大非问题，本文无意多做评说，因为这不是说理能解决好的问题。包括赵文和童文作者在内的对这类问题感兴趣的人们不妨就这类说法再想一想，自己给自己确定一个答案较好。

在这一部分，赵文花了不少笔墨批评"母法"的提法，估计不会是针对童文的，因为童文发表稿中压根没出现过"母法"二字。① 不过，趁赵文谈到此事的机会，本文还是顺便说一句。母法的说法是修辞上的一种比喻，不必要推到极端来评说，否则太多的汉语就会被归结为"有问题"了。学者的时间是宝贵的。

赵文的结尾部分批评童文割断历史联系，并在此基础上谈了几个很有意思的问题，这里不妨一并作答。童文反对的是"混同"历史联系和现实关系，没有斩断、断绝两者联系的意思，读者如有兴趣可看童文原文。童文作者讨论不同现象的关系向来遵循的原则是，讲联系看到差别，讲差别看到联系。实话实说，这是我从马克思那里学的。说到这里，本文就要顺势谈谈赵文最后部分提到的第一个问题，即法律与经济的关系问题。赵文中有两个委婉的句子，其中包括"童文仍然遵循'经济基础决定上层建筑'的看法"，"如果童文坚持这种上层建筑反映经济基础的法律观"等语。其中赵文使用"仍然"、"如果"的意思，似乎有暗讽某人没见识、跟不

---

① 严格地说，童文投寄《中国法学》编辑部时的原稿是有与这两个字有关的一段文字的，后因编辑部说文章太长，得压缩一两页，故有关文字被作为可有可无的闲话删除了。被删除的原文是："宪法与民法的关系确实不应比拟为所谓'母子关系'。与民法相比较，宪法是根本法，但宪法与民法的关系用母法子法或母子关系来概括不合适也不准确，中国封建专制的遗毒深，民主和法治的传统少，这种情况在今天仍然很大程度上反映在人们的日常语言和思想习惯中。用家族血缘关系来比拟公共生活中形成的某种社会关系，是人们考虑有关问题时思想受封建宗法伦理观念支配而不自觉的一种典型表现。这方面在日常生活中最常见的例子是，将公共教育体系中形成的师生关系比拟为父子或母子关系，进而形成师父、师母、师兄、师弟、师姐、师妹甚至师叔师侄等一套缺乏民主、法治精神和公民意识的称谓，将宪法与民法的关系比拟为所谓母子关系，也是这种封建宗法伦理观念在法学中的一种表现，这些说法本身违背宪法精神和现代民法精神，同时也很不符合实际，因为，从任何意义上说，宪法与民法、刑法、诉讼法等规范性法律文件的关系都不是长辈与后辈、父母与子女的关系。不错，它们都是同一社会的经济关系的反映，有着现实的内在联系，但这与宗法家族观念中的亲子关系性质完全不同，是一种虽然通俗但却很不恰当的比拟。"

上时代潮流的意思。其实,完全没有“仍然”、“如果”等问题,我从来相信诸如此类的命题:归根到底是社会的物质生活条件,或经济关系,或物质资料生产方式,或经济基础、或市民社会(不一定每个人都知道,它在马克思那里很长时间中是经济基础、经济关系的同义语),或科技及技术装备,或现实的经济生活等,在决定法律、政治国家的内容。同时,本人也一直循这个大方向认识法现象、分析问题和解决问题。为讨论问题方便计,本文不妨将这个理论套路称为经济第一性说。

如果我们真的对我们这个时代和外界有基本的了解,我们就不难发现,不仅马克思主义者、西方马克思主义者,不仅查尔斯·比尔德那样知名的美国史家经济第一性论者,就连按我国理论界的标准看来是右的,甚至极右的西方学者,如范布伦(制度经济学派)、韦伯、熊彼得、凯恩斯、哈耶克、贝尔、吉尔布雷斯、波斯纳等西方学术界大师级别的人物,在经济与法律、经济与政治的关系问题上,也都属于经济第一性论者,其中最有代表性的人物是哈耶克、吉尔布雷斯、波斯纳。新自由主义的哈耶克以论述经济领域的权利与自由决定政治、法律方面的权利与自由而闻名,他最近几年在中国正受到不少天真烂漫的法学青年的追捧。吉尔布雷斯是新制度经济学的集大成者,他所奉行的技术决定论实际上在不小程度上暗合马克思关于经济关系决定法的思想和邓小平关于科学技术是第一生产力的思想。以经济分析作为法律分析的基础而著称的波斯纳是大家都知道的,不知道的人也可以看苏力教授翻译的他的成套著作。从本人所见所闻的范围看,美欧等国家的政治学者研究政治法律关系时运用经济第一性说比法学家更直接。例如,他们研究中央与地方关系、联邦与州及地方的政治法律关系,基本上都是直接运用人均 GDP、收支、税收分成、补贴、投资项目及其种类、数量等方方面面大量的经济指标加以说明的,有关数据通常非常详尽,实际上比中国这个特别强调运用唯物主义原理看待政治法律问题的国家的学者们显得更加唯物得多。

我对于上述西方学术人物是尊敬的,但我对他们的尊敬度不如我对马克思的尊敬度来得高。也许这是因为,我有很多“左派”和“右派”的“老师”,但我从马克思这位“老师”那里得到的教益最多。也许这是一种局限性,但更重要的是它是一个事实。但是,本人在职业生涯中历来是将马克思作为一个学者看待的,对他的话从来不盲目崇信。最近一些年我发现,不少学者讨论问题到了按学术标准应该引证马克思的时候也刻意绕开他,宁愿去引证一些其学说的可信度和影响力不仅不如马克思,也在哈耶克、吉尔布雷斯、波斯纳等这一档学者之下的一些名不见经传的学者,令人常常感到有点摸不着头脑。前几个月有一知名法学教授告诉本人,他所在的那个相当基础性的二级学科 2006 年的全国科研统计数据表明,在公开发表的数百篇论文中,引证马、恩等著作的只有 3 个注释！这有点不合比例原则,因为即使是哈耶克、吉尔布雷斯、波斯纳这大师一档的西方学者在西方的声誉和影响也不如马克思,更不用说比他们差的人。记得2004年年底,本人与一朋友曾逛纽约靠近哥伦比亚大学西门的一个书店,大概在百老汇大道110街南边,当时亲见一个书架上标明"马克思主义研究"的陈列区域,陈列数虽然只占一个书架的两层加多半层,但就比例来说已经不小,因为,该店全部的法律、法学书籍,也不过占一个书架中的5~6层。或许是少见多怪,我们当时还在书架前小声议论了几句。本人还没见过其他学者有这种地位,至少在那个店里是如此。不过,得说清楚,本文绝对不赞成言必称马克思——这是庸俗的和不正常的表现;但同时也很不赞成一些学者因逆反心理和盲目情绪而不公正地对待马克思——这是偏激和意气用事。在充斥着博客氛围和"粉丝"精神的当今中国,对法学者来说,有个正常的学术心态不容易。

让我们再回到经济与法律的关系。应该说,它们之间的关系是客观的,一个学者如果试图研究它们之间在具体时间和具体国度的关系,最高的境界和水平就是把它们间真实的、客观的联系揭示出来。用什么方法最容易揭示,用什么语言表达思想效果最好、别人最容易懂,就采用什么方法和语言,完全用不着搞花架子。

另外,赵文反驳说,按童文奉行的经济第一性论,那么,"既然民法调整的是经济关系,那么显然民法就应当在其他任何法律之上"。这样说,问题不在于有无建构性,而在于客观的关系是不是理顺了。社会的物质生活条件、市民社会、经济关系、经济基础等同法律的关系是一回事,法律内部民商经济等法与政治性较强的根本法即宪法的关系是另一回事。按赵文的思路无异于说:既然人都要吃食物才能生存,而食物又归根到底是由农民生产出来的,那么国王、总统或主席的交椅就应该由农民坐。我们没有理由做这样的推理。

赵文又说:"民法调整的不是政治生活领域的事,而只是私人在市民社会中的一些日常关系而已。所以,民法不是宪法设置的立法机构创造出来的,更不是统治阶级意志的体现,而应当是每一个自由人在权力之外自主决定自己生活的关系的总和。"这里的问题在于,谁在运用民法"调整"私人在市民社会中的一些日常关系?别国就不去管他了。在我国,是最高国家权力机关在"调整"、在制定民法,是最高国家审判机关及其下的国家审判机关在适用民法。至于说诸如法国民法典、德国民法典、日本民法典、中国民法通则和物权法等法律,"都不是立法机构创造出来的",而"是每一个自由人在权力之外自主决定自己生活的关系的总和"这个判断,其中所包含的意思,本人真的一点儿也不懂。我此刻正在问自己:"你是不是一个自由人,如果你不是,那么谁是?如果你是,那么请说说你是如何'在权力之外自主决定自己生活的'?"实话实说,我领悟不了这个问题,回答不上来,绝不是装假。赵文作者不妨试着找几个欧美人士问问,看他们是怎么回答。

或许,赵文是想要回到洛克等古典自然法学派人士几百年前所凭空杜撰的自然状态中去，但须知，尽管那个时代个别思想家想象过自然状态会有的各种好处，不过多数人都认为那种自然状态并不美好。无论如何，有一点是所有那些人的看法都一致的，即自然状态下的日子没法继续过下去了，得走出去。从他们的有关著述看，那些思想家一个都不想留在自然状态下，都寻找这样那样的借口从中逃了出来，就是明证。另一点也必须清楚，他们那些人是各人有各人自己的、不同于他人的自然状态的。今天的人们若想返回那个乌有乡寻找它们，一定不能走错了门，否则自己作为自然人的自然权利之一的生命权，可能立即就会被那里边的自然人运用自然权利剥夺掉。再说，即使在那个时代的人们设想的最美好的自然状态中，也是绝没有民法的，那里的自然人享受的自然权利，也绝不是民事权利，因为那里边没有任何法律，当然也没有民法。而且，一旦这些自然人像预设的那样因各种不同的动机缔结契约走出了自然状态，这个契约也首先和主要地表现为宪法，因为它们得率先解决自然状态下的自然人转让自然权利的对象、转让自然权利的范围以及新组成的公共权力的运用体制等问题，然后才有可能去考虑如何就民事秩序等其他问题做出安排。或许更会令赵文作者失望的是，在那种情况下，对民事秩序的安排还是只能在宪法的框架下进行。这是西方走过的路，也是中国正在走的路。

（2007 年第 4 期）

公共预算应推进透明化法制化民主化改革

蔡定剑*

在我国经济高速发展的进程中，时刻受到行政腐败的困扰，从而威胁到我国经济发展的可持续性。而我国行政腐败的重要根源之一是没有建立起统一、有效的公共预算制度。建立统一的、公开透明的、民主的公共预算制度，是我国公共财政制度改革的目标，也是我国政治改革的重要内容。

我国的预算改革是从1999年开始的。从1949年到1992年，我国实行计划经济，资源的配置是由中央计划决定的，预算只不过是计划的反映。计划委员会实际上是我国真正意义上的“预算决策机构”。由于计划是跨部门的，因此，预算历来就不是以部门为基础进行编制，而是按支出功能进行编制。

1992年开始进行市场经济体制改革，开始瓦解计划经济体制在资源分配方面的支配作用。直到1999年之前，也并没有对预算进行改革，而只进行了财政体制改革，其重点是中央与地方财政收入分配关系，而不是预算改革。虽然传统的以计划为主导的财政资金分配体制已经开始衰落，但由于预算改革的滞后，我国没有建立一个有效的预算体制来填补计划体制衰落后留下的预算管理真空。原来由计划委员会集中的资金分配权逐渐地被各个部门肢解，政府预算不是完整的，而呈现出“碎片化”状态。预算从来就不是一个有效约束财政的工具，也不能反映政府财政活动的全貌。我国过去预算管理制度存在以下严重缺陷：

一是政府没有建立起完整、统一的预算。各级政府和政府各部门不是单一账户，而是在商业银行多头设立账户，预算和非预算资金分散在单位开设的账户中支出。各级政府和部门不但有预算内资金，还有大量的“预算外收入”，这些资金来自改革以来政府各部门收费罚款的权力扩大和土地出让金，这些钱被部门收取留用，并由部门支出，并不在政府的预算中反映出来。

二是没有规范的政府采购制度。各政府部门直接通过自己在商业银行的账户对为政府提供的商品和服务支付款项，而不是公开的政府采购。

三是没有建立起有效的财政监管机制和严格的会计制度。有关部门不能对政府发生资金支出活动的财政交易进行会计记录和集中监管。

四是人民代表大会没有对预算进行实质上的审批。我国预算只做非常粗线条

* 作者单位：中国政法大学。

的分类，预算信息非常简单，它使得“人大”很难对政府预算进行监督和审查。预算也很难反映政府资金的流向。

可见，预算既缺乏完整、有效的政府内部行政控制，又缺乏外部的政治控制。预算缺乏透明度，每级政府可能只有很少的几个领导人知道预算情况，资金分配到各部门时又只有具体掌管资金的人才知情。所以，资金的滥用、违规、低效率、浪费情况严重。

1992 年我国开始实行市场经济体制改革后，建立一个现代公共预算体制来改进支出管理的要求变得越来越强烈。1994 年，我国颁布了《预算法》，这在一定程度上为建立一个新的预算体系奠定了法律基础。

但是，直到 1999 年，我国开始了新一轮的财政改革，才将改革的重点转到加强对支出的管理。这一改革的目标是重新构造预算编制和执行程序，主要包括：

1. 实行部门预算改革。即强调政府预算以部门为基础进行编制，部门的预算必须包括它所有的收入和支出（即包括预算外收入和支出）、预算决策采用零基预算等。这一改革将把分散到各个部门的预算分配权逐渐集中到财政部门，从而在政府内部增强行政控制和预算的透明度。①

2. 实行国库集中收付的财政体制改革。政府部门建立一个以单一账户为核心的集中型国库管理体制，来取代分散型财政管理体制。即在账户集中、现金余额集中、会计处理集中和交易监管集中的基础上，由财政部门从外部对各个部门的支出决策和支出活动进行控制。②

3. 实行政府采购。2002 年制定《政府采购法》，在集中型国库管理体制的基础上建立一个集中、透明的政府采购制度。

4. 进行政府收支分类改革和细化预算编制。对政府收入进行统一分类，全面、规范、细致地反映政府的各项收入；建立支出功能体系，使预算更清楚地反映政府的各项职能活动；建立支出经济分类体系，全面、规范、细致地反映政府支出的具体用途。这一改革从 2007 年起在全国试点。

1999 年由政府在人民代表大会要求下进行的公共预算改革，主要是以建立集中完整、统一、以提高资金运用效率为目标的财政预算管理体制。如果把部门预算改革看成为了改进资源配置效率而进行的改革，那么国库集中收付体制改革和政府采购则是为了改进财政管理中的运作效率而进行的改革。这一改革希望建立起

---

① 1999 年 9 月，财政部下发了《关于改进 2000 年中央预算编制的通知》要求中央各部门编制部门预算。2000 年所有的中央一级预算单位都实行了部门预算，并选择了农业部、教育部、科技部和劳动和社会保障部的预算上报全国人民代表大会审议。

② 指 1996 年进行的清理、整顿预算外资金的改革。

一种可控制性、规范、透明的预算体系。但改革主要还只是政府内部建立行政控制,即将财政部门转变成真正意义上的"核心预算机构",由它来集中支配资源,并在预算执行中对每个部门的支出行为施加"外部控制"。

由于预算改革正在逐渐地将预算权力集中到财政部门手中,这涉及既得利益和权力格局的重新调整,必然触及一些既得利益。因此,出现了一些抵制改革的情绪和力量。比如,有人质疑在现有体制下财政部门能否有效地统一制定和执行预算;有的部门要求继续保留部分资金的二次分配权,抱怨国库集中支付体制缺乏灵活性,并指责目前的预算改革是财政部门为了自己集权目的而推动的改革,等等。所以,当前仍然有大量非正式制度和潜规则在起作用。

从以上论述可以看出,改革如果主要以加强对预算的行政内部控制为目标,这将是一种非常有限的改革。我国建立起现代公共预算制度,需要完成从行政控制到法制化,从法制化到民主化的过程,最终实现对预算的民主控制。当前的预算改革还只停留在加强对预算的内部行政控制阶段,还没有进入到预算的法制化程度。

由于长期以来政府官员缺乏预算法制观念,财经纪律极其薄弱,预算领域充满了各种非正式制度,而不是法制原则,预算中随意挪用、浪费和腐败等现象不胜枚举,每年由审计部门查出的财政违法资金都难以计数。① 如果不能在我国的预算中确立财经纪律的有效约束,增加透明度,实行法制,那么,无论采取任何预算都不可能切实地改进资源的配置效率和财政管理效率,不可能有效地控制支出,也不可能杜绝浪费与腐败。所以,以实现预算的行政控制为目标的改革只有走上法制化和民主化才可以实现。

可见,要真正建立起对预算的硬约束,实行法制化和建立预算的公共责任,仅有行政的内部控制是不行的,必须强化外部力量对预算的监督,将预算过程纳入政治控制过程,推进公共预算的民主化改革。

预算的法制化就是使预算的编制、审查批准、预算的执行、决算和监督有法定的规范程序。法制化保证预算编制信息的充分提供,预算编制和执行机关的责任明确,会计纪律的严格,对不严格执行预算和违法行为承担法律责任等,以保证预

---

① 如审计38个中央部门2004年度预算执行情况,查出的主要问题是虚报多领预算资金、转移挪用或挤占财政资金、私设账外账和"小金库"以及部分资金使用效益不高等。查出各类违规问题金额90.6亿元人民币,占审计资金总额的6%。载 http://news.sina.com.cn/c/2005-06-29/05096294765s.shtml。2005年国家审计署审计48个中央部门,审计出违规违纪资金55.1亿元。载 http://news.xinhuanet.com/fortune/2006-06/28/content-4759760.htm。2006年报告财政部违规少报一项政府性基金,2004年年底结余21.12亿元,国土资源部违规使用财政资金18亿元,国资委挪用国家建设资金960万元,4000亿元中央补助脱离人大监督。载 http://fi-nance.qq.com/a/20060627/000583-1.htm。

算统一、规范、符合预算的目的,实现对预算的有效控制。

近些年来,一些地方政府(如河北省、广东省和深圳市)开始出现预算民主化趋势,有的地方人大加强了对政府的审查监督。部门预算改革和预算的细化使得政府提交"人大"审议的预算报告包括了比原来更加详细的预算信息,预算从过去的几张纸变成了厚厚的几本书,从而大大提高了人民代表大会对预算审查监督的可行性。在人民代表大会方面,为了加强对预算的审查监督也作了一些改革。

一是1999年以后,全国人大和省市级人大常委会成立了协助人民代表大会进行预算审查的工作机构,即预算工作委员会(以下简称预工委),从而加强了人大对预算审查的能力。

二是改革了预算审查程序,使人民代表大会的专门委员会和工作机构提前对政府预算进行预审。过去政府提交全国人大审议的预算很少的时间提前交专门委员会审查,人大会议只有一天的审查。现在政府预算要提前1~2个月先交人大财经委和常委会的预工委进行初步审查,根据委员会的审查意见,再由全国人大进行审查批准。预算审查的重点环节放在财经委和预工委进行审查上。

三是根据《审计法》,人大常委会要求政府审计机关每年向它报告预算执行情况,加强了对预算执行的监督。有的地方人大财经委员会还建立了与政府财政部门的预算执行信息的电脑联网,提高了预算执行的透明度。

这些改革有助于人民代表大会从外部对政府预算进行政治控制,进而有助于增加政府预算的公共责任,促进预算民主。但是,目前我国预算改革的重点主要是在政府内部加强行政控制,而不是政治控制。也就是说,预算民主化仍未真正纳入我国预算改革的日程。当前预算民主化改革只是在一些地方人民代表大会进行探索和试验。

我国的全国人民代表大会现在基本不具备预算审查的能力。它有近三千名兼职代表,而且每年只能开10天到半个月的会。所以,在现行体制下,政府预算细化以后,人民代表大会代表对预算由过去看不懂,到现在的没有时间看。要实现预算民主化的政治控制,需要提高人大的审查预算能力,这不是一件简单的事,需要我国政治体制改革及人大整个机构的改革。

但是,即使在现行体制下,也不能说强化预算行政控制的改革是没有意义的。它给人大审议预算提出了新问题,实际上也在推动预算民主化改革。而在体制不变的情况下,如果将细化了的部门预算通过人民代表大会审议公开化,也将是一个不小的进步。它将大大有利于媒体、社会力量对预算的监督,预算执行中的腐败和浪费必将大为减少,从而有利于加强政府内部对预算的控制。当前,全国人大正在修改预算法,应以此为契机,把预算公开透明原则、预算编制审议应实行公众参与原则写入法律。对人民代表大会审查预算的程序作出更加细致具体的规定，应保证人民代表大会期间必须有一定时间审议预算，增加审议预算中的修正程序和重要资金项目的单项讨论程序。笔者认为，在当前我国预算改革最迫切、最可行的一步是实行预算的公开和透明，从预算编制、审查到执行过程都要公开，而不是像现在把预算作为政府机密。从长远看，改革的重点是增强“人大”对预算进行实质性审查的能力。

（2007 年第 5 期）

论中央与地方法律关系的变革

陈新民*

一、前　　言

中国是一个典型的单一制国家,近代历史上从未实施过地方分权或联邦制。1949年中华人民共和国成立以来,似乎也从来没有认真考虑过建立联邦制的共和国,从历次的宪法都对地方分权制度没有任何的规范,可以看出中国"独尊中央"的传统思想。

这当然也要归因于中国实施近代政治制度较晚,欧美国家由邦国及实施立宪政治后转化成联邦国的过程,在中国是陌生的,最多形成一时的政治见解,但没有形成真正有意义的政治现实。① 因此中国没有实施联邦制的经验,在宪法的制定者的理念里,没有意识到地方分权与地方自治的重要性。

随着国家改革开放,确立建设社会主义法治国家的方略后,中央与地方不再是行政一条鞭式的领导方式,下级地方不能事事依赖上级或中央政府发指示,而必须有弹性与活力来执行法律以及发展建设。如将这种有地方活力的制度投射到国家的法治结构,不可避免地会牵涉法律的作用、中央与地方的关系,这是中国迈入现代化政府、现代化国家与现代化管理所必经的途径。宪法目前虽然对地方分权并无明确的规范,但透过宪法规定许可设立的特别行政区,以及在不少个别的行政事件中授权地方权宜处置,可以看出宪法已经承认了地方自治存在的必要性。② 宪法日后也必须采取更明确的态度来落实此宪政现实。

要检讨目前宪法的中央与地方分权的不明确,进而期待日后修宪能够弥补这个缺憾,我们有必要从宏观的角度检视一下地方分权所具有的宪政意义,包括国家迈入法治国家后,相关的宪政思维是否必须加以更改?反对实施地方分权的立论

---

* 作者单位:中国台湾地区"中央"研究院法律学研究所(筹备处)。

① 这可以举中国近代出现过的两次制定省宪法或地方性宪法文件的运动。前者为1920年的省宪运动,以及中共革命根据地公布的宪法新文件。参见王磊著:《宪法的司法化》,中国政法大学出版社2000年版,第83页以下;毛泽东主席在早年(例如,1920年10月10日上海《时事新报》)便基于全自治的理念,支持制定广东宪法与湖南宪法。参见中共中央文献研究室、中共湖南省委编辑组编:《毛泽东早期文稿(1916.6～1920.11)》,湖南出版社1990年版,第526页以下。有三篇文章提到毛泽东主席赞同省宪法的制定。

② 莫纪宏主编:《宪法学》,社会科学文献出版社2004年版,第443页。

是否依然正确？阻止地方分权制度的实施有哪些宪法原则的争议，如主权的侵犯？确定地方分权的重要性后，如何在宪法的规范里能确保这个制度的妥善实施？

这些问题，都是要解决并重建中央与地方法律关系所必需斟酌的重点。本文尝试以公法学的观点阐述个人浅见，以求抛砖引玉。

二、宪法增订法治国家原则后的法秩序“重建义务”

1999年修改了1982年《宪法》第5条第1款，增加了“实行依法治国，建设社会主义法治国家”的规定。同时，1982年《宪法》第5条第2款规定：一切法律、行政法规和地方性法规都不得同宪法相抵触。因此，宪法所规范的国家今后的治国方略，便是将宪法作为指导与拘束所有国家权力运作的指针。宪法变成了一个含有一定的价值理念，以许多具体且明白的规范内容，来拘束全国不可胜数的法规范（法律、行政法规和地方性法规），这是使宪法具有实质拘束力的表现。这符合法治国家的观念。

法治国家的起码精神，或者说一个国家要成为法治国家的首要条件，乃是要承认宪法的最高效力，任何法规范不得与之抵触。这是消极性质的，也是所谓的“形式意义法治国家”的写照。而比形式意义法治国家更进一步的实质意义的法治国家，则是进而要求国家整个法律秩序的质量，能跟得上宪法所要追求的崇高的目标。这在根本上，就要破除“恶法亦法”的循环争议。宪法强调国家要建设成一个社会主义法治国家，显然不是以达到当年基于个人主义、资产阶级自由主义为出发点所构建出来的形式意义法治国家为目的，而是要以追求社会正义作为宪法实施的目的。这个社会正义的目的当然是一个动态发展的概念，只要国家客观上存在许多在社会上与经济地位上的弱势族群，国家便有责无旁贷的扶助义务，这给予了国家源源不断施政的动因。在一个法治国家，要达到这个目的，也只有采用法治的手段。

因此，法治国家的原则，不仅要求宪法所定的法秩序，必须完全与宪法的内容一致，也必须实施检讨作为“人为产物”的宪法条文，能否符合变化万端的现代社会，以及能否因应国家迈入另一个进步阶段所需要的法律规范。这就涉及宪法是否会因过时而老化，而伤害到宪法的尊严与崇高性。这也是所谓的“宪法理性”的探讨问题，对此问题重要性的重视，将可以促进法律学，特别是公法学的思考与发展，同时能够实际上破除宪法条文“神圣不可侵犯”的迷思，避免因“抱残守缺”的想法而阻碍了宪法的更新,以获得宪政新生命的机会。①

本着这个认知,来检讨中国现今中央与地方的宪政关系,便会有极大的意义。因为在比较宪法学的角度上,中国宪政状况的中央与地方关系,有几点极为特殊,是世界其他国家所难比拟的。

第一,中国是全世界最大的单一制国家。现代国家的政治结构,除了专制极权者不论外(这些独裁国家一定是实施中央集权),多半实施地方分权的联邦制(或是少数的邦联制),或是单一制。一般而言,小国寡民者,由于国土不大,人民生活、宗教、种族的差异性很小,不必实施分权制度。例如,日本、法国及英国等少数国家便是这种单一制的例子。但是,如果国土大、人多,或是地方种族或宗教复杂,或是因历史因素,国家由多个小国家合并成一个大国家时,则分权与地方的联邦制,就更受到欢迎。所以,就以国大人众的角度来看,地方的差异性,应当是实行联邦制与否的关键。中国是世界上人口最多的国家,也是人口最多国家中唯一实施单一制国家的例子,其他人口众多的国家,如印度与美国等,则选择联邦制。

第二,中国实施依法治国的时间甚短,国家开始建立比较进步的法律制度的起步也在改革开放之后,因此中国没有一个根深蒂固的法律传统来督促或监督中央与地方关系的法律化,也就是说,中国在主观与客观的法治角度,都还没有因应这种关系调整或严格贯彻的条件。

第三,存在宪法本身的规定中,也可以借条文来探测制宪者对于中央与地方的关系时,也并无一个极为明确的指导概念。《宪法》第 3 条第 4 款虽然规定了"中央和地方的国家机构职权的划分,遵循在中央的统一领导下,充分发挥地方的主动性、积极性的原则",这个被划归在"民主集中制原则"下的条款,是整部宪法唯一提到中央与地方权限划分的条文。然而,这个条文显然政治意义大过法律意义,因为如依照这个条文的字面解释,其无疑是"独尊中央"的条款,地方与中央的权限已毫无"划分"的可能性与必要性,无疑地,地方毫无与中央"争权"之余地;同时中央的统一领导职责,能否采取大幅度授权地方?如此是否会形成地方法制的"不统一",从而违反《宪法》第 5 条第 2 款的规定("国家维护社会主义法制的统一和尊严")?在这种情形下,又从何产生"充分发挥"地方的主动性及积极性?因此,由宪法制定者的认知中显然还没有打算让地方拥有甚大的自治权限,也忽视了中央与地方在权限的争议上,日后一定会产生许多复杂之法律问题的可能性。②

第四,作为一个单一制国家,中国还有其他单一制国家所没有面临的国家统一

---

① 关于法治国家的理念,可参见陈新民著:《德国公法学基础理论》(上册),山东人民出版社 2001 年版,第 71 页以下。

② 张千帆著:《宪法学导论》,法律出版社 2004 年版,第 258 页。

问题。香港与澳门分别在几年前回归中国，但在“一国两制”的方针下，依然实施了原有属于外国法制的制度。这个比实施联邦制国家还要拥有自治权限更广泛的“一国两制”，也可以在《宪法》第31条获得依据。第31条规定：“国家在必要时得设立特别行政区，在特别行政区内实行的制度按照具体情形由全国人民代表大会以法律规定。”所以“一国两制”的原理，只要利用普通法律的方式，便可以创设一个完全不同于中央法制的地方法制。因此，港澳的自治，形成标准的“法律创设”之制度，而非宪法层次所明定的、一般法律所不可以侵犯的“宪法制度”。这也是中国于单一国制度下所实施的十分独特的政治体制。

由上述的这种“宪政现实”，提供了我们检讨中国宪法有关中央与地方权限问题，是否达到了必须再思考的动机。这也是追求宪法成为一个“活生生宪法”所必经的途径。

三、地方分权必要性的宪政思考

虽然如前文所述，宪法的制定者并没有给予地方分权太大的关心，反而是采取单一制国家的模式，这可能是因为囿于对“民主集中制”原则的诠释；也可能是基于政治判断，认为唯有把治理国家的权力交给中央，方能最有效率地执行法律，或是避免国家遭到分裂的弊害，同时也认为地方分权无助于国家的发展。在前一个观点（民主集中制）的解释，涉及对于宪政理念，也就是宪法原则的解释，这可以用法学理论的方式来予诠释及批评；在后者的情况，涉及宪法制度的价值判断，也属于功能性的评判，可划归为“宪法政策”，可以由功能性的角度来予以探讨。

（一）民主集中制的规范对象

何谓“民主集中制”？最简单的说法，是参照《宪法》第3条提到的民主集中制的原则，主要针对国家机关人事的决定原则。也就是全国与地方的立法机关（人民代表大会，以下简称人大）及行政机关、审判机关与检察机关都须由民主的方式产生，前者由民主选举产生，后三者由人大选出且向人民或人大代表负责。

民主集中制原则的特征显现在最高国家机关人事的产生途径，以及对人大代表负责的特点之上，还可以呼应《宪法》第2条之规定：一切权力属于人民；全国与地方人大是人民行使国家权力的机关。所以民主集中制原则可以和主权在民，以及主权行使的机构连接在一起。所以，在体系上与人事产生没有关联的，则是中央与地方国家机构的职权划分，《宪法》在第3条第4款予以规定。这说明了民主集中制原则既可以规定人民与国家机关的关系，又可以说明国家机关间的相互关系，还可以延伸到国家中央与地方间的关系。甚至在民族自治区，也可以适用到此第

3 条第 4 款的规定。①

但行政与司法机关内部的其他人事，不是由《宪法》，而是由一般法律，即《人民法院组织法》或《人民检察院组织法》来予以规定。所以鉴于宪法与一般法律功能的分工，民主集中制原则不能"无限上纲"地解释，如果对《宪法》第 3 条第 2 款的规定，光就字面上解释，就会得出"各级人大对所有行政与司法人员都有任命权、同意权、监督权及罢免权"的结论。这就是"以文害义"的无限上纲解释。同样地，对于国务院实行总理负责制，国务院内实行部长主任首长制的负责制，以及地方各级政府由省长至镇长实行首长制，论者也认为是民主集中制的原则，且是现行宪法对民主集中制原则的"发展"。②

这个看法似乎也将机关内部组织事项提升到宪法位阶的民主集中制原则。以职位的重要性而言，似乎只需要确定最高权力机关运作的模式，例如，最高行政机关国务院，是否采合议制或首长制，部长的权限与国务院的关系（有无实行内阁连带制），最高人民法院及最高人民检察院的决策模式（有无举行类似法国第四共和国的最高司法会议，或是检察机关首长采首长决定制），至于其他机关以及地方机关的内部决策模式，乃细琐事项，用一般法律层次的规范已绰绰有余，甚至亦可用行政法规来补充，这也是目前欧美对行政内部组织松绑的普遍现象。

所以民主集中制原则应当加以限缩，如果我们仔细研究最早列宁的构思，民主集中制并不能作为阻挡地方自治制度的依据。列宁明确指出："民主集中制不仅不排斥地方自治以及有独特经济和生活条件、民族成分等的区域自治，相反，它必须既要求地方自治，又要求区域自治。"③

所以，中国学界认为《宪法》第 3 条的民主集中制原则，可以包含第 4 条的民族政策，是符合列宁的本意。但是若排斥了地方自治制度，便误解了列宁的看法。民主集中制原则运用在《宪法》第 3 条第 3 款之处——如依列宁之意，便要对于所谓中央和地方的国家机构在职权划分方面，应注重地方自治的精神，来妥善地平衡中央统一领导，以及另一方面如何达到最能充分发挥地方主动性与地方积极性的原则。而后者，便是标准的"功能性"的判断。

而在维护中央的统一领导之原则，也不单只是靠抽象的民主集中制原则便可

① 肖蔚云著：《论宪法》，北京大学出版社 2004 年版，第 266 页。

② 同上，第 267 页以下。同样地，在规定机关内部的领导模式时，也使用类似的原则。例如，《人民检察院组织法》第 3 条第 2 款规定："各级检察院设立检察委员会，检察委员会实行民主集中制，在检察长的主持下，讨论决定重大案件和其他重大问题。如果检察长在重大问题上不同意多数人的决定，可以报请本级人大常委会决定。"所以这个民主集中制，就是属于内部的机关决策过程规定。

③ 列宁："关于民族问题的批评意见"，载《列宁选集》（第 2 卷），人民出版社 1995 年版，第 359 页。

达成,还需要其他的宪法制度,最明显的便是《宪法》第5条对“法制的统一和尊严”的规定,可以使国家的中央法律获得在地方实践的依据。

综上所述,民主集中制的概念及内容,必须仔细回溯当年列宁的思想,以及其他社会主义宪法运用此原则的机关制度,正确地理解此制度的用心及重心所在,尤其是列宁兼顾中央权威与地方及区域自治的重要性。所以民主集中制的见解不可以积非成是,也不可僵硬地光就法条意义来推演。鉴于此看法,我们对于行政与司法机关内部的人事问题以及《宪法》第3条第4款中央与地方关系的因应的规范,都不赞成继续援用民主集中制的提法。

(二)中央集权或地方分权的“宪政政策”之评析

一种看法是中国应该实施中央集权制,而不能够将权力下放给地方,主要认为唯有中央掌握全权,方能最有效率地执行法律;另一种看法是基于中国历史上经常产生纷乱,分分合合,造成国家的分裂及人民的痛苦(中华人民共和国成立前之30余年的内战,便是一例),所以认定地方有自治权将容易造成国家分裂的弊害。

上面两个主要的理由,都可以属于功能论的判断,也可以加以检验。

1. 国家管理效率与权力的集中问题。国家权力主要是指行政、立法与司法(包括检察)权,在没有实施法治的人治时代,当然是采取中央集权。然而在国家迈入法治国家之后,一切都要依法而治,包括了依法行政、依法审判及依法检察。在法规依据方面,国家必须存在一个数量极为庞大的法规,在这个构成“法规金字塔”的庞大结构中,法律将扮演无可替代的重要角色。法律提供了数量比其多数倍的行政法规与地方性法规的授权依据,将各个法律的内容予以细致规定;而各种诉讼又以法律的规定作为最主要的裁判规范来源。所以,以现代法治国家对人民权利的高度重视,人民不再畏惧国家及行政权威,将勇于提起诉讼,或是以其他形式的抗议或抗拒行为,来维护自己的权利。所以国家必须构建一个既精细又范围广阔的“法网”,来运作国家的法律生活,同时这个“法网”的编织与修补,次数越来越多且速度也越来越快,也是为了能够跟得上一个快速进步发展、与国际贸易交流挂钩日趋密切以及国大民多的国家,如中国目前所处的境况。摆在国家面前的是如此庞大的立法任务,包括主要是法律及行政法规的制定与修改,难道中央都需要“一肩承担”?

就法律的制定而言,《立法法》已经规定了专属立法的事项,这是属于“法律保留”,只能由全国人大及人大常委会来执行。而重要法律还须由每年仅有10余天会期的全国人大来议决。所以,全国人大常委会的立法工作重担可以想象。如果我们依照现今行政法学所强调的“授权明确性”要求,以符合法治国家追求的“法律安定性”理念,如德国《基本法》第80条的规定,法律不能够模糊且概括地授权行政机关制定行政法规,而是要将授权的目的、内容及限度等细节在授权母法中明确地规定,那么,中央立法的重担就更加沉重了,尤其是中国目前尚未建立一套违宪审查的机制。有关法律是否违宪的审查,目前仍是采取主要由全国人大及其常委会审查的机制,而不同于国外广泛地将此权力交由专门机关或普通法院来审查的机制。这样一来,于立法的沉重负担外,还要不定时地增加更多的修法重担。关于建立一套有效运作的法律违宪审查机制,中国公法学界近年来的研究十分红火,几乎已成为显学了。似乎将来期望能在全国人大内成立一个专职且具有司法权色彩的"宪法法庭",来承担法律违宪的审查任务,这已成为大多数学者的共识。① 这些构思的背景,当然都是预料到国家有存在庞大的法规体系的现实必要性。

既然推动国家法律生活的主要工具为法律,那么,在实施地方分权的国家里,如联邦制国家,便将制定法律的重担由国家与地方的最高立法机关来分担之,免得国家中央的立法权会"备多力分"。如此,中央与地方才能掌控法律的质量与数量,来实施"优质"的依法行政。如此,中央和地方都才有可望达到宪法所期待的法治国家。

因此,法律的数量与质量,是国家迈入法治状态所必须考虑的管理上的一个重大问题。基于法治国家时代以前未考虑到此问题的经验及学说都已落伍且过时,在法治国家,中央无法事事独揽,否则也绝对会鞭长莫及,所以唯有妥善地将权力,尤其是立法权,下放到地方,才能有效地促使国家迈上法治的道路。

2. 再看看地方分权是否易造成国家分裂的问题。每个国家都可能造成分裂,越大的国家、组成民族越多、人种宗教的差异性越大,或组成国家的时间越短,或是国家地处国际战略或利益的重心,都是国家造成分裂的重要影响因素。所以国家分裂有来自外在或内在的动因。地方分权的制度是否就是造成国家分裂的理由,如以中外的许多国家分裂的实证分析,不能获得当然的例证。因不满中央集权制度而造成国家分裂的例子恐怕也不在少数。

地方分权的优点是:尊重地方人民的公意,依地方法律,以及伴同中央法律来有效地治理地方;绝大多数涉及地方人民切身利益的事项,都已经由地方人民的代表来决定处理的规则,并由其来监督地方行政机关或司法机关来执行,而非由远在中央的机关来决定之;更能够获得民主的好处以及获得民心与不至于产生对中央的怨怼后果。所以中央与地方的关系,虽然不免会有个案的冲突发生,但在绝大多数的时间,中央与地方可望维持和谐的状态。易言之,授权地方代表和对地方的信任,也是中央收地方民心的一个最好的方法。这要求国家由单纯管理地方的角色,

---

① 王叔文:"论宪法实施的保障",载《中国法学》1992 年第 6 期;王振民著:《中国违宪审查制度》,中国政法大学出版社 2004 年版,第 384 页以下;李忠著:《宪法监督论》,社会科学文献出版社 1999 年版,第 275 页以下。

升华为依宪法来监督地方是否履行法律义务、有无违反依法治国原则的行为，而成为监督者的角色，唯有在最必要时才介入纯属于地方的事项。

然而维持国家的统一，无论如何都是每部宪法所追求的目的之一。维护国家的统一也几乎是每个国家所课予所有国家机关，包括行政、立法与司法机关必须尊奉的宪法原则。也因此其会导出一连串维护国家统一的防御机能之宪法制度，包括：(1)地方对中央的忠诚义务，在联邦制国家如德国便创设出一种宪法的“对联邦忠诚”的义务，地方（邦或州）不能够制定任何鼓励、煽惑人民独立，侵害国家统一的法律，也不能够许可地方坐视意图分离国家的行为，地方政府更不能倡行敌视中央而有可能造成国家分裂的言行。这对于实施政党政治而言，更形成了加诸于因竞选成功而入主地方政权之政党一个极为清楚的行为界限。(2)为了响应地方对中央的“忠诚义务”，中央也同样地对地方负起忠诚义务，包括了中央对地方的扶持义务如财政的支持、经济建设的发展辅助，还有中央对于地方必须采取友善与宽容的态度，以求中央与地方的和谐。就后点而言，在欧美国家，因为政党政治，经常会造成中央与地方分属不同党派的情况，因此这种中央对地方的友善态度益显重要，否则容易形成地方挟民意来对抗中央。在中国这个问题的严重性显然低得多了，反而靠中央对地方的补助与对发展落后地区的许多开发建设之支持，更可消弭中央对地方感情的隔阂。(3)建立中央法破地方法的原则。为了贯彻中央的意志高于地方的意志，同时为了确保法律的位阶性，形成中央法律与地方法律打对台的后果，德国《魏玛宪法》（第13条）便创立“联邦法律破地方法律”原则，避免中央权威在地方受到轻视的后果，这也可以称为“联邦法律优先主义”。(4)建立中央强制的法律制度。当地方不接受中央的监督权限，最明显的例子乃违反联邦忠诚义务或联邦法律优先主义，或是产生其他重大的事件，如叛乱、天灾等对于国家统一或对其他地方造成严重危害之虞且无其他办法时，中央即可行使直接的介入权，包括接掌地方机关的法定权限。这也是国家对地方所实施的最强硬与最严厉的“接管权”。这个权力必须明定在宪法之中，同时也可以列入紧急权的范围。德国魏玛共和时代，便有这种制度。1932年4月，普鲁士邦由于被法西斯党掌控政权，公然抗拒中央，最后总统发布命令，由德国政府接管普鲁士政府的权力，并解散邦议会。这便是德国宪法史上著名的“普鲁士之拳”事件。[①] 现行德国《基本法》第37条也有类似的“联邦强制”制度，明白规定当地方有不执行其法定任务时，联邦可以直接实行强制的手段来执行法律，同时联邦机关对于地方机关也取得“下命权”，直接命令公务员执行任务。

由上述的防卫机制，可以看出即使是实施联邦制的国家，对于课予地方必须服

① 陈新民著：《公法学札记》，中国政法大学出版社2001年版，第274页。

膺中央的宪法规范之精细程度，超过实施中央集权的单一制国家，诚有过之而无不及。

此外，如果再就地方分权会造成国家分裂来论证，也可以拿目前中国的两个相关制度来探讨。

第一个是民族自治的问题。《宪法》第4条第3款规定少数民族聚居的地方实施区域自治，设立自治机关，行使自治权。《宪法》第6节第112条以下都有具体的规定，以保障少数民族的自治权及自主权。《民族区域自治法》已经具体地将民族自治的范围规定出来。大凡一个多种族国家最容易造成分裂之因，便是少数民族要求脱离独立。该少数民族与多数民族的差异性越大，越容易造成分裂。历史上古今帝国的崩坏，也多起因于此。远的不说，20世纪初，奥匈帝国及奥斯曼土耳其帝国的分裂，即其适例。现代国家为了消弭这种少数民族的脱离动机，已经不再施行霸道式的"融合主义"，借着造就一个大的、新的"国族"（Nationsvolk）的借口来"融化"掉其他的少数民族；反而是以宽容、多元并蓄、彼此尊重的"王道"方法，承认且维系少数民族的特殊性，来从内心上收服少数民族的向心力。霸道的融合主义，是期待在不久的未来（以几代人的岁月），国家可以成功地造就出一个单一民族的国家。反之，宽容式的并存主义，乃希望国家这种多民族的组合，能够随着岁月的增加而逐渐形成一个不可分的"民族组合体"。中国的宪法显然就是采取这种民族政策，也与欧美国家的民族政策潮流相互一致。所以，如果对更容易趋向分离的少数民族，都给予了自治权，而对同种族的地方，反而会以担心造成分裂为由而不给予自治权，在论理上不免产生矛盾。

第二个例子为港澳实施的"一国两制"。港澳实施的"一国两制"，比全世界所有实施联邦制的地方，拥有更多的自治空间，包括了纸币、完全的公务员体制与司法体制。若分权等于鼓励分裂，港澳是否会走上分裂一途？显然这又与"一国两制"的实施立论正背道而驰矣。因此，我们可以获得一个结论，以中国世界上人口最多的国家，土地幅员广阔，不能期待以中央一隅来有效治理全国。中国一个省的人口与土地，在世界上已经相当于一个中等的国家，国家的分权如果得宜，不仅可以合理分担立法重担，达到质量与数量俱佳的立法成果，也可望造成优质、最有效率的法治国家。当然，与此同时，必须在宪法层次确保国家统一的防卫机制，课予地方对国家忠诚的义务以及国家对地方必要的介入强制权，也因此可保证国家的团结。所以就功能性的角度而言，地方应适度拥有立法与执行权力的宪法政策，这是具有相当的"宪法理性"的。

（三）地方分权的理论依据——主权论的探究

在主张实施单一制的国家作为阻止地方拥有独自立法权或行政权的理由中，往往主权是一个有力的借口。依这种理论，国家的主权只有一个，是至高无上的，既不可分割也不可转让。因此其必须完完整整地掌握在国家也就是中央的手中，不可以分割一部分权力给地方，形成分割且让渡主权的行为，因此主权论形成了阻止地方分权的坚固盾牌。

这种对主权论概念的认知，是否符合现代对主权的看法，抑或是现在对主权的概念及其功能的认知与是否实施地方分权有无重要的关联，这值得进一步的探讨。在此我们可以先检视一下主权概念的演变问题。

所谓主权，可以分为对内与对外的意义。对外而言，是指一个国家拥有"独立的人格"，可以在国际社会中表达自己的意志，不受他国的意志所支配。主权也因此代表独立判断的意志。国际社会上一个独立的国家，相对于其他有宗主国的受保护国，或是空有主权之名但并无主权之实的附庸国或卫星国，其差别是显而易见的。除了在国际关系的独立地位之外，主权也往往显示在土地的拥有（关于领土的争议），以及表现在彰显或是维护国家权力所及范围内之行为，如外交、国防、海上警察等行为之上。

主权对内部而言，是国家最高、无限制且独立之权力。早在亚里士多德时代及罗马时代，罗马人就对主权的概念进行探讨，把主权与司法的所有权概念结合在一起，并且把财产权人对财产标的的支配权（意志权）投射在规范国家与人民的关系上，从而国王享有决定人民全部权利的意志。主权便是这种具有排他性的决定意志。

历史上从布丹到霍布斯的主权论，都有共通的特色，就是主权的最高性、绝对性与不可分性。而且，都是由一个人（即国君）作为主权的拥有者。法国大革命前民权主义的思想家，如卢梭，却主张国民主权理论。卢梭的国民主权论，配合其"社会契约论"，认为所有国家的权力，皆源于国民之"意志"所授予。国家的主权拥有者是国民全体。国民主权论以后成为欧洲思潮中主权理论的主流，也因而影响形成日后法国宪法（1789 年《人权宣言》第 3 条）及美国宪法的理念，其中所指"主权在民"便是这种思潮的表现。

主权的理论，自进入 20 世纪，尤其是到了第二次世界大战后，有了更新的发展。① 先就主权的独立性而言。本来，主权的独立性也表现在其对外之完整性方面，所谓"对外主权完整"原则，一国的主权必须受到他国之尊重。但自从历史上有"结盟制度"以后，一个国家的主权便可受到他国一定程度之支配。这种"结盟"制度有可能是被迫加入的，所谓"城下之盟"，如西德与三强的盟约关系，是因德国

① 蔡英文著：《主权国家与市民社会》，北京大学出版社 2006 年版，第 12 页以下。

战败所致①;亦有可能是自愿加入者,如现行德国《基本法》第 24 条规定,德国可经立法程序,将联邦主权移转到国际组织之上。② 因此,对国家之主权而言,其对外之完整性及独立性都受到了限制,是谓“主权限制”③。主权理论自国际关系复杂化及国家间来往频繁化后,在国际法上讨论“主权”的重要性已经提升,反而超越了主权在国内法(宪法)讨论的重要性。④

从宪法的角度来讨论主权的概念,也和国际法一样,主权的作用主要表现在“对外”的关系上。这也符合中国《立法法》的规定。《立法法》规定全国人大与常委会专属立法的范围(《立法法》第 8 条第 1 款)为“国家主权事项”。而何为此事项?由立法的理由指明为“如国防、外交等”,便说明了主权的意义主要是朝向国际关系,而非朝向规范国家内部的权力关系。⑤ 港澳基本法的规定也显示出这种主权的见解,例如,《香港特别行政区基本法》在序言中,便认为中国对香港“恢复行使主权”,才依宪法的规定实施特别行政区制度。而对主权方面的规定,也只有军队的防卫权(第 14 条)、行政区的旗帜与代表花(第 10 条)、与外交方面(第 157 条以下),才有特殊规定,不属于自治范围。所以主权的规范主要是针对对外事务,而非内部事务。

主权概念在国内法的意义,就只有在关于主权的归属及其代表行使的方式(《宪法》第 2 条),以及其衍生的附属原则,如《宪法》第 3 条的民主集中制等。至于地方,是否由宪法获得若干的自治权力,并不涉及主权的问题。尤其是中国的区域自治以及“一国两制”下的港澳自治,都是依据宪法的授权规定而来,也都不涉及主权的让渡、分割之问题。

因此,综上所述,援引主权不可让渡、不可分割的古典理论到地方可否拥有自

---

① 依西德与西方三强(英、美、法)1952 年 5 月 26 日签订的《德国协约》第 1 条第 2 项,三强占领军同意将军政府撤销,使德国获得一个“主权国家”得处理内政外交事务的一切权力。但第 2 条同时也保留列国对德国柏林、和平统一等事项的一切权利,以及可在西德城内驻军及为保护此驻军所采一切防卫措施之权利。

② 这里所提及之“主权”,既有“对外”之意义,也有“对内”之意义。后者是指国际组织可取得西德的“立法权”及行使国家权力之权限。故有学者称此条款为“主权之突破”。参见 P. Badura, Staatsrecht,3. Aufl. ,2003,D145。

③ 甚至在所谓的“卫星国家”,更有所谓的“主权概念双层性理论”。盟主国家可对卫星国家作“合法”之干涉——如苏联对东欧国家之干预,就是这种“理论”的表现。这种极特殊的情形,是传统古典的主权理论所不能理解的。参见 F. Ermacora, Allgemeine Staatslehre, Bd. 1,1970. S. 361。

④ 著名学者 H. Kelsen 已提及,若不以国际法之理论来讨论主权之问题,是不可能之事,因而提出主权的“双重结构”,认为“主权”可分由国际法及国家法(宪法)之原理来予讨论。H. Kelsen, Das Problem der Souveranitat und die Theorie des Volkerrechts,2. Aufl. 1928,S. 120ff.

⑤ 张世诚:“立法法的基本原则及立法权限的划分”,载《中国行政管理》2000 年第 4 期;刘松山:“一部关于立法制度的重要法律”(上),载《中国司法》2000 年第 5 期。

治权力问题之上,显已过时矣。

再看看双重主权的理论。在讨论地方的分权上,也有人提出主张认为地方分权,特别是地方若拥有地方宪法,表示地方也拥有主权,担心是否会造成国家"双重主权"?"双重主权"理论在19世纪末已经在学界受到甚多的讨论。尤其德国在1870年的帝国宪法(俾斯麦宪法)下,是由数个邦国所组成,所以与其说德意志帝国是一个联邦国,不如说是邦联还来得透彻。在这种特殊的宪政结构下,各邦国仍然维持相当大的自治权限,有国王、公务员体制以及军队。帝国与邦国之间,维持着比结盟更密切的关系。也因此在这个时代下的公法学界,主张"双重主权",[①]地方与中央各拥有主权。只不过,在同意制定帝国宪法时,各邦国愿意接受帝国的若干限制罢了。第一次世界大战结束后,共和政体取代了帝国与邦国,德国改行联邦制。在希特勒当政后,又改为单一国制。在第二次世界大战结束后,直到东西德政府各自在1949年成立,有4~5年的时间,东西德各邦处于盟军占领下,并没有任何主权。而值得注意的是,当时东德、西德各邦,大都开始制定邦的宪法。例如,东德5个邦中,图林根邦最早在1946年12月20日制定邦宪法,最晚的为萨克森邦在1947年2月28日制定宪法。西德10个邦中,有巴伐利亚邦最早在1946年12月20日开始制定邦宪法,只有一个夏萨克森邦是在基本法公布后的1951年4月才制定邦宪法。在德国,这些在没有主权的情况下,由邦为主体展开的制宪活动,体现了民主主义精神,但却没有被质疑这种地方立宪,因为欠缺"主权",而失去合法性与正当性。在当时德国学界及政治界,并没有援引"地方主权",反而是"民主体制",由人民组成新的政党来推行立宪。同样地,在1989年柏林墙倒塌、德意志民主共和国解体、两德统一后,东德地区的5个邦也立即制定了新的邦宪法,这也是没有援引主权的依据。

不仅邦宪法层次如此,西德的宪法即《基本法》制定于1949年3月23日,但是西德迟至1952年5月26日才因签署《德国协约》获得主权。这也是一个没有主权而制宪的例子,但并不妨碍此部宪法的有效性。

从德国的"双重主权"概念的产生,到没有主权下的联邦或邦宪法制定运动,我们可以得出一个结论,就以地方的分权制度而论,并不需要有一个主权的依据。在没有主权的情况下,在实施联邦制的情况下(如1990年两德统一后,东德5邦的制宪),以及没有实施联邦制(如1945年到1949年的东德、西德的各邦制宪)的情况下,都可以实行地方自治,以及使用宪法来构建邦的法律秩序,以求建立法治国家。所以认为地方自治、地方分权,甚至公布具有宪法性质的法律文件,必然会侵犯到国家的主权,至少在德国的学理上是有待商榷的。

---

① G. Jellinek, Allgemeine Staatslehre, 3. Aufl., 1928, S. 502.

四、建构地方分权的宪法制度

如果由宪法政策的重新评价，可以获得地方分权的正当性；同时依据依法治国原则，也必须要求地方分权的体制能有一个较为坚实的宪法基础，因此，在日后修宪时，有必要纳入地方分权的条款。以下几点可作为这种“宪法建制的思考方向”。

1. 将地方自治提升为宪法保留的层次

目前宪法对于民族区域自治已有专门的章节加以规定，因此是一种所谓的“宪法保留”的条款，而民族区域自治制度也成为宪法学上所称的宪法的“制度性保障”。① 宪法保留的制度及制度性保障，都是宪法位阶的规范，不是一般法律所能侵犯。所以宪法的区域自治规定，便可以确保未来的立法者无法侵犯少数民族的自治权能，这种保障是极为周延的。

相反地，在“一国两制”的港澳基本法都是属于法律保留，其法源乃《宪法》第31条：国家在必要时设立行政区，并由全国人大依法律规定特别行政区内实施的制度；《宪法》第62条第13款规定“决定特别行政区的设立及其制度”为全国人大的职权之一，此外对于该特别行政区的规范，宪法并没有作任何的规定。这是一种明白的宪法授权，也属于由法律创设的法律制度。因此，立法的裁量范围极广，没有获得宪法所创设的一个明确的保障范围。

所以，特别行政区内所实行的制度，便可以有极大的弹性。以自治权限的大小而论，便可以出现3种版本：

第一种为接近“最大限度自治”的特别行政区。按照邓小平同志当年提出“一国两制”构想的主要对象，乃针对台湾地区而言，准许台湾地区保留一切目前之制度，甚至包括军队在内，中央“不派一兵一官员”到台湾地区，这是最大幅度的地区自治。②

第二种为“高度自治”的特别行政区。这是指港澳实施的基本法，内政方面能有完全自治权限，中央派军队驻守，作为主权性的象征。但根据《香港特别行政区基本法》第13条第3款之规定，获得中央人民政府授权处理香港的对外事务。因此，仍保有部分的外交权限（参照《香港特别行政区基本法》第150～157条）。

---

① 关于制度性保障的概念问题，参见陈新民著：《德国公法学基础理论》（上册），山东人民出版社2001年版，第412页以下。

② 邓小平著：《建设有中国特色的社会主义》，人民出版社1987年版，第18页、73页；许崇德著：《学而言宪》，法律出版社2000年版，第351页。

第三种为有限自治的特别行政区。这和"一国两制"无关,而是针对了国家改革开放政策所建立的新的行政组织,如深圳、珠海、厦门及汕头等四个经济特区,都是在内政方面与经济有关之事项,拥有较多之自治权。但这种自治权,多半表现在行政自主或裁量范围的大小,以行政职能与行政效率的提升为着眼点,与前述两点基于尊重民意的地方自治不同。这种经济特区的建置,应当只是一种"行政松绑"的政府"组织再造"而已。

所以,目前宪法实施区域自治便显出了制度上的不对称性:仅仅授权立法者实施港澳"一国两制"的自治方式,比民族区域自治的范围更广,却在宪法的制度保障上,更少获得条文的明确依据。为了因应这种"一国两制"下的港澳自治的范围远比区域自治大得多的情况,因此有必要提升此制度到宪法保留的程度,由宪法规定其自治的范围。宪法当然没办法详细规范,但变通且迅速可行的方法,是将港澳基本法重要的条款入宪或是将港澳基本法列于宪法的附件之中,便可以取得宪法的位阶。

2. 宪法应当明列中央与地方的权限划分事项

地方分权主要涉及立法权限的划分,且必须在宪法里面规定出来。这就必须精密地对双方的立法事项予以划分,外国已经对这些问题进行了很久的讨论,累积很多立法例及经验,都可以提供参考。近几年来,中央在法律执行方面也面临许多涉及中央与地方权限界分的疑难问题,应当也有了若干宝贵的经验,都可以作为日后决定哪些事项当由中央掌握的依凭。例如,有全国一致性必要者,还有其他法律,如《立法法》,已经明白列为重要法律的事项,自然为中央专属立法;还要考虑哪些事项可以放给地方自行处理。

在区分权限分配的问题时,当然会讨论到剩余权的问题。宪法未明白规定的权限,应归中央?或地方?联邦国家的体制以归地方为主,目的是尊重地方权限。不过,本文的看法是其属于中央与地方可共同立法的事项。唯中央未立法前,地方可先行立法。一旦于中央立法后,则归中央立法权限,地方立法有抵触时,应当立即失效。这个制度的好处是可以让有需要立法的地方,可以先行立法,避免造成法律"空窗期",妨碍地方的法治及建设。同时,也可以为其他地方及中央的日后立法累积实践的经验,因此有较大的优点。这也就是德国《基本法》(第72条)规定的所谓竞合立法事项。

3. 授权立法的模式——原则法的法律模式

鉴于中国实施法治国家原则,中央的立法机关不免会遇到"法律洪流",为了减轻立法的负担以及让各地方能够妥善地因地制宜执行法律,除非有涉及人民重大的权利部分必须在宪法内明白规定外,基本上在立法方式上,必须采取广泛的授权条款,因此根源于欧美国家的"授权明确性原则"即难完全全盘援用,而需加以修改。在立法方式上,有两种方式可采:第一,采取授权行政机关以行政命令的方式来施行法律。这是适合于国家与地方行政机关间的方式。第二,以制定"原则法"的方式来立法。所谓的原则法是指法律只规范大致的立法原则与规范要旨,并将重要的制度加以勾勒出来,留待日后的立法者再逐步以一个或数个法律来分阶段完成立法手续。如果中国日后中央立法多采原则立法,再由各地方以自治条例的方式来立法执行,便可以收到"原则法"立法的好处。

当然,中国一个地方单位,如省级,已经是西方一个中等国家的规模。四川和河南已有上亿的人口,几乎和亚洲的日本与印度尼西亚相当。因此,地方也会同样面临中央的"法律洪流"。在处理法规的授权问题上,法规的位阶性将是一大困扰。为使依法行政与依法审判能在地方自治范围内实现,可以考虑许可地方制定法律位阶的法规范,使得地方法律取得仅次于国家宪法下的第一个位阶之法规范(当然此时仍然适用中央法律破地方法律之原则)之地位。为执行地方法律,地方还可以再授权制定行政法规及下一个自治区域的自治条例。如此一来,对于地方,由法律、行政法规及自治条例与自治法规,到具体的行政行为,便可以有效地实施依法行政的理念。

4. 建立地方级与中央级的违宪审查制度

实施依法治国最重要的便是要贯彻法治国家之法律的规范意旨。因此,确保宪法保留及宪法授权的制度,以及其他法律保留原则的实践,需要独立的违宪审查机制。因此,违宪审查的制度便有必要建立。中国目前实施的违宪审查乃是标准的立法审查,即将审查法律有无合宪的责权交由人大行使。由于全国人大的任务甚多,且既然全国人大主要的任务之一是立法,考虑的多是政治判断,而法律违宪审查的案件产生途径,绝大多数经由司法诉讼,如法律侵犯人权。因此,违宪审查改为某种形式的司法审查较为适合。中央阶层的违宪审查改由最高人民法院负责,便是一个很好的构想。至于地方阶层也会发生地方法律间的冲突,以及与中央法律的抵触问题,便可交由省、自治区、直辖市的高级人民法院进行审议。必要时,再提请最高人民法院复审。

五、结论:法随时转则治

作为全世界最大国家之一和人口最多的国家,在过去并没有太长久实施现代法律统治修订经验的中国,今后要以最大的速度来实行国家的改革开放政策,并且要遵守、实行宪法新条文所树立的法治国家之原则,无疑是一个极为艰难的法治建设工程。建设法治国家,就必须以法律专家的专业立场来考虑国家如何以最合乎宪法的精神,构建一个具体管理国家的制度。也因此不可避免地要将关注点投注在及时、迅速制定及修正大量法律的能力上。只有构建出一个胜任此立法与修法重任的制度，才能够保障国家的法治国原则落地生根及成长。

实行法治如同实行改革开放政策一样，都是不许走回头路的正确决定。因此，任何依附于过去历史观或学理而与此“时代精神”不合的理论，应该勇于抛弃之。

地方的妥善分权可以减轻中央的立法负担，让中央可以挪出更多的时间及精力，用来监督、协助地方的自治，以及绸缪国家的未来整体战略方针。而地方被信任于自治事务，反而可以活化地方发展的动力。因此地方分权对国家的发展大战略是有益的。

今后中央地方彼此的权限，应尽可能地在宪法的位阶上加以明确界定，成为宪法保留的宪法制度。同时必须仔细地界定双方的权限事项，对于剩余事项实行竞合立法制。中央的立法也可实行原则性立法模式，实施必要的授权立法制度。而为确保立法的合宪性，以及中央法律的优越性，中央与地方宜建立两级的违宪审查制度，且此制度应该由目前的“立法审查”改为“司法审查”为宜。

我国韩非子有云：法随时转，则治。法律必须跟得上时代的脚步。宪法学理论也要使宪法较老旧的条文能够符合时代需要，应该在解释上赋予其新意，此乃“宪法变迁”是也。[①] 而在这其中涉及国家机关间权力的划分问题，德国联邦宪法法院近年来流行所谓的“功能解释论”，认为讨论国家权力的分配，应该要以“功能论”的角度来做判断。哪个事项应该划归哪个权力部门来执行，应以“最有效达到目的，又合乎迅速与经济原则，而最重要的又不违反宪法的精神”[②]的原则来判断。这个功能论的宪法解释方法用到重新评论中央与地方分权制度的“宪法理性”的场合，理应有相当值得重视的价值。

（2007年第5期）

---

① 陈新民著：《公法学札记》，中国政法大学出版社2001年版，第188页以下。

② 德国联邦宪法法院在1984年所做的“飞弹布署案”判决见解，BVerfGE，1.68；T. v. Danwitz, Der Grundsatz Funktionsgerechter Organstruktur, Der Staat 1996, S. 329。

政府巨型数据库时代的公民隐私权保护

孙　平*

我国从2003年开始着手制定个人信息保护法;①在21世纪初,新闻媒体就已经注意到个人信息保护的问题;而学界对个人信息保护的研究和讨论则更早,以至这两年已经成为一个不大不小的学术热点。但奇怪的是,本来在个人信息保护中最需要关注的政府收集、使用公民个人信息的问题却始终不见有人详加调查和研究。这不是一个简单的疏漏,其凸显的是我们对个人信息保护的目的及其背后的宪政理论认识并不清楚,有些甚至是误解。这些理论认识上的盲点和偏差如果得不到弥补和纠正必然会影响到我国个人信息保护法的立法和执法的实践,进而会影响到我国公民宪法隐私权②的保护。因此,本文将从调查我国政府在利用现代科技手段收集公民个人信息过程中建立起来的政府巨型数据库入手,阐明个人信息保护与宪法隐私权的理论关系,以期对我国个人信息保护制度的构建和宪法隐私权的发展提出一些有益的构想。

一、我国政府巨型数据库发展对公民隐私权保护的影响

大规模的收集个人信息本是一个很古老的社会现象。一个中央集权的国家为了实现统治,比如征税、征兵,必须收集其臣民的个人信息。中国自商朝开始就有"登人"或"登众"的人口登记制度。③ 在11世纪,威廉一世在不列颠进行的大清查是英国历史上第一次人口与财产的大普查,其目的是征税。④ 当然在专制王权时

---

* 作者单位:上海交通大学法学院。

① 周汉华著:《中华人民共和国个人信息保护法(专家建议稿)及立法研究报告》,法律出版社2006年版,第104页。

② 宪法隐私权不是公民对抗平等主体的权利,而是公民对抗公权力的权利,是指公民排除公权力的干扰或过度干预,保护个人私生活的安宁、自由和自决的权利。宪法上的隐私权是个非常复杂的概念,不同国家的宪法对此有着不同的规定和理论基础,但就个人私生活排除公权力干扰和侵害这一点来说,它是世界各国宪法隐私权的基本含义所在。我国宪法并没有将隐私权作为公民基本权利单独列举,但它显然被包含在宪法关于国家尊重和保护人权、人身自由不受侵犯及人格尊严不受侵犯等确认公民基本权利的条款中,是这些权利的一部分具体内容。

③ 易农:"历史中的户籍制度",载《21世纪》1999年第5期。

④ James P. Nehf, Recognizing the Societal Value in Information Privacy, *Washington Law Review*, Vol. 78 (2003), p. 8.

代还没有个人自由和人权的观念，也不可能产生保护个人信息的话语。即使到了近现代，自由、民主和法治已经发展到一定程度的时候，是否要保护个人信息依然没有成为一个“问题”。这是因为技术条件的限制，消极政府的理念限制了政府机构收集、储存、传递和使用个人信息的行为，也限制了这种行为对社会和个人可能造成的影响。但是到了 20 世纪六七十年代，在欧美主要发达国家，计算机、网络和信息技术开始迅速发展，并为政府机构所普遍运用。这使得大批量个人信息的处理、储存、传递、使用的工作效率大大提高，甚至是对这些个人信息的深度开发和研究都变得极其便捷和迅速。与此同时，各国也开始奉行积极政府的治国理念，政府的职能和权力较以前大为扩张。为了完成好各种社会管理职能政府就需要大量的收集公民的个人信息，如人口普查、民主选举、犯罪治理、社会保险、劳动保障、医疗教育、居民身份认证、税款征收、人事管理，等等。国家统治对个人信息的需求加上高效率的技术能力使得各种专业政府巨型数据库应运而生。伴随着信息技术的不断进步，行政事务范围的不断扩张，对行政管理效率的不断追求，融合各个分散的、专门化的政府巨型数据库，建立国家级统一公民信息数据库的设想也就是顺理成章的事情。在这个时期，西方发达国家普遍进入了一个“政府巨型数据库”时代。

21 世纪的中国同样在经历着一个这样的时代，而且来势更汹涌。我们有 21 世纪最新的信息技术，我们有全世界最庞大的人口，我们的政府面对的是最复杂的社会治理。于是，电子政务方兴未艾，专业化的政府巨型数据库急速发展，而国家统一个人信息数据库更是呼之欲出。但是东西方对待这个时代的态度却截然不同。这种看似无比美妙的“信息化乌托邦”在 20 世纪六七十年代的欧美各国遭到了普遍的警觉甚至是强烈地反对。人们担心这种在国家政治统治中无限制的使用现代科技的行为会重蹈专制独裁历史的覆辙，危害公民隐私权，给自由和民主带来无法挽回的灾难。尽管我们已经开始个人信息保护立法，但是对政府巨型数据库的探讨竟然还是一片空白。那么，首先还是来仔细看看我们正在经历的政府巨型数据库时代是个什么样的时代。

我国自 1975 年就开始探索电子计算机在经济计划和统计汇总方面的应用，并在 1982 年进行的第三次全国人口普查中第一次大规模地采用计算机进行人口普查数据的处理。“六五”期间，计算机在一些单位的使用主要是进行数据处理和管理信息系统应用。而到了“七五”期间，我国就提出了公安信息系统、国家经济信息系统等 12 项应用系统工程的建设，开始了我国政府信息化的第一个高潮，[①]其中就包括若干公民个人信息数据库的建设。从 1993 年开始，国家开始推行“金”

① 曾培炎主编：《信息化与电子政务(全国干部学习专业知识读本)》，人民出版社 2004 年版，第 166～167 页。

字工程，电子政务得到飞速发展，[①]巨型的，计算机化、网络化的个人信息数据库也开始出现。对于目前政府部门中的各类巨型个人信息数据库并没有专门的、权威的统计数据和报告，笔者就公开发表的资料对一些重要的数据库做一简要调查。

首先是公安部门。该部门拥有的公民个人信息数据库数目应该是最多的，存储的公民个人信息量也应该是最大的，其中最重要的是人口信息管理系统。截至2005年12月底，该系统已经接收了全国341个地市上报的12.5亿多人口基本信息数据，全国已有41000多个派出所建立了人口信息管理系统，纳入计算机管理的人口总数超过12.6亿；[②]与此相关的第二代身份证换发工作已经取得阶段成果。2005年9月，"全国公民身份信息核查服务"正式开通，从2005年9月15日起，上海、天津、重庆等80个城市的4亿人口的信息数据，通过手机或互联网就可以查询。[③]

全国出入境/证件信息资源库已累计存储边检查验记录和证照数据近21亿条；全国机动车/驾驶人信息资源库存储了机动车数据1.15亿辆，驾驶人数据1.26亿条。另外还有神秘的全国违法犯罪信息中心(CCIC)、[④]在逃人员信息系统、失踪及不明身份人员(尸体)信息系统、通缉通报信息系统、监管人员信息系统等刑事方面的专门数据库。据统计，全国公安系统建立的各类数据库，存储的原始数据总量已近百亿条，应用系统总数上千个。[⑤] 最近还有一个受到广泛关注的个人信息数据库——公共安全视频图像系统也是由公安部门管理的。这也就是前段时间在一些发达城市有过争论的在公共场所安装摄像头事件。[⑥] 联想到日益成熟的人脸图像识别技术，[⑦]这项新兴的个人信息系统在不远的将来必定会对个人和社会产生不可估量的巨大影响。

---

① 12个重点业务系统可分为三类，第一类是对加强监管、提高效率和推进公共服务起到核心作用的办公业务资源系统、宏观经济管理系统建设；第二类是增强政府收入能力、保证公共支出合理性的金税、金关、金财、金融监管(含金卡)、金审5个业务系统建设；第三类是保障社会秩序、为国民经济和社会发展打下坚实基础的金盾、社会保障、金农、金水、金质5个业务系统建设。辛时："电子政务瞄准目标"，载《经济日报》2003年1月23日。

② 国务院信息化工作办公室编：《中国信息化发展报告2006》，电子工业出版社2006年版，第54页。

③ 金衡："用手机可查身份证真伪：'全国公民身份信息核查服务'提供三种核查方式"，载《人民公安报》2005年9月16日。

④ 这个信息系统从1993年就开始建设了。赵大斌、仝京来、杨华："2000年公安信息化发展概况"，载 http://www.ybcei.gov.cn/info/display.asp? ID=7960& tt=行业建设 & Class2ID=52。

⑤ 国务院信息化工作办公室：《中国信息化发展报告2006》，电子工业出版社2006年版，第54页、62页。

⑥ 周丽娜："公共场所安装摄像头引发安全与隐私之争"，载《望东方周刊》2006年第35期。

⑦ 郝新华："人脸识别技术在公安工作中的应用"，载《中国公共安全》(综合版)2006年第8期。

其次是国家统计部门。伴随着人口普查,我国统计部门逐步建立了人口普查数据库。1949 年以后,我国共进行了 5 次全国性的人口普查。第一次普查在 1953 年,当时普查的问题只有六项:本户地址、姓名、性别、年龄、民族、与户主关系。① 到 1979 年第三次普查时,普查的内容增加到 19 项。② 而在最近的一次 2000 年的第五次全国人口普查中,普查项目已达 49 项,内容涉及人口基本状况、迁移流动、受教育程度、经济活动、妇女生育状况、户的基本状况和住房等。③ 其中有一些问题已经相当敏感,比如就业(失业)情况、住房建筑面积、住房用途、住房来源、购建住房费用、月租房费用。而关于婚姻状况的调查更是突破了一般中国人所能承受的极限:"人口普查的婚姻是指事实婚姻,不是单指法律意义上的婚姻,对不到法定结婚年龄,或未办理结婚手续而实际结婚、同居的人,应根据其在普查标准时间的实际情况,依照申报人的申报圈填。"④于是"婚姻状况"中的"有偶"一项被分解为四个标准答案"初婚有偶"、"再婚有偶"、"未婚同居"和"已婚分居"。⑤ 另外,在技术上,"五普"实现了光电输入汇总表格,较以往"四普"的手工汇总效率和准确度都大大提高;在数据处理上依然使用电脑和数据库,而且人口普查数据库开始与其他统计数据库进行融合和联结,为建立更大规模的数据库做准备。⑥

另外几个值得关注的巨型数据库,如由中国人民银行建立的个人信用信息基础数据库已正式运行。截至 2006 年 1 月底,该数据库已收录 4.86 亿个自然人的信息,涵盖了个人基本信息、结算账户开立信息、银行信贷信息和来自银行系统以外的住房公积金缴存信息等,基本实现了为城市和部分农村每一个有经济活动的个人建立一套信用档案的目标。⑦ 此外,这个数据库今后还要不断扩展记录信息的种类,进一步与社保、住房公积金、税务、教育、法院、公用事业等单位的相关信用信息整合。⑧ 由民政部主管的全国流浪乞讨人员救助管理信息系统已实现全国各

---

① 黄蕾、梁世强:"第一次人口普查表珍藏 50 年",载 http://news.xinhuanet.com/collection/2003-07/01/content-947343.htm。

② 国务院:《第三次全国人口普查办法》,1982 年 2 月 19 日颁布。

③ 普办:"第五次全国人口普查表的种类和填写方法",载《中国妇女报》2000 年 10 月 25 日。

④ 广东省人口普查办公室:"第五次全国人口普查表填写说明",载 http://www.hzsin.gov.cn/Read News.asp? NewsID=165。

⑤ 石人炳:"关于第五次全国人口普查办法和普查表的若干建议",载《人口研究》1999 年第 3 期。

⑥ 比如,"中国人口地理数据库"就是融合了第五次人口普查数据与国家测绘局基础地理信息数据库建成的。参见"人口地理信息系统建设",载 http://www.casm.ac.cn/kxyj.php? col=50& file=450。而"国家经济与社会统计地理信息系统"则将整合统计部门的人口、经济、社会、科技及人口普查和基本单位普查等海量数据库。宋雪清:"基本单位普查资料开发应用项目取得重大进展",载 http://www.stats.gov.cn/was40/reldetail.jsp? docid=57023。

⑦ 张媛源、徐思佳:"4.86 亿个人信用数据进入征信库",载《中华工商时报》2006 年 2 月 28 日。

⑧ 高静:"个人信用信息基础数据库正式运行",载《21 世纪经济报道》2006 年 1 月 18 日。

救助站的联网。目前尚无该系统的统计数据，但有统计显示，仅重庆一地截至2005年5月，已经录入了6370名得到过救助的人员名单，其记录的信息包括被救助人的姓名、性别、籍贯、入站时间、健康状况、照片等。① 由教育部主办的中国高校毕业生就业服务信息网，经过两年发展，已拥有260万2004届全国高校毕业生的个人信息和272万2005届全国高校毕业生的个人信息。②

除此之外，还有一些没有准确统计数字或者正在建设的数据库和管理系统，如最高人民检察院建立了涉及建设、金融、教育、医药卫生系统和政府采购部门的行贿犯罪档案查询系统；③中共中央组织部和人事部正在建设的全国人事人才基础数据库；④国家税务局正在建设的个人所得税管理信息系统；⑤劳动和社会保障部正在建设的社会保险信息系统；⑥民政部正在建设的全国最低生活保障信息管理系统⑦；等等。

除了这些单独的、专业化的数据库外，一个统一的国家级巨型公民个人信息数据库也正在建设当中。2002年8月，由中共中央办公厅、国务院办公厅共同发布的《国家信息化领导小组关于电子政务的指导意见》将国家人口基础信息数据库列为国家电子政务重点建设的“四库”之一。⑧ 2004年1月，国务院信息化工作办公室、公安部、劳动和社会保障部、国家税务总局、国家标准化管理委员会联合启动人口基础信息共享试点，首批试点设于上海市、江苏省扬州市和湖南省。⑨

人口基础信息库建设一期工程在2006年年底以前结束，主要任务是完成各级数据库的建设，并整合部分业务信息资源，为实施电子政务提供支持；二期工程自2007年开始，主要任务是整合政府各部门的人口信息资源，以公安人口信息为基

① 王长胜主编：《中国电子政务发展报告No.3》，社会科学文献出版社2006年版，第72页。

② 国务院信息化工作办公室：《中国信息化发展报告2006》，电子工业出版社2006年版，第65页。

③ 李薇薇、李菲：“黑名单将公开 我国建立行贿犯罪档案查询系统”，载http://news.xinhuanet.com/legal/2005-11/01/con-tent-3715249.htm。

④ “中组部、人事部发文启动全国性数据库建设”，载http://www.e-gov.org.cn/news/news001/2005-10-25/10264.html。

⑤ 李玉梅、陈国裕：“加快推进税收的发展与改革——国家税务总局局长谢旭人答记者问”，载《学习时报》2006年6月5日。此外，《个人所得税管理办法》也有关于这个数据库的相关规定。

⑥ 王长胜主编：《中国电子政务发展报告No.2》，社会科学文献出版社2005年版，第263页。

⑦ 王长胜主编：《中国电子政务发展报告No.3》，社会科学文献出版社2006年版，第266页。

⑧ 另外，“三库”指法人单位基础数据库、空间地理与自然资源基础数据库、宏观经济基础数据库。

⑨ 国家信息化领导工作小组办公室等五部委〔2003〕62号：《关于开展人口基础信息共享试点工作的通知》。

础,逐步融合计划生育、统计、民政、社会保障、税务、教育等部门的相关信息资源。[①] 另外,第二代身份证系统已经可以在这样的巨无霸数据库中为每个中国公民提供一个唯一的标志号码。值得一提的是,这种智能身份证内嵌了一个芯片,不仅可以记录生日、性别、住址、机读图像等信息,将来还可以记录指纹、血型等生物识别信息。[②] 此外,随着二代身份证换发而建立起来的身份认证系统为"实名制"的推广打下了基础。随着我们社会生活中的"实名制"越来越多,公民被政府记录下来的活动也会越来越多。[③]

与技术上的突飞猛进形成鲜明对比的是个人信息保护法律制度的严重缺失。目前,在个人信息保护方面,最"先进"的是为规范中国人民银行的个人信用基础数据库而制定的部门规章,即《个人信用信息基础数据库管理暂行办法》(以下简称《办法》)。[④] 该《办法》不仅规定了个人信息的查询目的限制(第 12 条)和信息人的知情权(第 15 条),而且规定了信息主体的修改权和详细的异议处理程序(第 4 章),此外还有非常详细的保密和安全程序的规定(第 5 章)以及完备的罚则(第 6 章)。尽管这个《办法》还存在很多缺陷,但是在统一的"个人信息保护法"还没有出台的情况下,该《办法》可以说是少有的亮点了。除此之外,有些法律和行政法规的个别条款涉及个人信息保护。比如,《居民身份证法》规定了个人信息的保密(第 6 条),并规定了相应的罚则(第 19 条第 5 款),此外还明确规定了身份证记载的个人信息的种类(第 3 条),公民应当出示身份证和警察需要查验身份证的几种情形(第 14 条、15 条);《护照法》也规定了记载个人信息的种类(第 7 条)、个人信息的保密(第 12 条第 3 款)及其罚则(第 21 条第 5 款);《第五次全国人口普查办法》[⑤]规定了对个人信息的保密(第 24 条)和个人信息使用目的限制(第 25 条)。除了这些零星的法律规范之外,绝大部分政府巨型数据库的运作是秘密的,没有任何法律、行政法规甚至是规章从保护个人权利的角度来加以限制。在与一些政府

① "公安部通报换发第二代居民身份证情况(实录)",载 http://news.xinhuanet.com/legal/2006-03/16/content-4308679.htm。

② 毛涛涛:"手机实名制率先西部执行北京、广州等地仍可'随意'入网",载《北京现代商报》2006 年 8 月 2 日;"中国揭开网络实名制大幕腾讯 QQ 成为首批试点",载 http://tech.china.com/zh-cn/news/net/156/20050721/12502057.html。

③ 目前大家熟悉的实名制有旅馆住宿、固定电话、银行存款、网吧上网等。最近手机实名制、上网实名制正在各地推行。

④ 中国人民银行令〔2005〕第 3 号:《个人信用信息基础数据库管理暂行办法》。一些地方的个人信用征信管理办法,如《上海市个人信用征信管理试行办法》、《深圳市个人信用征信和信用评级管理办法》和《长沙市信用征信管理办法(试行)》在个人信息保护方面比人行的《办法》还要完善一些。但是个人信息保护主要还是中央政府的事,地方政府数据库与个人信息保护也不是本文的议题所在,因此在此不做论述。

⑤ 国务院令第 277 号:《第五次全国人口普查办法》,2000 年 1 月 28 日颁布实施。

部门工作人员的交流中笔者得知,现实中对这些数据库还存在一些内部工作规范,如一些保密规定、有权查询人范围的规定等,在客观上也能够起到一点保护个人隐私权,限制政府使用个人信息的作用。但是,把一个关乎保护个人基本权利的重大任务交给"内部工作规范"肯定是不行的。

这种真空的不受保护的状态已经造成了一些严重的侵权事件。比如,有因为弄错个人身份信息,错寄《刑满释放人员通知书》、《刑事判决书》等司法文书,给当事人造成损害的;①有中学公布教室监控摄像头拍摄到的中学生情侣接吻录像,给青少年心理和精神造成损害的;②甚至还有因为弄错个人信息而直接造成错捕错判的。③ 其实,在历史上我们对滥用个人信息的情况并不陌生,已经有60多年历史的人事档案制度其实就已经造就了一个"政府巨型数据库",④只不过它没有运用信息化的手段而已。但技术上的落后并没有减少人事档案对我们普通中国公民的影响。同样也是20世纪六七十年代,那份自己无权看到的神秘档案成为控制人们工作和生活的重要工具;在极端的年代,人事档案甚至成为制造冤假错案的重要手段。即使改革开放之后,因为延续下来的相关制度并没有多少改变,致使滥用个人档案的情形还是经常发生。很多人都有类似的经历,因为得罪了单位领导,个人档案被塞进一些毫无根据的"黑档案"、"黑材料"、"黑鉴定"。有些人运气好能够及时发现,有些人运气不好,甚至会因此改变人生。⑤ 这些还只是个例,而现代化的政府巨型数据库所具有的危害潜能还远不止这些。就拿上文提到的国家人口基础信息数据库来说,它对公民隐私权的危害其实是非常大的。可以想象一下,首先是比对各部门分别掌握的个人信息,然后是融合与共享各种专业数据,最后生成一个多层次、多用途、可持续、深度开发的个人信息数据库。而且这个数据库一旦建成将具有实时更新,不断扩容的能力。不用说姓名、住址、婚姻、工作单位等基本信息,就是收入状况、纳税记录、受教育状况、身体健康状况、犯罪记录,甚至是日常消

① 林海峰:"福建村民莫名变内蒙监狱罪犯",载《重庆法制报》2005年7月11日;侯伟胜、王新军:"东莞法院冤枉河南小伙从没去过东莞却被判刑6个月",载 http://www.jinbw.com.cn/jinbw/xwzx/hnxw/20070106130.htm。

② 王晓东:"学校曝光学生接吻镜头是否合法",载《北京青年报》2003年7月13日。

③ 田文生、刘倩:"错案连过公检法三道关",载《中国青年报》2006年7月28日。

④ 黄晓良:"科学规范的中国共产党人的人事档案工作",载《长沙大学学报》2002年第1期。

⑤ 笔者有几位好友就曾有过类似这种经历,幸而都发现得早。而2003年发生的汤国基案中,作家汤国基则因为大学班主任的一句莫须有的鉴定受害二十年。参见朱金星、刘力:"毕业鉴定一句话颠沛流离二十年",载《大河报》2003年11月11日。另外见诸报端的此类案例还有王桂凡案,他因为别人篡改高考志愿而改变人生。参见韩俊杰:"17年前我的高考志愿被篡改了",载《中国青年报》2003年7月21日。陈磊案,他因为原工作公司在档案中放进不实材料造成屡次就业失败。参见杨金志:"档案袋里搞小动作",载《新华每日电讯》2003年5月30日。

费、电话上网、旅馆住宿、违法犯罪、医疗记录、在公共场所的行为等，都将被收录到这个数据库当中。那时，我们中国公民就真的没有什么隐私了。只要敲几下键盘，点几下鼠标，原来分散存在的各种政府记录就能瞬间拼凑在一起，形成一张详细、完整的人格图像。而且公民根本不知道被收集了哪些信息、其信息又是如何被收集的、收集的目的是什么、收集和储存的信息是否准确及时、信息是如何被使用的、信息是否被传递给其他部门、传递的目的又是什么、信息有没有被公开、有没有被泄露、数据库是否安全，等等。这样的巨无霸数据库如果不加以严格的管理和控制，一旦出现问题，很可能就不是"个案"了，而是大面积侵权！而且，技术总是无限发展的，如果我们的政府在使用现代科学技术进行行政管理时不加任何的限制，完全不顾及对个人隐私权和其他个人基本权利可能造成的各种危害，另一个更加极端的年代很可能就会降临。

然而，非常奇怪的是在当下的中国，无论是在党和政府的规划和政策中，还是在一般公众舆论中，甚至是在有关学者的研究中，对这样一些政府巨型数据库都没有丝毫的敏感和警惕。也就是说，不仅是在实际的法制运作中，而且在政府导向、社会舆论和学术研究中，政府巨型数据库同样处于一种不受约束的真空状态。在我们还没有意识到个人信息保护问题的时候，这种状态的产生和延续还情有可原；但是，当我们已经打算学习国外的先进经验，打算制定个人信息保护法的时候，对待政府巨型数据库的麻木和迟钝就显得格外不"和谐"。笔者认为出现这种状况的原因就是因为我们没有深刻理解为什么保护公民隐私权才是个人信息保护法的根本目的所在。因为一旦明白了这两者的关系，我们就应该很自然的会把目光聚焦在最容易侵害公民隐私权的事物上去，也就是政府巨型数据库。现在，让我们回过头去看看历史上，在西方发达国家个人信息保护法是如何产生的？政府巨型数据库和公民隐私权与个人信息保护法的产生有什么关系？

二、国外政府巨型数据库的发展对公民隐私权的威胁

在20世纪60年代中期的美国，联邦政府已经拥有很多个政府巨型数据库，其中收集了大概31亿条个人记录，包括29亿个姓名记录，24亿个地址记录，2.645亿条警察记录，2.796亿条精神健康记录，9.164亿份关于个人酗酒和吸食毒品的文件，以及超过12亿份的个人收入文件。[①] 1965年，美国社会科学研究会向联邦预算局提议建立一个联邦数据中心以协调和使用政府的统计信息。尽管这项建议

① Priscilla M. Regan, *Legislating Privacy: Technology, Social Values, and Public Policy*, the University ofNorth Carolina Press, 1995, p. 73. 这些数字包括了电脑处理的和手工处理的记录。

的目的仅仅是为数据统计,但还是激起了巨大的争议,参众两院分别为此举行了听证。经过两年多的反复听证和研究,最终因为害怕这个项目一旦建成将得不到有效的控制,危害公民隐私权,因此遭到了参众两院的否决。① 这一事件使得美国公众和国会开始密切关注电脑和个人信息保护问题。国会为此组织了很多调查研究活动,以探究各种个人信息数据库的运行情况及其对公民隐私权的影响,并提出立法建议。② 正是在这些调查研究和建议的基础上,美国国会在 1973 年通过了隐私法。③

瑞典因为人口少,国家比较富裕,其政府部门运用信息化手段收集个人信息也非常早。早在 20 世纪 40 年代末,瑞典就已经有了一套公民身份号码系统,记录了个人的性别、出生年月等信息。④ 从 1963 年开始,政府就已经在计划建立一个记录人口注册信息、机动车注册信息、土地记录、警察档案、社会服务和工作状况的国家数据库;1968 年全国人口注册处开始从基层区划对全国 800 万人口进行普查和注册。⑤ 尽管在当时被收集的数据和信息也都是用作数据统计,但是人们还是普遍担心如此大规模的集中收集和存储个人信息会导致政府对个人的监视和对社会的控制。于是在 1972 年 4 月,瑞典议会暂停了人口注册处的进一步发展,并且开始一系列调查研究为制定个人信息保护法做准备。⑥ 1973 年,瑞典议会通过了世界第一部国家级个人信息保护法。⑦

在联邦德国,由于第二次世界大战后国家行政职权主要由州政府承担,因此到了 20 世纪 70 年代早期,每个州政府都建立了自己的公民信息数据中心。其中,黑森州通过一个"黑森计划"在 20 世纪 60 年代末就建立了一个州一级的个人信息数据库。正是在这个计划的发展过程中,关于个人信息的保密问题成为黑森州议会争论的焦点,并在 1970 年促成了世界上第一部个人信息保护法——黑森州个人信

---

① Priscilla M. Regan, *Legislating Privacy: Technology, Social Values, and Public Policy*, Chapel Hill and London: the University ofNorth Carolina Press, 1995, pp. 71 – 73.

② Ibid. pp. 74 – 76.

③ Privacy Act of 1974。Priscilla M. Regan, *Legislating Privacy: Technology, Social Values, and Public Policy*, Chapel Hill and London: the University ofNorth Carolina Press, 1995, p. 77. 该法虽然名叫"隐私法",但内容和其他国家的个人信息保护法大同小异,实质上就是一部个人信息保护法。只不过其适用的对象比较窄,仅限于联邦政府机构。

④ Herbert Burkert, Privacy – Data Protection: A German/Europe perspective, p. 48. http://www.mpp – rdg. mpg. de/pdf – dat/burkert. pdf.

⑤ Colin J. Bennett, *Regulating Privacy: Data Protection and Public Policy in Europe and the United States*, Cornell University Press, 1992, p. 47.

⑥ Ibid.

⑦ 齐爱民:"论个人信息的法律保护",载《苏州大学学报》(哲学社会科学版)》2005 年第 2 期。

息保护法的制定。① 同样是在20世纪70年代，德国联邦政府开始计划为所有的本国公民和外国居住者注册一个统一的身份号码，并且在联合州政府已有的各种"人口注册数据库"基础上建立联邦一级的个人信息数据库。② 为了推行这项计划，联邦政府草拟了"人口注册法案"提交国会。与此同时，国会也正在审议个人信息保护法草案。面对这两项草案，国会决定在没有完成个人信息保护法草案的审议之前不会批准人口注册法案。但是结果，人口注册法案被认为违反宪法而被否决，而个人信息保护法草案则被留下继续讨论。③ 1977 年德国联邦个人信息保护法④正式公布实施。

法国的情况也非常相似。1974 年 3 月 21 日《世界报》的一篇报道揭露出法国政府正在秘密推行一个建立国家个人信息数据库的计划。该计划要为每位法国公民注册一个统一的身份号码，并在公共注册、记录、数据库和电脑网络中使用。⑤ 不久，另一个国家数据库也引起了争议。从 1970 年开始，法国卫生部推行了一项计划，意在减少和帮助残疾儿童。在这项计划的推行过程中，法国卫生部逐渐建立了一个收集所有新生儿童的医疗信息，并为其标上"健康"或"残疾"的数据库。⑥ 这两起事件在法国议会中引发了激烈的争论，他们进行了一系列的调查工作，研究使用电脑和信息化手段处理个人信息对人权的影响。⑦ 1978 年，法国国会通过了他们的个人信息保护法。⑧

在英国，关于信息技术与隐私的争论也是从 20 世纪 60 年代开始的。英国的机动车驾驶执照系统早先是由 183 个地方政府机构分散运作的，后来实现了联网。驾驶员和机动车执照中心成为一个全国性的个人信息中心。联网后的中心储存了 3300 万个驾驶员的记录，并且每月有大概 90 万的记录在更新或增加。⑨ 另外，1971 年的人口大普查运用了现代科技技术，而且政府在这次普查中大大扩充了调查的范围，其中涉及很多敏感问题，如种族、职业证书等。结果此次普查遭到了很

---

① Colin J. Bennett, *Regulating Privacy: Data Protection and Public Policy in Europe and the United States*, Cornell University Press, 1992, p. 48.

② Colin J. Bennett, *Regulating Privacy: Data Protection and Public Policy in Europe and the United States*, Cornell University Press, 1992, p. 49.

③ Ibid. pp. 48, 80.

④ Bundesdatenschutzgesetz (1977).

⑤ David H. Flaherty, *Protecting Privacy in Surveillance Societies: the Federal Republic of Germany, Sweden, France, Canada, the United States*, University of North Carolina Press, 1989, p. 166.

⑥ Ibid. p. 222.

⑦ Ibid. p. 166.

⑧ Loi no78 - 17 du 6 Janvier 1978 relative ǎ l' informatique, aux fichiers et aux libertés.

⑨ Colin J. Bennett, *Regulating Privacy: Data Protection and Public Policy in Europe and the United States*, Cornell University Press, 1992, pp. 47 - 48.

多人的反对甚至是抵抗,并且在民众中激起了普遍的关于公民隐私权的担忧。①也正是从20世纪70年代初开始,英国议会进行了一系列个人信息保护法的立法和研究调查工作。②

通过以上的考察可以看到,在欧美主要发达国家个人信息保护法产生的原因是如此的相似:现代科学技术无限扩张的可能使得政府巨型数据库不受法律约束的现状激起了人们对公民隐私权的普遍担忧。也正是因为有这层类似的历史背景,目前世界上使用的几个指称个人信息保护的术语都直接或间接地表明了信息技术和作为个人基本权利的隐私权的关系。在国际上指称个人信息保护的术语主要有三个,欧洲用的是"个人信息保护",英文是"data protection";美国用得比较多的是"信息隐私权",英文原文是"right to information privacy";南美洲用的是"信息保护令",英文原文是"Habeas Data"。在与现代科学技术的关系上,无论是"data"还是"information"都说明了这些术语和信息技术的密切关系。而与隐私权的联系则稍微复杂一些。"信息隐私权"和"信息保护令"很好理解,一看就知道和个人基本权利相关。在美国,隐私权是一项历史悠久的宪法基本权利,个人信息保护问题也是放在隐私权保护的大框架下来解决的。③ 美国的个人信息保护立法就叫"隐私法"。而南美洲的"Habeas Data"创制灵感直接来源于英国的"人身保护令"即"Writofhabeascorpus"——一项几乎与人身自由同义的古老法律制度。在南美有些国家已经把"信息保护令"明确写进了宪法,并且大都和隐私权联系在一起。④ 只有欧洲的这个"data protection"是一个很容易引起误解的概念,因为它表面上看来好像与个人权利没有什么关系。"data"本是计算机中的术语,是指那些经过信息化手段处理后的数据。"data protection"直译过来就是"数据保护"。在语源上,这个术语是译自德语的"Datenschutzgesetz",直译的话就是"Data Protection Act",但是其完整的本意并不是保护"data",而是为保护个人在其"data"被收集、使用、处

---

① Ibid. p. 52.

② 虽然英国的个人信息保护法到1998年才正式生效,但是早在1968年就有人提出了个人信息保护法的草案,随后在议会中关于这个议题的讨论和研究从没停止过。Colin J. Bennett, *Regulating Privacy: Data Protection and Public Policy in Europe and the United States*, Cornell University Press, 1992, pp. 82 - 94.

③ Tracie B. Loring, an Analysis of the Informational Privacy Protection Afforded by the European and the United States, *Texas International Law Journal*, Vol. 37(2002), pp. 425 - 431.

④ Andreas Guadamuz, Habeas Data: An Update on the Latin America Data Protection Constitutional Right, http://www. bileta. ac. uk/Document Library/1/Habeas Data - An Update on the Latin America Data Protection Constitutional Right. pdf.

理过程中所产生的各种权利。[①] 而且这个术语慢慢的也被很多国家直接搬进了宪法,并且基本是和隐私权放在一起的。应该说这种简单的直译是一种误译。但是因为用得多了,"错误"也就变成了习惯,慢慢地习惯又成了最权威的术语。虽然在欧洲大家都明白这个背景知识,但是当我们面对这个"错误"的时候,不注意这个被隐去的背景就会将"错"就错,从而真的犯错。[②] 笔者考虑良久决定也不再另辟蹊径,还是尊重约定俗成,统一使用"个人信息保护"这个概念,具体理由在本文最后一部分予以详细论述。

那么是什么使大家不约而同地担忧政府巨型数据库的发展对公民隐私权的危害呢? 特别是这种担忧完全是事先的、预警性的。在那个时代,这些数据库完全是新兴的事物,刚刚开始对人们产生影响,并且就这些数据库的建设和使用本身来说并没有发生什么重大的侵权事件。这种高度的警惕性产生的原因可能有两个:首先,西方现实的历史经验和教训使得人们特别重视对隐私权及其相关人权的保护,同时对行政权力任何形式的扩张都非常敏感。比如在美国,水门事件已经隐约向人们昭示了不受控制的政府行政权力可以毫无顾忌地滥用个人信息。[③] 在欧洲,20世纪三四十年代纳粹专制统治的伤痛还深深刻在人们的心中,没有人希望不加控制的政府巨型数据库会使历史重演。[④] 基于这些历史,一些文学作品也常常被借用来警惕世人。[⑤] 其中影响最大的是乔治·奥维尔在1948年所写的一部小说《一九八四》。在这部政治寓言小说中,作者幻想了一个处于1984年的社会,人们

---

① Herbert Burkert, Privacy - Data Protection: A German/Europe perspective, p. 46. http://www.mpp-rdg.mpg.de/pdf-dat/burkert.pdf.

② 我国学者受这种"误译"的影响较大。比如,最早介绍个人信息保护制度的郑成思先生就是用的"数据保护"。参见郑成思著:《计算机、软件与数据的法律保护》,法律出版社1987年版。此外,另一位比较早介绍个人信息保护法的张新宝先生也使用了"个人数据保护法"的概念。张新宝:"信息技术的发展与隐私权保护",载《法制与社会发展》1996年第5期。另外最近作为国务院信息办委托研究个人信息保护立法的课题组长,周汉华先生同样也是用"个人数据"指称"data protection"。参见周汉华著:《中华人民共和国个人信息保护法传承建议稿及立法研究报告》,法律出版社2006年版,第28页。新近出版的翻译国外相关立法的书也同样使用了"个人数据保护"。周汉华主编:《域外个人数据保护法汇编》,法律出版社2006年版;中国人民大学信息法研究中心:《个人数据保护:欧盟指令及成员国法律、经合组织指导方针》,法律出版社2006年版。

③ Colin J. Bennett *Regulating Privacy Data Protection and Public Policy in European and the United States*, Cornell University Press, 1992, pp. 71-72.

④ Christopher Kuner:"欧盟的隐私和数据保护",载周汉华主编:《个人信息保护前沿问题研究》,法律出版社2006年版,第28页; David H. Flaherty, *Protecting Privacy in Surveillance Societies: the Federal Republic of Germany, Sweden, France, Canada, the United States*, University of North Carolina Press, 1989, pp. 373-374.

⑤ Daniel J. Solove, Privacy and Power: Computer Databases and Metaphors for Information Privacy, *Stanford Law Review*, Vol. 53(2001), pp. 1413-1429.

的一举一动都被一个叫“老大哥”的首领监视。许多“新科技”、“新发明”都被用作独裁统治的工具，就连私人居室也装上了“高科技”设备。人们的一言一语，一举一动，无时无刻不受监视和支配。① 其次，这些政府巨型数据库对个人权利的影响是显而易见的，根本不需要等到悲剧真的发生，人们就能意识到问题的严重性。巨型数据库中网罗的个人信息十分全面，从家庭状况、个人经历、职业、金融贷款、消费习惯、收入状况、税收记录、医疗记录等无所不包。而且这些信息还处于不断地更新之中，如果不加以控制，那个幻想中的“1984”很可能会成为现实。人很可能成为“透明人”，隐私空间越来越小。人们无从得知是谁收集了自己的信息，谁将看到这些信息，这些信息将被用于何种目的，信息保存是否安全，还有更重要的是这些国家赖以做出各种行政、刑事行为的个人信息是否准确及时。在政府的行政管理中人性被完全忽视了，剩下的是一堆电子数据和卷宗，人被降为国家统治的手段和工具。正如美国国会力主保护个人隐私的众议院议员 Cornelius Gallagher 在 1966 年讨论美国联邦数据中心时的听证会上所说的：“如果对这些设施不采取一定的保护措施就会导致我所说的‘电脑化的人’。‘电脑化的人’，在我看来，就是指被剥夺了独立性和隐私的人。仰仗着科技进步所带来的标准化，这种人的社会地位将依靠电脑来衡量，并且会失去他的个人特质。他的生活、他的天赋甚至他赚钱的本事都会被降格为一块磁盘，一块单调乏味、失去那原本充满了丰富多彩的可能性的磁盘。”②

在西方发达国家中，正是因为人们总是怀有一种前车之鉴式的警惕，并对个人信息保护问题十分忌惮，使得至今尚未发生因为政府巨型数据库导致的严重侵犯个人权利的事件发生。反观我们国家，因为建立个人信息保护制度的动力基本上来自外部压力，再加上我们对这一制度的了解不够，因此在引进这项法律制度的时候我们只看到了表面的皮毛，而没有注意其内在的机理。那么这种内在的机理具体的表现是什么呢？这就需要考察西方发达国家是如何把个人信息保护问题上升为一个基本人权问题，一个宪法问题，并以此来保护政府巨型数据库时代的公民隐私权。

三、境外在政府巨型数据库时代对公民隐私权的保护

面对政府巨型数据库的威胁，各国最开始所采取的措施是非常相似的，一般都

---

① ［英］乔治·奥维尔著：《一九八四》，董乐山译，上海译文出版社 2006 年版。

② Priscilla M. Regan, *Legislating Privacy: Technology, Social Values, and Public Policy*, the University of North Carolina Press, 1995, p. 72.

是由国会牵头进行调查研究，提出具体的对策，然后依据调查的结果进行立法。就立法的内容来说也是大同小异。刚开始，大家还都只注意解决实际问题，把主要精力放在对个人信息处理的限制和管理上。而随着时间的推移，大家的注意力慢慢转移到公民隐私权的保护上来，并据此逐步地完善立法，对个人信息处理行为的约束也越来越严格。比如，保护对象的定义越来越抽象，个人对自己信息的控制权利得到进一步加强，并且不断扩大，个人信息处理的行政许可制度逐渐得到加强，等等。随着科技的不断发展，信息化社会的来临，个人信息保护所面临的形势并没有因为立法的加强而有所改善。人们发觉光有立法还不足以保护公民隐私权，于是纷纷把个人信息保护与宪法，特别是宪法中的隐私权联系起来。发展到后来，很多国家干脆就把个人信息保护写到宪法中去，作为其宪法中隐私权的一部分。而个人信息保护的宪法化反过来再次推动了立法的发展。① 与此同时，在经济全球化的大背景下，个人信息的使用和传递早已不是哪一个国家的事情了，而是一个跨国性、世界性的问题。因此联合国、欧洲议会、欧盟、经济合作与发展组织等国际组织也纷纷围绕隐私权的保护制定个人信息保护的国际条约和指南。这在一定程度上推动了个人信息保护法的统一趋势，并且在全球掀起了一股个人信息保护法的大浪潮。

具体的立法和规制的细节不是本文的重点，但是个人信息保护法宪法化这个现象还需要从实证的角度进一步论证。根据初步统计，目前世界上明确确立了个人信息保护的宪法地位或者明确建立了个人信息保护法的宪法基础的一共有55个国家和地区。② 这55个国家和地区主要集中在欧洲、北美洲、南美洲和少数亚洲地区，基本上囊括了当今世界上经济和法治比较发达的国家和地区。根据各国和地区使用方法的不同，我把这55个国家和地区分为3类：直接修宪、间接释宪和宪法判例。

直接修宪就是指通过宪法的修改，直接把个人信息保护写进宪法。在欧洲和美洲，许多有机会在20世纪90年代之后制定宪法或修宪的国家都把“个人信息保护”或与其相关的表述写进了宪法的基本权利部分。就笔者查到的资料来看，已

① Viktor Mayer - Schoe nberger, Generational Development of Data Protection in Europe, in *Technology and Privacy: The New Landscape*, Philip E. Agre Marc Rotenberg editors, MIT Press, 1997, pp. 221 - 235. Viktor Mayer - Schoe nberger 在文中以隐私权保护为线索，把欧洲的个人信息保护法的发展分成了四个阶段，其趋势是越来越重视对公民隐私权的保护，立法越来越严格。这种趋势基本上也是全世界个人信息保护法的发展主流趋势，特别是在个人信息保护宪法化上。

② 以下对各国宪法和个人信息保护立法的统计主要是参考了 Electronic Privacy Information Center, Privacy and Human Rights 2004: An International Survey of Privacy Law and Developments 中的“Country Report”, http://www. privacyinternational. org/survey/phr2004/；以及各国宪法、判例和个人信息保护立法、立法背景资料。

经有 32 个国家这样做了。[①] 这其中有些国家甚至还没有统一的个人信息保护法，如俄罗斯、亚美尼亚、哥伦比亚、格鲁吉亚等。间接释宪是指如果没有办法修宪，有些国家或地区就会在其个人信息保护立法的前言、立法目的条款或立法背景资料中阐明个人信息保护与其宪法中某个个人基本权利的关系。这样的国家或地区有 23 个。[②] 其中大部分国家或地区把个人自由和隐私权作为个人信息保护法的立法目的。而且，一般来说在这些国家和地区中，隐私权本身就是一项宪法所保护的基本权利，如美国、加拿大、挪威、罗马尼亚、我国的香港和澳门地区等。最后，宪法判例是指有些国家或地区已经通过间接释宪的方法建立了个人信息保护法与宪法隐私权的关系，但是觉得这还不够，于是就使用宪法判例来阐释个人信息保护的宪法根源。如美国、德国、意大利、日本和我国的台湾地区也都已经有了相关的宪法判例。

除了国内法之外，在国际层面，《公民权利和政治权利国际公约》和《欧洲人权公约》也都已经明确把个人信息保护纳入其隐私权条款的范畴，并且要求缔约国在国内法中实行个人信息保护的基本原则。[③] 一些重要的国际组织同样是为了保护隐私权，积极开展制定个人信息保护公约的工作。比如，欧洲议会在 1981 年制定的《保护个人信息自动化处理中的个人公约》[④]（以下简称《欧洲议会公约》）就是欧洲议会从 20 世纪 60 年代开始，长期关注人权，特别是《欧洲人权公约》中的隐

① 包括：阿尔巴尼亚、亚美尼亚、奥地利、阿塞拜疆、保加利亚、丹麦、格鲁吉亚、克罗地亚、捷克、爱沙尼亚、芬兰、立陶宛、荷兰、波兰、俄罗斯、斯洛伐克、斯洛文尼亚、瑞典、瑞士、马其顿、乌克兰、巴拉圭、西班牙、葡萄牙、希腊、匈牙利、南斯拉夫、巴西、秘鲁、阿根廷、哥伦比亚、厄瓜多尔。

② 包括：冰岛、波黑、卢森堡、列支敦士登、罗马尼亚、马其顿、比利时、意大利、德国、法国、摩纳哥、以色列、挪威、马耳他、加拿大、美国、新西兰、智利、塞浦路斯、爱尔兰和我国的港、澳、台地区。需要说明的有三点：(1)我国的《香港特别行政区基本法》和《澳门特别行政区基本法》中的"居民的权利和义务"部分规定的就是个人基本权利，这和一般的宪法在功能上是一样的；(2)我国台湾地区的"电脑处理个人资料保护法"是以隐私权为保护目的之一的，这在正文中没有体现，但是在台湾地区"法务部"作出的"电脑处理个人资料保护法问答手册"中说明了该规定的目的之一是保护个人隐私权，而且台湾地区"司法院大法官"的相关判决解释承认了"资讯隐私权"。参见"制按捺指纹之合宪性"，载《月旦 e 周报》No. 136，2006 年 4 月 19 日，载 http://www.angle.com.tw/epaper/pt_pdf/MAG037_100.pdf。(3)美国的 1974 年《隐私法》同样也没有在正文中说明其立法目的，但是在国会的立法说明文件中明确其立法目的是保护作为"受到美国宪法保护的个人的和基本的权利"的隐私权。5 U. S. C. Sec. 552 (a), Pub. L. 93－579, Sec. 2(a), Congressional Findings and Statement of Purpose.

③ Lee A. Bygrave, Privacy Protection in a Global Context – A Comparative Overview, *Scandinavian Studies in Law*, Vol. 47(2004), pp. 332－333.

④ Convention for the Protection of Individuals with regard to Automatic Processing of Personal Data.

私权与信息技术发展的关系的产物。[①]《欧洲人权公约》的第1条就阐明了其目的："本公约的目的是确保公约各方领土内的每个个人，不论其国籍是什么、居住地在哪里，在其个人信息为自动化处理的过程（个人信息保护）中的个人权利和基本自由受到保护，特别是与此相关的隐私权。"由经济合作与发展组织1980年制定的《关于隐私保护与个人信息跨国流通的指南》[②]（以下简称《OECD指南》）和欧盟制定的《关于保护个人信息处理中的个人和个人信息自由流通的指令》[③]（以下简称《欧盟指令》）也有类似的制定背景和隐私权保护条款。

所以说，当今世界的个人信息保护制度已经不是一个一般的法律问题，而是一个关乎宪政和法治的大问题。在宪政这边表现为个人信息保护法与宪法个人基本权利，特别是与隐私权的密切关系：个人信息保护已经成为宪法隐私权的重要组成部分，而隐私权也成为个人信息保护法的根本立法目的；在法治这边，则表现为具体而细致的法律规定，给政府设定各种义务，限制和规范政府收集、存储、使用和传递个人信息的各种权力和行为，落实个人关于其个人信息方面的各项权利。有时甚至是抵御巨大的效率诱惑，禁止一些巨型政府数据库的建设。所以在个人信息保护问题上，隐私权的保护和相关立法的完善是互为表里，缺一不可的。

关于个人信息保护与隐私权的关系，以及个人信息保护的重大宪政价值，在几个国家的相关宪法判例中，德国宪法法院1983年作出的人口普查案判决阐述的最为精辟、最具有代表性、影响也最大。笔者认为，该案在个人信息保护问题上的宪法解释思路和处理方法非常值得我国参考和借鉴，因此有必要稍加详述。

在介绍这个案例之前需要说明的一点是在德国宪法中，以《基本法》第1条第1款和第2条第1款[④]为基础的人格权其实就是一种宪法上的隐私权，它和美国宪

---

① 郑成思著：《计算机、软件与数据的法律保护》，法律出版社1997年版，第133页；Jean Slemmons Stratford & Juri Stratford, Data Protection and Privacy in the United States and Europe, *Iassist Quarterly*, Vol. 22 (winter 1998), p. 19。

② OECD Recommendation of the Council Concerning Guidelines Governing the Protection of Privacy and Transborder Flows of Personal Data.

③ Parliament and Council Directive 95/46/EC of 24 October 1995 on the Protection of Individuals with Regard to the Processing of Personal Data and on the Free Movement of Such Data.

④ 《德国基本法》第1条第1款规定："人性尊严神圣不可侵犯，尊重和保护人性尊严是所有国家权力机关的义务。"第2条第1款规定："只要不侵犯他人权利或是违反宪法秩序或道德规范，人人都有发展其人格的权利。"

法上的隐私权有诸多相同之处。①

该案的起因是1983年国会通过的《联邦人口普查法》规定了一次全国性的人口普查。其中涉及使用电脑大规模的收集和处理个人信息。这些信息涉及公民的姓名、住址、电话、性别、出生年月、婚姻状况、宗教信仰、国籍、收入来源、职业、教育背景,等等。同时该法还授权地方国家机构为了地方行政管理的需要可以使用这些信息。于是,有100多位普通公民自发地组织直接向联邦宪法法院提起诉讼。因为关系重大,联邦宪法法院受理了此案。②

在判决中,宪法法院首先阐述了一般人格权和个人自决的关系。“人的尊严和价值是宪法建立的秩序的核心所在,而这种尊严和价值又是以自由社会的个人能够享有充分的自决权为先决条件的。由《宪法》第2条第1款和第1条第1款组成的一般人格权就是用来保护这些价值的——除了保护其他更具体一些的自由外。特别是当现代社会的发展不断威胁着个人之人格的时候,一般人格权就越发显示出其重要性。”通过考察以往的案例,宪法法院进一步认为,“一般人格权包含了以下的含义:个人——基于自决的理念—有权自主决定在什么时候、在什么限度内,关于他个人生活的事实可以被披露”。③

随后,宪法法院阐述了使用现代电脑技术不受限制的处理个人信息会威胁到个人自决:现代自动化的处理手段在效率上的无比优越性造成收集、处理和传递个人信息的行为往往是不受限制的。“更为严重的是,分散收集的信息可以拼凑在一起——尤其是当一个完整的信息系统被建成的时候——然后添加到一个不太完整或已经相当完整的人格档案中。这样一来,个人就没有足够的手段来控制这个档案的真实性和适用性。这很可能会使个人受到审查和影响,而且个人的行为很可能会因为以公共利益为由施加的心理压力而受到影响。……如果某人不能十分肯定的预测关于他的哪些信息会在他生活的一定区域内被公开,并且不能充分的估计与他打交道的其他社会主体知道多少这些被公开的信息,他是不太可能自由

① Edward J. Eberle, *Dignity and Liberty*: *Constitutional Visions in Germany and the United States*, Praeger, 2002. 该书全篇比较了德国宪法上的人格权和美国宪法上的隐私权的异同。另外德国个人信息保护法的权威英文版也是用的“隐私权”来翻译“人格权”。参见德国个人信息保护法(Bundesdatenschutzgesetz)的权威英文版:Federal Data Protection Act。http://www. bfdi. bund. de/cln - 030/nn - 946430/EN/Data Protection Acts/Artikel/ Bundesdatenschutzgesetz - FederalDataProtectionAct, templateId = raw, property = publication File. pdf/Bundesdatenschutzgesetz - FederalDataProtectionAct. pdf.

② 65 BVerfGE 1, 41 (Volkszählungsgesetz) (1983). 本文使用的是该判决的英文版:Judgment of the First Senate of 15 December 1983 - 1 B v. R 209/83 et al, Translated by Eibe H. Riedel, Human Rights Law Journal, Vol. 5 (1984), pp. 95 - 96.

③ Ibid., p. 100.

做出各种决定和计划的。”①

宪法法院进一步推论到,这种损害不仅是针对个人的,也是针对整个社会的。“如果某人不能确定是否他的不轨行为被记录并被作为一条信息永久的存储起来,或者是被使用或传递,他将努力使自己不会因为这种行为而受到注意。这时,如果他得知要参加某次集会或某个公民组织还需要官方的注册,而这种做法可能会给他带来一些个人的风险,他是不太可能去行使这些权利的(也就是《基本法》第8条规定的集会自由和第9条规定的结社自由)。这不仅会损害到他个人的自我发展的机会,而且会损害到整个社会的普遍利益。因为个人的自决是一个自由民主社会存在的基本条件之一,而且一个自由民主社会有赖于公民的行动和合作的能力。”②

由此,宪法法院得出了信息自决权(information self - determination)的概念:“在现代的数据处理技术条件下,作为自由发展的个人人格的先决条件,必须保护个人免受无限制的收集、存储、使用和传输个人信息数据的危害。这种保护来源于宪法的第2条第1款和第1条第1款所体现的基本权利。这种基本权利就是要保证个人拥有自主决定个人信息是否被披露或被使用的权利。”③同时宪法法院认为信息自决权像其他宪法基本权利一样也不是绝对的,而是有限制的。“个人的人格有赖于社会交往,而社会交往又是从社会共同体中发展而来。信息,即使是基于个人人格的信息,也应该被看做社会存在的一个反应,而不应该看做纯粹的个人事务。……因此为了更重要的公共利益,个人必须接受对他们的信息自决权的限制。”但这种限制必须符合合法性原则和比例原则。④

面对现代科技对个人权利的威胁,德国宪法法院从“人的尊严”、“一般人格权”和“个人自决”⑤出发,创造了一项新的个人基本权利——“信息自决权”,并在宪法上确立了个人信息保护、个人自由与民主之间的密切关系。德国宪法法院的法官们既为我们展示了如何使用艰深抽象的宪法原理和理论来直面人类现实生活的挑战,又为全世界提供了一个如何处理个人信息保护与隐私权之间关系的典范。

---

① Ibid.

② 65 BVerfGE 1,41(Volkszählungsgesetz)(1983). 本文使用的是该判决的英文版:Judgment of the First Senate of 15 December 1983 - 1 B v. R 209/83 et al, Translated by Eibe H. Riedel, Human Rights Law Journal, Vol. 5(1984), pp. 100 - 101.

③ Ibid., p. 101.

④ Ibid., pp. 101 - 102.

⑤ 这些概念都是德国宪法上特有的概念和理论,有着深厚的哲学基础和特殊的历史背景。通过德国宪法法院的不断适用和演绎,已经发展成一套成熟的宪法人权理论。Edward J. Eberle, Human Dignity, Privacy, and Personality in German and American Constitutional Law, *Utah Law Review*(1997), pp. 967 - 981.

总的说来，在个人信息保护与隐私权的关系上，以及个人信息保护法与宪法的关系上，世界各国和各地区是有着广泛的共识的。这点“共识”是解决个人信息保护问题的出发点，也是任何准备进行个人信息保护立法的国家时刻需要把握的大方向。也许这在西方国家是自然而然的“常识”，但是在我们国家却是一个实实在在的“问题”。

四、完善立法提升我国公民隐私权保护水平的构想

在我国，最早介绍西方个人信息保护制度并提出立法建议的是郑成思先生。① 但是在他之后，直到20世纪90年代中期才有学者从隐私权的角度重新讨论这个问题。② 进入21世纪以来，讨论个人信息保护法律制度的学者逐渐增多。特别是近两年，伴随着个人信息保护法的起草，论文、著作、译文、新闻报道等纷纷涌现。个人信息保护已经成为学术界不大不小的一个热点。但是遗憾的是，目前大多数的研究成果都是从民商法的角度来展开的。这可能是因为到目前为止，关注这一问题的大多是专长民商法的学者，而宪法学者寥寥无几，特别是真正从宪法学角度来阐述这个问题的少之又少。正是因为缺乏宪法学的加入，关于个人信息保护的研究总体感觉没有“根基”，在个人信息保护与隐私权、与宪法的关系等一些基础理论认识上存在一些偏差。

第一，关于概念的争论，主要纠缠于“数据”、“资料”、“信息”和“隐私”几个词的使用。③ 本文第二部分已经讨论过国际上使用的几个术语。目前看来，由于欧盟的立法更加完善，标准更加严格，特别是《欧盟指令》禁止来自个人信息保护立法不完善的国家的机构或个人收集欧盟公民的个人信息，使得欧盟的立法几乎成为世界标准，效仿的国家越来越多。自然其使用的术语影响也是最大的。在中国使用“data protection”即“个人信息保护”是没有问题的。但是首先必须明白一个前提“data protection”本身是一个误译。如果找不到一个更好的词，我们可以把这种错误继续下去，但是一定要说明其中的道理，不能以讹传讹，最后陷入无谓的争论。当然，找不到彻底纠正错误的方法，最好也能淡化这种错误的影响。笔者认为，在中文中使用“信息”会比较好，理由很简单，就是因为这个词能够更好的有助

① 郑成思著：《计算机、软件与数据的法律保护》，法律出版社1987年版。

② 张新宝：“信息技术的发展与隐私权保护”，载《法制与社会发展》1996年第5期；张新宝：《隐私权的法律保护》，群众出版社1997年版，第145～165页。

③ 齐爱民主编：《个人资料保护法原理及其跨国流通法律问题研究》，武汉大学出版社2004年版，第3～4页。在我国台湾地区也有“资讯”和“资料”之争。许文义著：《个人资料保护法论》，三民书局股份有限公司2001年版，第18～22页。台湾地区学者所使用的“资讯”就相当于我们使用的“信息”。

于理解其保护个人、保护个人的权利的本意。“数据”也好,“资料”也好,都是死的、冷冰冰的技术用语,与个人没有关系,是属机器的。而信息是活生生的,是属人的,与个人权利有直接的关系。

虽然国内有学者也使用了“个人信息保护”的概念,但其理由显然是值得商榷的。该学者认为“data protection”和“privacy”分别代表了当今世界两种强势的倾向,而“information”则代表了一种第三条道路。[①] 其实在英文中,“data”和“information”并没有实质的区别。在各国的立法中,这两个词几乎是通用的。比如,《欧盟指令》和欧洲各国的个人信息保护法基本上都是用“information”来解释“personal data”。美国的隐私法中虽然是使用“record”来代替“personal data”,但是同样也是用“information”来解释“record”。所以,把“data protection”翻译成“个人数据保护”或是“个人信息保护”技术上都不算错,只是选择哪个更好,更优越的问题。所谓的“第三条道路”并没有存在的依据。而且通过上文的论述已经很清楚在个人信息保护问题上,不管欧洲还是美国,大家骨子里其实是一样的。全世界就只有一条道路,那就是保护个人基本权利,保护隐私权。术语的不同只是表面现象,是一些偶然因素促成的。

第二,关于个人信息保护法的法律性质的认识。在这个问题上主要有3种观点。第一种观点认为个人信息保护法是民事法律规范。[②] 第二种观点认为个人信息保护法是“公私一体”:关于公务机关的属于行政法规范,关于非公务机关的属于民事法律规范。[③] 第三种观点认为个人信息保护法是“有关个人信息的管理法或者有关个人信息处理者的管理法”。[④]

就专门的个人信息保护法来说,第一、二种观点显然不正确,第三种观点则有一定的道理。原因很简单,为了保护隐私权,就需要通过各种细致的原则、规则和程序对信息收集主体课以义务、施加责任。而为了使这些原则、规则和程序落到实处就需要政府机关来进行具体的实施和监督。也就是说,统一立法的规定主要是政府的职责。这是一个基本思路和策略,是个人信息保护法最倚重的保护方法。所以至今,笔者还没有看到哪个国家把自己的统一个人信息保护法归到民法里面,更没有把一部个人信息保护法一分为二,一半归行政法,一半归民法的。需要说明

① 周汉华著:《中华人民共和国个人信息保护法(专家建议稿)及立法研究报告》,法律出版社2006年版,第29~30页。

② 在我国的民法典草案制定过程中,杨立新先生的建议几乎把整个个人信息保护法,包括规制国家机关的原则和规范,都囊括进了人格权法中。杨立新主编:《中国人格权法立法报告》,知识产权出版社2005年版,第426~437页。

③ 齐爱民:“德国个人资料保护法简论”,载《武汉大学学报》(人文科学版)2004年第4期。

④ 吕艳滨:“个人信息保护法制管窥”,载《行政法学研究》2006年第1期。

的是，有些国家在个人信息保护法中把政府主体和非政府主体分开规定，仅仅是因为管理的复杂程度、严格程度和救济手段不同而已。[①] 一般来说，针对政府主体的规定总是要多一些、严格一些，其救济的手段也主要是国家赔偿；而针对非政府主体的规定则要简单一些，救济手段主要是民事赔偿。其区别仅此而已。其实在个人信息保护问题上政府主体和非政府主体并没有实质的区别，如果不加控制其对隐私权的危害后果是一样的。[②] 当然也有像美国的隐私法，只把政府机构纳入监管范围，而对非政府机构就主要靠其行业自律。即使如此，在美国也没有什么属于民法领域的专门个人信息保护法，私人之间因为个人信息保护发生了侵权就靠已有的民事法规。[③] 其实说个人信息保护法是行政法，并不排除在个人信息保护问题上使用民事法规来解决非政府个体与个人之间的纠纷的可能。[④] 立法的性质和纠纷的解决是两回事，这点必须清楚。

但是在中国，仅把个人信息保护法看做"行政管理法"还远远不够。笔者认为从长远来看，应该把个人信息保护法归到宪法性法律。因为个人信息保护法像《选举法》、《教育法》、《未成年人保护法》、《妇女权益保护法》等一样，行政管理规范仅仅是"表"，保护和落实宪法基本权利才是"里"。

第三，关于个人信息保护的"法律基础"或"权利基础"问题。有学者认为德国制定个人信息保护法的"宪法基础是信息自决权理论，民法基础是一般人格权理论。"[⑤]这是一种误解，其根源是对德国个人信息保护法的第1条"本法之目的在于保护个人，使其人格权免遭因处理其个人信息而造成的侵害"的不理解，看到"人

---

① 典型如德国的个人信息保护法。也有"公私不分"，统一立法的，如法国的个人信息保护法。

② 本文仅探讨了政府巨型数据库而没有涉及非政府主体，一方面是由于这两者可能造成的危害程度很不一样，无论是在财力、技术、人力还是在政策法律的支持上政府主体始终占有绝对的优势；另一方面是由于本文所探讨的宪法上的隐私权主要是在排除公权力干扰意义上的隐私权。但这并不代表非政府个体就不重要。实际上近年来，在我国就已经出现了很多非政府机构严重违反个人信息保护基本原则的事件。比如，近几年买卖个人信息的行为一直很猖獗，甚至成为一个"新兴的市场"。蒋薇："买卖个人资料赚钱，隐私谁来保护"，载《中国青年报》2003 年 9 月 5 日；有些网站因为不注意安全管理，泄露大量个人信息，孙昌銮："调查九千万个人信息网上泄露事件"，载《北京青年报》2005 年 12 月 26 日；邹颖琦、张曙阳："UCLOO 叫卖'9000 万个人信息'又曝新来源：3 个'搜人引擎'浮出水面"，载《新闻晨报》2005 年 12 月 28 日。更有甚者，一些打着搜人幌子的网站在网上公开大量个人信息，孙巡："'搜人引擎'搜出网络监管死角"，载《新华日报》2005 年 12 月 30 日；刘双建："众多名片网上被公开惹众怒"，载《工人日报》2006 年 8 月 23 日。

③ Fred H. Cate："美国的隐私保护"，载周汉华主编：《个人信息保护前沿问题研究》，法律出版社 2006 年版，第 78 页。

④ 有的地区的民法中就有个别个人信息保护的条款，比如我国澳门地区民法典。但可以肯定这些规定是不适用政府机构处理个人信息的行为，在澳门已经有统一的《个人资料保护法》来处理政府行为。

⑤ 齐爱民："德国个人资料保护法简论"，载《武汉学学报》（人文科学版）2004 年第 4 期。

格权"就以为是民法问题。在德国"人格权"首先是一个宪法问题,其次才是一个民法问题。[①] 德国民法上的"一般人格权",就是指的德国《基本法》的第1条第1款和第2条第1款。只不过德国联邦最高法院把这两条直接用在了民法上,以弥补德国《民法典》对人格权保护的不足。德国《个人信息保护法》第1条中的人格权也是指的这种"自由发展的人格权"。道理很简单,个人信息保护法在德国属于行政法,[②]行政法的立法基础怎么可能是民法呢?从上文论述过的1983年人口普查案也可以清楚地看到,信息自决权的理论基础也是一般人格权。

还有学者虽然认识到"个人信息保护是一项宪法权利而非普通的民事权利",[③]"在国际社会,人们谈论个人信息保护问题时往往将其同隐私权保护相等同,而对隐私权的保障确实是个人信息保护的主要目的和逻辑前提"。[④] 但是他们并没有很好地理解其中的深意。首先,这不应该是一句空话,理论的认识来源于实践同时也是为了指导实践。如果不了解政府巨型数据库与隐私权的关系、隐私权保护与通行的个人信息保护法基本原则和细节规定的关系,不去做一些实际的调查和研究,光有一点理论认识那等于什么也没有做。其次,隐私权是个非常复杂的问题,不是一两个国家的经验就能代表得了的。[⑤] 虽然各国宪法上的隐私权总体上有一个基本含义,但是具体到各国情况就千差万别,并没有固定的公式。虽然有互相影响的地方,但是不同国家、不同地区的宪法隐私权是不同的。各国有各国自己的一套宪法理论和处理方法。这是因为各国的隐私文化不同、宪法框架不同、基本权利理论不同、隐私权范围不同、违宪审查和宪法解释的机制不同,甚至宪法修改、制定和解释的时机也不同。比如,欧洲人说的"隐私权"和美国人说的"隐私权"就不同。美国人说的隐私权比较偏重限制国家权力和保护个人消极自由,而欧洲人说的隐私权则偏重从人性尊严出发来保护个人积极自由。[⑥] 即使是有着密切关系的日本宪法和美国宪法,其隐私权也有所不同。[⑦] 宪法上的隐私权是一个

① 尹田:"论人格权的本质——兼评我国民法草案关于人格权的规定",载《法学研究》2003年第4期。

② [德]汉斯·J.沃尔夫、奥托.巴霍夫、罗尔夫·施托贝尔:《行政法》,高家伟译,商务印书馆2002年版,第87页。

③ 周汉华:"个人信息保护:公民的一项基本权利",载《人民法院报》2005年3月21日。

④ 周汉华主编:《域外个人数据保护法汇编》,法律出版社2006年版,第48页。

⑤ 周汉华先生和吕艳滨先生主要是以日本的经验和一部分美国的经验为模式来阐述宪法隐私权的发展和含义。周注华主编:《域外个人数据保护法汇编》,法律出版社2006年版,第48页;另外参见吕艳滨:"个人信息保护法制管窥",载《行政法学研究》2006年第1期;吕艳滨著:"日本的个人信息保护法制",载周汉华主编:《个人信息保护前沿问题研究》,法律出版社2006年版,第146~156页。

⑥ James Q. Whitman, The Two Western Cultures of Privacy: Dignity Versus Liberty, *Yale Law Journal*, Vol. 113 (2004), p. 1151.

⑦ [日]芦部信喜著:《宪法》(第3版),林来梵等译,北京大学出版社2006年版,第109页。

非常复杂的问题，要细究起来写几大本书都讲不完。在此仅指出一点，各国在建立和发展自己的宪法隐私权的时候，总是以本国的宪法为依据，在自己的宪政框架内，尽量尊重自己的文化传统和思维方式。别人的经验我们当然需要深入、全面地了解和研究，但更重要的是，我们必须重视我们自己的宪法、文化传统和可资利用的解决问题的手段。既然个人信息保护的立法已经牵涉到我们国家宪法隐私权的确立问题，我们就应该想办法解决，不能因为我们的宪法没有某一种类的、固定模式的"隐私权"，就逃避这个问题。

应该说个人信息保护是一个复杂的多学科问题，不仅涉及政府部门，还涉及非政府部门；不仅涉及个人权利保护，还涉及个人信息的合理利用；不仅是一个国内法的问题，还是一个国际法的问题。特别是对于当下的中国来说，个人信息保护立法的直接原因之一就是来自国际贸易的压力，①再加上国内的"信息化"、"电子政务"、"电子商务"，似乎哪个都很重要，哪个都不好惹。但是，来自各方面的现实压力不应该扭曲我们对个人信息保护法根本性质的认识。当然本文的研究并不是要排斥从其他学科、其他角度，甚至是其他社会价值出发来研究个人信息保护问题，恰恰相反，本文的结论是需要我们做好更多、更全面的准备工作。那么在具体的立法工作中，我们还应该做好哪些工作呢？

首先，我们还是应该多研究国外的相关经验。其中，立法当然是非常重要的。这方面我国的学者已经做了很多工作。但是这些还不够，我们还应该把视线放的更宽、更深入，特别是注重别人的实践经验，如别人是如何准备立法的，做了哪些调查研究工作，公认的个人信息保护基本原则是如何制定出来的，又是如何落实的，法律具体实施的情况，实施中遇到的问题，等等。以本文为例，不研究西方各国个人信息保护法产生的原因，就不可能明白个人信息保护的根基在于保护公民隐私权。

其次，我们还需要仔细的、多角度的调查研究。就政府机构这一块来说，就必须弄清楚我国现在有哪些政府巨型数据库，它们是怎么运作的，它们对个人的影响如何，有没有侵犯个人权利的情况，侵犯的程度又如何，如何规制这些数据库，这些措施能否在我国落实，如何在保护个人权利的基础上不过分限制这些数据库应该发挥的行政效用；除了政府巨型数据库，我们的政府机构还有哪些收集和使用个人信息的行为，又该如何来规制这些行为，等等。无论在西方还是在我国，政府巨型数据库注定会是个人信息保护的最主要危害，因此也应该成为我们立法调查的重点。光靠本文第一部分的简单调查是远远不够的。当然，如果我们的立法还涉及

① 梅绍祖："个人信息保护的基础性问题研究"，载《苏州大学学报》（哲学社会科学版）2005 年第 2 期。

非政府个体,同样也需要对类似的问题做细致的调查。这些调查研究应该是必备的立法准备工作,是为了使所立之法更好地发挥作用,更好的保护公民隐私权。同样,不从多角度深入研究个人信息保护的其他价值,如信息流动和共享所具有的社会意义和经济价值,就不可能很好地理解这项制度。没有前期的调查研究,一上来就是直接立法将来很可能会遇到很多无法想象的问题,问题一多,就会出现法不责众,于是要么是立法讨论时阻力过大不得不做出各种"让步",要么是立法通过后执行打折扣,最后保护个人的个人信息保护法就变成了管理个人的个人信息保护法。除了立法准备,在法律实施的过程中,类似的调查工作还应该贯穿始终,及时发现问题,解决问题。

最后,还要直面我国宪法还没有明确隐私权的事实,在阐明我国宪法隐私权的同时,处理好个人信息保护法与宪法的关系。从宪法角度看待个人信息保护问题并不是说一定要马上修改宪法。当前最重要的还是要做好各项准备工作,赶紧立法,解决实际问题。这从西方发达国家的经验来看也是如此,立法先行,宪法跟进。但是在立法的过程中,就需要在技术上处理好个人信息保护法与宪法的关系。这个问题将集中体现在个人信息保护法的第1条立法目的条款。目前已有的两份专家建议稿在这个问题上处理得都不是很妥当。齐爱民先生的建议稿第1条立法目的条款是"为规范个人信息的处理,保护自然人的人格权,保障个人信息的合法利用,特制定本法。"①这样的表述肯定是有问题的。第一,这种没有"根据宪法"表述的立法安排完全不符合我国的宪法原理和立法习惯。② 第二,这种处理方法更是无法体现个人信息保护法与宪法应有的关系。第三,这种立法安排没有顾及我国的宪法理论,在我国的现行宪法条文中并没有一般的人格权的直接规定,即使是在现行的民法中也没有。另一份更加权威的专家建议稿第1条立法目的条款是:"为规范政府机关或其他个人信息处理者对个人信息的处理,保护个人权利,促进个人信息的有序流动,根据宪法制定本法。"③这个方案比前一方案要科学一些,但也有问题。第一,一个含糊的"个人权利"实际上是在回避个人信息保护法与宪法隐私权的关系。造成这种结果其实就是因为起草者虽然认识到个人信息保护与宪法隐私权的关系,但是他们仅把某些国家的隐私权模式作为个人信息保护的权利基础,而在我国宪法中找不到现成的模式,于是矛盾之下只能含糊其辞。第二,"为规范

---

① 齐爱民:"中华人民共和国个人信息保护法示范法草案学者建议稿",载《河北法学》2005年第6期。

② 童之伟:"立法'根据宪法'无可非议—评'全国人大立法不宜根据宪法说'",载《中国法学》2007年第1期。

③ 周汉华著:《中华人民共和国个人信息保护法(专家建议稿)及立法研究报告》,法律出版社2006年版,第1页。

政府机关或其他个人信息处理者对个人信息的处理”的表述很容易让人误解为这是一部管理个人的法,而不是一部保护个人的法。特别是不应该把这一表述放在“个人权利”之前,喧宾夺主。第三,“促进个人信息的有序流动”虽然也是个人信息保护法应该平衡的重要价值之一,但是它并不是个人信息保护法应该积极推动的价值,更不应该把它和“个人权利”并列放在立法目的条款中。道理很简单,本文已经证明保护公民隐私权才是个人信息保护的正面的、积极的立法目的。只是在具体的立法中保护个人隐私权的同时不能保护得过了头,阻碍了正常的个人信息流动。因此促进信息流动最多只能是个人信息保护法侧面的、消极的、第二位的立法目的。①

笔者认为,依照我国《宪法》和有关立法惯例,可以有更好的处理办法。首先,必须在我国《宪法》中“找出”隐私权。一般认为,我国现行《宪法》第 37 条人身自由条款、第 38 条人格尊严条款、第 39 条住宅自由条款和第 40 条通信自由和通信秘密条款隐含了对公民隐私权的保护,而 2004 年《宪法》修正案第 24 条的尊重和保护人权条款也可以作为我国宪法包括隐私权的基础之一。② 在这几个条款中,第 38 条规定的“人格尊严”最适合直接作为个人信息保护法的立法目的。因为这个概念可以拆分成“人格”和“尊严”两项,正好可以对上德国《基本法》第 1 条第 1 款和第 2 条第 1 款的路子。③《个人信息保护法》第 1 条,立法目的条款就可以表述为:“为保护个人信息处理中的人格尊严不受侵犯,根据宪法制定本法。”同时,在立法草案说明中对“人格尊严”作些解释。具体可以表述为:“本法第一条中的‘人格尊严’即《中华人民共和国宪法》第 38 条:‘中华人民共和国公民的人格尊严不受侵犯。禁止用任何方法对公民进行侮辱、诽谤和诬告陷害。’中的‘人格尊严’。‘人格尊严’分为两部分,‘尊严’和‘人格’。‘尊严’即人性尊严,‘人格’即人格权。前者是后者的基础和前提;后者是前者的体现和保障。二者共同作为个人信息保护法的立法目的和宪法权利基础。”当然,如果能由全国人大常委会单独作出一个专门的法律解释案或宪法解释案就更好。这样既可以很好地解决个人信息保护法与宪法的关系问题,同时又能对我国宪法中的公民基本权利的发展,乃至整个宪法的实施,都产生深远地影响。以人性尊严为基础的人格权其实就是隐私

① 所以《欧盟指令》第 1 条第 2 款规定:“成员国不得以与本条第 1 款所规定的保护条款相关的理由限制和禁止个人信息在成员国之间的流动。”而第 1 款的规定是这样的:“依据本指令,成员国必须保护自然人的基本权利和自由,特别是与个人信息处理相关的隐私权。”

② 周伟著:《宪法基本权利:原理.规范.应用》,法律出版社 2006 年版,第 133 ~ 134 页。

③ 鉴于两国相似的历史背景和宪法条文,梁慧星先生早就主张对《宪法》第 38 条中的“公民人格尊严不受侵犯”做广义解释,创制一般人格权。梁慧星著:《民法总论》,法律出版社 1996 年版,第 106 页、111 ~ 112 页。

权,它可以作为一种母权,经过有关机构做出的解释,不断地运用到社会现实中,以解决人类社会不断出现的各种新兴问题,如生育权问题、窃听问题、刑事侦查中的隐私权问题、住宅自由的保护、言论自由中的隐私权,等等。而且,就目前来看,这种为立法所作的宪法解释与修宪或违宪审查相比较起来成本要低很多,阻力也要小很多。

不过从国际大趋势来看,这些短期的立法技术处理都是暂时的。个人信息保护在我国宪法中的明确地位迟早是要明确确立的。而且从长远来看,只要时机成熟,像其他大多数国家一样,使用修宪或宪法判例(解释)的方式把个人信息保护"写进"宪法才是最终的解决方法。

(2007 年第 7 期)

中央管治权与特区高度自治

——以基本法规定的授权关系为框架

程　洁*

自1997年香港回归以来,中央政府和特区实施《香港特别行政区基本法》(以下简称《基本法》)的实践已经极大地丰富了中国的宪法理论和实践。一方面,特区的宪制结构依《基本法》运行,特别是终审法院积极行使司法审查权,逐步在区域内形成了类似于美国式的违宪审查机制;①另一方面,随着全国人民代表大会常务委员会对《基本法》的3次释法和其他有关特区的决定,②中央政府对特区的管治权也彰显无疑。对于中央政府和特区之间的互动,虽然各方面都承认"一国两制"、"港人治港"、"高度自治"方针的指导作用,但是对上述原则的理解却各有侧重。特别是当问题涉及中央政府对香港的管治权时,有一种观点认为,"一国两制"之下,高度自治意味着香港特别行政区拥有对抗中央政府的权利。甚至有观点认为高度自治本质上属于《公民权利和政治权利国际公约》所规定的"自决权"。上述理论的进一步发展,是认为全国人大常委会的释法构成了越权,干涉了特区高度自治,或者认为应当修订《基本法》,以更加明确中央地方分权,防止类似情况发生。

但是,上述意见的共同缺陷是混淆了高度自治的授权属性和高度自治的保障两个问题。一方面,鉴于在单一制国家结构形式下,《基本法》对特区的赋权归根到底属于中央对地方的授权,或曰权力下放,对抗性的自治权观念无法适用。另一方面,"一国两制"作为新生事物,确实存在授权框架下,如何保障特区高度自治的问题。至于修改《基本法》的主张,表面上似乎有可能促进权力的明晰,但是实际上却也可能颠覆高度自治的宪制基础。为了说明上述立论,以下将从3个方面讨论中央管治权和特区高度自治之间的关系,并有针对性地回应特区高度自治的属

---

* 作者单位:清华大学法学院。

① 香港回归后第一起司法审查案件参见 HKSAR v. Ma Wai Kwan [1997] HKLJD 761。香港终审法院主张违宪审查权的第一起重要案件参见 Ng Ka Ling v. Director of Immigration [1999] 1 HKLRD 315。有关香港司法机构违宪审查权讨论的一般性内容,参见 Fu. H. L. ,Ghai,Yash P. eds,*Hong Kong's Constitutional Debate*,Hong Kong University Press,2000.

② 国务院港澳事务办公室港澳研究所资料室编:《香港回归后全国人民代表大会常务委员会对香港〈基本法〉有关条款的解释及决定》,2006年2月印制。

性和保障问题：首先，从《基本法》的规定出发，说明中央对特区高度自治的授权范围具有体系化的特征，在逻辑上是确定和周延的；其次，从特区高度自治的法理基础出发，说明中央对特区下放权力的前提和考虑因素；最后，从一般国家权力下放的理论和实践出发，说明高度自治的法律保障根本上取决于《基本法》所体现的国家承诺。这一承诺既体现为权力下放，也体现为权力监督。由于《基本法》不但深度下放了政治权力，还深度下放了法律权力，这一特点必然要求中央政府通过法律监督之外的途径实现对特区高度自治的监督和保障。

一、基本法对高度自治的规定

“一国两制”、“港人治港”、“高度自治”是基本法的核心内容。其中，“高度自治”既表示特区的自治权十分广泛，也表示这种自治权无论多么广泛，都有一个限度。准确理解高度自治，对贯彻实施“一国两制”和《基本法》至关重要。与任何法律概念一样，对高度自治的理解既要立足基本法的具体规定，也必须结合《基本法》的宗旨与其他原则和内容。

《基本法》中大部分条款都涉及高度自治权。这些条款共同构成了理解高度自治性质和内容的体系。以《香港特别行政区基本法》为例，第 2 条是确定基本法高度自治根本属性的条款，该条规定，全国人民代表大会授权香港特别行政区依照本法的规定实行高度自治，享有行政管理权、立法权、独立的司法权和终审权。这意味着，特区的高度自治源于中央政府的授权，以中央政府的授权为依据并以基本法所规定的范围和方式为限度。①

在《基本法》第 2 条的统领下，基本法对特区高度自治的授权可以区分为 3 大类：第一类是一般性授权。这一类授权的特征是特区可以根据《基本法》的规定直接行使的权力，无须中央作进一步授权。例如，《基本法》第 16 条、17 条、19 条分别规定香港特别行政区享有行政管理权、立法权、独立的司法权和终审权。第 151 条规定，香港特别行政区可在经济、贸易、金融、航运、通讯、旅游、文化、体育等领域以“中国香港”的名义，单独地同世界各国、各地区及有关国际组织保持和发展关系，签订和履行有关协议。这些都是一般性授权的例子。第二类情况是原则规定特区可以行使某一方面权力，同时规定在行使有关权力时还需得到中央的具体授权。例如，《基本法》第 96 条规定，在中央人民政府协助或授权下，香港特别行政区政

① 因此，也有观点认为，从功能上看，基本法中的“高度自治”具有保护性和限制性两个方面。参见李林：“香港基本法规定的高度自治及其实践”，载《纪念香港基本法实施十周年研讨会论文》2007 年 6 月。

府可与外国就司法互助关系作出适当安排。第 125 条规定,香港特别行政区经中央人民政府授权继续进行船舶登记,并根据香港特别行政区的法律以“中国香港”的名义颁发有关证件。又如,第 133 条和第 134 条规定了特区政府经中央人民政府具体授权可以签订或修改民用航空协议等。第三类情况是《基本法》规定了中央政府进一步授权的可能性。《基本法》第 20 条规定,香港特别行政区可享有全国人民代表大会和全国人民代表大会常务委员会及中央人民政府授予的其他权力。香港回归前后,全国人民代表大会常务委员会已经作出过两项此类授权。一项是在回归之前,1996 年《关于〈中华人民共和国国籍法〉在香港特别行政区实施的几个问题的解释》中规定,授权特区政府指定其入境事务处为香港特别行政区受理国籍申请的机关,特区入境事务处根据《国籍法》和以上规定对所有国籍申请事宜作出处理。另外一项是在回归之后,2006 年,根据《全国人民代表大会常务委员会关于授权香港特别行政区对深圳湾口岸港方口岸区实施管辖的决定》,授权香港特别行政区自深圳湾口岸启用之日起,对该口岸所设港方口岸区依照香港特别行政区法律实施管辖。根据这一授权,香港特别行政区将对深圳湾口岸港方口岸区实行禁区式管理;深圳湾口岸港方口岸区的范围由国务院规定;深圳湾口岸港方口岸区土地使用期限由国务院依照有关法律确定。

《基本法》在规定对特区授权的同时,还规定了对特区授权的限制。这种限制可以区分为 3 种情况:一是明确规定某些权力由中央行使,对特区来说,就不享有这方面的权力。例如,《基本法》第 13 条、14 条分别规定,中央人民政府负责管理与香港特别行政区有关的外交事务,负责香港特别行政区的防务。《基本法》第 19 条第 3 款规定,香港特别行政区法院对国防、外交等国家行为无管辖权。二是规定某种权力中央可以行使,特区也可以行使,但中央具有最后的决定权。例如,《基本法》第 158 条规定,《基本法》的解释权属于全国人民代表大会常务委员会。全国人民代表大会常委会授权香港特别行政区法院在审理案件时对本法关于香港特别行政区自治范围内的条款自行解释。……如全国人民代表大会常务委员会作出解释,香港特别行政区法院在引用该条款时,应以全国人民代表大会常务委员会的解释为准。但在此以前作出的判决不受影响。三是《基本法》还规定特区在行使某些权力时必须通过一定的法律程序。例如,《基本法》对特区立法作出了程序性规定,对特区行政长官作出的决策要征求行政会议意见等都属于这一类规定。

长期以来有一种说法,即《基本法》对香港特别行政区的授权存在一些“灰色地带”,有些权力特区能否行使不明确,但如果从上述正反两方面来观察,可以说《基本法》授予特区高度自治的权限是十分明确的。

二、权力下放与特区高度自治

特区高度自治的法理基础究竟是什么？对此问题的讨论从起草《基本法》时期就已经开始，《基本法》实施以来，对高度自治也一直存在分权说或均权说等认识，近期围绕香港政治体制发展问题的讨论，出现了引用国际公约的自决权规定的情况。某些看法虽然早在基本法起草过程中就曾经有所反映，但从《基本法》最终通过的文本和讨论过程来看，《基本法》对高度自治的规定是：特区的高度自治是基于中央授权的高度自治。这意味着，既不存在所谓的分权和剩余权，[①]也不存在基于国际法意义上的自决权。在宪法上，特区的自治权就是中央政府下放的权力。在单一制国家，中央政府的权力下放归根到底是出于特定的政治或社会需求而采取的政策和管治方法。权力下放和中央授权的结果不会导致中央失权，也不会承认地方分离权或对抗权。中国对特区权力的下放也体现了上述特点。

第一，实行高度自治是以中央完整地对特区行使主权为前提的。中国政府从1997年7月开始对香港恢复行使主权，这是中国在中英谈判时一贯坚持的立场。在此前提下，才有中国对香港采取特殊政策的安排，包括设立香港特别行政区、由香港当地中国人管理、现行社会经济制度和生活方式不变等。从中英谈判的过程看，这一立场贯彻始终。在中英双方第1~4轮的谈判中，英国曾经提出“主权换治权”方案和“共同管治”方案，导致会谈毫无进展。1983年9月会见访华的英国前首相希思时，邓小平明确表示，英国想用主权来换治权是行不通的。在第5轮、6轮谈判中，英方确认不再坚持英国管治，也不谋求任何形式的共管，并理解中国的计划是建立在1997年后整个香港的主权和管治权应该归还中国这一前提的基础上。至此，中英会谈的主要障碍开始排除。从1983年12月第7轮会谈起，谈判纳入了以中国政府关于香港问题的基本方针政策为基础进行讨论的轨道。根据中国政府的基本方针政策，未来的香港特别行政区直辖于中央人民政府。除外交和国防事务属中央人民政府管理外，香港特别行政区享有高度的自治权。但是，在谈判过程中，英方仍然曾经试图以“最大程度的自治”来修改中方主张的“高度自治”的内涵，反对香港特别行政区直辖于中央政府，并曾经要求在香港派驻性质不同于其他国家驻港总领事的“英国专员”代表机构。这些意见最终都受到中方的坚决反对，未予采纳。[②] 由此可见，高度自治一开始就是有限度的自治，是在中央政府认

---

① 王叔文主编：《香港特别行政区基本法导论》，中共中央党校出版社、中国民主法制出版社2006年版，第40~41页。

② 邓小平著：《邓小平论“一国两制”》，香港三联书店2004年版，第79~81页。

可以及授权前提下的自治。[①]《基本法》第1条规定,“香港特别行政区是中华人民共和国不可分离的部分”。就是开章明义地表明,特区并不存在一般殖民地的自决权,即完全自治的权力。

中央政府对特区完整地行使主权(包括治权)这一前提还可以从特区成立前中央政府对特区财产的处置得到证明。1997年6月26日和1999年12月18日国务院分别发布了《国务院关于授权香港特别行政区政府接收原香港政府资产的决定》和《国务院关于授权澳门特别行政区政府接收原澳门政府资产的决定》,授权特区政府接收和负责核对原香港、澳门政府的全部资产和债务,并根据特区有关法律自主地进行管理。这表明,在殖民地政府和特区政府之间不存在私相授受的关系,即使是原政府的资产,也是由中央政府负责接收,然后再交给特区政府。不仅特区的政治权力全部源自中央授权,特区接收赖以经营的全部资产也来自中央政府的授权。

第二,实行高度自治的现实条件是特区社会具有特殊性。在特区实行高度自治就是承认特区社会的实际情况不适合一般的管治方法,必须采取特殊方式管理特殊社会。世界上许多国家都会存在一些特殊的地区和特殊的社群。对这些特殊地区和特殊社群采取特殊政策一直被认为符合国家统一和治理的实际需要,现代宪法也将之赋予保护和尊重多元文化的价值。[②] 美国对印第安人的“国中之国”(Domestic Dependent Nations)政策、加拿大对魁北克的特别政策、英国对北爱尔兰的政策等都属于这种情况。其中特别值得一提的是,美国虽然是联邦制国家,但是50个州当中并没有印第安人的一州。相反,美国对印第安人“国中之国”的处理,恰恰反映出印第安人人口分布及其特殊社会的特点。[③]

特区社会的特殊性最根本的内容在于其实行资本主义制度,具体反映在经济制度、社会构成、教育文化等各方面。另外,承认特区是“特殊社会”(Distinct Society)的同时,必须承认特区和内地差异的客观性。也就是说,不仅应当尊重特区的特殊性,也必须承认内地制度的合法性。邓小平将之表述为不同的社会制度

---

① 邓小平1983年有关台湾问题的讲话中,也曾经明确表示不赞成台湾“完全自治”的提法,认为自治不能没有限度。参见“中国大陆和台湾和平统一的设想”,载邓小平著:《邓小平论“一国两制”》,香港三联书店2004年版,第5页。

② Vicki Jackson, Mark Tushnet, *Comparative Constitutional Law*, Foundation Press, 1999, pp. 888 - 889, 988. 作者认为,联邦制本身就是配合多元主义和民主的国家结构形式。

③ Worcester v. Georgia, 31 U. S. 515, 542, 559 (1832). (马歇尔大法官在该案中确认,印第安人是一个特殊的民族,切诺基部落是美国的“国中之国”。) See also Department of Justice Policy on Indian Sovereignty and Government - to - Government Relationswith Indian Tribes, at http://www.usdoj.gov/ag/readingroom/sovereignty.htm. See also American Indian Law, at http://www.law.cornell.edu/wex/index.php/American - Indian - law, 2007/7/1.

或主义“谁也不好吞掉谁”。[①] 江泽民将之表述为“井水不犯河水”。[②]《基本法》对特区“特殊社会”的承认和维护体现在多个方面的规定上。包括：(1)《基本法》规定，特区不实行社会主义制度和政策，保持原有的资本主义制度和生活方式，50 年不变；(2)《基本法》规定特区原有法律基本保留；(3)《基本法》规定了特区的政治体制不同于其他地方；(4)特区拥有独立的司法权和终审权；(5)特区有自行处理有关对外事务的权力；等等。这些规定一方面反映了特区社会本身的要求，另一方面也反映了维护特区利益与维护国家利益是一致的。正是在此意义上，对特区高度自治的授权，“不是一时的感情冲动，也不是玩弄手法，完全是从实际出发，是充分照顾到香港的历史和现实情况的”。[③]

第三，权力下放的结果不能危害中央管治权和统一的国家利益。[④] 与主权的完整回归相对应，高度自治的外延必然反对香港管治权的外部化(或国际化)，具体来说，就是“港人治港”不能导致外人治港。与国家统一和主权完整回归一致的是，高度自治既不意味着特区独立或半独立状态，也不意味着特区成为国际共管的地区。从《基本法》的规定来看，这一内在要求主要体现在三方面：其一，《基本法》规定国防和外交不属于高度自治的范围，并规定在特区设立外交部驻特区办事处并派驻军队，具体负责涉及特区的外交事务和防务。其二，《基本法》对不同国籍的香港居民的权利进行了限制。这个方面《基本法》的规定非常具体。例如，《基本法》规定，特区行政机关和立法机关必须由永久性居民组成；特区的行政长官、行政会议成员、政府主要官员、立法会主席必须由永久性居民中的中国公民担任；特区行政长官、行政会议成员、立法会主席和政府主要官员必须在外国无居留权；原则上，立法会也应当由在外国无居留权的永久性居民中的中国公民组成，但照顾到特区的具体情况，作为特殊规定，允许非中国籍的永久性居民和在外国有居留权的永久性居民当选为立法会议员，但是对比例作出了限定。其三，《基本法》第 23 条的规定反映了特区负有维护国家安全的义务。

第四，特区自治的范围还要受到特区承担责任能力的限制。自治既是一种权利也是一种义务和责任。由此，自治范围最大化并非设定自治范围的标准，授予特区多大的自治权是以特区承担责任的能力以及维护特区制度有效运作为标准的，自治范围必须与权利主体承担责任的能力成正比。港澳特区作为中国的一部分，

---

① “香港必须有一个平稳的过渡”，载《江泽民文选》(第 1 卷)，人民出版社 2006 年版，第 81 页。

② 邓小平著：《邓小平论“一国两制”》，香港三联书店 2004 年版，第 37 ~ 39 页。

③ 同上，第 13 页。又见“在中央顾问委员会第三次全体会议上的讲话”，载邓小平著：《邓小平论“一国两制”》，香港三联书店 2004 年版，第 27 页。“中国是信守诺言的”，载邓小平著：《邓小平论“一国两制”》，香港三联书店 2004 年版，第37 ~ 39 页。

④ 邓小平著：《邓小平论“一国两制”》，香港三联书店 2004 年版，第 5 页。

无论中国对其自治的范围做多么高程度的承诺,特区本身都无法承担最后的责任,“兜底责任”最终在国家和中央政府。正因为如此,《基本法》规定了某些中央政府不予下放的权力。这些权力的保留,除了基于国家统一的内在要求,例如对国防和外交的统一管理,也显示中央政府对特区发展所承担的责任。这些未予下放的权力是中央政府对特区进行直接管治所必需的合法性依据,也是必要情况下“干预”的基础。①

需要指出的是,由中央权力下放而形成的高度自治,绝不能等同于国际法上的自决权。近一段时期以来,某些政团组织主张港人拥有(独立地)决定自己政治地位的权利(国际人权公约中的自决权),要求加快普选进程。但是,国际法上的自决权主张并不适用于特区。因为传统自决权是指殖民地人民的独立权或者一国国民整体的自我管理权。国际法上的自决权并不适用于国内地区性人民团体和族群拥有针对国家的革命权。② 个别国家实践中主张适用内部自决权的个案显示,这种主张通常是为以民主革命的方式颠覆政府提供依据。在现代政治理论和宪法理论中,实质性的革命,无论以何种形式和理由出现,都被认为是对既定秩序的破坏,因而,在主权国家控制范围内,这种主张通常不能得到承认,只有当主权国家最终解体的情况下,这种主张才有可能得到事后的国际承认。

综上所述,特区的高度自治实际上是中央政府为了更好地管理香港而作出的权力下放,是基于中央政府授权的自治。从立法精神来看,“一国两制”的实质是“国家如何管理香港”的问题。中英双方最初接洽协商解决香港问题时,就已经阐明了这一立场。邓小平会见英国时任首相撒切尔夫人时表示:“我们对香港问题的基本立场是明确的,这里主要有 3 个问题,一个是主权问题;再一个问题,是 1997 年后中国采取什么方式来管理香港,继续保持香港繁荣;第三个问题,是中国和英国两国政府要妥善商谈如何使香港从现在到 1997 年的 15 年不出现大的波动。”③可见,特区高度自治作为落实“一国两制”方针的具体制度安排,是为了适应特区的具体情况而采取的政策。这一政策虽然非常特殊,但是仍然限定在单一制国家中央地方关系的范畴内。因此,对特区高度自治的理解必须结合单一制国家的授权理论,而非一般联邦制国家的分权理论。换言之,特区的高度自治有别于国际法上自治地区的自治,前者实际上是一种基于中央权力下放而获得自治。在此

① “保持香港的繁荣稳定”,载邓小平著:《邓小平论“一国两制”》,香港三联书店 2004 年版,第 8 页。

② 即所谓内部自决权。See Antonio Cassese, *Self – Determination of Peoples*, Cambridge University Press, 1995, pp. 124 – 125, 266.

③ “我们对香港问题的基本立场”,载邓小平著:《邓小平论“一国两制”》,香港三联书店 2004 年版,第 1 ~ 4 页。

意义上,特区的自治与其他行政区域的自治没有本质的区别,但存在范围上的差异。①

三、特区高度自治的法律保障

特区高度自治既然是中央为有效管理特区而进行的权力下放,因此,保障特区的高度自治符合国家的利益,保障特区的高度自治,就是维护国家利益,就是维护中央的权力。《基本法》是"一国两制"方针的法律化、制度化,保障特区的高度自治要求中央政府和特区共同遵守《基本法》,尊重《基本法》所规定的权力下放的精神和范围。另外,单一制国家基于中央政府权力下放而产生的地方自治与联邦制国家基于分权产生的州权保障并不相同。对后者而言,鉴于两者之间存在某种程度的对等关系,所以州在宪法上拥有对抗联邦的抗辩权。而对单一制国家的地方自治单位而言,由于其本身的自治权不是固有的,而是来自中央的授予,这种高度自治不能用于对抗中央权力,并且要接受中央政府的监督和制约。②

正如英国宪法专家在谈到近年英国权力下放改革时所言:权力下放不是宪法中的专用术语。与联邦制不同,在联合王国,权力下放的性质不是基于宪法的规定,而是基于议会立法和实践。这种实践是由新的决策机制带来的。在英国,权力下放的含义逐步被确定为授予苏格兰、威尔士和北爱尔兰选举产生的机关行使立法和行政权,后者由此对被下放的职权承担政治责任。创设权力下放的立法包括如下条款:(1)相关地区的民选代议机关;(2)对代议机关负责的政治性的行政机关;(3)"管治机制"问题,包括财政安排;(4)下放的权力范围;(5)对上述权力的法律与政治控制。即使在创设新的一级政府之后,伦敦的议会和政府依然对英国全境享有治权。③

由上可见,对英国而言,虽然在权力下放之后国家结构形式具有了某种联邦制的特点,④但是从根本上来讲,对权力下放后地方自治权的保障根本性地取决于中央

① 王叔文主编:《香港特别行政区基本法导论》,中共中央党校出版社、中国民主法制出版社2006年版,第42~52页,其论及不同地方自治范围的差异。

② 龚祥瑞著:《比较宪法与行政法》,法律出版社1985年版,第390~391页。

③ A. W. Bradley, K. D. Ewing, *Constitutional and Administrative Law*, Pearson Education Limited, 2007, p. 43.

④ 张海廷:"20世纪末英国地方分权改革研究——英国具有联邦色彩的单一制实践",北京大学2002年博士学位论文。

政府对地区实际情况的考虑和对授权的法律和政治控制。① 与此相应,中国对授权和特区自治的保障也必然包含中央政府对特区进行监督和制约的内容。

第一,中央政府拥有对特区高度自治的设定权。中央政府拥有对《基本法》的制定权、修改权和解释权就是中央对特区高度自治设定权的具体表现。《基本法》的创制、修改和解释权在中央,既表明特区高度自治来源于中央政府的授权,也意味着中央政府拥有对特区高度自治程度和范围的最终决定权。当然,与英国议会主权的行使一样,虽然全国人民代表大会在法律上可以行使至高无上的权力,但是在政治上任意行使这种权力既是不明智的,也是不必要或不可能的。因此,无论是设定高度自治权、解释《基本法》的条款,还是未来对《基本法》的修改,中央政府都秉持并且应当继续秉持谨慎的态度。中央政府的自我约束是尊重高度自治承诺和维护高度自治的根本保障。

第二,中央政府通过特区立法会备案对特区立法进行法律审查。根据《基本法》,特别行政区的立法机关制定的法律须报全国人民代表大会常务委员会备案。备案不影响该法律的生效。全国人民代表大会常务委员会在征询其所属的特别行政区基本法委员会后,如认为特别行政区立法机关制定的法律不符合《基本法》关于中央管理的事务及中央和特别行政区的关系的条款,可将有关法律发回,但不做修改。经全国人民代表大会常务委员会发回的法律立即失效。该法律的失效,除特别行政区的法律另有规定外,无溯及力。这一规定显示,中央政府对特区的法律监督与对一般行政区划的法律监督具有一致性。

第三,中央政府拥有对特区行政长官和主要官员的任免权,行政长官必须对中央政府负责。一般国家权力下放的实践都倾向于下放政治权力但是保留法律控制特别是司法控制。② 但是,由于《基本法》将终审权下放给特区,因此《基本法》在考虑中央对特区的监督时,就必须特别注重对政治权力的监督。不过,中央政府对特区的政治监督无论在深度还是广度上都远比一般行政区划宽松。中央政府对一般行政区划除了法律和工作监督之外,从实践来看,中央政府还通过各种有效的组织机制直接或间接地领导地方事务。例如,地方部门接受上级主管部门与地方政府的双重领导、中央直接在地方设置机构、中央部委直接在地方设置机构。与之相比,中央政府对特区的工作监督或政治监督主要表现为中央人民政府任免特区主

---

① A. W. Bradley, K. D. Ewing, Constilutional and Administrative Law, Pearsan Education Limited, 2007. p. 7.

② 张千帆:"国家统一与地方自治:从港澳基本法看两岸统一的宪法机制",载《国家结构的理论与实践——暨廉希圣教授七十五华诞学术研讨会论文集》。

要官员[①]以及特首向中央人民政府报告工作。[②] 在机构设置方面,中央人民政府虽然设立了驻特区联络办公室、外交部驻特区特派员公署,[③]但是《基本法》规定,上述机构不能干涉特区自治范围内的事务。以上两方面显示,无论在法律监督和政治监督,还是从政治实践来看,中央政府深层、广泛地向特区下放权力的政策都是确定不移的。

在政治监督之外,中央政府能够通过法律而非政治渠道与特区进行沟通,对特区进行监督的途径主要是立法审查和释法。

第四,全国人民代表大会常务委员会作为《基本法》的最终释法机关,也是《基本法》的最终保障机关。根据《基本法》的规定,《基本法》的解释权属于全国人大常委会,同时全国人大常委会授权特区法院在审理案件时有权对自治范围内的条款自行解释、对其他条款也可以解释。但如特区法院在审理案件时需要对《基本法》中关于中央人民政府管理的事务或中央和特区关系的条款进行解释,在对该案件作出不可上诉的终局判决前,应由特区终审法院请全国人大常委会对有关条款作出解释。《基本法》还特别规定,如果全国人大常委会作出解释,特区法院在引用该条款时,应以全国人大常委会的解释为准。从美国马伯里诉麦迪逊案件以来确立的先例表明,违宪审查权与法律解释权之间存在密不可分的关系。在马伯里案中,马歇尔大法官正是基于"宪法是法,法院是法律的最终解释者,因此法院也是宪法的最终捍卫者"这样的逻辑来支持美国联邦最高法院的违宪审查权的。[④] 与美国不同的是,特区的终审法院并非法律的最终解释机关,因此按照上述逻辑,全国人大常委会才是最终的违宪审查机关。正因为全国人大常委会是宪法保障机关,因此全国人大常委会不仅代表中央,也代表地方。易言之,作为宪法保障机关的全国人大常委会所作的解释不应当被视为与特区相对立的"中央"的解释,而是超越了中央地方利益关系的宪法保障。只有在这一意义上,才能破解"分权论"所造成的困扰,也才能理解全国人大常委会的解释对保障特区高度自治的意义。就全国性的宪法保障机构所代表的利益而言,不但中国这样的单一制国家如此,即使是联邦制国家,联邦最高法院或联邦宪法法院的裁决也绝对不应当认为是与各州

① 与之相比,根据相关组织法,中国对一般行政区划、包括民族区域自治地方的政府负责人并不进行类似的任命。

② 宋小庄著:《论"一国两制"下中央和香港特区的关系》,中国人民大学出版社2003年版,第242~258页。

③ 其他负责港澳事务的中央国家机关,参见王振民:"中央处理港澳事务的机构及其工作原则",载《港澳研究》2006年秋冬季(合刊)。

④ Marbury v. Madison, 5U. S. 137, 176 – 180(1803).

或省相对立的联邦的判决，而必须认为是超越分权和对立关系的全国性判决。①

第五，从实践来看，特区高度自治的保障不仅限于法律层面，特区的社会认同和经济发展既是法律保障的基础，也是法律保障的根本目标。香港和澳门回归以来，中央政府一直致力于通过各种途径促进特区发展，特别是通过对全国事务进行统筹安排来保障特区的利益和地位。例如，为了保障香港国际金融中心的地位、港澳特别行政区作为自由港、单独关税区的地位，国家通过"十一五"规划、内地与香港发展更紧密经贸关系安排等一系列政策性规定或措施，积极开放内地相关市场，逐步开放内地居民赴特区旅游、鼓励内地优质企业在香港上市等。特区的持续发展既是高度自治的充分条件，也是特区高度自治的必要条件。从国家的高度将特区纳入区域发展规划，既反映特区高度自治与国家发展之间的关系，也体现高度自治的经济与社会基础。

总之，高度自治是为了实现国家统一和香港繁荣稳定所进行的授权安排，维护高度自治符合国家利益和香港长治久安。对特区的高度自治，中央政府在法律上和政治上作出了庄严承诺，这是特区高度自治的根本保障。但是，保障特区高度自治不能简单地类比联邦制国家的分权与对抗模式，而必须结合单一制国家的历史和现实，严格遵守《基本法》的规定和精神，确保高度自治在法定的范围内、按照法定程序实施。

（2007 年第 8 期）

① 从另外一个角度来看，这当然也要求宪法保障机关在作出决定时，是处于权威和超然的地位，而非简单代表一方的立场。因此，如何完善全国人大常委会的权力行使机制，使其解释《基本法》或行使其他《基本法》赋予的监督权时充分体现其权威性和超然性，是值得进一步研究的课题。

2008 年

宪政是法治国家应有之义

许崇德*

毛泽东在1940年发表的《新民主主义的宪政》中，对宪政提出了一个经典性的定义："宪政是什么呢？就是民主的政治。"毛泽东还运用马克思主义的阶级分析法，把宪政区分为资本主义宪政、社会主义宪政和新民主主义宪政等不同性质的类型，并预言"全世界将来都要实行社会主义的民主"。毛泽东的国家学说及其发展观是不朽的。

宪政即民主的政治。这个"民主的政治"当然不是无序的、随心所欲的政治。它是民主制度化、法律化了的政治。宪政，政治而带有"宪"字，表明了它是依照《宪法》的规定而运行的政治。所以，宪政和《宪法》在实质上乃是一个事物的两面：《宪法》是宪政的前提和依据，宪政是《宪法》的运行和实施。如果没有《宪法》，也就谈不上宪政；同样，如果没有宪政，《宪法》也不过是写了文字的纸张而已。宪政的民主性质与程度如何，在于它所依据的《宪法》及其内容如何。英国、法国、美国等西方国家的《宪法》是资本主义宪法，所以这些国家的宪政是资本主义宪政。他们搞的是资产阶级专政、三权分立、议会制、多党轮流执政等那一套。毛泽东称为"实际上都是吃人政治"。与之相对立，我国《宪法》是社会主义宪法，是党的主张和人民意志的统一表现，因而我们的宪政是社会主义宪政，是在共产党领导下人民当家作主的宪政。我们的宪政与西方资本主义的那一套毫不相干。

我国现行《宪法》第5条规定："中华人民共和国实行依法治国，建设社会主义法治国家。"依法治国就是在宪法和法律的范围内施政，我们要努力建设的是以《宪法》为基础的民主政治。可见，宪政乃建设社会主义法治国家中的应有之义。

必须看到，我国宪政所依据的我国《宪法》是极为优越的社会主义民主宪法。党的十六届三中全会公报指出："中华人民共和国宪法是国家的根本法，是治国安邦的总章程，是保持国家统一、民族团结、经济发展、社会进步和长治久安的法制基础。实践证明，现行宪法是一部符合我国国情的好宪法。"在当代那样复杂的国内外形势下，这样的好宪法难免会受到各个方面的挑战和侵害，这是不以人们的意愿为转移的。

对我国《宪法》的侵害以至否定，主要来自两个方面的思潮：一方面是自由化

* 作者单位：中国人民大学法学院。

思潮，例如，2003年在某地举行的“民间修宪座谈会”上，有些人就曾发表了一系列易导致我国《宪法》变质的“建议”，有的甚至直接攻击我国的现行《宪法》是“恶宪”。显然，这些人是不要我们的社会主义宪法的，更遑论《宪法》的运行和实施了。

另一方面的挑战则来自以极其革命面目出现的思潮。他们也对社会主义宪法及其实施不感兴趣，但他们并不单刀直入地否定《宪法》，而是采用釜底抽薪的办法，先歼灭“宪政这个提法”，以便架空《宪法》，使我国《宪法》边缘化。例如，某公写文章故意曲解毛泽东关于宪政的论述，并宣传：采用宪政的提法“会在理论上陷入西化误区，实践上导致西化危害”。表面上看，似乎某公只在讨论一个“提法”。实质上，他意在否定《宪法》的运用和实施，阻碍我国《宪法》在实际生活中所起的保障改革开放和推进社会主义现代化建设顺利进行的重要作用，从而使我国这部好《宪法》成为落不到实处的一纸空文。

以上两种思潮的表现形式虽然不一样，但二者导致的效果则殊途同归，都对《宪法》的尊严及其实施带来危害。尤其是第二种思潮，因其打着反“西化”的红旗，故比前者赤裸裸的攻击更不易被人识破。为此，本文有必要费点笔墨，予以澄清。

某公的文章认为：毛泽东只是在抗日时期反对国民党专政的特定历史背景下讲宪政。他写道：“当时要求实行宪政，实际也就是要求实现民主。所以毛泽东说：‘宪政是什么呢？就是民主的政治’。”此公接着说：后来毛泽东就不提宪政了。按照这篇文章的意思，是说毛泽东的内心本来不认为宪政是什么民主政治，只是在特定背景下，为了某种需要，才把宪政说成是民主政治的。此公不仅否定毛泽东关于“宪政是民主政治”的定义乃放之四海皆准的经典性论断，而且把毛泽东这位伟大人物描绘成了地道的实用主义者，一个十足的市侩。这是很不适当的。

某公还认为，毛泽东后来（指1940年《新民主主义的宪政》发表之后）就不用“宪政”提法，而以“人民民主专政”代替了“宪政”。某公的这个说法又把人给弄糊涂了。

众所周知，宪政有资产阶级宪政与无产阶级宪政之分，而人民民主专政并没有资产阶级与无产阶级之分。二者之间并无可比性。再者，“人民民主专政”是表明政权性质，是讲国体的问题；而“宪政”是表明制定并实施《宪法》，根据《宪法》管理国家，它讲的是统治的方式问题。这两个不同范畴的事物又怎么会“代替”呢？如果非要讲“代替”的话，那么，只能从矛头指向来说，人民民主专政代替了国民党的大资产阶级专政；或者从革命发展来说，后来的人民民主专政代替了早先苏区的工农专政。而“人民民主专政”怎么代替“宪政”呢？硬说前者代替了后者，那实在是牛头不对马嘴。

根据刘少奇在党的“八大”政治报告中关于人民民主专政发展两阶段的理论，

我国在新中国成立前的革命根据地已经建立了人民民主政权。在这漫长的22年里，人民民主不仅没有“代替”宪政，而且，中国共产党在1931年制定并颁布了《中华苏维埃共和国宪法大纲》，1941年制定并颁布了《陕甘宁边区施政纲领》，1946年制定并颁布了《陕甘宁边区宪法原则》。人民民主政权正是根据这些宪法性文件而运作，从而使自己巩固并壮大起来。虽然，当时还只属于宪政的雏形，但它同人民民主并行不悖，不存在谁“代替”谁的问题。

毛泽东从工农政权转变为人民民主政权的思想最早见诸1935年《论反对日本帝国主义的策略》中，当时他提出了“人民共和国”的口号。而《新民主主义的宪政》一文是1940年发表的。所以，某公认为毛泽东在后来“用人民民主代替宪政的提法”，时间顺序倒置，理解也不准确。

某公说什么毛泽东后来（指1940年《新民主主义的宪政》发表之后）就不用“宪政”提法。其实14年后，即1954年9月，刘少奇在《关于中华人民共和国宪法草案的报告》中还曾用了“宪政”提法。例如，他说：宪法草案“是中国近代关于宪法问题和宪政运动的历史经验的总结”。虽然此话出自刘少奇之口，但众所周知，刘少奇宪法草案报告是毛泽东授意所写。而且，该报告的草稿曾在1954年9月12日经以毛泽东为主席的宪法起草委员会第九次全体会议认真讨论过，同年9月15日，毛泽东主持了第一届全国人大第一次会议。刘少奇在大会上宣读这个报告时，毛泽东端坐在主席台上。历史是不能更改的。它有力地证明了某公的说辞与历史真相不符。

另外，即使毛泽东在一个时期内不用宪政的提法了，那也仅是他自己不用。没有人能够证明毛泽东曾经明令禁止别人使用。在毛泽东的著作宝库里，谁也找不出他有过关于为何不用宪政这个提法的理由的论述，更没有见他对以前的《新民主主义的宪政》作过自我批评，声明此文乃应时之作，应该作废或者纠正，并劝告后人切莫用“宪政”提法，否则将陷入“西化”误区，等等。毛泽东一生论述甚丰，著作等身，其中能列入《毛泽东选集》者都属重要精品。《新民主主义的宪政》列为选集的宏文之一，尤其是该文中关于宪政阶级性的论点以及应用阶级分析把宪政区分为不同类型的光辉理论，值得我们认真学习，正确领悟，切不可随心所欲地解读。

退一万步讲，即使毛泽东明确宣布过自己不再用宪政提法，那也并不影响其他人或者后人使用宪政的提法。举个例子，毛泽东曾经出任国家主席，后来他不仅自己不当，而且还在1970年明明白白地指示：修改宪法，不设国家主席。但事实是，若干年后的现行《宪法》仍然规定设置主席。试想，毛泽东作过明示的问题尚且可以如此，又何况并无明示的宪政一词的采用了。我国自1983年恢复主席的设置，迄今已25年，在这漫长的岁月里，亦从未见有一个人站起来非难过。不仅如此，还在官方发行的现行《宪法》的英文译本中，“主席”写的是President。这亦未见有一个人站起来责难:用总统的提法,岂不陷入“西化”误区了?

实际上,用“总统”这个词,丝毫也不等于我们要引进西方的“总统制”。这是完全不一样的两回事。同理,用“宪政”这个词,丝毫也不等于我们要采用西方的政治制度。根据毛泽东的论述,“宪政”有资本主义、新民主主义、社会主义之分。而我国的宪政当然属于社会主义。中国人谈论“宪政”已有上百年历史,而中国的社会主义越来越发达,改革开放的路子越走越宽,并不见因谈宪政而损害了社会主义的蓬勃发展。某公的文章一口咬定如果使用了宪政提法,就会理论上西化、实践上西化,这种说法完全不符合事实。诚然,依某公看来,在目前的场合,警惕“西化”是最能打动人心的招数。但是,“西化”是不能随便说说,满天乱飞的。

第一,“西化”是指中国本来没有的提法,而从西方传入,因此飞来灾祸。然而,从我国的历史考察,“宪政”不是外国货,而是中国固有。早在春秋战国时期,《尚书》就有“监于先王成宪”,即政治的积累形成规则的记载。之后,《唐书》有云“永垂宪则,贻范后昆”,强调施政的经验要制成规范永远传下去,给后代遵行。中国的此类典籍为数不少,从年代看要远比西方立宪主义的兴起要早。到了晚清,中国人才触及西方的立宪制度,对它无以名之,就沿用我国古书中的名词称呼它为“宪政”。顺应近代历史的发展规律,中国后来又有了从资本主义宪政——新民主主义宪政——社会主义宪政发展的观念。所以,它们是中国货,并非西方造。

毋庸赘言,若是西方的提法传到中国来,都会有相应的中英文对照。例如,“民主”,英文曰 Democracy,“自由”,英文曰 Freedom,“平等”,英文曰 Equality,等等,让人一眼便知他们是舶来品。而“宪政”呢,由于他是土生土长的中国名词,所以在英文中并不存在现成可用的确切的对应词。在我国许多文章、书籍里,有的说宪政是 Constitutionalism(立宪主义),有的说是 Constitutional Government(立宪政府),也有人用洋泾浜说是 Constitutional Politics,琳琅满目,不一而足。这种莫衷一是的现象恰恰有力地证明了“宪政”并非西方传入。

第二,“西化”必须是原有的事物被“化”了,必须是因为接受了某个名词而使中国变得同西方国家一样了。但如前所述,宪政提法是中国货。那么,接受本国的东西当然扯不上被“西化”的问题。即使那些真正是外国产的名词与提法,也只需分清“资”或“社”,就不妨作为文化吸收过来,为我所用。比如,共和国(Republic)是西方传来的,我们并未拒绝使用。且不谈孙中山的共和国,就说我们的中华人民共和国,它已经存在58年,又西化了什么呢?人权(Human Rights),起先国内有些人抱抵制态度,但后来也都接受,最终不是写入我国宪法了吗?我们被“化”了什么?此类事例多得不胜枚举,而传入我国后所发生的影响往往是正面的。其中有些提法虽然曾被自由化的人利用过,但亦不必因噎废食,刻意回避。比如,民主是“五四”运动作为“德先生”被引进的。中国人都认为民主是个好东西,这是不争的事实。而20世纪80年代，自由化势力曾利用它在北京西单搞过“民主墙”，荒谬地公开提出要请美国总统解决中国的人权问题。即使如此，我们也并未因而废弃“民主”、“人权”等提法，更没有人说如果采用这些提法就会陷于西化危害。又如，前个阶段香港的“民主派”搞大游行，打出的横幅和呼喊的口号是“取消一党专政，建设民主中国”。他们的“民主中国”究竟是什么货色，不言自明。但即使如此，我们亦不仅并未因而废弃“民主”提法，而且还在党的十七大报告里明确说要全力支持特区政府“推进民主”。当然，我们对民主的理解与香港反对派的理解根本不同。正像我们对“宪政”的理解与自由化的理解有根本区别一样。何况西方国家没有确切的与“宪政”对应的提法，这就减少了发生“化”的可能。

我们是社会主义民主国家，遵守并执行社会主义宪法。我们的《宪法》是一部好宪法，如果说有什么不足的话，那就是在实施方面还有某些缺陷，所以亟待解决的是如何改善宪法实施的环境，使宪政建设进一步臻于完善。早在2002年，胡总书记在纪念《宪法》公布20周年的大会上说“要抓紧研究和健全宪法监督机制，进一步明确宪法监督程序”。健全监督机制，明确宪法监督程序，这就关系到国家机构的组织活动怎样保证宪法实施的宪政问题了。遗憾的是某公对中央指示充耳不闻，在多篇文章中从来不提《宪法》以及我国政治如何适应《宪法》的落实等重要课题，却醉心于批判“宪政的提法”，用以架空《宪法》，为我国《宪法》的运行和实施设置障碍，客观上与否定《宪法》的自由化思潮沆瀣一气，左右呼应。

此公的文章故意撇开我国的社会主义宪法，片面地把宪政定义为资本主义，然后编造出宪政提法会招致西化的神话，误导舆论，欺蒙领导。而此公对此既不自疚，又不自省，却反而嗓大气粗地宣布：“宪政的提法，不是学术问题，而是政治问题”。这种抛出大帽子堵住天下人之口，想用独家文章定乾坤的派头是不能令人折服的。请看今夕何夕，意欲挥舞大棒重启反右派运动，或许已经非其时矣了吧。

（2008年第2期）

【栏目】 强化宪政理念　推进社会主义宪政事业

宪政是社会主义应当继承和发展的普世价值

何勤华*

宪政(Constitutionalism 或 Constitutional Government),其基本内涵是以宪法为根本依据,按照民主、法治的原则运作的政治过程或政治体制。宪政是近代社会的产物。从静态上说,它是以宪法(成文的或不成文的)为核心架构起来的一整套制度,这套制度以保障人权为宗旨,以限制非理性、不合法权力之行使为目标(英文表述就是 Constitutionalization);从动态上说,宪政是一个制定宪法、实施宪法的过程,而这种制定宪法与实施宪法的过程,其所要达致的目的也同样是约束政府权力,保障公民的民主、平等、自由与权利(英文表述为 Constitutionalize)。

宪政的内涵非常丰富,但其最为主要的要素有两项:第一,拥有现代意义上的宪法。说现代意义,因为宪法本身,不管是规范社会公共权力机关的权力运作之根本大法意义上的法律文本,还是宪法这个名词,早在古代社会就已存在。前者,在古代希腊、罗马就已出现,并且还达到了比较发达的程度;后者,即宪法这一名词,在古代中国也早已成形。如《国语·晋语九》说"赏善罚奸,国之宪法也"。又如,《管子·七法》曰"有一体之治,故能出号令,明宪法矣"。但古代的宪法,即使出现了专门用语,即使它标榜是管理国家的根本大法,仍然不具有现代意义,因为它缺少现代宪法的两项根本内涵:对政府权力的限制和对公民权利的保障。第二,这种现代意义上的宪法得到了很好的、认真的贯彻实施,否则,也不能说实现了宪政。世界上拥有现代意义上的宪法的国家很多,但真正建立起宪政的国家并不多,原因就在这里。

宪政的出现是人类管理自身事务的方式与方法的革命,是政治文明历史发展过程中的一个指标性成果。一方面,人类自诞生起,就开始了对管理自身事务之活动和组织的探索,但古代与中世纪的社会,即使制定了具有国家根本大法性质的宪

* 作者单位:华东政法大学。

法，人类管理自身事务时，仍然无法避免几个根本性的缺陷，即人类的等级观念和制度无法消除，政府的权力高高凌驾于普通百姓之上，公民权利的平等保障无法实现。即使在民主色彩最为浓厚的古代雅典和罗马，同样是人的奴隶的权利就无法得到保障。而宪政的出现，使人类在管理自身事务时可以充分地尊重每一个个体的意志和愿望，尊重并保障每一个个体的民主、平等、自由和权利，这种管理方式与管理方法的革命，是具有里程碑意义的。另一方面，从人类政治文明角度而言，近代民族国家的诞生，市民阶级的崛起，资产阶级掌握国家政权，国际法的建立与各国之间平等关系的形成等，都是人类政治文明的重大成果，但宪政无疑是其中一个指标性的成果。

从1688年英国资产阶级革命获得彻底成功，确立起君主立宪制，建立起宪政制度起，至今已经过去了300多年，宪政已成为文明社会普遍接受的政治法律价值（如宪政和宪政正当性观念日益深入人心；制定宪法、实施宪法是各民族普遍接受和实行的做法），对政府的权力进行约束，坚持依法行政，依法治国，保障公民的各项基本人权，也已经成为各国政府努力争取实现的目标。就目前世界的情况而言，不论是西方一些比较成熟的法治国家，还是一批发展中国家，都把宪政作为国家政治建设的一个重要目标。比如，1973年通过生效的《菲律宾共和国宪法》第2条第1款明确规定："菲律宾是一个共和国。主权属于人民，所有政府权力来源于人民。"第4条"人权法案"中，详细规定了正当法律程序，法律的平等保护，私有财产神圣不可侵犯，法律保护公民的人身（包括生命）、财产、安全不受任何侵犯等项制度，言论、出版、和平集会和请愿、居住、旅游、获知政府信息、宗教信仰、订立契约等的一系列自由，以及罪刑法定、法不溯及既往、无罪推定以及刑罚的人道主义等各项原则。同时期面世的《委内瑞拉共和国宪法》、《阿拉伯埃及共和国永久宪法》等也都有相应的规定。

中国也是一个发展中国家，同时又是一个文明古国。因此，对中国而言，加强宪政建设，具有更为重要的意义。首先，中国曾具有两千多年专制皇权的制度，由此形成的传统思维和传统观念就是：皇帝的权力神圣不可侵犯，政府至尊，官贵于民，民众只有义务而无权利。要打破这种传统思维和观念，必须扎扎实实地推行宪政建设。其次，自1840年鸦片战争以来，中国饱受西方列强的蹂躏，先进的中国人为了改变这种悲惨的状况，前赴后继奋斗了100多年，而在中国建立起宪政，就是他们奋斗的主要目标。因此，在中国建立宪政既是中国人持之以恒的追求，也是中国近代历史发展的必然趋势。再次，由于中国专制社会的历史特别长，因此政府必须在法律的范围内活动的意识特别弱，而要彻底改变这种局面，必须在中国确立起宪政。最后，与此相联系，在中国，对公民权利的保障意识、保障措施和保障机制也非常缺少，而要改变这一点，除加强社会主义的宪政建设之外，别无他途。

因此,作为一个以解放广大劳苦大众、谋求全体人民的共同富裕、建立幸福快乐的和谐社会为宗旨的社会主义大国,中国应当反思、继承和发展以往历史上宪政发展的各项成果,通过宪政建设,进一步推动自身的经济和文化事业的发展。事实上,我国早在20世纪30年代由中国共产党领导的革命根据地建设时期就已经接受了宪政观念(1934年1月由中国共产党领导的全国苏维埃代表大会通过的《中华苏维埃共和国宪法大纲》第2条明确规定:"苏维埃政权是属于工人、农民、红色战士及一切劳苦民众的。"第4条规定:"工人、农民、红色战士及一切劳苦民众和他们的家属,不分男女、种族、宗教,在苏维埃法律面前一律平等")。并且已经在20世纪50年代初从事实上进行了社会主义的宪政建设,1954年《宪法》的颁布以及实施可以说是一个突出的例证。1954年6月14日毛泽东在《关于中华人民共和国宪法草案》的说明中明确指出,"搞宪法是搞科学",1954年宪法草案,总结了历史经验——当然包括了宪政经验(如1912年《中华民国临时约法》中的民主宪政经验),因此是科学的,也"是完全可以实行的,是必须实行的"。当然,它还必须经过全国人民代表大会的通过,成为正式的宪法。非常可惜的是在接下来的"反右"运动和"文化大革命"中,因受"左倾"思想的影响,一度对我党在新民主主义时期一直肯定和追求的宪政价值产生了疑问或怀疑。这次,在党的十七大文件以及全国人大第十一届会议的最高国家权力机关的报告中终于再次肯定了宪政的正当性,这体现了全国人民的共识,也是我党在社会主义宪政建设上的一次认识的革命。此举将为我国进一步完善《宪法》和实施《宪法》提供了新的、强有力的理论支持,中国的民主与法治建设也将会进入一个新的历史时期。

(2008年第3期)

什么是宪政

李步云*

宪政是当代一种理想的政治制度,是全人类共同创造的一大文明成果。它不是哪个人或哪些人一时的心血来潮或主观臆造,而是历史发展的客观规律,是社会文明进步的必然趋势,是人类根本利益的集中反映,是各国人民通向幸福的必由之

* 作者单位:东南大学、广州大学。

路。那么,究竟什么是宪政?它包含哪些基本要素?这一概念为什么必要和重要,在我国现今仍有极少数学者坚持反对这一概念的情况下,有必要先搞清楚什么是宪政。

什么是宪政?让我们先看看以前中国领导人和学者的观点。在中国抗日战争时期(1937~1945),毛泽东曾说过:"宪政是什么呢?就是民主的政治。"①他在这里所说的"民主"是广义的,就像我们现在讲要建设"富强、民主、文明、和谐的社会主义国家"一样,后者的"民主"也是广义的,包括法治、人权等内容在里面。当时,中国共产党人曾以宪政作为武器,向国民党政府争民主、争自由、争人权。那时,毛泽东曾明确提出"自由民主的中国"这一概念。他说:"'自由民主的中国',将是这样一个国家,它的各级政府直至中央政府,都由普遍平等无记名的选举产生,并向选举他们的人民负责。它将实现孙中山先生的三民主义,林肯的民有、民治、民享的原则与罗斯福的四大自由。"②当时,中国共产党的著名宪法学家张友渔也曾撰写过一系列文章,阐述什么是宪政。例如,他说:"所谓宪政就是拿宪法规定的国家体制,政权组织以及政府和人民相互之间权利义务关系而使政府和人民都在这些规定之下,享受应享受的权利,负担应负担的义务,无论谁都不许违反和超越这些规定而自由行动的这样一种政治形态。"他又说:"民主政治的含义远较法治的含义为广。法治不就等于整个民主政治,但法治不仅是民主政治的一种表现形态,而且是民主政治的一个重要属性。"他还说:"保障人民的权利实为宪法最重要的任务……而宪法便是人民权利之保障书。"③但是,自从1949年中国革命取得胜利以后,中国的党政领导人就不再提宪政这一概念,学者中也很少有人再探讨和阐述这一概念。1978年以后,一些学者在自己的著作中偶尔也使用"宪政"一词,但一般都是把宪政这一概念等同于宪法这一概念。④ 这种状况一直延续到1992年12月中国先后召开的两次大型学术讨论会上,一些学者才开始比较系统地研究和阐述这一问题。⑤ 我认为,可以给宪政下这样一个定义:宪政是国家依据一部充分体现现代文明的《宪法》进行治理,以实现一系列民主原则与制度为主要内容,以厉行法治为基本保证,以充分实现最广泛的人权为目的的一种政治制度。根据这一

① 《毛泽东选集》(第2卷),人民出版社1952年版,第726页。

② "答路透社记者甘贝尔十二项问题",载《中共党史教学参考资料》。

③ 张友渔著:《宪政论丛》(上册),群众出版社1986年版,第97~103页、138~140页、141~145页。

④ 例如,中国社会科学院法学研究所陈云生博士所著《民主宪政新潮》(1988年12月人民出版社出版)一书,就是把宪政与宪法作为同义语。

⑤ 这两次会议,一次是许崇德教授主持的"宪法与民主"国际研讨会,另一次是李步云主持的"宪法比较研究"第二次全国研讨会。本文作者在这两次会议上提出并论述了宪政"三要素"说(民主、法治、人权),其他一些中外学者也就此问题作了广泛探讨。

定义，宪政这一概念包含3个基本要素，即民主、法治、人权。民主是宪政的基础，法治是宪政的重要条件，人权保障则是宪政的目的。民主、法治、人权是现代最先进、最文明的政治法律制度中3个最全面、最重要、最核心的内容。它们各自有自己的特定的内涵和外延，但又有彼此相互包含与渗透的一面。例如，民主中的民主权利，是人权的一个组成部分。法治的一个重要原则和标志——“司法独立”，既是民主的一个内容，即它是分权与制衡原理与制度构建的产物和表现；又是人权的一个内容，即一个人当他（或她）受到公安或检察机关指控有犯罪嫌疑时有得到一个独立而公正的法院进行审理的权利。对民主、法治、人权进行整体把握和高度理论概括，就是“宪政”。这也正是宪政这一概念独特的内涵、功能、价值和意义所在。

如果人们问什么是政治文明？我会回答说，可以用两个字概括，它就是“宪政”；如果用6个字概括，它就是“民主、法治、人权”。民主的对立面是专制。民主是文明的，专制是不文明的；法治的对立面是人治。法治是文明的，人治是不文明的；人权的对立面是人民无权。人权是文明的，人民无权是不文明的。我见过很多关于“政治文明”的定义，有“民主、自由、平等、解放的实现程度说”，有“政治成果总和说”，有“静态、动态说”，有“政治进步说”，有“政治社会形态说”，有“所有积极的政治成果和政治进步状态说”，等等。这些定义的不足之处是，没有具体说明“文明”究竟表现在哪里，或用“积极”、“进步”、“成果”等抽象概念来表述和替代文明的具体内容，或缺少高度概括。我认为本文的观点可弥补这些方面的不足。

要明了什么是宪政，就需要搞清楚宪政与宪法的关系。宪政与宪法当然有密切联系，但两者又有原则区别。一个国家实行宪政，必须有一部好的《宪法》；一个国家有宪法，但不一定实行宪政。希特勒统治下的德国也有一部《宪法》，但我们不会承认它是实行宪政。我认为，宪政与宪法至少有以下区别：(1)宪法是法律的一种，属于“社会规范”的范畴；宪政是政治制度的一种，属于“制度”这个范畴。宪法存在于宪法文件中，是纸上的东西；宪政存在于现实生活中，是在实行的东西。宪法是宪政的法律表现；宪政是宪法的实质内容，但不是它的全部内容，如国旗、国徽、国歌等方面的规定，并不是宪政的要素。(2)在近代和现代，宪法有好有坏。例如，实行种族隔离的南非，其《宪法》就不是一部好宪法；维护这种严重违反基本人权的制度，就不是实行宪政。(3)一个国家的《宪法》可以制定得很好，但领导人却完全可以不按《宪法》的要求去做，而实行专制独裁，这种情况也并非少见。宪政与宪法虽有这些区别，但两者又不可分离。实行宪政，需要有一部好的《宪法》作为合法依据和武器；而实现宪政则是宪法制定和实行的灵魂、方向、目的与支柱。我的这一观点同张友渔的观点是一致的。他说：“宪法是宪政的法律表现，而宪政是宪法的实质的内容。”“宪法既然是为宪政而存在，则制定宪法，便应立刻实行宪政，如不能实行宪政，又何贵乎制定宪法？宪法不是装潢品，也不是奢侈品，搁在那里供人赏玩，供人消遣。”①

宪政这一概念并不是一成不变的。它过去是，今后也将会伴随着人类文明的日益进步而不断发展与丰富。传统的宪政概念是以民主和法治为其基本要素。随着人类物质文明与精神文明的提高，国际交往的日益密切，特别是第二次世界大战给人类带来的巨大灾难，人权问题日益为全人类所特别关注，人权保障成为宪政概念的基本要素，并逐步为越来越多的学者和政治家所承认和重视。事实上，民主与法治的主要原则和基本内容，也是在不断发展变化的。

宪政的理论与实践都是共性与个性的统一。在利益的追求和享有上，在道德价值的判断和取向上，全人类有着共同的、一致的方面，决定宪政具有共性；在不同国家和民族之间，又存在种种差异和矛盾，因而宪政又具有个性。民主、法治、人权的基本精神和主要原则，适用于世界上任何一个地方，是全人类共同要走的道路。但是，各国宪政的具体表现形式，实现宪政理想的具体步骤，则由于不同国家、不同民族在经济、政治、文化方面的历史传统与现实条件不同而有差别。否认或夸大宪政的共性或个性的任何一个方面，都是不正确的、有害的。在第十届五次全国人民代表大会上，温家宝总理在记者招待会上回答记者提问时曾说，民主、法治、人权、自由、平等、博爱是全人类的共同愿望和价值追求。他的观点正是表达了中国在民主、法治、人权等问题上有自己某些特殊的理解和做法，但我们的党和政府应充分肯定这些概念具有普适性。

（2008 年第 3 期）

宪政概念的宪法学说史意义

韩大元*

立宪、宪政、宪法与立宪主义等概念是我国宪法学知识体系中的基本学术用语，反映了宪法文化的历史和学术传统。在中国宪法学说 100 多年的发展过程中，我们的学者们以开放的学术眼光和政治智慧，探索宪法、宪政等概念的时代与学术

① 张友渔著：《宪政论丛》（上册），群众出版社 1986 年版，第 102 页。

* 作者单位：中国人民大学法学院。

意义，力求通过中国化的学术语言表达不同历史时期对宪法价值的认识。

从宪法学说史角度看，“宪政”一词在我国出现的时间是比较早的。自19世纪中叶以后，随着对西方宪政思想的继受，中国的知识分子们开始思考宪政的中国化的表述。据不完整统计，19世纪末20世纪初出版的部分宪法学著作大部分是论述“宪政”问题的，如出版了《宪政的原理及其运用》、《宪政运动》、《宪政要论》、《宪政与宪法》等书籍。同时在官方的文件中，开始出现了宪法、宪政、立宪等不同的表述。

1906年9月1日(光绪三十二年七月十三日)慈禧所颁布的预备立宪诏书中同时出现了“宪法”、“宪政”与“立宪”等不同的词汇。诏书谓：“……而各国之所以富强者，实由于实行宪法，取决公论，君民一体，呼吸相同，博采众长……时处今日，惟有及时详晰甄核，仿行宪政……以预备立宪基础。”在不长的诏书中同时以3个词来说明朝廷实行宪政和立宪的基本思路与理念，这个诏书有助于我们分析宪政概念的学说史意义。笔者认为，这里出现的“宪法”指的是形式意义上的宪法，即以法律形式出现的成文的宪法文件；“仿行宪政”指的是参照外国的制度，建立宪法制度，并从官制等方面进行改革，赋予宪法以社会过程与社会环境的意义；“立宪”则指制定宪法。

从本体论意义上看，诏书中的宪法、宪政等词汇与当时西方社会所实行的宪政(立宪主义)等概念之间存在根本差异，但从某些价值和学术用语上可发现一定的联系性。端方在“请定国是以安大计折”中对宪法的理解是比较准确的，他认为“所谓宪法者，即一国中根本之法律，取夫组织国家之重要事件——具载于宪法之中，不可摇动，不易更改，其余一切法律命令皆不能出范围之中，自国主以至人民，皆当遵由此宪法，而不可违反。”可以说，宪政等学术用语在中国的存在至少有100多年的历史，尽管其含义在不同历史时期有不同的变化，但在学说史上的历史联系并没有中断过。

当我们把宪政概念置于中国学说史的背景下进行考察时，就会发现宪政概念的特定内涵与学术意义。宪政概念在中国宪法学说史上曾经历了立宪——宪法——宪政——立宪主义的变化过程，需要从相关概念的学说变迁中揭示宪政的内涵。

在宪政与宪法关系上，早期的中国学者们认为，宪法是调整国家权力与公民权利之间关系的具有最高法律效力的根本法，也就是一种特别法，处于法律体系的核心。它由一定的制宪权主体按照法律或权力机关制定的程序制定。宪法潜在的功能转化为现实的功能，需要指导宪法实施的原理和各种具体保障措施，这种原理就是立宪主义。对宪法功能和宪法目的的判断有助于系统地掌握宪政的性质。保护社会共同体成员的权利与自由是宪法的共同职能，它决定着作为立宪主义基础的宪法本身的价值判断。但有宪法并不一定有宪政的社会现实,因为历史上曾经存在过的一些宪法,虽具有成文宪法的形式,但宪法本身没有自觉而全面地反映人权的理念。

在立宪与宪政的关系上,学者们通常把立宪解释为"制定宪法,实行议会制度"。孙中山先生曾对立宪作过如下解释:"立宪者,过渡之时代也,共和者,最终之结果也。"清末立宪时,人们谈论的立宪是制定宪法,实行君主立宪制,把社会改革的希望寄托在皇帝个人身上。因此,"立宪"一词的使用需注意分析其特定的含义与历史条件。就两者的关系看,宪政所要求的立宪不仅指制定宪法,而且要通过宪法治理国家,赋予立宪概念以一定的价值要素。无论何种意义上的立宪,从立宪到宪政并不是一个自发的演变过程,它需要一种对普适性原理的概括和提炼。宪政虽以立宪为条件,但它本身又高于立宪本身的价值。

宪政与立宪主义既存在联系,也存在区别。英语 Constitutionalism 一词是多义词,除含有立宪主义的含义外,还包括立宪制度、宪法论、宪政的拥护等意义。从政治哲学的角度看,西方立宪主义概念最早源于一种"设防的学说",即在国家权力与公民权利之间设置相互调整的制度或装置。由于"人性恶"而导致的对国家权力的极端不信任是西方立宪主义最初的产生根源,因此,从一般意义上说,立宪主义在两种意义上使用,即形式意义和实质意义。在实质意义上指"建立、管理或约束政府的规则",即有限政府原理是立宪主义价值的重要体现,而从形式意义上讲是制定宪法(不管这些宪法的内容如何)。

"宪政"(Constitution Government)一词在西方的法律文化中,主要指以宪法为依据的民主形式,就其实质而言是体现"有限政府"的制度或理想。在政府与公民的相互关系中,政府权力受到法律或社会规范的约束。有时,宪政又表现为宪治(the Rule of Constitution),指宪政秩序的状态;有时还表现为"民族及国家基础的生活秩序"。无论是宪政秩序,还是生活秩序,宪政的实现需要一种原理的指导,即有条不紊的宪法秩序乃是一种原理的具体化和展现,这种原理源于立宪主义的思想与价值。所以,宪政与立宪主义就其内容上有许多相似之处,但就其活动形式和功能而言,两者又有所不同。宪政更强调宪法精神实现过程的制度与宪法秩序,通常指一种运用立宪主义宪法的国家政治形态。而立宪主义主要强调指导宪法实施的各种原理,即反映分权、人权与民主的因素。因此,从原理上看,立宪主义概念包括了制宪、行宪以及实现宪法精神的总过程。

中国宪法的发展给中国宪法学说史留下了丰富的遗产与传统。对包括宪政概念在内的特定词汇的分析不能脱离学说史演变的具体历史背景。虽然宪政词汇的存在与实际价值内涵的变迁是不同层面的问题,但宪政作为宪法学的基本范畴,反映了我国宪法学的历史特点与学术传统。我们需要从宪法学说史研究入手,系统地分析人权、法治、宪政、自由等概念背后的历史事实与价值，提倡知识与学术的传承，努力使宪法学说史成为连接知识与经验、现实与历史的纽带。

（2008 年第 3 期）

宪法是静态的宪政，宪政是动态的宪法

周永坤*

宪政与宪法是什么关系？让我们先从词义说起。

宪政（Constitutionalism）一词从宪法（Constitution）一词演化而来。在布莱克维尔的《政治学百科全书》中，宪政（Constitutionalism）与宪法（Constitution）属于同一词条，可见在西方，宪政本没有超越宪法的含义。如果直译的话，Constitutionalism 就是“宪法主义”，是遵守宪法甚至崇拜宪法的观念与实践，是一种宪法“高于一切”的社会状态。可以这样说，宪法是静态的宪政，宪政是动态的宪法。

宪政有双重含义，一是作为观念的宪政，二是作为实践的宪政。作为观念的宪政是对宪法的崇敬，作为实践的宪政是宪法对权力的规范。这一判断是与西方宪政史相吻合的：西方宪政运动以立宪为先导，它的实质是一个立宪并行宪的过程；而立宪与行宪的过程就是控制国家权力的过程。宪政的双重含义是相互依赖的：没有宪政观念，就不可能有宪政实践；同样，没有宪政实践，宪政观念也不可能建立。这告诉我们，宪政是以宪法的存在为前提的，宪政是宪法的观念化与实践化，没有宪法就没有宪政。

宪法是什么？从词义上来说，Constitution 源于拉丁文（*Constitututio*），这个名词又源于动词 Constituere，con 是“一起”（together）的意思，stituere 是“设”、“置”（set）的意思。两者合起来，作为动词的意思是用各种部分（部件）或成分组织或组建一个事物；作为名词乃是指事物如何做成的方式、结构、组织、气质。从纯粹的描述意义上说，任何事物、有机体或人造物都有其 Constitution。

与宪政相对称的宪法当然是一种以规范形式表现出来的结构，不过它不是一般的结构，而是政治共同体的结构。政治共同体是个人联合的特殊方式：建立在规范基础上的联合。如果没有宪法，人的组合形式就蜕变为“家”。在西方政治史上，政治共同体与“家”是不同的，政治共同体的基础是规范——Constitution，而

* 作者单位：苏州大学法学院。

“家”的基础是家长的命令；政治共同体是平等人之间的联合，“家”是家长的统治。说到底，政治共同体是规范的共同体，是宪法的共同体，是宪政下人的联合。

但是，作为宪政载体的宪法是有其特殊含义的。只有具备特殊含义的宪法才能成为宪政的规范载体。虽然我国古代典籍上也用过“宪”之类的词，但是那样的“宪”是不能成为宪政的规范基础的。例如，《尚书·皋陶谟》言“慎乃宪”，《诗经·六月》说“万邦为宪”，《诗经·崧高》曰“文武是宪”，《左传·襄公二十八年》讲“以礼承大之体，此君之宪令”，等等。这些“宪”之类的词之所以不能成为宪政的规范基础，是因为它是个人专制的规范。用西方的观点来看，它是“家”的基础，它的目的是用来强化“家天下”。中国古代的国家、天下都只是“家”的扩大就是证明。在这种“普遍奴隶制”的社会里是不可能有宪法与宪政的。[①] 即使近代意义徒有其名的“宪法”也不是宪政的规范基础，例如，我国清末《宪法大纲》，与1975年《宪法》这类阶级斗争为纲之类等。

那么，什么样的宪法才能成为宪政的规范载体呢？

首先当明确作为宪政规范载体的宪法的“不依人的意志为转移”的基础。这个基础只能是人，是人之间的关系，这种关系不是一般的人际关系，而是“政治共同体成员”间的关系，因为政治共同体的生命依赖自由人的联合，所以这种关系只能是主体间的关系。政治共同体是人的联合，参与联合的资格就是人的权利。与此相应，政治共同体中人的关系就是彼此独立的人的权利义务关系。这样的权利义务关系必须是自由的、平等的，否则，即意味着共同体的解体。有必要说明的是，在古代宪政社会，并不是所有居民都是政治共同体的成员，外来人和奴隶虽然在“物理空间”上与政治共同体同处于一片蓝天下，但是在“政治空间”上却是“外人”。他们不具法律人格，宪法与他们无干，宪政也与他们无涉，他们不享有宪法规定的权利。但是在现代社会，所有人法律人格的平等是首要宪法原则，否则构成侵犯人权。所以，现代“宪政的”宪法是建立在尊重所有人的人格和保障所有人的自由、平等的权利之上的。

能体现政治共同体成员间自由、平等的主体间关系的“宪政的”宪法必须具有以下特征。

第一，宪政的宪法以保障人权为最终目标。政治共同体本身没有独特的目的，它以其成员的目的为目的。人们之所以组成共同体，就是为了保障自己的权利，或者说，权利保障是目标，政治共同体是手段。现代社会此种权利是建立在“人”之上的，是人所共享的，所以，“宪政的”宪法以人权为终极目标。

---

① 马克思称东方社会为“普遍奴隶制”。参见［德］马克思：“资本论”，载《马克思恩格斯全集》（第45卷），第496页。

第二，宪政的宪法以规范权力为最低目标。政治共同体不是“丛林”，而是人的联合体，这个联合体必须有超越个体的权力，才能达到人们组建政治共同体的目标——保障权利。因此，在个体权利与共同体权力相对抗的情况下，共同体的权力必须具有某种优先性，①否则不足以保障人权。但是问题由此而来：权力行为人是人，不是神，他们具有与普通人同样的弱点——自私。这决定了如果我们赋予了权力的优先性而对它疏于规范，则它给人带来的伤害将更甚于单个人。因此，宪政的宪法的最低要求是规范权力。

第三，宪法规范权力的有效性。规范权力的目的是保障权利，如果规范权力无效，则意味着权力违背了建立政治共同体的目标，它成为政治共同体的破坏力量，这与政治共同体的性质不相容。权力失范必致权利不保，其实质就是政治共同体的解体。规范权力的有效性要求宪法所建立的权力体系必须是相互牵制的，构成权力相互牵制关系的前提是权力分立。如果允许存在集中一切权力的机构，则权力之间就不会形成有效的牵制关系。其结果只能是，宪法对权力的“规范性”仅依赖权力行为人的道德，因而实际上是无效的。

第四，宪政的宪法本身必须是有效的。前已论及，宪政是动态的宪法，宪政概念内在地要求宪法必须是“活”的。因为宪法的目的是保障人权，它通过规范权力以保障人权，这就对宪法的有效性提出了比一般法律更高的要求：它必须有足够的“规范力”来规范权力，否则不足以规范权力，不足以保障人权。这一要求决定了宪法的效力必须：(1)及于共同体所有成员；(2)及于所有国家机构和社会组织；(3)它不但规范人的行为，而且规范所有的“宪法下”法律规范。前两点要求的是宪法效力的普遍性，第三点说的是宪法效力的至上性。

有必要说明的是，法律的有效性是通过司法来实现的，没有司法就没有法律，这是再清楚不过的常识；同样，权利是立足于救济的，没有救济就没有权利。“宪政的宪法”的有效性归根结底是宪法的“可司性”。“不可司”的宪法只是纸上的意识形态宣示，不是法律，更不是宪政的宪法，在其上绝不可能建立宪政。对于一个缺乏宪政传统的国家来说，宪法的“可司性”主要是指“宪法权利的可司性”。所谓“宪法权利的可司性”是指宪法权利不仅约束立法机关、行政机关，而且约束法院。宪法约束立法机关、约束法院的必要制度载体就是违宪审查。没有违宪审查，宪法就只能停留在纸上，因而就不可能有宪政。

上面的论述告诉我们，宪法是宪政的基础，没有与共同体性质相一致的宪法就不可能有宪政；同时这个宪法又必须具有内在的活力。所以，宪政大计就有 3 件相

① 这种优先性必须有规范依据，因为权力本身是一个规范概念。在长期权力至上的历史氛围里，这一公法常识常常被忽略。

互关联的事要做：一是以人权为目标完善宪法，二是宪法活起来，三是建立宪法适用的制度，而这是一个宪政"系统工程"。

尽管宪政在当代中国命运多舛，但是，我们已经看到了宪政的曙光。人权已经入宪，党和国家领导人也多次提到要实施宪法。① 实施宪法即行"宪政"也。期待将这一重要思想贯彻落实，推进中国逐步迈上宪政道路。当然，前提是要对宪法本身进行"合宪政性"改造，并从制度上保障宪法"活起来"，否则还是免不了"道德依赖"的历史陷阱。

（2008年第3期）

宪政是宪法和民主的统一

杜力夫*

"宪政"或"立宪政治"、"立宪主义"、"立宪政体"，就是宪法确认和保障下的民主政治制度。它的主要内容包括：(1)国家存在得到普遍实施的宪法和法律。(2)国家机构的职权由宪法规定和分配并得到贯彻。(3)公民的基本权利自由切实受到宪法和法律的保障。"宪政"标志着宪法是真实的，表明宪法所确认和规定的民主是社会生活中存在的事实，宪法和贯彻宪法的法律得到普遍遵守和严格执行。在宪政状态下，人民（统治阶级）能够运用宪法监督、规范、管理和更换政府（指广义的政府，下同），政府能够依照宪法管理国家，而人民能够遵守宪法和法律。宪政是宪法和民主的内在统一，也是法治和民主的完美结合。宪法以民主为内容，以宪政为目标。与民主一样，宪政也有资本主义宪政和社会主义宪政之分。

宪法与宪政相互关联而不能等同。宪法和民主脱节时就没有宪政。一方面，有"宪法"无民主就没有宪政：这时国家徒有一纸"宪法"或"约示"而没有民主事实，人民不能依照宪法来监督、规范、管理和更换政府，宪法就只是"纸上的宪法"；

---

① 胡锦涛总书记在纪念宪法颁行20周年时指出，"实施依法治国的基本国策，首先是实施宪法。"他要求"健全宪法保障制度，确保宪法实施"。党的"十七大"文件也提出了"加强宪法和法律实施"的任务。在2007年中央政治局集体学习时，胡锦涛总书记对全面落实依法治国基本方略提出了4点要求，其中一点就是加强宪法和法律实施。前最高人民法院院长肖扬在2007年发文专门论述了宪法实施的重大意义和具体设想。参见肖扬："论宪法的实施——纪念 宪法颁行25周年"，载《人民法院报》2007年12月4日。

* 作者单位：福建师范大学法学院。

另一方面，有民主而没有宪法，民主没有制度化、法律化，也不存在宪政。那种没有宪法保障和规范的“大民主”既不可能持久，也不可能有效实现人民当家作主，近代以来的中国人民对此有深刻的体会。宪法确定的民主政治制度在社会发展中的建立、完善是一个不断建构和纠错的过程，宪法的制定可以一朝完成而宪政的建设则是一个长期而艰巨的任务。建设社会主义宪政的过程，实际上就是全面实施宪法的过程，是不断实现和深化人民当家作主的过程。而轻视或否认宪政，实际上就是轻视或否认宪法实施的重要性。

宪政是法治的基础和必要条件。宪法是人民（统治阶级）制定出来监督、规范、管理和更换政府的法，宪政是人民能够做到依照宪法来监督、规范、管理和更换政府的政治形态。人民能够依据宪法有序参与国家管理，政府能够在宪法及其相关法律的规范下立法、行政、司法，才会有法治状态。政府根据自己制定的法律严格管理社会，仅仅是实现了“法制”，这种“法制”在古代社会就出现过。只有在政府制定法律管理社会时，严格依据和遵守人民制定的宪法，也就是通过实施宪法而实现宪政，才能达到“法治”状态。而这种政府依照宪法从事立法、行政、司法的“法治”只是近代以来宪政状态下的产物。当人民不能够通过制定和实施宪法来监督、规范、管理和更换政府时，就没有宪政，也就没有法治。轻视或否认宪政，实际上就抽空了法治的根基。

宪法是构建宪政大厦的蓝图，有蓝图不等于有大厦，依照宪法蓝图构建社会主义宪政大厦，是全体中国人民艰巨的历史任务。

（2008 年第 3 期）

应当理直气壮地推进中国的宪政建设

文正邦*

宪政是以宪法为前提，以民主政治为核心和灵魂，以法治为基石，以保障人权为目的的政治形态或政治过程；宪政的内涵缺少不了民主、法治、人权 3 要素，它是由宪法所确认和规定的民主政治法治化的整个过程。中国的社会主义民主和法治都正在发展和逐步健全，中国的人权保障也提上了重要日程并取得了相当进展，特

* 作者单位：西南政法大学。

别是实施依法治国方略、人权入宪以及党的“十六大”以来正通过加强党内民主推动整个政治民主。根据这些无可否认的客观事实，对于中国有无宪政的问题我们就可以给以肯定的回答了。具体而言可以得出如下的认知：中国目前虽然宪政制度正亟待完善，宪政体制也还有待进一步健全，但无疑中国已有了宪政的基本框架或雏形，或者说已有了还不成熟、不完善、不健全的宪政制度和体制。进而关于中国有无违宪审查的问题也同理：中国目前虽然违宪审查制度和体制正亟待完善和健全，但依据中国已有了初步的宪法监督制度以及对法律、法规、规章等的备案和审查制度，由此也可以认为中国已有了违宪审查的基本框架或雏形，或者说已有了还不成熟、不完善、不健全的违宪审查制度和体制。

当然，中国所进行的宪政建设乃是中国特色的社会主义宪政建设，而要对“中国特色社会主义宪政建设”这一重要命题有科学的认识，关键是应深切理解任何国家的宪政制度和体制都必须体现共性与个性、普适性与本土化的辩证统一这一重要原理，才能既不偏离人类政治文明的共同轨道，又能在具体国情的本土上生根。这便是“中国特色社会主义宪政建设”这一重要概念和艰巨实践的基本理论依据。

一方面，任何国家要实行宪政，都必须遵循各国宪政建设的一些普遍规律，都需要吸纳人类宪政文明的共同经验和智慧。包括都必须坚持人民主权原则、法治原则、人权原则、权力制衡原则；都需要实行代议制度、普选制度、其组织和活动法制化的政党制度、体现责任政治和依法行政的政府制度、政府系统内外普遍严密的监督制度、政治任命与择优选拔相结合的官吏制度、体现司法独立和司法最终决原则的司法制度等。正因为如此，我国实行的人民代表大会制度也必须坚持权力制衡等宪法基本原则。因为它虽然本质上不同于西方国家的“三权分立”，强调分工与合作，但是经由人民代表大会产生，并对它负责、受它监督的“一府两院”同人民代表大会所分享的立法权、行政权、司法权之间，事实上从某种意义上也体现着权力制衡的原则和精神。否则，如果像巴黎公社那样实行彻底的“议行合一”，就没有必要再产生“一府两院”，并分享立法权、行政权及司法权了。当然，人民代表大会制下的权力制衡还不应停留在单向制衡，而应向双向制衡或多向制衡发展和完善。

另一方面，任何国家要顺利地进行宪政建设，还必须结合本国的特点和具体国情。世界上既没有内涵和外延完全相同的宪政制度和体制，也没有含义和词语完全相同的宪法条文，每个国家都有自己特定的政治文化背景和社会条件，即便是同样的宪政理念和原则，在不同的国家贯彻和实行也各有其特点。西方国家“三权分立”的宪政体制就有多种不同的模式或权力结构侧重点，社会主义国家民主集中制的宪政体制也有苏联的苏维埃制同中国的人民代表大会制的区别和特色。不结合本国的特点生搬硬套其他国家的宪政模式,就很可能使民主、法治和宪政建设陷入困境和僵局。或许这就是现在世界上一些实行过民族民主革命的国家政局不稳乃至政变频繁的重要原因之一;苏联剧变后的俄罗斯在社会转型期从全盘西化进而到重视本国民族特点的经验和教训也从一个侧面说明了这一点。

总之,共性寓于个性之中,并通过个性来表现。各国宪政建设的普遍规律及人类宪政文明的共同经验和智慧是不能违背和无视的,但宪政的这种共性或普遍性必须植根于各国民族性的特征之中,才能显现出强大的生命力。当然也应注意,民族特点不能游离于宪政文明的普遍规律之外,否则就会导致反民主违背人类文明发展的时代逆流。因此,强调"民族特点"和"中国特色"绝不能成为维护保守、落后乃至封建主义东西的借口,这也是我们正确地理解和顺利推进"中国特色社会主义宪政建设"过程中应当时刻注意的。

由此我们有理由认为,所谓"中国特色社会主义宪政建设",就是宪政的普遍原则和规律与社会主义中国特色的有机结合和辩证统一,它是我国社会主义政治文明建设的核心部分,既实然地存在于当前中国的政治生活及法律生活之中,又将应然地成为中国社会主义民主及法治建设发展的重要方向和目标。可以说,中国的宪政建设要取得成效和获得成功,就取决于对它的认同和有力的贯彻实施。因此,"中国特色社会主义宪政建设"既含义深刻、意义重大,又具有十分丰富的内容和显著的特点,而且这些内容和特点正在中国宪政建设及其发展过程中进一步明晰和趋于完善,其基本要求就是把坚持党的领导、人民当家作主和依法治国有机统一起来。为此,我们初步认为其至少可以概括为以下几个方面:

1. 既确立了中国共产党的领导地位,又要求党必须在宪法和法律的范围内活动,执政党必须依法执政,善于运用法律的手段来依法治理国家和社会。

现行《宪法》确立了以坚持中国共产党的领导为中心的"四项基本原则"这一立国之本,又规定了一切组织和个人都必须以宪法为根本的活动准则,都必须遵守宪法和法律,都不得有超越于宪法和法律的特权。党的"十二大"制定的新党章又进一步明确了党必须在宪法和法律的范围内活动;党的十六届四中全会郑重提出了依法执政的决定。因此,中国特色的社会主义宪政体制和政党制度基本上正确界定了党、法关系。然而,在实践中仍然存在若干需要进一步理顺和妥善解决的问题,包括党的领导和人大作为国家权力中心的关系、政府职能转换及有效发挥的关系、司法机关依法独立办案的关系等。因此必须改善党的领导以加强党的领导,执政党执政的方式应主要是运用法律手段来依法治理国家和社会。所以如何更科学地处理好党、法的关系,仍是中国宪政理论和实践的一个中心问题。

2. 人民代表大会制度是我国的根本政治制度,是中国特色社会主义宪政制度的核心,在坚持人民主权原则、实行民主集中制的基础上进行权力分工和制衡。人民代表大会制度不仅集中体现了我国的政权组织形式和政体，而且也体现着我国的国体和国家性质，因而是我国的根本政治制度，是中国特色社会主义宪政制度的核心。人民代表大会制度实行民主集中制的组织原则和活动方式，便于实现人民民主和集中民智，充分调动人民群众和社会各方面参加管理和建设国家的积极性和创造性；行政和司法机关都由人大产生、对人大负责、受人大监督，亦体现了权力的分工和制衡；人民代表大会统一行使国家权力，制定法律、议决国家大事、组织和监督各级各类国家机关贯彻执行，并通过人大代表带动广大人民群众贯彻执行，有利于在发扬民主的基础上增强国家权力运行的效率。所以加强中国宪政建设的成效在很大程度上就取决于人民代表大会制度的进一步健全，包括进一步加强和改善人大的立法工作、监督工作，强化各级人大及其常委会的自身建设与其工作的程序化、规范化和决策民主化、科学化进程，以及完善选举制度等，均任重道远。

3. 中国共产党领导下的多党合作和政治协商制度是我国的基本政治制度，是社会主义中国的政党制度和民主制度的一大特点和优点。

这种中国特色的多党合作制度既符合世界各国政党制度发展的一般趋势——它不是一党制，而是一种特殊的多党制，即中国共产党领导下的多党合作和政治协商制；又本质上不同于西方国家的多党制——乃是在中国共产党领导之下各政党之间通力合作、互相监督、荣辱与共，且长期共存、肝胆相照，共同为建设社会主义国家繁荣富强和祖国统一而努力。中国共产党领导下的各民主党派是参政党，而不是在野党，更不是反对党，具有法律赋予的参政权力，参与对国家大政方针和安排国家领导人的协商，各种国家事务的管理以及方针、政策、法律、法规的制定、执行等，并在“四项基本原则”的基础上通过各种方式和渠道与共产党互相进行民主监督。这些都有利于发扬社会主义民主以及国家权力的协调运行。因此，必须进一步坚持、发展和完善这一中国特色的政党制度和民主制度，切实而充分地发挥民主党派在参政、议政以及督政上的作用，并从宪法和法律上予以更加明确的规定和确认，加强其制度化、规范化、法律化进程。

4.“一国两制”是中国特色国家制度和国家结构形式的伟大创造，书写了中国宪政体制建设的崭新篇章；而且特别行政区的高度自治制度、民族区域自治制度以及基层群众自治制度这3大自治制度，也体现了鲜明的中国特色。

“一国两制”既开创了崭新的中国特色的国家结构形式制度（从统一实行社会主义制度的一般单一制国家演进到在具有高度自治权的特别行政区实行资本主义制度的特殊单一制国家）；又开创了崭新的中国特色的法制体系（以宪法为龙头，以特别行政区基本法为纽带，以祖国内地法为主干，以各特别行政区法律为支干，并以它们相互彼此之间的区际冲突法为胶合剂的，两种社会性质的法律并存且相得益彰，几大法域共促共生的多层次、多色调、多板块，结构复杂、内容和形式丰富多彩的法制体系)。我国的民族区域自治制度体现了地方自治与民族自治有机结合。我国城乡的基层群众自治制度实行四大民主(民主选举、民主决策、民主管理、民主监督)的直接民主,这些都体现了鲜明的中国特色,为各国自治制度的建设和发展增添了新的内容和形式。

所以,我们应当理直气壮地推进中国特色社会主义宪政建设。

(2008 年第 3 期)

高举社会主义宪政旗帜　推进中国特色民主法治建设

李　林*

一、社会主义宪政的基本含义

古今中外,人们对于宪政并没有统一的界定。在现代西方法学或政治学的解释中,"宪政"(Constitutionalism)是一种民主的政治理念、政治制度或者政治状态,它通常以西方自由主义政治哲学作为理论基础,以民主、自由、人权、法治、宪法等作为基本要素,以立法权、行政权和司法权的三权分立作为基本特征,以保障个人权利、制约政府权力作为内在要求。在资本主义社会中,这种宪政也称为自由主义宪政,其实质是资产阶级专政。

西方学者比较注重从宪政对于政府权力的监督制约和对公民权利保障的意义上来阐释宪政含义。有学者认为,"在所有相互承接的历史阶段,宪政有着亘古不变的本质,它是对政府的法律限制,它是专政的反对,它的反面是专断即恣意而非法律的统治。"①在此种前提下,"宪政正是这样一种思想,正如它希望通过法治来约束个人并向个人授予权利一样,它也希望通过法治来约束政府并向政府授权"。② 宪政因此也就意味着"政府和立法机关的权力由宪法界定和限制,宪法享

* 作者单位:中国社会科学院法学研究所。

① [美]C. H. 麦基文著:《宪政今古》,翟小波译,贵州人民出版社 2004 年版,第 16 页。

② [美]斯蒂·M. 格里芬:"美国宪政:从理论到政治生活",载《法学译丛》1992 年第 3 期。另外,美国华盛顿大学教授丹·莱夫认为:"宪政意指法律化的政治秩序,即限制和钳制政治权力的公共规则和制度。宪政的出现是与约束国家及其官员相关。"(转引自白钢、林广华:《宪政通论》,社会科学文献出版社 2005 年版,第 2 页)卡罗尔·爱德华·索乌坦指出,宪政的传统建立在宪法这个词的双重含义所默示的两个主题之上。宪法可以指立宪的过程,也可以指对权力的限制或界定。因此,宪政论的基本问题就是立宪和限制的问题。参见[美]斯蒂芬·L. 埃尔金、卡罗尔·爱德华·索乌坦编:《新宪政论》,周叶谦译,三联书店 1998 年版,第 86 页。《简明大不列颠百科全书》中就将宪政看做一种政体,并对宪政整体的构成要素进行了总结,包括程序上的稳定性、向选民负责、代议制、分权、公开和揭露、合宪性等数个方面。卡尔·J. 弗里德里希则认为:"宪政是对政府的最高权威加以约束的各种规则的发展,成为一个主导的历史力量。这个概念又是意味着一套基本的和稳定的规则的发展,它分配最高权威和制定政府的组织。有时它又意味着法律和规则而不是个人的权限支配政府,或者意味着一个规则实体的发展,它规定了权力的分离,或者意味着规则的另一种发展,即以特殊的方式保护人民不受统治者的伤害,如美国的'人权法案'。这些涵义中的每一个都抓住了它的某一个方面。"

有基本法的地位以及拥有通过不同形式的司法审查实施这些限制的权威,这种司法审查可以经由任何感到其受到了法律或行政行为的侵犯的当事者的请求而开始”。①

在西方,传统宪政观的要义,一是制约政府权力;二是保护公民权利。但随着社会发展和政府角色的转变,西方传统宪政观就显示出其固有的局限性。政府权力既可以被滥用于侵害公民权利,但也可以成为解决社会问题、保障人权所不可或缺的手段。因此,宪政不仅要限制政府权力,更要合理、合法地让政府权力发挥更大作用,从而创造最大化的社会效益。

我们反对照搬照抄西方资产阶级的宪政理念、宪政体制和法律制度,但我们应当学习和借鉴包括西方宪政文明在内的一切人类政治文明的有益成果。

毛泽东曾指出:“宪政是什么呢? 就是民主的政治。”②张友渔先生在《宪政论丛》中说,所谓宪政,就是拿宪法规定国家体制、政权组织以及政府和人民相互之间权利义务关系而使政府和人民都在这些规定之下,享受应享受的权利,负担应负担的义务,无论谁都不许违反和超越这些规定而自由行动的这样一种政治状态。③许崇德教授认为,民主政治构成宪法的实质含义,再加上形式要件,宪政即是实施宪法的民主政治。④ 张庆福教授认为:“宪政就是宪法政治,以宪法治理国家。它的基本特征就是用宪法这种根本大法的形式把已争得的民主体制确定下来,以便巩固这种民主体制,发展这种民主体制。”⑤在他们看来,宪政即民主政治、立宪政治、宪法政治,用宪法作为根本法的形式,将已争取的民主事实确定下来,加以巩固和发展。

我们主张的宪政是中国特色社会主义宪政,是指以中国化的马克思主义为指导,以坚持“四项基本原则”为政治前提,以坚持党的领导、人民当家作主和依法治国的有机统一为本质特征,以人民代表大会制度为根本政治制度,以执政为民、尊重保障人权和实现人的全面解放为宗旨的社会主义民主政治。在宏观上,可从3个基本参照系来理解中国特色社会主义宪政的历史方位:第一,与西方资本主义宪政相比,我们的是社会主义宪政,两者在阶级本质上迥然而异;第二,与其他社会主义国家的宪政相比,我们的是中国特色的社会主义宪政,两者在本质上相同,但在实现形式、运作机制等方面不尽相同,我们的宪政立足中国国情,具有中国特色;第

---

① 许崇德主编:《宪法与民主政治》,中国检察出版社1994年版,第286页。

② 毛泽东:“新民主主义的宪政”,载《毛泽东选集》(第2卷),人民出版社1991年版,第735页。

③ 张友渔著:《宪政论丛》,群众出版社1986年版,第100页。

④ 许崇德:“社会主义宪政不平凡的历程”,载《中国法学》1994年第5期。

⑤ 张庆福:“宪法与宪政”,转引自周叶中主编:《宪法》,高等教育出版社、北京大学出版社2002年版,第177页。

三，与马克思主义经典作家理想社会主义形态下的宪政设想相比，我们的是社会主义初级阶段的宪政，还处在不断探索、逐渐完善和日益发展的过程中。

从与资本主义宪政的对立和区别来看，中国特色社会主义宪政具有以下主要特征：

1. 中国特色社会主义宪政以坚持“四项基本原则”为政治前提，以实行社会主义制度为依托，以立党为公执政为民、尊重保障人权、实现人民当家作主为发展社会主义民主政治的目的。这就从本质上把中国特色社会主义宪政与资本主义宪政区别开来了。

2. 中国特色社会主义宪政以“坚持党的领导、人民当家作主和依法治国”的有机统一为本质特征，以人民代表大会制度为根本政治制度，以民主集中制为国家政权机关的组织和活动原则。这就与资本主义宪政的“三权分立”区别开来了。

3. 中国特色社会主义宪政坚持人民民主专政的国体和人民代表大会制度的政体的统一，这就与资本主义宪政只讲政体、不讲国体的虚伪宪政区别开来了。中国特色社会主义宪政坚持人民代表大会制度的根本政治制度，这就与资本主义宪政的议会制、两院制区别开来了。中国特色社会主义宪政坚持共产党领导的多党合作和政治协商的基本政治制度，这就与资本主义宪政的两党制、多党制区别开来了。

4. 中国特色社会主义宪政坚持以中国化的马克思主义为指导，以全面贯彻落实科学发展观、建设社会主义和谐社会和全面小康社会、实现人民福祉为己任，以维护世界和平、促进世界和谐与发展为其国际责任。这就与资本主义宪政的自由主义理论基础，实质上为资本服务、谋求世界霸权的特征区别开来了。

二、建设社会主义宪政是中国共产党人的长期追求

清末，先进的中国人从日本引进了近现代意义上的宪政概念。康有为指出：“宪政者，民权公议之政也。”①孙中山先生把实行民主宪政作为建国的理想和目标，把中华民国的建国发展分为“军政、训政和宪政”3 个阶段。根据孙中山“三民主义”思想和“五权宪法”精神的解释，“军政”是“以积极武力；扫除一切障碍，奠定民国基础”的“军法之治”；“训政”是“一切军国庶政，悉由国民党完全负责”的“以党治国”，是“约法之治”；“宪政”是“还政于民”的“以宪治国”，是“宪法之治”。然而，孙中山逝世以后，以蒋介石为首的国民党右派背弃了孙中山的民主宪

① 上海市文物保管委员会编：《康有为与保皇会》，上海人民出版社 1983 年版，第 489 页。

政思想，先是实行国民党的“一党专政”，后来在中国共产党和广大人民的斗争下，又不得不实行“宪政”，但实质上搞的是要消灭中国共产党的“假宪政”，是国民党蒋介石集团的真独裁。

中国共产党才是真正带领中国人民追求和实现人民民主宪政和社会主义宪政的先进组织和政治力量。1931 年 11 月在江西瑞金召开的第一次全国苏维埃代表大会通过了《中华苏维埃共和国宪法大纲》，成立了中华苏维埃共和国中央工农民主政府。此举标志着我们党领导的工农民主专政的新型国家政权和工农民主宪政模式的确立。

抗日战争时期，毛泽东把“工农民主共和国”的提法改为“人民共和国”，并在《新民主主义的宪政》一文中明确指出：“宪政是什么？就是民主的政治。”在宪政实践方面，我们党领导的抗日民主政权颁布了《陕甘宁边区施政纲领》、《晋冀鲁豫边区政府施政纲领》、《山东省战时施政纲领》等宪法性文件。解放战争时期，革命根据地先后颁布了《晋察冀边区行政委员会施政要端》、《苏皖边区临时行政委员会施政纲领》、《陕甘宁边区宪法原则》、《东北各省（特别市）民主政府共同施政纲领》、《华北人民政府施政方针》等宪法性文件。我们党领导的革命政权，根据党的民主宪政思想和各项宪法性、法律性文件，在革命根据地进行了人民民主宪政的成功实践。

1949 年 2 月，中共中央发布了《关于废除国民党的六法全书与确立解放区司法原则的指示》，为废除国民党伪宪政、伪法统，建立中华人民共和国的新宪政、新法制，创造了极其重要的政治条件。1949 年 9 月，中国人民政治协商会议第一届全体会议通过了具有临时宪法性质的《中国人民政治协商会议共同纲领》，并通过了《中华人民共和国中央人民政府组织法》，这两个宪法性文件和其他相关法律，奠定了新中国成立初期人民民主宪政和后来社会主义宪政的政治基础。

新中国成立后，虽然我们没有再正式使用社会主义宪政的提法，但并没有放弃中国特色社会主义宪政的探索和实践。

1954 年，毛泽东亲自指导制定了新中国成立以来的第一部《宪法》。这部《宪法》反映了毛泽东思想的社会主义宪政理论，即宪法是国家的根本大法，体现了人民当家作主的民主原则和社会主义原则，确认了中华人民共和国的国体和政体，规定了国家的权力配置和公民的基本权利与义务，并要求严格遵守宪法，维护宪法的权威。在“五四”宪法草案提交第一届全国人大通过前，毛泽东说一个团体要有一个章程，一个国家也要有一个章程，宪法就是一个总章程，是根本大法。他要求，宪法草案通过以后，“全国人民每一个人都要实行，特别是国家机关工作人员要带头实行，首先在座的各位（指出席中央人民政府委员会第三十次会议的各位委员）要实行。不实行就是违反宪法”。[①] 但1957年以后，毛泽东改变了对宪法和法治的看法。在1958年8月召开的协作区主任会议上，毛泽东说：“法律这个东西没有也不行，但我们有我们这一套……民法刑法那么多条，谁记得了。宪法是我参加制定的，我也记不得……刘少奇提出，到底是法治还是人治？看来实际靠人，法律只能作为办事的参考。”[②]“文化大革命”期间，中国的社会主义民主宪政建设受到严重破坏。

邓小平在总结“文化大革命”的沉痛教训时深刻指出，过去发生的各种错误，固然与某些领导人的思想作风有关，但是组织制度、工作制度方面的问题更重要。制度问题更带有根本性、全局性、稳定性和长期性，必须引起全党的高度重视。邓小平指出，必须高度重视社会主义民主法制建设。没有民主，就没有社会主义，就没有社会主义现代化。建设社会主义现代化国家，必须发展社会主义民主，健全社会主义法制，使民主制度化、法制化。宪法是国家的根本法，是治国安邦的总章程。实行法制，首先要有完备周密的宪法。1980年8月，邓小平在中央政治局扩大会议上系统阐述了党和国家领导制度改革的问题。他说，中央正在考虑进行的重大改革，第一项就是将向全国人大提出修改宪法的建议。“要使我们的宪法更加完备、周密、准确，能够切实保证人民真正享有管理国家各级组织和各项企业事业的权力，享有充分的公民权利，要使各少数民族聚居的地方真正实行民族区域自治，要改善人民代表大会制度等。关于不允许权力过分集中的原则，也将在宪法上表现出来。”邓小平的这个讲话，实际上为起草1982年《宪法》确定了重要的指导思想。党的“十二大”报告提出，社会主义民主建设必须同社会主义法制建设紧密结合起来，使社会主义民主制度化、法制化，要求“党必须在宪法和法律的范围内活动”。“从中央到基层，一切党组织和党员的活动都不能同国家的宪法和法律相抵触。党是人民的一部分。党领导人民制定宪法和法律，一经国家权力机关通过，全党必须严格遵守。”在党的“十二大”精神指导下制定的1982年《宪法》，明确要求“各政党都必须以宪法为根本的活动准则，并且负有维护宪法尊严、保证宪法实施的职责”；要求“一切国家机关和武装力量、各政党和各社会团体、各企业事业组织都必须遵守宪法和法律。一切违反宪法和法律的行为，必须予以追究。任何组织或者个人都不得有超越宪法和法律的特权。”

党的“十五大”报告在规划建立社会主义市场经济体制、推进政治体制改革、

① 毛泽东：“关于中华人民共和国宪法草案”，载《毛泽东著作选读》（下册），人民出版社1986年版，第710页。

② 转引自全国人大办公厅编著：《人民代表大会制度建设四十年》，中国民主法制出版社1991年版，第102页。

发展社会主义民主政治的过程中，提出了依法治国的基本方略。依法治国，就是党领导人民，依照宪法和法律规定，通过各种途径和形式管理国家事务，管理经济和文化事业，管理社会事务。依法治国从制度上和法律上保证党的基本路线和基本方针的贯彻实施，保证党始终发挥总览全局、协调各方的领导核心作用。宪法和法律体现了党的主张和人民意志的统一。各级党委、政府、领导干部都要模范地执行宪法和法律，防止和纠正以言代法、以权压法、干扰执法的现象；其言行都不得同宪法、法律相抵触。1993 年和 1999 年，全国人大根据中共中央提出修改宪法的建议，依照法定程序对 1982 年《宪法》进行了两次必要修改，确立了邓小平理论的指导思想地位，规定了共产党领导的多党合作和政治协商制度将长期存在和发展的方针，肯定了国家实行社会主义市场经济的原则，规定了公有制为主体、多种所有制经济共同发展的基本经济制度，以及按劳分配为主体、多种分配方式并存的分配制度，规定了依法治国、建设社会主义法治国家的宪法原则等内容。

以胡锦涛为总书记的党中央高度重视宪法和依宪治国、依宪执政，高度重视《宪法》的学习、宣传和实施。2002 年 12 月 4 日，胡锦涛总书记在首都人民纪念宪法颁布 20 周年大会的讲话中指出："宪法以法律的形式确认了我国各族人民奋斗的成果，规定了国家的根本制度、根本任务和国家生活中最重要的原则，具有最大的权威性和最高的法律效力。"2002 年 12 月 26 日，十六届中央政治局第一次集体学习，就是学习宪法。在这次学习讲座上，胡锦涛总书记强调指出，必须在全社会进一步树立宪法意识和宪法权威，切实保证宪法的贯彻实施，充分发挥宪法对我国社会主义物质文明、政治文明、精神文明协调发展的促进和保障作用。要深入学习、宣传宪法，不断提高全党、全国人民对宪法的重要地位和重要作用、了解宪法的基本知识和基本内容、贯彻落实宪法重大意义的认识，在全社会形成崇尚宪法、遵守宪法、维护宪法的良好氛围。要把学习贯彻"十六大"精神和学习、宣传宪法紧密结合起来，把贯彻实施宪法落实到全面实现"十六大"提出的宏伟目标和各项任务上来。要切实加强法律监督，保证宪法和其他法律得到贯彻实施。这是我们实施依法治国的基本方略、建设社会主义法治国家的根本要求。要加强立法监督和执法监督，坚决纠正各种违宪现象，坚决维护国家法制的统一和尊严。要坚持依法执政，不断加强和改善党的领导。我们党是执政党，应该在贯彻实施宪法上为全社会作出表率。党的各级组织和全体党员都要做遵守宪法的模范，严格依法办事，带动全社会严格贯彻实施宪法。

2003 年 3 月，在十届全国人大一次会议上胡锦涛当选国家主席后庄严表态："我深知担任国家主席这一崇高的职务，使命光荣，责任重大。我一定忠诚地履行宪法赋予的职责，恪尽职守，勤勉工作，竭诚为国家和人民服务，不辜负各位代表和全国各族人民的重托。"2003 年 10 月，胡锦涛总书记在党的十六届三中全会上指出，全面贯彻实施宪法是建设社会主义政治文明的一项根本任务，也是建设社会主义法治国家的一项基础性工作。

2004年3月，根据中共中央提出的对1982年《宪法》进行修改的建议，十届全国人大二次会议对《宪法》进行了必要修改，把"三个代表"重要思想、"三个文明"协调发展、尊重保障人权、保护公民的私有财产不受侵犯等内容，载入了宪法。中共中央专门就学习和贯彻实施宪法发出通知，指出"依法治国，最根本的是依宪治国；依法执政，最根本的是依宪执政"。要求必须进一步学习和贯彻实施宪法。"学习和贯彻实施宪法，有利于我们坚持依法治国和依法执政，加强社会主义法制建设，使党和国家的各项工作、社会生活的各个方面进一步走上制度化、法律化的轨道，为推进改革开放和发展社会主义市场经济，为保持良好的社会秩序和维护社会、政治稳定提供有力的法律保障。"通知要求"要推动宪法在全社会的贯彻实施"。各级党委、人大、政府、政协和人民团体等组织、各级领导干部要深刻认识贯彻实施宪法的重大意义，增强宪法意识，自觉遵守和维护宪法，并同违反宪法、法律和破坏社会主义法制的行为进行斗争。全国人大及其常委会要进一步保证宪法和法律更好地得到落实；地方各级人大及其常委会要进一步推动宪法、法律、行政法规在本行政区域内得到遵守和执行。

2004年9月15日，在纪念全国人大成立50周年的讲话中，胡锦涛总书记进一步明确提出，依法治国首先要依宪治国，依法执政首先要依宪执政，宪法和法律是党的主张和人民意志相统一的体现，是中国建设伟大实践的科学总结。宪法是国家的根本法，是治国安邦的总章程，是保证国家统一、民族团结、经济发展、社会进步和长治久安的法律基础，是党执政兴国、带领全国各族人民建设中国特色社会主义的法制保证。全党同志、全体国家机关工作人员和全国各族人民都要认真学习宪法、遵守宪法、维护宪法，保证宪法在全社会的贯彻实施。2004年9月16日，胡锦涛总书记在十六届四中全会一次会议上又强调说，宪法是中国共产党执政兴国、团结带领全国各族人民建设中国特色社会主义的法制保证，我们要求各级党组织、领导干部和全体党员都要带头学习贯彻宪法，推动宪法在全社会的贯彻实施。

2006年4月21日，胡锦涛主席在美国耶鲁大学的演讲中，进一步阐释了我们建设社会主义宪政的根本目的，就是要坚持以人为本，坚持发展为了人民、发展依靠人民、发展成果由人民共享，关注人的价值、权益和自由，关注人的生活质量、发展潜能和幸福指数，最终是为了实现人的全面发展。保障人民的生存权和发展权仍是中国的首要任务。我们将大力推动经济社会发展，依法保障人民享有自由、民主和人权，实现社会公平和正义，使13亿中国人民过上幸福生活。

新中国成立以来，尽管在我们党和国家的正式文件中没有出现过社会主义宪政这几个字眼，党和国家主要领导人也没有正式使用过"社会主义宪政"这个词，但在理论上和实践中，我们党和国家是一贯重视中国特色社会主义宪政建设的，主要表现在以下几个方面：

第一，用宪法肯定了我们党领导人民在革命、建设和改革开放中取得的胜利成果，明确规定了包括坚持中国共产党领导在内的"四项基本原则"，规定了国家的指导思想和根本任务，规定了社会主义的基本政治制度、基本经济制度、基本社会制度、基本立法体制和司法制度，规定了民主集中制的原则以及国家机构的职能、权力、责任和相互关系。

第二，高度重视发展社会主义民主政治，领导和支持人民当家作主，用宪法规定了国家尊重和保障人权、公民的基本权利和义务、人民民主专政的国体、人民代表大会制度的政体、民族区域自治制度、基层民主制度、中央和地方的关系、"一国两制"构想等。

第三，高度重视依宪立国、依宪治国、依宪执政，重视宪法的制定和修改、宪法的权威和作用、宪法的贯彻实施、宪法的学习和宣传。规定了宪法的最高法律效力和法律地位，规定了依法治国、建设社会主义法治国家的宪法原则，法律面前人人平等的原则，遵守宪法和法律的原则等。所有这些，都记载了我们党领导全国各族人民进行社会主义宪政建设的伟大成就，集中反映了我国社会主义宪政建设的成功经验和丰富内涵。

历史发展到21世纪，我们应当用一个更具包容性、更有解释力、简洁明快、在国际上可以通行的上位概念，来全面概括和表达中国特色社会主义民主政治和法治建设的科学内涵，引领中国未来民主法治的发展，从制度上、程序上落实"三者有机统一"的社会主义政治文明的本质要求，这个概念应当是"社会主义宪政"。因为，"宪政是一个比法治或法治国更高的抽象概念。"①

三、中国特色社会主义宪政的主要功能

高举社会主义宪政旗帜，建设中国特色社会主义宪政，是对我国改革开放以来、特别是党的"十六大"以来，中国特色社会主义民主政治建设、党的执政能力建设、社会主义法治国家建设、以人为本和尊重保障人权、依宪治国和依宪执政等社会主义政治文明进步的新总结，是从制度上、程序上对"坚持党的领导、人民当家作主和依法治国"三者有机统一的新探索，是适应中国特色社会主义经济建设、政治建设、文化建设、社会建设四位一体总体布局需要的新举措，是深入推进政治体

① ［美］丹尼尔·S.勒夫："社会运动、宪政与人权"，姚建宗译，载《宪法比较研究文集》，山东人民出版社1993年版，第274页。

制改革、全面落实依法治国基本方略、加快建设社会主义法治国家的新思路。在我国社会主义条件下，中国特色社会主义宪政具有以下主要功能。

（一）确立宪法的最高权威，保证党的领导和执政

任何国家和社会的管理，都需要权力和权威。但有权力不等于有权威。在人治社会中，个人的魅力、文韬武略、军功政绩等，是其权力具有权威性的主要基础；在法治社会中，依照体现人民意志的宪法和法律获得权力、行使权力和变更权力，是其权力具有权威性的主要基础，即合法性基础。在我国，公权力的权威性是建立在宪法体现党的主张和人民意志相统一、具有最高法律地位和最高法律效力的合法性基础上的。这种宪法权威是我们党在和平年代长期执政的条件下，执掌国家政权、领导和支持人民当家作主的合法性基础。中国特色社会主义宪政，一方面，通过党领导人民制定宪法和法律，党也带头并领导人民自觉遵守宪法和法律，确立最高的宪法权威；另一方面，通过实施宪政、维护宪法权威，保证宪法规定的坚持党的领导和党的基本路线方针政策得以实现。

（二）调整最重要的社会关系，为构建社会主义和谐社会提供宪政保障

中国特色社会主义宪政通过对公民权利与国家权力的规定，区分各自的界限和相互关系；在国家机关之间进行合理的权力配置，规定各国家机关的设置、相互关系及其权限和责任；在中央与地方之间、地方与地方之间，划分各自的权限和职责，形成中央与地方、地方与地方合理的权力关系、恰当的利益格局；根据民族区域自治的宪法原则及其基本政治制度，在多数民族与少数民族之间、少数民族与少数民族之间作出明确规定，构建平等和睦的民族关系。

中国特色社会主义宪政通过对国家中最重要的各种关系的调整，对社会中最重大的各种利益的平衡，对国家和社会中最主要的行为规则的预定，充分发挥它在解决重大矛盾冲突、衡平重大利益诉求、维护社会稳定、民族团结和国家长治久安、保证重大社会关系和谐有序等方面最重要的调节器和安全阀的作用，从而保证我们党领导和执政的政治权威与宪法权威统一起来。

（三）合理配置国家权力，保障国家权力秩序

中国特色社会主义宪政坚持人民主权原则。人民通过国家权力机关和法定程序，制定宪法和组织法、立法法等其他法律，把人民的主权权力合理地分配给国家权力机关、行政机关、审判机关、检察机关，分配给中央和地方、地方和地方，并要求它们根据宪法和法律的规定行使职权、履行职责，保证国家机器高效有序地运行。

（四）尊重和保障人权，确认和保护公民的基本权利

中国特色社会主义宪政坚持以人为本的原则，确认人民是国家和社会的主人，人民通过在宪法中规定保障人权的原则和列举各项基本权利的方式，规定自己的根本利益要求，以获得最有效的法治保障。在规定公民享有基本权利的同时，也要求公民必须履行有关的基本义务。

（五）规范和制约公权力，防止权力滥用

中国特色社会主义宪政按照民主集中制的原则，通过宪法和法律构建以权利制约权力和以权力制约权力的机制，规范国家权力，防止少数人利用国家权力危害社会。中国特色社会主义宪政在规范和制约国家权力方面，一是强调国家权力来源于人民并应服务于人民；二是确定国家主权权力的主体是人民，尽可能避免国家权力运行中的"错位"、"越位"和"不到位"；三是确定国家权力的内容、范围、形式原则与方式，尽可能地防止国家权力的不当膨胀和越权行使，尽可能保证国家权力在法定轨道上运行；四是确定对国家权力的监督，防止和避免国家机关及其工作人员腐败和懈怠的可能性。

四、加强中国特色社会主义宪政建设的重要意义

在贯彻党的"十七大"精神，全面落实科学发展观，大力推进社会主义经济、政治、文化和社会协调发展的新的历史条件下，在建设社会主义和谐社会和法治国家、深化政治体制改革的新形势下，加强中国特色社会主义宪政建设，具有十分重要的现实意义。

（一）加强中国特色社会主义宪政建设，是实现"三者有机统一"的需要

"坚持党的领导、人民当家作主和依法治国的有机统一"，是新中国成立以来党对三者关系不断探索取得的重大理论成果。党的领导是人民当家作主和依法治国的根本保证，人民当家作主是社会主义民主的本质要求，依法治国是党领导人民治理国家的基本方略。"坚持党的领导、人民当家作主和依法治国"，是构成社会主义政治文明本质特征和中国特色社会主义宪政的3个基本要素。三者有机联系、相辅相成、辩证统一。在观念形态上，三者统一于中国化的马克思主义，统一于以人为本、全面协调可持续的科学发展观；在实践形态上，三者统一于社会主义民主政治建设的实践之中，统一于社会主义现代化建设的全过程；在制度形态上，三者统一于社会主义宪法。通过中国特色社会主义宪政的制度化、宪法化安排，用根本大法和民主制度的形式，把坚持党的领导、人民当家作主和依法治国三者明确肯定下来、有机统一起来，进而从中国特色社会主义宪政体制上有效保证党的基本路线、方针、政策的贯彻实施，保证党的政治权威和执政地位，保证党始终发挥总览全局、协调各方的领导核心作用，保证人民当家作主和依法治国的实现。

（二）加强中国特色社会主义宪政建设，是推进、规范和保证政治体制改革顺利进行的需要

在全面建设小康社会和构建社会主义和谐社会的进程中，中国特色社会主义

宪政是我国民主政治的建设理论和政治和谐的制度安排。在深化政治体制改革的方略上，中国特色社会主义宪政要求从过去的改革政治体制转变为建设政治制度，由过去的解构主义转变为建构主义，由先改革后“变法”、可以突破宪法和法治的改革，转变为在宪法和法律的框架内，在法治的轨道上，通过推进依法治国、依法执政和各项制度建设，实现建设政治制度、完善政治体制的目标。在深化政治体制改革的思路上，中国特色社会主义宪政要求由过去的“党政分开”向“三者有机统一”转变，建立和谐有序的党政关系、党法关系、执政党与民主党派的关系、党民关系、中央和地方关系、民族关系，等等。在深化政治体制改革的内容上，中国特色社会主义宪政要求全面加强制度建设和体制改革，把经济体制、文化体制、社会体制、政治体制、法律制度等都纳入制度建设和广义政治体制改革的范畴，在党的领导下，统一规划、协调安排、有序推进。在深化政治体制改革的原则上，中国特色社会主义宪政要求政治制度建设和政治体制改革必须有利于增强党和国家的活力，有利于调动人民群众的积极性、主动性、创造性，有利于维护国家统一、民族团结与社会和谐稳定，有利于促进经济发展和社会全面进步。

（三）加强中国特色社会主义宪政建设，是全面贯彻落实科学发展观、构建社会主义和谐社会、维护民族团结、保证社会稳定和国家长治久安的需要

构建社会主义和谐社会，是我们党全面贯彻落实科学发展观，从中国特色社会主义事业总体布局和全面建设小康社会全局出发提出的重大战略任务。如何从法律上、制度上落实科学发展观，保障并推进社会主义和谐社会建设，是新形势下中国特色社会主义民主政治建设和法治发展面临的新课题、新任务。把科学发展观落到实处的一条重要途径，就是要从宪法和法律上体现统筹城乡发展、统筹区域发展、统筹经济社会发展、统筹人和自然和谐发展、统筹国内发展和对外开放的要求，把我们党在贯彻落实科学发展观方面的基本路线、方针、政策同人民意志统一起来，通过法定程序转变为国家意志，制定为国家法律，通过推进依法治国、依宪治国来全面贯彻落实科学发展观。任何社会都不可能没有矛盾。构建社会主义和谐社会是一个不断化解社会矛盾的持续过程。宪政则是人类政治文明创造的预防和化解社会矛盾，尤其是预防和化解重大政治社会矛盾的最重要、最有效的制度设计。当代很多国家发生过政治社会危机，有的危机演变为军事政变、内战、动乱等暴力冲突，常常通过武力、流血、镇压等暴力方式来解决；有的危机则转化为宪政问题，往往通过理性、和平、法治、民主等宪政方式来解决。社会主义制度的建立，从根本上消除了在人民内部产生严重对抗的重大社会矛盾的政治和经济根源，共产党的领导和执政为构建社会主义和谐社会提供了根本的政治保障。但社会主义和谐社会仍然是充满矛盾的社会，有些矛盾在特殊时期的特定情况下，还会表现得异常尖锐复杂。中国特色社会主义宪政作为化解社会矛盾的调整器和安全阀，不仅通过民事、刑事和行政的法治方式，预防和解决一般性质的社会矛盾，更重要的是，它通过宪法及其实施机制，对具有政治性质和其他性质的重大矛盾防患于未然，预防和化解可能发生的重大政治社会危机，使社会保持最大限度的理性、秩序、和平与和谐。

制度是社会公平正义的根本保障，也是民族团结、社会稳定、国家长治久安的重要保障。实行中国特色社会主义宪政，就是人民在党的领导下，通过民主立宪对国家的基本政治、经济、社会和文化等制度做出合理安排，对各种重大利益和基本权利进行公平分配，对国家机构的各类权力和政治资源进行科学配置，对各种重大社会关系进行公正调整，使它们处于和谐有序、张弛有度的状态；通过适时释宪和修宪，使宪法能够不断适应政治、经济、社会、文化发展变迁的情势；通过有效行宪和护宪，保证共产党的领导、人民当家作主和依法治国的有机统一，保证体现人民根本利益和意志的立宪目标的实现。中国特色社会主义宪政的这种制度原理和运作机制，是我们跳出"人存政举、人亡政息"周期律，实现民族团结、社会稳定、国家长治久安的最可靠、最稳定也是最有效的制度保证。

（四）加强中国特色社会主义宪政建设，是坚持民主政治建设正确方向的需要

建设中国特色社会主义宪政，应当坚持正确的方向，既要警惕"右"，更要防止"左"。我们要高度警惕西方敌对势力、敌对分子和国内外自由化分子利用民主、自由、人权、宪政之类的幌子否定"四项基本原则"，否定"三者有机统一"，否定中国特色社会主义；警惕他们打着民主、自由、人权、宪政等旗号对我进行"分化"、"西化"与"颜色革命"；更要防止把社会主义与宪政对立起来，把宪政奉为资产阶级专利，防止把建设中国特色社会主义宪政与坚持"四项基本原则"及推进"四位一体"建设对立起来，防止各种否定和歪曲中国特色社会主义宪政的言行。

事实上，宪政与民主、人权、宪法、共和、主权等概念，都是人类政治智慧和政治文明的共同成果。过去我们有少数人曾经对社会主义中国使用"法治"、"人权"、"公平正义"、"民主自由"等概念表示质疑甚至诘难，但最终都没有能够挡住科学和历史前进的车轮。正如市场经济没有"姓资"、"姓社"的问题一样，宪政也不是资产阶级的专利。宪政是民主政治的一种实现形式，资本主义可以有宪政，社会主义也可以而且应当有比资本主义更具有优越性、真实性的宪政。资产阶级利用宪政来为资产阶级专政和资本主义社会服务，无产阶级更应该充分发挥宪政在巩固人民民主专政和实现社会主义现代化中的作用。中国特色社会主义宪政这块阵地，我们不占领，就等于拱手让给了敌人；中国特色社会主义宪政这个旗帜，我们不高举，就会在道义上受制于人；中国特色社会主义宪政这个武器，我们不使用，就会在政治上被动挨打。

如何对待西方发明的政治概念，并不是一个新问题。毛泽东曾说过："讲到宪政，资产阶级是先行的。英国也好，法国也好，美国也好，资产阶级都有过革命时期，宪法就是他们在那个时候搞起的。我们对资产阶级民主不能一笔抹杀，说他们的宪法在历史上没有地位。"①解放思想，从实际出发，实事求是，是马克思主义活的灵魂，是我们党的思想路线。毛泽东从中国革命的实际需要出发，使用过新民主主义宪政的提法。尽管后来他没有再使用"宪政"这个词，但是他亲自领导了1954年《宪法》的制定，实践了中国特色社会主义宪政理念。如果我们以毛泽东的言行作为决定是否采用中国特色社会主义宪政概念的唯一标准，而不从新世纪、新阶段、新形势的实际出发，不与时俱进，那么，在这种"两个凡是"的思维定式下，不仅中国特色社会主义宪政的概念不能使用，而且改革开放的许多理论创新和制度创新的成果，也都会备受质疑。

（五）加强中国特色社会主义宪政建设，是我国在对外关系中树立良好形象、争取国际话语主动权的需要

宪政是国际上通行的概念，也是包括联合国在内的多数国际组织和国家评价一个国家的政治体制、法律和社会制度、政治文化等是否符合民主、自由、人权、法治等价值的重要标准。我们高举社会主义宪政旗帜，加强中国特色社会主义宪政的理论和制度建设，有利于进一步提高我国在国际上的良好政治形象，争取得到更多的道义和法理支持；有利于我们在国际上就宪政问题与西方政治文化背景的国家、组织和人士交流与沟通，增进它们对我国民主政治制度和法律制度的理解；有利于在国际政治领域的斗争与合作中争取话语主动权，更为有效地向国际社会宣传我国社会主义民主政治和法制建设的理念和成就。

尤其是，国际上的敌对分子和敌对势力经常用"中国是专制而不是民主宪政国家"等"颜色革命"的恶毒话语来攻击我们。我们高举起中国特色社会主义宪政的旗帜，循序渐进地推进中国特色社会主义宪政建设，旗帜鲜明地宣传我国宪政建设的成就，用中国特色社会主义宪政理念及其实践的成就回击各种恶意的攻击，有利于捍卫我国的政治主权和民族尊严，维护国家利益。

宪政是我国台湾同胞普遍认同和使用的概念。有些我国台湾地区学者和民众反对台湾与大陆统一的主要理由，就是他们认为大陆实行的不是民主宪政体制。我们高擎起社会主义宪政旗帜，努力建设中国特色社会主义宪政，有利于争取台湾同胞和海内外华人对我政权的理解和认同，进而推动台湾问题的和平解决。甚至可以设想，在将来具备条件时，用"民主宪政"的理念和制度设计来统一中国。

（2008年第3期）

① 《毛泽东文选》（第6卷），人民出版社1999年版，第326页。

政府信息公开为何屡遇“玻璃门”
——评《政府信息公开条例》第一案

陈　仪*

一、问题的提出

近年来，我国政府加快了提高政府透明度，打造“阳光政府”的步伐，大力推行政府信息公开制度。自2002年我国第一部地方信息公开立法《广州市政府信息公开规定》颁布以来，全国已有31个省（自治区、直辖市）和36个国务院部门制定了政务公开规定，其中，11个省（自治区、直辖市）制定了政府信息公开的地方性法规，①不少省会城市、较大市也颁布实施了信息公开的地方性规定。但各地的政府信息公开规定颁布实施之后，当市民真的去查询这些政府信息时，却频频遭遇“红灯”。② 公众被拒后向法院起诉，法院也常以“于法无据”为由不予受理。这表明尽管信息公开已经成为一种趋势，但是，由部门规章、内部规定、特权意识等组成的“玻璃门”③已挡住了政府信息公开的步伐。因此，当《政府信息公开条例》（以下简称《条例》）于2008年5月1日正式生效时，公众不由得对《条例》寄予厚望，期待《条例》的实施能够打破阻碍政府信息公开的一道道无形的“玻璃门”。

但是，在《条例》实施后的第一个工作日——5月4日，当湖南省汝城县黄由俭、邓柏松等5人向县政府递交了《政府信息公开申请书》，请求县政府公布有关原县自来水公司改制的调查报告时，却依然遭遇了行政和司法的双重“玻璃门”。据报道，接到申请书的政府官员先是“一愣”，然后“当场拒绝”，理由是调查报告“不属信息公开的范围”。5月5日，黄由俭等人向法院提起了诉讼。据悉，这是

---

* 作者单位：苏州大学法学院。

本文为江苏省人民政府2008年政府法制研究课题“行政程序立法中若干具体问题研究”（2008jsfzbb011）的阶段性成果。

① 李丽：“《政府信息公开条例》今年有望出台”，载《中国青年报》2006年9月27日。

② 例如，2005年董铭告上海市房管局拒绝信息公开一案，被告即以房产登记信息属于个人隐私为由拒绝公开，但案件审理中，却又当庭出示了部分申请公开的文件。又如，在2006年1月河南首例政府信息公开案中，郑州市虽已出台《郑州市政府信息公开规定》，被告郑州市城市规划局和城建档案馆却以停车位规划属于秘密级档案为由拒绝公开相关信息。

③ “玻璃门”是一种比喻，意指看着是敞开的实则进不去。

《条例》正式实施以来,全国首例市民状告"政府信息不公开"的行政诉讼案。① 但汝城县政府坚持认为:(1)调查报告不能代表政府意见,只是供领导参考使用的,因此,政府调查报告不属信息公开的范围。(2)有关原自来水公司改制情况的调查报告是在2007年作出的,而《条例》是2008年5月1日才实施的,按照法不溯及既往的原则,此调查报告不受《条例》的约束。(3)"民告官"的行政诉讼只能对行政机关的具体行政行为起诉,而有关部门作出的调查报告是抽象行政行为,同时,这一调查报告并没有对黄由俭、邓柏松等5人的权益造成侵害,也没有要他们履行某种义务,因此,5人并不具备诉讼主体资格。② 法院也以本案"涉及企业改制问题,不属于行政诉讼范围"为由不予受理。③《政府信息公开条例》实施后的第一案也遭遇"玻璃门"的事实令满怀期待的公众备感失望,但单纯的失望无助于问题的解决,在感性的失望之余,从法律的角度理性分析本案中的政府调查报告是否不属于政府信息公开的范围,为何在有了信息公开的法律依据之后,公众行使知情权的努力仍屡屡碰壁将更具意义。

二、政府调查报告是否不属于信息公开的范围

(一)以《条例》为依据,政府调查报告应否公开

汝城县政府拒绝公开调查报告的最主要理由是该报告不能代表政府意见,只是供领导参考使用,因此,不属于公开的范围。该理由触及了《条例》实施过程中的一个核心问题和难点,即哪些信息属于可公开的信息,哪些属于不可公开的信息。

我国《条例》第9条至第12条以浓重笔墨对政府应主动公开的事项作了比较详细的规定,明确政府应该主动公开4类事项,并具体规定了各级政府及其工作部门应重点公开的政府信息。但这些关于政府主动公开信息事项的规定并不能适用于本案,因为,本案所涉及的是政府信息公开中的另一种方式,也是最主要方式——依公众申请公开,而《条例》恰恰在政府依申请公开的事项上规定得十分含糊。

《条例》第13条规定,公民、法人或者其他组织可以根据自身生产、生活、科研等特殊需要,向国务院部门、地方各级人民政府及县级以上地方人民政府部门申请获取相关政府信息。第14条第2款规定,行政机关不得公开涉及国家秘密、商业

① 赵文明:"透视政府信息公开条例实施后第一案",载《法制日报》2008年5月6日。

② 同上。

③ 吴焰:"信息公开,还需再拆'玻璃门'",载《人民日报》2008年5月9日。

秘密、个人隐私的政府信息。但是,经权利人同意公开或者行政机关认为不公开可能对公共利益造成重大影响的涉及商业秘密、个人隐私的政府信息,可以予以公开。从该款的规定来看,《条例》规定的免除公开的事项是非常少的,只有国家秘密、商业秘密、个人隐私 3 项,并且,即使是属于国家秘密、商业秘密、个人隐私的信息也并非绝对不公开,如不公开可能会对公共利益造成重大影响的,也可公开。因此,我们似乎可以得出结论,当公众向政府提出公开信息的申请时,除了涉及国家秘密、商业秘密、个人隐私的信息以外,绝大多数的政府信息都应当公开,因此,我国政府信息公开的范围是非常广的。

遗憾的是,事实并非如此:首先,《条例》并未对国家秘密、商业秘密和个人隐私加以界定,这就给行政机关留下了很大的自由裁量余地,对于不愿公开的信息,行政机关可以将之归入国家秘密、商业秘密和个人隐私的"大口袋"而拒绝公开。如在河南省首例政府信息公开案中,"咪表"停车位规划竟被解释为属于国家秘密而被拒绝公开。[①] "商业秘密"也经常被随意打扮——当社会舆论一再强烈要求公布商品房社会成本价时,很多地方政府部门正是以"商业秘密"为由,置之不理。其次,由于《条例》并未明确规定"以公开为原则,以不公开为例外"的原则,[②]且第 14 条第 1 款又规定,行政机关在公开政府信息前,应当依照《保守国家秘密法》(以下简称《保密法》)以及其他法律、法规和国家有关规定对拟公开的政府信息进行审查,这就使得免于公开的事项范围在实际中得到了极大的扩张。根据《保密法》第 14 条第 2 款的要求,政府审查信息是否应当公开时,不仅要确保其不属于国家秘密、商业秘密、个人隐私,还要依照《保密法》、《档案法》等法律、法规进行审查。而我国目前的《保密法》、《档案法》均形成于 20 世纪 80 年代,对保密的范围规定过宽,保密的标准规定过严,确定秘级的程序过于简单,与信息公开的原则和理念存在冲突。因此,在《保密法》、《档案法》修改之前,有大量的政府信息将无法得以公开。更为严重的是,从"其他法律、法规和国家有关规定"的立法用语来看,行政机关在审查信息是否应该公开时,除了要以法律、法规为依据,还要依照"国家有关规定",这也就意味着规章乃至其他规范性文件均可成为审查信息是否公开的依据。这就使行政机关有可能通过制定规范性文件的方式,为政府信息公开设定

---

① 李钧德:"'阳光政府'遭遇'玻璃门'——河南省首例政府信息公开案调查",载《成都日报》2006 年 5 月 10 日。

② 尽管有专家声称《条例》确定了"以公开为原则,以不公开为例外"的原则,但无论是在《条例》的第一章"总则",还是第二章"公开范围"部分,均未出现"以公开为原则,以不公开为例外"的明确表述。而之前,在不少地方的信息公开立法和《政府信息公开条例专家建议稿》中,都已明确规定了"以公开为原则,以不公开为例外"的原则,这让我们很难相信《条例》对此原则未作规定仅仅是简单的立法疏漏。

各种排除事项，从而逃避公开信息的义务。[1] 以本案为例，政府相关部门对原自来水公司改制的调查报告应该并不属于《条例》第14条第4款明确排除的国家秘密、商业秘密、个人隐私这3项，理应公开。汝城县建设局向黄由俭等人提供的回函中的部分内容与县政府不同意公开的那份调查报告十分相似的事实也从侧面证明该调查报告中并未涉及国家秘密、商业秘密或个人隐私等应保护的内容，没有免除公开的正当理由。但当地政府会不会也将其定为"秘密"文件从而排除公开，该调查报告是否会落入《条例》第14条第2款"其他法律、法规或规定"的排除范围，则一时难以判断。由于其他规范性文件的制定程序相对简单，行政机关通过制定规范性文件来确定免除公开的事项十分容易，实践中，很有可能出现各部门自定规则，设定形形色色的免于公开事项，从而架空《条例》，致公众的知情权落空。因此，第14条表面上看只规定了3项免除公开的事项，但实际上，却使免除公开事项具备了无限扩大化的可能。笔者认为，这是《条例》的一个重大缺陷。从国外信息公开立法经验来看，信息公开制度应遵循"以公开为原则，以不公开为例外"的基本原则，政府机关所拥有的公共信息原则上都应对公众公开，除非法律明确规定该信息可以免除公开。各国在信息公开立法中通常采用排除的方式，明确列举免除公开的信息范围，以此来界定信息公开制度的例外。只要是不属于排除事项的信息，民众均可申请。因此，"以公开为原则，以不公开为例外"原则的确立和对免除公开事项的规定应该是政府信息公开立法的核心内容，本应由《条例》予以明确，而不应留给各政府部门去各自设限，以避免使《条例》成为一纸空文。

（二）以其他国家和地区立法例为依据，政府调查报告应否公开

如果我们撇开《条例》规定得过于笼统、原则而又不确定的例外事项，参考其他国家和地区的信息公开立法与司法实践，就可以发现汝城县政府所提出的"调查报告不属于信息公开范围"的理由并非毫无道理。从各国信息公开立法来看，政府信息公开的例外主要包括以下事项：(1)国家秘密。(2)根据其他法律的明确规定不予公开的信息。(3)与公众无关的、纯粹的机关内部人事规则与制度。(4)企业的商业秘密或者以不公开为条件由企业向行政机关提供的其他信息。但是，这种例外只适用于由相对人而非行政机关提供的信息，行政机关自己制作的信息通常不能适用这条例外。(5)凡公开后会对个人隐私造成明显侵害的个人信息，如个人资料、医疗档案等。但有以下情况之一的除外：法律、法规规定公众可查

[1] 如2008年5月4日教育部就颁布了《教育部机关政府信息公开实施办法》，该办法"细化"了政府信息公开条例中不予公开的信息范围，除了国家秘密、商业秘密、个人隐私外，还规定对"正在调查、讨论、审议、处理过程中的信息"不予公开，由此引起了批评。媒体评论认为，将"正在调查、讨论、审议、处理过程中的信息"纳入不公开范围，有对信息公开重新设限之嫌，而及时公布"正在调查、讨论、审议、处理过程中的信息"，恰恰是政府信息公开必不可少的内容。

阅的个人信息;为保护人的生命、健康或财产有必要公开的个人信息;与行政机关工作人员履行职务义务相关的个人信息;个人信息的记录对象同意公开的。(6)机关内部和机关之间的备忘录(inter - agency or intra - agency memorandums or letters)。(7)与刑事执法有关,公开后会影响犯罪侦查、公诉、审判与执行刑罚,或者影响被告人公平受审判权利的信息。

汝城县政府工作人员声称调查报告并不代表政府意见,只是供领导参考使用的,这其实是以调查报告是机关内部和机关之间的备忘录为由而主张免除公开。从各国信息公开立法来看,行政机关的最后决定如果具有政策或法律性质,必须对外公开,解释或支持最后决定的理由也不能拒绝公开。而准备过程中的文件不代表机关的最后决定,为了鼓励行政机关在作决定之前充分交换意见,并避免过早的公开会引起误解和对程序可能产生妨碍,[①]因此,法律不要求公开全部文件。美国的《信息自由法》即规定"私人和行政机关在进行诉讼时,在法律上不能利用的行政机关之间或机关内部的备忘录或函件"免除公开。澳大利亚的《信息自由法》第36条也规定行政机关的内部工作文件免于公开,即"如果申请公开的事项性质上属于或关于在行政机关或部长考虑过程中获得的或记录下来的主张、建议、讨论,或是为行政机关或部长考虑而准备的意见、建议、咨询,并且公开该文件将有违公共利益,则该文件属于免除公开的范围。"

但需要注意的是,准备过程中的文件并非一律免除公开。根据美国《信息自由法》的规定,免除公开的备忘录仅限于私人在和行政机关进行诉讼时,在法律上不能利用的文件,因此,纯粹表示事实资料的文件、律师建议不起诉的备忘录等,不能免除公开。而根据澳大利亚《信息自由法》的规定,该项免除公开事项仅仅保护记录了"考虑"过程的文件,而并不保护纯粹的"事实或统计材料"。同时,该项豁免不适用于行政机关在考虑过程中取得的科学或技术专家的报告,也不适用于行政机关所指定的内设机构出具的报告,同样也不适用于行政机关在执法或行使裁判职能中最终决定的记录或对其理由的正式陈述。[②] 因此,本案所争议的调查报告如果仅系纯粹表现事实资料的文件,则该调查报告不应属于免除公开的范围。即使该报告记录了"考虑"过程,按照澳大利亚《信息自由法》的规定,由于该调查报告是由县政府安排建设局先进行调查,后又组织县政府办经研室、建设局、财政局、审计局、国资中心、法制办、自来水公司等单位(企业),对该公司开展联合调查形成的,系"行政机关指定的内设机构出具的报告",因此仍然不能免除公开。最后,即使该调查报告不是纯粹的表现事实资料的文件,也不是行政机关指定的内设

① 王名扬著:《美国行政法》(下),中国法制出版社1995年版,第991页。

② 参见澳大利亚《信息自由法》第36条第6款。

机构出具的报告,也并非绝对免除公开,根据澳大利亚《信息自由法》的规定,行政机关内部和机关之间的文件,只有当公开该文件将有违公共利益时,方可免于公开,即行政机关若想适用该免除事项拒绝公开,必须证明公开该文件将有违公共利益,否则不得拒绝公开。

此外,本案中的调查报告是因汝城县原自来水公司黄由俭等职工向郴州市信访局反映该公司在改制过程中有重大国有资产流失等问题后,"为了稳妥处理自来水公司改制中存在的问题,给广大干部职工一份合理的解释",由县政府组织有关部门调查形成的。即使县政府主张调查报告属于内部工作文件可以免除公开,但行政机关的最终决定无论如何必须向公众公开。因此,对职工反映的问题,政府在调查之后理应作出正式的调查结论,并对其理由进行详细说明,"给广大干部职工一份合理的解释",而不能调查之后草草了事,久拖不决,拒绝公开。

从上述关于"行政机关内部工作报告"这一免除公开事项的分析可以看出,国外信息公开立法对免除公开事项的规定极其详尽,不仅明确界定每一项免除公开事项的范围,还规定了一些例外事项。同时,对免除公开的事项往往还设定了公共利益条款,在公众请求公开的信息属于免除公开事项时,行政机关并不能一律拒绝公开,而必须将公开信息的公共利益与拒绝公开所保护的利益进行利益衡量,如果公开信息的公共利益大于拒绝公开所保护的利益,该信息也应该公开,并且,如果对是否属于免除公开事项以及利益衡量判断产生争议时,其最终的解释、判断权力属于法院而非行政机关。这些详尽甚至略显复杂的立法规定和强大的司法保障使政府信息公开的范围较为明晰,限制了行政机关的自由裁量权,使行政机关无法随意解释扩大免除公开事项的范围,有效地保障了公众知情权的实现,值得我国借鉴。

三、《政府信息公开条例》是否具有溯及力

本案还涉及了《条例》是否具有溯及力的问题,主要表现在对《条例》第38条理解的分歧上。

《条例》第38条规定,本条例自2008年5月1日起施行。汝城县政府据此认为有关原自来水公司改制情况的调查报告是在2007年作出的,因此,按照法不溯及既往的原则,此调查报告不受《条例》的约束。但有学者认为,法不溯及既往的原则在这里引用值得商榷。因为按照《条例》的规定,凡是政府信息只要不涉及机密,都可以公开。而在本案中,因为原自来水公司改制涉嫌违法的事情还没有处理,而调查对象县自来水公司还存在,调查报告依旧有效,还谈不上"法不溯及既

往”的事。①

笔者认为，法的“溯及既往”是指是否溯及“事件和行为”，而不是指是否溯及“主体”（公民、法人）②或“客体”。主持《立法法》起草工作的全国人大常委会副秘书长乔晓阳即认为：“法的溯及力是指法是否溯及既往的效力的问题。即法对其生效之前的事件和行为是否适用的问题。”③国务院法制办主任曹康泰也认为：“法不溯及既往是指法律的规定仅适用于法律文件颁布生效以后的事件和行为，对于法律文件生效之前的事件和行为不适用。”④

可见，法的“溯及既往”是指是否溯及“事件”或“行为”，而不是指是否溯及“主体”或“客体”，并且，对于一种行为的持续状态有明确期限的，在该期限内，不能用新的法律标准加以改变，否则属于溯及既往；一种行为的持续状态没有明确期限的，新法生效后，可以用新的法律标准去改变新法生效前的行为状态，这不属于溯及既往。⑤ 在本案中，《条例》所适用的对象是某类“客体”，即行政机关拥有的文件（信息），这些信息不应区分过去的信息，还是现在的信息。《条例》调整的范围是行政机关的“行为”，准确地说，是行政机关占有、管理信息的行为。由于行政机关一旦取得某种信息之后，该信息就一直处于其占有和管理之下，行政机关对信息的占有和管理一直处于延续状态，并没有明确期限。因此，新法生效后，可以用新的法律标准去改变新法生效前的行为状态，这不属于溯及既往。《条例》规定自2008年5月1日起施行，其立法意图应是指从2008年5月1日起，各级行政机关占有和管理的信息的行为应当受《条例》拘束，即必须将相关信息予以公开，包括主动公开和依申请公开，而绝不意味着在2008年5月1日之间或之前形成的文件不受《条例》拘束。否则，如果只有在2008年5月1日之后形成的文件，公众方可请求公开，那么，《条例》所调整的范围将是极其有限的，《条例》实施后的很长一段时间，公众也很难实际行使请求权。故而，只要是政府所拥有的信息，无论其形成年限，也无论相关事项是否还在处理中，该文件是否依旧有效，只要该信息在2008年5月1日后仍为行政机关所拥有或管理，那么从2008年5月1日起，政府就有义务公开。

当然，对《条例》是否适用于《条例》生效前形成的文件，最好的消除歧义的方

---

① 赵文明：“透视政府信息公开条例实施后第一案”，载《法制日报》2008年5月6日。

② 胡建淼：“关于理解与掌握‘法不溯及既往’原则中应注意的几个理论与实践问题——从一出租车司机状告市政府的行政案件谈起”，载《法学》2001年第12期。

③ 乔晓阳主编：《立法法讲话》，中国民主法制出版社2000年版，第291页。

④ 曹康泰主编：《中华人民共和国立法法释义》，中国法制出版社2000年版，第203页。

⑤ 胡建淼：“关于理解与掌握‘法不溯及既往’原则中应注意的几个理论与实践问题——从一出租车司机状告市政府的行政案件谈起”，载《法学》2001年第12期。

法是由立法予以明确。如澳大利亚《信息自由法》第 12 条就规定，公众无权按照本法请求行政机关公开在本法实施 5 年前即已成为行政机关文件的信息，除非该文件包含其本人的个人信息或与其企业、商业、金融事务有关的信息，或公开该文件对于其正确理解他已合法获得的另一份政府文件来说是必要的。也就是说，澳大利亚《信息自由法》原则上不适用于该法颁布 5 年前的政府信息，这也就避免了立法歧义的产生。

四、政府调查报告是否属抽象行政行为，黄由俭等人是否具备原告资格

汝城县政府还提出了政府调查报告是抽象行政行为，黄由俭等人不具备原告资格的问题。应该说汝城县政府的这一理解混淆了本案的诉讼标的，表现出我国不少行政机关在面对信息公开诉讼这一新生事物时的不了解和不适应。事实上，本案中黄由俭等原告所起诉的行为并非相关政府部门制定调查报告的行为，而是针对县政府拒绝公开政府信息的行为。因此，根本无须讨论制作调查报告的行为是具体行政行为还是抽象行政行为。[①] 以调查报告属于抽象行政行为为由认为本案不属于行政诉讼受案范围的说法是站不住脚的。《条例》第 33 条第 2 款明确规定："公民、法人或者其他组织认为行政机关在政府信息公开工作中的具体行政行为侵犯其合法权益的，可以依法申请行政复议或者提起行政诉讼。"依此规定，行政机关拒绝信息公开申请的行为应属于典型的"政府信息公开工作中"的行为，并且该拒绝公开行为是针对特定的申请人、特定的申请事项，因此，又是一个典型的具体行政行为。同时，"合法权益"而非"人身权、财产权"的立法措辞，意味着公民提起信息公开诉讼时可以直接以其"知情权"受侵犯为理由提起行政诉讼，而不必受《行政诉讼法》第 11 条第 1 款所规定的"人身权、财产权"的限制。[②] 因此，黄由俭等人诉县政府信息不公开案理应属于行政诉讼的受案范围，但令人遗憾的是，法院却作出了相反的结论，且"该案涉及企业改制问题，不属于行政诉讼受案范围"的理由也是无法令人信服的。正如前文所述，本案针对的是县政府侵犯公民知情

① 尽管有关政府部门制作调查报告的行为无论是行为针对的对象，还是针对的事项都是特定的，是一个典型的具体行政行为，但如果原告针对制作调查报告的行为提起诉讼，按照目前《行政诉讼法》的规定，很有可能因尚处于调查过程当中，并未形成最终的处理决定，尚未对原告的权利义务产生实际影响而被拒绝受理。

② 《行政诉讼法》第 11 条第 1 款虽然规定了"人身权、财产权"的标准，但其第 2 款又规定，"除前款规定外，人民法院受理法律、法规规定可以提起诉讼的其他行政案件。"《条例》属于行政法规，因此，《条例》有权将侵犯公民知情权的案件纳入行政诉讼的受案范围。

权的行为而非侵犯企业经营自主权的行为，因此，在确定该案是否属于受案范围时，根本无须判断该信息的性质，只要县政府确实有拒绝公开信息的行为，法院即应受理。至于调查报告是不是涉及企业改制的问题，是不是属于公开范围，则是一个实体问题，应该在对案件实体审查之后方可作出裁判。事实上，即使原告起诉的是县建设局违法撤销自来水厂这一侵犯企业经营自主权的行为，《行政诉讼法》和相关司法解释中也并无"涉及企业改制问题不属于行政诉讼受案范围"这种荒唐的规定。因此，法院这一明显与法相悖的"不予受理"结论和理由不能不让期待着通过个案推动信息公开的公众备感失望与困惑。①

至于黄由俭等人是否具备原告资格的问题，如果本案系黄由俭等人对县政府对自来水公司的调查决定不服，或不服建设局违法撤销原自来水公司的行为而提起的行政诉讼，按照现行《行政诉讼法》的规定，黄由俭等人作为国有企业的内部员工，是否具备原告资格确实值得商榷。但本案并非黄由俭等人以企业职工的身份因行政行为侵犯企业经营自主权而提起的行政诉讼，而是以公民的身份行使知情权向政府请求公开信息遭到拒绝后而提起的信息公开诉讼。由于信息公开立法的理论基础之一是人民主权原则，因此，申请获取信息的权利被认为是一项对世权，即该权利的行使不需要依赖任何救济手段，无论是司法救济还是其他途径，并且申请人不需要像司法救济中必须具备诉讼资格那样具备任何特定的利益。各国信息公开立法中一般均明确规定任何人都有权获取政府信息，无须对其申请提供特别的理由，也无须证明其与被申请公开的信息之间存在利害关系。《条例》第13条虽然没有明确规定任何人无须任何理由即可申请公开信息，但是规定公民、法人或者其他组织可以根据自身生产、生活、科研等特殊需要申请公开信息，其没有规定公民、法人或者其他组织必须说明其申请公开信息的理由。因此，可以认为，《条例》对申请人也没有特殊资格限制，任何人均应有权申请政府公开信息，当其申请被拒绝，申请人与拒绝公开的具体行政行为就存在法律上的利害关系，也应具备原告的资格。

① 事实上，从现有报纸报道来看，黄由俭等人向汝城县人民法院和郴州市中级人民法院都寄出了行政诉状，两级法院均不予受理，但无法确定法院是否作出了"不予受理"裁定。实践中，不少法院对一些明明属于行政诉讼受案范围但较棘手的案件往往会口头告知不予受理，却不出具书面裁定，这变相剥夺了当事人对不予受理裁定的上诉权，是对法律的公然违背。本案中，由于被告是县政府，根据最高人民法院《关于行政案件管辖若干问题的规定》第1条的规定，应由郴州市中级人民法院作为一审法院，因此对郴州市中级人民法院不予受理的裁定，可向湖南省高级人民法院上诉。如果郴州中院未出具裁定，可参照第3条的规定，向湖南省高级人民法院直接起诉。

五、结　语

综上,可以得出结论,调查报告应否公开这个看似简单的问题,其解决需要较为详尽的立法支持,并经过复杂的事实分析和逻辑推论,绝非"当场"就可以得出拒绝公开的结论。至于县政府拒绝公开信息的行为属于行政诉讼的受案范围,黄由俭等人具备原告资格则是没有什么疑问的。但有关工作人员在"一愣"后就"当场拒绝",法院又以牵强的理由放弃司法审查的职责,直接将信息公开诉讼拒之门外的事实,却让人感到理论与实践的距离。这再一次说明虽然许多权利已经法定,但实现和维护这些权利的道路并不平坦。

本案充分暴露出有些行政机关和法院对《条例》的实施仍然"准备不足",但从《条例》的通过到正式施行,已留足了1年零3个月的准备期,因此"准备不足"也许只是托词,根本原因还在于有些政府部门对《条例》根本就未引起重视,更无对这部行政法规的遵奉之心和对打造"阳光政府"的诚意。还在坚持传统的"以不公开为原则,以公开为例外","重要的都是不公开的,公开的都是不重要的"的态度,对公众行使知情权的热情"兵来将挡,水来土掩",将工作热情放到了如何阻碍公开上去了。本案的发生距《条例》的正式实施仅有5天时间,如果减去3天的小长假,可以说在两天之内《条例》就面临了公众的考验,这恐怕是许多政府部门始料未及的,这也消除了一些人对推动《条例》的公民自觉的担忧。显然,对于政府信息公开,从来就不缺乏自下而上的公众推动力,反而是政府自上而下的勇气和执行能力让人放心不下。① 本案也暴露出《条例》的不少立法缺陷。这项旨在让权力在阳光下运行的阳光条例,凸显了国家对公民知情权有效保护的良苦用心,着实给长期处于信息不对称状态下的公众带来了希望。然而,《条例》的现有38个条文只是对信息公开制度进行了初步构建,很多重要内容,特别是信息公开的范围尚规定得过于含糊、原则,这给实际操作带来了很大的困难,也易使刚刚因知情权得到法律保障而欢欣鼓舞的公众,在实际行使申请信息公开权利的时候一头撞到"玻璃门"上,从而把公众的喜悦引向质疑和失望,动摇对《条例》的信心。应该说政府敢给自己定规矩,让公众监督,勇气十分可嘉,但是,缺少对信息公开的刚性界定,在现实中就难免遭遇尴尬。只有使信息公开在法律层面上具有更高的效力,对不予公开的范围有刚性的界定,才能彻底拆除"玻璃门",推进"阳光行政",而这也是对政府部门的一种制度关爱。

---

① 刘义昆:"政府信息不公开第一案价值何在?",载《法制日报》2008年5月8日。

本案还让我们看到,信息公开诉讼对我国的司法机关而言也是一个新的挑战。众所周知,“徒法不足以自行”,对《条例》而言,制定本已不易,践行当更艰难。要让《条例》从纸面走向地面,从自律走向他律,必须依靠外部监督,特别是依靠行政诉讼来实现。如果法院因惧怕伤害到与行政机关之间的“良好关系”而一味地只顾追逐自身利益,以各种理由对信息公开诉讼不予受理,放弃履行其监督和裁判的职责,则法治的有效运转就存在障碍,支撑整个司法体系的权力网络都可能因此而运转失灵。司法不彰反过来又将影响公众寻求司法救济的信心,并加速司法公信的流失。①

总而言之,《条例》的实施仅仅是建设我国政府信息公开制度的起点,政府信息公开制度的完善与有效运行尚需要立法、司法、行政3方面的支持,路漫漫其修远,尚需要学人继续上下而求索。

(2008年第7期)

① 王琳:“期待个案推动信息公开”,载《广州日报》2008年5月8日。

全国人大常委会新法能否优于全国人大旧法

韩大元*

一、问题的提出

2007年10月28日,第十届全国人民代表大会常务委员会第三十次会议修订通过新的《律师法》,于2008年6月1日起施行。与以往修订法律不同的是,本次《律师法》的修订,从修订伊始就一直纷争不断,其中,一个焦点问题就是修订后的《律师法》和《刑事诉讼法》的衔接问题,尤其是当出现修订后的《律师法》与《刑事诉讼法》的一些规定不一致的时候,如何解决二者之间在内容上出现的冲突,进而选择适用的规范依据,就成为修订后的《律师法》实施中首当其冲的一个问题。对此,法学界众说纷纭、莫衷一是。主要有3种观点:

"刑事诉讼法优先适用说"认为,我国宪法文本中,将立法机关制定的法律分为"基本法律"和"非基本法律"两类,全国人大制定的是基本法律,全国人大常委会只能制定基本法律以外的其他法律。在地位上,全国人大是国家最高权力机关,而全国人大常委会只是全国人大的常设机关,其地位从属于全国人大,这就隐含着全国人大制定的基本法律效力实际上高于全国人大常委会制定的非基本法律效力的基本逻辑。《刑事诉讼法》是全国人大制定的基本法律,而《律师法》则是全国人大常委会制定的非基本法律,由于基本法律在地位上高于非基本法律,因而,当二者之间出现效力冲突而发生争议时,应当遵循"上位法优于下位法原则",优先适用《刑事诉讼法》。该说支持者主要是部分宪法学者和实务部门的一些专业人士。[①] "新律师法优先适用说"认为,我国《宪法》规定,全国人大和全国人大常委会都行使国家立法权。由全国人大制定的《刑事诉讼法》与由全国人大常委会修订的《律师法》,从本质上来说,都属立法机关制定的法律,属于同一的法律位阶,

---

* 作者单位:中国人民大学法学院。

① 梅启勇、欧阳国文:"律师法实施的问题预测及解决路径",载《人民法院报》2008年7月22日。

具有相同的法律效力。按照《立法法》的规定,同一机关制定的法律,新法优于旧法。[①] 该说支持者主要是刑事诉讼法学界和律师界的一些学者和律师。[②] “全国人大常委会裁决说”认为,法律之间产生了冲突,现行的法律没有为这些冲突提供具体的解决办法,那么根据《立法法》的规定和精神,可以请求全国人大常委会予以裁决。因《律师法》和《刑事诉讼法》规定不一致而产生争议影响法律实施,而又无法确定如何适用时,可以请求全国人大常委会作出权威说明。[③] 笔者认为,上述的学术争论涉及全国人大与常委会关系、基本法律与非基本法律的关系等重大的宪法问题。有关修订后的《律师法》效力的争论直接关系到一部法律能否发挥效力以及国家法制统一与律师权利保护问题,成为学界和实务部门共同关注的实践问题。[④] 可以说,基本法律与非基本法律的关系不仅成为一个学术命题,同时是直接关系到国家法制统一的重大实践问题。

---

① “‘新律师法与刑事诉讼法再修改的衔接与互动’研讨会纪要”,载 http://www.ahlawyer.org.cn/show_new.aspx? id=3218。

② 如中国政法大学陈光中教授、樊崇义教授、中华全国律师协会刑事业务委员会田文昌律师等都主张这种观点。

③ 焦红艳、陈虹伟:“刑事辩护律师热盼律师法刑诉法实现无缝对接”,载《法制日报》2008 年 2 月 3 日。

④ 类似的问题在现实生活中是普遍存在的,如 2005 年某市中级人民法院在一起行政诉讼的上诉案中对基本法律与非基本法律的效力问题进行了判断,并以这一判断为依据做出判决。一审法院认为,《道路交通安全法》中关于道路交通安全违法行为予以行政处罚的规定相对于《行政处罚法》的规定属特别法,依据法律冲突的适用规则,一般法律与特别法相冲突时,应适用特别法。上诉人不服第一审判决,提起上诉,上诉主要理由是:该案中一审判决对适用法律的审查认定有错误,《行政处罚法》是全国人大制定和通过的基本法律,而《道路交通安全法》是全国人大常委会制定的其他法律,是一部普通法律,《行政处罚法》是上位法,《道路交通安全法》是下位法,《行政处罚法》的法律效力明显高于《道路交通安全法》,而且这两部法律既不是同一立法机关制定,又不是同一级别的法律,不存在“特别法优于一般法”适用的基础,因此,被上诉人对上诉人的行政处罚只能适用《行政处罚法》,而按照《行政处罚法》的规定,对公民处以 50 元以下罚款的,可能适用简易程序,本案被上诉人(某市公安局交通警察支队一大队)对上诉人处以的罚款金额为 100 元,适用简易程序已构成违法,请求二审法院撤销一审判决。二审法院认为:在我国的立法体系中,全国人大与全国人大常委会都是法律的制定主体,均为行使最高立法权的国家立法机关,全国人大常委会是全国人大的常设机关,在全国人大闭会期间,其可以经常性地行使国家最高层次的立法权,两个国家最高立法机构所制定的法律不应存在位阶上的‘层级冲突’,即不会产生“上位法”与“下位法”之间冲突问题,故上诉人在该案中认为全国人大制定的《行政处罚法》系“上位法”,全国人大常委会制定的《道路交通安全法》系“下位法”的诉讼理由是不成立的。全国人大制定的《行政处罚法》是对所有行政处罚作较原则的规范性规定,属于普通法规范,而由全国人大常委会制定的《道路交通安全法》则是对道路交通安全管理的有关事项作具体规定,属于特别法规范,按照《立法法》第 83 条的规定,“特别规定与一般法律规定不一致的,适用特别规定”,故本案应当适用特别规定。

二、全国人大与全国人大常委会的宪法地位

“刑事诉讼法优先适用说”与“新律师法优先适用说”的主要区别表现为:是否承认全国人大与全国人大常委会在宪法地位上的区别,以及由此而引发的基本法律与非基本法律在效力位阶上的区别。这就涉及全国人大与全国人大常委会的关系问题,即全国人大与全国人大常委会究竟是同一个机关还是两个不同的机关。对此,“刑事诉讼法优先适用说”秉持“不同机关论”的立场,认为全国人大与全国人大常委会是两个完全不同的立法机关,尽管二者之间在立法职权上存在一些交叉、重复关系,但从本质上看,全国人大常委会具有自己的立法职权、立法程序,是从属于全国人大的常设机关。正是由于全国人大与全国人大常委会是不同的立法机关,所以全国人大制定的基本法律与全国人大常委会制定的非基本法律在效力上具有不同的特点与表现形式。

而“新律师法优先适用说”则坚持“同一机关论”的立场,认为全国人大常委会是全国人大的常设机关,在全国人大闭会期间行使全国人大的职权,因而,全国人大与全国人大常委会在职权上实际就是一个机关。既然全国人大与全国人大常委会是同一机关,那么根据《立法法》中的规定,同一机关制定的法律如果发生冲突,适用“新法优于旧法原则”。我国现行的《刑事诉讼法》是1979年7月1日第五届全国人民代表大会第二次会议通过的,并于1996年3月17日第八届全国人民代表大会第四次会议上是修正过一次。而现行的《律师法》是1996年5月15日第八届全国人民代表大会常务委员会第十九次会议通过,并经全国人大常委会于2001年、2007年两次修正。因此,作为新法的《律师法》要优先于《刑事诉讼法》而适用。有学者认为,“我国宪法中有法律和法规的划分,但并没有基本法律和一般法律的划分,所以不能说律师法就是下位法,它和刑诉法同属于法律这一位阶”。①也有学者认为,“《律师法》和《刑事诉讼法》都是全国人大及其常务委员会制定的法律,两者在法律位阶上是平等的。根据《立法法》的规定,后制定的法律效力优于先制定的法律,应适用新的《律师法》”。②

从上文可以看出,在判断《刑事诉讼法》与修订后的《律师法》的效力关系上,全国人大与全国人大常委会是否为同一机关产生重要的作用。如果能够认定全国人大与全国人大常委会为同一机关,那么根据同一机关制定法律相冲突时的“新法优于旧法”原则,《律师法》自然优先于《刑事诉讼法》;但是如果认为全国人大与

① 陈光中:“律师法不是刑诉法的下位法”,载《法制日报》2008年8月3日。
② 陈诚:“律师法,法治亮点遭遇司法尴尬”,载《大地时政双周刊》2008年第14期。

全国人大常委会为不同机关,并不属于《立法法》规定的同一立法机关,那么全国人大制定的基本法律,自然在效力位阶上具有自身的特点,客观上发挥不同于全国人大常委会制定的普通法律的作用。那么,全国人大与全国人大常委会是否为同一机关呢?对此法学界也是见仁见智。笔者认为,从我国《宪法》和《立法法》的文本规定以及宪政基本原理来看,全国人大与全国人大常委会为同一立法机关的主张是难以成立的,主要理由是:

(一)两者宪政基础不同

人民代表大会制度是我国的根本政治制度,全国人大与全国人大常委会共同构成了我国的代议机构。尽管在功能上二者具有相似之处,但是在宪政基础上,二者却有不同的基础与构造,这种不同主要体现在全国人大代表与全国人大常委会组成人员的产生途径以及民意代表性上。全国人大代表是由全国人民通过间接形式选举产生,代表各个阶层、各种职业的人民来管理国家事务,因而全国人大代表具有广泛的代表性。而全国人大常委会组成人员由委员长、副委员长若干人、秘书长、委员若干人组成。全国人大常委会组成人员名额没有具体规定,每届的具体名额通常由每届全国人民代表大会第一次会议选举和决定任命办法确定。全国人大常委会组成人员,由每届全国人民代表大会第一次会议主席团从代表中提出人选,经各代表团酝酿协商后,再由主席团根据多数代表的意见确定正式候选人名单,最后由大会全体会议选举产生。在第六届全国人民代表大会以前,全国人大常委会组成人员实行的是等额选举。而从第七届全国人民代表大会第一次会议开始,常委会委员改为差额选举产生,委员长、副委员长、秘书长仍实行等额选举。差额比例没有明确的法律规定,一般由全国人民代表大会会议在选举办法中确定。从全国人大常委会组成人员的产生途径可以看出,尽管全国人大常委会的组成人员也是从全国人大代表中选出,但是其产生途径具有明显的区别。

产生途径的不同决定了全国人大与全国人大常委会具有不同的民意代表性。至2008年我国已经召开的十一届全国人大会议可以看出,我国历次全国人大代表人数都将近3000人,而历次全国人大常委会组成人员的人数则是非常有限的,少则70余人,多则不足200人。(表1为历届全国人大代表及人大常委会组成人员人数)因而,与全国人大代表的产生途径的民主性、代表的广泛性相比,全国人大常委会组成人员的民主性与民意代表性都是相对不足的,由此决定了全国人大与全国人大常委会不同的宪政基础。全国人民代表大会直接代表人民的意志,而常务委员会是间接代表人民意志,二者在反映民主价值与主权者意志方面显然具有不同的表现形式与基础。宪政基础的不同决定了二者之间的宪法地位的不同,如有学者指出的那样,全国人大常委会是从全体代表中选出不到200人组成的常设性机构,与作为最高权力机关的“全国人大”相比,只能称为“次高权力机关”,而不能超越全国人大成为"更高权力机关"。因而,基于全国人大的更高的民意代表性,我们必须把全国人大真正摆在不可动摇的最高权力机关的地位。①

表1 历届全国人大代表人数与全国人大常委会委员数

届别与召开年份(届、年)	全国人大代表人数(人)	全国人大常委会组成人员人数(人)
第一届(1954)	1226	79
第二届(1959)	1226	79
第三届(1964)	3040	115
第四届(1975)	2885	167
第五届(1978)	3497	196
第六届(1983)	2978	155
第七届(1988)	2970	155
第八届(1993)	2978	155
第九届(1998)	2979	155
第十届(2003)	2984	175
第十一届(2008)	2987	161

(部分数据来源于蔡定剑著:《中国人民代表大会制度》,法律出版社2003年版,第220页、233页。)

(二)两者宪法地位不同

在制定1954年《宪法》时,制宪者非常重视最高权力机关的宪法定位问题。中共中央提出的宪法草案中曾设想全国人民代表大会设议长、副议长,把全国人大常委会规定为"全国最高权力机关的日常工作机关",后来草案中改为"全国人民代表大会的常设机关",并一直延续到现行《宪法》。《宪法草案》(初稿)第22条曾规定:中华人民共和国最高权力机关是全国人民代表大会。在宪法草案座谈会各组召集人联席会议上讨论的时候曾建议修改为"中华人民共和国全国人民代表大会是国家权力的最高机关"。从有关条款的制定和修改的过程看,制宪者和参与讨论者十分关注全国人民代表大会在宪政体制中的崇高地位,试图从宪法上明确全国人民代表大会和常务委员会功能上的界限,从体制上预防可能出现的常务委员会对全国人民代表大会职权的侵犯。

1982年《宪法草案》曾规定,"人民行使国家权力的机关是全国人民代表大会

① 崔敏:"关于对基本法律的修改权限问题",载《人大研究》2007年第4期。

和地方各级人民代表大会”。全国人大是最高国家权力机关,统一行使国家最高权力。这个草案中并没有将全国人大常委会作为我国的最高权力机关,也没有将全国人大常委会作为一个独立的机关加以规定。后来之所以设立全国人大常委会作为全国人大的常设机关,主要是源于一些现实的考虑。对此,彭真同志1982年11月26日在第五届全国人民代表大会第五次会议上所做的《关于中华人民共和国宪法修改草案的报告》中有详细说明:由于全国人大代表人数较多,不便经常进行工作、行使职权,曾经设想减少人数。但是,我国国大人多,有50多个民族,2000多个县,各阶级、各阶层、各民族、各地方、各方面、各政党在全国人大中都需要有适当数量的代表,人数少了不行。因此,草案将原来属于全国人大的一部分职权交由它的常委会行使,扩大全国人大常委会的职权和加强它的组织,更好地发挥国家最高权力机关的作用。全国人大常委会委员实际上也可以说是常务代表,是代表各方面的,人数又比较适当,经常开会比较方便。① 全国人大常委会的职权的扩大主要表现为立法权的扩大。在1954年的《宪法》中,全国人民代表大会是唯一的立法机关,全国人大常委会只能制定法令。后来常委会职权虽然稍加扩充,也仅止于制定具有部分法律性质的单行法规。到了1982年《宪法》,才赋予了全国人大常委以的立法职能。因而,1982年《宪法》的新规定,显然扩大了全国人大常委会的职权。②

但是,在全国人大常委会的职权扩大之后,尤其是全国人大与全国人大常委会都具有了立法权之后,全国人大常委会是否具有等同于或并列于全国人大的宪法地位?答案显然是否定的。1982年4月12日下午,在中华人民共和国宪法修改委员会第三次全体会议上,秘书长胡乔木指出,本次修改宪法“加强了全国人民代表大会常务委员会的地位和作用,但全国人大常委会不能完全同全国人大并列起来”。③ 由此佐证,在宪法地位上,全国人大是最高国家权力机关,行使国家最高权力,而全国人大常委会只是常设机关,性质是不同的,不能称为是最高国家权力机关。④ 宪法地位的不同决定了全国人大与全国人大常委会是不同性质的机关。

---

① 彭真:《关于中华人民共和国宪法修改草案的报告》。

② 许崇德著:《中华人民共和国宪法史》,福建人民出版社2003年版,第512页。

③ 同上,第669页。1982年《宪法草案》曾规定:“全国人民代表大会和全国人大常委会是行使立法权的最高机关。”对此荣毅仁认为,把全国人大常委会与全国人大并列为行使立法权的最高机关不妥。参见许崇德著:《中华人民共和国宪法中》,福建人民出版社2003年版,第650页。

④ 现行《宪法》第57条的表述是:“中华人民共和国全国人民代表大会是最高国家权力机关。它的常设机关是全国人民代表大会常务委员会。”根据文本的规定,只有全国人民代表大会是“最高国家权力机关”,全国人民代表大会和常务委员会共同行使国家立法权。

（三）两者宪法职权不同

作为国家机关，全国人大与全国人大常委会的职权都来源于宪法上的明文规定。全国人大的职权主要依据《宪法》第62条的规定，而全国人大常委会的职权主要依据《宪法》第67条的规定。从条文上看，《宪法》对全国人大的职权规定共有14项之多，比较重要的如修改宪法权、制定和修改基本法律权、宪法监督权等，另外还专门附加了一个兜底条款："（十五）应当由最高国家权力机关行使的其他职权。"相比较而言，《宪法》对全国人大常委会的职权规定的更为详细，共有20项之多，其中专门附加的兜底条款规定："全国人民代表大会授予的其他职权。"从二者职权的列举情况以及兜底条款来看，全国人大与全国人大常委会的职权性质、范围显然是不一样的，不论是效力层次还是职权范围，全国人大的职权都要高于、大于全国人大常委会。

这种区别最典型的体现在对二者职权设定的兜底条款的表述上。对于全国人大的职权，宪法规定的是"应当由最高国家权力机关行使的其他职权"，这实际上是对全国人大的概括性的扩大授权，只要是全国人大认为其"应当"行使的职权，它都可予以行使，这就体现了全国人大的全权性和至高性特质。而对全国人大常委会职权的兜底条款规定："全国人民代表大会授予的其他职权"，这实际上也是一个授权条款，但是授权主体则明定为全国人大。通过兜底条款的对比可以看出，全国人大与全国人大常委会行使职权的性质是不同的。这种职权上的不同为二者属于不同的机关提供了有力的佐证：二者如果是同一机关的话，其职权就没有必要用宪法加以区分并作出不同范围的规定；同时更没有必要规定全国人大对常务委员会的授权条款。

（四）两者立法程序不同

根据我国《宪法》的规定，全国人大与全国人大常委会都行使立法权，但是全国人大与全国人大常委会之间的立法程序是不一样的。对于二者之间立法程序上的区别，我国《立法法》专门用了两节加以规定：《立法法》第12～23条规定的全国人民代表大会的立法程序，而第24～41条规定的是全国人民代表大会常务委员会的立法程序。也就是说，基本法律和非基本法律的立法程序是不同的，二者在立法程序上的主要区别如下表所示：

表2　全国人大与全国人大常委会主要立法程序区别

	全国人大	全国人大常委会
法律案提案程序	全国人大主席团，全国人大常委会、国务院、中央军事委员会、最高人民法院、最高人民检察院、全国人大各专门委员会，1个代表团或30名以上的代表联名，可以向全国人大提出法律案。	全国人大常委会委员长会议、国务院、中央军事委员会、最高人民法院、最高人民检察院、全国人大各专门委员会，常委会组成人员10人以上联名，可以向全国人大常委会提出法律案。

续表

	全国人大	全国人大常委会
法律案审议程序	全国人大的法律案审议程序根据立法法和其他有关法律的规定，审议列入会议议程的法律案，先要向大会全体会议作说明。全国人大会议期间向全国人大提出的法律案，由提案人向大会作说明。经由常委会向全国人大提出的法律案，可以由常委会向大会作说明，也可以由提案人向大会作说明，通常都是由提案人作说明。常委会自己向全国人大提出法律案，由常委会向大会作说明。大会全体会议听取提案说明后，分别由各代表团进行审议、有关专门委员会进行审议、法律委员会统一审议、代表团团长会议或有关代表进行审议。	列入常委会会议议程的法律案，一般应当经3次常委会会议审议后再交付表决。常委会会议第一次审议法律案，在全体会议上听取提案人的说明，由常委会分组会议进行初步审议。常委会会议第二次审议法律案，在全体会议上听取法律委员会关于法律草案修改情况和主要问题的汇报，由常委会分组会议进一步审议。常委会会议第三次审议法律案，在全体会议上听取法律委员会关于法律草案审议结果的报告，由常委会分组会议对法律草案修改稿进行审议。常委会审议法律案时，根据需要，可以召开联组会议或全体会议，对法律草案中的主要问题进行讨论。
法律案表决程序	法律草案修改稿经各代表团审议，由法律委员会根据各代表团的审议意见进行修改，提出法律草案表决稿，由主席团提请大会全体会议表决，由全体代表的过半数通过。	交全国人大常委会审议的法律案，其法律草案修改稿经常委会会议审议，由法律委员会根据常委会组成人员的审议意见进行修改，提出法律草案表决稿，由委员长会议提请常委会全体会议表决，由常委会全体组成人员的过半数通过。

从上表可以看出，全国人大与全国人大常委会的立法程序，不论是在法律案提案程序、法律案的审议程序，还是在法律案表决程序和法律公布程序上都有极大的区别。一般认为，全国人大的立法结果称为“基本法律”，而全国人大常委会的立法结果称为“一般法律”、“普通法律”或“非基本法律”。这种立法程序和立法结果上的区别也更进一步印证了全国人大与全国人大常委会不是同一个机关的判断。因为，如果二者是同一机关的话，就没有必要对二者的立法程序与立法结果加以法律上的明确区分。

综上所述，全国人大与全国人大常委会在宪政基础、宪法地位、宪法职权以及立法程序上都具有明显的不同，因而，在二者的关系上，我们自然可以从逻辑上推导在性质上全国人大与全国人大常委会不是同一个机关。“不同机关论”为我们解决《律师法》与《刑事诉讼法》的冲突提供了一种新的视角：我国现行的《刑事诉讼法》是全国人大通过，而《律师法》是由全国人民代表大会常务委员会修改通过。既然《刑事诉讼法》与《律师法》不是由同一机关制定的，不能简单适用解决同一机关制定的法律冲突的“新法优于旧法”原则。

三、全国人民代表大会的"基本法律"制定权与效力

(一)从基本法律的制定权来看

根据以上分析可以看出,"新法优于旧法"原则难于合理地解决《律师法》与《刑事诉讼法》的效力冲突问题。那么,根据"上位法优于下位法"原则能否解决《律师法》与《刑事诉讼法》的效力冲突?因为《刑事诉讼法》是由全国人大制定的"基本法律",而《律师法》是由全国人大常委会制定的"非基本法律",如果我们在逻辑上能够辨析基本法律制定权的性质与效力特点,就有可能为我们解决二者之间的冲突提供有益的分析思路。问题在于:如何判定基本法律与非基本法律之间的效力位阶呢?对此,我们首先需要回归宪法和法律文本的规定。

基本法律是我国1982年《宪法》中明确规定的一个法律概念,其文本依据是《宪法》第62条规定:"全国人民代表大会行使下列职权……(三)制定和修改刑事、民事、国家机构的和其他的基本法律……"由于宪法文本对基本法律的概念规定的过于简约,对于其内涵和外延,法学界也一直争论不休。在对基本法律的界定上,主要有"主体标准说"、"内容标准说"和"双重标准说"3种观点。

"主体标准说"认为,判断基本法律的唯一依据是制定主体,因为我国《宪法》规定全国人大具有基本法律制定权,因而只要是全国人大制定的法律毫无例外都应是基本法律。例如,有学者主张,全国人大有权制定涉及整个国家生活中某一方面具有根本性的和全局性关系的法律,即我国的基本法律。"全国人大是行使基本法律制定权和修改权的唯一主体,其他任何国家机关包括它的常设机关全国人大常委会都无此项权力。"①

"内容标准说"认为,判断基本法律的主要标准要看基本法律的调整内容及其重要性,只有调整那些关系国家全局、具有重要性内容的才属于基本法律的范畴。因而,在这个意义上,所谓基本法律,就是"规范国家政治、经济、社会生活的全局性的法律"②或者就是"有关刑事、民事、国家机构和其他方面的重要法律",其中"其他"主要是指"公民基本权利义务的立法、重要的经济立法以及关于公务员制度和行政司法程序制度方面的立法"等;非基本法律是指"除上述方面以外的其他法律"。③

需要注意的是,对于"其他"是需要严格限定的,"其他"是以"刑事、民事、国家

---

① 焦宏昌主编:《宪法学》,北京大学出版社2006年版,第329页。

② 莫纪宏主编:《宪法学》,社会科学文献出版社2004年版,第388页。

③ 蔡定剑著:《中国人民代表大会制度研究》,法律出版社2003年版,第239页。

机构的”为参照系的，未列举的基本法律在内容上必须与“刑事、民事、国家机构的”具有同质性，而这种同质性又是其他规范性文件或立法形式所不具有的。①

根据内容标准，由全国人大作为制定主体并不是一个法律成为“基本法律”的充分条件。这一点在全国人大自我判断上也是很清楚的，因为它没有将自己制定的每一部法律都定性为“基本法律”。虽然不少被称为“重要法律”乃至未予定性的法律应当属于“基本法律”，但是，以是否对国家政治、经济和社会生活某个领域的重大和全局性事项作出规范为标准，在全国人大制定的法律中，有不少显然是不属于“基本法律”的。比如，《中外合资企业法》、《中外合作企业法》和《外资企业法》等法律，实际是改革开放之初，国家确立的对外开放、引进外资的政策具有特别重要的意义，因此，相关方面的法律须由全国人大制定，但不能说这些法律都是“基本法律”。

“双重标准说”认为，判断基本法律的标准，不仅要从制定主体是全国人大这一主体要件入手，而且还要看这部法律本身调整内容和涉及关系的重要性。有学者认为，基本法律是指“由全国人民代表大会制定和修改的，规定或调整国家和社会生活中，在某一方面具有根本性的和全面性关系的法律。……基本法律一般涉及公民权利和义务，调整国家政治和社会生活，关系到全国各族人民的根本利益，因此必须由全国人民代表大会来行使这些法律的制定权和修改权”。② 在此意义上，基本法律的判断标准应该是“法律本身的重要性而不仅仅是制定主体。在具体操作上，应该以法律本身的重要性为主并结合制定主体来判断一部法律是否是基本法律。”③

比较上述观点，笔者认为，“双重标准说”具有一定的合理性，即一部法律是否属于“基本法律”，从形式上看取决于它的制定主体，但从内容上看取决于它所规范的社会关系的重要性和全局性。据此，“基本法律”应当是指国家法律体系中那些位次于宪法的、主要的、带有根本性的法律。根据对全国人大制定法律的分类和分析，“基本法律”规范的事项应当是国家政治、经济和社会生活某个领域的重大和全局性事项。因此，“基本法律”是指由全国人民代表大会制定的仅次于宪法而高于其他法律的对国家政治、经济和社会生活某个领域重大和全局性事项作出规范的法律。④ “双重标准说”实际上确立了判断基本法律的两个标准：第一，主体标准。这是在形式要件上对基本法律所做的限定，即要求基本法律的制定主体只能

① 林彦：“全国人大常委会基本法律修改权实践分析”，华东政法大学 2003 年硕士学位论文。
② 魏定仁主编：《宪法学》，北京大学出版社 2005 年版，第 326 页。
③ 张震：“基本法律抑或宪法性法律？”，载《内蒙古社会科学》2007 年第 5 期。
④ 韩大元、刘松山：“宪法文本中‘基本法律’的实证分析”，载《法学》2003 年第 4 期。

是全国人大而不能是其他国家机关,包括全国人大常委会。第二,内容标准。这是在实质要件上对基本法律所做的限定,即要求基本法律的内容必须是有关刑事、民事、国家机构的和其他方面的内容,这些内容都应当具有重要性、全局性的特点。①

(二)从基本法律与非基本法律的效力关系来看

对基本法律与非基本法律的效力关系,学界的观点可以归结为"基本法律与非基本法律效力等同说"与"基本法律效力高于非基本法律说"两种学说。

"基本法律与非基本法律效力等同说"认为,我国《宪法》和《立法法》规定,全国人大与全国人大常委会都是立法机关,尽管在制定法律的名称上二者有所不同,但是法律文本上并没有规定二者之间在效力关系有高低优劣之分,因而,全国人大制定的基本法律与全国人大常委会制定的非基本法律在效力上应该是等同的。如有学者认为,"基本法律和法律的效力是一样的,但是制定的机关不同"。②

也有学者认为,"'基本法律'同全国人大常委会制定的法律效力相同。"③

而"基本法律效力高于非基本法律说"则根据全国人大与全国人大常委会的关系,认为只有全国人大是我国的最高权力机关和最高立法机关,全国人大常委会仅仅是全国人大的"常设机关",在地位上要从属于全国人大,因而全国人大常委会制定的非基本法律在地位上要低于全国人大制定的基本法律。

早在1983年,王珉灿先生主编的新中国第一本行政法教材《行政法概要》中谈及行政法的法律渊源时,就将"基本法律"与"法律"并列,认为基本法律"是仅次于宪法的国家的主要法律",法律"是指仅次于基本法律的那些法律"。④ 有学者认为,全国人大常委会作为全国人大的常设机关与全国人大共同行使国家立法权,并非意味着两者的权力是同等的、并列的、平权的关系,因而,全国人大制定的基本法律要高于全国人大常委会制定的非基本法律。⑤ 也有学者根据《宪法》的规定,认为我国的法律实际上分为3个档次:第一个档次是宪法。宪法是国家的根本大法,具有最高的法律效力,因此对宪法的修改,不能轻易启动。第二个档次是基本法律。凡涉及国计民生中特殊重大事项的法律,称为"基本法律",由于它关系民众的切身利益和根本利益,对基本法律的制定与修改,也应遵循严格的程序,须由"全国人大"制定和修改。第三个档次是"除应当由全国人民代表大会制定的法律

---

① 其他方面的基本法律主要包括:涉及宪法规定的基本权利和义务、重要的经济立法、有关国家公职人员的权利义务、有关司法制度等。参见韩大元著:《宪法学基础理论》,中国政法大学出版社2008年版,第345~347页。

② 王向明、许崇德编著:《中国宪法讲义》,中央广播电视大学出版社1987年版,第429页。

③ 董和平、韩大元、李树忠主编:《宪法学》,法律出版社2000年版,第466页。

④ 王珉灿主编:《行政法概要》,法律出版社1983年版,第7页、8页。

⑤ 薛佐文:"论'基本法律'和'法律'的性质和地位",载《西南政法大学学报》2003年第2期。

以外的其他法律"。此处所称"其他法律",是与"基本法律"相对而言,通常称为"普通法律"。[①] 也有学者认为,"基本法律无论从其制定主体的代表性质,还是从其制定内容的民意性和重要性等方面,都不可与其他法律同日而语……《立法法》也应清晰基本法律和其他法律的位阶,明确规定基本法律的效力仅次于《宪法》而高于其他法律……"[②]

有学者在分析法律体系时认为,全国人大"在我国立法权限体系中居于最重要的地位",由其产生的法律"在我国整个法的体系和法的形式中居于最高地位。全国人大立法具有最高地位,也因此具有最高效力"。[③] 对于现实中存在的,全国人大制定的基本法律和全国人大常委会制定的非基本法律之间的主体不明、性质不清、效力不分等弊病,他主张通过科学厘定"法的名称"来加以完善,认为应该将中国法的名称简化为宪法、基本法、法、法规、规章、授权规定、条例、变动案、实施细则9种名称,其中,基本法只有全国人大才有权通过,全国人大通过的法律除宪法外,通称为《中国人民共和国××基本法》,原来称基本法的,仍然用原名称,如《中华人民共和国香港特别行政区基本法》。原来称法或其他名称的,改称基本法,如《中华人民共和国刑法》可以改称《中华人民共和国刑事基本法》。全国人大通过的所有基本法律的名称中,都应当有"基本法"字样,以区别于全国人大常委会通过的其他法律。而全国人大常委会通过的法律,通称《中华人民共和国××法》。全国人大常委会通过的所有法律的名称中,都应当有"法"的字样,以区别于全国人大的基本法,并区别于法规、规章等。[④]

笔者认为,从我国宪法和立法法的规定以及立宪主义的基本原理来看,"基本法律效力不同于非基本法律说"的主张具有其合理性。因此,根据《宪法》、《立法法》的规定,我国的法律体系应当从上到下由宪法、法律、行政法规、地方性法规和规章组成,其中,法律应当是宪法的具体化,而行政法规、地方性法规和规章既可以是法律的具体化,又可以依次是前一个规范层次的具体化。而在法律这个层次中,又分为"基本法律"和"非基本法律"。显然,"基本法律"是介于宪法和非"基本法律"之间的法律层次,它所规范的内容应当较之"非基本法律"更具有全局性和重要性,与宪法一起成为"非基本法律"以下各个层次法律、法规、规章制定的依据。由于"基本法律"是地位仅次于宪法的重要法律层面,因此,它应当是宪法最直接的具体化,它所规范的领域应当最接近于宪法规范的领域。由"基本法律"的重大

① 崔敏:"关于对基本法律的修改权限问题",载《人大研究》2007年第4期。

② 徐向华、林彦:"我国《立法法》的成功和不足",载《法学》2000年第6期。

③ 周旺生主编:《立法学教程》,法律出版社1995年版,第129页。

④ 周旺生著:《立法法》,法律出版社2004年版,第336~338页。

性和全局性等特点，决定了它应当是国家法律体系中地位仅次于宪法又高于其他法律的一个十分重要的层次。[①] 应当说，这种主张对于维护全国人大的最高权力机关地位，保障基本法律的最高效力与维护宪法权威是十分必要的。

尽管我国《宪法》对全国人大的基本法律制定权进行了明确规定，但是，在实践中，对于应当属于全国人大制定的基本法律而由全国人大常委会予以制定的情况却也屡见不鲜，造成了法律体系逻辑的混乱。特别是，在确定具体法律的制定主体时，立法者存在一定的随意性。因此，在立法实践中，必须界定清楚基本法律制定权的内涵和外延，坚持由全国人大行使基本法律制定权的宪法原则，防止基本法律制定权的形式化。

四、全国人大对常委会基本法律修改权的限制

我国《宪法》虽然规定了全国人大具有制定和修改基本法律的职权，但是限于会议周期与工作方式，全国人大不可能经常性地对基本法律予以修改。为了解决这个问题，1982年《宪法》在扩大全国人大常委会职权时，除了赋予全国人大常委会具有“制定和修改除应当由全国人民代表大会制定的法律以外的其他法律”外，还专门赋予全国人大常委会对基本法律的修改权，即“在全国人民代表大会闭会期间，对全国人民代表大会制定的法律进行部分补充和修改，但是不得同该法律的基本原则相抵触”，《立法法》第7条也作了同样的规定。

对于全国人大常委会基本法律的修改权，法学界存在较大的争议。比如，“对全国人民代表大会制定的法律进行部分补充和修改”中的“部分”究竟指的是多少？有没有数量上的限制和内容上的要求？另外，“不得同该法律的基本原则相抵触”中的“基本原则”如何认定？“该法律”中的“该”是指全国人民代表大会制定的特定基本法律，还是允许常委会通过制定其他法律来修改基本法律？“不抵触”情形又包括哪些呢？这些问题都是实践中普遍存在的问题。针对全国人大常委会的基本法律修改权存在的问题，有学者就明确主张：“不应允许由不到200人组成的常委会去对近3000名代表制定的基本法律进行补充和修改，不应由常委会代行全国人大行使的职权。对基本法律的补充修改，必须严格遵守法定的程序。既然基本法律由全国人大制定，那么，如果需要对基本法律进行补充和修改，仍须经全国人大讨论通过才行。哪怕程序烦琐一些，时间拖长一些，也只能这么办。”[②]

从宪政原理上看，全国人大常委会的基本法律修改权是具有一定合理性的，但

① 韩大元、刘松山：“宪法文本中‘基本法律’的实证分析”，载《法学》2003年第4期。

② 崔敏：“关于对基本法律的修改权限问题”，载《人大研究》2007年第4期。

其修改权应限定在特定的范围之内，并从程序上做严格的限制。这种限制主要包括以下几个方面：

（一）全国人大对基本法律修改权的保留

全国人大在制定基本法律的时候，可以通过对基本法律修改权予以保留的形式，限制全国人大常委会对基本法律的修改。如1979年7月1日第五届全国人民代表大会第二次会议通过的《中外合资经营企业法》第15条规定："本法自公布之日起生效。本法修改权属于全国人民代表大会。"1990年4月4日第七届全国人民代表大会第三次会议通过的《香港特别行政区基本法》第159条第1款规定："本法的修改权属于全国人民代表大会。"1993年3月31日第八届全国人民代表大会第一次会议通过的《澳门特别行政区基本法》第144条第1款规定："本法的修改权属于全国人民代表大会。"在这3部全国人大制定的基本法律中，一个共同的特征就是都以明确性的禁止性语言限制了全国人大常委会对其的修改权。《中外合资经营企业法》的修改权在实践中出现了新的变化。①

（二）被修改对象应受的限制

我国《宪法》和《立法法》在涉及全国人大常委会的基本法律修改权时，仅仅规定："全国人民代表大会常务委员会制定和修改除应当由全国人民代表大会制定的法律以外的其他法律"，而没有对这里的"全国人民代表大会制定的法律"加以明确的限定，这里主要存在两个问题：第一，"全国人民代表大会制定的法律"中的"法律"是否就是特指宪法中的"基本法律"？是不是除了基本法律以外，全国人大还可以制定"非基本法律"？这里的"非基本法律"与"普通法律"是否是同一概念？显然，这里的"法律"用语不明。第二，对全国人大常委会修改基本法律的形式没有表述清楚。按照字面的理解，对基本法律的修改可以用两种方式：一种是用法律修正案的形式对特定的基本法律进行修改；另一种是用新的法律对原来的基本法律予以修改。第一种修改方式是我们常见的修改方式，自无异议，但是第二种修改方式是否合适呢？在这次《律师法》和《刑事诉讼法》效力的冲突中，就凸显了这个问题。

---

① 2001年3月15日九届全国人大四次会议通过了《关于修改〈中外合资经营企业法〉的决定》，修改后删去原第15条中"本法修改权属于全国人民代表大会"的规定。关于修改理由，顾昂然在《关于〈中华人民共和国合资经营企业法修正案（草案）〉的说明》中说："在常委会审议中，委员们提出，现行《中外合资企业法》第15条关于'本法修改权属于全国人民代表大会'的规定，是1979年我国改革开放初期作出的，当时这样的规定是必要的，有利于保证投资环境的稳定。根据1982年《宪法》和2000年制定的《立法法》的规定，在全国人民代表大会闭会期间，全国人民代表大会常务委员会可以对全国人民代表大会制定的法律进行部分补充和修改，但是不得同该法律的基本原则相抵触。为了更好地适应对外开放的需要，便于及时修改完善可以不再继续保留'本法修改权属于全国人民代表大会'的规定。"

从文本的规定看，法律并没有对全国人大常委会的基本法律修改权的对象作出具体限制，因而，从对象上看，全国人大常委会的基本法律修改权的行使就存在两种可能性：第一种可能性，全国人大常委会对全国人大通过的基本法律，以法律修订的方式进行修改，如2007年10月28日第十届全国人民代表大会常务委员会第三十次会议以法律修改的方式对1991年4月9日第七届全国人民代表大会第四次会议通过的《民事诉讼法》进行修改。在这种情况下，修改的法律和被修改的法律是同一部法律。对于这种修改，自然没有异议。问题可能出现在第二种形式上，全国人大常委会以新的法律规定修改了全国人大原来的基本法律，典型的就是这次《律师法》对《刑事诉讼法》的修改，在第二种情况下，修改的法律和被修改的法律就不是同一部法律。笔者认为，从文本的规定看，我国《宪法》中所规定的全国人大常委会的基本法律的修改权应该指的是第一种情况，即对同一部基本法律的内容进行部分修改，而不应该是第二种情况所描述的以制定新的法律对基本法律进行修改。所以，将全国人大常委会的基本法律修改权限定为对同一部法律的修改实际上也是对全国人大常委会基本法律修改权的一种限制。

（三）被修改条文幅度应受的限制

在修改幅度上，《宪法》和《立法法》的规定是比较模糊的，仅仅规定了“在全国人民代表大会闭会期间，对全国人民代表大会制定的法律进行部分补充和修改”，但是对什么是“部分”补充和修改没有明确的限定。有学者曾以全国人大常委会2001年对全国人大制定的《婚姻法》和《民族区域自治法》修改为例，揭示了全国人大常委会的基本法律修改权的失范状况。（表3为2001年《婚姻法》和《民族区域自治法》的修改情况）①

表3 《婚姻法》和《民族区域自治法》的修改情况

形式	《婚姻法》		《民族区域自治法》	
	改动条文数	占原有条文比例	改动条文数	占原有条文比例
修改	21	57%	29	43%
增加	17	46%	12	18%
删除	1	3%	2	3%
总计	39	106%	43	64%

（林彦：“基本法律修改权失范及原因探析”，载《法学》2002年第7期。）

① 2001年2月28日全国人大常委会第二十次会议通过了《全国人民代表大会常务委员会关于修改〈中华人民共和国民族区域自治法〉的决定》；2001年4月28日全国人大常委会第二十一次会议通过了《全国人民代表大会常务委员会关于修改〈中华人民共和国婚姻法〉的决定》。

从上述表格中可以看出，全国人大常委会对基本法律的修改范围是非常广泛的。《民族区域自治法》原有67个条文，共计修改了43个条文，全国人大常委会还对法律序言部分的第1、3、5自然段的有关内容进行了修改。相比较而言，《婚姻法》的修改范围更广，该法原有37个条文，共计修改了39个条文。这种大规模的法律修改还是不是"部分"补充和修改？事实上，这两次的法律修改，在幅度上和制定新的法律已经没有太大的差异，因而已经不能称为"部分"补充和修改了。所以，全国人大常委会的基本法律修改权必须要有形式上的限制，即对其修改的基本法律的条文数量予以限定。对于修改基本法律的数量标准要求，有学者提出，全国人大对基本法律的修改不能把它改得面目全非，"部分"修改应该有个总量限制，如补充修改的法律条文总数不得超过1/3等。① 也有学者提出，判断是否是"部分"补充和修改，应该有个质的标准和量的标准。质的标准就是不得修改原法律最核心、最主要的条款。量的标准可规定所补充修改的法律条文总数不得超过原有条文的1/3。② 当然，上述标准是学理上的，对具体解决冲突并不产生实际的约束力。因此，对于全国人大常委会对基本法律的修改权，我们首先应当明确全国人大常委会仅仅对基本法律享有"部分"补充和修改权；其次，这里的"部分"的幅度应当予以严格限制，通常将其限定为1/3标准，是可行的。

（四）被修改内容应受的限制

对于全国人大常委会对基本法律的"部分"补充和修改范围，除了在修改幅度上遵循1/3标准外，还需要在修改内容上予以严格限制。如果说对修改幅度上的限制主要是一种形式上的限制，那么对修改内容上的限制则是一种实质上的限制，这种实质上的限制主要指《宪法》和《立法法》中规定的"不得同该法律的基本原则相抵触"，即"不抵触原则"。对于全国人大常委会的基本法律修改权的形式和实质要求，很多学者都有过相关的论述，如有学者认为，确定是否属于部分补充修改范围，应该至少有两项标准：一是内容标准，二是数量标准。"内容标准"要求，全国人大常委会在对基本法律进行补充修改时，既不得修改法律的指导思想、基本原则，也不能修改根本性条文。③ 另有一些学者也指出，"全国人大常委会在对基本法律进行补充、修改时，绝对不得修改法律的指导思想、基本原则，也不得修改基本法律里带根本性、全局性、基础性的条文，这种性质的条文是它所属法律中最重要、

---

① 蔡定剑著：《中国人民代表大会制度研究》，法律出版社2003年版，第239页。

② 全国人大常委会办公厅研究室政治组编：《中国宪法释义》，中国民主法制出版社1996年版，第211页。

③ 蔡定剑著：《中国人民代表大会制度研究》，法律出版社2003年版，第239页。

最独立的部分，修改补充它们必定会影响其他许多条文，甚至影响整个法律。”①有学者曾以《民族区域自治法》和《婚姻法》在修改内容上的变动情况为例，指出当前全国人大常委会在基本法律修改上没有遵循《宪法》和《立法法》中的“不抵触”原则，认为《民族区域自治法》和《婚姻法》的修改都涉及了法律的核心部分和主要内容，在某些规定上很难说是“不得同该法律的基本原则相抵触”，因此，这样的修改就已经超越了《宪法》和《立法法》中规定的基本法律的修改权的界限。

（五）全国人大对全国人大常委会不适当决定有改变权和撤销权

《宪法》和《立法法》将基本法律修改权赋予全国人大常委会之后，为了防止全国人大常委会修改权的滥用或不受控制，通过规定全国人大的改变和撤销权，对全国人大常委会的基本法律修改权予以严格限制。《宪法》第62条第11项规定全国人大有权“改变或者撤销全国人民代表大会常务委员会不适当的决定”，《立法法》第88条第1项也规定“全国人民代表大会有权改变或者撤销它的常务委员会制定的不适当的法律，有权撤销全国人民代表大会常务委员会批准的违背宪法和本法第六十六条第二款规定的自治条例和单行条例”。尽管对于《立法法》能否将《宪法》中规定的全国人大对全国人大常委会不适当的“决定”的改变和撤销权，改变为全国人大对全国人大常委会不适当的“法律”的改变和撤销权，学界还存在争议。但是，对于《宪法》和《立法法》中规定的全国人大的改变和撤销权问题上，学术界已形成基本共识。这种限制主要是一种事后的限制，即全国人大对全国人大常委会修改的基本法律内容认为不适当时，可以行使改变和撤销权，以体现全国人民代表大会的全权地位和对常委会作为常设机关活动的控制权，以有效地保证全国人民代表大会作为最高权力机关的宪法地位。

五、建立解决基本法律与非基本法律效力的机制

综上所述，全国人大与全国人大常委会不是同一个机关，宪法文本明确区分了基本法律与非基本法律的不同主体，因此如何在实践中正确处理基本法律与非基本法律之间的关系就成为需要解决的重大课题。

2008年“两会”期间，全国政协委员、天津大学法学教授何悦提交了一份《关于尽快将刑诉法与律师法内容相统一的建议》的提案。8月初，全国人大常委会法工委就该提案作出名为“全国人民代表大会常务委员会法制工作委员会对政协十一届全国委员会第一次会议第1524号（政治法律类137号）提案的答复”：“依照宪

① 封丽霞：“论全国人大常委会立法”，载周旺生主编：《立法研究》（第1卷），法律出版社2000年版，第104页。

法规定，全国人大常委会对于全国人民代表大会制定的法律，在不与其基本原则相抵触的情况下，可以进行修改和补充。新修订的《律师法》，总结实践经验，对刑事诉讼法有关律师在刑事诉讼中执业权利的有些具体问题作了补充完善，实际上是以新的法律规定修改了刑事诉讼法的有关规定，对此应按修订后的《律师法》的规定执行。”为此，有人认为，全国人大常委会法工委的答复，从立法机关的角度给出了明确的说法，从而有望解除困扰律师界两个多月以来的难题。①

然而，这里存在的基本问题是：作为全国人大常委会工作机构的法工委对涉及基本法律与非基本法律的问题所做的答复是否具有效力？在效力层次上是否可以等同于全国人大常委会的解释？从隶属关系来看，全国人大常委会法制工作委员会在性质上只是全国人大常委会的一个工作委员会，属于其内设机构，自然不能代表全国人大常委会作出解释。《立法法》第55条规定：“全国人民代表大会常务委员会工作机构可以对有关具体问题的法律询问进行研究予以答复，并报常务委员会备案。”但是，从其内容可以看出，《立法法》中答复的内容仅限于全国人大常委会法工委的“对有关具体问题的法律询问”进行的答复，而不是本文所涉及的《律师法》与《刑事诉讼法》效力冲突和适用规则等原则性、根本性的问题。因此，全国人大常委会法工委对《律师法》和《刑事诉讼法》的效力冲突所做的答复，并不具有当然的法律效力，至少并不具有和全国人大常委会裁决同等的效力，因而无法依据此答复来解决《律师法》和《刑事诉讼法》的冲突问题。

笔者认为，在现有的制度框架内，解决《律师法》与《刑事诉讼法》的效力冲突问题，可以选择不同的途径，如司法部法制司副司长张毅曾提出了4种解决办法：第一种办法，推动全国人民代表大会修改《刑事诉讼法》，尽快推出《刑事诉讼法》修正案；第二种办法，由全国人大常委会为《律师法》出台制定相关立法解释；第三种办法，仿照1996年《刑事诉讼法》修正时对适用第48条的有关规定，由6部委联合发文，出具相关解释；第四种办法，根据《立法法》第55条的规定，由司法部向全国人大常委会法工委提出书面询问，由全国人大常委会法工委以询问答复的形式解决《律师法》执行中的问题。② 除了第四种解决方法在效力层次上尚有疑问之外，应当说，前三种解决办法都是切实可行的。那么除了这几种解决办法之外，还有没有其他的解决方案呢？

对这个问题，笔者认为，可以根据基本法律与非基本法律效力关系中的“不抵触原则”和“特别效力原则”来加以解决。首先，根据“不抵触原则”，全国人大常委

① 孙继斌：“全国人大常委会法工委回复应按修订后律师法规定执行”，载《法制日报》2008年8月17日。

② 《法制日报》2008年8月3日。

会制定的《律师法》不能在内容上修改全国人大制定的《刑事诉讼法》的内容，更不能与作为基本法律的《刑事诉讼法》的内容规定不一致；其次，在实践中确实出现了《律师法》与《刑事诉讼法》规定不一致、相冲突的情形下，最有效的方法是尽快修改《刑事诉讼法》的相关内容，这是解决学术争议和《律师法》实施难题的最有效的方式，也是维护基本法律效力的基本形式之一。尽管《刑事诉讼法》修改涉及一些复杂的问题，但从维护国家法制统一与法律权威的根本价值趋向看，及时修改《刑事诉讼法》是最合理的立法政策。当然，当修改《刑事诉讼法》在立法政策上遇到一些难题时，也可通过宪法解释或法律解释的方式解决人们对两部法律内容的不同认识，以达成共识。如果立法机关放任客观上存在的法律冲突现象，有可能在实践中遇到越来越复杂的难题，其结果必然损害国家法制的统一与权威。

（2008年第10期）

“一国两制”是我国的基本政治制度

许崇德*

人民民主专政制度是我国的国体，人民代表大会制度是我国的政体。它们是中华人民共和国的根本政治制度。与此同时，我国还存在一系列基本政治制度，如民族区域自治制度、共产党领导的多党合作和政治协商制度，等等。“一国两制”也是我国的基本政治制度之一，本文将从“一国两制”的含义与特性来说明这一点。“一国两制”的地位十分重要。它是邓小平理论的重要组成部分，也是中国特色社会主义理论体系的重要组成部分。关于“一国两制”，邓小平、江泽民、胡锦涛等领导人都做过精辟的论述。我学习了他们的相关著述，初步归纳了 12 个要点，供读者们参考。

一、“一国两制”的前提是“一国”

中华人民共和国是统一的单一制国家，只有一部宪法、一个中央人民政府。台湾、香港、澳门同各省、自治区、直辖市一样，都是中华人民共和国不可分割的组成部分。强大的祖国是中国各个地方和各个民族的坚强后盾。所以，全国都要以大局为重，维护中央的权力；全力以赴地维护国家主权、领土完整。

二、“两制”是指社会主义与资本主义

“两制”，是指存在于我国的社会主义和资本主义两种不同类型的社会制度。这在世界上是史无前例的。即使像美国那样，历史上曾有过北部的资本主义与南方的奴隶主义并存的格局，又像现在的印度那样，并存着资本主义和封建主义、奴隶主义制度，但都不能说是一国两制，因为他们虽然存在几个制度，但都属于同一个类型，即都是剥削阶级类型的社会制度。所以，不能和中国实行的“一国两制”同日而语。

---

* 作者单位：中国人民大学法学院。

三、“两制”体现在国家各方面的制度中

在我国，“一国两制”不仅体现在社会经济方面，即大陆实行以公有制为基础的社会主义经济制度，特别行政区实行以私有制为内容的资本主义经济制度，而且在统一的国家内，“两制”还体现在法律、政治、文教等各个制度方面。例如，内地实行社会主义法律体系，而香港是普通法地区，澳门也实行资本主义性质的法律。又如，内地实行人民代表大会制度，而香港、澳门则实行以行政主导为特征的行政长官负责制，等等。

四、“两制”有主次之分，社会主义是主体

邓小平说：“要确定整个国家的主体是社会主义。否则怎么能说是‘两制’呢？那就变成‘一制’了。”他又说：“只有社会主义才能救中国”，中国以社会主义为主体，是历史的必然和人民的愿望。《宪法》规定：中华人民共和国是社会主义国家。正是社会主义这个主体，决定了我国的根本性质。从“两制”所占的比重来看，实行社会主义的大陆无论在人口、面积、生产总值等方面，都远远大于实行资本主义的台港澳。邓小平早就说过：“主体是很大的主体，社会主义是在10亿人口地区的社会主义，这是个前提，没有这个前提不行。在这个前提下，可以容许在自己身边，在小地区和小范围内实行资本主义。我们相信，在小范围内容许资本主义存在，更有利于发展社会主义。”所以，“两制”有主次之分。社会主义是主体。

五、“一国两制”不影响中国是社会主义国家

“两制”的存在不会影响国家整体的社会主义性质。邓小平指出：“我们对香港的政策长期不变，影响不了大陆的社会主义。”他说：“大陆开放一些城市，允许一些外资进入，这是作为社会主义经济的补充，有利于社会主义社会生产力的发展。比如外资到上海去，当然不是整个上海都实行资本主义制度。深圳也不是，还是实行社会主义制度。”邓小平的讲话是很有说服力的。从全国来看，虽然保存着台港澳的资本主义，但它不会影响中国是个社会主义国家。何况港澳的资本主义的存在，是“有利于社会主义社会生产力的发展”的。

六、"一国两制"是"和平共处"原则在国内的应用

和平共处是我国外交政策的重要原则之一。"一国两制"的总设计师邓小平又把和平共处外交政策创造性地应用到处理国内事务中来,这是他雄才大略的表现。1984 年 10 月,邓小平说过:"和平共处的原则用之于解决一个国家内部的某些问题,恐怕也是一个好办法。根据中国自己的实践,我们提出'一个国家,两种制度'的办法来解决中国的统一问题,这也是一种和平共处。"他又说:"所以,和平共处的原则不仅在处理国际关系问题上,而且在一个国家处理自己内政问题上,也是一个好办法。"

七、"一国两制"是改革开放的产物

"一国两制"构思的出现,需要适宜的环境。经验证明,当政治条件尚不具备的时候,"一国两制"理论是不可能产生的。回顾历史,新中国成立以后,我们致力于消灭人剥削人的制度,铲除资本主义及其温床,并于 1956 年基本完成了对私有制的社会主义改造。但另一方面,极"左"思潮不断蔓延。对生产资料所有制的改造片面追求"一大二公",彻底地"割资本主义尾巴"。在政治运动中,确定"重点是整那些走资本主义道路的当权派",在以阶级斗争为纲的情况下,"一国两制"当然绝不可能产生。只有在党的十一届三中全会确立了"解放思想,实事求是"的正确路线,"一国两制"伟大构想才能顺应时代的要求产生出来。所以,它是改革开放的产物。

八、"一国两制"是一个大系统

"一国两制"是一个包藏内容极为丰富的大系统,是有关的理论、原则、方针、政策的总和。从理论层面来看,邓小平在其著作宝库里,存在大量的科学论述。其他的领导人以及在党和政府的一些重要文件中,也有不少涉及"一国两制"问题的论述。从"一国两制"所包含的原则来看,其中有基本原则,也有在不同领域、处理不同问题的多个层次的具体原则。从"一国两制"所包含的政策来看,有总方针总政策,还有大量社会经济方面、法律制度方面、政治体制方面、文化及宗教等方面的一系列具体政策。总之,有关的理论、原则、方针政策的总和,构成了"一国两制"这个大系统。

九、“一国两制”是在统一国家内实行特殊地区的自治

我国的地方制度呈现多种形式:不仅有省、直辖市、市、县、乡、镇等一般地方,享有一定的自主权,还存在民族自治地方,享有广泛的自治权。同时,还存在特别行政区,享有中央授予的高度自治权。特区实行高度自治是“一国两制”的重要原则。当然,高度自治不等于完全自治。邓小平说:“自治不能没有限度,既有限度就不能‘完全’,‘完全自治’就是‘两个中国’,而不是一个中国。”高度自治不能没有限度。限度在于:第一,自治的程度取决于中央的授权。第二,严格按照基本法办事。高度自治绝对不能超越中央的授权和法律的规定。

十、“一国两制”是中国的长期国策

特别行政区不实行社会主义制度和政策,保持原有的资本主义制度和生活方式,50年不变。这表明了国家基本方针的长期性。保持原有制度50年不变,是基于对中国具体情况的正确分析,特别是考虑到内地与港澳台之间暂时存在着经济发展水平的差距。邓小平指出:“到了五十年以后,大陆发展起来了,那时还会小里小气地处理这些问题吗?”他又说:“实际上,五十年只是一个形象的讲法,五十年后也不会变。前五十年是不能变,五十年之后是不需要变。所以,这不是信口开河。”总之,“一国两制”的国策具有长期性。

十一、“一国两制”是“中国特色社会主义”的具体表现

1987年4月,邓小平明确地把“一国两制”称作“中国特色”。他指出:“我们的社会主义制度是有中国特色的社会主义制度,这个特色,很重要的一个内容就是对香港、澳门、台湾问题的处理,就是‘一国两制’。这是个新事物。这个新事物不是美国提出来的,不是日本提出来的,不是欧洲提出来的,也不是苏联提出来的,而是中国提出来的,这就叫做中国特色。”江泽民继承邓小平理论。在中共十四大的报告中,全面地阐明了建设有中国特色社会主义理论的主要内容,江泽民谈了9点特色。其中的第9点是,“在祖国统一的问题上提出‘一个国家,两种制度’的创造性构想。在一个中国的前提下,国家的主体坚持社会主义制度,香港、澳门、台湾保持原有的资本主义制度长期不变,按照这个原则来推进祖国和平统一大业的完成”。

十二、“一国两制”是不断丰富和发展着的伟大理论

“一国两制”理论不是停滞的，而是在一定的历史背景下形成，并随着客观实际的发展变化而与时俱进的。中国改革开放30年来，形势发展十分迅速。与之相适应，“一国两制”本身亦在不断地创新和发展之中。这方面的事例不胜枚举，这里就不多说了。今后在实践过程中，“一国两制”这个基本制度的内容还将不断丰富。这是必然的。

（2008年第12期）

2009 年

【栏目】

废止齐玉苓案“批复”与宪法适用之关联(上)

【编者前言】 最高人民法院2008年12月18日发布如下公告:该院审判委员会第1457次会议于2008年12月8日通过了《关于废止2007年底以前发布的有关司法解释(第七批)的决定》,其中包括以“已停止适用”为理由,废止了《最高人民法院关于以侵犯姓名权的手段侵犯宪法保护的公民受教育的基本权利是否应承担民事责任的批复》(即“法释〔2001〕25号”),该决定自2008年12月24日起施行。

在世界范围内,宪法有多种适用方式,其中较常见的是立法机关适用、行政机关适用和司法机关适用。但是,何种国家机关有权适用宪法,何种国家机关无权适用宪法,何种国家机关在本国宪法适用中承担主要责任,何种国家机关只承担次要的责任,诸如此类问题,在不同的国家和不同的宪法架构下,各国的具体安排往往是有很大差别的,绝对不可以简单比照某一个国家的情况来谈论本国宪法的适用。

本刊编辑部注意到,我国法学、法律界不少人士对最高人民法院废止齐玉苓案“批复”是有利于宪法的适用,还是不利于宪法的适用,抑或是对宪法适用有利有弊,看法颇多歧义。为了充分揭示废止齐玉苓案“批复”与宪法适用的真实关系或可能的联系,以学术之力审时度势促进宪法适用,本刊编辑部以“废止齐玉苓案‘批复’与宪法适用之关联”为总标题,向一些对这个问题素有研究的学者发出了笔谈邀请,获得了比较积极的回应。

本刊一直以探讨我国法律发展、法学发展的前沿性课题并以努力平衡反映不同人群的看法为己任。所以,本刊对于受邀请专家的来稿,只要符合通常的学术规范和邀请函明示的外在标准,不论其所表达的学术观点是赞成废止齐玉苓案“批复”还是不赞成废止该“批复”,都一律照登。所以,读者看到的这组笔谈的一个突出特点,就是“百家”争鸣。

齐玉苓案“批复”从出生到死亡,存在了7年多,也被人们讨论了7年多。应该说,法学界的认识在这个过程中逐步提高。在这个过程中,一个人的学术观点前后有变化很正常。不同时期的学术观点反映不同时期的认识,正确的认识不可能一次完成,只能逐步完成。一个人发表一篇文章表达学术观点不等于宣告真理,自己先前表达的观点更不应该成为此后自己思想的牢笼。在针对齐玉苓案“批复”表达思想方面,当今的宪法学者们已经没有理由不心怀坦荡,也不存在跟谁的风和迎合谁的问题。这是本次笔谈能够取得较好成效的一个重要条件。

本笔谈的排列顺序按如下规则处理：总论性内容的文章在前，对废止“批复”持赞成态度的文章居中，对废止“批复”持异议的文章殿后。

以《宪法》第126条为基础寻求宪法适用的共识

韩大元*

2001年关于齐玉苓案的最高人民法院《关于以侵犯姓名权的手段侵犯宪法保护的公民受教育的基本权利是否应承担民事责任的批复》(以下简称“批复”)出台后，曾在学术界引起了广泛的争鸣。学者们围绕基本权利与民事权利、受教育权与人格权、宪法司法适用的性质与方法、宪法功能与违宪主体、宪法解释权与法院审判权界限以及人权的第三者效力等问题进行了多视角的学术探讨。笔者还记得，在2001年召开的宪法学年会上学者们曾围绕“批复”对我国宪法适用的利弊进行过严肃的学术讨论。虽然学术观点不同，但无论是肯定者还是批评者，大家都有一个基本共识：尽管“批复”存在一些“瑕疵”，但作为个案给宪法学研究与教学带来了值得探讨的新课题，特别是对推动基本权利的宪法救济，探讨宪法与审判权的关系以及扩大宪法的社会影响方面起到了一定的促进作用。2008年12月18日最高人民法院废止“批复”又为我们重新审视“批复”的宪法价值，进一步理性地思考与此有关的宪法文本、宪法原理与宪法实施提供了契机与素材。①

笔者认为，有关中国宪法适用问题的探讨应该以宪法文本与宪法规定的宪政制度为基础，只有在宪法文本基础上我们才能寻求共识，推动宪法制度的发展。但回到宪法文本，寻求文本依据时我们仍然面临如何解读文本的含义与界限的问题。尤其是在既没有宪法解释的传统，又没有宪法解释实践的背景下，理解文本内涵时

---

* 作者单位：中国人民大学法学院。

① 笔者认为，根据《最高人民法院关于司法解释工作的规定》，最高人民法院有权制定、修改和废止“批复”，但行使废止权时应说明理由。此次废止的20多个批复中，大部分批复的废止都注明了理由，如“情况已变化，不再适用”，“与物权法有关规定冲突”，“已被物权法及新的司法解释所取代”等，但对齐玉苓案“批复”只写“已停止适用”，没有具体说明废止的理由。笔者认为，考虑到此“批复”产生的社会影响和所承载的社会关注度，废止时应该说明理由，否则容易引起社会和学界不必要的猜疑与争议，更容易误导公众和法院的审判活动。

容易出现分歧。如何理解我国《宪法》第126条中的“依照法律”的规范内涵是深入探讨“批复”时值得思考的问题之一。

一

任何宪法文本的形成都具有特定的历史背景与文化因素,对特定宪法条款的规范分析首先需要挖掘历史的元素。早在1946年的《陕甘宁边区宪法原则》中首次将司法机关作为重要部门加以规定,其中有“各级司法机关独立行使职权,除服从法律外,不受任何干涉”的规定。1949年《中国人民政治协商会议共同纲领》没有具体规定司法权的行使,只规定要建立“人民司法制度”,“人民和人民团体有权向人民监察机关或人民司法机关控告”。

1954年《宪法》在法院职权上,首次规定了“中华人民共和国最高人民法院、地方各级人民法院和专门人民法院行使审判权”(制定过程中经历了由“司法权”到“审判权”的广泛争论)。[①] 在审判原则上,这部《宪法》第78条明确规定:“人民法院独立进行审判,只服从法律。”这一条是1982年《宪法》第126条的最初的规范渊源。本条最初规定在中国共产党中央委员会提出的宪法草案的第71条中,其表述是:“各级人民法院独立行使职权,只服从法律。”后来在1954年6月14日中央人民政府委员会第30次会议通过的《中华人民共和国1954年宪法草案》第78条中这一条款被改为“人民法院独立进行审判,只服从法律。”在第一届全国人民代表大会第一次会议上讨论宪法草案时,有些代表曾提出将草案的第78条改为“各级人民法院以服从法律的精神,独立进行审判”,或改为“各级人民法院以法律的精神独立进行审判,不受任何国家机关的干涉”。当时,也有代表建议将“只服从法律”改为“只服从宪法和法律”,意图是强调司法审判中突出宪法作为审判依据的作用。但在1954年正式颁布的《宪法》第78条仍沿用了原草案的内容,并没有吸收修改建议,对这一条并没有进行文字上的任何修改。[②]

1975年《宪法》和1978年《宪法》取消了审判独立原则,极大地弱化了法院的宪法地位。伴随1979年《人民法院组织法》的出台和1982年《宪法》的修改,1954年《宪法》关于独立审判原则被全面恢复。现行《宪法》第126条继承了1954年《宪法》第78条的基本精神,将审判独立原则表述为“人民法院依照法律规定独立行使审判权,不受行政机关、社会团体和个人的干涉”。为什么作这样的调整?曾参加1982年《宪法》修改工作的肖蔚云教授认为,当时有人觉得1954年《宪法》的

① 韩大元编著:《1954年宪法与新中国宪政》,湖南人民出版社2004年版,第168~171页。

② 同上。

用语不够准确，像1954年《宪法》那样规定人民法院只服从法律是不确切的，有点绝对化。关于这一条的含义，他的解释是：审判权只能由法院依法行使，别的任何机关都不能行使审判权。他还特别强调，不受行政机关、社会团体和个人的干涉，这句话规定得比较适当。①

二

宪法文本的解释往往伴随着宪法学说史的发展。1954年《宪法》颁布后，曾围绕第78条的内涵，学术界进行过讨论，试图挖掘该条款所隐含的独立审判原则的价值与法律功能。有学者认为，这一条规定了独立进行审判的原则，认为"我们国家的法律是以工人阶级为领导的全体劳动人民利益的意志的反映，人民法院只服从法律来独立地进行审判"。② 也有学者认为，这一条规定的意义是"人民法院审理案件时，不受任何外来干涉，只是根据它所认定的事实，依照法律进行判决"。③从学者们的解释看，"只服从法律"中的"法律"仅指全国人民代表大会制定的国家法律，突出了审判权的国家性，不包括其他的规范。"依照法律"的意义在于，法院在审判时独立地进行工作，不受其他国家机关、人民团体和他人的干涉。

1982年《宪法》颁布后一些学者围绕第126条中的"法律"是否包括宪法，法律的范围以及在宪法解释学上的意义等问题进行了探讨。如有学者把"依照法律规定"解释为"按照法定程序并正确适用法律"。④

审判工作贯彻独立审判原则的实质就是一切服从法律，严格依法办事，即人民法院在其职权范围内的活动必须独立进行，对行政机关、团体和个人保持应有的独立性，而对国家法律则必须绝对服从。⑤ 从解释学的角度看，当时的理解侧重于说明法定程序意义（即形式意义的法律），而国家法律是法定程序的基础。到了20世纪90年代后，随着宪法实践的发展，宪法与司法关系，特别是法院能否适用宪法的探讨成为学术界关注的话题。

目前，对《宪法》第126条规定的"法律"的范围，学者们的观点是不一致的。如有的学者认为，《宪法》第126条中的"依照法律规定"6个字中，"法律"二字是

---

① 肖蔚云著：《论宪法》，北京大学出版社2004年版，第548页。

② 楼邦彦著：《中华人民共和国宪法基本知识》，新知识出版社1955年版，第156页。

③ 李达编：《中华人民共和国宪法讲话》，人民出版社1956年版，第198页。在中国的制宪史上，仅有1946年的《中华民国宪法》对"法律"作出明确界定。该法第170条规定："本宪法所称之法律，谓经立法院通过，总统公布之法律。"

④ 许崇德主编：《中国宪法》（修订本），中国人民大学出版社1989年版，第304页。

⑤ 同上，第305页。

狭义的，不包括宪法在内，[①]并以此作为人民法院不能将宪法作为司法适用的依据。但也有学者在主张狭义的法律应将宪法包括在其中，认为“这个法律是狭义的，具体指《宪法》、《人民法院组织法》、《刑事诉讼法》、《民事诉讼法》、《行政诉讼法》等”。[②] 也有学者把“依照法律”解释为广义上的法律，包括法律、法规等，[③]认为是一种客观的规范体系。

从宪法学说史的发展看，宪法文本上“法律”一词的解释是一直有争议的问题。在德国，从 19 世纪 30 年代开始，形成了形式意义与实质意义的“双重法律概念”理论，积累了宪法解释的经验与学理基础。所谓实质意义的法律一般包括法规（Rechtssatz），在内容的解释上又可分为“社会的限定设定规范”、“一般抽象的规范”与“自由、财产侵害规范”。在法国，传统的法律概念形成于《人权宣言》的颁布，当时只有经过宪法程序由国会通过的形式意义上的法律才具有法律效力。但到了第三共和国以后，只承认形式意义法律的观念受到了批判，也有学者主张承认客观存在的实质法律，推动从无限制的形式法律向依据立法管辖而受限制的法律概念的转变。在日本，围绕《宪法》第 76 条第 1 款的解释形成了丰富的学术传统。其学说的争论可追溯到明治宪法时代。在明治宪法下，对宪法文本中的“依照法律”的基本理解是“根据议会制定的法律（经帝国议会协赞和天皇裁可程序的国法）”。[④] 目前，在宪法解释学上，围绕宪法上的“依照法律”形成了 3 种学说：一是诉讼程序法律说，即用形式意义的法律来规定法院裁判活动的程序。二是裁判标准说，即法律是作为裁判依据的标准，不仅包括形式意义上的法律，而且包括法规的一般内容，最初由美浓部达吉提出，到了昭和时代逐步被人们普遍接受。[⑤] 三是职务态度说，即认为裁判官司法活动应采取的方法是，只受宪法和法律的约束，不能以政令、规则、处分规定裁判官的司法行动，[⑥]其目的是维护司法独立的价值，从多元价值中判断审判活动中的法律范围。这是日本学术界的最新研究动向。须贺博志以“双重法律概念”的学说为前提，主张“拘束法官的法律只能是国会的制定法”，强调形式法律在裁判过程中的意义。[⑦] 在韩国，围绕《宪法》第 130 条规定的

---

① 童之伟：“宪法适用应依循宪法本身的路径”，载《中国法学》2008 年第 6 期。

② 蔡定剑著：《宪法精解》，法律出版社 2004 年版，第 402 页。

③ 有学者把“依照法律”分为两层含义：一是法律为人民法院独立行使审判权提供保障；二是法院在审判活动中依全国人大及其常委会制定的实体方面的法律。参见许安标、刘松山著：《中华人民共和国宪法通释》，中国法制出版社 2003 年版，第 328 页。

④ ［日］须贺博志：“依照法律行使司法权的含义”，载《国民主权与法的支配》，成文堂 2008 年版，第 379 页。

⑤ 同上，第 407 页。

⑥ 同上，第 417 页。

⑦ 同上，第 382 页。

"依据宪法和法律——进行裁判"的原则,也出现了不同的学术争论,通说是裁判标准说。该说认为,法官在裁判中只受宪法和法律的拘束,以保证司法独立原则的实现,法官行使裁判权要依据宪法和法律。所谓受宪法和法律拘束指的是,法官根据宪法规范和法律进行裁判,除法之外不受其他规范的约束。这里的宪法不仅包括宪法典,而且还包括宪法惯例,这里的法律指实质意义上的法律,表明一种法规范体系。法官进行审判活动时,应依据合宪的法律,不受违宪法律的约束。当法官发现作为裁判依据的法律有可能违宪时,法官无权进行违宪判断,而应把有违宪疑问的法律或条文提请宪法法院进行审查,并根据宪法法院的审查结果再决定是否继续进行裁判活动。这种违宪审查的二元化体制有利于保证法官在行使职权时遵守宪法,实现司法独立原则。可见,"依照法律"在宪法文本中的意义与功能需要以成熟的学说为基础,并在学理基础上发展解释的规则与方法。

三

在"批复"的讨论中对《宪法》第126条中的"依据法律"的内涵以及是否包括宪法是学术界分歧比较大的问题之一。这一问题直接关系到宪法的司法适用是否具有文本依据。

在中国宪法文本上"法律"一词的含义是十分丰富的,向来有颇多的争议,有的时候是作为法律整体形式来出现,有的时候仅仅以国家法律形式出现。也就是说,"法律"一词在宪法文本中的含义是不尽相同的。如同样的"依照法律规定"、"依照法律"等表述也可能有不同的文本内涵。如《宪法》第2条第3款规定,人民依照法律规定,通过各种途径和形式,管理国家事务,管理经济和文化事业,管理社会事务。《宪法》第10条修正案第2条第4款规定,土地的使用权可以依照法律的规定转让。这些条款中的法律明确表示要保障这些权利,具有规范体系的性质。有时"法律"内涵涉及主体和义务性的情况。如《宪法》第55条第2款有关依照法律服兵役和参加民兵组织的规定,第56条规定的依照法律纳税的义务涉及公民的基本义务。按照立宪主义原则,有关征兵、征税方面的法律必须强调法律的"形式性",由国家法律统一规范,其目的是限制国家权力,保障公民的权利。还有一种情况是以国家作为主体的条款,如《宪法》第10条修正案第20条第3款、第13条修正案第22条的规定等。这里的"依照法律"客观上起到了对国家权力的一种限制作用,既有程序上的限制,也有职权上的限制,通常包括实质与形式法律的意义。

首先,从法律渊源和立法体系角度分析"依照法律规定"中"法律"的内涵。法律的渊源通常指法的外在表现形式,我国的法律渊源一般包括宪法、法律、行政法规、地方性法规、自治条例和单行条例等。既然宪法是法律渊源中的首要渊源,在

“依照法律”的解释上不可能完全排斥宪法。有关基本权利和基本义务以及国家机构的职权等只能由宪法和法律来设定,但也可以由行政法规等形式将宪法的规定具体化。在这里,宪法作为法律体系中的最高法律,保障权利的享有或权力的行使,限制国家权力的行使,为制定下位法提供了依据,下位法对此进行具体化。同时宪法也对这种法律的具体化过程进行控制,使法律具有合宪性。

宪法是一个完整的价值体系,它并不因被法律具体化而失去对法律的控制权,它始终拘束其适用者。在解决现实的具体争议时,虽然经常运用的是普通法律,但这只是宪法的自我“谦抑”,这时法律一般也是以符合宪法的合宪性审查方式来适用宪法。宪法上的基本权利被普通法律具体化之后,该法律又符合宪法,这时并不存在基本权利被侵犯的问题,存在的只是普通法律权利的救济问题。在这种意义上需要区分宪法问题和法律问题、宪法救济和法律救济之间的界限。在宪法的规定没有被具体化的时候,人民法院要受到基本权利的直接拘束,可以援引宪法,但不能对宪法问题作出直接的司法判断。如法院不能在判决书中对宪法规定的基本法律与法律之间的效力关系做出具有司法性质的审查。①

其次,从审判权的来源分析“依照法律规定”中“法律”的范围。从审判权来源看,只有《宪法》和法律才能赋予法院审判权,而审判权的首要来源是《宪法》,审判活动本身是《宪法》和法律实施过程的一个环节。由于《宪法》赋予人民法院审判权,“依照法律”自然包含着人民法院要遵循《宪法》约束的原则。比如,根据《宪法》序言的规定,《宪法》是人民法院审判活动的根本准则;法院负有维护宪法尊严、保证宪法实施的职责;如果“依照法律”时只讲形式的法律,认为若根本法的条款没有通过法律被具体化,就不可以约束人民法院,那么根本法的最高法律效力又如何体现?人民法院如何维护宪法尊严、保证宪法实施呢?我国《法官法》第7条第1项也明确规定,法官应当严格遵守宪法和法律。人民法院受《宪法》约束,审判权既来自于《宪法》,又以《宪法》为依据。但基于宪法和法律具有不同功能,法院审理案件时首先以法律为依据,遵循宪法与法律的界限,区分“规范性的法律”和“具体的用于裁判案件的法律”,②在承认合宪性原则的前提下,使法官用于具体裁判的案件中适用形式法律。③

或许有人会问,假如我国《宪法》文本明确写上“法院依照宪法和法律规定,独立行使审判权”,是不是意味着宪法的司法适用就具有文本上的依据?如果只写“法律”,不写“宪法”是不是意味着审判活动不以宪法为依据?其实,从宪法解释

① 韩大元:“全国人大常委会新法能否优于全国人大旧法”,载《法学》2008年第10期。

② 陈金钊:“法律渊源:司法视角的定位”,载《甘肃政法学院学报》2005年第6期。

③ 同上。参见其中对形式意义法律渊源的解释。以合宪性原则作为前提是笔者的观点。

学的角度看，文本上是否写“依据宪法”并不是判断宪法司法适用的唯一标准。在宪法文本上，表述“依照法律”的形式是多种多样的，要根据本国的宪政体制具体作出判断。以亚洲国家宪法为例，至少有3种模式：第一种模式是在宪法文本上同时规定“依据宪法和法律”，如《韩国宪法》第103条规定，法官根据宪法和法律，凭其良心独立审判；《日本国宪法》第76条第3款规定，所有法官以良心独立行使职权，只受本宪法及法律的约束。《塔吉克斯坦宪法》第87条规定，只服从宪法和法律。第二种模式是规定行使审判权（司法权）时只依照法律，如《朝鲜宪法》第140条、《泰国宪法》第190条、《菲律宾宪法》第14条等。第三种模式是虽规定“依照法律”，但依照法律要遵循合宪解释原则，宪法对法律本身的适用仍然起控制作用。整个裁判活动中法官对宪法问题的理解是不可避免的，但是否具有独立的判断权或者决定权，在不同的国家具有不同的体制。但无论采取何种体制，作为规范意义上的宪法始终存在于法院的审判活动之中。

再次，“依照法律规定”在不同的诉讼中具有不同的特点与要求。我国人民法院的审判活动要遵循《宪法》规定的基本原则，但不同的诉讼活动对“依照法律的”解释规则与要求是不同的，不宜将“依照法律规定”中的“法律”一律解释为“狭义”法律。

在行政审判中，我国人民法院审理案件的依据是法。《刑事诉讼法》、《民事诉讼法》采用“依照法律规定”的提法，明确审判的依据是“法律”，而《行政诉讼法》则表述为“依法独立行使审判权”，把“法”作为审判的依据。① 按照通常的理解，“法”的范围是非常广泛的。同时，《行政诉讼法》第52条规定：“人民法院审理行政案件，以法律和行政法规、地方性法规为依据。地方性法规适用于本行政区域内发生的行政案件。人民法院审理民族自治地方的行政案件，并以该民族自治地方的自治条例和单行条例为依据。”这就说明，该条文中的“法律”指狭义的，但行政审判的依据除法律外还包括行政法规、地方性法规等。因此，在行政诉讼中法院独立行使审判权的依据是“法”，而不是“法律”。按照最高人民法院《关于司法解释工作的规定》（以下简称《规定》）的解释，“最高人民法院发布的司法解释具有法律效力”（第5条）。这一条款明确规定了人民法院在审判中也可以把“司法解释”

① 在《行政诉讼法》（试拟稿）中，曾有“规章与行政法规相抵触，适用行政法规；行政法规与法律相抵触，适用法律”的规定。这就暗含着赋予人民法院审查和评价行政法规和规章合法性的权力。后来在正式立法中删去了这一规定，说明立法机关不准备授予人民法院以此种司法审查权。但正式颁布的法律在关于法律适用的规定中，对规章使用了“参照”一词，仍暗含着赋予法院对规章一定的审查权的意思。参见姜明安著：《行政诉讼法学》，北京大学出版社1993年版，第44页。

作为审理依据，扩大了“依据法律”的范围，使“司法解释”具有“法律效力”。①

在刑事审判中，我国人民法院适用的法律应以“狭义法律”为标准，严格限制法律内涵，遵循“罪刑法定主义”原则。这一点上，1955 年最高人民法院“批复”中禁止把宪法作为“论罪科刑”依据是有积极意义的，客观上起到了保护公民基本权利与限制国家权力的作用。②

在我国民事审判中，“依据法律”的标准与范围的确定具有一定的灵活性与弹性，“依据法律”的范围不能仅限于“狭义”法律，不仅包括实质性的制定法，必要时也可以采用习惯法等，要根据具体个案选择法律规范。如宪法有明确列举的基本权利，经当事人“穷尽法律救济程序”而无法得到救济时，人民法院可以援引宪法原则或条文阐述救济的理由，来保护民事权利。通过宪法拓展民事责任的保护范围，使文本上的基本权利得到具体落实是齐玉苓案“批复”的积极作用之一。在笔者看来，在“批复”中写“依据宪法规定所享有的受教育的基本权利”的表述是“多余的”，但不能简单地解释为侵犯了“全国人大常委会的宪法解释权”，因为这种表述不属于严格意义上宪法解释，只是重申宪法文本已有的规定。之所以说“多余”，就是因为受教育权是基本权利，《宪法》已作出明确规定，最高人民法院没有必要在“批复”中再做出“说明”。

最高人民法院于 1986 年曾做出《关于人民法院制作法律文书如何引用法律规范性文件的批复》，对法律、行政法规、自治条例和单行条例等的引用作了具体规定，如“对国务院各部委的命令、指示和规章，凡与宪法、法律、行政法规不相抵触的，可在办案时参照执行，但不要引用。最高人民法院提出的贯彻执行各种法律的意见以及批复等，应该贯彻执行，但也不宜直接引用”。从这一批复中能否得出宪法在人民法院审理民事案件时制作的法律文书中被排斥了的结论？这一规定首先与《规定》是直接冲突的，《规定》第 27 条规定：“司法解释施行后，人民法院作为裁判依据的，应当在司法文书中援引。人民法院同时引用法律和司法解释作为裁判依据的，应当先援引法律，后援引司法解释。”一方面规定“不宜直接引用”，另一方面又要求“作为裁判依据的，应当在司法文书中援引”。从这个“批复”也不能简单地得出排斥宪法的结论，因为“命令、指示和规章”作为“参照”的前提是“与宪法和

① 司法解释是否具有“法律效力”，属什么性质的“效力”是值得研究的课题。至少在《规定》中最高人民法院自我宣布“司法解释具有法律效力”是缺乏正当性与合法性的，给法律概念的理解带来了不确定性。对此笔者拟在另一篇论文中专门讨论。

② 2009 年 1 月 15 日的《南方周末》在“援引宪法打官司的历史缘何终结”的报道中，蔡定剑也认为，对公民的权利要予以保护，对国家权力则应限制。最高人民法院 1955 年关于刑事案件中不能引用宪法判案的批复体现的就是这种宪法原理。对于公民的权利剥夺必须依据具体的法律严格行使，否则就会造成国家权力的滥用。

法律"不相抵触,而是否符合宪法、法律的选择权由法官行使,法官的选择中自然包括合宪性、合法性的基本理解与疑问。可见,人民法院在审理案件时是有义务对低位阶的法是否符合高位阶的法进行判断的。人民法院依照实质法律进行判断是一个问题,实质法律之间的效力等级是另外一个问题。

最后,人民法院"依照法律规定独立行使审判权"受宪法和法律的严格限制。我国实行人民代表大会制度,人民法院是行使审判权的机关,而审判权在国家权力配置中属于第二层面的范畴,第一层面是国家权力机关统一行使国家权力,人民法院的审判权从属于最高权力机关,应严格遵循宪法文本的界限。根据《宪法》规定,我国实行最高权力机关的宪法监督体制,由全国人大常委会行使法律和宪法的解释权,普通法院无权行使解释权。在承认并尊重宪法文本的前提下,我们可以探讨如何加强《宪法》在人民法院审判活动中的作用。

《宪法》是人民法院进行审判活动的最高依据,但具体的审判活动要通过具体法律来调整,无须直接适用《宪法》,更不能直接以《宪法》为依据作出判决。当然,在行政审判中,"人民法院审查具体行政行为不直接以《宪法》为依据并不意味着人民法院的审查可以离开宪法,可以不考虑和顾及宪法的规定……人民法院审查行政机关具体行政行为的合法性,就包含着审查该行为的合宪性,因为法律、法规是对宪法的具体化。至于某一具体法律、法规是否符合宪法,人民法院不能作出发生法律效力的评价和判断,但人民法院在审查具体行政行为时,认为某一具体法律、法规有违宪情况,它可以报请最高国家权力机关加以审查和确认。宪法虽然不是人民法院司法审查的直接标准,但它应该是司法审查的最高标准、最终标准。"① 因此,从广泛的意义上讲,作为司法审查依据的法律,可以认为包括《宪法》。

《宪法》和法律的解释权主体是全国人大常委会,这一点是不可逾越的法律界限,但在审理活动中也需要法官具有宪法意识,对案件所适用的法律、法规等的合宪性进行必要的判断,如有违宪之嫌的法律、法规,应通过最高人民法院向全国人大常委会提出审查或解释的要求。我国《立法法》第 90 条是目前能够启动违宪审查程序的重要的制度安排之一,但遗憾的是,法定的有权提出审查要求的国家机关,特别是最高人民法院和最高人民检察院几乎不行使违宪审查要求权,而热衷于出台司法解释,没有积极回应民众权利保障的期待。尽管《立法法》第 90 条中没

① 姜明安著:《行政诉讼法学》,北京大学出版社 1993 年版,第 183 页。

有包括对“法律”的审查要求权,①但如果“两高”积极运用法律赋予的这一职权,有可能在一定程度上避免“法律问题宪法化”现象,能够为法官的审理活动提供确定性的规则,既维护国家宪政体制,同时也有利于在法律框架内推进中国违宪审查制度的发展,有利于减轻地方人民法院在宪法问题上所承受的不必要的政治或社会压力。

总之,从建设法治国家的基本原则看,法治首先是规则之治,必须以法律文本为基础。对文本的“批判性思维”不利于推进法治进程。当然,也需要从《宪法》实施的实践出发,充分发挥法律解释与宪法解释的功能,在立法理性与司法理性之间寻求合理平衡,倡导学术民主,以理性、宽容和开放的姿态积极探索完善适合我国国情的《宪法》适用机制的途径。

(2009 年第 3 期)

齐案“批复”的废止与“宪法司法化”和法院援引宪法问题

陈弘毅*

关于齐玉苓案的《最高人民法院关于以侵犯姓名权的手段侵犯宪法保护的公民受教育的基本权利是否应承担民事责任的批复》(以下简称“批复”)的废止涉及多方面、多层次的问题,我在这里进行初步的探讨,但愿能收抛砖引玉之效。

首先要评论的是“批复”废止的理据。2008 年 12 月 18 日公布的最高人民法院《关于废止 2007 年底以前发布的有关司法解释(第七批)的决定》(以下简称《决定》)共废止了 27 项司法解释,每项都附有简短的“废止理由”。除了齐玉苓案”批复”之外,其他 26 项的废止理由涉及以下几个方面:一是有关司法解释已被其后制定的新法所取代或修改,或与新法相冲突;二是有关司法解释已被后来的新的司法

① 如法官审理案件所适用的法律可能违宪时如何处理?《立法法》对此没有作具体规定。笔者认为,即使是人民代表大会制度下,也会出现《宪法》与法律之间冲突的现象。法官在审理案件过程中容易发现《宪法》与法律的冲突,而法官又没有独立的判断权与决定权。除积极运用《立法法》第 43 条规定的最高人民法院法律解释要求权外,也有必要设立专门的提请程序,为未来可能出现的问题提供依据。

* 作者单位:香港大学法学院。

解释取代;三是有关司法解释因情况已变化而不再适用。至于齐玉苓案"批复"的废止理由则是独特的:"已停止适用"。我们不知齐案批复在2008年12月18日前的什么时间"已停止适用",也不知道其"已停止适用"的原因,但我们可以推断有关原因不属于上述3种中的任何一种,不然的话《决定》应该会进行说明。为什么最高人民法院不向我们交代有关原因?我认为一个司法决定的其中一个基本要求是它背后不单有充分的理据,而且有关理据是公之于世的。正如西方法学谚语所言:"法院不单应实践公义,还应开放地、明显地给人民看到它们在实践公义。"①

在最高人民法院没有公开说明齐案批复的废止理由的情况下,我们只可以按照一般法理去理解"批复"废止的法律意义或其对法律和司法实践的影响。我认为有关法律意义至少可以有以下两个可能性(有可能以下两个可能性都是对的,或其中一个可能性是对的):(1)"批复"认为《宪法》所规定的"受教育的基本权利"("批复"里的用语)适用于齐玉苓案,这是错误的,故"批复"应停止适用。这可以称为对"批复"废止的较"狭义"的理解。(2)"批复"乃基于这样的一个理解:我国《宪法》的条文(包括关于公民权利的条文)可以被法院援引作为判案的依据(即一般所谓"宪法司法化"),这是错误的,故"批复"应停止适用。这可以称为对"批复"废止的较"广义"的理解。

现在让我们更仔细看看以上(1)和(2)两种可能性对"批复"废止的理解背后的法理思路。首先是关于(1)的思路。众所周知,"批复"作出后,法学界对其评价不一,其中一个主要原因便是不少论者怀疑在齐玉苓案这宗民事案件里适用《宪法》上的受教育权是否适当(因为根据一般宪法学原理,宪法规定的公民基本权利是用来规范国家与公民的关系的,而不是用来规范民法所调整的私人与私人之间的关系的——虽然德国等西方国家有所谓宪法基本权利的"第三人效力"的理论);也有论者怀疑在齐玉苓案适用《宪法》上的受教育权是否必要。因为他们认为,该案完全可以根据民法和教育法等宪法以下的法律来作出(相同的)判决。其次是(2)的思路,则是质疑我国法院是否有权或有能力在审判案件时适用宪法的条文或宪法中关于公民权利的规定。例如,有论者指出,根据我国《宪法》,法院必须根据"法律"来行使审判权,这里提到的"法律"不包括宪法;法院无权解释《宪法》,也没有对法律、法规或其他规范性文件的违宪审查权,所以法院无权在审判案件时适用宪法。除了这些法理上的质疑之外,有些论者则从现实出发,指出以我国法院现阶段的发展水平来说(包括法官的素质和法院的体制设计),法院还未有能力去承担适用宪法的责任。

如果我们(包括我国法院和法律界)对"批复"的废止采纳上述(1)的理解(狭

① R v. Sussex Justices [1924] 1 KB 256, 259.

义的理解)，即“批复”的废止只涉及《宪法》所规定的受教育权的理解和适用问题，那么“批复”的废止对于我国法制的运作和发展的影响是十分有限的。支持法院在审判案件时可援引或适用《宪法》条文的朋友可以主张这个狭义的理解。但是，由于上述(2)的理解(广义的理解)也是有可能成立的，有可能代表最高人民法院这次《决定》的用意，有可能被我国其他法院所采纳，所以我们不能回避怎样看待上述关于(2)的思路。

反映关于(2)的思路的较详细、系统和近期的论述是童之伟教授的两篇文章。① 对于法院在审理案件时和在裁判文书中援引宪法条文，童教授区分出两种情况：一是“遵守性援用”(或称“说理性援引”)；二是“适用性援用”。童教授赞成前者，反对后者，他认为“批复”属于后者，所以他对“批复”提出严厉批评。他也批评最高人民法院1988年的《关于雇工合同“工伤概不负责”是否有效的批复》，认为它也属于“适用性援用”。对于近年曾引起关注和讨论的广州黄埔区人民法院在2008年6月21日判决的关于工伤认定的案件(在判决书中引用了宪法保障的人身自由)，童教授则认为是“遵守性援用”的情况，并予以认可。

童教授以下的一个观点，我认为是最关键的，也是现在“批复”被废止后当我们思考这个废止的意义时最值得重温的：“近年来似乎有这样一种倾向，即有关人士对于法院裁判文书中论及宪法的规定或援引宪法的做法，主张采用不做具体分析一律予以禁止的方式加以处置。这不是好办法。”②

“肖蔚云先生曾说：‘必须引用宪法原则和规定时，就应当加以引用，这正是维护宪法的尊严和权威，使宪法落到实处。’笔者很赞同这个看法。”③童教授之所以反对完全禁止法院在裁判文书中援引宪法，是因为他认为上述的“遵守性援用”是可取的。所以问题的关键便是，“遵守性援用”和“适用性援用”这个区分能否成立。

如果我对童教授论文的理解是正确，那么这个区分的重点在于：(1)法院是否依赖有关《宪法》条文作为其判决的直接依据。(2)有关宪法条文的含义是否完全明确、并无争议、无须法院对它进行解释。如果法院援引的宪法条文的含义并无争议、无须法院对它进行解释，而法院援引此宪法条文时并非把它用作裁判的直接依据，只是把它用作论证、说理或推理过程的一部分，而法院判决的直接依据是《宪法》以外的法律、法规或其他规范性文件，那么这便是“遵守性援用”的情况。反

① 童之伟：“宪法适用应依循宪法本身规定的路径”，载《中国法学》2008年第6期；童之伟：“宪法适用如何走出‘司法化’的歧路”，载《政治与法律》2009年第1期。

② 童之伟：“宪法适用应依循宪法本身规定的路径”，载《中国法学》2008年第6期。

③ 同上。

之，如果法院援引的《宪法》条文的含义存在争议，需要法院把它视为解释对象，或法院援引《宪法》条文时把它用作裁判的直接依据，那么这便是“适用性援用”的情况。

虽然我本人像童教授一样，不赞成对法院援引《宪法》采取一律禁止的做法，但我对于“遵守性援用”和“适用性援用”这个区分是否可行，有些怀疑。首先，要判断法院在援引有关《宪法》条文时是把它视为裁判的直接依据还是间接依据，绝非易事，尤其是在判决的依据包括《宪法》以外的法律或其他法律性规范的情况。举例来说，童教授所批评的1988年的《关于雇工合同“工伤概不负责”是否有效的批复》，是否已把有关《宪法》条文视为裁判的直接依据，可能是见仁见智的。其次，被援引的《宪法》条文是否（在应用到有关案情事实时）毫无争议、无须解释，也是一个并不容易回答的问题。例如，广州黄埔区人民法院2008年的工伤认定案件，虽然童教授认为法院援引的（关于人身自由的）《宪法》条文毫无争议、无须解释，但不同意见者可以指出，法院在本案中其实已经表示了对有关《宪法》条文的这样一个理解，即人身自由这项宪法权利不单保障公民的人身自由不受国家机关及其工作人员非法侵犯，也适用于私人之间的民事法律关系，如本案中雇主与其雇员的关系。换句话说，宪法中关于人身自由的规定的含义并不是不证自明的。

童教授提出“遵守性援用”和“适用性援用”的区分，可谓用心良苦，但由于在实践中采用这个区分存在上述的困难，我担心接受童教授的基本论点（即我国法院不应在其审判活动中适用《宪法》条文）的人士很可能自行作出这样的结论：就是法院完全不应援引《宪法》条文。这正是对于“批复”废止的最广义的理解。如果我们不甘心接受这个结论的话，我们必须重新思考这个最根本的问题：法院是否完全不应在其审判活动中适用《宪法》条文。

童教授认为我国人民法院不应在其审判活动中适用《宪法》条文，其中两个主要论点是：(1)说法院有权适用《宪法》条文便等于说法院享有违宪审查权和宪法解释权；我国法院没有违宪审查权和宪法解释权，所以它们也无权适用宪法条文（“审判机关适用宪法，不可能没有违宪审查权”，①“法院若无违宪审查权就不可能真正适用宪法”②）。(2)在其他大陆法系的国家，一般法院也无权适用宪法，违宪审查权和宪法解释权由另外设置的宪法法院行使（“专门机关审查制，以德国、法国为代表，其特点是普通法院完全无权适用宪法”③）。我认为这两点都是值得商榷的。

① 童之伟：“宪法适用应依循宪法本身规定的路径”，载《中国法学》2008年第6期。

② 同上。

③ 同上。

相信不少宪法学学者都会同意,法院可以在不享有违宪审查权的情况下适用《宪法》。即使采用童教授本人对于法院"适用"《宪法》的定义——法院援引《宪法》条文并以此作为判决的直接依据,也并不表示法院有权或必须审查某法律规范的合宪性并拒绝适用法院判断为违宪的法律规范。法院完全可以在适用有关法律规范的同时,适用有关《宪法》条文。

对于这个问题,童教授的思考似乎是这样的:如果法院在某件案件中适用宪法条文会导致某一结果,而只适用法律、法规或其他规范性文件则会导致不同的结果(也就是说,有关法律、法规或规范性文件可能违宪),而法院没有违宪审查权,那么法院便会处于尴尬的、两难的局面,而这种情况应该不是我国现行的宪制设计所容许的。所以他认为,唯一的出路是否定法院对《宪法》条文作"适用性援用"的权力,他更认为德、法等大陆法系国家的做法正是这样的。

但是,如果我们仔细看看我国台湾地区法院的做法,以及德国和我国台湾地区宪法学的"合宪法律解释"学说,便会发现,设有宪法法院的大陆法系国家的情况并非这样。在我国台湾地区,正如在德国,一般法院虽然没有违宪审查权和宪法解释权,但它们可以在审判案件时援引和适用《宪法》条文。以下我尝试以我所理解的我国台湾地区的情况予以说明(当然如果由我国台湾地区的宪法学学者来做此工作会更有说服力)。

第一,要指出的是,"合宪法律解释"是一般法院在其审判工作中适用宪法的主要方式,这并不涉及违宪审查权的行使(在我国台湾地区,只有"司法院""大法官"会议,即我国台湾地区的"宪法法院"才能对法律行使违宪审查权)。根据一般法理分析,法院在把法律适用于具体案件时,往往无可避免地要对有关法律规范形成一种理解或解析(这里用的"解析"一词是台湾地区宪法学学者苏永钦教授的用语,①我在这里不用"解释"一词,因为"解释"意味着正式的、有法律拘束力的法律解释,而这里说的理解或解析则对其他法官或法院没有拘束力),然后根据此理解或解析把法律规范应用到有关案情事实,从而达到裁判结果。"合宪法律解释"就是指法院在进行这种用以理解或解析法律规范的思考推理活动时,在有必要时考虑《宪法》的有关条文,把宪法观点应用到理解或解析法律规范的工作,从而把有关法律规范理解或解析为符合《宪法》有关条文的、有助于实现《宪法》有关条文的宗旨的规范。更具体来说就是:(1)当考虑、援引或参照《宪法》的有关条文能有助于理解或解析有关法律规范时,法院便可考虑、援引或参照《宪法》的有关条文。(2)当有关法律规范由于其含义不完全明确而可以作若干不同理解或解析时,法

① 苏永钦著:《合宪性控制的理论与实际》,台湾月旦出版社股份有限公司1994年版,第4章"合宪法律解释原则"。

院应选择那个最符合宪法的理解或解析（如果考虑、援引或参照《宪法》的有关条文能有助于理解或解析有关法律规范）。(3)如果有关法律规范由于其含义不完全明确而可以作两种不同的理解或解析，第一种会导致它是违宪的结论，第二种理解或解析则意味着这个规范是符合《宪法》的，那么法院便应选择第二种理解或解析，从而避免有关法律规范被认为是违宪。①

第二，在我国台湾地区，如果法院在审判案件时认为适用的法律违宪，它可以暂停诉讼程序，把违宪问题提交大法官会议审理，由大法官对有关法律进行违宪审查。② 我国台湾地区专长宪法诉讼的李念祖律师指出，③这也是法院适用宪法的表现，因为法院必须适用宪法，才能判断有关法律规范是否有违宪之嫌。当法院判断有关法律没有违宪之嫌，应该予以适用而无须提交大法官进行违宪审查时，法院其实已经适用了宪法。此外，当法院认为有关法律违宪并提请大法官进行审查时，法院其实也（在它形成有关法律乃属违宪这个观点时）适用了《宪法》。因此，虽然只有大法官会议才能行使违宪审查权以宣布某法律违宪和无效，一般法院还是有权适用《宪法》的。

第三，我国台湾地区学者把德国宪法学的"第三人效力"学说引进我国台湾地区，简单来说，就是一般法院在解析和适用民法（尤其是民法中的"概括条款"）时，可以考虑和使用宪法中关于公民基本权利的规定。④ 举例来说，我国台湾地区"民法"第72条规定："法律行为，有背于公共秩序或善良风俗者，无效。"这便是一个可以在解析和适用时考虑宪法观点的"概括条款"。⑤

我认为，我们应该对我国台湾地区和德国等大陆法系国家和地区的法院适用宪法条文的理论和实践作深入的研究，从而思考我国法院未来在援引或适用宪法方面应走的道路。对于"批复"的废止，我认为上述狭义的理解在现阶段是较为稳健和可取的。至于上述广义的理解是否适当，应该留待我国法学界对于法院"适用"宪法问题进行更深入的研究及逐渐形成共识之后才能作定论。

(2009年第3期)

---

① 苏永钦著：《合宪性控制的理论与实际》，台北月旦出版社股份有限公司1994年版，第4章"合宪法律解释原则"。

② 李念祖："纯规范控制的宪政难题"，载吴庚先生荣退论文集编辑委员会编：《公法与政治理论》，台北元照出版有限公司2004年版，第331～361页。

③ 同上。

④ 陈新民著：《法治国公法学原理与实践》（上），中国政法大学出版社2007年版，第2篇"宪法基本权利及对第三者效力之理论"。

⑤ 陈新民著：《宪法基本权利之基本理论》（下册），台北元照出版有限公司1999年版，第2章"宪法基本权利及'对第三者效力'之理论"。

废止齐案“批复”是宪法适用的理性回归

——兼论“宪法司法化”的理论之非与实践之误

董和平*

最高人民法院关于齐玉苓案的《最高人民法院关于以侵犯姓名权的手段侵犯宪法保护的公民受教育的基本权利是否应承担民事责任的批复》(以下简称“批复”)从2001年8月高调出台,到2008年12月黯然废止,历时7年有余。伴随“批复”一度风行于学术界和实务界的“宪法司法化”思潮,如今也应该寿终正寝了。客观而论,“批复”的出台和“宪法司法化”的盛行作为现阶段中国宪政进程中的一种社会现象是对推进宪法适用、强化宪法权威这种社会呼吁的积极回应,但其本身却是缺少理性思考和实际合理合宪性考量的,所以,废止“批复”是宪法适用的理性回归。

一、齐案“批复”涉嫌违宪,司法解释不是弥补普通立法空白的合宪方式

宪法适用是国家专门机关依照法定程序将宪法规范实施于国家生活和社会生活,促使守宪主体执行宪法、依宪办事的法律活动。就其具体内容来讲,宪法适用包括正常适用和非正常适用两种情况。宪法的正常适用有两种形式:一是立法适用,即国家立法机关依照法定程序根据宪法原则规定制定法律和相关实施细则,将宪法规范中带有原则性的规则具体化,或为可直接适用的宪法规范提供督促执行的措施;二是解释适用,即国家宪法解释机关依照法定程序对宪法规范的具体含义和适用范围进行说明和补充,以保证宪法规范的实施与落实。宪法的非正常适用,是指国家违宪审查机关依照法定程序对宪法实施中的反常情况和违宪行为进行裁决,确定违宪责任,实施宪法制裁,恢复宪政秩序的法律活动。宪法的非正常适用是对宪法正常适用的最有效的法律保障。

宪法适用作为一种专门法律活动,必须具备法定的要求。第一,要有专门的机关。无论是立法具体化、宪法解释,还是违宪制裁,都必须要有专门的机关专司其

* 作者单位:西北政法大学。

职，而且这些专门机关还必须具有行使该项职权的人力、物力和时间条件，以保证宪法适用的有效进行。在外国，宪法适用的机关是议会和特定的违宪审查机关；在我国，按照现行《宪法》的规定，宪法适用的机关是全国人民代表大会及其常务委员会。第二，要有严密而适当的法律程序，以保证宪法适用的准确、及时、有效和有序。宪法适用程序包括普通立法程序、宪法解释程序和违宪审查程序。第三，宪法适用的各种形式应该全面覆盖整个宪法实施过程，并且是内在统一、互补联动的，具有权威性和强制力。

当司法实践中出现宪法权益遭受实体侵害而无相关普通法条可以援用时，可以通过两种途径妥善解决：一是由司法机关请求宪法解释。面对复杂多样、不断发展的现实国家生活和社会生活，普通立法的空白和不周延是在所难免的，这种情况下首先发挥作用的是宪法解释。司法机关通过法定的程序将宪法权益保障（不仅仅是公民权利保护）中遇到的立法缺失或立法矛盾（而不是具体案件）提交宪法解释机关，由宪法解释机关就同类宪法权益和宪法秩序保障的问题，依据宪法原则、参照与宪法其他条款及已有普通立法的统一与协调作出相应说明或补充，最后由司法机关以此为据裁判案件。这样一方面可以保证宪法精神在法律实践中的内在统一和准确适用；另一方面也为未来司法实践中可能出现的同类具体问题提供了统一的解决办法和依据，避免事事个案重复判断与不同判断之间的矛盾。二是由司法机关直接援引《宪法》条文进行审判裁决。将《宪法》条文直接适用于普通司法过程裁判具体案件，是司法活动中的特例，是应对普通立法空白的暂时措施，绝不是普遍认可的合宪行为。普通司法机关直接依据宪法条文裁判案件，必须要有条件限制：(1)普通立法确实存在空白，无直接或相关条文可以援用或比照类推。(2)《宪法》相关条文内涵清晰、具体，适合该具体案件裁判。(3)诉讼参与人和其他法定主体可以就该案件的最终裁决提出违宪审查或宪法解释请求。(4)审判结束后，司法机关依照法定程序提出相关立法完善的建议或议案。

必须指出的是，司法解释不是解决普通立法空白情况下宪法权益保障问题的合宪方式。首先，司法机关不是法定的宪法适用机关，无权就宪法权益的内涵及其处分原则进行说明或补充。以司法解释方式弥补普通立法空白超越了司法机关的法定权限，侵犯了立法机关的立法权和宪法解释机关的法定权力，不符合我国现行《宪法》的规定。其次，从司法解释的职能来讲，是要解决在司法实践中如何适用已有普通法律的问题，使普通法律能够通过司法活动发挥其立法预期效益和社会规范作用，所以，司法解释在整个宪政和法治链条中处于具体的层面，只能解决普通法律执行在司法过程中涉及的如何适用的具体问题或个案指导，而无权涉及宪法解释、普通立法能不能适用，弥补普通立法空白和普通法律的一般解释问题，而且司法解释不能与宪法、法律、宪法解释和全国人大常委会的法律解释相矛盾。最后，以司法解释方式解决普通立法空白情况下的宪法权益保障问题存在现实危害。由于职能和方式所限，司法解释只能就宪法权益保障的某个具体类型、某一部分在司法层面的问题做出保障指引，无法解决此类宪法权利或合宪行为的全局保障和统一平衡保障的问题，由此必然会引发宪法权益保障中的矛盾和冲突，带来更多的负面影响和新的解释问题。由此可见，在宪政建设和法治实践中正确定位司法机关和司法解释的地位与功能至关重要。

据此，笔者认为，最高人民法院关于齐玉苓案的“批复”涉嫌违宪，既没有必要，也有害无益。齐玉苓案本来只是一个普通的侵犯姓名权的民事案件，即使其侵权后果涉及《宪法》上的受教育权和劳动权保障问题，也完全可以作为侵权严重程度的考量因素依据现有的民事法律制裁违法，恢复和保障受害人的法定权利，根本无须上升到宪法受教育权保障的高度去处理。最高人民法院的“批复”舍弃了直接的而且有法可依的权利保护方式，越权开辟了一条有立法空白的司法解释途径，其违宪性和不合理性是显而易见的。首先从程序上讲，当最高人民法院认定由于普通立法存在空白而只有通过解释的方式才能在此案中维护受害人的宪法权益时，应先提请全国人大常委会进行同类宪法权益维护的宪法解释，然后才能根据宪法解释作出对此案裁判的具体司法解释。在没有宪法解释的情况下就宪法权益在普通立法空白情况下的权益处分进行“自我解释”超越了司法机关的法定职权，是违宪的。其次从“批复”的内容来讲，也是有害的。“批复”只涉及受宪法教育权保护中极小的一部分内容，即以侵犯姓名权方式侵害受教育权，且造成具体损害的宪法权利维护，那么以其他方式侵犯宪法受教育权，或者没有产生具体损害的侵权行为如何处理？未来宪法受教育权不同部分的保护措施是不是会存在差别？如有差别又该如何统一与协调？这实际上又引发了新的宪法解释问题。如果最高人民法院“批复”所设立的宪法受教育部分保护的标尺与未来宪法解释不一致，是不是会造成司法实践中不必要的观念和规则混乱？这些可以预见的问题表明，齐玉苓案“批复”开创了一个司法机关越权解释、违反宪政秩序和法治原则的违宪先例，其现实危害性不可低估。

二、“宪法司法化”缺乏理论与实践依据，对宪法适用有负面影响

长期以来，我国宪法适用效果不佳有目共睹，强化宪法规范的可操作性，期望宪法在国家、社会生活中和公民权利保障方面发挥更为具体的作用是社会各界的普遍愿望，齐玉苓案及其“批复”的出台在一定程度上给社会民众展现了宪法“实用性”的前景，从其社会效果来讲应该说有其积极的一面存在。然而，这一积极因

素没有被作为理性推进宪法适用的社会基础，却成为宣传“宪法司法化”的舆论助力，一些司法界人士和学者将齐玉苓案“批复”这一普通司法解释的作用和效力无限放大，迎合实务界谋求“扩权”的内心需求，将齐玉苓案不恰当地称为“中国宪法司法化第一案”，齐案的“批复”也被称作“中国宪法司法化第一解释”，“宪法司法化”的思潮一度风行。究竟什么是“宪法司法化”？“宪法司法化”有没有立论依据？“宪法司法化”对宪法适用是推进、改善还是破坏？这些问题值得思考并给予明确回答。

关于宪法司法化的概念，说法不一，但主流观点认为，“所谓宪法司法化，就是指宪法可以像其他法律法规一样进入司法程序，直接作为裁判案件的法律依据”。①

其基本含义就是《宪法》和普通法律一样应当被法官适用于具体的审判活动中，其法理依据就在于“宪法首先是法”，否则，“我们就感觉不到宪法的存在”。②更有网络媒体认为，宪法司法化包括两种情形：“一种是将宪法直接适用于公民权利侵害的案件，包括政府侵害和私人侵害；另一种情形则是指法院直接依据宪法对有争议的事项进行司法审查，亦即违宪审查。”③笔者认为，“宪法司法化”概念的提出从其初衷来讲是值得肯定的，要求强化宪法的“法律”性和对现实社会生活的规范性，使宪法实实在在发挥“法”的作用，实际上抓住了我国现阶段宪政实践中宪法被虚置而没有应有权威这一核心弊端，谋求对此有改进是有积极意义的。但是，宪法司法化这一论点本身却是缺乏立论上的理论与实践依据的，与我国现行的《宪法》规定和宪政体制是相违背的，以宪法司法化的方式推进和改善我国宪法适用状态有害无益。

首先，“宪法司法化”论点混淆了宪法与普通法律的界限，降低了宪法在整个法律体系中的地位，弱化了宪法的根本法功能。

宪法固然“首先是法”，但它却是与普通法律在法律性质、立法特点、适用方式、功能作用和法律效力等方面是完全不同的“法”。在国家整个法律体系中，包含多个法律部门，规范不同领域不同层面的问题和事项，不同部门的法律其内在职能是独特而不可逾越和替代的，其“规范性”和法律效力的表现也是各有特点的。宪法是国家的根本法，其主要功能是全面规范国家生活和社会生活的基本方面，为普通法律的立法和执行提供原则和指导，维护法制的统一和法治的秩序，所以在国家法律体系中相对于普通法律而言，宪法才具有最高的法律地位和法律效力。宪

① 黄松有：“宪法司法化及其意义——从最高人民法院今天的一个《批复》谈起”，载《人民法院报》2001 年 8 月 13 日。

② 王磊：“感觉到宪法的存在”，载 http:/ /chinalawinb. com/research/lgyd/details. asp? lid =632。

③ “宪法司法化”，载 http://baike. baide. com/view/261093. htm。

法的这一根本法功能决定了宪法的立法形式一定是具有原则性的,只能通过普通立法过程形成不同领域的具体法律规范最终发挥其“规范”作用,而不能像其他普通法律一样由普通法院直接适用来裁判具体案件。如果按照“宪法司法化”的思路,普通法院都可以直接运用宪法条文来裁判案件,那就混淆了宪法和普通法律的根本界限,宪法侵犯了普通法律的作用领域而又由于自身“原则性”的特点提供不了具体的司法裁判依据,这必然造成两个后果:一是降低了宪法的根本法地位,弱化了其提供法治原则、统率法律体系的功能;二是普通法院进行司法裁判的依据不具体、不明确,造成无法可依,进而形成法官任意解释、自主造法的混乱局面,法治和宪政秩序就会荡然无存。在普通立法(即将宪法原则规定具体化的过程)出现空白的情况下,允许普通法院有条件地直接援用《宪法》条文来裁判案件只是维护宪法权益的临时性特例,目的是在应急情况下维持正常宪政秩序,随之而来的必然是尽快出台相关普通立法或宪法解释,而不是任由普通法律空白持久存在,法院永远适用宪法进行具体司法活动。

需要特别提出的是,普通法院不能直接适用《宪法》来裁判案件,并不意味着宪法不是“法”、宪法没有具体法律效力或宪法的法律效力不能实现。宪法与普通法律一样具有具体的法律效力,只不过二者具体法律效力的表现形式有所不同而已。普通法律的效力表现为对具体人和具体事项的刑事、民事或行政制裁与权利处分,而宪法的法律效力则是指原则约束力和赋权、限权、政治制裁效力。普通法律的效力通过国家机关的执法过程和普通法院的司法过程来实现,而《宪法》的具体法律效力则是通过专门的宪法适用机关来落实。绝不能因为《宪法》不能在普通法院像其他普通法律一样裁断具体案件,就认为《宪法》没有法律效力。现实生活中“感觉不到宪法的存在”是我国现阶段宪政实践中的实际问题,需要通过政治改革和宪政体制优化来解决,而不是打破宪法和普通法律的界限,让宪法改变职能去直接由普通法院适用,否则,必然会造成整个法律体系和宪政秩序的混乱,那就更“感觉不到宪法的存在”了。

其次,“宪法司法化”论点混淆了宪法适用和普通法律适用的界限,扩大了司法机关的权限,破坏了国家宪政权力配置的秩序。

如前所述,宪法和普通法律在法律性质、法律效力和地位、法律功能方面是有严格区别的,这就决定了宪法适用与普通法律适用在适用目的、适用方式、适用机关和适用程序上也是完全不同的,不能将二者混为一谈或相互借用、相互渗透。宪法适用的目的是要为普通法律适用提供具体的法律依据,从而根据国家管理和社会管理的需要构建层次分明、等级有序、职能协调、全面统一的宪政秩序,其依据是宪法规范。而普通法律适用的目的则是将普通法律落实于人和具体事项的权益处分,从而消除社会具体矛盾,在宪政框架下促进社会的秩序化运转,其依据是普通法律规范。宪法适用的方式是立法实施、解释实施和违宪审查,而普通法律适用的方式是普通法院的审判和裁决活动。宪法适用只能由法定的国家立法机关、宪法解释机关和违宪审查机关来进行;而普通法律适用则是人民法院的专有职权。如果按照"宪法司法化"的设计,普通法院也可以像适用其他普通法律一样运用《宪法》来裁决具体案件,那么其中必然存在法官对《宪法》相关原则条款的解释,就意味着普通法院在特定案件中拥有了进行宪法解释的权力;有的"宪法司法化"论者明确主张的普通法院可以"直接依据宪法对有争议的事项进行司法审查"的观点更是赋予了普通法院违宪审查的权力,这就完全搞混了宪法适用与普通法律适用的界限,无原则地扩大了普通法院的宪法权限,改变了我国现行宪法规定的宪政权力配置体制和宪法适用、法律适用的体制,这是对我国宪政体制的破坏,必然导致宪法适用和法律适用秩序的混乱。

最后,"宪法司法化"论点也没有实践依据和现实例证。

持"宪法司法化"观点的人将最高人民法院关于齐玉苓案的"批复"奉为"中国宪法司法化第一解释",认为它开创了中国实行"宪法司法化"的先例,似乎这一"批复"是其现实的法律依据,这与"批复"的内容是完全不符的。最高人民法院关于齐玉苓案的"批复"只是针对齐玉苓案的具体事实,提出"陈晓琪等以侵犯姓名权的手段侵犯了齐玉苓依据宪法规定所享有的受教育的基本权利,并造成了具体的损害后果,应承担相应的民事责任"。这一"批复"仅仅表明,人民法院在审理具体案件的过程中,如果遇到普通法律存在立法空白的情况下,可以直接援引《宪法》条文裁判案件,以实现对受害人合法权益的司法救济。绝不能据此得出《宪法》在任何情况下都"可以像其他法律法规一样进入司法程序,直接作为普通法院裁判案件的依据"的一般性结论,而且"批复"也根本没有涉及法院进行违宪审查的问题,所以,"宪法司法化"是对"批复"精神的曲解和不当引申。事实上,齐玉苓案"批复"只是对我国以往司法实践中类似做法的再次确认而已,并不存在"开创先例"的意义,所谓"宪法司法化第一解释"根本无从谈起。①

---

① 这种直接以《宪法》为依据或在判决书中直接援引《宪法》条文判案的做法在以前我国各级人民法院审理的一些案件的判决中都已经有过。如发生在20世纪80年代的张连起、张国莉诉张学珍案,天津市塘沽区人民法院的判决就是直接依据我国《宪法》的明文规定对劳动者实行劳动保护。1988年的10月14日,最高人民法院就此案作出(1988)民他字第1号的司法解释最高人民法院《关于雇佣合同应当严格执行劳动保护法规问题的批复》,其内容中涉及宪法的适用问题。再如,发生在1998年的钱缘诉上海屈臣氏日用品有限公司案,在这一案件的审理过程中,法院最终认定被告上海屈臣氏日用品有限公司四川北路店的行为侵犯了原告钱缘的人格尊严,这是《宪法》所规定的基本权利,而且上海市第二中级人民法院直接引用《宪法》第38条进行判决。还有,1999年第5期的《最高人民法院公报》中公布的刘明诉铁道部第22工程局2处第8工程公司、罗友敏案,在该案中四川省眉山县人民法院也直接引用《宪法》关于劳动者的劳动保护的规定作出判决。

为了论证“宪法司法化”论点的现实合理性，有些人还举出了美国1803年马伯里诉麦迪逊一案作为例证，认为“1803年美国联邦最高法院在审理治安法官马伯里诉麦迪逊一案时，首席大法官马歇尔在该案的判决中宣布：‘立法机关制定的与宪法相抵触的法律无效。’由此开创了宪法司法化的先河。所谓宪法司法化，就是指宪法可以像其他法律法规一样进入司法程序，直接作为裁判案件的法律依据。现在，宪法司法化已经成为世界各国司法实践的普遍做法，几乎所有的国家都建立了宪法诉讼的机构和程序”。“近年来，随着我国社会政治生活的发展变化和公民权利意识的不断增强，公民因宪法所享有的基本权利受到侵害而产生的纠纷大量涌现。这些涉及宪法问题的纠纷在普通法律规范中一般缺乏具体适用的根据。这样，审判机关在诉讼过程中将宪法引入司法程序，使之直接成为法院裁判案件的法律依据，就显得十分必要和迫切。”①

这一段话表明，该作者根本不了解美国1803年马伯里诉麦迪逊一案判决的法律内涵和宪政意义，搞混了“宪法司法化”同宪法诉讼和违宪审查的区别，忽视了中美两国在法律体系和宪政体制上的巨大差异，充满了自相矛盾之处。

其一，如果按照作者给“宪法司法化”所下的定义，美国1803年马伯里诉麦迪逊一案绝不是“开创了宪法司法化的先河”。因为这一案例所形成的宪法判例并没有赋予美国联邦法院直接援用《宪法》条文审理具体案件的权力，没有一般性地认可《宪法》是审理普通案件的法律依据，而只是赋予联邦法院在审理具体案件时，如果遇到相关普通法律与《宪法》规定不一致时可以对该法律是否违宪作出附带性审查，并依据宪法原则和宪法规范对具体案件作出裁决，这实际上是赋予了法院进行违宪审查的权力，这与作者主张的“宪法司法化”是完全不同的两个概念。

其二，作者没有搞清宪法诉讼的含义，错误地将其与“宪法司法化”等同起来。宪法诉讼是指法定主体依照法定的特殊诉讼程序向违宪审查机关控告违宪侵权，使宪法权利和宪法秩序得以保障的制度。宪法诉讼实际上是有的国家启动违宪审查的一种方式。如果一国将违宪审查的权力赋予了最高法院，如美国等，那么宪法诉讼的受理机关就是普通法院，但这并不意味着普通法院是在援用《宪法》条文处理普通案件，而是在依法行使违宪审查的权力。所以，许多国家“建立了宪法诉讼的机构和程序”，并不是它们都实行了作者所谓的“宪法司法化”。即使有了宪法诉讼，宪法仍然不是普通法院审理所有案件的一般性依据，宪法适用与普通法律适用的界限仍然存在。即使在宪法诉讼状态下宪法直接进入了司法领域而具有“司法化”的性质，那也不是“宪法司法化”论者主张的在整个司法活动中“宪法像其他

---

① 黄松有：“宪法司法化及其意义——从最高人民法院今天的一个《批复》谈起”，载《人民法院报》2001年8月13日。

普通法律一样成为法院裁决案件的依据”，或者“法院像运用其他法律一样直接运用宪法条文来裁决纠纷”。

其三，中国与美国在法律传统、法制体系和宪政体制方面存在巨大差异，不能简单等同或套用。美国是判例法国家，法院依法拥有法律解释的权力，当普通立法出现空白时，法官在审理具体案件中就可以通过判例实现“造法”功能。而中国不承认判例的效力，法院也不具有宪法解释和严格意义上的法律解释的权力，司法解释只是对已有普通法律的司法运用作出说明，而不具有创设宪法惯例、宪法判例和法律规则的功能。当普通立法出现空白时，要依法申请宪法解释和立法完善，而不能由法官行使“造法”或违宪审查的权力。在美国，违宪审查和宪法解释的权力由普通法院即联邦最高法院行使，而在我国违宪审查、宪法解释和法律解释的权力都属于全国人大常委会的专有职权。这些体制上的不同决定了在中国司法机关的地位、职能、职权范围和运用方式与美国是完全不同的。中国现行的宪政体制既不允许美国式的宪法诉讼和违宪审查，更不允许“宪法司法化”，二者都是违宪行为。

三、理性推进宪法适用应重视宪法解释和违宪审查

理性推进宪法适用，首先要确立宪法适用效果的评价标准，不是宪政进程和法治建设中的所有问题都是宪法适用问题。从宪法适用在整个宪政实现体系中的功能和地位出发，笔者认为，衡量宪法适用的效果应从两个方面把握：一是宪法规范的可操作性，即宪法适用是不是能将宪法的原则规定和精神要求具体化为普通法律适用的准则，为执法和司法过程提供全面、具体、实用的法律依据，从而解决“无法可依”或“有法不能依”的问题。宪法的可操作性主要通过宪法适用中的立法实施和解释实施来实现。二是对违宪行为的追究和制裁是否全面、及时、有效，即确保国家立法和国家机关、政党社团针对不特定多数人实施的职务行为或权益处分决定合乎宪法规定，以维持宪法秩序、保障宪法权益，这主要通过宪法适用中的违宪审查机制的作用来实现。

具体分析我国现阶段宪政进程中社会反响比较强烈的问题，大致可分为 3 大类：第一类是宪政体制设计本身的问题，诸如国家权力的重叠、权力缺少有效制约、政治运作不透明、政治权力行使监督不力等，由此造成宪法民主体制形同虚设、宪政民主参与权受到限制的后果，这些问题需要通过政治体制改革和宪法本身的立法优化来解决；第二类是法治实施层面的问题，诸如国家机关及其工作人员有法不依违规滥用职权、司法不公徇私枉法、行业腐败、社会监督无力无效无序等问题，由此导致宪政权力运行不规范、公民宪法权利和法律权利实现受阻，这些问题主要通过强化执法司法过程和法律监督来解决；第三类是宪法适用的问题，诸如政党社团

违宪操作、政治行为违宪、普通立法空白、不同法律规范的不一致、国家机关的权限冲突、宪法权益在穷尽现有普通法律救济后仍然无法保障等。以上3类问题虽然都是造成我国现阶段宪法实施效果不佳、宪政秩序和宪法权利保障不力的主要原因,但只有第三类问题才属于宪法适用的职能范围,也是我们思考改善我国宪法适用的社会基础和主要目标。

笔者认为,根据我国现阶段宪法适用中存在的问题,改善宪法适用应致力于强化宪法解释和违宪审查。

宪法解释是指国家专门机关就宪法条文的具体含义和适用范围所作的说明和补充,也包括依据宪法原则对具体事项的合宪性推断,以及解决普通立法中的条文矛盾与统一问题,具有创设具体宪政规范的功能。在整个宪政实现体系中,宪法解释的地位和作用十分重要,在宪法适用诸手段中宪法解释也是独具特点、不可替代的。一方面宪法解释具有灵活、具体、简便易行的特点,与立法和违宪审查相比程序简单,便于操作;另一方面宪法解释的作用范围相当广泛而具体,既可以对宪法规范的含义进行具体化说明,也可以通过依宪创设具体规范弥补普通立法的空白,还可以解决宪政实施中经常出现的法律冲突、职责范围不明和职务行为不规范的问题,对公民个人宪法权益的个案保障也能发挥提供宪法依据纠正违法违宪的作用。

然而,在我国,长期以来宪法解释不受重视,全国人大常委会作为宪法解释机关并未充分认识到宪法解释在宪政实践和法治建设中的重要性,没有主动、充分、有效地行使这一宪法权力,至今我们可以看到的是我国的宪法解释少之又少,本应由宪法解释发挥作用的专有领地为司法解释和国家机关的自主行为所侵犯。其他国家机关和公民个人也没有充分利用宪法解释途径解决问题的意识和主动寻求宪法解释提供执法依据和宪法保障的行为。从一定意义上讲,宪法解释环节的缺失和作用不力,是造成我国现阶段宪政运行不畅、宪法权益保障不佳的主要原因。改进我国宪法解释的现状,一要通过立法划清宪法解释与立法解释、司法解释的职能范围和内容界限,明确规定哪些事项必须通过宪法解释来处理解决,而不能由其他法律解释方式所替代;二要将提出和处理宪法解释的程序具体化,使需要宪法解释者和宪法解释机关的解释活动有章可循。

至于违宪审查的强化,主要是要改革现行的违宪审查机制。按照我国现行《宪法》的规定,我国违宪审查的权力由全国人大常委会依法行使。这种立法机关审查制所存在的“自身监督自身”和职责行使精力不够的弊端已经为学术界以往的探讨多次指明,而且事实上这种体制在我国现阶段的实施效果不佳也是有目共睹的。按照笔者的设想,我国应该设立专门的宪法法院独立行使违宪审查权,以保证违宪审查的独立性、专门性和有效性。同时也可以考虑建立宪法诉讼制度作为启动违宪审查的方式,给社会主体和公民个人以提出违宪审查的平等机会。只有这样,违宪审查才能够不但解决法律法规和抽象性职务行为的违宪问题,而且也能够为公民和社会主体在穷尽所有司法救济后仍无法保障的宪法权益的实现提供有效的宪法救济。

(2009 年第 3 期)

论行政案件的受理标准

江必新*

如果说司法是权利保障的最后一道防线,那么受理无疑是这道防线上的第一道门槛,"门槛"的高低、宽窄直接决定了权利"接近司法"①之路是否畅通。就行政案件的受理而言,当前我们似乎仍未科学地利用好这道"门槛",以至于使很多案件应当受理而没有受理,或者不应受理的却受理了。换言之,在司法实践中尚存在不同的认识和做法并由此导致行政案件受理标准的混乱,这是需要我们认真面对、妥善解决的一个重要问题。

一、关于受理标准问题的不同认识和做法

(一)"治理标准"与能动主义取向

所谓"治理标准",是在决定是否受理行政案件时主要考虑对社会治理的影响,有利于实现社会变革和进步的,有利于实现社会良好治理状态的就受理,反之则不受理。

此标准以司法能动主义为取向。美国学者诺内特与塞尔兹尼克在《转变中的法律与社会:迈向回应型法》②一书中区分了3种类型的法律:压制型法、自治型法和回应型法。在回应型法框架下,司法实践者以法律的方式进入并进而影响政治与社会,对政治与社会需求积极地、能动地作出回应,在社会变革和进步过程中留下法律人的智慧与印迹。正如意大利法学家莫诺·卡佩莱蒂所言:"就像'大政府'一样,还有'大企业'、'大劳工'和'大基金'也要求'大诉讼'——以及'大法官'。"③在我国,根源于社会转型的大背景,民众和社会的司法需求也处在日益增长和不断变化的过程中,这意味着我们必须考虑如何促进司法制度和程序更贴近

---

* 作者单位:最高人民法院。

① "接近司法"译自"Access to Justice",它是从20世纪六七十年代在世界范围内兴起的一场旨在保障民众更加便捷地接近司法、更加有效地利用司法的运动,以解决诉讼迟延、诉讼成本过高、效率低下、裁判不公、难以接近等一系列权利未得到实质有效之救济的问题。

② [美]P. 诺内特、P. 塞尔兹尼克著:《转变中的法律与社会:迈向回应型法》,张志铭译,中国政法大学出版社2004年版。

③ [意]莫诺·卡佩莱蒂著:《比较法视野中的司法程序》,徐昕、王奕译,清华大学出版社2005年版,第36页。

民众和社会,如何对司法需求作出积极回应。例如,在2008年,最高人民法院适时地出台了《关于为维护国家金融安全和经济全面协调可持续发展提供司法保障和法律服务的若干意见》、《关于为推进农村改革发展提供司法保障和法律服务的若干意见》等司法文件,就明显带有回应型法的特征。这些社会治理性质的司法文件在一定程度上会影响某些行政案件的受理。

(二)"需求标准"与服务主义取向

所谓的"需求标准",是在决定是否受理行政案件时主要考虑公民和社会的司法需求,只要有需求就尽量满足,因此它以受理为原则,以不受理为例外。

此标准以公共服务主义为取向。它将司法看成一种公共服务,既然法院经费最终来源于纳税人,纳税人缴纳了税款,也就是购买了服务,法院除非有正当事由不能拒绝受理。而且国家设立法院,垄断了司法救济的途径,法院如不受理,纳税人到哪里说理呢?因此,按照"需求标准",只要存在司法上的需求,法院就应全面满足。这种认识在司法实践中也确有反映,如个别法院最近提出了"全面满足人民群众司法需求"的目标。① 这种提法不能说不正确,但在当前的条件下,仍以提"'最大限度地'、'不断地'满足司法需求"为宜。在这样的目标下开展工作,行政案件的受理自然会受到一定程度的影响,一些不应受理的案件难免会因此进入到行政诉讼程序中。

(三)"能力标准"与实用主义取向

所谓"能力标准",是在决定是否受理行政案件时主要考虑案件的难易程度以及法院解决该行政争议的能力,在能力范围内的、比较容易处理的受理,不在能力范围内的、比较难以处理的不受理。而在能力范围内又比较难于处理的或者不在能力范围内又比较容易处理的,是否受理则视具体情况而定。

这个标准以实用主义为取向,量力而行,有利于减轻行政诉讼的压力。特别是在当前形势下,随着改革触角探入筋脉,深层次的矛盾逐渐释放出来,这些矛盾可能会以各种被诉行政行为的形式进入法院,要求法院解决。法院表面上是审查具体行政行为的合法性,实则要面对这些复杂、尖锐的社会矛盾,审查的难度可想而知。在这样的情况下,量力而行,将没有能力解决的案件排除在司法之外,自然是最好的减压方式。而根据这样的思路开展工作,行政案件的受理也将受到一定程度的影响。

(四)"利害标准"与功利主义取向

所谓"利害标准",是在决定是否受理行政案件时主要衡量影响利害的各种因

① "全面满足司法需求 全力化解矛盾纠纷"载《人民法院报》2008年7月16日。

素。经过比较,对“有利可图”①或者“有害可减”的案件予以受理,反之则不受理。

这个标准以功利主义为取向,是法院或法官个人趋利避害的结果。在该标准的影响下,法院或法官根据客观情势,通过利害衡量来决定是否受理案件。这里的“利”、“害”,既包括正当的,也包括不正当的。前者如在公共利益与个人利益之间进行衡量,后者如考虑受理案件有关党政机关是否满意。实践中,利害因素的非正当性考虑,对于行政案件受理的影响在一定范围内是客观存在的。一些地方(特别是在基层)通过制定土政策干预受理工作、党政机关或领导直接干预受理工作的情况并不鲜见。另外,也不排除个别法官通过受理这个环节谋取不正当利益,或者在畏难情绪影响下不愿受理案件。这些功利性因素会在一定程度上影响行政案件的受理。

二、行政案件受理应坚持“法律标准”

(一)“多中心主义+选择性司法模式”及其危害

“治理标准”、“服务标准”、“能力标准”、“利害标准”描述了一幅关于行政诉讼多元化受理标准的图景,而且每个标准似乎都能成为中心,那么在实践中,这些标准是如何运转的呢,最终又是如何影响行政案件的受理呢?为了搞清楚这一点,我们可以借助一个分析模型,即“多中心主义+选择性司法模式”②。这个模型由两部分组成,其中一部分“多中心主义”指的是司法标准的多元化,并且每个标准都可能成为中心。例如,上述4个标准,都是行政案件受理的标准,而且都可能成为中心标准。另一部分即“选择性司法”,它是指司法机关根据客观情势或主观好恶选择任一标准进行司法活动。“多中心主义”是“选择性司法”的前提条件,它为任意性的选择提供了可能性;而“选择性司法”是“多中心主义”的必然结果,它为每个中心标准都能在实践中发挥作用提供了可能性。如此一来,行政案件的受理就可以在能动主义与谦抑主义、实质正义与程序正义、支持行政与保障权利等价值要素之间进行游移的选择性司法。而权利能否得到司法保障、权力能否受到司法监督、矛盾能否通过司法化解,都不再具有可预测性。③ 由于欠缺可预测性,行政法主体难以根据法律预期安排自己的行为,建立在可预测性基础上的整个行政法

① “有利可图”在此作中性理解,并无贬义。

② 汪庆华:“中国行政诉讼:多中心主义的司法”,载《中外法学》2007年第5期。

③ 法律的可预测性体现在确定性、连续性和稳定性3个方面,它对社会秩序的形成和维护具有重大意义。对此,马斯洛从社会心理学的角度说,“我们社会里的一个平常的成年人,一般是宁要一个安全、有序、可预见、有规律、有组织的世界,他能够对这个世界有所指望,在这个世界里不会发生预料不到的、难以应付的、混乱的和别的有危险的事情”。

律秩序变得岌岌可危。可见,“多中心主义+选择性司法模式”是行政法律秩序的天敌,如果要建立一个相对稳定的行政法律秩序,就必须摒弃这种司法模式。

(二)“法律标准”与法治主义取向

在行政案件受理问题上摒弃“多中心主义+选择性司法模式”,最有效、最直接的办法是确立一元化的受理标准,即“法律标准”。所谓“法律标准”,就是严格依法受理行政案件,法律规定应当受理的就受理,不应当受理的则不受理。

其一,显而易见,坚持依法受理行政案件是法治主义取向的必然要求。假如在法律规定以外,司法审查还遵循其他的标准,法的安定性也就不存在了。按照德国学者拉德布鲁赫关于法的哲学效力论,“在法律见解的争议中给予一个终结的事情是符合正义的,并且符合目的的终结比所给予的更重要,一个法律秩序的存在,比其秩序的正义及目的性更重要。正义和合目的性是第二课题,所有的人都一样认为必要的法的第一课题,是法的安定性即秩序、和平”。[①] 同样的道理,对于行政诉讼的受理,如果不坚持法律标准,法的安定性就无从谈起,行政法治也就无从谈起。

其二,坚持依法受理案件,也是司法实践的经验教训。在以往的实践中,一种情形是有些案件应当受理没有受理,引起当事人申诉上访,矛盾逐渐向上集中,向外扩散。而上级机关、监督机关面对这些矛盾自然还要找法院来解决,以至于人大的个案监督、检察机关的法律监督、媒体的舆论监督等接踵而至,我们面临的压力不但没有减少,反而通过这个过程被放大了。另一种情况是不该受理的案件却受理了。一方面,受理案件没有法律依据,处理起来底气不足;另一方面,行政主体也不认同,案件处理难度很大。实践中的经验教训也表明,对行政案件的受理标准最终还是要回到法律规定上来,严格依照法律规定受理案件,这才是最科学的、最妥当的选择。

(三)依法受理行政案件与坚持“两个效果统一”的关系

在行政案件受理问题上确立“法律标准”,我们不得不面对的一个问题是如何处理“法律标准”与上述其他标准之间的关系。第一,为了杜绝“多中心主义+选择性司法模式”的横行,必须把“法律标准”作为唯一的标准,其他的只能是“考虑因素”。第二,基于法治主义的价值取向,对其他因素只能在法律圈定的范围内考虑,只能在符合法治精神的前提下考虑,也可以称为一种“正当考虑”。对这些因素的考虑,不能以牺牲法治精神、破坏法治原则为代价。如果我们把严格依法受理案件理解为注重“法律效果”,把考虑其他因素理解为注重“社会效果”,通过上述处理原则,这两个效果是能够统一的。

---

① Gusta v. Radbruch, Rechtsphilosophie, 5 Aufl. 1956, S. 169.

对“两个效果”的统一，有些人认为考虑其他因素、强调社会效果就是不依法办事，就是实行多中心主义司法，就是要恢复人治，因此很反感这种提法。实际上，这是一种误解。讲两个效果的统一本身并没有错，关键在于什么时候讲以及如何讲。众所周知，法律是社会关系的调节器。整合社会利益、维护社会秩序、实现社会福祉，是法律的终极目标。[①] 法律的功能和作用最终要通过其作用于社会的效果体现出来的，由此决定了两个效果是可以且应该统一起来的。而在制定法存在空白、缺陷、漏洞、不足，甚或出现恶法的情况下，仅靠严格执法是解决不了问题的，需要我们对相关因素进行正当考虑，通过解释、推理等手段进行弥补，以维护实质意义上的法治。另外，我们还必须承认，由于各方面条件的限制，我国转型期的法治仍然是一种有限的法治，[②]在一些情况下我们不得不通过法治与其他治理方式并用来实现国家管理与社会治理，只要这种“并用”是符合法治指向的，是以构建法治国家为目标的，就不能简单地认定是恢复人治。对待法治，我们不仅要有信心，还要有一点耐心。

三、坚持“法律标准”受理行政案件应注意的几个问题

（一）要正确理解行政案件受理问题的一般性和特殊性

“救济先于权利”是英美国家颇为得意的法律作品，它对现代法治理念的塑造发挥了巨大的作用。基于这种理念，司法领域有所谓“禁止法官拒绝裁判”原则，即法官不得以法无明文规定而拒绝裁判。有些国家甚至将这个原则明确规定在法典中。[③] 行政诉讼作为司法救济的重要组成部分，在案件受理的理念、原则、制度、机制等方面与其他诉讼都有一致的地方，这是其一般性的体现。除此之外，行政诉讼也有一定的特殊性，最主要的表现就是通过设定“受理”这个门槛对裁判请求权进行适当的限制。那么，如何理解这种特殊性呢？

第一，确有国家在行政诉讼中为公民权利建立无漏洞的法律保护体系。如德

---

① 摩尔根的《古代社会》和恩格斯的《家庭、私有制和国家的起源》都认为，公共权力机构、法律都是适应社会的需要而产生的。“两个效果统一”问题的详细内容可参见江必新：“法律效果与社会效果统一”，载《人民日报》2006年5月10日；喻中：“法律效果与社会效果的思量”，载《法制日报》2008年4月20日。

② 所谓有限法治，就是法治的方式与人治以及其他非法治的治理方式将在相当长的时间内并存。究其原因，在转型期还缺乏全面实现法治的必要条件。参见龙宗智：“转型期的法治与司法政策”，载《法商研究》2007年第2期。

③ 例如，《法国民法典》第4条规定：法官借口法律无规定、规定不明确或不完备而拒绝审判者，得以拒绝审判罪追诉之。

国《行政法院法》规定："为所有非属宪法性质之公法上争议——除特别法律另有不同规定者——开启得循行政法院法律途径解决纷争之门。"①但即使在这种"无漏洞"的法律保护体系下，仍要"除特别法律另有不同规定者"，说明行政诉讼受理这道门槛的存在是必要的。

第二，与其他诉讼（主要是民事诉讼）相比，行政案件的受理问题涉及行政主体和行政相对人之间的关系，司法权与行政权之间的关系，司法权与立法权之间的关系以及公民和国家之间的关系，进而涉及个人利益、公共利益、国家利益、制度利益之间的关系，其复杂性是民事诉讼不能相比的。一个显而易见的道理是，考虑的因素越多，门槛自然也就越高、越窄。因此，行政诉讼受理的门槛高于、窄于其他诉讼，这也是能理解的。

第三，考虑到我国的具体国情，立法机关在制定行政诉讼法时有一个逐步扩大受案范围的指导思想，因此我国行政案件受理这道门槛与某些法治发达国家相比仍显高、窄，这是我们自身的一个特殊性，也是需要逐步完善的一个问题。

（二）要全面认识行政案件受理的普适条件和特别条件

不同类型的行政案件有不同的性质和特点，其受理条件也不尽相同。但我国的法律规定、理论研究和司法实践似乎更关注普适条件，而忽略了对特别条件的探讨，以至于让我们感到各种案件都一个模样，受理条件也没有什么区别，这是实践中有些案件应当受理而没有受理或者不应受理却受理了的重要原因之一。

1. 形成之诉、给付之诉与确认之诉

无效行政诉讼的类型，根据诉讼请求的不同内容，可分为形成之诉、给付之诉和确认之诉。不同类型案件受理条件的差异性主要体现在起诉前提和起诉理由两方面。就我国行政诉讼而言，案件受理中的特别条件可简要地概括为下表内容：②

行政诉讼案件受理的条件

诉讼类型		起诉前提	起诉理由
形成之诉	撤销之诉	存在行政法律行为	行政法律行为违法
	变更之诉	存在行政处罚行为	行政处罚显失公正
给付之诉	课以义务之诉	存在给付行政决定行为的义务	不履行或拖延履行义务
	一般给付之诉	存在给付财产或行政决定以外的财产内容	未给付或拖延给付财产或行政决定以外的非财产性内容

① 《德国行政法院法逐条释义》，陈敏等译，我国台湾地区"司法行政院"2002年版。

② 这个问题可进行专门论述，限于本文主题和篇幅，此处从略。

续表

诉讼类型		起诉前提	起诉理由
确认之诉	确认关系之诉	存在行政法律关系的部分要素	行政法律关系存在或不存在
	确认行为合法性之诉	存在行政行为	行政行为违法或合法
	确认行为效力之诉	存在行政法律行为	行政行为有效或无效

2. 主观之诉与客观之诉

以行政诉讼的提起是否直接关涉起诉人自身的利益为标准,可将行政诉讼的类型划分为主观之诉和客观之诉两种。其中,主观之诉是以保护起诉人的个人利益为直接目的的诉讼,而客观之诉是以维护客观的公法秩序为直接目的的诉讼。主观之诉的特别受理条件是行政行为直接关涉到起诉人自身的利益,客观之诉的特别受理条件正好相反,即行政行为并不直接关涉到起诉人自身的利益。我国当前的行政诉讼原则上仍坚持主观之诉模式,要求行政行为关涉起诉人自身的利益。① 不过,随着行政法律实践不断发展,也不排除将逐渐出现客观之诉。实际上,由于《政府信息公开条例》对政府信息申请人的资格并没有限定特殊的条件,在申请人遭到拒绝寻求司法救济时,同样也不应在资格上进行限制,这就为“客观之诉”的出现提供了可能性。

总之,由于《行政诉讼法》和相关司法解释对案件受理的特别条件规定的并不明确,我们在受理工作中要注意把握好以下几点:第一,重视对不同类型案件的受理条件进行梳理、归纳和总结,据此指导案件受理工作,增强受理工作的可操作性;第二,加强释明,对不符合起诉条件的,尤其是不符合特别条件的,要指导当事人作出适当的修改,使起诉更加规范;第三,有些特别条件可能与实体审查条件很难明确区分开,对存在这种情况的案件应当先受理,把问题放在实体审查阶段解决。

(三)要注意区分行政案件受理的必要条件和充分条件

《行政诉讼法》第41条规定:“提起诉讼应当符合下列条件:(一)原告是认为具体行政行为侵犯其合法权益的公民、法人或者其他组织;(二)有明确的被告;(三)有具体的诉讼请求和事实根据;(四)属于人民法院受案范围和受诉人民法院

① 当然,如果全部都是主观之诉,特别受理条件也就成为普适条件。

管辖。”对此有人认为，提起诉讼只要符合这4个条件就足够了。这种认识并不准确。在《行政诉讼法》第6章“起诉受理”部分，除了第41条外，第37条、38条规定了提起行政诉讼与行政复议之间的关系，[①]第39条、40条规定了提起行政诉讼须遵循的期限，这些都是受理行政案件应当满足的条件。因此，应当把《行政诉讼法》第41条的规定理解为行政案件受理的必要条件，它与复议前置、起诉期限，以及前文所述的不同类型案件的特别条件等一起构成行政案件受理的充分条件。而只有在满足充分条件的情况下才能受理行政案件，这是在受理工作中区分必要条件和充分条件的意义之所在。[②]

（四）要准确把握受理标准中核心概念的内涵和外延

某个行政案件应否受理，往往取决于对受理标准中核心概念的理解。试举两例加以说。

1.“行政行为”

关于行政行为的概念，在我国不同时期有不同的理解，而且即便是在同一时期，不同教科书和著作的理解也不尽相同。为此，我们试图通过司法解释来统一认识、消除分歧，[③]但这只能相对确定行政行为外延的范围。之所以如此，一个重要的原因是立法机关考虑到在我国转型期的特殊情况，要求行政诉讼的受案范围应有一个不断扩大的过程，由此导致法律层面上的“行政行为”处于不断变动当中。那么，在当前如何把握行政行为的内涵和外延呢？

（1）应在广义上使用行政行为概念。相比而言，最高人民法院《关于贯彻执行〈中华人民共和国行政诉讼法〉若干问题的意见（试行）》（已废止）中使用的是狭

① 对行政诉讼与行政复议的关系要有一个正确的认识。在行政诉讼制度创立之初，考虑到尽快地让社会接受这个制度，解决案件过少的问题，比较注重强调行政诉讼的长处和行政复议的不足。在当前，行政诉讼已经进入正常的发展轨道，应更客观地看待两种救济方式的优 劣。特别是对于某些政策性、敏感性较强的案件，要看到司法救济手段的局限性，以及行政救济手段在解决纠纷的效率和力度方面的优势。

② 另外，对于起诉条件和受理条件的关系，有人认为二者是一致的，有人认为并不一致。我们赞同第一种观点。如果符合起诉条件，到法院起诉却不被受理，在法律规定层面不好理解，在实践中也不好处理。

③ 《行政诉讼法》第5条规定行政诉讼的审查对象是“具体行政行为”，但由于对“行政行为”概念存在分歧，因而对“具体行政行为”的所指也各存己见。为消除分歧，最高人民法院在《关于贯彻执行〈中华人民共和国行政诉讼法〉若干问题的意见（试行）》（1991年5月29日颁布生效，已废止）中明确界定“具体行政行为”，但这一界定明显缩小了行政诉讼的受案范围。后来，最高人民法院在《关于执行〈中华人民共和国行政诉讼法〉若干问题的解释》中不再给“具体行政行为”下定义，而是以“公民、法人或者其他组织对具有国家行政职权的机关和组织及其工作人员的行政行为不服，依法提起诉讼的，属于人民法院行政诉讼的受案范围”（第1条）取而代之。然而，哪些行为是行政行为或具体行政行为的争议仍然存在。

义的行政行为概念，最高人民法院《关于执行〈中华人民共和国行政诉讼法〉若干问题的解释》对行政诉讼受案范围问题作了新的规定，使行政行为的内涵和外延进一步扩大：不仅包括法律行为，而且包括事实行为；不仅包括单方行为，而且包括双方行为；不仅包括侵益性行为，而且包括赋权性行为；不仅包括授益性行为，而且包括制裁性行为；不仅包括刚性行为，而且包括柔性行为。

(2)行政行为不包括行政不作为。行政不作为只是拟制的行政行为。所谓"拟制"，就是本来不是行政行为，但把它当做行政行为。这种拟制是一种立法技术，目的是使行政不作为与行政行为一样接受司法审查，但它不能从根本上将行政不作为变成行政行为。从我国行政诉讼法关于受案范围的规定看，不作为尽管不宜称为行政行为，但它原则上属于可诉的行政主体的行为。

2."原告资格"

原告资格也是司法实践中争议较大的一个概念，主要原因是作为其构成要素的关键词也是一些不确定法律概念，①如"利害关系"、"权利义务"、"利益"等。那么，如何把握这些不确定法律概念的内涵和外延呢？

(1)关于"法律上利害关系"。第一，要注意其与狭义行政行为和广义行政行为的不同对应关系。与狭义行政行为相对应的"法律上的利害关系"，指的是权利义务的增减、得失；而与广义行政行为相对应的"法律上的利害关系"，指的是对权利义务产生实际影响。我们应采用后一种理解。第二，要注意利害关系人的范围，不仅包括与行政行为直接对应的人（行政相对人），还包括权利义务受到行政行为潜在影响的人（行政相关人）。② 第三，要注意采用比较的方式确定是否具有法律上的利害关系。包括比较行政行为存在与否对起诉人权利义务产生的影响，以及起诉人和其他人相比与行政行为之间是否具有某种特殊的联系。

(2)关于"权利义务"。权利义务也是弹性很大的一个词，可作出多种解释。在确定行政诉讼原告资格时应将其限定为：第一，是公法上的权利义务，而非私法上的权利义务。第二，是实定法意义上的权利义务，而非道德意义上的、自然法意义上的权利义务。第三，一般是主观权利（及与之对应的义务），而非客观权利（及与之对应的义务）。

(3)关于"利益"。根据外延的宽窄程度，利益可分别对应合法利益、正当利益

① "不确定法律概念是指未明确表示而具有流动的特征之法律概念，其包含一个确定的概念核心以及一个多多少少不清的概念外围。"参见翁岳生著：《行政法》，中国法制出版社2008年版，第248页。

② 这里采用的是通说，除此之外，还有一种说法是把相关人也纳入到相对人的范围之内。

或不违法利益。合法利益是最严格的限定,指的是法律上明确保护的利益。正当利益比合法利益的范围略宽,它包括了法律没有明确规定但符合正当性要求的利益。不违法利益范围最宽,即利益只要是不违法的就应当得到法律保护,不论是否合法,也不论是否正当。显然,“合法利益”标准过于严格,易导致某些正当利益不能得到行政诉讼的救济;而“不违法利益”标准则过于宽泛,某些不正当的利益会通过行政诉讼得到保护。因此,应以采用“正当利益”的标准为宜。

（2009 年第 6 期）

论我国的宪法监督

许崇德*

一、宪法实施的重要性

党的"十七大"要求,"加强宪法和法律实施","全面落实依法治国基本方略,加快建设社会主义法治国家"。①

加强宪法实施极为重要,因为:(1)宪法是根本法,与其他一般的法不同。一般的法律只是相应地规范国家生活的某个具体方面,而宪法则是规定全面的、重大的社会事务和国家事务。而且,宪法是母法,一般法律的制定均以宪法为依据。(2)宪法和法律都是党的主张和人民意志相统一的表现。而宪法所体现的是党的最重要的主张和人民的最根本的意志。(3)我国的宪法,正如党的十六届三中全会公报所指出:"中华人民共和国宪法是国家的根本法,是治国安邦的总章程,是保持国家统一、民族团结、经济发展、社会进步和长治久安的法制基础。"宪法规定的是国家最根本的制度,如果宪法得不到实施甚至受到了损害,那就是损害了国家的根本制度,这无异是动摇了国家的根基。因此,依法治国首先应是依宪治国。宪法是依法治国的基础。

现行《宪法》是一部符合我国国情的好宪法,长期以来,宪法保障了我国改革开放和社会主义现代化建设的顺利进行,在国家经济、政治、文化和社会生活中发挥了极其重要的作用。从全国的实际情况来看,我国的基本制度,如人民民主专政的国体、民主集中制的人民代表大会制度、社会主义经济制度、民族区域自治制度、共产党领导的多党合作和政治协商制度、公民基本权利的保障制度以及我国的各级、各类国家机关的组织、职权、工作程序,等等,都是依据宪法、遵循宪法的规定,并在宪法铺设的轨道上有序地行进着。由此可见,我国的宪法是得到实施了的。有人说,我们的宪法没有实施,这种看法与事实不符。

可是另一方面也还必须看到,多年来全国的干部和群众虽然宪法意识大有提高,遵守宪法、维护宪法尊严的自觉性日益增强,但毕竟程度高低,很不平衡。加之

* 作者单位:中国人民大学法学院。

① 《中国共产党第十七次全国代表大会文件汇编》,人民出版社2007年版,第30页。

我国幅员辽阔，人口众多，地区特点千差万异，利益冲突不可避免，所以对于宪法的实施难免会自觉或者不自觉地发生偏颇，甚至出现违宪现象。因此，建立并健全制度，监督宪法的实施，保证其正确落实，非常必要。

二、我国宪法监督制度的形成和法律依据

中华人民共和国是社会主义国家，我们的宪法监督制度是具有中国特色的社会主义宪法监督制度。它的建立不是一蹴而就，更不是从哪一个国家照搬过来，而是在中国土地上根据本国的实际情况，不断总结、积累而逐步形成的。

早在1954年我国第一部《宪法》通过前夕，毛泽东曾在多次会议上强调："宪法必须实行。"1954年6月毛泽东在中央人民政府委员会第三十次会议上指出："这个宪法草案是完全可以实行的，是必须实行的。当然，今天它还只是草案，过几个月，由全国人民代表大会通过，就是正式的宪法了。今天我们就要准备实行。通过以后，全国人民每一个人都要实行，特别是国家机关工作人员要带头实行，首先在座的各位要实行。不实行就是违反宪法。"[①]同年9月，刘少奇在宪法草案的报告中也曾强调："宪法是全体人民和一切国家机关都必须遵守的。"他强调：人大代表以及一切国家机关的工作人员"在遵守宪法和保证宪法的实施方面，就负有特别的责任"。又指出：一切共产党员都要"为宪法的实施而积极努力"。[②] 领导人的讲话固然极其明确有力，而且在1954年《宪法》第27条中也写了"监督宪法的实施"作为全国人民代表大会的一项职权。然而当时的领导人并没有着手去建立必要的宪法监督制度加以保障。这不能不是严重的疏漏。

但是，因缺乏宪法监督制度而造成的影响和后果并未立即表露。1954年《宪法》公布后大约3年内，宪法的实施还是比较顺利的。这当然不是因为有健全的监督机制予以保障的结果，而是出于广大干部和群众对宪法尊重的理念所驱使，从而是一种道德支持的体现。事实表明，单靠道义的力量，终究是不可能支撑很久的。后来当风浪迭起时，那缺乏制度保证的防护堤就抵挡不住了。当年我国的基本制度和政治秩序受到莫大冲击，甚至一位在职的国家主席竟不经任何法律程序被迫害致死。宪法成了一纸空文。这是历史的悲剧。

现行《宪法》吸取了多年来的经验教训，并进行了认真的总结。在1981年草拟初稿的时候，宪法修改委员会秘书处研究了当年还是人民民主国家的罗马尼亚，借鉴其关于在最高国家权力机关下设立宪法委员会的制度，并试着拟出了若干条

① 《毛泽东著作选读》(下册)，人民出版社1986年版，第710页。

② 《刘少奇选集》(下卷)，人民出版社1985年版，第168页。

文,置于“国家机构”一章的“第一节全国人民代表大会”中。但这个试验没有成功。最后设计了在保留原来规定的由全国人民代表大会行使宪法监督职权的同时,又赋予全国人大常委会以监督宪法实施的职权。由于常委会是经常行使国家权力的机关,作这样的新的规定,就足以弥补因为全国人大每年只举行一次会议、会期只有20天左右,从而不可能对宪法的实施进行经常性监督的不足。另外,第五届全国人大第五次会议于1982年12月10日通过的《全国人民代表大会组织法》,又在第37条规定:全国人大各专门委员会的工作任务之一是:“审议全国人民代表大会常务委员会交付的被认为同宪法、法律相抵触的国务院的行政法规、决定和命令,国务院各部、各委员会的命令、指示和规章,省、自治区、直辖市的人民代表大会和它的常务委员会的地方性法规和决议,以及省、自治区、直辖市的人民政府的决定、命令和规章,提出报告。”这个规定有助于全国人大及其常委会行使监督宪法实施的职权。

1982年《宪法》与《全国人大组织法》的通过和颁布,无疑是把我国的宪法实施的监督制度推进到了一个新的阶段。但是虽然有了进步,而当时却并未能够回答进行监督所应遵循的程序问题,因此仍缺乏可操作性。1982年《宪法》通过之后,王叔文等30位全国人大代表曾联名提案,建议在最高国家权力机关设置专门的宪法监督机构。但不得要领。

1993年3月,中共中央向第八届全国人大第一次会议提出关于修改宪法部分内容的建议并在会上作了说明。该说明的最后部分指出:“有的建议,在第70条中增加规定全国人大设立宪法监督委员会的内容。”该说明回答道“根据《宪法》第70条的规定,全国人大可以设立专门委员会性质的宪法监督委员会,宪法可以不再作规定。”由此看来,对于全国人大设立宪法监督委员会的问题,虽然后来没有成为事实,但当时中央并未表示绝对不予考虑。

一直到了2000年3月15日,第九届全国人大第三次会议通过了《立法法》。该法对于宪法实施的监督问题作了进一步的具体规定,至此,我国的宪法实施的监督制度可以说是已经建成了。2004年5月,全国人大常委会法制工作委员会设立法规备案审查室,就更加有助于宪法监督制度的运行。它标志着我国的违宪审查将不限于那种结合违宪事例进行的具体审查,而且也开展主动的抽象审查了。

综上观之,我国宪法监督制度的建立和完善是一个渐进的过程。它的直接的法律依据是:《宪法》第62条、67条以及《全国人民代表大会组织法》第37条,《立法法》第88条、90条、91条,监督法第28条等。正是有了宪法和这一系列相关的法律,使得我国宪法监督制度的主体、监督范围、监督程序以及对违宪的处理等问题有了明确的依据,从而使监督宪法实施的工作做到有法可依、依法监督。此外,中国的历史情况和现实情况是我国宪法监督制度建立的事实依据,从而决定了我国的监督制度完全适合中国国情。

三、我国宪法监督制度的内容

宪法监督制度的内容涉及4个方面：

（一）我国宪法监督的重点范围是什么

宪法是根本法，涉及国家生活的全部。但宪法不是法律大全，一般的社会关系并非全都直接由宪法规范，而是透过各种具体的法律、法规来调整的。因此，目前我国已经建立起来了的宪法监督制度的重点范围，主要是监督和审查法律、行政法规、地方性法规、自治条例和单行条例是否符合宪法或者同宪法相抵触，以维护社会主义法制的统一和尊严。这是建设社会主义法治国家所必需的。

以上所述的审查范围是我国的相关法律所明确规定了的。法律并没有像世界上有些国家那样，把诸如判断全国大选的结果是否有效、总统的行为是否违宪、内阁应否倒台之类的争论纳入我国宪法监督的职责范围之内。这是从我国的具体国情出发的。各国实行的宪法监督的范围存在差异，是由于各国国情的不同决定着的。

（二）谁有权监督宪法的实施

中华人民共和国是人民当家作主的社会主义国家，国家的一切权力属于人民。从这个意义上说，监督宪法的实施人人有责，人人有权。但是我们的国家毕竟是人民代表大会制的国家，人民的权力是通过全国人大和地方各级人民代表大会来实现的。何况对于宪法的实施进行监督往往与宪法的解释密切相关，而监督审查的结果会导致某一个规范性文件的存废或者修改，所以这是一项极其庄严和极其重要的权力，必须由最具权威的国家机关掌握并行使。正如本文在前面已经阐述过的：根据《宪法》的规定，我国的这项重要职权属于全国人民代表大会和全国人大常务委员会。下面试就此略加论述：

首先，全国人民代表大会是我国的最高国家权力机关。它有权对于法律的合宪性进行监督审查。

有人说，法律是我国最高国家权力机关制定的，而宪法也是我国最高国家权力机关制定的。全国人大及其常委会既当运动员，又当裁判员，自己定的法律怎么会违反自己定的宪法呢？这种说法不对。

我国的宪法是全国人大制定的，不是常委会制定的。且不说常委会制定的法律有违宪的可能性，即使是全国人大制定的基本法律，也不能保证绝对不会违宪。因为宪法是全体代表的2/3通过的，而法律是过半数代表通过的。所以，普通多数的意志有可能同绝对多数的意志相左。因此，我国的法律不应排斥在审查对象之外。我国的法律有全国人大制定的基本法律和常委会制定的法律的区分。根据我国的制度,基本法律要由全国人大自查。此时的全国人大与其说是立法者,不如说它是制宪者更为确切。全国人大行使违宪审查的职权,例如,1990年,第七届全国人大第三次会议曾就《香港特别行政区基本法》的合宪性问题通过决定,指出:香港特别行政区基本法"是符合宪法的"。又例如,1993年,第八届全国人大第一次会议对《澳门特别行政区基本法》进行合宪性审查,作了相应决定:认为《澳门特别行政区基本法》"是符合宪法的"。由于全国人大地位崇高,没有比它再高的国家机关可以对全国人大进行监督审查,因此全国人大对于基本法律的合宪性审查,应属于自查的性质。至于全国人大对常委会制定的法律进行审查则与此有别。虽然常委会是全国人大的常设机关,但是常委会应对全国人大负责,相对全国人大来说,处于从属地位。所以常委会制定的法律应该接受全国人大的监督审查。这也是全国人大的最高监督权的一种表现。《立法法》第88条规定:"全国人民代表大会有权改变或者撤销它的常务委员会制定的不适当的法律",还规定,全国人大有权撤销常委会批准的违背宪法的自治条例和单行条例。可见,我国的宪法监督制度是包括对法律的审查在内的。

其次,全国人大常委会负责对除法律以外的其他规范性文件进行监督和审查。具体地说,全国人大常委会对我国的行政法规、地方性法规、自治条例和单行条例等是否符合宪法或者同宪法相抵触,行使监督权。该项监督权,是由《宪法》明文规定了的。至于我国其他的国家机关,比如说,《宪法》规定地方各级人民代表大会在本行政区域内,应保证宪法的遵守和执行。但这样的规定不应被认为地方各级人民代表大会具有监督宪法实施的职权。又如,我国的人民法院有审判权,我国的人民检察院是法律监督机关,但它们都没有"监督宪法实施"的职权,不能同最高国家权力机关相提并论。诚然,一切其他的国家机关和武装力量、各政党和各社会团体、各企业事业组织、全国各族人民,根据《宪法》的规定,都"负有维护宪法尊严、保证宪法实施的职责",但也不能认为他们都拥有监督宪法实施的职权。因为"维护宪法尊严、保证宪法实施"与"监督宪法实施"乃属两个不同的概念。后者是专项职权,是行使最高国家权力的一种表现。

《宪法》和法律还规定:"国务院有权改变或者撤销不适当的部门规章和地方政府规章";"省、自治区、直辖市的人民代表大会有权改变或者撤销它的常务委员会制定的和批准的不适当的地方性法规";"地方人民代表大会常务委员会有权撤销本级人民政府制定的不适当的规章";"省、自治区的人民政府有权改变或者撤销下一级人民政府制定的不适当的规章"。上述这些规定虽然体现了在法治方面的一种监督,但是严格地说,它们都不属于宪法监督的职能。这是因为上面所引条文中那些应被改变或者撤销的,乃是"不适当"的规范性文件(而不是违宪的规范性文件)。何谓“不适当”? 关于它的含义,《立法法》有着明确的规定。根据《立法法》第 87 条,构成“不适当”的有 5 种情况[即(1)超越权限的;(2)下位法违反上位法规定的;(3)规章之间对同一事项的规定不一致,经裁决应当改变或者撤销一方的规定的;(4)规章的规定被认为不适当,应当予以改变或者撤销的;(5)违背法定程序的。]在这五种情况中,并没有明确把“违宪”或者“同宪法相抵触”的情况包括在内。因此,国务院,省、自治区、直辖市的人民代表大会,地方人大常委会,省、自治区的人民政府如果认为相关的规范性文件有构成“不适当”的五种情况时,有权直接依法予以改变或者撤销。但如果认为相关的规范性文件“同宪法相抵触”时,则不能径自予以改变或者撤销。因为国务院,省、自治区、直辖市的人民代表大会,地方人大常委会,省、自治区的人民政府并不享有违宪审查权。它们必须依照《立法法》第 90 条的规定,向全国人大常委会书面提出进行审查的要求,由常委会依法处理。由此可见,国务院,省、自治区、直辖市的人民代表大会,地方人大常委会,省、自治区的人民政府依法改变或者撤销相应的不适当的规范性文件,按其性质,乃是行使一般的监督,而不属于行使监督宪法实施的职权。它们并不拥有根据《宪法》的规定唯独最高国家权力机关才能行使的监督宪法实施的职权。

(三)谁可以提出审查违宪的要求或者建议

根据我国法律的规定,违宪审查的提出者可以分为两类:第一类是国务院、中央军事委员会、最高人民法院、最高人民检察院和各省、自治区、直辖市的人民代表大会常务委员会。第二类是除上述以外的其他国家机关和社会团体、企业事业组织以及公民。

法律对于这两类提出者的规定是有所区别的。

法律对第一类的写法是:“可以向全国人民代表大会常务委员会书面提出进行审查的要求,由常务委员会工作机构分送有关的专门委员会进行审查、提出意见。”而对于第二类提出者的写法是,“可以向全国人民代表大会常务委员会书面提出进行审查的建议,由常务委员会工作机构进行研究,必要时,送有关的专门委员会进行审查、提出意见”。

以上引录的两段条文显示了对两类提出者的不同规定:

(1)对第一类称“要求”,而第二类则称为“建议”;

(2)对第一类提出的要求,常委会工作机构即分送……而对第二类提出的建议则须“进行研究”,认为“必要时”才送……前者是确定的,而后者则须视工作机构的研究结果而定。

尽管有些许差异,但都会受到重视。

(四)审查的程序是怎样的

根据法律的规定,常委会进行审查的过程可以细分为 4 道程序:

程序一:全国人大常委会工作机构把提出违宪审查的书面要求或者建议送有关的专门委员会进行审查、提出意见。

程序二:全国人大专门委员会在审查中认为行政法规、地方性法规、自治条例和单行条例同宪法相抵触的,可以向制定机关提出书面审查意见;也可以由法律委员会与有关的专门委员会召开联合审查会议,要求制定机关到会说明情况,再向制定机关提出书面审查意见。

程序三:制定机关在收到专门委员会书面审查意见后的两个月内,应当研究提出是否修改的意见,并向全国人大法律委员会和有关的专门委员会反馈。

程序四:全国人大法律委员会和有关的专门委员会审查认为行政法规、地方性法规、自治条例和单行条例同宪法相抵触而制定机关不予修改的,可以向委员长会议提出书面审查意见和予以撤销的议案,由委员长会议决定是否提请常务委员会会议审议决定。

四、我国宪法监督制度的特点和优势

根据以上几个方面的观察与阐述,可以看出我国的宪法监督制度有着较为明显的特点和优点。它们主要是:

(一)监督制度的独创性

我国的宪法监督制度是一个好制度。这个制度不是美国设计的,不是日本设计的,不是西欧设计的,也不是俄罗斯设计的,而是中国自己所独创的。它在近百年的宪法史上,也不是一开始就建立起来,而是社会主义民主实行几十年,经历了长期的实践,是经验的总结和人民智慧的积累的结果。因而是符合中国国情、具有时代特色的好制度。

(二)监督制定广泛参与性

我国的宪法监督制度是一个激励方方面面甚至是全民参与的好制度。前面已经叙述过了,根据法律的规定:国务院、中央军事委员会、最高人民法院、最高人民检察院和各省、自治区、直辖市的人民代表大会常务委员会,都可以向全国人大常委会书面提出进行审查的要求。除此以外的其他国家机关和社会团体、企业事业组织以及公民,也都可以向全国人大常委会书面提出进行审查的建议。这样的规定充分表明了这个制度所具有的广泛性和群众参与性。2003 年发生的"孙志刚案",由俞江、腾彪、许志永 3 位博士上书全国人大常委会,建议对国务院行政法规《城市流浪乞讨人员收容遣送办法》展开违宪审查,就是群众参与性表现的一例。

(三)监督程序的民主性

我国宪法监督制度的特点和优点还表现在审查过程的严谨。正如前面已经叙述过的，全国人大常委会的审查工作有四道程序，不仅工作过细，而且十分谨慎。大体上说，首先是全国人大专门委员会在审查后可以向制定机关提出书面审查意见，或要求制定机关来审查会议说明情况后再提出书面审查意见。其次是制定机关应在两个月内研究提出是否修改的意见反馈给专门委员会。再次是制定机关如果不予修改的，方可向委员长会议提出予以撤销的议案。最后是由委员长会议决定是否提请常委会会议审议决定。可见审查过程是公开、透明的，并能保持公正，同时它不采取简单的行政式手段，而是体现了从容和协商的民主精神。

（四）国体的体现，政体的必然

中华人民共和国是工人阶级领导的、以工农联盟为基础的人民民主专政的社会主义国家。与之相适应，我国采取民主集中制的人民代表大会制度作为政体。由我国的国体和政体所决定，建立起了我国独特的宪法监督制度，以确保党的主张和人民意志统一的根本法的顺利实施。所以，宪法的实施就是党的主张的实现，就是人民意志的实现，因而也就体现了社会主义国家的根本性质。我国由最高国家权力机关监督宪法的实施，正是人民代表大会制度的必然要求，是全国人民当家作主的表现，同时也是民主集中制的生动实践。

总而言之，我国的宪法监督制度是适合中国国情的具有自己特点和明显优点的好制度，是任何西方国家的宪法监督制度所不可比拟的。我国有人主张采用美国式的由法院进行违宪审查的模式。这是很不恰当的。因为：第一，中美是两个性质根本不同的国家。中国是社会主义国家，美国是资本主义国家。“异体排斥”，我们不能移植美国的监督制度乃必然之理。第二，两国的政治体制不同。中国实行民主集中制，而美国则是实行“三权分立”的国家。中国的一切权力属于人民，人民行使国家权力的最高机关是全国人民代表大会。所以全国人大及其常委会行使监督宪法实施的职权是符合我国的政治体制的。美国的“三权分立”一方面固然具有欺骗性，但另一方面因其形式是立法、司法、行政三权鼎立，互相平衡且互相制约。所以由美国最高法院行使违宪审查权，是符合它这个国家的政治体制的。

邓小平早就说过：“其实有些事情，在某些国家能实行的，不一定在其他国家也能实行。我们一定要切合实际，要根据自己的特点来决定自己的制度和管理方式。”[①]显然，监督方式也是如此。假若我们不从本国的国情出发，不根据自己的特点来决定我们的宪法监督制度，而是盲目地照搬照抄美国的模式的话，那就势必会削弱全国人大及其常委会的权威和功能。根据我国《宪法》的规定，全国人大及其常委会监督宪法的实施，常委会并行使解释宪法的职权。《宪法》的规定不容改变。全国人大及其常委会行使的职权不容法院或者其他国家机关取代。《宪法》

① 《邓小平文选》（第3卷），第221页。

第3条还明确规定:“审判机关、检察机关都由人民代表大会产生,对它负责,受它监督。”如果认为人民代表大会及其他经宪法授权的机关所制定的规范性文件应受司法部门的审查,司法部门并有权改变和撤销它们,那是同我国的根本政治制度——人民代表大会制度背道而驰的。

(2009年第6期)

以宪法为基准选择好政改的切入点和路径

董　皞[*]　谭炜杰[**]

经过30多年的改革开放，我国经济领域的改革从“计划经济”到“有计划的商品经济”，又从“商品经济”到“市场经济”，走过了一条跨越式成功的发展之路，经济建设也由于改革的推动取得了令世人瞩目的进步。经济体制改革的成功，除了当时国家发展和国人对改革的愿望作为推动因素之外，正确地选择了改革的切入点，明确改革的目标方向，合理确定改革的路径，发挥了关键性的作用。

经济体制改革的成功令国人对全面推动改革的期待更加迫切，对深层次改革的成功更加充满信心。然而，我国政治体制改革滞后于经济体制改革和市场经济发展，一直是我国改革的一个带有根本意义的矛盾。“现在看，不搞政治体制改革不能适应形势。改革，应该包括政治体制的改革，而且应该把它作为改革向前推进的一个标志。我们所有的改革最终能不能成功，还是决定于政治体制的改革；在经济上赶上发达的资本主义国家，在政治上创造比资本主义国家更高更切实的民主，并且造就比这些国家更多更优秀的人才，也在于政治体制的改革。”①但是，与经济体制改革同样道理，政治体制改革也存在如何正确选择政治体制改革的切入点，明确改革目标，合理选择改革路径的问题，这对于保证当前政治体制改革推进的效率、效果，满足国人对于改革的期待，增强改革的信心而言，显得尤为重要。

党的“十七大”报告中明确提出“政治体制改革作为我国全面改革的重要组成部分，必须随着经济社会的发展而不断深化”。而法律与政治的关系极为密切，政治关系的发展变化是影响法律发展变化的重要因素，政治体制改革也必然影响法律的内容及其发展变化，而法律又是政治的延伸和保障，二者是相辅相成的。因此，从依法治国、建设法治国家的高度来讲，政治体制改革的任务应当是建立一套体现宪法和法律至上、符合政治文明、经济发展和社会和谐要求的制度。也就是说，政治体制改革也应当在宪法和法律的框架内进行，而宪法作为国家的根本大法，是对我国各项政治制度的体现和确认，因此就成为政治体制改革的基本准则。

---

* 作者单位：广州大学。

** 作者单位：中国政法大学、广东省珠海市中级人民法院。

① 《邓小平文选》（第3卷），人民出版社1993年版，第160页、176～177页。

脱离了宪法基准,政治体制改革就会成为无源之水、无本之木。然而,政治体制改革的内涵和外延非常丰富和广泛,如果全面推动政治体制改革,无论在确保改革稳定还是在技术操作层面都是相当困难甚至是无法实施的。而国家行政机关和司法机关是宪法中国家机构的重要组成部分,行政管理制度和司法制度作为政治制度的重要内容,无论从重要性、先导性还是从稳定性、可操作性等诸方面考虑,都担负着将整个政治体制改革推向深入的重要使命,如果改革从这两方面切入,不仅能够保证整个政治体制改革处于宪法的框架之内,而且必然有助于改革的顺利、有序进行,从而带动政治体制其他方面改革的有序、顺利展开。相应地,正确选择行政管理体制改革和司法改革的路径,从而保证改革取得成效,就成为整个政治体制改革能否继续推进的关键环节。

一、政治体制改革要选择适合的领域作为切入点

政治体制改革属于上层建筑领域的改革,我国《宪法》在对我国生产资料社会主义公有制的经济基础进行确认的同时,又对与之相应的上层建筑作了最根本性的规定。例如,《宪法》第2条规定:中华人民共和国的一切权力属于人民,明确了国家权力的归属;《宪法》第2章规定了公民的基本权利;《宪法》第3条规定:"中华人民共和国的国家机构实行民主集中制的原则。全国人民代表大会和地方各级人民代表大会都由民主选举产生,对人民负责,受人民监督。国家行政机关、审判机关、检察机关都由人民代表大会产生,对它负责,受它监督。中央和地方的国家机构职权的划分,遵循在中央的统一领导下,充分发挥地方的主动性、积极性的原则。"其明确了国家机关活动的基本原则;《宪法》第3章以及相关的组织法规定了具体的国家机构设置、职权等内容,这为政治体制改革确定了明确的基准和范围,指明了改革的方向,那么,究竟政治体制改革应当从宪法规定的哪个领域入手呢?虽然经过30年的改革开放,政治体制中不适应经济发展的许多问题和弊端已经显露,但这并不意味着,改革已经结束了"摸着石头过河"的阶段而迎来了以系统化的理论为指导,针对诸多内容全面展开、整体推进的阶段。"中国的政治体制改革是在既要为应对现实挑战,不得不进行改革,又要考虑改革中的风险,不能不慎重行事的两难选择和博弈中展开的。"①一方面,政治体制改革必须服务于经济改革和经济建设,必须"确保政治稳定,以利于经济和社会发展,尽可能稳妥地、渐进地推进实质性的国家权力结构体制的改革";②另一方面,由于政治体制改革是对旧

① 黄卫平、陈文:"中国政治体制改革现状及其成因浅析",载《社会科学研究》2008年第2期。
② 同上。

有体制的否定与创新，涉及各方面利益的重新分配与整合，因此“这个问题太难，每次改革涉及的人和事都很广泛、很深刻，触及许多人的利益，会遇到很多障碍，需要审慎从事”。① 这决定了我国的政治体制改革将会十分困难，问题复杂、风险巨大，改革的阻力在所难免。但是，如果能够选择适合的领域作为改革切入点，无疑会大大降低改革的风险和难度，从而推动改革顺利进行，为改革的成功增添信心、带来希望。经济体制改革目标的成功选择和路径的策略确定成为很好的范例。30年前，我国经济体制改革的目标是建立社会主义市场经济体制，而改革的路径则是由计划经济到有计划的商品经济，再从有计划的商品经济到市场经济，最后推动了所有制体制的改革。试设想如果当初我们将改革目标确定为所有制体制改革，那么到今天经济体制改革成功的希望到底有多大？反观20多年来我国以精简机构为目标的行政管理体制改革，走过的都是一条“精简—膨胀—再精简—再膨胀”的路径，并未实现改革的初衷，这与改革切入点和路径的选择失误有着很大关系。所以，在以宪法为基准，明确宪法指明的改革方向的同时，政治体制改革还必须要明确从哪里切入，选择何种路径，从而将改革首先控制在一定范围内，慎重、稳妥地进行，防止波及面太广，社会舆论一时难以接受，人民群众心理上难以适应，导致影响社会稳定，并通过改革窗口的引导示范作用，带动政治体制其他领域的改革。

政治体制包含的内容十分广泛，因而政治体制改革从哪里切入，各种观点众说纷纭，诸如将党政分开、政治公开化、基层民主建设、党内民主等，但是这些领域都涉及了根本性、全局性的问题，而且有的问题超出了宪法对政治制度规定的框架，如果改革路径选择不当，甚至会有导致政治的、社会的、民族的危机的风险，因而实践中难以开展。因此，在政治体制改革切入点的选择上，应当以宪法中规定的政治制度为依据，按照先易后难、循序渐进的原则，选择那些远离政治敏感地带，对各方面的利益影响较小，引起的社会震动较弱的领域，牵涉的机构关系较为简单的系统，尽可能避免“牵一发而动全身”式的改革，使改革的阻力最小化，保障改革收到实效。“从传统社会向现代化迈进的转折时期是政治不稳定的高发期”，②改革切入点的选择是否正确、适当直接关系到整个改革的成败，只有选择正确的改革切入点，才既能使改革在宪法的基本框架内进行，又有利于改革稳步推进并向纵深方向拓展。

行政管理体制与司法体制都是政治体制中最为重要的组成部分，也是我国宪法的重要内容。③ 党的“十七大”报告中指出，行政管理体制改革是深化改革的重

① 《邓小平文选》(第3卷)，人民出版社1993年版，第241页。

② [美]塞缪尔·亨廷顿著：《变革社会中的政治秩序》，李盛平、杨玉生译，华夏出版社1988年版，第41页。

③ 《宪法》第三章第三节和第五节对国务院和地方各级人民政府的组成、职权等作了基本的规定，而司法体制也规定在了《宪法》第三章第七节。

要环节,并对加快行政管理体制改革、建设服务型政府提出了新的要求,作出了新的部署。"十七大"报告中也更进一步提出了深化司法体制改革,优化司法职权配置,规范司法行为,建设公正高效社会主义司法制度,保证审判机关、检察机关依法独立公正地行使审判权、检察权的行动纲领,更加明确了司法体制改革的方向、目标、内容和要求。之所以政治体制改革要从这两个领域切入,一方面是因为这两项改革都是在我国宪法制度的框架内进行的,有宪法作为改革的基准,不会导致偏离建立社会主义法治国家的方向,而更具有现实性的另一方面是因为在实践中,行政管理体制改革和司法改革也都具有推进改革的迫切需要和内在动力,就是由于其本身的属性和特点,更适合作为改革切入领域的要求。

(一)切入点分析之一:政府权力纵向配置而非大部制是行政管理体制改革的目标和切入点

行政管理体制改革的目的是要转变政府职能,使之与社会主义市场经济体制相适应,而政府职能的转变实际上就是政府权力如何重新配置的问题,包括横向的权力配置和纵向的权力配置,而这两个方向的权力配置都是以宪法为根据的,行政管理体制改革实际上是在宪法框架内对权力配置的重新安排和具体化。前已述及,政治体制改革应当以行政管理体制改革作为切入点,这是由行政管理体制改革的必要性和可行性决定的。而这一选择落实到行政管理体制改革中就表现为行政管理体制改革应当以政府权力的纵向配置而非当前轰轰烈烈开展起来的大部制改革为切入点,这不仅是因为进行纵向权力配置的改革是有宪法依据的,而且是由纵向权力配置是横向权力配置的基础决定的。

1. 行政管理体制改革的必要性与可行性

行政管理体制改革是政治体制改革的重要组成部分,将行政管理体制改革作为政治体制改革的切入点具有现实的迫切性、必要性和改革的可行性。

经济基础和上层建筑之间存在相互作用的辩证关系,一个国家在经济迅速发展与现代化实现的过程中,不可避免地会产生推进政治体制现代化的要求。而政治体制对于经济基础的反作用最直接地反映在行政对国家经济发展所施加的影响。就促进经济发展而言,行政体制改革与完善所带来的效果显得最为直接和更佳。通过行政管理体制改革提高政府管理水平和效率是确保经济现代化建设顺利实施的政治现代化保障。从实践上来看,现代政府的权力渗入到了社会生活的方方面面,成为影响经济社会生活的最常见、最持续和最重要的作用力。由于行政权力具有同其他权力一样无限扩张的本性,而政府又掌握了大量的社会资源,加上我国长期以来存在的特权意识以及行政体制上的漏洞,导致政府极容易利用手中掌握的权力和资源去谋取自身的政治、经济利益,从而出现了行政权力的泛化。同时,市场经济的健康发展不仅需要良好的竞争环境,而且要顾及社会分配的公平与正义，而这一任务的完成需要政府充分关注民生，健全社保教育、医疗卫生等制度，为经济发展提供优质的公共服务，解除经济发展的后顾之忧。很难想象，一个财政等相关体制不健全，权力运行方式不规范的政府能够完成为经济发展提供优质公共服务的重任。此外，市场经济的发展需要建立灵活的宏观调控体系，但是长期以来，政企不分、政事不分、政资不分的现状并未得到改变，导致了政府微观管理不活，行政决策多短期行为，对市场的长远需要缺乏科学的宏观预测。邓小平同志早就指出："我们的各级领导机关，都管了很多不该管、管不好、管不了的事，这些事只要有一定的规章，放在下面，放在企业、事业、社会单位，让他们真正按民主集中制自行处理，本来可以很好办，但是统统拿到党政领导机关、拿到中央部门来，就很难办。"①这些都根源于政府职能没有真正理顺，不利于经济发展的体制性和结构性障碍仍未消除。因此，"进一步深化行政管理体制改革具有重要的全局性意义，任务也十分紧迫"。②

行政管理体制改革的可行性是由其远离政治敏感地带的处境和逐渐增强的专业技术属性决定的。虽然行政管理体制包含于政治体制的外延之中，但是随着社会形态的转变和发展，行政和政治已经出现了分离，而不像国家产生初期那样行政和政治密不可分了。现代行政管理体制并不涉及宪法上国家的政体、国家的组织结构、政党制度、选举制度等政治领域的敏感问题，行政管理体制的转变与调整的关注范围只是以行政机构为核心，以政府职能的配置、管理为内容。政治体制改革的目标在于推进民主政治，扩大和提高政治参与水平，许多内容都涉及国家体制中的基本问题，其后果产生的影响往往具有全局性和深远性，因而要求慎重抉择，避免改革失误引起的震荡，苏联"休克式疗法"的全盘改革失败，已经给我们以深刻的教训。而行政管理体制改革的目标是提高行政效率和效益，使行政体制更好地适应不断变化的行政环境，增强行政管理的科学性、合理性。因此，行政管理体制改革应当属于管理科学的范畴，具有技术属性。"实际上，行政中很大一部分是与政治无关的……行政之所以与政治不相干，是因为它包括了半科学、准司法和准商业或商业的活动——这些活动对于真正的国家意志的表达即使有影响也是很小的。"③现代政府承担的大量的行政管理职能更是同政治没有直接关联，纯属管理性、服务性和技术性事务。④ 现代社会行政管理职能的增长，必然导致行政管理体制逐渐远离政治体制中的敏感地带，从而满足了作为政治体制改革切入点的要求。

① 《邓小平文选》(第2卷)，人民出版社1994年版，第250页。

② 张旭东："深化行政管理体制改革建设人民满意的政府"，载《中国改革报》2008年3月11日。

③ [美]古德诺著：《政治与行政》，王元译，华夏出版社1987年版，第47页。

④ 田穗生、李广平："从行政在当代的地位、作用看行政管理体制改革"，载《江汉论坛》1994年第2期。

2. 大部制属于政府横向权力配置的改革

根据《宪法》和《国务院组织法》以及《地方各级人民政府组织法》的规定，我国的行政机关包括国务院和地方各级人民政府，各级人民政府为了行使行政权力，根据宪法的规定和授权建立了各类政府机构，并赋予其相应的行政职权。例如，《宪法》第85条规定："中华人民共和国国务院，即中央人民政府，是最高国家权力机关的执行机关，是最高国家行政机关。"第86条规定："国务院由下列人员组成：总理，副总理若干人，国务委员若干人，各部部长，各委员会主任，审计长，秘书长，国务院实行总理负责制。各部、各委员会实行部长、主任负责制。国务院的组织由法律规定。"《国务院组织法》第3条规定："国务院行使宪法第八十九条规定的职权。"《地方各级人民代表大会和地方各级人民政府组织法》规定："地方各级人民政府根据工作需要和精干的原则，设立必要的工作部门。"《宪法》第107条规定了地方各级人民政府的职权。十一届全国人大一次会议通过了备受关注的国务院机构改革方案，标志着改革开放以来第六次行政管理体制改革正式启动，以大部制改革为标志的新一轮行政管理体制改革已经轰轰烈烈地开展。可以说，大部制改革代表了行政管理体制改革的方向，对于进一步深化认识社会体制改革，推动民主法治建设都具有十分重要的意义。所谓大部制改革，是将政府职能相近的一些部门合并，组成一个较大的综合部门进行统一管理，同时按照"十七大"报告中提出的"决策、执行、监督"的原则，在部与部之间或者新设立的"大部"内部进行权力分离。大部制改革不仅在国务院各部门之间进行，而且在地方层面也全面铺开。以广东省为例，大部制改革将在省、市、县3级政府开展，"按照广东省的要求，珠海市一批'部委办局'将合并优化，鼓励职能相近或者重叠的政府机构采取合署办公的方式统筹设置。"[①]由此可知，大部制改革是在宪法规定的政府机构的框架内，对政府权力在同一层级之间的重新整合、配置，属于政府部门之间横向关系的改革。

以大部制改革为重点的新一轮行政管理体制改革是改革开放以来政府机构改革实践进程的必然延伸。大部制改革是要改变政府机构职能交叉、政出多门、多头管理的混乱现象，从而转变政府职能，精简政府机构，提高行政效率，使政府机构设置更符合市场经济条件下的宏观管理角色定位，有利于彻底塑造服务型政府。人们对大部制改革可谓寄予了厚望。然而，大部制改革虽值得期待，但改革的进程必然会是困难重重，对之期待不宜过高。从1982年至今，中国的行政管理体制改革先后进行的5次"瘦身运动"都没有走出"精简—膨胀—再精简—再膨胀"的怪圈。究其原因，根本问题在于中央与地方在机构设置上"上下一般粗"，中央部委"大而全"，地方政府"小而全"，中央与地方"职责同构"，政府层级之间权责不清，有太多

① "珠海拉开'大部制'改革帷幕"，载《珠江晚报》2009年3月25日。

的弹性和模糊地带。收放自如演变为收放随意,利益驱动导致或互相推诿,或互相争权,具体权力的实惠带来宏观失控、微观操控,从而形成了机构臃肿、人浮于事。同时,过往的经验也表明,"拿自己开刀"的改革很难,大部制改革虽然只是新一轮机构改革中的一小步,但必然会遭遇到困难和阻力。这种困难和阻力来自于部门利益,而且大部制改革极有可能把分散的部门利益积聚为集中的部门利益,使监督制约变得更加困难。究其原因,理论界在谈分权时,多集中于横向分权,实践中在搞分权时,忽略了对纵向政府关系的改革。

3. 纵向权力配置是横向分权的基础

《宪法》第3条规定了"中央和地方的国家机构职权的划分,遵循在中央的统一领导下,充分发挥地方的主动性、积极性"的原则。这一规定虽然比较笼统,但却是国家机构进行纵向权力配置时应遵循的基本依据和准则。政府间纵向权力配置就是指中央和地方①的权力配置,它是我国行政管理体制改革的重要内容和关键环节。我国政治体制改革要从行政管理体制改革入手,就不能回避中央和地方的关系,必须首先要有一个好的纵向权力配置才能为横向分权奠定基础。

纵向权力配置对于横向分权的基础性作用,可以归纳为三个方面。第一,纵向权力配置是保障横向分权有效运作的纵向条件。只有横向分权,没有纵向分权,不能保障国家的分层治理效果,当然也就不能分层级来保障不同区域的有效治理。中央与地方没有权力的划分,两级政府的治理状况就会处于一种混乱的情形,只有纵向权力配置厘清了,才能将横向分权做实。第二,纵向权力配置是保障横向分权有效运作的轴心条件。只有按照各级政府分级分层运转的原则组织行政管理,同一层级内部的行政分权才有现实空间。没有纵向权力配置,横向分权就没有落实的现实政治空间,横向分权就无法从中央层面有效下落到基层。第三,纵向权力配置能够保障中央和地方政府在行政管理过程中灵活运用权力、筹划长期发展,从而营造一个弹性发展空间。我国领土面积大,各地发展不平衡,因此必须通过在中央和地方进行合理分权来应对中央和地方治理的不同需求,以充分发挥中央和地方的两个积极性。②

中国行政管理体制改革的核心问题实质上是政府职能问题,而"政府职能界定不清、职能交叉、越位、缺位、错位等现象根源于中央与地方关系的不顺和不清"。③ 中央和地方的职权没有合理划分,自然不可能要求"中央与地方各自的职

① 这里所说的地方不包括我国香港特别行政区、澳门特别行政区和台湾地区,它们与中央的关系由专门的法律调整,在此不作讨论。

② 任剑涛:"宪政分权视野中的央地关系",载《学海》2007年第1期。

③ 于江:"中央与地方关系修构的工具性选择——政策抑或法律",载石亚军主编:《政府改革多视角探微》,中国政法大学出版社2008年版,第101页。

责权限成比例、职能与机构的设置以及编制规模成比例”,[①]因而机构改革也就难以走出“精简—膨胀—再精简—再膨胀”的怪圈。由于没有建立在对权力进行纵向划分的基础上,单纯的大部制改革导致重组后大部门的职权比改革前的小部门更加宽泛,权力更大,结构也更加复杂,这实际上是强化了部门利益,而在部门利益的驱使下,政出多门、机构膨胀、效率低下的问题必然会继续存在。因此,大部制改革必须建立在纵向权力配置的基础上。

(二)切入点分析之二:政治体制改革应当从司法改革入手的必要性和可行性论证

司法制度作为政治制度的重要组成部分是我国宪法的重要内容。我国《宪法》对司法制度的规定虽然条文不多,但比较全面。审判职权的赋予和独立审判原则的规定为法院提供了行为依据。例如,《宪法》第123条规定:“中华人民共和国人民法院是国家的审判机关。”《宪法》第126条规定:“人民法院依照法律规定独立行使审判权,不受行政机关、社会团体和个人的干涉。”法院的产生、设置与法官的选举、任免制度为司法制度提供了组织基础,例如,《宪法》第124条规定:“中华人民共和国设立最高人民法院、地方各级人民法院和军事法院等专门人民法院。最高人民法院院长每届任期同全国人民代表大会每届任期相同,连续任职不得超过两届。人民法院的组织由法律规定。”公开审判、辩护制度、上下级法院之间关系构成了法院活动的具体准则。例如,《宪法》第125条规定:“人民法院审理案件,除法律规定的特别情况外,一律公开进行。被告人有权获得辩护。”《宪法》还规定了法院与权力机关、检察机关、公安机关的关系,规定了法院与其他机关共同遵循的基本规范。例如,《宪法》第135条规定:“人民法院、人民检察院和公安机关办理刑事案件,应当分工负责,互相配合,互相制约,以保证准确有效地执行法律。”这些共同构成了我国司法制度建立、存在、发展的基础。这也就决定了司法改革涉及面广,内容众多,司法改革不仅仅是审判方式的改革,而应当是司法体制、司法工作机制以及司法工作方式的全面改革。因此,进行司法改革,必须在宪法制度的范围内进行,不能脱离宪法的框架。实际上,进行司法改革的目的就是实现宪法所规定的司法制度的性质、原则和目标。司法改革应当作为政治体制改革的切入点同样是被我国政治体制改革实践所证明的。不仅如此,司法改革作为政治体制改革的切入点还有其特殊的必要性和由司法改革特点决定的可行性。

1. 司法改革作为切入点的必要性

司法改革的必要性不言而喻,当前我国处于经济体制改革和社会转型的重要时期,经济发展和社会结构变迁导致了市场主体与利益主体的多元化,各种不同的

① 薛刚凌、潘波:“中央与地方关系研究”,2007年1月“中央与地方关系法治化”国际研讨会论文。

利益处于变动不居的状态，迫切期待司法以其特有的对公正、公平的维护与中立的判断来张扬主体的平等和意思自治，从而实现对经济发展的促进与保障功用。然而，从我国目前的司法现状来看，公正、高效、权威的司法体制的建立和健全还有待时日，司法机关在管理体制、组织机构、工作程序和人员组成等方面，都存在一系列的不足和弊端，从而导致了司法地方化，法院人、财、物完全受制于地方，司法行政化，司法机关行政管理色彩浓重，司法监督机制不健全，司法专横与腐败滋生蔓延，司法程序不规范，民主化、科学化、现代化程度不高，法官职业化程度不高，司法人员素质参差不齐等一系列急需改进和完善的问题，现行司法制度难以回应经济发展和社会转型的需要，这些都构成了司法改革的内在动因。同时，司法改革是实现依法治国的重要一环，"随着'有法可依'这个法制首要问题的初见成效，人们看到了法治的希望。然而，立法必须借助司法才能兑现"，而法律全球化的趋势也要求司法与国际接轨，"国外各种司法理念的输入、半个多世纪来世界各国职权主义与当事人主义诉讼模式的趋同、我国对一系列国际条约的缔结和加入、国际司法组织的参加及司法活动的合作……都要求我国的司法有所回应"，①这些构成了司法改革的外在动力，推进司法改革已是时不我待、势在必行。

2. 司法改革作为切入点的可行性

以司法改革作为政治体制改革的切入点不仅必要而且可行。这是由司法改革所具有的如下特性决定的：(1)系统的封闭性。在国家权力结构中，司法权的运作相对封闭，其涉及的主要是上下级司法机关之间的纵向隶属、监督关系，相对于行政机关而言，司法机关不存在所谓的条块分割问题，不会像行政机关那样深入到社会生活的方方面面，与横向的其他国家机关、社会组织机构、团体之间也无直接联系，这就决定了司法改革所涉及的既得利益最少，而且对其他层面特别是对地区、系统行业、团体的既得利益仅具有间接的影响，因而司法改革受到的阻力相对较小。(2)对象的稳定性。司法改革措施主要是在宏观的司法体制下进行的微观制度体系调整，其机制运行主要针对的是特定的当事人的特定具体事项，涉及的多是眼前的直接利益，受影响的主体范围也较小，因而司法改革措施运作起来可操作性强、效果立竿见影而引起的社会波动小，有利于保证我国政治体制改革平稳运行。(3)操作的程序性。严格规范统一的程序法是确保改革稳定、机制顺畅、工作有序的重要保证。司法部门与其他部门相比较，不仅追求实体上的公正，更加追求形式的合理性，整个活动是在公开、公正的程序规范体系下运行的，有取得司法公信力的优势，行政的运作需要高效、创新，因时因事因势而为，具有较大的灵活性和不可预测性。"程序先立"或"程序先行"是司法与行政明显突出的区别，行政程序固然

① 姜小川："中国司法改革动因检视"，载《法学杂志》2005年第5期。

也很重要，但要在全国各地、各行各业制定并遵守一个统一的行政程序法几乎是不可能的，而在司法则是必需的。(4)法官的保守性。由于司法权具有中立性，法官的思维也倾向于保守型，习惯于按照既定规则公正裁判、平等保护当事人，因而不易引起较大的社会矛盾、冲突。由此可见，司法改革具有规律性、平稳性和结果的确定性，其对国家体制的影响和冲击最小，改革的成本和风险最小而收益最大，它完全有可能走在其他政治体制改革的前面。(5)价值的普适性。司法中所蕴涵的公平、正义的独特价值是人类文明共同的理想与追求。在共同的价值指引下，司法权运作中所包含的共性必然会更多一些，普适性也更强一些，世界上许多国家司法改革的实践为我们提供了先进的经验。(6)改革的联动性。司法体制的改革如司法管辖区改革必然会推动财政、人事体制的改革，随着司法改革的推进，司法权对行政权的制约力度将不断增大，从而进一步推动行政体制改革，促进行政管理的高效、廉洁和有序，为推动、深化政治体制改革提供平台，为政治体制改革提供成功的范例，推动政治体制的全面改革。因此，司法改革完全可以作为我国政治体制改革的切入点。

二、政治体制改革的路径探究

宪法是对国家政治制度的确认和体现，行政管理体制改革与司法改革，实际上是从宪法上对行政权力和司法权力的运作进行制度设计。因此，政治体制改革的路径和宪法框架下的权力分配实际上是一个问题的两个方面。明确政治体制改革的切入点为在宪法框架下实施改革在旧体制上打开了豁口，但这毕竟只是整个改革过程的起点，行政管理制度与司法制度改革究竟应当沿着什么样的路径走下去，则是接下来需要思考的问题。

(一)事权与财权的划分：行政管理体制改革中政府权力纵向配置的路径

鉴于政府纵向权力配置对于横向权力配置的基础性地位，政治体制改革要从行政管理体制改革切入，就应当首先解决政府权力纵向配置的问题，主要包括中央和地方事权与财权的划分。

1. 中央和地方权力划分现状

深化行政管理体制改革，不能回避中央和地方关系，而中央和地方关系的核心问题就是权力配置问题。这些权力包括事权、财权、人事权、机构设置权、编制权等，而事权和财权是其中最重要的两大权力。关于各项权力在中央和地方的划分，我国的法律规定过于原则，对于各级政府的职责权限并没有作出明确界分。《宪法》第3条第4款只是规定了“中央和地方国家机构职权的划分，遵循在中央的统一领导下，充分发挥地方主动性、积极性的原则”。虽然《国务院组织法》、《地方各级人民代表大会和地方各级人民政府组织法》也对中央和地方各自的权限作了规定，但是，“除外交、国防等少数专属于中央的权限外，地方政府拥有的权限和中央政府几乎是一致、对等的，地方政府拥有的权限可以说是中央政府的翻版”。[①] 因此，中央和地方的权力划分实际上是非常模糊的，要实现纵向权力的合理配置，必须将事权、财权等各项权力在中央和地方政府之间进行科学、明晰的划分。

2. 事权与财权的纵向配置

鉴于事权和财权的重要地位，下面试述中央与地方事权、财权的配置。“政府的事权，即政府的事务权限，一般指政府管理国家和社会事务，提高公共服务等方面的权力。”[②]合理配置中央和地方政府各自的事权，就要在调查研究的基础上，以政府所承担的事务为立足点，对中央和地方政府的各自权限进行梳理和分配，明确界定应由中央政府承办的事务，应由地方政府承办的事务以及应由中央政府承办、地方政府协助的事务和应由地方政府承办、中央政府资助的项目，并以法律形式固定下来。[③] 在市场经济条件下，为充分发挥政府的宏观调控职能，中央和地方事权划分就应当“明确中央和地方对经济调节、市场监管、社会管理、公共服务方面的管理责权。属于全国性和跨省（自治区、直辖市）的事务，由中央管理，以保证国家法制统一、政令统一和市场统一。属于面向本行政区域的地方性事务，由地方管理，以提高工作效率、降低管理成本、增强行政活力。属于中央和地方共同管理的事务，要区别不同情况，明确各自的管理范围，分清主次责任”。[④]

当前，在中央与地方具体事权的划分上，应重点关注中央审批权过分集中的问题。我国地域辽阔，省份众多，各地发展水平、资源条件千差万别，地方建设具体项目审批权高度集中于中央部委，一方面淡化了中央的宏观调控职能，强化了“政府利益部门化，部门利益审批化”的倾向，导致不少地方“跑部钱进”，另一方面使得地方没有一定的经济调控权，各地很难从实际出发来发展地方经济，甚至出现了将大项目分割成若干小项目，钻审批政策空子的现象。因此，中央应当将经济管理的权力适当下放，大幅度提高国家核准项目的规模（限额）标准，缩小审核范围，下放审核权限，除少数需要国务院或中央部委审批、核准的项目外，绝大多数具体项目的审核、批准应区分不同情况由地方政府或行业主管部门负责，或者直接由企业自主决策。中央部委审批权力下放后，应集中精力抓好宏观调控，主要负责制定宏观政策规划，确定发展目标、原则和标准等并健全制约机制加强监督检查，同时建立

---

① 颜延锐等编著：《中国行政体制改革报告》，中国发展出版社 2004 年版，第 252 页。

② 薛刚凌主编：《行政体制改革研究》，北京大学出版社 2006 年版，第 177 页。

③ 朱柏铭：“科学界定中央与地方政府之间的事权范围”，载《杭州大学学报》1998 年第 4 期。

④ 《中共中央关于完善社会主义市场经济体制若干问题的决定》，2003 年 10 月中共十六届中央委员会第三次全体会议通过。

健全部委间工作协调机制，实现"十七大"报告中提出的"发挥国家规划、计划、产业政策在宏观调控中的导向作用，综合运用财税、货币政策，形成更加完善的宏观调控体系，提高宏观调控水平"的目标。

"政府的财权，即政府的财政权限，一般指政府取得收入，安排财政支出，以及对国有资产进行管理、使用等方面的权力。"①合理界分中央和地方政府的财权，就是要在合理配置和界分中央和地方政府事权的基础上，建立健全与事权相匹配的财税体制，也就是党的"十七大"报告中提出的"健全中央和地方财力与事权相匹配的体制"。具体而言，应当在对各级政府事权进行清理、整合的基础上，对我国目前的税种进行重新调整，并且合理划分中央税、地方税以及中央和地方共享税的范围。② 同时，应当把当前的重点放在推进省以下财政体制改革上，适当扩大地方财政的权限和财力，"可考虑赋予地方必要的税收立法权，允许有条件的省级政府可以发行一定规模的地方债，使地方政府的举债行为合法化"，③增强地方政府提供公共服务的能力。此外，要完善中央和地方政府间财政转移支付制度，促进地区间基本公共服务均等化。④

此外，实现中央和地方政府事权与财权的科学合理配置，需要一系列法律制度作为支撑和保障。从规范的市场经济国家的通行做法来看，中央与地方政府的事权都是首先以宪法或基本法的形式予以明确规定，并与事权的大小相对应确定各级政府的财权和财力。从我国的实际情况来看，一方面要修改《国务院组织法》和《地方各级人民代表大会和地方各级人民政府组织法》，或制定专门的中央与地方关系法对中央和地方关系予以明确、理顺，合理划分各自权能，另一方面要修改预算法，制定财政转移支付方面的法律以划分中央和地方的财政收支权力，规定财政转移支付的各项制度。⑤ 可以说，只有依法规范中央和地方职能和权限的纵向划分，才能实现合理配置横向各层级政府权力，科学规范各部门职能，并根据不同层级政府的职能、权限确定相应的机构、编制，实现机构和编制的科学化、法定化，避免因某一层级政府权力过多、过滥，任意设置工作部门导致机构膨胀，从而提高政府效率。

（二）体制、机制与方式：在3个层面上有重点地推进司法改革的探究

司法改革作为政治体制改革的重要组成部分，其必要性和可行性已经得到论

① 薛刚凌主编：《行政体制改革研究》，北京大学出版社2006年版，第177页。

② 魏星河、刘堂山："处理中央与地方关系的关键：财权与事权的合理划分"，载《江西行政学院学报》2004年第2期。

③ 邹东涛主编：《中国经济发展和体制改革报告No.1：中国改革开放30年（1978～2008）》，社会科学文献出版社2008年版，第231页。

④ 施正文："法治政府建设中的公共财政体制改革"，载《国家行政学院学报》2008年第2期。

⑤ 薛刚凌主编：《行政体制改革研究》，北京大学出版社2006年版，第184～185页。

证,10年来,人民法院的司法改革在许多方面取得了突破性进展。[①] 司法改革作为政治体制改革的范畴,应当在坚持四项基本原则、坚持人民代表大会制度的基础上进行,而非进行西方"三权分立"式的改革,而且应当在坚持司法改革五项原则[②]的基础上积极推进。在此前提下,司法改革要从我国的国情出发,用开放的眼光与世界各国相互借鉴、相互交流,尊重司法的规律,从司法活动的内在要求入手,从构架科学体系的角度来进行,[③]把改革的目标和方向放在实现司法体制、机制和工作方式的转变和改革上。因此,司法改革实际上分为司法体制改革、司法运作机制改革和司法工作方式改革3个层面。

1. 司法体制的改革

司法体制主要涉及在国家机构中司法机关的设置、地位、组织制度、权限划分的问题,有如下制度应当成为改革的重点。

(1)设立一般法律监督机构,分解法律监督职权。我国宪法对检察机关的性质确定为"国家法律监督机关",监督的范围包括立法监督、遵守法律监督、执行法律监督,[④]除了具有对司法活动的监督权之外,"还有所谓的甚至谁也没有说清楚过的'一般法律监督职能',检察机关是'国家法律监督机关'这一宽泛和含混不清的定性,使得检察机关盛名之下,其实难符。"[⑤]首先,宪法与法律的规定过于原则、抽象,内容空泛,结构不完整,从而制约了检察机关法律监督权的有效实施。这不仅影响了民事、行政审判监督的效果,而且导致了一般法律监督权实际上没有实施过。其次,我国的宪政体制也决定了司法机关行使监督职能的有限性。现行体制

① 10年来,人民法院的司法改革在12个方面取得了突破性进展。一是改革和完善死刑核准制度,二是改革和完善再审制度,三是改革和完善执行制度,四是改革和完善人民陪审员制度,五是改革和完善法官制度,六是改革和完善人民法庭工作机制,七是改革和完善公开审判制度,八是改革和完善审判委员会制度,九是建立和完善案例指导制度,十是改革和完善案件管辖制度,十一是改革和完善未成年人审判制度,十二是改革和完善司法管理制度。此外,各级人民法院还积极推行民事、行政证据制度改革,初步建立完善民事、行政证据体系;加大司法救助工作力度,充分发挥法律援助的作用,通过减缓免诉讼费用,确保经济困难的当事人打得起官司;深化、扩大国家救助试点工作,为陷入困境的刑事案件被害人、民事案件申请执行人提供适当的救助资金,促进社会和谐;深化裁判文书改革,在提高裁判文书制作水平,增强裁判文书说理功能的基础上,在法律规定范围内对部分裁判文书上网公布,方便当事人查阅等。参见"十年来人民法院司法改革取得12个方面突破性进展":载 http://www.chinacourt.org/ html/article/200711/23/275909. shtml。

② 最高人民法院原副院长曹建明在全国法院司法改革工作会议上明确,人民法院司法改革必须坚持五项原则:坚持党对深化司法体制改革工作的统一领导;坚持四项基本原则;符合我国实际;循序渐进;坚持在宪法和法律的框架内进行,严格依法办事。参见"最高法明确司法改革五项原则",载《京华时报》2007年11月25日。

③ "司法改革的现状与前瞻",载《法制日报》2004年10月14日。

④ 周其华:"检察法律监督几个问题研究",载《法学杂志》2001年第1期。

⑤ 蔡定剑:"司法改革中检察职能的转变",载《政治与法律》1999年第1期。

下，检察机关实际上无法对立法机关实施监督，审判机关也无权对立法进行违宪审查；对于行政行为法院只享有有限的司法审查权，同时由于法院、检察院在人事、财政上受制于地方政府，决定了司法机关无法正常行使监督权。再次，目前我国对检察机关本身的监督与制约尚缺乏明确的法律规定，导致了“监督者不受监督”，以至于“谁来监督检察院”的呼声越来越高。最后，现代国家的法律监督权已经向多元化方向发展，不可能只由一个国家统揽法律监督权。由此看来，检察机关实难堪法律监督之重负。

为此，应当将一般法律监督的职权交由人大行使，可以在人大内部设立专门负责一般法律监督的机构，现阶段也可以将该职权授予人大内司委行使。这一方面是因为在法律监督体系中人大处于主导地位，具有实施全面监督的权力，另一方面也适合我国一元分立式的政体结构，人大作为权力机关，对“一府两院”的监督更具有权威性，更符合监督垂直单向的属性，同时也解决了法律监督机关不受监督的问题。一般法律监督权由人大行使后，人大的法律监督机构不仅可以对立法机关和行政机关的立法进行审查，而且可以对行政机关的具体行政行为进行监督，既可以对法院的审判活动进行监督，也可以对检察机关的检察工作进行监督。监督的主要方式是针对有关机关的违法措施提出建议，并要求限期答复，作出说明和解释，或将违法事项交由有关部门处理，有关部门怠于处理的要承担相应的责任。此外，还可以对有违法行为的国家机关工作人员进行罢免、弹劾，这也是人大的法定职责。①

（2）打破按行政区划设立司法机关的司法体制，建立司法管辖区制度。司法管辖区制度是指一国根据自身实际状况，除最高司法机关以外将不同行政区域的法律事务交由特定司法机构处理的制度。司法管辖区制度的核心是不按行政区划设立司法机构（审判机关和检察机关），以避免行政干扰司法。作为一项打破行政区划设立司法机构的司法制度，司法管辖区制度起源于英国，并普遍为英美法系和大陆法系国家借鉴和采纳。在我国建立司法管辖区制度不但必要而且有现实的可行性。国家的司法权力应当由自成体系的司法机关行使，司法机关的体系应当是系统的、垂直的、独立于地方的，从而最大限度地排除地方干扰，保证司法的国家化和统一性。在目前司法实践中，法制不统一现象比比皆是，各地审判机关对同一类（有时也会对同一个）案件有可能作出大相径庭的两种判决，在诉讼的任何环节上，包括立案、审判或执行环节，都不可避免地在寻求地方利益的最大化上做文章，导致司法地方化。检察机关也是如此。检察机关在我国为法律监督机关，国家设立该机关的目的在于通过其监督维护法制统一，但是由于体制的问题，检察机关不

---

① 2007 年 1 月 1 日起施行的《各级人民代表大会常务委员会监督法》为人大常委会行使监督权提供了法律依据，而人大常委会作为人大的常设机关，将在行使监督权的过程中扮演主要角色。

但不能监督、维护法制的统一实施,反而在涉及本地利益时选择损害国家利益以保全地方利益,沦落为地方保护主义的工具。这从表面看来是司法机关执法不统一,实质上其背后都有地方势力的影响。建立司法管辖区制度,使司法机关完全断绝与地方行政的联系,才能使这一问题真正得到解决。

我国地域辽阔,各地区政治、经济、社会发展不平衡,我们进行司法改革时也不能“一刀切”,必须考虑各地的特点和具体情况,司法管辖区要打破行政区划,在设立司法机关时同样应具体问题具体分析。就高级法院及对应的检察机关而言,可以考虑在人口较多或经济发达的省区设2~3个高级法院及对应的检察机关,而在人口较少或经济相对落后地区2~3个省区设立一个高级法院及对应的检察机关。同样道理,在省级以下的中级法院也可以据此办理。跨区域设立司法管辖区还应当考虑方便诉讼。因此,应将司法机关设立在交通便利的中心城市或地方,而不能设置于人迹罕至的地方,而且这一中心城市区在周边应当有一定的影响或经济辐射性。此外对于特殊的地区,如经济发达地区,由于纠纷多,可以考虑司法机构多设,而欠发达地区,出于同样道理则少设。对于少数民族地区,特别是民族自治区,则应特殊问题特殊对待。① 总之,将行政区划打破得越彻底,则司法管辖区制度越能显示出固有的魅力。

2. 司法运行机制的完善

司法运行机制是指司法系统内部司法职能的划分、职权的配置、司法机关之间的职责关系、运行及协调机制。

(1)分解并重新配置民事执行权,将执行实施权分离出法院系统。执行改革是人民法院司法改革的一项重要内容,在最高人民法院向十一届全国人大一次会议所作的工作报告中特别提出了“深化执行改革,进一步落实执行裁决权与执行实施权的分离”的执行权分配方案。② 而要实现执行裁决权和执行实施权的彻底分离,就应当将执行实施权分离出法院,交由专门的执行机关负责实施执行。这主要是基于如下几点理由。

一是裁执合一的民事执行权不符合法院司法权的本质。民事执行权在国家分权(分工)的属性上具有表现为执行裁决权的司法权和表现为执行实施权的行政权的双重属性,“司法权和行政权的有机结合构成了复合、独立、完整的强制执行权。”③而法院司法权的本质内容为判断,是判断权,④司法权的判断权性质使得

---

① 李卫平:“关于司法管辖区制度的几点思考”,载《河南社会科学》2004年第4期。

② “破解执行难 最高法院推进执行权分离改革”,载《21世纪经济报道》2008年3月11日。

③ 刘翰、张根大:“强制执行权研究”,载信春鹰、李林主编:《依法治国与司法改革》,中国法制出版社1999年版,第432页。

④ 孙笑侠:“司法权的本质是判断权——司法权与行政权的十大区别”,载《法学》1998年第8期。

“法官与行政官的思想方式是完全不同的,法官的方法是客观的,遵守着他的法律观念;行政官的方法是经验的,是权宜之计”,①将民事执行权全部交给法院行使,不符合司法权对司法人员思维方式和知识素养的要求。同时,司法权作为判断权必然应当具有中立性,而行政权具有明显的公共利益倾向性,因此民事执行权交由法院行使还会导致法院行为模式的内部冲突,“同一官署忽而忙于维护国家利益,忽而又将国家利益弃置一边,忙于维护正义,显然极不协调。”②

目前,我国许多地方法院都进行了执行权分离改革,③将执行权在法院内部进行了重新配置。但是由于现行法院行政化的管理体制使监督机制仅仅停留在自我监督的层面,缺乏制度本身的合理制约机制,实际上并不能真正实现裁决权与实施权的分离。因此,必须对执行权配置进行更为彻底的改革,将执行实施权分离出法院,只有这样才能真正实现司法权的中立,“只有判断者的态度是中立的,才可能产生公正、准确的判断。”④

二是民事执行权由法院行使不利于司法公正和司法权威的树立。传统民事执行权运行模式的重大弊端就是执行权的高度集中,执行自由裁量权过大,缺乏有效的监督机制,执行救济制度不健全,⑤十分容易造成“执行乱、乱执行”的现象,损害了司法的廉洁性,影响了人民法院司法公正的形象。此外,由于司法权天然相对弱小的属性和我国法院受到地方行政的制约,法院作为民事执行机构,必将面临“执行难”的巨大社会压力,从而引起人们对于司法权威现实而直接的怀疑。

因此,应当将执行实施权分离出法院系统,法院只负责行使执行裁决权,⑥从而恢复司法权判断权的性质,减轻法院的社会压力。由于执行实施权的行政权属性,执行权可以也应该以行政权的组织方式来运作,将其分离出法院系统后就应当授予行政机关行使。为此,可以设置由国家司法部统一管理、垂直领导、独立于地方政府的司法行政机关行使执行实施权,该机关在人事、财政上独立于地方政府,并设立专门的执行队伍体系,配备必要的物质力量。其实施的民事执行实施行为属于具体行政行为,被执行人可以申请复议或提起行政诉讼。这样的制度设计实现了“两权”的真正分离和制约,恢复了司法权的本来面目,同时保证了执行人员的专业化,避

---

① [英]威廉·韦德著:《行政法》,徐炳等译,中国大百科全书出版社 1997 年版,第 50 页。

② [德]拉德布鲁赫著:《法学导论》,米健等译,中国大百科全书出版社 1997 年版,第 101 页。

③ 例如,成都中级人民法院于 2005 年 1 月成立了首个执行裁判监督庭。参见“执行裁决权与执行实施权剥离”,载《法制日报》2005 年 9 月 23 日。

④ 孙笑侠:“司法权的本质是判断权——司法权与行政权的十大区别”,载《法学》1998 年第 8 期。

⑤ 童兆洪:“民事执行权的配置及运行设计”,载《浙江社会科学》2002 年第 5 期。

⑥ 执行裁决权的内容包括:审查权、执行异议的裁决、参与分配的裁决、妨害民事诉讼强制措施复议的裁决权等。执行实施权的内容包括:调查权、实施强制措施权、执行财产处分权、其他执行行为实施权。童兆洪:“民事执行权的配置及运行设计”,载《浙江社会科学》2002 年第 5 期。

免了执行力量的不足，垂直管理的体制也大大降低了地方干预的可能性。

（2）限制提起再审条件，使再审制度适用成为例外。在传统诉讼结构和体制下，客观真实是立法者和司法者的主要乃至全部的追求所在。正是为了追求客观的真实性，再审制度才显得格外重要。有错必纠成为此种审判体制下一张畅通无阻的通行证，而且对此不允许有任何质疑，使得法律程序中过多渗透了政策因素的影响。我国再审制度的一个基本功能便是补充正常审级下的程序不足，这样便使我国的再审制度被赋予了常规性救济的色彩，此种常规型或者准审级型的再审实属再审制度的异化，再审程序因此而被频繁地启动。为了使审级制度发挥正常作用，从而使裁判的既判力制度得以建立和健全，有必要实行再审制度在适用形态和制度机能上的转换，即由常规型再审向例外型再审转变。例外型再审制度所具有的显著特征便是它的限定性，主要表现在以下3个方面。

其一，再审的理由具有法定性和限定性。再审理由是再审程序的闸门，如果这个闸门打得很开，它便成为常规型的再审。因此，只有生效裁判存在的错误或瑕疵足以动摇程序正义或实体正义的实现，才构成法定的再审事由。2007年10月全国人大常委会修改后的《民事诉讼法》明确了启动再审的条件所必须具备的实质性诉因，①直接借鉴了德日民事诉讼法的有关规定，同时表达了对实体正义和程序正义的同等关切。需要指出的是，《民事诉讼法》对再审条件的明确和细化不应理解为再审条件的放宽和门槛的降低，并不是说只要当事人认为原判决和裁定有错误就可以申请再审，法院就应当再审，法院对于启动再审的标准仍应当是“确有错误”而非“可能有错”，并且这种错误是违反程序法明确规定的错误。也就是说，再审程序的发动需要进行实质审查，法院要审查当事人的申请再审是否具备法律规定的再审事由，只有具备实质条件以后，才能进入再审程序。否则，就会出现终审不终、再审无限的问题，造成对生效裁判的既判力冲击过大，损害民事诉讼程序的安定和秩序，同时也会引导或诱发非程序性上访，危害司法公信力和司法权威，②

---

① 修改后的《民事诉讼法》第179条规定：“当事人的申请符合下列情形之一的，人民法院应当再审：（一）有新的证据，足以推翻原判决、裁定的；（二）原判决、裁定认定的基本事实缺乏证据证明的；（三）原判决、裁定认定事实的主要证据是伪造的；（四）原判决、裁定认定事实的主要证据未经质证的；（五）对审理案件需要的证据，当事人因客观原因不能自行收集，书面申请人民法院调查收集，人民法院未调查收集的；（六）原判决、裁定适用法律确有错误的；（七）违反法律规定，管辖错误的；（八）审判组织的组成不合法或者依法应当回避的审判人员没有回避的；（九）无诉讼行为能力人未经法定代理人代为诉讼或者应当参加诉讼的当事人，因不能归责于本人或者其诉讼代理人的事由，未参加诉讼的；（十）违反法律规定，剥夺当事人辩论权利的；（十一）未经传票传唤，缺席判决的；（十二）原判决、裁定遗漏或者超出诉讼请求的；（十三）据以作出原判决、裁定的法律文书被撤销或者变更的。对违反法定程序可能影响案件正确判决、裁定的情形，或者审判人员在审理该案件时有贪污受贿，徇私舞弊，枉法裁判行为的，人民法院应当再审。”

② 江伟：“民事再审程序的价值取向与申请再审程序的完善”，载《法商研究》2006年第4期。

再审案件的大量涌入也势必会造成法院不堪重负，导致司法资源的浪费。

其二，再审的次数应当有所限制。再审因为是事后救济性制度，因而其使用的次数便应有所限制。如果次数不加限制，则再审诉权便可以反复行使，而再审程序则可以反复地被启动，生效裁判的既判力便因此而丧失殆尽。因此，再审的次数应当限制为1次。

其三，对法院和检察院发动再审的条件应有所限制。应当充分尊重当事人申请再审权利的自治性，再审程序主要由当事人发动，法院和检察院发动再审应当限于特定的情形，作为当事人发动再审的补充。对于上述第二、三个方面《民事诉讼法》并未作出明确规定，或仅有原则性规定，这是今后司法实践需要进一步完善的地方。

(3)重构检察机关职能，解决检察机关权力配置"角色冲突"缺陷。检察机关的职权可以概括为以下4方面：一是对职务犯罪的侦查权；二是批准和决定逮捕权；三是公诉权；四是诉讼（包括刑事诉讼、民事诉讼、行政诉讼）监督权。[①] 除此之外，还有司法解释权。因此，我国司法系统中的检察机关具有"侦查者"、"侦查监督者"、"公诉者"、"法律解释者"、"法律监督者"的多重身份，即检察机关具有侦查权、侦查监督权、公诉权、法律解释权以及法律监督权，这样的权力配置就好比运动员同时又是裁判员，明显有悖于分权制衡和诉讼公正的原则。要解决检察机关的"角色冲突"，应当采取如下改革措施。

第一，从制度上明确检察机关的第一角色是公诉人。在法治社会中，诉讼结构应当是一种三角形结构，刑事诉讼中的检察机关和被告人的地位应处于相对的两端，由法院居中裁判，检察机关在法庭上不应再是监督者。同时，通过公益诉讼的形式使检察机关参与到民事诉讼和行政诉讼中，让检察机关来扮演公共利益代表的角色。

第二，取消检察机关的直接侦查职能，改由公安机关行使，强化检察机关对刑事侦查活动的领导和监督职能。之所以要取消检察机关的直接侦查权是因为检察机关自侦案件缺少监督制约，不符合刑事诉讼分工负责、互相制约的原则，同时公安机关的侦查装备和技术也更先进，行使侦查权更有条件、更有优势。检察机关对刑事侦查活动的监督目前限于对刑事侦查活动中的违法行为进行监督，对公安机关是否立案侦查、提请批准逮捕进行监督，为强化检察机关对刑事侦查活动的监督，对于较重大的案件，检察机关可以提前介入公安机关的侦查活动，以充分体现检察机关的司法监督职能。

第三，检察机关公诉和监督职能应当分别由不同的部门行使。审判活动中控辩双方地位平等要求控方不能兼有监督者的身份，否则会破坏这种平等。"监督

① 张穹："关于检察改革中若干理论问题的思考"，载《人民检察》2003年第7期。

必须公正,公正性要求,监督者必须超脱于被监督者的活动之中,不得与被监督者有任何权益关系。作为公诉机关的检察机关对法院的审判活动实施法律监督,就有可能意味着检察机关是站在本案控诉方的立场上而不是站在超脱的公正的立场上进行法律监督。在追诉机关一手呈起诉状一手握监督之剑的情况下,要求审判机关公正判决,也确实有勉为其难之感。"①因此,检察机关公诉和监督身份应当分开,由专门设立的公诉局行使公诉职能,把对庭审活动的监督主要限于对审判结果不满提起抗诉,对庭审活动中法官的违法行为向有关机关提出意见,并且这一监督工作应由专门设立的司法监督局来做,而不宜由公诉人直接承担该职责。

第四,限制检察机关司法解释的范围,避免司法解释的冲突。我国司法体制实然状况决定了二元化的司法解释体制。在这样的体制下,如果检察机关和法院对同一法律法规的含义解释不一致,检察机关对法院的审判活动进行监督时,必然会认为法院的审判活动不符合法律的规定,即不符合检察解释的规定,这种不和谐的状况于司法实践中在法院和检察院之间已经屡有出现。这种状况导致两种结果:一是造成法律适用的混乱,不公正,不统一;二是审判机关适用公诉机关的"法律"裁决案件有损法律的严肃性。因此,从长远来看,有必要逐步取消最高人民检察院制定和发布司法解释的权力,②将司法解释权统归于人民法院,建立起以最高人民法院为核心的多级审判解释体制。从目前来看,可以在对检察机关职能分解的基础上,把检察机关的司法解释权限于对侦查行为的监督和对行使公诉权过程中适用法律的解释,而对审判活动中适用法律则无权作出解释,以防止出现检察解释与法院的审判解释冲突,法律不能正确执行的情况。③

第五,在将一般法律监督的职能交由人大行使的基础上,将检察机关的力量集中于对司法活动的监督。由专门设立的司法监督局负责对前述侦查活动的监督,以及对庭审活动的监督和对监所执行的监督。④

3. 司法工作方式的调整

司法工作方式是指在法律范围内司法机关内部具体工作的方法、形式、实施步骤。近几年来,我国司法改革的绝大多数举措基本上是属于这个层次上的调配。⑤

---

① 董皞:"我国司法机关多重职能改革之思考",载《中国法学》1997 年第 4 期。

② 当然,检察解释如果只属于法律解释的一种而不是属于司法解释的范畴,只对检察机关内部办案的适用法律具有指导作用,而不对审判活动产生约束力,无疑是具有一定实际意义的。

③ 董皞著:《司法解释论》,中国政法大学出版社 2007 年版,第 140 ~ 149 页。

④ 蔡定剑:"司法改革中检察职能的转变",载《政治与法律》1999 年第 1 期。

⑤ 法官法引进的法官等级制度,法官的服饰由制服变为法袍,庭审中使用法槌,要求控辩双方起立,庭审方式引进"抗辩制",裁判文书实现公开透明,法院盖起了壮观的大楼,实现了审判区与办公区分开等。参见贺卫方:"改革司法改革",载《人民法院报》2002 年 1 月 4 日。

目前司法工作方式的调整重点体现在以下几方面。

(1)法官队伍少而精,辅助人员多而勤。这是对法院内部人力资源配置的要求,"作为法官职业化结果的法官精英化,其目标就是要建立一支相对数量少但素质高的法官队伍。"①实现法官队伍的少而精,就要根据一个地区法院辖区的面积、人口规模、经济发展状况、审判工作量等一系列制约因素,科学合理地确定法官的编制数量,把真正符合法官素质要求的人确定为法官,确立法官在法院工作中的主体地位。实现法官精英化的同时,在法院受理案件数量逐年增加的情况下,必须理顺法院内部人员管理体制,将原来由法官承担的工作交由数量相对较多、配备比例合理的审判辅助人员来承担,实现辅助人员多而勤,法院内部人力资源优化组合。例如,试行法官助理制度的珠海市中级人民法院就将原来的"法官+书记员"的模式改为"法官+法官助理+书记员+速录员"的模式,审判辅助工作和事务性工作交由法官助理完成,从而把法官从繁杂的事务中解放出来,实行对法院工作人员的分类管理,以此确保公正与效率。②

(2)改革和完善人民陪审员制度。人民陪审员制度是实现司法民主的重要途径和方式,"完善我国民众参与司法机制,主要是完善和改革现行的人民陪审员制度。"③为此,应当在《宪法》中明确规定人民陪审员制度,同时尽快制定人民陪审员法,着重合理界定陪审员参与审判案件的范围,对陪审员参加的案件作出列举式规定,对当事人申请采用陪审制的相关程序予以完备;明确界定人民陪审员任职资格和条件,确定陪审员的名额和产生办法,适当放宽对陪审员文化程度的限制,增强陪审员的代表性;明确规定人民陪审员的权利和义务,对陪审员的任期、参审案件数量加以规定,明确其在合议庭中的地位和作用;加强对陪审员的管理与培训,建立专门的管理机构,严格人民陪审员的甄选考核,明确参加陪审的流程规则,定期对陪审员进行履职能力培训,提高陪审员的职业道德和业务素质;建立、健全人民陪审员的职务保障制度,明确陪审员的经费来源保障,确定补助标准,为陪审制度实施提供财政支持。④

(3)强化审判管理专业化。强化审判管理专业化就是要在设立专门独立的审判管理机构的基础上,将审判功能和管理功能截然分离,审判庭独具审判功能,管理功能由专门机构独立承担。建立一个独立的、专门的审判管理机构是强化审判

① 詹建红:"法官编制的确定与司法辅助人员的设置",载《法商研究》2006年第1期。

② 参见2006年2月16日珠海市第六届人民代表大会第三次会议上的《珠海市中级人民法院工作报告》。

③ 樊崇文、张建伟:"人民陪审员制度的完善和改革",载《光明日报》2002年6月18日。

④ 陈艳红:"从陪审制度的一般研究看我国人民陪审员制度的改革与完善",中国政法大学2007年硕士学位论文。

管理专业化的首要任务。审判管理机构的设置应当与审判机构、执行机构分立，与同为管理机构的人事管理机构、财务管理机构并列。例如，有的地方人民法院专门设立审判委员会办公室这一审判业务综合部门作为专门的审判管理机构。① 再者，应当明确专门审判管理机构的功能，即服务性功能、保障性功能和监督性功能。服务性功能指为审判工作提供方便和条件的功能，具体指配备管理审判辅助人员，实施跟案、送达、保全、调查，进行庭前准备工作。保障性功能指为审判工作能够顺利进行所不可或缺的程序操作功能，包括立案把关、诉讼资料收转、案件审理流程管理（排定审案法官和书记员，安排开庭时间和审判庭）。监督性功能指审判管理活动相对于审判活动所产生的督促、制约功能，主要包括"通过统一诉讼资料收转在法官与当事人之间设置一道防止私下接触的屏障；通过统一机械的流水分案，防止人工随意分案中的预先串通指定承办人；通过采取对诉讼期间划分阶段，并进行审限跟踪，督促承办人在审限内结案，以提高办案效率；通过对案件排定情况及有关程序和措施的公开，将审判活动的方式及工作标准作为参照公之于众，方便社会及当事人的监督，有利于法官注重自身形象，改进工作，提高法院的公信力。"②

（4）加速法院信息化建设。当前信息网络技术正在迅猛发展并得到广泛应用，人民法院必须适应信息网络时代带来的新情况、新变化，充分应用信息网络技术，强化司法、政务、队伍、管理。③ 人民法院应当加强信息化基础设施建设、审判流程系统软件应用、内部网站建设，实现上下级法院计算机网络的互联互通，统一主要业务系统，加快科技法庭建设，加强网络与信息安全保障措施。同时，重视信息化建设成果应用，提高法院工作人员整体的信息化素质水平，制定并落实建设规划和实施方案，健全法院信息化管理机构。

（5）推动裁判文书上网公开。裁判文书公开是落实审判公开原则的重要举措和实现审判公开、透明的重要方式。法院借助互联网将裁判文书公开适应了信息化的要求，有利于扩大公开的覆盖面，而且具有技术简单、成本低的优点。在互联网公开的裁判文书应当分门别类，并设计方便实用的检索功能。不具备条件的法

---

① "佳木斯中院设立审判委员会办公室实现审判管理专业化"，载 http://news. chinacsw. com/citynew/xxlb/20090327102600. htm。

② 董皞："论审判管理改革（下）"，载《法制日报》2001 年 3 月 4 日。

③ "近年来，广东法院信息化建设不断发展。据统计，全省法院目前配备各类计算机 20674 台，实现了干警人均一台，在 154 个法院中，有 108 个法院建成局域网，省法院连接各中院的'二级专网'和'视频会议系统'已经开通，中院连接基层法院的'三级专网'建成 44 个，基层法院连接人民法庭的'接入网'建成 84 个。涵盖法院审判业务、司法行政、后勤保障、队伍管理等各类软件开发和应用也不断取得发展。"林晔晗："广东全力打造信息化法院"，载《中国审判》2008 年第 10 期。

院可以将裁判文书报送上级法院上网公开。为突出实效性，裁判文书应当于每月月初上载，对于大要案、社会各界普遍关注的案件，还应当在宣判当日或次日就把裁判文书上网。① 从长远来看，应当由国家设立专业的全国性的大型法律信息数据库网站，集中公开法院的裁判文书，以利于同国际接轨。②

(6)基层法院开展巡回审判。基层法院在城市社区以及交通不便地区设立巡回法庭。巡回法庭不受场地限制，可以就地开庭。婚姻家庭纠纷、民间借贷、劳务纠纷、人身损害赔偿以及交通事故等民事案件均属于巡回法庭受案范围，此外其还为居民提供咨询、谈话、调查、调解等服务。当事人可选择就近的巡回法庭申请立案，法官根据事先约定的日期，巡回各法庭办理案件。巡回法庭所有案件先进行诉前调解，对一些适用简易程序审理的案件，根据实际直接受理、开庭，进行调解或作出判决。这样，不但节省了审判资源，减少了当事人的诉累，方便了群众的诉讼，还将审理置于群众的监督之下，实现了审判过程的公开、透明。

司法工作方式改革是司法改革的重要方面，但是，“我国司法改革的目的不仅仅是微观意义上司法工作的某项改革，更要在宏观层面上构建一个清正廉洁、富有效率的司法体制。”③因此，司法改革应当更多地转向对司法改革过程中所涉及的各个制度环节进行更具深度的分析和论证，使之“既能保证司法活动的高度独立自主，又能使司法权能受到有效的控制和制约；既使司法机关内部的建设和机制趋于合理，又能对各种妨碍和影响司法公正的外部因素加以充分考虑”，使相关改革措施能够很好地回应社会需求。④ 因此，司法改革的重点应当放在司法体制和机制实质性的创新和推进上，这样，即使在没有法槌的审判中，人们也能够感受到法律和司法的权威深入人心。⑤

---

① 参见谭炜杰：“理论与实践的分析：关于我国裁判文书公开问题的研究”，载董皞主编：《司法一线报告》，人民法院出版社2009年版，第246页。

② 例如，Westlaw International是世界上最大的法律出版集团Thomson Legal and Regula tory’s于1975年开发的为国际法律专业人员提供的互联网搜索工具，用户可以通过Westl aw International迅速地存取案例、法令法规、表格、条约、商业资料和更多的资源。通过布尔逻辑搜索引擎，用户可以检索数百万的法律文档。又如，LexisNexis Academic学术大全数据库是由美国图书馆界专家委员会设计的、由专业图书馆员作资源系统收录评估和筛选的、专为学术图书馆提供服务的专业信息资源系统。该信息资源系统收录了6100多种全文资源，其中收录了几乎全部美国联邦和州法院的案例。

③ 刘仁文：“司法改革的展望与建议”，载《中国社会科学院院报》2003年1月28日。

④ 同上。

⑤ 有学者指出：“如果我们以为法官穿上了法袍、敲响了法槌、拿上了高薪、行走于专用通道等，就实现了法官的独立、公正、权威、专业化，就能够把相关司法改革由进行时态转变为完成时态，那么就会夸大符号变化的意义，就会把符号的意思表达功能不自觉地等同于意思的实现。因此，应该充分肯定‘服饰道具’等外在符号的变化作为司法改革的内容和成就所具有的意义，同时要不断追求现代司法的内在精神和品格，扎扎实实地进行由外而内、由表及里、循名责实的操作。”参见张志铭：“司法改革中的形变与神变”，载《人民法院报》2002年6月28日。

4. 关于司法改革的策略与步骤

在司法改革的策略和步骤问题上应当指出的是,我国的司法改革不是司法机关内部工作制度的改革,而是整个国家司法制度的改革,涉及的是各个司法机关间以及司法机关与其他国家机关的相互关系、职权划分、机构设置、人事制度等人财物的各个方面,是一项极其复杂的综合系统性工程,不仅有难以突破的政权体制上的障碍,而且需要相关配套制度的建立和完善,必须将司法改革纳入整个政治体制改革的范畴中进行统筹。这就要求"改革者不仅应当是果断决策的勇士,而且也应该是善于细致操作的能手"。①

首先,应当由全国人大常委会成立专门的司法改革委员会,②具体负责领导、规划、协调全国的司法改革工作。之所以要成立司法改革委员会,一是由于在我国进行司法改革的10余年中,并没有一个机构来承担司法改革的领导责任,导致了司法改革缺乏总体规划和部署。二是由于全国人大常委会是国家的权力机关,由其成立司法改革委员会更具有合法性和权威性。其次,司法改革不可能是急风暴雨式的改革,只能是循序渐进。推动司法改革必须做到统一设计、分步实施、先行突破,积极稳妥地进行。最后,司法改革的方案应当进行论证和试点,被证明是成功的方案,应当通过修改宪法、法律把有关司法组织、职权等方面的改革成果固定下来,使司法改革随着法治建设成果的进一步完善而逐步推进,最终实现建立现代司法体制和司法运行机制的司法改革目标,以便充分发挥司法权维护法制统一的法律效果和促进公平正义的社会效果,促进中国特色社会主义法律制度的不断发展。

(2009年第12期)

---

① 张志铭:"司法改革中的健全思维",载《人民法院报》2002年9月20日。

② 在九届全国人大五次会议和十届全国人大一次会议上,人大代表提出了"关于设立全国人民代表大会司法改革委员会的议案"。具体建议包括:(1)关于司法改革委员会的地位。司法改革委员会是负责我国司法体制改革的非常设性国家机构。司法改革委员会由全国人大设立,向全国人大负责。(2)关于司法改革委员会的职责。国家司法改革委员会负责全国司法体制改革的筹划、组织、协调,提出改革方案和指导改革方案实施。(3)关于司法 改革委员会的组成。司法改革委员会设主任1名,由中央政治局常委担任。设副主任若干人,由全国人大常委会、国务院、最高人民法院、最高人民检察院的主要领导担任。设委员若干,其中应包括法学、政治学专家委员。司法改革委员会主任、副主任、委员,由全国人大常委会任命。(4)关于司法改革委员会的机构。司法改革委员会依据工作需要设立若干司法改革工作小组,负责实施司法改革委员会的计划、方案和决议。(5)关于司法改革委员会的工作程序。司法改革委员会负责提出工作方案,报请全国人大常委会批准。司法改革委员会制定的司法体制改革方案,按特定程序向有关部门、社会各界广泛征求意见后,提交全国人大审议批准。参见"人大代表呼吁成立国家司法改革委员会",载《人民法院报》2003年3月10日。

行政法治理念的反思与重构

——以“支撑性概念”为分析基础

江必新*

行政法是动态的、具体化的宪法。① 行政法治是使公共行政服从良善规则治理的目的性事业，行政法治理念是完成这项事业的先导和指引，是一种让这套规则体系“活起来”的东西——它引领法治事业臻于完善，并阻止法律变成一堆机械的、冷冰冰的规则和“只有知道法律的人才能利用的魔术”。②

从世界范围内考察，行政法治理念的最终形成，可以追溯到18～19世纪，甚至更早。作为法治实践的成果和法律智慧的凝结，它源自社会现实又作用于社会现实，与行政法治事业一起走向繁荣。今天，我们享用着先贤留下的思想财富，借鉴着他国的宝贵经验，我们有责任把行政法治理念在“中国场景”中的实践情况总结出来，为思想之光添些油、加把火。同时，在笔者看来，整个行政法律体系是以若干支撑性概念为根基的，对行政法治理念进行全面的、深刻的反思，不能脱离支撑性概念泛泛而谈，这是本文通过以下10个支撑性概念来反思、重构行政法治理念的原因所在。

一、法的统治

“法的统治”，是行政法治的第一命题。作为一种理念，其精髓在于法之于权力的优势地位，强调任何人——包括君主、政府在内——都必须受法的约束，不允

* 作者单位：最高人民法院。

① “行政法是宪法的具体化”，这是曾任德国联邦宪法法院院长的弗里茨·维纳说的一句公认的、经常被引用的名言。“行政法是动态的宪法”，也是国内外很多学者赞成的一种观点。参见[德]哈特穆特·毛雷尔著：《行政法总论》，高家伟译，法律出版社2000年版，第13页；龚祥瑞著：《比较宪法与行政法》，法律出版社2003年版，第5页。

② [日]川岛武宜著：《现代化与法》，申政武等译，中国政法大学出版社1994年版，第31页。

许有法外特权。①

近些年来,"法的统治"逐渐成为我国的主流理念,并上升为宪法典的明文规定。这固然体现了我们对法治的迫切需求,也表达了我们不复倚重人治而另谋出路的决心。不得不承认,这是一个顺时势、得民心的可喜转变。当然,在肯定成就的同时,仍不能忽略倾听反面的声音,譬如"中国有法吗"、"法律为什么总和情理过不去"、"为什么会'无法(律)有(办)法、有法(律)无(办)法'"②……这些看似幼稚而实关重大的问题,可以归纳为一点:我们需要的法治,究竟是怎样的一种法治?

法治通常可以从形式意义、实质意义两个方面进行阐释。从形式意义上看,法治主要是一个关于法律地位的问题:"法律就是法律",不容置疑、不可变通,必须严格执行。"中国有法吗",就是对法律没有严格执行现象的嘲讽。而在实质意义上,法治主要是一个关于法律标准的问题:良法为治,恶法非法,人们只应服从良善规则的治理。"法律为什么总和情理过不去"、"为什么会'无法有法、有法无法'",就是对法律与情理相悖现象的质疑。尽管我们在形式意义上、实质意义上都存在一定的问题,然而,学界似乎更倾向于从形式上来关注法治的发展,把能够获得严格执行的法律规范体系的缺位看做施行法治的主要障碍。③

其一,专从形式上论,古今中外一切国家,如严刑峻法的我国秦朝,晚近法西斯独裁的德国,都未尝不可视为法治国家。所以,当前我们在人治之外另谋法治,不宜再把重点放在形式意义上,否则我们追求的仍不是真正的法治,而只是"法治的皮毛"。

其二,人的不完备性决定了理性的限度和人性的弱点,从而决定了制定法不可能完全达到合规律、合需求的标准。同时,立法的机制也不总是可靠的,分立的利

---

① 早在古希腊,这种理念已经形成。而将它从理念变成现实的,是近代英国。在13世纪,布雷克顿提出:"国王不应该服从任何个人,但是他应该服从于神和法。原因是法才使他当上了国王。"大约400年后,爱德华·柯克法官据此拒绝了那位宣称"是国王创造了法律,绝不是法律创造了国王"的詹姆士一世参加审判的要求,被看做确立法的优势地位的一个标志性事件。其后,法、德、日等国相继确立起法治原则。到19世纪中期,分析法学思想逐步取代了自然法思想,在西方法学领域占据了主导地位并将"法的统治"推向极致。这种极致的表现是无条件地强调制定法的效力,并不论法的善恶。

② 这是执法者在实践中总结出的感受。前一个"法"是法律,后一个"法"是办法。也就是说,在过去没有法律规定的时候,进行行政管理活动是有办法的;而制定了法律规定后,反而觉得没办法进行管理了。

③ 王振东:"恶法亦法理论的历史寻踪及其价值",《甘肃政法学院学报》2007年第6期。

益集团之间的博弈结果未必就能反映人民的真实意志。[①] 而强调法是"制定"出来的,意味着立法者以及能够影响立法的人都有可能遗漏或隐藏于法网之外,甚或凌驾于法网之上。因此,仅在形式意义上推行"法的统治",无异于将"统治权"拱手相让于对错与善恶皆不确定的"法",这是我们需要的"法治"吗?

所以,本文强调的第一个问题就是:今日提倡之法治,不可不于形式意义之外,特别重视实质意义上的法治。[②] 而从实质意义上论,法出自正义,[③]而非出自立法者。[④] 行政法治中的"法"必须符合"良善"的标准,一切与这个标准不相符的根本不是法,"而宁可说是法律的一种滥用"。[⑤] 只有首先解决这个核心问题,才能实现人治与法治的分野,也才算真正踏上法治的道路。所以,对实质意义上的法治,不能把它看做形式法治之后才出现的状态,也不能笼而统之地把它与形式法治糅合在一起。机械地将形式法治理解为是实质法治的必经阶段、前置阶段是错误的,简单地把形式法治和实质法治看做一致的更缺少建设性价值。实质意义上的法治必须强调,而且必须在构建行政法治之初予以强调,唯有如此,法治事业才不会停滞不前或误入歧途。

---

① 我们并不否认,"民主是个好东西"。但正如丘吉尔所说的:若不包括那些已被尝试过的政体,民主政治便是最糟的政体。对法治而言,民主并不必然导向法治。民主与法治的矛盾归因于它们之间的差别。民主涉及统治者与受治者群体之间的关系,法治涉及统治者与受治者个人之间的关系。换言之,民主涉及统治权力的最终归属,法治涉及统治权力的行使方式。民主侧重于多数的意志和愿望,法治侧重于个人的自由和尊严。民主重在实质正义,法治重在形式正义。在民主中,决定由多数作出,在法治中,决定由法律作出。民主是一只在民意的激流中颠簸的航船,法治是一种沿着既定的航线航行的办法。民主之船可能偏离法治的航线,也可能采取别的航行办法。有关民主与法治之间的矛盾,参见埃尔斯特、斯莱格斯塔德编:《宪政与民主——理性与社会变迁研究》,潘勤、谢鹏程译,三联书店1997年版。其中所载的一些论文,特别是弗朗西斯·西阶尔斯特德的"民主与法治:关于追求良好政府过程中的矛盾的一些历史经验"(参见侯健:"法治、良法与民主——兼评拉兹的法治观",载《中外法学》1999年第4期)。

② 另可参见韩德培:"我们所需要的'法治'",载《法学评论》1995年第4期。

③ 罗马法的注释派代表之一普拉坎梯努斯曾说:"所有的法,如同河流来自泉水一样,也来自于正义。……另一方面,正义所以称为正义,正是因为所有的法是依赖正义。"另一个代表阿佐也说:"所有的法……均来自于正义。即正义所要求的也是法所追求的。……因为,正义所以称为正义,正是因为所有的法依存于正义的缘故。基于此,法是从正义而来。"转引自何勤华著:《西方法学史》,中国政法大学出版社1996年版,第83~84页。

④ 对此马克思说:"立法者应该把自己看作一个自然科学家,他不是在创造法律,不是在发明法律,而仅仅是在表述法律。"《马克思恩格斯全集》(第1卷),人民出版社1979年版,第183页。

⑤ [意]阿奎那著:《阿奎那政治著作选》,马清槐译,商务印书馆1963年版,第110页。

二、法制统一

"万事皆归于一,百度皆准于法。"纵观我国历史,从不缺少"法莫如一而固"①的思想,更不乏法制"大一统"的做法,对"法制统一"可谓推崇备至。而在世界范围内观察,"法制统一"也是取得了普遍共识的重要法治理念之一,相关论述不胜枚举。朗·富勒通过其名著《法的道德性》讲述的"雷克斯国王的寓言"颇具代表性:一个治国者因不懂法制统一原理而心力交瘁,最后郁郁而终。富勒据此推导出"法治八原则"②,把法的内在统一性作为法治原则的核心。

不能否认,"法制统一"确有积极作用:它"是构筑良法体系的逻辑前提","是形成法治共识的思想底线","是缔造法治文明的经验总结"。③ 列宁也曾指出:"如果我们不坚决实行这个确立全联邦统一法制所必须的最起码的条件,那就根本谈不上什么维护和创立文明了。"④但是,在理论上强调其正面价值的同时,我们也不应忽略它在实践中显露出的副作用:第一,我国在宪法中明确提出了"法制统一"的要求,⑤但地域辽阔、民族多样、发展不平衡的国情决定了各地地理条件、风俗习惯、经济基础的差异,进而决定了机械理解"法制统一"或可产生"一刀切"的弊病。第二,即便不考虑我国的特殊国情,在一般情况下,法制多样性的程度往往也与正义"含量"成正比。例如,"阳春白雪式"的法律、法规就一定比"臭名昭著"的"土政策"更符合正义的标准吗?不见得。正义具有一张普洛透斯似的脸,变幻无常,随时可呈不同形状,并具有极不相同的面貌。当你深入了解当地的实际,对各种情况权衡分析,对各方期待感同身受,或许你会觉得所谓的"土政策"甚至比法律、法规拥有更多的正义"含量"。其原因在于,"统一"的过程是一个"去特殊化"的过程,经过"去特殊化"的法律规范更适合解决"相同情况相同对待"的问题,与"不同情况不同对待"却背道而驰。第三,机械强调"法制统一"会导致立法权过于集中,并使地方立法权形同虚设。对行政法的渊源,有所谓法律、行政法规、地方

① 《韩非子·五蠹》。

② 包括:(1)必须制定一些能指导特定行动的一般性规则;(2)这些一般性规则必须予以公布,至少应当对这些规则所指向适用的人加以公布;(3)在大多数情形中,这些规则应当指向未来情势而不应当溯及既往;(4)这些规则应当明确易懂;(5)这些规则不应自相矛盾;(6)这些规则不应当要求不可能实现的事情;(7)这些规则应当具有适当的稳定性亦即不应当太过频繁地更改;(8)所颁布的规则与其实际的执行之间应当具有一致性。

③ 汪习根、廖奕:"论法治社会的法律统一",载《法制与社会发展》2004年第5期。

④ 《列宁全集》(第43卷),人民出版社1987年版,第195页。

⑤ 我国《宪法》第5条。

性法规、部门规章、地方政府规章“五世同堂”的说法，似乎呈现出枝繁叶茂之势。然而，“五世同堂”是根据“不越权、不抵触、不冲突”的“三不原则”组织起来的，由此决定了下位法只能是补充性的、细则性的、解释性的和可操作性的，它们往往都是照抄上位法，或进行一定的细化，并未真正发挥“立法权”功能。

因此，对“法制统一”理念进行反思与重构是必要的。基本思路是：要更加注重“不同情况不同对待”的实现，更加注重多样性的实现，更加注重正义“含量”的实现，使“法制统一”不只是形式的统一，而是内质的统一；不是机械的统一，而是适当灵活性基础上的统一；不是简单的统一，而是尊重多样性前提下的统一；不是无条件的统一，而是理性分析之后的统一。

三、依法行政

在我国，依法行政的理念已成为普遍共识。按照通说，“依法行政就是行政机关行使行政权力、管理公共事务必须由法律授权并依据法律规定。法律是行政机关据以活动和人们对该活动进行评判的标准。”①可见，它更多的是强调行政的运行应当依据法律规定，而不能依据政策或没有依据。这种注重于从形式意义上理解和使用“依法行政”的方式，与西方自由法治国阶段的认识颇为接近。在当时，“行政”被界定为“法律的执行”，无形式意义的法律（即议会制定的法律），就不能实施行政，故有“无法律即无行政”之说。但随后，人们觉察到过于严格的限制使行政法抑恶有余、扬善不足，因此逐渐对“依法行政”的内涵和外延进行改造，使依法行政的“法”扩充为实质意义的法，给行政活动留下更多的空间。当前我国虽然仍处于法治初创阶段，面对的情况却是：(1)社会转型、国家复兴的使命要求政府承担更多的责任；(2)建设服务型政府的任务要求政府提供尽可能多的公共服务；(3)行政国家的兴起已在世界范围内成为普遍趋势。在这样的背景下，仅强调狭义的依法行政，要么导致行政的无限萎缩，要么导致法律的无限膨胀。因此，我们必须要改变从严格的意义上来理解和使用“依法行政”的做法。

第一，依法行政的内涵从“无法律即无行政”转变为“一切行政活动均应具备合法性”。但是，对没有法律依据的行政活动，我们不宜简单予以否定。例如，通过行政合同产生义务，并依照该合同履行义务，也即“依契约行政”；对纯授益性行政活动或在紧急状态下，可根据法律将权力授予该机关所拟达致的一般目的进行，也即“依目的行政”；在法律规范并未触及但又不能不予管理的领域，依惯例实施

---

① 应松年：“依法行政论纲”，载《中国法学》1997年第1期。

行政，也即“依惯例行政”。“依契约行政”、“依目的行政”、“依惯例行政”，虽然都突破了“无法律即无行政”的限制，但只要它们符合实质合法性的条件，皆可纳入“依法行政”的范畴。

第二，依法行政的“法”从狭义转变为广义。传统的“依法行政”，把“法律保留”等同于“国会保留”，把“法”限定为最高立法机关制定的法律，一切行政事务必须由最高立法机关亲自以法律决定。这种观点基于一个假设：只有代议机关才能真正代表民意进行立法。事实上，立法者往往是通过间接民主制产生的，它们未必就能代表民意。另外，随着国民对政府要求的增多，行政活动势必将日益增多，让立法者对全部行政领域进行立法，或者对某些专业性极强的管理问题进行立法，并不现实。鉴于此，对“法律保留”与“国会保留”进行区分有其必要性：凡对基本权利的实现具有重要意义的，适用法律保留原则；凡具有更强烈重要意义的，进一步适用国会保留原则。① 这种改造的思路，淡化了对法律位阶的关注，使依法行政的“法”突破了严格的形式限制。而在放开立法权的同时，须加强对法律质量的控制，包括设立法之为法的实体性标准、程序性限制，并强化审查和监督机制，使不达标准的法律规范能及时被过滤掉。

第三，依法行政的“主体”不再限于行政主体。一方面，很多行政管理事务正由行政机关向社会组织转移，这些社会组织也可能通过受委托等方式成为事实上从事行政管理事务的主体；另一方面，越来越多的行政事项需要行政主体和行政相对人共同配合来完成，因此也有一个公共权力向相对人转移的问题。

四、权力控制

权力控制，也就是控权，是行政法的一个基本命题。当然，有人可能会批评这个判断的严谨性，因为在他们看来，控权不仅是一个基本的命题，而且是最基本（或最根本）的命题。实际上，自近代以来，特别是在自由法治国时代，控权论一直据守着行政法学的主流地位，其他的观点或理论，甚至难以对控权论产生冲击或威胁，这也难怪控权论者有足够的自信。

在自由资本主义时代，虽然控权作为行政法唯一的重心有其历史合理性，但这种理念不能不加论证地沿用至今，也不能不加论证地进入中国。正如本文开篇提到的，行政法治是一个目的性事业，商品经济与市场经济的发展，法律改革运动、资产阶级革命运动与民族解放运动的勃兴，是这些社会需求把控权的价值无限放大，

① 在我国台湾地区，这种区分被称为“重要性的阶层理论”，为学者许宗力所倡。参见翁岳生主编：《行政法》，中国法制出版社 2008 年版，第 197 页。

直至成为“皇冠上最耀眼的明珠”。而在时过境迁的今天，控权论者尚存的自信，除了对政府的批评以及由此产生的控权观点具有天然的道德优势以外，还有哪些站得住脚的论据？

从权力和权利的关系上看，权力是保障权利所必不可少的力量，但为了保障权利又必须控制权力。这个形式上矛盾的两部分其实并无内在冲突，因为哪怕是最极端的自由主义者——在他成为无政府主义者之前——都不得不承认：如果没有权力，正义将缺少监护，权利将没有保障，国家将无法成为国家；进而，如果没有足够的权力，负有保障权利义务的政府只能“拄着拐杖蹒跚而行”，权利也就无法得到充分的保障。可见，如果不是简单地把权力假想为权利的敌人，我们应当认同“国家至少在一定程度上既是自由的渊源又是自由的保护者”①这样一个观点。然而，控权论者却把所有问题都放在控权的基础上论述，难道行政法的全部内容仅存于此吗？例如，受到金融危机影响而无法就业的高校毕业生要求劳动与社会保障部门安排工作，这个典型的行政法问题能用控权论来解释吗？显而易见，没有授权，就不能向政府索取权利保障的义务；没有充分的授权，就不能充分地向政府索取权利保障的义务。授权问题，也就是“权力是保障权利所必不可少的力量”的问题，必须成为行政法的重要内容。

而“控权”，在特定时代和特定条件下，或可涵盖行政法的基本内容，但它仅在“该时代”和“该环境”具有抽象性，并不具有超越时代和超越环境的抽象性。例如，对服务型政府以及由此产生的给付行政，一定要用“控权”来解释就显得捉襟见肘了。因此，要想揭示行政法的本质，就必须突破控权论的限制，在“控权”与“授权”之上抽象出更具普适性的命题。在笔者看来，这个问题或可概括为“保障”，即保障公共行政机关执行主权者（即人民）的意志，积极地、持续地实现公共政策。它有两方面的内容：一是必须赋予行政主体足够的职权使其能够执行主权者的意志，使公共政策得以真正贯彻；二是必须有足够的手段防止行政主体偏离或背离主权者的意志或公共政策。行政法为了实现保障的目的，一方面必须充分地授权，②另一方面必须有效地控权。总而言之，“保障”，而不是“控权”，是揭示行政法本质的根本性命题。

---

① ［美］爱・麦・伯恩斯著：《当代世界政治理论》，曾炳钧译，商务印书馆1983年版，第51页。

② 对于权力而言，“不是授予的，就是僭取的。一切授予的权力都是委托，一切僭取的权力都是篡夺。”参见潘恩著：《人权论》，商务印书馆1982年版，第250页。授权与控权一样，都体现了公民与国家之间的关系，或者说权利与权力的关系。把授权排除在行政法的基本内容以外，是难以理解的。

五、行政行为

“行政行为”产生于法国，经德国行政法学鼻祖奥托·梅耶提炼，成为德国乃至整个大陆法系行政法学的核心范畴。按照奥托·梅耶的定义，行政行为是“行政机关对相对人在具体事件中作出的决定其权利的优越性的宣示”。这个定义“至今仍然具有决定性的影响”，以至于“理论和实践均普遍以这一定义为据”。①

然而，随着社会法治国取代自由法治国，有限制的积极行政取代完全的消极行政，我们不能再把行政权作用称为权力行为了，而应当把它称为公共服务行为即公务行为，因为它是为满足公众需要而组织和促进物质、文化、精神和道德发展的行为。②

这样一来，除行政命令、行政强制等高权行为外，蕴涵着行政主体与相对人之间的协商与合作精神的行政指导、行政合同等柔性行政方式也被推到前台。虽然柔性行政方式剔除了刚性行政方式的“命令”、“强制”等因素，但它仍可能给行政相对人和其他社会公众带来实际影响，因此，柔性行政方式仍然需要行政法的调整和规范。然而，长期以来，学者们把“行政行为”作为行政命令、行政强制等刚性行政方式的上位概念，而对行政行为是否包含“行政指导”和“行政合同”等柔性行政方式存在争议。同时，为了阐释客观存在的柔性行政方式，又不得不把“行政指导”与“行政合同”放置在“行政相关行为”中或者“行政行为”编的“行政主体实施的其他行为”中进行论述。这种态势使得行政法对柔性行政方式关注不足——关于柔性行政方式的立法几乎为零。与此同时，这种状况在行政实践中也产生了诸多不良影响：行政主体在选择行政方式时，更多的不是考虑行政事务的性质和实现行政目的的需要，而是考虑采用哪种行政方式可以逃避法律的规范，或者说可以避免成为行政诉讼的被告。于是，行政行为与非行政行为的区分，演化成了行政主体是否承担及怎样承担法律责任的区分。

笔者认为，“广义型”行政行为概念更为可取。所谓的“广义型”，是行政行为不仅包括法律行为，而且包括事实行为；不仅包括单方行为，而且包括双方行为；不仅包括侵益性行为，而且包括赋权性行为；不仅包括受益性行为，而且包括制裁性行为；不仅包括刚性行为，而且包括柔性行为。总之，它是行政主体为实现行政目的或基于公共行政的需要所实施的一切行为或采取的一切措施、手段或方法。③

① ［德］哈特穆特·毛雷尔著：《行政法总论》，高家伟译，法律出版社2000年版，第181页。
② ［法］狄骥著：《宪法论》，钱克新译，商务印书馆1962年版，“第2版序言”第9页、483页。
③ 江必新：“统一行政行为概念的必要性及其路径选择”，载《法律适用》2006年第1期。

只有把处于行政法枢纽位置的行政行为界定周延,政府活动与责任的无缝对接才具有可能性,行政与法治的内在融合也才具有可能性。

六、权利保护

毋庸置疑,权利保护的理念存在于行政法治的全部空间,即便在紧急状态下,人们仍将行政权能否侵犯以及在多大程度上侵犯权利作为讨论的首要内容。但是,关于行政法治中的权利保护理念,尚须在以下几个方面加以注意。

第一,权利保护与权力控制并不等同。在行政法领域,人们往往将权利保护与控权联系在一起,并认为二者是"硬币的正反面",控制权力就是保障权利,反之亦然。这种观点与行政法强调控权的习惯结合起来,容易使权利保护的理念不被重视。更为重要的是,"控权"尽管是保障权利的方式,但并非保障权利的全部方式——正如前文所述,授权也是权利保护的重要内容。将权利保护与权力控制视为一体的倾向,不仅是错误的,而且害处极大。

第二,理念供给与资源供给应具协调性。对权利保护,理念供给的力度相对较大,成果也比较明显。但仅有理念供给是不够的,权利的实现要有一定的资源作为基础,这些资源包括制度、机制以及手段。为此,要更加注重创造有利于实现权利的各种条件,使资源供给的发展与理念供给的发展协调一致。

第三,倡导权利保护理念的同时也要增加对"义务意识"的强调。关于权利、义务的关系,"权利义务一致说"和"权利本位说"无疑拥有最多的支持者,但正如有学者指出的,"'义务重心说',这个貌似与民主精神相悖的观点,实际上是一个极有理论深度的见解……从法律的实现角度看,一个社会之所以需要用某种强制力来保证法律实施,主要不在于人们不会自觉行使权利,而是因为义务往往会被人们拒绝"。①

如果只强调权利,而忽视义务,将形成发达的权利意识与萎缩的义务意识并存的局面。在这种局面下,人们热衷于追逐权利,对义务却退避三舍,权利最终也只能成为空洞的口号。

七、正当程序

卢曼曾经说过:"在西方,在旧的身份共同体关系的解体与资本主义新秩序的

① 程燎原、王人博著:《赢得神圣——权力及其救济通论》,山东人民出版社1993年版,第298页。

确立这一历史过程中,有两项制度起到了神奇的作用。一个是社会或私法领域里的契约,另一个是国家或公法领域里的程序。”①程序对西方法治文明的形成起到了非常重要的作用,以至于有人认为,现代民主法治的主要成果都是正当程序带来的。这个说法虽然略有夸张但足以说明正当程序的价值。

对素有“重实体轻程序”传统的中国而言,“正当程序”的理念显得尤为珍贵。在理论上我们以强调程序独立价值的“程序本位论”取代了传统的“程序工具论”,并在制度层面把“不遵守法定程序的,行政处罚无效”这样的彰显程序价值的规定明确写入法典,使正当程序规则在行政活动中发挥决定性作用。这些努力是应当被肯定的,但不能忽略的一个事实是:我们在强调程序价值的时候似乎并未顾及程序的效能问题。

在过去,我们并非不谈程序,而现在也并非只谈程序,前后的区别不过是是否承认程序的独立价值。如果用扬弃的态度来对待程序工具论的观点——而不是简单的否定——它至少让人们更注重程序的效能,更关注它是否是“一只能逮到老鼠的猫”。而程序本位论的弊端是在强调独立价值的时候往往将程序的效能问题掩盖了。比如说,现在搞得很火的“听证”,民间却戏称“听证会就是涨价会”——因为凡听证必涨价。在结果既定的情况下,徒做表面文章,似乎尊重了正当程序的独立价值,实则因丧失效能的根基而置价值于空中楼阁之上。为此,既要在思想上杜绝把价值与效能完全对立起来的倾向,也要在实践中改变因强调价值而置效能于不顾的做法。价值和效能各有作用:对“价值”的强调,有益于保障程序的正当性,避免程序被不当利用;而对“效能”的强调,则有益于程序的优化,避免程序成为行政活动的阻碍。只有把二者统一起来,才不至于陷入顾此而失彼的窘境。

八、司法审查

司法作为独立于行政系统之外的调节系统,通过司法审查调控行政活动,优化“权力-权利”结构,塑构良态行政法律关系,这是行政法治必不可缺的条件,也是行政法治的基本理念。正因为如此,我国行政诉讼法的施行,被誉为“标志着行政法治在我国的真正开始”。② 但是,从目前的情况来看,我们对司法审查的理念,尚有进一步反思的空间。

第一,须摒弃权利与救济相分离的思路。法谚曰:“无救济即无权利。”随着行政法制体系的日益完善,行政关系的各个领域逐步实现了法制化。与此同时,相对

① 转引自季卫东著:《法律秩序的建构》,中国政法大学出版社 1999 年版,第 39 页。

② 杨伟东:“行政诉讼法修改的基本动向及其问题”,载《国家检察官学院学报》2007 年第 2 期。

人的权利通过各种法律文件也基本固定了下来。然而，根据行政诉讼法的规定，只有法律、法规规定可以提起行政诉讼的情形才能进入司法审查程序。①

也就是说，在我国司法审查的视野中，权利和救济是可以分开的，有些权利能够获得司法救济，有些则不能。这种权利与救济的分离模式，使部分权利徒有其表，也使"监督行政"流于形式。反观西方法治国家，如德国，"公法上之争议，非属宪法性质者，皆得向行政法院提起诉讼"；②又如美国，司法审查适用于全部的机关行为，除非法律予以明确排除，或属于法律赋予该机关的自由裁量权。③ 根据这些规定，权利和救济是一体的。可见，摒弃权利与救济相分离的思路，为行政法上的权利提供无漏洞的司法救济体系，是我们努力的目标，也是大势所趋。

第二，须理性对待司法审查的能力。需要考虑的因素有：(1)司法权的限度。司法审查涉及司法权与行政权、立法权之间的关系，司法审查的广度、深度、强度和力度首先受制于司法权的限度。而这种限度要求司法必须有谦抑性。与此同时，符合社会需求的司法又必须是能动的，是为大局服务的，是一种"回应型法"。④ 因此，在司法能动与谦抑之间必然存在冲突。一般来说，对司法能动性的强调，需要以尊重司法权的限度为前提。(2)司法的特质。法官是适用法律的专家，虽然每个法官都要进行"事实认定"，但这是一个运用法律规则将证据转换为法律事实的过程，本质上仍属适用规则的范畴，与通常意义上的事实认定并不相同。对一个纯粹的事实问题，特别是凭借常识、常理、常情不能判断的专业性问题，让普通的法官作出判断，难度很大。例如，当专利复审委否定了一项专利的创造性，原专利权人诉至法院，审理案件的法官恐怕不能轻易地从技术上对"是否具有创造性"作出准确的判断。法官更多的是从专利复审委作出判断、决定的过程进行审查，看它是否具有合法性(而不是事实判断上的"正确性")。可见，司法的特质在一定程度上限定了司法能力，从而决定了司法审查必有其盲区存在。(3)司法审查的标准。司法审查的基本内容是对行政行为进行合法性审查，审查的标准是法律规范。但法律规范也有"德性"上的差异，行政法治作为良善规则之治要求司法者应有甄别、选择适用法律规范的权力；否则，就不能保障以富有德性的法律实现富有德性的结果。但在现实中，无论是制度设计还是舆论氛围，都倾向于将法官塑造成不折不扣的执法机器。而通过这样的机器，将不可避免地"生产"出一些合法但不合理、不

① 根据行政诉讼法的规定，行政诉讼的受案范围是行政诉讼法第11条列举的7种情形以及"法律、法规规定可以提起诉讼的其他行政案件"。

② 《德国行政法院法》第41条。

③ 《美国联邦行政程序法》第701条。

④ [美]P.诺内特、P.塞尔兹尼克著：《转变中的法律与社会：迈向回应型法》，张志铭译，中国政法大学出版社2004年版。

合情的"产品"。

第三,须进一步优化司法审查的效能。制度的价值并不是自生、自在、自明的,在很大程度上它有赖于制度的效能。一个没什么用的制度,即便再有价值,也不应被提倡。针对司法审查效能上的弊病,要考虑如何终结旷日持久、久拖不决的诉讼,因为迟到的正义已不是正义;要考虑如何杜绝反反复复、无休无止的案件,否则司法的权威将永无树立之日;要考虑如何删减烦琐无用、有碍效率的程序,让司法的运行更加顺畅。总而言之,要考虑如何把司法审查的效能提上来,使它成为对人们有用、实用、乐用的制度。

九、法律解释

美国联邦最高法院原大法官本杰明·内森·卡多佐认为,法官应不满足于通过某种传统的法律推理方法获得一个结论,也不应试图对由某种冲动甚或是某种社会哲学所制定的结论寻求正当性或予以理性化。① 令人遗憾的是,我们绝大多数法官从事的工作,不是"满足于获得一个结论",就是"试图对已定的结论寻求正当性或予以理性化"。为什么会这样呢?正如上文所言,我们对法官的要求,更多的是让他(或她)成为一个不折不扣的执法机器。但严格的执法,要求法律必须是完美的,不能有一点瑕疵,否则执法结果的善恶就没有保障了。而完美的法在现实中并不存在,在这个前提下追求完美的结果,必须在不完美的法与完美的结果之间设计出一个"摆渡者"角色,毫无疑问,这就是法官的使命所在。

那么,法官作为"摆渡者",凭借什么摆渡呢?或者说,如何获得一个完美的结果呢?答案是"法律解释"。这里的法律解释不能按当前习以为常的方式来理解,因为出于对"执法机器"的严格限制,法官往往被要求对法律规范的解释只能恪守立法本意:任何解释都不能超过立法机关的本来意图,不能作扩大解释,也不能作限缩解释,更不能填补立法的漏洞。对此,我们必须要考虑这种把限制的重心放在过程控制上的做法是否明智。因为司法的过程,从一定意义上说,主观性是第一位的。如果法官靠不住,再优秀的法条(更不必说一般的情况了),都可能变成"锋利的屠刀"。这样一来,严格的过程控制,反而会成为蒙蔽世人的工具或借以开脱的理由。因此,对法律解释而言,严格的过程控制并不是最好的选择。相反,过程上应当进一步放开,向更加灵活、更加宽松、更加自由的方向发展,使目的解释、体系解释、扩张解释等各种方法都有用武之地。通过这个转变,法官有了充足的解释能

---

① [美]杰明·内森·卡多佐著:《司法过程的性质》,苏力译,商务印书馆 1998 年版,译者前言第 4 页。

力和自由的解释空间，既因为获得了足够的信任而拥有完成使命的动力，也因为获得了足够的能力而失去对不完美的结果予以开脱的理由。实际上，这是一种结果控制，它比过程控制的方法更有效，因为它更有利于通过发挥法官的能动性来克服不完美的法的弊端，也更有利于通过法律解释将“不完美的法”过渡至“完美的结果”。

十、违 法 无 效

“违法无效”以及与此对应的“合法有效”是行政法学中常用的两个词，它们反映出的理念是，凡是合法的行政行为都是有效的，凡是违法的行政行为都是无效的。①

例如，有学者在论述依法行政原则时认为：“行政机关的违法行为无效……违法的行为，其效力在法律上是否定的。很多国家有无效行政行为与可撤销行政行为制度，我们迄今没有这样的制度区别。我们对行政违法行为，是通过程序上的确认不成立、确认无效、撤销行为；变更行为等方式来否定其效力的，最终使其归于无效。”②可见，在一般的观念中，合法性是行政行为效力判断的最高标准，也是唯一标准。

但是，自20世纪中期以来，社会现实的发展变化日益动摇了现代法学安身立命的基础和原则，法律的至上性、自治性、一致性受到了新法律工具主义、社会关联性、“碎片化”的冲击和挑战，“法律帝国”的神话趋于破灭。③ 这些问题迫使追求法治的人们不得不对法治本身进行反思，不得不对法律的局限性进行检讨。“违法的行政行为未必无效”，这个理念的形成，可以看做对行政法治反思和检讨的一个结果。例如，情况判决制度，撤销或变更违法的行政行为将严重损害公益时，经充分斟酌并采取补救措施，可不予撤销。又如，在行政非诉执行制度中，除无效行政行为外，其他的已经具有确定力或存续力的行政行为，即便违法也要被执行。再如，对一个违法的授益性行政许可，如果撤销会对相对人造成难以弥补的损害，一般也不撤销。可见，我们已经在一定范围内承认了违法行政行为的效力。这说明社会现实的发展使合法性与其他的价值标准发生了冲突，并于法的安定性之外容

---

① 行政行为的“有效”、“无效”是一种泛指，分别代表“具有法律效力”、“不具有法律效力”。它们与有效行政行为、无效行政行为并不等同。在广义上使用“有效”、“无效”概念(特别是“无效”)，并非不顾及大陆法系无效行政行为理论对“无效”的限定，而是因为我国立法上大量存在的关于行政行为“无效”的规定都是从广义上来理解的，这决定了在广义上理解更具实践意义。

② 杨小君：“契约对依法行政的影响”，载《法学研究》2007年第2期。

③ 信春鹰：“后现代法学：为法治探索未来”，载《中国社会科学》2000年第5期。

忍了其他价值标准的存在。在上文举到的例子里,这些价值体现为公共利益、行政效率、信赖利益保护,此外,必定还有一些价值是没有被列举出来的。当然,如何协调法的安定性、行政目的、正义以及其他价值的关系,历来是一个难题,也是需要我们进一步探索的重大课题。

十一、结　　语

以上10个"支撑性概念",虽然不是面面俱到,但大致涵盖了行政法治理念的主要内容。本文就这些理念所作的反思和批判,并不意味着行政法治理念的颠覆,而意味着它的发展。正如理查德·A. 波斯纳指出的:面对社会的变化,法律和法学都必须调整自己,调整不意味着法律传统的死亡,恰恰相反,这意味着法律传统的生命力。对行政法治理念来说,它的生命存在于无限的进化过程中。不合时宜的内容因为调整而终结,并不能说明什么;合乎时宜的内容被充实进来,也不必然代表什么——这是因为,前面总有新的进步。正是在这个意义上说,本文所做的工作不仅仅是一种反思,也是为行政法治探索未来。

(2009年第12期)

2010年

被选举权、竞选正当性与竞选权

蒋劲松*

选举实践中往往有这种情况:选民普遍、平等、直接和秘密选举出来的人,却并非选民了解和满意的人,而且,被选者自己也不知道自己为何当选和当选后要完成哪些任务。这就表明,选举法若仅承认普遍、平等、直接和秘密投票权,那还处于追求选举的形式正义阶段。选举法必须前进,做到选民所选的是他们充分了解并满意的人,同时当选者自己也充分知道自己为何当选,并同意当选后完成哪些任务。此谓追求选举的实质正义。

选举法只有承认提名人、候选人和选民都是选举法律关系的主体,并促使选举过程和结果实现这3方的合意,才上升到追求选举实质正义阶段。选举法能否实现这个升华,关键在于如何处理候选人的被选举权。如果只把被选举权定格为被选举资格,那么,候选人就不可能成为选举法律关系的一个主体,选举因而必定缺乏合意。只有承认被选举权是被选举资格与竞选权的统一,选举法才能争取选举的实质正义。本文在这个意义上指出被选举权研究的价值,并阐述被选举权的竞选权以及竞选正当性含义。

一、把被选举权仅仅视为资格的后果

法学论著中,将被选举权仅定性为一种资格的典型表述为"……若把被选举权解释为被选举的权利,则更属错误。……其实被选举权没有权利的存在。这是法对于具备一定条件的一般人所赋予消极的资格……不发生什么可以积极主张的力量"。① 这种学说可简称为被选举权资格说。被选举权资格说的一个要点是强调被选举权的被动性和消极性。例如我国学者称:"……选举权是积极的、主动的权利,被选举权是消极的、被动的权利等。"②

被选举权资格说产生了严重后果。

后果之一:它导致学理上对选举法律关系的认识片面化,甚至错误。按照被选

---

* 作者单位:中央财经大学法学院。

① [日]森口繁治著:《选举制度论——中国近代法学论丛》,刘光华译,廖初民点校,中国政法大学出版社2005年版,第107页。

② 王广辉著:《比较宪法学》,北京大学出版社2007年版,第215页。

举权资格说，选举法律关系中起主动、积极作用的权利仅有一种，即选举权。选举只需要选民的意思表示，而不需要候选人的意思表示。实质上，资格说根本否认候选人是选举法律关系的主体之一。这样认识选举法律关系显然不合乎选举事实。近代以来，选举制战胜世袭制及委任制是从两方面着手的：一方面，由大众选民取代君主，选择选任官职人选。此谓选举权的民主化。另一方面，由平民百姓取代王侯世家，出来竞选选任官职。此谓被选举权的民主化。如果大众选民只能选举钦定候选人，那么这样的选举顶多只有50%的民主性。

后果之二：它成为选举法否认被选举权的主动、积极属性及内容的学理依据。我国的选举法律彻头彻尾地奉行被选举权资格说。

后果之三：选举难以达成合意。由于我国的选举法不承认被选举权的主动、积极属性及内容，所以，选举实践中候选人若要积极作为，总是困难重重。就人大代表选举而言，仅直接选举层面出现了一些候选人与选民意思互动的案例，但间接选举层面却很难找到这种案例。就选任官员的选举或决定而言，仅个别地方曾经由候选人向选民作任职承诺。然而，从全国范围来看，选举过程基本上没有候选人的意思表示；选举结果根本不体现提名人、选民与候选人的合意。那些意思互动或作任职承诺的案例也因为法律不予保护，而缺乏合法性和可持续性。

二、被选举权着重指竞选选任官职行为的正当性①

完整地说，被选举权乃是被选举资格与竞选正当性的统一。② 鉴于现行的被选举权定义只讲资格，故本文强调被选举权的第二个含义，即候选人主动竞选国家选任官职行为的正当性。

我们可以从法理上认识被选举权的这种主动、积极属性。

第一，选举的实质内容是有目的地委托权力。当代各种选任官职的选举都是为了特定目的而委托权力。选举所欲达到的目的不是抽象的，而是说任职者运用权力实施什么政策，为选民解决哪些问题。故而，选举过程中必定要提出和修改政纲或任职承诺。无目的的选举，或没有政纲或任职承诺的选举，便不是民主的选举。在每次选举过程中，人民转化为提名人、候选人和选民；选举目的的具体内容由这3方商定。这就要求选举程序必须围绕委托权力的目的而设置，以促使3方

---

① 笔者在这里采用了张恒山教授的法律权利定义。该定义参见张恒山著：《法理要论》，北京大学出版社2006年版，第338～352页。

② 我国澳门特别行政区立法会选举法有“被选资格”概念。参见《澳门特别行政区立法会选举法》，载 http://www.world－china.org/newsdetail.asp? newsid＝1333。

就选举目的达成合意。不符合合意要求的选举程序势必缺乏选举的实质内容。显然,议定选举目的的过程离不开候选人表达任职承诺,以求与提名人和选民达成合意。因此,选举法必须确认候选人表达任职承诺的权利。

第二,英语对汉语所说的选举权、被选举权有两种表述法。其一为被选举权,这有被动意味,但不像德语说的那样被动和消极。其二为竞选权,指候选人站出来,主动积极地争取选任官职的态度及行为。美国选举法对"候选人"概念的定义就是如此:"'候选人'一词指寻求通过选举得到联邦官职的提名的人,或通过选举得到联邦官职的人……"①对英语的这个表述法,汉语不应再译为"被选举权",而必须理解为和译为"竞选权"。英语对被选举权的双重表述法佐证,被选举权既有资格含义,更有竞选正当性含义。

第三,竞选环节越充分,投票才越真实。"选举"有两层含义。其一,它指从公布选举日期,到公布选举结果的、包含诸多环节或阶段的完整过程。其二,它特指投票阶段。投票阶段在整个选举过程中的重要性毋庸置疑。然而,人们往往因为投票阶段的重要而把选举过程简约为投票阶段,把选举简单化为投票。② 这就背离了选举的实质功能,即表达选民的意志。人民在选举时表达的意志既包括选举谁,更包括为什么选举谁。如果只有选举谁,而没有理由,那么至少可以确定,人民在选举时表达的绝非自由的意志。这就严重违背了选举的本质要求,即"……保证选举人的意志的自由表达……"③约翰·密尔特别反对选民投票时唯他人之命是从,他列举的导致代议制丧失价值,甚至变为暴政工具的若干原因中的两个是:"……他们的投票不是以公共利益为根据,或者他们出卖选票,或投票时按控制他们的人的意思行事……"④

第四,被选举权的竞选正当性含义来自选举民主的本质要求。选举民主本质上指两方面,即选举权的民主化和被选举权的民主化。一方面,由何人担任选任官

---

① Federal Election Campaign Laws, Compiled by the Federal Election Commission, April 2008, available at http://www. fec. gov/law/feca/feca. pdf.

② 我国学者中也有人对这种片面理解提出了批评。例如,周泽提出:"由此可见,选举权不仅仅是投票的问题,它至少还包括对候选人进行了解的权利(了解候选人的能力、才具、品质等情况。可称为了解权或知情权)、获得候选人承诺的权利(由候选人向选民或代表宣明其愿意担任代议机关代表或国家特定公职人员,并向选民或代表承诺会代表人民利益,对人民负责)、投票权(选民或代表通过对候选人的了解,自主地决定是否支持候选人),以及对当选的代议机关代表和国家特定公职人员的罢免权。"参见周泽:"透过新闻看我国选举制度的理论与实践——我国选举制度检讨",载 http://www. e - cpcs. org/y hyj_readnews. aspx? id = 1182&cols = 1212。

③ 《公民权利和政治权利国际公约》,载 http://news. xinhuanet. com/ziliao /2003 - 01/20/content _698226. htm。

④ John Stuart Mill, Representative Government, available at http://philosophy. eserver. org/mill - representative - govt. txt.

职的决定权必须由选民行使，而不能由其他主体行使；另一方面，凡具备被选举资格的公民，都可以请求选民选举自己担任选任官职。如果没有选举权的民主化，就谈不上选举民主。同样，如果不承认具备被选举资格的公民竞选选任官职的正当性，也不可能实现选举民主。被选举权的民主化必定要敞开选任官职，由具备被选举资格的公民自由竞争，而不能阻碍之。正如联合国文件所说，“对人们的竞选权不得以要求候选人为政党的党员或特定政党的党员的方式无理限制之。如果要求某个候选人有达到一个最低数额的支持者提名，那么该要求应该合理，而不得成为其获得候选人身份的障碍。”①宪政与民主问题研究的结论同样认为，规范化、制度化的代议制民主需要6个条件，其中之一便是“公民自由竞选由选举而产生的职位……”②鉴于选举民主有赖于选举权与被选举权的双重民主化，所以必须说，在被选举权尚未民主化的情况下，即使已经做到了选举权的民主化，仍然不可能实现选举民主。

第五，被选举权的竞选正当性含义之所以是被选举权的必要构件，还因为被选举权的竞选正当性含义与选举权的择优正当性含义对应。选举权由两个构件合成，一为资格，二为自由选择优异者的正当性。完整地说，选举权指具备选举资格的公民可以自由选择优异候选人担任选任官职。选举权的二重结构决定被选举权也具有二重结构，而且后者的竞选正当性含义与前者的择优正当性含义对应。这一对应可概括如下：“……他们（指选民——引者）有权充分了解候选人的政治意见和观点；对反对作为他们的政治信条的基础的关键意见的候选人，他们不仅有权、而且必须否决之。”③那么，假如具备被选举资格的公民不能自由竞选，有选举权的公民怎么能找到优异候选人呢？可见，只要否认了被选举权的竞选正当性含义，就必定损害选举权的择优正当性含义。

第六，被选举权的竞选正当性含义之所以是被选举权的必要构件，还因为选民的正确选择有赖于候选人的充分竞选。选民毕竟不是职业政治家，他们对政事的了解和知识还不够专业。候选人作为职业政治家，有义务提出并论证各自的政纲或竞选承诺，帮助选民增进政治知识，从而做出更有道理的选择。在这个意义上，竞选过程就是对选民的政事培训过程。选民越懂政事，其选择就越符合其利益；懵

---

① General Comment No. 25: The right to participate in public affairs, voting rights and the right of equal access to public service (Art. 25), Office of the United Nations High Commissioner for Human Rights, available at http://www.unhchr.ch/tbs/doc.nsf/0/d0b7f023e8d6d9898025651e004bc0eb? Opendocument.

② ［美］沃尔特·F. 莫菲：“宪法、宪政与民主”，信春鹰译，载宪法比较研究课题组编：《宪法比较研究文集》(3)，中国民主法制出版社1993年版，第2页。

③ John Stuart Mill, Representative Government, available at http://philosophy.eserver.org/mill-representative-govt.txt.

懵懂懂的选择看似民主,但因缺乏理性,最终必将贬损民主,威胁民主。

第七,被选举权若只有资格含义而没有竞选正当性含义,被选举资格就只能让别人使用,而不是供具备被选举资格的公民本人享用。这里的关键在于:被选举的资格含义和竞选正当性含义都是为具备被选举资格的公民本人服务的,即他们可以运用被选举资格而主动、积极地竞选,以得到自己要求的选任官职。那么,仅仅有被选举资格的民主化,是否就足以确保被选举资格被公民本人享用呢?不会。在具备被选举资格的公民不可以主动、积极竞选的情况下,他们的被选举资格如何使用,就完全不是出于他们本人的意思,而是由别人决定。因而,实际上是别人在使用他们的被选举资格。而且,那些使用其他公民的被选举资格的"别人"总是为"别人"的利益使用之。如果说,被选举资格的本人使用体现了被选举权的民主化,那么就可以毫不耸人听闻地说,被选举资格的别人使用便意味着被选举权的不民主。

第八,马克思主义选举理论早就明确承认竞选正当性。经典作家主张实行竞选以体现和维护选举自由。列宁说:"什么是'全民立宪'会议呢?它是这样一种会议,第一,它真正表达人民的意志;为此就需要……充分保障选举前的鼓动自由。……"①斯大林更具体地阐明了竞选才能解决实际问题:"您认为不会有竞选,可是竞选一定会有,而且我预料会很热烈。我们有不少机关工作做得不好。有时某个地方政权机关,不善于满足城乡劳动者各方面的与日俱增的需求。你有没有建立好的学校呢?你有没有改善居住条件呢?你是不是一个官僚呢?你有没有帮助我们,使得我们的劳动功效更大,使得我们的生活更文明呢?这将是一种标准,千万选民将用这个标准去衡量候选人,抛开不适当的候选人,把他们从候选人名单中取消,提出最优秀的人来充当候选人。是的,竞选将是热烈的,它将围绕许多极其尖锐的问题,主要是实际的、对于人民有头等意义的问题来进行。"②马克思主义选举理论认为,社会主义代议机关的选举应该围绕候选人的任职承诺而展开。斯大林提出:候选人应该向选民作出保证。斯大林自己就作为代表候选人向斯大林选区的选民保证:"同志们,我想从自己方面向你们提出保证,你们可以大胆地信赖斯大林同志。你们可以指望斯大林同志一定能够完成自己对人民的职责,对工人阶级的职责,对农民的职责,对知识分子的职责。"③

---

① [苏]列宁:"革命无产阶级的民主主义任务",载《列宁全集》(第10卷),人民出版社1987年版,第261~262页。

② [苏]斯大林:"和美国斯克里浦斯－霍华德报系总经理罗伊·霍华德先生的谈话",载《斯大林文选》,人民出版社1985年版,第95页。

③ [苏]斯大林:"在莫斯科市斯大林选区选举前的选民大会上的演说",载《斯大林文选》,人民出版社1963年版,第183页。

三、竞选权的内容

我国学者周泽概括了作为竞选权的被选举权所包含的内容。[①] 莫纪宏也指出了被选举权的复合性。[②] 其实,被选举权着重指或必须指竞选正当性,这不仅仅得自学理分析。有的国家的宪法已经作了非常有利于候选人主动竞选的规定。西班牙《宪法》第23条第2款规定:“他们(指公民——引者)也有权在平等条件下,依照法律的规定,得到公共工作和职位。”[③]这完全可以理解为宪法对竞选正当性的确认。

不少国家或地区的选举法早已确认了被选举权的竞选正当性含义。这体现于这些选举法具体规定了作为竞选正当性的被选举权,即竞选权的下列内容。

第一,法律确立一个基本原则,即人们竞选选任官职必须出于本人自愿。乌兹别克斯坦共和国总统选举法确立了这个基本原则:“乌兹别克斯坦共和国公民参加乌兹别克斯坦共和国总统的竞选活动和投票是自愿的。”[④]法律承认竞选自愿原则,即确认了候选人在选举的各个阶段的竞选自由或竞选自主权。它成为竞选活动的合法性和正当性基础。

第二,法律承认竞选申请权,即凡具备被选资格者,都可以申请当候选人。捷克有志竞选者可以“申请”,“各政党或政党联盟通过全权代表可提出参加参议院选举的候选人的申请。独立候选人可自己提出申请。”[⑤]越南国会代表选举法也承认公民的竞选申请权。“公民希望依照本法规定竞选国会代表的,至迟必须在选举日的60日前把竞选申请书、履历和乡、镇、市的证明交到居住地选举委员会,按本法第2条的规定办理。”[⑥]竞选申请权是竞选自愿原则在候选人产生阶段的必然体现。该权利与政党提名权及选民提名权并列;同时,它又从外部制衡那两种提名权。

第三,法律规定提名同意权。如果说,有竞选自愿原则就必定有竞选申请权,

---

① 参见周泽:“透过新闻看我国选举制度的理论与实践——我国选举制度检讨”,载 http://www.e - cpcs. org/y hyj_readnews. aspx? id = 1182&cols = 1212。

② 莫纪宏:“要切实保障公民被选举权的实现”,载 http://review. jcrb . com/zyw/n635/ca402059. htm。

③ Spain Constitution, available at http://www. servat. unibe. ch/icl/sp00000_. html.

④ 《乌兹别克斯坦共和国总统选举法》,载 http://www. world - china. org/newsdetail. asp? newsid = 1337。

⑤ 《捷克共和国选举法》,载 http://www. world - china. org/newsdeta il. asp? newsid = 1337。

⑥ 《越南社会主义共和国国会代表选举法》,载 http://www. world - china. org/newsde tail. asp? newsid = 1337。

那么,有政党自由就必定有政党提名权。同时,选民的选举权也内在地包含提名权。按说,竞选申请权从外部对政党提名权、选民提名权发挥着有力的制衡作用。然而,还是需要确认候选人对政党提名权及选民提名权的一种内部制衡权,即在政党提名程序或选民提名程序中规定候选人的提名同意权。我国台湾地区"公职人员选举罢免法"对提名同意权的规定最为简单:政党登记之"全国"不分区及侨居"国外""国民立法委员"选举候选人,应为该政党党员,并经各该候选人书面同意。联邦德国选举法从正反两方面确认了候选人的提名同意权:(1)"只有经本人书面同意后,才可以提名为候选人;同意不得撤回"。(2)"在下列情况下,候选人提名名单无效……没有候选人同意声明"。① 爱沙尼亚议会选举法甚至要求候选人接受提名的材料应含有宣誓。"……(2)候选人须附有亲自签名、写上日期、证明其所作的宣誓或证明材料,可以从这些证明材料中说明原先他向谁和为什么及什么时候作出的保证。"②前南斯拉夫对总统提名程序也规定了提名同意权。提名同意权的价值在于,它正确地界定了政党提名程序或选民提名程序的性质,即政党提名绝不是供政党单方面行使提名权的程序,而是政党行使提名权和候选人行使提名同意权的程序;选民提名也是选民行使提名权与候选人行使提名同意权的程序。质言之,提名程序本质上乃是提名人与被提名人的合意过程。

第四,法律承认竞选退出权。候选人提名对提名人与被提名人都有约束力。但是,如果双方或其中一方发现提名确属错误,就应该在选民最终投票之前尽早结束之。提名人当然可以撤销提名;候选人也必须有权放弃候选人身份。我国澳门特别行政区立法会选举法承认候选人有退出竞选的权利:"任何候选名单或候选人均具有退出的权利。……任何候选人的退出须由其本人作出通知。"③乌兹别克斯坦承认总统候选人的退选权。"乌兹别克斯坦共和国总统职位候选人在选举前随时可以撤销自己的候选人资格……"④

第五,法律专门规范竞选宣传权。作为竞选权的被选举权,其光芒四射的部分在竞选宣传权。竞选宣传权越发达,候选人的竞选活动才可能越充分。有的选举法确认了独立的竞选宣传阶段;日本选举法确立了"选举运动"概念⑤;乌兹别克斯

---

① Bundeswahlgesetz, avaiable at http://www. gesetze - im - internet. de/bun desrecht/bwahlg/gesamt. pdf.

② 《爱沙尼亚议会选举法》,载 http://www. world - china. org/newsdetail. asp? newsid = 1337。

③ 我国澳门特别行政区立法会选举法有"被选资格"概念。参见《澳门特别行政区立法会选举法》,载 http://www. world - china. org/newsdetail. asp? newsid = 1333。

④ 《乌兹别克斯坦共和国总统选举法》,载 http://www. world - china. org/newsdetail. asp? newsid = 1337。

⑤ 董璠舆:"现代议会构成及其议员产生方法考察 ——以日本为中心",载宪法比较研究课题组编:《宪法比较研究文集》(2),中国民主法制出版社 1993 年版,第 265 页。

坦共和国最高会议选举法甚至以专门的章节规定竞选活动。不同国家或地区的这类法律已经从以下几方面具体规定了竞选宣传权的内容。

(1)承认竞选自由作为竞选宣传权的灵魂。我国澳门特别行政区立法会选举法规定:“候选人及本身为选民的提名委员会成员可自由展开竞选活动。”①

(2)保障各候选人的平等竞选权。乌兹别克斯坦选举法的下述规定可视为典范:“乌兹别克斯坦共和国总统候选人从登记之时起就在平等基础上参加竞选活动,在乌兹别克斯坦共和国境内拥有利用包括广播、电视等大众传播媒体的平等权利。”②我国台湾地区“公职人员选举罢免法”规定:广播电视事业从事选举相关议题之新闻报道或邀请候选人参加节目,应为公正、公平之处理,不得为无正当理由之差别待遇。有了平等竞选权,小党候选人、选民提名或自己申请的候选人才可能与大党候选人公平竞选。

(3)保障候选人的竞选时间。我国台湾地区“公职人员选举罢免法”对竞选期间作了详尽规定:公职人员选举,候选人竞选活动期间依下列规定:一、“直辖市长”为15日。二、“立法委员”、“直辖市”议员、县(市)议员、县(市)长、乡(镇、市)长为10日。三、乡(镇、市)民代表、村(里)长为5日。前项期间,以投票日前1日向前推算;其每日竞选活动时间,自上午7时起至晚上10时止。美国选举法承认的竞选活动期长达90天。③ 然而,竞选活动期并非越长越好;然而同样不容否认的是,竞选活动期越短,候选人与选民就越难以相互了解,因此选举结果就越容易走过场。根据国际经验,两个星期乃竞选时间的最低限度。

(4)保障候选人的竞选经费。在商品经济条件下,候选人必须得到足够的竞选经费,才可以使用大量的人力物力,展开充分的竞选宣传活动。法律对竞选经费的保障呈现3个模式。模式之一为承认候选人募集并使用民间竞选捐助的权利,并严密规定竞选捐助的使用程序。美国选举法确定了“选举活动”、“竞选捐助”、“竞选开支”、“独立开支”、“软钱”、“政治委员会”等概念的定义,规定了美国成年公民及组织的政治捐助权、竞选捐助的记账、分类、捐助限额、支出、存储办法,对账目的归档提出了要求,明确了竞选收支报告的内容、上报期限、报告人和接受机关、传真报告方式、电子报告方式以及竞选收支报告的网上查阅办法,对竞选收支报告的专用软件作了专门规定,规范了由非候选人进行的竞选开支行为,还规定了对竞

---

① 我国澳门特别行政区立法会选举法有“被选资格”概念。参见《澳门特别行政区立法会选举法》,载 http://www. world - china. org/newsdetail. asp? newsid = 1333。

② 《乌兹别克斯坦共和国总统选举法》,载 http://www. world - china. org/newsdetail. asp? newsid = 1337。

③ Federal Election Campaign Laws, Compiled by the Federal Electon Commission, April 2008, available at http://www. fec. gov/law/feca/feca. pdf.

选经费的违法行为的民事或刑事处罚。[①] 模式之二为承认候选人既可以使用国家提供的竞选经费,也可以使用民间捐赠的竞选款物。澳大利亚选举法既要求国家为候选人提供竞选经费,又允许候选人及其政党接受民间政治捐赠。乌兹别克斯坦与澳大利亚不同的是,允许民间向总统候选人或最高会议代表候选人提供捐助,但民间捐助必须由中央选举委员会统一接收并将它转入共和国预算,再经预算安排用于总统候选人或最高会议代表候选人的竞选活动。模式之三为只由国家提供竞选经费。越南选举法规定:"组织选举国会代表的经费由国家财政负担。"[②]3种模式各有利弊,不过需要指出的是,候选人募集民间捐助实质上是候选人与选民寻求合意的一种方式。候选人寻求选民的选票乃候选人寻求与选民的合意的最终方式或结果;在投票之前,候选人还需要并有权用多种方式寻求选民的合意,而选民向候选人提供政治捐助即为其中的一种,即用款物形式表达的合意。既然如此,法律就应该承认候选人募集并使用竞选捐助的权利。

(5)保障候选人使用各种媒体及形式宣传其任职承诺的权利。美国选举法承认,候选人可以使用广播、电视乃至卫星,向选民进行"竞选沟通"[③]。在乌兹别克斯坦,代表候选人拥有平等权利使用大众传播媒体,既可召开会议与选民见面,也可以利用其他适宜形式与选民见面。候选人可以使用各种媒体及形式宣传自己乃竞选宣传权的核心。法律必须保障这个权利,竞选宣传才可能充分展开并奏效。

(6)规定社会各方面必须满足候选人的需要。候选人展开竞选宣传活动,需要使用媒体、场馆、交通工具等。如果有关方面不予配合,候选人的竞选宣传活动必然受阻。有的国家法律注意到这个细节,并提出明确的要求。乌兹别克斯坦选举法规定:"选举委员会、区和市人民代表会议为最高会议代表候选人提供集会场所。……国家机关、社会团体、企业、机关、组织领导人和公民自治机构必须为代表候选人在组织与选民见面、获取必要的参考和信息资料方面提供帮助。"[④]还规定总统候选人及最高会议代表候选人可以免费乘坐交通工具。柬埔寨选举法要求,"剧院、音乐厅、体育中心和公共场所的经理必须按平等原则,并在排队基础上为

---

① Federal Election Campaign Laws, Compiled by the Federal Electon Commission, April 2008, available at http://www.fec.gov/law/feca/feca.pdf.

② 《越南社会主义共和国国会代表选举法》,载 http://www.world - china.org/newsde tail.asp?newsid = 1337。

③ Federal Election Campaign Laws, Compiled by the Federal Election Commission, April 2008, avaiable at http://www.fec.gov/law/feca/feca.pdf.

④ 《乌兹别克斯坦共和国最高会议选举法》,载 http://www.world - china.org/newsdetail.asp?newsid = 1338。

提出租用要求的任何候选人或注册政党提供其场地,供其举行竞选活动。”①澳门特别特别区选举法要求信息性刊物、电台与电视台的播放及公共楼宇或场所免费提供给候选人竞选。

(7)承认候选人可以使用助手。竞选宣传活动越是全面而细致,其工作量就越大,因而就越是候选人一人之力难以胜任。候选人必须得到助手的帮助,才能完成大规模的竞选活动。法律如果不允许候选人使用助手,就阻碍了竞选宣传活动的充分展开。有的选举法确认了候选人使用助手的权利。乌兹别克斯坦选举法规定,总统候选人有权拥有15名委托人,最高会议代表候选人可以拥有5名委托人。该国选举法还进一步规范了委托人的职责及管理制度。

(8)承认候选人可以设立竞选办公室。我国台湾地区“公职人员选举罢免法”规定:候选人于竞选活动期间,得在其选举区内设立竞选办事处;其设立竞选办事处二所以上者,除主办事处以候选人为负责人外,其余各办事处,应由候选人指定专人负责,并应将各办事处地址、负责人姓名,向受理登记之选举委员会登记。允许候选人设立办事处,从空间上确认了竞选活动的合法性,而且方便候选人驻扎竞选人马。

(9)保障候选人的职业待遇。候选人进行竞选宣传活动期间是否享受职业待遇?法律如果直面这个问题,无疑将合法地解决候选人因从事竞选宣传活动而产生的生计困难。乌兹别克斯坦选举法细致地规定:“已登记的乌兹别克斯坦共和国总统候选人有权在进行竞选活动期间脱离承担的生产活动和其他职务,保留用选举资金支付的平均工资。”②捷克选举法的保障力度稍逊一筹,但也规定:“(1)在从候选人名单登记之日起,到选举开始前候选人有权通过州选举委员会或区选举委员会要求提供无工资补贴的工休。……(2)成为候选人的个人,并无损于他的劳动法律关系或与此类似的关系。不在职时期,根据前款应被看作是在职时期。”③

第六,法律将提出政纲或任职承诺列为候选人的权利与义务。发达的选举关系乃提名人、被提名人、选民3方关系。因而,选举合意应该由这3个主体相互达成。选举合意的实质内容为提名人的政纲及被提名人或候选人的政纲或任职承诺。提出政纲既是提名人的权利,也是他们对被提名人和选民应尽的义务。④ 选举法应该确认提名人提出政纲的权利,或规定提名人提出政纲的义务。提出任职

① Summary of Principal Laws and Regulations Relating to the Election Campaign Period, avaiable at http://www. world – china. org/newsdetail. asp? newsid = 1414.

② 《乌兹别克斯坦共和国总统选举法》,载 http://www. world – china. org/newsdetail. asp? newsid = 1337。

③ 《捷克共和国选举法》,载 http://www. world – china. org/newsdetail. asp? newsid = 1337。

④ 有学者认为候选人向选民提出任职承诺属于候选人的义务。笔者认为,这是权利与义务的统一,而且,这首先是候选人的权利。

承诺既是候选人的权利，也是他们对提名人和选民应尽的义务。选举法应确认候选人提出任职承诺的权利，或要求候选人履行提出任职承诺的义务。这样，才能促使竞选活动紧扣实质内容进行。我国澳门特别行政区选举法从义务的角度规定了政纲问题。“每一提名委员会应最少有300及最多500名本身为选民的成员，并应制定政纲，而政纲应载明候选名单拟贯彻的方针的主要资料。”①越南选举法将提出任职承诺列为候选人的权利与义务。“候选人通过与选民会谈、接触或向选民报告自己如被选为国会代表后将怎样履行职责等方式进行竞选。”②日本选举法要求广播电视介绍候选人的经历与政见。“我们在日本看到的常常是把二者结合起来，先广播经历，紧接着就广播政见。”③我国台湾地区“公职人员选举罢免法”既要求选举主持机关承认候选人表达政见的权利，又要求候选人履行对选民陈述政见的义务。公职人员选举，除“全国”不分区及侨居“国外”“国民立法委员”选举外，选举委员会应于竞选活动期间内举办公办政见发表会，候选人应亲自到场发表政见。但经选举区内候选人全体同意不办理者，应予免办；乡（镇、市）民代表及村（里）长选举，得视实际情形办理或免办。前项公办政见发表会，得透过电视或其他大众传播媒体办理。前两项公办政见发表会中候选人发表政见时间，每场每人以不少于15分钟为原则；其举办之场数、时间、程序等事项之办法，由“中央选举委员会”定之。

第七，法律专门规定对侵害被选举权行为的制裁。选举主体既然有提名人、候选人、选民3方，那么，对侵害其中任何一方的选举权利的行为都应予以制裁。换言之，健全的法律不会只保护选民的选举权利，而对侵害候选人的被选举权的行为坐视不管。一些国家或地区的选举法专门规定了对候选人的特别保护。例如，“如果共和国总统候选人或候选人提名者认为在共和国总统选举过程中已出现破坏性行为，可以向联盟宪法法院要求保护。”④法律对侵害被选举权行为规定了多方面的制裁，一如起诉。“候选人、选民或澳大利亚选举委员会自己可以向作为有争议选举报告法庭的高等法院起诉，以争论选举的有效性。”⑤二如打击侵害候选人名誉的行为。“任何人针对一候选人的人格或行为制造或发布虚假的或破坏名

① 我国澳门特别行政区立法会选举法有“被选资格”概念。参见《澳门特别行政区立法会选举法》，载 http://www.world-china.org/newsdetail.asp? newsid=1333。

② 《越南社会主义共和国国会代表选举法》，载 http://www.world-china.org/newsdetail.asp? newsid=1337。

③ 董璠舆：“现代议会构成及其议员产生方法考察——以日本为中心”，载宪法比较研究课题组编：《宪法比较研究文集》（2），中国民主法制出版社1993年版，第265页。

④ 《乌兹别克斯坦共和国总统选举法》，载 http://www.world-china.org/newsdetail.asp? newsid=1337。

⑤ Commonwealth Electoral Procedures? avaiable at http://www.world-china.org/newsdetail.asp? newsid=1327.

誉的言论，即构成犯罪（处罚：对个人可罚款1000澳元，或处以6个月监禁，或二者并罚；对单位或法人可罚款最高5000澳元）。"①三如打击阻挠竞选活动的行为。"对候选人的胁迫及欺诈手段……以暴力、胁迫、欺骗、欺诈手段、假消息或任何其他不法方式压迫或诱导任何人不参选或放弃参选者，处最高3年徒刑。……借骚动、扰乱秩序或喧哗而扰乱竞选宣传的集会、聚会、示威或游行者，处最高3年徒刑，或科最高360日罚金。……抢劫、盗窃、毁灭或撕毁竞选宣传品，或使之全部或部分失去效用或模糊不清，又或以任何物质遮盖竞选宣传品者，处最高3年徒刑，或科最高360日罚金。"②

第八，法律确认候选人的当选同意权。当选同意权即候选人对选民赋予自己的选任官职表示是否接受的权利。当选同意权具有两个作用。作用之一，供候选人最后一次考虑并最终决定是否建立与提名人及选民的选举法律关系。在实行竞选申请权、提名同意权、竞选退出权的情况下，当选同意权发挥这个作用。候选人如果经历选举各个阶段而仍然接受其与提名人及选民的选举合意，即同意担任选任官职，其与提名人及选民的选举法律关系由此正式建立；候选人如果三思而后，不再接受选举合意，即可借选举同意权，不接受选任官职，从而避免与提名人及选民的选举法律关系。作用之二，在不实行竞选申请权、提名同意权等种类的竞选权的情况下，当选同意权则赋予候选人表示是否接受选任官职的唯一机会。有的选举法清楚地规定了当选同意权。"只有当主管的选举委员会主任接到当选的候选人在第41条第2款或第42条第3款的通知发出后作出的、符合期限和形式要求的、接受选举结果的声明后，并且在上一届德国联邦议院任期期满后，在第44条第4款的情况下，在最初选举中结果中当选的议员退出后，当选的候选人才取得德国联邦议院议员资格。如果当选人在法定期限期满前没有发出声明或声明不符合形式要求，那么自这一时刻起，选举结果视为已被接受。带有保留条件的声明视为拒绝接受结果。无论是接受声明还是拒绝声明都不得撤销。"③

纵观以上法律，可以得出以下几个结论。第一，作为竞选正当性的被选举权，实即竞选权，已经由不少国家或地区的选举法确认之。因而，它已经从法理分析出的应然权利，发展为法律确认的实然权利。确认竞选权的国家或地区广泛分布于世界四大洲、几个法系、多种政体，分属于不同的社会制度或发展形态，因而其普遍

① Commonwealth Electoral Procedures? avaiable at http://www. world – china. org/newsdetail. asp? newsid = 1327.

② 我国澳门特别行政区立法会选举法有"被选资格"概念。参见《澳门特别行政区立法会选举法》，载 http://www. world – china. org/newsdetail. asp? newsid = 1333。

③ Bundeswahlgesetz, available at http://www. gesetze – im – internet. de/bundesrecht/bwahlg/gesamt. pdf.

性不容争议。第二,法律确认的竞选权具体解决候选人竞选选任官职过程中面临的种种实际困难,因而非常实在或务实。务实性是竞选权的必备品质。没有务实性,法律就不能切实帮助候选人成功竞选。第三,法律确认的竞选权具有丰富的内容。概要地说,竞选权包含竞选自愿原则、竞选申请权、提名同意权、竞选退出权、竞选宣传权、政纲或任职承诺提出权、被选举权不受侵害权、当选同意权,等等。这一系列确定的内容构成竞选权体系。竞选权的内容之所以如此丰富,是因为候选人的竞选犹如跨栏运动员的使命,他必须跨越一道又一道障碍。竞选活动面临的每一个障碍都必须有竞选权一个相应的权利克服之。第四,竞选权作用于选举绝大多数阶段。选举从发布选举决定,到公布选举结果,其中要经历许多阶段或环节。竞选权不是局限于其中的一个或几个阶段,而是作用于绝大多数阶段,仅投票阶段、公布阶段为例外。第五,法学理论应该正视竞选权的客观存在,并准确界定之。被选举权资格说显然没有看到竞选权的普遍和实际的存在,没有看到其丰富的内容和系列作用,因而不合乎客观实际。竞选权乃候选人的权利,其功能在于确认候选人竞选活动的必要性和正当性。竞选权的客观存在说明,被选举权并不仅仅是被选举资格,而是着重指具备被选举资格的公民可以和有必要运用竞选权,争取选任官职。法学者应该以竞选的正当性回应法律上的竞选权。第六,确认竞选权代表了选举法的发展方向。毋庸讳言,不是每个国家或地区的选举法都承认竞选权。相反,为数不少的国家的选举法仍然把被选举权仅仅当做被选举资格处理。结果,候选人只能消极服从他人意志,难以自主竞选;即使有自主竞选行为,也不享受法律保护。最终,选举过程及结果往往唯提名人的要求是从,而不是提名人、候选人、选民3方的合意。可见,否认竞选权,就必然导致选举的不民主。要从不民主选举转向民主选举,仅靠实行普遍、平等、直接和秘密投票权是不够的,因为实行这些权利并不能保证选举结果体现选举关系3方主体的真实意愿。还必须进一步,即实行提名人、候选人、选民3方合意式选举。鉴于提名人的权利、选民的权利已经为选举法普遍承认,所以,选举法促进3方合意式选举的主攻方向是确认被选举人的权利或竞选权。

四、我国选举法改革课题

我国选举法对被选举权采取被选举权资格说,致使候选人不成为选举法律关系的主体,而只能听任提名人及选举机构安排。我国选举制度的民主目标因而一直停留于形式正义层次。顺应我国选举实际的民主呼唤,采用被选举权着重指竞选正当性的学说,改革我国选举法对被选举权的态度及相应规定,是我国选举法改革的重大课题。

(一)我国选举法对被选举权的态度

新中国的第一部选举法即1953年选举法,其奠定的选举法律制度至今仍然基本有效。该选举法虽然使用了“选举权”与“被选举权”、“选举人”与“候选人”两对概念,但它明确承认的被选举权的内容仅为“凡年满18周岁之中华人民共和国公民,不分民族和种族、性别、职业、社会出身、宗教信仰、教育程度、财产状况和居住期限,均有选举权和被选举权”。① 而且,在法律体例上,该法第7章代表候选人的提出后即为第8章选举程序(即投票程序),不承认竞选阶段的存在。可见,1953年选举法对被选举权采取了资格说。当然,该选举法的若干内容可以推导为有利于候选人行使被选举权。例如,该法贯穿始终的总的精神是,“根据我国当前的具体情况,规定一个真正民主的选举制度”;②它确认选民的选举自由,包括选举人和候选人双方都能够在实际上享受自由选举权利;它对阻碍选民自由行使其选举权和被选举权者都规定刑事处分。然而,1953年选举法对被选举权的基调是资格说,这成为我国选举法的定制,历次修改的选举法都维护之。

我国选举法奉行被选举权资格说,对我国选举制度产生了严重的不利影响。首先,它直接否认了候选人的竞选权。我国选举法历来只承认党派、团体和选民有宣传候选人的权利及义务,而不承认候选人有自主宣传的权利及义务。2004版选举法第一次把候选人推到前台,要他们与选民见面,回答选民的问题。这似乎是要候选人履行义务。然而,该法还只是说选举委员会可以组织候选人这么做,所以严格说来,仍然没有直接给候选人规定义务。其次,它使我国的选举法律关系的主体只有提名人和选民这两方,候选人还没有成为选举法律关系的主体。最后,它以提名人的意志支配选举过程和结果。按照我国选举法,谁适合担任选任官职,实质上仅由提名人判断和决定。候选人乃至选民的作用都是贯彻提名人意图,而不是与提名人平等地判断和决定。因此,我国选举制度离合意式选举还相差甚远。

我国选举法奉行被选举权资格说的特点更加剧了选举法对选举制度的影响的严重程度。有的选举法虽然对被选举权的定义采取了资格说,但它们对被选举权内容的规定却确认了竞选权的一系列内容。与此不同,我国选举法的整个体系都贯彻资格说,竞选权在其中没有任何地位。我国的选举制度只需要具备被选举资格者接受提名和选举结果,因而选举不得不是走过场的活动。

近年来,一些地方人大明显感到选举法的被选举权资格说不利于民主选举。

---

① 《全国人民代表大会及地方各级人民代表大会选举法》,载 http://www.ce.cn/xwzx/gnsz/szyw/200705/29/t20070529_11529105.shtml。

② 邓小平:“关于《全国人民代表大会及地方各级人民代表大会选举法》草案的说明——1953年2月11日在中央人民政府委员会第22次会议上”,载 http://www.fsou.com/html/text/bleg/5536489/553648925.html。

所以,不再消极因循选举法的被选举权资格说,而是努力承认候选人的竞选权,为修改选举法献计献策。

第一,承认竞选申请权。在人大常委会表明了这种态度的地方,选民成功申请,甚至成功当选。正是他们的宝贵探索,推动全国人大常委会释放发展选举法的信息。2006 年 7 月 26 日,全国人大常委会通过人民网表示,在实践中,还有另外一种情况,选民自己提出当代表候选人的意愿,并且附有 10 个以上选民联名推荐。对于这种情况,选举委员会要认真核实,区别情况处理。对于反映选民真实意愿、符合法定人数的推荐,不管是选民主动推荐的,还是被动推荐的,都可以列入候选人名单。① 这里用“被动推荐”,认可了具备被选举资格者的主动申请权。

第二,承认竞选宣传权。否认候选人自我介绍权及义务“致使选举活动十分沉闷,很不生动活泼,甚至选民之间、代表之间都不敢一起谈论选举事宜,唯恐被当作非组织活动受到追究”。② 越来越多的地方人大常委会纷纷转向支持选举委员会积极安排候选人向选民介绍自己。广东省人大常委会 2006 年修订广东省各级人大选举法实施细则,在选举法规定的选举委员会可以组织代表候选人与选民见面之后增加“作自我介绍”。③ 在这些地方,候选人作自我介绍实际上已经成为选举程序的必经步骤。地方人大常委会的这种改革促使全国人大法律委员会委员张春生在回答记者提问时对选举法的介绍条文作积极解释:“按照选举法的规定,在选举委员会的主持下候选人可以与选民见面,回答选民的问题,也可以理解为自我介绍、自我宣传,但是这个自我宣传是在选举委员会的主持下进行的。”④

第三,承认承诺提出权。选举实践中,选民日益明确地要求候选人说明准备怎么当人大代表。很多地方的人大常委会顺应选民的呼声,要求候选人向选民提出任职承诺。在地方人大常委会领导下,地方人大代表选举出现了选民与候选人合意的生动案例。⑤

可喜的是,近些年,一些地方人大常委会还把人大代表选举过程中出现的要求任职承诺的做法引入任免程序,着手为本级人民政府的产生程序灌输实体内容。

---

① “选民自荐当代表候选人不具备法律效力”,载 http://npc. people. com. cn/GB/28320/62275/68467/4627408. html。

② 陈斯喜:“现实与梦想:选举程序改革调研报”,载 http://www . e – cpcs. org/yhyj_readnews. aspx? id = 496&cols = 1212。

③ 《广东省各级人民代表大会选举实施细则(2006 年修正本)》,载 http://www. chinacity. org. cn/Article/10278. html。

④ 王新友:“正确看待换届选举中的几个热点”,载 http://www. e – cpcs. org/yhyj_readnews. aspx? id = 3958&cols = 25。

⑤ “北京:选民现场‘拷问’代表候选人”,载 http:// npc. people. com. cn/GB/15037/5001301. html。

人们先后看到了"灌南五关"、"资兴经验"、"海淀现象"、"临泽六关"、"珠海办法"等改革。这些改革的一个共同点是人大或其常委会要求政府首长候选人或政府部门首长人选亲口向人大或其常委会作出任职承诺,而且普遍把候选人的任职承诺作为是否同意其担任拟任职务的重要依据,甚至主要依据。有的省人大常委会(如湖南省人大常委会)在省人民政府首长人选的决定程序中也采用了这种任职承诺办法。

第四,由选民和代表的合意决定代表的连任。选举法没有对代表连任作出规定,但选举政策要求连任的人大代表要占有一定比例。那么,什么样的人大代表才能连任呢?很多地方都由组织部门内部掌握标准,指定连任名单,否认了人大代表本人的表态权,也架空了选民的选举权。有的地方人大常委会却不循旧规,改由选民和代表来决定连任者。浙江省奉化市的做法是留任代表必须过"三关":一是述职关。就是留任代表候选人必须在各自选区向选民进行一次专题述职,详细介绍自己在上一任期里的履职情况,接受选民的评议;同时召开选民座谈会,广泛征求意见。二是公示关。就是留任代表整个任期的履职情况,包括参加代表活动、开展持证视察、提出议案、建议情况和接受表彰和奖励情况等要在选区的内部网或宣传栏进行公示。三是考核关。就是留任代表任期内的履职情况要进行考核,检查代表自己提出的任期目标、任务实际完成情况。[①] 连任制度这样改革维护了选举人和候选人的合意自由和决定权,而且还促使人大代表践行其任职承诺。

地方人大常委会的这些补救增强了人大代表选举的合意性,而且提示了选举法的修正内容。

(二)从法律上确认竞选权的各项内容

我国的选举法律应当抛弃被选举权资格说,转而采纳资格加竞选正当性的被选举权理念,并进而确认竞选权的一系列内容。只有这样,我国选举制度才能从追求形式正义的层次上升到追求实质正义层次。

完整地说,竞选自愿原则、竞选申请权、提名同意权、竞选退出权、竞选宣传权、政纲或任职承诺提出权、被选举权不受侵害权、当选同意权,所有这些都是竞选权的正当内容。我国选举法律应该全面确认这一系列权利,从而完整地反映竞选权的逻辑结构,从选举的各个环节满足候选人的竞选要求。

当前,尤其应该抓紧采纳竞选自愿原则、竞选申请权、提名同意权、政纲或任职承诺提出权、当选同意权。其中,关键在于尽快采纳竞选自愿原则。我国选举法律从奉行提名人单方面决定(候选人)原则,转向采纳竞选自愿原则,是一场深刻的

① "浙江奉化:今年人大代表留任要过'三关'",载 http:// npc. people. com. cn/GB/15037/ 5080811. html。

革命。这要求我国选举法律从本质上区分选任制与委任制:委任制体现行政属性,因而委任程序不要求被委任人意思自治,而是可以由委任人单方面作出委任决定,被委任人则应服从之。选任制体现民主属性,在这里起作用的提名权、竞选权和选举权都是民主权利。这 3 种权利之间关涉的民主性即在于 3 种权利主体各自意思自治;一旦其中有哪一方代其他一方作主,选任制的民主性就没有建立,选任制也就不成为选任制了。

我国选举法律在本质方面一直没有摆脱委任制,严重损害了候选人的被选举权。鉴于此,我国选举法律民主化必须从采纳竞选自愿原则着手。一旦采纳竞选自愿原则,就必须按该原则的要求,确认竞选申请权、提名同意权、政纲或任职承诺提出权、当选同意权。因为,竞选权的这些内容是竞选自愿原则的最刚硬柱石。有了这些权利,候选人才能自主展开充分的竞选活动。

上述内容应该补充到我国选举法律的相关部分。例如,在选举法律的总则部分,应该确认竞选自愿原则,与选举法的其他原则并列。选举法律的候选人提名部分应确认竞选申请权和提名同意权。

此外,我国选举法律的体例也需要改革。在“代表候选人的提出”与“选举程序”之间,应该增加“竞选活动”一章,专门规定候选人的竞选宣传权的各项内容,包括承认竞选自由,保障各候选人的平等竞选权,保障候选人的竞选时间,保障候选人的竞选经费,保障候选人使用各种媒体及形式宣传其任职承诺的权利,规定社会各方面必须满足候选人的需要,承认候选人可以使用助手,保障候选人的职业待遇。

(2010 年第 2 期)

消除年龄歧视是劳动权平等保护的首要内容

王月明*

2010年新年伊始,河南省委书记卢展工体验性地应聘一家广告公司的媒体发展员,59岁"高龄"的他被一家广告公司以年龄过大无情地拒绝,即使他表明"有一定的社会经验,有一定的社会关系,也能拉来一定的项目"也不行。① 卢书记"戏剧化"的经历引起了人们的关注和热议,在热捧卢书记微服私访体察民情行为之余,我国劳动者就业中的年龄歧视问题再次因领导的亲身体验被关注。此前,年龄歧视问题也曾见诸媒体,如2005年10月,36周岁的杨世建因年龄超过35周岁未能获准公务员考试报名注册而向北京市第二中级人民法院状告人事部被拒。而企业招聘中的年龄歧视更是无法通过诉讼途径解决。有学者对我国招聘广告中的年龄条件分析后认为,"如同美国等国就业中最常见、最普遍、最严重的是种族歧视一样,我国就业中最常见、最普遍、最重要的是年龄歧视"。② 因此,消除年龄歧视应作为我国当今劳动权平等保护的首要内容。

一、宪法确立的平等原则反对劳动就业中的年龄歧视

我国就业中的年龄歧视经历了从计划经济年代对年轻人的歧视到市场经济时期对中老年人歧视的转向。当年"老同志"、"老干部"、"老师傅"因功劳卓著、经验丰富而被优待,计划经济下的论资排辈使年轻人在职务与职称晋升、工资增长、福利分房等方面被压制,这种年龄歧视因中国传统观念中对长者的尊重和历史因素而几乎被忽略,但其导致的后果必然是干部队伍和管理层的老化。在向现代化建设转型的历史背景下,对年轻人的年龄歧视问题通过干部队伍年轻化的政治体制改革方式轻松破解。始料不及的是改革却矫枉过正,干部队伍过分注重年轻化,年龄增长的过程就是聘用、晋升的可能性和竞争力不断下降的过程。以国家公务

---

* 作者单位:华东政法大学。

① "河南省委书记体验应聘被以年龄过大为由拒绝",载 http://news.sina.com.cn。

② 周伟:"我国就业中年龄歧视的实证研究——以1995~2005年上海和成都两市30万份招聘广告为例",载《政法论丛》2007年第3期。

员招录时将35岁以下作为公开的报考条件为"表率"(《国家公务员录用暂行规定》明确把35岁以下作为公开招录国家公务员的报考条件之一),事业单位、国有企业、私有企业及外资企业在招聘人员时也普遍将最高年龄限制作为条件之一。从此,老年人甚至中年人不再受宠,他们在劳动就业市场的竞争中只因年龄一项条件就会败下阵来,只有"老大徒伤悲"的份了。

我国《劳动法》第12条规定:"劳动者就业,不因民族、种族、性别、宗教信仰不同而受歧视。"其立法意图是反对就业歧视,但其并未将年龄歧视作为反对的内容,就业中的年龄要求不属于被劳动法禁止的歧视种类。2007年3月25日,全国人大常委会办公厅公布了就业促进法(草案)征求意见稿,其中的第5条第2款在原有法律禁止种类的基础上增加了"年龄"的歧视,即"劳动者就业,不因民族、种族、性别、宗教信仰、年龄、身体残疾等因素而受歧视"。这一规定似乎使反对年龄歧视的立法有了转机,然而在2007年8月30日第十届全国人民代表大会常务委员会第二十九次会议通过并公布的就业促进法中,"年龄"一词却悄然而去,该法第3条第2款只规定:"劳动者就业,不因民族、种族、性别、宗教信仰等不同而受歧视。"[①]法律的缺失不仅使得各类企业甚至国家机关和事业单位在年龄歧视上有恃无恐,而且成为一种常态。有学者曾对大量的招聘广告进行过仔细的分析统计,发现广告招聘的条件数据表明,"用人单位的年龄差别从20岁以下到50岁以上,以每5年作为一个年龄段进行统计,每一年龄段都有差别录用条件,并且年龄差别录用的条件35岁以下占统计数据的绝对优势比例,无论服务、管理和技术哪一类职位,40岁以上的劳动者普遍受到用人单位的差别排斥。"[②]除了招聘中的年龄歧视外,劳动者在工资、福利、培训机会、晋升、退职、解雇等方面都有可能存在年龄歧视。由于招聘是取得工作机会的前提,招聘时的年龄歧视无疑应作为关注和剖析的重点。

劳动就业中的年龄上限要求有违我国宪法"公民在法律面前一律平等"的规定,构成了对年长者在劳动权方面的歧视,侵犯了部分公民的平等就业权。歧视是人对人不应有的不平等的低下对待,被歧视者意味着被他人所欺侮和掠夺。歧视的实质是把人人为地划分为不同的等级,是弱肉强食的人类非理性生存观念的实践。歧视在现实生活中有两种表现:直接歧视和间接歧视。直接歧视是指某人基于其某一方面的特征而受到的待遇或享有的利益比别人差;间接歧视是指向所有

---

① 尽管该草案中"身体残疾"一词也未在正式通过的就业促进法的相应部分出现,但该法第29条专门规定了对身体残疾歧视的禁止,即"国家保障残疾人的劳动权利。各级人民政府应当对残疾人就业统筹规划,为残疾人创造就业条件。用人单位招用人员,不得歧视残疾人"。

② 周伟:"我国就业中年龄歧视的实证研究——以1995~2005年上海和成都两市30万份招聘广告为例",载《政法论丛》2007年第3期。

的人施以统一的条件或要求，但实际上并无充分理由需要加上该条件或要求，而这种要求对有某一方面特征的人不利。年龄歧视往往属于间接歧视，该类歧视在我国具有更大的隐蔽性，即便对于国家机关和国有企事业单位在招聘时的年龄上限要求，也较少引起人们的反感和抵触。公众对具有“经营自主权”的非公有制企业的年龄歧视更是习以为常。

国家机关、国有企事业单位、社会团体和各种非公有制企业在招聘中所设定的年龄上限要求皆有违宪的可能和嫌疑。首先，国家机关和国有企事业单位招聘要求一般都会有相关的规范性文件，其规定中的年龄上限要求在缺乏充分理由的情况下，会直接与宪法相抵触。如在《国家公务员录用暂行规定》中要求在公开招录国家公务员时35岁以下的报考资格条件，等于规定35岁以上的公民不能担任公务员。“公民在法律面前一律平等”的宪法原则对立法具有拘束力，是对立法平等的基本要求。国家机关制定法律、行政法规、地方性法规、部委规章、地方性规章、自治条例、单行条例和其他规范性文件都受平等原则的拘束，应平等地设定公民的法律权利和义务。平等原则要求立法时必须做到相同情况相同对待，差别情况差别对待，但只允许合理差别的存在。当立法中年龄成为公民报考公务员的条件时，判断在年龄上差别对待的合理性和正当性，仅以采取的手段与目的之间是否有合理的联系为标准就能得出如下结论：35岁以上的年龄要求与岗位任职之间绝大多数情况下没有合理的关联性，除非少数特殊岗位因体力或其他原因超过35岁以上年龄者无法胜任。更不用说该条件还可能侵犯了35岁以上公民的尊严且不符合公共利益的要求。其次，非公有制企业在招聘中的年龄上限要求在当前并未有立法上的禁止，但该年龄上限若与职业要求没有关联，也是对宪法精神的违背。根据国外立法的经验，合理的年龄上限要求主要有以下几种情形：特定行业如体育、艺术、娱乐或消防等领域，由于职业性质的特殊性决定一定年龄以上者无法胜任该工作岗位的；①为保护中高龄者的健康、福祉、安全的；长期持续工作或需较长时间培训才能开发或形成职业能力的；其他特定情形等。② 劳动就业中以上情形之外的年龄上限条件，是不合理差别对待下的年龄歧视，尽管暂时没有违法之风险，但一定是对宪法所彰显的平等精神的违背。

---

① 如美国《雇佣中年龄歧视法》（Age Discrimination in Employment Act）规定，用人单位在录用、晋升、调动、培训、解雇等场合，根据职业性质及特点以年龄为理由进行不同对待时，如果确属“真正且决定性的职业上要求”并且“在特定事例中适用该要求不失适当性”的，则不属于年龄歧视禁止范围。但是，法律要求用人单位对“职业性质的必要性”进行举证。

② 如日本的《雇佣对策法》规定，企业中从事某工种的特定年龄段的劳动者数量相当有限，为了保障该工种的业务技能有人继承，招聘和录用员工时设定年龄条件的，不属于年龄歧视。但必须以签订无期限劳动合同为条件。

二、劳动就业权之社会权属性决定了国家有义务消除年龄歧视

劳动就业对于个人来说是获得物质利益以维持生存的手段，任何有尊严的人都希望通过自己的劳动获得生存所需的生活资料，通过劳动而谋生是人生永恒的基本需求。1948年联合国通过的《世界人权宣言》第23条规定，人人有工作、自由选择职业、享受公平优裕的工作条件及失业的保障。我国现行宪法规定了公民有劳动的权利和义务，劳动权是公民的基本权利。劳动就业权是实现劳动权的基础和前提，是劳动权的重要组成部分，没有劳动就业权，其他后续的劳动权利就无从谈起。

劳动就业权在其属性上属于社会权。传统的利益结构理论认为利益可分为国家利益和私人利益，随着社会的发展，社会利益成为一种介乎于国家利益和私人利益之间的新的利益需求，这种新的利益需求即社会利益体现在法律上就是公民的社会权。1919年德国《魏玛宪法》最早确认了社会权，主要包括劳动权、所有权、著作权等。社会权追求的价值是实质平等与自由，反对以一部分人的生存权来换取另外一部分人的发展权，反对强者的发展权以弱者的生存权为代价。社会权的核心前提是认为人生而不平等，即人存在智力、体力、能力等先天的差异。因此，社会权反对优胜劣汰，以一般国民尤其是弱势群体为权利主体，使弱势群体"恢复人类实质之自由"，过上有尊严的生活。社会权主要涉及生存、死活的问题，通常包括生存权、劳动权和受教育权等内容。相对于自由权的消极权利属性，社会权是国家通过积极作为以维护特定社会阶层福利为目的的积极权利，它需要以公权力的积极介入和干预得以保障，必须通过国家的积极行为来实现权利人的利益。从社会权的起源和社会权作为一种宪法权利的角度来看，国家义务是社会权实现的主要因素。从社会权主客观的双重性质来看，国家义务是社会权实现的主要因素。社会权在主观权利性质上表现为"个人得向国家主张"，国家有予以满足的义务；社会权在客观性质上的"客观价值秩序"则构成了国家的行为准则，赋予了国家有着积极实现社会权的义务。[①] 在当代社会，如果仅凭个人一己之力或社会慈善机构之助，没有国家主导下的对社会权的保障，是无法有效抵御社会成员的生存风险

① 社会权的主客观性质表现为对国家的主观性和客观性效力。主观性效力是指在公民通过自己的努力不能获得"最低限度的标准"的上述条款规定的利益时，可直接向国家主张而国家必须给予满足的效力；客观性效力是指对国家的作为义务的强制性要求，国家应当在客观条件的允许范围内使公民享受得到宪法条款认可的利益。

的。国家为保障公民的生存、发展和人格尊严,必须将保障社会权的实现确立为国家的责任或义务。《魏玛宪法》明确规定了国家在保障社会权中有积极作为的要求,其后很多国家的宪法对社会权都给予了特别的规定。

劳动就业中的年龄歧视,意味着部分劳动者在获得就业岗位时,不是以劳动能力和资质作为衡量标准,而是以年龄作为聘用的重要条件之一。这种不合理的聘用标准,既是对劳动者劳动就业权的侵害,也伤害了劳动者的尊严。在劳动者和企业之间的双向选择似乎是一种契约自由,双方处于平等的关系。契约自由以当事人双方的地位平等为前提,以意思自治为核心,而劳动者天然的弱势地位和企业的强势地位之间的巨大落差,决定了双方并无平等可言。"对那些为了换取不足以维持生计的报酬而出卖血汗的人谈契约自由,完全是一种尖刻的讽刺。"①作为社会权属性的劳动权在某种程度上是对契约自由的适度限制。劳动权的确立及其保障,正是通过政府权力的积极干预,在一定程度上限制经济强者的自由,保障弱者的劳动和生存机会。可见,劳动就业权的实现与社会公正及法律平等相依存,与人的价值和人格发展紧密相连。我国宪法规定"国家通过各种途径,创造劳动就业条件,加强劳动保护,改善劳动条件,并在发展生产的基础上,提高劳动报酬和福利待遇"。这一规定表明了在保障劳动就业权实现中的国家义务,与社会权要求国家积极作为相契合。社会权依具体内容的不同,或为方针保障,或为宪法委托,或为制度性保障,或为主观公权利,因之其法律效力则应区别对待。社会权具有积极要求立法者建立和维护制度以促进社会权实现的功能,即制度性保障功能。当前,在反对劳动就业权的年龄歧视方面,国家应具体承担起制度性保障义务。而由社会权的"客观价值秩序"引申出的国家的保护义务对一切国家公权力产生拘束,对于立法者也同样适用,这就要求立法者对社会权有制定适当法律予以全面、有效保护的立法义务。"多数国家认为,社会权利是宪法委托给立法机关的职责,属于立法裁量的范畴,由民主主义机构通过立法规定为宜。"②因为社会权面临多重复杂的社会关系,保护义务的落实即意味着对他人权益的侵害,对劳动就业权中年龄歧视的禁止往往会影响企业利益的最大化实现,通过侵害进行的保护必须以法律为基础才能施行。我国年龄歧视的严重性决定了只有通过国家的立法才能减少或消除这种违反就业平等的现象。

在反对劳动就业中年龄歧视的立法上,不少西方国家已经迈出了一大步。1967年美国的《雇佣中年龄歧视法》禁止雇主对40岁以上的中高龄者在雇佣时进

---

① [美]伯纳德·施瓦茨著:《美国法律史》,王军、洪德、杨静辉译,中国政法大学出版社1997年版,第199页。

② 郑贤君著:《基本权利研究》,中国民主法制出版社2007年版,第181页。

行年龄歧视，该法的执法机关为平等就业机会委员会。在英国，企业发布的招聘信息中若出现“年轻”、“有活力”、“成熟”等对应聘者的要求，有可能招致应聘者的诉讼，因为英国2006年的《雇佣平等（年龄）规则》作为一部专门反对就业中的年龄歧视的法律，对法律适用的范围以及禁止的例外事项等内容予以了规定。根据该法，雇员若感到因年龄问题而受到企业的不公正待遇，有权向企业提出索赔诉讼。韩国于2007年9月通过了《雇佣上禁止年龄歧视及高龄者雇佣促进法》，禁止在招聘、录用、工资、福利、工作条件、教育和培训、晋升、退职、解雇等方面的年龄歧视，规定了被歧视者可通过行政的（劳动委员会和劳动监督官）、司法的（普通民事、行政和宪法法院）以及准司法（国家人权委员会）的途径获得权利救济，任何途径的救济都实行举证责任倒置的原则。我国应借鉴这些国家的立法经验，在就业促进法等相关法律中明确禁止劳动就业中的年龄歧视，对年龄歧视在概念、例外情形、法律责任、权利救济、举证责任、监督机制等方面予以规定。

三、消除年龄歧视是企业的社会责任

目前，国家面临着保增长、促就业的压力，在消除劳动就业的年龄歧视方面，除了国家应积极努力地保障公民平等的劳动就业权外，各种非国家行为体也应根据宪法的精神和原则，改变招聘中各种歧视性的做法。在社会权保障问题上，国际社会出现了国家中心责任向非国家行为体转移的走向。国家除了通过社会立法明确各类社会组织包括私人企业、家庭、宗教或者慈善组织所应承担的责任外，各类社会组织在保障人权中也应有一定的社会责任。1998年联合国大会第53/144号决议通过了《个人、群体和社会机构在促进和保护普遍公认的人权和基本自由方面的权利和义务宣言》，对个人、群体和社会机构在人权保障方面的义务和责任作了充分的宣示。该宣言明确规定，人人对社会并在社会内负有义务，因为只有在社会之内人的个性才能得到自由和充分的发展；个人、群体、机构和非政府组织也可发挥重要作用，并负有责任视情况作出贡献，促进人人有权享有能充分实现《世界人权宣言》和其他人权文书所列人权和自由的社会和国际秩序。显而易见，在我国若只凭借政府的一己之力，即便有完备的立法和有效的执法，却无企业的社会责任意识的提升，消除包括年龄歧视在内的各种劳动就业中的歧视之路无疑将会无比漫长。作为人口大国，我国就业市场劳动力资源供大于求，企业自然成为就业岗位这一社会稀缺资源的决断者，但企业在行使选择权时不能无视人们的就业平等权，也不能忽视自己应该承担的社会责任。公民平等就业权的实现不只是国家的义务，也是企业和社会各方面的责任。

企业对应聘者年龄的限制，客观上的原因是就业紧张，主观方面的原因是社会用人机制问题。在招聘员工时,企业首先和主要应考虑的是应聘者的实际工作能力、经验、敬业态度等与工作直接相关的因素,而不是以年龄为基本的聘用标准。年龄设限反映了企业的雇主主权意识,这种缺乏科学依据和合理性的排他性录用标准被实践的后果是人力资源的严重浪费和不当配置。在完全竞争的市场上,从长期看,歧视型雇主将被非歧视型雇主驱逐出市场,因为没有歧视偏见的雇主的目标函数是货币成本最小化,而非净成本最小化,因此可以投入相对便宜的劳动力要素,使市场竞争力提高,并且减少市场工资差别。西方学者在对年龄与工作绩效之间关系的研究发现,30 岁到 39 岁的工人能够生产出最高产量,而年长的工人生产出的质量更高。[①] 年龄大似乎有很多缺陷,年轻人精力充沛、有干劲和活力,知识结构新,具有创新精神。但年龄大者尽管可能存在精力不济,但阅历和经验丰富;尽管知识结构可能老化,但在就业压力和学习型社会的氛围下,他们可以通过不断地学习来克服知识老化的局限;尽管工作激情和活力可能有所降低,但因处于人生的安定期,其工作的稳定性强。根据美国学者利文森(D · J · Levinson)在 1978 年提出的"职业生涯六阶段说",33 岁到 39 岁是职业生涯的安定期,该年龄段人会专心致志地投入工作,以求取得成功。

消除年龄歧视,保障平等的劳动就业机会,可以有效地运用人力资源,发挥每个人的潜能。企业如果能集中考虑个人的才干而非其年龄、性别等其他不相干的因素,就能扩大可用的人力资源,为其广纳各方人才,营造更具竞争力的商业环境。企业是否愿意承担社会责任,在市场经济的今天已成为决定企业成就越来越重要的因素。根据 Covenant Investment Management 于 1996 年对"标准普尔"最主要的 500 家企业所作的研究显示,最忽视平等机会原则的 100 家公司,每年的回报率平均为 8%;而 100 家高度奉行平等机会原则的公司,则每年回报率平均达 18%。[②] 其中的逻辑显而易见:平等社会若没有建立,经济亦不能快速发展。

企业在劳动就业招聘中的年龄歧视,既背离了其应担负的社会责任,又承受着可能出现的法律风险。即便法律尚无禁止性规范,但约束年龄歧视的法律规范并非没有。美国加利福尼亚州法院曾经适用反不正当竞争法来反对年龄歧视。在 Herr 诉 Nestle U. S. A. 案中,年满 40 岁的原告 Richard Herr 符合许多职位而且表现很好,但公司却多次将晋升机会给了 30 多岁的职员,其实许多人并未达到升职条件。Herr 辞职后对 Nestle 的歧视行为提起了不正当竞争的诉讼,法院判令 Nestle 赔偿 Herr 经济和精神损失共 516 万美元。法院判决的理由是,有年龄歧视行为的

---

① 赵频、李晓玉:"基于二元劳动力市场的年龄歧视研究",载《理论月刊》2008 年第 9 期。

② 《香港平等机会委员会年报(2000/2001)》。

雇主获得了不正当竞争的利益，因为大龄员工通常需要比年轻同事更高的补偿。①随着我国法治的发展和成熟，尤其是司法水平和能力的提升，劳动就业中的年龄歧视在不断受到社会的关注与谴责的同时，其面临的法律风险也将不断加大。

四、余　论

消除劳动就业中的年龄歧视，不仅有利于保障年龄较大者平等的劳动权，还具有重大的社会经济效益。除了促进年龄较大的公民就业外，还有助于缓解社会养老的压力。为应付人口老龄化带来的养老金支付危机，不少国家将法定退休年龄从60岁延长到65岁。研究表明，在我国退休年龄每延长一年，养老统筹基金可增收40多亿元，减少支出160多亿元。② 公民的劳动权等社会权是一种需要国家积极作为方能实现的基本权利，由于没有法律所规定的启动程序，公民根本不知应向何机关以及如何提出请求。而在劳动就业中受到年龄歧视时，他们也不知如何获得救济。我国宪法对公民平等的劳动权的规定不应该流于宣言式效果，应产生实际的人权保障作用。立法机关应在禁止劳动就业中的年龄歧视方面积极作为，在立法中落实反年龄歧视的组织和程序，妥当地善尽国家对社会基本权的保护义务。应设置消除年龄歧视的监督机制，确保各种社会组织、企业等依照法律履行相应的责任。还应注重司法上的权利救济，设置相应的司法救济渠道和途径消除劳动就业中的年龄歧视。

（2010年第3期）

① 邓尧："中美就业年龄歧视问题的比较研究"，载 http://www. china - lawyering. com。

② 劳动和社会保障部社会保险研究所《2000年中国养老保险基金测算与管理》报告。

关于中国宪法渊源的再认识

姚岳绒*

宪法渊源是体现宪法效力的外在存在形式。在我国,哪些行为规范构成我国宪法的渊源?对此问题,尽管学者们有不同意见。① 但宪法典是我国宪法的最主要渊源,这一点是无可争议的。问题在于,除宪法典之外,我国宪法是否还有其他渊源,有哪些渊源?对于这个问题,众说纷纭。有学者从现实宪法的角度指出,我国成文宪法外的宪法规则包括"(1)作为执政党的中国共产党对改革开放所做的一些重要决定阐述的有关政策、方针和规定的有关制度;(2)初步形成的由中共中央提出宪法修改建议的惯例;(3)全国政协和全国人大同时举行会议,全国政协委员可列席全国人大会议的惯例等"。② 也有学者认为,我国宪法渊源除宪法典外还有宪法修正案、宪法性法律、政党的文件以及宪法性惯例。③

还有学者列举了包括中共中央修宪建议权在内的7种宪法惯例。④ 最近则有学者提出,"成文宪章、宪法惯例、宪法学说及宪法性法律"是中国不成文宪法的4个主要渊源。⑤

笔者以为,关于中国宪法渊源的上述种种提法或多或少都有将中国宪法渊源泛化的倾向,离开了中国的真实情况,不利于确立我国宪法的权威,不利于宪法的实施。因此某些将我国宪法渊源泛化的观念应该得到澄清。本人愿不揣浅陋就此谈些看法。

---

* 作者单位:华东政法大学。

① 在教材类的著作上表现得尤为明显。如有认为宪法渊源包括宪法典及宪法修正案、法律、行政法规、地方性法规、条约与宪法惯例,参见张庆福主编:《宪法学基本理论》(上),社会科学文献出版社1999年版,第113~120页。也有认为包括宪法典、宪法性法律、宪法惯例、宪法解释、国际条约,参见胡锦光、韩大元著:《中国宪法》(第2版),法律出版社2007年版,第103~104页。还有认为我国目前宪法渊源仅为包括历次修正案在内的《中华人民共和国宪法》,参见童之伟、殷啸虎主编:《宪法学》,上海人民出版社、北京大学出版社2009年版,第20页。

② 蒋碧昆、刘茂林:"改革与中国宪法发展",载《法商研究》1994年第2期。

③ 喻中:"谈谈我国宪法的实与名",载《观察与思考》2001年第2期。

④ 章志远:"宪法惯例的理论及其实践",载《江苏社会科学》2000年第5期。

⑤ 强世功:"中国宪法中的不成文宪法——理解中国宪法的新视角",载《开放时代》2009年第12期。

一、不成文宪法概念应避免被误用

有学者提出从"不成文宪法"的角度来理解中国宪政秩序的新思路,即中国宪法渊源除成文宪法外,还存有大量的不成文宪法。此思路的展开进程可概括如下:"西方特定政治历史条件中产生的'人权'、'宪政'和'法治'……被构建为一种'文明'的政治秩序,从而被赋予了普适主义的正当性和规范性。"这些秩序由美国式成文宪法加以载明,并经由美国的强大辐射,因此,后发展中国家"制定成文宪法不仅仅是国内政治的要求,很大程度属于国际政治的一部分"。正因如此,中国"宪法文本与宪法实践之间存在巨大背离"是必然的。如何解决这个问题?"今天中国的宪法学应当'超越成文宪法',从宪法运作的角度来探究和发现已在运行的不成文宪法。"①确实,考察一国宪法渊源不能局限于宪法典(成文宪法),因为宪法典外还存在其他宪法性规范,但从"不成文宪法"的视角来研究中国宪法首先在学术概念使用上有难以厘清的困难。"不成文宪法是一个多义的、历史的和相对的概念",②如果在英国语境中分析不成文宪法,在美国语境中分析成文宪法,然后又将这两个不同语境下的分析结论用于论证另一个国家的宪法,导致的结局注定是悲剧。

现代意义上的成文宪法一般认为肇始于美国1787年宪法,因此,成文宪法与不成文宪法的区分也是在此后才产生的。当美国成文宪法文化来势汹汹,英国在被质疑没有"宪法"时,一批英国宪法学家纷纷著书立说,为英国宪法正名,戴雪被认为是不成文宪法概念的重要倡导者。1884年,布赖斯以"柔性宪法与刚性宪法"为题作过两次演讲,这两次演讲的主要内容后来成为其《历史与法学研究》的第3章内容。③ 该章内容的第2节标题为"宪法的传统分类"。布赖斯指出,我们自己时代中传承下来的传统宪法分类的基础是成文法与不成文法,然而这样的区分不是好的区分,两者之间的界限不清晰。因为,事实上,无论过去还是现在,宪法都存在两种最主要的类型:一种类型表现为,由一系列自然生成的、不成体系的、不同时期制定的特定法律与契约组成,同时还包含一些具有同样权威的惯例;另一种类型表现为,由一个或可能是数个严格区别于普通法律的正式文书组成。这样的区分分别对应于英国与美国,或者说普通法与制定法。因此,他认为这两种类型的宪法

---

① 强世功:"中国宪法中的不成文宪法——理解中国宪法的新视角",载《开放时代》2009年第12期。

② 费春:"不成文宪法界说",载《法制与社会发展》2002年第4期。

③ James Bryce, *Studies in History and Jurisprudence*, Oxford University Press, 1901, p. 124.

可以定义为普通法宪法与制定法宪法。① 这是我们现在通常认为的不成文宪法与成文宪法区别的由来。②

英、美两国的宪法范式是成文宪法与不成文宪法这一传统宪法分类的区分标准,即一般是以有无法典化的宪法为区分标准。从外在形式看,成文宪法有统一的宪法典,绝大多数表现为单一的书面文件,但也有表现为一组书面文件的情形。③不成文宪法没有统一的宪法典,散见于不同时期制定的法律、历史中形成的宪法惯例中。④ 从法律效力看,成文宪法与不成文宪法属于同一层面上区分的概念,无论是形式上还是程度上的区分,有一点是肯定的,即二者的法律效力与地位应没有差别,都具宪法的效力。从制定与修改程序看,成文宪法较其他法律有严格的程序设置,而不成文宪法无此特征。

众所周知,有宪法典的国家,宪法典作为根本法具有最高的法律效力,任何主体、任何行为都必须服从宪法典,不得与宪法典相抵触。在有宪法典的国家,若使用不成文宪法概念,有一个逻辑上必须解决的问题,即当不成文宪法与宪法典抵触时,该怎么办? 如果宪法典高于不成文宪法,那不成文宪法的宪法地位无法体现,如果不成文宪法高于宪法典,那失去了宪法典作为根本法这样一种共识。因此,为避免出现逻辑上的矛盾,有宪法典的国家不宜使用不成文宪法这个概念,而应将成文宪法与不成文宪法从并列关系剥离为两个独立的概念,并不宜在讨论同一个问题时同时使用。

龚祥瑞先生曾指出,“成文宪法与不成文宪法的区分不但是形式的,而且是程度的,因而极易引起误解。”⑤惠尔也曾指出“把宪法分为成文和不成文的做法是应该抛弃的。较好的区别是:有成文宪法的国家和没有成文宪法的国家,或更简单

① James Bryce, *Studies in History and Jurisprudence*, Oxford University Press, 1901, pp. 126 – 128.

② 国内教材与著作中通常认为布赖斯首创成文宪法与不成文宪法这一传统分类,并接受其对成文宪法与不成文宪法的定义。需注意的是,布赖斯的成文与不成文分类与传统的 Written and Unwritten 是不同的,但是国内中文翻译时,一般将两者都译为成文宪法与不成文宪法。这也是导致在不同语境中讨论同一概念时混乱的重要原因。

③ 表现为一组书面文件的称为复式成文宪法,典型国家如瑞典。瑞典宪法由《政府组织法》、《王位继承法》与《出版自由法》于同一年制定的3个特别法律文件组成,并在一个共同的标题下组成了一个单一的整体,被认为是基本法并规定了特别修改程序。

④ 我国台湾地区学者陈新民认为全世界只有英国、以色列及加拿大这3国为不成文宪法国家,参见陈新民著:《宪法学释论》,台湾三民书局股份有限公司2005年修正5版,第11页。也有学者认为英国、新西兰与以色列是主要的3个不成文宪法国家,参见徐秀义、韩大元主编:《现代宪法学基本原理》,中国人民公安大学出版社2001年版,第481页。但荷兰两位学者将以色列纳入复式成文宪法,将新西兰列入无法确定成文还是不成文的范围,参见[荷]亨克·范·马尔塞文、格尔·范·德·唐著:《成文宪法——通过计算机进行的比较研究》,陈云生译,北京大学出版社2007年版,第49页、52页。

⑤ 龚祥瑞著:《比较宪法与行政法》,法律出版社1985年版,第38页。

些，有宪法典的国家和没有宪法法典的国家”。① 也正因如此，我们在使用成文宪法与不成文宪法概念时，特别需要注意讨论时所处的语境。英国虽没有一部统一的宪法典，但英国有宪法。英国语境中的宪法即为不成文宪法，通过散见于不同时期的法律以及历史中形成的惯例来体现。依詹宁斯的观点，在英国可以写入宪法的有4类内容：立法、判例法或从司法判决推断出的法律、有关议会的法律和习惯、宪法惯例。②

有宪法典的国家，宪法即为这部宪法典。宪法典语境中，英国式的不成文宪法内容就不再是宪法。如上所述，如果在宪法典这一成文宪法语境中来讨论“不成文宪法”，宪法典与“不成文宪法”之间的逻辑矛盾无法厘清，并容易引起混乱。美国宪法学家业已趋向于避免使用不成文宪法概念，而以“看不见的宪法”③或“隐藏的宪法”④来描述美国现实权力的运作与权利保障，以避免陷入有没有文字还是有没有法典的循环式回答。不成文宪法概念应避免被误用，若欲使用，则得有个前提，即所研究的对象与英国有着类似的宪法传统与宪法文化。⑤

二、谈论宪法惯例不应偏离宪法基准

有学者视宪法惯例为宪法变迁的方式，并区分合宪的宪法惯例与违宪的宪法惯例，进一步指出“宪法变迁过程中，应当采取一定的机制抑制严重违宪的惯例的形成，并将一些适当的惯例纳入到宪法的正式条款之中”，⑥区分违宪的宪法惯例与合宪的宪法惯例，这与“良性违宪”论的错误逻辑很类似。⑦ 宪法惯例首先须得是合宪的，能成为宪法惯例的必定是符合宪法典所确立的基本价值与精神。违宪的宪法惯例还去区分严重违宪与不严重的违宪，这是对宪法的不尊重。就如违宪就是违宪，怎么可能还有“良性”的违宪。笔者以为，学者可以就现实存在的违宪政治实践进行合理论证，但不必非得给它戴上宪法的帽子。如果要戴宪法这顶帽子，那必须先以宪法为基准。

---

① ［英］K. C. 惠尔著：《现代宪法》，翟小波译，法律出版社2006年版，第14页。

② ［英］W. lvor 詹宁斯著：《法与宪法》，龚祥瑞、侯健译，三联书店1997年版，第46页。

③ 美国宪法学教授 Laurence Tribe 著有一书名为 The Invisible Constitution。

④ 美国宪法学教授 George P. Fletcher 著有一书名为 Our Secret Constitution。该书已由陈绪纲翻译，北京大学出版社2009年出版。

⑤ 以“不成文宪法”为题名，检索中国期刊全文数据库（1979～2009年），共有8篇论文，其中7篇都是论及英国的不成文宪法。

⑥ 侯健：“宪法变迁模式与宪政秩序的塑造”，载《法律科学》2004年第4期。

⑦ 1996～1997年间，围绕着“良性违宪”引起了一场学术争论。

最近有学者从党的“十七大”报告中解读出3条当代中国的政治惯例,分别是“中国政治发展的总体目标是民主,而不是自由,也不是共和,甚至也不是法治”,“中国选择了民主政治,进一步说,则是社会主义民主”与“发扬民主——发展社会主义民主政治的工作思路”;另又从国家机关的工作报告中解读出当代中国的政治惯例,包括“在思想政治上,无论是人大工作还是法院工作、检察工作,都要坚持党的领导”,“在工作业务上,人大工作、法院工作、检察工作都要服务于党和国家的中心工作”以及“作为司法机关的法院与检察院,其政治性优于、先于、高于法律性”。这一切被该学者称为“活的宪法”。[①] 首先,党的政治报告也好,国家机关的例行工作报告也罢,其侧重的是总结性与政策性内容,有适用上的时效性。决策性与时效性强的政治性文件中怎么可能解读出需要历史积淀的宪法惯例?通读该文,其更适合定位于政治学习笔记或报告,而不是学术论文。在对政治报告或工作报告进行学习式而非反思式阅读过程中随意解读“中国成文宪法之外的政治习惯法”,这很不科学。其次,惯例是一个充满浓厚历史感的术语,首先得有时间上的积累与沉淀。党的“十七大”报告仅是一份5年期的、由全国党员代表大会审议通过的政治性文件,从时间标准判断,显然离形成惯例还远。至于一年一度的国家机关工作报告,那更是离谱了。先不论其观点是否有充分理由,单就其仅凭一份5年期的政治报告,3份1年期的工作报告就得出我国成文宪法之外的政治习惯法,这样的研究态度肯定是草率的。最后,就其认定的“活的宪法”的内容来看,中国政治发展的目标是民主不假,但怎么可能不是法治?“中华人民共和国实行依法治国,建设社会主义法治国家。”这是我国《宪法》第5条中所明确了的。作为司法机关的法院与检察院的“政治性优于、先于、高于法律性”,那么,我国《宪法》第126条与第131条所设定的依照法律独立行使审判权与检察权的“成文宪法”是不是就可以被惯例“超越”了?

还有学者根据我们国家几代领导人领导体制演变的历史,提出集党权、政权、军权于一身的“三位一体”国家主席制已是我国的宪法惯例。[②] 我国1954年《宪法》规定国家主席兼国防委员会主席,毛泽东以党的主席身份由全国人大选举为国家主席,这事实上形成了当时的党、政、军三权一体的领导体制。1975年《宪法》、1978年《宪法》没有规定国家主席,1982年《宪法》恢复了国家主席的建置。现行《宪法》规定,国家主席由全国人大选举产生,代表国家进行国事活动,接受外国使节。吸取历史教训,邓小平时期,党的总书记不承担国家机关中的任何职务,

① 喻中:“政治惯例:成文宪法之外的政治习惯法”,载《政治与法律》2009年第11期。

② 强世功:“中国宪法中的不成文宪法——理解中国宪法的新视角”,载《开放时代》2009年第12期。

形成党、政、军分离。1993年,江泽民以总书记与军委主席的身份当选为国家主席,2004年,胡锦涛当选为军委主席后也体现了"三位一体"。从50多年的历史来看,"三位一体"的国家主席制经历了肯定、否定再肯定的过程。从某种程度而言,至今,这样的国家主席体制至多构成中国政治运行中的一个先例,但不足以据此认定已构成宪法惯例。仅仅凭着对一些历史现象的描述,就猜测性地将一项先例认定为是我国的宪法惯例,显得过于勉强。

研究宪法惯例,并将其视为宪法渊源,是英国式不成文宪法国家的传统。成文宪法国家,某些惯例所确立的规则在学理上确实也常被视为具有宪法效力,作为宪法渊源的一种。但是,不同于英国式不成文宪法国家的是,在成文宪法国家研究宪法惯例须以宪法典为核心。在我国宪法典与宪法实践脱节现象突出的情形下,研究我国的宪法惯例确实很有价值,如诸多学者认可的如中共中央修宪建议权、采用宪法修正案的形式修正宪法等,也不无道理。但是,谈论中国宪法惯例不应偏离宪法典所确立的最起码的宪法基准。上述几种涉及宪法惯例的观点明显偏离了宪法基准。

现代法律中,"习惯是指在特定区域被长期公认并已经获得法律效力的专门规则,它不同于该领域的一般的普通法,但又不与之冲突"①。习惯在特殊条件下,可以成为法律的渊源,②而习惯作为法律渊源更适合古代社会和缓慢发展的社会。③ 宪法惯例作为宪法渊源适合于不成文宪法以及成文宪法国家的发展初期。英、美两国的宪法惯例较多一些,也正是此原因。随着调整社会关系手段与方法的提高,自发式、主动性的宪法调整已成为现今宪法发展的主要方式。早期形成的宪法惯例可能已被纳入宪法典的内容,而新近形成的惯例还没有足够的历史认可与考验。

以宪法为基准来谈论宪法惯例。首先,宪法惯例的作用是用来补充和发展宪法,在不得已时可能起到修改宪法的作用,如果离开这个前提,那就是生搬硬套、无中生有。其次,宪法惯例的研究必须注重历史感以及国家与人民的认同感。仅有一次或二次,短期或间断性、偶发性的宪法行为无法认定为形成了宪法惯例。最后,宪法惯例的认定应审慎、严密与科学,而忌轻率。面对英国繁多的宪法先例,詹宁斯指出必须思考3个问题:一是这些先例是什么;二是先例的参与者是否相信他们受着某一规则的约束;三是该规则的存在有理由吗?一个具有充分理由的先例,可能足以确立这一规则,而适应宪法,有助于民主,就是詹宁斯认定宪法惯例的充

---

① [英]戴维·M.沃克著:《牛津法律大辞典》,李双元等译,法律出版社2003年版,第296页。

② 刘作翔:"特殊条件下的法律渊源",载《金陵法律评论》2009年春季卷。

③ 周旺生:"重新研究法的渊源",载《比较法研究》2005年第4期。

分理由。[①]

"宪法惯例或宪政上之习惯法,其成立应有反复发生之先例,并对一般人产生法之确信。"但如果这些先例"并非常态,且有违宪之疑义,自不能视为宪政惯例或习惯法"。[②] 在强调"活的宪法"之际,必须清醒地了解其潜在的危险性,"公权力往往以宪法变迁为当然之事,并藉'活的宪法'观念掩饰其违宪行为,而逐渐腐蚀宪法规范"。[③] 因此,在考察我国宪法的实际状况时,务必谨慎再谨慎。在我国当下整体上法治观念薄弱、规则意识缺乏、权力自律性差的情形下,尤其要在审慎、全面、客观的考察研究下,小心翼翼地得出结论,而不是生搬硬套、无中生有地"发现"或"生造"宪法。

三、政治团体章程事实上并无宪法效力

"要理解中国现实生活中的宪政运作……就必须理解作为规范中国政治主权者的'根本法'《中国共产党党章》。而从形式主义的宪法学看,《党章》仅仅是规范党的规范性文件,属于'党规党法',并非国家的法律文件,更不是宪法性法律文件,但就其在中国宪政生活中发挥的规范性作用和地位而言,其真实效力甚至比成文宪法还重要。"因此,《中国共产党党章》这个规范性文本,"就其内容和发挥的政治作用而言,必须被理解为中国不成文宪法的有机组成部分。……同样的道理,《中国人民政治协商会议纲领》也无疑应当看作是中国的不成文宪法"。[④]

这里首先要指出的是,强文通篇将《中国共产党章程》称为《中国共产党党章》,将《中国人民政治协商会议章程》称为《中国人民政治协商会议纲领》,这是明显的错误。《党章》的全称是《中国共产党章程》,没有《中国共产党党章》这个文件;《政协章程》全称是《中国人民政治协商会议章程》,没有《中国人民政治协商会议纲领》这个文件。[⑤] 这种误写表明强文作者自己对这些文件内容并不熟悉,也并未真的将它们看成"宪法"。

从内容看,把政协章程和党章说成宪法,看来言过其实了,即使从法社会学的观点看也显得轻率了。政协章程在我国知名度并不高,读过政协章程的人极少,更

---

① [英]W. Ivor 詹宁斯著:《法与宪法》,龚祥瑞、侯健译,三联书店1997年版,第46页。

② 参见我国台湾地区"司法院"释字第419号。

③ 许志雄著:《宪法秩序之变动》,台湾元照出版有限公司2000年版,第148页。

④ 强世功:"中国宪法中的不成文宪法——理解中国宪法的新视角",载《开放时代》2009年第12期。

⑤ 我国1949年曾通过《中国人民政治协商会议共同纲领》,也起过"临时宪法"作用,但业已失效。

谈不上按政协章程办事。说政协章程也是宪法,不知持论者是如何"发现"它的最高法律效力的,也不知这种最高效力表现在规范国家机关和公民行为的哪些方面。在我国,1949年至1954年之间,由中国人民政治协商会议暂时履行全国人民代表大会的职权,期间通过的《共同纲领》被视为"临时宪法"。1954年第1部新中国《宪法》诞生后,中国人民政治协商会议回归其爱国统一战线组织的地位。现行《中国人民政治协商会议章程》于1982年通过,迄今历经1994年、2000年、2004年3次修改。政协章程的制定和修改主体为中国人民政治协商会议全国委员会全体会议。从内容看,重点规范的是政治协商会议的工作与组织原则,调整的是全国委员会与地方委员会之间的关系。因此,政协章程的性质类似于中国人民政治协商会议的组织章程而非宪法。

同理,人们不知道,有关作者也没有告诉人们,党章是如何作为宪法发挥最高法律效力的。党章由中国共产党全国代表大会制定并修改,是中国共产党的组织章程。党的"一大"成立通过了党的纲领,"二大"起称为章程,迄今经过了15次修改。与我国迄今的17次党代会一一对应。自党的"三大"起,每一届党代会都会根据现实的社会、政治、经济等的变化而对党章作出相应的修改。党章所约束的主体是全体党员,而不是国家与全体公民。党章内容分总纲与11章内容,从第1章"党员"、第2章"党的组织制度"至第11章"党徽党旗",党章一切都围绕着"党"而展开。党章所调整的是党的内部关系,而不是国家与公民这一社会关系。党章所涉及内容虽然会间接影响甚至决定着中国宪法实践的走向,但从直接言,其内容无关国家的根本制度与根本原则。至于党通过政治领导的方式,将党的意志与党的政策上升为宪法的内容,那也不是因为党章,而是因为经由法定程序,由法定主体将其纳入宪法文本之中。

由此,党章与政协章程属于政治团体性质的章程。如何判断一项章程或文件是否具有宪法效力,必须综合考虑足以构成宪法的各种基础性要素,而不是仅仅凭着重要性标准。与英国不成文宪法不同,在成文宪法国家,考察宪法之所以为宪法,从外在形式特征判断,须是以人民的名义,经人民的授权,由特殊的制宪机构制定;从法律效力上看,具有最高法律效力,是一切法律、法规的立法依据;从修改程序上看,有较为严格的修改程序;就所规定的内容而言,宪法所规定的内容是涉及国家与公民这一最根本的社会关系,规定国家的根本制度和根本原则,需要国家机关与全体公民都遵守。而这一些基础要素,党章也好,政协章程也好,都不具备。我国有学者就认为党的章程属于自制规章,并指出:"现在尽管我们有'党规党法'这样的提法,但是这样的提法严格从法治的理念来讲是不合适的。党规可以说指党的规章,还说得过去,但是'党法'的提法容易模糊政党规范和国家法律规范的界限。自制规章是一个庞大的存在,至少在我国不能成为正式的法律渊源。"①

作为执政党的中国共产党也从来未把党章视为宪法的一部分,相反,自1982年以来历次通过的党章中,都明确规定了"党必须在宪法和法律范围内活动"的原则。现行《宪法》也明确规定:"一切国家机关和武装力量、各政党和各社会团体、各企业事业组织都必须遵守宪法和法律。一切违反宪法和法律的行为,必须予以追究。任何组织或者个人都不得有超越宪法和法律的特权。"应该说,人们还看不到中国共产党将自己的章程作为"宪法"让"全国各族人民、一切国家机关和武装力量、各政党和各社会团体、各企业事业组织"都作为"根本的活动准则"加以遵守的情况。关键是没有这样的事实。党章是党的行动纲领,由党的全国代表大会产生,是全体党员都要遵守的准则,也是全体党员权利与义务的重要依据,但不是全国人民的章程,不具宪法上的效力。

四、"基本法律"不是根本法

《宪法》第62条规定全国人民代表大会行使"制定和修改刑事、民事、国家机构的和其他的基本法律"的职权。"基本法律"一词由此而来。在我国,刑法、民法、两个特别行政区基本法等,都属"基本法律"。但我国的"基本法律"不是根本法,也不是什么宪法性法律,更不是德国法律体系中的那种"基本法"(宪法),这一点不能含糊。

在这个问题上,我国不少教材的说法都含混不清,以至于绝大多数教材在列举我国宪法渊源时都将宪法性法律纳入其中。"宪法性法律是指涉及国家根本政治制度和基本原则以及公民基本权利和义务等内容的法律。"②这是我国教材及专著中对宪法性法律的普遍定义,虽个别用语有所差异。③ 选举法、组织法等基本法律常被视为我国的宪法性法律,香港、澳门基本法通过后,普遍上也被视为我国的宪法性法律。但当这样描述时,我们却忽视了宪法性法律这个概念本身是否适宜于讨论我国宪法渊源的问题。在有宪法典的国家中,宪法性法律这个概念在逻辑上很难自圆其说。宪法性法律究竟是宪法还是法律?如果涉及国家政治制度与基本原则以及公民基本权利与义务的法律都可视为宪法性法律,并将其纳入宪法渊源,那么我国宪法的数量不是一部而是很多部,这样又如何体现我国成文宪法典这一

---

① 刘作翔:"特殊条件下的法律渊源",载《金陵法律评论》2009年春季卷。

② 肖蔚云等著:《宪法学概论》,北京大学出版社2002年版,第44页。

③ 肖蔚云等著的《宪法学概论》最初版由北京大学出版社于1982年出版,这是全国范围内,体现我国现行宪法内容的首本高等学校宪法学教材。

事实?

为了厘清宪法与宪法性法律之间的关系,有学者主张“在我国法律体系中专门划分一个与宪法典相对独立的新的法律部门——‘宪法法部门’,同其他部门法相并列”。[①] 有学者试图区分宪法关系与宪法性法律关系,认为“宪法性法律关系不是宪法关系,但也不是一般的法律关系”。[②] “宪法性法律是法律而不是宪法,它们与其它法律一样都是对宪法的‘规则化’,但又与其它法律明显不同……宪法性法律是‘宪法’法,是‘国家’法,是‘权力’法和‘权利’法。”[③]上述观点清楚地意识到宪法与宪法性法律之间的不同,但又由于抱住宪法性法律这个概念不放,于是都欲在宪法与一般法律之间再构造另一效力层面的宪法性法律。如果单纯这样进行法律效力上的划分,问题也不大,关键的是论述宪法性法律时又往往与宪法纠缠在一起,于是问题总是越讨论越混乱。有学者指出“宪法典或宪法性法律是宪法的存在形式”,[④]这一提法本身没有任何问题,在成文宪法国家,宪法典是宪法的存在形式;在不成文宪法国家,宪法性法律是宪法的存在形式。但如果以此结论来讨论中国宪法,进而指出香港基本法是宪法性法律,[⑤]那么香港基本法是不是我国宪法的存在形式?如果是,那意味着得认为我国是不成文宪法国家,如果不是,那它也就不可能是宪法性法律。这样矛盾结论的症结所在就是用不成文宪法语境中的概念来理解成文宪法。

“宪法性法律”概念源于英国宪法学说。在不成文宪法国家中,为了将宪法与其他法律相区别,人们在议会制定的法律体系中区分了宪法性法律与普通法律。詹宁斯在描绘英国法律体系时,认为包括宪法法律、刑法、民法、诉讼法及证据法。[⑥] 英国不成文宪法语境中,为了在法律这一层面区分出宪法与非宪法,因此采用了宪法性法律这一概念。由于无法依据制定的主体与程序等要素来区别宪法性法律与非宪法性法律,因此强大的宪法理论的支撑就显得尤为重要。因为没有宪法典,为了体现宪法内容的法律与一般法律的区别而使用宪法性法律,这不但不会引起歧义,反而构筑了英国法律体系中的效力等级制度,也为英国式的违宪审查制度奠定了基础。

与此相反,在成文宪法国家,由于独立宪法典的存在,而且习惯用语就称其为

---

① 杨海坤、上官丕亮:“论宪法法部门”,载《政治与法律》2000年第4期。

② 刘作翔、马岭:“宪法关系和宪法性法律关系”,载《西北大学学报》(哲学社会科学版)2005年第4期。

③ 马岭:“宪法性法律的性质界定”,载《法律科学》2005年第1期。

④ 刘茂林:“香港基本法是宪法性法律”,载《法学家》2007年第3期。

⑤ 同上。

⑥ 龚祥瑞著:《比较宪法与行政法》,法律出版社1985年版,第16页。

宪法。宪法与法律就成为两个具有各自固有范畴的概念,没有并存的可能。成文宪法典国家,宪法典被赋予根本法的地位,即对所有的人或事享有最高性。“透过宪法的优越性之原则,辅以达成此原则的附属制度,例如宪法解释、违宪审查权、政党违宪解散制度……宪法也成为提供国家与人民在法律生活许多‘当为’规范的来源。”①宪法作为根本法,除了其内容上体现一国最重要制度及公民最重要权利外,制定主体上具特定性,法律效力上具有最高性,制定与修改程序具特殊性。宪法性法律,本就是一个天生内含矛盾的概念。宪法性法律的形式是法律,但又具有宪法性,那它的效力到底是宪法还是法律?并且,我国学者往往在论述宪法渊源时谈及宪法性法律。宪法渊源应该是体现宪法效力的外在表现形式。如果宪法性法律是宪法渊源,那还是同一个问题,它到底是宪法还是法律?在目前我国宪法典体系下,这是一个逻辑上无论如何也说不清楚的概念。

有学者将基本法以“小宪法”替“宪法性法律”,②存在的问题还是一样的。大宪法与小宪法之间效力如何?如果依正常理解,效力应该是一样的,就如大人与小人都是人一样,性质是一样的。即使假定大宪法效力高于小宪法,那是不是意味要调整我国全国人大立法体系的效力等级制度?在同属于全国人大制定的基本法律中还得分出个小宪法高于其他基本法律,如果这样的话,以后是不是还可以根据基本法律所调整对象重要性的不同,进行效力上的一级一级细化?

据此,在研究我国宪法时不宜使用宪法性法律概念。其实,我国早已有学者对宪法性法律说不。“宪法性文件和宪法性法律这两个专门宪法学术语如果要作为内涵清晰的术语加以使用,必须要放在不成文宪法的制度下使用。”③作为学术研究,内涵清晰应该是基本要求。如果一个本就不应该在我国宪法学语境中使用的概念,那么,结果是越试图去解释越是解释不清。我国《立法法》未就全国人大与全国人大常委会之间的立法权限进行分工,现实中一般是以不同的制定主体区分为基本法律与一般法律。基本法律是指由全国人大制定的相对而言较重要的法律,而一般法律则是指全国人大常委会制定的法律。选举法、组织法、香港基本法以及澳门基本法等,是全国人大依据一般立法程序制定的基本法律。在基本法律层面内进行效力等级划分没有任何根据,并且“基本法律”也不具德国那样的基本法(即宪法)的特征与效力。

① 陈新民著:《宪法学释论》,台湾三民书局2005年修正5版,第3页。

② 郑贤君:“我国宪法解释技术的发展——评全国人大常委会99《香港特别行政区基本法》释例”,载《中国法学》2000年第4期。

③ 徐秀义、韩大元主编:《现代宪法学基本原理》,中国人民公安大学出版社2001年版,第87页。

五、用国外学者的眼光看中国宪法现实很难得出恰当结论

综观上述有关宪法渊源研究思路与结论，虽然出发点都在于寻找我国宪法典外的其他宪法性规范与实践，但研究得出的结论却是远离了中国宪法典这一客观存在。研究中所表现出来的通病用一句话形容，就是戴着外国学说的有色眼镜看中国的问题。

1. 套用不同语境下的宪法概念。“不成文宪法”与“宪法性法律”这两个概念源于英国式的宪法语境，经英国宪法学者强有力地阐述而为世界各国宪法学人所了解并接受。美国作为现代成文宪法的肇始国，美国宪法学者亦研究出一套适用于其国情的宪法体系与宪法概念。虽然从成文宪法角度看，英、美有显而易见的区别，但由于两者同源于普通法系的法学传统与实践，因此，英国某些宪法概念经过特定条件的假设与技术处理，亦可以完全用于美国宪法的研究。我国宪法语境与英、美存有很大差异。与英国相比，我们是成文宪法典的国家，与美国相比，我们属于大陆法系，我们没有判例的适用，也没有普通法院的宪法审查机制。我国宪法学者普遍上充满着对英美宪法的崇拜，在研究我国宪法问题时则不自觉地纠缠于英美式的宪法概念体系之中，并且套用不同语境中的宪法概念，只为得出其想要的结论，而忽视这些概念是否可以一致地、合理地、科学地用于解释中国宪法的实际。

2. 生搬硬套西方法社会学理论。法社会学作为法学的分支学科之一，从世界范围而言，首次繁荣时期为1900年至1933年间。[①] 埃利希的“活法”，霍姆斯的“法律的生命不是逻辑，而是经验”，这些都是法社会学的经典结论。诚如，“在当代以及任何其他的时代，法的发展的重心既不在于立法，也不在于法学或司法判决，而在于社会本身。”[②]但是，若脱离中国实际，将西方法社会学理论生搬硬套于中国宪法的研究，并试图去发现中国社会中存在的“活的宪法”，那么其结果就是无中生有，是“生造”宪法。任何国家，法学学科的发展都从规范法学开始，首先必建立于立法过程完善基础之上，随之是司法过程的完善。唯当立法、司法的发展与研究达一定高度并出现“瓶颈”时，单凭规范法学方法不足以解释法现象时，与其他学科相交叉的法学研究方法自然应运而生，法社会学、法政治学等无一不是如

---

① [德]托马斯·莱塞尔著：《法社会学导论》（第4版），高旭军译，上海人民出版社2008年版，第30页。

② [奥]欧根·埃利希著：《法社会学原理》，舒国滢译，中国大百科全书出版社2009年版，作者序。

此。当前中国,规范宪法的研究趋向于成熟,但远未达到成熟,更未达到"瓶颈"。法治观念薄弱、规则意识缺乏、权力自律性差是我国当下实际情况。在如此客观事实面前,用西方法社会学那一套理论来研究中国宪法问题,不是生搬硬套又是什么呢?

3. 不正视中国制定法制度这一客观实际。从宪法、法律、行政法规、地方性法规至规章,我国有一套自身的制定法体系。随着2000年《立法法》的通过,从立法层面而言,我国的法学发展进入一个新的时期。据我国《宪法》所设定的权力配置框架,人民代表大会是我国权力机关,其地位高于同级其他国家机关,并将立法权分配至中央和地方各级有权的人民代表大会及其常委会。从法系角度而言,我国属于大陆法系,判例不具有反复适用性,也不具有往后的约束力。最高人民法院作为最高审判机关,发布于《最高人民法院公报》上的一些典型案例虽然对各级法院有着重要的影响,但也仅仅是指导,而不具有强制性约束力。我国的宪法审查制度属于权力机关审查模式,归属于全国人大及其常委会。因此,我们无法让我们的法院去发现或创造宪法。判断什么是宪法时,必须根据不同的宪法传统与宪法制度。用英美的普通法系制度与理论来认识我国宪法,那就是误将中国当英国或美国。

4. 西方的思维与中国特色的结论。学者们以各自的学术能力,着眼于中国,强调中国思维,力图为中国宪政勾画未来,这实属难能可贵。但有些情况下人们也可能无形之中走入的是这样一个怪圈:一方面,强调用中国思维去塑造中国宪政体制,不要重复西方式宪政,但他们为得出结论而进行的大量理论铺垫内容却都是西式话语。在一篇论文的摘要中有这样一段话:"基于对英美宪法学说与宪政实践的分析,作者区分了古典的政制与现代的宪法、政治宪法与法院宪法,进而主张任何国家的宪政运作实际上都依赖不成文宪法,从而奠定不成文宪法的法理学基础。在此基础上,文章选择中国宪法中关于国家建构中四个关键性问题,着重探讨中国不成文宪法的四个主要渊源,即成文宪章、宪法惯例、宪法学说及宪法性法律。"①话语很西方,但结论指向很中国。党章、"三位一体"的国家主席、法院与检察院的政治性优于法律性,等等。这些结论都脱离了中国真实的宪法渊源,带有过多用外国学者的思维想中国宪法现实之想当然的色彩。如此一来,其结论自然站不住脚,对我国宪法的实施乃至宪法学的发展,都难免负面的影响大于正面的价值。

① 强世功:"中国宪法中的不成文宪法——理解中国宪法的新视角",载《开放时代》2009年第12期。

六、结　束　语

中国现有的宪法渊源基本上就是包括历次宪法修正案在内的《中华人民共和国宪法》,尚没有证据表明我国宪法还有其他渊源。论证我国宪法还有更多渊源没有必要、没有意义、没有根据,属画蛇添足。

在宪法领域,中国面临的首要需求是严格实施宪法,监督宪法实施,其次是进行宪法解释和必要时修改宪法。我国民族从整体上看还是一个宪法意识、法治意识、规则意识很弱的民族,要确保《宪法》得到遵守任务已经十分艰巨,不需要无中生有、制造更多的"宪法"渊源。生造更多的"宪法"渊源,除稀释宪法、淡化宪法意识、淡化规则意识外,对宪政法治建设、人权保障不会有任何积极意义。

(2010年第9期)

2011 年

中国宪政的路径与局限

张千帆*

众所周知,就和法律不等于法治一样,宪法和宪政也是不能混为一谈的两回事。在经济和法治改革30年中,不同层级的立法者制定了众多法律、法规、规章,但是中国至今仍然面临着如何落实这些法律规范的问题。对于1982年《宪法》来说,理念和现实之间的差距更大,因为民法、刑法乃至行政法都可以通过诉讼形式获得一定程度的实施,唯独"国家的根本法"却因为迟迟不能进入诉讼而至少得不到司法的实施,从而使中国长期陷入有宪法而无宪政的状态。①

造成这种现象的原因是多方面的。司法审查机制的缺失是最显然和最直接的原因,但也只是一个表层原因——既然如此,为什么不建立一套行之有效的司法审查制度呢?至少从2001年最高法人民院对齐玉苓案的批复首次适用《宪法》开始,宪法学者一直在论证司法审查制度的必要性与可行性,但是终究功亏一篑。事实上,不仅齐玉苓案后无来者,而且2009年最高人民法院自己终止了齐案批复的效力。② 齐玉苓案的"短命"表明,司法审查的缺位本身只是宪法制度缺陷的现象而非根本原因;要纠正这种制度缺陷,只是靠几位开明、善意甚至锐意进取的法官或行政官员是远远不够的。如果司法审查对于实现宪政是必要的,而宪政维护和促进的是"最广大人民的最根本利益",那么"人民自己"才是推动宪政进步的原动力。③ 在法治国家,人民可以在日常的非"宪政时刻"依靠有效的宪法制度保护自己;④但是在这套制度确立之前,人民在缺乏制度依靠的情况下没有别的选择,往往不得不用自己的身体甚至生命换取基本生存的权利。

本文沿着两条路径,梳理并分析中国近年来的宪政发展。一条是以齐玉苓案为标志的官方路径,但是这条路径随着2008年年底最高人民法院终止该案批复的效力而寿终正寝。另一条则是以孙志刚事件为标志的民间路径,民众首次通过网

---

* 作者单位:北京大学宪法与行政法研究中心。

① 张千帆:"认真对待宪法——论宪政审查的必要性与可行性",载《中外法学》2003年第5期。

② 《最高人民法院关于废止2007年底以前发布的有关司法解释(第七批)的决定》(法释〔2008〕15号),载 http://www.chinacourt.org/flwk/show.php? file_id=132344。

③ 美国学者克雷默教授曾专门以此为题出版"人民宪政"学派的代表作,参见[美]拉里·克雷默著:《人民自己——人民宪政主义与司法审查》,田雷译,译林出版社2010年版,导言部分第1~8页。

④ Bruce Ackerman, *We the People* (*vol.* 2): *Transformations*, Harvard University Press (1998), pp. 5-27.

络等媒介工具强烈抗议地方官员的不当行为酿成的悲剧，进而将矛头指向严重歧视农民并限制公民人身自由的收容遣送制度。可以预见，这条路是艰难崎岖的，但是自2003年以来却取得了重大制度进展。本文简要回顾两条路径所取得的主要宪政进展，并审视其成败得失，最后指出民间宪政路径的内在局限。如果国家制度结构使得不同层级的政府官员都将宪政作为对少数既得利益者的威胁，而非对所有人的权利保障，那么宪法将注定得不到落实；要真正落实宪法，人民自己还得站出来维护属于自己的权利。

一、宪法死了抑或宪法万岁

宪法规范和现实之间的脱节或许在法治国家看来是令人吃惊的，但是在中国历史上却是屡见不鲜的常事。事实上，中国古代法律或律令也面临和现代类似的实施困境。据说汉景帝一度废除肉刑，悉以鞭刑代之，但是这项人道主义敕令却因为狱卒滥用执行权反而导致更多的犯人被打死；直到皇帝亲自减少鞭数，严格规定竹鞭的形状和尺寸并禁止行刑过程中换人，情况才有所缓解。① 问题在于，并非所有的执法都能变得像鞭子的尺寸那样具体，而法律内在的模糊和灵活必然给执法官以滥用执法权的充分机会，进而产生和法律本意相悖的结果。现实中的规则和书本上的规定不是一回事，吴思的“潜规则”一词形象概括了中国法律和现实之间的差异。② 无所不在的潜规则不仅困惑了中国历史上的每个朝代，也同样困惑着近30年的法律改革。在规定和现实脱节的意义上，宪法似乎确实是“死”了。

然而，中国宪法虽然至今处于“休眠期”，却并不意味着宪法失去了社会意义。许多人都为宪法实施的进展感到着急，但是这并不表明宪法在中国只是一个“门面”而已。即便短视自私的官员具有忽视或规避宪法的天然倾向，越来越多的平民百姓开始认真对待宪法，因为宪法毕竟被设想是为了保护他们的利益而制定的。一位老人在百余街坊的支持下，手持《宪法》阻挡开发商雇用的黑社会强拆自己的房子，这动人的一幕足以体现宪法在人民心中的地位。③ 确实，在缺乏制度支持的情况下，绝大多数人最后都难以保护自己的宪法权利，这位老人最后也没能保住自己的房子，但是本文的主旨正在于说明，即便宪法的实际影响看似微不足道，人民不断提升的宪法意识仍然在某些情况下发挥了关键作用。

---

① 《汉书·景帝纪》、《汉书·刑法志》。

② 吴思著：《潜规则——中国历史中的真实游戏》，云南人民出版社2001年版，“自序”部分。

③ 包丽敏：“政府发出强制搬迁通知书，老人手持宪法进行抵制”，载《中国青年报》2004年4月5日。

基于以下几点原因，即便一部没有实施的宪法仍然可以为保护公民权利和利益发挥一定作用。

第一，几乎所有政府都关心自己的形象，即使威权政府也不例外；这一点可以作为不证自明的行为假定，无须赘述。废弃宪法、过度滥权的后果必然是人民遭殃，进而导致大规模社会冲突和不满，最后社会目睹这些负面新闻的结果必然是损害政府形象。即便地方政府一直试图隐瞒贪污腐败、群体冲突、煤矿爆炸、环境污染、食品中毒等自己会被查究责任的负面事件，但隐瞒真相变得越来越难。事实上，网上几乎每天都能随意浏览到事关政府官员的负面事件。[①] 如此频繁的报道必然对中央产生压力，促使其采取措施维护形象。

第二，政府官员并非完全是纯粹利己的自私动物。即便官员并不是通过直接选举产生的，他们并未完全脱离群众，因为每一个政权都要通过某种机制更新血液。例如，在中国古代，科举制就把一些平民出身、熟读经典的青年拉进统治圈，从而维持了政府和社会之间哪怕是微弱的联系。今天，中国也有类似的程序，从学界、商界等职业群体吸收有才能的人选，更不用说重要的法律和规章本身就是政府和学术界合作的产物，而后者比一般老百姓更熟悉法治先进国家的治国经验。不可否认的是，中央政府和社会精英至今仍然是宪法和法律改革的主要推动力量。事实上，虽然安徽凤阳小岗村的18户村民1978年就私订契约打破"人民公社"桎梏，是党的十一届三中全会正式确认了小岗试验的合法性，并在全国范围内开展经济改革。[②] 在1989年《行政诉讼法》首次授权"民告官"的时候，平民百姓几乎没有听说过"行政诉讼"一词，而政府自愿制定该法以限制自己的自由裁量。1982年《宪法》本身是由宪法专家组成的委员会起草的，[③]4次修宪逐步确立了私营企业的合法地位与平等地位（1988年和1993年）、依法行政和法治国家（1999年）、尊重人权和私有财产（2004年）等基本原则，而这些宪法进步也在很大程度上归功于政府和学者之间的合作努力。2007年，国务院通过《政府信息公开条例》，规定各级政府都要遵循公开透明原则，要求各级政府披露当地灾难并对故意隐瞒事故等

---

① 仅在2010年4月11～27日就发生了数起受到全国关注的重大事件，其中既有看守所和劳教场所发生的侵犯人权事件，也有质疑政府落实安全生产规定的煤矿爆炸事件。具体事例参见洪启旺："湖北两男子拍摄上访被送精神病院"，载《羊城晚报》2010年4月11日；刘灏："开封劳教所学员被'冲凉死'，3人目睹全过程"，载《潇湘晨报》2010年4月13日；褚朝新："唐山劳教者'骷髅死'，1.8米重70斤"，载《新京报》2010年4月14日；钱昊平："山东威海看守所一在押人员疑遭针刺死亡"，载《新京报》2010年4月17日等。

② "中国共产党十一届三中全会公报"，载《人民日报》1978年12月24日。

③ 许崇德："亲历中国宪法的发展"，载《人民日报》2003年10月29日。当然，学者是在政治指导下起草《宪法》，参见王汉斌："邓小平亲自指导1982年宪法的起草"，载《法制日报》2010年3月15日。

违法行为规定了处罚。[1] 因此,政府的自利性并不意味着执政党内部没有落实宪法和法律的动力;相反,对于偌大中国,无论是中央还是地方都不乏能干、开明、负责并愿意促进国家法治的官员。[2]

第三,虽然政府到了实施宪法和法律阶段可能会变得吝啬得多,这并不等于说这些法律就完全失效,而只是说它们的实际效力被打上了法治国家所不能接受的很大折扣。但是不论多么微不足道,这些法律多少还是产生了一定效果。如果法律主张并没有得到有效实施,这些法律的存在至少为权利受到侵犯的人民提供了道德力量,并帮助中国社会清楚认识到公权滥用的错误。尤其是近年来,随着民间宪政与法治意识的不断增强,人民越来越清楚地认识到宪法或法律规范和他们实际利益之间的关联,并开始有意识地用宪法和法律保护自己。老人持宪抗拆的故事只是其中一例,许多处境类似的个人或家庭纷纷用法律手段挑战公权力行为。2007 年夏,正值《物权法》通过之际,重庆"最牛钉子户"就成功迫使当地政府在公共压力下让步,并获得了满意的拆迁补偿。因此,中央政府颁布进步的宪法修正案和法律之后,实施新规则的压力随之产生,好比政府和公民之间达成了一项新的契约,违背契约将被普遍认为是不可接受的。新法未必具备有效的实施机制,但是它代表了中国社会的道德共识,一般不允许走回头路。于是,一旦通过了一部新的良法,政府似乎进入了一条单行马路。今天,无论哪个统治者都不可能删除宪法规定的人权、法治、私有财产或任何受到普遍拥护的条款,而不激起媒体、学界和整个社会的强烈反应;[3]任何执政者都不可能取消行政诉讼、信息公开、程序正义或其他被普遍认为对于公民的法律保障至关重要的制度或原则,而只有在其能力范围内落实这些规定和机制;如果它们得不到有效落实,政府即被认为没有履行应尽的职责。

在这个意义上,宪法及其修正案"虽死犹生",对于今日中国社会发挥着举足轻重的作用。

---

① 例如 2008 年 9 月 9 日,山西襄汾县发生严重溃坝事件,地方官员试图瞒报死亡人数,结果事后遭到国家安监总局的调查,参见杜宇:"山西襄汾溃坝事故发生瞒报",载《南充晚报》2008 年 9 月 18 日。

② 例如,中央编译局设置了"中国地方政府创新奖",几个确实锐意改革的地方政府曾经获奖,载 http://www.chinainnovations.org/index5.html? no =1。

③ 例如 2010 年 9 月,全国人大常委会公布《〈全国人民代表大会与地方人民代表大会代表法〉修改草案》,其中包括限制代表独立行使职能的条款,受到学术界和媒体广泛争议。然而,最终修正案并没有吸取社会意见,但是同时修改的《村民委员会组织法》确实部分吸收了全国人大内司委征求的专家意见,譬如坚持保留村委会的 3 年任期,尽管基层干部普遍要求将任期统一改为 5 年。参见张千帆:"村委会组织法修改须确保农民民主权利",载《中国经济时报》2010 年 9 月 21 日。

二、官方路径之兴衰

推动宪法实施的动力既可以来自民间，也可以来自政府。和民间宪政路径相比，官方路径成本更低也更有效，但是存在缺乏可持续性等根本局限。2001年的齐玉苓诉陈晓琪案在法学界可谓家喻户晓，无须赘述。最高人民法院的司法能动之举不仅暗示了法院适用宪法的可能性，也激起了学界和社会的极大热情。然而，事后的发展并未能维持乐观的期望。法院不仅没有采取任何积极步骤，在"宪法第一案"的基础上发展出一套可实施的宪法权利体系，而且一直消极回避宪法。事实上，自2001年之后，中国就没有再出现一个所谓的"宪法案例"。当然，这并不意味着中国没有在宪法问题上取得任何进展。近年来，在某些平等权诉讼中，原告甚至在法院内外获得胜利，但这些案件没有一个是依据宪法而获得判决的。

例如，在2004年的"乙肝歧视第一案"中，安徽省因在公务员考试中拒绝乙肝病毒携带者而受到起诉。原告张先著主张公务员录用标准侵犯了其担任公职的平等权利，违反了《宪法》第33条规定的"公民在法律面前一律平等"原则。芜湖市中级人民法院虽然判决原告胜诉，拒绝录用的决定因"证据不足"违法，但是完全回避了宪法问题。事实上，安徽省高级人民法院行政庭的庭长似乎认为平等条款仅适用于法律的错误适用而非法律归类本身，因而不能适用宪法。在1982年《宪法》制定初期，中国法学界确实有人坚持这种保守解读，但是至少近20年来早已被抛弃。这项判决与其说是维护当事人的平等权利，不如说是体现了中国法院缺乏适用宪法的基本担当和知识积淀。

齐玉苓案批复的兴衰可以从司法改革的更大背景下得到理解。[①] 自1999年以来，雄心勃勃的司法改革原本是要将原先过度政治化的法院职业化，进而使中国的法官变成"真正意义上的法官"。[②] 现在看来，司法改革确实改变了中国司法的政治化外观，军服、肩章、大盖帽换成了法袍和法槌，但是法官的思维似乎没有发生根本转变；更重要的是，法院内部的权力结构和外部的司法环境几乎没有一点变化，尤其是政府和司法之间的控制关系没有任何变化。法官在院长的领导下，院长又在当地政府的领导下，整个司法结构高度依存于政治权力，根本无力抵御政治干预，因而实际上无法履行《宪法》第126条关于"人民法院独立审判，不受行政机构

① 张千帆："转型中的人民法院——中国司法改革回顾与展望"，载《国家检察官学院学报》2010年第3期。

② 时任最高人民法院院长肖扬的原话，参见"高法公布五年改革纲要"，载《人民日报》1999年10月23日。

和社会团体干预”的要求。在启动10年之后，看上去疲惫不堪的司法改革已经失去了动力和方向，再次走到了十字路口。10年之前，司法改革朝向职业化的共同目标；10年之后，最高人民法院却和少数学者联合起来提倡“司法大众化”，甚至回到延安时期的“马锡五模式”。实际上，这条路线的“改革”非但不可能真正让“人民”发挥更大的作用，①而且只能进一步削弱司法威信和职业化，加剧司法政治化并进而产生更大的司法不公。

中国司法改革的宏观趋势以及齐玉苓案批复的个案命运证明，在缺乏民间意识和支持的情况下，宪法和法律的明文条款将继续保持“休眠”，而不会发挥实质性作用。毕竟，既然现代宪法的核心在于保护广大人民的基本权利，宪法权利保障只有在人民自己出面的情况下才可能发生效力。和引起巨大社会反响的孙志刚事件不同，齐玉苓案的夭折只是在法学圈子里激起过一点涟漪，②而从来没有在更广泛的社会范围内产生任何争议。司法改革确实在法学界得到压倒多数的认同，但是在最高人民法院前任院长和少数法学家的推动下单兵突进，而并没有得到民众的广泛支持；没有人民的支持，具有进步意义的改革一旦遭遇既得利益的强大阻力便必然失败。

三、孙志刚事件与民间宪政的兴起

齐玉苓案体现的司法创意代表了制度改良的官方努力，而这类努力不但极其罕见，而且在没有人民的觉悟和支持下也难以为继。然而，这显然不意味着中国在过去30年没有取得任何宪法成就。从取消剥夺亿万农民自由的“人民公社”到建立承认农民基本自由的家庭承包责任制，再到废除收容遣送并改革将农民捆绑在农业土地长达半个世纪之久的户籍制度……中国人权状况自改革开放以来得到了极大改观。更重要的是，推动这些改革的原动力并不是少数开明官员，而是宪法所要保护的普通男女老少。

在中国民众推动的这条宪政路径上，第一个标志性事件就是在齐玉苓案两年后发生的孙志刚事件。但是和前者不同的是，孙志刚事件不仅产生了持续的制度影响，而且还开创了民众、媒体、中央以及地方政府的互动维权模式。2003年的孙志刚事件本来是发生在广州收容所的一起滥用公权悲剧，但是经过媒体报道后影响迅速扩展到全国。民众通过媒体尤其是网络对孙志刚的个人悲剧表达了强烈的

---

① 张千帆：“司法大众化是一个伪命题”，载《经济观察报》2008年7月26日。

② 例如，《法学》月刊2009年第3、4期刊登的争论，即便宪法学界内部也对这一问题众说纷纭、莫衷一是。

同情,对肇事者表达了强烈的愤慨,并通过青年法学家上书全国人大常委会将公共视线聚焦到造成这起悲剧的制度根源——收容遣送及其所服务的户籍制度。最后,社会抗议引起了中央高层关注;中央不仅责令地方纠正错误,而且采取果断措施废除强制性的收容遣送制度,并代之以自愿救助制度。

孙志刚事件不仅终结了一项剥夺自由和歧视农民的恶法,而且触发了一系列对中国法律制度产生重要影响的公民维权事件,包括仍在持续的城乡户籍、①劳动教养、刑事正当程序和死刑复核、②农村征地和城市拆迁等方面的制度改革。事实上,绝大多数这类改革可以被认为是"孙志刚模式"的产物,因为它们在本质上共享了孙志刚事件经历的同样过程。孙志刚模式可以被归纳为3个连续步骤:一是原有制度造成的悲剧受到媒体披露,二是媒体报道产生了强烈的社会抗议,三是社会反响震动了中央并促使其采取纠正措施,甚至废除原有制度,形成新制度。不夸张地说,2003年之后的中国维权事业基本上是在"孙志刚模式"下展开的,而只要中国社会的基本权力结构和政治运行机制保持不变,那么中国式维权就跳不出孙志刚模式。

2009年年底的唐福珍事件成为孙志刚模式的最新注脚,并有望借此催生新的城市拆迁制度。1990年以来,中国加速了城市化和城市改造进程,而土地公有制、不受控制的地方公权力和公正补偿原则的缺位等因素加在一起,为地方政府创造了过度征收和过度发展的巨大动力。③ 没有公正补偿,财产征收必然剥夺公民的基本生计,造成大量上访并成为群体性暴力冲突的首要原因。④ 2004年修宪和2007年《物权法》都表达了对私有财产的尊重,但是都没有明确要求以公平市价为标准的公正补偿。法律漏洞加上法律"没牙",造成许多地方政府肆意行使《城市房屋拆迁管理条例》对剥夺公民财产的授权。⑤ 2009年12月23日,不人道的城市拆迁制度终于衍生了唐福珍自焚悲剧。⑥ 比孙志刚事件更进一步,手机现场记录

---

① "农业户口将逐步取消",载《新京报》2007年3月30日;"南京取消农村户口",载《中国青年报》2004年6月25日;"广州将试点取消农村户口,用身份证取代户口簿",载《南方都市报》2008年11月5日。

② 刘炳路:"佘祥林蒙冤11载,有罪推定是祸首?",载《新京报》2005年4月14日。

③ Frank I. Michelman, Property, Utility, and Fairness: Comments on the Ethical Foundations of "Just Compensation" Law, 80 *Harvard Law Review*(1967).

④ 赵小剑:"'土地新政'背后的政治经济学",载《财经》2004年第21期。

⑤ 例如,手持《宪法》抵制拆迁的那位老人最终未能在上百名街坊的支持下保住自己的房屋不被拆迁,参见包丽敏:"北京老人持宪法抵制拆迁追踪:房已被强制拆除",载《中国青年报》2004年4月16日。

⑥ "成都拆迁户与城管对峙3小时后自焚身亡",载 http://news.163.com/09/1202/10/5PH8QC3K00011229.html。

的自焚视频很快在网络上传播开来，并产生强烈的社会反响；在北京大学5位学者上书全国人大常委会要求废除《城市房屋拆迁管理条例》之后，国务院法制办在公众压力面前迅速启动了修改《城市房屋拆迁管理条例》的程序，并很快出台了一份征求意见稿。[①] 然而，由于征地拆迁直接涉及地方"土地财政"，正式修改草案迟迟不能出台。和收容遣送不同的是，旧的拆迁条例通过授权压低补偿、强制征收而产生了庞大的既得利益集团，因而其修改必然因面临地方政府的强大阻力而困难得多。[②] 虽然法制办一度表示倾向于规定公正补偿并严格界定"公共利益"的范围，但是人民并不直接参与中央和地方的博弈过程，因此结果尚难预料。毕竟，中国的地方政府承担着落实绝大多数中央法律和政策的重任，并对于落实程度享有相当大的自由裁量。孙志刚模式能在征收拆迁领域推进到什么程度，目前尚难定论。

四、孙志刚模式的内在局限及其超越

虽然齐玉苓案所启动的宪法司法化尝试昙花一现，但中国宪政仍然沿着孙志刚事件开辟的民间路径持续发展。从2003年的孙志刚事件到2009年的唐福珍事件，中国宪政就在这条崎岖之路上蹒跚而行。虽然本文的评价是总体乐观的，但孙志刚模式是否能继续引领中国的宪政改革并渐进消除造成社会悲剧的制度根源，却前途未卜、充满变数。

1. 孙志刚模式的内在局限

即便孙志刚模式在现有制度环境下继续运行，它的局限性也是显而易见的。

首先，宪政制度进步的代价极其高昂。尤其在如今各类社会悲喜剧和群体性事件此起彼伏的状态下，要产生足够的公共影响并触动中央采取任何行动，通常必须是惊天动地、人命关天的大案。孙志刚和唐福珍都是旧制度的牺牲品，他们用自己的生命为中国制度改良铺路，只有如此震撼人心的悲剧才足以激发中国公众的良知并带来有限的制度改革。事实上，就和人们对无所不在的贪污腐败早已见怪不怪，对触目惊心的审计黑洞已经呈现"审丑疲劳"一样，中国公众对于社会悲剧的"耐受度"也随着各地各式悲剧的频发而不断提高；放到今天或不久的将来，孙志刚乃至唐福珍事件都未必能激起当年的那种轩然大波。

其次，孙志刚模式的结局是高度不确定的。对于这一点，看看这个模式迂回曲折的运作方式就不难理解：先是必须存在足够震撼人心的事件，事件真相还必须通

① 新《城市房屋拆迁管理条例》的征求意见稿确实规定了有限的公民参与程序，如第4条规定了征收补偿应符合决策民主、程序正当、补偿公正等原则。

② 张千帆："拆迁变法需要人民参与"，载《中国经济时报》2010年7月28日。

过媒体广泛传播并产生足够强烈的社会反响，最后才有可能震动中央并促使其进行相关领域的制度改良，而中央政策不仅要纠正造成悲剧的特定政府或部门行为，而且还要为全国各地各级政府贯彻落实。在事件发生—社会影响—中央改革—地方落实这个漫长流程中，任何一个环节上的障碍都足以阻塞整个改革的链式反应。虽然悲剧事件在当前的制度环境下并不鲜见甚至每天都在发生，但恰恰是社会悲剧和群体性事件的常态化使得人民和政府都趋于“适应”、疲惫甚至麻木。媒体报道可能受到地方政府压制，陕西渭南进京拘捕反映当地移民问题的作家谢朝平就是一例。[①] 中央政府则可能感觉改革时机不到，或在地方压力下踌躇不前，或采取象征性改革姿态平息舆论，而实质性改革却被束之高阁；即便旧制度获得实质性改革，也会面临中国中央地方博弈中常见的“上有政策、下有对策”现象，地方政府和中央玩起“捉迷藏”游戏，新制度为人民带来的好处则难以落实下去。

事实上，早在孙志刚事件和唐福珍事件之前，收容遣送和城市房屋拆迁制度就已经制造过不止一起死亡事件，但它们或者是没有被报道，或者是出于种种原因没有产生足够的社会影响，或者是未能触动中央采取改革措施。在这个意义上，孙志刚事件对于制度进步的推动只是一次幸运的偶发事件，中央恰好在废除收容遣送的必要性上和社会基本达成共识，并和当年汉景帝规制竹鞭一样，采取了完全废除强制收容的清晰措施，从而没有为地方滥用自由裁量留下太多空间。但是在其他领域，即便中央政府决策已定，改革也未必能在各地收到同样效果。例如，至少自佘祥林案件以来，最高人民法院和最高人民检察院明确禁止刑讯逼供，但是近年来各地看守所的非正常死亡事件却有所回升，[②]而比佘祥林案性质更为恶劣的聂树斌案则至今没有得到纠正；[③]虽然最高人民法院明确要求重审，但是河北省高级人民法院却一再拒绝改正自己的错误，以致受害人家属和律师交涉多年，该案仍原地踏步，未取得任何实质性进展。[④]

归根结底，宪政进程中的不确定性是源于公民权利缺乏制度保障。在自由民

---

① 钱昊平：“陕西渭南警方进京抓走作家，称其出书涉非法经营”，载《新京报》2010年9月1日。

② 影响最为恶劣的是发生在云南的“躲猫猫”事件，参见“看守所男子死于躲猫猫”，载《中国青年报》2009年2月28日。对于其他类似事件，参见“陕西学生受审死亡续，丹凤县公安局长被停职检查”，载《京华时报》2009年3月22日；“安徽一七旬疑犯猝死看守所，检方已介入调查”，载《新快报》2009年4月7日；“河南青年看守所内死亡，警方称喝开水后突然发病”，载《重庆晚报》2010年2月26日。

③ 赵蕾、邓江波：“最高法再审审查聂树斌冤案列‘重案之重’”，载《南方周末》2007年11月8日。

④ 赵凌：“‘聂树斌案’翻案渺茫”，载《南方周末》2009年11月11日。据一位著名刑事辩护律师告诉笔者，最高人民法院之所以没有进一步强力纠正这一起冤案，是因为害怕来自河北省的全国人大代表在人大会议上拒绝通过最高人民法院工作报告。平时一贯的“橡皮图章”居然以这种方式行使自己的“民主”权力，确实是令人始料未及的。

主国家，任何层级的政府都主要通过周期性选举对其选民负责；相比之下，中国各级政府并不直接受制于选民压力，因而也不会感到有义务采取符合民意的措施。不仅政府行为不能受到有效的法律监督，而且法律和政策本身就往往是出于保护既得利益；即便是纠正最公然的恶法也取决于一系列因素的复杂平衡，譬如政府官员的自我利益、公共形象以及改革停滞甚至倒退可能带来的社会风险等。这种左顾右盼的权衡必然是结果不确定的，并随着社会状况和领导个人特征而发生变化。虽然公众对唐福珍事件反应强烈，但是《城市房屋拆迁管理条例》的修订却在地方政府的重重阻力下迟迟不能出台，只是最近发生的又一起拆迁自焚事件才推动了变法进程。① 事实上，变法的启动不仅没有延缓城市拆迁，而且促使对拆迁前景忧心忡忡的地方政府加快步伐，各地竞相违规"突击拆迁"，造成了比唐福珍事件性质更为严重的悲剧事件。② 大多数这类事件发生在农村的事实也表明，即便《城市房屋拆迁管理条例》成功修改也不能改善农村征地拆迁的状况。虽然国务院法制办表示将同时考虑农村征地拆迁问题，但是农村变法进程很可能阻力更大，结果也更难预料。

最后，制度改革不仅面临政府阻力，更根本的是，中国公众的一般观念并不总是接受现代宪政原则。发生在刑事正义领域的两起案例提醒我们，民众对官员腐败和黑恶势力的深恶痛绝未必能成为政治民主化的动力，却足以促成情绪化司法并使之丧失对法治的耐心和宽容。如果 2003 年的刘涌案显示民众对刑事正当程序的法律意识不强，那么 2009 年重庆"打黑"衍生的李庄案则表明民众的法治意识尚不成熟。对于习惯了政治运动风浪的中国民众来说，运动式司法或许具有一种天然的吸引力，将近半数的网民在调查过程中表示接受法学界争议激烈的李庄案判决。③ 这些案件表明，中国社会只是有条件地接受生命权或正当程序。公众对公权滥用的受害者尤其是弱势群体深表同情，但是对于已被媒体定性为社会公敌的刘涌或为贪官污吏辩护的李庄之流，他们并没有太多耐心守候公正审判所必备的正当程序。法院则过于孱弱，完全不足以抵御政治干预或社会压力。

2. 孙志刚模式的超越

孙志刚模式的主要缺陷在于公众完全是一个被动的反应机器，只是对其密切关注的社会事件表达自己的情绪化判断。即使公众反应产生了一点实际效用并成

① "江西宜黄县强拆钉子户爆发冲突 3 人自焚"，载 http://news.163.com/10/0912/04/6GBTTHNK0001124J.html。

② 刘灏、刘中璞："武汉 7 旬老妇阻止强拆被活埋致死"，载《潇湘晨报》2010 年 3 月 5 日；徐滔、李秀婷："江苏东海父子自焚阻止强拆，亲属被送至野外看管"，载《南方日报》2010 年 3 月 29 日；孔璞："四川村民因征地自焚引发多人聚集，拍摄者被拘"，载《新京报》2010 年 4 月 24 日。

③ 赵蕾："李庄案：法庭内外的较量"，载《南方周末》2010 年 1 月 7 日。

功触动中央采取纠正措施，这些事后纠错也必然只是迟到的正义。在本质上，孙志刚模式不是改善防止公权滥用的制度能力，而只是提供了纠正程序的一种触发机制，而这种纠正机制本身不仅从预防角度来看必然姗姗来迟，而且完全不足以防止一个受制于公权滥用和腐败的陈旧制度安排不断产生的恶性错误。事实上，连中国公众都已经呈现出"审丑疲劳"。几年前，国家审计署报告揭露的资金违规现象还引来各界口诛笔伐，如今问题依然没有解决，却再难以引起公众的兴趣。[①] 正如中谚云，"抽刀断水水更流"；要从源头上解决问题，人民自己需要站出来积极参与公共决策并监督实施。

近年来，中国公众参与出现了更为积极的新势头，具体表现为公民对于地方公共决策发挥更加能动的作用。在以下列举的3个例子当中，两个都是地方居民抗议当地政府决定可能严重影响其健康、安全或生活质量的环境保护行动，一个则是乙肝病毒携带者针对地方和部门歧视而自发组织的平等保护行动。如上所述，乙肝歧视的受害者确实赢得了有利的司法判决，并成功促使中央政府取消公务员招录过程中的乙肝歧视，[②]但是普遍意义上的乙肝歧视仍然存在。例如在大学录取中，申请人在入学前仍然被要求进行体检，而乙肝就是体检项目之一，阳性检验结果仍然构成拒绝录取的依据。[③] 只是在益仁平等非营利公益组织的持续推动下，卫生部才最终决定取消教育和就业领域的乙肝歧视。[④] 这一次，公益组织甚至没有向法院起诉，尽管诉讼有时仍然被作为启动政策变革或实施有利政策的工具；既然法院对于守护宪法平等来说是靠不住的，那么更有效的办法往往是影响行政部门直接进行政策改革。

孙志刚事件4年之后，厦门发生了一起历史性公民维权事件，数千厦门居民来到市政府大楼前"集体散步"，抗议其在离市中心7公里不到的海昌建造PX化工厂的决定。[⑤] 就在数月之前的"两会"上，厦门大学著名化学家赵玉芬教授领衔的一百多位全国政协委员提出议案反对工程上马，但是没有成功；相反，当地政府要求反对者撤回意见、保持沉默，国家环保局也对工程的环境影响作出了有利评价。看到精英们通过官方渠道的努力失败之后，厦门居民主动出来维护自己的权利，通

① 迟明霞："屡审屡犯屡犯屡审 审计署署长李金华陷入拉锯战"，载《中华工商时报》2005年9月30日。

② 魏铭言："健康乙肝带菌者可录用公务员"，载《新京报》2004年8月1日。

③ 据笔者了解的情况，患者学籍一般可被保留大致一年时间，但是如果此后尚未康复，则将被取消入学资格。

④ 杨文彦、程斌贝："中国将终止入学就业'乙肝歧视'政策"，载 http://news.163.com/09/1229/11/5RMQRFIF0001124J.html。

⑤ 对于项目本身的争议，参见屈丽丽："厦门百亿化工项目安危争议，105委员提案要求迁址"，载《中国经营报》2007年3月19日。

过手机短信等方式自发组织到市政府门前“集体散步”，并最终成功迫使市政府放弃了工程计划。①

厦门“集体散步”之后，影响生活环境的地方决定在全国各地都激发了公民参与和抗议行动。例如，厦门事件数月之后，上海市居民针对可能产生电磁波污染的磁悬浮列车工程诉诸类似行动，并成功迫使市政府中止工程计划。② 2009年，广州市政府计划在番禺区建造垃圾焚烧厂，许多周边居民担心自己的生活环境遭到破坏，因而就垃圾处理的替代方案进行辩论并在市政府举行大规模抗议。经过犹豫之后，广州市政府公开表示愿意考虑多数民意支持的替代方案。③ 这些事例表明，主动积极的公民参与可以更有效地限制地方政府在决策过程中滥用公权力。无论是维护平等权还是环保行动都显示，一旦特定群体的重要利益受到严重伤害，就可能公开采取积极行动来保护成员自己的利益，并有效利用网络和传统媒介来放大自己的声音。④

然而，即使这些公民参与的成功事例也在很大程度上分享孙志刚模式的内在局限。事实上，厦门事件本身经历了十分曲折的过程；⑤事后看来，它的成功带有侥幸成分。更为根本的是，既然现有制度对其成功没有任何保证，厦门模式不可避免地缺乏可预期性和可复制性；它的成功只可能在上海、广州这些相对“文明”的地方复制，那里的地方政府对居民的自由表达更加尊重，对于使用武力则更为克制。当然，并不是所有地方都能显示同样程度的尊重和克制。虽然PX化工项目被赶出厦门，但是并没有离开福建，而是被迁移到漳州，而漳州政府重新包装了工程，并仔细采取措施防止类似的群众集会重演。⑥ 厦门事件1年之后，几乎同样的PX化工项目在人口更密集的成都“上风上水”之地开工；当地居民模仿厦门“集体散步”，结果却截然相反：不仅没有说服成都市政府回心转意，而且组织者受到拘捕甚至定罪。⑦ 和孙志刚模式不同，厦门模式并不要求中央亲自干预，但是公民维

---

① 刘向晖、周丽娜：“历史的鉴证——厦门PX事件始末”，载《中国新闻周刊》2007年第48期。

② 柴会群：“磁悬浮电磁污染国家尚无标准，上海市民‘散步’表达担忧”，载《南方周末》2008年1月16日。

③ 刘刚、周华蕾：“广州：‘散步’，以环保之名”，载《中国新闻周刊》2009年11月26日。

④ 例如，益仁平主要通过发布网络信息和非正式出版的月刊（既然正式出版社受到严格管制），来传播反歧视理念。

⑤ “集体散步”一开始被市政府定性为“违法游行”，当地大学生也被禁止离开校园。市公安局甚至要求参与者在3天内“自首”，否则将受到严厉惩罚。然而，一个月过去，柳暗花明，事件突然发生转机，厦门市政府最终向社会压力低头。参见“散步是为了遇上可以说服的市长”，载《南方都市报》2008年1月14日。

⑥ 单士兵：“漳州PX项目的南橘北枳游戏”，载《华商报》2009年2月6日。

⑦ “成都散步事件6人被处罚”，载《新京报》2008年2月6日。

权仍然面临同样的制度障碍。

五、结语——民间宪政的前景

中国宪政经验佐证了克雷默教授关于人民宪政的主题：如果没有人民积极参与制宪及其实施，宪法就不可能转化为宪政。[①] 正如麦迪逊指出："人民自己"才是自由的最可靠守护者。[②] 一旦人民从政治舞台消失并把权利保障的任务完全委托给政府，他们很快会发现宪法就是一张废纸；事实上，在这样的社会，一部良法与其说是纠正不公的手段，不如说是掩盖不公的门面。中国最高人民法院建立司法审查制度的失败验证了这一点：在缺乏人民支持的状态下，齐玉苓案注定不可能成为中国的马伯里诉麦迪逊案。宪法确实对保护人民权利发挥一定的作用，但是如本文所示，这种作用带有极高的代价、不确定性和不可复制性。

中国经验同时证明，民间宪政论也带有难以克服的局限性。在规范意义上，人民当然是所有公权力的最高源泉，政府纯粹是为了人民的利益而行使权力；如果政府实际上偏离了这个基本目的，那么一定因为是人民参与政治的宪法框架出了问题。这个笼统的论点无疑是正确的，但是无法回答一个关键问题：人民如何才能守护自己的权利和自由呢？没有人民支持的司法审查本身显然是不够的，却不失为人民保护自己的权利不受政府侵犯的一种具体机制。正如孟子两千多年前早已指出："徒法不足以自行"，[③]而这正是为什么我们需要一个在道义和制度约束下忠实执行法律的政府。在当今中国的日常公共生活中，无论是厦门"集体散步"事件等少数成功事例还是许许多多的失败事例都证明了一个共同点：没有适当的制度支持，人民的维权必然是"逆水行舟"，维权斗争艰难困苦、代价高昂，而获胜的可能性却微乎其微。虽然人民是所有正义事业的最终推动力，零散、孤立的抗议是不可能实现目标的；相反，抗议、游行、集会等维权表达方式只有通过有效的制度安排才能受到保护，尤其是周期性选举、为了争取选民支持而自由形成的政治团体、不同权力中心的相互制衡以及政治中立机构的司法审查。这些制度非但不威胁人民的政治和宪法最高地位，而且还为宪法体制下的民众参与提供具体内涵。事实上，既然是宪政，就只有通过受宪法约束的政府才能实现，因而民间宪政注定不可能是纯

---

① Larry D. Kramer, *The People Themselves*: *Popular Constitutionalism and Judicial Review*, Oxford University Press (2004), pp. 3－6, 73－91.

② James Madison, Who Are the Best Keepers of the People's Liberties?, *National Gazette*, 22 December 1792.

③ 《孟子·离娄上》。

粹“民间”的,而只能是在人民推动乃至主导下实行的一种宪政。

要完成从宪法到宪政的过渡,中国需要一套能够保证政府对人民负责并忠实执行宪法和法律的制度安排。最重要的是,人民自己必须看到宪法制度对权利保障的作用,对制度改良形成自己的诉求并主动参与到制度建构的过程中来。宪法和法律制度无疑是为了保护人民的利益而设计的,但是只有在人民积极参与的过程中才能得到落实。

(2011 年第 1 期)

不成文宪法研究的几个问题

周永坤*

不知从何时起,一个"传统的新概念"——不成文宪法——频频出现在中国宪法学界,影响渐大,跟进者日众。① 说它是传统的,是因为"不成文宪法"是宪法学的传统话题;说它是"新概念",是因为将"不成文宪法"这一概念应用于本属成文宪法类型的我国宪法的研究,是新颖的。从法理上来说,重提不成文宪法是件好事。因为作为一个法概念,它有利于克服中国法观念中的"国家主义"。国家主义法观念遮蔽了不成文法——包括不成文宪法存在的事实,它的结果是导致法观念中的国家——实际上是国家机关——至上论,将法律(包括宪法)看做从属于国家机关的工具性存在,从而有碍法治国家建设。再者,对我国不成文宪法的研究,拓宽了我国宪法学研究的领域,当然是一件有意义的事。但是,中国是成文宪法的国家,且当下"有宪法无宪政"是学界的共识,这就产生了如下难题:如何将依赖"习惯性宪政"而存在的"不成文宪法"引入宪政缺失的中国,如何将一个本属宪法文化类型的概念用于"不成文宪法"的渊源研究,如何确立不成文宪法的标准等,这些问题都值得研究。让我们先从概念说起。

一、关于"不成文宪法"的概念

不成文宪法曾经是宪法的常态,成文宪法则不仅生来也晚,且一度只是宪法家族中的"少数派"。无论是古希腊还是古罗马的宪法都是不成文的,萨拜因就说

---

* 作者单位:苏州大学法学院。

① 期刊网搜索的结果是,从1994年起,篇名中含有"不成文宪法"的论文共9篇,8篇是讨论英国宪法的,迟至2009年才出现,也是唯一的一篇讨论中国的不成文宪法的文章,那就是强世功先生发表于《开放时代》2009年第12期的"中国宪法中的不成文宪法——理解中国宪法的新视角"。1994年以来主题词中含有"不成文宪法"的文章共59篇,其中与中国不成文宪法有关的文章7篇,第一篇讨论中国宪法惯例的文章出现在1995年,参见王新生:"论宪法惯例",载《长沙电力学院学报》1995年第4期,2008年出现了第二篇文章,参见曹正汉:"中国民间社会的理:对地方政府的非正式约束——一个法与理冲突的案例及其一般意义",载《社会学研究》2008年第3期,其余5篇均出现在2009年以后。资料来源:中国期刊全文数据库(http://202.195.136.22/kns50/Navigator.aspx? ID=1)。

过,“城邦的宪法是一种‘生活的模式’而不是一种法律结构。”①英国宪法至今仍然被认为是“不成文”的。卢梭在成文宪法之祖——美国1787年《宪法》——诞生之前25年(1762年)就说过:“在这三种法律之外,还要加上一个第四种,而且是一切之中最重要的一种;这种法律既不是铭刻在大理石上,也不是铭刻在铜表上,而是铭刻在公民们的内心里;它形成了国家的真正宪法;它每天都在获得新的力量……它可以保持一个民族的创制精神,而且可以不知不觉地以习惯的力量代替权威的力量。我说的就是风尚、习俗,而尤其是舆论……”立法者制定的个别规章“都只不过是穹窿顶上的拱梁,而唯有慢慢诞生的风尚才最后构成那个穹窿顶上的不可动摇的拱心石。”②“在罗马,风尚与舆论要比这种制度更有力量,同时也纠正了这一制度的弊病”,③很明显,卢梭讲的是不成文宪法。此足见“不成文宪法”这一概念具有充分的实践支撑,它实为成文宪法之父祖,就如同不成文法是成文法的始祖一样。

但是,应当注意,不成文宪法是个关于“宪法文化类型”的概念,不是关于“宪法渊源”的概念。表面上看“宪法文化类型”与“宪法渊源”是一回事:在不成文宪法的地方,不成文法是宪法渊源,但是细分起来两者是不同的。作为宪法文化类型的“不成文宪法”一词,是指该地的宪法没有一部成文的宪法典,这就排斥了“成文宪法典”作为法律渊源的可能;同样,作为“宪法文化类型”概念的“成文宪法”一词,是指它的宪法渊源是宪法典,也就内在地排除了“不成文法”作为宪法渊源的可能。除非你证明存在第三种宪法文化类型“混合型宪法”,它具备“不成文宪法”和“成文宪法”的双重特色,否则,“成文宪法”(文化类型)中存在“不成文宪法渊源”的主张就是一种逻辑混乱。而从学术史上来看,“不成文宪法”一词在产生时就是与“成文宪法”相对称的,且是在“宪法文化类型”的意义上使用的,是一种基于“成文宪法”与“不成文宪法”的宪法文化传统两分法。倡导“不成文宪法”这一概念的戴雪是在回答“英国没有宪法”的质疑时提出“不成文宪法”这一概念的,④他并不是指在“成文宪法文化”传统中有一种“不成文宪法渊源”。

如果要在新的意义上使用“不成文宪法”一语,即在“成文宪法国家中的不成文宪法渊源”的意义上使用它,得进行正当性论证。“成文宪法中的不成文宪法渊

① [美]乔治·霍兰·萨拜因著:《政治学说史》(上),托马斯·兰敦·索尔森修订,盛葵阳、崔妙因译,商务印书馆1986年版,第33页。

② [法]卢梭著:《社会契约论》,何兆武译,商务印书馆1990年版,第73页。

③ 同上,第152页。

④ 姚岳绒:“关于中国宪法渊源的再认识”,载《法学》2010年第9期。说英国宪法是“不成文的”,主要是说它没有宪法典,它的重要宪法文件其实都是成文的。正是由于不存在一个“垄断宪法规范的宪法典”,英国宪法就包含了宪法惯例等不成文的内容,这其实是普通法的传统使然。

源”是否存在？这首先是个实践问题，实践中有此宪法存在，方有理论上进行概括之可能性与合理性。当然，它也可以是一个前瞻性的概念，不过需要论证。

二、不成文宪法与国家

就宪法与国家的一般关系而言，由于宪法只存在于部分国家中，它自然只与这部分国家存在关联，这就是共同体国家和走向共同体的国家。[①] 东方的“家产制国家”的产生与存在都与宪法无干，它们只与暴力和实际的控制能力相关。在讨论时，我们还应区分两个不同的“国家”概念：作为“政治体的国家”和“作为国家机关的国家”。

宪法（包括不成文宪法）以两种方式作用于作为政治体的国家：国家的产生和存在。国家的产生与宪法的关系可以分为3种：一是通过制宪成立国家，宪法是其成员共同成立国家的宣言书，也是国家机关与人民的契约，此类国家的典型是美国。此类宪法通常是成文宪法。二是通过公民的“自然行为”组成国家，此时公民行为是国家产生的原因。在立宪的意义上说，可以称此为“习惯式立宪”。在这里，立宪与国家的产生相混同。这类国家的典型是古希腊城邦国家，这里的宪法是不成文宪法。三是通过制宪与行宪，促成传统国家的转型，从而催生共同体性质的国家。这是绝大多数传统国家迈向现代所走过的路。此类宪法可以是成文的，也可以是不成文的。通常催生现代民主制与共和制国家的是成文宪法，其典型是法国；而催生现代君主制宪政国家的宪法就是不成文宪法，其典型是英国。作为政治体的“国家的存在”与宪法息息相关，宪法存则国家存，宪法亡则国家亡。因为如果没有宪法，或者不遵守宪法，国家就不存在或导致国家的解体。从“国家存在与宪法的关系”这点来分析国家现代化的过程，可以看到国家现代化就是将“国家的存在”与宪法相挂钩的过程，将国家纳入宪法的规范之下，这就是宪政运动。从法学的角度来看，这一过程实现了国家存在的合法性（广义）基础的转换：从事实（暴力和威权）到规范（法律）。

至于作为国家机关的“国家”与宪法的关系就简单得多了。在这一语境下，国家与宪法须臾不可分离，国家机关的设立及其职权由宪法规范而来，国家机关行使职权当受宪法（包括在宪法授权下制定的法律）的约束，没有宪法依据，国家机关的行为与常人无异，不具法律效力，亦即国家机关的行为必须遵守合宪性原则，恪守法治原则。在此种体制下，遵守宪法是国家机关的绝对义务。另有一种过渡形

① 本节下文的“国家”仅仅指共同体国家和走向共同体的国家。

态的国家与宪法的关系。这种类型的国家机关原本存在于非宪政国家之中,它的存在本与宪法无干,但是在国家推动的宪政运动中,它逐渐与宪法挂钩,甚至由“没有宪法基础”的国家机关来制定宪法,最后国家机关逐渐遵守自己制定的宪法。这是大部分传统国家走向现代宪政国家所走过的路。例如,明治维新之前的日本国家机关与宪法无干,明治宪法以后,逐渐建立了国家机关与宪法的关系,1947 年《宪法》颁布以后,国家机关与宪法之间进一步形成了实质性的关联。传统国家机关的“宪政化”是一条渐进的道路,也是一条荆棘丛生的道路,它的成功与否多少需要当政者的自律,而自律通常是十分艰难的。完成这一过渡需要统治者的理性进步甚至需要自我牺牲精神,放弃特权。自律的成功需要市民社会的压力,而在这样的社会中,通常缺乏的就是市民社会。不过,在全球化的现代,全球性社会尤其是全球市民社会对国家走向宪政具有重要意义。

上述宪法与国家的关系告诉我们,在宪政国家中,或者是宪法“先于”并“高于”国家,宪法“缔造”了国家,而不是国家产生了宪法;或者是宪法促成了国家的现代转型,是宪法“再造了”国家。因此,宪法特别是不成文宪法是“社会法”,是“人民法”,而不是“国家法”,是共同体成员组建国家与规范国家的法。说宪法是“国家法”,仅仅是在“宪法规范对象的意义上”,即“宪法是组成与规范国家行为的法”这个意义上才是正确的。在宪法是“国家统治法”及“宪法是国家制定法”的意义上讲“宪法是国家法”则不但误解了宪法的功能,曲解了宪法的“属性”,且不合逻辑。对于不成文宪法而言,在城邦国家,是它缔造了国家;在传统转型而来的现代国家,是它“再造了”国家。认识这一点对于我们研究不成文宪法的启示是:只有规范与牵制权力运行的规范才可能是不成文宪法,权力自我扩张的行为及其规范不可能是不成文宪法。

三、宪法精神——不成文宪法的灵魂

由于宪法价值问题的讨论发生在成文宪法的立宪阶段,从世界立宪史及宪法学史的角度来看,宪法价值之争主要发生在启蒙时期。事实上在西方宪政国家,当 19 世纪的立宪运动大功告成以后,特别是在第二次世界大战以后,宪法价值的重大问题已经取得了很高共识,它的世界性的规范载体便是被称为“国际人权宪章”(International Bill of Human Rights)的一组文件。① 随之宪法学重大问题的讨论也逐渐从立宪领域转入司宪领域,它逐渐由一个价值选择问题转变为一个规范论证

① 这些文件是:《世界人权宣言》、《经济、社会和文化权利国际公约》、《公民权利和政治权利国际公约》及《公民权利和政治权利国际公约》之任择议定书。

问题。但是,并不是所有的国家都是如此。在宪政后起的国家,立宪时常常出现"立宪者"缺席的情况。在此种情况下,实际上的宪法制定者会将自己的利益"宪法"化,从而产生宪法条文背离宪法精神的问题。对中国人而言最典型的莫过于1908年的《钦定宪法大纲》,它事实上是"钦定"的,而不是"民定"的,它的目的是伸张君权而不是保障民权。苏联、东欧国家的宪法也存在类似的问题,这一问题无法解决最终导致那里国家机关的解体与重塑。因此,走向宪政的国家所面临的宪法问题是双重的,即价值选择与规范论证。中国事实上还处于价值选择阶段,因为我们还没有司宪,所以没有严格意义上的宪法规范论证实践,这决定了对宪法价值的研究与尊重仍然是中国宪法学界的重要任务之一。

立宪运动的成功逐渐导致宪法研究范式的改变:从价值宪法学转向规范宪法学,这一研究范式转换是宪法研究深化的表现,它推动了宪法研究的深入。但是它的极端形态——或许可以称为"形式主义的规范宪法学"——却十分有害,尤其以施密特的"政治宪法学"为甚。这种学术倾向在成熟的宪政国家本不至于产生严重的问题,因为在那里,宪法的价值受到宪法实践的不断敲打,它承载了宪法的精神。但是在缺乏宪政传统的国家,由于前述立宪过程中的"人民缺席"现象所导致的宪法典中的价值混乱,如果宪法研究不加区别地一律称为宪法,则宪法研究无疑会成为政治威权者言论的"复述",从而远离学术。其导致的结果是:轻则宪法研究失去它推进宪政的应有功能,重则宪法研究以学术的面貌站到了宪政的对立面。

如果说成文宪法中的精神问题已经由立宪者解决,宪法研究者可以忽略不计的话,那么,不成文宪法的精神问题就绝对不能忽略。这有两个理由:一是成文宪法经过立宪程序,这一程序本身将大量的非宪法因素挡在门外,而不成文宪法则没有经过立宪程序,有些待审规范甚至没有进入"国家行为"程序,只是掌权者的"家法";二是成文宪法有形式标准的约束,宪法典本身已经去除了相当多的非宪法内容,而不成文宪法则没有这一约束。由于不成文宪法的上述两个缺陷,不成文宪法研究如果忽略"宪法的精神",就会产生"宪法"与"非宪法"甚至"反宪法"之混同,使宪法变成一堆相互矛盾的宣示。一旦学者与权力共谋,则极有可能产生"学术宪法"中的劣币驱逐良币现象。在实践中,则可能导致"非宪法"架空宪法,使宪政永远可望而不可即。

那么,什么是宪法的精神?这当从宪法的价值取向与特殊功能来观察。

最清楚不过的是,宪法的根本价值是保障人权,这可以从立宪者的目的中直接导出。立宪行为的前提是每个人(拟议中的共同体成员)都是自由的,他们以自身权利为目的而采取一项共同行动,成立共同体,创立(或者改变)关于国家机关的规则,这一行为的规范结果就是宪法。略知宪法常识的人都知道,英国1215年的大宪章其实就是"权利契约",英国另一部重要的宪法文件干脆就叫《权利法案

(1689年)》,《人权宣言》是法国1791年《宪法》的序言,美国1787年《宪法》虽然没有权利条款,但是仅仅过了4年(1791年),美国人以宪法修正案的形式确立了权利法案,这些条文至今仍然是美国宪法中最为活跃的内容,成为美国宪法发展的主要动力。

上述宪法的根本价值决定了宪法的两大功能:一是保障公民权利的功能。这是宪法价值在宪法功能中的直接体现;二是控制国家权力的功能。这可以从宪法价值中间接导出:因为权力是权利的保障者,同时权力又是最强劲的潜在侵权主体,为了保障权利必须控制权力。宪法的功能告诉我们,宪法是国民用来控制权力的法律,是社会控制国家机关的法律,不是国家机关控制国民的法律,或者说,宪法是"民治"的法律,不是"治民"的法律。因此,对于国家机关来说,宪法是义务法,对于公民来说,宪法是权利法。

从宪法的上述价值与功能我们可以很清楚地看出宪法的精神就是保障人的尊严,是对人的尊严的尊重与守护,或者借用马克思、恩格斯的话来说就是:宪法的精神是"人的自由与解放"。宪法精神是所有宪法的灵魂,也是不成文宪法的灵魂之所在。宪法精神对不成文宪法研究的启示意义是:侵犯人的尊严或违背"人的自由与解放"的规范不可能是不成文宪法。

四、不成文宪法的判定标准

研究何种规范是"不成文宪法"是一个对现存规范依据一定标准进行选择的过程,这当解决不成文宪法的判定标准。设立恰当的标准首先得解决一个法理学层面的问题:如何处理法与经验的关系?法无疑"最终"从人的经验中来,但是任何经验都不能自然取得法的属性——姑且称为"法性"。因为法是规范人类行为的,它属于实践理性,因此,经验性行为必须接受反思性思维的检验才可能取得法性。虽然不同时代的法性有不同的标准,比如,在古代东方家长制国家,凭统治暴力推行的规范或者习惯都是法,但是这已经成为法史上可悲的一页。在现代社会,"法性"基于人性,保障人的尊严的经验性行为才可以上升为法。作为根本法的宪法当然首先要具备"法性",其次要具备"宪法性"。这个"宪法性"来自"法性",是"法性"的最高体现。

这样,即使是成文宪法的条文,它"是不是宪法"也有讨论的余地。例如,清末1908年的《钦定宪法大纲》在形式上可以称为成文宪法,但是并不等于其中所有的条文都够得上"宪法"之实。"大清皇帝统治大清帝国,万世一系,永永尊戴"虽然被列为第1条,但它是反宪法的;相反,"臣民于法律范围以内,所有言论、著作、出版及集会、结社等事,均准其自由"及"臣民非按照法律所定,不加以逮捕、监禁、处罚”这两条规定虽然列在“附则”,倒是实实在在的宪法。这就告诉我们,宪法文本必须时刻接受宪法精神的洗礼,这里的“牧师”角色当由宪法学者来承担,即宪法学者负有批评宪法(成文的)的道义义务。成文宪法的“合宪性”问题是一个超越规范的问题,我们可以假定立宪者已经解决,这里存而不论,诸如清末《钦定宪法大纲》中的问题及域外宪法中所谓“主体思想、先军宪法”的问题可以看作例外。但是,对于何为“不成文宪法”的精神甄别就绝对不可等闲视之,它应当是不成文宪法研究的核心内容。

一般而论,一项习惯是否具有法性需要论证。论证要有一定的标准,例如,它确确实实存在着,它不违反现行法律,它符合法律的精神,它是合理的等;毫无疑问,一条规范是否具有“宪法性”则需要更严格的论证。笔者认为,认定一条规范是不成文宪法必须满足下列必要条件:

第一,符合宪法精神。由于缺乏明确的形式标准(宪法典),更没有上位阶的规范标准,不成文宪法的论证依据首先就是宪法精神。这基于两条理由:(1)从宪法的“事物本质”——“宪法性”来看,只有符合宪法精神的规范才配称为“不成文宪法”。(2)从不成文宪法的有效性来看,不成文宪法之被接受也必须接受宪法精神的检验。这是因为:一条“待决的不成文宪法”不具有宪法的外在形式,它的有效性不能借助于形式获得权威;宪法本身要约束国家机关,一条“待决的不成文宪法”的规范力就不能从国家机关的强制力来取得,它的权威的唯一来源只能是社会认同。如何才能取得社会认同?无疑是其中所包含的宪法精神。

第二,不违反宪法文本。不违反法律是习惯作为法源的条件,不违反宪法(在中国就是宪法典)自然也是任何规范成为“不成文宪法”的条件,道理很简单。其一,宪法文本代表的是人民,如果错了,也当由人民来修改,任何人无权将违反宪法文本的内容“宪法化”;其二,承认违反宪法文本的规范为“不成文宪法”,必将导致宪法规范的内在紊乱;其三,如果承认违反宪法文本的规范是“不成文宪法”,则不但“不成文宪法”的效力在“成文宪法”之上,而且是行为主体的权威在宪法权威之上,这就从根本上颠覆了宪政,颠覆了法治,甚至颠覆了现代性。

第三,具有“宪法位阶”。因为从逻辑上说,符合宪法精神的规范、不违反宪法文本的规范不全是宪法:依据宪法制定的其他规范都被假定为符合宪法精神与宪法文本的。这样,要论证一个宪法典以外的规范是“不成文宪法”,就必须证明它高于一般法律,具有最高法律效力。

五、不成文宪法与不成文宪政

上面讲到,不成文宪法的力量在于社会认同,即不成文宪法其实是“没有宪法

(成文)的宪政实践"——不妨称为"不成文宪政"——的产物。那么,什么样的社会能够产生不成文宪政?无疑主要是共同体社会。① 共同体是一种以人的联合为特征的政治体,它在本质上是市民社会,国家机关只是市民社会的产物,并受制于市民社会。人的联合本身是宪政实践的起点,因此这种政治共同体的组成与运作的实践本身就是一种宪政——不成文宪政,更确切地说是一种生活方式。在此种生活方式之下形成的风俗习惯、舆论、限制政治权力的重要文件等就构成不成文宪法。这方面的代表是英国,诚如"麦克法兰学派"的传人 J. 坎伯尔所言,盎格鲁—撒克逊时期的自由农民,在马尔克公社中保留了原始军事民主制时期的自由、民主传统,这种"一村接一村"的社会生活及其相关观念,构成了后来 13 ~ 15 世纪英国宪政制度的历史基础。②

如果以市民社会的存在与否作为评价是否存在不成文宪法的唯一标准——姑且将这种观点称为"宪政自然主义观",就可能遗漏重要的不成文宪法现象。这种"宪政自然主义观"忽略了"权力理性"进步对不成文宪法的作用。与一般法律一样,宪法是个自然生成的过程,宪法也是一个人为构建的过程。掌握权力的精英阶层有可能在缺乏市民社会的地方,出于种种考虑而选择不成文宪法,③这在走向宪政的东方国家中不乏其例。例如,清末关于立宪的谕令、关于废除奴隶制的法令等,更有不丹国王发布的要求政府筹备起草宪法、建议建立两党制度、组建两院制议会的命令等,这些都是不成文宪政的典型。这似乎可以称为"权力自限型宪政"。

在东方专制社会走向宪政社会的过程中,由于市民社会生长的滞后,加上政治理性作为全球现象的传播,政治权力的理性成长可能先于市民社会的生长,"权力自限型宪政"就有更大的发展空间。事实上,市民社会与非市民社会只是一种韦伯意义上的"理想类型",我们可以说古希腊城邦是市民社会与政治国家结合的典型,东方社会是家长制社会的典型。但是即使在东方家长制社会也存在为了满足利益需要而与家长制国家相对独立的"市民社会"——更确切的称谓当是"民间社会",不过,它是依附于家长制国家的。宪政过程就包括民间社会依附性的削弱与独立地位的取得和强化,这一点我们在清末立宪运动中看得很清楚。在全球化的时代,市民社会完全缺失的国家如果不是绝对没有,也很罕见了,因为市民社会已经是一种世界性现象,它必然会从国际渗透到国内。

---

① 这要区分"共同体"与"政治体"两个概念的不同。"政治体"是"共同体"的上位概念,政治体可以是古代东方家长式的,也可以是共同体式的。

② 孟广林:"中世纪英国宪政史研究的新动向",载《中国社会科学报》2009 年 11 月 12 日。

③ 背后的原因是复杂的:或为变法图存,或为因应社会民主自由要求,或为响应世界民主自由潮流,或为减轻国际社会的压力,或为追求统治利益最大化,或为因立宪程序的复杂与难启等。

在客观上，东方宪政运动通常与市民社会的发展壮大相伴，它的宪政通常得益于市民社会的权利追求与政治权力的理性自限两种力量。与此相当，它的宪政便有几分"成文性"，几分"不成文性"。不过，话得说回来，政治权力的自限如果没有社会压力，宪政常常会停滞不前。知道了这一点，我们就可以理解计划经济时代的中国为什么长期有宪法而无宪政——因为它消灭了中国本来很弱小的市民社会，代之以权力渗透到家庭内部的"单位社会"。这个单位社会不仅与市民社会有天壤之别，就是与传统的"民间社会"也是不可同日而语的，它是作为政治国家的延伸和工具而存在的。认识到这一点有利于我们对改革开放意义的理解。

六、宪法文本、宪政与不成文宪法

在一篇研究不成文宪法的论著中，作者用如下的方法宣示："本文从中国宪法文本与宪政实践之间的背离问题入手，提出了从不成文宪法的角度来理解中国宪政秩序的新思路。"[①]这提出了一个重要的原则性问题：在成文宪法的国家（中国）是否存在"背离宪法文本"的"宪政实践"？这当首先搞清楚什么是宪政。宪政（Constitutionalism）一词是从宪法（Constitution）一词演化而来，直译为"宪法主义"，它是将宪法视为"神物"的社会状态。在此种状态中，宪法是最高行为规范，所有行为特别是权力行为当遵守宪法，否则为违宪。违宪不但不产生预期的法律效果，行为人还要承担相应的法律责任。在实行成文宪法制度的中国，这里的"宪法"就是（起码主要是）宪法典，或者宪法文本。也就是说，"宪政"一词内在地包含了宪法文本的权威，内在地包括了当追究违宪者的法律责任的规则。如果承认这一点，就断然不会存在"背离宪法文本"的"宪政实践"这一说法。因为背离宪法文本的"实践"是违宪行为，应当追究法律责任，绝无可能是什么"宪政实践"。如果存在"背离宪法文本的宪政实践"，那么宪法何存？没有宪法，何来宪政？因此，无论在哪里，"背离宪法文本"与"宪政实践"都是势同水火。从语言学上来说，"宪法文本"与"宪政实践"之"宪"，是同一个"宪"，何来"违宪（宪法文本）"之"宪（政）"？可见"背离宪法文本的宪政实践"这一表述本身就违反语言规则。从逻辑上说，也违反不矛盾律，论者不能同时主张两个相互矛盾的论点。对什么样的习惯能上升成为法律这个问题，马克思说得很深刻，也很尖锐："一个人的行为方式并不因为已成为他的习惯就不再是不法行为，正如强盗儿子的抢劫行为并不能因为他的特

① 强世功："中国宪法中的不成文宪法——理解中国宪法的新视角"，载《开放时代》2009年第12期。

殊家风而被宽恕一样。”①

上文作者的方法论宣示背后隐藏了一个逻辑问题,即从“背离宪法文本”的行为中得出所谓的“宪政实践”,再以子虚乌有的“宪政实践”为论证前提,论证“背离宪法文本”的行为是“不成文宪法”。仅仅从逻辑上说,这是一个循环论证。所谓“不成文宪法”的结论就存在于他的违宪的“宪政实践”预设中。这是独断的,且也违反法学常识。

七、不成文宪法的“法理学基础”问题

在同一篇不成文宪法研究的代表作中有这样一段话,使笔者对中国的不成文宪法研究的“法理学基础”感到担忧:“基于对英美宪法学说与宪政实践的分析,作者区分了古典的政制与现代的宪法、政治宪法与法院宪法,进而主张任何国家的宪政运作实际上都依赖不成文宪法,从而奠定不成文宪法的法理学基础。”②这段文字中透露出3个重要的“宪法学理”研究方法问题值得讨论。

第一,作者的“不成文宪法的学理基础”是建立在“对英美宪法学说与宪政实践的分析”之上的。这个思路存在“从事实到规范的跳跃”问题。作者的思路是,基于对英美宪法学说与宪政实践的分析“区分了古典的政制与现代的宪法、政治宪法与法院宪法,进而主张任何国家的宪政运作实际上都依赖不成文宪法”。即使这一判断是正确的,也仅仅是一个事实判断。事实判断不能作为“不成文宪法的法理学基础”是很明显的,因为不成文宪法的建构是个规范性命题,它需要事实描述,但更需要价值的预设与推演。离开了后者,任何规范性的论证都是不全的。

第二,作者基于分析英美宪法学说与宪政实践,“进而主张任何国家的宪政运作实际上都依赖不成文宪法”这一判断是草率的,因为就现代法律传统来说,世界上起码存在两种不同的文化传统:大陆法系和英美法系,与此相对应则存在两种不同的宪政传统。作者只对其中一种文化中的宪政实践作出了分析,便得出一个普适性的结论:“任何国家的宪政运作实际上都依赖不成文宪法”,有以偏概全之嫌。

第三,作者进而将这样一个可能是以偏概全的概念用来分析中国的“不成文宪法”,其理论的“工具有效性”就值得怀疑了。因为中国不是英美法系国家,要说传统,是接近于大陆法系的。中国现行的宪法与相关实践来自大陆法系的苏联。

---

① [德]马克思:“关于林木盗窃法的辩论”,载《马克思恩格斯全集》(第1卷),人民出版社1956年版,第249页。

② 强世功:“中国宪法中的不成文宪法——理解中国宪法的新视角”,载《开放时代》2009年第12期。

到哪儿去寻找不成文宪法的法理学基础，如何寻找，当然是一个学术问题，属于自由研究的范围。但是有一点是肯定的：这个研究当遵守逻辑规则。

八、中国有没有不成文宪法

最后当回答一个实践性的问题：中国有没有不成文宪法？对此的回答学界并不统一。从已经发表的有限的涉及这一主题的文章来看，肯定者占优势，但也有学者持否定态度，认为“论证我国宪法还有更多渊源没有必要、没有意义、没有根据，属画蛇添足”。①

我想，中国有没有不成文宪法是一个可以研究的问题，研究可以集中在两个领域：习惯性权力规范和公民的习惯性权利规范。有可能成为不成文宪法渊源的习惯性权力规范必须具备两个特点中的一个：牵制性和自限性，只有具有牵制性或自限性的习惯性权力规范才可能是不成文宪法。例如，全国人大每年开会，会期两星期，全国人大常委会两个月开一次会，人大通过决议的某些习惯性程序，通过宪法修正案修改宪法的习惯性规范等。有必要强调的是，任何权力扩张行为和滥用权力行为或规范都不可能是不成文宪法，因为它本身违反宪法，这是不成文宪法研究的底线。

另外，由于中国是中国共产党执政的“特色国家”，中国共产党在现制下客观上对国家具有举足轻重的影响，因此，中国共产党的自限性规范可能具有宪法意义。例如，《中国共产党章程》总纲部分“加强国家立法和法律实施工作，实现国家各项工作法治化”的规定，“党必须在宪法和法律的范围内活动。党必须保证国家的立法、司法、行政机关，经济、文化组织和人民团体积极主动地、独立负责地、协调一致地工作”的规定。再如，改革开放之初的1979年9月，中共中央颁布了《关于坚决保证刑法、刑事诉讼法切实实施的指示》，其中关于“党委和司法机关各有专责，不能互相代替，不应互相混淆”，“党对司法工作的领导，主要是方针、政策的领导。各级党委要坚决改变过去那种以党代政、以言代法，不按法律规定办事，包揽司法行政事务的习惯和做法”的规定等。②

至于公民的习惯性权利规范，如果它被公民反复行使，且具有一般性与重要性，也可以考虑作为不成文宪法研究的对象。

---

① 姚岳绒：“关于中国宪法渊源的再认识”，载《法学》2010年第9期。

② 转引自方工：“司法者要敢于并善于对领导者释法说理”，载《人民法院报》2010年11月25日。

九、结　　论

不成文宪法本身是相对于成文宪法而言的，它是针对成文宪法（法典）缺失而提出来的一个概念，如果支持对不成文宪法约定俗成的理解，则在“成文宪法体制”下寻找“不成文宪法渊源”本身是一个逻辑矛盾。如果赋予“不成文宪法”以新的内容——在宪法渊源的意义上使用，这样的研究是有意义的。不过，在中国研究不成文宪法存在一个现实的困难：中国至今不存在司宪行为，也没有宪政，任何理论上的假设（包括前述关于中国不成文宪法的可能渊源的叙述）只是一种理论上的诉求，权力是否具有遵守的愿意，客观上有多少效力仍然是不得而知的。一个讨论中的不成文宪法规范，如果大家不拿它当回事，它还是“宪法”吗？它只是一个美好的憧憬。

还需要指出的是，在一个不存在宪政实践的社会里寻找不成文宪法本身就是一件充满风险的事——因为它缺少经验支撑；如果进一步忽略宪法精神去寻找不成文宪法，则“不成文宪法”的提法及其研究就非常危险，它可能为违宪行为张目；如果再前进一步，将“背离宪法文本”的权力行为认定为“不成文宪法”，则它的结果必然是将违宪行为宪法化，“不成文宪法”就成为地地道道的反宪法、反宪政、反法治的概念。其理论效应将与前几年的“良性违宪论”异曲同工，且比它走得更远。“良性违宪论”论证违宪行为的伦理正当性，“不成文宪法论”则进一步将违宪行为宪法化，它们的理论指向都是消解法治，消解宪政。

应当承认，“中国宪法文本与宪政实践的背离”是一个事实，指出这一点是十分正确与重要的。但问题在于，宪法学者当如何对待这一背离现象。宪法学者是选择研究“如何促使实践符合宪法文本”，还是选择研究如何将“背离宪法文本的实践”宪法化——称为不成文宪法？这是宪法学的根本学术立场问题，也是宪法学者的学术良知问题。宪法研究者千万不可忘了“强权≠宪法”这一宪法学的金科玉律。

（2011 年第 3 期）

编　后　记

为保证校对质量，编者采用文字稿与电子稿同步校对，交换校对等方法，在力求保持原文风貌的前提下，统一格式，规范注释，纠正文字及标点差错。

感谢宪法学与行政法学专业硕士研究生王匪同学、武建权同学以及赵宁瑞先生对校对工作付出的辛勤劳动！

童之伟　沈福俊　王月明

2012年6月27日

领取稿费告知

尊敬的各位作者：

值华东政法大学建校60周年、《法学》创刊56周年之际，华东政法大学《法学》月刊社出版了《法学的历史》文丛，旨在以文献的方式反映新中国法制建设的进程以及法学理论的发展。为此，选萃了《法学》月刊自1956年创刊以来刊登的具有代表性的、能够反映当期现实问题和理论研究水平的文章。您的文章被我们选用，但由于各方面原因，我们无法与您直接取得联系，希望看到此通知后联系我们，以便发放您的稿费。具体事项如下：

1. 请告知您的信息，具体包括：(1)作者姓名；(2)文章名；(3)文章发表的卷名。可直接到杂志社领取稿费。如需要邮寄稿费的，为防止冒领，请将个人身份证号、收款账户、联系电话予以告知我刊。

2. 稿费的发放标准为每千字10元。

3. 杂志社地址：上海市万航渡路1575号华东政法大学六三楼《法学》月刊社。邮政编码：200042。联系电话：021－62071924。联系人：过纯益 汪池洲

感谢您的大力支持！

华东政法大学《法学》月刊社

2012年7月8日

图书在版编目(CIP)数据

法学的历史．第7卷，宪法、行政法卷：1981年～2011年/童之伟，沈福俊，王月明主编．—北京：法律出版社，2012.9

ISBN 978-7-5118-3727-1

Ⅰ.①法…　Ⅱ.①童…②沈…③王…　Ⅲ.①法学史—世界—文集②宪法—文集③行政法—文集　Ⅳ.①D909.1-53②D911.04-53③D912.104-53

中国版本图书馆CIP数据核字(2012)第157113号

责任编辑/陈　妮　　**装帧设计**/李　瞻

出版/法律出版社　　**编辑统筹**/财税出版分社
总发行/中国法律图书有限公司　　**经销**/新华书店
印刷/北京中科印刷有限公司　　**责任印制**/吕亚莉

开本/720毫米×960毫米　1/16　　**印张**/51.25　　**字数**/889千
版本/2012年9月第1版　　**印次**/2012年9月第1次印刷

法律出版社/北京市丰台区莲花池西里7号(100073)
电子邮件/info@lawpress.com.cn　　**销售热线**/010-63939792/9779
网址/www.lawpress.com.cn　　**咨询电话**/010-63939796

中国法律图书有限公司/北京市丰台区莲花池西里7号(100073)
全国各地中法图分、子公司电话：
第一法律书店/010-63939781/9782　**西安分公司**/029-85388843　**重庆公司**/023-65382816/2908
上海公司/021-62071010/1636　**北京分公司**/010-62534456　**深圳公司**/0755-83072995

书号：ISBN 978-7-5118-3727-1　　**定价：**186.00元

(如有缺页或倒装，中国法律图书有限公司负责退换)